法学阶梯
INSTITUTIONES

普通高等教育**法学精品教材**

清华大学“985 三期”名优教材

| 第七版 |

商法学

BUSINESS LAW

施天涛 著

法律出版社
LAW PRESS · CHINA
北京

图书在版编目（CIP）数据

商法学 / 施天涛著. --7版. --北京：法律出版社，2024. --ISBN 978-7-5197-9337-1

Ⅰ. D913.990.1

中国国家版本馆CIP数据核字第20244F1H19号

商法学(第七版)
SHANGFAXUE(DI-QI BAN)

施天涛 著

责任编辑 刘 琳
装帧设计 鲍龙卉

出版发行 法律出版社
编辑统筹 法律教育出版分社
责任校对 王晓萍
责任印制 刘晓伟
经　　销 新华书店

开本 787毫米×1092毫米 1/16
印张 46　**字数** 1176千
版本 2024年9月第7版
印次 2024年9月第1次印刷
印刷 永清县金鑫印刷有限公司

地址：北京市丰台区莲花池西里7号(100073)
网址：www.lawpress.com.cn
投稿邮箱：info@lawpress.com.cn
举报盗版邮箱：jbwq@lawpress.com.cn

销售电话：010-83938349
客服电话：010-83938350
咨询电话：010-63939796

书号：ISBN 978-7-5197-9337-1
定价：98.00元

凡购买本社图书，如有印装错误，我社负责退换。电话：010-83938349

作者简介

施天涛　法学博士，清华大学法学教授，博士生导师。兼任中国法学会证券法学研究会常务副会长、最高人民法院案例指导委员会委员、中国国际经济贸易仲裁委员会仲裁员。曾任新加坡东亚政治经济研究所访问研究员、美国斯坦福大学法学院访问学者、美国哥伦比亚大学法学院访问学者。曾任清华大学法学院副院长、北京市第十届政协常委、最高人民法院特约监督员。一直从事商法学的教学研究工作，发表学术论文50余篇，代表著作有：《商法学》、《公司法论》、《关联企业法律问题研究》及《财产法》（翻译）等。

第七版说明

2023 年 12 月 29 日第十四届全国人民代表大会常务委员会第七次会议通过并公布了新修改的公司法,新法于 2024 年 7 月 1 日正式施行。

本次公司法修改幅度非常大,是一次全面系统的修改。结构上新增了公司登记专章;国有独资公司扩大为国家出资公司,并另立专章。内容上涉及绝大多数条文的修改和完善。譬如,法定代表人,公司社会责任,公司人格否认,公司出资及其认缴、实缴与核查,股东知情权及会计凭证,董事、监事、高级管理人员受信义务的充实,控制股东、实际控制人的连带责任,董事会职权的强化,股权转让股东同意要求的废弃,关联交易及其报告与回避,等等。其中,新增了许多规则。譬如,一人股份公司,无面额股、类别股、授权资本,董事、高级管理人员对第三人的赔偿责任以及董事责任保险,股东代表诉讼延伸适用于公司全资子公司,审计委员会的推行,小规模股份公司董事会设置的例外,债权人会议和债券受托管理,简易减资程序,简易注销程序以及公司主管部门或者公司登记机关申请法院清算或者登记机关注销公司,等等。

本次公司法修改吸收了近年来实践中的有效经验。譬如,最高人民法院公司法司法解释关于股东失权、出资加速到期、公司决议的无效、撤销和不成立、违法分配的赔偿责任、清算义务人及其责任,以及指导案例关于公司横向人格否认,等等;证监会或者交易所相关做法和监管规则,如电子通讯会议的采纳、财务资助的禁止、交叉持股之禁止、股权违法代持之禁止以及信息披露要求,等等;国家市监总局公司登记改革成果的吸收,如电子营业执照、企业信用公示与优化登记服务,等等。

以上关于公司法的修改说明仅仅是主要事项的例举,不能涵盖全部内容,许多微小调整,如字、词、句的改动以及条文的调整,更是不胜枚举。

本书此次修订当然是因应公司法的修改而作的相应修改。如上所述,由于公司法的修改幅度太大,本次修改涉及内容也很多。此外,除了公司法部分的修改外,其他各编也或多或少作了相应的调整。

最后说一声感谢。本书自 2003 年首次出版以来,一直受到读者的关心和鼓励。许多不认识的读者来信表达了他们的读书感受,其中不乏真诚的指正。感谢你们的支持和爱护,你们伴随着本书,随我走过了整整二十年。

施天涛谨记

2024 年 4 月 1 日

曼哈顿岛

第六版说明

本次再版主要是因应证券法的修改而对本书“证券交易”一编进行了修改。2019 年 12 月 28 日第十三届全国人民代表大会常务委员会第十五次会议通过了《证券法》的修正，并于 2020 年 3 月 1 日施行。本次证券法的修正意义重大。新证券法扩大了证券法的调整对象，将存托凭证、资产支持证券、资产管理产品纳入了证券法规制范围；确定了证券发行的注册制，使得推行多年的证券发行注册制改革终于尘埃落定，与此同时，精简优化了证券发行条件和程序，废除了发行审核委员会制度；完善了证券交易制度，如加强了对内幕交易、操纵市场、虚假称述和短线交易等违法行为的规制，规范了上市交易的停牌、复牌行为，并增设了对利用非公开信息、程序化交易的规范；完善了上市公司收购制度，强化了信息披露和投资者保护，尤其是在“投资者保护”一章中，区分了普通投资者与专业投资者，提出了投资者适当性要求，规定了表决权征集、债券持有人会议与债券受托管理人、先行赔付、证券代表人诉讼和证券集体诉讼，提升了投资者保护机构对证券纠纷调解、支持诉讼和派生诉讼作用。此外，新证券法还增加了多层次资本市场，强化了证券监督管理，尤其是加大了行政处罚力度，并明确了证券法的域外适用效力。总之，新证券法修改幅度很大，修改内容很多，需要我们认真学习。

除了上述修订工作外，本次修订还对本书第一编第二章第五节“外商投资”部分进行了修改。2019 年 3 月 15 日第十三届全国人民代表大会第二次会议通过了《中华人民共和国外商投资法》（已于 2020 年 1 月 1 日施行）。外商投资法替代了原先的“外资三法”。这意味着在新法实施后，我国长期以来存在的内外资法律的“双轨制”将统一并轨，“外资三法”有关企业的组织形式、组织结构，包括设立、资本、分配、并购、变更与终止等问题将分别统一适用国内公司法、合伙企业法等法律。有鉴于此，本次修订删除了本书关于外商投资企业的全部内容。现在的外商投资法已经转变了它的功能，将其定位为外商投资促进、保护和管理的法律。有鉴于此，本次修订虽然保留了本节，但也就是简单地介绍了外商投资与外商投资法律的主要内容。

此外，2018 年 10 月 26 日，第十三届全国人民代表大会常务委员会第六次会议通过了对《公司法》第 142 条关于股份回购的修正，2019 年 4 月 28 日最高人民法院通过了“关于适用《中华人民共和国公司法》若干问题的规定（五）”，2019 年 2 月 25 日最高人民法院通过了“关于适用《中华人民共和国企业破产法》若干问题的规定（三）”。本次修订也一并做了相应的修改和补充。

本次修订工作由我的几个学生协助我完成，他/她们是李游、严若水、杨慧莹、张园园、刘子茜，杨慧莹同学协助我进行了“证券交易”编的修改工作。专以致谢。

施天涛谨记

2020 年 3 月 24 日

清华明理楼

第五版说明

2013 年 12 月 28 日第十二届全国人民代表大会常务委员会第六次会议通过了《公司法》修正决议案，对公司法中的资本与登记制度进行了修改。本次修改主要是因应公司资本与登记制度的改革成果而进行的立法确认。立法上不再要求注册资本最低限额；公司注册资本由实缴制改为认缴制，包括不再限制股东或者发起人首次缴纳数额以及分期缴纳期限；废除了普通商事公司法的验资要求和证明；取消了货币出资的比例要求；并对登记制度作出了相应的修改。

但应注意的是，以募集方式设立的股份有限公司，其注册资本依然为实收的股本总额。同时，法律、行政法规以及国务院决定对特殊公司的注册资本最低限额以及注册资本的实缴另有规定的，还须遵守其规定。

本次公司法修改意义重大，尤其是公司资本与登记制度改革将会产生非常大的积极作用。为了及时将我国公司资本制度改革和公司法的修改反映在教科书中，作者对本书的相关内容进行了修订。修订内容主要集中在第二编“商事公司”，其他部分与修订公司法相冲突的地方也进行了调整。

施天涛谨记
2014 年 4 月 8 日
清华明理楼

【补充说明】

本来在公司法修订后，作者就及时地进行了本书的修改并交予出版社。但考虑到当时证券法的修改也在热议之中，出版社和作者当时的想法是等待证券法修订后对本书一并修改再行出版。但遗憾的是，时至今日，证券法的修改遥遥无期，又由于作者于 2016—2017 年在国外访学，因此，本书的再版也就一直拖延下来。恰值 2017 年全国人大颁布了《民法总则》且最高人民法院颁布了《〈公司法〉司法解释四》，借此再版机会，作者将有关内容进行了相应的调整，将有关司法解释补充到本书中。作者对本书的迟延再版深表歉意。感谢我的博士生李游帮助我进行了校对工作。

2018 年 2 月 15 日

第四版说明

本次再版主要做了三件事情:一是因应法律的变化进行了相应的修订;二是新增了第八编“企业破产”;三是借助此次修订兼而对本书的内容和结构稍微作了调整。

由于《商法学》涉及的法律部门相当广泛,而商法本身的变化又极其迅捷,本书自2003年第一版发行以来,作者几乎穷于应付修订。承蒙读者厚爱,本书发行一直较为畅销,为不辜负读者期望,无论如何我都得将修订工作进行下去,以便为读者提供最新版本。然而,人到中年,花费在闲杂事情上的时间越来越多,从事有意义工作的时间越来越少,完全靠我个人力量进行修订实在有些力所不及。因此,此次修订是我和我的博士生(包括已经毕业的博士生)共同完成的,是我们集体劳动的成果。修订工作由他(她)们完成,我进行全部审定。具体分工如下:李飞:第一编;杜晶:第二编;李赛敏:第三编;钟向春:第四编、第五编、第六编;周勤:第七编。新增加第八编“企业破产”的写作由李赛敏、杜晶和李飞完成,我进行最后审定。具体分工如下:李赛敏:第一章、第二章、第三章和第四章;杜晶:第五章、第六章和第八章;李飞:第七章。本书修订版清样出来后,我的博士生樊健、郑青和硕士生郑思静、侯雪清、马建帅参与了校对,我进行了最后核对。

施天涛谨记

2010年3月30日

清华明理楼

第三版说明

2005年10月27日中华人民共和国第十届全国人民代表大会常务委员会第十八次会议同时通过并公布了修订后的《中华人民共和国公司法》和《中华人民共和国证券法》,并于2006年1月1日起实施。两法修订幅度之广泛,改革力度之巨大,堪称中国立法史上的一件大事。修订后的公司法和证券法对中国的经济生活,尤其是中国的资本市场,必将产生深远的影响。同时,也给法学院的商法学课程带来不可回避的影响。两法通过之时,大学学期正进行到中途,教师不得不紧急修订教案以图应变。尽管如此,至本学期开始之时仍不免陷入尴尬。由于教材来不及修订,给修习这门课程的学生造成极大不便。于是我便开始修订本书。现在奉献给读者的本书修订版仍显仓促,不足之处尚请见谅,容后再行修补。

在我完成修订稿之后,周勤、杜晶、曾永锋、柏林、李赛敏五位同学帮助我进行了校对。特此说明,专以致谢。

施天涛谨记

2006年3月28日

清华明理楼

第二版说明

本次修订主要做了三件事情:一是去年中国人民银行分家,中国银行业监督管理委员会成立。全国人大常务委员会于2003年12月27日随之修改了《中华人民共和国商业银行法》、《中华人民共和国中国人民银行法》和制定了《中华人民共和国银行业监督管理法》,本书因应法律的修改和新法的颁布对第五编“商业银行”进行了修订。二是借本次修订机会对本书的一些内容进行了一定的增删和调整,但没有实质性变化。三是文字校对。可以说这是本次修订著者最为用心的事情。虽然著者已经尽力,但错误仍然在所难免,尚请读者见谅。

本书的修订再次得到同学的帮助。清华法学院研究生张华明、文新祥、周勤、龚薇、付维国、曾永锋等同学帮助校对,特此致谢。

施天涛谨记

2004年7月16日

清华明理楼

第一版说明

一、关于本书

法律出版社丁小宣君约请我编写一本商法教科书，著者勉力将过去的讲稿予以扩充，并以《商法学》为名付梓出版。

著者滥竽法律院系充任商法学这门课程的讲席，先后已有十余年时间。本书的基础是著者多年积累的讲稿，因而并未刻意追求体系的完整和内容的全面，可能与目前坊间流传之商法教材有所不同。

本书专论部分包括商事公司、证券交易、商事信托、商业银行、商业票据、商业保险。读者不难看出，这本商法教科书主要是以资本与金融法律为主旨。著者认为这一体系符合现代商法的发展趋势。专论部分是本书的主体和重点。

本书特设“商法导论”一编对有关商法的基本问题和特殊制度予以论述。此外，为了给读者一个商法的全貌，在导论中，特将没有作为专论的内容分别纳入商事主体法律制度和商事行为法律制度之中。

本书之所以将这一部分称为导论，而不是“总论”，主要是基于如下考虑：一是我国没有采用独立的商法典立法模式，因而也就不存在与法典“总则”相对应的“总论”内容。二是相对来说，商法学在我国还是一门比较年轻的学科，理论上的研究尚有待于深入，现在总结出具有“总论”性质的结构和体系的时机还不成熟。总之，设置导论一编的目的仅在于帮助读者对商法有一个梗概的了解。

二、致读者

本书是一本专门写给法律院系本科生的教材。在法律院系的课程安排中，商法属于高年级学生修习的课程，对于法学院的学生来说，只需要按部就班地按照教学计划选修这门课程就可以了。但是，对于那些以自学为主的读者来说，著者善意地提醒，在研习商法之前，应先修习一些其他法学课程，尤其重要的是民法和行政法。因为，民法是商法的基础，如果没有修习过民法，商法中的许多概念和制度则无从理解。行政法基础知识的储备也是不可或缺的。商法并非纯粹私法，其中包含了许多行政管制措施。这一点在中国商法中尤其突出。另外，就商法的实施而言，中国商法与西方国家商法也有很大的不同。在西方国家，商法的实施较大程度依赖于法院。而在中国，则主要依赖于行政机关。不了解这一点，就不能很好地理解中国商法。

要学好商法，还需要具备其他一些相关知识。其中比较重要的是要掌握一定的经济学和金融学知识。如果没有一定的经济学和金融学知识，商法中的很多制度很难透彻理解。掌握一定的财务会计知识也很重要。因为，在许多情况下，商事法律关系就蕴含在一些财务会计表册之中，如果读不懂这些财务会计表册，也就很难理清其法律关系。尤其是对于那些将来准备从事商务律师职业的学生来说，可能大部分时间是与非诉讼业务打交道，如投资银行业务等。在从事这些业务时，都是与相关专业人士进行合作，如果不具备上述知识，则很难与其沟通。

商法是一门实践性很强的学科。因而,在学习商法时,应当尽量对实务有所了解。对于学生来说,一个比较便捷的方式是阅读一些经济、金融报刊和访问相关的网站,如《中国证券报》、《财经时报》或者《21 世纪经济报道》,以及 The Wall Street Journal 等。当然,如有机会利用假期在一些金融机构或者律师事务所接触一些商法案件则更有所助益。

三、致谢

本书成稿后,劳烦清华大学法学院研究生夏云鹏、张华明、文新祥、栾芃、秦佩华、毕经纬、周勤等同学帮助我进行了校对工作,不仅辛苦,而且牺牲了他们的假期,甚为歉疚,深表感激。

施天涛谨记

2003 年 8 月 15 日

清华明理楼

目　录

第一编　商法导论

第二编　商事公司

第三编 证券交易

第四编　商事信托

第五编　商业银行

第六编 商业票据

第七编　商业保险

第八编　企业破产

第一编　商法导论

商法概述
商事主体
商事行为
商业名称
商事代理

第一章 商法概述

第一节 商法的概念和特征

一、商法的概念

商法,又称商事法(Commercial Law/Business Law),是指调整有关商事关系的一系列法律规范的总称。对商法的这一定义,可以从两个方面来分析:一方面,它说明商法是以商事关系作为自己调整对象的法律部门;另一方面,它说明商法是由一系列法律规范所构成的一个法律体系。

(一)商法的调整对象是商事关系

任何法律都以一定的社会关系作为自己的调整对象。商法的调整对象是商事关系。商事关系(commercial relationship),是指商事主体按照商事法律的规定从事各种以营利为目的的营业活动所发生的财产关系。这一定义又具有如下几层含义:

1. 商事关系是一种财产关系

传统上,法律有公法与私法之分。公法调整的是公共管理关系,私法调整的是私人之间的关系。其中,私人关系包括私人财产关系和私人人身关系。商法是一种私法,自然它所调整的关系是一种私人关系。但商法不调整全部私人关系,它只调整私人财产关系。

私人财产关系,是指人们在物质资料生产、分配、交换和消费过程中所形成的经济利益关系。私人财产关系具有平等性、自愿性和有偿性。所谓平等性,是指在这种关系中,当事人之间的法律地位是平等的,不存在一方当事人支配或者命令另一方的问题。所谓自愿性,是指当事人之间的一切交易关系必须建立在自主自愿的基础之上,任何一方均不得强迫他方与之进行交易。所谓有偿性,是指任何交易的进行都必须遵守等价交换的原则,不得无偿剥夺他人财产。私人财产关系的这些特征反映了商品经济关系的客观要求。

一切商事主体均享有一定范围的人身权,譬如,商事主体的名誉权等。但商事主体的人身关系并不为商法所调整,而由民法来调整。商法之所以不调整人身关系,是因为商法所调整的商事关系是以营利为目的的经营关系,任何人身关系都不具有营利性特征。[1]

---

〔1〕 这里需要对商业名称权予以特别讨论。商业名称,又称为商号,是商事主体用以表彰自己营业的名称。商法之所以对商业名称权提供保护,仅仅是基于商业名称权的专用性和财产性。也就是说,商法是将商业名称权作为一种财产权,而不是作为一种人格权,加以保护的。因为商业名称一经登记注册即成为一种专用权,这种专用权属于财产权的一种,可以转让,可以排斥他人使用,从而使得商业名称权具有营利性特征。关于商业名称,我们在第一编第四章中还将继续讨论。

2. 商事关系是一种经营性财产关系

商法所调整的商事关系是一种私人财产关系，但商法并不调整全部私人财产关系。那么，商法所调整的财产关系究竟是一种什么性质的财产关系呢？或者说，区分的标准在哪里呢？

区分商事财产关系和非商事财产关系的标准在于这种财产关系是否具有营利性。营利性是商事关系的本质特征。非商事关系不具备营利性特征。由此可见，商法所调整的商事关系是商事主体以追求利润为目的而营运其财产所形成的财产关系，是一种商事经营关系。这种商事经营关系的核心特征在于它的营利性。

所谓营利，是指以金钱、财物、劳务等为资本而获取经济上的利益。譬如，投资关系，是投资者为了追求资本的再生而利用其财产所形成的一种财产关系，这实际上是一个财产的资本化过程。在信托关系中，委托人将财产委托给受托人经营管理，其目的是使信托财产保值增值。在票据关系中，出票人签发票据在实质上是对其取得他人财产的一种对价支付。保险公司所承保的各类保险业务显然是为了取得保费收入，而保险公司对保险基金的运用同样也是为了使保险基金保值增值。在存款关系中，存款人将现金存入银行是为了获取利息收益，而银行则可以将该存款以高于存款的利息信贷出去，从中获取利息差价收益。商业银行还可以开发其他中介业务，提供有偿服务；也可以从事特定的投资业务，以赚取投资收入。在这些关系中，所有的活动都体现为一种经营性行为，其目的都在于获取利润。

商事关系的营利性特征使得商事财产关系不同于非商事财产关系，进而使得这种财产关系由特殊的法律调整，即由商法来专门对商事关系进行调整。

3. 商事关系是一种独立的社会关系

商事关系是否为一种独立的社会关系涉及商法能否成为一个独立的法律部门。要说明商事关系的独立性，主要在于廓清它与民事关系的关系。至于商事关系与刑法所调整的社会关系、行政法所调整的社会关系，甚至与经济法所调整的社会关系，其区别则相当明显，无须专门讨论。

(1)商事关系与民事关系的联系性

商法与民法的关系最为密切，以致人们常常以“民商法”称之。这是因为商法与民法同属于私法，由此导致商法与民法所规范的社会关系具有同一性，即私人之间的财产关系。当然，民法还调整私人人身关系。

由于商事关系与民事关系同属于私人关系，这就决定了民法上的一些基本原则同时也是商事主体实施商事行为所应遵守的基本行为准则，如自愿原则、等价有偿原则、公平原则以及诚实信用原则等。

在具体商事法律制度中，商法与民法也有紧密的联系。譬如，商法中的公司制度之于民法上的法人制度、票据与证券制度之于民法上的有价证券制度、保险制度之于民法上的合同制度、破产制度之于民法上的法人解散制度、海商制度之于民法上的货物运输制度等，均有着很强的关联性。

由是观之，商法与民法同属于私法，二者调整的对象同属于私人关系。民法调整的是一般性财产关系，商法调整的是经营性财产关系，也可以说商法是对私人财产关系的再调整或者分工调整。

(2)商事关系与民事关系的差别性

然而，商事关系毕竟具有其自己的本质特性。也就是说，商事关系是一种独立于民事关系的社会关系。概言之，商法有着自己独立的调整对象，有着自己固有的规则内容和调整方法。这里应该强调的是，商法与民法调整着共同但却有差异的社会关系。

商法的独立性表现在：民法是关于一般市民社会关系的共同行为规范，而商法则是对这种一般市民社会关系的进一步调整。民法调整的是静态的财产关系，如财产所有关系；商法调整的则是营运中的财产关系，这是一种动态中的财产关系。静态中的财产关系是一种财产权利的确定状态；动态中的财产关系是一种财产的变动状态。〔2〕可以说，民法是权利法，是确认权利归属的法律。而商法则是财富法，是促进财富增长的法律。商法的这种财富法性质反映在整个商法中。

第一，财富增长与所有权分离。譬如，在民法的物权规则中，原则上所有权与使用权是统一的，一个物上只能存在一个所有权。即使从民法上的自物权中能够分离出他物权，但这种他物权也是有极限的，并且最终控制在所有权人手中。而在商法中，财产的所有权与财产的经营权或者控制权是分离的。

一个典型的例子是公司。在公司财产关系中，投资者将资金或者其他财产投入公司后，该种资金或者财产在整体上形成公司财产，属于公司所有；而投资者则从投资人的身份转换为股东，仅对其投资入股的资金和财产享有股权。另一个典型的例子是信托。在信托法律关系中，委托人将财产转移给受托人之后，受托人获得对信托财产的所有权，受益人则享有对信托财产的受益权。

商法中之所以存在权利分离现象，究其根本原因，无非还是因为商事关系是一种经营关系，其目的在于营利。商法上，为了使财产最大限度地发生增值，而不惜牺牲权利“体系上的优雅”（structural nicety），以最大限度地使财富最大化（wealth maximization）。在上述例子中，赋予受托人或者公司以所有权，受托人或者公司将会获得极大的经营自主权，受托人或者公司必然将会像所有人那样去经营管理财产。很明显，以所有人的身份去管理财产较之于单纯地利用他人财产（如民法上的他物权）所产生的激励（incentive）是完全不一样的。总的来说，民法上物权制度的基本功能只在于确认权利的归属。而商法上的产权关系则在于最大限度地扩张财富。二者目的和功能各不相同。

第二，财富增长与权利转让。在民法上的权利转让规则中，一般体现为实物转让，而实物转让受到诸多限制。而在商法中，法律使权利证券化，并使转让的自由程度最大化。

一个例子是商法将投资者权利证券化，证券的转让依照背书或者仅依交付即可。同时配合以专门的证券交易场所，如交易所交易方式或者柜台交易方式，形成有效的证券市场，使证券的转让和交易极为方便。另一个例子是商法将支付手段票据化，并且使票据关系具有无因性，突破了民法上关于权利转让的限制，使票据行为独立存在。这些措施无疑大大加强了票据的流通性。

商法中使权利证券化以及因此所采取的一系列措施无非是为了加速财产的流通，使财产在流通中发生增值。很显然，财产的流通性越高，财产发生增值的概率也就越大。

第三，财富增长与投资者责任。商法在对待投资责任问题上采取的是以有限责任为原则，无限责任为辅助。商法中也存在投资者的无限责任，如合伙人对合伙债务的责任，个人独资业主对独资企业的债务，以及在有些国家和地区还承认无限责任公司的情况下，公司股东可能对公司债务承担无限连带责任。但从商法的基本价值取向来看，商法以有限责任为主导已成为现代商法

---

〔2〕关于民法与商法之区分的这种认识虽然具有相对性，但确实也构成它们各自的显著特性。即便是传统民法中的债法，其本身也只是对一般民事流转关系所作的规定，与以调整商事交易为中心的商法相比，商法的动态性特征显然更为突出。

的显著特征。

最为典型的例子是公司中股东只以其投资额为限对公司债务人承担责任。投资人有限责任的采用当然是为了刺激投资者的积极性,如果投资者对其投资承担无限责任,势必使得投资者裹足不前,这将不利于企业筹集资本,尤其是不利于高风险企业的筹资。商业活动以营利为目的,但如果没有资本,又何谈营利?

投资责任有限性的另一个例子就是破产制度的采用。当企业发生资不抵债的情形时,可以由企业自己或者利害关系人,如股东、债权人,申请破产。在企业破产的情况下,企业只以其现有实际财产对债务人承担责任,对债务超过部分不承担责任。在这种意义上,可以说破产制度是有限责任的必然延伸和逻辑结论。

无论是股东有限责任制度还是企业破产制度,实质上都是以牺牲债权人利益为其存在前提。在企业破产的情况下,股东只在其投资的限度内承担责任,企业只在其现有实际财产范围内承担责任,那么,债务超过部分的责任由谁承担呢?当然是债权人自己承担。这意味着债权人承担了一部分投资风险责任,投资者的投资积极性得到最大限度的激发。归根结底,企业是投资者的企业,企业的债务得不到清偿,投资者的包袱不能解脱。在有限责任和破产制度的配合下,即使一个企业破产了,投资者还可以东山再起,再行投资别的企业。财富由此繁衍,生生不息。反之,在无限责任制度框架下,投资者势必瞻前顾后,尤其是对于高风险投资,必将乏人问津。如此,财富不能增长,社会不能进步。可见,在采用无限责任的条件下,虽然商业信用增加,但却抑制投资;在采用有限责任的条件下,虽然债权人的风险增加了,但却刺激投资。

正是由于商法与民法的差异性,商法采取了不同于民法的原则和制度。譬如,一般而言,商事主体要从事商事经营活动须进行商事登记并设置商业账簿。又如,商事主体从事特殊的营业,如金融行业或其他特殊行业,需要获得业务许可。再如,商法对商事关系的调整可能会采取一些特别的方法和规则,诸如管制方法、无因性和独立性方法、外观主义、交易定型化方法、技术方法、程序方法、严格责任主义以及短期时效等。上述这些列举或者属于商法特有,或者在商法中特显得更为明显。究其原因,无非是由商事关系的营利性本性决定的。

(二)商法是由一系列法律规范所构成的一个法律体系

所谓"一系列法律规范的总称",是指商法是由各种商事法律所构成的一个体系。在采用民商合一的体例下,除了有关商法的一般性规则纳入民法典之中外,其他具体商事法律均采用单行法形式。在采用民商分立的体例下,在商法典之外,仍然有许多商事单行法存在。此外,无论是民商合一还是民商分立,都存在相关商事法律的实施细则,这些都是商法的有机构成。

需要指出的是,我国《民法典》采取的是民商合一体例,使商法与民法形成了特别法与一般法的关系。因此,在具体的法律适用上,商法虽然具有优先的效力,但民法仍然起到一般和补充的作用。也就是说,商法有规定的,首先应当适用商法的规定;商法没有规定的,可以适用民法的规定,尤其是适用民法的基本原则。

1. 商法的不同含义

应当注意的是,商法这一概念在不同的场合使用时其意义有所不同。具体有广义的商法与狭义的商法、实质意义的商法与形式意义的商法之区分。

广义的商法,是关于商事法律的总称,它包括国际商法和国内商法。

国际商法是指国际间关于商事的法律规范,如国际商事条约和国际商事惯例。国内商法是指国内法上关于商事的法律规范,又可分为商事公法和商事私法。商事公法是指公法上关于商事的法律规范。公法上有关商事的规定散见于各种公法之中,其本身并无完整的体系,如行政法、刑法、诉讼法中有关商事的规定等。商事私法是指私法上关于商事的法律规范。

狭义的商法,仅指商事私法,通常所说的商法仅针对这种狭义的商事私法而言。关于商事私法,在民商合一和民商分立的国家,其表现形式不同。前者如民法典中关于商事的规定、商事特别法的规定以及有关商事习惯法;后者如商法典、商事特别法以及商事习惯法。

实质意义的商法,是指一切以商事关系为其规范对象的各种法律法规,就法律形式而言,不采用专门的"商法典"形式,凡是有关商事关系的规定,或者分别编入民法典,或者另行制定商事单行法规。这是民商合一的国家所采取的商事立法形式。

形式意义的商法,是指在民商分立的国家所制定的以"商法典"命名的商法。商法典是经过制定法程序而颁布的法典化的商法,如法国、德国、日本、韩国等国家的商法典。至于其单行的商事法规,则以特别法的形式出现,而不一定以商法命名。

本书所称商法指的是商事私法,包括形式意义和实质意义的商法。

2. 商法体系的结构

既然商法是由一系列商事法律规范所构成的一个体系,那么,这个体系是如何构成的呢？商法体系的构建服从于商法所调整的社会关系。前面我们将商法所调整的关系界定为商事关系。而商事关系则由商事主体、商事行为两大要素所构成。因此,商事法律体系相应地就由商事主体法和商事行为法两大部分构成。

商事主体法是关于商事主体资格的取得、变更或者消灭的规则。在现代社会,商事主体主要表现为某种形态的商事组织。因此,商事主体法主要是关于各种商事组织,包括商事公司、合伙企业、个人独资企业以及国有企业、集体企业、外商投资企业和各类金融机构的设立、变更、治理结构、解散等方面问题的规定。目前在我国,有关商事主体方面的法律主要有:公司法、合伙企业法、个人独资企业法、外商投资企业法等。破产法也应当属于商事主体法的范畴,因为,破产法是一种解决商事组织在资不抵债或者支付不能的情况下如何解散与清算的规则,商事主体的破产将会使得众多的利害关系人受到影响,因此,必须依照特别的程序在法院主持之下进行清算。可以说,破产法是一种关于商事主体的解散与清算的特殊规则。

商事行为法是关于商事主体从事各种商事经营活动的行为规则。由于商事行为又体现为各种形式的商事交易,所以又称为商事交易法。目前,我国调整商事交易方面的法律有合同法、证券法、证券投资基金法、信托法、保险法、票据法、商业银行法以及海商法等。此外,期货交易法也正在起草过程中。

关于商事行为法,有一点需要注意。我国的商事立法具有明显的民商合一特征,即有关一般性的商事行为都被规定在合同法之中。在我国《民法典》合同编所规定的有名合同中,除赠与、无偿性保管、委托、居间以及个人消费买卖等合同外,其他均具有商事合同性质。由于在我国的法学概念中,合同法属于民法的一部分,所有的合同均被视为民事合同,人们往往容易忽略合同也是商事行为的一种,而且是一种基本的商事行为。

最后需说明的是,上述关于商事主体法和商事行为法的区分只是一种逻辑上的分析,实际上往往商事主体法中有行为内容,如公司购并交易、公司发行证券等行为。但这些交易行为必定与商事组织本身有着密切的联系性。如果只是单纯的商事交易活动,如公司与第三人订立的普通商事合同,自然不属于公司法的调整范畴,而应当由合同法或者一般交易法调整。

另外,在我国的各种商事交易法中,除了合同法属于单纯的交易法之外,其他交易法均存在有关主体的内容,如证券法中关于证券投资者、证券发行人、上市公司、经纪公司等方面的规定,保险法中关于保险公司、保险代理人、保险经纪人的规定,商业银行法中关于商业银行组织的规定。采取这样的立法模式主要是为了保持法律结构的完整性,因为这些特殊形态的交易具有很强的行业性,法律对从事这些行业的主体要求不具有普适性,无法将其纳入一般商事主体法之中。尽管在我国的一些商事交易法中融入了有关商事主体内容的规则,但从其核心内容和基本定位来看,仍然不能否认这些法律的交易法性质。

值得注意的是,在我国现行法律体系中,只有信托法没有将信托业纳入其中。也就是说,信托法采取的是将信托行为与信托业分开的模式。但即便如此,信托法中关于委托人、受托人和受益人的规定也是关于信托关系主体的规定。

3. 商法的渊源

商法的渊源是指商事法律规范借以表现的形式。行为规范只有表现为某种形式的法律规范时才具有法律效力,因此,商法的渊源就是指能够通过执法程序予以执行的法律规范形式。

商法的表现形式多种多样。下面我们只介绍商事制定法、判例法、司法解释、自治性规则以及国际条约与国际惯例这几种与商法有着重要关系的法律渊源。

(1)制定法

在大陆法系国家,制定法(或称为成文法)是其商法的重要表现形式。这种制定法或者表现为商法典形式,或者表现为商事单行法形式。在我国,制定法同样是最为重要的商法渊源,并且表现为商事单行法形式。

上述制定法是针对基本法律而言,即从法律的效力层次上看,属于国家制定的法律,如在我国,由全国人民代表大会或者其常务委员会通过的法律。除了这些基本法律之外,在我国还存在大量的行政法规。

商事行政法规是我国商法的另一类重要的制定法渊源。在我国,国务院以及各级行政主管部门颁行了大量的有关商事方面的行政法规。这些行政法规,有些是国务院直接颁行的,而更多的则是特定行政主管机关颁行的行政性规则,如国家市场监督管理机构基于对企业的登记注册管理而发布的规则,国家金融监督管理机构基于对商业银行与保险等金融机构及其业务的监管而发布的规则,中国证券监督管理机构基于对证券、期货市场的监管而发布的规则。

在适用上述商法渊源时,应注意不同层次的商法渊源的不同效力,下级法规不能与基本法律相冲突。

(2)判例法

判例法是英美普通法系国家最为重要的商法渊源。虽然在英美普通法系国家的商事法律体系中,其制定法的地位越来越重要(尤其是在商事法领域),但判例法仍然是其法律的基本渊源。如在美国,各州都有成文公司法,但是法院在处理公司案件中,主要援引的仍然是先例规则,甚至有些领域完全由判例法决定。例如,公司法中的"经营判断规则"(Business Judgement Rule)本身就完全由判例规则构成。又如,美国的证券法是联邦制定的成文法律,但适用判例法的情形同样显著。

(3)司法解释

在大陆法系国家,司法解释是对制定法的重要补充和阐释。在我国,最高人民法院所发布的有关商事规则的解释意见或者指示也是重要的商事法律渊源。如最高人民法院发布的《关于审理证券市场因虚假陈述侵权民事赔偿案件的若干规定》就是对我国证券法上关于证券民事责任有关规定的具体化规定,是指导各级法院审理证券市场上因虚假陈述而发生的民事赔偿案件的重要依据。

由于我国商事立法尚不完善,许多商事法律较为原则化,不利于执行,所以司法解释对于我国商法的实施起着重要的补充作用。

(4)自治性规则

商法本身是一种高度的自治性法律。早期的商人法完全是一种商人自治法。在商法成为国家法律之后,虽然国家法律上升到主要地位,但商法的自治性依然是商法的重要特征。

商法的自治性规则表现在两个方面:一方面是由商事组织制定的自治性规则。譬如,证券交易所对证券市场的管理就是一种自律性管理,证券交易所制定的规则也是一种自律性监管规则;另一方面是法律赋予了商事主体一定的自主权。如在公司法中,公司章程就是公司治理的重要自治性规则。只要不与强行法律相冲突,公司章程可以记载任何有关公司治理的内容,并对公司、股东、董事、监事、经理具有拘束力。

(5)国际条约与国际惯例

当今,国际贸易日益频繁,国际经济一体化程度越来越高,相应地,国际社会制定了越来越多的国际条约,以使规则统一化。这样,国际条约就成为又一重要的商法渊源。如果一个国家加入了某一国际组织或者加入了某一国际条约,它就必须首先遵守这个条约。譬如,我国加入了WTO,我国的法律就应该与 WTO 规则保持一致(但我国声明保留的条款除外)。

在解决相关纠纷时,如果既没有加入国际条约,国内法律又没有相关规定时,可以适用国际惯例。国际商业社会中形成和使用的商业惯例一直是商法的重要渊源。我们说,早期的商人法是自治法,而这种自治法又主要表现为商业惯例。商业惯例对商法具有重要影响,许多商事法律规则就是由商业惯例演变而来的。

二、商法的特征

(一)商法的私法性与公法性

商法本质上属于私法,对于它所调整的私人关系主要采用的是自由主义。譬如,在商事交易中,基本上就是由当事人自己决定交易对象、交易条件和交易内容,法律在这里采用的是合同自由原则。再如,在企业实践中实行的所有权与经营权相互分离,企业自身享有独立自主的经营管理权。法律在这里采用的是企业自治原则。

虽然现代商法以私法规定为其中心,但为了保障其私法之规定的实现,又多采取强制干涉主义,从而导致了商事法的公法化倾向。这种公法化倾向既可能体现在商事组织方面,又可能体现在商事行为方面。

在涉及商事组织方面,其公法性倾向较为明显。譬如,根据我国公司法规定,法律、行政法规规定设立公司必须报经批准的,应当在公司登记前依法办理批准手续;公司的设立必须符合法定条件和法定程序;公司证券的发行需要经过证券监督管理机构的核准;公司股东会议、董事会议制度、监事会议等公司程式的法定要求;有关公司财务与会计制度的法定要求;在特定交易中少数异议股东要求公司回购其股份的评估权制度,强制解散制度等。涉及商事组织方面的强制性规范很多,不胜枚举。但即使从上述例子中,也可以看出商法,尤其是商事组织法,具有较强的公法性。

在涉及商事行为方面,原则上法律采取自由主义,但强制性规范也随处可见。譬如,公司章程本属于自治性规则,但是法律却规定了章程中必须记载的事项;同理,法律对票据的记载也规定了必须记载事项。这些必须记载事项必须记载,如有缺漏,可导致章程或者票据无效。

现代各国在其商事立法中兼采自由主义和强制主义,所以,在商事法律中,随处都可以发现两种主义的对峙。由此可见,商法具有二元性,它是一切法律中兼具自由与严格的特性,且该特性极为突出的法律。

但是,总体来说,在涉及商事组织方面,强制性规范居多,而在涉及商事行为方面,则任意性规范居多。究其原因,是由于在商事内容,亦即商事交易行为本身方面,所追求的是交易的简便、敏捷和弹性。在这种商业活动中,特定人相互之间的法律行为所产生的后果,其利害关系仅及于当事人本身,在这种情况下,应当由当事人自治自决,所以,法律采取自由主义而多作任意性规定。但是,在商事交易的基础方面,其营业组织是否健全,直接或间接地与第三人发生利害关系,影响及于社会公众利益,所以,为了追求交易安全,法律采取干涉主义而多作强制性规定。

(二)商法的国内性与国际性

商法属于国内法范畴,自无疑问。但是,自近代社会以来,交通的发达,尤其是航海技术的提高,使得国际贸易往来频繁,各国在长期的经济贸易交往中逐渐形成了一些普遍接受的贸易惯例和习惯做法。例如,欧洲中世纪的商人法就是商人在欧洲各地港口或集市用以调整他们之间的商事交易的法律和商业惯例。又如,在现代国际贸易中,各国商人普遍采用 FOB 或 CIF 条件来订立合同,一旦这些贸易条件得以采用,各国对买卖双方在交货中关于风险费用和责任划分的解释基本上都是相同的。商法的国际性在各种商事法律中均有不同程度的体现,尤其在海商法、票据法领域更为明显。

与此同时,商事法律的国际法统一运动自 20 世纪以来就一直没有间断过。尤其是 20 世纪 60 年代以后,商法的国际化倾向更加明显。“二战”后,随着世界生产力的增长,各国之间的经济联系日益密切,经济生活越来越国际化,互相依赖的程度大大增强。国际经济的这种新发展,在客观上要求建立一套调整国际经济贸易关系的统一法律,为国际经济交往提供一个良好的法律环境。因而,各国制定了一系列有关商事的国际条约或公约,如 1874 年的《世界邮政协约》、1910 年的《船舶碰撞及海难救助统一公约》、1930 年的《日内瓦统一票据公约》、1931 年的《日内瓦统一支票公约》、1978 年的《国际海上货物运输公约》《国际汇票和国际本票公约》、1980 年的《联合国国际货物买卖合同公约》等,不一而足。

(三)商法的实体性与程序性

法律规范有实体规范(substantive law)和程序规范(procedural law)之分。实体法是关于法律主体所享有权利和应履行义务的规定;而程序法则是关于如何实现或者保障这些实体权利的规则。商法当然是实体法,但同时亦具有非常强烈的程序性。为了保障民事权利的实现,商法中存在大量的程序性规则。可以说,在商法中,实体规范与程序规范并重,几乎每一个实体权利都会跟进相应的程序规范。

商法中的程序规范有诉讼程序规范和非诉讼程序规范之分。

商法中的诉讼程序规范最为典型的体现在破产程序(bankruptcy procedure)中。在破产法中,相当多的内容都是关于司法程序上的规定,如破产宣告、债权人会议、破产清算以及破产和解与破产整顿等。商法中另一个典型的诉讼程序规范是公司法中的股东派生诉讼(shareholder derivative litigation)。所谓股东派生诉讼,又称股东间接诉讼,或者股东代表诉讼,相对于股东直接诉讼而言,是指当公司利益受到不法侵害时由股东代表公司提起的诉讼。在公司法中,法律对派生诉讼的要件、诉讼当事人、诉讼程序以及和解等均进行了规定。商法中再一个体现诉讼程序规范的制度就是证券集团诉讼(class action)。由于证券欺诈所引起的民事损害赔偿诉讼的原告往往人数众多,所以这类诉讼常常采取集团诉讼的方式。证券法往往对这种集团诉讼程序予以专门规定。此外,票据法中关于票据丧失后的救济也涉及诉讼程序规则。

商法中的非诉讼程序规范则更是随处可见。譬如,公司法中的公司设立程序、股东会议程序、董事会议程序、分立与合并程序、解散与清算程序等;证券法中的证券发行与交易程序等;票据法中的票据承兑程序、见票程序、付款程序、行使追索权程序以及票据丧失后的挂失止付等;保险法中的索赔与理赔程序等;商业银行法中的各种银行业务的办理程序,如银行贷款程序、结算程序以及客户账户的查询、冻结、扣划程序等。

商法之所以如此重视程序性要求,无非在于确保当事人权利的实现。如果没有这些程序规则作为保障,商法上所规定的实体权利有可能会落空。

(四)商法的冲突性与协调性

商业社会,是一种经济自由社会,可以说,没有经济自由,就没有商业或者说商业将受到抑制。因此,自由主义是商法的基本原则。

商业社会,一切交易行为都显露出纯粹的利己主义色彩,一切的商业组织和商业活动,其目的均在于追求利润。应该承认这是一个利己主义的集合。这意味着,一方面,法律要承认个人私利的存在;另一方面,法律还要维持交易的公平。这是商法中的公平原则。

同时,商业社会,一切以营利为目的,效率越高,获取利润的机会就越多。因此,商业交易力求简便敏捷。这是商法中的效率原则。

商法不仅要保障交易的自由、公平和效率,而且还要兼顾交易的安全。如果只追求效率而不顾安全,则仍属枉然。这是商法中的安全原则。

显然,这些不同的原则相互之间具有冲突性和排斥性。商法就是要对这些原则进行协调,以保持它们之间的和谐。当然,这是一件很难的事情。商法是如何对这些原则进行协调的呢?先举一个例子。

这里不妨将法律比作一种交通规则,如果认为其他法律是普通道路的交通规则的话,那么,商法则是一种高速道路的交通规则。居住在都市的人都有体会,城市普通道路交通规则首先注重的是交通自由、交通公平和交通安全,但却无法兼顾到交通效率。也就是说,任何一个有车的人都享有使用交通道路的权利(交通公平),可以在任何道路上行驶(交通自由),但交通规则对于车辆的行驶速度却有严格限制,并对十字路口实行管制(交通安全)。但由于车辆多、速度慢,所以交通堵塞这种城市人最为恼火的事情之一便不能克服(没有交通效率)。

而高速道路交通规则首先注重的是交通效率(不然,为什么需要高速道路呢)。为了保证汽车的行驶速度(交通效率),允许汽车以较高速度行驶,不设十字路口,同时对进入高速道路的车辆有所限制,譬如,不准许某些类型的车辆(如大型卡车、推土机、拖拉机、吊车等)进入高速道路,有的情况还可能收费。但是,高速交通规则又不能纯粹只注重交通效率,还要维护交通自由、公平和安全(如果不允许大多数人使用或者只有少数特权人才能使用,高速道路岂不成了特权道路?又或者在高速路上总是发生交通事故,谁还敢再使用高速道路呢)。因此,高速道路规则对进入和使用高速道路的限制又不能太严厉或者有歧视,实际上,除了特定车辆外,绝大多数车辆仍然能够进入和使用高速道路,交通自由与公平有保障。同时,高速道路设施条件好,道路宽畅平整,交通安全也有保障。

商法上对不同原则的协调类似于上面所举的例子。概言之,法律采取自由主义原则以促进交易自由。法律所确认的平等原则、诚信原则以及情势变更原则,其目的在于维持交易的公平性。法律使交易自由化,权利证券化,时效短期化,以此促进交易的效率。法律采取强制主义、公示主义、外观主义、严格责任主义、禁止诈欺或者不正当行为主义等措施以保护交易安全。

关于这些原则,下面还将专门论述,这里只举一些例子来说明法律是如何协调这些原则的。我们用证券交易作为例子予以说明。

首先,证券交易是一种商事交易,商事交易应当采用交易自由原则。譬如,投资者是否买卖证券,买卖多少证券,在什么价位上买卖证券等,均由当事人自己决定。

其次,在证券交易中,法律是如何保障交易效率的呢？首先设想一下,如果所有的证券交易都采用一对一的协议交易方式,不但耗费时间,成本高昂,而且不可能形成一个有效的证券市场。为了提高交易效率,法律采用的第一个措施就是使权利证券化。权利证券化使得流通方便,交易敏捷,效率提高。法律采取的第二个措施是采用集中竞价的交易所交易方式。在这种交易方式下,证券交易以交易所作为媒介沟通交易双方撮合成交,交易当事人无须面对面协商。法律采取的第三个措施就是中央结算制度。有了中央结算制度,就没有必要在每一笔交易之后进行现金支付和证券交付,只需要在中央证券或者资金账户上进行抵销结算就可以了。

再次,在证券交易中,法律是如何维持交易公平的呢？主要表现为平等对待原则。除了法律规定特定人在特定时期不能购买证券外,其他任何人都有投资购买证券的权利,即法律对投资者的资格进行了广泛的界定。

最后,对交易安全的保护。如我国证券法禁止操纵市场、内幕交易、虚假陈述以及其他欺诈行为等都是为了保障交易安全而设置的措施。

(五)商法的伦理性与技术性

一切法律,就其规范本身的性质而言,可区分为两大类:一类是伦理性规范,另一类是技术性规范。

伦理性规范的制定本诸恒理、基乎常情,如杀人者受刑、欠债者还钱,这都是任何普通人都知道的道理。民法、刑法等属于这类法律。而技术性规范的制定则完全出于立法专家的精心设计,其内容并非仅凭一般常识所能了解。商法、诉讼法等属于这类法律。尤其是商法,其技术性最为浓厚,其大多数规则宛如一部精巧的机器,如果不熟悉其内容,实难运用自如。

就票据法而言,其目的在于如何确保在一定的时间、一定的处所、支付一定的金额以及在票据不获付款时,如何能够获得稳健简便的救济方法。因此,票据法采取的票据的文义性、定型化、票据行为的独立性、票据抗辩之限制、持票人的追索权以及参加承兑等措施都无不表明票据法是一种高度的技术性规范。

在保险法方面,关于保险合同的订立,无论是财产保险还是人身保险,都是依照数学上及统计上的定律及原理,运用缜密的计算方法来测定保险事故发生的概率,以使将来所支付的保险金总额与所收取的保险费总额得以保持平衡。很显然,保险法亦具有较强的技术性。

在公司法方面,法律的技术性也有所体现。譬如,在采用累积表决权的情况下,其表决权的统计与计算殊为复杂,所以,一般情况下,公众公司不宜采用这种表决方式。又如,公司法上关于股东会的召集程序与决议方法、公司财务、会计以及公司股份与公司债的规定,都不同程度地体现了法律的技术性。

此外,证券法关于损害赔偿的计算的规定、海商法上关于共同海损的认定及理算的规定等无不具有强烈的技术性色彩。

但是,伦理性与技术性规范的划分并不是绝对的,商法中也存在伦理性规范,只不过与其他法律相比较,商法的技术性更加突出。如公司法中对有限责任公司出资转让的限制就是基于对该种公司的人合性考虑而设置的一种人性化关怀措施。又如,保险法上的道德危险不保原则、保险利益原则等均是伦理性规范的体现。

(六)商法的稳定性与进步性

与任何其他法律一样,商法也必须保持其法律的稳定性。法律的稳定性可以使人们对法律的适用效果进行合理的预期。但应当注意到的是,由于商法所调整的一定的经济关系较之于其他社会关系更容易发生变化,因而,商法亦必须随着已发生了的经济变化或者所出现的新的经济现象相应地作出调整以适应现实的需要。尤其是当今世界,国际经济贸易发展迅速,经济竞争激烈,商法亦必须随着时代的潮流与社会经济发展的趋势而力求其进步。

商法的进步性首先体现在商法随时代的进步而丰富发展自己。这又突出表现在如下几个方面:

第一,从海商到陆商。由于早期的商业是以海上贸易为中心而展开的,所以,早期的商法尤以海商法最为发达,而陆商法律制度则显得较为简陋、粗糙。譬如,在早期商人法中,大量的商事规则都体现为海上贸易规则。即使到了近代法国商法典时期,其有关海商的规则详尽而完善,而有关陆商的交易规则就显得比较简单。由于交通运输工具的多样化,商事贸易逐渐从海上走向陆地,以致绝大多数商品的制造、交换都发生在陆地。体现在商法上,最为典型的就是公司法律制度得到了充分的发展。

第二,从传统的商业领域到金融商业领域。早期的商法主要局限于商品的制造、贸易、加工等传统商业领域,而现代商法则更加专注于资本市场与金融市场的投资和交易活动。因而,完全可以说,现代商法就是一部关于资本与金融的法律。一个对比的例子是,在法国和德国商法典时期,其商法的内容主要还是局限于传统商业领域,而到美国统一商法典时期,其商法中已经反映了大量的有关证券和金融业务内容。有人甚至将美国的统一商法典称为“银行法典”。的确,现代商法确实将其注意力转移到了资本与金融领域。尤其是在我国,由于受民商合一影响严重,绝大多数传统的商业领域均为合同法所吸收,剩下给商法的就只有公司、证券、期货、信托、投资基金、商业银行和保险等资本与金融领域了。

第三,从“身份”到“契约”。这实际上体现了商法的制度性革新。譬如,就商事主体而言,早期的商法只限于“商人”,而随着法律的现代化,现在任何人均可以从事商事活动,并没有特殊的身份限制。在商事主体的资格取得问题上,早期的商法采取政府许可制,而现代商法原则上采取准则主义,即只要符合法律规定的条件并依照法定程序申请注册登记就可以了,登记机关不对设立企业进行实质性审查,也无须取得政府的批准。在市场准入方面,早期的商法采取严格的许可制度,许多领域为国家垄断,不允许私人进入。而现在,在一些自由化程度较高的国家,国家几乎不涉足任何商事领域,所有的商事都由私人从事经营。

第四,商事交易手段和交易方式的进步。譬如,传统的交易方式主要局限于当事人之间面对面的协商,而科学技术的发展,电话、电报、传真方式的发明,使得人们从事远距离协商谈判成为可能。又如,通过现代视频技术可以召开股东大会,以电子计算机为核心的证券无纸化及其交易作业,随着资讯、网络应运而生的电子签名等。

第五,从个别交易到集合交易。譬如,交易所的出现使得集中竞价交易方式成为可能,这种方式的采用大大提高了交易效率,以其单位时间的成交量计算,远非个别交易所能比拟;又如,保险合同中所采用的标准合同方式,同样极大地提高了交易效率。

第六,商法的修改频率较高。与其他法律相比较,商事法律的修改要频繁得多。因而,大多数国家都在民法典或者商法典之外另行制定商事单行法以因应现实环境的变化,便于随时作出相应的调整和修改,以此促进商业的繁荣和社会的进步。

第二节 商法的基本原则

一、促进交易自由的原则

(一)交易自由原则的意义

交易自由原则源于经济学上的经济自由主义,而经济学上的自由主义又源于哲学上的个人主义。依照个人主义哲学,人人生而平等,个人自由、追求幸福与获取财富是个人不可剥夺的天赋人权。这一哲学思想为经济学家所接受和发挥。以亚当·斯密为代表的自由经济学家认为,每一个"经济人"在追求自己的利益时都受到一只"无形的手"(invisible hand)的牵引,即受到市场力量的控制和支配,因此,最好的经济政策就是自由经济主义。自由经济学家反对政府的干预。

交易自由原则就是这种自由经济主义在商法中的体现。交易自由的规范性特征表现为法律中的任意性规范,即赋予当事人自由选择的规范或者仅具有指导性的规范,通常表现为,只要不违反强制性法律规范或者公共政策,当事人可以自由决定其商业事务。私法自治原则反映在商法中的各个方面和各种制度中,譬如,在公司法中,可以通过公司章程进行公司治理安排,票据法中的任意记载事项,保险法中当事人对保险价值的约定等。

归纳起来,交易自由在商法中主要反映在如下三个方面:合同自由、企业自治和市场自律。

应当说明的是,私法自治原则在现代商法中得到了较大程度的修正,同时受到商法中其他原则的影响和冲击。如前所述,商法采取的是综合协调的调整方法。这将意味着,商法中各种原则都在同时发挥作用。因此,在掌握商法的原则时,不应将它们孤立起来对待,而应当从整体上来考量商法原则的适用。

(二)自由主义的表现形式

1. 合同自由

所谓合同自由原则,又称契约自由原则,是指在当事人是否订立商事合同以及在订立商事合同的过程中,其内容、形式得依当事人的意思自行决定,除违背公序良俗者外,国家法律不加以干涉。合同自由原则是私法自治原则在商事交易法中的具体体现。

合同自由原则的内容具体表现在如下几个方面:

第一,决定是否订立合同的自由。也就是说,是否订立合同,由当事人自己决定,不受他人支配。譬如,企业有权自主决定是否订立某项合同,企业的上级主管机关甚至企业的所有者均不能直接命令企业是否订立合同。再如,商业银行是否发放贷款,应当由银行自己决定,政府和其他任何单位或者个人不得干预。

第二,选择相对人的自由。当事人有权决定选择与谁订立合同,任何人不得强制他人与自己订立合同。譬如,如果是以强迫或者威胁或者利诱的手段使他人与自己订立合同,该种合同可能不发生法律效力。

第三,决定合同内容的自由。订立什么样的合同,权利义务如何安排,风险如何分配,责任如何确定,纠纷如何解决,以及合同的变更或者解除等,只要不违背强制性法律,均可由当事人自己决定。

第四,选择合同形式的自由。合同可以采取书面形式、口头形式以及其他形式。在合同自由原则下,采取哪种形式,由当事人自己决定,只要法律没有相反规定。

应当注意的是,合同自由原则的适用是不太平衡的。在普通商事合同领域,合同自由原则贯彻得比较彻底一些。例如,在合同法中的买卖、租赁、借贷、雇佣、承揽、委任、行纪、居间、寄托、运送等方面,合同自由原则都有着较为充分的体现。而在一些特殊的商事交易领域,合同自由原则却受到不同程度的限制。

譬如,在票据法上,出票人是否发行票据,关于票据金额数额的记载以及票据的任意记载事项等,均为交易自由的体现。但票据行为本身是一种要式行为,即必须采用书面形式,必须统一格式,当事人必须签名,并且法律规定了哪些事项是必须记载的事项等。这些强制性规范就是对交易自由的限制。从法律保障交易自由实现的角度来说,这种限制又是必要而可行的。

又如,在保险法上,投保人在法律没有相反规定的情况下有权随时解除合同,而保险人则在法律没有明确规定的情况下不能解除合同。这里,法律对保险人的解除合同的自由进行了限制,因为保险人是职业经营者,其在保险关系中处于优越地位,如果允许保险人像投保人那样随时解除合同,势必导致保险人滥用权利,损害投保人或者被保险人或者受益人的利益。

2. 企业自治

经济自由主义在商事组织法中的反映就是企业自治。现代企业的一个重要标志就是它的自治性。这种自治性反映在如下几个方面:

第一,企业设立自由。在企业发达史上,法律对于设立企业所采取的政策经历了一个从特许主义到核准主义再到准则主义的变迁过程。在特许主义时代,设立企业相当严格,需要经过国王或者议会或者政府的许可才能设立企业。在核准主义时代,对设立企业的限制虽然略有放松,但仍然需要得到政府的批准。随着经济自由化程度的提高,政府逐渐放松对企业的管制。因此,现代商法所确立的原则是,企业自由设立,即对企业的设立采取准则主义。所谓准则主义指的是,设立企业只要符合法律规定的条件和依照法律规定的程序申请注册登记,即可设立企业。在准则主义原则下,设立企业不再需要获得政府的批准。现在,大多数国家采取准则主义的做法。我国的企业设立政策是,原则上采取准则主义,但例外也采用核准主义。如根据我国公司法的规定,设立公司,只要符合公司法规定的设立条件的,即可登记为公司。但是,法律、行政法规规定设立公司必须报经批准的,则应当先行获得政府批准。

第二,企业自主经营。典型的现代企业为公司企业。这种企业具有自己独立的人格,能够独立享有权利和承担义务,能够以自己的名义对外从事经营活动。企业的独立人格必须以所有权和经营权相互分离为前提。企业享有自主的经营管理权。这种权利是脱离了所有者直接控制的一种独立的权利。关于这一点,在我国尤其具有重要意义。由于传统的国有企业在我国企业体系中占有主导地位,而国有企业的所有人又是国家,所以,传统的国有企业实际上是在政府直接控制下从事生产经营活动,政府对国有企业具有很强的干预性。为了改变这种状态,我国实行了对企业的股份制改造,其中主要就是对国有企业实行股份制改造。股份制改造的终极目的就是要将企业改造成为具有独立人格的自主性经营实体。

第三,企业自我管理。企业自由主义在商法中不仅体现为外部的经营自主权,而且表现在企业内部的自主管理。这种内部管理的形式就是通过公司章程自我治理。公司章程是公司内部治理的基本文件,是一种合同式安排,它对公司股东、董事、监事和高级管理人员具有拘束力。公司章程被认为是企业的“大宪章”(Great Charter)。

3. 市场自律

市场自律指的是由市场的参与者自己组织起来并对自己进行监管。商法中涉及对市场监管的体制有三种模式:第一种是政府监管模式;第二种是自律型监管模式;第三种是,或者在政府监管主导下的自律模式,或者在自律监管主导下的政府监管。纯粹的政府监管模式或者自律监管模式很少,主要是第三种模式。在第三种模式下,前者如美国,后者如英国。我国属于前者。

无论是哪种模式,市场自律均具有非常重要的意义。无论是斯密开启的古典经济学派,还是马歇尔开创的新古典经济学派,都坚信和遵循“自由放任”的精神,热捧市场机能在引导资源作最有效率的分配上的作用,主张市场经济本质上是自由经济,因此,政府干预越少越好。商人的事情应当由商人自己解决。但是,如果市场完全没有“看护者”(watchdog),市场又会“失灵”(market failure)。因此,商人可以自己组织起来进行自我管理,即由市场进行自律。即使采取政府监管的方式,也有政府监管不到位的地方,或者存在政府不能发挥作用的空间。在这种情况下,市场自律正好起到补充作用。

市场自律的方式就是由商人自己组织起来,自己制定规则,自己约束自己。如由证券经纪商组成证券业协会,对证券行业进行自我管理。由期货经纪商组成期货业协会,对期货行业进行自我管理。此外,证券交易所和期货交易所本身也是自律性管理机构,并对证券交易和期货交易进行监管。

二、维护交易公平的原则

在商业社会中,一切交易行为都显露出纯粹的利己主义色彩,因此,法律有必要采取措施以维护交易的公平竞争。交易公平原则主要体现在商事交易的主体方面。

(一)当事人的法律地位一律平等

在商事交易活动中,首要的是法律应保障交易主体处于平等的地位,只有当事人的主体地位平等,才可能发生平等交易和进行公平竞争。平等原则具有如下几个方面的要求:

1. 商事主体须具有独立的人格

商事主体具有独立的人格是平等原则的前提和保障。只有商事主体各自具有独立的人格,他们才能独立地进行意思表达,这样才可能在他们之间平等地发生交易。

在商法中,各种商事主体均具有独立的人格。如公司是法人,具有自己的人格。合伙企业和个人独资企业则以其合伙人或者其投资者的人格为其人格。各种商事主体之间享有平等的权利能力。

2. 商事主体在交易活动中的地位平等

商事主体在具体的交易活动中,无论其身份如何,其经济实力如何,其国籍如何,它们的法律地位一律平等。一方不得凭借其特权欺压另一方或者操纵交易。如果在具体的交易活动中,一方当事人隶属于另一方,受到他人的控制和支配,则不可能平等地发生交易。譬如,在我国计划经济时代,企业没有独立的人格,企业的生产经营活动均由政府统一安排,产品的产、供、运、销服从于统一计划。在这种情况下,则无平等交易可言,其结果导致商品无市场,市场无竞争,国有企业无活力,成为“关在笼子里的老虎”,样子吓人,但却失去了虎性。又如,在关联交易中,控制股东凭借其控制地位,无偿或者以低于市场价格的条件购买其从属企业的货物或者原材料,或者以高于市场价格的条件向其从属企业出售货物或者原材料,就属于不平等交易,其后果可能导致从属企业的少数股东对该控制公司提起诉讼。

3. 商事主体的合法权益平等地受到法律的保护

这里包含着两层意思:第一层意思是说,在商事法律制度中,往往存在对弱势群体的特殊保护措施,并借此对抗强势群体。譬如,公司法中对少数股东的保护就是为了对抗大股东的权利滥用;“人格否认”(disregard the corporate entity)原则的适用则是为了给公司债权人以特殊保护。在保险法中,对于保险合同的格式条款,保险人与投保人、被保险人或者受益人有争议时,法院或者仲裁机关应当作出有利于被保险人或者受益人的解释。这种规则就是一种平衡保险人优势地位的措施。因为,保险合同总是由保险人事先拟定好的,即所谓的“格式合同”。保险人在准备这种合同条款时,假设它已经将自己的利益给予了充分的考虑。第二层意思则是指各种商事主体享有平等的获得司法救济的权利,即通常所说的“法律面前人人平等”。也就是说,当出现商事纠纷时,法院或者仲裁机构在适用法律时,必须对诉讼当事人平等对待。

(二)当事人应当依照诚实信用原则从事交易活动

1. 诚信原则的意义

所谓诚实信用原则,简称诚信原则,是指商事主体在从事商业活动时,应当以“善意的方式”(in good faith)行为,不得有欺诈行为或者滥用权利。广义的诚信原则还包括立法或者司法对商事主体之间的利益的平衡。

诚信原则本来是一种道德观念,后经法律确认为一种法律准则而为各国立法所采用。诚信原则是现代私法上的最高指导原则,被奉为“帝王规则”。诚信原则是商人从事商业活动所应遵守的一项重要原则,其适用面相当广泛。

2. 诚信原则的适用

(1)诚信原则在合同法上的适用

当事人行使权利、履行义务应当遵守诚实信用原则。该原则体现在整个合同法中,具体如下:

在涉及合同的订立时,当事人在订立合同过程中,如果假借订立合同,恶意进行磋商,或者故意隐瞒与订立合同有关的重要事实或者提供虚假情况,或者有其他违反诚实信用原则的行为的,给对方造成损失的,应当承担损害赔偿责任。

在涉及合同的效力方面,以欺诈、胁迫、恶意串通或者乘人之危导致显失公平等手段订立的合同无效或者可撤销。

在涉及合同的履行方面,当事人应当遵循诚实信用原则,根据合同的性质、目的和交易习惯履行通知、协助、保密等义务。

在合同履行完毕之后,当事人仍然可能继续承担诚信义务。如合同的权利义务终止后,当事人应当遵循诚实信用原则,根据合同的性质、目的和交易习惯履行通知、协助、保密等义务。

(2)诚信原则在公司法中的适用

诚信原则在公司法上主要体现为受信义务(fiduciary duties)。譬如:公司董事、监事、高级管理人员应当遵守法律、行政法规和公司法章程,对公司负有忠实义务和勤勉义务。公司股东应当遵守法律、行政法规和公司章程,依法行使权利,不得滥用股东权利损害公司或者其他股东的利益。公司的控股股东、实际控制人、董事、监事、高级管理人员不得利用其关联关系损害公司利益。违反上述规定给公司、其他股东以及第三人造成损失的,相关人员应当承担赔偿责任。

(3)诚信原则在信托法中的适用

诚信原则在信托法上体现为受托人的受信义务(fiduciary duties)。譬如,受托人应当遵守信托文件的规定,为受益人的最大利益处理信托事务。受托人管理信托财产,必须恪尽职守,履行诚实、信用、谨慎、有效管理的义务。

受托人不得利用信托财产为自己谋取利益。受托人利用信托财产为自己谋取利益的,所得收益归入信托财产。

受托人不得将信托财产转为其固有财产。受托人将信托财产转为其固有财产的,必须恢复该信托财产的原状;造成信托财产损失的,应当承担赔偿责任。

受托人不得将其固有财产与信托财产进行交易或者将不同委托人的信托财产进行相互交易。

受托人必须将信托财产与其固有财产分别管理、分别记账,并将不同委托人的信托财产分别管理、分别记账。

受托人必须保存处理信托事务的完整记录。受托人应当每年定期将信托财产的管理运用、处分及收支情况,报告委托人和受益人。受托人对委托人、受益人以及处理信托事务的情况和资料负有依法保密的义务。

(4)诚信原则在证券法中的适用

诚信原则同样是证券法的基本原则之一。譬如,证券发行、交易活动,必须遵守法律、行政法规;禁止欺诈、内幕交易和操纵证券市场的行为。同时,证券法规定了法律所禁止的各种违反诚信原则的具体行为,包括内幕交易、操纵市场、虚假陈述、欺诈客户等行为。

(5)诚信原则在票据法中的适用

诚信原则在票据法上的体现主要有:

以欺诈、偷盗或者胁迫等手段取得票据的,或者明知有前述情形,出于恶意取得票据的,不得享有票据权利。

票据上的记载事项应当真实,不得伪造、变造。伪造、变造票据上的签章和其他记载事项的,应当承担法律责任。

支票的出票人所签发的支票金额不得超过其付款时在付款人处实有的存款金额。出票人签发的支票金额超过其付款时在付款人处实有的存款金额的,为空头支票。禁止签发空头支票。

(6)诚信原则在保险法中的适用

保险合同是最大诚信(utmost good faith)合同。保险活动当事人行使权利、履行义务应当遵循诚实信用原则。诚实信用原则在保险合同中的具体体现主要表现在如下几个方面:

人身保险的投保人在保险合同订立时,对被保险人应当具有保险利益。财产保险的被保险人在保险事故发生时,对保险标的应当具有保险利益。

订立保险合同,保险人就保险标的或者被保险人的有关情况提出询问的,投保人应当如实告知。投保人故意或者因重大过失未履行前款规定的如实告知义务,足以影响保险人决定是否同意承保或者提高保险费率的,保险人有权解除合同。

未发生保险事故,被保险人或者受益人谎称发生了保险事故,向保险人提出赔偿或者给付保险金请求的,保险人有权解除合同,并不退还保险费。投保人、被保险人故意制造保险事故的,保险人有权解除合同。

保险公司及其工作人员不得泄露在业务活动中知悉的投保人、被保险人的商业秘密。

（三）情势变更（rebus sic stantibus）

1. 情势变更原则的意义

商事合同成立后至履行前，如因情势变迁或不可归责于当事人的事由而导致发生非当事人所能预料的情事，该当事人得请求对方将该合同内容为适当的变更或由法院判令加以变更，从而使交易获得公平的效果。这就是所谓的情势变更原则。一般认为，情势变更原则是诚实信用原则的下位概念，基于诚实信用原则之公平理念而立论，不仅是债法的重要原则之一，于其他法律领域，如民法、刑法、行政法等领域，均有适用之空间。[3]

有关情势变更原则的最早规定可见于古代著名的《汉谟拉比法典》。该法典中就有这样的规定：一个人在穷困潦倒时，所借60价之谷物，在收获时，返还50价谷物就可以了。日耳曼古法亦有类似规定：如一女子订婚后，患癫病，或者发狂或者双目失明时，他方可以解除婚约。这些规定可以认为是情势变更原则的早期发轫。罗马法因遵循"合同严守原则"，虽然当时其已有严正合同与诚信合同之分，但对于情势变更原则却没有确立。

情势变更原则的正式确立是"一战"之后的事情。自"一战"后，世界各国经历了经济大衰退，物价暴涨，货币贬值。1929—1933年的经济危机更是使得西方国家的经济遭到毁灭性的打击。随之而来的"二战"，再次将西方经济拖入泥潭。这种破坏性的社会经济大动荡不仅动摇了资本主义国家的经济基础，而且也深刻地影响了其法律思想。在这种情况下，法院面临着大批不能依照现行法律或者先例进行裁判的案件，这种现象被称为"法律不足"。在这种历史条件下，学者借鉴历史上的"情势不变条款"理论，发展了情势变更理论，并经法院采用作为裁判理由，使情势变更原则具有法律拘束力。

情势变更原则的本质是赋予法院以直接干预合同关系的"公平裁量权"，使法律能够适应社会经济情况的变化，更好地协调当事人之间的利益冲突，维护经济流转的正常秩序。

情势变更原则在理论上的最新进展，主要表现在强化合同订定的过程，突出合同的柔性、继续性，对合同当事人施加"再交涉义务"，合同缔结后，赋予当事人重新商议合同的权利，以维系、提升私法自治的精神。另外，作为一项法律原则，情势变更原则在司法运用中必须依赖法院的裁量权以达到案件处理结果的妥当性。

2. 情势变更原则的构成要件

情势变更须由如下要件构成：

（1）须有情势之变更。这里所谓情势，是指合同成立时可以作为其基础或者环境的一切情况。例如购买股票，其在股票交易所买卖股票的事实，以及其他如经济环境、和平环境或者其他客观环境等。情势变更就是指合同成立时作为其基础或者环境的情况发生了变化，如和平情况变为战争情况而致使货币贬值、物价暴涨。

（2）须情势变更发生在合同成立后至合同履行完毕之前。情势变更如在法律关系成立之前发生，则法律关系基于已变更的环境而成立，故不会发生情势变更问题（如当事人不知情势已变更，可构成错误）。合同法律效力消灭后也不存在情势变更问题。因情势变更是有关法律效力的问题，法律效力既已消灭，也就再无适用情势变更的必要。

---

〔3〕 林诚二：《民法债编总论》（下），台北，瑞兴图书出版公司2001年版，第16～17页。

(3)情势变更须非当事人所预料,且不具有可预料的性质。情势变更必须是在合同成立时非为当事人所预料,而且具有不可预料的性质,如为当事人始料所及,本应避免订立合同,如仍然订立合同,则属于明知不可为而为之,其后果纵属不利,亦应自负其责,不得援引情势变更原则。如果合同当事人一方已经预料有情势变更,而他方没有预料时,则只有未预料的一方可以主张适用情势变更原则。

(4)情势变更须因不可归责于当事人的事由而发生。情势变更如为可归责于当事人的事由时,则应该由当事人自己承担其风险,不得适用情势变更原则。如可归责于第三人,则可向第三人请求损害赔偿而获取救济,无适用情势变更原则的必要。

(5)须情势变更后仍然履行合同则显失公平。这里强调的是显失公平。如果仅仅为某种程度之得失,乃是现代经济竞争条件下的当然结果,是当事人本应承担的风险,不足以适用情势变更原则。

3. 情势变更原则的效力

情势变更原则适用的目的在于排除法律关系因情势变更所生的显失公平的结果,所以,它的效力首先在于维持既存的法律关系,而仅仅变更其内容即可,如增减给付、延期或者分期给付、拒绝先为给付等。如仍不能排除不公平结果时,才能采取使合同解除、终止或者消灭的办法。所以,其第二次效力在于解除或者终止合同,除去责任、拒绝履行。

三、提高交易效率的原则

商事交易以营利为目的,时间就是金钱,机会就是金钱,交易越迅速敏捷,获取利润的机会就越大。然而,商事交易错综复杂,交易机会瞬息万变,如果法律程序和方式过于繁杂,势必影响交易效率,增加交易成本。有鉴于此,法律尽量简化交易程序,弱化交易方式,以求交易的简便、易行、迅速、敏捷,以此提高交易的效率,保障当事人的营利时间和机会。商事法律在这方面的措施主要有:交易定型化和时效短期化。

(一)交易定型化

交易定型化包括交易形态定型化、交易客体定型化和交易方式定型化。

1. 交易形态定型化

交易形态定型化,是指预先将交易形态予以定型安排,使任何人或任何集团无论在任何时候发生交易都可以获得同样的效果。例如,合同法中关于货物标定卖价的规定,就是使交易当事人一方先行陈列各种定型的货物,标明价格,并以此作为“要约邀请”,使他方对此要约之货物及价格可以迅速作出是否购买的“要约”决定,以此促进交易的敏捷进行。

2. 交易客体定型化

交易客体定型化又包括交易客体商品化和交易客体证券化。

(1)交易客体商品化。如果交易客体属于有形物品,则使之商品化而予以划一的规格或特定的标记,这样,在交易上就能对同质标的物提供批量供应。例如,商标法上所规定的商标就是使交易当事人表彰自己商品的标识,它使顾客对于该商品容易识别并可以大量交易、迅速成交。

(2)交易客体证券化。如果交易客体属于无形权利,则使之证券化,以促进其流通。例如,公司法上关于股票和债券的规定、票据法上关于各种票据的规定、保险法上关于保单的规定、海商法上关于载货证券的规定等,就是使各种证券上所表彰的权利得以定型,从而方便辨认和交易。又因为其可以背书转让,所以其流通非常方便,这就使得交易非常敏捷。

3. 交易方式定型化

交易方式定型化,是指在交易中由交易当事人一方事先拟订出一般交易条款,对方只能表示全部同意或者不同意的一种交易方式,亦即他方当事人要么从整体上接受交易条款,要么交易就不成立。这在合同法上叫作定型合同(或者标准合同,或者格式合同,或者附合合同,或者定式合同)。例如,保险人对保单的拟定、公用事业单位所拟定的一般交易条款等都是为了方便交易,提高交易效率。

(二)时效短期化

所谓时效短期化,是指将交易行为所生债权的时效期间予以特别的缩短而从速确定其行为的效果。商法为了谋求交易的敏捷,颇多采取短期时效主义。例如,票据权利的特殊时效。

四、确保交易安全的原则

虽然商事交易贵在敏捷,但亦须注意安全。如果只图敏捷而不求安全,当事人的利益也得不到保障。商法上为了维护交易的安全所采取的措施主要有强制主义、公示主义、告知或通知主义、外观主义以及严格责任主义和禁止诈欺或不正当行为主义。

(一)强制主义

商法虽属私法,却有公法化倾向。商法为了维持社会公共利益与保护交易安全,往往采用强制性措施,因而使得商法具有浓烈的强制主义色彩。所谓强制主义,是指法律对商事组织和商事交易予以强行干涉,其规范特征表现为强制性法律规则。

商法中采用强行性规定的地方较多。在有关商事组织方面,如在公司法中,其关于公司设立条件和程序的规定,股东和董事会议的法定人数、表决规则以及相关程序的规定,公司组织机构职权的规定,董事、监事、高级管理人员义务的规定等。

在有关商事行为的内容方面,各种商事法律均规定,从事交易活动不得有欺诈行为,不得违反法律、行政法规以及公共利益或者公共政策。

在有关商事行为的形式方面,例如,公司法上关于公司章程必须记载事项的规定,票据法上关于票据绝对记载事项的规定,保险法上关于保险合同应记载事项的规定,海商法上关于海上货物运输合同及载货证券的规定,以及债法上关于托运单、提单、仓单的规定等都体现了强制要式主义。

(二)公示主义

所谓公示主义,是指有关营业上的一定的事实如与交易利害关系人有关系时,则必须公告周知后才能发生法律上的效力。例如,在公司法上,公司决议合并或减少资本时应向各债权人公告;公司召集股东会时,应将其召集事由予以公告;公司招募股份时,应将各事项予以公告;公司募集公司债时,应将各事项予以公告;清算人就任后,应催告债权人申报债权的公告。

公示主义在证券法上体现为信息披露。所谓信息披露(information disclosure),是指证券发行人或上市公司按照法定要求将自身财务、经营等情况向证券管理部门报告,并向社会公众投资者公告的活动,又叫作信息公开。信息披露的内容包括招股说明书、债券募集办法、股票上市报告书、定期报告、临时报告等。

在商业登记法上有关商业登记(如商事企业的创设、变更、合并、增资、减资、解散等事项,非经登记不发生法律效力)的规定,就是借助于当事人的登记行为以达到公示的目的。

（三）告知或通知主义

所谓告知或通知主义，是指交易当事人一方应将特定的交易事项告知或通知对方当事人，否则有可能发生不利的效果。

在票据法上，持票人应在拒绝证书或其他有关部门证明做成后 3 日内，将被拒绝事由书面通知其前手；其前手应当自收到通知之日起 3 日内通知其再前手，否则，可能因此而承担损害赔偿责任。

在保险法上，如投保人不履行如实告知义务，则可能使得保险人有权解除合同；保险事故发生后，投保人、被保险人或受益人应当尽快通知保险人；当危险增加时，投保人也应及时通知保险人。

在海商法上，海上保险的投保人或被保险人自接到货物之日起一定时间内，如不将货物损害通知保险人或其代理人，视为无损害。

在合同法上，有关瑕疵担保责任的规定，亦是告知义务的体现。

（四）外观主义

所谓外观主义，是指以交易当事人行为的外观为准而认定其行为所发生的效果。外观主义的采用主要是为了谋求交易的安全而赋予行为外观上的优越性。此在德、日称为外观主义，英美称为禁反言（estoppel by representation）。例如，合伙企业对合伙人执行合伙事业以及对外代表合伙企业权利的限制，不得对抗不知情的善意第三人。此外，在票据法上，关于票据的文义性与要式性、背书连续性的证明力等规定都是外观主义的体现。

（五）严格责任主义

所谓严格责任主义，是指在商法上特别地使交易行为当事人承担较为严格的责任。应当说明的是，这里所谓的严格责任主义不同于英美法上作为一种归责原则的“严格责任”（strict liability）。前者是指商事法律在总体立法上的一种政策考量，后者仅仅作为一种归责原则。

商事活动大多依赖于少数负责人，因此，如果不对其负责人的责任予以严格的规定，势将妨害交易安全。例如，在合伙企业中，合伙人对合伙债务承担无限连带责任的规定。依照公司法的规定，发起人须对设立中公司的债务承担无限连带责任。公司的发起人、股东虚假出资，未交付或者未按期交付作为出资的货币或者非货币财产的，由公司登记机关责令改正，处以虚假出资金额一定比例的罚款。公司的发起人、股东在公司成立后，抽逃其出资的，由公司登记机关责令改正，处以所抽逃出资金额一定比例的罚款。公司负责人在执行业务的过程中，如违反法律、行政法规或者公司章程，造成他人损害时，在公司承担责任后，公司可依法追究负责人的责任。信息披露义务人未按照规定披露信息，或者公告的证券发行文件、定期报告、临时报告及其他信息披露资料存在虚假记载、误导性陈述或者重大遗漏，致使投资者在证券交易中遭受损失的，信息披露义务人应当承担赔偿责任；发行人的控股股东、实际控制人、董事、监事、高级管理人员和其他直接责任人员以及保荐人、承销的证券公司及其直接责任人员，应当与发行人承担连带赔偿责任，但是能够证明自己没有过错的除外。在票据法上，凡是在票据上签章的人，如出票人、承兑人、背书人、保证人以及共同签章人，对票据权利人承担连带责任。

（六）禁止诈欺或不正当行为主义

所谓禁止诈欺或不正当行为主义，是指交易行为当事人相互之间的意思表示应坦诚相见，不容许有诈欺或不正当行为，凡因诈欺或不法之胁迫而为意思表示的行为，得予以撤销。商法上不乏关于禁止诈欺或不正当行为的规定的例子。

例如，在公司法上，违反公司法规定，办理公司登记时虚报注册资本、提交虚假证明文件或者采取其他欺诈手段隐瞒重要事实取得公司登记的，情节严重的，撤销公司登记。票据法规定，持票人以欺诈、偷盗或者胁迫等手段取得票据的，或者明知有前列情形，出于恶意取得票据的，不得享有票据权利，债务人得为恶意之抗辩。保险法规定，保险金额超过保险标的价值的合同，如因当事人一方的欺诈而订立者，他方得解除合同。海商法规定，托运人故意虚报货物的性质或价值，运送人或船舶所有人对于其货物的毁损或灭失不负赔偿责任。这些规定都是为禁止欺诈或不当行为而设，其目的在于增进交易上的信用，谋求交易的安全。

第三节　商法的历史发展与商事立法

任何法律都是建立在一定经济基础之上的，它的产生和存在必须依赖于其相应的经济关系，并以其极大的能动性为这个基础服务。商法也不例外，它同样服从于这个规律。从商法的历史发展来看，商法经历了一个从商人法到近代商法再到现代商法的历史演变和发展过程。历史似乎给予我们这样的启示，商法是商品经济的产物，商品经济越发达，商法也就越发展。

一、古代的商事法

在简单经济条件下，没有独立存在的商法，或者说，不存在明确的“商法”概念。尽管在欧洲古代地中海沿岸诸国，商业繁荣，通商频繁，并诞生了像罗马法这样伟大的法律，以至于恩格斯亦称赞罗马法为“简单商品生产即资本主义前的商品生产的完善的立法”，但却没有形成系统独立的商法。

说古代不存在商法概念，当然并不意味着否定在早期存在有关商事方面的法律规范。事实上，在罗马法中就已包含了适用于各种类型合同的一整套高度复杂的规则，这些合同包括金钱与财物的借贷、抵押、买卖、租赁、合伙与委任等。只不过这些概念并没有明确地被贴上“商法”的标签。因而，在商业合同和非商业合同之间并没有作出任何自觉的区分，所有的合同均被当作民事合同。可以说，这时尚处于民商合体时代，商法尚未从民法中分离出来。

由此可见，在古代时期，不存在或者说不可能存在自觉的商法。即使存在一些零星的商事法律，也为民法所吸收。究其原因，当时的生产条件相对简单，商品关系并不复杂，适用民法已经能够解决问题，自然没有系统制定商法的必要。事实上，商法所规范的许多商事关系只是近代乃至于现代才出现的。

二、中世纪的“商人法”

商法实际上产生、形成于欧洲中世纪。说商法形成于中世纪，也就是说，只有中世纪的这种商人法才称得上是一种自觉的商法。这种商人法是商人们长期不懈斗争的结果。

11 世纪以前，商人在西欧各国尚处在一种相对隔离的状态。他们受到教会及在教会控制之下的世俗政权的压迫和敌视，甚至是极端敌视。譬如，教会法不仅严禁放款生息，而且不准借本经商。

然而，商人们也难以容忍教会的压制。“商人很少能使上帝高兴，甚至永远都不能使上帝愉悦。”[4]商人们以其固执的贪婪和自私不懈地与上帝抗争,并掀起了使上帝胆战心惊的商业革命。正是当时兴起的商业革命使得商人法得以产生,而商人法的产生又促进了商业革命的进程,最终导致了资本主义时期的到来。正如伯尔曼在《法律与革命》一书中说道:“商业革命有助于造就商法,商法也有助于成就商业革命。实际上,所发生的不仅是商业的革命性转变,而且还是整个社会的变迁。在这种整体变迁中,商法也像封建法和庄园法一样,有它自身的各种渊源,并且像它们一样,从这种变迁中获得了自己的特性。”[5]

商人阶级的出现是商人法产生的一个必要条件。中世纪欧洲商业的复兴导致了商人阶层的产生,商人阶级的产生又奠定了商法的社会基础。商人基尔特(Merchant Guild)团体为了维护其自身利益,他们根据其所争取到的自治权与裁判权制定了大量的商事自治法规(Statuta Mercatorum),并在此基础上形成了一种商人法(Lex Mercatoria / Law of Merchant)。

这种商人法的基本理论和制度基本上是由商人自身完成的,他们自己组织交易集市和交易市场,组建商事法院和商业自治机构,如商业事务所和行会。当然,这些概念和制度的创造者们也得益于新发现的罗马市民法和残存的罗马习惯法。

这种商人法其实是一种自治法。从总体上讲,封建法也好、教会法也好,基本上是与新生的商业革命不相容的。由于商人受到教会以及服从于教会的世俗统治的排挤和歧视,于是,商人们就只好自己组织行会,制定适用于自己团体的行规制度。这种自治法当然不能上升为国家法律,而只能在商人团体内部适用。所以,这种商人法并不具有普适性。

这种商人法还表现为一种习惯法。商人法的产生得益于贸易习惯的形成。长期以来,以地中海为中心,沿岸诸国,商业发达,通商频繁,并形成了许多商业贸易习惯规则。可以说,商人法就是在这种习惯规则基础上发展起来的,或者说,商人法本身就是一种习惯法。其中,像诚信原则、商业合伙、流通票据、海上保险、交易自由、对善意第三人的保护等制度就是从交易习惯中发展起来的规则。

这种商人法所确认的一系列交易规则对近代国家商法典的诞生产生了直接的影响。实际上,这种商人法就是近代一些西方国家商法典的前身。

三、近现代商法

真正具有现代意义的商法则是17—19世纪的事情。资本主义制度的确立和完善为自由商品经济的发展提供了可靠的制度保障,为了适应和保护这种商品经济的发展,商法在西方各国得到了前所未有的大发展。其中,以商法的法律渊源为成文法抑或是判例法为标准,可将近现代西方商法区分为大陆法系商法体系和英美商法体系。自近代以来,欧洲大陆国家制定了大量的商事法规,有的国家甚至专门制定了商法典,如法国、德国以及受其影响的其他一些国家,从而形成了欧洲大陆法系的商事立法模式。而英美国家则属于普通法系国家,以判例为其法律之根本,从而形成了英美普通法系的商事立法模式。

(一)大陆法系的商事立法

1. 民商分立的立法模式

所谓民商分立,是指民事商事分别立法,在民法典之外,另行制订商法典,民法典、商法典分

---

[4] [美]伯尔曼:《法律与革命——西方法律传统的形成》,中国大百科全书出版社1993年版,第410页。
[5] [美]伯尔曼:《法律与革命——西方法律传统的形成》,中国大百科全书出版社1993年版,第409页。

别独立存在。其中,依其商事立法的理念是采用客观主义或者主观主义,又可分为法国商法法系和德国商法法系。前者以商行为法作为其立法基础,后者以商人法作为其立法基础。影响所及,一些国家或者仿效法国做法,或者仿效德国做法,形成两种不同的法系。更有一些国家兼采客观主义和主观主义,因而,又有折衷法系。但法系的区分是早期的现象。现在存在较大的趋同现象。

(1)法国商事立法

法国早期以国家立法形式颁布的商法当以17世纪的路易十四于1673年颁布的《商事条例》(Ordonnance sur le Commerce)以及1681年的《海事条例》(Ordonnance sur le Marine)为代表。

法国资产阶级革命成功之后,野心勃勃的拿破仑不以其一系列的军事成功为满足,而希望以其法典的制定和传播流芳百世。也许他的确做到了。在他的主持和亲自过问之下,《法国人之民法典》(Code Civil des Francais),即《法国民法典》(该法典又曾以拿破仑本人名字命名为《拿破仑民法典》)于1804年问世。对此,他不无自豪地夸耀道:"我的光荣不在于打胜了四十几个战役,滑铁卢摧毁了那么多的胜利……但不会被任何东西摧毁的,会永远存在的,是我的民法典。"在法国,皇室的利益要求反映在商法上就导致了早在17世纪末期便有了相当程度的法典化历史,而国王建立商事法院(Commercial Courts)这一举动更加促动了商法自普通法分离出来的进程。所以,在拿破仑一世时代,商法已经成就了其作为法律的一个分支的独特地位;这随之为1807年通过的商法典(Code de commerce)所确认,自彼时起,商法典与新民法典比肩而立。[6] 该法典在很大程度上保持了对上述《商事条例》和《海事条例》的继承性。

《法国商法典》(Code de Commerce Napoleon)共分四篇,包括商法总则、海商、破产和商事法院。《法国商法典》采取客观主义,以商行为观念为其立法基础。依照这种立法思想,只要行为的性质属于商行为,就适用商法。

《法国商法典》开近代商事立法之先河,其贡献在于,它首次打破了中世纪商人法只适用于商人阶层的特权而使得商法具有普适性,在商事立法史上,具有划时代的意义。许多国家仿而效之,如卢森堡、比利时、西班牙、葡萄牙、希腊、埃及、土耳其、阿根廷、乌拉圭、墨西哥、秘鲁等,从而形成了以法国为代表的法国法系。

然而,该法也存在相当的局限性,如公法与私法不分,实体法与程序法不分,重海商、轻陆商等。与法国民法典相比较,法国商法典要逊色得多,其影响也要小得多。

法国商法典现在仍然有效,但许多规定已经失去了现实意义,同时,该法典对于现实中出现的许多新的现象又无法适应,因此,在法国商法典之外,尚存在大量的单行商事法规,以资补救。

(2)德国商事立法

德国在统一之前,亦存在一些商事法律,其中重要者如1861年的《普通商法典》(Das Allgemeine Deutsche Handelsgesetzbuch)。德国统一后,开始制定其商法典。《德国商法典》于1897年公布,并于1900年与《德国民法典》同时生效,共同构成了德国的两大私法支柱。文献上为将德国商法典与其先前的普通商法典区分开来,通常将前者称为新商法,将后者称为旧商法。

《德国商法典》共分四篇,包括商人、公司及隐名合伙、商行为以及海商。与法国商法典及德国旧商法相比较,德国新商法在技术上显得更加成熟一些。德国旧商法仿效法国商法典模式,采用客观主义,而新商法则改而采用主观主义,即以商人观念为其立法基础。依照这种立法思想,

---

〔6〕 John Bell, Sophie Boyron and Simon Whittaker, *Principles of French Law*, Oxford University Press, 1998, p. 432.

同一行为,商人为之,适用商法;非商人为之,则适用民法或者其他法律规范。[7]

但应当注意的是,德国新商法上所谓的商人,与商人法中的商人有所不同。商人法中的商人实际上是一个阶层或者阶级,其商人法只适用于这个阶层或者阶级。而德国商法典中所谓的商人,是指凡是经营商业的人均为商人。这种商人概念具有普遍性,其与客观主义商法的区别在于其所选择的法律适用的标准不同。因此,又称为新商人主义或者商业法主义。[8]

《德国商法典》亦产生了相当影响,许多国家仿效德国做法而制定其自己的商法典,从而形成了以德国为代表的德国法系。属于德国商法系的在当时有奥地利、土耳其(原从法国法系,后改从德国法系)、瑞典、挪威、丹麦。其中,瑞典、挪威和丹麦并无独立商法典,只是从其单行法内容考察,属于德国法系。

(3)折衷商事立法模式

所谓折衷商法法系,是指兼而采用商行为观念和商人身份观念作为其商事立法基础。无论是法国的客观主义立法模式还是德国的主观主义立法模式,均有其不足之处。因而,一些原先追随法国模式或者德国模式的国家改而采用折衷主义。属于这种模式的国家在当时有比利时(原从法国法系,后改采折衷法系)、意大利等国家。

2. 民商合一的立法模式

所谓民商合一,是指民事商事统一立法,民法典之外没有一个单独存在的商法典,有关商事的内容,或者编入民法典之中,或者颁布单行法规予以规定。因此,民商合一又有两种做法:一是将商法内容完全纳入民法典中去,这种模式可以称为完全式民商合一;二是将商法的一些基本问题纳入民法典中,而对一些具体商事制度则分开立法,这种模式可以称为相对式民商合一。瑞士、意大利属于完全式民商合一模式。

瑞士于1872年制定了《瑞士债务法》(Obligatiuenrecht)。该法第一篇为总则,第二篇为合同分则,第三篇为公司、有价证券及商号、商业合伙、票据、商业登记、商业账簿。瑞士于1907年又制定了《民法典》,并于1911年将债务法纳入其民法典之中而成为第五篇。前四篇内容依次为人法、亲属法、继承法以及物权法。瑞士商事立法的特点是其首创了民商合一的商事立法模式。

意大利于1942年颁布了《民法典》。其中,序编是一般原则,余下六编的内容依次为人与家庭、继承、所有权、债、劳动、权利的保护。有关商事的内容分散在相关编章之中,如有关公司及其他商事组织被编入第五编劳动之中,有关商事交易及银行业务、保险、有价证券被编入第四编债之中。

(二)英美法系商事立法

与欧洲大陆法系商事立法形成鲜明对比的是,英美法系的商事立法则别树一帜。在英美法系国家,既不存在所谓的民法概念,也没有所谓的商法概念;既无民法典,也不存在大陆法系意义上的商法典。因此,在这些国家,也就不存在民商合一或民商分立这样的问题。

在英美国家,其商事法以习惯法和判例法为其渊源,称为普通法(common law)或者不成文法(non-statutory law),同时辅之以衡平法(equity law),从而形成了自成体系的普通法系的商法

---

[7] 商人的概念在《德国商法典》上弥足重要,德国波恩大学的 Johannes Köndgen 教授与鲁尔波洪大学的 Georg Borges 教授在谈到商法、民法双轨制(The Duality of Commercial Law and Civil Law)问题时说:"无论如何,在德国商人(或者就此而言的企业)这个概念标识了商法区别于民法的门槛。"Edited by J. Zekoll and M. Reimann, *Introduction to German Law* (*Second Edition*), Kluwer Law International, 2005, p. 123.

[8] 张国键:《商事法论》,台北,三民书局1980年版,第14页。

模式,与大陆法系并称为世界两大主流法系。

自 19 世纪以来,英美国家因应商业发展的需要,制定了一系列商事单行法,作为其判例法的补充。

在英国,以制定法形式存在的有关商事单行法主要有:1882 年的《票据法》(Bill of Exchange Law)、1885 年的《载货证券法》(Act to Amend the Law Relating to Bill of Loading)、1889 年的《行纪法》(Factor Act)、1890 年的《合伙法》(Partnership Act)、1893 年的《货物销售法》(Sale of Goods Act)、1894 年的《商船法》(Merchant Shipping Act)及《破产法》(Bankruptcy Act)、1906 年的《海上保险法》(Marine Insurance Act)、1907 年的《有限合伙法》(Limited Partnership Act)、1924 年的《海上货物运输法》(Carriage of Goods by Sea Act)、1932 年的《空中运输法》(Carriage by Air Act)以及英国制定公司法等。

在美国,根据其宪法,涉及商事方面的立法权力属于各州所享有,联邦没有商事立法权。由于各州立法颇不统一,因此,自 19 世纪以来,美国的一些非官方机构,如美国法学会(American Law Institute)和美国律师协会(American Bar Association),发起并推动了一场持续的法律统一运动,并致力于法律的统一事业,先后制定了一系列统一法律。其中重要者如 1896 年的《统一流通票据法》(Uniform Negotiable Act)、1906 年的《统一买卖法》(Uniform Sales Act)、1909 年的《统一载货证券法》(Uniform Bills of Loading Act)及《统一股份转让法》(Uniform Stock Transfer Act)、1922 年的《统一信托收据法》(Uniform Trust Receipts Act)。上述法律经过整理修正合编为《统一商法典》(Uniform Commercial Code/UCC),并于 1952 年公布。此外,还有 1928 年的《统一商事公司法》(Uniform Business Corporation Act)。该法经 1951 年修正,改为《示范商事公司法》(Model Business Corporation Act/MBCA)。《统一商法典》和《示范商事公司法》均为示范性质,供各州自行采用,没有强制施行的效力。

《统一商法典》由美国法学会和全国州法统一委员会(American Law Institute and National Conference of Commissioners on Uniform State Laws)制定。该法内容涉及总则(general provisions)、买卖(sales)、租赁(leases)、流通票据(negotiable instruments)、银行存款(bank deposit)、资金转让(fund transfer)、信用证(letter of credit)、大宗转让和大宗买卖(bulk transfer and bulk sales)、仓单、提单及其他单证(warehouse receipts, bills of lading and other documents)、投资证券(investment securities)以及担保交易(secured transactions)等。

《示范商事公司法》的内容包括总则(general provisions)、目的与权力(purposes and powers)、名称(name)、办公场所及代理人(office and agent)、股份与分配(share and distribution)、股东(shareholders)、董事与经管人员(directors and officers)、公司设立章程及运作章程的修改(amendment to articles of incorporation and bylaws)、兼并与股份置换(mergers and share exchanges)、资产处置(disposition of assets)、评估权(appraisal rights)、解散(dissolution)、外州公司(foreign corporations)、记录与表册(records and reports)等。

除此之外,还有《代理法重述》(Restatement of Agency)、《信托法重述》(Restatement of Trust)、《统一合伙法》(Uniform Partnership Act, 1914)、《统一有限责任公司法》(Uniform Limited Liability Company Act,1996)等。

应当注意的是,在美国,上述示范法或者统一法虽然仅仅具有示范性质,不具有实施的效力,但是,如果一经为各州采用,就具有实施效力。事实上,上述示范法或者统一法对州法均产生了重大影响。譬如,美国各州都有自己的制定公司法,而绝大多数的州公司法都是直接采用的或者经修正后采用的示范公司法。因此，在美国的一些法律文献中，常常将 MBCA 当作州法予以引用。

前面说过，在美国，有关商事立法的权力归属于各州，联邦没有统一的立法权力。但是，如果某种商业涉及跨州交易（interstate transactions），联邦则享有统一立法的权力。

涉及联邦商事立法，一个重要的领域是联邦证券法。当然，各州也有自己的证券法，即通常所谓的“蓝天法”（blue sky laws），州证券法只对州内证券发行和交易进行调整。联邦证券法基本上由在 1933 年至 1940 年制定的 6 个法律所构成，另一个是在 1970 年制定的。这些法规包括：1933 年《证券法》（Securities Act of 1933 / SA）、1934 年《证券交易法》（Securities Exchange Act of 1934/SEA）、1935 年《公用企业控股公司法》（Public Utility Holding Company Act of 1935/PUHCA）、1939 年《信托合同法》（Trust Indenture Act of 1939 / TIA）、1940 年《投资公司法》（Investment Company Act of 1940 / ICA）、1940 年《投资顾问法》（Investment Advisers Act of 1940 / IAA）、1970 年《证券投资者保护法》（Securities Investor Protection Act of 1970 / SIPA）。

四、中国的商事立法

（一）中国商事立法简史

我国在长达数千年的封建社会里，重农抑商，小农经济是其基本的社会经济形态，商品经济几乎被完全窒息了。反映在法律上，中国古代法律，重刑轻民，民刑不分，民商不分。有关民事被区分为户役、田宅、婚姻、仓库、课程、钱债、市廛等种类。[9]

清朝末期，西方列强的坚船利舰闯进了被长期封闭的中国海大门，清政府迫于形势于光绪二十九年颁布了《大清商律》，包括商人通例 9 条，公司律 131 条，首开我国商事立法之先河。由于该律太过简陋，宣统二年又提出了较为完备的大清商律修正案，然未及资政院决议，即归废弃。大清商律几乎未及实施就寿终正寝了。一方面，固然是由于辛亥革命的爆发，大清王朝被推翻；另一方面，从根本上讲，由于其缺乏赖以存在的社会经济基础，所以，历史决定了其命运是短寿的。

国民政府时期，曾颁布了很多商事方面的规定。这些规定现在仍然在我国台湾地区实施。我国台湾地区采用的是相对式民商合一的方式，其商事单行规定有“公司法”“票据法”“证券交易法”“期货交易法”“保险法”“破产法”“银行法”“储蓄银行法”“交易所法”“合作社法”“海商法”“船舶法”“船舶登记法”“船舶载重线法”“商业登记法”等。

中华人民共和国成立以后，一律废除了旧的法统，在相当长的一段时期内，计划经济居于统治地位和起着支配作用，在经济领域，产、供、运、销，一切服从于国家计划，这大大抑制了商品经济的发展，商法也就失去了其赖以存在的社会经济基础。直到 20 世纪 90 年代，市场经济体制在中国才得到了正式的承认，也只有在这个时候，中国的商法才获得了它的生存空间和发展机会。

与其他国家的商事法律相比较，中国的商法起步较晚。中国的商事立法主要发生在过去的十几年里。然而，中国商法起步虽然很晚，发展却很快。可以说，中国已经初步建立起了它的商法体系。

（二）建立和完善我国商事法律制度的意义

在我国，商法的建立和完善是客观经济规律给我们提出的要求，可以说，市场经济法律制度

---

〔9〕 谢振民编著：《中华民国立法史》，中国政法大学出版社 2000 年版，第 802 页。

就是以商法为主体和核心的法律制度。随着市场经济体制的确立,我国的商法制度也得到了很快的发展。

毫无疑问,中国商事法律制度的建立和完善对于商事主体独立地位的承认、多元化市场主体的构造、经济民主管理机制的确立、商事交易行为的规范、促进交易自由化等方面起到了重要的促进作用。

第一,商事法律制度的建立和完善有利于商事主体独立地位的确认。商业社会的存在必须要有商人的支撑,商人地位的确立又依赖于其权利的享有与行使,其权利的确认又必须基于商人人格的健全。完全的商人人格应充分体现出商人的自治性,商人的自治性需要相应的财产和产权作为其物质上的和法律上的保障。

我国自古以来,重农抑商,商业不发达,商人从来就是处于一种附庸地位,没有独立的人格。在传统经济体制下,由于政府职能与企业经营管理没有分开,国有企业在事实上没有独立的地位,没有自主的经营管理权。实际上,企业的一切经营管理活动均须服从于政府的计划安排。我国商法制度的建立正是面对这种现实,适应这种潮流,培固商人的独立主体地位,使其能充分适应这种已经或即将到来的商业革命的挑战,自如地应付商业社会的各种商业关系。

随着市场经济体制的建立和我国企业体制的改革,商事主体的独立地位得到了我国商法的承认。譬如,我国公司法明确规定,公司是企业法人,有独立的法人财产,享有法人财产权。公司以其全部财产对公司的债务承担责任。

除了普通商事公司外,法律对一些特殊性质的公司的独立地位也予以了确认。如商业银行法规定,商业银行是依法设立的吸收公众存款、发放贷款、办理结算等业务的企业法人。

第二,商事法律制度的建立和完善有利于多元化市场主体的构造。在传统的经济体制下,以国有企业为主导的公有制企业一直是市场的主导力量,其在市场上占据着绝对的支配地位。由此导致市场缺乏竞争,影响所及,不仅非公有制经济得不到发展,而且公有制企业本身也丧失了活力。

随着经济体制改革的深化,一方面,由于国有企业(以及其他公有制企业)的公司化改造(或称为股份制改造),相当数量的国有企业根据公司法的规定已经转换成了公司制企业。公司企业不同于国有企业。在公司企业中,国家不再是企业的唯一所有者,股权多元化的结果使得其他一些私人企业以及社会公众也能成为企业的所有者。另一方面,在过去三十年中,中国的私营经济也得到了快速的发展。法律对此变革也作出了及时的反应。中国的商事法律为私人企业提供了多种选择渠道:它们既可以选择公司形式,也可以选择合伙企业形式,或者独资企业形式,或者其他企业形式,如外商投资企业形式。

第三,经济民主管理体制的确立。现代商法的重要目标之一是要建立起民主的经济管理制度,中国的商法也在为实现这一目标而努力。例如,公司法要求公司企业建立股东会、董事会、监事会。此外,公司法还引进了独立董事制度,要求上市公司设独立董事。经理由董事会聘任或者解任,企业职工参与公司事务的决策与管理等。同时,法律还要求一些金融机构也采取公司制形式,如我国现在的商业银行、证券公司、信托公司、保险公司等金融机构都已经依法改造成为公司制形式。

第四,商事法律制度的建立和完善有利于对商事行为的规范。商人是追逐利润的,追求资本的再生性。然而,市场经济又是有风险的,法律既要保持交易市场的活跃性,又要保持交易市场的稳定性。因此,法律既要采取措施鼓励商人的商业活动,同时又要采取措施规范其经营行为,以此确保市场经济的良性运行。中国商事法律通过一系列制度化措施对市场交易行为进行规范,以此保护市场参与者的合法权益。

譬如,公司法、证券法对证券发行和交易行为的规范,要求公司在证券发行和交易行为中应当履行信息披露义务,禁止内幕交易、利用非公开信息交易、操纵市场、虚假陈述、损害客户利益等市场欺诈行为。如果证券投资者的权益受到侵害,相关权利人有权提起证券民事赔偿诉讼。商业银行法要求商业银行的贷款实行审贷分离、分级审批的制度、贷款担保制度、缴纳存款准备金制度等。信托法要求受托人(在商事信托中,受托人主要表现为信托公司)必须将信托财产与其固有财产分别管理、分别记账,并将不同委托人的信托财产分别管理、分别记账。保险法要求保险公司不得同时兼营财产保险业务和人身保险业务,保险公司应当依法办理再保险,保险公司应当依法提取各种基金,如责任准备金、保证金、公积金、保险保障基金,以及维持最低偿付能力。保险公司的资金运用必须稳健,遵循安全性原则,并保证资产的保值增值。

五、中国商事立法体例的选择

(一)问题的缘由

不同的国家对待这个问题的态度是不完全一样的。其中,尤以大陆法系国家与英美法系国家分野最大。如前所述,大陆法系有民商合一与民商分立之区分。其中,民商合一又有完全式民商合一与相对式民商合一之分;民商分立又有客观主义与主观主义之分别。而英美法律则无所谓民商合一或者民商分立,其商事法律或者表现为判例法,或者表现为单行法。

那么,中国商事立法采取何种模式呢?关于商事立法的模式,理论界历来就有一元论和二元论之分歧。不过大多数人支持一元论,赞同民商合一;但也有学者持二元论,认为应该民商分开立法。民商一元论者认为,民事商事均属私事,不宜分开,实际上也难以分开。民商二元论者认为,商法贵在简便、灵活、进步且具有国际性,故应分别立法,以适应这些特性。

究竟何种模式更适合中国商事立法?仁者见仁,智者见智。本书著者的观点:首先,不赞成民商分立模式;其次,更不赞成完全式的民商合一。如果一定要作出选择的话,则有两种方案:一是采用相对式民商合一模式;二是尊重我国立法实践自己作出的选择。

(二)民商分立不可取

民商分立模式就是民法典、商法典分开立法,民商分立模式的实质是要制定一部统一的商法典。也许人们会认为,中国是制定法国家,奉行的是法典主义,尤其是自清末修律以来,其法律均表现为理性化编纂的法典形式或者制定法形式。商法当然也不例外,自然也应当制定成典。何况已有法国商法典、德国商法典等先例。然而,采用商法典的模式却是不可取的。理由如下:

1. 商法典模式是特定历史条件下的产物。

如前所述,在人类社会早期,无论是古罗马时代,或者是中国古代,民商是合为一体的。商法独立于民法之外而自成体系始于欧洲中世纪的商人法,并为近代一些大陆法系国家所继受。然而,近代国家在制定它们的商法典时,却仍然未能完全跳脱出旧的商人法的窠臼,或者说,在当时的条件下,不可避免地要受到商人法的影响。

同样,如前所述,在大陆法系民商分立的体制下,存在三种商事立法哲学思想:一是商人法主义;二是商行为法主义;三是折衷主义。

所谓商人法主义,又称主观主义,或者形式主义,是指商法典以商人的身份作为界定商人的基础。立法体例上首先对商人作出界定,然后由商人概念推导出商行为的概念。这种方法的首创者为《德国商法典》。

所谓商行为法主义,又称客观主义,或者实质主义,是指商法典以商行为作为界定商人的基础。立法体例上,首先对商行为作出界定,然后由此推衍出商人的概念。这种方法的首创者为《法国商法典》。

所谓折衷主义,是指商法典原则上以客观主义作为界定商人概念的基础,同时辅之以主观主义加以补充。《日本商法典》采取的是这种方法。

主观主义的方法明显地带有"商人法"的痕迹,具有较强的身份色彩。事实上,《德国商法典》第一编的标题就是"商人的身份"。难怪有人批评道,《德国商法典》的制定者以"商人"的概念作为出发点,是因为他们持有一种相当陈旧的观点,即一个社会中的不同职业构成了相互独立的身份集团,而每一个集团都有其专门的法律。[10]

客观主义的方法则试图突破"商人法"的身份限制,而以商行为作为其界定商人的基础,具有一定的进步意义,很显然,是对中世纪"商人法"的一种突破。

然而,商行为是如此的广泛,又如何能够通过立法予以全面覆盖,于是,折衷主义则试图辅之以主观主义对其缺陷予以弥补。

无论是主观主义标准,或者是客观主义标准,或者是折衷主义,都可以归纳为一种后商人法主义。"商法应编纂为单独法典的思想,归根结底建立在商人构成一个单独社会阶层的概念的基础上。"[11]然而,现代社会已不存在中世纪那样的商人阶层,商法实际上已经普遍适用于社会一般人。由此可见,现代商法已经失去了其历史上的社会基础。

此外,主观主义也好,客观主义也好,都没有能够真正地解决问题。其所采用的方法只是一种逻辑上的循环反复。难怪有人对此不无讥讽地评论道:"这两种方法原则上都不能令人满意,它们都属于学究式的方式,过于咬文嚼字且晦涩难懂。"[12]

从技术意义上看,主观主义与客观主义究竟试图解决什么问题呢?其实就是要解决一个法律适用问题。然而,这个问题本身就是因法典化而带来的。也就是说,如果没有商法典的话,自然也就不存在这个问题。所以,从这个意义上说,商法的法典化本身不是解决问题,而是人为地制造了麻烦。

2. 将各种商事法律人为地编纂在一起,是一种理性的愚昧。

即使现代商法已经失去了商人作为一个特殊的阶层这个社会基础而具有普适性,但由于商法具有自己的独立的调整对象,编纂商法典至少在理论上还是成立的。但是,应当看到,法典编纂本身是具有很大局限性的,这种局限性表现在如下几个方面:

第一,容易形成多层次抽象。就法律与实际生活的关系而言,法律抽象的次数越多,纸上法律与生活中法律之间的距离就越远,在法律适用上就越容易出现偏差。譬如,在商法中,各种商事法律制度均有其自己的调整对象,如公司法是一种规范公司组织和公司行为的法律;证券法是一种规范证券发行与交易的法律;票据法是一种规范票据关系的法律;信托法是一种规范信托关系的法律;商业银行法则是一种关于商业银行组织与商业银行业务的法律;保险法是关于保险合

---

〔10〕［德］罗伯特·霍恩、海因·科茨、汉斯·G. 莱塞:《德国民商法导论》,楚建译,谢怀栻校,中国大百科全书出版社1996年版,第232页。

〔11〕［英］施米托夫:《国际贸易法文选》,赵秀文译,中国大百科全书出版社1993年版,第114页。

〔12〕［英］施米托夫:《国际贸易法文选》,赵秀文译,中国大百科全书出版社1993年版,第113页。

同与保险业的法律。这些法律均有着各自的规则和体系,其规则和体系的形成本身就是一次抽象,如果再将这些不同的规则和体系通过法典化的方式编纂成为法典,又需要再经过一次抽象。如此多层次的抽象,商法已经不再是能够适用于现实生活的法律了。

第二,法典化形式不具有适应社会变迁的灵活性。持民商分立的人认为,商法重在进步,因此,独立的商法典应该比较容易适应社会的变化。这种看法是否正确,取决于其参照系是什么。如果与完全式民商合一模式相比较,确实如此。但是,法国商法典和德国商法典的经验恰恰说明,一部统一的商法典已经不能完全适应现代社会的变化,以至于法国商法典和德国商法典远远没有达到人们所预期的功效。由于这两部法典在相当程度上不能容纳现代经济条件下出现的新的商事关系,事实上,没有哪一个国家的商法典能够包括全部商法内容。为了适应社会经济的需要,立法者不得不在法典之外另行制定新的单行法以资补充,或者依赖于民法的基本原则。如法国在其商法典之外又颁布了许多单行法规,如公司法、有限责任公司法、证券交易法、票据法、商业登记法等。同样,德国在其商法典之外也存在诸如股份公司法、有限责任公司法、票据法等单行法规。

另外,即使存在一部独立的商法典,也从未改变商法的特别法性质。以德国法为例,"事实上,《德国商法典》中的许多规定,只有根据《德国民法典》所确立的一般性原则才能理解。而《德国商法典》的作用就是对这些一般性的原则加以变更、补充或者排除"。[13]

综上所述,著者认为,法典化思想显然深受罗马法的影响。但无论是罗马时代的法典化,还是近代的法典化,都是在经济关系相对简单的条件下的成就。然而,在现代高度发达和极端复杂的经济条件下,要将所有的商事关系都纳入一部统一的法律,即便不是不可能,也是一种非常落后的方式了。

3. 商法无总则,何以成典?

从法典化的经验来看,但凡成为法典者,常有其总则,即存在有关各种商事关系的一般化规范。而商法虽然有着自己独立的调整对象,但各种商事法律自成体系,各自有着自己独立的调整对象,难以抽象出适用于各种商事关系的一般性规定。这是因为,由于"民法商法化"和"商法民法化"的交互作用,加之大陆法系民法典的无限扩张,关于商事关系的一般性抽象已为民法所吸收。如民法中关于主体人格的规定,关于权利能力和行为能力的规定,关于法律行为的规定等,同时适用于商事关系。可以说,在大陆法系框架下,其民法典的"总则"同时又是其商法典的"总则"。

之所以出现这种现象,从根本上讲,是由于民法与商法所调整的对象具有共同性所决定的。

虽然商法具有自己独立的调整对象,但商法所具有的这种独立的调整对象,总体说来,是对私法所应对的私人社会关系的再次调整或者分工调整。这就决定了商法与民法所规范的社会关系具有同一性的一面。因而,无论是民法还是商法,它们调整这种社会关系所适用的原则、运用的方法以及其他一些基本制度都具有相当程度的共同性。

最初,商法调整的范围主要限于流通领域,随着社会经济尤其是商品经济的发展,商法调整的对象逐渐扩大到一切以营利为目的的经营活动领域。由于现代社会"无业不商""无人不商",致使商法上许多早先的原则和制度,如商人制度、商行为制度,失去了其历史的特殊性而逐渐与

---

〔13〕 [德]罗伯特·霍恩、海因·科茨、汉斯·G. 莱塞:《德国民商法导论》,楚建译,谢怀栻校,中国大百科全书出版社1996年版,第239页。

民事制度融为一体,结果是出现了所谓的“商法民法化”现象。

另外,民法也在完成其自身的进化过程。从简单商品经济条件下的民法到现代商品经济条件下的民法,就是一个民法改造其自身,吸纳充实新的内容的过程。其中,对商法原则和制度的吸收就是一个重要表现。如自愿原则、平等原则、等价有偿原则、诚实信用原则,以及诸如货物买卖、运输、融资租赁、仓储保管、委托、行纪、居间、储蓄借贷等无不表现出了强烈的现代商业色彩。这其实又是一种“民法商法化”的发展过程。

由此可见,由于商法与民法的交互作用,二者在相当程度上已完成了它们的同化,经过长期的磨合,现在已获得了共同性或同一性。这种同化的结果就是,商法的一般化规则为民法所吸收和替代,在“民商合一”立法运动的推定下,商法在很大程度上已经成为“民法的特别法”。

（三）完全式民商合一更不可取

自1847年意大利人摩达尼利(Motanelli)倡导民商合一学说以来,一些学者相继附从。在实践上,瑞士债务法与瑞士民法典的合并开创了民商合一之先河。瑞士民法典被引入了土耳其法中,成为土耳其1962年新的民法典。意大利以前也曾把它的法律建立在二元论的基础之上,但在1942年又把民法典和商法典并入了统一的民法典之中。

在现代社会,采取完全式民商合一模式的弊病几乎是不需要论证的。如果说将各种商事法律纳入一部统一的法典的做法是不可取的话,那么,将民事、商事法律全部纳入一部民法典中去,就是一种愚不可及的狂妄做法。这种做法的必然逻辑结论是,所有的法律只需要两部法典就可以了:一部是私法典,另一部是公法典。

然而,奇怪的是,从来没有听说有人主张过制定一部统一的公法典,也从来没有听说过哪个国家曾经做过制定一部公法典的努力或者尝试。恰恰是在私法领域,不仅有完全式民商合一的学说,而且有完全式民商合一的实践和范例。

究竟是什么原因导致私法学者总是为建立庞大的“民法帝国”而如此执着地追求呢?我们发现,建立在罗马市民法基础上的民法体系与罗马帝国本身一样具有极其强烈的扩张性与侵略性。民法体系的形成和发展过程就是一个攻城略地、鲸吞他人领地的过程。

早期的罗马法虽然不失其伟大,但终究不过是简单商品经济条件下的产物。其物权、债权制度相当简单,其法人制度初显端倪。比较而言,其家庭法和继承法倒是比较成熟一些。同时,罗马法上所体现的原则和精神也显得与现代法律格格不入。[14] 那么,罗马法究竟伟大在什么地方呢?著者认为,罗马法之所以伟大,原因在于罗马人创造了一个可与当时罗马帝国的版图相媲美的庞大的罗马私法体系。在这个体系中,有两个概念是至关重要的,即物权和债权。这是两个无所不包的概念。即使在今天,仍然有人试图将公司财产权利、信托财产权利、知识产权这样的财产权利纳入物权或者债权的概念中去。到德国民法典制定时,德国人更是超过其前人,其所发明的像法律行为这样高度抽象的概念,几乎可以包容人世间任何性质的行为和交易关系。

当然,在民法的扩张进程中,有两个因素起着重要的作用。一是人的解放和自由要求法律上的平等。对平等的要求和渴望首先来自商人的冲动,进而促进了“人人生而平等”的普遍性法律

---

〔14〕 譬如,在罗马法上能够成为权利主体的只能是自由人(status libertatis),并且是罗马市民(status civitatis),并进而将权利能力区分为“婚姻资格”(connubium/ius connubii)和交易资格(commmercium/ius commercii)。奴隶(schiavi)是没有人格的,他们既无婚姻资格,也没有交易资格;他们不是主体,而是权利标的。异邦人(hostos/peregrinus)的行为虽然是自由的,但是却不受法律保护。在“家父”(paterfamilias)制度下,“家子”(filiifamilias)只能是他权人,未成年人与妇女更是受到歧视。即使是自由人,也仍然存在“人格减等”(capitis deminutio)的可能。

适用。二是商法的产生给民法提供了良好的养分。于是,民法采取拿来主义,将商法上的原则,甚至制度,据为己有。瑞士民法典是一个典型。瑞士民法典将大多数商法制度纳入其债法,而债法早在罗马法时期就是民法上的概念。表面看起来,一切都是那么顺理成章,那么理所当然。"民法帝国"在这里达到了它辉煌的顶点。

(四)相对式民商合一是一种较为可取的方式

商法的立法体制问题多少具有世界性色彩。即便是在有商法典的国家,学者们对商法典亦多有微词。"《德国商法典》中的许多规定,只是根据《德国民法典》所确立的一般性原则才能理解;而《德国商法典》的作用就是对这些一般性的原则加以变更、补充或排除。"[15]德国学者考察了商法典制定的历史后认为,"商法和民法在编纂过程中依然保持分离,又主要是出于法律政策及实用主义方面的考虑",并且"商法法典化一如既往地欠缺一种实体方面的基础和合理性"。[16] 此外,为了回应21世纪的社会与经济发展现实,大量特别法规则的出现在民法典之外独成体系,民法典面临被分解(decodification)的际遇。[17] 商法典也不能避免类似的遭遇,各国商法典之外,都出现了许多类似小卫星似的单行法,商法典显得支离破碎了。"只要范围甚广的行为为其所包容,那么商法表面上的不完整性可能并不令人惊讶;然而,这种不完整性委实削弱了其作为一个法律分支的地位上之重要意义。"[18]这种后法典化(post-codification)现象应该能引发我们的思绪:商法法典化之路前景堪忧,而同时又承认商法有其独立地位的中国,[19]有没有第三条道路?

如果说,中国制定《民法典》是不可逆转的现实的话,[20]我们就只能选择相对式民商合一的模式。也就是说,将民事商事的一些共同原则和内容纳入民法典之中统一编订,而将一些特殊的商事制度另行制定单行法规。

相对式民商合一虽然也是民商合一模式下的一种,但它与完全式民商合一却存在很大的不同,甚至本质的不同。这种不同在于,它能够确保各种商事法律制度的独立存在,民法只是起着补充的作用。也就是说,在具体商法没有规定的情况下,才可能适用民法的规定。而民法的这种补充作用主要表现在民法上一般原则和规则同时也适用于商法。这样,既使得商法维持了其独立性,又避免了各自独立的具体商法因缺乏一般规定而发生法律适用上的缺漏。

较之于制定统一的商法典,相对式民商合一在保持商法的独立性这一问题上其实是更加前进了一步。因为,表面上的统一会抹去具体商法的个性,只有各种具体商法的单独存在才能保持其自身的独立性,从而才能在更大程度上发挥商法的效能。

现代社会,商品经济范围极其广泛,变化频繁,法律必须快速、敏捷地反映这种发展变化。只有采取相对式的民商合一模式才能迅速地反映这种经济变化。

---

〔15〕[德]罗伯特·霍恩、海因·科茨、汉斯·G. 莱塞:《德国民商法导论》,楚建译,谢怀栻校,中国大百科全书出版社1996年版,第239页。

〔16〕[德]沃尔夫岗·塞勒特:《从德国商法典编纂历史看德国民商法之间的关系》,邵建东、焦美华译,载范健、戴奎生主编:《中德法律继受与法典编纂:第四届费彝民法学论坛文集》,法律出版社2000年版,第10页。

〔17〕Maria Luisa Murillo, The Evolution of Codification in the Civil Law Legal Systems: Towards Decodification and Recodification, *J. Transnational Law & Policy*, 2001, Vol. 11:1, p. 11.

〔18〕John Bell, Sophie Boyron and Simon Whittaker, *Principles of French Law*, Oxford University Press, 1998, p. 437.

〔19〕卡纳里斯正确地指出:"一部商法典的存在和商法的独立性不是同一个问题。"参见[德]C. W. 卡纳里斯:《德国商法》,杨继译,法律出版社2006年版,第7~8页。

〔20〕我国《民法典》已经颁布实施,为保持本部分原貌,故不作相应修改。

相对式民商合一模式并非意味着实质意义商法的消失,而仅仅是不存在一部形式上的商法典而已。也绝不能发生这样的误解,即以为民法可以代替商法。民法绝不是凌驾于商法之上的法律,商法也不是民法的附庸,只不过在法律适用上发生一定牵连性。

(五)最理想的模式是尊重立法实践自己的选择

就事物的本来规律而言,民法、商法的立法模式的选择不过是一个因应社会现实要求而"寻找法律"的过程。而"寻找法律"又必须首先根植于本土文化和法律传统。也就是说,最好的模式不应该是学者设计出来的,而是法律实践所创立的模式。什么是我国实践创造出来的模式呢?这就是具体商事法律单独存在。例如,近年来,我国所颁行的一系列商事法律都是独立存在的。这些法律自成体系,有自己的规范对象,有自己的立法指导思想,有自己的基本原则,有自己的一般规定。这说明,我国的商事立法已经走出了它自己的路子,中国的现行商事立法本身就是一种模式。

这种模式与英美商事立法模式相似。但我们相信,二十多年前中国在制定《中外合资经营企业法》,以及在以后时间内制定其他商事法律时,绝没有有意识地模仿英美模式。但这种立法模式必须有一个前提,即没有民法典存在。也就是说,民法的立法体例也是采用具体制度各别立法的模式。如将民法分割为财产法或者物权法、合同法、侵权法、继承法、婚姻法、知识产权法等,从根本上废除民法、商法的法典化模式。事实上,我国的民事立法实践本身一直采取的就是这一模式,如我国相继颁布的合同法、担保法、继承法、婚姻法、专利法、商标法、著作权法等。在我国,虽然早先制定了一部《民法通则》,但从法律实施的角度来评价,《民法通则》并不具有多大实际意义,它充其量只是一个关于权利的宣言而已。后来的《民法总则》试图将各种民商事关系融为一体、统一规制,但观其体系和内容,实则为一部民法典的扩张版,可称为相对式民商合一。就其对商事关系的调整而言,其宣示意义依然大于实际意义。

民法、商法或者民商法这样的概念,只应该作为学科意义上的概念存在,而不应该作为法律的对应表现形式。在现代社会,民事、商事法律制度发展迅速,内容极大地被丰富了,而且各自法律都具有自己成熟的体系。可以说,在现代社会,"民法帝国"已经衰落,并从大一统式的集中治理分裂为分散型的自己治理。

分裂后的民商法模式应如何对待法典模式下属于法典总则部分的内容呢?

就民法而言,属于法典总则中的人格权制度,可归入人格权而单独制定人格权法或者人身权法,代理制度可专门制定单独的代理法,至于时效问题则可归于各具体制度解决。而像法律行为这类纯属理论抽象的产物,本来就是人为的多层次抽象,则应返璞归真,还原于各具体制度,尤其是合同法,其本身就是法律行为的标尺。

就商法而言,商业名称问题可由各商事主体法自行解决。其登记问题,则可纳入商业登记法之中,这是顺理成章的事情。

所谓商事代理的问题,像我国现行的合同法采取民事合同、商事合同合二为一的模式一样,可将民事代理、商事代理合二为一,使其成为一部统一的代理法。在现代社会中,代理行业的高度发达已足以使其成为一个独立的法律部门,而不应该仅仅作为民法典或者商法典总则中的特别制度。

商业账簿和商业登记则根本不属于商法的内容,它们分别属于财会法和行政法范畴。商法上关于商业账簿和商业登记的规定只是一种衔接,具体的法律适用还需依靠专门性的法律进行规定,甚至,商事登记完全可以单独立法。

法律形式或者立法模式的选择与对某一法律所调整的社会关系的认识并不完全是一回事。具体到商法而言,商法所调整的商事关系在实质上和逻辑上的独立存在并不一定得出非得采用商法典立法模式的结论。法律形式或者立法模式的选择须服务于某一特定社会关系本身而量体裁衣,适足而履,而不是简单地采取拿来主义态度。

第二章　商事主体

第一节　商事主体概述

一、商事主体的概念和特征

（一）商事主体的概念

商事主体，是指以自己的名义实施商行为并能够独立享有和承担民事权利义务的人。[1]

这一定义包含了构成商事主体的三个要素：一是商事主体必须是能够独立享有和承担民事权利义务的人；二是商事主体必须是实施商行为的人；三是商事主体必须以自己的名义实施商行为。

第一个要素解决的是商事主体的人格问题；第二个要素解决的是商事主体与非商事主体的关系问题；第三个要素解决的是商事主体与商业辅助人的关系问题。

为了进一步深入地了解商事主体的意义，下面我们将对这些要素作为商事主体的基本特征和属性进行进一步分析。

（二）商事主体的特性

第一，商事主体是能够独立享有和承担民事权利义务的人。商事主体是商事法律关系中的重要构成因素，是民事权利义务的享有者和承担者。这意味着，商事主体必须是具有独立人格的人，是具有权利能力和行为能力的人。只有具有权利能力和行为能力，才能独立享有和承担民事权利和义务。这一点可以说是法律对于私法主体的普遍要求，是民事主体和商事主体所具有的共同特征。

第二，商事主体是实施商行为的人。商事主体必须是实施商行为的人，不实施商行为的人不属于商事主体。这是区分商事主体与非商事主体的根本标准。

首先，商事主体必须依法取得商人资格。商事主体是依法取得从事商事经营活动资格的人。商事经营资格的取得在形式上表现为，依照我国法律的规定，必须在满足法律规定的条件下依照法定程序进行登记注册，取得从事某项经营活动的营业执照。不能取得商人资格的人不能成为商人。应当说明的是，这一原则也有例外，如有些小微营业经营者或者所谓的“小商人”，如流动

---

〔1〕　在有单独的商法典的法律中，立法上均有对商人概念的界定。如《德国商法典》从主观主义出发，将商人定义为“从事商事营业的人”。《法国商法典》从客观主义出发，将商人定义为“以实施商行为作为其经常职业的人”。而《日本商法典》则采取所谓折衷主义的方法，将商人定义为“以自己的名义，以实施商行为为职业的人”。我国不存在商法典，商人、商事主体是从学理上总结而来的概念，二者的意思是一致的。因此，本书所谓“商人”只是作为商事主体的简称而已，并没有赋予其法典意义上的商人概念。

商贩，则可以豁免登记；我国的农村承包经营户不需要像个体工商户一样进行工商登记。

其次，商事主体实施商行为具有营利性。商事主体实施商行为的目的在于获取利润。非商事主体的行为目的不在于营利。如民事主体所能实施的行为虽然具有广泛性，但却是非以营利为目的，不能成为商事主体。党政机关、军队以及其他社会团体的设立和存在，同样不具有营利性，因而不能成为商事主体。

最后，商事主体以实施商行为作为其经常性职业。以实施商行为作为其经常性职业是商人的外观表现。这就是说，不是任何实施了商行为的人都是商人，只有以实施商行为作为其经常性职业的人才是商事主体。因而，偶尔实施商行为的人不能成为商事主体。现代商事主体基本上表现为某种形态的商事组织，如公司企业、合伙企业、个人独资企业。这些商事组织均有固定的生产经营场所，并以长期从事某种商业活动为职业。

第三，商事主体是以自己的名义实施商行为的人。商事主体不仅是实施商行为的人，而且必须是以自己的名义实施商行为，并在实质上享受民事权利和承担民事义务。由此可将商人与商业辅助人区分开来。

商业上那些经商事主体委任或者雇用而实施商行为的人实际上是在不同程度上代理商事主体实施商行为或者为商人提供特定服务的商业辅助人。他们不是以自己的名义实施商行为，而是以他人，即商人的名义实施商行为。因而，他们所实施的商行为所产生的法律后果，即民事权利义务，并不归属于他们自己，而是归属于委任或者雇用他们的商人。

二、商事主体与商业辅助人

（一）商事主体的分类

以商事主体的组织形态为依据，可以将商事主体区分为商法人、商合伙与商个人三种类型。[2]

商法人，是指具有法人资格的商人，包括公司、国有企业、集体企业等。商法人这一概念相当于我国原《民法通则》中所谓的“企业法人”，以及原《民法总则》和现行《民法典》中的“营利法人”。

商合伙，是指不具有法人资格的二人以上的合伙组织，典型者如我国《合伙企业法》上的合伙企业。

商个人，是指由一人投资设立的商事组织，典型者如我国《个人独资企业法》中的个人独资企业。

---

〔2〕 在制定有单独的商法典的法律中，其对商人有着不同的分类。(1)根据商人的组织机构是否健全完善，将商人区分为完全商人和非完全商人，或者有的区分为大商人和小商人。前者完全适用商法，后者则有条件地适用商法。(2)以是否需要注册为标准，将商人区分为法定商人、注册商人和任意商人。法定商人是指无论是否注册，只要从事了其商法所规定的绝对商行为，如商买卖、证券交易、票据交易等，就作为商人对待。注册商人是指只有经过注册登记后，才能取得商人资格，如公司。而任意商人则是指是否注册登记为商人，由其自己选择。但一经选择注册为商人，则适用商法。任意商人主要是针对农林业及其附属产业而进行的规定。(3)以商人是否具备特定形式为标准，将商人区分为形式商人和非形式商人，或者称为要式商人与非要式商人。前者如公司，后者如合伙等。这种区分实际上相当于法人型商人与非法人型商人之区别。(4)拟制商人与表见商人。拟制商人是指那些虽经登记注册为商人，但尚不构成完全商人的商人。在这种情况下，仍然视为完全商人。表见商人，是指虽不是商人，但却以商人面目出现与第三人发生商事交易。在这种情况下，为了保护善意第三人，则将其视为商人。由于我国没有商法典，上述分类仅具有学理参考意义，不具有实际意义。既然我国不存在商法典，也就不存在是否适用商法典的问题。

后面我们还将以此为依据,对商事主体进行更为全面的论述。

(二)商业辅助人

所谓商业辅助人,又称商业使用人,是指基于委任或者雇佣合同关系而从属于商事主体以辅助其营业的人。日常生活中,人们所谓的“商人”,往往就是针对这种商业辅助人而言的。商业辅助人主要包括经理人、职员和劳务人员。

所谓经理人(manager),是指为商人管理事务并为其进行的商业事务签名的人。经理人与商人之间的关系是一种委托—代理关系。经理人是公司的高级管理人员,对内负责企业事务的管理,对外可以代表企业与第三人发生交易。所以,通常将经理人称为全权代理人。

在公司,经理人由董事会聘任或者由公司章程决定,是公司的代理人。在合伙或者个人独资企业,则由合伙人或者业主选聘。

经理人的权限由其委任人授予。这种授权既包括明示授权,又包括默示授权。但是如果该项授权对经理人的代理权有特定限制的,则不得对抗善意第三人。

经理人既可以是一人,也可以是数人,可以单独或者共同代理商事主体。经理人如违反了章程或法律的规定可以由委任人解聘。同时,经理人负有竞业禁止的义务,即不得为自己或第三人经营同类业务,但如果取得同意则可以构成责任免除的事由,譬如,公司高级管理人员如果经过股东会同意,则可以自营或者为他人经营与所任职公司同类的业务。

所谓职员,是指经商业主体或其经理人聘任或者授权为商人办理营业上部分业务或者特定事项的商业辅助人,如推销员、采购员等。职员与商人的关系也是一种委托—代理关系,只不过是针对特定事项或者特定业务的代理。因此,他们之间在与第三人的关系中适用代理法,而他们相互之间则适用《民法典》中的委托合同来调整。

所谓劳务人员,是指经商人或者经理人雇用而提供一定服务的人,如取货、送货的人。劳务人员,没有代理权,他们与商事主体的关系是一种雇佣合同关系。因此,这种关系受劳动法或者雇佣合同调整。

第二节 商 法 人

一、商法人概述

(一)商法人的概念

商法人是指依照商事法律设立的以营利为目的的具有法人资格的商事组织。在现代社会,商法人是一种最为重要和最为普遍的商事主体。

法人有公法人与私法人之分。

以公共利益为目的而依照公法设立的法人为公法人,如国家机关等。关于公法人是否得为商事主体,有的国家明文规定国家和地方政府得为商法人,如德国商法典;有的国家则明文规定国家不得为商事主体,如意大利早期商法典。日本商法典则对公法人经营商业设有专门规定,即关于其营业上之行为,除特别法律另有规定外,应适用商法的规定。我国法律上对公法人得否为商法人没有明文规定,但理论上通说认为,国家得为商事主体。

但应当特别说明的是，只有在特定情况下，公法人才可能成为商法人。如以国家名义发行国家债券或者以地方政府名义发行地方债券时，国家或者政府就是作为商法人身份出现的。

私法人是指以私人利益为目的依照私法设立的法人。私法人又可区分为依照商事法律而设立的私法人和依照民法设立的私法人。依照商事法律设立的私法人具有营利性，如公司，是为商法人；依照民法设立的私法人则不具有营利性，如非营利性社会团体组织，不是商法人。

私法人还可区分为社团法人和财团法人。凡是以人的集合为基础而成立的法人为社团法人，如公司、合作社、商会、学会等；凡是以财产的集合为基础而成立的法人为财团法人，如各种基金会、寺院、救济院及慈善机构等。

其中，以是否具有经济目的为标准，可进一步将社团法人区分为营利性社团法人和公益性社团法人。凡是具有经济目的的社团法人，即为营利性法人，为商法人，如公司；凡是没有经济目的的社团法人，即为公益性法人，或者非经济法人，不得为商法人，如合作社、学校等机构。财团法人一般均为公益目的而设立，因而，公益法人还包括财团法人在内。

《民法典》将法人区分为营利法人、非营利法人和特别法人。营利法人是典型的商法人；非营利法人，包括事业单位、社会团体、基金会和社会服务机构等，不是商法人；特别法人包括机关法人、农村集体经济组织法人、城镇农村的合作经济组织法人、基层群众性自治性组织法人，其中，除了农村集体经济组织法人属于商法人外，其他均不属于商法人。

（二）商法人的分类

1. 公司型商法人与非公司型商法人

根据商法人组织形态的不同，可以将商法人区分为公司型商法人与非公司型商法人。

公司型商法人，是指依照公司法或者商事特别法而设立的以营利为目的的社团性法人。依照公司法设立的公司为普通商业公司；依照特别法而设立的公司为特殊公司，如商业银行、保险公司等。

非公司型商法人，则是指依据特别法律设立的不采取公司形式的其他企业法人，如非公司型国有企业、集体企业等。

2. 全民所有制企业法人、集体所有制企业法人、私人企业法人、股份制企业法人

依据商法人所有制性质的不同，可将企业法人区分为全民所有制企业法人、集体所有制企业法人、私人企业法人和股份制企业法人。

全民所有制企业法人，又称国有企业，是指国家投资设立的企业法人。国家是唯一的投资人，企业属于国家所有，企业对企业财产只享有经营管理权。因这种企业的产权实质上是全民所有制的一种法律体现，所以称为全民所有制企业法人。

集体所有制企业法人，又称集体企业，是指集体投资设立的企业法人。集体单位是企业的投资人，企业属于集体单位所有，企业自身对企业财产只享有经营管理权。因这种企业的产权实质上是集体所有制的一种法律体现，所以称为集体所有制企业法人。

私人企业法人，又称私营企业，是私人投资设立的企业。应当注意的是，私人企业，既包括私人法人企业，又包括私人非法人企业。私人法人企业实际上就是公司企业；私人非法人企业既可以是合伙企业，也可以是个人独资企业。

股份制企业法人，是指经股份制改造或者经投资者投资并依照公司法的规定而设立的企业法人，实际上就是公司企业。公司企业的产权多元化，既可能有国家资本，也可能有私人资本。企业财产属于公司所有，投资者只享有股权。

3. 内资商法人与外资商法人

根据企业的投资是否具有涉外因素，可将企业区分为内资商法人与外资商法人。内资商法人是本国投资者依据本国法律投资设立的企业；外资商法人，或者称为外商投资企业，是指全部或者部分由外国投资者投资，依照中国法律在中国境内经登记注册设立的企业。同样应当注意的是，外商投资企业既可能是具有法人资格的公司，如中外合资经营企业，具有法人资格的中外合作经营企业和外资企业；也可能是不具有法人资格的合伙企业或者个人独资企业形式，如不具有法人资格的中外合作经营企业和外资企业。外商投资企业是中国企业，具备法人性质的，是中国法人。

4. 本国商人与外国商人

依据商法人国籍的不同，可以将商法人区分为本国商法人和外国商法人。

根据本国法设立的企业是本国商人；依据外国法设立的企业是外国商人。外国商人通常在东道国设立有分支机构，分支机构的设立虽然需要得到东道国的许可，但却不具有独立的法人资格，其民事责任由外国商人承担。

二、公司企业

（一）公司概述

公司（corporation/company）是依法设立的营利性社团法人。在现代商法体系中，公司是最为典型的商事主体。由于本书在第二编“商事公司”中对公司有相当深入的研讨，因此，这里仅就公司法上的公司与特别法上的公司之区别加以讨论。关于公司的其他问题，参见第二编“商事公司”中的论述。

1. 普通公司

普通公司，是指依照普通公司法设立的从事普通商事业务的公司。这一定义包含了构成普通公司的两个要素：

一是依据普通公司法而设立，如依照我国公司法的规定而设立的公司。普通公司法是对公司这种企业组织形式的一些基本问题进行规定的法律，结构上包括公司组织法和公司行为法两个部分。公司组织法部分主要涉及公司的设立、变更、消灭以及公司治理结构等问题。公司行为法非指一般意义上的行为而言，而是指与公司组织有着密切关系的一些交易。何谓有密切关系？如为设立公司而融资所涉及的证券的发行与转让，基于公司合并、分立、减资等而涉及的股份回购，以及公司为了调整公司资本结构而发生的购并交易，等等。

二是从事普通的商事业务。何谓普通的商事业务？普通的商事业务的范围极其广泛，它涉及普通工商业务，如商品的制造、批发、零售，或者从事普通的服务行业，实际上，它包括了全部第一产业和第二产业以及部分第三产业。

2. 特殊公司

特殊公司，是指依据商事特别法而设立的从事特别业务的公司。这一概念同样包含了构成特殊公司的两个要素：

一是依据商事特别法而设立。如根据我国商业银行法设立的商业银行，根据保险法设立的保险公司，根据证券法设立的证券公司，根据证券投资基金法设立的基金管理公司等。我国信托法采取的是将信托行为与信托业分开立法的模式，所以今后势必还将通过特别法的形式对信托公司进行专门规定。目前广泛存在的信托公司或者信托投资公司则是依照银监会《信托公司管理办法》设立的。正在起草的《期货交易法》也必将对期货经纪公司作出规定,目前的期货公司是按照证监会《期货公司管理办法》设立的。

二是从事特别的业务。唯因为特殊公司从事的是特别业务,所以,才需要通过特别法的形式对这类公司专门规定。何谓特别业务?从我国现行特殊公司法律体系来看,实际上主要涉及的是金融行业,如银行业、证券业、期货业、信托业、投资基金业、保险业等。金融行业属于第三产业。如商业银行从事的是商业银行业务,证券公司从事的是证券业务,信托公司从事的是信托业务,基金管理公司从事的是投资基金的管理与投资业务,期货公司从事的是期货业务,保险公司从事的是保险业务。

(二)普通公司与特殊公司的共同性

无论是普通公司还是特殊公司,均为公司形式(但有的特殊公司可能并不以“公司”名之,如商业银行、投资银行、招商局等),自然在许多基本点上是相同的。以我国法律为依据,这些相同点主要表现在:

第一,公司形式。无论是普通公司还是特殊公司,都可以并且仅限于采用有限责任公司和股份有限公司两种形式。这是公司形式法定主义的体现。

第二,投资者责任。无论是普通公司还是特殊公司,其投资者均只在其出资范围内对公司债务承担责任。这是股东有限责任的体现。

第三,公司地位。无论是普通公司还是特殊公司,均为独立的法人,并对公司企业财产享有所有权。这是公司独立性和自治性的体现。

第四,出资形式和出资方式。无论是普通公司还是特殊公司,法律对其出资形式和出资方式的要求基本上是相同的。这里仅仅指的是形式和方式而言,至于具体的注册资本及其缴纳则可能并不相同。

第五,股权形式。无论是普通公司还是特殊公司,其有限责任公司的资本称为出资;其股份有限公司的资本称为股份。

第六,股份转让。无论是普通公司还是特殊性质的公司,其股权转让规则是相同的。譬如,像银行这种金融机构如果是股份有限公司,只要符合上市条件,其股份当然可以上市交易,股份在证券市场上流转的规则与一般的股份公司并无差别。

第七,公司治理机构。无论是普通公司还是特殊公司,均需要依照普通公司法或者特别法的规定,建立健全的公司管理机构。往往特别法只针对特别要求作出规定,而一般要求则仍然需要符合普通公司法的规定。

第八,合并与分立。无论是普通公司还是特殊公司,其合并与分立的基本法律方式相同。

第九,解散与清算。无论是普通公司还是特殊公司,其解散与清算的基本方式是相同的。

(三)普通公司与特殊公司的差别性

普通公司与特殊公司具有如下区别:

第一,设立公司所依据的法律不同。普通公司是依照公司法设立的。特殊公司则是根据特别商事法律设立的,如商业银行法、保险法、证券法等。但在设立特殊公司时,同时还需要符合普通商事公司法的规定。

第二,法律适用不同。普通公司适用公司法的规定即可。特殊公司首先应当适用特别法,特别法没有规定的,适用普通商事公司法的规定。

第三,设立目的不同。普通公司是为了从事普通商事业务而设立。特殊公司则是为了特别目的。

第四,设立要求不同。由于法律的自由化和现代化,一些发达国家的法律对于普通商事公司设立的管制是越来越放松。其基本法律政策是政府采取不干预态度。如在公司的设立审核方面,放弃核准主义改而采用准则主义,最大限度地简化设立程序;在公司设立融资方面,放弃法定资本制改而采用授权资本制。我国现行法律对于普通公司的设立原则上采取准则主义,例外采用核准主义。

对于特殊公司,唯因为其从事业务的特殊性,尤其是这类公司主要从事的是金融业务,所以,世界各国毫无例外地对这类公司的法律管制都比较严格。当然,各国法律管制的程度又有所不同。譬如,在我国,金融机构的设立均需要取得主管机构或者部门的批准。

第五,在公司行为方面,虽然我国法律仍然坚持对普通商事企业的经营范围的限制,但从发达国家的法律来看,已经放松了对公司经营范围的管制,允许商事企业从事任何合法营业,并扩大公司的权力范围。

对于特殊公司,其业务经营范围则需要得到主管机关的许可或者受到一定限制。此外,我国法律原则上坚持金融业务实行分业经营管理模式。也就是说,在业务经营上,不允许银行业、保险业、证券业、信托业混业经营。在企业管理上,也是分别设立机构进行管理。同时,政府在监管上也是分开的,如设立银监会负责对商业银行以及其他非银行储蓄、信贷等金融机构的监管,证监会负责监管证券业,保监会负责监管保险业。目前信托业仍然由银监会负责监管。但国外现在对混业经营的限制也在放松,我国也有松动的迹象。

第六,在公司治理方面,普通公司享有高度的自治权利,而且法律对企业的经营管理人员和从业人员的业务水平和从业经验没有特别限制。

对于特殊公司,企业受到监管机构的监管,而且法律对金融机构的经营管理人员以及从业人员具有较高要求,如要求具有相应的业务水平和从业经验等。

第七,对于普通公司,法律除了要求公司依法提取公积金之外,并无其他风险防范的特别措施。法律对特殊公司的风险防范则具有较高要求,除了必须依法提取公积金外,还要求各种金融机构均必须依照法律规定提取各种风险防范基金。

第八,对于普通公司的破产,只要出现了破产原因,利害关系人即可直接向法院申请破产。对于特殊公司,依据我国法律,其破产申请必须得到主管机关的同意。因为,金融机构的破产不仅会影响到债权人利益,而且会对整个社会经济造成影响。通常,主管机关会采取一些前置性防范和缓解措施,如由主管机关先行接管或者整顿。

三、国有企业

(一)国有企业的概念

国有企业这一概念有广义和狭义之分。从广义上讲,所谓的国有企业是指依照《全民所有制工业企业法》(以下简称《企业法》)[3]设立的国有企业,还包括根据公司法设立的国有企业,如国家出资公司。国家出资公司,是指国家出资的国有独资公司、国有资本控股公司,包括国家出资的有限责任公司、股份有限公司。

从狭义上讲,国有企业仅指根据《企业法》设立的国有企业。由于公司法上的国家出资公司

〔3〕 该法于1988年4月13日通过,同年8月1日起施行。

由公司法调整,因此,这里所谓的国有企业仅指其狭义而言,通常所谓的国有企业即指此而言。因而,这里所谓的国有企业(State-Owned Enterprises,SOEs),全称为全民所有制企业,是指依法设立的自主经营、自负盈亏、独立核算、自我发展、自我约束的商品生产和经营单位,是独立享有民事权利和承担民事义务的企业法人,对于国家授予其经营管理的财产享有占有、使用和依法处分的权利。

(二)国有企业的法律地位

国有企业具有独立的法人资格,是一种非公司型企业法人。作为一种企业法人,它能够独立享有民事权利和承担民事义务。对内而言,它是一种经营自主、自负盈亏、独立核算、自我发展、自我约束的商品生产和经营单位;对外而言,作为一种法人企业形态,它能够独立承担责任。

(三)国有企业的产权关系

国有企业的投资主体是国家,投资主体具有单一性。国有企业对于国家授予其经营管理的财产享有占有、使用和依法处分的权利。所谓"依法处分",是指企业必须依照法律的特别规定处分其法人财产,不得超越法律允许的范围,也不得违背法律规定的处分方式。国有企业财产属于国家所有,国务院代表国家行使企业财产的所有权。国务院国有资产监督管理委员会是国务院的特设机构。国务院授权国有资产监督管理委员会代表国家履行出资人职责。

(四)国有企业的经营方式

国务院代表国家行使国有企业财产的所有权。企业则通过一定的资产经营形式,依法行使经营管理权。所谓资产经营形式,是指用以落实企业法的规定,具体规范国家与企业的责、权、利关系,保障双方权益的企业经营国有资产的责任制形式。譬如,企业承包经营责任制、企业租赁经营责任制、企业信托经营责任制、股权经营制等不同形式。企业采取何种资产经营形式或由企业的主管部门确定,或由主管部门与企业协商确定。

(五)国有企业的权利义务

国有企业享有的权利范围比较广泛,包括:生产经营决策权;投资决策权;产品和劳务定价权;进出口经营权;劳动人事和工资、奖金分配权;产品销售权;物资采购权;留用资金支配权;资产处置权;联营、兼并权;内部机构设置权;拒绝摊派权等。

(六)国有企业的管理机制

国有企业采取厂长(经理)负责制,厂长(经理)由国家委派或者由职工代表大会选举,报政府主管部门批准。厂长(经理)是企业的法定代表人。凡政府主管部门委任或者招聘厂长、经理,或由主管部门对其委任或招聘的厂长、经理予以免职或解聘时,均需事先征求职工代表的意见;由职工(代表)大会选举或者罢免厂长、经理时,则需报政府主管部门批准。

企业设立管理委员会或者采取其他形式,协助厂长、经理决定企业的重大问题。

职工(代表)大会是企业实行民主管理的基本形式,是职工行使民主管理权力的机构。

(七)国有企业与政府的关系

政府代表国家依法行使国家财产所有权,并有权对国有企业享有如下职权:下达指令性计划;考核、审查和审计监督;决定国家与企业之间的收益分配方式、比例或者定额;决定或批准企业自主权限之外的投资项目;决定或者批准企业的资产经营形式,企业的设立、合并(不含兼并)、分立、终止和拍卖,批准企业提出的被兼并申请和破产申请;审批企业财产的报损、冲减、核销,关键设备、成套设备或者重要建筑物的抵押、出售,组织清算并收缴被撤销、解散的企业财产;决定或批准企业厂长(经理)的任免、聘任、解聘和奖惩;拟订有关企业的财产管理制度,对其执行情况进行检查监督。

(八)国有企业的监督管理

国有资产管理部门是政府管理国有资产的职能部门。国有资产管理部门采取分级监管的方式,负责对国有资产管理进行监督管理。

(九)国有企业的整顿和撤并

1.企业停产整顿

企业发生经营性亏损严重的,可以申请自行停产整顿,整顿方案经政府主管部门批准后,由企业自行组织实施;政府主管部门也可责令企业停产整顿,此时应由企业的法定代表人负责制订整顿方案,经主管部门批准后实施。停产整顿的期限一般不超过1年。企业停产整顿期间,可以暂停上交承包利润,延缓支付贷款利息,同时不得发放奖金。

2.企业的撤并

国有企业的合并分为无偿合并和有偿兼并两种情况。由政府决定或者批准合并的,合并各方在政府主管部门的主持下协商订立合并协议,在全民所有制的范围内,资产可以无偿划拨。兼并则为一种有偿合并的方式,如前所述,国有企业兼并其他企业的,由企业自主决定。国有企业被兼并的,因涉及国家所有权及其管辖问题,所以要报被兼并企业的主管部门批准。

企业经停产整顿仍然达不到扭亏目标,且无法与其他企业合并,或因其他原因应当终止的,由政府主管部门提出,经省级政府或者国务院主管部门批准,可予以解散,并由政府主管部门指定成立的清算组进行清算。企业破产的,则适用破产法的规定。

四、集体企业

(一)集体企业的概念

集体企业(Collectively-Owned Enterprises,COEs),全称集体所有制企业,是指以生产资料的劳动群众集体所有制为基础而设立的独立的商品经济组织。[4]

集体企业可以分为城镇集体企业和乡村集体企业。前者是指在城镇区域内设立的集体所有制企业。[5] 后者是指在乡村区域内设立的集体所有制企业。集体企业也是一种企业法人,实行自主经营、自负盈亏、独立核算。

---

〔4〕 至今,我国尚不存在一部统一的集体所有制企业法。目前,调整上述经济关系的法律规范主要是通过关于集体所有制企业的法规表现出来的。例如,国务院于1990年6月3日发布的、自同年7月1日起施行的《乡村集体所有制企业条例》(以下简称《乡村集体企业条例》)。除了关于集体所有制企业的法规以外,在其他有关法律、法规中,也有一些调整上述经济关系的法律规范。集体所有制企业法就是由调整上述经济关系的全部法律规范组成的。

〔5〕 这里所说的镇,是指建制镇。根据国务院于1955年颁布的《关于设市、镇建制的决定》、《关于城乡划分标准的规定》和1984年批转的民政部《关于调整建制镇标准的报告》的精神,建制镇属于城市的范围。1989年12月26日,第七届全国人大常委会第十一次会议通过的《城市规划法》第3条明确规定:"本法所称城市,是指国家按行政建制设立的直辖市、市、镇。"这里所说的"镇",就是上述法律第21条第4款、第5款中所指的县级人民政府所在地的镇和其他建制镇。从建制镇属于城市的范围这个意义上说,城镇集体所有制企业也就是城市集体所有制企业。

（二）集体企业的法律地位

集体企业是独立的商品经济组织，具有法人资格，依法独立地享有民事权利和承担民事义务。

集体企业的自主经营权比较广泛，具体包括：在产、供、销方面，享有生产经营活动自主安排权、物资选购权、产品销售权、进出口权、制定价格权、联合经营权等。在人、财、物方面，享有人事劳动管理权、拒绝摊派权和优惠权（企业有权享受国家法律、法规和政策规定给予城镇集体所有制企业的各种优惠待遇）。

集体企业与国有企业都是自主经营、自负盈亏、独立核算的经济组织，但相对于国有企业的独立性要大一些，实质上受到的限制要小一些。这是由这两种企业公有制形式的不同决定的。

（三）集体企业的产权关系

集体企业的财产属于劳动群众集体或者集体性经济组织所有。具体来说，就是属于组建、开办、投资该企业的全体劳动群众或者集体性质的组织所有。集体企业对其全部财产享有占有、使用、收益和处分的权利。企业有权按照国家规定自主支配其税后利润，确定公积金、公益金、劳动分红和股金分红的比例。可见，在产权关系上，集体企业与国有企业不同。国有企业只享有对国家授予其经营管理的财产的经营管理权，并不享有所有权。

（四）集体企业的分配制度

集体企业实行按劳分配为主，入股分红为辅的分配制度。集体企业的职工报酬分为两部分：一是根据职工的劳动数量和质量，以工资、奖金的形式支付；二是可以依照职工的劳动贡献和股金比例进行劳动分红和股金分红。

（五）集体企业的管理体制

1. 城镇集体企业的管理体制

城镇集体企业在民主管理的条件下实行厂长（经理）负责制。职工大会或者职工代表大会是集体企业的最高权力机构。厂长（经理）由职工（代表）大会选举产生，并对职工（代表）大会负责并报告工作。厂长（经理）是企业的法定代表人。

应当注意的是，城镇集体企业的管理机构与国有企业的管理机构虽然在形式上相同，但是在产生程序上却不同。在集体企业，厂长（经理）必须经由职工（代表）大会选举产生，而国有企业的厂长（经理）则由企业上级主管部门委派或者由职工（代表）大会选举。在集体企业，职工（代表）大会是最高权力机构，而在国有企业，职工（代表）大会则是监督机构。

2. 乡镇集体企业的管理体制

乡村集体所有制企业实行厂长（经理）负责制。厂长（经理）是企业的法定代表人。乡村集体所有制企业的厂长（经理）由企业所有者选举或者选聘。

乡村集体所有制企业职工有权参加企业的民主管理，有权对厂长（经理）和其他管理人员提出批评和控告。企业职工大会或者职工代表大会有权对企业经营管理中的问题提出意见和建议，评议、监督厂长（经理）和其他管理人员。

这里，乡镇集体企业的管理体制的产生方式既与城镇集体企业不同，又与国有企业不同。在乡镇集体企业，厂长（经理）由企业的所有者选举或者选聘，职工或者职工（代表）大会有权实施监督。

第三节　商　合　伙

一、商合伙概述

（一）商合伙的概念和特征

商合伙（business partnership），一般来说，是指两个以上的人基于合伙协议的安排而共同投资、共同经营、共享收益、共担风险的商事组织。商事合伙的特点如下：

第一，合伙是一种非法人商事组织。合伙不具有法人资格。合伙的人格仍然以其合伙人的人格为其人格，因而，就外部关系而言，合伙人须对合伙债务承担无限责任；又因为合伙为二人以上设立的组织，因而合伙人之间还需要承担连带责任。在合伙内部，合伙债务由合伙人按照出资比例或者协议的约定以各自的财产承担清偿责任。这样，合伙人对合伙债务承担连带责任后，偿还合伙债务超过自己应当承担数额的合伙人，有权向其他合伙人追偿。

第二，合伙是一种独立的商事主体。由于传统理论认为，商事主体仅包括自然人与法人两种类型，因而，将合伙视为商个人或者商自然人。合伙虽然不具有法人资格，但又明显不同于自然人或者个人。

（1）合伙中的合伙人并不一定都是自然人或者个人。法人也可以成为合伙人，如我国原《民法通则》第三章第四节就是关于合伙型联营的规定，这里的联营各方都是法人组织。如此看来，如果将合伙归入自然人或者个人之列，则存在逻辑上的矛盾。

（2）合伙具有自己的权力机关。合伙的权力机关就是全体合伙人，合伙事务的决定均须经过合伙人同意。合伙人在对合伙事务进行决策时须遵守一定的规则和程序，如采取“一人一票”的表决方式。

（3）合伙可以具有自己的事务执行机关。虽然各合伙人对合伙事务的执行享有同等的权利，但也可以委任专门的合伙事务执行人。这种合伙事务执行人对内执行业务，对外代表合伙企业。

（4）合伙财产具有一定程度的独立性。虽然合伙财产在终极意义上属于合伙人所有，但在合伙存续期间，合伙人的出资以及基于经营合伙事业的收益形成具有一定独立性的合伙财产，这种合伙财产由合伙人共同管理和使用，在合伙企业进行清算之前，合伙人不得请求分割。

（5）合伙可以有自己的字号或者名称，并可以自己的名义对外发生交易，如签订合同。

第三，合伙是一种共同经营商业的实体。合伙不同于公司。公司的经营方式基本上采取的是一种委托—代理经营制，即投资人负责出资，并委托专门的经营管理机构进行经营管理。所有权与经营权是分离的。

合伙也不同于个人独资企业。个人独资企业基本上是投资者自己负责经营管理，其所有权与经营权完全结合在一起。

而合伙则是由合伙人共同投资、共同经营、共享收益并共担风险。其方式就是通过合伙协议来进行安排。这种协议安排较之于公司具有灵活性，较之于个人独资企业又具有合作性。

（二）合伙的种类

在现行法制体系下，主要存在普通合伙、隐名合伙和有限合伙三种合伙形式，普通合伙是最通常形式的合伙。我国民法规定的个人合伙是普通合伙。《合伙企业法》规定的合伙企业包括普通合伙和有限合伙。其中,普通合伙又规定了特殊责任的普通合伙。

1. 普通合伙

普通合伙(general partnership),是指全体合伙人全部出名并且由全体合伙人承担无限连带责任的合伙。通常所谓合伙即指普通合伙而言。普通合伙的特征有两个:一是全体合伙人全部出名;二是全体合伙人共同承担无限连带责任。

所谓合伙人出名,是指将全体合伙人及其合伙关系对社会予以公示,所以,普通合伙又是一种显名合伙。

所谓无限连带责任,是指在合伙财产不足以清偿全部债务时,合伙人须以自己财产承担无限责任,而且合伙人之间对合伙债务承担连带责任,所以,普通合伙又是一种无限合伙。

至于合伙人是否必须参加全部合伙事务,一般并不为法律所强行要求。我国民法要求个人合伙必须由全体合伙人合伙经营、共同劳动。这种合伙又被称为全业式合伙。而我国《合伙企业法》虽然也将合伙定义为"共同经营",但是却允许合伙人委任合伙事务执行人。这种合伙是一种非全业式合伙。

2. 隐名合伙

隐名合伙(silent partnership),是指在合伙关系中,一部分合伙人仅仅作为匿名合伙人存在,匿名合伙人不出名参与合伙事务,而另一部分合伙人则作为显名合伙人存在,显名合伙人出名参与合伙事务。欧洲许多国家,如德国、法国的法律中都规定了隐名合伙。我国法律目前不承认隐名合伙。隐名合伙的特征如下:

第一,隐名合伙中的隐名合伙人为不出名合伙人。所谓不出名,是指对隐名合伙人的姓名或者名称不予以公示,包括不进行登记注册。

第二,隐名合伙人的出资由合伙统一支配,实际上由出名合伙人支配。隐名合伙人丧失对包括其自己出资在内的合伙财产的支配权。

第三,隐名合伙人对外不得代表合伙与第三人发生关系。隐名合伙人既然为不出名合伙人,自然没有资格对外发生交易。只有出名合伙人才有资格对外代表合伙事业。

第四,隐名合伙人对内不得参与合伙事务的管理。隐名合伙人无权参与合伙事务的管理。合伙事业的内部管理由出名合伙人负责。

第五,隐名合伙人对合伙债务只承担有限责任,即只在其出资的范围内承担责任,而出名合伙人对合伙债务承担无限或者无限连带责任。这体现了权利义务对等的观念。该原则的例外之处在于,为保护第三人善意信赖利益与维护交易安全,隐名合伙人如果参与合伙事务的执行或者有参与执行的表示或者知道他人表示其参与执行而不否认者,纵有相反之约定,对第三人仍应负显名合伙人的无限责任,但在承担无限责任后,可按其内部约定向显名合伙人追偿。

第六,隐名合伙人享有分配合伙利润的权利,并在营业终止时享有请求营业人返还其出资或者剩余财产的权利。隐名合伙人只与合伙营业人发生关系。这实际上仅仅是一种内部关系。这种内部关系是通过隐名合伙合同来安排的。

第七,隐名合伙人享有知情权和监督检查合伙营业的权利。

第八,隐名合伙人的退伙不影响合伙营业的继续存在。

3. 有限合伙

有限合伙(limited partnership),是指在合伙关系中,一部分合伙人承担无限责任,而另一部分合伙人则承担有限责任。许多国家承认有限合伙。如德国、法国、美国等。我国《合伙企业法》引进了有限合伙制度。

有限合伙具有其自身的优势。这种优势体现在,它将有限责任引入合伙制度,为合伙企业融集资金提供了方便。与普通合伙相比,有限合伙具有资本的优势(有限合伙人享有有限责任特权),与公司相比较,有限合伙又具有信用的优势(普通合伙人对合伙债务承担无限或者无限连带责任)。所以说,有限合伙将资金与管理有机地结合起来了,尤其有利于高风险企业的投融资。

具体而言,有限合伙具有如下特征:

第一,通常资金的提供者为有限合伙人,并对合伙债务只承担有限责任,即只在其出资范围内承担责任;而合伙企业的管理者则承担无限或者无限连带责任。

第二,有限合伙人一般不参与合伙企业的管理。但是,这也不是绝对的。如美国《统一有限责任合伙法》(Uniform Limited Partnership Act,ULPA)规定,有限合伙人可以享有对合伙事务的表决权,但是,有限合伙人不得控制合伙企业。如果有限合伙人控制了合伙企业,则有可能丧失其享有的有限责任特权,而与普通合伙人一样承担无限连带责任。

第三,由于有限合伙人在一定程度上可以参与合伙事务的经营管理,所以,其对合伙财产,包括其出资在内也相应地享有一定的支配权。

第四,有限合伙人对外不得代表合伙与第三人发生交易。

第五,有限合伙人享有知情权和对合伙营业的监督检查的权利。

第六,有限合伙人负有出资的义务。有限合伙人作为资金的提供者负责对合伙企业提供资金,一般合伙人负责对合伙事务的经营管理。

第七,有限合伙人享有合伙利润分配请求权以及在合伙终止时享有出资返还请求权或者剩余财产分配请求权。

第八,有限合伙人退伙后,合伙可以继续存在。

二、合伙企业

(一)合伙企业的概念和特征

为了规范合伙企业的行为,保护合伙企业及其合伙人、债权人的合法权益,我国制定了专门的合伙企业法。[6] 根据《合伙企业法》的规定,[7] 所谓合伙企业,是指自然人、法人和其他组织依照合伙企业法设立的普通合伙企业和有限合伙企业。根据这一定义,我国的合伙企业具有如下特征:

第一,合伙企业是一种商事合伙,具有非法人特性,不具有独立的权利能力和行为能力。合伙企业虽然可以取得商号,并可以其商号对外从事经营业务、参加诉讼活动,但合伙企业对外享有权利承担义务的主体仍然是各合伙人,它不能像法人那样能够自己独立享有权利和承担义务。但请注意,合伙企业显然具有某些主体性特征,已如上述。

第二,我国的合伙企业包括普通合伙企业和有限合伙企业。普通合伙企业由普通合伙人组

---

〔6〕《合伙企业法》于1997年2月23日第八届全国人民代表大会常务委员会第二十四次会议通过,2006年8月27日第十届全国人民代表大会常务委员会第二十三次会议修订。

〔7〕以下除非特别说明,所述内容皆以《合伙企业法》的规定为依据。为了阅读方便,一般情况下均不标示具体条文。

成,原则上,合伙人对合伙企业债务承担无限连带责任。但是,《合伙企业法》在其第二章第六节的“特殊的普通合伙企业”中对普通合伙人承担责任的形式进行了特别规定,则为普通合伙企业责任形式的特别之处。关于这一点,下面还将继续讨论。

有限合伙由普通合伙人和有限合伙人组成,普通合伙人对合伙企业债务承担无限连带责任,有限合伙人以其认缴的出资额为限对合伙企业债务承担责任,实际上是一种有限责任。

第三,合伙企业的合伙人既可以是自然人,也可以是法人或者其他组织;既可以成为普通合伙人,也可以成为有限合伙人。但国有独资公司、国有企业、上市公司以及公益性的事业单位、社会团体,基于公共政策的考虑,则只能成为有限合伙人,不得成为普通合伙人。

第四,成立合伙企业须由各合伙人订立合伙协议。合伙协议依法由全体合伙人协商一致,以书面形式订立。订立合伙协议、设立合伙企业,应当遵循自愿、平等、公平、诚实信用原则。

第五,合伙企业必须依法设立。所谓依法设立主要是指依照《合伙企业法》的规定而设立。但除了《合伙企业法》外,民法上关于合伙的一般规定及民法上的一般原则也可能会适用于合伙企业。

依法设立,还包括依照法定程序设立。这些程序包括:

(1)设立申请。申请设立合伙企业,应当向企业登记主管机关提交申请书、合伙协议书、合伙人身份证明等文件。合伙企业的经营范围中有属于法律、行政法规规定在登记前须报经审批的项目的,该项经营业务应当依法经过批准,并在登记时提交批准文件。

(2)核准登记。申请人提交的登记申请材料齐全、符合法定形式,企业登记机关能够当场登记的,应当当场登记,发给营业执照。不能当场登记的,企业登记机关应当自受理申请之日起20日内,作出是否登记的决定。予以登记的,发给营业执照;不予登记的,应当给予书面答复,并说明理由。

(3)成立时间。合伙企业的营业执照签发日期,为合伙企业成立日期。合伙企业领取营业执照前,合伙人不得以合伙企业名义从事合伙业务。

(4)分支机构的设立。合伙企业设立分支机构,应当向分支机构所在地的企业登记机关申请登记,领取营业执照。

(5)合伙企业登记事项发生变更的,执行合伙事务的合伙人应当自作出变更决定或者发生变更事由之日起15日内,向企业登记机关申请办理变更登记。

(二)普通合伙企业

尽管现代合伙企业形态多样,但普通合伙企业却是最通常最基础的合伙企业。《合伙企业法》在其第二章中对普通合伙企业的设立、合伙企业财产、合伙事务执行、合伙企业与第三人关系、入伙退伙进行了规定。同时还对特殊的普通合伙企业进行了规定。

1. 设立合伙企业的条件

设立合伙企业应当具备如下条件:

(1)有两个以上合伙人。合伙企业必须由两个以上的人组成,合伙人为自然人的,应当具有完全行为能力。

(2)有书面合伙协议。合伙协议是关于合伙人之间权利义务以及相关合伙事项的约定,具体内容包括:合伙企业的名称和主要经营场所的地点;合伙目的和合伙经营范围;合伙人的姓名或者名称、住所;合伙人的出资方式、数额和缴付期限;利润分配、亏损分担方式;合伙事务的执行;入伙与退伙;争议解决办法;合伙企业的解散与清算;违约责任。

合伙协议经全体合伙人签名、盖章后生效。合伙人按照合伙协议享有权利,履行义务。

修改或者补充合伙协议,同样应当经全体合伙人一致同意;但是,《合伙企业法》允许合伙协议另行约定。譬如,合伙协议也可以约定经多数合伙人同意就可以修改或者补充合伙协议。

合伙协议未约定或者约定不明确的事项,由合伙人协商决定;协商不成的,依照《合伙企业法》和其他有关法律、行政法规的规定处理。

(3)有合伙人认缴或者实际缴付的出资。合伙人可以用货币、实物、知识产权、土地使用权或者其他财产权利出资,合伙人也可以用劳务出资。

合伙人以实物、知识产权、土地使用权或者其他财产权利出资,需要评估作价的,可以由全体合伙人协商确定,也可以由全体合伙人委托法定评估机构评估。

合伙人应当按照合伙协议约定的出资方式、数额和缴付期限,履行出资义务。

以非货币财产出资的,依照法律、行政法规的规定,需要办理财产产权转移手续的,应当依法办理。

(4)有合伙企业的名称和生产经营场所。合伙企业可以有自己的商号,但由于这种营业组织对外须负担无限连带责任,所以,合伙企业名称中应当标明“普通合伙”字样。合伙企业应当有生产经营场所,生产经营场所不仅具有营业意义,而且具有法律意义。其营业意义在于它是合伙企业从事生产经营活动的环境依托;其法律意义在于它是据以确认诉讼管辖及司法文书的送达、行政税收管理、合同履行以及准据法的场所。

(5)法律、行政法规规定的其他条件。

2. 合伙企业财产

(1)合伙企业财产的性质

合伙企业财产由合伙人的出资、以合伙企业名义取得的收益和依法取得的其他财产构成。合伙企业财产属于合伙人共有,并由全体合伙人共同管理和使用。

基于合伙企业财产的这一性质,合伙人在合伙企业清算前,不得请求分割合伙企业的财产;但是,《合伙企业法》另有规定的除外,譬如,合伙人退伙时,退伙人可以要求退还其在合伙企业中的财产份额。

这同时也意味着,合伙人在合伙企业清算前不得私自转移或者处分合伙企业财产。如果合伙人私自转移或者处分合伙企业财产,合伙人应当对合伙企业承担责任,合伙企业可以向其追回或者追偿。但是,合伙企业不得以此对抗善意第三人。也就是说,尽管合伙人私自转移或者处分合伙企业财产是错误的,但该种行为只能导致合伙企业内部责任的产生,对于不知情的善意第三人而言,该种行为还是有效的。这主要是从保护交易安全角度考虑。但是,如果第三人是知情的或者恶意的,该种行为则将导致无效法律后果。

(2)合伙企业财产的转让

关于合伙财产的转让,区分为两种情况:

一是合伙人之间转让其财产份额的,只需要通知其他合伙人就可以了。这种内部转让相对来说比较自由一些。

二是合伙人向合伙人以外的人转让其财产份额时,原则上须经其他合伙人一致同意。法律之所以对这种外部转让进行区别对待,是因为合伙关系是基于合伙人之间的相互信任,如果合伙人将其在合伙中的财产份额转让给第三人,第三人因受让合伙财产份额而成为新的合伙人,新的合伙人加入合伙后,是否能够维持原先的信任关系,尚在两可之间,因此,法律对这种情形的转让给予了限制。

但是,也允许合伙协议另行约定,譬如,合伙协议可以降低其他合伙人同意的比例,或者干脆无须获得其他合伙人同意,即如内部转让一样,只要通知其他合伙人即可。这体现了法律尊重当事人自治的精神。

合伙人向合伙人以外的人转让其在合伙企业中的财产份额的,其他合伙人有优先受让的权利。但是,其他合伙人所享有的这种优先权是有条件的,即这种优先权是同等条件下的优先权。譬如,合伙人某甲与第三人某乙达成合伙财产份额转让意向,价格为10万元人民币。此时,另一合伙人某丙也希望以同等价格购买某甲的合伙财产份额,在这种情况下,合伙人某丙则享有优先购买权。

但是,同样也允许合伙协议另行约定。也就是说,如果合伙人在合伙协议中排除了这种优先权,其他合伙人就不享有这种优先权。

合伙人以外的人依法受让合伙人在合伙企业中的财产份额的,经修改合伙协议即成为合伙企业的合伙人,依照《合伙企业法》和修改后的合伙协议享有权利,履行义务。

合伙人以其在合伙企业中的财产份额出质的,须经其他合伙人一致同意;未经其他合伙人一致同意的,其行为无效,由此给第三人造成损失的,由行为人依法承担赔偿责任。

3. 合伙事务的执行

(1)合伙事务执行人与经理人

合伙事务执行人是指对内执行合伙事务,对外代表合伙企业的人。合伙企业合伙事务执行人由合伙人担任,作为合伙人的法人、其他组织执行合伙事务的,由其委派的代表执行。合伙企业的优势之一就是其治理机制的灵活性,不像公司企业那样必须设立法定管理机关。原则上,合伙人对执行合伙企业事务享有同等的权利,即由全体合伙人共同执行合伙企业事务。如果全体合伙人共同执行合伙事务,则每一个合伙人都有权对内执行合伙事务,对外代表合伙企业。

但是,按照合伙协议的约定或者经全体合伙人决定,也可以委托一个或者数个合伙人对外代表合伙企业,执行合伙事务。委托一个或者数个合伙人执行合伙事务的,其他合伙人不再执行合伙事务。不执行合伙事务的合伙人有权监督执行事务合伙人执行合伙事务的情况。由一个或者数个合伙人执行合伙事务的,执行事务合伙人应当定期向其他合伙人报告事务执行情况以及合伙企业的经营和财务状况,其执行合伙事务所产生的收益归合伙企业,所产生的费用和亏损由合伙企业承担。

合伙企业可以聘任经营管理人员,尤其是一些规模较大的合伙企业往往会聘任经营管理人员负责合伙企业的日常经营管理工作。被聘任的合伙企业经营管理人员应当在合伙企业授权范围内履行职务,超越合伙企业授权范围履行职务,或者在履行职务过程中因故意或者重大过失给合伙企业造成损失的,依法承担赔偿责任。

(2)合伙企业的表决方式和议事规则

合伙人对合伙企业有关事项作出决议,其表决方式和议事规则较为灵活,可以按照合伙协议约定的表决办法办理。如果合伙协议未约定或者约定不明确的,实行合伙人一人一票并经全体合伙人过半数通过的表决办法。

但是,对于下列事项,如果合伙协议没有另行规定的话,则应经全体合伙人一致同意:改变合伙企业的名称;改变合伙企业的经营范围、主要经营场所的地点;处分合伙企业的不动产;转让或者处分合伙企业的知识产权和其他财产权利;以合伙企业名义为他人提供担保;聘任合伙人以外的人担任合伙企业的经营管理人员。

(3)合伙人的权利

这里并非全面讨论合伙人的权利,而仅仅限于与合伙企业经营管理有关的某些权利。主要有以下三项:

其一,知情权。合伙人为了解合伙企业的经营状况和财务状况,有权查阅合伙企业会计账簿等财务资料。

其二,异议权。合伙人分别执行合伙事务的,执行事务合伙人可以对其他合伙人执行的事务提出异议。提出异议时,应当暂停该项事务的执行。如果发生争议,按照合伙协议约定的表决办法办理。合伙协议未约定或者约定不明确的,实行合伙人"一人一票"并经全体合伙人过半数通过的表决办法。

其三,撤销权。受委托执行合伙事务的合伙人不按照合伙协议或者全体合伙人的决定执行事务的,其他合伙人可以决定撤销该委托。

(4)合伙人的义务

同样,这里也并非全面讨论合伙人的义务,而仅限于与合伙企业经营管理有关的某些义务,属于合伙人对合伙企业忠实义务的范畴。主要也有三项:

其一,竞业禁止。合伙人不得自营或者与他人合作经营与本合伙企业相竞争的业务。与公司企业比较,合伙企业中的合伙人相互之间具有更加紧密的合作性和信任关系,而且,合伙人具有执行合伙事务的权利。即使是不执行合伙事务的合伙人,也对合伙企业事务享有重要决策权和参与权,掌握着合伙企业的资源和信息。这样,如果允许合伙人从事同业竞争业务,必然使其自身利益与合伙企业利益相冲突,进而导致对本合伙企业不利。因此,法律禁止合伙人从事同业竞争业务。

其二,自我交易之限制。除合伙协议另有规定或者经全体合伙人一致同意外,合伙人不得同本合伙企业进行交易。合伙人同本合伙企业进行交易实际上表现为一种自我交易。合伙人一方面是合伙企业的事务执行人或者参与者,另一方面又与合伙企业进行交易,其利益冲突性显而易见。但是,这种自我交易往往又不可避免或者在某些情形下可能还具有一定积极意义。因此,原则上对这种自我交易不应提倡,但是,如果合伙协议另有约定或者该种交易取得全体合伙人一致同意,也并非不可。

其三,不利益行为之禁止。合伙人不得从事损害本合伙企业利益的活动。这一规定不仅是法律对合伙人的一般性要求,而且体现为一些具体内容。譬如,合伙人不得侵占挪用公司资金,不得泄露合伙企业的商业秘密等。可以说,合伙人任何违背其对合伙企业忠实义务的行为都是法律不允许的。

(5)合伙企业的财务

关于合伙企业财务,首先涉及的就是合伙企业的利润分配与亏损承担。合伙企业的利润分配、亏损分担,按照合伙协议的约定办理;合伙协议未约定或者约定不明确的,由合伙人协商决定;协商不成的,由合伙人按照出资比例分配、分担;无法确定出资比例的,由合伙人平均分配、分担。值得注意的是,合伙协议不得约定将全部利润分配给部分合伙人或者由部分合伙人承担全部亏损。

其次是关于合伙企业增加或者减少出资。合伙人可以增加对合伙企业的出资,用于扩大经营规模或者弥补亏损。合伙人也可以减少对合伙企业的出资。无论增加还是减少出资,均须按照合伙协议的约定或者经全体合伙人决定。

最后是关于财务会计制度的建立。合伙企业应当依照法律、行政法规的规定建立企业财务、会计制度。

4. 合伙企业与第三人关系

(1)对合伙人权利的限制

合伙企业对合伙人执行事务以及对外代表合伙企业的权利可能设定某种限制,但是,这种限制属于合伙企业的内部限制,不能拘束外部人。因此,合伙企业对合伙人执行合伙事务以及对外代表合伙企业权利的限制,不得对抗第三人。譬如,合伙企业要求执行事务的合伙人对外签订合同的金额不得超过1000万元,超过的须经全体合伙人一致同意。合伙人签订的合同金额超过了1000万元,且未经全体合伙人一致同意。这一合同是有效的,合伙企业不得基于该种限制理由主张合同无效,因为该种限制不能拘束该合同的相对人。

这里有两点需要说明:其一,所谓"不得对抗第三人"指的是"善意第三人"。如果签订合同的第三人明知存在该种限制而签订合同,则应承担合同无效的后果。其二,合伙人违反限制给合伙企业造成损失的,应当对合伙企业承担赔偿责任。

(2)合伙企业债务清偿

关于合伙企业的债务清偿,涉及以下三层关系:

首先,合伙企业对其债务,应当先以其全部财产进行清偿。这是因为合伙企业财产本身就是合伙企业的责任财产。

其次,如果合伙企业的全部财产不能清偿到期债务的,则由合伙人承担无限连带责任。这是合伙企业债务清偿的最后保障,也是债权人的最后诉求。同时,合伙人对合伙企业债务承担连带责任也是合伙企业与公司企业的根本区别。

最后,合伙人对合伙企业债务承担无限连带责任只是针对合伙企业与第三人这种外部关系而言。在合伙企业内部,合伙人由于承担无限连带责任,清偿数额超过其亏损分担比例的,有权向其他合伙人追偿。

(3)合伙人与合伙企业无关债务的处理

合伙人发生与合伙企业无关的债务,只能用合伙人的自有财产进行清偿,相关债权人不得以其债权抵销其对合伙企业的债务;也不得代位行使合伙人在合伙企业中的权利。就抵销而言,合伙人的个人债务不等于合伙企业的债务,二者不属于同一法律关系,债权人自然不能主张抵销。就代位而言,由于合伙人对合伙企业具有相当的身份属性,所以,法律不允许债权人代位行使合伙人在合伙企业中的权利。

但是,如果合伙人的自有财产不足以清偿其与合伙企业无关的债务的,该合伙人可以以其从合伙企业中分取的收益用于清偿;债权人也可以依法请求人民法院强制执行该合伙人在合伙企业中的财产份额用于清偿。人民法院强制执行合伙人的财产份额时,应当通知全体合伙人,其他合伙人有优先购买权;其他合伙人未购买,又不同意将该财产份额转让给他人的,应当依法为该合伙人办理退伙结算,或者办理削减该合伙人相应财产份额的结算。

5. 入伙、退伙

(1)入伙

新合伙人入伙时,应当经全体合伙人同意。但是允许合伙协议另行约定。这无非意味着合伙协议可以降低合伙人同意的比例。

新合伙人入伙,应依法订立书面入伙协议。订立入伙协议时,原合伙人应当向新合伙人告知原合伙企业的经营状况和财务状况。

新合伙人与原合伙人享有同等权利，承担同等责任。入伙协议另有约定的，从其约定。

新合伙人对入伙前合伙企业的债务承担连带责任。

(2)退伙

合伙人的退伙分为两种情形：一是可以退伙；二是当然退伙。

就可以退伙而言，合伙协议约定合伙期限的，在合伙企业存续期间，有下列情形之一的，合伙人可以退伙：合伙协议约定的退伙事由出现；经全体合伙人一致同意；发生合伙人难以继续参加合伙的事由；其他合伙人严重违反合伙协议约定的义务。

合伙协议未约定合伙期限的，合伙人在不给合伙企业事务执行造成不利影响的情况下，可以退伙，但应当提前30日通知其他合伙人。

合伙人违反上述规定退伙的，应当赔偿由此给合伙企业造成的损失。

就当然退伙而言，合伙人有下列情形之一的，当然退伙：作为合伙人的自然人死亡或者被依法宣告死亡；个人丧失偿债能力；作为合伙人的法人或者其他组织依法被吊销营业执照、责令关闭、撤销，或者被宣告破产；法律规定或者合伙协议约定合伙人必须具有相关资格而丧失该资格；合伙人在合伙企业中的全部财产份额被人民法院强制执行。

合伙人被依法认定为无民事行为能力人或者限制民事行为能力人的，经其他合伙人一致同意，可以依法转为有限合伙人，普通合伙企业依法转为有限合伙企业。其他合伙人未能一致同意的，该无民事行为能力或者限制民事行为能力的合伙人退伙。

退伙事由实际发生之日为退伙生效日。

(3)除名

合伙人有下列情形之一的，经其他合伙人一致同意，可以决议将其除名：未履行出资义务；因故意或者重大过失给合伙企业造成损失；执行合伙企业事务时有不正当行为；发生合伙协议约定的事由。

对合伙人的除名决议应当书面通知被除名人。被除名人接到除名通知之日，除名生效，被除名人退伙。

被除名人对除名决议有异议的，可以自接到除名通知之日起30日内，向人民法院起诉。

(4)合伙人资格的继承

合伙人在合伙企业中的财产份额是一种财产权，因此，合伙人死亡或者被依法宣告死亡的，对该合伙人在合伙企业中的财产份额享有合法继承权的继承人，从继承开始之日起，取得该合伙企业的合伙人资格。但是，继承人对合伙人资格的继承尚须依照合伙协议的约定或者经全体合伙人一致同意。也就是说，如果合伙协议约定继承人不能取得合伙人资格，又或者在合伙协议没有约定或者约定不明确的情况下，有其他合伙人反对的，继承人则不能取得合伙人资格。

有下列情形的，合伙企业应当向合伙人的继承人退还被继承合伙人的财产：继承人不愿意成为合伙人；法律规定或者合伙协议约定合伙人必须具有相关资格，而该继承人未取得该资格；合伙协议约定不能成为合伙人的其他情形。

合伙人的继承人为无民事行为能力人或者限制民事行为能力人的，经全体合伙人一致同意，可以依法成为有限合伙人，普通合伙企业依法转为有限合伙企业。全体合伙人未能一致同意的，合伙企业应当将被继承合伙人的财产退还该继承人。

(5)退伙结算与债务承担

关于退伙结算。合伙人退伙,其他合伙人应当与该退伙人按照退伙时的合伙企业的财产状况进行结算,退还退伙人的财产份额。退伙人对给合伙企业造成的损失负有赔偿责任的,相应扣减其应当赔偿的数额。

退伙时有未了结的合伙企业事务的,待该事务了结后进行结算。

退伙人在合伙企业中的财产份额的退还办法,由合伙协议约定或者由全体合伙人决定,可以退还货币,也可以退还实物。

关于债务承担。退伙人对基于其退伙前的原因发生的合伙企业债务,承担无限连带责任。

合伙人退伙时,合伙企业财产少于合伙企业债务的,退伙人应当依照合伙协议的约定或者依照法律规定分担亏损。

6. 特殊的普通合伙企业

(1)特殊的普通合伙企业概述

特殊的普通合伙企业实际上就是“有限责任合伙”(limited liability partnership,LLP)。许多国家,如美国、英国、加拿大、澳大利亚、日本等采用了这一制度,我国合伙企业法亦采用了这一制度。

特殊的普通合伙企业适用于以专业知识和专门技能为客户提供有偿服务的专业服务机构,如律师事务所、会计师事务所以及其他非企业专业服务机构。因为这样的专业服务机构在对客户提供有偿服务时,其执业活动具有很大的独立性,并在很大程度上依赖于合伙人的个人能力,合伙人在执业活动中是否具有足够的专业知识和专门技能是其执行业务的主要依靠。如果执行业务的合伙人没有尽到勤勉之责造成合伙企业债务而由全体合伙人共同承担无限连带责任则有失公平,因此,特殊的普通合伙企业制度实际上是对无过错的合伙人提供了一种庇护,避免因为他合伙人的过错而使自己受到无限连带责任的牵连。

特殊的普通合伙企业属于普通合伙企业的一种特殊情形,其特殊性在于在特定情况下合伙企业中有的合伙人对合伙企业债务承担无限连带责任,有的合伙人则承担有限责任。这是一种特殊的责任分配机制,其意义在于合伙人之间无限责任的隔离和连带责任的切断。

(2)特殊的普通合伙企业的责任分配

根据《合伙企业法》第57条的规定,一个合伙人或者数个合伙人在执业活动中因故意或者重大过失造成合伙企业债务的,应当承担无限责任或者无限连带责任,其他合伙人以其在合伙企业中的财产份额为限承担责任。

合伙人在执业活动中非因故意或者重大过失造成的合伙企业债务以及合伙企业的其他债务,由全体合伙人承担无限连带责任。

这一规定就是特殊的普通合伙企业中实行的特殊责任分配机制。在适用这一规定时应注意如下两点:

第一,该种责任机制只限于合伙人在“执业活动中”造成合伙企业债务的情形,对于非因执业活动所发生的合伙企业债务、费用或者其他负担仍然需要全体合伙人承担无限连带责任。

第二,该种责任机制只限于合伙人的“故意或者重大过失”,仅仅因为普通过失造成合伙企业债务的,仍然需要全体合伙人承担无限连带责任。

(3)补偿责任

《合伙企业法》第58条规定,合伙人执业活动中因故意或者重大过失造成的合伙企业债务,以合伙企业财产对外承担责任后,该合伙人应当按照合伙协议的约定对给合伙企业造成的损失承担赔偿责任。

这一规定是关于有过错的合伙人对合伙企业的补偿规则。在适用这一规则时,亦应注意如下两点:

第一,特殊的普通合伙企业中实行的特殊责任分配机制在于避免无过错的合伙人非因自己的过错承担无限连带责任,并不排除合伙人投入合伙企业的财产成为责任财产,所以,即使是在特殊的普通合伙企业中,合伙企业的债务承担仍然是先用合伙企业财产进行清偿,合伙企业财产不足支付时,才用合伙人个人财产支付。因此,如果合伙企业财产足以支付合伙企业债务的,对外而言,就不直接启动特殊的责任分配机制。

第二,对于有过错的合伙人造成的合伙企业的债务,以合伙企业财产对外承担责任后,对内而言,有过错的合伙人给合伙企业造成的损失如何进行补偿则由合伙协议约定。也就是说,法律虽然要求有过错的合伙人须对给合伙企业造成的损失予以补偿,但具体如何补偿则由合伙人通过合伙协议约定,法律不进行直接干预。

(4)其他规则

表明身份。由于特殊的普通合伙企业具有上述特殊性,尤其是合伙人承担责任的特殊性,所以法律要求采用该种形式的合伙企业应当标明“特殊普通合伙”字样,以便于与之发生交易的人识别和控制风险。

执业风险基金。较之于普通合伙企业,特殊的普通合伙企业提高了与之发生交易的债权人的风险,所以,特殊的普通合伙企业应当建立执业风险基金、办理执业保险。执业风险基金用于偿付合伙人执业活动造成的债务。执业风险基金应当单独立户管理。

法律适用。应当注意的是,特殊的普通合伙企业在本质上毕竟还是属于普通合伙企业,因此,在法律适用上,《合伙企业法》有规定的,适用《合伙企业法》的特殊规定;《合伙企业法》没有规定的,适用《合伙企业法》关于普通合伙企业的一般规定。

(三)有限合伙企业

1. 有限合伙企业概述

有限合伙企业实际上是一种有限合伙(limited partnership),是指在合伙关系中,一部分合伙人承担无限责任,而另一部分合伙人则承担有限责任。

有限合伙具有其自身的优势。这种优势体现在,它将有限责任引入合伙制度,为合伙事业融集资金提供了方便。与普通合伙相比较,有限合伙具有资本的优势(有限合伙人享有有限责任特权),与公司相比较,有限合伙又具有信用的优势(普通合伙人对合伙债务承担无限或者无限连带责任)。所以说,有限合伙将资金与管理有机地结合起来了,尤其有利于高风险企业的投融资。

有限合伙滥觞于美国,其他许多国家亦承认有限合伙,如德国、法国等。我国《合伙企业法》也承认了有限合伙企业。有限合伙企业与普通合伙企业均为合伙企业,在法律适用上,《合伙企业法》对有限合伙企业有专门规定的,适用《合伙企业法》的专门规定;《合伙企业法》没有专门规定的,适用《合伙企业法》关于普通合伙企业及其合伙人的规定。

2. 有限合伙企业的设立

(1)合伙人。有限合伙企业由有限合伙人和普通合伙人组成。有限合伙企业由 2 个以上 50 个以下合伙人设立;但是,法律另有规定的除外。有限合伙企业至少应当有一个普通合伙人。有限合伙企业仅剩有限合伙人的,应当解散;有限合伙企业仅剩普通合伙人的,转为普通合伙企业。

(2)合伙协议。有限合伙企业的合伙协议除须符合《合伙企业法》对普通合伙企业的合伙协议的规定外,还应当载明下列事项:普通合伙人和有限合伙人的姓名或者名称、住所;执行事务合伙人应当具备的条件和选择程序;执行事务合伙人权限与违约处理办法;执行事务合伙人的除名条件和更换程序;有限合伙人入伙、退伙的条件、程序以及相关责任;有限合伙人和普通合伙人相互转变程序。

(3)有限合伙企业名称中应当标明“有限合伙”字样。

3.有限合伙企业的出资

(1)出资方式。有限合伙人可以用货币、实物、知识产权、土地使用权或者其他财产权利作价出资。有限合伙人不得以劳务出资。这是因为,通常资金的提供者为有限合伙人,并对合伙债务只承担有限责任,即只在其出资范围内承担责任;而合伙企业的管理者则承担无限连带责任。

(2)出资缴纳及未按期足额缴纳的责任。有限合伙人应当按照合伙协议的约定按期足额缴纳出资;未按期足额缴纳的,应当承担补缴义务,并对其他合伙人承担违约责任。

(3)登记。有限合伙企业登记事项中应当载明有限合伙人的姓名或者名称及认缴的出资额。

4.有限合伙企业的事务执行

(1)事务执行人。有限合伙企业由普通合伙人执行合伙事务。有限合伙人不执行合伙事务,不得对外代表有限合伙企业。有限合伙人的下列行为,不视为执行合伙事务:参与决定普通合伙人入伙、退伙;对企业的经营管理提出建议;参与选择承办有限合伙企业审计业务的会计师事务所;获取经审计的有限合伙企业财务会计报告;对涉及自身利益的情况,查阅有限合伙企业财务会计账簿等财务资料;在有限合伙企业中的利益受到侵害时,向有责任的合伙人主张权利或者提起诉讼;执行事务合伙人怠于行使权利时,督促其行使权利或者为了本企业的利益以自己的名义提起诉讼;依法为本企业提供担保。

(2)报酬。执行事务合伙人可以要求在合伙协议中确定执行事务的报酬及报酬提取方式。

5.有限合伙企业的利润分配

有限合伙企业的利润分配适用普通合伙企业的利润分配规则。值得注意的是,与普通合伙企业利润分配规则不同的是,虽然法律同样要求有限合伙企业像普通合伙企业那样不得将全部利润分配给部分合伙人,但法律却又规定合伙协议另有约定的除外。这意味着,如果合伙协议确实作出了将全部利润分配给部分合伙人的约定,法律也是承认的。

这样规定的理由是什么呢?

第一,在有限合伙企业中,法律并不强行干预有限合伙企业的利润分配,而由合伙协议约定。既然是由合伙协议约定,那么合伙协议就可以作出任何比例的分配办法。通常,合伙协议约定的普通合伙人的利润分配比例都要高于有限合伙人。这是因为,尽管有限合伙企业的资金提供者主要是有限合伙人,但普通合伙人却承担着合伙企业的管理职责,并对合伙企业债务承担无限连带责任。由于普通合伙人承担的责任重风险大,所以在合伙协议中约定分配较高比例的利润也是合乎情理的。

第二,实际上在有限合伙企业中,有限合伙人提供资金,普通合伙人提供信用,均对合伙企业作出了贡献,应当共享合伙企业的利润。所以,原则上合伙协议不得将全部利润分配给部分合伙人。但例外的是,在某些特定情况下,尤其是在风险投资的情况下,某些有限合伙人为了减少风险,希望提前收回其投资,于此情形,合伙协议有可能约定在特定时期内(如产生收益的前几年)将全部利润分配给提供资金的有限合伙人,也是可以理解的。

6. 有限合伙人的自我交易与同业竞争

(1)允许自我交易。与普通合伙人不同,有限合伙人可以同本有限合伙企业进行交易。这是因为有限合伙人不参与合伙企业的事务执行,也就是说,有限合伙人并不控制合伙企业,这样,其与合伙企业之间的交易则是一种平等公平的交易。进言之,即使认为有限合伙人与合伙企业存在一定程度的利害关系,但因这种利害关系所引起的利益冲突也是可以由执行业务的普通合伙人加以控制的。但是,合伙协议可以另作约定。也就是说,合伙协议也可以禁止有限合伙人与合伙企业进行交易,或者虽然允许有限合伙人与合伙企业进行交易但却可以设置一定条件或者程序。

(2)允许同业竞业。与普通合伙人不同,有限合伙人可以自营或者同他人合作经营与本有限合伙企业相竞争的业务。同业竞争限制或者禁止规则本意并非限制或者禁止竞争本身,而是由于企业的管理者掌握着企业的资源和信息,如果管理者利用这种资源和信息从事同业竞争,则对本企业不利,导致不公平的后果。有限合伙人并不执行合伙企业事务,不负责企业的经营管理,自然不存在这一问题。但是,合伙协议可以另行约定,也就是说,合伙协议也可以禁止有限合伙人自营或者同他人合作经营与合伙企业相竞争的业务,或者虽然允许有限合伙人自营或者同他人合作经营与合伙企业相竞争的业务但却可以设置一定条件或者程序。

7. 有限合伙人财产份额的转让与出质

(1)财产份额的转让。有限合伙人可以按照合伙协议的约定向合伙人以外的人转让其在有限合伙企业中的财产份额,但应当提前30日通知其他合伙人。这说明,有限合伙人向合伙人以外的人转让其在合伙企业中的财产份额无须受到普通合伙人一样的法律限制。无疑,有限合伙人财产份额的外部转让较之于普通合伙人更为自由。但是,有限合伙人财产份额的转让仍然需要受到合伙协议的约束。如果合伙协议完全没有限制,则其转让完全自由;如果合伙协议设定了限制条件或者程序,则其转让受到限制。

(2)财产份额的出质。有限合伙人可以将其在有限合伙企业中的财产份额出质;但是,合伙协议另有约定的除外。同理,法律对有限合伙人将其在合伙企业中的财产份额的出质没有设置任何限制,但如合伙协议设定了条件或者程序,则须遵守。

8. 有限合伙人与合伙企业无关债务的处理

有限合伙人对有限合伙企业承担有限责任,固不待言。但是,如果有限合伙人发生了与企业无关的债务而其自有财产又不足以清偿时是否可以其在合伙企业中的收益或者份额用于清偿债务呢?这当然是可以的。有限合伙人的自有财产不足以清偿其与合伙企业无关的债务的,该合伙人可以以其从有限合伙企业中分取的收益用于清偿;债权人也可以依法请求人民法院执行该合伙人在有限合伙企业中的财产份额用于清偿。人民法院强制执行有限合伙人的财产份额时,应当通知全体合伙人。在同等条件下,其他合伙人有优先购买权。

9. 有限合伙人的表见行为

有限合伙人虽然在内不执行合伙事务,对外不代表合伙企业,但由于有限合伙人终究具有合伙人身份,因此,如果第三人有理由相信有限合伙人为普通合伙人并与其交易的,该有限合伙人对该笔交易承担与普通合伙人同样的责任,即无限连带责任。此种情形称为有限合伙人的表见责任。有限合伙人表见责任属于有限合伙人有限责任的例外,该种责任的构成需要满足两个方面的条件:

其一,存在第三人有理由相信有限合伙人为普通合伙人的事由并与之交易。哪些事由足以导致第三人误认为有限合伙人为有限合伙人呢?这需根据实际情况来判断。常见的情形如有限合伙人对外代表有限合伙企业签订过合同；自己宣称其是普通合伙人；他人介绍其为普通合伙人而不予以否认，等等。

其二，第三人属于善意且无过失。如果第三人明知有限合伙人的身份或者稍加注意即可得而知却仍然与有限合伙人发生交易，第三人不得主张有限合伙企业承担责任。既然有限合伙企业没有责任，就谈不上有限合伙人的连带责任。该种行为后果按无权代理处理，由有限合伙人和有过错的第三人自己承担责任。

应当注意的是，有限合伙人实施表见行为的无限连带责任只限于所发生的该笔交易，并非一般性地否认有限合伙人的有限责任。

在内部关系上，有限合伙人的表见行为实际上体现为未经有限合伙企业授权的无权代理，属于广义的无权代理。有限合伙人未经授权以有限合伙企业名义与他人进行交易，给有限合伙企业或者其他合伙人造成损失的，该有限合伙人应当承担赔偿责任。

10. 新入伙的有限合伙人

有限合伙企业成立后，难免有新的有限合伙人加入，譬如，有限合伙企业基于资金的需求邀请他人作为有限合伙人加入并向企业注入资金。新入伙的有限合伙人对其加入前的有限合伙企业债务是否承担责任呢？这是肯定的。新入伙的有限合伙人的责任表现为：一是对入伙前有限合伙企业的债务承担责任；二是该种责任以其认缴的出资额为限承担责任，即仍然是一种有限责任。

11. 有限合伙人的退伙

有限合伙人有下列情形之一的，当然退伙：(1)作为合伙人的自然人死亡或者被依法宣告死亡；(2)作为合伙人的法人或者其他组织依法被吊销营业执照、责令关闭、撤销，或者被宣告破产；(3)法律规定或者合伙协议约定合伙人必须具有相关资格而丧失该资格；(4)合伙人在合伙企业中的全部财产份额被人民法院强制执行。

作为有限合伙人的自然人在有限合伙企业存续期间丧失民事行为能力的，其他合伙人不得因此要求退伙。

有限合伙退伙后，对基于其退伙前的原因发生的有限合伙企业债务，以其退伙时从有限合伙企业中取回的财产承担责任。

12. 有限合伙人资格的继受

作为有限合伙人的自然人死亡、被依法宣告死亡或者作为有限合伙人的法人及其他组织终止时，其继承人或者权利承受人可以依法取得该有限合伙人在有限合伙企业中的资格。

13. 合伙人地位的转换

除合伙协议另有约定外，有限合伙企业的合伙人地位是可以相互转换的，即普通合伙人可以转换为有限合伙人，有限合伙人也可以转换为普通合伙人。普通合伙人转变为有限合伙人，或者有限合伙人转变为普通合伙人，应当经全体合伙人一致同意。但是，法律允许合伙协议另行约定，也就是说，如果合伙协议约定了较低的同意比例，也是合法的。

合伙人地位转换后对于转换前的债务如何承担？有限合伙人转变为普通合伙人的，对其作为有限合伙人期间有限合伙企业发生的债务承担无限连带责任。普通合伙人转变为有限合伙人的，对其作为普通合伙人期间合伙企业发生的债务承担无限连带责任。

(四)合伙企业解散与清算

1. 解散事由

合伙企业有下列情形之一的，应当解散：(1)合伙期限届满，合伙人决定不再经营；(2)合伙协议约定的解散事由出现;(3)全体合伙人决定解散;(4)合伙人已不具备法定人数满 30 日;(5)合伙协议约定的合伙目的已经实现或者无法实现;(6)依法被吊销营业执照、责令关闭或者被撤销;(7)法律、行政法规规定的其他原因。

2. 清算

(1)清算人。合伙企业解散,应当由清算人进行清算。清算人由全体合伙人担任;经全体合伙人过半数同意,可以自合伙企业解散事由出现后 15 日内指定一个或者数个合伙人,或者委托第三人,担任清算人。自合伙企业解散事由出现之日起 15 日内未确定清算人的,合伙人或者其他利害关系人可以申请人民法院指定清算人。

(2)清算人的职责。清算人在清算期间执行下列事务:清理合伙企业财产,分别编制资产负债表和财产清单;处理与清算有关的合伙企业未了结的事务;清缴所欠税款;清理债权、债务;处理合伙企业清偿债务后的剩余财产;代表合伙企业参加诉讼或者仲裁活动。

(3)通知与债权申报。清算人自被确定之日起 10 日内将合伙企业解散事项通知债权人,并在 60 日内在报纸上公告。债权人应当自接到通知书之日起 30 日内,未接到通知书的自公告之日起 45 日内,向清算人申报债权。债权人申报债权,应当说明债权的有关事项,并提供证明材料。清算人应当对债权进行登记。

(4)清偿与分配。合伙企业财产在支付清算费用和职工工资、社会保险费用、法定补偿金以及所欠税款、清偿债务后的剩余财产,按照合伙协议的约定分配;合伙协议未约定或者约定不明确的,由合伙人协商决定;协商不成的,由合伙人按照实缴出资比例分配;无法确定出资比例的,由合伙人平均分配。

(5)清算中的合伙企业的地位。清算期间,合伙企业存续,但不得开展与清算无关的经营活动。

(6)注销登记。清算结束,清算人应当编制清算报告,经全体合伙人签名、盖章后,在 15 日内向企业登记机关报送清算报告,申请办理合伙企业注销登记。

3. 普通合伙人的责任

(1)对到期债务的责任。合伙企业不能清偿到期债务的,债权人可以依法向人民法院提出破产清算申请,也可以要求普通合伙人清偿。

(2)对被宣告破产的责任。合伙企业依法被宣告破产的,普通合伙人对合伙企业债务仍应承担无限连带责任。

(3)对企业注销后的责任。合伙企业注销后,原普通合伙人对合伙企业存续期间的债务仍应承担无限连带责任。

第四节　商　个　人

一、商个人概述

商个人是指以营利为目的从事商业活动的自然人。自然人要成为商人必须符合两个条件:从实质意义上说,自然人要成为商人须具有权利能力和行为能力。自然人具有权利能力和行为能力的,可以从事商业活动。无行为能力或者限制行为能力人虽然也可以从事商业活动,但是应当由其法定代理人代理。

从形式意义上说,自然人要成为商人原则上须依法经核准登记。自然人从事商业活动,法律规定必须进行登记注册的,应当依法登记注册。一般来说,自然人从事工商事业的,应当依法进行登记注册,如个体工商户、个人独资企业。但是,从事非工商事业的,则可能不必进行登记注册,如农村承包经营户。

依据我国法律,商个人有如下三种类型:个体工商户、农村承包经营户以及个人独资企业。

二、个体工商户

《民法典》第54条规定,自然人从事工商业经营,经依法登记,为个体工商户。个体工商户可以起字号。

有经营能力的城镇待业人员、农村村民以及国家政策允许的其他人员,可以申请从事个体工商业经营,依法经核准登记后为个体工商户。

个体工商户可以在国家法律和政策允许的范围内,经营工业、手工业、建筑业、交通运输业、商业、饮食业、服务业、修理业及其他行业。

个体工商户,可以个人经营,也可以家庭经营。《民法典》第56条规定,个体工商户的债务,个人经营的,以个人财产承担;家庭经营的,以家庭财产承担;无法区分的,以家庭财产承担。

个体工商户可以根据经营情况聘请一定数量的帮手;有技术的个体工商户还可以带一定数量的学徒。

个体工商户可以起字号。个体工商户对外以户的名义独立进行商事活动,个体工商户无论是由公民个人经营还是家庭经营,对外均以在工商行政管理机关登记注册的户的名义独立进行民事活动,取得民事权利,承担民事义务。

三、农村承包经营户

《民法典》第55条规定,农村集体经济组织的成员,依法取得农村土地承包经营权,从事家庭承包经营的,为农村承包经营户。

农村承包经营户进行生产经营,主要是以商品交换为目的,将所收获的农、林、牧、副、渔等业的产品作为商品投入市场而满足社会的需要,而不是为了满足家庭消费需要。因而,具有商事行为的性质。

农村承包经营户按照与集体经济组织订立的承包合同从事经营活动,并根据这种承包合同享有权利和承担义务。

《民法典》第56条规定,农村承包经营户的债务,以从事农村土地承包经营的农户财产承担;事实上由农户部分成员经营的,以该部分成员的财产承担。

四、个人独资企业

(一)个人独资企业的概念与特征

个人独资企业,又称个人企业(Sole Trading Concerns or Individual Proprietorship),是指个人

单独出资所经营的的企业。或者说，它是由一个人单独拥有和控制的非法人企业。[8] 个人独资企业的特征如下：

第一，个人独资企业的非法人性质。个人独资企业不仅具有成员的单一性，而且其成员具有自然属性。也就是说，这里所说的个人独资企业仅指由单一自然人出资设立的企业，因而，个人独资企业属于商个人。在这一点上，个人独资企业又与具有法人性质的独资企业（如国有独资公司、国有独资企业、集体独资企业以及具有法人资格的外商独资企业等）有所不同。这类独资企业属于商法人范畴。

第二，个人独资企业是由一人出资组织的企业。个人独资企业由一人出资组织设立，个人独资企业成员的单一性构成了它和其他商业组织的重要区别之一。它不同于合伙企业和公司企业。合伙企业须二人以上成员组成，公司在本质上就是由多数成员构成的团体组织（但我国公司法也承认“一人公司”。同时，我国公司法上还存在“国有独资公司”）。即使如此，个人独资企业与“一人公司”和“国有独资公司”也是不同的。“一人公司”和“国有独资公司”是公司，具有独立人格，其股东仍然享受有限责任特权，而个人独资企业则是非法人企业，其业主对企业债务承担无限责任。

第三，个人独资企业是一种自己所有的企业。个人独资企业不具有独立的法人人格，也就是说，个人独资企业本身没有独立的法律地位。个人独资企业的单一性、自然性决定了它只能以其营业主人的人格为其人格，其营业上的一切活动均以个人独资企业的业主的个人人格或身份来进行，而不是以个人独资企业本身的人格或身份来进行。个人独资企业的无人格性与合伙企业相同，而与公司等法人企业相异。由此决定了个人独资企业本身没有自己所有的财产，个人独资企业所使用的财产完全由其业主一人所有和一人控制。但这并不妨碍个人独资企业设置单独的商业账簿，这种商业账簿的用途是使其业主便于了解企业的经营状况和财务状况。

第四，个人独资企业是一种自己控制的企业。个人独资企业的业主享有决定企业一切事项的权利。在经营上由业主自己管理业务。当然，在事务处理上，业主也可能聘任管理人员，但这种经营管理人员的权限源于业主的委托和授权。

第五，个人独资企业是一种自己承担责任的企业。个人独资企业由投资者个人单独拥有和控制，同时，亦由其个人单独承担营业上的一切后果。也就是说，不管其营业是否盈利，概由营业主人自己负责。此所谓个人独资企业业主的自己责任，实际上是由营业主人承担无限责任。

（二）个人独资企业的设立[9]

1. 设立条件

设立个人独资企业应当具备下列条件：(1)投资人为一个自然人；(2)有合法的企业名称；(3)有投资人申报的出资；(4)有固定的生产经营场所和必要的生产经营条件；(5)有必要的从业人员。

---

[8] 个人独资企业是一种古老的企业形态，同时又是一种新的企业形态。说它古老，是就它存在的历史意义而言的，可以说，最早的企业形态就是个人独资企业了；说它又是一种新形式，是就它在我国的产生和发展而言的。在我国，直至1988年个人独资企业才有了正式的法律上的名分，即1988年的私营企业法把它作为与合伙企业、有限责任公司并列的一种企业形式作出了规定。此后，1999年8月30日全国人大又通过了《个人独资企业法》，并于2000年1月1日起施行。

[9] 以下除非特别说明，所述内容皆以《个人独资企业法》的规定为依据。为了阅读方便，一般情况下均不标示具体条文。

2. 设立程序

(1)申请。申请设立个人独资企业,应当由投资人或者其委托的代理人向个人独资企业所在地的登记机关提出申请。

(2)审批。个人独资企业不得从事法律、行政法规禁止经营的业务;从事法律、行政法规规定须报经有关部门审批的业务,应当在申请设立登记时提交有关部门的批准文件。

(3)登记注册。登记机关应当在收到设立申请文件之日起15日内,对符合本法规定条件的,予以登记,发给营业执照;对不符合本法规定条件的,不予登记,并应当给予书面答复,说明理由。

(4)个人独资企业的成立。个人独资企业的营业执照的签发日期,为个人独资企业成立日期。在领取个人独资企业营业执照前,投资人不得以个人独资企业名义从事经营活动。

(5)分支机构。个人独资企业设立分支机构,应当由投资人或者其委托的代理人向分支机构所在地的登记机关申请登记,领取营业执照。分支机构经核准登记后,应将登记情况报该分支机构隶属的个人独资企业的登记机关备案。分支机构的民事责任由设立该分支机构的个人独资企业承担。

(三)个人独资企业的事务管理

个人独资企业投资人可以自行管理企业事务,也可以委托或者聘用他人负责企业的事务管理。投资人委托或者聘用他人管理个人独资企业事务,应当与受托人或者被聘用的人签订书面合同,明确委托的具体内容和授予的权利范围。受托人或者被聘用的人员应当按照与投资人签订的合同负责个人独资企业的事务管理。投资人对受托人或者被聘用的人员职权的限制,不得对抗善意第三人。

(四)个人独资企业的解散和清算

1. 个人独资企业的解散原因

个人独资企业有下列情形之一时,应当解散:(1)投资人决定解散;(2)投资人死亡或者被宣告死亡,无继承人或者继承人决定放弃继承;(3)被依法吊销营业执照;(4)法律、行政法规规定的其他情形。

2. 个人独资企业的清算

个人独资企业解散,由投资人自行清算或者由债权人申请人民法院指定清算人进行清算。投资人自行清算的,应当在清算前15日内书面通知债权人,无法通知的,应当予以公告。债权人应当在接到通知之日起30日内,未接到通知的应当在公告之日起60日内,向投资人申报其债权。

3. 清偿顺序

个人独资企业解散的,财产应当按照下列顺序清偿:(1)所欠职工工资和社会保险费用;(2)所欠税款;(3)其他债务。

4. 注销登记

个人独资企业清算结束后,投资人或者人民法院指定的清算人应当编制清算报告,并于15日内到登记机关办理注销登记。

(五)个人独资企业的债务承担

1. 无限责任

个人独资企业的债务由其投资人承担无限责任。具体而言,个人独资企业对其债务,应先以其全部企业财产进行清偿。个人独资企业财产不足以清偿债务的,投资人应当以其个人的其他财产予以清偿。

2. 债务消灭时效

个人独资企业解散后,原投资人对个人独资企业存续期间的债务仍应承担偿还责任,但债权人在5年内未向债务人提出偿债请求的,该责任消灭。

第五节　外商投资

一、外商投资概述

外商投资是我国利用外国资金的一种重要方式,尤其是利用外国资本直接投资举办企业,是各发展中国家普遍采用的一种有效的引进外资的方式。为了利用外国资本,鼓励外国投资者在中国投资,我国曾经颁布了一系列关于外商投资企业的法律、法规,如“外资三法”[10]以此来保护外商投资企业的合法权益。改革开放四十多年来,外商投资企业对于促进我国经济持续发展、扩大对外贸易、优化产业结构、增加社会就业、培育市场主体、健全市场机制,发挥了积极作用,“外资三法”为我国外商投资企业提供了有力的法治保障。但是,在新的形势下,“外资三法”已经难以适应新时代改革开放实践的需要。我国的“外资三法”制定于改革开放之初,当时的法律非常不健全不完善,“外资三法”主要规范外商投资企业的组织形式、组织机构和生产经营活动准则。但今天的中国已经建立起来较为健全完善的法律体系,“外资三法”的相关规范已经逐步为公司法、合伙企业法、民法总则、物权法、合同法等法律所涵盖。同时,新形势下“外资三法”又难以承担起全面加强对外商投资的促进和保护、进一步规范外商投资管理的重任。[11] 有鉴于此,全国人民代表大会于2019年3月15日通过并公布了《外商投资法》,于2020年1月1日起施行。《外商投资法》作为一部新的外商投资基础性法律取代了“外资三法”,“外资三法”完成了它们的历史使命而被废止。原先根据“外资三法”设立的外商投资企业,在外商投资法施行后5年内,可以依照公司法、合伙企业法等法律的规定调整其组织形式、组织机构等,并依法办理变更登记,也可以继续保留原企业组织形式、组织机构等。但是,自2025年1月1日起,对未依法调整组织形式、组织机构等并办理变更登记的现有外商投资企业,市场监督管理部门不予办理其申请的其他登记事项,并将相关情形予以公示。现有外商投资企业的组织形式、组织机构等依法调整后,原合营、合作各方在合同中约定的股权或者权益转让办法、收益分配办法、剩余财产分配办法等,可以继续按照约定办理。[12]

二、外商投资法的主要内容

新的外商投资法内容包括:总则、投资促进、投资保护、投资管理、法律责任和附则共六章。

---

〔10〕　指1979年的《合资经营企业法》、1986年的《外资企业法》、1988年的《合作经营企业法》。

〔11〕　参见全国人民代表大会常务委员会副委员长王晨:《关于〈中华人民共和国外商投资(草案)〉的说明——2019年3月8日在第十三届全国人民代表大会第二次会议上》。

〔12〕　参见《外商投资法》第42条、《外商投资法实施条例》(经2019年12月12日国务院第74次常务会议通过并公布,自2020年1月1日起施行,国务院令第723号,以下简称《外商投资条例》)第44条、第46条。

实际上,新的外商投资法已经转换了它的功能,将其定位为一部投资促进、保护和管理法,使得外商投资法回归了本位。原先“外资三法”中有关企业组织形式、组织机构等在今后将统一适用国内公司法、合伙企业法等相关法律。由此可见,过去几十年在我国并存的内外资法律的“双轨制”现在实现了统一并轨,这将有利于实行内外资的一体国民待遇,是我国法制史上的一大进步。

(一)对外商投资的界定

根据《外商投资法》第2条第2款的规定,外商投资是指外国的自然人、企业或者其他组织(以下简称外国投资者)直接或者间接在中国境内进行的投资活动,包括下列情形:

1.外国投资者单独或者与其他投资者共同在中国境内设立外商投资企业。外商投资企业是指全部或者部分由外国投资者投资,依照中国法律在中国境内经登记注册设立的企业。其中,有的外商投资企业具有法人资格,采取公司形式;有的外商投资企业不具有法人资格,采取合伙企业形式;有的外商投资企业全部由外国投资者投资,则为外商独资企业形式,可能具有法人资格,也可能不具有法人资格。因而,外商投资企业分别属于商法人、商合伙或者商个人范畴。

2.外国投资者取得中国境内的股份、股权、财产份额或者其他类似权益。这种投资活动主要体现为参与投资方式,如通过出资或者受让取得股份有限公司的股份或者有限责任公司的股权、合伙企业的财产份额等;其他类似权益可能包括债权性权益、财产性权益和金融性权益,如外国投资者向其持有权益的境内企业提供融资,房屋所有权、土地使用权等不动产权利,自然资源勘探、开发的许可权,基础设施建设、运营的特许权,以及通过合同、信托、基金、保险等方式控制境内企业或者持有境内企业权益等。

3.外国投资者单独或者与其他投资者共同在中国境内投资新建项目。这种投资活动主要体现为合作关系,如与其他投资者合作投资PPP项目或者其他任何负面清单之外的投资领域的合作。这类合作项目的法律关系是合同关系,因此,合作者之间的权利义务由合同约定。

4.法律、行政法规或者国务院规定的其他方式的投资。这一规定在立法上被称为“兜底性条款”,自然取决于法律、行政法规或者国务院的规定。譬如,境外交易导致境内企业的实际控制权向外国投资者转移的,也可能视同外国投资者在中国境内的投资。

由上述规定可知,新的外商投资法没有沿袭过去“外资三法”的“企业法”概念,之所以如此,是因为外商投资法所调整的外商投资范围不仅仅限于“企业”形式。外商投资法在总结几十年来外国投资者在我国的投资实践和经验的基础上,将其调整对象扩展到外商投资企业之外的其他投资活动与方式,更能满足现实需要和适应现实情况。

(二)投资促进

为了促进外商投资,《外商投资法》在总则第3条规定,国家坚持对外开放的基本国策,鼓励外国投资者依法在中国境内投资。国家实行高水平投资自由化便利化政策,建立和完善外商投资促进机制,营造稳定、透明、可预期和公平的市场环境。同时,《外商投资法》在其第二章进行了具体规定。

(三)投资保护

为了加强对外商投资者合法权益的保护,《外商投资法》在总则第5条规定,国家依法保护外国投资者在中国境内的投资、收益和其他合法权益。同时,《外商投资法》在其第三章进行了具体规定。

（四）投资管理

为了加强对外商投资的管理，《外商投资法》在总则第 4 条规定，国家对外商投资实行准入前国民待遇加负面清单管理制度。

所谓准入前国民待遇，是指在投资准入阶段给予外国投资者及其投资不低于本国投资者及其机构的待遇；所谓负面清单，是指国家规定在特定领域对外商投资者实施准入的特别管理措施。因此，对这一条规定的全面理解应为，国家对负面清单之外的外商投资给予国民待遇。同时，《外商投资法》在其第四章进行了具体规定。

如前所述，由于现在的外商投资法已经转变为一种投资促进、保护和管理的法律，性质上已经超出了商法的范畴，本节不作详细讨论。需要注意的是，外商投资法所规定的外商投资企业和外商投资活动，其法律性质、组织形式、组织结构、法律行为、产权关系以及设立、治理、分配、并购、变更与终止等依然是商法规制的内容，只不过以前由“外资三法”规制，今后则一体适用国内相关法律。

第三章 商事行为

第一节 商事行为概述

一、商事行为的概念和特征

商事行为,亦称商行为,是指商事主体基于一定的意思表示旨在发生所预期的法律效果的法律行为,它是使商事法律关系得以产生、变更、终止的一种法律行为。这一定义表达了法律行为的一般属性,说明了商事行为隶属于一般法律行为的概念,具有一般法律行为的共性。

但是,商事行为除了具备法律行为的一般属性外,它还具有其自身的特性。商事行为的这种特性可概括为:商事行为是商事主体为实现其商业目的而进行的以营利为目的的商事营业行为。

第一,商事行为的实施必须是以营利为目的。所谓以营利为目的,是指行为人的目的在于通过其营业行为而获取私利,而非为了公益事业。商事行为目的的营利性是区分商业行为和非商业行为的本质特征。

第二,商事行为的表现形式是营业。所谓营业,是指商人以营利为目的而反复不间断地实施某种商业活动的行为。由此可见,构成一项营业必须具备两个要素:一是以营利为目的。二是行为的连续性,偶尔所为的行为,尽管其目的也可能在于营利,但仍然不属于商事行为。

第三,商事行为须体现为特定形态的商业活动。这里所谓"商业",其范围极其广泛,现代社会可以说"无业不商"。大致来说,商业的范围主要涉及如下行业:制造业、加工业、建筑业、运输业、水电煤气业、买卖业、出租业、仓库业、承揽业、打捞业、出版业、印刷业、广告业、传媒业、娱乐业、饮食业、行纪业、居间业、代办业、典当业、服务业、担保业、银行业、证券业、期货业、信托业、投资基金业、保险业、国际贸易、海上贸易以及农业、林业、牧业、渔业、矿业等。

二、商事行为的分类

与商业的范围一样,商事行为的种类同样极其广泛,现代商事行为的概念几乎覆盖了一切以营利为目的的营业行为。这里仅仅以商事行为的发展大致顺序以及以买卖商行为作为参照依据

将商事行为归纳为如下几类：[1]

1. 买卖商行为。买卖商行为，是指直接沟通生产经营者与消费者之间的购销关系的商事经营活动，即通常所说的“固有商行为”或者“买卖商行为”，如货物买卖等，属于第一种商行为。

2. 辅助商行为。辅助商行为，是指沟通商品交换的媒介行为，如仓储保管、运送、居间、行纪、代办、代理等中介、中转行为，属于第二种商行为。

3. 生产制造加工商行为。生产制造加工商行为，是指与商品买卖有着密切联系并为之提供交易物的商品的生产、制造、加工、印刷等商业行为，属于第三种商行为。

4. 服务性商行为。服务性商行为，是指为商品交易提供服务的经营性活动，如旅馆、旅游、饮食、娱乐以及信息广告等营业行为，属于第四种商行为。

5. 金融性商行为。金融性商行为，是指为了融通资金并提供交易安全保障而进行的商事交易行为，如信贷与担保、信托、保险、证券交易、期货交易等行为，属于第五种商行为。有的学者将这一类商行为或者归为第三种商行为或者第四种商行为。本书另为归类。这种商行为实际上也是一种服务性商行为，只不过它提供的是一种金融服务（financial services）。

第二节 商事行为各论

一、商事合同

（一）商事合同的概念和特征

商事合同（business contract/commercial contract），是指商事主体相互之间或者商事主体与非商事主体之间以商事交易为目的而成立的合同。商事合同是商行为的基本形式和重要体现。商事合同具有两个重要特征：

第一，商事合同是商事主体相互之间或者商事主体与非商事主体之间的合同。商事主体相互之间的合同，如公司之间的原材料销售购买关系、货物保管关系、货物运输关系等。商事主体与非商事主体发生的交易也属于商事合同，如商场与消费者之间的买卖关系。

第二，商事合同以商事交易为目的而成立。“以商事交易为目的”实际上就是以营利为目的。以买卖合同为例，如果是以营利为目的，则是商事合同；否则，就不是商事合同。

这里有一个问题需要讨论，即当商事主体与非商事主体发生交易时，该种合同是否属于商事

---

〔1〕 在有商法典的国家的法律中，其对商行为进行了不同的分类。（1）以行为人双方是否都实施商行为，将商行为区分为单方商行为和双方商行为，前者是指仅有一方当事人实施商行为，另一方不实施商行为。（2）以商行为的性质的不同而将商行为区分为绝对商行为和相对商行为。前者是指该种行为为商法所直接规定为商行为，无论是商人或者非商人，只要实施了法律所规定的这种行为，均属于商行为，如买卖、证券交易以及票据交易。后者则是指只有该种行为是“作为营业而实施时”，才能构成商行为，如租赁、制造和加工、供用电或者煤气、运输、作业或者劳务的承揽、出版或者印刷或者摄影等。法国则细分为营业商行为（“凭借其本质而被视为商行为”）、绝对商行为（“因行为的表现形式或涉及的组织而习惯性地被认为是商行为”）、附属商行为（“本身具有民事性而因作为商行为的辅助部分而从属于商行为”）。See John Bell, Sophie Boyron and Simon Whittaker, *Principles of French Law*, Oxford University Press, 1998, p. 432.（3）以营业的主次为标准，将商行为区分为基本商行为和辅助商行为。前者是指行为人从事主营业务的行为；后者则是行为人为了实施主营业务而实施的行为。如果不能区分主营业务和附属业务，则凡是商人实施的行为均推定为商行为。

合同？以前面提到的商场与消费者的买卖关系为例，商场出售货物是以营利为目的，因此，该种合同在性质上就是一个商事合同。

将该种合同确认为商事合同的意义在于，它有利于保护消费者利益，因为法律上对待商人的态度要严厉一些。譬如，根据我国消费者权益保护法的规定，经营者提供商品或者服务有欺诈行为的，应当按照消费者的要求增加赔偿其受到的损失，增加赔偿的金额为消费者购买商品的价款或者接受服务的费用的一倍。

又如，当格式合同中的条款出现争议时，法院或者仲裁机关应当做出有利于消费者的解释。其理由就是因为这种格式合同的制订者是商人，其在合同关系中处于强势地位。而格式合同的相对方往往是消费者或者社会公众，其在合同关系中就处于弱势的地位。

另一个问题是，当商事主体与非商事主体发生交易时，是否存在一个法律适用问题，即对这类交易是适用商法还是适用民法？既然已经明确该种合同属于商事合同，当然，在这种情况下，首先应当适用商法或者商事特别法的规定。譬如，一个人去银行存款，因而与银行发生存款合同关系，如果发生纠纷，那么，首先就要依据有关存款合同法律的相关规定解决问题，如果没有这样的特别法律，或者这样的特别法律没有相关问题的规定，这时才发生适用民法的问题。

(二)商事合同的立法体例

关于商事合同的立法体例因民商合一与民商分立而有所区别。

在采用民商分立的情况下，其商法典对于商事合同设有特殊规定。这种特殊规定表现在两个方面：一是就商事合同的种类予以特殊规定；二是就商事合同的内容设立特别规则。

就前者而言，如德国商法典不仅就商行为设立了一般性规定，而且还特别就商业买卖、行纪营业、货运营业、运输代办营业、仓库营业等进行了特别规定。《日本商法典》则在其第三编中对商行为的一般问题(总则)、买卖、交互计算、隐名合伙、居间营业、行纪营业、承揽运输业、运输营业、寄托等进行了特别规定。

就后者而言，既然在商法典中对上述合同加以特别规定，自然是为了对这些合同确立特殊的规则。譬如，《德国商法典》第373条规定，买受人受领迟延时，出卖人可以将标的物提存，甚至将商品交付拍卖。又如，《德国商法典》第377条规定，在买卖双方都是商人的情况下，买受人对合同标的物负有瑕疵检查的义务。买受人如果发现商品上存在瑕疵，应当及时通知出卖人，否则，可能视为商品无瑕疵。

然而，在民商合一的模式下，有关商事合同被统一规定在债法之中，或者规定在专门的合同法中，民事合同、商事合同并没有截然分开。在大多数情况下，有关商事交易的特殊规则为这种统一的立法所吸收，或者在统一法之外，另行制定特别法规则。

在我国，商事合同的立法采取的是“民商合一”的体例。这种体例的做法是将民事合同、商事合同统一规定在合同法中，即《民法典》第三编。其中，涉及具有商事交易性质的合同有：买卖合同、供用电水气及热力合同、借款合同、租赁合同、融资租赁合同、保理合同、承揽合同、建筑工程合同、运输合同、技术合同、保管合同、仓储合同、委托合同、物业服务合同、行纪合同、中介合同、合伙合同等。我国合同法在民商合一的体例下，大量吸收了有关商事交易的规则。譬如，同样以上述合同标的物提存和拍卖、瑕疵检查及通知为例，我国合同法不分民事合同或者商事合同，一概承认这些商事规则。

在我国，合同法是民商合一的一个重要领域。在这一体制下，商事合同被纳入了统一合同法之中，并在体系上属于民法范畴。但是，民商合一并不意味着商事合同被民事合同所替代。恰恰相反,从统一合同法的规则内容来看,其在绝大多数情况下,都反映的是商事交易的要求。

此外,值得特别一提的是,在我国,担保法是以独立于合同法之外的特别法形式存在的。但从其民事与商事属性上看,同样属于民商统一立法体制。

二、证券交易

这里,所谓证券交易,是指包括证券发行在内的广义的证券交易,即证券的发行与证券的交易。所谓证券发行(issue of securities),是指符合发行条件的发行人,以筹集资金为直接目的,依照法律规定的程序和条件向投资人销售证券的行为。证券交易(securities trading/securities exchange)则是指证券投资者在法定的场所依照特定的方式买卖已经发行的证券的行为。

关于证券的发行与交易,有的国家主要规定在其公司法中,如法国和英国。有的国家则由单独的证券法规定,如德国、日本和美国。在我国,则由专门的证券法予以规定。

关于证券交易的论述,详见本书第三编内容。

三、期货交易

(一)期货交易的意义

商品的交易大致经历了一个以物易物、即期交易、远期交易和期货交易四个阶段。前三种交易形态均属于现货交易。现货交易存在一定的经济风险:现货交易中所遇到的经济风险包括一般商业风险、违约风险、交易风险。在这些风险中,有的是可以采取措施加以避免的,如尽量避免风险、参加保险、进行损失管理和转移风险;但有的风险则是不可避免的,如违约风险、价格风险。期货交易就是为了回避和克服这类风险而发展起来的一种交易方式。

可以说,期货交易是从远期现货交易中逐渐演变而来的。在这种演变过程中,合同条款的标准化、保证金制度的建立、对冲机制的形成直接催化了期货交易的产生,并为越来越多的套期保值者和套利投机者所青睐。套期保值者利用期货市场签订期货合同,或者在合同到期前予以对冲,或者等待合同到期时予以履行,并以此为其现货市场的商品保值,防止因价格波动而带来的损失。套利投机者则利用期货市场的价格变化进行投机,他们的目的在于通过转让合同而赚取价格差额利润,而不在于实际履行合同。

由此可见,期货交易一般可不涉及实物所有权的转让,只进行期货合同的转移(实际上是一种债权让与),因而,期货交易的主要目的并不在于期货的交割,而在于转移价格风险或赚取风险利润。现货交易的目的则在于货物所有权的转移,即使是远期现货交易也是如此。

(二)期货交易的概念和特征

期货交易(futures trading)是一种规范化的商事交易行为,它是一种依照法定的方式在法定的地点所进行的期货合同买卖的行为。期货交易是一种商事行为,期货法是一种商事交易法。我国目前尚没有一部正式的期货基本法,只存在有关期货交易的行政法规、规章及相关司法解释。

期货交易的特点如下:

1. 期货交易的标的是期货合同。期货合同(futures contract),实务上又称期货合约,是指依期货交易双方当事人约定在将来特定时间依照特定价格和数量等交易条件买卖期货商品,或者到期前结算差价的合同。期货交易实际上就是期货合同的转让,它使期货合同所确立的权利义务发生概括转移。

(1)期货合同的标的物

在签订现货买卖合同时,其标的物是已经存在的货物。而期货合同的标的物是期货,在签订期货合同时,该种期货尚不存在。期货合同的标的物包括商品期货和金融期货。金融期货包括证券、利率、汇率和股价指数期货。

在期货交易所上市的期货合约的标的物应具备如下条件:

第一,可以制订统一的质量标准。这就要求期货合同的标的物为种类物,其质量、规格、等级容易划分。同时,要求期货还必须是动产,不动产不能成为期货。

第二,须具有一定的价格波动幅度,否则,就没有套期保值或者投机套利的空间,不能形成期货市场,也就不可能存在期货交易的必要。

第三,有众多的交易者参与交易。期货交易必须要有众多的买主和卖主竞相买卖才能形成公平的价格,如由任何一方垄断都会使期货市场价格受到操纵,影响期货市场的功能。

第四,须具有相应的交割和储运基础。期货必须适合于储存和保管,否则,难以交割。如西瓜就很难成为期货商品。

(2)期货合同的形式

现货合同具有非标准性,往往是经过当事人协商达成的。期货合同则是一种标准化合同。这种合同,除价格条款外,其他合同条款均是事先拟定好的。

期货合同是一种由期货交易所设计的高度标准化的合同(highly standardized contract)。标准化的期货合同可以简化交易程序,降低交易成本,提高交易效率。

期货合同的标准化体现为期货合同交易条款的标准化,包括商品数量的标准化、商品质量的标准化、交易时间的标准化和交易地点的标准化。

商品数量应当标准化。例如,美国纽约棉花交易所规定,一份期货合同包含的数量是500磅一包的棉花100包,即以5万磅棉花为一个交易单位。这就是商品数量的标准化。

商品质量应当标准化。这是指期货商品均按商品交易所统一规定的质量等级的标准品进行交易。

交易时间也必须标准化。譬如,美国的小麦收割期是6月,因此,美国芝加哥期货交易所的小麦交货月份是7月、9月、12月及来年的3月、5月。这意味着美国芝加哥交易所的小麦期货合约的交割月份有5种,买卖双方当事人在交易所签订期货合同时,只能在期货交易所规定的月份中选择。

交收地点标准化。由于商品期货的交易数量很大,因此,期货商品的交收地点均在批准的仓库进行。

2. 期货交易的方式是公开的集中竞价。与现货交易采取的私下秘密交易不同,期货交易是一种以期货交易所为媒介而进行的间接交易,交易当事人并不面对面直接协商。期货合约由交易所的场内经纪人(floor broker)代表众多的买方和卖方以公开竞价的方式竞价达成。这与证券交易的方式相同。

3. 期货交易实行保证金制度。期货的价格是预期价格,只要市场实际价格波动与交易者的预期不一致,就可能导致交易者发生履约困难。期货交易中的保证金(margin)就是为了确保期货合同的履约而交纳的资金。期货交易的保证金一般分为三种:一是会员资格保证金;二是履约保证金;三是追加保证金。

会员资格保证金,又称会员风险保证金。期货市场的参与者在初始进入期货市场时须将一笔款项存入保证金账户，以作为其会员资格和信用保证。

履约保证金，或叫开仓押金，是用来确保买卖双方履行期货合同的一种担保。为了保证期货合同的履行，交易所要求所有入场交易的会员都必须交纳履约保证金，并存入保证金账户，以为其交易提供担保。

追加保证金，又称可变保证金(variable margin)，交易所实行每日结算制度。每日收盘后，必须根据当时的盈亏情况调整保证金账户，将盈余记入账户贷方，将亏损记入借方。这个过程叫作“逐日盯市”(market to market)。这样，期货交易参与者必须维持其最低保证金水平。如果保证金账户低于最低保证金水平，就必须在规定时间内存入一笔追加保证金，否则不能进行下次交易。

4. 期货交易实行结算制度。现货交易涉及实际履行，而期货交易则是由期货结算机构统一进行结算。期货交易的结算，一般采取三种方式：对冲了结、实物交割和现金结算。

所谓对冲了结，是指期货交易者买入或者卖出一份数量相等而性质相反的期货合同，以便与自己持有的合同对冲，即多头卖出期货合同，空头买入期货合同。绝大多数期货交易采用此种方法了结清算。

所谓实物交割，是指按照期货合同规定向买方交运实物商品，而买方则按合约规定的金额支付价款。此种结算方法在期货交易中很少发生。

所谓现金结算，则是金融期货合同的现金交割方式。

(三)期权交易

1. 期权交易的概念

期权交易的全称是期货选择权交易(options on futures)，是指购买者在支付一定数额的权利金后即拥有在一定时间内或在特定日期以一定价格购买或出售一定数量的相关商品合同的权利，但不负有必须买进或卖出的义务的一种交易方式。其中，预先规定的时间叫作期权到期日(expiration date or exercise day)；预先规定的价格叫作期权的履约价格或敲定价格(exercise price or strike price)；权利金(premium)则是期权的价格。

2. 期权交易的种类

(1)看涨期权(call options)

看涨期权，又称买入期权或买方期权，是指购买者向出售者支付一定数额的权利金后，享有在合约规定的有效期限内按照确定的价格向出售者买进一定数量的商品期货合同的权利，但不负有必须买进的义务。

(2)看跌期权(put options)

看跌期权，又称卖出期权或卖方期权，是指购买者向出售者支付一定数量的权利金后，享有在合约规定的有效期限内按照确定的价格向出售者卖出一定数量的商品期货合同的权利，同样不负有必须卖出的义务。

(3)双向期权(double options)

双向期权，又称为双重期权，是指购买者向出售者支付一定数额的权利金后，享有在合同规定的有效期限内按照确定的价格向出售者买进一定数量的商品期货合同的权利，同时又享有在规定的有效期限内按照确定的价格向出售者卖出一定数量的相关商品期货合同的权利。双重期权相当于同时买进了一个看涨期权和一个看跌期权，是在同一履约价格水平上的看涨期权与看跌期权的双重运用。双重期权的购买者享有同时买进或卖出的权利，而出售者则同时负有卖出与买进的义务。

(四)期权交易与期货交易的比较

期权与期货交易在本质上存在共同性。这种共同性表现在:二者都具有投资与投机的性能,绝大多数期权交易均并非真正希望履行合同,而是将自己的权利或义务在合同有效期内转让出去。二者均在大多数情况下以对冲的方式了结其权利义务。二者均是标准化合同。二者均是以公开竞价的方式进行交易。

但是,期权交易与期货交易却仍然存在明显的区别:

第一,买卖双方权利义务不同。在期货交易中,买卖双方既享有权利又负有义务。而在期权交易中,期权合同赋予购买者享有在合同有效期内与出售者签订期货合同的权利,但不负有必须与出售者签订合约的义务。

第二,期货合约与期权合约的内容不同。期货合同的内容是卖方在将来的某一时间支付一定数量和质量的期货,买方在规定的日期付款。而期权合约的内容则是,期权的购买者以支付一定数额的权利金为代价,享有要求与期权的出售者签订期货合同的权利,而期权的出售者则负有满足该要求的义务。

第三,买卖双方所面临的风险大小与获利机会不同。在期货交易中,买卖双方所面临的风险相同,其所获取利润的机会一样。

但在期权交易中,由于期权的购买者可以转让、放弃自己的权利,所以,期权的购买者所面临的风险是可预知的,是有限的,期权的购买者的最大损失也只不过是其所付出的权利金。对于期权的出售者来说,在出售看涨期权的情况下,其风险相对来说较大;在出售看跌期权的情况下,其风险可能是有限的。

相应地,期权交易双方当事人获取利润的机会也是不一样的。看涨期权的购买者获利的机会相对来说较大,看跌期权的购买者获利的机会是有限的;但期权的出售者获利的机会却是有限的,他最大的利润就是期权的购买者所支付的权利金。

第四,买卖双方缴纳保证金不同。在期货交易中,无论是买方或者是卖方都必须缴纳足额的履约保证金。而在期权交易中,期权的购买者却不必缴纳履约保证金;但是,期权出售者在参与期权交易之前必须缴纳足额的履约保证金。

四、商事信托

信托(trust)主要是当事人一方将财产权转移或者设定于他方,使他方依照信托目的,为第三人利益管理或者处分信托财产的一种法律行为。

信托本来属于英美普通法系国家独特的法律制度。然而,由于信托制度本身具有的巨大魅力,一些大陆法系国家相继引入。我国也移植了这种制度。但信托法究竟属于何种性质的法律,殊难简单归类。从信托行为的性质来看,信托行为既可以是民事行为,也可以是商事行为,因而信托也就有了民事信托与商事信托之分。商事信托属于私益信托之一种。一般而言,引进信托制度的国家大多都只注重信托的商业化功能。如日本则明确将信托界定为一种商事行为。从我国引进信托制度的目的来看,同样也主要在于它的商业意义,实践中也是将信托业务作为金融业务来对待的,因此,本书主要是从商事信托的角度将信托法纳入商事交易法体系。

关于信托的论述,详见本书第四编内容。

五、投资基金

(一)投资基金概述

投资基金在不同的国家有着不同的称谓。在英国称为单位信托(unit trust),在美国,则称为共同基金(mutual funds)或者投资公司(investment company),在日本、韩国却称为投资信托(investment trust)。在我国,则称为投资基金(investment fund)。

相应地,人们对投资基金的认识也有所不同。从商事交易的角度来认识投资基金,可以将投资基金界定为一种集合投资规划(collective investment scheme),通过这种规划安排,基金发起人通过发行基金券(受益凭证),将投资者分散的资金集中起来,交由基金托管人保管,由基金管理人经营管理,并将投资收益分配给基金券的持有人。投资基金的特点如下:

第一,在法律关系中,其基本当事人包括基金委托人,基金受托人(包括基金托管人),基金受益人。委托人是委托基金受托人经营管理投资基金的人。在现代商业化操作之下,实际上就是基金受益凭证的购买人,是基金投资者。受托人包括基金管理人和基金托管人。基金管理人是经营管理基金的人,通常为基金公司。托管人是负责保管投资基金的人,通常为商业银行或其他金融机构。基金受益人是指基金受益凭证持有人,往往是委托人自己。受益人有权享有基金投资收益。

第二,投资基金是一种集合投资方式。投资基金形成于分散的公众资金,即众多的公众投资者将资金交由专业的基金管理公司来管理和运作资金。

作为一种集合投资规划的投资基金,较之于单纯的投资行为,具有以下优点:

第一,专家管理。基金管理公司的管理人员一般都受过高等教育和专业训练,具有丰富的证券投资实践经验。一般投资者很难做到这一点。

第二,分散风险,收益稳定。由于基金投资比较分散,基金风险通常低于单一股票,收益也比较稳定,是一种理想的中长期投资工具。

第三,投资费用低。开放式基金既可以由基金公司直销,也可以由代销商代销(如商业银行),对公众投资者来说非常方便。此外,由于投资者的资金是以基金名义进行管理和运作的,可以平均摊销经营成本和佣金,减低个人投资费用。

第四,流动性强。封闭式基金可以在证券市场上转让,而开放式基金可以在交易日向基金管理公司申购或者赎回。

(二)投资基金的分类

根据不同的标准,可对投资基金进行不同的分类。

1. 合同型投资基金与公司型投资基金

根据投资基金的组织形态来看,可以将投资基金区分为契约型投资基金和公司型投资基金。

契约型投资基金(contractual fund),是指依据当事人之间订立的信托合同(trust deed or trust indenture or trust agreement),通过发行基金受益凭证而建立起来的投资基金。

公司型投资基金(corporate fund),就其狭义而言,是指依照公司法的规定,通过发行基金股份而设立的投资基金。这种类型的投资基金的组建与设立公司是一样的。但完整地理解,这种基金应该是经济组织型基金。这类经济组织,包括公司、有限合伙、有限责任公司(LLC,区别于我国现行公司法上的有限责任公司,见本书第二编关于美国有限责任公司的论述)、商事信托(指作为商事组织的信托)等。美国采取的是这种方式。

2. 开放式投资基金与封闭式投资基金

根据基金的交易方式不同,即根据基金股票或者受益凭证是否可以赎回,可以将投资基金区分为开放式投资基金和封闭式投资基金。

开放式投资基金(open-end fund),是指基金的资本总额或者股份总额可以随时变动,即可以根据市场供求情况发行新股或者赎回股份的投资基金。由于资本总额可以随时增加,所以,这种类型的投资基金又称为追加型投资基金。

封闭式投资基金(close-end fund)则与开放型投资基金形成对照,它是指基金资本总额及发行份额在发行前就已经确定下来了,在发行后和在规定的时间内,基金的资本总额及发行份额都将保持不变。因而,这种类型的投资基金又被称为固定型投资基金。

3. 证券投资基金与产业投资基金

根据投资基金的投资领域或者投资对象的不同,可将投资基金区分为证券投资基金和产业投资基金。

证券投资基金,是指将基金投向证券市场的投资基金。证券投资基金是投资基金的主要形式,多数国家直接以证券投资基金为其立法内容。

产业投资基金,或者称为实业投资基金,是指将基金投向产业市场的基金。

证券投资基金与产业投资基金虽然都属于投资基金,但是二者的差别较大,因此,许多国家采取分开立法的方式。

(三)投资基金立法

在英国,直接规制有关投资基金方面的法律主要是2000年的《金融服务与市场法》(Financial Services and Markets Bill Act,2000)。该法将投资基金称为"集合投资计划"。在美国,投资基金被称为投资公司,并由其制定法《1940年投资公司法》(Investment Company Act, 1940)加以规定。在我国香港特别行政区,投资基金也采用"集合投资计划"这一方式来表述,并且这一表述得到了《香港证券条例》(the Securities Ordinance)的确认。在日本、韩国,规范其证券投资信托的法律就是其《证券投资信托法》。我国制定了《证券投资基金法》,[2]该法的颁布对于规范我国证券投资基金活动,保护投资人及相关当事人的合法权益,促进我国证券投资基金和证券市场的健康发展具有重要意义。

六、商业银行业务

(一)银行业务概述

商业银行业务(banking services/banking business)由负债业务、资产业务和中介业务三大部分构成。

负债业务,是指商业银行筹集资金来源的业务,主要包括自有资本和外来资金。

资产业务,是指商业银行以获取利润为目的而运用资金的业务,包括贷款业务、投资业务和其他资产业务。

中介业务,是指不动用自己的资金替客户办理收付、进行担保和其他委托事项而收取手续费的各项业务,包括结算业务、代收款项、代理买卖等。

---

[2] 《证券投资基金法》于2003年10月28日由第十届全国人大常务委员会第五次会议通过,并于2004年6月1日起实施,后经2012年12月28日、2015年4月24日修正。

(二)银行业务的特点

商业银行业务具有如下特点:

1. 银行业务是一种商事业务。长期以来,我国法学理论将银行业务归之于经济法范畴,使之具有公法的性质。其实这是一种误解。发生这种误解的原因有二:一是传统上我国实行的是计划经济,在这种体制下,银行业务采取的是一种非商业化运作方式。二是在经济法体系中存在"金融法"这一概念。在这一概念之下,将银行业务与金融监管混为一体。

对于第一种误解,随着市场经济体制的建立和实施以及金融体制改革的进一步深化,商业银行也必然改变其运作方式,依照市场规则开展其业务,这种误解也就自然地消失了。

至于第二种误解,现在人们已经越来越清楚地认识到,银行业务的开展与金融监管属于不同性质的两种法律行为。前者属于商事交易,后者属于行政行为,分别属于两个不同的法律部门,二者不能混淆。

将商业银行业务归入商行为范畴或者商法范畴,本书并非始作俑者。在西方国家法律中,商业银行及其业务一直被作为商法的内容。如在法国、德国、日本的商法典中就明确将银行业务作为一种商行为对待。美国《统一商法典》中的许多内容都涉及有关银行业务,因而人们甚至称为"银行法典"。

在我国,有关商业银行及其业务被统一规定在《商业银行法》[3]之中。该法明确规定,商业银行是吸收公众存款、发放贷款、办理结算等业务的企业法人,从而明确了商业银行及其业务的商业属性。

2. 银行业务包括多种法律关系。如前所述,由于商业银行业务范围广泛,因而,各种业务的法律属性也可能不一样。大致可以将商业银行业务的法律属性归纳为三大类:一是具有债的性质的法律关系;二是具有投资性质的法律关系;三是具有代理性质的法律关系。

债的法律关系包括存款关系、贷款关系。存款关系是发生在商业银行与存款人之间的法律关系,而贷款则是发生在商业银行与借款人之间的法律关系。无论是存款关系还是贷款关系,都是一种合同关系,属于合同之债。因此,在法律适用上,除了首先适用商业银行法的规定外,还可能涉及适用合同法(如合同法上关于"借款合同"的规定)及其他民法规定。

投资法律关系则是指基于商业银行的投资行为所发生的法律关系,主要包括债权投资关系、股权投资关系、信托投资关系等。债权投资关系,如购买国家债券等,实质上是一种债的关系。至于作为境内业务的股权投资和信托投资则为商业银行法所禁止,但仍可能发生境外股权投资关系和信托投资关系。投资关系除了适用商业银行法以及其他特别法规外,其基础关系主要适用公司法的规定。

代理关系则是指基于商业银行从事结算等中介业务所发生的法律关系。代理关系除了适用商业银行法以及其他特别法规外,其基础关系主要适用代理法的规定。

3. 法律对从事银行业务经营有所限制。我们知道,商业行为具有自由性。作为一种商事行为的银行业务经营当然也具有自由性。如我国《商业银行法》第4条明确规定,商业银行实行自主经营。但是,同时也应该认识到,商业银行业务属于金融业务,其业务的开展势必受到法律的一些限制。这种限制主要表现在如下两个方面:一方面,须取得从事商业银行业务的经营资格。

---

〔3〕 1995年5月10日第八届全国人民代表大会常务委员会第十三次会议通过《中华人民共和国商业银行法》,并经2003年12月27日、2005年8月29日修正。

这主要表现在,设立商业银行不但要符合公司法的规定,而且要符合商业银行法的规定。此外,如果说在现代法律中,设立普通商事公司原则上采取的是准则主义的话,那么,设立商业银行则一律采取的是核准主义。在我国,设立商业银行必须经过中国银行业监督管理委员会批准。另一方面,商业银行的业务经营受到监管。在我国,商业银行开展和从事商业银行业务经营活动依法接受银监会的监督和管理。譬如,商业银行的经营范围要经过银监会的审批,商业银行的存款贷款利率不得超过中国人民银行确定的利率的上下限,法律对商业银行境内信托和股权投资业务的禁止等。

应当说明的是,法律对从事商业银行业务经营的限制主要是一种宏观上的监督管理,根本原因在于,这些措施的设置是为了商业银行的安全经营考虑,因为商业银行的经营活动不仅仅是一种单纯的商事行为,而且涉及公众利益,甚至涉及社会经济秩序的稳定。但从根本上讲,商业银行的经营活动仍然是一种私人行为,法律没有也不可能对商业银行的具体经营活动进行干预。《商业银行法》第 4 条第 2 款明确规定,商业银行依法开展业务,不受任何单位和个人的干涉。

关于商业银行业务的论述,详见本书第五编内容。

七、商业票据

票据法上的票据(commercial paper/negotiable instrument),是指以支付一定的金额为目的而依票据法发行的有价证券。而票据行为是指产生、变更或消灭票据关系的法律行为或准法律行为。票据行为是一种典型的商事行为。

关于票据的论述,详见本书第六编内容。

八、商业保险

商业保险,简称保险,是一种商业行为。作为一种商业行为,保险公司或者其他经营保险业的组织以营利为目的而经营保险业务。保险人获得投保人的保费支付作为其营业收入,如果发生保险事故,保险人须依照合同的约定向被保险人或者受益人支付保险金作为其所遭受损失的补偿。这里的运作完全采取的是商业化的手段。

保险法属于商法范畴。但另一方面应该看到,现代政府对金融行业的监管的强化使得保险法又具有较强的公法的特征。唯应注意的是,保险法的私法特征是其本质,而保险法的公法特征则是政府对经济生活,尤其是金融生活,进行干预的表现。

关于商业保险的论述,详见本书第七编内容。

九、海商

(一)海商与海商法

海商(maritime commerce),是指关于海上贸易的商业行为。海商贸易的范围较为广泛,这里所谓的海上贸易主要指海上运输贸易。

海上贸易起源很早。在很早时期,商人们就开始利用航海技术将货物运送到海外去进行商品交易。如在公元 9 世纪,罗地人(Rhodians)和腓尼基人(phienicians)的足迹就到达了欧洲、亚洲和非洲。到了中世纪,欧洲地中海沿岸航海业开始发达起来,海外贸易频繁。这时的航海贸易尚属于自运自销性质,贸易与航运尚未分开。至 19 世纪初,随着国际贸易的发展,海上贸易进一步繁荣起来。至现代,海上贸易成为一个国家经济贸易的重要组成部分,甚至成为世界经济贸易的重要组成部分。海上贸易的特点体现为船、货分家,货主通过托运方式从事海上贸易,船主则专门从事海上运输。海上运输与海上贸易发生分离,海上运输成为独立的商事业务。

海商是一种商事业务,属于商法中商事行为的范畴。在一些国家的商法典中明确地将海商作为一种商行为加以规定,如法国商法典、德国商法典、日本商法典等。

海商不仅是一种商事行为,而且是一种重要的商事行为。这是因为,从早期至近代,陆商远远不如海商发达,因而海商行为也成为商法中最为重要的内容之一。譬如,在法国商法典、德国商法典、日本商法典中,海商是作为单独的一编加以规定的。即使到了近现代,尽管陆商逐渐发达起来,海商也没有因为陆商地位的提升而萎缩。海商仍然是一国或者国际间贸易的重要手段。

海商法是以海上运输关系以及与海上运输关系有着密切联系的船舶关系作为其调整对象的法律。

所谓海上运输,包括海上货物运输和海上旅客运输,是指发生在承运人、实际承运人和托运人、收货人或者旅客之间,或者船舶出租人和托运人之间,承拖人与被拖人之间的关系。海上运输关系是一种合同关系,如货物运输合同、旅客运输合同等。

所谓船舶关系,是指以船舶作为财产而发生在船舶所有人、船舶经营人、出租人与承租人之间,船舶抵押人与抵押权人之间,海难救助人与被救助人之间,海上保险人与被保险人之间的关系。船舶关系则包括了三个层次的关系:第一类为合同关系,如船舶租赁、抵押、海上保险、海难救助等;第二类为侵权关系,如因船舶碰撞而发生的损害赔偿关系;第三类为因海上特殊风险而产生的诸如共同海损、责任限制等关系。

海商法的历史几乎与海上贸易的历史一样早。不过早期的海商法主要是一些习惯法,如为人们所熟知的"罗地法"(Lex Rhodia)、"奥列隆法"(Lex Oleron)、"康索拉度法"(Lex Consolato)以及"维斯比法"(Laws of Wisby)等都是以航海习惯为基础而编纂和汇集的法律。

至近代开始,欧洲大陆法系各国开始制定自己的成文海商法,其中,最为典型的如1681年法国路易十四时期的《海事条例》(Ordonnance de la Marine)。这部法律为后来1807年的拿破仑时代的《法国商法典》所承继而成为其第二编。此后,大陆法系各国或者仿效法国模式将海商法纳入其商法典之中,或者制定单独的海商法。即使在英美这样的普通法系国家,在海商法律方面,除了保持其一贯的"遵循先例"原则外,也制定了一系列有关海商的制定法。我国在1993年也制定了自己的《海商法》。[4]

在性质上,海商法当然属于国内法。但唯应注意的是,由于海上贸易往往涉及不同的国家,而现代海上贸易已经成为国际贸易的重要组成部分,所以,海商法的国际性就显得尤其突出。自现代以来,国际间致力于海商法律的统一运动,并制定了大量的有关海事方面的国际条约。同时,长期以来,在海上贸易方面形成了大量的被普遍承认的国际惯例。这些国际条约与国际惯例对各国海上贸易和国际贸易发生着重要的影响。这种影响主要表现在两个方面:一是一国在制定其自己的海商法时,都会尽量地考虑将不同国家有关海事法律的共同性规则引入本国的海商法中,同时会尽量考虑将有关海事方面的国际条约和国际惯例引入本国海商法中。二是在解决有关海事纠纷时,如果一国已经参加了某一国际条约,那么,就应当首先适用其所加入的国际条约。即使一国没有加入某一国际条约,但在本国法律又缺少有关争议事项的相关规定时,也应该适用国际惯例。

---

〔4〕《海商法》于1992年11月7日由第七届全国人大常务委员会第一次会议通过,并于1993年7月1日起施行。

（二）海商法主要法律制度

1. 船舶和船员

（1）船舶

海商法上的船舶是指以实施海商行为为目的而供航海使用的海船和其他移动式装置。船舶的特征如下：

第一，构成海商法上的船舶必须符合三个条件：其一，必须是商船，用于军事目的、政府公务的船舶不属于海商法上的船舶；其二，必须是海船，凡是行驶于内河、内湖的船舶不属于海商法上的船舶；其三，必须达到一定的吨位重量。我国海商法规定，20总吨以下的小型船艇不属于海商法上的船舶。

第二，船舶属于不动产。在我国《物权法》意义上，船舶属于动产。但在海商法上却将船舶作为不动产对待。虽然它也是可以移动的，但基于这种船舶所产生的法律关系极为复杂，因此，海商法要求船舶所有权的取得、转让和消灭，应当向船舶登记机关登记，未经登记的，不得对抗第三人。同时，法律允许在这种船舶上设立抵押和留置。

第三，船舶具有拟人化倾向。船舶虽是一种物，但却具有拟人化倾向。如船舶具有名称、国籍、船籍，并且可以宣告船舶失踪等。这种具有人格倾向的船舶享有一定的特权，如我国海商法规定，原则上，我国港口之间的海上运输和拖航，由悬挂我国国旗的船舶经营。

（2）船员

船员（mariner/seaman），是指包括船长在内的船上任职人员。船员应当取得任职资格，如驾驶员、轮机长、轮机员、电机员、报务员必须由持有相应适任证书的人担任。从事国际航行的船舶的中国籍船员必须持有中国港务监督机构颁发的海员证和有关证明。

船长是负责船舶管理和驾驶的人，在其职权范围内享有指挥、命令权；对在船上进行违法、犯罪的人有权采取禁闭或者其他措施；发生海难事故后，在船舶的沉没、毁灭不可避免的情况下，有权作出放弃船舶的决定，以及货物处置的权利等。同时，船长也应当依法履行其义务，如检查船舶的适航能力，保障船舶及在船人员的生命财产的安全，发生海难事故时应当尽力抢救，对在船舶上的出生和死亡进行记录，备置船舶文书等。

2. 海上货物运输合同

（1）海上货物运输合同的概念

海上货物运输合同（carriage of goods by sea），是指承运人收取运费，负责将托运人托运的货物经海路由一港运至另一港的合同。

其中，承运人（carrier），是指本人或者委托他人以本人名义与托运人订立海上货物运输合同的人；实际承运人（actual carrier），是指接受承运人委托，从事货物运输或者部分运输的人，包括接受转委托从事此项运输的其他人；托运人（shipper），是指本人或者委托他人以本人名义或者委托他人为本人与承运人订立海上货物运输合同的人，或者本人或者委托他人以本人名义或者委托他人为本人将货物交付与海上货物运输合同有关的承运人的人。收货人（consignee），是指有权收取货物的人。而货物（goods），则是指包括活动物和由托运人提供的用于集装货物的集装箱、货盘或者类似的装运工具等在内的货物。

（2）航次运输合同与联运合同

这是两种特殊的货物运输合同。航次运输合同（voyage charter），是指船舶出租人向承租人提供船舶或者船舶的部分舱位，装运约定的货物，从一港运至另一港，由承租人支付约定运费的合同。联运合同,又称为多式联运合同(multi-model transport of goods),是指多式联运经营人以两种以上的不同的运输方式,其中一种是海上运输方式,负责将货物从接受地运至目的地交付收货人,并收取全程运费的合同。

(3)提单

提单(bills of lading, B/L),是指用以证明海上货物运输合同和货物已经由承运人接受或者装船,以及承运人保证据以交付货物的单证。提单是一种物权证券,当收货人向承运人出示提单时,承运人负有交付货物的义务。

3. 海上旅客运输合同

海上旅客运输合同(carriage of passengers by sea),是指承运人以适合运送旅客的船舶经海路将旅客及其行李从一港运至另一港,由旅客支付票款的合同。

其中,承运人是指本人或者委托他人以本人名义与旅客订立海上运输合同的人;实际承运人是指接受承运人委托,从事旅客运送的人,包括接受转委托从事此项运送的其他人;旅客(passengers)是指根据海上旅客运输合同运送的人;经承运人同意,根据海上货物运输合同,随船护送货物的人,视为旅客。行李(luggage)是指根据海上旅客运输合同由承运人载运的任何物品和车辆,但活动物除外。自带行李,是指旅客自行携带、保管或者放置在客舱中的行李。

4. 船舶租赁合同

船舶租赁合同包括定期租船合同和光船租赁合同。

定期租船合同(time charter),是指船舶出租人向承租人提供的由出租人配备船员的船舶,由承租人在约定的期间内按照约定的用途使用,并支付租金的合同。

光船租赁合同(bare boat charter),又称为过户租赁(demise charter),是指船舶出租人向承租人提供不配备船员的船舶,在约定的期间内由承租人占有、使用和营运,并向出租人支付租金的合同。

5. 海上拖航合同

海上拖航合同(towage on the sea),是指承拖方用拖轮将被拖物从一地拖至另一地,而由被拖方支付拖航费的合同。但是,不适用在港区内对船舶提供的拖轮服务。

6. 船舶碰撞

船舶碰撞(collision),是指船舶在海上或者与海相通的可航水域发生接触造成损害的事故。船舶发生碰撞是一种侵权行为,因而,处理船舶碰撞后的责任问题应以过失为归责原则。

7. 海难救助

海难救助(marine salvage),是指在他人之船舶或者货物以及生命遇到危险时,施以救助而获得报酬的行为。

海难救助不仅限于对海上遇难货物和其他财产的救助,而且包括对与海相通的可航水域的遇险船舶和其他财产所进行的救助。

海难救助之报酬请求权以船舶或者货物因救助而获得保全为条件。

8. 共同海损

共同海损(general average or G/A, or G. A),是指在同一海上航程中,船舶、货物和其他财产遭遇共同危险,为了共同安全,有意地、合理地采取措施所直接造成的特殊牺牲、支付的特殊费用。但是,无论在航程中或者在航程结束后发生的船舶或者货物因迟延所造成的损失,包括船期损失和行市损失以及其他任何间接损失,均不得列入共同海损。

9. 海上保险

海上保险(maritime insurance),是指保险人按照约定,对被保险人遭受保险事故造成保险标的的损失和产生的责任负责赔偿,而由被保险人支付保险费的合同。海上保险合同中的保险事故,是指保险人与被保险人约定的任何海上事故,包括与海上航行有关的发生于内河或者陆上的事故。

第四章 商业名称

第一节 商业名称概述

一、商业名称的概念和特征

商业名称(business name),又称为商号,是商事主体在其营业活动中所使用的名称,它是商事主体在从事商业行为时用以表彰自己营业的名称。由此可见,商业名称这一概念具有以下三个特征:

第一,商业名称是商事主体使用的名称。凡是商事主体,无论是商自然人、商合伙还是商法人,均可以使用商业名称来表彰其在营业上的活动。商事主体具有主体人格性,作为一种法律上的人,与自然人一样,自然可以享有使用商业名称的权利。我国法律不仅允许商事主体使用商业名称,而且将商业名称作为设立企业的条件之一。

第二,商业名称是商事主体从事商业行为时使用的名称。商事主体使用商业名称是其从事商业活动的必然需求。因为如果不是商事主体从事商业活动,则无须使用商业名称。商个人与商合伙是说明这个问题的最好例子。如果自然人不是以商人的身份从事商业活动,他可以使用其姓名就可以了,完全没有必要另行使用一个商业名称。至于商法人,其成立目的本来就是从事商业活动,原本就不像自然人那样有一个姓名,自然需要一个商业名称。另外,国家机关、事业单位以及其他社会团体,虽然也有自己的名称,但因其不能从事商业活动,自然其名称也就不能构成商业名称。

第三,商业名称是商事主体用以表彰自己营业的名称。商人在营业活动中需要使自己区别于其他商人,尤其是当一个企业在经营活动中已经树立起了良好的商誉时就更是如此,只有这样才能增强社会公众的识别力,维持自己的商誉。

在上述三个特征中,第一个特征表明了商业名称的属性;第二个特征将商业名称与自然人姓名以及与机关、单位、团体的名称区分开来;第三个特征将不同的商事主体区分开来。

二、选用商业名称的原则

关于商业名称的选用,立法上存在三种做法:一是真实主义;二是自由主义;三是折衷主义。

按照真实主义,法律对于商业名称的选定加以严格限制,商业名称与商事主体的姓名及其营业的种类必须彼此名实相符。例如,商自然人如选用其个人姓名为商号,若其附加字样与其营业的种类和范围有足以引起第三人误会的,应一律予以禁止。

按照自由主义,商事主体如何选用商业名称,其所选用的商业名称与商事主体的姓名及其营业种类是否有关,原则上法律不加以限制。

大多数国家则采取有限制的自由主义,即折衷主义。按照折衷主义,最初选定商号时要符合真实主义,但在商号转让、继承时也可以不变更营业主人的姓名。

我国法律对商业名称的选用原则上实行的是自由主义,但这种自由并非绝对,法律只允许商事主体在一定范围内自由选定商业名称。

三、商业名称的选用方法

商个人在选用商业名称时,既可以使用其自然人姓名,也可以在其自然人姓名之外另取一个商业名称用以表彰其营业。在早期商业活动中,商人们往往习惯于使用商个人姓名作为其商业名称。在现在的商业实践中,这种做法仍然得到了保留。但是,由于商个人的自然人姓名仅仅表彰其个人生活,而往往不足以表彰其营业,所以现在的商人们则更愿意另外选择一个商业名称来表彰自己的营业。

商合伙在选用商业名称时,可以使用合伙人的自然人姓名作为其商业名称,也可以使用一个统一的名称来代表各合伙人在营业上的活动,因为合伙组织是一个共同活动的团体。在早期的商业活动中,习惯上,商人们往往将全体合伙人或者主要合伙人的自然人姓名全部用在其商业名称中。在现在的商业实践中,这种做法仍然得到了保留。但是,由于使用这种方式来表示商业名称极其烦琐,且不利于记忆,所以现在的商人更愿意另外选择一个单独的商业名称来表彰自己的营业。

在商法人的情形下,其法人名称就是其商业名称,可以直接使用其法人名称,而不必另立一个商业名称来表彰其营业上的活动。

商业名称在不同的场合使用时,其称呼可能不一样,如在商个人和商合伙的情形下,一般称为字号或者商号;而在公司的情形下,则称为公司名称;在其他企业的情况下,则可能称为企业名称。

通常情形下,商业名称由以下几个部分构成:字号(或者商号)、行业或经营特征、组织形式,商事主体应当根据其主营业务,在其名称中标明所属行业或者经营特点。

商事主体应当根据其组织结构或者责任形式,在其名称中标明组织形式。不得使用与其营业性质相悖的名称。譬如,个人独资企业的名称中不得使用"有限"、"有限责任"或者"公司"字样。普通合伙企业在其名称中不得使用"有限"或者"有限责任"字样。公司名称必须标明公司的种类,如有限责任公司或股份有限公司。

商业名称应具有独特性。在登记主管机关辖区内不得与已登记注册的同行业的名称相同或者近似(same or similar)。这是商业名称的独特性(name uniqueness)要求。商业名称的独特性要求既是为了避免混淆,如发送税务通知、传票等,又是为了防止不正当竞争行为的发生。

四、企业名称的登记注册

根据我国法律,商事主体选用名称后,应当申请登记注册。商业名称经核准登记注册后方可使用,并享有专用权。也就是说,如果没有经核准登记注册,不能使用商业名称,同时也不能得到法律的保护。应当注意的是,并不是所有国家都采取这种做法。有的国家,如日本,对历史悠久、字号驰名的商业名称即使没有登记注册,也是提供保护的。有的国家,如美国,甚至不管商业名称是否登记,均提供法律保护。

商事主体基于特殊情况(如在筹建期间)可以在开业登记前预先单独申请名称的预登记。预先单独申请登记注册的商业名称经核准后,可以保留一定期限。在保留期内不得用于从事生产经营活动。保留期届满不办理企业开业登记的,其名称自动失效。

第二节 商业名称权的保护

商业名称一经商业创设登记,商事主体即取得商业名称的专用权,并发生相应的法律效力。

一、商业名称权的性质

所谓商业名称权,是指商业名称经依法登记而取得的专用权。商业名称专用权是一种私权,属于一种绝对的权利。但这种商业名称专用权究竟是一种人身权抑或是一种财产权,理论上尚无定论。

有的认为商业名称权是一种人身权,因为商业名称是商事主体在营业上表彰自己所用的名称,商业名称专用权不外乎是商业主体人格的象征。

有的认为商业名称权是一种财产权,因为商业名称在登记注册后,由商业主体取得其商业名称专用权,该种专用权可以转让或继承,很显然,它是一种财产权。又由于其给付标的表现为一种无体物,所以,它又是一种无体财产权。而作为人格权的姓名权则不能成为转让和继承的标的。

还有的认为,一方面商业名称权具有姓名权的排他效力,可以专用;另一方面又具有财产权的创设效力,可以转让和继承。

根据我国法律规定,企业名称只有在经过核准登记后方可使用。使用未经核准登记注册的企业名称从事生产经营活动的,属于非法行为。

由此可见,商业名称一经核准登记注册后,即取得专用权。这种专用权只具有财产权性质而不具有人身权性质。人身权是一种与人身不可分离的不具有直接财产内容(但却可能与财产发生关系,譬如,发生人身侵权后所引起的金钱性损害赔偿)的权利。商业名称权不具有这一关于人身权定义的任何特征。

首先,商业名称权本身就直接体现为一种财产权,商业名称专用权人享有占有、使用、收益和处分商业名称的排他性权利。商业名称权是一种无体财产权。这种无体财产权与专利权、商标权具有同样的性质。也就是说,商业名称专用权虽然是一种绝对权,但由于其仅在同一登记管辖区域内且为同一营业时才具有排他的效力,较之于一般绝对权的对抗效力又要弱一些,所以,这是一种相对的绝对权。在这一点上,其与专利权、商标权所具有的有限的空间上的排他效力是一样的。

其次,商业名称权是一种可以与商事主体发生分离的权利。这种权利可以转让和继承。而人身权则与主体不可分离,不能转让,不能继承。

二、商业名称权的效力

商业名称权作为一种专用权,具有排斥他人使用相同或者近似商业名称的效力、遭受侵害后获得法律救济的效力以及作为一种财产权应当具有的转让的效力。

(一)排他效力

排他效力是指商业名称一经登记后就具有排斥他人为同一商业名称登记的效力。商业名称在登记主管机关辖区内不得与已登记注册的同行业商业名称相同或者近似。这说明,在同一登记主管机关辖区内不得有两个相同或者近似的商业名称。如果一家商事主体已经登记注册了一个商业名称,另一家商事主体不得再使用与其相同或者近似的商业名称。

(二)救济效力

商业名称专用权,因登记而创设,可以排斥他人使用同一商业名称为同一营业。擅自使用他人已经登记注册的商业名称或者有其他侵犯他人商业名称专用权行为的,被侵权人可以向侵权人所在地登记主管机关要求处理。登记主管机关有权责令侵权人停止侵权行为,赔偿被侵权人因该侵权行为所遭受的损失,没收非法所得并处以一定数额的罚款。对侵犯他人商业名称专用权的,被侵权人也可以直接向人民法院起诉。

(三)转让效力

商业名称权作为一种财产权具有可以转让性。但商业名称权的转让有一定的特殊性,即商业名称权不能单独转让,商业名称权的转让仅能与营业(包括部分营业转让)一并转让,或者在营业废止时转让。并且,商业名称转让人负有竞业禁止义务,商业名称转让后,转让方不得继续使用已转让的商业名称。

第五章 商事代理

第一节 商事代理概述

一、商事代理的概念、特点和意义

(一)商事代理的概念和特征

商事代理(commercial agency),又称为商业代理或者商务代理,是指商事代理人代理商事主体实施商业活动的商事行为。商事代理的特点主要表现为:

第一,商事代理关系中的代理人应当是商人。

一般情况下,商事代理人(commercial agent/business agent)应当是商人,即代理人是以从事商事代理业务为职业的人,应当以商人的身份从事代理业务。因此,代理人必须首先取得经营代理业务的资格才能从事商事代理业务。

但是,这一点也有例外。某些商业辅助人所实施的行为也是一种商事代理,如经理人和企业中特定职员基于企业的委托授权也能实施商事代理行为。经理人或者企业职员虽然无须专门取得商人资格,但却是辅助商人实施商业管理经营的人,其与商人之间同样也形成代理关系。

至于商事代理中的被代理人(principal),或者称为委托人,或者称为本人,是否为商人,在所不问。虽然,实践中商事代理中的被代理人以委托商为主要,但无论被代理人是委托商还是非商人,均不影响商事代理的成立。譬如,公民委托代理商购买或者租赁房屋,对于委托人来讲,可能是一种非以营利为目的的行为,但是,对于房地产代理商而言,只要其为商人,而且其代理业务本身具有营业性,商事代理即可有效成立。又如,证券、期货经纪商代客买卖证券、期货,其所代理的客户主要是一般社会公众,但这同样不妨碍他们之间的代理关系的成立。

第二,商事代理具有营业性。

商事代理本身就是一种商事行为,具备商事行为的营业性特征。商事代理的这种营业性特征体现为两点:一是其行为以营利为目的;二是其行为以代理为职业。

商事代理行为的营利性主要表现为:商事代理是一种有偿代理,代理人从事代理业务也是为了获取利润。其利润主要体现为报酬或者佣金。如经理人获得的则是报酬,保险代理人从事保险代理业务则是为了取得佣金收入。

“以代理为职业”是指商事代理人以代理业务作为自己的业务。这种业务的经营具有固定性、持续性特征。譬如,作为商业银行业务的重要构成部分的许多中介业务实际上就具有代理业务性质。在这些中介业务关系中,商业银行实际上就是以代理人的身份出现的。企业的经理人也是一种职业代理人。

第三,商事代理,既可以被代理人名义,也可以自己名义进行代理。

商事代理人从事代理业务,既可以被代理人名义进行代理,也可以自己名义进行代理。承认代理人"以自己名义"进行代理,是商法对传统代理观念的突破和扩展,反映了现实经济生活的实际需求。譬如,我国原《民法通则》和原《民法总则》都只承认以被代理人名义进行的直接代理,不承认以自己名义进行的间接代理。然而,实际经济生活却需要突破这种狭义的代理概念。有鉴于此,我国制定《合同法》时,为了适应现实生活的需要,承认代理人"以自己名义"在委托人的授权范围内与第三人订立合同,并专门规定了"行纪合同"。行纪业务也是一种代理业务。我国《民法典》也是如此规定。

(二)商事代理的意义

商事代理在现代国家的商业活动中已成为一种广泛运用和不可或缺的法律制度,尤其是在市场经济高度发达国家,它对于活跃市场、提升管理,促进经济有着极为重要的意义。商事代理的这种意义主要表现为:

第一,代理商事主体实施商事交易,从事商业活动,开拓国内、国际贸易业务。现代社会,商业发达,贸易频繁,远非商人们个人独力所能应付。事实上,在现代商业交往中,人们看到的更多的是商事代理人出入其间,各种各样的商业活动几乎都是由代理人来完成的。

第二,代理商事主体进行经营管理。这种商事代理使得企业的所有权和经营权得以分开,从而使得企业的所有者可能脱离企业的经营而选择有良好经营管理才能和经验的经理人员专门从事企业的经营管理。事实上,在现代社会,企业普遍地为经理人所支配和控制,并形成了所谓的经理阶层,他们主宰着商事企业,这就是人们所说的"经理革命"(managerial revolution)。

第三,商事代理的作用不仅仅在于帮助商事主体实施商事行为,更为重要的是,代理活动的发达有利于促进商品的流通和人才的流动、活跃市场、转换企业经营机制、改善企业经营状况、提高经济效益,从而为整个社会经济的发展创造了条件。

二、商事代理权

(一)商事代理权的产生

一般民事代理可产生于以下三种情形:一是基于委托人的委任而产生,是为委托代理或者意定代理。二是基于法律直接规定而产生,是为法定代理。例如,根据我国民法的规定,未成年人的监护人为其法定代理人。三是基于有关国家主管机关指定或者法院的命令而产生的代理,是为指定代理。

商事代理是代理商事主体从事商业活动的行为,因此,商事代理主要产生于委托人的委任,即属于委托代理或者意定代理,基本上排除了上述意义上的法定代理与指定代理的可能性。但这一论断并非绝对,在特定情况下,商事代理权也可能基于法律规定而产生。这主要是针对紧急情况的必要性而产生的代理。譬如,在某一当事人根据其他法律关系受托管理他人财产的情况下,如果发生了为保护该财产而必须代理的情况,在该当事人与财产所有人之间依法产生代理关系。这种代理在英国法上称为"必要代理"(agency of necessity)。[1] 另外,我国公司法上的经理人虽然由公司董事会聘任,但从其经理权限来看,也体现了一定程度的法定性。

(二)委托授权

委托代理是基于委托人的授权而发生的代理。这种授权既可以是明示行为,也可以是默示

---

〔1〕 参见董安生等编译:《英国商法》,法律出版社1991年版,第190~192页。

行为;既可能是事先授权,也可能是事后追认。

明示授权(express authority)主要基于当事人之间的委任合同而产生。明示授权的方式既可以是口头的,也可以是书面的。但法律规定采用书面形式的,应当采用书面形式。书面协议是代理权成立的证据。如果是口头协议,则需要另行举证。

书面委托代理的授权书应当载明代理人的名称、代理事项、权限和期间,并由委托人签名或者盖章。[2] 委托书授权不明的,被代理人应当向第三人承担民事责任,代理人负连带责任。

委托人虽然没有明示授权,但是如果他的行为和语言中包含了他默许另一人代表其实施某种行为的意思,应推定他与后者之间存在代理关系。默示代理权(implied authority)还可能根据当事人之间的身份关系或者合作行为而推定产生。譬如,一般认为,经理人基于其职务和地位是公司的全权代理人,如果公司对经理人的代理权限给予了某种限制,该种限制不得对抗善意第三人。又如,根据合伙法的规定,合伙人之间实行相互代理原则,其中任何一个合伙人依照合伙协议对其他合伙人均有默示代理的效力,其内部对某一合伙人的代理权的限制同样不得对抗善意第三人。

正常情况下,授权都是事先的明示行为。但有时也可能是事后的,这种特殊的授权叫作“追认”(ratification)。譬如,在发生无权代理或者越权代理的情况下,其行为原则上不具有代理效力。但是如果委托人事后以明示或者默示的方式追认了该种行为,该种无权代理或者越权代理即可因委托人的事后批准而成立代理。

(三)代理权的行使

1. 在代理权限内实施代理

商事代理产生的基础为委托人的授权,因此,代理人必须在委托人的授权范围内实施商事代理。这说明,代理人实施代理行为必须首先获得委托人的授权,没有获得授权或者代理权终止后而实施的行为,称为无权代理。无权代理不发生代理的效果,即该种行为不能拘束被代理人而由行为人自负责任。同时,代理人行使代理权不得超越其所获得的授权范围,否则,为越权代理。越权代理人应就其超越部分自己承担责任。

没有代理权、超越代理权或者代理权终止后的行为,只有经过被代理人的追认,被代理人才承担民事责任。未经追认的行为,由行为人承担民事责任。被代理人知道他人以本人名义实施民事行为而不作否认表示的,视为同意。[3]

2. 独立实施代理权

代理人在为代理行为时,是独立地实施代理行为。当代理人在与第三人发生交易关系时,代理人有权在其代理权限范围内根据具体情况来选择交易相对人,或者决定是否与之发生交易以及如何发生交易。如果被代理人事必躬亲,或者每一具体事项均须请示被代理人,代理的功能必将不能充分发挥。

当然,代理人的这种独立的意思表示能力受到其代理权限的限制。也就是说,其独立实施代理行为的能力的大小取决于其代理权的大小。有的代理属于特定事项的代理,委托人的授权范围较小,代理人的代理权也就较小。而在有的代理中,委托人授权的范围较大,代理人的代理权限也就较大。譬如,在独家代理、总代理或者全权代理中,代理人的代理权限就相当大。而行纪

〔2〕 参见《民法典》第165条。
〔3〕 参见《民法典》第171条。

商的代理权又总是大于普通代理商的代理权。

3. 不得滥用代理权

委托人授予代理人代理权的目的是让代理人代理自己办理特定事项，因此，代理人取得代理权后，在行使代理权时，应当维护被代理人的利益，不得滥用代理权。

滥用代理权（abuse of authority），是指违背代理的宗旨和代理的基本准则，损害被代理人利益的行为。

滥用代理权的构成要件包括：(1)须存在有效代理权。如代理人根本没有代理权或者超越代理权，滥用代理权则无从谈起。(2)须代理人实际行使代理权。代理人虽然取得代理权，但尚未实际实施代理，则不可能构成代理权的滥用。(3)须违背代理宗旨和代理准则。如滥用代理权的形式通常表现为自己代理和双方代理，或者代理人与第三人恶意串通。(4)须损害被代理人的利益。滥用代理权可能导致代理无效，如因此行为而给被代理人造成损失的，应当承担损害赔偿责任。如代理人与第三人恶意串通，损害被代理人的利益的，由代理人和第三人负连带责任。[4]

4. 违法事项不得代理

代理人应当依法行使代理权，既不得进行违法事项的代理，也不得利用代理权实施违法行为。因为这是违反公共政策的。如果代理人知道被委托代理的事项违法仍然进行代理活动的，或者被代理人知道代理人的代理行为违法不表示反对的，由被代理人和代理人负连带责任。[5]

（四）商事代理权的消灭

商事代理权可以基于如下原因而发生消灭：(1)代理期限届满或者代理事务完成；(2)委托人取消委托或者代理人辞去委托；(3)代理人死亡；(4)代理人丧失行为能力；(5)作为被代理人或者代理人的法人终止。[6]

三、商事代理人的权利和义务

（一）商事代理人的权利

商事代理人的权利可以分为一般权利和特别权利。

1. 商事代理人的一般权利

商事代理人的一般权利主要包括两项：一是佣金或者报酬请求权；二是合理费用或者损失补偿请求权。

商事代理本身就是一种有偿代理，因而，商事代理人享有向委托人请求支付佣金或者报酬的权利。委托人有义务依照合同的约定向代理人支付佣金或者报酬。

此外，对于在正常的代理活动中所支出的合理费用和遭受的损失，代理人有权向委托人请求支付或者给予补偿。

2. 商事代理人的特别权利

商事代理人的特别权利表现为，商事代理人有权在委托人拒绝支付佣金或者报酬，或者拒绝支付合理费用或者拒绝支付损失补偿时，对占有委托人的财产实施留置，即所谓的代理留置权。

---

〔4〕 参见《民法典》第 164 条第 2 款。

〔5〕 参见《民法典》第 167 条。

〔6〕 参见《民法典》第 173 条。

我国《民法典》第959条规定，行纪人完成或者部分完成委托事务的，委托人应当向其支付相应的报酬。委托人逾期不支付报酬的，行纪人对委托物享有留置权，但当事人另有约定的除外。实际上代理留置权适用于所有代理情形，而不是仅仅局限于行纪合同关系。[7]

（二）商事代理人的义务

商事代理人的义务主要表现为代理人对委托人负有受信义务（fiduciary duties）。这种受信义务的基本内容是，商业代理人应保证自己的代理行为是善意地、忠实地为被代理人谋取利益，包括注意义务和忠实义务。

1. 代理人的注意义务

代理人的注意义务（duties of care），是指代理人在实施代理行为时，应当以专业技能和应有的注意来完成代理任务。譬如，在代理人受托出售货物的情况下，他有义务尽可能替被代理人取得最好的价格。注意义务还包括代理人应当积极履行代理职责。如果代理人没有履行职责，也构成注意义务的违反。如果代理人不履行职责而给被代理人造成损失的，应当承担民事责任。[8]

2. 代理人的忠实义务

代理人的忠实义务（duties of loyalty），是指代理人应当将被代理人的利益置于自己利益之上，不得使自己的利益与委托人的利益相冲突。代理人的忠实义务主要表现在如下几个方面：（1）代理人除向委托人收取佣金或者其他代理费用外，不得从代理中获取任何利润，不得接受贿赂。（2）代理人不得为自己代理或者为双方代理。（3）代理人不得与第三人秘密交易或者与第三人恶意串通而损害被代理人的利益。（4）代理人不得将自己的利益置于与委托人的利益相冲突的地位，代理人不得从事自我交易或者从事与委托人营业相竞争的业务。（5）代理人在其代理活动中，应当尽量维护被代理人的利益，不得作不利于委托人的表述或陈述。（6）代理人原则上不得转委托，只有在法律有规定的情况下才可以转委托。根据我国民法的规定，代理人只有在两种情况下才能转委托：一是事先征得被代理人的同意。事先没有取得被代理人的同意，事后应当及时通知被代理人，如果被代理人不予追认，则由代理人自己承担责任。二是在紧急情况下，为了保护被代理人的利益。[9]（7）代理人应当根据委托人的要求向其汇报或者结算账目。（8）代理人不得将委托人交付给他的文件或者其他秘密信息泄露给他人。

（三）代理人对第三人的担保责任

代理人在行使代理权时，不仅对委托人负有代理义务，而且对第三人负有默示担保责任。这种默示担保责任主要有两项：一是对第三人担保自己享有合法而无瑕疵的代理权；二是担保其所代理的委托人具有完全的缔约能力和履约能力。如果代理人没有代理权或者超越代理权，又或者委托人没有缔约能力或者履约能力，无权代理人应当对第三人因此而遭受的损失承担赔偿责任。

---

〔7〕 如《日本商法典》第51条规定，代理商于其因充任交易的代理或媒介而产生的债权已届清偿期时，在其未受清偿前，可以留置为本人占有的物或有价证券。

〔8〕 参见《民法典》第164条第1款。

〔9〕 参见《民法典》第169条。

第二节　商事代理的类型

一、直接代理

（一）直接代理的概念和特征

直接代理，即狭义的代理，是指代理人以被代理人的名义实施的代理，或者说，是公开了被代理人身份和代理关系的代理。

第一，直接代理是以被代理人的名义进行的代理。直接代理相当于英美普通法上的显名代理。显名代理（named principal）是指代理人在实施代理行为时对相对人公开被代理人身份，并以被代理人名义与第三人发生交易的代理，实际上就是直接代理。

第二，直接代理的后果直接归属于被代理人。代理的本质在于被代理人通过代理人的行为来实现自己的目的，因此，由代理行为所产生的后果也就归于被代理人。也就是说，代理人基于其代理行为所取得的权利由被代理人享有，代理人基于其代理行为所产生的义务也由被代理人承担。

第三，直接代理的业务包括商业代理业务和特种代理业务。前者如代理商在代理委托商销售其产品货物时就是以委托商的名义进行的一种代办商业务。后者是指针对特殊业务所实施的代理，如保险代理、票据代理、税务代理、专利代理、商标代理、广告代理等在内的特种商事代理。另外，像证券公司或者投资银行所从事的代销式承销业务亦属于直接代理。

（二）代理商

代理商（commercial agent），或者称为代办商，是指接受委托商的委托并以该委托商的名义为该委托商办理其全部或部分商务的代理人。代理商也可以从事居间代理业务，但这里仅指其直接代理业务而言。

代理商具有独立的法律地位，代理商不从属于委托方，它既可以其自己独立的地位为同一商事主体办理代理业务，也可以为不同的商事主体办理代理业务，并且就每一项代理或者居间业务依照合同或者习惯或者按业务的实际状况单独收取报酬和费用。

最为典型的代理商是独家代理。所谓独家代理（exclusive agency），是指在约定的地区对指定商品享有独家代理权或者专营权（exclusive right）的代理人。在独家代理的情况下，一家企业在同一地区对同一商品只能指定一名独家代理人，一般来说，即使是被代理人也不得在同一地区经营相同的产品，除非协议另有规定。这里所谓协议另有规定，是指在签订独家代理协议时，本人可以保留若干权利，如保留接受政府直接定货和某些大企业（如连锁商店）的定期直接定货的权利；保留在代理人推销不力的情况下撤回某些商品的代理权的权利；保留撤销被代理人已不再生产的产品代理业务，或者被代理人有权随时增加产品品种的代理业务的权利。独家代理商有权在指定地区代表被代理人与客户洽商交易，由代理人以被代理人名义与客户签订合同。但代理人不是合同当事人。所代理的后果归属于被代理人，代理人不承担合同责任。

独家代理与独家经销商不同。所谓独家经销（exclusive sales），是指一家企业在特定地区和一定期限内，把某一种或某一类商品的独家经营权给予一名独家经销人。二者的主要区别在于：

在形式上，独家代理是以被代理人的名义所进行的代理，而独家经销则是以自己的名义进行的经销。在实质上，独家代理是一种代理关系，而独家经销则是一种买卖关系。在独家代理中，代理人只是代理被代理人与买主签订合同，合同的权利义务直接归属于本人，代理人不承担合同责任。但在独家经销中，经销商是以买主的身份自行向作为卖方的企业购买指定商品，并以自己的名义在指定地区出售这种商品。经销商必须承担盈亏的风险，并直接对履行合同承担责任。

二、间接代理

（一）间接代理的概念

间接代理是指代理人以自己的名义实施的代理行为。间接代理与直接代理的区别在于：一是间接代理是代理人以自己的名义进行的代理；二是间接代理的后果的处理方式与直接代理有所不同；三是间接代理包含了两层法律关系。

1. 间接代理是代理人以自己的名义进行的代理

在与第三人进行交易时，如果是直接代理，代理人是以被代理人名义与第三人发生交易；如果是间接代理，代理人则以自己名义与第三人发生交易。

间接代理实际上是包括了行纪在内的一种代理。应当注意的是，我国《民法典》第951条将行纪代理的业务仅仅限于"从事贸易活动"，并使之成为单独一类的合同。但是，实际经济生活中的行纪代理的范围甚为广泛，不仅包括我国的进出口公司所从事的外贸代理，而且诸如证券、期货经纪商代理客户买卖证券、期货等均属于行纪业务。再者，即使是普通商业业务也可以构成行纪业务。

间接代理也包含了像英美普通法上的隐名代理。隐名代理是指代理人在实施代理行为时没有向相对人公开被代理人的身份，而以自己的名义与第三人发生交易的代理。

为什么会发生代理人以自己的名义进行代理的需要呢？基本原因有二：

一是为了隐名需要。在某些情况下，委托人可能不愿意公开自己的身份，这在商业社会实属平常，也属于人之常情。如某人委托代理商购买一处房屋，而他又不希望包括相对人在内的其他人知道，他可能要求代理人在代购房屋的过程中替他保守秘密，不要公开他的身份。在这种情况下，代理人就只好以自己名义将该房屋购买下来，然后再将该房屋转移给真正的买主。

二是基于法律要求，如《证券法》第110条规定，只有取得证券交易所会员资格的证券商才能上场进行交易，其他任何人不能进入交易所直接交易，所以非交易所会员的商人或者其他社会公众投资者只能委托有会员资格的证券经纪商代理交易。再如，我国的许多企业没有直接进出口的权利，只有委托外贸公司并以外贸公司的名义办理进出口业务。

2. 间接代理的后果归属

在直接代理中，代理人所实施的代理后果直接归属于被代理人。譬如，代理人代理被代理人购买一批货物，尽管该交易是由代理人负责实施的，但真正的交易当事人却是委托人和相对方，所以，由代理人所购买的该批货物自然直接归属于被代理人，与此同时，被代理人也负有支付该批货物价款的义务。

而在间接代理中，则存在如下三种情形，并分别产生不同的效果：

第一，由被代理人直接承受代理后果。《民法典》第925条规定，受托人以自己的名义，在委托人的授权范围内与第三人订立的合同，第三人在订立合同时知道受托人与委托人之间的代理关系的，该合同直接约束委托人和第三人，但有确切证据证明该合同只约束受托人和第三人的除外。

这说明,如果第三人知道代理人与委托人之间存在代理关系,即使是代理人以自己名义订立的合同,其所实施代理的后果也直接归属于委托人,代理人不承担合同责任。但该条规定有一个例外,即有确切证据证明该合同只约束代理人和第三人的,则应当由代理人直接承担合同责任。

第二,由代理人承受代理后果,但委托人可以行使介入权,第三人可以行使选择权。《民法典》第926条规定,受托人以自己的名义与第三人订立合同时,第三人不知道受托人与委托人之间的代理关系的,受托人因第三人的原因对委托人不履行义务,受托人应当向委托人披露第三人,委托人因此可以行使受托人对第三人的权利,但第三人与受托人订立合同时知道该委托人就不会订立合同的除外。受托人因委托人的原因对第三人不履行义务,受托人应当向第三人披露委托人,第三人因此可以选择受托人或者委托人作为相对人主张其权利,但是第三人不得变更选定的相对人。

这里规定的情形就是上面所说的隐名代理的情形。在所谓的隐名代理的情况下,原则上该种行为的后果由代理人自己承担,即将代理人直接作为合同的当事人对待,由代理人承担合同责任。但即使在这种情况下,代理人负有披露的义务,委托人可以行使介入权,第三人可以行使选择权。

代理人披露义务的意义在于,如果因为第三人的原因不履行义务,便于委托人行使介入权。

委托人介入权的意义在于,本来该种合同就是为了委托人的利益而签订的,当然,最好是尽量使该种合同的后果直接归属于委托人。但委托人介入权的行使有两个条件:一是第三人不履行义务;二是假定第三人在订立合同时如果知道该委托人还会继续与该委托人订立合同,否则,委托人不能行使介入权。

第三人选择权的意义在于赋予第三人更大的灵活性。第三人选择权也有两个条件:一是委托人不履行义务;二是其行使权利的对象一经选定,即不得变更。

第三,直接由代理人承担交易后果。例如,《民法典》第958条规定,行纪人与第三人订立合同的,行纪人对该合同直接享有权利、承担义务。第三人不履行义务受到损害的,行纪人应当承担损害赔偿责任,但行纪人与委托人另有约定的除外。

3. 间接代理的两层法律关系

间接代理的情形比较复杂。从上述关于对间接代理的后果处理方式来看,实际上揭示出了间接代理中存在两层法律关系:

第一层关系是委托人与代理人之间的关系。事实上,委托人与代理人之间必定存在委任关系,代理人才会与第三人发生交易。如果没有委托人的委任,则属于无权代理,须按无权代理处理。

第二层关系是代理人与交易第三人之间的关系。在直接代理中,代理人并不是交易的当事人,因而并不存在第二层关系。而在间接代理中,由于代理人是以自己的名义签订合同,从而使得代理人在形式上成为合同的当事人而获取从该交易中所取得的权利和承受基于该交易所产生的义务和责任。

在间接代理中,代理人可能直接承担交易后果。从代理的角度来看,这只是一种形式要求,主要是为了保护交易的安全。既然委托人不是交易的当事人(委托人隐名),如果代理人又不承担责任,第三人的权利必将失去保障。但间接代理毕竟也是代理,代理人实施交易行为不是为了他自己,而是为了委托人利益。所以,法律在其后果归属的处理方式上是尽量考虑如何对二者进行平衡。其结果就导致了上述的复杂性,即有时使委托人直接承担交易后果;有时使代理人直接承担交易后果;有时则进行折衷处理。

然而,即使是在法律规定由代理人承担交易后果的情况下,在代理人对第三人承担了责任后,代理人亦可依照他与委托人之间的委托代理关系,将该交易的后果转移给被代理人,并从被代理人处获取报酬或者佣金。所以说,间接代理也是一种代理,因为在终极意义上代理人所实施交易的后果归属于被代理人。

(二)外贸代理

1. 外贸代理概述

所谓外贸代理,是指由我国的外贸公司充当国内用户和供货部门的代理人,代其签订进出口合同,收取一定的佣金或手续费。外贸代理在本质上属于一种行纪活动。外贸代理是我国特有的一种代理制度。

传统上,我国外贸公司在出口方面一直是采取收购制,即由外贸公司用自有资金向国内供货部门收购出口产品,然后由外贸公司以自己的名义自营出口,自负盈亏。

实行外贸代理制的目的就是要改变过去的做法而由外贸公司接受国内供货部门的委托,代理其进出口业务,而由用户或者国内供货部门自负盈亏,外贸公司收取佣金。这项改革的好处是,它有利于国内企业对国际市场的了解,提高其出口产品质量,增强其竞争能力和出口创汇能力,加强其对履行合同的责任感,促使其改善经营管理和提高其经济效益。另外,还可以减轻外贸公司在收购出口货源方面的财务负担,并使外贸公司的经营灵活多样。

在外贸代理制度下,外贸公司仍是以自己的名义同外商签订合同。这是因为我国对外经贸实行国家统一管理。按照我国的法律和政策,只有通过国家主管部门(原对外经济贸易合作部,现国家商务部)及其授权机关的批准,取得外贸经营权的公司才有权利签订进出口合同,没有得到外贸经营权的公司、企业则不能以自己名义签订进出口合同。但这类代理业务很少,因为只有为数极少的大型企业(包括大型企业集团)以及外商投资企业才享有外贸经营权。当然,随着市场经济的渐进推行和我国企业的不断成熟,被授予直接进出口经营权的企业将会越来越多,但目前的现状仍然是大量的企业没有直接的外贸经营权,因此,这种以外贸公司名义进行代理进出口业务的外贸代理制仍然是我国企业开展进出口贸易的重要形式。

2. 代理出口

代理出口,是指在出口方面由外贸公司接受国内供货部门的委托,外贸公司以自己名义作为卖方,同国外买主签订出口合同,收取约定的佣金。在采用这种做法时,由于外贸公司不是以被代理人国内供货部门的名义,而是以外贸公司自己的名义对外签订合同,外贸公司作为出口合同的卖方,就必须对出口合同承担责任。这样,即使由于国内供货部门未能按时、按质、按量提供货源,致使外贸公司不能履行其对外签订的出口合同,外贸公司作为出口合同的卖方仍须对外商承担责任。国外的买主也只能根据出口合同向外贸公司要求赔偿,而不能直接向出口公司要求赔偿。因为国内供货部门不是出口合同的一方当事人,他们同国外买主之间不存在直接的合同关系。至于外贸公司同国内供货部门之间的关系,则只能通过他们之间的委托代理出口合同来解决。

3. 代理进口

代理进口,是指在进口方面由外贸公司接受国内用货部门的委托,外贸公司以自己名义作为买方,同外商签订进口合同,收取约定的佣金或者手续费。在采用这种做法时,由于外贸公司不是以被代理人国内用货部门的名义,而是以外贸公司自己的名义对外签订进口合同,外贸公司作为进口合同的买方,也必须对进口合同承担责任。如果国外卖方违约,只能由外贸公司以自己的名义同外方交涉索赔;如果国内用货部门违约,外贸公司作为进口合同的买方,须根据进口合同对外商承担责任。至于外贸公司同国内用货部门之间的关系,同样只能根据他们之间的委托代理合同来解决。

三、居间代理

居间代理,是指由居间商,又称为居间人,专为他人充当媒介者,报告订立合同的机会,而于成交时获取佣金的代理行为。居间代理所订立的合同是一种中介合同。《民法典》第961条规定,中介合同是中介人向委托人报告订立合同的机会或者提供订立合同的媒介服务,委托人支付报酬的合同。居间代理的特征如下:

第一,居间代理也是一种商事代理。在传统的民法中,居间仅仅是被作为单独一类合同对待。然而,单纯从合同的角度来认识居间行为,并不足以了解居间行为的全貌。因为居间合同中包含了委托的意思,即它与代理、行纪行为一样,都是代理人一方接受委托人的委托并为委托人办理特定事务的合同。譬如,代理人不仅可以从事直接代理,也可能从事居间代理业务。所以实质上居间也是一种代理。这在商业实务中非常明显,通常将这种居间人称为经纪商(brokers)。譬如,保险经纪就是基于投保人的利益,为投保人与保险人订立保险合同提供中介服务,促成投保人与保险人订立保险合同,并依法收取佣金的代理行为。

第二,无论是直接代理抑或是间接代理,都是由代理人亲力实施代理行为,即交易相对人的选定,交易内容的协商以及交易条款的达成等均由代理人执行。而在居间代理的情况下,居间人只负责提供信息、报告机会、居中沟通,而交易的具体协商以及交易条款的达成均由当事人自己负责。

第三,在直接和间接代理中,代理人的佣金或者报酬是确定的;但在居间代理中,居间人的佣金或者报酬却具有不确定性。根据我国《民法典》第963、964条的规定,如果居间人促成了合同的成立,可以请求委托人支付报酬;如果居间人没有促成合同成立,则不得要求支付费用,但可以要求委托人支付从事居间活动支出的必要费用。

第四,在直接代理和间接代理中,代理人负有将代理后果转移给委托人的义务;而在居间代理中,居间人没有此项义务,因为居间人不是交易的实施者。

第二编 商事公司

公司概述
公司设立
公司融资
公司治理
公司变更
公司终止

第一章　公司概述

第一节　公司的经典定义

"公司"这一术语的英文表述有两种:一是 corporation,二是 company。区分二者之间的差别没有太大的实质意义,主要是语言使用的习惯不同。美国习惯于使用"corporation"一词,而英国以及受英国法影响的国家和地区则习惯于使用"company"一词。传统的公司法理论认为,公司是一种营利性社团法人。从对公司的这一经典解释来看,公司的概念需要由三个要素构成:独立的人格;个人结合的社团;以营利为目的。这一定义基本上反映了公司的内涵。

一、公司的人格性

与其他企业组织,如合伙企业、独资企业相比较,公司最为显著的特征就是它是一个"人"(person),一种法律意义上的人,我们称之为"法人"(legal person/artificial person/legal entity)。这种法人虽然是虚拟的、非自然意义上的人,但它确实又与自然人一样,具有独立的人格,具有权利能力和行为能力,能够依法独立承担民事责任。

(一)公司的权利能力

公司一经设立并经核准登记而有效成立后,即取得法人资格,享有权利能力。公司的权利能力从公司成立时产生至公司终止时消灭。在此期间,公司与自然人一样取得了享有民事权利和承担民事义务的资格。

公司可以享有或承担的权利义务范围相当广泛,如财产权、名称权、名誉权、受遗赠权等。公司的财产权是指公司可以享有的财产上的权利,包括物权、债权等财产权利。公司的名称权是指公司可以享有使用注册名称的权利和排斥他人使用与其相同或相似名称的权利。公司的名誉权是指公司可以享有的维持其商业信誉不受侵害的权利。公司还可以享有受遗赠权。当自然人以遗嘱方式指定将一定财产遗赠给公司时,公司即可取得对该项遗产的所有权。

但是,公司毕竟与自然人不同。与自然人的权利能力相比,公司的权利能力受到性质上和法律上的限制。

公司是经依法登记而取得法人资格的,从而与自然人因出生而取得的人格有所不同。因此,凡是基于自然人的生命、身体、健康、身份、自由、亲权、继承等专属于自然人的权利,公司自然无法享有。

公司的权利能力除了受到性质上的限制外,还可能受到法律上的某些限制。譬如,我国公司法对公司经营范围的要求(须记载于公司章程并经登记)、对公司转投资的限制(法律规定公司不得成为对所投资企业的债务承担连带责任的出资人,从其规定)等,即属于法律上对公司权利能力作出的限制性规定。此外，处于特定状态下的公司，如清算中公司的权利能力也是受到限制的（只能从事与清算有关的活动，而不能从事营运中公司那样的经营活动）。

基于性质上的限制是先天的，无法改变；基于法律上的限制则属于法律政策方面的考量，随着时代的变迁是可以修正的。例如，早期法律普遍存在对公司目的范围的限制，超越目的条款的行为构成越权行为，越权行为属于无效行为。早期法律同样对公司的转投资能力予以限制，如对投资数额的限制，对投资对象的限制（如不能投资于无限责任公司或者合伙企业）。然而，由于经济的发展和文明的进步，大多数现代法律都已经废除了这些限制。而关于发行公司债券，各国的限制程度各不相同，这也体现了不同的法律传统和经济法律政策。清算中公司仅为清算目的而存在，从事实上看，它已经不是"公司"了，只不过为了清算目的，法律还需要它在清算期间继续维持其人格。但是，其营业上的权利能力已经丧失，仅仅剩下了清算上的权利能力。

由此可见，法律对公司权利能力的限制程度取决于法律的进步状况如何。法律越是进步，公司的权利能力范围越是广泛。譬如，现代法律大多赋予公司可以从事"任何合法经营"（any lawful business）的权利。

（二）公司的行为能力

公司的行为能力是指公司能够以自己的意志和名义独立从事民事活动，实施民事法律行为，取得民事权利和承担民事义务的资格。

首先，公司具有独立的意志。公司的这种意志产生于公司机关，公司机关是公司的意思首脑。公司机关通常由股东会、董事会和监事会构成，所以，公司的意思分别来自这三个不同的机关。股东会是决策机关，董事会是执行机关，监事会是监督机关。三个机关分别表示的是决策意思、执行意思和监督意思。公司具有独立的意志是公司人格的重要体现。相比较而言，合伙企业或者个人独资企业就不具有独立的意思能力，相应地，其意志来自合伙人或者业主。

其次，公司可以自己的名义从事各种商事交易活动。公司具有自己的名称，公司对外签订合同以及与第三人发生其他任何商业关系均可以签署公司自己的名称。合伙企业与独资企业也可以有自己的字号，即可以自己的字号对外发生商业关系，但却存在一个重要的区别，即公司具有独立的主体地位，其名义与实质具有一致性；而合伙企业或者独资企业本身不是法律上独立的主体，其字号的使用只是为了商业的方便而已。

但也应当注意到，公司作为法人，其行为能力与自然人的行为能力又有所不同。这种不同主要表现在：

其一，公司的行为能力与权利能力同时产生和消灭。公司的权利能力产生于公司成立时，与此同时，公司也就具有了行为能力。公司基于一定原因解散后，经过清算而导致公司终止。公司终止后，其权利能力和行为能力同时消灭。而自然人则有所不同。自然人的权利能力基于其出生而产生，基于其死亡而消灭。其行为能力的产生则是基于其对事物的辨别和判断能力，如自然人须已经成年且神志正常；其行为能力消灭于死亡或者心智丧失。

其二，公司的意思形成于公司机关。由此可见，公司的意思是一种团体意思或者集体意思。但是，这种团体意思或者集体意思是无法自动实现的，所以，公司意思的实现仍然依赖于自然人。在股东会，股东会决议由股东集体作出；在董事会，董事会决议由董事集体作出；在监事会，监事会决议由监事集体作出。股东会决议体现的是决策意思；董事会决议体现的是执行意思；监事会决议体现的是监督意思。股东会、董事会和监事会均为自然人组成的集合体。

(三)公司的责任能力

公司具有独立承担责任的能力。公司的责任能力是其权利能力和行为能力的必然逻辑延伸。公司责任能力的基础在于公司享有独立的财产权。就公司法人而言,其人格建立在一定的财产基础之上。一定的财产是其独立人格的物质保障。可以说,没有独立的财产权,就没有公司的独立人格。

公司财产最初来源于股东的投资,这种投资可以是现金或者非现金财产。但无论以何种形式投资,其财产权必须转移到公司名下,使公司对这些财产享有法人财产权,其中主要包括但不限于财产所有权,而股东则只能享有对其相应出资或者股份的股权。

公司财产除了初始资本外,还包括公司在营运中的资本增值和财产积累。此外,公司财产还包括借贷资金。所有这些都是公司财产的构成。

相比较而言,合伙企业的财产不属于合伙企业所有,而是属于合伙人共有。因而,合伙企业不能独立承担责任,合伙企业的债务最终由合伙人承担无限连带责任。同样,独资企业的财产也不属于独资企业所有,而是属于独资企业所有人。因而,独资企业也不能独立承担责任,独资企业的债务最终由其业主承担无限责任。当然,在偿债程序上,往往是先用企业财产来清偿债务,不足部分再由合伙企业的合伙人或者独资企业的所有人承担责任。

在谈到公司的责任能力问题时,有必要特别提及一下公司的侵权责任能力。公司的责任能力当然包含了公司的侵权责任能力。譬如,代表公司实施行为的人因执行公司职务而给他人带来损失时,公司应负赔偿责任。

公司侵权责任除了须具备一般的侵权责任条件外,还须符合下列条件:

其一,必须是公司机关的行为。公司行为须由自然人实施,实际上体现为公司代表人或者代理人的行为,而代表人或者代理人的行为是否代表公司则取决于法律是否有规定或者公司是否有授权。如果法律有规定或者公司有授权,其行为则属于公司行为,否则,即使是公司代表人或者代理人,如董事或者经理,也不属于公司行为,只能是个人行为。

其二,必须是在执行职务过程中。公司代表人或者代理人的行为一旦确认为公司行为,就意味着要由公司来承担该种行为的后果。这就必然要求代表人或者代理人的行为是发生在执行职务的过程中,公司没有理由为其个人行为承担责任。

其三,必须有违反法律的事由。这里所谓的违反法律,是指违反公司法以及其他法律、行政法规等。譬如,违反环境保护法而导致公司承担环境侵权责任。

(四)公司在公法上的能力

公司具有行政责任能力,如违反金融管制法而致被处以罚款或者被吊销营业执照。其直接责任人员也可能受到行政处罚。

公司还具有刑事责任能力。公司虽然不能承受人身上的处罚,但却可以承受财产上的处罚,如罚金。公司负责人则可能承受人身上的处罚。

二、公司的社团性

从公司组织形式来看,公司是一种法人组织。经典法人理论将法人区分为社团法人和财团法人。前者是以社员的结合为基础,如公司、合作社;后者则是以财产的捐助为基础,如慈善机构、基金会等。公司是一种社团性质的法人,因而,其成立须由若干成员发起设立。这就是公司的团体性特征。公司的这种团体性特征决定了:

第一,公司的成员由多数股东构成。但针对不同性质的公司,法律对股东成员人数的要求不同。一般而言,有限责任公司的股东人数要少一些,股份有限公司的股东人数要多一些(但这是相对的,在实际经济生活中,并不是所有的有限责任公司的股东人数都少于股份有限公司的人数。譬如,有的有限责任公司的股东人数可能多达数十人,而有的股份有限公司的股东则仅数人而已)。为什么有限责任公司的股东人数通常要少于股份有限公司呢？这是因为这两类公司的性质不同。有限责任公司具有封闭性,不能公开发行股份,股东之间的关系相对来说比较密切,因而,它主要适用于由少数人合作投资的中小型企业。而股份有限公司则具有公开性,其股份可以公开发行,而且存在一个其股票可以公开交易的公开市场,所以,在这种公司中必然会存在大量的公众股东。

第二,公司的社团性有利于规模经济的形成。公司实际上是集合多数人的资本而形成的组织。较之于单一资本或者少数资本投入的企业,如独资企业和合伙企业,公司的资本力量雄厚,这对于企业形成规模经营具有重大意义。这里的道理很简单,多数资本的集合总要比单一资本或者少数资本投入的力量要强大得多。因而,总体来说,公司这种企业组织形式比较适合规模经营。实际上,在现实经济社会中,众多的大型企业绝大多数都采用的是公司这种组织形式。

公司的规模增大了,资本力量雄厚了,其商业信誉能力也随之提高了,相应地,公司的债务偿付能力也就增强了,良性循环,愿意与公司订立合同的人增多了,同时就会有更多的人愿意购买公司的股票。

第三,公司的社团性有利于分散投资风险。公司的社团性质是实现公司所有权与控制权分离的前提条件,同时两权分离又是股东有限责任的前提条件。在单一资本或者少数资本投入的情况下,企业的所有权和企业的控制权集中于投资人一人或者数人手中,因而不可能实现两权分离或者不能完全实现两权分离。所有权与控制权不能分离,投资人与企业混为一体,当然就不可能对其股东赋予有限责任特权。而在公司的情况下,由于股东人数众多,势必导致不可能所有的股东都亲自对企业实施控制,尤其是对于公众股东来说,他们往往对企业的管理保持着"理性的冷漠"(rational apathy),而只对公司股票的价格感兴趣。所以说,公司的社团性是两权分离的前提。既然股东没有能力亲自实施对企业的管理,当然也就不能让他们对企业债务承担无限责任。因此,在公司机制下,股东只对企业债务承担有限责任。由于股东只对企业债务承担有限责任,反过来,又大大刺激了投资者的积极性。这就是公司这种组织形式具有无限生命力的根本原因。

三、公司的营利性

社团法人可进一步区分为营利性社团法人和公益性社团法人。前者的目的在于营利,后者的目的在于公益。公司是一种营利性社团法人,也就是说,从公司存在的目的来看,设立公司的目的在于营利。公司从事营业活动只是一种手段,而其最终目的却在于追求利润(making profit)。这里所谓"以营利为目的",是指公司以其成员的出资经营某项事业并将其所获得的利益分配给它的社员作为其最终目的。如果法人的最终目的不是把其利益分配给它的社员,而是在于公益,那么,即使它是以营利为手段,也不能视其为营利性法人。公司是典型的营利性社团法人,这一标志使它与其他公益性社团法人,如合作社(合作社的根本特征在于企业内部成员的互助性)、大学或者机关等区分开来。

我国《民法典》将法人区分为营利法人、非营利法人和特别法人。营利法人是指以取得利润并分配给股东等出资人为目的成立的法人,包括有限责任公司、股份有限公司和其他企业法人等。非营利法人是指为公益目的或者其他非营利目的成立,不向出资人、设立人或者会员分配所取得利润的法人,包括事业单位、社会团体、基金会、社会服务机构等。特别法人包括机关法人、农村集体经济组织法人、城镇农村的合作经济组织法人、基层群众性自治组织法人。很显然,公司属于营利性法人,营利性法人的主要形式就是公司,包括有限责任公司和股份有限公司。其他企业法人是指没有采取公司形式的企业法人,如全民所有制企业法人和集体所有制企业法人。非营利法人自然与公司没有关系,它们成立的目的在于社会公益或者其他非营利目的。特别法人中的农村集体经济组织法人一般情况下均为集体企业法人,但如果采取公司形式,即为公司法人。

利润最大化体现了传统公司法上股东至上(shareholder primacy)的原则,在这一原则之下,股东投资企业就是为了获取回报。因此,公司企业存在的最高目标就是追求利润最大化(maximization of profits),以最大限度地满足股东的投资回报要求。这种回报的形式表现为两种方式:一是股利的分配;二是剩余财产的分配。股利的分配必须以公司有盈余为前提,如果公司经营无利润,自然也就没有股利分配。剩余财产分配是指在公司解散后,经过清算如尚有剩余财产,则由股东进行分配,实际上是一种资本的分配。

上述关于公司的概念是对公司的一般界定,这一定义具有原则性和普遍性。然而,应当注意到,现代公司法的发展在许多方面已经突破了上述定义所界定的含义,并在相当程度上进行了修正。

第二节　公司的特征

公司这种企业组织形式自其产生以来已经取得了巨大的成功,在全世界范围内,它都是组织大型企业的标准法律形式。为什么公司具有这样大的魅力呢?如果将公司这种企业与其他商事组织,如合伙企业、独资企业等相比较,就会发现公司的成功来自其自身的特征。公司的这些特征包括:集中管理(centralized management);所有人的有限责任(limited liability for its owners);所有者权益的自由转让(free transferability);公司的永久存在(perpetual existence)。[1]

一、集中管理

所有权和控制权的分离(separation of ownership and control)是现代企业的首要特征。股东所有权与对企业的经营管理权的分离导致了对企业的集中管理。集中管理是大型企业组织发展的必然产物。在合伙企业或者独资企业,由于所有权与经营权合为一体,企业的管理模式是由所有人对企业实施直接管理和监控。美国经济史学家就曾精辟地将这种管理模式总结为"所有者经营、经营者所有"。[2] 但在规模经济的条件下,这种模式显然就不能适应了。规模经营要求专

〔1〕 在本编中出现的"所有者"这一术语是在经济学意义上使用的,从法律意义上讲,它指的就是股东或者投资者。因而,在经济学文献中经常使用的诸如"股东所有权""股东对企业的所有"等表述指的是终极意义上的所有权,法律上则对应为"股权"。同样,后文中"代理人"亦是经济学术语,指负责公司经营管理的董事、高级管理人员。

〔2〕 Alfred D. Chandler, *The Visible Hand: The Managerial Revolution in American Business*, Harvard University Press, 1977, p. 7.

业化、技术化和经验化的集中管理，这种集中管理大大地促进了经济的发展。随之带来的变化是，投资者对企业的直接控制能力逐渐萎缩。股东只能通过选择专门的管理者来对企业进行管理，企业的管理权旁落于专门的管理层。

传统上，公司法将对公司的管理权赋予公司的董事会。董事会由股东选举的成员构成，专门负责对公司经营事务的管理。然而，在现代公司，尤其是大型公众公司中，董事会往往蜕变为一种复杂的官僚体系，企业的日常经营管理实际上掌握在经理人手中。因此，在现代公司实践中，公司的经营管理权事实上是由董事会和经理层分享的。在大陆法系国家公司法中，还设置有公司监事会制度，监事会负责对公司管理权的实施进行监督。由此可以看出，公司经济是一种民主经济，同时也是一种自治经济。公司中的权力分配典型地体现了民主经济的模式，即股东享有最高决策权，这种权力是间接的，排除了股东直接参与或者干预企业经营管理的可能性；董事会独立负责公司的经营管理事务，它只对公司或者作为整体的股东负责，无须对股东个人负责；而监事会则负责对企业管理层进行监督。

将公司的经营管理权从所有者手中分离出来的第一个重大贡献就是投资者有限责任的产生。既然股东不能直接参与管理企业，为什么还要让投资者对企业的债务像合伙人那样承担无限责任呢？在股东不能直接参与企业管理的情况下，如果股东对企业的管理不满意又怎么办呢？所以，两权分离的第二个贡献就是所有者权益的自由转让。如果股东对企业的管理不满意的话，他可以“用脚投票”（voting by foot）。两权分离的第三个贡献是，由于它使得公司获得了独立的主体地位，因而，如果它的投资人愿意的话，公司可以无期限地存在。

二、有限责任

股东有限责任是公司的一个重要特征，同时也是公司法上的一个重要基石。所谓股东有限责任，是指股东作为投资者只在其投资限度内对公司承担出资责任，公司以其全部财产对公司债权人负责。《公司法》第3条第1款明确规定，公司是企业法人，有独立的法人财产，享有法人财产权。公司以其全部财产对公司的债务承担责任。《公司法》第4条第1款相应规定，有限责任公司的股东以其认缴的出资额为限对公司承担责任；股份有限公司的股东以其认购的股份为限对公司承担责任，公司以其全部资产对公司的债务承担责任。可见，我国公司法以法律的形式直接确认了公司的独立责任和股东的有限责任。

有限责任制度的核心是在公司和股东之间划下一条明显的界限，股东只是单纯的投资者，他无须对公司的债务承担投资之外的进一步的责任。有限责任的理论基础是公司的人格与其成员的人格发生分离。一个人无须对另一个“人”——公司——的行为承担责任。

有限责任的确立和发展具有非常重要的意义，在谈到有限责任制度的意义时，人们常常喜欢引用美国哥伦比亚大学前校长巴特尔（Butler）的一句名言：“有限责任是当代最伟大的发明，其产生的意义甚至超过了蒸汽机和电的发明。”[3] 有限责任被认为具有减少和转移风险、刺激投资、强化所有权和经营权的分离、促进市场交易等方面的功能。

首先，有限责任有利于减少和转移投资风险，有利于股东作出理想的投资决策，尤其是有利于高风险投资。在有限责任制度下，投资者无须担心因为企业经营管理不善而承担无限责任，股东的投资风险大大减轻了，并且这种投资风险是可以预测的（最大的风险也不会超过其投资额

---

〔3〕 转引自 Tony Orhnial, ed., *Limited Liability and the Corporation*, London: Croom Helm, 1982, p.42。

度),因而,投资者的投资积极性大大提高了。这当然有利于企业筹集资金,尤其是有利于企业吸收和聚集社会闲散资金。

其次,有限责任降低了监控成本。这主要表现在两个方面:一是有限责任可以降低监控代理人的成本;二是有限责任可以降低监控其他股东的成本。设想一下合伙企业的情形:合伙人不仅要监控其代理人,而且合伙人之间还要相互监控。

再次,有限责任有利于促进市场交易。这一功能主要表现在两个方面:一是有限责任为企业进入证券市场提供了前提条件,从而使得市场价格能够反映出企业价值,而采用无限责任的企业则缺乏由市场形成的统一价格;二是相对无限责任来说,采用有限责任的企业为投资者提供了退出机制,能够实现股份的自由转让,可以刺激管理层进行有效的管理、提升企业价值,进而吸引更多投资者进行交易、加入企业中来。

最后,所有权与经营管理权的分离为有限责任的产生提供了前提条件;反过来,有限责任又强化了两权的分离。有限责任允许更加广泛的投资多元化,而多元化则成为投资者分散风险的有效策略。在无限责任的条件下,多元化只会增加风险,而不会减少风险。因为任何企业的破产均可能导致投资者丧失其全部财产。

但应当注意的是,任何事情都有它的另一面。有限责任也存在其固有的缺陷,如可能造成对债权人不公平、股东过度投机、提高代理成本以及滥用有限责任等不良后果。法律应当寻求相应的措施来克服这些缺陷。

三、股权的自由转让

公司的股权可以自由转让,而在合伙企业中,合伙人要转让其出资则较为困难。公司与其他企业的最大不同就在于:对公司而言,存在一个为其股份转让的公开市场,在这个公开市场中,投资者可以自由买进或者卖出其所持股份。公司股份的自由转让促进了证券市场的发展,反过来,证券市场的发展又为股份的自由转让提供了良好的条件和环境。

股权的自由转让具有重要意义。

首先,它为股东提供了退出机制。公司法的一个重要原则是在公司成立后股东不能抽回资本,这是公司资本维持原则的体现。但问题是,如果股东对其所投资的企业不再有兴趣或者股东对公司的管理水平和经营业绩不满意又该怎么办呢?在这种情况下,股东可以通过转让其股权而退出公司。对公司而言,虽然股东变化了,但公司资本却并没有因为股东的退出而减少。

其次,股权的自由转让有利于提高公司的管理水平。如果股东对公司的管理不满意,股东可以转让其股权从而退出公司。这就促使公司管理者须尽心尽力地提高公司的管理水平和经营业绩,以此提升公司的股票价格,这样才能吸引公众投资者投资于公司。否则,人们不但不愿意购买公司的股票,而且还会大量抛售公司的股票,股票价格也就随之下跌。同时,股权的自由转让使得人们通过在收购市场上大量收购公司股份从而获得对公司的控制权,并在获得对公司控制权后使得更换公司管理层成为可能。

最后,股权的自由转让能够最大限度地反映财产的价值。任何财产的价值都由使用价值和交换价值构成。在使用价值相同的条件下,交换价值越高,财产的价值就越高。可以说,财产的转让性和流通性本身就是财产价值的固有特征。不能转让和流通的财产不是完全意义上的财产;转让和流通不完全自由的财产同样不是完全意义上的财产。譬如,不同的公司,其股权转让的自由程度也不尽相同。通常法律对有限责任公司的股权转让设定了一定的限制,因而,这种股权的价值也就受到了相当的影响。

四、公司的永久存在

现代公司法允许公司"永久存在"。毫无疑问,公司的"永久存在"将有利于公司的长期持续发展。当然公司也可以有期限,如一些基于特定项目而成立的公司。

上述关于公司的这些特征在很大程度上只是体现了公司的一般性和普遍性。在这种一般性和普遍性之外,还存在一些例外。譬如,在封闭公司中,股东可能同时担任董事和经理;有限责任原则也可能在一定条件下通过"揭开公司面纱"而被排除适用;股份的自由转让则主要是公众公司的特征,封闭公司的股权转让往往受到一定程度的限制;公司的永久存在只是一个法律上的观念,事实上则取决于公司自身的生存能力。此外,公司还可以在其章程中自行设定公司存在的期限。

第三节　对传统公司观念的修正

一、揭开公司面纱

(一)揭开公司面纱概述

公司人格理论的意义在于,承认公司是独立的主体,享有与自然人一样的人格,从而使公司得以独立承担责任,使股东承担有限责任。但是,在特定情况下,公司的这种独立人格可能遭到否认,使股东对公司债务直接承担责任,这就是通常所谓的"揭开公司面纱"(piercing the corporate veil,PCV),或者"公司人格否认"(disregard of the corporate entity)规则。揭开公司面纱是普通法系国家法律在处理公司人格否认时所运用的重要方法,由于这一制度对保护公司债权人具有非常重要的意义,大陆法系国家普遍采用。

我国现行公司法亦引进了这种制度。《公司法》第 23 条规定,公司股东滥用公司法人独立地位和股东有限责任,逃避债务,严重损害公司债权人利益的,应当对公司债务承担连带责任。股东利用其控制的二个以上公司实施前款规定行为的,各公司应当对任一公司的债务承担连带责任。只有一个股东的公司,股东不能证明公司财产独立于股东自己的财产的,应当对公司债务承担连带责任。

根据这一规定,我国公司法所规定的揭开公司面纱制度包含了如下三个方面的内容:

第一,适用揭开公司面纱规则的第一种情形是,公司股东滥用公司法人独立地位和股东有限责任,逃避债务,严重损害公司债权人利益。公司法人独立地位是公司的人格基础,股东有限责任是法律赋予给股东的优惠特权,如果股东滥用公司法人独立地位和股东有限责任,其目的旨在逃避公司债务,其后果是严重损害了公司债权人的利益可导致揭开公司面纱规则的适用。这是一种最基本的人格否认形式。

第二,适用揭开公司面纱规则的第二种情形是,股东利用其控制的二个以上公司,滥用公司法人独立地位和股东有限责任,逃避债务,严重损害公司债权人利益。譬如,股东控制若干关联公司,故意致使某一公司负债经营或者将其经营所得转移给其他关联公司,其目的就是利用法人独立地位和股东有限责任,逃避债务,必然损害了债权人的利益。

第三,当公司只有一个股东的情形,法律要求股东证明公司财产独立于股东自己的财产,否则,应当对公司债务承担连带责任。在这种情形下,公司法采用了“举证责任倒置”的证据法规则。一般情况下,原告主张揭开公司面纱应该自己负责举证,但在一人公司情形下,公司财产与股东个人财产混同比较严重,又无规范的财务会计记录可查,原告举证殊为不易,因此,法律将举证责任转换给被告股东。

揭开公司面纱规则的适用后果是,股东应当对公司债务承担连带责任。本来,公司股东只承担有限责任,公司对公司债务独立承担全部责任。但是,“公司面纱”一经揭开,公司不再保有独立人格,公司人格为股东人格所吸收,二者合一。于此情形,股东自然须对公司债务承担连带责任。股东承担连带责任的情形适用于上述第一、三两种情形,第二种情形是股东控制的若干企业之间相互承担连带责任,各关联公司之共同股东并不连带承担责任。

(二)揭开公司面纱的理论依据

揭开公司面纱是一种形象的比喻,实际上它指的是,在一定条件下,法院可能会拒绝承认公司独立人格的存在。如果公司已经不具有独立的法律地位,因而也就不能适用有限责任,从而需要否认公司的独立人格,使股东对公司的债务承担连带责任。毫无疑问,这一规则是对股东滥用公司独立人格和股东有限责任的一种修正,是对股东滥用有限责任的一种矫正。但应当注意的是,揭开面纱原则并没有从整体上动摇公司法上的有限责任基础,该原则只能在严格限定的条件下才能适用。

基于何种理由揭开公司面纱而否定公司的独立主体地位呢?法院在运用揭开面纱原则时,必须要寻找一定的理论作为判决的依据。为了回答这一问题,各种理论应运而生。归纳起来,主要有三种代表性学说,即代理学说、工具学说和企业主体学说。

代理学说(agency theory)主要是运用代理理论来解决公司债务问题。根据该种理论,当公司的设立、存续和运营完全是按照股东的指示和命令进行从而使得公司成为股东的代理人时,则说明公司已经不再具有独立的法律地位。在这种情况下,法院很可能认为这只是股东玩弄的一种“外壳游戏”(shell game),股东实际上是“未经披露的本人”(an undisclosed principal)。因而,法院很可能运用代理原则来要求股东对公司债务承担责任。

工具学说(instrumentality theory),是指当公司本身已经沦落为股东的工具时,公司实际上已经丧失了其独立人格。在这种情况下,股东应当对公司的债务承担责任。这一学说认为,公司与股东之间的所有权或者其他权益达到如此高度的统一以至于二者不再独立地存在或者当股东对公司实施了过度的控制(excessive exercise of control)并因此导致了错误或者不公平行为的发生,从而使原告遭受损失时,该公司实际上已经成为股东的工具。在这种情况下,如果继续承认该公司的独立存在无异于认同欺诈或者将导致不公平的后果。

企业主体学说(enterprise entity theory)则认为,一公司是否能够成为独立的法律主体应当视公司事实(corporate fact)是否符合企业事实(enterprise fact)而定。如果该公司是一个独立经营实体,公司事实与企业事实相符,该公司即为独立的法律主体。如果股东成立若干公司经营同一业务者,公司事实上是同一企业的不同法律部门,虽然在法律上是数个主体,但从企业事实着眼,这些公司应视为同一法律主体。

上述理论的运用十分复杂,并出现了若干变种。法院在揭开公司面纱时,还可能运用其他一些类似概念,诸如“身份混同”(identity theory)、“外壳”或者“赝品”(shell or sham theory)、“股东支配”(shareholder domination theory)、“他我”(alter ego theory)等。

（三）揭开公司面纱规则的适用限制

公司是独立的主体，股东享受有限责任特权仍然是公司法的根本。揭开公司面纱规则并没有从整体上动摇公司法上的法人独立地位和股东有限责任基础。因此，揭开公司面纱规则的适用要“非常谨慎地”(with great caution)，在严格限定的“极端情况下”(extreme/unusual circumstances)才能适用。在此总体原则下，适用揭开公司面纱规则时，需要注意如下几点：

第一，只有股东实施了滥用公司法人独立地位及股东有限责任的行为，且该行为严重损害了公司债权人利益，才能适用。揭开公司面纱的适用必须满足三个要素：一是实施了滥用公司法人独立地位及股东有限责任的行为，包括人格混同、过度支配与控制、资本显著不足等；二是其主观动机是逃避债务，相应地，只有公司债权人才能行使此项权利；三是严重损害债权人利益，主要是指股东滥用权利使公司财产不足以清偿公司债权人的债权。

第二，揭开公司面纱仅为个案适用。法院在某一案件中揭开了公司面纱，否认了公司的独立人格和股东有限责任，仅适用于该案本身。公司股东在该案中承担了连带责任后，并不影响公司作为独立的法人继续存在，该股东在其他案件中依然承担有限责任。也就是说，公司人格否认不是全面、彻底、永久地否定公司的法人资格，而只是在具体案件中依据特定的法律事实、法律关系，突破股东对公司债务不承担责任的一般规则，例外地判令其承担连带责任。

第三，只有实施了滥用法人独立地位和股东有限责任行为的股东才对公司债务承担连带清偿责任，而不牵连其他股东。法院在个案中否认公司人格的判决的既判力仅仅约束该诉讼的各方当事人，不当然适用于涉及该公司的其他诉讼及当事人。如果其他债权人提起公司人格否认诉讼，已生效判决认定的事实可以作为证据使用。

（四）揭开公司面纱规则的适用情形

1. 人格混同

认定公司人格与股东人格是否存在混同，最根本的判断标准是公司是否具有独立意思和独立财产，最主要的表现是公司的财产与股东的财产是否混同且无法区分。在认定是否构成人格混同时，应当综合考虑以下因素：(1)股东无偿使用公司资金或者财产，不作财务记载的；(2)股东用公司的资金偿还股东的债务，或者将公司的资金供关联公司无偿使用，不作财务记载的；(3)公司账簿与股东账簿不分，致使公司财产与股东财产无法区分的；(4)股东自身收益与公司盈利不加区分，致使双方利益不清的；(5)公司的财产记载于股东名下，由股东占有、使用的；(6)人格混同的其他情形。

在出现人格混同的情况下，往往同时出现以下混同：公司业务和股东业务混同；公司员工与股东员工混同，特别是财务人员混同；公司住所与股东住所混同。法院在审理案件时，关键要审查是否构成人格混同，而不要求同时具备其他方面的混同，其他方面的混同往往只是人格混同的补强。

2. 过度支配与控制

公司控制股东对公司过度支配与控制，操纵公司的决策过程，使公司完全丧失独立性，沦为控制股东的工具或躯壳，严重损害公司债权人利益，应当否认公司人格，由滥用控制权的股东对公司债务承担连带责任。实践中常见的情形包括：(1)母子公司之间或者子公司之间进行利益输送的；(2)母子公司或者子公司之间进行交易，收益归一方，损失却由另一方承担的；(3)先从原公司抽走资金，然后再成立经营目的相同或者类似的公司，逃避原公司债务的；(4)先解散公司,再以原公司场所、设备、人员及相同或者相似的经营目的另设公司,逃避原公司债务的;(5)过度支配与控制的其他情形。

控制股东或实际控制人控制多个子公司或者关联公司,滥用控制权使多个子公司或者关联公司财产边界不清,财务混同,利益相互输送,丧失人格独立性,沦为控制股东逃避债务,非法经营,甚至违法犯罪工具的,可以综合案件事实,否认子公司或者关联公司法人人格,判令承担连带责任。

3. 资本显著不足

资本显著不足包含两层含义:一是指在公司设立时,股东投入公司的初始资本不充分或者只有名义资本(inadequate capital or nominal capital)。譬如,实践中出现的"一元钱公司"。二是指公司设立后在经营过程中,股东实际投入公司的营运资本与公司经营所隐含的风险相比明显不匹配。无论哪一种情形,均为股东利用较少资本从事力所不及的经营,表明其没有从事公司经营的诚意,实质是恶意利用公司独立人格和股东有限责任把投资风险转嫁给债权人。

资本显著不足这一因素的适用因合意交易(consensual transactions)与非合意交易(nonconsensual transactions)而有所不同。合意交易主要体现为合同关系,非合意交易主要体现为侵权行为所导致的损害赔偿。

在合意交易中,不充分或者名义上的资本通常并不构成揭开公司面纱的要件。尤其是在废除了法定最低资本限额的情况下,设立公司时注入名义上的资本可能是当事人为了规避风险损失而精心作出的一种策划。在缺乏欺诈或者其他权利滥用证据的情况下,法院是不会改变这种风险安排的。在合同交易中,第三人是自愿地与公司进行交易。在这种情况下,债权人不能要求揭开面纱使股东承担个人责任。其理由是,当他自愿与公司发生交易时,他已经承担了公司不能清偿其债务的风险。

然而,在非合意交易的情况下,由于不存在自愿或者合意的因素,如果承认只有名义资本的公司的独立存在,实际上无异于将风险和损失转嫁给了无辜者。譬如,在侵权案件中,受害人因公司的侵权行为而遭受到财产或者人身损失,这种伤害总是被动的,受害人不能像公司的合同相对人那样基于对公司资本状况的了解而决定是否与公司签订合同。因此,在侵权案件中,缺乏充足的资本则是揭开公司面纱考虑的重要因素。

由于资本显著不足的判断标准具有很大的模糊性,特别是要与公司采取"以小博大"的正常经营方式相区别,并与其他因素结合起来综合判断。譬如,:(1)股东的商业行为导致个人与公司之间在财务上的混淆(confusion between individual and corporate finance);(2)第三方在与公司打交道时受到某种程度的误导和欺骗(third party being in some way misled or tricked into dealing with the detrimental reliance);(3)公司以非正常方式营运(the corporate is operated in an unusual way)从而导致公司从未赢利,股东吸干公司资金而未考虑公司的需求和发展,或者公司始终维持在破产边缘。〔4〕

(五)揭开公司面纱规则适用的其他情形

1. 没有满足公司法的程式要求

在揭开公司面纱时,另一个非常重要的因素是没有满足公司法的程式要求(failure to follow

〔4〕 以上关于适用揭开面纱的具体情形之人格混同、过度支配与控制重述了最高人民法院的规定,资本显著不足部分引用了最高人民法院的规定。参见《全国法院民商事审判工作会议纪要》(简称《会议纪要》或"九民纪要",法〔2019〕254号)。

corporate formalities)。如果原告能够证明被告没有满足公司的法定形式要件,诸如没有召开会议或者进行选举,股东进行商业决策的模式就像合伙人决策一样,没有明确区分公司管理人员的职责范围,公司行为与个人行为的混同等,均有可能适用揭开公司面纱规则。但有一点需要说明的是,不是所有没有遵守公司形式要件的情形都可以揭开公司面纱。根据没有满足公司法定形式要件来揭开面纱,至少需要如下两点理由:没有遵守公司形式要件可能表明股东只是将公司作为其"他我"或者"工具",而不是将公司作为独立的存在;揭开面纱可能被视为一种确保公司程式必须依法得到遵守的制裁手段。

2. 对单一营业实体的虚假分割

在揭开面纱时,一个特别的因素是某一单一的实体是否被人为地分割为不同的公司(artificial division of a single business entity)以降低其资产上的责任。譬如,某人意欲经营出租车,为了规避可能出现的责任,他为每一辆出租车注册了一家公司,如果某一辆出租车发生了责任,其最大的责任范围也不过就是那一辆出租车而已。在这种情况下,可以根据"企业主体理论",将全部出租车视为一个整体企业而由该企业整体承担责任。这一理论的特别之处在于,对于这种将单一的实体进行人为地分割,通常的反应是使整个实体对营业债务承担责任而不是使股东对这种债务承担个人责任。

3. 母公司对子公司债务的责任

许多揭开面纱案件都涉及股东自身就是公司的情形。换言之,它涉及母公司对子公司的责任问题。实际上许多公众公司都有为数众多的子公司从事各类相关或者不相关的业务。子公司可以是由母公司全资持股,也可以是部分持股。母子公司具有共同的经济利益以及一定程度的相互作用和管理是允许的。但如果子公司的独立存在需要得到承认,子公司就应在经营事务上保持相当程度的独立性和自主性,否则,就有可能导致揭开公司面纱规则的适用。

可导致母公司承担责任的具体情形包括:其一,将子公司作为母公司的一个"部门"或者"分支机构"(department or division of the parent)。其二,将母子公司业务或者母公司将不同的子公司的业务进行混同管理(mixing business affairs)。其三,母子公司之间或者不同的子公司之间具有共同的管理人员(common officers)。其四,将母子公司资产或者不同的子公司的资产予以混同(mixing assets),诸如使子公司为母公司的债务提供担保,不遵守正常的贷款程序将资金从一公司转移到另一公司,或者使用共同的银行账户。

4. 揭开公司面纱原则在破产案件中的适用

如果股东的债权在某种意义上不公平,法院可使股东的债权次于其他债权而受清偿。这一理论主要适用于破产案件,称为居次理论(subordination theory)或者"深石原则"(the deep rock doctrine)。表面上看,这一理论只是改变了"清偿顺序"(order of payment),使股东的债权只有在其他债权人的债权得到完全的清偿时才能受清偿。然而,作为一个实际问题,其他债权人的债权通常都会耗尽公司的财产,其结果将是股东债权不能得到完全的清偿或者完全不能得到清偿。

揭开公司面纱诉讼是一件非常复杂的事情,上述关于揭开面纱适用情形的分析仅是一个粗略的类型化分析。实际上,在审判实践中,大多数揭开面纱案件均可能需要综合运用各种标准。此外,上文在人格混同、过度支配与控制、资本显著不足之外又增加了不能满足公司程式、单一营业实体的虚假分割、母公司对子公司的债务责任以及破产案件中的人格否认。除了破产案件中人格否认适用的特殊性外,其他分析均有交叉和重合,如母公司对子公司的债务承担与过度支配与控制以及单一营业实体的虚假分割与股东控制的关联公司的债务承担。只不过将其单列出来,可以得到一个较为清晰的认识。

二、一人公司

按照传统公司观念,公司是由多数股东成员构成的社团法人。然而,现代法律的趋势是逐渐承认“一人公司”(one-person corporation)以适应和促进经济的需求。我国现行公司法也承认了“一人有限责任公司”(详见后述)。这意味着现代法律已经突破了公司的社团性。尽管如此,公司的社团性仍然是公司的基本特征。在现实经济生活中,绝大多数公司仍然由多数股东成员构成。

(一)一人公司的概念和表现形式

一人公司,可以被简单地表述为全部股份或者出资归于单一股东持有的公司。然而,一人公司在现实中的表现形式却又较为复杂。

通常一人公司表现为形式上的一人公司,即公司只有一名股东,公司股份或者出资当然就为该股东单一持有。但往往可能会存在这样的情况:在形式上公司股东达到法定人数,但如果从实质上考察,公司真正的股东(bona fide shareholder)却只有一人,其余的股东只不过是挂名而已,即所谓的“傀儡股东”(dummy shareholders)。为什么会出现挂名股东或者傀儡股东呢?其原因在于,在不承认一人公司的法律中,如果不能满足法定人数要求,将无法设立公司。为了规避法律上对公司最低股东人数的要求,就会出现挂名股东或者傀儡股东来凑足人数。

从一人公司的形成来看,可能是在设立时就是一人公司,也可能是在设立时公司股东为数人,但在公司设立后,基于各种原因,如股东死亡而又无人继承,而使股东人数发生变动而减少至一人。

从投资者的身份来看,可以是自然人一人公司和法人一人公司。

(二)一人公司的立法例

囿于公司是社团法人的传统观念,历史上法律对一人公司是不予认可的。但由于现实生活中一人公司的大量存在,根深蒂固的社团法人观念逐渐发生转变,至现在,对一人公司的承认似乎已成为必然之趋势。

第一个突破禁区而对一人公司加以承认的是列支敦士登(Liechtenstein)。1925 年 11 月 5 日列支敦士登颁布了《关于自然人及公司之法律》(Gesetz Uberpersonen und Gesellschaftsrecht),将有限责任原则自团体法带入个人法,而成为一人公司之立法先驱。[5] 自此之后,许多国家因应实践的需求,逐渐对一人公司予以承认。我国现行公司法不仅承认了“一人有限责任公司”,而且承认了“一人股份有限公司”。

由于各国法制背景不同,加之公司本身情况各异,所承认的程度和范围也有所不同。其主要表现为如下两个特点:一是承认一人有限责任公司的国家多,承认一人股份有限公司的国家少;二是承认设立后一人公司的国家多,承认设立时一人公司的国家少。这表明法律对一人公司仍然持谨慎态度。究其原因,也有两条:一是有限责任公司比较能够满足中小企业,尤其是个人企业的需求,而股份有限责任公司则涉及公众交易;二是在设立公司时加以控制,但基于对交易安全的保护,大多对设立后一人公司予以承认。

(三)承认一人公司存在的必要性

无论是承认一人公司或者拒绝承认一人公司,均各有利弊。但总体平衡起来考虑,承认一人

---

〔5〕 根据该法规定,所有的社团法人,包括股份有限公司和有限责任公司,均可以由一个自然人或者一个法人设立,并可以一个股东维持公司的存在。参见柯菊:《一人公司》,载《台大法学论丛》第 22 卷第 2 期。

公司的好处大于禁止一人公司的好处，其基本道理就是“疏”胜于“堵”。只要在承认一人公司的同时对一人公司所存在的弊病加以防范，或者因势利导，其对社会经济的积极效果可能要远远大于其对社会经济所产生的负面效应。

首先，有利于降低投资者的经营风险。传统上对一人投资的企业往往采取“独资企业”(proprietary/solely-owned enterprises)形式而让投资者承担无限责任。然而，许多投资者，尤其是个人投资者，往往既想一人投资，又想利用公司特权，尤其是希望享受有限责任特权。毫无疑问，这是一种普遍性的冲动。如果法律对这种普遍的社会现象加以承认，而不是简单地拒绝，则不仅满足了这种普遍存在于投资者心中的冲动，而且对于社会财富的增加还能够起到促进作用。

其次，有利于维持企业，保护交易安全。企业维持是支持一人公司的主要理论依据。如果一公司成立后，因为某种原因(如股权转让、股东死亡)导致股东人数不符合法定要求而被强行要求解散，既是现存企业的重大损失，又导致交易无安全保障可言。具体而言，如果一个企业正处于其事业巅峰阶段，仅仅因为股权结构发生变化(所有股权归属于单一股东)而被解散，既损害了股东的预期利益，同时已与公司建立的交易关系势必也大多得不到履行，这当然也损害了债权人的预期利益。即使企业在解散时处于事业低谷阶段，如果企业不被解散，企业还有翻身的机会，此时一经解散，债权人再无获得清偿机会，股东投资再无回收可能。无论哪种情形，都是一个两败俱伤的局面。这当然间接地也影响社会财富的增长。

最后，有利于减少纠纷，降低交易成本。如果坚持公司的社团性，即在设立公司时或者在公司运行时必须满足法律上关于股东人数为复数的要求，当事人为了满足这种形式上的要求，通常的做法就是去找一些亲朋好友来凑数，因而产生“傀儡股东”或者“挂名股东”现象，导致名实不符。但这种做法无疑为今后的纠纷埋下了导火索。为了解决纠纷，需要调集证据，并可能导致旷日持久的诉讼，徒增交易成本。如果承认一人公司，则可从根本上杜绝此类事情发生。

三、公司的社会责任

(一)公司社会责任概述

公司的社会责任理论试图对传统公司法上的公司绝对营利性定律进行矫正。传统的法律所建立起来的原则是，公司董事、高级管理人员在法律上对股东承担受信义务(fiduciary duties)，公司只应当对股东利益最大化承担责任，即所谓的“股东至上”(shareholder primacy)。随着经济社会的发展，公司所有权与控制权发生了分离，公司的权力集中在管理者手中，导致公司对社会的支配力量急剧扩大，从而使得公司能够对社会各方面产生实质性影响。因而，人们认识到，基于现代公司的地位，公司应当承担更多的社会责任，而不仅仅是充当股东赚钱的工具。

公司社会责任理论和运动确实对现代公司法产生了相当的影响，尽管这种影响不像该理论的倡导者所期望的那样巨大，但也确实使得公司法发生了一些潜移默化的变革。这一影响最大的一个结果就是导致了“利益相关者法律”(other constituency statutes)的产生。“利益相关者法律”的核心特征是，允许董事会在考虑公司股东最佳利益时，还应当将公司行为对公司债权人、雇员、供应商和客户、公司所在地社区的影响考虑进去。[6]

---

〔6〕 1983年美国宾夕法尼亚州第一个采用了“利益相关者法律”。自此之后，美国多数州通过了相似的法律。即使在没有采纳公司“利益相关者法律”的州，譬如，在素有“公司特许之都”(corporate-charter capital)的特拉华州，法院在判例中也认可董事会对股东之外的成员的利益的考虑。

现代法律也充分意识到了其重要性,并将这一理论写进了法律之中。例如,美国律师协会(American Bar Association,ABA)制定的《示范商事公司法》(Model Business Corporation Act, MBCA〔7〕)§3.01在其所列举的15项公司权力中就有3项与公司的社会责任有关,包括公司享有对公共福利或者慈善、科学、教育等目的进行捐赠(to make donations for the public welfare or for charitable, scientific, or educational purpose)的权力;公司享有从事任何有利于政府政策的合法营业(to transact any lawful business that will aid governmental policy)的权力;公司享有从事与法律不相抵触的促进公司经营和事务的支付、捐赠或者其他行为(to make payments or donations, or do any other act, not inconsistent with law, that furthers the business and affairs of the corporation)的权力。

此外,美国法学会(American Law Institute,ALI)制定的《公司治理准则》(Principles of Corporate Governance,PCG〔8〕)§2.01对公司的目标和行为进行了如下规定:公司可以适当考虑非利润目标并进行合理数目的公共福利、人权、教育和慈善捐赠(may take into account reasonable ethical considerations and may devote a reasonable amount of resources to public welfare, humanitarian, educational, and philanthropic purposes)。

对公司社会责任的反对意见历来都是存在的。反对者认为,企业的天职就是赚钱(business's job is business),而不应该承担应由慈善机构或者政府承担的职责。其中,最响亮的声音来自著名的自由经济学家Milton Friedman。Friedman对公司社会责任观点的致命攻击基于两点:无效率和不道德(economic inefficiency and immorality)。他认为,公司社会责任理论将导致在资源配置上最终由政治机制代替市场机制从而产生经济无效率。同时,他认为在法律上公司管理者是股东的雇员,要求这些雇员承担社会责任无异于允许他们以不利于股东最佳利益的方式行为。花费在社会项目上的资金是从股东钱袋里掏出来的,这些资金实际上是从股东那里"征税"而来的,然后,再由公司管理者以自己认为最佳的方式来决定如何使用这些资金,这是对主人的背叛。所以,Friedman认为,公司社会责任不仅无效率,而且是一种盗窃(not only inefficient, it was theft)。Friedman的结论是,"企业的社会责任就是利润"(The social responsibility of business is profits)。

(二)我国公司法关于公司社会责任的规定

第一,公司"社会责任"写入法律。《公司法》第20条明确规定了公司的"社会责任"这一概念。根据该条规定,公司从事经营活动,应当充分考虑公司职工、消费者等利益相关者的利益以及生态环境保护等社会公共利益,承担社会责任。国家鼓励公司参与社会公益活动,公布社会责任报告。

第二,公司从事经营活动,应当遵守法律法规,遵守社会公德、商业道德。诚实守信,接受政府和社会公众的监督,承担社会责任。

第三,对职工利益的保护。《公司法》第16条第1款规定,公司应当保护职工的合法权益,依法与职工签订劳动合同,参加社会保险,加强劳动保护,实现安全生产。《公司法》第17条第1款

---

〔7〕 MBCA虽为示范法,但在美国已为绝大多数州采用了其绝大多数规则,因此,许多文献将其作为美国州公司法的代称。

〔8〕 与MBCA一样,PCG同样不具有法律效力。实际上PCG是对美国公司法的"重述"(restatement),其对美国公司立法和司法具有重大影响。

规定,公司职工依照《工会法》组织工会,开展工会活动,维护职工合法权益。公司应当为本公司工会提供必要的活动条件。公司工会代表职工就职工的劳动报酬、工作时间、休息休假、劳动安全卫生和保险福利等事项依法与公司签订集体合同。

第四,职工参与公司管理和决策。《公司法》第 17 条第 2 款规定,公司依照宪法和有关法律的规定,建立健全以职工代表大会为基本形式的民主管理制度,通过职工代表大会或者其他形式,实行民主管理。同条第 3 款规定,公司研究决定改制、解散、申请破产以及经营方面的重大问题、制定重要的规章制度时,应当听取公司工会的意见,并通过职工代表大会或者其他形式听取职工的意见和建议。

第五,提高职工的素质。《公司法》第 16 条第 2 款规定,公司应当采取多种形式,加强公司职工的职业教育和岗位培训,提高职工素质。

第四节　公司的性质

一、公司是否完全为法律的产物

传统的观念认为公司是法人,能够以自己的名义从事经营活动,包括签订合同、买卖土地、起诉或者应诉、缴纳税款等。但是,公司法人的主体地位的取得毕竟与基于出生而取得主体地位的自然人不同。自然人基于自然生命取得法律上的主体资格,而法人则基于法律的拟制取得法律上的主体资格。

关于公司的性质,传统的法人理论的解说最为流行,并普遍地为人们所接受。法人说认为,公司完全是法律的产物,相应地,公司的设立和运作均需要依照法律的规定进行,这就使得公司法具有明显的强制性特征。

这种强制性特征主要体现在两个方面:一是对设立和营运中公司的实质性条件要求;二是对设立和营运中公司的程序性条件要求。

就前者而言,公司法上规定了设立公司应当具备的条件,如设立公司须符合法律要求的股东和发起人人数、注册资本金、组织机构等事项的要求。只有符合了这些条件,公司才可能成立和运行。

就后者而言,公司法上规定了设立和运行程序。如公司设立时,必须按照公司法的规定先由股东或者发起人制定章程,并向主管机关申请注册登记,经登记而取得法人资格后,方可开始营业。在有些情况下,公司的设立可能还须报经政府主管部门批准。

公司的设立和运行除了主要以公司法为依据外,还可能需要遵守其他法律的规定。譬如,民法上关于法人制度的规定,商法上关于商人和商行为的规定,会计法上关于公司财务会计的规定,登记法上关于公司登记的规定等。

二、公司是否为当事人之间的契约安排

然而,对公司性质这一问题,经济学家却提出了其自己的特殊见解。他们将公司作为一种经济现象来分析,认为企业只不过是一系列合同安排,即所谓企业的“契约关系”理论(nexus of contract theory)。

"契约关系"理论反对传统的法人理论,认为法人理论是一种形式主义的分析方法,并与公司现实不相符合。批评者认为,公司之所以是"法人",仅仅是因为法律进行了这样的规定。法律之所以将公司拟人化,无非是为了方便人们从事商事经营活动。从本质上看,将公司作为一种具有独立人格的法人来看,是一种法律的虚拟。这种虚拟体的基本含义是,它是一种想象,非现实存在。若以现实的眼光来看,公司行为基本上是由有血有肉的个人实施的。譬如,公司行为表现为公司代表人或者代理人的行为,因为公司本身不能实施具体活动。公司的利润或者损失最终必须由个人享有或者承担。可以说,公司纯粹是个人为了从事商事经营活动的一种工具或者手段。

"契约关系"理论是一种关于现代公司的经济模型。按照这种经济模型,"契约关系"理论认为企业不是一种独立的实体,而是各种因素的集合,朝着共同的生产或者服务目标努力。雇员提供劳动资本,债权人提供债权资本,股东提供股权资本。这些因素的集合共同承担损失风险,共同监管公司的管理执行,当然也共同分享公司成果。

"契约关系"理论反对股东"所有"公司这一概念,因而不承认将股东看作企业的最后所有人。在契约关系理论中,所有权不应具有特别的意义,每一个人只拥有自己所投入的份额,任何人无权对全部公司财产享有所有权。该理论认为股东只是公司股权资本的提供者,其目的是获取对公司所生产的剩余价值的求索权。在这种契约安排中,股东仅仅是这种自愿协议网络中的一个因素(一方当事人)。事实上,公司是一种由众多因素构成的集合,它们共同受到一种复杂的合同关系链条的拘束。

由此可见,契约论者(contractarians)反对传统的公司理论,并将其理论建立在自由市场与契约自由一致性这一假设基础之上。在这里,由管理者监控雇员的工作并协调全部企业投资者的活动。企业只是一种代表一系列复杂的由各种投入者构成的契约关系的法人拟制(legal fiction)。换言之,企业并不是某种真实人格化的东西,而是基于组成企业的各种因素而确定了权利和义务的一系列显性或者隐性的合同关系。这种理论将公司股东与公司债券持有人以及其他债权人一律视为公司资金的提供者,因为他们的目的都是从公司中得到其所期望的回报。由于公司管理者通过一系列合同安排获得了公司的全部需求:资本、劳务、材料和服务,于是契约关系就产生了。

"契约关系"理论中所谓的"契约"(contract),就其经济学家所指的意义而言,包括了"合意理性关系"(consensual rational relationship)与"非合意理性关系"(non-consensual rational relationship)。前者即所谓的"显性合同"(express contract),是指法律家所谓的真正意义上的合同。后者则是一种"隐性合同"(implied contract),是一种非真正合同意义上的安排,即人们有理由相信当事人之间在类似情况下会订立那样的合同,如果确实需要订立那样的合同的话。[9]

契约关系模式在公司法中具有广泛的运用和重要的意义。其中最重要的方面就是关于强制性法律规范(mandatory rules)的地位的争论。契约论者认为,公司法基本上应由任意性法律规

---

[9] 经济学家在这里使用的 express contract 和 implied contract 与法律家在使用同一术语时的含义是不同的。在法律家的概念里,express contract 和 implied contract 都是真正的合同,即所谓的"明示合同"和"默示合同"。而在这里,显然不能将经济学家使用的 express contract 和 implied contract 理解为"明示合同"和"默示合同"。事实上,在经济学家所使用的 express contract 已经包含了"明示合同"和"默示合同",其所谓 implied contract 可以理解为一种市场规律,而非具有法律意义的"默示合同"。为了便于区别和把握其准确含义,特意将其表述为"显性合同"和"隐性合同"。

范构成,根据这种任意性规则,股东可以自由决定公司事务。契约论者认为这才是真正的公司法。根据公司契约理论,既然公司是一种契约关系,必然的逻辑就是政府不应该通过制定法形式将强制性规范加诸公司,因为这种强制性规范与这种显性的或者隐性的契约关系是背道而驰的。根据这种理论,公司法的作用充其量只是为公司提供了一种可供参考的示范和“脱轨”原则(standardized,“off the track ”principle)。由于公司不再需要单独起草这些文件,从而为公司节省了缔约成本。

公司契约理论也受到了批评。主要批评论点如下:

其一,经济学家倾向于将“契约关系”视为一种范式,该种范式表达了应该是什么,而不是实际是什么的理念(what ought to be, rather than what is),即它表达的是一种应然状态,而不是一种实然状态。这一分析方法所存在的问题是,经济模型往往是建立在一定的基本假设基础上的。这些假设就是,所有的人对交易都是充分了解的,并且他们的行为能够理性地使其财富发生最大限度地增值。但是,在真实的世界里,许多人都不能遇到这种经济理想。这种范式并非完全是现实世界的折射,从这种经济模型中得出的结论只有在这种经济模型本身将现实世界中的各种变素都考虑进去之后才能运用于现实世界。

其二,反对者认为,公司并不完全是一种契约安排。就其自由意愿意义上说,许多公司安排确实具有“契约”性质,如公司章程。但是,也有许多公司安排不具有契约性质,如公司法上的会议程式、受信义务、异议股东评估权等。

其三,公司法并不能完全取消强制法而代之以任意法。许多学者不赞成“契约关系” 理论关于完全取消强制性规范的意见,即一切保护股东的强制性措施均可以通过公司章程来实现。他们坚持法律的必要干预。

如果从简单辩证法的角度来予以评判,可以说法人理论与契约关系理论都各有道理,作为一部公司法,应该“兼听”各自所述说的理论,取其合理之处。但是,从对我国法律的现实指导意义上看,似乎更有理由给予契约关系理论充分的重视。无论如何,公司契约理论对重新审视公司和公司法提供了一个新的视角。从根本上讲,公司不是上帝的恩赐,而是公司所有人与其他人之间自由意思联络的产物。这一点一旦被立法者和法律评论者认识到,公司形式最终将从不必要的强制性规范的锁链中解放出来,获得自由。

第五节　公司的类型

一、公司类型概述

(一)公司的法定种类

公司形态实行法定主义。也就是说,公司种类必须由法律明文规定,当事人只能在公司法规定的公司种类中选取某一类适合自己的投资来设立公司。例如,我国公司法只规定了有限责任公司和股份有限公司两种形式。这意味着,在我国,投资者要么选取有限责任公司,要么选取股份有限公司,而不能设立无限责任公司或者两合公司。

不同的国家,由于法律传统不同,其法律对公司的分类也是不同的。

1. 大陆法系公司法上的分类

在大陆法系,依照公司法所规定的公司股东责任的不同,可将公司分为无限责任公司、有限责任公司、股份有限公司和两合公司四种基本类型。这是一种法律上的分类,通常所谓公司的种类即指此而言。

无限责任公司,或称无限公司(unlimited liability company),是指全体股东对公司债务直接向债权人承担无限连带责任的公司。其特征在于股东的责任是无限的,而且属于连带责任。

有限责任公司,或称有限公司(limited liability company),是指全体股东仅以其出资额为限对公司承担责任的公司。其特征在于股东责任的有限性,股东只须对公司承担出资义务,而不用对公司债务承担直接责任。

股份有限公司,或称股份公司(company limited by shares),是指全部资本分为股份,股东仅就其所认股份对公司债务承担责任。其特征在于股东的出资一律分为股份,每一股东仅就其所认股份对公司承担责任,其实质仍然是一种有限责任。

两合公司(jointly owned company),是指由无限责任股东和有限责任股东组成的公司。其中,无限责任股东对公司债务承担无限责任,而有限责任股东则仅以其出资额为限对公司债务承担有限责任。两合公司现在已不多见。还有一种股份两合公司,它是由无限责任股东和有限责任股东组成的股份公司。这种公司形式现在已基本被淘汰了。

2. 普通法系公司法上的分类

在英国,依照公司是否注册为标准,其将公司区分为注册公司(registered company)和非注册公司(unregistered company)。除美国外,其他大多数普通法系国家亦受英国影响。

注册公司,是指依照公司法的规定经核准登记注册而成立的公司。[10] 注册公司是普通法国家普遍采用的公司形式,也是最为重要的公司形式。非注册公司,是指依照特许制度或各种特别法而成立的公司,又可以分为"特许公司"(chartered company)和"法定公司"(statutory company)。[11]

在普通法上,其注册公司又可进一步区分为责任有限公司和责任无限公司。前者又可分为股份有限公司和保证有限公司(guarantee company)。股份有限公司与通常所谓的股份有限公司一样。保证有限公司是指股东对公司的责任以其承诺的资产为限。根据英国公司法的规定,保证有限公司的每个股东的担保责任必须载入公司章程中的保证条款,该特别条款必须连同公司章程一起登记注册。这类公司的股东责任不仅在其作为股东期间有效,而且在其丧失股东资格后1年内仍然有效。

美国普通公司法并没有对公司进行进一步的分类,所有的公司实行的都是有限责任制,所有的公司也都可以发行股份,既不像大陆法系国家那样将公司区分为有限责任公司、股份有限公司或者其他无限责任性质的公司,也没有在形式上与英国公司法保持一致。但有两点应当注意:

其一,美国存在所谓的《有限责任公司法》(Limited Liability Company Act,LLCA)。但该法上所谓的"有限责任公司"(Limited Liability Company,LLC)与普通公司法上的"有限责任公司"有所不同。这可以直接从其所使用的语言表述的不同来体会。在美国,对"公司"这一术语的法

---

〔10〕 如英国的注册公司就是指依照1948年的公司法(the Company Act of 1948)注册成立的公司。由于英国1844年的股份公司法被废止后依其成立的某些公司依然存在,所以,英国的注册公司还包括这些公司在内。

〔11〕 在英国,这类公司主要包括以下三种情形:一是依照皇家特许令状而设立的公司;二是依照国会特别法案而设立的公司;三是依照某些专门法令而设立的公司。如根据1962年的《房屋互助协会法》、1965年的《勤奋和节俭协会法》等设立的公司。

定表述是 corporation,而不是“company”一词。而英国则恰恰相反,其对“公司”这一术语的法定表述是 company,而不是“corporation”一词。但美国的《有限责任公司法》则特意使用的是 company,以此与 corporation 区分。当然,美国《有限责任公司法》上使用的 company 又不是英国法意义上的 company。

美国《有限责任公司法》主要是为了满足中小投资者的需求而特别设计的一种“公司”类型。它结合了普通公司的有限责任特权和合伙企业的管理模式,它是公司与合伙的有机结合(hybrid)。当然,最重要的区别还体现在税收上,即它避免了公司的双重征税。可以说,它既享受了公司的有限责任的特权,又享受了合伙企业的税收特权,同时在管理上具有相当大的灵活性。该种公司自其诞生以来,就一直受到了投资者,尤其是中小投资者的广泛青睐。

其二,虽然在美国法上没有对公司进行进一步的分类,但理论和实务上则流行将公司区分为封闭公司,或称为私人公司(closely held corporation/close corporation/private corporation)和公众公司(publicly held corporation/public corporation)。

封闭公司是指股权证券由少数人拥有并且不存在为这些证券提供活跃的交易市场的公司。封闭公司的特点是:股东很少,全部或者大多数股东亲自参与公司管理;不存在可供其股份公开交易的市场;其股份从未根据证券法注册且未公开发行。

公众公司是指其股份广泛地由社会公众持有,股东人数众多;存在可供其股份公开交易的市场,或者为证券交易所或者为由证券交易商组成的“柜台市场”(over-the-counter market);公司必须按照证券法要求履行报告和披露义务;其股份的发行必须登记注册。

3. 根据其他标准的分类

以公司资本的构成作为标准,可将公司区分为公营公司和民营公司。公营公司,指凡是政府独资经营或政府与私人合资经营而政府资本超过 50% 的公司。民营公司,又称为私营公司,是指公司完全由私人资本构成或者私人与政府合资经营而私人资本超过 50% 的公司。

按照公司之间关系的不同,可将公司区分为母公司和子公司、本公司和分公司。

母公司(parent corporation)与子公司(subsidiary corporation)。母公司是指公司拥有他公司的资本并能直接或间接支配他公司或享有一定程度的统一指挥权的公司,又称为控股公司。子公司是指被他公司参与资本并受他公司控制或指挥的公司。子公司是独立的法人,其民事责任由子公司自己承担。但母子公司可形成一种关联公司关系,并受关联公司法调整。在这种情况下,可导致母公司对子公司债务承担责任。

本公司与分公司。本公司,又称为总公司,指依法首先设立以管辖全部公司组织的总管理机构,并以此为中心支配公司的营业活动和资金的调度。分公司是指在本公司设立后或同时所设立的并受本公司支配的分支机构。分公司不是独立的法人,分公司与本公司是一种隶属关系,其民事责任由本公司承担。

依照公司国籍的不同,可将公司区分为本国公司、外国公司和跨国公司。本国公司,指公司的国籍隶属本国,并依本国公司法而设立的公司。外国公司,指公司的国籍隶属于外国,并依外国公司法而设立的公司。跨国公司,或称多国籍公司或国际公司,指在不同国家设立营业场所而从事商业活动并受当地国家法律管辖的公司。

(二)法理上的分类

以公司的信用基础作为标准,可将公司区分为人合公司、资合公司和人资兼合公司。

人合公司,即以股东个人的信用、声誉、地位作为对外活动基础的公司。这种公司的经济活动以股东个人的信用为依托,而不完全在于公司资本的多寡,即所谓的"信用在人",如无限责任公司就是典型的人合公司。在多数情形下,人合公司的资本所有与企业的经营往往是合二为一的。

资合公司,是指以资本的集合作为公司对外活动基础的公司。这种公司的营业活动以公司的资产为基础,使第三人相信其有足够的资力并愿意与之进行交易,即所谓的"信用在物",如股份有限公司就是典型代表。资合公司往往实行企业所有与企业经营的分离。

人资兼合公司,是指兼取股东个人信誉和公司资本作为公司营业活动基础的公司,如两合公司即为典型。

有限责任公司比较难以归类。如果仅仅从现象上来分析,它属于资合公司,没有疑问。因为法律要求其在管理上实现两权分离,在责任承担上仍然体现的是资本责任。但如果从实际上看,相当多的有限责任公司在管理上又与合伙相似,因而又具有人合的性质。因而,人合与资合的区分具有很大的相对性。实务中,则要看企业的具体情况。譬如,股份有限公司应该是资合公司,但是,如果其股东仅有数人而已,股东兼任董事或者经理,其人合性就很强。而有限责任公司如果人数众多,所有权与经营管理权分离得比较彻底,则显现出完全的资合公司状态。

二、我国公司法对公司的分类

(一)有限责任公司与股份有限公司

《公司法》第 2 条规定,本法所称公司是指依照本法在中国境内设立的有限责任公司和股份有限公司。由此可见,我国公司法只承认有限责任公司和股份有限公司,不承认无限责任公司和两合公司。这是符合时代潮流的。现代企业的发展趋势表明:无限责任公司已为普通合伙替代,两合公司则可由有限合伙替代,自然没有必要重复规定无限责任公司和两合公司。这一变化纯化了公司概念,使得公司概念单纯地凸显其集中管理、有限责任以及股权的自由转让等特征。实际上,即使在依然还承认无限责任公司和两合公司的国家,这两种公司在现实经济生活中也已逐渐萎缩。

有限责任公司与股份有限公司的根本区别在于其公开性要求不同。相比较而言,有限责任公司具有一定的封闭性,而股份有限公司则是一种开放型公司,由此导致这两种公司的适用范围也有所不同。有限责任公司比较适合于经营中小企业;股份有限公司则适合于规模经营。有限责任公司与股份有限公司在制度上的区别表现在方方面面,具体如下:

在股东人数方面,有限责任公司由 1 个以上 50 个以下股东出资设立。设立股份有限公司,应当有 1 人以上 200 人以下为发起人,其中应当有过半数的发起人在中国境内有住所。

在章程制定方式方面,有限责任公司的公司章程应当由全体股东共同制定,所有股东应在公司章程上签名、盖章。股份有限公司的公司章程则应当由发起人共同制定,在成立大会上获得通过。

在设立方式方面,有限责任公司采取发起设立方式;股份有限公司既可以采取发起设立方式,又可以采取募集设立方式。

在股权形式方面,有限责任公司成立后,应当向股东签发出资证明书,出资证明书不是有价证券,不能流通和转让(但股权本身可以流通和转让)。股份有限公司成立后,公司应当向股东发行股票,股票是一种有价证券,可以流通和转让。

在股权转让方面,有限责任公司股权的转让只能通过协议方式;股份有限公司股份的转让既可以通过协议转让,也可以通过公开证券市场(如股票交易所)转让。由于有限责任公司具有一定程度的人合因素,其出资的转让受到一定的限制,如将出资转让给股东以外的第三人,其他股东享有优先购买权。股份有限公司股东转让其股份时,法律没有赋予其他股东优先购买权,但公司章程对股份转让有限制的,其转让按照公司章程的规定进行。公众型公司的股份配合在公开交易市场完成,其股份转让自由程度相当高。

以上只是就有限责任公司与股份有限公司主要方面的区别进行的列举,难以穷尽其细节,在研习公司法时,应注意两种形态公司的具体规定的差异,不要以此为限。

(二)关于国家出资公司组织机构的特别规定

1. 国家出资公司组织机构概述

我国《公司法》第七章规定了一种特殊形态的公司,即国家出资公司。根据《公司法》第168条第2款的规定,所谓国家出资公司,是指国家出资的国有独资公司、国有资本控股公司,包括国家出资的有限责任公司、股份有限公司。虽然国家出资公司采取了公司形式,但它显然又不同于普通的有限责任与股份有限公司。这种区别主要表现为投资主体的特殊性。国有独资公司不是由普通的自然人或法人来发起设立的,也不是由普通的国有企业投资设立的,而是由国家单独出资成立的公司。国有资本控股公司虽然不是国家独资设立的,但国有资本却占有控股地位,国家在控股公司中占有主导地位。国家出资公司主要是指生产特殊产品或者属于特定行业的公司,如军工、国防工业、国家垄断行业以及国家基础建设等。

2. 国家出资公司的法律适用

《公司法》第168条第1款规定,国家出资公司的组织机构,适用本章规定;本章没有规定的,适用本法其他规定。

3. 国家出资公司出资人及其职责

《公司法》第169条规定,国家出资公司,由国务院或者地方人民政府分别代表国家依法履行出资人职责,享有出资人权益。国务院或者地方人民政府可以授权国有资产监督管理机构或者其他部门、机构代表本级人民政府对国家出资公司履行出资人职责。代表本级人民政府履行出资人职责的机构、部门,以下统称为履行出资人职责的机构。

4. 党组织的地位

根据《公司法》第170条的规定,国家出资公司中中国共产党的组织,按照中国共产党章程的规定发挥领导作用,研究讨论公司重大经营管理事项,支持公司的组织机构依法行使职权。

5. 国有独资公司公司章程

《公司法》第171条规定,国有独资公司章程由履行出资人职责的机构制定。

6. 国有独资公司重大事项的决定

《公司法》第172条规定,国有独资公司不设股东会,由履行出资人职责的机构行使股东会职权。履行出资人职责的机构可以授权公司董事会行使股东会的部分职权,但公司章程的制定和修改,公司的合并、分立、解散、申请破产,增加或者减少注册资本,分配利润,应当由履行出资人职责的机构决定。

7. 国有独资公司董事会

《公司法》第173条规定,国有独资公司的董事会依照本法规定行使职权。国有独资公司的董事会成员中,应当过半数为外部董事,并应当有公司职工代表。董事会成员由履行出资人职责的机构委派;但是,董事会成员中的职工代表由公司职工代表大会选举产生。董事会设董事长一人,可以设副董事长。董事长、副董事长由履行出资人职责的机构从董事会成员中指定。

8. 国有独资公司经理

《公司法》第 174 条规定，国有独资公司的经理由董事会聘任或者解聘。经履行出资人职责的机构同意，董事会成员可以兼任经理。

9. 董事、高级管理人员竞业禁止

《公司法》第 175 条规定，国有独资公司的董事、高级管理人员，未经履行出资人职责的机构同意，不得在其他有限责任公司、股份有限公司或者其他经济组织兼职。

10. 审计委员会

《公司法》第 176 条规定，国有独资公司在董事会中设置由董事组成的审计委员会行使本法规定的监事会职权的，不设监事会或者监事。

11. 国家出资公司合规管理

《公司法》第 177 条规定，国家出资公司应当依法建立健全内部监督管理和风险控制制度，加强内部合规管理。

第二章 公司设立

第一节 公司设立概述

一、公司设立的概念

公司设立是指为组织公司并取得公司法人资格而完成的一系列法律行为的总称。由此可见，公司设立行为是由公司成立前的一系列准备工作所构成。这些准备行为主要包括：发起人订立发起协议；制订章程；决定公司种类、名称、经营范围、资本总额、出资方式；认缴股款；选择公司所在地；选举公司机关成员；申请公司设立登记；以及其他筹办事项等。公司的设立因公司的种类及设立方式的不同而有所差异。相对来说，有限责任公司的设立要简单一些，股份有限公司的设立则要复杂一些。譬如，以募集方式设立股份有限公司时，应当公告招股说明书并制作认股书；订立承销协议；召开成立大会等。相比较而言，设立有限责任公司则不需要这些繁杂的手续。

设立公司行为是一种创设公司并取得法人资格的法律行为。这种行为是发起人以组建公司为目的的共同行为，是在同一目的之下的以若干人的意思共同一致的行为。由此可见，设立行为的基础是多数人一致的意思表示，其行为的效果是行为人取得同质的股东权，因而属于法律上的共同行为，实质上是一种合伙协议。[1]

二、公司的设立条件

公司的设立条件因公司的性质不同而有所不同。公司法分别对有限责任公司和股份有限公司的设立条件进行了规定。

（一）设立人数

传统公司法认为公司是社团法人，因而要求公司股东必须是复数。当然，如前所述，这一传

---

〔1〕 实际上，设立行为并不都是民事法律行为，如申请公司设立登记、申请股份发行等均属行政法上的行为。但设立行为的核心部分或主要内容是民事法律行为。关于这种行为的性质，学理上尚有不同的认识。归纳起来，主要有以下三种观点：一是认为公司的设立是股东以组织公司为目的的单独行为；二是认为设立公司是一种契约行为；三是认为公司的设立是发起人的共同行为。单独行为说认为，设立行为是每一个行为人各自的单独行为，围绕取得公司法人资格这一共同目标而发生竞合。单独行为导致每一个行为人的单独责任，单独行为围绕共同目的导致单一责任的连带，所以，每一个设立人就设立行为发生的债务负全部给付责任。契约行为说认为，发起人协议、公司章程都是以当事人的合意为基础，并对当事人发生拘束力，因而属于契约行为。而共同行为说与契约行为说的区别在于：共同行为人之间的关系是"平行融合型"，彼此之间不存在互相给付义务，行为后果是达到共同一致的目的；而契约当事人之间的关系则是"交错统一型"，双方各负对待给付义务，一方之所得即为对方之所失，反之亦然，行为后果是双方各有得失。参见江平主编：《新编公司法教程》，法律出版社1994年版，第79页。

统认识也在发生变化,这一定律已经被突破。现在,很多国家法律已经承认一人公司。我国公司法就已经承认了一人有限责任公司和一人股份有限公司。《公司法》第 42 条规定,有限责任公司由 1 个以上 50 个以下股东出资设立。此处,“50 个”既指公司的发起人,又指公司的股东。有限责任公司的发起人的最高上限与股东人数是相同的。至于实际筹备设立公司的发起人的确定则要根据具体情况确定。《公司法》第 92 条规定,设立股份有限公司,应当有 1 人以上 200 人以下为发起人。此处“200 人”指的是对公司发起人的最高人数限额,而非对设立后的股份有限公司股东人数的限制,尤其对上市公司来说,公众股东人数众多,不可能进行人数限制。应该注意的是,我国公司法要求股份有限公司的发起人须有过半数的发起人在中国境内有住所。

（二）注册资本

公司成立后即将开展公司的经营活动,而经营活动的开展又需要一定的资金支持,同时,公司是法人,具备一定的资金是法人人格的物质基础。因此,公司设立时需要一定的资金准备,因这种资金准备需要在公司设立登记时在登记机关登记,故而称为注册资本。

《公司法》第 47 条规定,有限责任公司的注册资本为在公司登记机关登记的全体股东认缴的出资额。全体股东认缴的出资额由股东按照公司章程的规定自公司成立之日起 5 年内缴足。根据这一规定,公司的注册资本数额由公司股东自行决定,法律没有要求最低资本门槛,即公司全体股东自行认缴的出资额。同时,这一规定也没有要求公司股东认缴的出资额的缴纳期限。也就是说,股东认缴的出资额以及该出资额的缴纳期限均由公司自行决定并记载在公司章程中。需要注意的是,尽管股东的出资缴纳期限由股东自己决定,但为了避免恶意拖延缴纳期限,法律明确规定了股东出资缴纳的最长期限,即全体股东认缴的出资额由股东按照公司章程的规定自公司成立之日起 5 年内缴足。

上述规定针对的是普通有限责任公司。但法律、行政法规以及国务院决定对有限责任公司注册资本实缴、注册资本最低限额、股东出资期限另有规定的,从其规定。

《公司法》第 96 条规定,股份有限公司的注册资本为在公司登记机关登记的已发行股份的股本总额。在发起人认购的股份缴足前,不得向他人募集股份。同样,法律没有对股份有限公司的注册资本设定限额,但不同的是,根据《公司法》第 98 条的规定,发起人应当在公司成立前按照其认购的股份全额缴纳股款,即所谓的实缴制,与有限责任公司的资本缴纳不同。由于股份有限公司可以采取发起设立和募集设立两种方式,相应地,法律要求在发起人认购的股份缴足前,不得向他人募集股份。

尽管公司法对股份有限公司的注册资本没有设定最低限额要求,但法律、行政法规以及国务院决定对股份有限公司注册资本最低限额另有规定的,从其规定。

（三）公司章程

《公司法》第 45 条规定,设立有限责任公司,应当由股东共同制定公司章程。法律之所以如此要求,一方面,是因为公司章程实际上是股东之间的协议,当然应当由股东制定;另一方面,在有限责任公司,股东共同制定章程具有可行性,因为有限责任公司的股东人数是有限的。当然,实际的情况并不一定是股东亲自制作章程,而往往是由他人(如律师)起草,由股东签章。

《公司法》第 94 条规定,设立股份有限公司,应当由发起人共同制定公司章程。如果股份有限公司采取募集设立,事实上,公众认股人是无法亲自签署公司章程的。因此,法律要求,在股份有限公司,如果是采用发起设立方式,只要由发起人制定并通过公司章程即可;但如果是采取募集设立方式,则须由发起人制定章程,并经过成立大会通过。

（四）组织机构

任何公司都必须建立组织机构，组织机构是公司的必设机构，组织机构的建立必须符合法律的要求。根据我国公司法的规定，原则上，公司应当设立股东会、董事会和监事会。但同时法律也规定，在公司规模较小或者股东人数较少的情况下，也可以不设立董事会或者监事会，而只需要设立一名董事或者一名监事，有限责任公司甚至可以不设监事。此外，由于我国公司法均承认了一人有限责任公司和一人股份有限公司，自然在这些公司中，也就没有股东会。

（五）公司名称

公司名称是公司在其营业活动中所使用的名称，它是公司在为法律行为时用以表彰自己营业的名称。公司在其营业活动中需要使自己区别于其他商人，尤其是当一个企业在经营活动中已经树立了良好的商誉时就更加需要一个能够区别于其他商人的名称，以增强社会公众的识别力。《公司法》第6条规定，公司应当有自己的名称。公司名称应当符合国家有关规定。公司的名称权受法律保护。

根据大多数法律的规定，公司名称必须包含标明公司性质的文字，如 corporation，incorporation，Inc. Co. 或者类似文字。《公司法》第7条规定，依照本法设立的有限责任公司，必须在公司名称中标明有限责任公司或者有限公司字样。依照本法设立的股份有限公司，必须在公司名称中标明股份有限公司或者股份公司字样。

公司名称应当具有独特性，不得与已经使用或者已经注册的名称“相同或者具有欺骗性的相似”（same or deceptively similar），同时公司名称不得含有公司不得从事的非法业务的内容。

（六）有公司住所

与自然人一样，公司亦有住所。公司住所的法律意义在于：

第一，据以确认诉讼管辖及司法文书的送达。公司是一种经济组织体，具有权利能力和行为能力，因此，公司自然免不了因与他人发生交易而产生经济纠纷。公司在经济纠纷中，既可能是原告，也可能是被告。无论作为原告还是被告，均涉及纠纷的管辖地问题。而公司的住所则是确认管辖地的重要标准之一。同时，公司住所也是确认司法文书送达地的标准。

第二，据以确认登记、税收及其他管理关系。在工商行政管理关系、税收征管关系以及其他主管关系中，均以公司住所地为标准确定。

第三，据以确认合同的履行地。譬如，在合同关系中，如果履行地不明确，则应在住所地履行。

第四，据以确认准据法。在涉外民事关系中，公司的住所是确认适用何种法律的重要依据之一。

如何确定公司的住所呢？我国《民法典》第63条和《公司法》第8条均采取的是以公司的“主要办事机构所在地”为其住所。

三、公司的设立方式

设立公司的方式有发起设立和募集设立两种。这一区分方式针对的是股份有限公司，有限责任公司仅由股东发起设立。《公司法》第91条规定，设立股份有限公司，可以采取发起设立或者募集设立的方式。

发起设立，是指由发起人认购设立公司时应发行股份的部分而设立公司的一种设立方式，又称为共同设立或者单纯设立。实际上，发起设立适合于任何公司的设立，包括有限责任公司和股份有限公司在内。只不过有限责任公司是由股东发起设立的。

募集设立，是指由发起人认购设立公司时应发行股份的部分，其余股份向特定对象募集或者向社会公开募集而设立公司的一种设立方式，又称为渐次设立或者复杂设立。募集设立只适用于股份有限公司。

《公司法》第97条规定，以发起设立方式设立股份有限公司的，发起人应当认足公司章程规定的公司设立时应发行的股份。以募集设立方式设立股份有限公司的，发起人认购的股份不得少于公司章程规定的公司设立时应发行股份总数的35%；但是，法律、行政法规另有规定的，从其规定。同时，《公司法》第96条规定，在发起人认购的股份缴足前，不得向他人募集股份。

四、公司的设立程序

公司的设立活动是一项非常复杂而技巧的活动，往往需要具有专业知识的人，如律师、会计师，予以配合和帮助，如需要聘请律师起草各种法律文件等。一般来说，发起人筹办公司的活动包括组建公司、制订章程、办理登记等事项。根据我国公司法的相关规定，设立公司需要经过如下程序并满足相关的法定要求。

（一）订立发起人协议

发起人协议是由发起人订立的确定各发起人之间有关设立公司的权利与义务的书面协议。在有限责任公司，由将来股东直接充任发起人订立协议；在股份有限公司，则由发起人订立协议。

（二）订立公司章程

有限责任公司的章程由全体股东共同订立并签名、盖章。股份有限公司章程由发起人制定并经成立大会审议通过。

（三）必要的行政审批

设立普通商事公司不需要办理行政审批手续。但《公司法》第29条第2款针对特殊公司规定，法律、行政法规规定设立公司必须报经批准的，应当在公司登记前依法办理批准手续。

（四）认缴资本

在有限责任公司，股东应当按期足额缴纳公司章程中规定的各自所认缴的出资额。但最长不得超过公司成立之日起5年。股份有限公司的发起人应当在公司成立前按照认购的股份全额缴纳股款。股东以货币出资的，应当将货币出资足额存入有限责任公司在银行开设的账户；以非货币财产出资的，应当依法办理其财产权的转移手续。

以募集设立方式设立股份有限公司的，发起人认购的股份不得少于公司章程规定的公司设立时应发行股份总数的35%；但是，法律、行政法规另有规定的，从其规定。发起人向社会公开募集股份，必须公告招股说明书，并制作认股书。同时，发起人应当与依法设立的证券经营机构签订承销协议，与银行签订代收股款协议。发行股份的股款缴足后，必须经法定的验资机构验资并出具证明。

（五）确立公司组织机构

有限责任公司和以发起方式设立的股份有限公司的组织机构由发起人确立。以募集方式设立的股份有限公司则通过成立大会确立。根据《公司法》第103条的规定，募集设立股份有限公司的发起人应当自公司设立时应发行股份的股款缴足之日起30日内召开公司成立大会。发起人应当在成立大会召开15日前将会议日期通知各认股人或者予以公告。成立大会应有持有表决权过半数的认股人出席,方可举行。以发起设立方式设立股份有限公司成立大会的召开和表决程序由公司章程或者发起人协议规定。

根据《公司法》第 104 条的规定,公司成立大会行使的职权包括:(1)审议发起人关于公司筹办情况的报告;(2)通过公司章程;(3)选举董事、监事;(4)对公司的设立费用进行审核;(5)对发起人非货币财产出资的作价进行审核;(6)发生不可抗力或者经营条件发生重大变化直接影响公司设立的,可以作出不设立公司的决议。成立大会对上述事项作出决议,必须经出席会议的认股人所持表决权的过半数通过。

五、公司登记

(一)设立登记

1. 申请登记。公司经过筹备设立,尚需申请设立登记,经公司登记机关登记后,公司成立并取得法人资格。也就意味着,公司可以合法开展正常经营活动。《公司法》第 29 条规定,设立公司,应当依法向公司登记机关申请设立登记。如果设立公司是为了从事特殊行业或领域,则需要获得许可准入,因而,公司法进而要求,法律、行政法规规定设立公司必须报经批准的,应当在公司登记前依法办理批准手续。

2. 申请材料的提交与审查。申请设立公司,应当提交相关申请登记材料。根据《公司法》第 30 条的规定,应当提交设立登记申请书、公司章程等文件,提交的相关材料应当真实、合法和有效。申请材料不齐全或者不符合法定形式的,公司登记机关应当一次性告知需要补正的材料。同时,《公司法》第 31 条规定,申请设立公司,符合本法规定的设立条件的,由公司登记机关分别登记为有限责任公司或者股份有限公司;不符合本法规定的设立条件的,不得登记为有限责任公司或者股份有限公司。

3. 登记事项。《公司法》第 32 条规定,公司登记事项包括:(1)名称;(2)住所;(3)注册资本;(4)经营范围;(5)法定代表人的姓名;(6)有限责任公司股东、股份有限公司发起人的姓名或者名称。公司登记机关应当将前款规定的公司登记事项通过国家企业信用信息公示系统向社会公示。

4. 营业执照。《公司法》第 33 条规定,依法设立的公司,由公司登记机关发给公司营业执照。公司营业执照签发日期为公司成立日期。公司营业执照应当载明公司的名称、住所、注册资本、经营范围、法定代表人姓名等事项。公司登记机关可以发给电子营业执照。电子营业执照与纸质营业执照具有同等法律效力。

(二)变更登记

1. 变更登记的效力。公司设立登记后,在公司进行正常经营过程,必然会出现一些变化,因此,《公司法》第 34 条规定,公司登记事项发生变更的,应当依法办理变更登记。如果公司登记事项未经登记或者未经变更登记,不得对抗善意相对人。譬如,公司的法定代表人更换了,公司应当及时在登记机关变更登记。如果没有及时进行变更登记,第三人又不知道此种变更而依然与变更前的法定代表人发生交易,公司不得以法定代表人已经变更而否认该交易。

2. 变更登记事项。《公司法》第 35 条规定,公司申请变更登记,应当向公司登记机关提交公司法定代表人签署的变更登记申请书、依法作出的变更决议或者决定等文件。公司变更登记事项涉及修改公司章程的,应当提交修改后的公司章程。公司变更法定代表人的,变更登记申请书由变更后的法定代表人签署。

3. 换发营业执照。《公司法》第36条规定，公司营业执照记载的事项发生变更的，公司办理变更登记后，由公司登记机关换发营业执照。

（三）注销登记

公司如因特定事由发生而消灭，同样需要进行注销登记。《公司法》第37条规定，公司因解散、被宣告破产或者其他法定事由需要终止的，应当依法向公司登记机关申请注销登记，由公司登记机关公告公司终止。

（四）分公司

公司因业务扩展可能需要设立分支机构。对此，《公司法》第38条规定，公司设立分公司，应当向公司登记机关申请登记，领取营业执照。

（五）行政撤销

如果公司的设立登记是以欺诈的方式取得的，该种登记显然属于违法，应予撤销。《公司法》第39条规定，虚报注册资本、提交虚假材料或者采取其他欺诈手段隐瞒重要事实取得公司设立登记的，公司登记机关应当依照法律、行政法规的规定予以撤销。应注意的是，撤销登记，公司应当及时清算，被撤销公司经清算后进行注销登记发生终止。

（六）信息公示

《公司法》第40条规定，公司应当按照规定通过国家企业信用信息公示系统公示下列事项：(1)有限责任公司股东认缴和实缴的出资额、出资方式和出资日期，股份有限公司发起人认购的股份数；(2)有限责任公司股东、股份有限公司发起人的股权、股份变更信息；(3)行政许可取得、变更、注销等信息；(4)法律、行政法规规定的其他信息。公司应当确保前款公示信息真实、准确、完整。

（七）公司登记的便捷化

《公司法》第41条规定，公司登记机关应当优化公司登记办理流程，提高公司登记效率，加强信息化建设，推行网上办理等便捷方式，提升公司登记便利化水平。国务院市场监督管理部门根据本法和有关法律、行政法规的规定，制定公司登记注册的具体办法。

六、设立公司的法律政策

设立公司的法律政策随着公司的发展而不断演变。从公司立法史来看，它经历了一个从自由主义到特许主义，进而到核准主义，最后到准则主义这样一个历史进程。

所谓自由主义，是指公司的设立完全听凭当事人的意愿，法律不加干涉。这是在公司制度萌芽时期各国政府普遍采取的一种立法原则，它盛行于欧洲中世纪自由贸易时代。

所谓特许主义，是指必须依照国家元首的命令或者国家特别法律的规定而设立的公司，如英国1600年设立的东印度公司。这种公司盛行于17—19世纪。

所谓核准主义，是指公司的设立除须具备法律规定的条件外，还须经过政府主管部门的核准才能成立。这种制度创立于法国路易十四时代，首见于法国的商事条例。

所谓准则主义，是指法律预先订立公司设立的条件，公司的设立只要符合这些条件即可取得法人资格，英国1862年公司法首先采用了这种制度。现代各国对设立公司普遍采取的就是这种制度，最为典型的莫过于美国。在美国，根据大多数州公司法的规定，设立公司时，只需要设立人向州务卿(secretary of state)递交经设立人签署的公司章程而获得州务卿的受理，即可设立公司。

州务卿无须对设立公司进行实质性审查,而只要从形式上审查所递交的公司章程是否按照要求的内容进行了正确的填写。其设立公司的手续相当简单,所填写的内容也不复杂。

我国《公司法》第29条规定,设立公司,应当依法向公司登记机关申请设立登记。《公司法》第31条规定,申请设立公司,符合本法规定的设立条件的,由公司登记机关分别登记为有限责任公司或者股份有限公司;不符合本法规定的设立条件的,不得登记为有限责任公司或者股份有限公司。法律、行政法规规定设立公司必须报经批准的,应当在公司登记前依法办理批准手续。由此来看,我国公司法原则上采取的是准则主义,例外采取核准主义。

设立公司的法律政策的演变过程同时也是公司法的现代化和自由化的发展过程。不同的国家,由于法律传统不同,存在对设立公司的不同态度;即使是同一国家,在不同的历史阶段,也会采取不同的设立政策。我国公司法采用的这种准则主义与核准主义相结合的原则是有其积极意义的,它既反映了现代公司法在立法政策上的自由化趋势,同时又考虑到了对一些特殊行业施以管制的必要性。

第二节　发　起　人

一、发起人概述

(一)发起人的概念

在不同的国家,发起人制度有着较大的差异。譬如,在美国,其发起人制度存在设立人(incorporator)和创办人(promoter)之区别。美国法上所谓的设立人,是指在公司章程上签名的人;所谓创办人,是指协助设立公司的人。创办人通常都是精明而有见识的人。

在我国,负责筹办组建公司的人统称为发起人,是指为设立公司而签署公司章程,向公司认缴出资或者认购股份并履行公司设立责任的人,应当认定为公司的发起人,包括有限责任公司的股东。[2] 公司的设立必须要有人发起筹办。有限责任公司的发起事宜直接由将来股东承办;股份有限公司因其所涉人数众多,因而,法律往往对发起人予以特别规定。当然,如前所述,律师、会计师等专业人士和机构的协助同样发挥着重要作用。

(二)发起人资格

发起人资格可以从积极和消极两方面来看。从积极方面来看,现代法律对发起人资格的要求也在变化。如美国历史上曾要求3个自然人作为设立人,并要求设立人在州内有住所。而现代法律规定,公司章程由一名或者数名设立人签署均无不可,并取消了对自然人设立人的住所要求。在一些州,或者是制定法,或者是判例法,已经废除了宣誓、公证和密封。就我国法律而言,自然人或法人均可以成为发起人。我国《公司法》第42条规定,有限责任公司由1个以上50个以下股东出资设立。《公司法》第92条规定,设立股份有限公司,应当有1人以上200人以下为发起人,其中应当有半数以上的发起人在中国境内有住所。

从消极方面来看,凡是受法律禁止的人和受竞业禁止的人均不得作为发起人。前者如党政

---

〔2〕 参见《〈公司法〉司法解释三》第1条。

机关、国家公务员;后者如公司董事、高级管理人员、合伙人等。

二、发起人的权利、义务与责任

根据《公司法》第 43 条的规定,有限责任公司设立时的股东可以签订设立协议,明确各自在公司设立过程中的权利和义务。《公司法》第 93 条规定,股份有限公司发起人承担公司筹办事务。发起人应当签订发起人协议,明确各自在公司设立过程中的权利和义务。

(一)发起人的权利

就发起人与设立中公司的关系而言,发起人属于设立中公司的代表机关和执行机关。由于设立中公司尚无法律上的人格,因而必须由发起人代表设立中公司为法律行为,进行公司筹办事务,该种行为的后果待公司成立后由公司承继。

发起人基于其发起人地位享有一系列权利。发起人的权利主要有:(1)报酬请求权,即发起人针对自己的设立行为所付出的劳动请求给予报酬的权利。(2)特别利益请求权,如取得盈余分配方面的优先股权、优先认股权、公司终止时优先分配剩余财产权等。(3)非货币出资的权利。发起人可以货币出资,也可以非货币出资,如实物、知识产权、土地使用权、股权、债权等作价出资,但基于公开发行股份而购买股份的认购人只能以现金作为获取公司股份的对价。(4)选举和被选举为第一届公司机关成员的权利。实务中,第一届公司机关成员大多由发起人担任。(5)由发起人协议规定的其他权利。

(二)发起人的义务与责任

发起人的主要职责就是发起设立公司。在发起人发起设立公司的过程中,发起人可能面临着承担一系列义务和责任。这种责任因其发起行为的不同效果和不同阶段而有所不同。

1. 发起人的出资义务与责任。我国法律明确规定,发起人负有出资义务。《公司法》第 49 条规定,股东应当按期足额缴纳公司章程规定的各自所认缴的出资额。《公司法》第 98 条规定,发起人应当在公司成立前按照其认购的股份全额缴纳股款。二者均要求股东或者发起人负有出资义务,但应注意的是,二者出资缴纳期限不同。有限责任公司股东认缴的出资有一定的期限宽容,但最长不得超过 5 年;股份有限公司的出资缴纳须在公司成立时即应缴纳全额股款。发起人没有履行出资义务或者履行出资义务存在瑕疵,必然导致发起人承担相应的责任。发起人的这种责任可能包括违约责任、补缴责任、差额填补责任、连带责任等。关于这一点,我们将在接下来的第三章中详细讨论。

2. 公司不能成立的义务和责任。第一,发起人之间是一种合伙关系。就发起人行为法律后果而言,如果公司成立,由发起人取得的权利和利益或者所发生的一切债务或者义务可能由公司承继。《公司法》第 44 条第 1 款规定,有限责任公司设立时的股东为设立公司从事的民事活动,其法律后果由公司承受。根据《公司法》第 107 条的规定,上述规定同样适用于股份有限公司。当然,这需要经过公司审查并获得公司认可。公司虽然成立,也可能对设立过程中所发生的债务和费用不予认可,于此情形,由发起人自行负担,承担连带责任。如果公司不能成立,任何由发起人取得的权利和利益或者所发生的债务或者义务均应由发起人共同享有或者承担。公司不能成立时,发起人对设立行为所产生的债务和费用承担连带责任。《公司法》第 44 条第 2 款规定,公司未成立的,其法律后果由公司设立时的股东承受;设立时的股东为 2 人以上的,享有连带债权,承担连带债务。《公司法》第 107 条规定,上述规定同样适用于股份有限公司。第二,公司不能成立时,对认股人已缴纳的股款,发起人负返还股款并加算银行同期存款利息的连带责任。《公司法》第105条第1款规定,公司设立时应发行的股份未募足,或者发行股份的股款缴足后,发起人在30日内未召开成立大会的,认股人可以按照所缴股款并加算银行同期存款利息,要求发起人返还。公司不能成立,原因可能各种各样:可能是因为股份发行失败,未能筹集到所需资金;也可能是市场发生变化,导致设立该公司不再具有意义;还可能是因为设立公司程序发生问题,等等。无论何种原因,发起人均应承担股款返还责任。

3. 发起人为设立公司以自己名义从事的民事行为的责任追究,第三人有选择权。《公司法》第44条第3款规定,设立时的股东为设立公司以自己的名义从事民事活动产生的民事责任,第三人有权选择请求公司或者公司设立时的股东承担。

4. 发起人的赔偿责任。在公司设立过程中,由于发起人的过失致使公司利益受到损害的,发起人应当对公司承担赔偿责任。在公司成立后,公司有权取得发起人为设立公司取得的权利或者利益,发起人有义务将该权利或者利益转移给公司。这是因为发起人的发起行为就是为了设立公司。因此,发起人在发起设立公司的过程中,不得利用职权牟取私利,不得有欺骗或玩忽职守的行为。如果发起人在其发起设立过程中谋取了个人私利,其所取得的权利或者利益应当归属于公司。如果因为发起人的过失致使将来公司遭受损失,在公司成立后,发起人应当对公司承担赔偿责任。《公司法》第44条第4款规定,设立时的股东因履行公司设立职责造成他人损害的,公司或者无过错的股东承担赔偿责任后,可以向有过错的股东追偿。根据《公司法》第107条的规定,股份有限公司同样适用上述规定。

5. 发起人不得抽回出资。《公司法》第53条规定,公司成立后,股东不得抽逃出资。违反前款规定的,股东应当返还抽逃的出资;给公司造成损失的,负有责任的董事、监事、高级管理人员应当与该股东承担连带赔偿责任。根据《公司法》第107条的规定,《公司法》第53条规定同样适用股份有限公司。此外,《公司法》第105条第2款规定,发起人、认股人缴纳股款或者交付非货币财产出资后,除未按期募足股份、发起人未按期召开成立大会或者成立大会决议不设立公司的情形外,不得抽回股本。

第三节　公司章程、目的与权力

一、公司章程

(一)公司章程的概念与效力

公司章程(articles of association/articles of incorporation)是关于公司组织和公司行为的基本规则的书面文件,是对公司内部事务具有法律效力的自治性规范,可以将其视为公司与其成员之间的合同,或者作为公司治理的内部规则。

《公司法》第5条规定,设立公司应当依法制定公司章程。公司章程对公司、股东、董事、监事、高级管理人员具有拘束力。由此可见:

其一,公司章程应当依法制定。根据我国公司法的规定,在有限责任公司,由股东共同制定章程,股东应在公司章程上签名、盖章。在股份有限公司,由发起人制订公司章程,采用募集方式设立的,应经创立大会通过。

其二，公司章程一经发生效力，即对公司、股东、董事、监事、高级管理人员具有拘束力，公司、股东、董事、监事、高级管理人员必须遵守。

（二）章程的记载事项

公司章程的记载事项可分为强制记载事项（mandatory requirements）和任意记载事项（discretionary provisions）。强制记载事项是必须记载的事项，非经记载，章程不发生效力；任意记载事项，既可以记载，也可以不记载，但一经记载，即发生效力。

1. 强制记载事项

《公司法》第46条规定，有限责任公司章程应当载明下列事项并应由股东在公司章程上签名、盖章：（1）公司名称和住所；（2）公司经营范围；（3）公司注册资本；（4）股东的姓名或者名称；（5）股东的出资额、出资方式和出资时间；（6）公司的机构及其产生办法、职权、议事规则；（7）公司法定代表人的产生、变更方法；（8）股东会认为需要规定的其他事项。

《公司法》第95条规定，股份有限公司章程应当载明下列事项：（1）公司名称和住所；（2）公司经营范围；（3）公司设立方式；（4）注册资本、已发行的股份数和设立时发行的股份数，面额股的每股金额；（5）发行类别股的，每一类别股的股份数及其权利和义务；（6）发起人的姓名或者名称、认购的股份数、出资方式；（7）董事会的组成、职权和议事规则；（8）公司法定代表人的产生、变更方法；（9）监事会的组成、职权和议事规则；（10）公司利润分配办法；（11）公司的解散事由与清算办法；（12）公司的通知和公告办法；（13）股东会认为需要规定的其他事项。

现代公司法对公司章程的强制性要求已经呈现一种简化的倾向。如美国旧式公司法大都要求公司章程必须记载如下最低限度的信息：公司名称、期限、目的、权力、证券、公司注册所在地的名称和地址、初选董事的姓名和地址、设立人的姓名或者名称及其地址。经验表明，几乎所有公司都选择"永久性期限"（perpetual duration）和"任何合法性目的"（any lawful business）。结果是MBCA省略了这两个条款，代之以规定，任何公司都能从事任何合法的营业除非章程对其目的另有规定；任何公司都将永久存在除非章程选择了一定的期限。[3] 同时，MBCA将初选董事（initial directors）列入任意记载事项。公司章程无须记载公司权力，因为公司法已经列举了公司的权力，这种权力范围非常广泛。其结果是，在今天的美国，许多州对公司章程所要求提供的信息已经非常简单，只需要一张明信片就可以了。

2. 任意记载事项

任意记载事项，是指由股东自己来决定是否需要记载的事项。公司可以在其章程中规定任何其他条款，只要这些条款不与法律相冲突。根据我国公司法的规定，无论有限责任公司还是股份有限公司，均可以规定由股东认为需要规定的其他事项。

二、公司目的

（一）公司目的概述

公司目的（corporate purposes）实际上指的是设立公司意欲从事的事业，因其需要记载于公司章程之内，所以又称为目的条款（purpose clauses）。公司目的是公司权利能力的具体体现。在我国，称之为公司的经营范围。

《公司法》第9条规定，公司的经营范围由公司章程规定。公司可以修改公司章程，变更经

---

〔3〕 MBCA § 3.02.

营范围。公司的经营范围中属于法律、行政法规规定须经批准的项目，应当依法经过批准。这一规定包含了这样几层意思：(1)公司的经营范围由股东通过公司章程确定。(2)公司如果需要变更其经营范围，则必须修改公司章程。(3)公司的经营范围中属于法律、行政法规规定须经批准的项目，应当依法经过批准。公司的经营范围属于公司章程记载的事项，公司经营范围的变更必然引起公司章程的变更。公司章程属于登记事项，相应地，公司章程的修改须向登记机关申请变更登记。

(二)现代法律对公司目的条款的态度

目的条款的性质经历了很长时间的演变，反映了人们对公司信任状态的变化。与今天比较起来，目的条款在历史上的意义要重要得多。立法对公司目的范围的法律政策经历了从一个放任主义到限制主义再到自由主义的循环过程。对公司目的范围进行限制起源于英国普通法，并为其他国家所继受。但随着经济的发展，此项制度现在几乎已被完全废弃。

从上述我国法律的规定来看，表明我国公司法尚未放弃对公司经营范围的管制。立法上对公司经营范围采取限制性政策可能带来诸多问题，其中，最为重要的问题在于它限制了公司可能需要因应市场的变化而及时调整其经营范围的灵活性。尽管法律允许公司经过修正公司章程程序变更公司经营范围，但这一程序的履行却附带着较大的时间成本，使公司无法灵活应对市场变化而对自己的经营范围进行及时调整。同时，对经营范围的限制在法律上也会产生不利于交易安全的负面作用。有鉴于此，现代法律大多已经完全放弃了对经营范围的直接限制，并已经成为一种趋势。事实上，除了特殊性质的公司或者公司自愿设定限制外，对于普通商事公司，法律确实也没有必要强行限制其经营范围。由此可见，我国在立法政策上对于公司的经营范围的态度仍然较为保守。

三、公司权力

(一)公司权力概述

公司权力(powers)同样是公司权利能力的具体体现。历史上，各国法律均在不同程度上对公司的权力予以限制。譬如，限制公司转投资的能力，限制公司的担保能力，限制公司的贷款能力，限制公司的捐赠能力，不允许公司成为合伙人等。而现代法律则普遍赋予公司广泛的权力，承认公司“享有与自然人相同的从事一切必需或者必要的活动以执行其营业或者事务的权力”。同时，现代公司法对公司权力予以列举。[4] 所以，一般情况下，公司没有必要在公司章程中再对这些权力进行重复规定。我国现行公司法虽然没有专门对公司权力作出一般性规定，但实际上我国公司法却也承认公司具有广泛的权力。同时，公司法对特定的公司权力也设定了相当的限制。下面仅对公司的几种特殊的权力进行讨论。

(二)转投资

所谓转投资，是指公司按照法律的规定投资于其他公司的法律行为，通常是一公司取得其他公司的股份所有权，而不包括债权投资，但可转换公司债一经转换，亦构成转投资。

---

〔4〕 例如，MBCA § 3.01 所列举的公司的权力包括：起诉和应诉，保有公司印章，购买、接受、出借、出售、投资、转让动产或不动产；订立合同、借入或贷出金钱，对第三人负债提供担保，在州内或者州外从事经营，选举或者任命经理或者代理人，确定其职责，提供养老金、利润分享、股票期权计划，公益、科学或者教育投资或者捐赠，成为合伙或者其他企业的管理者；制定、修改公司细则以对公司内部事务进行管理和规范，对以公司名义从事活动所发生的责任的董事进行补偿或者提供责任保险。

转投资的形式既可以表现为单向转投资,也可以表现为双向转投资,或称为相互投资或交叉持股(reciprocal investment or cross-holding)。单向转投资是指由一公司向他公司投资的单向行为;双向转投资则是指两个公司相互向他公司投资或者相互取得和持有对方公司股份的双向行为。

我国《公司法》第 14 条规定,公司可以向其他企业投资。法律规定不得成为对所投资企业的债务承担连带责任的出资人的,从其规定。这一规定包含了如下两方面的含义:

第一,值得肯定的是,公司法承认公司可以向其他企业投资,包括向有限责任公司、股份有限公司或者其他性质的企业投资。实际上,转投资是公司的固有权力,法律对转投资本身没有必要限制。转投资是公司权力的重要体现,它对于活跃资本市场和促进企业规模经营有着积极的意义,尤其是它已成为企业间相互联合的一种特别重要的手段和工具。

第二,公司法对转投资也设定了限制,即法律规定不得成为对所投资企业的债务承担连带责任的出资人除外。这一限制无非在于限制公司成为合伙人。很显然,法律设置这种限制的目的是减轻公司的投资风险和可能发生的公司债务负担。但是,公司并不是绝对不能成为企业合伙人。根据我国《合伙企业法》第 3 条的规定,国有独资公司、国有企业、上市公司以及公益性的事业单位、社会团体不得成为普通合伙人。有该条规定可知,只有国有独资公司、上市公司不能成为普通合伙人,并未限制其他普通商事公司成为合伙人,包括普通合伙人和有限合伙人。即便是独资公司、上市公司也仍然可以成为有限合伙人。

公司的转投资应当遵守一定的程序规则,《公司法》第 15 条规定,公司向其他企业投资,按照公司章程的规定由董事会或者股东会、股东大会决议;公司章程对投资的总额及单项投资的数额有限额规定的,不得超过规定的限额。

这一规定同样包含了如下两层意思:

其一,公司进行转投资,须经董事会或者股东会、股东大会决议。至于到底是由董事会决议,还是由股东会、股东大会决议,则由公司章程规定。

其二,公司法虽然没有对公司转投资的数额进行限制,但公司章程可以限制,既可以限定转投资总额,也可以限定单项转投资数额。公司章程一旦设定了这样的限制,公司的转投资行为必须遵守这样的规定。

我国公司法关于转投资的规定体现了法律的进步性。但是,我国公司法关于转投资的规定是不完善的。应该认识到,转投资确实也代表了一定的危险。这种危险主要表现为:虚增资本、公司董事监事利用转投资控制本公司股东会等问题。转投资引起的这些问题已受到人们的关注,一些国家在承认公司享有转投资权力的同时也建立起了相应的应对措施:一是公开化;二是限制股权的行使。公开化的目的在于使利害关系人了解公司资本结构的真相而不为虚增资本的假象所蒙蔽,防止虚增资本所产生的消极影响。而限制股权的行使的目的在于防止董事、高管利用相互投资以控制本公司的股东会。反观我国公司法,既没有要求公司对转投资情况予以披露,也无防范董事、监事利用转投资控制股东会的规定,不能不说是公司法的缺漏。

(三)公司担保

公司能否对外提供担保业务,尤其是能否为本公司的股东、实际控制人或者董事、监事、高级管理人员提供担保?答案是肯定的。允许公司提供担保业务是为了满足实际的需要。公司是经济社会中的一分子,在其赖以存在的经济关系中,难免会有为他人提供担保或者请求他人为自己提供担保的需要。这在公司筹集资金的时候尤其重要。譬如,根据《商业银行法》第 36 条的规定,商业贷款,借款人应当提供担保。只有经商业银行审查、评估,确认借款人资信良好,确能偿还贷款的才可以不提供担保。根据该条规定,如果不承认公司的担保能力,可以设想,绝大多数企业将无法从银行得到贷款。现代公司法均普遍地承认公司的担保能力。我国公司法同样承认公司具有担保能力。

《公司法》第15条规定,公司为他人提供担保,按照公司章程的规定由董事会或者股东会、股东大会决议;公司章程对担保的总额及单项担保的数额有限额规定的,不得超过规定的限额。公司为公司股东或者实际控制人提供担保的,必须经股东会或者股东大会决议。前款规定的股东或者受前款规定的实际控制人支配的股东,不得参加前款规定事项的表决。该项表决由出席会议的其他股东所持表决权的过半数通过。这一规定包含了如下几个方面的意思:

第一,公司为他人提供担保,须经董事会或者股东会、股东大会决议。至于到底是由董事会决议,还是由股东会、股东大会决议,则由公司章程规定。

第二,公司章程可以对担保的总额及单项担保的数额设定限制。如果公司章程设定了这样的限制,公司在为他人提供担保时,不得超过公司章程规定的限额。

第三,公司甚至可以为公司股东或者实际控制人提供担保,但必须经股东会或者股东大会决议。比较一下,在一般情况下,公司为他人提供担保是由董事会决议,还是由股东会、股东大会决议,由公司章程规定。但在公司为公司股东或者实际控制人提供担保的情况下,则由法律直接规定必须经股东会决议。而且,被担保的股东或者为实际控制人支配的股东不得参与表决。该项表决由出席会议的其他股东所持表决权的过半数通过。

这里有两点需要提请注意:一是《公司法》第265条第(三)项对实际控制人作出了立法解释,即实际控制人,是指通过投资关系、协议或者其他安排,能够实际支配公司行为的人。二是《公司法》第135条针对上市公司规定,上市公司在1年内担保金额超过公司资产总额30%的,应当由股东大会作出决议,并经出席会议的股东所持表决权的2/3以上通过。

(四)公司贷款

公司本身能否向他人贷款呢?从现代法律的规定来看,原则上对公司的贷款能力是没有限制的。[5] 我国公司法原则上是承认公司的贷款能力的。尽管如此,实际上我国的公司从事贷款活动是受到很大限制的。因为贷款属于金融业务,而在中国,金融业务的开展和金融机构的设立均需要得到特许方可进行。这就涉及一个金融法律政策问题。从金融法律政策层面上讲,公司是不能从事贷款业务的。但这已是一个金融管制问题,而不是一个公司法的问题。

专业性的金融贷款属于银行及其他金融机构的专有业务,普通企业不能染指。但在这些专业性的金融贷款之外,尚存在大量的民间借贷并为法律允许。企业相互之间可以借贷以满足企业的资金融通需求。民间借贷除需遵守《民法典》合同编第十二章关于"借款合同"的一般规定外,最高人民法院专门针对民间借贷作出的司法解释也需遵守。该司法解释是规范民间借贷的

---

〔5〕 MBCA §3.02规定的公司权力包括了"借入或者贷出金钱"。由此可见,现代法律对公司的贷款行为是不加以限制或者禁止的。但值得注意的是,由于受到"财务丑闻"的影响,2002年7月25日,美国国会通过了关于公司治理的"一揽子"法案(Sarbanes-Oxley Act of 2002,SOX Act),并于7月30日由布什总统签署生效。该法被认为是自罗斯福时代以来,影响最为深远的美国商业实践改革。根据该法第402条规定,上市公司不得直接或者通过其子公司向其董事或者高级管理人员提供任何形式的新的贷款或者信用支持;法律生效之前已经提供的贷款可以宽限一次,但是,不得对已有的信贷或者信用支持进行任何修改或者展延。

重要法律依据。[6]

关于企业贷款的另一个需要注意的问题是企业集团的财务公司。所谓企业集团财务公司，是指以加强企业集团资金集中管理和提高企业集团资金使用效率为目的，依托企业集团、服务企业集团，为企业集团成员单位提供金融服务的非银行金融机构。企业集团的财务公司的设立与运行同样需要得到金融监管机构的批准和监管。

〔6〕　参见《最高人民法院关于审理民间借贷案件适用法律若干问题的规定》（法释〔2020〕6号）。

第三章　公司融资

第一节　公司资本

一、公司资本的构成

公司资本有广义和狭义之分。广义的公司资本包括股权资本、债权资本和公司自生资本；狭义的公司资本仅指股权资本而言。

“股权资本”(equity capital)或者“股权融资”(equity financing)，又称为公司股本，是指公司成立时由公司章程所确定的由股东出资所构成的公司财产的总和。它是股东为达成公司目的事业所为财产出资的总额。

股东向公司投入资本而换取对公司的股权，包括股利分配请求权和公司清算后剩余财产分配请求权。

通过向第三人借款而筹集资本称为“债权资本”(debt capital)或者“债权融资”(debt financing)。债权融资可分为三种：一是向金融机构借债；二是向股东借债；三是向社会公众借债。债权资本可以是短期的，如银行贷款或者公司债券；也可以是长期的，如有的国家允许发行50年或者甚至100年期限的债券。

企业向银行等金融机构贷款是企业融资的最为传统的方式。企业与银行之间的贷款关系是一种债权债务关系。

股东也可以对公司提供贷款。债权融资与股东贷款之间存在一定的经济和法律后果方面的差别。股东贷款在许多方面具有股权资本的性质，譬如，有的国家法律规定，在特定情况下(如股东投入的股权资本不充分或者只有名义资本)，可以将股东对公司的贷款作为对公司的全部或者部分出资。而从第三人那里获得的贷款则不会发生类似的后果。

公司依照法定条件和程序，通过向社会公众发行流通性债券而募集资金所发生的债务就是公司债(corporate bonds/debenture)。它是公司以向社会公众募集资金为目的而负担的债务。由此可见，公司债同样也是一种债的关系。

公司成立后基于初始资本而产生的经营所得而积累的资本为公司自生资本(internal generated funds)，如利润留成、公积金和公益金的提取、资产出售所得等。

二、公司资本与公司财产

从严格的法律意义上说，公司资本仅就股权资本而言，是一定不变的计算上的数额，是为公司设立及存在所必须具备的观念上的财产总额，即上面所说的狭义的公司资本。因其体现为股东出资,所以它是一种股权资本。

而公司财产,又称为公司实有财产或者公司资产,是指公司实际拥有的财产总额。因而,公司财产相当于上面所说的广义的公司资本概念。

公司财产是公司用以清偿自身债务的全部资产,包括以公司自己名义拥有的物权、债权和无体财产权。公司财产同时也包括负债在内。公司财产最初由股东出资所构成。股权资本是公司资本的初始形成,所以它是一种初始资本(initial capital)。但公司财产却不限于股东出资,股东出资与公司新增资产以及负债如银行借贷、发行债券等构成了公司全部财产。这样,公司财产与股东出资就不是完全一致的概念。公司财产是一个变化的概念:如果经营得法,它可能超出股东出资;如果经营失利,它也可能低于股东出资。公司财产的变化还可能因为公司发行溢价股份或者折扣股份而超出或者低于股东出资。

公司对公司财产享有全部法人财产权。《公司法》第 3 条规定,公司是企业法人,有独立的法人财产,享有法人财产权。公司以其全部财产对公司的债务承担责任。这种财产权的内容既包括股东的原始出资,也包括公司的债权资本和自生资本在内。这种财产权的性质主要表现为但不限于财产所有权。公司法人所有权可以从如下几个方面来透视:

第一,从公司财产的来源看,在公司成立前,各个股权投资者对其各自的出资分别享有所有权。公司成立后,原先由股东个别出资的财产形成了公司整体财产的一部分。公司以法人的名义和意志对公司整体财产享有占有、使用、收益和处分的权利。也就是说,虽然公司财产在设立公司时为各股东出资的财产所组成,但一经形成公司财产,任何股东均不能以个人名义去支配该种财产,而必须由公司进行统一支配。

从公司的债权资本来看,道理也是一样的。无论公司是向银行借贷或者向第三人借贷,借贷关系一旦成立,所借款项的所有权转移给公司,贷款人作为公司的债权人对公司享有债权请求权,但由于该种资产所有权已经发生转移,所以债权人对该资金丧失支配权。

第二,从公司行使财产权利所得利益来看,公司因行使财产权利所得利益归公司所有,而不直接归股东所有。股东的受益权实际上属于公司所得利益的第二次分配。公司必须于每一营业年度结束时首先弥补亏损、提取公积金之后才能向股东分配剩余利润。而债权人则是按照债权合同的规定,由公司到期还本付息。

第三,从公司对公司财产的支配来看,公司自其成立后在生产经营活动中就是以公司法人自己的名义和意志对公司财产行使支配性权利。这里排除了任何股东个人或者债权人的名义和意志,它体现的是公司的意志。虽然股东可以通过股东会的形式对公司施加影响,但股东会自身就是公司的一种组织机构,而非凌驾于公司之上的第三种力量。

现代法律一般不认可债权人对公司享有任何治理上的权利,唯一例外是在公司的破产处置程序中,债权人可能通过债权人大会对处于破产程序中的公司清算问题发表意见。但即便如此,债权人大会不是清算中的管理机关,不能形成公司意志,公司的管理机关仍然是清算人。

第四,从公司承担义务和责任来看,它也是独立负责的。公司自主经营、独立核算、自负盈亏、对外独立承担义务(包括债务、纳税和其他法定义务)、独立承担责任(如公司破产时,公司应以其全部财产清偿债务,股东个人的责任实际上随着其出资的缴纳就已履行完毕)。

第二节　股权资本

一、相关概念:注册资本、发行资本与实收资本

(一)注册资本

注册资本,又称面额资本,是指公司登记成立时所申报的财产总额。在此意义上,注册资本与狭义的公司资本意义是一致的,即股权资本。根据我国公司法的规定,有限责任公司的注册资本为在公司登记机关登记的全体股东认缴的出资额。股份有限公司的注册资本为在公司登记机关登记的已发行股份的股本总额。注册资本必须记载于公司章程之中,连同公司章程一并登记。由于该资本须经登记注册,所以称为注册资本。

(二)发行资本

发行资本,是指公司分期发行股份时,已经发行在外的股份总额(outstanding shares)。如有限责任公司采取的是认缴制,即可以先行认缴一个数额,在确定的期限内实际缴纳。因此,在公司出资未全部缴纳前,它总是低于公司注册资本。我国的股份有限公司采取的是实缴制,公司成立前发起人认购的股份必须实际缴纳,因此,其已经发行的股份与注册资本是一致的。

(三)实收资本

实收资本,是指公司通过发行股份实际收到的财产总额。如果所发行的股份被全部认足、缴足,实收资本即等于发行资本。否则,实收资本总是低于发行资本。如前所述,这种情况仅存在于有限责任公司,股份有限公司实行的是实缴制,公司资本未被认足、缴足,公司不得成立。

二、传统公司法上的资本原则

公司是一种资本的集合,其所确定的资本既是公司从事经营活动的物质基础,同时又是公司信誉和责任的担保。因此,资本的确定、维持并使之保持不变就成为公司资本的三大原则。

所谓资本确定原则,是指公司资本必须在设立时在公司章程中明确规定,并且应当认足、缴足。如我国早期公司法规定,公司的注册资本不得低于法定最低注册资本限额;公司的注册资本应记载于公司章程,并应在公司成立时认足、在法定期限内缴足等。这些规定均属于公司资本确定原则的具体体现。

所谓资本维持原则,是指公司应当维持与公司资本总额相应的财产。我国公司法体现这一原则的规定有:关于转投资的限制;公司的原始股东对现金以外的出资价值负保证责任;除依公司法特别规定的目的和程序之外,公司不得收购本公司的股票;公司在弥补亏损、提取公积金之前,不得向股东分配利润;等等。至于具体在公司的资产负债结构中,公司应当维持多大比例的资产负债,显然并不适宜由公司法来作出一律的强制性要求。

所谓资本不变原则,是指公司资本总额,非依法定程序不得改变。根据我国公司法的规定,增加和减少资本均须由股东会决议通过。

公司资本确定、维持、不变三原则的目的在于维持公司清偿债务的能力,防止资本的减少或资本的过剩。这些原则对于维护债权人的利益和保护交易的安全以及保障股东的利益固然有着

积极的意义,但也存在一些负面的效果,如不利于筹集资金、增加筹资成本,不利于公司管理人员把握商业机会等。因此,自20世纪60年代以来,一些国家相继废除了法定资本制,采取了授权资本制,用以弥补法定资本制的不足。

三、现代公司法上的资本原则

(一)法定最低资本限额的废除

如前所述,法定最低资本限额是传统公司法上的重要资本原则之一。早期公司法以及许多国家的现行公司法都仍然保留了这一原则。在早期,实际上美国各州都要求公司在营业前必须要有最低注册资本(the minimum amount of capitalization),通常是1000美元(但各州规定有所不同)。很清楚,现在的趋势是废除这样的限制。在今天,美国的大多数州已经废除了最低注册资本要求(有些州还继续保留了最低注册资本要求),许多国家仿而效之。其理论是,最低注册资本要求具有任意性,而且与公司的真实资本需求没有关系,对债权人的保护也不具有什么实际意义。

(二)授权资本制的采用

所谓授权资本制,是指公司根据章程授权来筹集所需的资本。授权资本仅需记载于公司章程,不必在公司成立时认足、缴足,可以在公司成立后依据业务的需要分次发行。

在采用授权资本制的情况下,需要在公司章程中对公司所发行的"授权股份"(authorized shares)进行界定。公司章程必须规定"授权公司发行股份数额"以及授权公司发行的"股份种类及其数额"。此外,如果公司被授权发行一种以上的股份,公司章程必须规定"每种股份可辨认的号码,并在某一种股份发行之前,必须在公司章程中对该种股份上的优先权、限制和相关权利作出规定"。[1]

除非章程有特别规定,公司发行股份的时间、价格、类别均由董事会裁量决定,不必经过股东会批准。在授权资本的数额之内增资发行新股,亦不必经由股东会决议。

与授权资本制相联系的一个概念是发行股份。发行股份(issued shares)是指公司实际发售的某种或者数种股份的数额。在现代公司实务中,在一开始,习惯上授权股份计划总是高于发行股份的数额。剩余的股份可能在以后才需要,而以后再次发行已经授权的资本以募集所剩余的部分资金时就没有必要再次修改公司章程。在以后发行已经授权但尚未发行的股份(shares authorized but not issued)只需要董事会决定即可而无需经过股东会的同意。

授权资本制具有极大的灵活性。在这种资本制度下,企业的设立不会因为资金不到位而受到影响;企业运行过程中如果需要增加资本的话,也不需要再行召开股东会,董事会在授权的范围之内就可以自行决定。

(三)折衷资本制

授权资本制的最大优点在于,能克服法定资本制下资本确定原则和资本不变原则与商业现实严重脱离的弊端,但是,也容易造成公司财产不稳固。另外,授权资本制的运行还须董事会拥有较不受限制的权力。所以大陆法系各国在改造资本制度的时候,综合考虑了两种资本制度的利弊,规定公司股份可以分次发行,但第一次必须发行股份总数的一定比例以上,这就是折衷资本制。折衷资本制分为两种:一是许可资本制,是指在公司设立时,必须在章程中明确规定公司

---

[1] MBCA(1984) Sec. 2.02(a)(2) and MBCA Sec. 6.01(a).

资本总额，并一次性发行、全部认足或募足，同时，公司章程可以授权董事会在公司成立后一定期限内，在授权资本一定比例的范围内，发行新股、增加资本，而无须股东会作出决议。二是折衷授权资本制，是指在公司设立时，也要在公司章程中规定资本总额，但只需要发行和认足部分股份，公司即可成立，未发行部分授权董事会根据需要发行，但授权发行的部分不得超过公司资本的一定比例。

四、我国公司资本制度的改革

我国1993年首次颁布的《公司法》（以下简称93年《公司法》）对公司资本制度采取了严格的法定制。它不仅规定了很高的注册资本最低限额，而且规定了注册资本的实缴制。同时，随着严格的法定资本制，《公司法》和相关公司登记法规规定，公司股东或者发起人缴纳出资或者股款后必须经法定验资机构进行验资，在申请公司登记时向公司登记机关提交验资证明。

2005年我国《公司法》（以下简称05年《公司法》）获得了一次较大的修正，其中对公司资本制度也进行了较大力度的改革，并在很大程度上放松了资本管制。它不仅较大幅度地降低了注册资本的最低限额，同时也改革了注册资本的缴纳制，由一次性足额实缴制改为分期缴纳制。但05年《公司法》依然维持了法定资本制，设立公司仍然需要满足最低注册资本限额要求；资本缴纳虽然可以分期，但法律仍然对首期出资以及分期缴纳期限设定了限制；公司的设立登记仍然需要履行验资程序并提交验资证明。

2013年我国《公司法》（以下简称13年《公司法》）再次对公司资本制度进行了深度改革。立法上彻底废除了最低法定注册资本限额要求；公司注册资本由实缴制改为认缴制，包括不再限制股东或者发起人首次缴纳数额以及分期缴纳期限；取消了验资要求和证明；并对登记制度作出了相应的修改。13年《公司法》一举解决了长期以来一直存在的对公司资本制度强行管制的立法态度，其意义重大而深远。

然而，13年《公司法》经过10余年的运行，也暴露出了一些问题。譬如，在将公司注册资本由实缴制改为认缴制后，没有对缴纳期限作出时间限制，这必然导致一些股东虽然认缴了出资，但却故意拖延，长期不履行实际缴纳义务。有鉴于此，2023年《公司法》（以下简称23年《公司法》）修订时对有限责任公司的认缴期限进行了限制，即须在公司成立之日起5年内缴足。股份有限公司则须在公司成立之时足额缴纳，公司方能成立。

五、我国公司出资法律制度

（一）注册资本

93年《公司法》对公司的注册资本设定了很高的最低限额要求，如股份有限公司最低注册资本为1000万元人民币，有限责任公司根据其性质分别规定了不同的最低注册资本限额，如以生产经营为主的公司人民币50万元，以商品批发为主的公司人民币50万元，以商业零售业为主的公司人民币30万元，科技开发、咨询、服务性公司人民币10万元。

05年《公司法》放宽了对公司资本的管制，但依然维持了注册资本的最低限额要求，如股份有限公司的最低注册资本限额下降为500万元人民币，有限责任公司不再区分行业，一律下降为3万元人民币。05年《公司法》承认了“一人有限责任公司”，但却规定了10万元人民币的注册资本最低限额。

13年《公司法》彻底废除了注册资本的最低法定限额要求。相应地，13年《公司法》关于公司注册资本的规定为在公司登记机关登记的全体股东认缴的出资额或者全体发起人认购的股本总额，既包括一人公司在内的有限责任公司，又包括股份有限公司。也就是说，在废除了注册资本最低限额的情况下，公司的注册资本完全由股东或者发起人自行决定，排除了法律干预的强制性因素。

23年《公司法》坚持了13年《公司法》的立场，无论是有限责任公司还是股份有限公司，其注册资本均由公司自行决定。同时，23年《公司法》承认了"一人股份有限公司"，公司的注册资本同样由公司自行决定。

应当注意的是，13年《公司法》与23年《公司法》放弃了对注册资本最低限额的管制，均针对的是从事普通业务的商事公司而言，并不包括从事特殊业务的公司在内。对于从事特殊业务的公司，如商业银行、证券公司、保险公司、信托公司、基金公司以及从事其他需要获得特别许可业务的机构，如果相关法律、行政法规或者国务院相关决定对这类公司或者机构的注册资本的最低限额有特别规定的，仍然应当遵守其规定。

（二）出资缴纳

我国早期公司法对于出资缴纳采取的是"实缴制"。实缴制在不同资本制度中其意义是有差别的。譬如，根据93年《公司法》要求，股东或者发起人应当足额缴纳公司章程中规定的各自认缴的出资额或者全部股款。这是一种最为严厉的实缴制。

05年《公司法》规定有限责任公司全体股东的首期出资额不得低于注册资本的20%，也不得低于法定的注册资本最低限额，其余部分由股东自公司成立之日起2年内缴足。05年《公司法》针对股份有限公司的资本缴纳的要求是，全体发起人的首次出资额不得低于注册资本的20%，其余部分由发起人自公司成立之日起2年内缴足。一人公司则采取的是一次足额缴纳。由此可见，05年《公司法》虽然在一定程度上放松了对资本缴纳的管制，但依然是一种法定资本制，这体现在它对首期缴纳的数额以及分期缴纳的期限保留了限制。

13年《公司法》放弃了对资本缴纳的法律管制，改为认缴制。这将意味着股东或者发起人根据公司章程确定的出资总额或者股本总额自行认缴或者认购各自的出资或者股份，对于其认缴的出资或者认购的股份的缴纳，只需要按照公司章程的规定缴纳即可。如果公司章程规定的是一次性足额缴纳，股东或者发起人就应该在规定的期限内一次性足额缴纳；如果公司章程规定的是分期缴纳，股东或者发起人就应当根据公司章程规定的期次和数额分期缴纳。认缴制排除了法律强制干预因素，注册资本如何缴纳由当事人通过公司章程自行决定。

23年《公司法》第47、98条针对实践中公司出资缴纳出现的问题，采取了矫正措施。具体而言，针对有限责任公司，依然保持了股东自行决定缴纳期限，但公司法设定了底线要求，即自公司成立之日起5年内缴足。针对股份有限公司，则完全废除了13年《公司法》的分期缴纳的期限自由，要求在公司成立前按照其认购的股份全额缴纳股款。

同时也应注意的是，就股份有限公司而言，无论是13年《公司法》还是23年《公司法》均规定，股份有限公司采取募集方式设立的，注册资本为在公司登记机关登记的实收股本总额。23年《公司法》第100条规定，发起人向社会公开募集股份，认股人应当按照所认购股份足额缴纳股款。

此外，如果法律、行政法规或者国务院决定对于特殊公司实行实缴制的，公司的注册资本仍然体现为公司登记机关登记的实收资本。

早期《公司法》要求股东缴纳出资或者发起人缴纳股款后还须经依法设立的验资机构进行

验资。由此可见,实缴制是与强制验资要求共为一体的。在实缴制的情形下,公司须履行验资程序并在公司登记时向登记机关提交验资证明。

验资及其验资证明原本就是为了满足登记要求,它体现的是政府通过登记对企业的管制,与法定资本制存在必然的联系。在登记制度改革后,13 年《公司法》废除了强制验资制度,登记机关不再过问出资的缴纳,自然也就无须验资和提交验资证明。

但 13 年《公司法》规定采用募集方式设立的股份有限公司所发行股份的股款缴足后,仍然须经依法设立的验资机构验资并出具证明。23 年《公司法》第 101 条规定,向社会公开募集股份的股款缴足后,应当经依法设立的验资机构验资并出具证明。

(三)出资方式

93 年《公司法》采取列举的方式将出资方式限定于货币、实物、工业产权、非专利技术和土地使用权。05 年《公司法》对出资方式进行了较大程度的修正,扩张了出资方式。05 年《公司法》第 27、83 条规定,有限责任公司股东和股份有限公司的发起人可以用货币出资,也可以用实物、知识产权、土地使用权等可以用货币估价并可以依法转让的非货币财产作价出资。05 年《公司法》不仅采取列举的方式规定货币、实物、知识产权、土地使用权可以出资,而且采用概括的方式规定凡是可以用货币估价并可以依法转让的非货币财产均可以出资。与 93 年《公司法》对比,05 年《公司法》的进步性是显而易见的。13 年《公司法》维持了 05 年《公司法》的规定。根据我国现行《公司法》的规定,出资方式包括两种:货币出资和非货币出资,其中非货币出资相当于现物出资,其范围包括动产、不动产、有形财产、无形财产等。一切财产均可以成为出资财产,其标准就是"可以用货币估价并可以依法转让"。23 年《公司法》第 48、98 条增加了"股权、债权",扩大了出资方式。

但应注意的是,公司法虽然规定了出资财产的广泛性,但同时也保留了在特定情况下法律、行政法规对出资方式加以限制的权力。譬如,在我国公司登记实务中就不允许股东以劳务、信用、自然人姓名、商誉、特许经营权或者设定担保的财产等作价出资。〔2〕

此外,93 年《公司法》规定,股东或者发起人以工业产权、非专利技术作价出资的金额不得超过公司注册资本的 20%,国家对采用高新技术成果有特别规定的除外。但在实践中,技术出资的需求很大,屡屡突破这一限定。05 年《公司法》转而规定,全体股东或者发起人的货币出资额不得低于公司注册资本的 30%。13 年《公司法》废除了这一限制措施。23 年《公司法》坚持了 13 年《公司法》的做法。这表明股东或者发起人的出资方式完全可以由当事人自己决定,法律没有必要直接介入。

(四)出资估价

除现金以外的任何出资均会涉及估价问题。《公司法》第 48、98 条规定,对作为出资的非货币财产应当评估作价,核实财产,不得高估或者低估作价。法律、行政法规对评估作价有规定的,从其规定。

(五)出资瑕疵责任

1. 有限责任公司股东不按规定缴纳出资的责任

《公司法》第 49 条规定,股东应当按期足额缴纳公司章程中规定的各自所认缴的出资额。股东以货币出资的,应当将货币出资足额存入有限责任公司在银行开设的账户;以非货币财产出

〔2〕《公司登记管理条例》(2014 年)第 14 条。

资的，应当依法办理其财产权的转移手续。股东未按期足额缴纳出资的，除应当向公司足额缴纳外，还应当对给公司造成的损失承担赔偿责任。

尽管《公司法》对有限责任公司出资义务的履行实行的是认缴制，但股东认缴的出资必须缴纳，且须自公司成立之日起5年内缴足。至于5年期限内如何缴纳，则取决于公司章程的规定如何。出资是股东的义务，股东未按照规定缴纳出资的，构成义务不履行或者不完全履行。于此情形，股东应继续履行义务，即在期限内应当向公司足额缴纳。同时，股东不履行出资义务构成对按期足额缴纳出资的股东的违约责任。因此，如果因为股东不履行出资义务而给其他已经履行出资义务的股东造成损失的，应当承担违约责任。

2. 股份有限公司发起人的违约责任

《公司法》第99条规定，发起人不按照其认购的股份缴纳股款，或者作为出资的非货币财产的实际价额显著低于所认购的股份的，其他发起人与该发起人在出资不足的范围内承担连带责任。该条规定实际上针对的是两种情形：(1)发起人不按照其认购的股份缴纳股款。股份有限公司已经成立后，发起人没有按照公司章程规定缴纳出资的，当然应当补缴，自不待言。但其他发起人还须承担连带责任。这里的连带责任指的是其他发起人承担对公司补缴出资的连带责任。(2)作为出资的非货币财产的实际价额显著低于所认购的股份。非货币财产出资的差额填补责任，又称为瑕疵担保责任，是指在非货币出资中，有限责任公司的股东或者股份有限公司的发起人高估了价格，股东或者发起人应当就高估的部分承担责任。同时，公司法还要求，公司设立时的其他股东承担连带责任。

其中，差额填补责任的特点如下：

第一，差额填补责任适用于非货币出资情形。因为现物出资需要进行估价，才会存在股东或者发起人高估价格的情形。如果是货币出资，则不存在估价问题。

第二，差额填补责任同时适用于有限责任公司的股东和股份有限公司的发起人，不适用股份有限公司的认股人，因为股份有限公司的认股人只能以现金购买公司发行的股份，不存在以非货币出资问题。

第三，差额填补责任适用的条件是，作为设立公司出资的非货币财产的实际价额显著低于公司章程所定价额。

第四，在公司成立后，如果发现非货币出资的实际价值显著低于公司章程所定价额的，应当由股东或者发起人承担责任。由于差额填补责任的目的在于充实公司资本，因此，此种责任仅限于股东或者发起人补足实收资本额与认缴资本（注册资本额）之间的差额。

第五，公司设立时的其他股东或者发起人应当承担连带责任。这种连带责任产生于股东或者发起人之间的连带义务。

3. 股份有限公司认股人未按期缴纳股款的责任

股份有限公司的认股人未按期缴纳所认股份的股款，经公司发起人催缴后在合理期间内仍未缴纳，公司发起人对该股份另行募集的，另行募集行为有效。认股人延期缴纳股款给公司造成损失，认股人应当对公司承担赔偿责任。

4. 抽逃出资、抽回股本及其责任

《公司法》第53、107条规定，公司成立后，股东不得抽逃出资。违反前款规定的，股东应当返还抽逃的出资；给公司造成损失的，负有责任的董事、监事、高级管理人员应当与该股东承担连带赔偿责任。同时，《公司法》第105条第2款规定，发起人、认股人缴纳股款或者交付非货币财产出资后，除未按期募足股份、发起人未按期召开成立大会或者成立大会决议不设立公司的情形外，不得抽回其股本。

实践中，常见的抽逃出资情形如下：(1)制作虚假财务会计报表虚增利润进行分配；(2)通过虚构债权债务关系将其出资转出；(3)利用关联关系将出资转出；(4)其他未经法定程序将出资抽回的行为。

抽逃出资的民事责任如下：[3]

第一，股东抽逃出资，公司或者其他股东可以请求其向公司返还出资本息。在这里，抽逃出资股东的责任范围不仅需要返还抽逃资金的本金，还要计算抽逃出资期间公司应得的利息。请求权人包括公司和其他股东。

第二，公司债权人可以请求抽逃出资的股东在抽逃出资本息范围内对公司债务不能清偿的部分承担补充赔偿责任。这说明，公司债权人对抽逃出资的股东也享有请求权，但抽逃出资的股东的责任范围限于“抽逃出资本息范围内”。这显然是基于股东有限责任原则的考虑。

第三，协助者的责任。在公司成立后，股东抽逃出资很难单独完成，往往是在相关人的协助下完成的。因此，协助抽逃出资的董事、监事、高级管理人员应当与该股东承担连带责任。

5. 董事对出资的核查义务和责任

根据《公司法》第51、107条的规定，公司成立后，董事会应当对股东的出资情况进行核查，经核查发现股东未按期足额缴纳公司章程规定的出资的，即有限责任公司未按公司章程规定的期限缴纳其认缴的出资，股份有限公司在公司成立前未实际缴纳股款，应当由公司向该股东发出书面催缴书，催缴出资。公司成立后，公司董事会已经成立，董事会须履行其职责，负有督促股东按期足额缴纳股款的义务，未及时履行这一义务，给公司造成损失的，负有责任的董事应当承担赔偿责任。

6. 股东失权

根据《公司法》第52、107条的规定，股东未按照公司章程规定的出资日期缴纳出资，公司董事会应当发出书面催缴书催缴出资，催缴书可以载明缴纳出资的宽限期；宽限期自公司发出催缴书之日起，不得少于60日。宽限期届满，股东仍未履行出资义务的，公司经董事会决议可以向该股东发出失权通知，通知应当以书面形式发出。自通知发出之日起，该股东丧失其未缴纳出资的股权。应当注意的是，股东丧失的股权仅限于“其未缴纳出资的股权”，股东如果已经缴纳部分出资，其对该缴纳部分仍然享有股权。

对股东丧失的股权有三种处理方式：一是可以转让，由他人受让，受让人可以是公司其他股东，也可以是其他第三人；二是相应减少注册资本并注销该股权；三是6个月内未转让或者注销的，由公司其他股东按照其出资比例足额缴纳相应出资。股东对失权享有异议权，股东对失权有异议的，应当自接到失权通知之日起30日内，向人民法院提起诉讼。

7. 出资加速到期

《公司法》第54条规定，公司不能清偿到期债务的，公司或者已到期债权的债权人有权要求已认缴出资但未届出资期限的股东提前缴纳出资。这是对股东出资期限利益的限制，仅适用于有限责任公司，因为股份有限公司在成立时股东必须完成出资的缴纳，不存在需要加速到期的问题。

---

〔3〕 参见《〈公司法〉司法解释三》第12、13、14条。

有限责任公司股东对其出资缴纳享有期限利益，也就是说，他享有分期付款的权利，如其出资缴纳期限未到期，他有权拒绝提前缴纳出资。但这种权利限于公司正常情况，如果公司陷入债务危机等特殊情况，股东的这种出资缴纳的期限利益将会被剥夺。公司陷入债务危机的这种特殊情形就是“公司不能清偿到期债务”。于此情形，公司或者已到期债权的债权人有权要求已认缴出资但未届出资期限的股东提前缴纳出资。

8. 资产评估、验资或者验证机构的责任

《公司法》第101条规定，向社会公开募集股份的股款缴足后，应当经依法设立的验资机构验资并出具证明。《公司法》第257条规定，承担资产评估、验资或者验证的机构提供虚假材料或者提供有重大遗漏的报告的，由有关部门依照《资产评估法》《注册会计师法》等法律、行政法规的规定处罚。承担资产评估、验资或者验证的机构因其出具的评估结果、验资或者验证证明不实，给公司债权人造成损失的，除能够证明自己没有过错的外，在其评估或者证明不实的金额范围内承担赔偿责任。

该条规定了资产评估、验资或者验证的机构的行政责任和民事责任。

就资产评估、验资或者验证的机构的行政责任而言，承担资产评估、验资或者验证的机构提供虚假材料或者提供有重大遗漏的报告的，由有关部门依照《资产评估法》《注册会计师法》等法律、行政法规的规定处罚。

就资产评估、验资或者验证的机构的民事责任而言，其责任的构成要件如下：其一，证明不实，即承担资产评估的机构因其出具的评估结果有虚假陈述或者重大遗漏。其二，给公司债权人造成损失。其三，过错推定，即如果不能证明自己没有过错，则应承担责任。其四，责任范围限定，即在其评估或者证明不实的金额范围内承担赔偿责任。

9. 市场风险的免责性

出资人以符合法定条件的非货币财产出资后，因市场变化或者其他客观因素导致出资财产贬值，公司、其他股东或者公司债权人不得请求该出资人承担补足出资责任。但是，当事人之间可能存在另外的约定。[4]因市场变化或者其他客观因素导致出资财产贬值是商事交易的正常风险，只要股东在非货币财产出资时进行了评估而且其评估价额是公允的，就不存在非货币财产出资的差额填补责任。但是，如果股东与公司之间约定，因市场变化或者其他客观因素导致出资财产贬值时由股东承担相应的损失补偿责任，自然也没有问题。这是投资者的自愿行为。这种自愿性约定产生法律拘束力，即一旦约定的事由发生，股东即应承担约定的责任。

10. 未履行出资义务与诉讼时效

民法上的诉讼时效是指民事权利受到侵害的权利人在法定的时效期间内不行使权利，当时效期间届满时，法律对权利人的权利不再进行保护的制度。但这一制度却不适用于股东未履行出资的情形。也就是说，出资瑕疵责任不因诉讼时效届满而免除瑕疵出资股东的责任。[5] 有鉴于此，公司股东未履行或者未全面履行出资义务或者抽逃出资，公司或者其他股东请求其向公司全面履行出资义务或者返还出资，被告股东不得以诉讼时效为由进行抗辩。

如果是公司债权人请求未履行或者未全面履行出资义务或者抽逃出资的股东承担赔偿责

---

〔4〕 参见《〈公司法〉司法解释三》第15条。

〔5〕 参见《〈公司法〉司法解释三》第19条。另外，《最高人民法院关于审理民事案件适用诉讼时效制度若干问题的规定》第1条也规定，基于投资关系产生的缴付出资请求权不适用诉讼时效抗辩。

任,被告股东同样不得以出资义务或者返还出资义务超过诉讼时效期间为由进行抗辩。但债权人的债权本身须没有超过诉讼时效,否则,债权人对未履行或者未全面履行出资义务或者抽逃出资的股东提出的承担瑕疵出资责任的请求,可能会因为诉讼时效的抗辩无法得到法院的支持。

六、股东权利

(一)股东权利的概念

股东权,或称为股权,是指股东基于其股东资格而享有的从公司获取经济利益并参与公司经营管理的权利。股权的主体当然是股东,由于公司本身是一种资本组合,因而,股东的个性特征并不重要,无论是自然人还是法人,中国人还是外国人,均可以成为股东。从另一方面来说,投资是法律主体的一种固有权利,任何人都享有投资的自由权,他们享有通过投资为自己获取财产的权利。可以说,投资权是公民、法人权利能力的具体体现。但应注意的是:

其一,虽然投资权是公民、法人的固有权利,但是,如果有些人在特定时期从事特定职业时,他们就不能投资,如国家公务员。这只是一种限制,并不是说法律就剥夺了这些人的投资权利,只要他们停止了特定的职业,其权利就自然得到回复。

其二,基于同样道理,公法人也不能进行投资活动,除非法律有特别规定。事实上,当公法人依法进行投资活动时,其地位已经发生了转变,即由公法人转变为私法人。换句话说,它必须以私法主体的身份参加商业投资活动。

其三,为了维持公司资本充实原则,公司不能成为自己的股东。这是因为如果允许公司成为自己的股东,则会破坏资本充实原则,导致资本虚假。但这一原则也有例外,譬如,《公司法》第162 条规定,公司原则上不得收购本公司股票,但在一些特定情况下,则允许公司回购自己的股份。见后述。

其四,有的国家法律对外国人的投资规定了一些限制条件,通常的做法是要求在发起人中有一定比例的人数在本国内有住所,但现在已经废除了这样的要求。我国《公司法》第 92 条规定,设立股份有限公司,应当有过半数的发起人在中国境内有住所。

股东的地位基于投资取得,因而,凡是对公司投入资金并依法享有权利和承担义务的人均可以成为公司股东。但应当注意的是,这一概念有两个例外:一是并非任何向公司投入资金的人都是公司股东,如购买公司所发行的债券的人以及向公司贷款的人就不是股东,他们只能是债权人,这种债权人也是投资人。[6] 二是有的人并没有直接向公司投入资金,但也可能成为公司股东,如因受赠、继承而取得股权的人。

股东的构成包括发起人股东、股份有限公司采取募集设立时的认购人股东、公司发行新股的认股人股东以及因股份转让、赠与、继承等方式而获得股份的继受股东。

发起人并不等于股东,发起人要成为股东则必须在公司章程上签名并且实际履行出资义务,并在公司登记成立后才具有股东身份。在股份有限公司采取募集设立的情况下,由发起人和认股人召开成立大会确认公司章程并经登记成立后,认股人亦取得股东地位。在公司存续期间依法继受取得股权并同意接受公司章程约束的人也是公司股东。公司因增资而发行新股时,新股认购人因履行出资义务并同意接受公司章程约束而取得股东地位。

---

〔6〕 因此,在传统公司融资理论中,投资人的概念主要分为股权型(权益型)投资人和债权型投资人。See Adam O. Emmerich, Hybrid Instruments and the Debt-Equity Distinction in Corporate Taxation, 52 U. Chi. L. Rev. 118 (1985).

（二）股权的内容

股权的内容主要表现为资产上的受益权和对公司的经营管理权。《公司法》第 4 条第 2 款规定，公司股东依法享有资产收益、参与重大决策权和选择管理者等权利。

实际上，公司股东的权利可分为如下两大类：一是股东为自己的利益而行使的权利，如股利分配请求权、剩余财产分配请求权、新股认购优先权等。通常将这类权利称为“自益权”。二是股东为公司利益间接为自己利益而行使的权利，如表决权、请求召集股东会的权利、请求判决股东会决议无效的权利、请求查阅账簿的权利等。通常将这类权利称为“共益权”。

1. 股利分配请求权

股东的股利分配请求权，是指股东基于其股东地位和资格所享有的请求公司向自己分配股利的权利。股利分配请求权是股东所享有的一种固有权利。这种权利本质上属于一种股东对自己的投资所期望得到回报的权利。〔7〕既然股利分配请求权是股东对自己的投资回报的期待权，股东是否能够实现这种权利，在事实上取决于公司经营是否产生利润。公司如无盈利，则不能分配。公司只有在有盈利的情况下才可能发生股利分配。即使是公司有盈利，根据公司法规定，也必须首先弥补公司亏损、依法提取公积金之后才能依照投资比例向股东分配股利。

2. 剩余财产分配请求权

股东的剩余财产分配请求权，是指股东在公司清算时，就公司的剩余财产所享有的请求分配的权利。〔8〕公司剩余财产请求权的发生必须以公司向全体债权人清偿债务之后尚有剩余财产为前提。公司剩余财产分配请求权是股东向公司得以主张的最后权利。公司财产则是对债权人的一种责任财产，若公司清算时不先清偿债务就向股东分配，公司因解散而不复存在，公司债权人的债权将无法得到清偿。

3. 新股认购优先权

股东的新股认购优先权，是指在公司发行新股时，公司原有股东优先于一般人按照自己原有的持股比例而认购新股的权利。新股认购优先权是一种选择权，股东可以行使，也可以放弃。

4. 表决权

股东表决权，是指股东就股东大会的议案的决议权。股东表决权是股东的一项重要权利，它体现的是股东参与公司重大决策的权利和选择管理者的权利。股东表决权行使的一般原则是，股东出席股东大会，所持每一股份有一表决权。股东会议作出决议，须经出席会议的股东所持表决权的多数通过。

5. 知情权

股东知情权，是指股东了解公司经营状况、财务状况并对公司提出建议或者质询的权利。我国公司法针对有限责任公司和股份有限公司的知情权分别作出了不尽相同的规定。

---

〔7〕 即股权型投资不仅可以要求资产保值，还有可以要求资产最大化增值的权利。这是股权型投资与债权型投资最根本的区别之一。

〔8〕 这可以看成是经济学意义上“剩余索取权”（residual claim）的主要内容。应该说明的是，公司法上的剩余财产分配请求权与“剩余索取权”虽可在字面意义上做相同理解，但是，后者的含义更为丰富，有时与“剩余控制权”相提并论用以总的代指经济学意义上股东对企业所享有的权利，有时主要指“剩余控制权”，有时又主要指剩余风险的承担。参见 Eugene F. Fama, Michael C. Jensen, Separation of Ownership and Control, *Journal of Law and Economics*, Vol. 26, No. 2, Corporations and Private Property: A Conference Sponsored by the Hoover Institution (Jun., 1983), p. 301 – 325；张维迎：《所有制、治理结构及委托—代理关系——兼评崔之元和周其仁的一些观点》，载《经济研究》1996 年第 9 期。

关于有限责任公司股东的知情权,《公司法》第 57 条规定,股东有权查阅、复制公司章程、股东名册、股东会会议记录、董事会会议决议、监事会会议决议和财务会计报告。股东可以要求查阅公司会计账簿、会计凭证。股东要求查阅公司会计账簿、会计凭证的,应当向公司提出书面请求,说明目的。公司有合理根据认为股东查阅会计账簿、会计凭证有不正当目的,可能损害公司合法利益的,可以拒绝提供查阅,并应当自股东提出书面请求之日起 15 日内书面答复股东并说明理由。公司拒绝提供查阅的,股东可以请求人民法院要求公司提供查阅。股东查阅前款规定的材料,可以委托会计师事务所、律师事务所等中介机构进行。股东及其委托的会计师事务所、律师事务所等中介机构查阅、复制有关材料,应当遵守有关保护国家秘密、商业秘密、个人隐私、个人信息等法律、行政法规的规定。股东要求查阅、复制公司全资子公司相关材料的,适用前四款的规定。该条规定包含了如下内容:

第一,法律赋予了有限责任公司股东较为充分的知情权。股东不仅可以查阅,而且可以复制。其查阅、复制的范围包括公司章程、股东会会议记录、董事会会议决议、监事会会议决议和财务会计报告,其中包括查阅公司会计账簿、会计凭证。

第二,法律对股东知情权也设定了一定的限制,即股东在查阅公司会计账簿、会计凭证时,应当向公司提出书面请求,说明目的。如果公司有合理根据认为股东查阅会计账簿有不正当目的,可能损害公司合法利益,可以拒绝提供查阅。但是,公司的拒绝本身有可能是不合理的,这里必须有一个平衡。所以,法律要求公司如果拒绝提供查阅,必须在法定期限内予以书面答复并说明理由。如果股东对此不满意,则可以提起诉讼。这可以说是一种"正当目的"(proper purpose)限制。但它是针对双方的,即股东查阅要有正当目的;公司拒绝同样要有合理根据。至于什么是正当目的,则取决于股东获取该信息的目的是否与保护股东和公司利益具有直接的联系。《公司法》司法解释专门针对有限责任公司股东行使查阅权的"不正当目的"进行了规定,主要包括如下四种情况:(1)股东自营或者为他人经营与公司主营业务有实质性竞争关系业务的,但公司章程另有规定或者全体股东另有约定的除外;(2)股东为了向他人通报有关信息查阅公司会计账簿、会计凭证,可能损害公司合法权益的;(3)股东在向他人提出查阅请求之日前的三年内,曾通过查阅公司会计账簿、会计凭证,向他人通报有关信息损害公司合法权益的;(4)股东有不正当目的的其他情形。[9]

第三,股东行使知情权查阅材料,可以委托专业性中介机构,如会计师事务所、律师事务所等,但接受委托的中介机构查阅、复制有关材料,应当保守有关国家和商业秘密、个人隐私、个人信息。股东行使知情权后泄露国家秘密、公司商业秘密以及个人隐私和个人信息导致公司合法利益受到损害,公司可以请求该股东赔偿相关损失。代理股东查阅公司文件材料的会计师、律师等泄露公司商业秘密导致公司合法利益受到损害,公司同样可以请求其赔偿相关损失。[10]

第四,公司法将知情权的行使扩及到公司全资子公司,因而,股东要求查阅、复制公司全资子公司相关材料的,适用公司法关于上述知情权的规定。

关于股份有限公司股东的知情权,《公司法》第 109 条规定,股份有限公司应当将公司章程、股东名册、股东大会会议记录、董事会会议记录、监事会会议记录、财务会计报告、债券持有人名册置备于本公司。《公司法》第 110 条第 1 款规定,股东有权查阅、公司章程、股东名册、股东会会

---

〔9〕 参见《〈公司法〉司法解释四》第 8 条。

〔10〕 参见《〈公司法〉司法解释四》第 11 条。

议记录、董事会会议决议、监事会会议决议、财务会计报告，对公司的经营提出建议或者质询。

《公司法》第 110 条第 2 款规定，连续 180 日以上单独或者合计持有公司 3% 以上股份的股东要求查阅公司的会计账簿、会计凭证的，适用本法第 57 条第 2 款、第 3 款、第 4 款的规定。公司章程对持股比例有较低规定的，从其规定。有限责任公司股东和股份有限公司股东在行使知情权并起诉请求查阅或者复制公司特定文件材料的，应当具有股东资格；否则，如果被告公司有证据证明原告股东在起诉时不具有股东资格的，法院将会驳回原告股东的起诉。但应注意的是，股份有限公司的股东如欲查阅公司的会计账簿、会计凭证，尚需连续 180 日以上单独或者合计持有公司 3% 以上股份。也就是说，股份有限公司的股东行使一般性知情权，只要具有股东身份即可，但如欲查阅公司会计账簿、会计凭证，则须连续 180 日以上单独或者合计持有公司 3% 以上股份，但公司法允许公司章程对持股比例进行较低规定。至于具体的行权，与有限责任公司一样，股东须向公司提出请求，说明目的。公司如果认为该项请求有不正当目的，可能损害公司合法利益的，可以拒绝。但股东仍然可以向人民法院提起诉讼由法院裁判。法院在受理此类案件后，只要原告股东有初步证据证明在持股期间其合法权益受到损害，可以请求依法查阅或者复制其持股期间的公司特定文件材料。[11]

同样，股份有限公司股东可以委托中介机构代理行使知情权，查阅、复制公司相关文件。自然，中介机构在代理行使查阅、复制资料时，应当保守国家和商业秘密、保护个人隐私和个人信息。如果违反，则须承担相应民事责任。[12]

《公司法》第 110 条第 3 款规定，股东要求查阅、复制公司全资子公司相关材料的，适用前两款的规定。这里“适用前两款的规定”的意思是：一是股东享有查阅、复制全资子公司相关材料的一般性权利；二是要求查阅公司的会计账簿、会计凭证的，须具有连续 180 日以上单独或者合计持有公司 3% 以上股份的资格。

《公司法》第 110 条第 4 款规定，上市公司股东查阅、复制相关材料的，应当遵守《证券法》等法律、行政法规的规定。

股东知情权不能通过公司章程或者股东之间的协议予以剥夺。公司章程、股东之间的协议等实质性剥夺股东依据《公司法》规定赋予股东查阅或者复制公司文件材料的权利，公司以此为由拒绝股东查阅或者复制的，法院不予支持。[13]

公司董事、高级管理人员等未依法履行职责，导致公司未依法制作或者保存《公司法》规定的公司文件材料，给股东造成损失，股东可以依法请求负有相应责任的公司董事、高级管理人员承担民事赔偿责任。[14]

6. 诉讼权

股东的诉讼权，是指公司股东针对公司其他股东、董事、高级管理人员违反法律、行政法规或者公司章程的规定，侵害股东利益的情形时，股东可享有的提起诉讼以保护自己合法权益的权利。我国公司法对股东直接诉讼的规定主要体现在如下两个方面：

第一，如果股东侵害了其他股东的利益，被侵害的股东可以提起诉讼。《公司法》第 21 条规

---

〔11〕 参见《〈公司法〉司法解释四》第 7 条。

〔12〕 参见《〈公司法〉司法解释四》第 11 条。

〔13〕 参见《〈公司法〉司法解释四》第 9 条。

〔14〕 参见《〈公司法〉司法解释四》第 12 条。

定,公司股东应当遵守法律、行政法规和公司章程,依法行使股东权利,不得滥用股东权利损害公司或者其他股东的利益。公司股东滥用股东权利给公司或者其他股东造成损失的,应当承担赔偿责任。这里虽然没有明确规定股东可以提起诉讼,但该条规定显然已经为股东提起损害赔偿之诉提供了足够的诉讼理由。

第二,如果公司董事、高级管理人员侵害了股东利益,被侵害的股东可以提起诉讼。《公司法》第190条规定,董事、高级管理人员违反法律、行政法规或者公司章程的规定,损害股东利益的,股东可以向人民法院提起诉讼。该条明确规定了股东可以基于公司董事、高级管理人员的侵权行为向法院提起诉讼。

第三节 股份有限公司的股份发行和转让

一、股份概述

(一)股份的概念

股份(shares)是构成资本的成分。《公司法》第142条规定,公司的资本划分为股份。把公司资本分割成为股份,所有发行的股份就是资本总额。股份须由认购人认购,认购人一经认足股份,公司资本即因之而得到确定。认购人认购股份并缴纳股款后即成为公司股东。因此,股份不仅是表示公司资本的构成分子,而且是表示股东权利的金额单位。

股份的外在形式是股票。股票(stock)是由公司发行的,表示股东按其持有的股份享有权益的凭证。《公司法》第147条规定,公司的股份采取股票的形式。股票是公司签发的证明股东所持股份的凭证。《公司法》第149条规定,股票采用纸面形式或者国务院证券监督管理机构规定的其他形式。股票采用纸面形式的,应当载明下列主要事项:(1)公司名称;(2)公司成立日期或者股票发行的时间;(3)股票种类、票面金额及代表的股份数,发行无面额股的,股票代表的股份数。股票采用纸面形式的,还应当载明股票的编号,由法定代表人签名,公司盖章。发起人股票采用纸面形式的,应当标明发起人股票字样。

(二)股份的特征

股份具有如下特征:

1. 平等性

股份的平等性是股份有限公司的固有要求。首先,把公司资本划分为股份,尤其是面额股份,整齐划一,便于计算,方便计账,也便于市场交易。其次,无论是面额股份还是无面额股份,股东表决权的行使是按照股份数额的比例计算的,它体现的是在公司决策方面的民主多数原则。

2. 不可分性

面额股份既然是构成公司资本的最小的均等的成分,自然就不可能再行分割。股东出资认购股份,既可以认购一股,也可以认购数股,还可以数人共有一股,但每个单位股份只能代表一个表决权。无面额股份则是按照持股比例行使股东权利,包括利润分配请求权和剩余财产分配请求权。无面额股由于是比例股权,可以再行分割。

3. 可转让性

股份有限公司的股份可以自由转让,且手续方便。股份的转让是通过股票的转让来实现的。无记名股票的转让只需交付即可,即使是记名股票的转让,也只需背书和办理过户手续即可。而有限责任公司股东出资的转让则有相当程度的限制。

4. 证券性

公司的股份采取股票的形式。股票是公司签发的证明股东所持股份的凭证,是表彰股份的有价证券。

股票是一种表彰已经发生的股东权的证券。股份的发行必须先有股份的存在。股份虽然借助于股票而得以表彰,但股东权终究不是由股票所创设,它是一种证权性有价证券。

股票是一种要式证券,股票必须记载一定事项,并且必须由法定代表人签名,公司盖章。欠缺上述要件,股票无效。持有人因此受有损害时,可以向发行股票的人请求损害赔偿。

二、股份的种类

(一)普通股与优先股

依照股份所代表权利的不同,可以将股份分为普通股与特别股。其中特别股又可以分为优先股和劣后股。优先股是指优先于普通股东进行分配或者清偿的股份;劣后股是指后于普通股进行分配或者清偿的股份。

1. 普通股

普通股(common stock or ordinary share),即通常所发行的无特别权利的股份,亦即公司资本构成的基本股份。持有普通股的股东享有较为重要和广泛的权利。概括起来,普通股具有两种基本权利:受益权和表决权。

普通股的一类权利是分配盈余及剩余财产的权利。持有普通股的股东有权分配股利。但普通股的股东只有在公司支付了债息和优先股股息之后才能进行分配。普通股的股利不固定,它是根据公司净利润的多少来决定的。同样,普通股股东分配剩余财产时,也必须是后于公司债权人和优先股股东。因此,普通股股东与公司有着密切的利害关系。公司盈利,普通股股东获利就大;公司亏损,其所负担的风险也就越大。

普通股的另一类权利就是其股东享有表决权,也就是说,享有决定公司一切重大事务的决策权。股东的表决权是通过股东(大)会来行使的,通常是每一股份的股东享有一个表决权,即所谓的“一股一权”。

普通股的股东享有表决权,这是它优越于优先股的地方。但普通股也有其缺陷:普通股股东只能在债权人和优先股东之后分配,其所承担的风险自然就大得多。

2. 优先股

优先股(preferred share),是一种相对于普通股而具有某种特别权利的股份,即有权优先于普通股股东分配公司盈余和(或)剩余财产的股份。我国《公司法》第144条规定,公司可以按照公司章程的规定发行优先分配利润或者剩余财产的股份。优先股的这种优先性主要表现在两个方面:一是优先于普通股股东分配股利。优先股的股息往往是事先规定好的、固定的,它不因公司营业的好坏而有所变动。二是在公司解散或破产而进行清算时优先于普通股股东分配公司剩余财产。

由此可见,优先股比较安全可靠,而且往往它的股息比债息还要高一些,它可以吸引保守的投资者进行投资并有利可图。[15] 但优先股一般情况下不享有表决权。实际上,它是优先股的股东以不享有表决权为代价而换取的对公司盈余和剩余财产的优先分配权(但是,公司章程事先可以规定如果公司在相当时间内不支付优先股股息或者公司应付而未付的股息累积达到一定限额时,这种无表决权的优先股份可转换为有表决权的普通股份)。

劣后股(inferior stock),或称为后配股,是指该类股份对股利和剩余财产的分配后于普通股。我国《公司法》第 144 条规定,公司可以按照公司章程的规定发行劣后分配利润或者剩余财产的股份。在公司分配利润或者清算剩余财产时,只有在普通股东分配完毕尚有剩余财产时,劣后股股东才有权进行分配。不同于优先股的是,劣后股股东有权参与公司正常经营活动,并享有表决权。

(二)记名股和无记名股

依照股票有无记名为标准可将股份分为记名股和无记名股。

记名股(registered stock),是指将股东姓名记载于股票的股份。这种股份,除所有者外,不得行使其股权(当然可以通过代理人行使权利,其效果等同于本人亲自行使权利)。其股份的转让必须将受让人的本名或名称记载于股票及公司股东名册上,否则,不得以其转让对抗第三人。

无记名股(stock to bearer),是指在股票上不记载股东姓名的股份,凡持有这种股票的人即为取得股东资格的人。在股份转让时,仅交付股票于受让人即可发生转让的效力。

我国《公司法》第 147 条第 2 款规定,公司发行的股票,应当为记名股票。也就是说,在我国,将不会有无记名股票的存在。

(三)面额股和无面额股

依照股票有无表示金额为标准可将股份分为面额股和无面额股。

面额股(par value stock),指股票票面表示一定金额的股份。实际上的做法是,每股金额必须相等,且其发行价格不得低于票面金额。这是资本维持原则的具体体现。

无面额股(non par value stock),亦称为比例股,即股票票面不表示一定金额的股份。这种股票的股份仅在股票票面上表示占公司全部资产的比例或股本总额的若干分之几。无面额股的价值会随股份公司资产的增减而相应增减,公司资产增加,每股价值上升;反之,公司资产减少,每股价值下降。

根据我国《公司法》第 142 条的规定,公司的全部股份,根据公司章程的规定择一采用面额股或者无面额股。二者可以相互转换,公司可以根据公司章程的规定将已发行的面额股全部转换为无面额股或者将无面额股全部转换为面额股。但采用无面额股的,应当将发行股份所得股款的 1/2 以上计入注册资本。

(四)表决权股和无表决权股

依照股份上有无表决权,可将股份区分为表决权股和无表决权股。

享有表决权的股份为表决权股(voting stock)。股份上的表决权通常以一个股份享有一个

---

[15] 因此,一般认为优先股是介于普通股和债券之间的融资工具,同时具有了股权型投资和债权型投资的部分特性:既可以像普通股那样分得股息,又可以像债权人那样先于普通股股东受偿。See Robert Heinkel and Josef Zechner, The Role of Debt and Preferred Stock as a Solution to Adverse Investment Incentives, *The Journal of Financial and Quantitative Analysis*, Vol. 25, No. 1 (Mar., 1990), p. 1 – 24; Scott C. Linn and J. Michael Pinegar, The effect of issuing preferred stock on common and preferred stockholder wealth, *Journal of Financial Economics*, Volume 22, Issue 1, October 1988, p. 155 – 184.

表决权为原则,即所谓的“一股一权”(one share one vote)。但表决权股的表决权也可能有所变异,如“一股多权”或者“多股一权”。“一股多权”(multiple voting)是对特定股东给予多数表决权的股份。所谓特定股东指董事、监事、经理而言;所谓“多权”,是指一个股份享有若干表决权,如一股20权。“多股一权”(fractional voting)则是指若干股份只享有一个表决权,如20股一权。我国《公司法》第144条规定,公司可以按照公司章程的规定发行每一股的表决权数多于或者少于普通股的股份,指的就是这种情形。

无表决权股(non-voting stock),是指对于股东应有的表决权在公司章程中予以剥夺的股份,即股份上没有表决权。无表决权股不享有表决权,但享有经济上的权利,甚至享有经济上的优先权。这种股份的发行或者是基于配合企业控制目的,或者是基于单纯吸引投资目的。

三、股份的发行

(一)股份发行的原则

《公司法》第143条规定,股份的发行,实行公平、公正的原则,同类别的每一股份应当具有同等权利。同次发行的同类别股票,每股的发行条件和价格应当相同;认购人所认购的股份,每股应当支付相同价额。

发行股份的一般原则是公平、公正。在此原则之下,必须同股同权、同股同利。同股同权、同股同利原则是股东平等原则的具体体现。这一原则具体是说,同一次发行的相同种类的股份,每一股份上的权利应当相同,每一股份上的利益应当相同。譬如,股东在行使表决权时,每一单位股份的表决权是相同的,通常表现为每一股份享有一个表决权,即所谓的“一股一权”(one vote per share)。我国公司法也允许公司发行的股份可以是“一股多权”或者“多股一权”。但是,无论一股一权,或者一股多权,或者多股一权,同类股份所享有的权利必须相同,不得有差别待遇。譬如,对于同类股份的有些股东实行“一股一权”,而对另一些股东实行一股多权,或者多股一权,均不允许。对于股份上利益的享有也必须体现出平等原则,即同类股份的利益应当相同。譬如,普通股的股东在分配股利时,每一股份单位所应分取的股利应当相同。假如,在进行股利分配时,公司确定每一股份可以分取股利2元。这意味着,任何一个普通股的股东都享有每股份分配2元股利的权利,尽管不同的股东所拥有的股份总额是不相同的。

(二)类别股的发行

根据《公司法》第144条的规定,公司可以按照公司章程的规定发行下列与普通股权利不同的类别股:(1)优先或者劣后分配利润或者剩余财产的股份;(2)每一股的表决权数多于或者少于普通股的股份;(3)转让须经公司同意等转让受限的股份;(4)国务院规定的其他类别股。

但本条第2款规定,除公开发行前已发行的股份外,公开发行股份的公司不得发行“一股多权”或者“多股一权”的股份,也就是“每一股的表决权数多于或者少于普通股的股份”,因为这种股权本身就是家族式股权或者封闭公司股权,不适合公众交易。至于“转让须经公司同意等转让受限的股份”主要针对的是转让受限的股份,如发起人股份、公司董事、监事和高级管理人员股份以及大股东或控制股东的股份,他们的股份转让可能受到一定的限制。

本条第3款规定,非公开发行股份的公司如果发行“每一股的表决权数多于或者少于普通股的股份”这样的类别股,对于监事或者审计委员会成员的选举和更换,类别股与普通股每一股的表决权数相同。本来“一股多权”或“多股一权”是与普通股不同类型的股份,但在选举或者更换监事或者审计委员会成员时，则与普通股一样，实行“一股一票”“一票一权”。

（三）类别股的公司章程

《公司法》第145条规定，发行类别股的公司，应当在公司章程中载明以下事项：(1)类别股分配利润或者剩余财产的顺序；(2)类别股的表决权数；(3)类别股的转让限制；(4)保护中小股东权益的措施；(5)股东会认为需要规定的其他事项。

（四）类别股的分类表决

《公司法》第146条规定，发行类别股的公司，类别股东有权参加股东会议并参加表决。其参加股东会议的表决权数按照类别股的表决权计算。譬如，如果类别股是“一股十权”，他投出的股权表决数就是每股10个表决权，而普通股则是一股一权计算。但是，根据本条第3款的规定，如果股东会决议事项等可能影响类别股股东权利的，除类别股东参加股东会决议外，还应当经出席类别股股东会议的股东所持表决权的2/3以上通过。当股东会作出修改公司章程、增加或者减少注册资本的决议，以及公司合并、分立、解散或者变更公司形式的决议，不仅应当经出席会议的股东所持表决权的2/3以上通过，还应当经出席类别股股东会议的股东所持表决权的2/3以上通过。此外，公司章程可以对需经类别股股东会议决议的其他事项作出规定。

（五）面额股的发行价格

《公司法》第148条规定，面额股股票的发行价格可以按票面金额，也可以超过票面金额，但不得低于票面金额。

由此可见，面额股是指股票上记载着股份价值的股票，“票面价值”（par value）是与股份相关的任意价值。票面价值由公司章程规定并记载在股票证书的票面上。票面价值一经公司章程记载，非经正式修改章程不得变更。

股票的发行价格可以等于或者高于票面价值。一般来说，股票的发行价格总是高于票面价值。在要求票面价值的法律中，有一个重要的限制：禁止以低于票面价值的价格发行股份，因为低于股票的票面价值发行股份可能构成对债权人的欺诈。至于具体的发行价格，则由发行人与承销的证券公司协商确定。

在实践中，公司的习惯做法是使用“低票面价值”或者“名义票面价值”，而不愿意使用高票面价值。因为高票面价值将导致不利的后果：首先，今后公司发行股票如果低于原先确定的票面价值，势必导致对掺水股的责任。其次，一些国家的税收是以票面价值为依据计征税赋的，因此，高票面价值势必导致税务责任的增加。最后，使用高票面价值对公司没有好处或者没有利益，因为贷款人对公司贷款并不依赖于票面价值。

应当注意到，一些国家的法律已经废除了票面价值这一概念。[16] 在废除了票面价值的情形下，也就不存在最低的发行价格。股票的发行价格由董事会确定，只要所有将要发行的股份价格相同即可，董事会可以确定任何发行价格。这种新规则的好处是，以后股份的发行价格可以高于或者低于其原始发行价格。但是，如果股份具有票面价值，则不得以低于原先所确定的票面价格发行股份，即不得折价发行。

---

〔16〕 如MBCA。但同样在美国，大约还有30个州保留了票面价值的概念。在这些州，公司章程必须记载每种股份的票面价值或者记载所发行股份“无票面价值”（with no par value/without par value）。但总体来说，目前的趋势是将这一概念作为历史的反常现象予以废除。

（六）发行股份的合格对价

1. 股份的对价形式

现代法律一般均规定，发行股份的对价形式可以是任何有形财产和无形财产，或者对公司提供的利益，包括现金、已获支付的期票、已经履行的劳务或者服务或者其他公司证券。然而，也有一些法律仍然对股份的发行对价形式进行了相当的限制。这些法律规定，只有特定的财产才能作为发行股份的合格对价。

我国《公司法》第48条、第98条规定，有限责任公司的股东和股份有限公司的发起人可以用货币出资，也可以用实物、知识产权、土地使用权、股权、债权等可以用货币估价并可以依法转让的非货币财产作价出资；但是，法律、行政法规规定不得作为出资的财产除外。但应当注意的是，在股份有限公司公开发行股份的情形下，认购人只能用现金购买股票。

2. 掺水股及其责任

发行股份的对价必须充分，对价不充分的股份是掺水股，发行掺水股将导致掺水股责任。发行掺水股将构成欺诈，因为掺水股的发行将导致资产负债表上的资产价值的虚增。理论上认为，所发行股票的票面价值是一种公示，它表示公司至少获得了那样一笔股权资本。依据此种观点，故意接受掺水股的股东即涉嫌对债权人的潜在的虚假陈述并须承担存在于票面价值和股票实际价格之间的差价责任。

一般来说，掺水股（watered shares）主要有三种表现形式：高估股、红利股和折扣股。

高估股（overestimated shares），从技术上讲，是一种对非现金出资的高估所产生的掺水股。我国《公司法》第48条第2款要求，对作为出资的非货币财产应当评估作价，核实财产，不得高估或者低估作价。法律、行政法规对评估作价有规定的，从其规定。如果对非现金出资进行了高估，掺水股就产生了。按照我国《公司法》第50条的规定，有限责任公司设立时，股东未按照公司章程规定实际缴纳出资，或者实际出资的非货币财产的实际价额显著低于所认缴的出资额的，设立时的其他股东与该股东在出资不足的范围内承担连带责任。《公司法》第99条同样规定，发起人不按照其认购的股份缴纳股款，或者作为出资的非货币财产的实际价额显著低于所认购的股份的，其他发起人与该发起人在出资不足的范围内承担连带责任。

红利股（bonus shares）。红利股主要表现为三种情形：一是公司以发行股份的形式替代现金分配。这种形式的红利股是有对价的。二是公司发行股份作为对公司雇员的奖酬。这种形式的红利股实际上也包含了对价。三是指发行没有任何对价的股份，俗称为“干股”。这种形式的红利股由于缺乏合格的对价而构成掺水股。我国公司法虽然没有对这种形式的红利股责任作出具体规定，但从公司法上关于出资的认缴和股份的认购的规定来看，接受这种红利股的股东应当承担补缴责任。

折扣股（discount shares），是指所发行的股份虽然有对价，但其对价却低于规定的价格，或者低于票面价值，或者低于董事会确定的价格。我国法律明确禁止发行折扣股份。接受折扣股的股东应当补缴其差额。

《公司法》第150条规定，股份有限公司成立后，即向股东正式交付股票。公司成立前不得向股东交付股票。

（七）新股的发行

公司因其业务的扩展而可能需要增加资本，这就涉及公司发行新股的问题。我国公司法就有关新股发行问题进行了规定。《公司法》第151条规定，公司发行新股，应由股东会作出决议，决议的事项包括:(1)新股种类及数额;(2)新股发行价格;(3)新股发行的起止日期;(4)向原有股东发行新股的种类及数额;(5)发行无面额股的,新股发行所得股款计入注册资本的金额。公司发行新股,可以根据公司经营情况和财务状况,确定其作价方案。

(八)授权资本制

《公司法》第152条规定了股份有限公司董事会经公司章程或者股东会授权自行决定股份的发行。这说明我国公司法允许更为灵活方便的股份发行方式。

公司法对授权董事会发行股份的期限和数额进行了限制,即公司章程或者股东会可以授权董事会在3年内决定发行不超过已发行股份50%的股份。同时,我国公司法授权公司董事会决定发行的股份限于货币资本,以非货币财产作价出资的应当经股东会决议。

公司董事会在授权范围内决定发行股份必然会导致公司注册资本、已发行股份数发生变化,从而需要相应地修改公司章程。通常情况下,公司章程的修改属于股东会的权力,但在授权资本情况下,对公司章程该项记载事项的修改不需再由股东会表决。这正是授权资本制的优点,减省了股东会的会议程式和成本,增强了董事会的自主决策权。

根据《公司法》第153条的规定,公司章程或者股东会授权董事会决定发行新股的,董事会决议应当经全体董事2/3以上通过。显然,较之于董事会的一般决议事项,公司法提高了发行授权股份的表决比例。

(九)公开募集

1. 公司募集的注册与招股说明书

《公司法》第154条规定,公司向社会公开募集股份,应当经国务院证券监督管理机构注册,公告招股说明书。招股说明书应当附有公司章程,并载明下列事项:(1)发行的股份总数;(2)面额股的票面金额和发行价格或者无面额股的发行价格;(3)募集资金的用途;(4)认股人的权利和义务;(5)股份种类及其权利和义务;(6)本次募股的起止日期及逾期未募足时认股人可以撤回所认股份的说明。公司设立时发行股份的,还应当载明发起人认购的股份数。

2. 公开募集股份的承销

《公司法》第155条规定,公司向社会公开募集股份,应当由依法设立的证券公司承销,签订承销协议。

3. 与银行签订代收股款协议

《公司法》第156条前两款规定,公司向社会公开募集股份,应当同银行签订代收股款协议。代收股款的银行应当按照协议代收和保存股款,向缴纳股款的认股人出具收款单据,并负有向有关部门出具收款证明的义务。

4. 公告

《公司法》第156条第3款规定,公司发行股份募足股款后,应予公告。

四、股份有限公司的股份转让

(一)股份转让的一般规则

股份有限公司的股份转让具有较高程度的自由,尤其是公开发行股份的公司,由于涉及社会公众股东,且在公开交易场所进行交易,客观上也不能对之进行限制,否则,将会阻碍公众股份的流通。因而,《公司法》第157条规定了股份有限公司的股东持有的股份原则上是自由的,即股份有限公司的股东持有的股份可以向其他股东转让,也可以向股东以外的人转让。但是,股份有限公司的形态也不相同,有的小型股份有限公司规模较小、人数较少,与有限责任并无实质性差异。因此,虽然法律没有直接限制,但授权公司章程可以对股份转让设定限制。如果股份有限公司自己需要限制其股东转让股份,其转让按照公司章程的规定进行。

（二）股份转让的限制

尽管股份有限公司的股份转让具有较高程度的自由,但法律仍然设定了一些限制。这些限制主要是对股份转让的场所和方式、公司公开发行股份前已发行的股份、上市公司股东、实际控制人以及公司董事、监事、高级管理人员的要求或者限制。

1. 股份转让场所与方式

《公司法》第158条规定,股东转让其股份,应当在依法设立的证券交易场所进行或者按照国务院规定的其他方式进行。

2. 股票转让方式

《公司法》第159条规定,股票的转让,由股东以背书方式或者法律、行政法规规定的其他方式转让;转让后由公司将受让人的姓名或者名称及住所记载于股东名册。股东会会议召开前20日内或者公司决定分配股利的基准日前5日内,不得进行前款规定的股东名册的变更登记。法律、行政法规或者国务院证券监督管理机构对上市公司股东名册变更另有规定的,从其规定。

3. 公开发行股份前已发行的股份

《公司法》第160条第1款规定,公司公开发行股份前已发行的股份,自公司股票在证券交易所上市交易之日起1年内不得转让。

4. 上市公司股东、实际控制人的股份转让

《公司法》第160条第1款规定,法律、行政法规或者国务院证券监督管理机构对上市公司的股东、实际控制人转让其所持有的本公司股份另有规定的,从其规定。

5. 董事、监事、高级管理人员的股份转让

《公司法》第160条第2款规定,公司董事、监事、高级管理人员应当向公司申报所持有的本公司的股份及其变动情况,在就任时确定的任职期间每年转让的股份不得超过其所持有本公司股份总数的25%;所持本公司股份自公司股票上市交易之日起1年内不得转让。上述人员离职后半年内,不得转让其所持有的本公司股份。公司章程可以对公司董事、监事、高级管理人员转让其所持有的本公司股份作出其他限制性规定。

（三）股份回购

股份回购(share repurchase),是指公司依照法律或者章程的规定从公司股东手中买回自己股份的行为,又称为股份的回赎(share redemption)。

关于公司是否可以回购自己的股份,存在两种不同的模式:一种是规定公司可以取得自己的股份,这种模式以美国为代表;另一种是采取“原则禁止,例外许可”的限定模式[17]。两者的区别在于资本制度的不同。美国公司法采用授权资本制度,公司取得自有股份制度,即库存股制度(treasury stock),符合授权资本制度的灵活要求。“库存股”好似一个具有调节供水功能的蓄水池,公司可借助其“吞”“吐”功能,调整公司资本额的增减变化,使之能与市场需求变化及公司发展总体目标相一致。大陆法系国家和地区有着较为严格的法定资本制度,为了确保公司资本维

〔17〕 如德国、法国、意大利、瑞士、日本、韩国等国家和中国台湾等地区。但即使是这些国家和地区,其回购政策也在放松,如日本现在几乎已经完全放开。

持，保护债权人利益，严格限制公司取得自有股份，突出了其资本制度的严格性特点。

我国亦属于后一种模式。《公司法》第162条规定：公司不得收购本公司股份。但是，有下列情形之一的除外：(1)减少公司注册资本；(2)与持有本公司股份的其他公司合并；(3)将股份用于员工持股计划或者股权激励；(4)股东因对股东会作出的公司合并、分立决议持异议，要求公司收购其股份；(5)将股份用于转换上市公司发行的可转换为股票的公司债券；(6)上市公司为维护公司价值及股东权益所必需。

公司因前款第(一)项、第(二)项规定的情形收购本公司股份的，应当经股东大会决议；公司因前款第(三)项、第(五)项、第(六)项规定的情形收购本公司股份的，可以依照公司章程的规定或者股东大会的授权，经2/3以上董事出席的董事会会议决议。

公司依照本条第1款规定收购本公司股份后，属于第(一)项情形的，应当自收购之日起10日内注销；属于第(二)项、第(四)项情形的，应当在6个月内转让或者注销；属于第(三)项、第(五)项、第(六)项情形的，公司合计持有的本公司股份数不得超过本公司已发行股份总额的10%，并应当在3年内转让或者注销。

上市公司收购本公司股份的，应当依照《证券法》的规定履行信息披露义务。上市公司因本条第1款第(三)项、第(五)项、第(六)项规定的情形收购本公司股份的，应当通过公开的集中交易方式进行。

(四)异议股东回购请求权

《公司法》第161条规定，有下列情形之一的，对股东会该项决议投反对票的股东可以请求公司按照合理的价格收购其股份，公开发行股份的公司除外：(1)公司连续5年不向股东分配利润，而公司该5年连续盈利，并且符合本法规定的分配利润条件；(2)公司转让主要财产；(3)公司章程规定的营业期限届满或者章程规定的其他解散事由出现，股东会通过决议修改章程使公司存续。自股东会决议作出之日起60日内，股东与公司不能达成股份收购协议的，股东可以自股东会决议作出之日起90日内向人民法院提起诉讼。公司因本条第1款规定的情形收购的本公司股份，应当在6个月内依法转让或者注销。

(五)股份的设质

股份的设质因股票是属于记名股票还是无记名股票而可以分为两种情形：

其一，记名股票的设质必须依照背书的方式为之，即在股票上记明设质情形而将股票交付与质权人。因而，记名股票的设质，应有当事人之间关于设定质权的合意，并将质权人姓名或者名称记载于股票背面，同时，将股票交付与质权人。该质权人因持有经过背书的股票而取得对公司的质权并以此对抗第三人。但其设质，非将质权人姓名或者名称及住所记载在股东名册上，不得对抗公司。

其二，无记名股票的设质仅须有设质的合意及股票的交付即可。但我国公司法不承认无记名股票，故而也就不存在无记名股票设定质押权的问题。股票设质属于担保法范畴，故公司法无须对质权担保本身作出规定。公司法仅就股权质押与公司法的关联性作出了两处规定。一是《公司法》第162条第5款规定，公司不得接受本公司的股份作为质权的标的。本款规定意在表明，如果公司接受本公司的股票作为质押权标的，无异于用自己的财产担保自己的债权。二是《公司法》第160条第3款规定，股份在法律、行政法规规定的限制转让期限内出质的，质权人不得在限制转让期限内行使质权。

（六）禁止财务资助

《公司法》第163条第1款规定，公司不得为他人取得本公司或者其母公司的股份提供赠与、借款、担保以及其他财务资助，公司实施员工持股计划的除外。根据本款规定，所谓财务资助，是指公司为他人取得本公司或者其母公司的股份提供赠与、借款、担保以及其他财务资助。财务资助意味着公司无偿或者低价为他人提供财务资助，实际上侵害了公司财产。公司为他人提供财务资助的形式体现为赠与、借款、担保以及其他财务资助，这些形式的财务资助实质上就是在为他人提供无偿或者不充分对价的财务支持和帮助。赠与、借贷、担保为三种典型资助形式，实践中，财务资助的形式多样，譬如，在主营业务范围外以实物资产、无形资产等方式对外提供资助；为他人承担费用，如代垫款项，代缴个人所得税款；无偿提供资产使用权或者收取资产使用权的费用明显低于行业一般水平；支付预付款比例明显高于同行业一般水平或者无商业实质的预付款；等等。

但是，本款也规定了例外情形，即公司实施员工持股计划的除外。员工持股计划本质上属于一种特殊的报酬计划，是指为了吸引、保留和激励公司员工，通过让员工持有股票，使员工享有剩余索取权的利益分享机制和拥有经营决策权的参与机制。

《公司法》第163条第2款规定也规定了例外情形的财务资助，但却须履行法定要求：一是为公司利益，经股东会决议，或者董事会按照公司章程或者股东会的授权作出决议，公司可以为他人取得本公司或者其母公司的股份提供财务资助；二是财务资助的累计总额不得超过已发行股本总额的10%；三是董事会作出决议应当经全体董事的2/3以上通过。

《公司法》第163条第3款规定，违反前两款规定，给公司造成损失的，负有责任的董事、监事、高级管理人员应当承担赔偿责任。

（七）股票的被盗、遗失或者灭失

《公司法》第164条规定，股票被盗、遗失或者灭失，股东可以依照《民事诉讼法》规定的公示催告程序，请求人民法院宣告该股票失效。人民法院宣告该股票失效后，股东可以向公司申请补发股票。本条规定当然仅适用于记名股票，因我国公司法已经不承认无记名股票，自然也就不存在无记名股票的被盗、遗失或者灭失的救济问题。事实上，法律也确实无法对无记名股票提供救济措施。这是因为，无记名股票具有证券与持有人不可分离的特征，无记名股票被盗、遗失或者灭失，自然无法通过公示催告程序予以救济。当然，如果无记名股票持有人能够提供其他合法证据证明其为正当权利人，则应承认其权利。

（八）股票的上市交易

股票的上市交易，是指上市公司的股票在证券交易所通过集中竞价方式进行交易。《公司法》第165条规定，上市公司的股票，依照有关法律、行政法规及证券交易所交易规则上市交易。股票的上市交易是一种特殊的股份转让方式，须遵守专门的上市交易规则。这些规则或者由证券法规定，或者由证券监督管理机构规定，或者由证券交易所规定。公司法在这里只作出了指引性规定，具体规定则是本书第三编讨论的内容。

信息披露是股票上市交易必须遵守的重要规则之一。《公司法》第166条规定，上市公司必须依照法律、行政法规的规定披露相关信息。相关信息的披露包括公开其财务状况、经营情况以及重大诉讼等。同样，公司法在这里只作出了指引性规定，具体规则参见本书第三编内容。

（九）股东资格的继承

《公司法》第167条，自然人股东死亡后，其合法继承人可以继承股东资格；但是，股份转让受限的股份有限公司的章程另有规定的除外。公司股权是一种自益性财产权,自然人股东死亡后,其合法继承人当然可以根据继承法继承股东资格。但是,股权又是一种共益权,须服从于公司的整体经营目标,尤其是对于“股份转让受限的股份有限公司”而言,因此,公司可以通过公司章程限制该种继承权。但应注意的是,尽管公司章程可以限制自然人继承股东资格,但却不能剥夺其股权的财产利益。无论是该股权转让给其他股东或者第三人,还是公司取得并注销,均须向继承人支付该股权的经济对价。

五、有限责任公司的股权转让

(一)股权转让的一般规则

就其实质而言,股份有限公司的股份转让就是其股权转让。但公司法专门就有限责任公司的股权转让作出了规定。因此,这里所谓的股权转让专指有限责任公司的股权转让。

1. 股权转让与股份转让

有限责任公司股权的转让与股份有限公司股份的转让存在较大的差异性。这种差异性主要表现在:

第一,有限责任公司股东人数较少,其人合性较强。这种人合性体现了公司中股东相互之间的信任关系和人情关系。所以,有限责任公司的股权转让受到限制。股份有限公司中存在众多的社会公众股东,其资合性较强。这种资合性体现了公司以资本为基础,不注重股东相互之间的人际关系。因此,股份的转让自由程度较高。

第二,有限责任公司的股权转让不存在公开交易场所,股权的转让只能通过私下协议方式进行。而股份的转让存在一个公开交易的市场,如中国的上海交易所和深圳交易所,美国的纽约证券交易所(NYSE)和纳斯达克(NASDAQ)。[18] 在这里,股东可以自由转让其股份。如果对股份转让予以限制,股份交易市场无法形成,股份有限公司也就失去了其市场基础。

2. 股权的外部转让规则

我国公司法将有限责任公司的股权转让区分为内部转让和外部转让。内部转让采取自由主义原则。《公司法》第84条第1款规定,有限责任公司的股东之间可以相互转让其全部或者部分股权。也就是说,有限责任公司股权的内部转让完全自由,没有任何法律限制。然而,外部转让则受到限制。这种限制主要体现为其他股东的优先购买权。

(1)优先购买权

《公司法》第84条第2款规定,股东向股东以外的人转让股权的,应当将股权转让的数量、价格、支付方式和期限等事项书面通知其他股东,其他股东在同等条件下有优先购买权。股东自接到书面通知之日起30日内未答复的,视为放弃优先购买权。两个以上股东行使优先购买权的,协商确定各自的购买比例;协商不成的,按照转让时各自的出资比例行使优先购买权。

根据本款规定,当股东向股东以外的人转让股权的,应当将股权转让的数量、价格、支付方式和期限等事项书面通知其他股东。这种要求的目的是方便其他股东决定是否行使优先购买权。

---

[18] NASDAQ是美国“全国证券业协会行情自动传报系统”(National Association of Securities Dealers Automated Quotations system)的缩写,创立于1971年,迄今已成为世界最大的股票市场之一。该市场允许市场期票出票人通过电话或互联网直接交易,而不拘束在交易大厅进行,而且交易的内容大多与新技术,尤其是计算机方面相关,是世界第一家电子证券交易市场。一般来说,在纳斯达克挂牌上市的公司以高科技公司为主。

在同等条件下,其他股东有优先购买权。公司法对有限责任公司股东股权的外部转让的限制主要是基于有限责任公司人合性考虑。正是基于有限责任公司股东之间特定的人际关系,法律要求股东将其股权转让给第三人时,公司原有股东享有优先购买权。公司原有股东的这种优先购买权须在期限内行使,即股东自接到书面通知之日起 30 日内未答复的,视为放弃优先购买权。

如果是两个以上股东主张行使优先权的,即应协商确定各自的购买比例;协商不成的,按照转让时各自的出资比例行使优先购买权。这种优先购买权是一种选择权,股东可以行使,也可以放弃。在判断"同等条件"时,应当考虑转让股权的数量、价格、支付方式及期限等因素。[19]

优先购买权的行使应当在收到通知后,在公司章程规定的期间内提出购买请求。公司章程没有规定行使期间或者规定不明确的,以通知确定的时间为准,通知确定的时间短于 30 日或者未明确行使期间的,行使期间为 30 日。[20]

在其他股东主张优先购买权后,转让股东可否反悔? 原则上是可以的。因为从根本上讲,是否转让股权以及转让给何人本是股东的自由,公司法赋予给其他股东的优先购买权的前提是股东决定转让其股权。如果转让股东在其他股东主张优先购买权后又不同意转让股权,行使优先购买权的前提不存在了,自然无法行使优先购买权。但有两个问题需要考虑:一是公司章程或者全体股东事先有规定或者约定,自然应该遵从其规定或者约定;二是如果转让股东的这种反悔导致其他股东损失的,则应当予以赔偿。[21]

如果转让股东向股东以外的人转让股权,但却没有就其股权转让事项征求其他股东意见,或者以欺诈、恶意串通等手段,损害其他股东优先购购买权,其他股东依然可以主张按照同等条件购买该转让股权。于此情形,其他股东自知道或者应当知道行使优先购买权的同等条件之日起 30 日内或者自股权变更登记之日起 1 年内行使,否则该优先购买权消灭。股东以外的股权受让人,因股东行使优先购买权而不能实现合同目的的,可以请求转让股东承担相应民事责任。[22]

(2)股权转让限制与公司自治

《公司法》第 84 条第 3 款规定,公司章程对股权转让另有规定的,从其规定。关于本款规定,应从两方面理解:

一方面,有限责任公司具有很强的人合性,上述对有限责任公司出资转让的限制充分体现了法律对这种人合性的尊重。客观地说,这种限制也具有一定的合理性。但问题的另一方面是,股权又具有可转让性,股权的可转让性正是其价值所在,其流通性越强,其价值体现就越高。实践中,我们会发现,正是这种对有限责任公司股东股权转让的限制导致了其价格的下抑和市场出售性的降低。事实上,在有限责任公司中,对股权转让的限制往往成为大股东欺压少数股东的一种有效工具。何况,根据我国公司法规定,有限责任公司股东可高达 50 人,其人合性自然淡薄。于此情形,如果法律要求所有有限责任公司的股权转让均须遵从上述限制性规定的话,未免过于绝对。因此,法律允许公司章程对股权转让另作规定。这将意味着,公司有权根据自身的实际情况自主决定是否设定这样的限制,体现了法律的灵活性。譬如,在设立公司时,如果股东不同意对

〔19〕 参见《〈公司法〉司法解释四》第 17 条。

〔20〕 参见《〈公司法〉司法解释四》第 19 条。

〔21〕 参见《〈公司法〉司法解释四》第 20 条。

〔22〕 参见《〈公司法〉司法解释四》第 21 条。

股权转让设定任何限制，认为这样的条款限制了其将来可能转让股权的自由，就不可能达成这样的条款。同样，即使在公司章程中已经设置了这样的限制性条款，也可以通过修改公司章程的方式予以废除。

另一方面，本款规定同样也意味着公司章程可以提高限制条件。譬如，公司章程规定，股东将其股权转让给第三人须经其他股东同意（全体或者过半数）。这样的限制性条款也是合法的。这种限制的合理性也是没有问题的，因为这是公司自己的限制，是经过股东同意并由公司章程规定的，体现了公司和股东自己的意志。这与法律限制不同。如果是法律的限制，则意味着所有的有限责任公司都须遵守该法令的要求，当然不合理，也没有法律依据。但如果是公司自己的限制，该种限制仅拘束该公司而已，没有普适性。

进一步的问题是，如果公司章程规定，禁止股东将其股权转让给第三人，其合法性如何呢？这似乎就不应拘泥于本款规定自身的逻辑来寻求答案，而应该从更高的公共政策角度来进行解释。因为，凡财产者均应具有可转让性，股权是财产之一种，因此，股权转让不应受到禁止。据此，如果公司章程禁止股权转让，该种条款因其违反公共政策而应作无效处理。于此情形，股东的股权转让应视为无限制而仅需要满足公司法要求即可。

3. 强制执行程序中的股权转让

关于股权转让的一个特殊问题是，在强制执行程序中股权转让如何进行，对此，《公司法》作出了专门规定。根据《公司法》第 85 条的规定，人民法院依照法律规定的强制执行程序转让股东的股权时，应当通知公司及全体股东，其他股东在同等条件下有优先购买权。其他股东自人民法院通知之日起满 20 日不行使优先购买权的，视为放弃优先购买权。

4. 股权转让变更登记及救济

《公司法》第 86 条规定，股东转让股权的，应当书面通知公司，请求变更股东名册；需要办理变更登记的，并请求公司向公司登记机关办理变更登记。公司拒绝或者在合理期限内不予答复的，转让人、受让人可以依法向人民法院提起诉讼。股权转让的，受让人自记载于股东名册时起可以向公司主张行使股东权利。

5. 股权转让后应当履行的手续

《公司法》第 87 条规定，发生前述股权转让后，公司应当注销原股东的出资证明书，向新股东签发出资证明书，并相应修改公司章程和股东名册中有关股东及其出资额的记载。对公司章程的该项修改不需再由股东会表决。

6. 股权转让中的出资责任

《公司法》第 88 条规定，股东转让已认缴出资但未届出资期限的股权的，由受让人承担缴纳该出资的义务；受让人未按期足额缴纳出资的，转让人对受让人未按期缴纳的出资承担补充责任。

未按照公司章程规定的出资日期缴纳出资或者作为出资的非货币财产的实际价额显著低于所认缴的出资额的股东转让股权的，转让人与受让人在出资不足的范围内承担连带责任；受让人不知道且不应当知道存在上述情形的，由转让人承担责任。

（二）评估权

1. 评估权的概念

评估权（appraisal rights），是指在特定形态的交易中，法律赋予异议股东请求公司以公平价格回购其股权的权利。

评估权是公司法对特定交易中的异议股东(dissent shareholders)所提供的一种保护性措施,实际上是对在特定交易中大股东滥用权利欺压少数股东的一种救济方式。所以,评估权又称为"异议股东评估权"(appraisal rights for dissent shareholders)。

评估权是异议股东要求公司回购其股份的权利。如果某一股东或者某些股东或者某类股东对公司的特定交易表示反对,但又无力阻止该种交易的发生,异议股东可以要求公司以公平价格回购其股份,从而退出公司。所以,评估权又称为"异议股东股权回购请求权"(the right of repurchase for dissent shareholders)。

评估权是异议股东要求公司以公平价格回购其股份的权利。异议股东股份的回购必然涉及价格确定问题,而价格的确定是否公平则直接关系到异议股东的权益能否得到充分实现。而公平价格的确定又有赖于评估程序的合理设置,这就是为什么该种权利被称为"评估权"。

我国公司法分别对有限责任公司和股份有限公司的评估权作出了规定,前面已经介绍了股份有限公司的评估权,这里仅介绍有限责任公司的评估权。

2. 评估权的适用范围

不是在任何交易中股东都享有这种评估权,只有在特定交易中,股东才享有这种权利。这说明评估权具有法定性,即只有在法律有明文规定的情形下才适用。根据我国《公司法》第 89 条第 1 款的规定,有下列情形之一的,对股东会该项决议投反对票的股东可以请求公司按照合理的价格收购其股权:

(1)公司连续 5 年不向股东分配利润,而公司该 5 年连续盈利,并且符合本法规定的分配利润条件的。公司具有利润分配能力但却不向股东进行分配往往是大股东欺压小股东的一种手段。于此情形,只要符合本项规定条件,异议股东可请求公司回购其股权从而退出公司。

(2)公司合并、分立、转让主要财产的。合并、分立、转让主要财产涉及公司结构和资产发生根本性变化,从而改变股东原先的投资预期。于此情形,应赋予异议股东股权回购请求权,允许其退出公司。

(3)公司章程规定的营业期限届满或者章程规定的其他解散事由出现,股东会会议通过决议修改章程使公司存续的。公司章程规定的公司营业期限届满或者章程的其他解散事由出现时,公司本应解散。如果股东会决议使公司继续存续的,当然合法。但异议股东可以请求公司回购其股权,并退出公司。

此外,《公司法》第 89 条第 3 款规定,公司的控股股东滥用股东权利,严重损害公司或者其他股东利益的,其他股东有权请求公司按照合理的价格收购其股权。有限责任公司,俗称封闭公司,即股东成员具有人和性,股权转让具有限制性,容易导致公司控股股东滥用股东权利,损害公司或者其他股东利益,如果情形严重,其他股东则可以行使异议权退出公司。

评估权的适用虽然强调法定性,但也不是没有规律可循。主要有以下三点:

第一,其所适用的事项必须是经股东会决议的事项,并且该股东有权参与该事项的表决。没有这一前提,评估权也就失去了根本。

第二,其所适用的事项属于公司重大事项。何谓重大事项?一般而言,该种事项或者涉及股东的根本利益,或者导致公司结构发生根本变化,或者构成对股东投资预期的根本违背。

尽管如此,究竟评估权适用于何种事项,依然是一个立法政策的取舍问题。因此,也就不难理解为什么各国对评估权规定的适用范围不尽一致。

第三,如上所述,如果公司控股股东滥用股东权利欺压、侵害公司和股东权利,异议股东有权行使异议权退出公司,也是异议股东自我救济的一种方式。

有一点需要说明的是,我国公司法规定的评估权不仅适用于有限责任公司,而且适用于股份有限公司。但根据《公司法》第161条第1款的规定,公开发行股份的公司不适用异议股东评估权。之所以如此,是因为公众公司的股份转让比较自由,尤其是上市公司,其股票可以上市交易,其市场价格即可视为公平价格。加之,评估权的行使程序复杂,往往还须借助司法救济,无论对异议股东还是对公司,都意味着成本增加。而有限责任公司的股权转让要困难一些,转让中亦很难就股权价格达成一致协议,往往需要借助于司法程序才能获得公平价格。再者,就股份有限公司适用评估权的情形而言,《公司法》第161条第1款规定了三种情形,其中第(二)项仅限于"公司转让主要财产",而不适用于"合并、分立"。此外,《公司法》针对控股股东滥用股东权规定了严重损害公司和其他股东利益的,其他股东享有异议权请求退出公司。

3. 提诉期间

一般而言,评估权的行使程序是,异议股东向公司提出请求,要求公司以特定价格收购其股权。然而,实际上,双方很可能不能就股权价格达成一致协议。因此,有必要借助于司法救济,由法院来确定股权的公平价格。对此,公司法规定了异议股东的提诉期间。根据《公司法》第89条第2款的规定,自股东会会议决议通过之日起60日内,股东与公司不能达成股权收购协议的,股东可以自股东会会议决议通过之日起90日内向人民法院提起诉讼。这里规定的期间实质上为除斥期间。这意味着,如果异议股东不遵守这一法定期间的话,将会丧失评估权。

4. 回购股份的处理

《公司法》第89条第4款规定,公司因本条第1款、第3款规定的情形收购的本公司股权,应当在6个月内依法转让或者注销。

(三)股权的继承

股权为一种财产权,自然可以继承。《公司法》第90条规定,自然人股东死亡后,其合法继承人可以继承股东资格;但是,公司章程另有规定的除外。股东资格的继承当然意味着股权的继承,但法律允许公司章程另作规定。这意味着公司章程可以作出不允许继承的规定。基于有限责任公司的人合性考虑,公司章程的这种规定是合法的。如果不允许继承,公司则应当收购该股份,并且最好事先在公司章程中确定收购条件以及价格的计算方式。

此外,前面关于股东优先购买权的行使也不适用股权继承情形。这是因为财产的继承权是当事人的法定权利,因此,在自然人股东因继承发生变化时,其他股东不得主张行使优先购买权。当然,公司章程或者全体股东事先有规定或者约定的除外。[23]

第四节　公司债券

一、公司债券概述

(一)公司债券的概念和特征

《公司法》第194条规定,公司债券,是指公司发行的约定按期还本付息的有价证券。公司

---

〔23〕 参见《〈公司法〉司法解释四》第16条。

债券(debt securities)是一种债权证券,属于广义的公债的一种。广义的公债不仅包括公司债,而且包括其他企业、金融机构,甚至政府或国家所发行的债券,如企业债券、金融债券、政府债券或国家债券等。

公司债券的特点如下:

第一,公司债券是一种要式证券。公司债券必须依法记载一定事项。公司债券所记载的事项是确定债券持有人和公司权利义务的基本依据。

第二,公司债券是表彰已经发生的公司债债权的证券。公司债不是因为发行公司债券而发生的,因而公司债券不是设权证券,而是证权证券。公司债契约的成立并不以交付债券作为其必要条件,但公司债契约成立后公司应发行债券,该债券在应募人缴足其所认金额后即应发行。

第三,公司债券具有可转让性。公司债券作为证券之一种,可以转让。

第四,公司债券具有可回赎性。公司债券可由公司进行回赎,于此情形,回赎的价格是高于该债券面值的溢价(premium)。股东也可以请求公司回购其股份,但股份回购的价格以市场价格为基础予以确定。

第五,公司债券具有可转换性。公司可以发行可转换公司债券,可转换公司债券持有人可以选择是否将其债券转换为公司普通股票。

(二)公司债与普通债

公司债的债权人与通常的公司债权人的地位相同,但公司的普通债权人与公司的关系是根据合同法建立的,而公司债债权人与公司的关系是根据公司法的规定发生的。而发行公司债券则需要遵守一定的发行条件和发行程序。因此,基于发行公司债券所形成的法律关系并不仅仅表现为合同法律关系,同时还表现为公司法律关系和证券法律关系。

(三)公司债与股份

虽然都是为公司提供运用资本而募集的资金,但公司债却是一种债的关系,而股份则表彰的是一种股权关系,二者性质完全不同。具体表现在如下几个方面:

第一,就权利主体而言,公司债的债权人与公司处于相对的地位,而股份所有人则是公司组织的构成成员。前者享有的是债权,后者享有的是股权。

第二,就利益分配而言,不管公司是否有盈余,公司债的债权人都可以向公司请求支付利息,而股东则仅能在公司有充分盈余时才能分配股利。此外,公司对债权人必须偿还本金,而股东则只能在公司解散时才可以请求分配剩余财产。

第三,就清偿顺序而言,公司债的债权人优先于公司股东而受清偿,而股东则必须在公司清偿债务后,才可就盈余或者剩余财产请求分配。

第四,就利率而言,公司债的利率是固定不变的,而股份的盈余分配率则取决于公司营业状况而经常变动。

(四)公司债与优先股

公司债与优先股不同,前者属于债权,后者属于股权。从法律角度来说,其区别主要表现在如下几个方面:

第一,公司债的利息属于公司无条件支付的义务;而优先股的股息则由公司自由决定。

第二,公司债通常有到期日,到期日届满必须归还本息,而优先股没有到期日,也不归还股本,是否支付股利则看公司是否有盈利,公司有盈利,则支付;无盈利,则不能支付。

第三，如果发生支付违约现象，公司债债权人有权请求提前支付，而优先股东则无。

尽管在法律上存在上述区别，但二者在经济上的差别却不大。

二、公司债券的种类

(一)担保公司债与非担保公司债

公司债券包括担保之债(bonds)和非担保之债(debentures)，有时还包括具有较长期限的期票(promissory notes)。它们都被包含在"债券"这一总的概念之下。担保之债与非担保之债均属于长期债务工具。

担保公司债，是指以公司资产的全部或部分作为偿还本息的担保而发行的债券。债券到期如不能还本付息，持券人可就其担保财产自由处分。

非担保公司债，是指仅以公司本身的信誉而无其他财产担保所发行的债券。唯因其无财产担保，故发行时常有附带条款以约束公司行为，如发行债券的公司不得设定抵押权，或不得另举新债，或债券所得资金只能供指定用途而不能用作偿还旧债或分配股利等。

(二)转换公司债与非转换公司债

转换公司债(convertible bonds)，是指公司的债权人可以将公司债券转换为公司股份的公司债，否则，即为非转换公司债(non-convertible bonds)。

(三)普通公司债与参加公司债

普通公司债，是指仅按原定利率支付利息，而不管公司盈余分配比例大小的公司债。

参加公司债(participating bonds)，是指当公司股利分配的比例超过债券利率时，即按一定比例增加债券利息的公司债。

(四)收益公司债

收益公司债(income bonds)，是指公司债的利率依公司盈利多少而定，无盈余则无利息，即是否支付利息取决于是否存在能够获得包含该利息的收益。

(五)附质权信托公司债

附质权信托公司债，是指受托人为债权人利益而占有公司发行人名下的股票、债券、可转让票据等速动资产，一旦发行人无力清偿债务，受托人即变卖他占有的速动资产以清偿债务。

(六)随时变现公司债

随时变现公司债，顾名思义，可在期限届满前随时请求清偿。

(七)零息债券

零息债券(zeroes)，是指无息非担保债券。这种债券以大大低于票面价值的价格发行，其全部利息反映在折扣部分。

(八)垃圾债券

垃圾债券(junk bonds)，是指没有达到投资等级的债券。对这种债券的投资有如对股权证券的投资一样，具有高度的风险性，因而，在日常语言中，该种垃圾债权又被称为"另类股权"(another class of equity)或者"特类普通股"(a type of common stock)。

有时候，该种证券原先是达到投资等级的，但是后来下降了，因为投资人没有收益。这种垃圾债券被称为"堕落的天使"(fallen angel)。

大多数垃圾债券是作为一种收购手段而发行的，主要流行于20世纪80年代。由于其信誉的降低，现在已经不常见了。

（九）混合证券

混合证券（hybrid securities），是指同时具有债券和优先股的某些特征的债券。这类证券的主要特征是导致在税务上不能确定到底是按照债券处理或者是按照股权处理。由于该种证券的真实性质具有不确定性，所以，在实务操作中应注意根据实际情况进行具体分析和处理。

三、公司债债权人的权利

（一）利息请求权

公司债债权人对于公司享有利息请求权，其利率、利息支付方法及期限，均以公司债发行条件确定。发行公司债时，有的附有利息债券，有的不附利息债券，但无记名公司债券通常附有利息债券。利息券附贴在债券的下端，与债券连成一体发行。债权人在规定的付息时期，将利息券剪下来，使其成为独立的债券以领取利息。利息券是表彰利息债权的有价证券，通常为无记名式，可与债券相分离，并可以转让。在受领利息给付时，持有人只需将利息券交还就可以了，无须提示债券。

（二）偿还请求权

公司债有到期日，到期日届满，公司应当向公司债券持有人偿还本金。公司债偿还的方法及期限，均以公司债发行条件确定。公司应当依照约定的方法和期限偿还债务，不得违背债权人意愿而任意变更，否则，将构成公司违约。公司偿还债务后，可请求债权人缴回债券。

四、公司债券的发行

（一）公司债券的发行条件

《公司法》第194条规定，公司债券可以公开发行，也可以非公开发行。公司债券的发行和交易应当符合《证券法》等法律、行政法规的规定。证券法对公司发行公司债券和再次发行公司债券的条件进行了规定，公司法在这里只作出了指引性规定，有关内容参见本书第三编。

（二）公司债券募集办法

《公司法》第195条规定，公开发行公司债券，应当经国务院证券监督管理机构注册，公告公司债券募集办法。公司债券募集办法应当载明下列主要事项：（1）公司名称；（2）债券募集资金的用途；（3）债券总额和债券的票面金额；（4）债券利率的确定方式；（5）还本付息的期限和方式；（6）债券担保情况；（7）债券的发行价格、发行的起止日期；（8）公司净资产额；（9）已发行的尚未到期的公司债券总额；（10）公司债券的承销机构。

（三）实物债券的记载

《公司法》第196条规定，公司以纸面形式发行公司债券的，必须在债券上载明公司名称、债券票面金额、利率、偿还期限等事项，并由法定代表人签名，公司盖章。

（四）公司债券的种类

《公司法》第197条规定，公司债券应当为记名债券。我国法律不允许发行无记名债券。

（五）公司债券持有人名册及其记载事项

《公司法》第198条规定，公司发行公司债券应当置备公司债券持有人名册。发行公司债券的,应当在公司债券持有人名册上载明下列事项:(1)债券持有人的姓名或者名称及住所;(2)债券持有人取得债券的日期及债券的编号;(3)债券总额,债券的票面金额、利率、还本付息的期限和方式;(4)债券的发行日期。

(六)公司债券的登记结算制度

《公司法》第 199 条规定,公司债券的登记结算机构应当建立债券登记、存管、付息、兑付等相关制度。

五、公司债券的转让

(一)转让价格

《公司法》第 200 条规定,公司债券可以转让,转让价格由转让人与受让人约定。公司债券的转让应当符合法律、行政法规的规定。

(二)转让方式

《公司法》第 201 条规定,公司债券由债券持有人以背书方式或者法律、行政法规规定的其他方式转让;转让后由公司将受让人的姓名或者名称及住所记载于公司债券持有人名册。

无记名公司债券的转让,由债券持有人将该债券交付受让人后即发生转让的效力。

六、可转换公司债

我国公司法对可转换公司债券作出了规定。可转换公司债券是指可转换为公司股票的公司债券。根据《公司法》第 202 条的规定,其基本要求是:

第一,只有股份有限公司才可以发行可转换公司债券,有限责任公司不能发行可转换公司债券。

第二,公司发行可转换公司债券应当经股东会决议,或者经公司章程、股东会授权由董事会决议,可以发行可转换为股票的公司债券。

第三,公司发行可转换公司债券应当在公司债券募集办法中规定具体的转换办法。

第四,发行可转换为股票的公司债券,应当在债券上标明"可转换公司债券"字样,并在公司债券持有人名册上载明可转换公司债券的数额。

第五,上市公司发行可转换为股票的公司债券,应当经国务院证券监督管理机构注册。

可转换公司债券是一种经债券持有人要求可以转换为股票的公司债券。债券持有人的这种权利是一种选择权,债券持有人对转换为股票或者不转换为股票有选择权。但债券持有人一旦作出转换为公司股票的选择,公司应当允许其转换。对此,《公司法》第 203 条规定,发行可转换为股票的公司债券的,公司应当按照其转换办法向债券持有人换发股票,但债券持有人对转换股票或者不转换股票有选择权。法律、行政法规另有规定的除外。

七、债券持有人会议

《公司法》第 204 条规定,公开发行公司债券的,应当为同期债券持有人设立债券持有人会议,并在债券募集办法中对债券持有人会议的召集程序、会议规则和其他重要事项作出规定。债券持有人会议可以对与债券持有人有利害关系的事项作出决议。

除公司债券募集办法另有约定外,债券持有人会议决议对同期全体债券持有人发生效力。

八、债券受托人管理

公司发行公司债时,可由发行公司与受托人成立信托契约。受托人一般以金融或信托机构为限。受托人根据信托契约接受公司债债权人的委托,为应募人的利益,享有查核、监督公司履行公司债发行事项的权利。同时,就利息支付或本金的偿还享有受领或者偿还请求权或者提起诉讼的权利。公司为发行公司债所设定的抵押权或质权,可以由受托人为债权人取得,并可以在公司债发行前先行设定。受托人对于抵押权或质权或其担保物品应负责保管或者实现。另外,受托人可以为公司债债权人的共同利害关系事项召集公司债债权人会议,债权人会议的决议可以由受托人负责执行。但债权人会议另有指定的,应遵从其指定。

由于公司债债权人众多,个别单独行使其权利非常不方便,尤其是个别设定物上担保权实际上不可能。由此可见,公司债之信托制度对于公司债券持有人权利的实现和保护公司债券持有人的权益具有重要意义。

我国公司法规定了公司债券信托管理制度。《公司法》第205条规定,公开发行公司债券的,发行人应当为债券持有人聘请债券受托管理人,由其为债券持有人办理受领清偿、债权保全、与债券相关的诉讼以及参与债务人破产程序等事项。公司法要求为债券持有人聘请债券受托管理人,仅限于公开发行公司债券的情形。因为公开发行公司债券的债券持有人人数众多,需要有专业的管理人为其办理受领清偿、债权保全、与债券相关的诉讼以及参与债务人破产程序等事项。

《公司法》第206条规定了债券受托管理人的义务与职责。公司债券受托管理人与债券持有人的关系是一种信托关系,债券受托管理人的义务是一种受信义务,因而,债券受托管理人应当勤勉尽责,公正履行受托管理职责,不得损害债券持有人利益。如果受托管理人与债券持有人存在利益冲突可能损害债券持有人利益的,债券持有人会议可以决议变更债券受托管理人。债券受托管理人违反法律、行政法规或者债券持有人会议决议,损害债券持有人利益的,应当承担赔偿责任。

第五节 公司财务、会计

一、公司财务、会计制度

公司在本质上是一种资本的集合,公司财产是公司经营和交易活动的基础。有鉴于此,《公司法》第207条要求,公司应当依照法律、行政法规和国务院财政部门的规定建立本公司的财务、会计制度。根据《公司法》第208条的规定,公司应当在每一会计年度终了时编制财务会计报告,并依法经会计师事务所审计。财务会计报告应当依照法律、行政法规和国务院财政部门的规定制作。根据《公司法》第209条的规定,有限责任公司应当按照公司章程规定的期限将财务会计报告送交各股东。股份有限公司的财务会计报告应当在召开股东大会年会的20日前置备于本公司,供股东查阅;公开发行股份的股份有限公司应当公告其财务会计报告。

建立公司财务、会计制度的意义主要体现在如下三个方面:

第一,有利于保护股东利益。就股东而言,其投资的直接目的在于获利。要达到这一目的,不仅依赖于公司的经营,而且要求公司要有健全的财务、会计制度,使股东对于公司的盈亏状况有一个明确的了解,以便股东进行监督。

第二,有利于保护债权人利益。公司财务、会计制度健全与否同样关涉到债权人的利益。这是因为,公司财产是其在对外活动中的担保,只有公司财务、会计制度健全,才能获得债权人的信任而与之打交道。

第三,有利于保护社会公众的利益。当公司向社会公众发行股份或者债券时,就涉及社会公众投资者的利益,他们有权利了解公司的财务、会计状况。

二、公积金制度

公积金是指公司为了弥补公司的亏损,扩大公司生产经营或者转为增加公司资本,依照法律或者公司章程的规定,从公司盈余或资本中提取的积累资金。从形成公积金的来源来看,公积金可分为盈余公积金和资本公积金。

盈余公积金是指从公司盈余中提取的累积资金。根据盈余公积金提取方式的不同,可将盈余公积金区分为法定公积金和任意公积金。法定公积金是指基于法律的规定而强行提取的公积金。《公司法》第210条规定,公司分配当年税后利润时,应当提取利润的10%列入公司法定公积金。公司法定公积金累计额为公司注册资本的50%以上的,可以不再提取。公司的法定公积金不足以弥补以前年度亏损的,在依照前款规定提取法定公积金之前,应当先用当年利润弥补亏损。任意公积金是指公司于法定公积金之外,根据公司章程规定或者股东会决议而特别储备的公积金。公司从税后利润中提取法定公积金后,经股东会决议,还可以从税后利润中提取任意公积金。

资本公积金是指依照法律的规定,将特定的公司资本列入公积金。譬如,《公司法》第213条规定,公司以超过股票票面金额的发行价格发行股份所得的溢价款、发行无面额所得股款未记入注册资本的金额以及国务院财政部门规定列入资本公积金的其他项目,应当列为公司资本公积金。

公司法对公积金的使用及其限制作出了规定。《公司法》第214条规定,公司的公积金用于弥补公司的亏损、扩大公司生产经营或者转为增加公司资本。公积金弥补公司亏损,应当先使用任意公积金和法定公积金;仍不能弥补的,可以按照规定使用资本公积金。法定公积金转为增加注册资本时,所留存的该项公积金不得少于转增前公司注册资本的25%。

三、盈余分配制度

(一)利润分配规则

公司是营利性社团法人,其每营业年度所获得的盈余,自然应当分配给其股东。盈余分配的原则是,公司只有在弥补亏损及提取法定公积金之后,才能就盈余分配股利。

《公司法》第210条规定,公司分配当年税后利润时,应当提取利润的10%列入公司法定公积金。公司法定公积金累计额为公司注册资本的50%以上的,可以不再提取。公司的法定公积金不足以弥补以前年度亏损的,在依照前款规定提取法定公积金之前,应当先用当年利润弥补亏损。公司从税后利润中提取法定公积金后,经股东会决议,还可以从税后利润中提取任意公积金。公司弥补亏损和提取公积金后所余税后利润,有限责任公司按照股东实缴的出资比例分配利润，全体股东约定不按照出资比例分配利润的除外；股份有限公司按照股东所持有的股份比例分配利润，公司章程另有规定的除外。公司持有的本公司股份不得分配利润。

该条规定表明了如下几层意思：首先，应按照法律规定从公司当年盈余中提取法定公积金。其次，公司应当弥补亏损。公司如有亏损，应当先行以盈余弥补其亏损，以此充实资本，维持资本的不变。再次，公司提取法定公积金后，经股东会决议，还可以提取任意公积金。最后，向股东分配股利。在分配股利时，公司发行优先股的，应当先向优先股股东进行分配，然后对普通股股东进行分配。此外，《公司法》第 210 条第 5 款特别规定，公司持有的本公司股份不得分配利润。譬如，根据我国公司法有关股份回购的规定，在公司收购本公司股份后，应当在法定期间内予以注销，或者在法定期间内予以转让，公司不得永久持有所收购的股份，更不得分配所持有的本公司股份。

盈余的具体分配方式是：原则上有限责任公司按照股东实缴的出资比例分配利润，但全体股东约定不按照出资比例分配利润的除外；股份有限公司按照股东所持有的股份比例分配利润，但公司章程另有规定的除外。

股利的分配一般采用现金支付方式，但公司也可以采用以发行新股的方式分配股息及红利。此后一种分配方式又称为股份分配，通常把这种股份称为“红利股”。当然也可以采用实物支付的方式进行分配。采用非现金支付方式的直接目的在于增加公司资本，解决现金分配的困难。

（二）违法分配利润的处理

综上所述，股利的分配来源于公司弥补亏损和提取公积金之后的盈余，而不能从公司资本中直接分配。如公司在本营业年度无盈余时，或虽有盈余，但在公司弥补亏损和提取法定公积金后已无剩余时，自然无股利分配可言。所以，股利的分配须依法进行。有鉴于此，《公司法》第 211 条规定，公司违反本法规定向股东分配利润的，股东应当将违反规定分配的利润退还公司；给公司造成损失的，股东及负有责任的董事、监事、高级管理人员应当承担赔偿责任。

在股东请求分配利润的诉讼中，应当列公司为被告。一审法庭辩论终结前，其他股东基于同一分配方案请求分配利润并申请参加诉讼的，应当列为共同原告。股东应当提交载明具体分配方案的股东会或者股东大会的有效决议，请求公司分配利润，公司拒绝分配利润且其关于无法执行决议的抗辩理由不成立的，法院应当判决公司按照决议载明的具体分配方案向股东分配利润。股东未提交载明具体分配方案的股东会或者股东大会决议，请求公司分配利润的，法院应当驳回其诉讼请求，但违反法律规定滥用股东权利导致公司不分配利润，给其他股东造成损失的除外。[24]

（三）分配利润的时间

《公司法》第 212 条规定，股东会作出分配利润的决议的，董事会应当在股东会决议作出之日起 6 个月内进行分配。

四、有关会计师事务所的聘用、解聘以及会计账簿

《公司法》第 215 条规定，公司聘用、解聘承办公司审计业务的会计师事务所，按照公司章程的规定，由股东会、董事会或者监事会决定。公司股东会、董事会或者监事会就解聘会计师事务所进行表决时，应当允许会计师事务所陈述意见。

---

〔24〕　参见《〈公司法〉司法解释四》第 13、14、15 条。

《公司法》第216条规定，公司应当向聘用的会计师事务所提供真实、完整的会计凭证、会计账簿、财务会计报告及其他会计资料，不得拒绝、隐匿、谎报。

《公司法》第217条规定，公司除法定的会计账簿外，不得另立会计账簿。对公司资金，不得以任何个人名义开立账户存储。

第四章　公司治理

第一节　公司治理结构

一、公司治理结构概述

（一）公司机关的构成

公司机关通常由股东会、董事会和监事会构成。股东会是公司机关的重要组成部分，它是一种意思机关，股东会依法就其职权范围内的事项作出决议，形成公司意思。但股东会本身并不亲自去执行这些决议，而是由董事会负责执行，所以，它是一种权力机关。股东会是公司的法定必设机关。根据我国公司法规定，除国有独资公司和一人公司外，有限责任公司和股份有限公司均须依法设立股东会。同时，股东会作出决议必须按照法定的方式和程序进行。

董事会是公司的业务执行机关。它对公司股东会负责，董事会成员由公司股东会选举产生，同时，也由股东会解任，因此，它是隶属于股东会之下的一个业务执行机构。董事会对于股东会作出的决议负责执行。根据我国公司法的规定，有限责任公司和股份有限公司，如果规模较小，股东人数较少，可以不设董事会，设1名董事，行使董事会的职权。董事会或执行董事是公司的法定必设机构。

董事会可以聘任经理。公司经理是公司的代理人，其本身不具有公司机关的性质，因而，公司经理的地位是有限的：他们只负责执行董事会制定的政策和作出的决议，他们自己并不是政策的制定者。这种法律设置的本质在于，公司内部的裁量权属于董事会，而不属于公司经理。

监事会是公司的监督机关，它对公司董事、经理执行业务以及公司的财务、经营情况进行监督。监事会同样隶属股东会，它须向股东会汇报工作。根据我国公司法的规定，监事会成员由股东会选举产生，监事会的职工代表由公司职工代表大会、职工大会或者其他形式民主选举产生。规模较小、股东人数较少的有限责任公司和股份有限公司，可以不设监事，设1名监事。有限责任公司甚至也可以不设监事。

（二）对传统公司治理结构的评估

公司的组织结构模式体现了分权制衡的思想。股东会是公司的表意机关，董事会或董事是公司的执行机关和代表机关，监事会或者监事是公司的监察机关，相互依存、相互制约。

这种关于公司权力的分配和安排的模式反映了一种公司治理的理想化设计。但是，在某些方面，却没有精确地反映出公司的实际权力运作，无论是拥有数以千万计股东的大型公众公司，还是仅有数名股东的小型封闭公司，均是如此。

在大型公众公司，管理的权力实际上不是掌握在董事手中，而是落在了全职的专业化的公司经理们或者管理人员身上,这群人通常被称为“经理层”(management)。这一现象导致了公司的权力流失,即权力从股东流向董事,并继而流向经理们或者管理人员。公司的实际决策权力往往掌握在 CEO(Chief Executive Officer)手中,他决定谁当董事,并决定公司政策。公司的实际运作与公司的基本治理结构呈逆向关系。

传统的法律规划同样也没有准确地反映出封闭公司的运作模式。封闭公司的股东往往自动地兼任公司董事和经理职务,在作出商业决策时,分不清楚是以经理的身份还是以董事的身份抑或是以股东的身份在行动。

在关于控制和管理权力的安排方面,传统的理想化的法律规划可能仅仅对中间型公司(intermediate corporations)较为适宜。这些公司既不具有公众公司特征,也不具有封闭公司特征,或者说这些公司同时又具有两种类型公司的特征,介于二者之间(in-between)。

有鉴于此,现代法律对传统的理想式规划进行了不同程度的修正。归纳起来,主要体现在如下几个方面:

第一个修正是法律经历了一个从“股东中心主义”到“董事会中心主义”,再到“经理层中心主义”的变迁过程。早期的公司法奉行“股东至上”原则,因此公司权力主要集中在股东手中。时过境迁,随着公司的现代化演进,公司的权力转向由董事会行使,公司的经营和事务由董事会管理(The powers of the corporation shall be exercised by, and the business and affairs of a corporation shall be managed by the board of directors)。然而,在现代法律中,这一法律语言又因现实变化而被修改。现在对公司权力的表述已经转变为:由董事会行使或者在董事会的授权之下行使;而对公司的经营和事务由“董事会管理或者在董事会的指导下进行管理”(The powers of the corporation shall be exercised by or under the authority of, and the business and affairs of a corporation shall be managed by or under the direction of the board of directors)。[1]

第二个修正是承认封闭公司的现实,制定只适用于特定封闭公司的法律。根据这些法律规定,允许特定的封闭公司完全免除董事会的设置并限制其自主裁决权,允许像合伙那样由股东亲自管理公司的营业和事务。这一点在我国公司法中也有所反映。例如,我国《公司法》第 75 条就规定,规模较小、股东人数较少的有限责任公司可以不设董事会,而只需要设 1 名董事执行管理事务就可以了。但是,总体来说,我国法律尚未给予封闭公司充分的重视。

第三个修正表现在强化公司内部决策监督机制,通过改变公司治理结构和机制来强化股东和董事会的权力。譬如,强化披露、引进独立董事、公司特别委员会的建立等。

第四个修正是严格执行受信义务。这是一种增强责任心的措施。由于董事、管理人员违反受信义务可能导致诉讼,这就促使他们须尽心尽力地为公司利益而工作,以期达到保护公司、股东,尤其是少数股东的目的。

与此同时,人们越来越重视和依靠市场力量(market forces)。人们认为,各种市场力量能够限制管理者的不忠实和低效率,如偷懒或者盗窃(shirking and stealing)。

对管理者的主要市场力量首先来自他需要与其他生产同类产品或者提供同类服务的公司进行竞争。如果管理者太过贪婪或者过于无能,公司将无力面对竞争。

第二种市场力量来自将管理者的个人报酬与公司的利润捆绑在一起。这可以通过若干方式来实现,如股票期权(stock options)。这样,经理人就有动力保持良好的执业记录。

---

〔1〕 MBCA § 8.01; Del. GCL § 141(a).

最后一种市场力量来自更大的和更为积极的股东。大股东有能力去关心公司的经营效率(但是,这样的股东也可能由于无能或者损公肥私行为提供低效率管理)。机构投资者(institutional investors)就是这种有能力可能采取积极行动的股东。机构投资者包括年金[2]、投资基金、保险公司、银行、经纪公司以及其他各种基金,如大学和公益捐赠等。近年来,机构投资者越来越活跃,机构投资数量剧增,结果是机构投资者往往成为大型公司的大股东。

二、股东会

(一)股东会的权力

股东会成员由全体股东构成。股东资格基于出资或者股份的认购或者受让而取得,并因此而取得股东的合法地位,从而享有参加股东会议的权利。

股东会在公司治理结构中的地位不是直接管理公司,其主要任务是选择公司董事作为公司管理责任的最后承担者。此外,股东还对特定的公司事项,如修改章程、合并与分立、变更公司组织形式、增资减资、解散与清算、发行公司债券等“重大交易”(fundamental transactions),作出决议。

如前所述,尽管在现代公司法上,股东会的权力已经呈现出萎缩现象,但是,我国公司法对股东会赋予了较为广泛的权力。《公司法》第58条、第111条规定,公司股东会由全体股东组成。股东会是公司的权力机构,依照本法行使职权。股东会享有哪些权力呢?《公司法》第59条、第112条具体规定了股东会可以行使下列职权:(1)选举和更换董事、监事,决定有关董事、监事的报酬事项;(2)审议批准董事会的报告;(3)审议批准监事会的报告;(4)审议批准公司的利润分配方案和弥补亏损方案;(5)对公司增加或者减少注册资本作出决议;(6)对发行公司债券作出决议;(7)对公司合并、分立、解散、清算或者变更公司形式作出决议;(8)修改公司章程;(9)公司章程规定的其他职权。

股东会可以授权董事会对发行公司债券作出决议。

需要注意的是,一人公司,包括一人有限责任公司和一人股份有限公司,由于不存在股东会,其作出决议时,应当符合《公司法》第60条、第112条第2款的规定,即只有一个股东的有限责任公司或者股份有限公司不设股东会。股东作出《公司法》第59条(同时适用于股份有限公司)所列事项的决定时,应当采用书面形式,并由股东签名或者盖章后置备于公司。

(二)股东会议的形式

股东会,顾名思义,其权力的行使和决议的形成必然采取会议的形式。股东会议分为股东常会和股东临时会议两种形式。

1. 股东常会(regular meeting)

根据《公司法》第62条的规定,有限责任公司的股东常会表现为定期会议(scheduled meeting)。定期会议应当按照公司章程的规定按时召开。同时,根据《公司法》第113条的规定,股份有限公司的股东常会是年会(annual meeting)。股份有限公司的股东会应当每年召开一次年会。

2. 股东临时会议(special meeting)

在有限责任公司,根据《公司法》第62条第2款的规定,代表1/10以上表决权的股东、1/3

〔2〕 年金(annuity),是指定期或不定期的时间内一系列的现金流入或流出。购买养老保险属于典型的参与年金合同。提供年金合同的金融机构一般为保险公司。

以上的董事或者监事会提议召开临时会议的,应当召开临时会议。

在股份有限公司,根据《公司法》第 113 条的规定,有下列情形之一的,应当在 2 个月内召开临时会议:(1)董事人数不足公司法规定人数或者公司章程所定人数的 2/3 时;(2)公司未弥补的亏损达实收股本总额 1/3 时;(3)单独或者合计持有公司 10% 以上股份的股东请求时;(4)董事会认为必要时;(5)监事会提议召开时;(6)公司章程规定的其他情形。

(三)股东会议的基本规则

1. 会议的召集与主持

在有限责任公司,根据《公司法》第 61 条的规定,首次股东会会议由出资最多的股东召集和主持,依照本法规定行使职权。《公司法》第 63 条规定,股东会会议由董事会召集,董事长主持;董事长不能履行职务或者不履行职务的,由副董事长主持;副董事长不能履行职务或者不履行职务的,由过半数的董事共同推举 1 名董事主持。董事会不能履行或者不履行召集股东会会议职责的,由监事会召集和主持;监事会不召集和主持的,代表 1/10 以上表决权的股东可以自行召集和主持。

在股份有限公司,根据《公司法》第 114 条的规定,股东会会议由董事会召集,董事长主持;董事长不能履行职务或者不履行职务的,由副董事长主持;副董事长不能履行职务或者不履行职务的,由过半数的董事共同推举 1 名董事主持。董事会不能履行或者不履行召集股东会会议职责的,监事会应当及时召集和主持;监事会不召集和主持的,连续 90 日以上单独或者合计持有公司 10% 以上股份的股东可以自行召集和主持。单独或者合计持有公司 10% 以上股份的股东请求召开临时股东会会议的,董事会、监事会应当在收到请求之日起 10 日内作出是否召开临时股东会会议的决定,并书面答复股东。

2. 会议通知

在有限责任公司,《公司法》第 64 条规定,召开股东会会议,应当于会议召开 15 日以前通知全体股东;但是,公司章程另有规定或者全体股东另有约定的除外。

在股份有限公司,《公司法》第 115 条规定,召开股东会会议,应当将会议召开的时间、地点和审议的事项于会议召开 20 日前通知各股东;临时股东会会议应当于会议召开 15 日前通知各股东;此外,公开发行股份的公司,应当以公告方式作出前两款规定的通知。股东会不得对通知中未列明的事项作出决议。

3. 出席与表决要求

传统的规则是,表决某一事项,必须满足法定出席数额(quorum)要求,并经过出席会议的多数表决权通过。这就是所谓的"多数决规则"(majority voting rule)。多数决原则又可以分为简单多数和绝对多数(simple majority and supermajority)。一般事项的表决只需要简单多数(1/2)通过即可。对于某些特定事项,如公司的合并与分立,则往往要求绝对多数(2/3)通过。我国法律亦是如此规定。

有限责任公司股东会的决议分为普通决议和特别决议。根据《公司法》第 66 条第 1 款的规定,除法律另有规定的外,普通决议的议事方式和表决程序由公司章程规定。《公司法》第 66 条第 2 款规定,股东会作出决议,应当经代表过半数表决权的股东通过。特别决议则是针对一些特别事项所作出的决议。特别决议的议事方式和表决程序由公司法直接规定。根据《公司法》第 66 条第 3 款的规定,股东会作出修改公司章程、增加或者减少注册资本的决议,以及公司合并、分立、解散或者变更公司形式的决议,应当经代表 2/3 以上表决权的股东通过。

股份有限公司股东会的决议同样区分为普通决议和特别决议。根据《公司法》第 116 条第 2、3 款的规定，股东会作出决议，应当经出席会议的股东所持表决权过半数通过。但是，股东会作出修改公司章程、增加或者减少注册资本的决议，以及公司合并、分立、解散或者变更公司形式的决议，应当经出席会议的股东所持表决权的 2/3 以上通过。第 2 款是关于普通决议的规定，第 3 款是关于特别决议的规定。

4. 表决方式

根据《公司法》第 65 条的规定，有限责任公司的股东会会议原则上由股东按照出资比例行使表决权；但是，公司章程另有规定的除外。《公司法》第 66 条规定，股东会的议事方式和表决程序，除本法有规定的外，由公司章程规定。根据《公司法》第 116 条第 1 款的规定，股东出席股东会会议，所持每一股份有一表决权。这就是所谓的“一股一权”（one share，one vote）原则。无论是按照出资比例或者按照“一股一权”进行表决，均体现了股权平等原则。

5. 书面表决与电子表决

《公司法》第 59 条第 3 款规定，对本条第 1 款所列事项股东以书面形式一致表示同意的，可以不召开股东会会议，直接作出决定，并由全体股东在决定文件上签名或者盖章。法律承认股东会作出决议可以不召开现场会议而仅依书面表决即可，体现了法律的灵活性。这种书面表决方式仅适用于有限责任公司，而不适用于股份有限公司。

随着电子技术的发展与普及，《公司法》第 24 条规定，公司股东会、董事会、监事会召开会议和表决可以采用电子通信方式，公司章程另有规定的除外。通过电子通信方式召开会议和表决，极大地提升了公司会议的效率，尤其是为广大社会公众投资者参与公司治理提供了极大方便。电子表决同时适用于有限责任公司和股份有限公司。

6. 会议记录

根据《公司法》第 64 条第 2 款的规定，有限责任公司的股东会应当对所议事项的决定作成会议记录，出席会议的股东应当在会议记录上签名或者盖章。

根据《公司法》第 119 条的规定，股份有限公司的股东会应当对所议事项的决定作成会议记录，主持人、出席会议的董事应当在会议记录上签名。会议记录应当与出席股东的签名册及代理出席的委托书一并保存。

（四）股东提案权

公司法针对股份有限公司规定了股东提案权。《公司法》第 115 条第 2 款规定，单独或者合计持有公司 1% 以上股份的股东，可以在股东会会议召开 10 日前提出临时提案并书面提交董事会。临时提案应当有明确议题和具体决议事项。董事会应当在收到提案后 2 日内通知其他股东，并将该临时提案提交股东会审议；但临时提案违反法律、行政法规或者公司章程的规定，或者不属于股东会职权范围的除外。公司不得提高提出临时提案股东的持股比例。公开发行股份的公司，应当以公告方式作出前两款规定的通知。股东会不得对通知中未列明的事项作出决议。

这一规定无疑赋予了股东更为积极地参与公司治理的方式。但应当注意的是，该款规定仅适用于股份有限公司，而不适用有限责任公司。

（五）累积表决权

董事的选举可以采取直接投票（straight voting）方式，也可以采取累积表决方式（cumulating voting）。我国《公司法》第 117 条规定了累积投票制。根据该条第 1 款的规定，股东会选举董事、监事，可以按照公司章程的规定或者股东会的决议，实行累积投票制。什么是累积投票制？

根据该条第2款的规定,本法所称累积投票制,是指股东会选举董事或者监事时,每一股份拥有与应选董事或者监事人数相同的表决权,股东拥有的表决权可以集中使用。如何理解和运用累积投票制?下面将围绕这一问题进行讨论。

在直接选举中,股东将其持有股份的票数投给填补董事会位置的候选人。例如,一股东A拥有30股表决股份,在选举中,需要选出3名董事,他可以向每位候选人投出30票。根据直接选举,持有多数表决权股份的股东可以选出全部董事。直接选举简单易行,它广泛地适用于公众公司。

在累积投票选举中,每位股东需要决定他所需要投出的票数的总额,用所需要填补的空缺数乘以他所持有的股份数。每位股东可以将该票数投向1名或者数名候选人。例如,在上面例子中,股东A可以投出的总票数为90票,因为有3个空缺需要填补。根据累积投票方式,他可以将全部90票投给某一位候选人或者分别投给若干候选人,由他自己决定。

累积投票可以使得少数股东能够在特定情况下选出1名或者数名董事。例如,在上面例子中,如果股东A将全部90票投给他自己,他将当选为董事,除非另外3名候选人每人获得了91票或者超过了91票。如果其他股东拥有股份总计85股,他们不能阻止他当选。因为,其他股东总计只可以投出255票(3×85),但这不足以使3名候选人中的每一位候选人获得91票。他们可以分别投给X和Y 91票,但只有73票剩余票数投给Z,所以不能阻止A作为第三名董事当选。

根据概率论的原理,在累积投票中,确定选举出1名董事所需的股份数的基本公式是:S/(D+1)+1。其中,S等于进行表决的股份总数,D等于待选董事人数。选出N名董事所需股份数的公式是:NS/(D+1)+1。

可见,只要少数股东合理的安排自己表决权的投向,就有可能选出自己的董事在董事会作为自己的代表。但是,如果不能作出合理安排,譬如,在上例中,A将90票分别投给2名以上的候选人,致使任一候选人获得的票数均不足85票,而多数股东则将其255票均匀地投向X、Y、Z三名候选人,少数股东依然无法选出自己的董事。在少数股东人数为多人时,尤其应该联合起来,采取一致行动,这样才更有可能选出自己的董事。

累积投票的优点是更加民主化,允许少数股东参加董事会,允许选出"代表董事"(watchdog director)来监管公司的多数管理;其缺点是增加了董事会的派系和分歧,对股东来说,更为复杂,更易混淆。一般来说,累积表决权比较适用于封闭公司,而不太适用于公众公司。但我国公司法所规定的累积表决权仅适用于股份有限公司,而不适用于有限责任公司。这无非表明我国立法者更加重视对股份有限公司,尤其是上市公司中的公众股东的保护。

另外需要说明的是,我国公司法所规定的累积表决权属于选择性条款,公司可以采用,也可以不采用。如果公司采用累积表决制,则必须或者在公司章程中规定,或者由股东大会作出决议,此种决议适用普通决议方式。

(六)表决权代理

1. 表决权代理的概念

"表决权代理"(proxy voting),是指享有表决权的人授权另外的人进行投票,其关系属于本人与代理人之间的关系。表决权代理通常用于公众公司,因为公众公司通常股东人数众多,要求所有的股东都亲自出席会议参加投票是不现实的。在封闭公司,表决权代理虽然不像公众公司那样普遍,但也被广泛地运用,因为事实上股东不能亲自出席会议的情形也属常见。《公司法》

第118条规定,股东委托代理人出席股东会会议的,应当明确代理人代理的事项、权限和期限;代理人应当向公司提交股东授权委托书,并在授权范围内行使表决权。我国现行公司法只规定了股份有限公司的表决权代理,而没有规定有限责任公司的表决权代理。这主要是考虑到,股份有限公司,尤其是上市公司,股东人数众多,许多公众股东对于参加股东会并不积极,这必然影响股东会的出席人数,进而影响股东会决议的有效性。法律规定在股份有限公司中股东可以授权他人代理出席和表决,则可以大大缓解这一问题。唯因我国公司法关于表决权代理的规定比较简略,下面还需要对相关问题予以进一步讨论。

2. 表决代理权的委任

表决代理权的委任(proxy appointment)必须以书面为之。代理人应当向公司提交股东授权委托书,并在授权范围内行使表决权。

3. 表决代理权的期限

代理人所获得的表决代理权只能一次有效。因此,表决代理权的有效期限最长不应超过1年(通常为11个月)。所以,如果需要的话,在公司每次年会召开之前都必须进行新的征集。

4. 可撤销性(revocability)

一般而言,表决代理权可以被撤销。撤销行为既可以是明示行为,也可以是任何与代理授权的持续存在不一致的行为。例如,一股东签署了一份由管理层征求的表决权委托证书。后来,他又签署了一份来自异议股东集团的竞争委托证书。后一委托就撤销了前一份委托,其股份表决权则由该异议股东集团代理行使。再如,一股东签署了一份委托书,但后来却决定自己亲自出席会议。如果他亲自投票,他的行为本身就是对先前的表决权委托的撤销。

5. 不可撤销性(irrevocability)

在一些特定情况下,表决代理权具有不可撤销性。表决权委任具有不可撤销性的条件包括:一是明示其具有不可撤销性。二是有利益存在(be coupled with an interest),包括:表决权代理人是抵押权人;表决权代理人已同意购买该股份;表决权代理人对公司有贷款或者出资(contribution);表决权代理人与公司订立有服务合同,作为公司管理人员为公司提供服务;表决权的委任是为了落实合法的集合协议条款(the provisions of a valid pooling agreement)。

6. 有偿征集

法律不允许表决代理权的有偿收购。有偿收购表决权被认为违反公共政策,因而不具有法律效力。我国《证券法》第90条对表决代理权作了较为明确的规定,参见本书第三编相关内容。

(七)表决权信托

1. 表决权信托的概念

表决权信托(voting trust),是指在公司的簿册上股份登记在一个或数个表决权受托人名下从而使得股份的表决权力暂时但不可撤销地与股份受益权相分离的一种措施。

表决权信托可用于不同的目的,包括:取得、维持或确保对公司的控制权;排除异议股东对公司控制的干扰;当债权人要求作为对公司提供资金的一种条件时,可获得信用。

对于公众持股公司来说,表决权信托通常被认为与公司民主不一致。在美国,如果公众公司的股份全部或者部分被表决权信托持有或控制,证券交易所通常会拒绝其证券上市交易。

我国公司法尚未规定这一制度。

2. 法定要件

表决权信托必须符合一定的法定要件,否则,可导致表决权信托无效。表决权信托的法定要件通常包括:(1)协议有效期不超过法定最长期限(一般不得超过10年);(2)协议必须为书面形式;(3)协议必须备份于公司注册办公场所并可由股东或信托受益所有人检查;(4)该信托的基本目的必须适当。

3. 表决权信托经济权利的归属

根据表决权信托协议,受托人享有的只有表决权。而表决权信托上的经济权利(financial rights)包括股利分配请求权和剩余财产分配请求权,则属于该股份的受益所有人享有,以使受益所有人保留除表决权外的全部所有权特征。受托人可能制作并发行代表受益权益的表决权信托凭证,即受益凭证(beneficial certificates),这些凭证可以像股票一样交易。

三、董事会

(一)董事会议

1. 董事会的构成

董事会人数原则上应当由多数构成,但是,如果一个公司规模较小,仅有少数股东或者甚至只有一个股东时,问题就出现了。所以,现在大多数国家的法律允许"一人董事会"(one-person board of directors)。我国亦从之。

我国法律分别对有限责任公司和股份有限公司的董事人数作出了规定。《公司法》第67、120条规定,有限责任公司和股份有限公司设董事会,但《公司法》第75、128条另有规定的除外。所谓"另有规定",是指《公司法》第75、128条规定,规模较小或者股东人数较少的有限责任公司和股份有限公司,可以不设董事会,设一名董事,行使本法规定的董事会的职权。该董事可以兼任公司经理。

关于董事会人数,《公司法》第68、120条规定,有限责任公司和股份有限公司董事会成员均为3人以上。

《公司法》第68条规定,有限责任公司董事会成员中可以有公司职工代表。职工人数300人以上的有限责任公司,除依法设监事会并有公司职工代表的外,其董事会成员中应当有公司职工代表。董事会中的职工代表由公司职工通过职工代表大会、职工大会或者其他形式民主选举产生。根据《公司法》第120条第2款的规定,上述规定同样适用于股份有限公司。

2. 董事会的职权

公司的权力由董事会行使,并依法实施对公司的管理。与管理人员不同,董事会的权限来自法律的直接规定。《公司法》第67条第2款和第120条第2款分别对董事会职权作出了相同的规定。根据其规定,董事会对股东会负责,行使下列职权:(1)召集股东会会议,并向股东会报告工作;(2)执行股东会的决议;(3)决定公司的经营计划和投资方案;(4)制订公司的利润分配方案和弥补亏损方案;(5)制订公司增加或者减少注册资本以及发行公司债券的方案;(6)制订公司合并、分立、解散或者变更公司形式的方案;(7)决定公司内部管理机构的设置;(8)决定聘任或者解聘公司经理及其报酬事项,并根据经理的提名决定聘任或者解聘公司副经理、财务负责人及其报酬事项;(9)制定公司的基本管理制度;(10)公司章程规定或者股东会授予的其他职权。

根据上述同条规定,公司章程对董事会职权的限制不得对抗善意相对人。

3. 董事长及其职权

根据《公司法》第68条第2款的规定,有限责任公司董事会设董事长1人,可以设副董事长。董事长、副董事长的产生办法由公司章程规定。《公司法》第122条第1款规定,股份有限公司董事会设董事长 1 人，可以设副董事长。董事长和副董事长由董事会以全体董事的过半数选举产生。

关于董事长的职权，《公司法》第 72 条规定，有限责任公司董事会会议由董事长召集和主持；董事长不能履行职务或者不履行职务的，由副董事长召集和主持；副董事长不能履行职务或者不履行职务的，由过半数的董事共同推举 1 名董事召集和主持。《公司法》第 122 条第 2 款规定，股份有限公司董事长的职权范围包括：董事长召集和主持董事会会议，检查董事会决议的实施情况。副董事长协助董事长工作，董事长不能履行职务或者不履行职务的，由副董事长履行职务；副董事长不能履行职务或者不履行职务的，由过半数的董事共同推举 1 名董事履行职务。

4. 会议形式、通知及召集

公司董事会如何实施其权力呢？一个重要的概念是董事须以"会"（board）的形式进行运作（但"一人董事会"例外），而不是以"个人"（individual）的身份实施管理。换句话说，董事会作为一个团体对公司享有很大权限，但董事个人对公司则没有任何权力，即董事必须以董事会作为一个整体的方式进行决议（董事虽然不享有个人权力，但董事个人却享有一些权利，如通过查账、阅读记录或者其他方式获取信息的权利）。公司法上有关董事的相关规定都源自这一基本概念。

董事会议有两种：一种是例会（regular scheduled meeting）；另一种是特别会议（special meeting）。前者是指在公司章程或者按照惯例在规定的时间和地点召开会议；后者则是指针对特定事项而临时召开会议。

根据我国公司法，有限责任公司召开董事会会议的通知由公司章程自行规定，法律没有直接规定。而《公司法》第 123 条则对股份有限公司作出了规定。根据该条规定，董事会每年度至少召开两次会议，每次会议应当于会议召开 10 日前通知全体董事和监事。代表 1/10 以上表决权的股东、1/3 以上董事或者监事会，可以提议召开临时董事会会议。董事长应当自接到提议后 10 日内，召集和主持董事会会议。董事会召开临时会议，可以另定召集董事会的通知方式和通知时限。

5. 董事会决议

既然董事必须以集体的形式采取行动，所以董事的行动通常表现为会议形式。既然董事的行动表现为会议的形式，就必须满足一定的形式要件（requirement of formality）。譬如，董事会成员必须达到法定人数（quorum）。法定人数是指通过合法决议而必须出席会议的最低人数。

法定人数要求主要是基于这样的考虑：一般情况下，董事会成员不会全部参加会议，如果只是少数人参加会议并作出决议的话，其合法性就值得怀疑。因为这种少数决议并不能代表多数意见。因此，公司法通常都将董事会成员的多数规定为法定人数。

除了法定人数要求外，董事会作出决议还需要满足表决要求（requirement of voting）。通常要求出席人数的多数通过，决议方为合法有效。在计算上，不同于股东会议的"一股一票"，董事会议的票数是按"人头"（per capita）为计算基础的，即"一人一票"（one person one vote）。

《公司法》第 73 条规定，有限责任公司董事会的议事方式和表决程序，除本法另有规定的外，由公司章程规定。这说明我国公司法对有限责任公司的董事会议赋予了较大的灵活性。"另有规定"的有如下两点：其一，董事会会议应当有过半数的董事出席方可举行。董事会作出决议，应当经全体董事的过半数通过。其二，董事会决议的表决，应当一人一票。《公司法》第 124 条对股份有限公司董事会会议则是直接作出了与规定相同的要求，没有允许公司章程自行规定,即应当有过半数的董事出席方可举行。董事会作出决议,应当经全体董事的过半数通过。董事会决议的表决,实行一人一票。很显然,董事会决议表决方式采用的是简单多数规则,与股东会议的表决方式明显不同:股东会议实行的是按出资或者股份计算表决票数,而董事会则实行的是按人头计算表决票数。

《公司法》第125条规定,股份有限公司董事会会议,应当由董事本人出席;董事因故不能出席,可以书面委托其他董事代为出席董事会,委托书中应载明授权范围。由此可见,我国公司法规定,原则上董事应当亲自出席董事会议,但因故不能出席会议时,董事的表决权可以由他人代理行使。这里有两点应当注意:一是代理权的委托须以书面为之;二是代理人仅局限于其他董事,董事以外的其他人不能充任代理人。在这一点上,董事表决权代理与股东表决权代理不同。

6. 会议记录

《公司法》第73条第4款和第124条第3款分别对有限责任公司和股份有限公司董事会提出了相同的要求,即董事会应当对所议事项的决定作成会议记录,出席会议的董事应当在会议记录上签名。保持董事会记录具有重要意义,它是今后确定董事责任的重要证据。

(二)董事

1. 任期

《公司法》第70条第1款和第120条第2款规定,董事的任期由公司章程规定,但每届任期不得超过3年。董事任期届满,连选可以连任。

董事任期可以采取所谓的交叉制(staggered terms)。[3] 如果公司采取交叉任期制,董事任期为3年,每年重新选举其中的1/3;或者董事任期为2年,每年改选其中的一半。

采用交叉制既可以维持董事会管理经验的持续性,又可以减弱累积投票的效果和防止敌意收购(hostile takeover)。董事任期采用交叉制需要由法律或者公司章程明文规定。我国公司法没有规定这种交叉任期制。

2. 董事职务的更换

关于董事职务的解除涉及两个问题:第一个问题是谁有权更换董事?第二个问题是更换董事是否需要说明理由?

就第一个问题而言,董事是股东选举的,股东会当然有权更换董事。除了股东会可以更换董事外,其他人是否有权力更换董事呢?有的立法例规定,董事会在一定情况下也享有更换董事的权力。[4] 此外,还有允许法院更换董事的规定,但法院须说明理由。[5] 譬如,法院可以"欺诈或不诚实行为,或严重滥用权力"(fraudulent or dishonest conduct, or gross abuse of authority of discretion)为由更换董事。我国公司法规定,解除董事职务的权力归属于股东会。

第二个问题是,在股东会更换董事的情况下,是否需要说明理由?有的法律规定更换董事需要说明理由(with cause),也有的法律规定更换董事无须说明理由(without cause)。我国法律对此没有规定。这说明,我国公司法采取的是后一种做法,即更换董事无须说明理由。《公司法》第71条第1款、第120条第2款规定,股东会可以决议解任董事,决议作出之日解任生效。

在更换董事不需要说明理由的情况下,法律会设定一定的限制。首先,必须是公司章程中没

---

〔3〕 美国参议院(the U. S Senates)提供了交叉任期的样板。参议院任期6年,每2年对1/3的参议员进行重新选举。

〔4〕 Cal. Corp. Code §302.

〔5〕 MBCA §8.09.

有相反规定。其次，如果该董事的职位是由少数股东投票产生的，如通过累积投票或者公司章程赋予了不同股份选举一定比例董事的权力，更换这些董事也同样需要获得少数股东或者该种股份之股东的同意。

董事任期届满前被股东会或者股东大会有效决议解除职务，其主张解除不发生法律效力的，人民法院不予支持。董事职务被解除后，因补偿与公司发生纠纷提起诉讼的，人民法院应当依据法律、行政法规、公司章程的规定或者合同的约定，综合考虑解除的原因、剩余任期、董事薪酬等因素，确定是否补偿以及补偿的合理数额。[6]《公司法》第71条第2款、第120条第2款更是明确规定，无正当理由，在任期届满前解任董事的，该董事可以要求公司予以赔偿。

3. 继续履行职务

由于特定原因可能造成董事会职位空缺，如董事任期届满未及时改选或者董事在任期内辞职等。董事会出现空缺由谁来填补呢？当然，这种填补空缺的权力传统上属于股东会的固有权力。但这样做则会出现一些问题。譬如，公司可以等待来年年会填补空缺，但如果空缺很多的话，则可能导致董事会不足法定人数而不能开会。又或者，公司可以召开一个特别股东会，但是否很容易召集会议仍然是个问题，至少也有一个时间间隔问题。有鉴于此，《公司法》第70条第2款和第120条第2款规定，董事任期届满未及时改选，或者董事在任期内辞任导致董事会成员低于法定人数的，在改选的董事就任前，原董事仍应当依照法律、行政法规和公司章程的规定，履行董事职务。此外，《公司法》第70条第3款和第120条第2款规定，董事辞任的，应当以书面形式通知公司，公司收到通知之日辞任生效，但存在前款规定情形的，董事应当继续履行职务。

4. 报酬

董事可以享有报酬。依据我国法律，董事的报酬由股东会决定。董事报酬的形式可以是薪金、奖金或者其他形式，如股票期权。《公司法》第129条进一步要求，股份有限公司应当定期向股东披露董事、监事、高级管理人员从公司获得报酬的情况。

5. 董事行为的责任

董事个人可能面临需要对董事会多数同意的某项交易作出反应的问题。该种交易可能是轻率的、冒险的或者非法的。在这种情况下，个人董事就要特别注意，因为可能涉及个人责任问题。《公司法》第125条第2款规定，董事应当对董事会的决议承担责任。董事会的决议违反法律、行政法规或者公司章程、股东大会决议，给公司遭受严重损失的，参与决议的董事对公司负赔偿责任。

董事的这种责任也可以因采取一定措施而得以免除。如上款进一步规定，“经证明在表决时曾表明异议并记载于会议记录的，该董事可以免除责任”。注意这一点非常重要，因为，尽管董事实际上并不赞成该交易，但如果他或她在表决时没有明确反对，则视为该董事同意董事会决议。因而，董事的反对意见应同时记载于会议记录以作为异议董事免责的书面证据。

四、审计委员会

《公司法》第69条规定，有限责任公司可以按照公司章程的规定在董事会中设置由董事组成的审计委员会，行使本法规定的监事会的职权，不设监事会或者监事。公司董事会成员中的职工代表可以成为审计委员会成员。根据公司法本条规定，有限责任公司董事会中可以设置审计

---

〔6〕《〈公司法〉司法解释五》第3条。

委员会，行使监事会的职权，公司就没有必要设立监事会或者监事，审计委员会可以有职工代表，但职工代表必须本身就是董事会成员。

《公司法》第121条第1款规定，股份有限公司可以按照公司章程的规定在董事会中设置由董事组成的审计委员会，行使本法规定的监事会的职权，不设监事会或者监事。这一规定与有限责任公司的规定相同。但与有限责任公司相比较，本条规定更为周详。

根据《公司法》第121条第2款的规定，审计委员会成员为3名以上，过半数成员不得在公司担任除董事以外的其他职务，且不得与公司存在任何可能影响其独立客观判断的关系。公司董事会成员中的职工代表可以成为审计委员会成员。为了保障审计委员会的独立性，本款要求"过半数成员不得在公司担任除董事以外的其他职务，且不得与公司存在任何可能影响其独立客观判断的关系"。

根据《公司法》第121条第3、4、5款的规定，审计委员会作出决议，应当经审计委员会成员的过半数通过。审计委员会决议的表决，应当一人一票。审计委员会的议事方式和表决程序，除本法有规定的外，由公司章程规定。

根据《公司法》第121条第6款的规定，公司可以按照公司章程的规定在董事会中设置其他委员会。比较重要的其他委员会主要有薪酬委员会、诉讼委员会、战略委员会等。

五、经理

（一）经理的设置

一般来说，公司经理这一位置并非公司的法定机关，因而，其设置无须法律直接规定，而是由公司自己决定。具体来说，公司经理职位的设置及其职能的履行一般由公司章程规定，由董事会决定聘任或者解聘。我国《公司法》第74条规定，有限责任公司可以设经理。《公司法》第126条规定，股份有限公司设经理。同时，法律还直接规定了其职权。由此可见，在我国，关于经理的设置具有一定程度的法定性。

（二）经理资格

在大多数情况下，公司法并不对公司经理的资格进行限制，一般也不限制一个人同时担任数个职务。因此，经理可以是股东；也可以是董事，譬如，《公司法》第127条规定，公司董事会可以决定由董事会成员兼任经理；还可以是任何其他人，譬如职业经理。

关于经理的消极资格，与董事的消极资格相同。参见后述。

（三）聘任与解聘

公司经理由董事会聘任。《公司法》第74条第1款、第126条第1款明确规定，公司经理由董事会决定聘任或者解聘。这是董事会行使法定管理职权的具体体现。既然公司董事会有权任命管理人员，其必然的结论是公司董事会也有权解聘经理，并无须说明理由。有时，在公司与经理签订有雇佣合同的情况下，则可能包含着对公司解聘权力予以限制的条款。但即使存在该种条款，公司仍然有权解聘经理。但是，如果是在其任职期限内解聘其职务的话，则公司可能要承担违约责任。

（四）经理的权力

《公司法》第74条第2款、第126条第2款规定，经理对董事会负责，根据公司章程的规定或者董事会的授权行使职权。经理列席董事会会议。

（五）报酬

经理有权获得报酬。经理的报酬由董事会决定。经理的报酬既可以是现金，也可以是股权型长期激励计划，如股票期权。股份有限公司经理的报酬应当向股东披露。

六、监事会

（一）监事会的设置、构成与任职

《公司法》第76条第1款、第130条第1款规定，公司设置监事会，但也在第69、75、121、182条分别规定了两种例外情形。无论有限责任公司还是股份有限公司设立监事会是常态，但有两种情形"除外"：一是公司在董事会中设立了审计委员会行使监事会的职权，就不设监事会；二是规模较小或者股东人数较少的股份有限公司，可以不设监事会，设1名监事，行使本法规定的监事会的职权。

《公司法》第76条第2款、第130条第2款规定，监事会成员为3人以上。监事会成员应当包括股东代表和适当比例的公司职工代表，其中职工代表的比例不得低于1/3，具体比例由公司章程规定。监事会中的职工代表由公司职工通过职工代表大会、职工大会或者其他形式民主选举产生。

《公司法》第76条第3款规定，监事会设主席1人，由全体监事过半数选举产生。监事会主席召集和主持监事会会议；监事会主席不能履行职务或者不履行职务的，由过半数的监事共同推举1名监事召集和主持监事会会议。

《公司法》第130条第3款规定，监事会设主席1人，可以设副主席。监事会主席和副主席由全体监事过半数选举产生。监事会主席召集和主持监事会会议；监事会主席不能履行职务或者不履行职务的，由监事会副主席召集和主持监事会会议；监事会副主席不能履行职务或者不履行职务的，由过半数的监事共同推举1名监事召集和主持监事会会议。

《公司法》第76条第3款、第130条第4款规定，董事、高级管理人员不得兼任监事。这是因为，监事的职责就是监督董事、高级管理人员，如果兼任，必然导致职责混淆，自我监督，不能发挥监事作用。

（二）监事任期

《公司法》第77条、第130条第5款规定，监事的任期每届为3年。监事任期届满，连选可以连任。监事任期届满未及时改选，或者监事在任期内辞职导致监事会成员低于法定人数的，在改选出的监事就任前，原监事仍应当依照法律、行政法规和公司章程的规定，履行监事职务。

（三）监事会的职权

《公司法》第78条、第131条第1款规定，监事会行使下列职权：(1)检查公司财务；(2)对董事、高级管理人员执行公司职务的行为进行监督，对违反法律、行政法规、公司章程或者股东会决议的董事、高级管理人员提出解任的建议；(3)当董事、高级管理人员的行为损害公司的利益时，要求董事、高级管理人员予以纠正；(4)提议召开临时股东会会议，在董事会不履行本法规定的召集和主持股东会会议职责时召集和主持股东会会议；(5)向股东会会议提出提案；(6)依照本法第189条的规定（指派生诉讼，见后述），对董事、高级管理人员提起诉讼；(7)公司章程规定的其他职权。

（四）监事的质询权与调查权

《公司法》第79条第1款、第131条第1款规定，监事可以列席董事会会议，并对董事会决议事项提出质询或者建议。

《公司法》第79条第2款、第131条第1款规定，监事会发现公司经营情况异常，可以进行调查；必要时，可以聘请会计师事务所等协助其工作，费用由公司承担。《公司法》第131条第2款规定，监事会行使职权所必需的费用，由公司承担。

(五)董事、高管的协助义务

《公司法》第80条、第131条第1款规定，监事会可以要求董事、高级管理人员提交执行职务的报告。董事、高级管理人员应当如实向监事会提供有关情况和资料，不得妨碍监事会或者监事行使职权。

(六)监事会会议规则

《公司法》第81条、第132条规定，有限责任公司监事会每年度至少召开一次会议；股份有限公司监事会每6个月至少召开一次会议。监事可以提议召开临时监事会会议。

监事会的议事方式和表决程序，除本法有规定的外，由公司章程规定。

监事会决议应当经全体监事的过半数通过。股份有限公司监事会决议的表决，应当一人一票。

监事会应当对所议事项的决定作成会议记录，出席会议的监事应当在会议记录上签名。

(七)监事会行使职权的费用

《公司法》第82条、第131条第2款规定，监事会行使职权所必需的费用，由公司承担。

七、上市公司组织机构的特别规定

(一)上市公司概述

根据其股票是否可以在证券交易所上市交易，可将股份有限公司区分为上市公司与非上市公司。《公司法》第134条规定，本法所称上市公司，是指其股票在证券交易所上市交易的股份有限公司。由于上市公司存在众多的公众股东，法律更加注重其交易安全。因此，上市公司的股票交易须遵守特别的交易规则，并由专门的有关证券法律、行政法规和证券交易所规则进行规范。我国公司法主要就上市公司的有关组织机构及相关特殊问题进行了专门规定，包括上市公司购买、出售重大资产或者担保金额超过法定金额的决议程序、上市公司的独立董事与董事会秘书的设置、上市公司审计委员会决议事项上市公司关联交易、上市公司信息披露及股票代持以及交叉持股等。

(二)上市公司购买、出售重大资产或者担保金额超过法定数额的决议程序

公司购买、出售重大资产或者对外提供担保属于公司业务经营事项，本应该由公司董事会决定。但是，如果公司购买、出售重大资产或者对外提供担保数额较大，则应当由公司股东大会决定，并经特别决议作出决定。因为这样的交易可能对公司构成重大影响，从而使得公司资本结构发生根本变化。譬如，购买重大资产可能导致公司大量资金流出，出售重大资产可能导致公司事实上被出售，对外提供巨额担保可能导致公司债务负担无限增加。有鉴于此，公司法针对上述情况规定了进行上述交易的特别程序，借此使公司利益有所保障。

《公司法》第135条规定，上市公司在1年内购买、出售重大资产或者向他人提供担保的金额超过公司资产总额30%的，应当由股东大会作出决议，并经出席会议的股东所持表决权的2/3以上通过。根据本条规定，上市公司在1年内购买、出售重大资产或者担保金额超过公司资产总

额30%的，不仅需要股东大会作出决议，而且还需要以特别决议的方式作出决定。

（三）独立董事、专门委员会和董事会秘书

1. 独立董事

独立董事这一概念来自美国。在美国的法律文献中，存在“独立董事”（independent directors）或者“外部董事”（outside directors）这样的概念。但无论是独立董事，或者是外部董事，均非美国普通公司法上使用的术语。在美国的普通公司法上作为正式的法律术语则是“非利害关系董事”（disinterested directors），主要适用于公司中的“利益冲突交易”（conflict-of-interest transactions）情形。然而，美国的非利害关系董事这一制度对各国产生了极为广泛的影响，并将该制度演变为独立董事加以引进。我国公司法亦正式引进这一制度。《公司法》第136条第1款规定，上市公司设独立董事，具体管理办法由国务院证券监督管理机构规定。根据本条规定，公司法明确要求上市公司设立董事。但公司法关于独立董事的规定只是指引性规定，并授权国务院规定具体实施办法。

根据有关规定要求，[7]我国上市公司设立独立董事的基本规则如下：

所谓上市公司独立董事，是指不在上市公司担任除董事外的其他职务，并与其所受聘的上市公司及其主要股东、实际控制人不存在直接或者间接利害关系，或者其他可能影响其进行独立客观判断关系的董事。独立董事应当独立履行职责，不受上市公司及其主要股东、实际控制人等单位或者个人的影响。

上市公司独立董事占董事会成员的比例不得低于1/3，且至少包括1名会计专业人士。担任独立董事应当符合一定条件，譬如，具有5年以上履行独立董事职责所必需的法律、会计或者经济等工作经验；具有良好的个人品德，不存在重大失信等不良记录等。

独立董事原则上最多在3家境内上市公司担任独立董事，并应当确保有足够的时间和精力有效地履行独立董事的职责。

独立董事必须保持独立性，与公司存在关系的人员不得担任独立董事。譬如，亲属关系、持股关系、任职关系、业务往来关系以及提供财务、法律、咨询、保荐等服务关系。独立董事应当每年对独立性情况进行自查，并将自查情况提交董事会。董事会应当每年对在任独立董事独立性情况进行评估并出具专项意见，与年度报告同时披露。

上市公司股东会选举2名以上独立董事的，应当实行累积投票制。鼓励上市公司实行差额选举。中小股东表决情况应当单独计票并披露。独立董事每届任期与上市公司其他董事任期相同，任期届满，可以连选连任，但是连续任职不得超过6年。独立董事在任期届满前可以提出辞职。独立董事任期届满前，上市公司可以依照法定程序解除其职务。

独立董事主要职责如下：(1)参与董事会决策并对所议事项发表明确意见；(2)对上市公司与其控股股东、实际控制人、董事、高级管理人员之间的潜在重大利益冲突事项进行监督，促使董事会决策符合上市公司整体利益，保护中小股东合法权益；(3)对上市公司经营发展提供专业、客观的建议，促进提升董事会决策水平。

---

〔7〕 参见《上市公司独立董事管理办法》（2023年7月28日中国证券监督管理委员会第5次委务会议审议通过，并于2023年9月4日起施行。2022年1月5日发布的《上市公司独立董事规则》（证监会公告〔2022〕14号）同时废止）。证监会发布的《上市公司股权激励管理办法》《上市公司收购管理办法》《上市公司重大资产重组管理办法》等本办法施行前中国证监会发布的规章与本办法的规定不一致的，适用本办法。

除上述一般职责外,独立董事行使下列特别职权:(1)独立聘请中介机构,对上市公司具体事项进行审计、咨询或者核查;(2)向董事会提议召开临时股东大会;(3)提议召开董事会会议;(4)依法公开向股东征集股东权利;(5)对可能损害上市公司或者中小股东权益的事项发表独立意见。

下列事项应当经上市公司全体独立董事过半数同意后,提交董事会审议:(1)应当披露的关联交易;(2)上市公司及相关方变更或者豁免承诺的方案;(3)被收购上市公司董事会针对收购所作出的决策及采取的措施。上市公司应当定期或者不定期召开全部由独立董事参加的专门会议,对上述(1)至(3)特别事项以及关联交易的披露、上市公司及相关方变更或者豁免承诺的方案、被收购上市公司董事会针对收购所作出的决策及采取的措施,应当经独立董事专门会议审议。

上市公司应当为独立董事履行职责提供必要的工作条件和人员支持,指定董事会办公室、董事会秘书等专门部门和专门人员协助独立董事履行职责。上市公司应当保障独立董事享有与其他董事同等的知情权,承担独立董事聘请专业机构及行使其他职权时所需的费用,给予独立董事与其承担的职责相适应的津贴。此外,为了降低独立董事正常履行职责可能引致的风险,上市公司还可以建立独立董事责任保险制度。

2. 上市公司专门委员会

《公司法》第 136 条第 2 款规定,上市公司的公司章程除载明本法第 95 条规定的事项外,还应当依照法律、行政法规的规定载明董事会专门委员会的组成、职权以及董事、监事、高级管理人员薪酬考核机制等事项。公司法在上市公司组织机构的特别规定中为上市公司设置专门委员会留下来空间,即不限于审计委员会。

在现代公司实践中,董事会可以设立各种专门委员会,并在董事会的授权下从事某些活动。常见的专门委员会包括:提名委员会(nominating committee),负责在股东年会上提名董事候选人的工作。审计委员会(audit committee),负责与公司外部审计事务所一道检查公司的财务情况。执行委员会(executive committee),在董事会议期间代表董事会执行管理。报酬委员会(compensation committee),许多公司设立报酬委员会以解决报酬和退休利益的问题。诉讼委员会(litigation committee),当股东代表公司提起派生诉讼时,可能设立一个由非利害关系董事组成的诉讼委员会来审查该诉讼并决定该诉讼的进行是否符合公司的最佳利益。还有一些其他委员会,如公共政策委员会(public policy committee)、环境保护委员会(environmental committee)、战略计划委员会(strategic planning committee)、管理发展委员会(management development committee)、技术委员会(technology committee)以及雇员福利委员会(employee benefits committee)等。

但是,公司法往往就董事会对这些委员会的授权加以限制,如不得决定股利分配,不得决议公司是否发行或者购买证券,不得同意诸如兼并之类的基本交易,不得修改公司章程,不得决定董事会空缺填补,等等。

如上所述,我国公司法没有对审计委员之外的其他专门委员会作出一般性要求,在上市公司组织机构的特别规定中,也没有明确规定审计委员会之外的其他专门委员会,但《公司法》第 136 条显然是承认上市公司可以设置除审计委员会之外的其他专门委员会,如战略、提名、薪酬与考核等专门委员会。

战略委员会的主要职责是对公司长期发展战略和重大投资决策进行研究并提出建议。

审计委员会的主要职责是：提议聘请或更换外部审计机构；监督公司的内部审计制度及其实施；负责内部审计与外部审计之间的沟通；审核公司的财务信息及其披露；审查公司的内控制度。

提名委员会的主要职责是：研究董事、经理人员的选择标准和程序并提出建议；广泛搜寻合格的董事和经理人员的人选；对董事候选人和经理人选进行审查并提出建议。

薪酬与考核委员会的主要职责是：研究董事与经理人员考核的标准，进行考核并提出建议；研究和审查董事、高级管理人员的薪酬政策与方案。

此外，关于上市公司审计委员会。《公司法》第 137 条规定，上市公司在董事会中设置审计委员会的，董事会对下列事项作出决议前应当经审计委员会全体成员过半数通过：(1)聘用、解聘承办公司审计业务的会计师事务所；(2)聘任、解聘财务负责人；(3)披露财务会计报告；(4)国务院证券监督管理机构规定的其他事项。

3. 董事会秘书

《公司法》第 138 条规定，上市公司设董事会秘书，负责公司股东大会和董事会会议的筹备、文件保管以及公司股东资料的管理、办理信息披露事务等事项。

该条规定上市公司设董事会秘书，并规定了秘书的职责。根据《公司法》第 265 条第(一)项的规定，上市公司董事会秘书属于公司高级管理人员。董事会秘书的基本职责是协助处理董事会的日常工作，具体包括《公司法》第 138 条规定的会议筹备、文件保管以及股东资料的管理、办理信息披露事务等主要任务。

董事会秘书由董事会聘任或者解任。公司董事会秘书原则上应由专职人员担任。如果公司董事或其他高级管理人员兼任，应有足够的精力和时间保证履行职责。公司总经理、财务负责人不宜兼任董事会秘书。

(四)上市公司关联交易的决议规则

《公司法》第 139 条专门就上市公司的关联交易的决议规则进行了规定。根据该条规定，上市公司董事与董事会会议决议事项所涉及的企业或者个人有关联关系的，该董事应当及时向董事会书面报告。有关联关系的董事不得对该项决议行使表决权，也不得代理其他董事行使表决权。该董事会会议由过半数的无关联关系董事出席即可举行，董事会会议所作决议须经无关联关系董事过半数通过。出席董事会会议的无关联关系董事人数不足 3 人的，应当将该事项提交上市公司股东会审议。

该条规定主要是针对上市公司董事与董事会议决议所涉及的与企业或者个人有关联关系的情况下规定了不同于一般董事会议决议的特殊规则。具体而言，在一般董事会作出决议时，所有董事都有表决权，而在涉及董事关联交易的情况下，则应将关联关系董事排除在外，只能由无关联关系董事参与表决。如果无关联关系董事不足法定人数，则由股东大会审议。关于关联交易，我们在后面还将继续讨论。

(五)上市公司信息披露与股权代持

《公司法》第 140 条第 1 款规定，上市公司应当依法披露股东、实际控制人的信息，相关信息应当真实、准确、完整。上市公司信息披露是证券法重点规制对象，公司法在这里的规定主要是针对股东和实际控制人，但具体的披露规定还是要参阅证券法的规定。

《公司法》第 140 条第 2 款规定，禁止违反法律、行政法规的规定代持上市公司股票。股权代持为公司法所允许，但这只是针对一般情况而言，对于上市公司和特殊性质的公司，有关证券法律要求上市公司要求股权清晰，不存在权属纠纷，否则，法律则可能限制或者禁止代持股份上市交易。譬如,上市公司存在的股票代持多为实际控制人支配,不仅上市本身存在问题,而且可能被司法否认。金融公司如商业银行、保险公司、证券公司、基金公司、期货公司等,其股权代持会受到禁止或者限制。此外,规避法律的股权代持也可能无效,譬如,规避外商投资准入负面清单规定的股权代持。

(六)交叉持股

《公司法》第141条第1款规定,上市公司控股子公司不得取得该上市公司的股份。上市公司控制的子公司持有该上市公司股份是一种交叉持股,其危害性在于子公司持有其控股公司股份反过来控制其母公司,架空母公司股东,损害母公司利益。控股子公司的股东就是控股公司本身,而控股公司作为股东实际上是控股公司的管理层在行使股东权利,其结果是控股公司的管理层操控了公司。上市公司有广大社会公众股东存在,所以,法律和监管均不允许控股子公司持有上市公司的股票。

《公司法》第141条第2款规定,上市公司控股子公司因公司合并、质权行使等原因持有上市公司股份的,不得行使所持股份对应的表决权,并应当及时处分相关上市公司股份。上市公司控股子公司因特殊原因,如本款"因公司合并、质权行使等"取得并持有上市公司股份的,不得行使表决权。同时,法律要求应当及时处分相关上市公司股份,譬如,在合并情形下,合并的股份应当转让或者注销。在股权质押情况下,质权人应当及时行使其质权。

八、公司代表人

公司代表人是代表公司的人。公司代表人对外享有公司代表权。公司代表人对外代表公司的权力主要表现为:对外具有代表公司进行营业上和裁判上一切行为的权力。譬如,代表公司对外签订合同,或者代表公司起诉、应诉、参加仲裁等。

我国公司法对公司代表人进行了规定,并将公司代表人称为"法定代表人"。《公司法》第10条规定,公司法定代表人按照公司章程的规定,由代表公司执行公司事务的董事或者经理担任。担任法定代表人的董事或者经理辞任的,视为同时辞去法定代表人。法定代表人辞任的,公司应当在法定代表人辞任之日起30日内确定新的法定代表人。

《公司法》第11条规定,法定代表人以公司名义从事的民事活动,其法律后果由公司承受。公司章程或者股东会对法定代表人职权的限制,不得对抗善意相对人。法定代表人因执行职务造成他人损害的,由公司承担民事责任。公司承担民事责任后,依照法律或者公司章程的规定,可以向有过错的法定代表人追偿。

九、公司董事、监事、高级管理人员的资格

(一)积极资格

1. 董事的积极资格

董事、监事、高级管理人员的资格是指担任其职务必须具备的条件。在公司法制史上,法律曾经对董事的积极任职资格进行限制,譬如,对董事的住所和持股的要求,特别是要求董事必须由股东充任,即董事须持有一定股份,称之为"资格股"(share qualification)。这在实践中导致公司不得不象征性地出售一些股份给将要担任董事的人。现在的法律对董事的积极资格原则上不进行任何限制,而将这一空间留给公司章程或者公司细则去填补。这样,公司就具有较大的灵活性。因此,原则上,任何人,只要具有民事行为能力,均可担任董事,包括股东董事、职工董事和外

部董事。

有的法律明确规定只有个人才可以成为董事,但有的法律规定,法人或者其他实体也可以成为董事。我国公司法对此没有规定,但从法律要求董事具有民事行为能力来看,董事似宜于自然人担任。从董事职权的实际行使来看,法人或者其他实体似不宜担任董事。因为董事是实际参与公司业务执行的人,应当具有自然人那样的亲自履行职能的能力。如果允许法人或者其他实体担任董事,势必董事的行为需要他人代理。然而,在某种意义上讲,董事本身就具有“代理人”身份,如果董事在履行职务时再次委托或者指派他人代理,不利于公司的业务执行和经营稳定。

2. 监事的积极资格

现代法律对监事的积极资格几乎没有什么限制。任何人只要具有民事行为能力均可以担任监事。由此可见,监事不必一定具有股东资格。非股东亦得担任监事。从我国公司法的规定来看,监事可能包括三种类型:股东监事、职工监事和外部监事。

法人是否可以担任监事?有的国家允许法人担任监事;有的国家则明确规定监事只能由自然人担任。我国法律亦无规定,但从法律要求监事具有民事行为能力来看,监事似宜于自然人担任。

3. 高级管理人员的积极资格

根据《公司法》第265条第(一)项的规定,高级管理人员,是指公司的经理、副经理、财务人员,上市公司董事会秘书和公司章程规定的其他人员。在大多数情况下,公司法并不对公司高级管理人员的资格进行限制,一般也不限制一个人同时担任数个职务。因此,高级管理人员既可以是股东,也可以是董事,还可以是任何其他人,譬如职业经理。但无论何种情形,高级管理人员均须具备民事行为能力。至于高级管理人员是否具备相应的管理知识和经验,则属于商业决策问题,应留待董事会去考虑,而不是一个法律问题。但例外的是,上市公司以及特殊公司,如商业银行、保险公司、信托公司、证券公司等金融机构或者其他特殊性质的公司,法律可能对其高级管理人员的管理知识和经验有所要求。

(二)董事的消极资格

董事、监事、高级管理人员的消极资格是指担任董事不得具备的情形。根据《公司法》第178条规定,有下列情形之一的,不得担任公司的董事、监事、高级管理人员:(1)无民事行为能力或者限制民事行为能力;(2)因贪污、贿赂、侵占财产、挪用财产或者破坏社会主义市场经济秩序,被判处刑罚,或者因犯罪被剥夺政治权利,执行期满未逾5年,被宣告缓刑的,自缓刑考验期满之日起未逾2年;(3)担任破产清算的公司、企业的董事或者厂长、经理,对该公司、企业的破产负有个人责任的,自该公司、企业破产清算完结之日起未逾3年;(4)担任因违法被吊销营业执照、责令关闭的公司、企业的法定代表人,并负有个人责任的,自该公司、企业被吊销营业执照、责令关闭之日起未逾3年;(5)个人因所负数额较大债务到期未清偿被人民法院列为失信被执行人。公司违反前款规定选举、委派董事、监事或者聘任高级管理人员的,该选举、委派或者聘任无效。董事、监事、高级管理人员在任职期间出现本条第1款所列情形的,公司应当解除其职务。

十、公司决议瑕疵及其救济

公司作出决议应当遵守法律、行政法规或者公司章程的规定,如果公司决议在内容或者程序上存在瑕疵,自然应当适用法律上有关行为瑕疵的规则。然而,公司决议为团体法律行为,如果完全采取法律上关于无效或者可撤销之一般性规则,势必导致团体法律关系的不稳定,进而对多数利害关系人的利益造成影响。有鉴于此,商法或者公司法上往往对公司决议的瑕疵及其救济专门予以规定,通过种种限制,以期缓解因滥用此种诉讼所带来的不利效果。

我国公司法对公司决议的无效、撤销和不成立制度作出了规定。《公司法》第25条对决议内容无效作出了规定;《公司法》第26条对程序瑕疵和决议内容违反公司章程的撤销作出了规定;《公司法》第27条对公司决议不成立作出了规定;《公司法》第28条对决议无效、撤销和不成立之后的变更登记以及与善意第三人的关系作出了规定。

(一)瑕疵决议的分类及适用对象

我国公司法规定的公司决议瑕疵采取的是"三分法",即公司决议无效、可撤销和不成立三种情形。同时,公司法将公司决议无效、可撤销和不成立的范围限定于股东会决议和董事会决议,而不包括监事会决议。

(二)瑕疵决议的类型

1.无效决议

公司法将公司决议无效的情形限定于决议内容违反法律、行政法规;而将召集程序、表决方式违反法律、行政法规或者公司章程,或者决议内容违反公司章程的情形作为可撤销处理。

公司决议因其内容直接与强行法相悖而导致违反公共政策或者公序良俗的无效。譬如,股东决议违反股权平等原则,使同种股份享有不同的权利。又如,股东决议违反股利分配原则,在没有填补损失的情况下分配公司利润。再如,董事会议违反环境保护法等其他法律、行政法规的规定等。

2.可撤销决议

公司法规定股东会或者股东大会、董事会的决议召集程序、表决方法违反法律、行政法规或者公司章程,或者决议内容违反公司章程的,股东可以请求法院撤销。《公司法》第26条规定,公司股东会、董事会的会议召集程序、表决方式违反法律、行政法规或者公司章程,或者决议内容违反公司章程的,股东自决议作出之日起60日内,可以请求人民法院撤销。由此可见,我国公司法规定的可撤销之诉包括了三种情形:召集程序和表决方法违法、违规或者违章,或者决议内容违反章程的情形。其中,就程序瑕疵而言,包括召集程序瑕疵和表决方法瑕疵。譬如,召集决议存在瑕疵;由无召集权人召集的公司会议;通知的瑕疵;无表决权股东或者表决权受限制的股东出席会议并参加表决;种类股东表决的欠缺等。并非所有程序瑕疵均可撤销。《公司法》第26条规定,但是,股东会、董事会的会议召集程序或者表决方式仅有轻微瑕疵,对决议未产生实质影响的除外。如果公司决议程序瑕疵轻微且对决议未产生实质性影响的,该种诉讼可能不会获得法院的支持。

传统上将决议内容违反公司章程的情形作为无效诉讼的事由。现在的变化是,将其作为可撤销诉讼事由。公司章程本身即为股东之团体合意,股东决议虽有违反章程,但是如果没有股东主张,则可以治愈。因此,将其视为可撤销事由较为合理。我国公司法也反映了这一变化。但应注意的是,公司决议既违反章程,又违反法令者,则应属于决议无效事由。

3.决议不成立

决议不成立是指公司会议的召集程序或者决议方法上存在重大瑕疵以致不能认可公司决议。根据我国《公司法》第27条的规定,股东会或者股东大会、董事会决议存在下列情形之一,当事人可以主张决议不成立:(1)公司未召开会议的;(2)会议未对决议事项进行表决的;(3)出席会议的人数或者股东所持表决权不符合公司法或者公司章程规定的;(4)会议的表决结果未达到公司法或者公司章程规定的通过比例的;(5)导致决议不成立的其他情形。

(三)公司决议诉讼程序

公司决议的无效、可撤销以及不成立须以诉讼的方式裁判之。法律对有关诉讼问题进行规定,主要涉及原告、被告、起诉期间、公告、担保以及诉讼效力。

1. 原告、被告、起诉期间

我国公司法没有对无效诉讼、不成立诉讼的原告资格加以限制,也就是说,原告可以是任何有诉权的人。但司法解释将其限定于“公司股东、董事、监事等”。司法解释的这种限定是合理的,它主要是考虑无效判决的团体效果而将原告限定在与诉讼有最大利害关系者,这是与一般法律行为无效之诉的不同之处。由于决议不成立诉讼的效果与无效诉讼是一样的,基于上述理由,司法解释也同样将其原告限定为“公司股东、董事、监事等”。应注意的是,由于司法解释的表述是“公司股东、董事、监事等”,因此,无效诉讼或者不成立诉讼的原告除股东、董事、监事外,也不排除其他有利害关系的人充当原告提起无效诉讼或者不成立诉讼。[8] 我国公司法将可撤销之诉的原告限定为股东,且要求“在起诉时须具有公司股东资格”。[9]

无论何种诉讼,被告均为公司。对决议涉及的其他利害关系人,可以列为第三人。其他具有原告资格的人以相同的诉讼请求申请参加诉讼的,可以列为共同原告,但我国司法解释限定为“一审法庭辩论终结前”。[10]

法律对提起可撤销诉讼的期间规定为“自决议作出之日起60日内”提起诉讼。未被通知参加股东会会议的股东自知道或者应当知道股东会决议作出之日起60日内,可以请求人民法院撤销;自决议作出之日起1年内没有行使撤销权的,撤销权消灭。这一期间为除权期间,超过这一法定期间,股东丧失提起诉讼的权利。现行法律和司法解释均没有对提起决议无效诉讼和不成立诉讼作出期限限制。

2. 判决的效力

无论何种诉讼,一经法院作出无效、撤销或者不成立的确定判决,即发生对世效力,即该种判决的效力及于提诉权人、公司以及第三人。任何人不得再次主张决议有效。但是涉及判决的溯及力则有些麻烦。如果承认此类判决具有溯及力,则会严重影响利害关系人的利益。如果不承认此类判决具有溯及力,又可能导致此类判决没有意义。因此,应区分内部人和外部人而确定此类判决是否具有溯及力。具体而言:对内部人,应使此类判决具有溯及力。譬如,对于像董事责任的免除,董事、监事、高级管理人员的报酬,股利分配等决议,如果不使其具有溯及力,其依违法决议所获得的利益仍然得不到纠正。对外部人,则应将此类判决的溯及力切断,但仅限于善意第三人。《公司法》第28条第2款规定,股东会、董事会决议被人民法院宣告无效、撤销或者确认不成立的,公司根据该决议与善意相对人形成的民事法律关系不受影响。譬如,对于像公司依照违法决议已经与善意第三人发生的对外交易、公司发行新股等情形,如果不限制判决的溯及力,势必影响众多人的利益,交易安全受到严重威胁。

3. 变更登记的撤销

公司根据决议已办理变更登记的,法院宣告该决议无效、被撤销或者不成立后,公司应当向

---

〔8〕《〈公司法〉司法解释四》第1条。

〔9〕《〈公司法〉司法解释四》第2条。

〔10〕《〈公司法〉司法解释四》第3条。

公司登记机关申请撤销变更登记。这属于无效之诉、撤销或者不成立之诉发生确定判决的程序后果。《公司法》第 28 条规定，公司股东会、董事会决议被人民法院宣告无效、撤销或者确认不成立的，公司应当向公司登记机关申请撤销根据该决议已办理的登记。

第二节　受信义务

一、受信义务概述

前面我们讨论了公司治理结构以及股东、董事、监事和高级管理人员在这种法律规划中的权力分配及其权力的行使。权力的行使必须伴随义务的制约，没有节制的权力意味着他人的灾难。公司法上的受信义务就是基于这一考虑而设置的约束机制。

公司中的受信义务人应对公司负担受信义务。长期以来，人们一直试图用信托理论或者代理理论来解释公司中受信义务人与公司之间的关系。现在看起来，这种关系是一种信托关系，抑或是一种代理关系，已经不是很重要了。像信托关系中受托人对委托人承担受信义务（关于信托法上受托人的受信义务，参见第四编“商事信托”中的论述）、代理关系中代理人对本人承担受信义务一样（关于代理法上代理人的受信义务，参见第一编第五章“商事代理”中的论述），公司中的受信义务人同样需要对公司承担受信义务。这已经形成共识，并且已经制度化。

公司法上的受信义务（fiduciary duties）分为两种具体义务：一是注意义务（duties of care/duties of attention）；二是忠实义务（duties of loyalty）。前者是指受信义务人应当履行适当的注意以免损害公司利益；后者是指受信义务人应将公司利益置于自己利益之上。

（一）受信义务的主体

我国公司法对受信义务进行了规定。考察我国公司法对受信义务及其义务主体的规定，其内容主要包括：

1. 董事、监事、高级管理人员的受信义务

《公司法》第 179 条规定，董事、监事、高级管理人员应当遵守法律、行政法规和公司章程。这是关于董事、监事、高级管理人员的守法义务的规定。《公司法》第 188 条规定，董事、监事、高级管理人员执行职务违反法律、行政法规或者公司章程的规定，给公司造成损失的，应当承担赔偿责任。

董事对公司负有注意义务和忠实义务。董事的义务在一定程度上可以说与信托中的受托人义务相同。但公司的董事并不是严格意义上的受托人，因为他们的自由裁量权和经营管理权较之于信托中的受托人的权力要大得多。但董事的忠实义务则基本上与信托法上受托人义务相同。

监事对公司负有注意义务和忠实义务。但在研读公司法时应当注意，监事与董事、高级管理人员的义务在程度和范围上都有所不同。就注意义务而言，监事的注意义务主要体现为监事是否尽职尽责地履行了其监督职责，而对董事、高级管理人员则是从经营管理角度予以考察。就忠实义务而言，监事的忠实义务也与董事、高级管理人员的忠实义务的侧重有所不同。监事的职责就是监督董事、高管是否履行了忠实义务，是否存在违法、违规、违章行为。但是，监事本身也可能发生违反忠实义务情形。譬如，监事与高管串通挪用公司资金、侵占公司财产等。

公司高级管理人员对公司负有受信义务。《公司法》第265条第(一)项规定,高级管理人员,是指公司的经理、副经理、财务负责人,上市公司董事会秘书和公司章程规定的其他人员。公司高级管理人员对公司的忠实义务与董事是相同的。而不同的高级管理人员对公司的注意义务则可能略有差异,这在一定程度上取决于该高级管理人员所占据的位置以及其所担任的职务的类型。全职、高层管理人员对公司的注意义务可能在实质上与董事的注意义务相同。居于下层或者有限职位的经营管理人员,相应地,其义务程度就要低一些。同样,在全职人员与兼职人员之间也存在一些差异。

2. 关于股东、控股股东、实际控制人的受信义务问题

一个需要讨论的问题是,股东是否需要对公司承担受信义务?在传统法律观念上,答案是否定的。因为股东无权以个人身份直接过问公司经营和事务,也不在该意义上参与公司经营管理,当然也就无须对公司承担受信义务。股东相互之间也无须承担受信义务。这一观念仍然是现代公司法的基本原则。

但这一原则也有例外。在公司中,股东以集体决议的方式(股东会议)选择董事,同意或者追认特定交易。因而,如果股东在事实上处于公司管理者地位时,就有可能使其对公司或者其他股东承担受信义务。这主要发生在大股东,特别是控制股东(controlling shareholder),对公司实施了控制或者施加了控制性影响的情形。在绝大多数情况下,少数股东很少有机会滥用权力或者从事欺诈行为,因而,一般的普通股东或者少数股东对公司不承担受信义务。但是,即便如此,也不能一概而论。少数股东滥用权利或者从事欺诈行为的情形也确实存在。因此,无论是多数股东,还是少数股东,只要违反了受信义务,均有可能对公司承担责任。

我国公司法规定了股东的受信义务。《公司法》第21条规定,公司股东应当遵守法律、行政法规和公司章程的规定,依法行使股东权利,不得滥用股东权利损害公司或者其他股东的利益。公司滥用股东权利损害公司或者其他股东造成损失的,应当承担赔偿责任。该条就是关于股东受信义务的规定,而且是针对任何股东所作出的规定。

但在某些具体情况下,法律则可能专门针对控股股东和实际控制人的受信义务作出特别规定。譬如,前述《公司法》第22条同时规定,公司的控股股东、实际控制人、董事、监事、高级管理人员不得利用其关联关系损害公司利益。违反前款规定,给公司造成损失的,应当承担赔偿责任。该条不仅要求董事、监事、高级管理人员在关联交易中须对公司承担受信义务,而且要求控股股东、实际控制人在关联交易中对公司承担受信义务。

《公司法》第180条第3款规定,公司的控股股东、实际控制人不担任公司董事但实际执行公司事务的,适用前两款规定。所谓"前两款"分别指的是违反勤勉义务和忠实义务的两种情形。公司法在这里引进了控股股东和实际控制人的概念。根据《公司法》第265条第(二)项规定,控股股东,是指其出资额占有限责任公司资本总额超过50%或者其持有的股份占股份有限公司股本总额超过50%的股东;出资额或者持有股份的比例虽然低于50%,但依其出资额或者持有的股份所享有的表决权已足以对股东会的决议产生重大影响的股东。根据《公司法》第265条第(3)项规定,实际控制人,是指通过投资关系、协议或者其他安排,能够实际支配公司行为的人。

由此可见,我国公司法已经系统地将股东、控股股东、实际控制人纳入了受信之注意义务和忠实义务主体的范畴。

尽管这种受信义务的主体包括董事、监事、高级管理人员以及股东、控股股东、实际控制人,然而,很显然,最为重要的义务主体仍是董事和高级管理人员,因为只有董事才是法律上对公司

负担最终管理责任的人,而高级管理人员则是具体执行经营管理事务的责任人。因而,受信义务实际上也主要是以董事和高级管理人员为核心的受信义务。因此,我们在本节所讨论的义务也就主要是围绕董事、高级管理人员的义务而展开的,但如果存在特别情况,则会予以指明。

(二)对谁负有义务?

1. 公司

一般来说,董事、高级管理人员只对公司负有义务。这不仅是因为董事、高级管理人员是公司的经营者和管理者,而且意味着董事、高级管理人员的职责就是追求公司的利润最大化,因为公司本身的目标就是追求利益。

2. 股东

在传统公司法上,董事、高级管理人员对公司的义务也就是对股东的义务,只不过是对股东整体的义务,而不是对个别股东或者某一类股东承担义务。与合伙企业不同,由于公司实行的是有限责任,股东之间不存在相互监控问题,因而,股东相互之间也不承担受信义务。但在特定情况下,公司股东可能需要对其他股东或者某类股东承担受信义务,是为例外。

3. 关于"利益相关者"的问题

一个需要讨论的问题是,董事、高级管理人员是否还应该对公司"利益相关者"(other consituencies),如公司债权人、客户、雇员或者公司所在社区(community),承担义务呢?很显然,这就涉及传统公司法上根深蒂固的观念,即传统上董事、高级管理人员只对公司利益的最大化或者公司股东经济利益的安全承担义务。

如果认为公司董事应当对利益相关者承担义务,接下来的问题就是,这种义务在法律上是否可得到执行(legally enforceable)呢?

主流意见是拒绝承认董事、高级管理人员对利益相关者负有受信义务。为什么董事、高级管理人员对利益相关者不承担法律上的可执行的义务呢?

第一个理由是,如果这种义务具有可执行性,董事、高级管理人员可能因为害怕受到这些人的指控或者起诉而不能有任何作为。提高产品或者服务的价格会引起公司客户的不满;降低工资或者提高生产力则会引起雇员的抱怨;在利率下调时再次借款有悖于债权人的利益。另外,如果不这样做,则又可能会损害股东的利益。

第二个理由是,债权人、雇员和客户这样的团体可以通过合同来保护其利益,而社区则可以通过规范公司的行为来保护其利益(或者包括债权人、客户和雇员在内也可以通过这种方式)。

但是,批评意见指出,没有任何公司能够预知长期合作关系期间可能会发生的一切事件,如公司和雇员,公司与其长期债权人(如 bondholder),甚至公司与其固定客户之间的关系。因此,赞同董事、高级管理人员对其他利益相关者承担受信义务的人坚持认为,正是为了克服这种合同不能预知长期合作关系会发生什么样的事情的障碍,才需要由公司董事、高级管理人员来承担这一义务。要不然,为什么不让股东也通过合同来保护其利益,而是求助于受信义务呢?

如果认为董事、高级管理人员对利益相关者不承担法律上的可执行的义务,那么,如果董事、高级管理人员以公司的金钱为这些利益相关者谋取利益是否会构成对受信义务的违反呢?

董事、高级管理人员对其他利益相关者不承担法律上的受信义务,并不意味着董事、高级管理人员就不能自觉地考虑利益相关者的利益。但是,这种自觉行为也可能产生法律上的问题,即在多大程度上董事、高级管理人员的这种自觉行为才不会影响股东的利益。一般认为,这种自觉行为的底线是以不影响股东的利益为界限。但是否影响了股东的利益,不应该就某一具体商业决策在某一特定时间为标准来判断董事是否牺牲了利润最大化原则,而是应该从长远利益来考虑,该种商业决策是否有利于股东利益。关于这一问题,理论上尚在继续争论,立法、司法实践尚在探索。我国《公司法》第20条明确提出了公司应承担社会责任。根据该条规定,公司从事经营活动,应当充分考虑公司职工、消费者等利益相关者的利益以及生态环境保护等社会公共利益,承担社会责任。国家鼓励公司参与社会公益活动,公布社会责任报告。这一规定包含了如下几层含义:其一,公司从事经营活动,应当充分考虑利益相关者的利益。利益相关者包括公司职工、消费者等。其二,公司从事经营活动,应当充分考虑生态环境保护等社会公共利益。其三,鼓励参与社会公益活动,公布社会责任报告。

此外,《公司法》第16条规定公司应当保护职工的合法权益,依法与职工签订劳动合同,参加社会保险,加强劳动保护,实现安全生产。公司应当采用多种形式,加强公司职工的职业教育和岗位培训,提高职工素质。

《公司法》第17条规定,公司职工依照《中华人民共和国工会法》组织工会,开展工会活动,维护职工合法权益。公司应当为本公司工会提供必要的活动条件。公司工会代表职工就职工的劳动报酬、工作时间、休息休假、劳动安全卫生和保险福利等事项依法与公司签订集体合同。公司依照宪法和有关法律的规定,建立健全以职工代表大会为基本形式的民主管理制度,通过职工代表大会或者其他形式,实行民主管理。公司研究决定改制、解散、申请破产以及经营方面的重大问题、制定重要的规章制度时,应当听取公司工会的意见,并通过职工代表大会或者其他形式听取职工的意见和建议。

(三)违信责任

凡违反义务者必附之以责任对行为人加以制裁。考察我国公司法关于违信责任的规定,行为人违反受信义务须承担如下两种形式的责任:

1. 损害赔偿责任

一是董事、监事、高级管理人员的赔偿责任。受信义务主体的行为如果给公司造成损害,自然应当向公司承担损害赔偿责任。如《公司法》第188条规定,董事、监事、高级管理人员执行公司职务时违反法律、行政法规或者公司章程的规定,给公司造成损失的,应当承当赔偿责任。公司管理者的职务行为应受到其受信义务的拘束,如若违反,则应对公司承担违信责任,固属理所当然。承担违信责任的前置是管理者违反了受信义务,此不赘言。

二是控股股东、实际控制人的连带责任。《公司法》第192条规定,公司的控股股东、实际控制人指示董事、高级管理人员从事损害公司或者股东利益的行为的,与该董事、高级管理人员承担连带责任。公司法将公司控股股东以及实际控制人也纳入受信义务法律规制中。这是因为,公司控股股东或者实际控制人既可能直接插手公司的经营管理,也可能利用其地位与公司发生交易。因而,如果控制股东和实际控制人参与董事会决策或者幕后操纵了公司的决策行为,亦须对公司承担受信义务。需要指出的是,这与董事、高级管理人员不同,公司控股股东、实际控制人的这种义务和责任不具有一般普适性,不能仅仅因为某一股东是控股股东,或者某人是实际控制人,就在任何时候承担受信义务和责任。只有他们实际实施了某种滥用权力、操控行为时才对该行为后果承担责任。

三是公司股东滥用股东权利的赔偿责任。《公司法》第21条第2款规定,公司股东滥用公司权利给公司或者其他股东造成损失的,应当承担赔偿责任。这里需要再行解释的是,就股东的违信责任而言,主要针对的是给公司造成损失的情形,如果股东滥用权利给其他股东造成损失,一般而言,属于股东的直接侵权行为,应直接对其他股东承担损害赔偿责任,不属于违信责任范畴。

四是利用关联关系损害公司利益的责任。《公司法》第22条规定,如果公司的控股股东、实际控制人、董事、监事、高级管理人员利用其关联关系损害公司利益,给公司造成损失的,应当承担赔偿责任。

五是董事、高级管理人员对第三人的责任。我国公司法为公司设定了社会责任义务,并规定了违反该义务的赔偿责任。《公司法》第191条规定,董事、高级管理人员执行职务,给他人造成损害的,公司应当承担赔偿责任;董事、高级管理人员存在故意或者重大过失的,也应当承担赔偿责任。原则上,董事、高级管理人员执行职务给他人造成损失的,公司应当承担赔偿责任,但董事、高级管理人员存在故意或者重大过失的,也应当承担赔偿责任。本条规定意义重大,是公司法的重大突破。即便是职务行为,董事、高级管理人员也可能承担外部赔偿责任,但公司管理者对第三人的责任只涉及董事、高级管理人员,不涉及监事。公司法将董事、高级管理人员的这种外部责任限定为"故意或者重大过失"。这一责任的主观要件不仅仅指向行为人的故意,如果其有重大过失(如粗心大意),同样须承担赔偿责任。

2. 没收所得

《公司法》第186条规定,董事、监事、高级管理人员违反本法第181条至第184条规定所得的收入应当归公司所有。《公司法》第181条至第184条规定的是忠实义务情形,董事、高级管理人员违反法律所规定的忠实义务所得的收入归公司所有。譬如,公司董事长擅自利用了本来属于公司的商业机会,应将其利用该商业机会所得收入归公司所有。如果是直接侵害了利益,如侵占公司财产,挪用公司资金,当然应当返还给公司,没收其所得。

违反受信义务的行为人可能同时承担没收所得与赔偿损失两种责任。譬如,在上例中,公司董事长擅自利用了本来属于公司的商业机会,应将其利用该商业机会所得收入归公司所有;如果因此给公司造成损失的,还应当赔偿损失。

二、注意义务

(一)注意义务概述

像律师对其当事人、医生对其病人、司机对任意第三人应当承担注意义务一样,董事、高级管理人员在履行其职责时对公司负有合理的注意义务(duty of care)。这一观念是说,那些从事可能给他人带来损害风险行为的人应当承担一种像一个理性的谨慎人在同等情况下的行为一样的义务以避免这种损害发生。注意义务是过失侵权的基础,董事、监事、高级管理人员违反注意义务就是过失,因而需要承担过失侵权责任。

乍一看,董事、监事、高级管理人员的注意义务与侵权法上的注意义务并无多大区别。在许多情况下,确实如此。但是,董事、监事、高级管理人员的注意义务又有许多特别之处。

我国《公司法》第180条第2款规定,董事、监事、高级管理人员对公司负有勤勉义务,执行职务应当为公司的最大利益尽到管理者通常应有的合理注意。这一规定首先要求有关受信义务主体须对公司承担勤勉义务,进而将勤勉义务解释为执行职务应当为公司的最大利益尽到管理者通常应有的合理注意。这一界定包含了如下几层意思:

第一,勤勉义务是公司董事、监事、高级管理人员在执行职务过程中应当满足的义务,执行职务是公司行为,其行为后果由公司承担。如果不是执行职务,只能是董事、监事、高级管理人员的个人行为,与公司行为无关,行为后果由个人承担。

第二,公司董事、监事、高级管理人员在执行职务过程中应当尽到合理注意义务。何为“合理注意”? 公司法给出的限定语是“管理者通常应有的合理注意”,大致相当于侵权法上的普通过失标准。

第三,合理注意的目标是为了公司的最大利益。这是公司董事、监事、高级管理人员为公司工作需要努力的行动目标。

值得肯定的是,立法对注意义务的这一规定为公司董事、监事、高级管理人员给出了一个基本的行动准则,也为司法审理此类纠纷提供了一个基本的裁判指南。

然而,这一界定依然未尽全然。公司董事、监事、高级管理人员的职责,概而言之,是经营管理公司。细分之下,可以区分为经营公司和管理公司。就公司的业务经营而言,公司的董事、高级管理人员会面对和处理大量业务,包括订立合同、进行投资、提供担保、借入贷出等。每一项决策都要求董事、高级管理人员尽到“合理注意”义务,是否多少有些强人所难? 何况董事会结构中,一些董事并非商业专家,董事会中的外部董事或者独立董事,他们可能是财务专家、法律专家、技术专家,但不是专职经营人员。就公司的事务管理而言,包括监事的监督事务,不仅在董事、监事、高级管理人员的职责范围,而且在他们的能力、经验和知识范围。他们负责制定管理制度,包括公司内控规则、监管规则和监督规则,以及监督这些制度和规则的执行,是他们应尽的义务和职责。总而言之,应将董事、高级管理人员的经营决策规则与事务管理规则区别对待。对董事、高级管理人员商业决策的标准应当采取较低一些的标准,即重大过失标准;对董事、高级管理人员的事务管理和监事的监督标准应采取高一些的标准,即过失标准。

(二)注意义务的一般标准

一般认为,[11] 董事、高级管理人员注意义务的一般标准是:(1)善意(in good faith);(2)应当像处于相似位置的普通谨慎人那样在类似情况下所应尽到的注意(with the care that an ordinary prudent person in a like position would exercise under similar circumstance);[12] (3)须合理地相信其行为是为了公司的最佳利益(in a manner the director reasonably believes to be in the best interests of the corporation)。如果董事、高级管理人员的行为符合上述要求,则可以免除其责任。

这是关于公司管理者注意义务的一般标准,其实就是普通过失标准。但其主要适用于上述所说的管理者的事务管理义务。对于公司的业务经营,则适用另外的“商业判断规则”(business judgment rule,BJR)。

注意义务包括作为与不作为两种情形,商业判断规则仅适用于积极地作出商业决策的情形,即适用于作为的情形,而不适用于不作为的情形。[13] 对于不作为的情形,仍然适用注意义务的一般标准。譬如,董事根本不过问公司事务,不参加董事会议。董事的这种不作为不能免责,理

---

〔11〕 MBCA § 8.30; § 4.01 of PCG.

〔12〕 一些早期的判例认为,银行董事的注意程度应当比普通商事公司的董事的注意程度要高一些。一个经常被法院引用的类似的标准是“像普通的谨慎人那样在类似其管理个人商业事务的情况下所应尽的同等程度的勤勉、注意和技能”(the exercise of that degree of diligence, care and skill which ordinarily prudent person would exercise under similar circumstances in their personal business affairs)。然而,近年来更为权威的判例表明在这个问题上没有必要对银行董事区别对待。其理由是:如果该标准过于严格,则可能导致没有人担任董事。法院认为他们不应该对公司管理人员进行事后审查,充当事后诸葛亮。

〔13〕 即商业判断规则只适用于董事作出了商业决策的情形,针对一个已作出的、实在的商业决策是商业判断规则的组成要素之一,审查的时间点断在决策之时。如果董事根本没有进行商业判断,也就无所谓商业判断规则的适用。See § 4.01 Comm. d. of PCG.

由是,一个人既然担任了某种职务,就须承担与其职责相适应的责任。也正是因为其不作为,没有参加商业决策,自然无适用商业判断规则的余地。

(三)商业判断规则

什么是商业判断规则呢?一般认为,[14]董事、高级管理人员善意地(in good faith)进行商业决策即可满足注意义务的要求,如果:(1)他与所进行的商业决策事项不存在利害关系(He is not interested in the subject of his business judgment);(2)他对所进行的商业决策是了解的,并合理地相信在该种情况下是适当的(He is informed with respect to the subject of his business judgment to the extend he reasonably believes to be appropriate under the circumstance);(3)他理性地相信其商业决策符合公司的最佳利益(He rationally believes that his business judgment is in the best interest of the corporation)。

"商业判断规则"是执行注意义务的重要要件。这一规则的基本观念是,在让作出不好的商业决策的董事、高级管理人员承担责任时应给予一定限制。因为一个商业决策是好是坏,很难判断。往往在作出一项决策时,它可能是好的,但事后来看却会有许多问题。更何况董事、高级管理人员要经常作出这样的决策。

根据商业判断规则,只要是善意地并在合理的调查基础上所作出的诚实的商业决策是不受指控的,即使该决策是错误的、不幸的,甚至是灾难性的。商业判断规则实际上是一种保护董事、高级管理人员承担责任的绝缘措施或者"安全港"(safe harbor)。商业判断规则采用的是重大过失(gross negligence)标准。

为什么要给董事、高级管理人员责任制定特别规则,也就是说,为什么董事、高级管理人员不像普通人一样承担普通过失责任?主要有如下原因:

第一,商业决策的事后审查(after-the-fact-review)很困难,法院也非常不愿意介入这种涉及公司内部商业决策的是非。事实上,许多商业决策也超出了法官的经验和能力。

第二,基于损害性质的考虑。与其他侵权行为不同,公司董事、高级管理人员违反义务给公司造成的损失通常是金钱损失,而且数额巨大。如果因为普通过失就需要承担责任,将不会有人愿意或者敢于担任董事、高级管理人员职务。

第三,由于原告的地位所决定。原告诉讼的性质属于派生诉讼,并非针对自己利益受损而发生的直接诉讼,在由股东提起的派生诉讼(derivative litigation)中,股东热情不高,主要是律师为了赚取代理费用而怂恿股东起诉。因此,如果让董事、高级管理人员承担普通过失责任将可能产生反向激励作用,即恶意股东可能动辄滥用派生诉讼干扰公司正常经营活动。此外,终究董事是股东选举的,亦可用选举的办法换掉董事,或者用脚投票,或者采取分散投资的方法。高级管理人员更是董事会聘任的,如果对其行为不满意,亦可由董事会解聘。

第四,赔偿或者威慑效用的有限性。传统的侵权法有两个作用:一是赔偿;二是威慑。在公司情况下,董事、高级管理人员违反义务需要赔偿,但是这种赔偿往往因和解或者保险机制而仍然由公司承担,羊毛出在羊身上。那么,威慑作用又如何呢?由于一系列因素,如董事、高级管理人员对公司的股权,董事、高级管理人员补偿计划等,威慑作用也不能得到发挥。这样,即使让董事、高级管理人员承担普通过失责任,也不能起到赔偿和威慑应有的效用。

---

〔14〕　§4.01 of PCG.

三、忠实义务

前面我们讨论了注意义务——主要是为了克服董事、监事、高级管理人员的懒惰和无责任心。现在我们要讨论忠实义务——主要是为了克服董事、监事、高级管理人员的贪婪和自私行为。违反忠实义务主要表现在两个方面:一是董事、监事、高级管理人员将自己利益置于公司和股东利益之上;二是董事、监事、高级管理人员利用职权为自己谋利。当然,在这两种情况之外,还存在一些变例。我国公司法对忠实义务进行了规定,尤其是对董事、监事、高级管理人员的忠实义务进行了较为具体的规定列举,下面进一步讨论。

(一)自我交易

1. 自我交易的概念

假若某一或者若干董事、监事、高级管理人员将其自己的财产与公司进行交易或者公司将其财产出售给董事、监事、高级管理人员,我们知道,公司是无法自动作出意思表示的,它必须通过其代表人,而在这种情况下,其代表人恰恰又是交易的另一方。这些董事、监事、高级管理人员就面临着这样的冲突:一方面,他们要为自己的利益争取到最好的交易条件;另一方面,他们又有义务为公司争取到最好的交易条件。这就是"利益冲突交易"或者称为"自我交易"(self-dealing)。

2. 自我交易的表现形式

自我交易是董事、监事、高级管理人员与公司之间的交易。大多数这样的交易直接发生在董事、监事、高级管理人员与公司之间,但是有些交易则可能是间接的,如发生在董事、监事、高级管理人员的亲戚与公司之间,同时担任两个公司董事、监事、高级管理人员的公司之间,或者在母公司与其子公司之间。例如,将公司财产出售给董事、监事、高级管理人员;将公司财产出售给董事、监事、高级管理人员的配偶;董事、监事、高级管理人员将财产出售给公司;董事、监事、高级管理人员从公司购买财产;公司与董事、监事、高级管理人员订立合同;董事、监事、高级管理人员贷款给公司;等等。

3. 法律对自我交易的态度

自我交易的危险在于:公司在交易中可能得不到公平的对待,因为行为人的自私将会压倒其对公司的忠诚。在这种情况下,法律是如何解决这一问题的呢?

早期法律的态度是对这种交易加以禁止。在这种方法之下,公司是否从这种交易中得到好处,董事、监事、高级管理人员是否在该交易中存在个人利益在所不问。到 20 世纪,这种绝对禁止消失了,法律开始承认这种交易。从禁止到承认该种交易,表明了法律抛弃了简单的否认该种交易的立场。这是因为:其一,如果处理得当,公司也会从该交易中得到好处;其二,也是最重要的,利益冲突交易是无法避免的。譬如,某股东以知识产权出资,同时又担任董事。在这种情况下,作为出资财产的知识产权必须评估作价。由谁来评估作价呢?通常由董事会确定其价格。这实际上就是与公司之间发生的自我交易。

4. 自我交易的司法审查标准

接下来的问题是如何才能保持这种交易的公平性呢?对于利益冲突交易是不适用商业判断规则的。因为商业判断规则解决的是董事的经验和能力问题;而自我交易则需要解决信任问题,即当行为人的个人经济利益与公司的经济利益发生冲突时,如何才能使人相信这种交易是公平合理的。

通常所采取的标准是“公平标准”(fair test)。[15] 根据“公平标准”,只要符合如下三种要求之一,交易就是有效的:(1)取得非利害关系董事同意(approval by disinterested directors);(2)取得股东会同意(approval by the shareholders);(3)证明该交易是公平的(proof that the transaction is fair)。

在与公司的利益冲突交易中,主要的问题是我们不能信任这样的行为人会将公司利益置于自己利益之上。所以,就需要有人出来对这种交易是否值得信任作出评判。因此,该标准要求或者该交易须经过非利害关系董事同意,或者取得股东会同意,或者由法院来作出判断。由此可见,公平标准只是一种寻求可信赖的评判者的方法,同时,也可以看出这样的公平标准的客观化转向。因为欲求公平的实质性证明具有很大的困难,因此,法律转而求助于形式要求,即如果该种交易符合程式上的要求的话,即可免除实质证明的负担。但如果没有满足程式上的要求,行为人则须向法院证明该种交易在实质上是公平的。

5. 我国法律关于自我交易的规定

(1)一般规定

根据《公司法》第180条第1款的规定,董事、监事、高级管理人员对公司负有忠实义务,应当采取措施避免自身利益与公司利益冲突,不得利用职权牟取不正当利益。由此条规定可知,我国公司法关于忠实义务的规定包含了两层意思:一是交易具有利益冲突,董事、监事、高管应当采取措施避免自身利益与公司利益冲突;二是利用职权牟取不正当利益。

(2)关联交易

《公司法》第265条第(四)项对关联关系进行了界定,即所谓关联关系,是指公司控股股东、实际控制人、董事、监事、高级管理人员与其直接或者间接控制的企业之间的关系,以及可能导致公司利益发生转移的其他关系。但是,国家控股的企业之间不会因为同受国家控股而具有关联关系。关联交易就是自我交易,实质上也是一种利益冲突交易。同时,与自我交易一样,关联交易同样无法避免,因而,法律并非简单地加以禁止,重要的是须采取一定方法对之加以规范。

《公司法》第182条对关联交易进行了一般性规定。具体内容如下:

其一,报告与批准。董事、监事、高级管理人员,直接或者间接与本公司订立合同或者进行交易,应当就与订立合同或者进行交易有关的事项向董事会或者股东会报告,并按照公司章程的规定经董事会或者股东会决议通过。

其二,关联人的界定与法律适用。董事、监事、高级管理人员的近亲属,董事、监事、高级管理人员或者其近亲属直接或者间接控制的企业,以及与董事、监事、高级管理人员有其他关联关系的关联人,与公司订立合同或者进行交易,适用前款规定。

《公司法》第22条规定,公司的控股股东、实际控制人、董事、监事、高级管理人员不得利用关联关系损害公司利益。违反前款规定,给公司造成损失的,应当承担赔偿责任。由上述规定可知,我国法律对关联交易的态度并非禁止关联交易本身,而是要求有关关联人履行报告义务并获经批准,不得利用关联关系损害公司利益。如果关联人利用关联关系损害了公司利益,则应承担损害赔偿责任。

《公司法》第139条规定,上市公司董事与董事会会议决议事项所涉及的企业或者个人有关

---

〔15〕 首先是加利福尼亚州在1931年采纳了这样的规定,随后包括特拉华州和MBCA。尽管各州的规定有所不同,但是基本上没有逃出加利福尼亚模式。

联关系的,该董事应当及时向董事会书面报告。有关联关系的董事不得对该项决议行使表决权,也不得代理其他董事行使表决权。该董事会会议由过半数的无关联关系董事出席即可举行,董事会会议所作决议须经无关联关系董事过半数通过。出席董事会会议的无关联关系董事人数不足三人的,应当将该事项提交上市公司股东会审议。在适用本条规定时,应注意如下几点:第一,本条是关于上市公司关联交易的特别规定,并且仅适用于上市公司董事与董事会会议决议所涉及的企业或者个人有关联关系的情形。第二,关联董事的报告义务。上市公司董事与董事会会议决议事项所涉及的企业或者个人有关联关系的,该董事应当及时向董事会书面报告。第三,如果出现董事与董事会会议决议事项所涉及的企业或者个人有关联关系,则将关联董事排除在外,由无关联董事参与表决,确保董事会决议的公正性。如果无关联董事不足法定人数,譬如,全体董事都涉及关联交易,则应提交股东会决议。

就其根本而言,法律在这里关心的是关联人是否利用关联关系损害了公司利益。如何才能保证关联交易不致于损害公司利益呢?假设关联交易是一种公平交易的话,就不会损害公司利益。为了保障关联交易的公平性,公司法在这里采取的是一种程序公正方法。

(二)管理报酬

管理报酬(executive compensation)被视为一种具有美国特色的激励机制。在封闭公司中,管理报酬通常作为规避双重征税(double taxation)的一种方式。在公众公司中,管理报酬通常表现为薪水、股票期权和其他激励性报酬安排(salaries, stock options and other incentive compensation arrangements)。在公司法层面上,管理报酬主要涉及两方面的法律问题:一是管理报酬是否涉及利益冲突;二是管理报酬的披露问题。

在国外,有的法律规定,公司董事的报酬由董事会决定,这样,董事报酬的确定就涉及一个适用自我交易法律的问题。就公司高级管理人员的报酬而言,一般由董事会决定。但是,在公司实践中,一些高级管理人员同时担任公司董事职务的情形并不鲜见,尤其是公司的 CEO 往往不仅是公司的董事,而且担任公司董事会主席。这样,这些人的报酬的确定同样涉及一个适用有关自我交易法律的问题。

在这种法制下,法院通常是不太情愿过问公司管理报酬问题的,因为管理报酬的决定被认为属于公司的自由裁量权范畴,法院不宜干预,而且,事实上法院也很难裁决究竟什么样的报酬才是恰当的。但是,这并不意味着有关管理报酬的纠纷就不能获得司法救济。如果发生有关报酬纠纷的话,有关利害关系人当然可以到法院起诉,法院也不会拒绝受理。法院审查管理报酬纠纷的标准主要是看管理者所获得的报酬数额是否太高以致构成对公司资产的"劫掠"或者"浪费"(looting and waste)。这种规则在本质上仍然是将管理报酬作为一种特殊性质的自我交易对待的。现在,大多数公众公司都设立有报酬委员会,该委员会主要由独立董事构成,并由该委员会对管理者报酬进行审查。如果管理报酬经过了这样的审查程序,对高额管理报酬的指控就很难获得法院的支持。

根据我国现行公司法规定,董事、监事的报酬由股东会决定,经理报酬由董事会决定。如此看来,在我国,管理报酬似乎并不涉及利益冲突问题,自然也就不存在适用自我交易法律的余地。但是,应当注意的是,当高级管理人员兼任董事时,其报酬应当由股东会决定。要求公司应对管理报酬予以披露是法律规范管理报酬的另一个重要方法,通常由有关证券法律、法规予以规定,由证券监管机构负责执行。在我国,除了有关证券法律、法规要求公司应对管理报酬予以披露外,公司法也作出了同样的要求。《公司法》第 129 条规定,公司应当定期向股东披露董事、监事、高级管理人员从公司获得报酬的情况。[16]

(三)公司机会

忠实义务的一个重要内容涉及董事、监事、高级管理人员可能利用公司机会为自己谋取利益。商业机会也是一种财产,公司的商业机会属于公司的财产。《公司法》第183条规定,董事、监事、高级管理人员不得利用职务便利为自己或者他人谋取属于公司的商业机会。但是,有下列情形之一的除外:(1)向董事会或者股东会报告,并按照公司章程的规定经董事会或者股东会决议通过;(2)根据法律、行政法规或者公司章程的规定,公司不能利用该商业机会。

本项规定表明,董事、监事、高级管理人员负有维护公司利益的义务,他们不能利用其职务便利私自利用属于公司的商业机会,除非他们在事先取得了股东会的同意或者在事后获得了股东会的追认。如果该机会根本就不属于公司机会,董事、监事、高级管理人员则可以自己利用。因此,关于本项规定之适用,关键问题在于如何认定公司机会(corporate opportunities)。我国公司法没有就公司机会作出进一步界定,这将对今后的法律适用造成困难。从国外的经验来看,一般通过如下三种标准来决定某一商业机会是否属于公司的商业机会。

一是“利益或者期待利益”(interests and expectancy)标准。根据这一标准,如果公司对该机会具有利益或者期待利益,该机会就属于公司机会。所谓“利益”,是指公司就该机会已有一个合同上的权利。所谓“期待”,是指尽管眼前没有任何明确的合同条款保障,但该机会可能在将来某时为公司带来实质上的合同权利。[17]

二是“经营范围”(line of business)标准。按照这一标准,任何机会只要在公司的经营范围内都属于公司机会。与利益或期待利益标准相比,经营范围标准的范围不仅止于公司现有的合同利益或财产权利,而且还囊括了公司增长的前景区域,这使得经营范围标准充满动态意味,兼具符合商业现实的色彩。[18]

三是“公平或者固有公平”(fairness or intrinsic fairness)标准。由于公平标准具有很强的道德因素并依赖于法官的自由裁量,因此,这一标准比较宽泛,法院在运用这一标准时需要考虑多种因素。譬如,董事或者高级管理人员是如何知道该机会的,其是否利用公司资产来开发该种机会,以及其是否善意或者忠实于公司等具体事实。

在实践中,法院通常运用如下一些因素来综合衡量是否属于公司机会:(1)事先是否向公司或者董事会报告过该机会;(2)是否依其职位而获得该信息;(3)是否利用公司设备或者财产而利用该机会;(4)利用该机会的结果是否与公司构成竞争,阻碍公司政策或者构成对公司的不公平行为;(5)公司对该机会的需求是不是实质上的。

如果一个商业机会构成了公司机会,此时董事或高级管理人员就会有两个选择:或者完全放弃、不占用该机会;或者立即向公司披露该公司机会的存在、主要条款,及他在其中的个人利益,并努力去谋求公司的拒绝。这就涉及公司机会中披露程序,赋予公司首先拒绝或接受的权利。

---

〔16〕 值得注意的是,《公司法》第129条是规定在第四章“股份有限公司的设立和组织机构”项下,从体系上可将其理解为是专门针对股份有限公司而定的。但实际上,有限责任公司中的董事、监事、高级管理人员的报酬情况同样需要披露。

〔17〕 See Lagarde v. Anniston Lime & Stone Co., 126 Ala. 496, 28 So. 199 (1900).

〔18〕 See Eric Talley, *Complexity in Corporate Governance*: *The Case of Corporate Opportunities*(presented at the Fourth Asian Roundtable on Corporate Governance, Mumbai, India, 11 - 12 November 2002), White Paper on Corporate Governance in Asia OECD.

披露的方式包括正式的和非正式的，前者如在通过正式的股东会决议前，以正式的程序向公司报备此事，公司再将审议事项提前通告各与会股东；后者如与公司掌权者之间的私下交流。我国公司法要求向董事会或者股东会报告，并按照公司章程的规定经董事会或者股东会决议通过。

“利用职务便利”，[19] 简单来说，如果机会的提供者是期望将机会提供给公司而不是董事个人、是期望与公司交易而不是与董事个人交易时，而董事自己攫取了该机会，就可看成是“利用职务便利”。这其中的逻辑不难理解。公司是拟制法人，与外界的交流只能通过其管理者；可以推断高管的任务之一就是将其所得到的、属于公司事务的信息进行传递。如果在此传递过程中，董事将机会“攫取”显然构成了“利用职务便利”。

下列情况即使属于公司机会，董事或者高级管理人员也可以加以利用：(1)公司拒绝(corporate refusal)。即使某一机会属于公司机会，但如果公司放弃了该机会，董事、监事、高级管理人员也可以利用。(2)公司不能(corporate inability)。如果公司不能利用该机会，董事、监事、高级管理人员则可以利用该机会。这里的“不能”(inability)主要是指“财务不能”(financial incapacity)。(3)善意并不与公司竞争(in good faith and not compete with corporate)。董事、监事、高级管理人员在善意而且不与公司竞争的情况下可以从事与公司相似的业务。我国公司法规定，根据法律、行政法规或者公司章程的规定，公司不能利用该商业机会，董事、监事、高管可以利用该机会。

(四)同业竞争

公司董事、监事、高级管理人员是否可以自营或者为他人经营与所任职公司同类的业务？这实际上是一个同业竞争问题。关于这一问题，不同的法律有着不同的态度。归纳起来，有三种做法：一是竞业禁止；二是竞业限制；三是竞业自由。

竞业禁止，是指法律禁止公司董事、监事、高级管理人员自营或者为他人经营与所任职公司同类的业务。采取这种做法的法律认为，公司董事、监事、高级管理人员自营或者为他人经营与所任职公司同类的业务构成对公司的不正当竞争，损害了公司的利益。

竞业限制，是指法律虽然不禁止公司董事、监事、高级管理人员自营或者为他人经营与所任职公司同类的业务，但设定了一定的限制条件。采取这种做法的法律认为，公司董事、监事、高级管理人员自营或者为他人经营与所任职公司同类的业务是否构成对公司的不正当竞争取决于是否违反了法律设定的特定条件：若违反了法律设定的条件，则构成不正当竞争；若没有违反法律设定的条件，则不构成不正当竞争。

竞业自由，是指法律不禁止公司董事、监事、高级管理人员自营或者为他人经营与所任职公司同类的业务。采取这种做法的法律认为，原则上任何人均有从事任何业务的自由，并认为自由竞争是市场经济的基本准则。所以，即使公司董事、监事、高级管理人员自营或者为他人经营与所任职公司同类的业务也不构成对公司的不正当竞争。但应注意的是，这种法律虽然不禁止同业竞争，但允许公司章程自行设定限制性条件。

《公司法》第 184 条规定，董事、监事、高级管理人员未向董事会或者股东会报告，并按照公司章程的规定经董事会或者股东会决议通过，不得自营或者为他人经营与所任职公司同类的业务。本项规定即是关于同业竞争的规定。由此项规定可知，我国法律采取的是竞业限制的做法。

---

〔19〕“利用职务便利”虽在用语表达上与刑法中的“利用职务上的便利”相近，但显然因分属不同的领域具体内容有所差别而不具可比性。参见《刑法》第八章“贪污受贿罪”及相关规定。

具体而言,我国法律并非不允许同业竞争,而是要求公司董事、监事、高级管理人员在从事同业竞争时需要事先取得董事会或者股东会的同意或者事后获得股东会的追认。

(五)关联交易的回避

《公司法》第185条规定,董事会对本法第182条至第184条规定的事项决议时,关联董事不得参与表决,其表决权不计入表决权总数。出席董事会会议的无关联关系董事人数不足3人的,应当将该事项提交股东会审议。本条是关于关联董事表决回避的规定。《公司法》第139条规定,上市公司董事与董事会会议决议事项所涉及的企业或者个人有关联关系的,该关联董事不得行使表决权。《公司法》第15条规定,公司为公司股东或者实际控制人提供担保的,该股东或者受实际控制人支配的股东,不得参加该事项的表决。公司法的这三条规定各自针对的情形有所不同。《公司法》第185条针对的是关联交易、公司机会和竞业限制三种情形,《公司法》第139条针对的是上市公司董事与董事会会议决议事项所涉及的企业或者个人有关联关系的情形,《公司法》第15条针对公司为公司股东或者为实际控制人支配的提供担保的情形。总体来说,公司法规定的三种表决权行使的回避情形均属于关联关系,可见,法律对关联董事或者关联股东表决权限制的态度是一致的。如果对关联董事或者关联股东的表决权不予限制,势必导致关联董事或者关联股东在董事会议或者股东会议进行自我表决,利用自己的影响和支配力量操纵控制董事会或者股东会,其结果不言而喻。

(六)关于董事、高级管理人员忠实义务的其他规定

以上讨论了有关我国公司法规定所涉及的公司董事、监事、高级管理人员忠实义务的几个重要问题。除上述几个方面的问题外,我国公司法还规定了公司董事、监事、高级管理人员违反忠实义务的直接侵权行为。根据《公司法》第181条规定,董事、监事、高级管理人员不得有下列行为:(1)侵占公司财产、挪用公司资金;(2)将公司资金以其个人名义或者以其他个人名义开立账户存储;(3)利用职权贿赂或者收受其他非法收入;(4)接受他人与公司交易的佣金归为己有;(5)擅自披露公司秘密;(6)违反对公司忠实义务的其他行为。

由于公司董事、监事、高级管理人员违反忠实义务的直接侵权行为可能表现为各种各样的情形,公司法的列举难以穷尽其全部,所以,公司法规定了公司董事、监事、高级管理人员不得有违反对公司忠实义务的其他行为。这里的"其他行为",泛指董事、监事、高级管理人员违反忠实义务的任何行为。

第三节　派生诉讼

一、派生诉讼概述

(一)派生诉讼的概念和意义

前面我们讨论了受信义务,现在我们转向这些义务的执行。公司董事、监事、高级管理人员以及股东、控股股东、实际控制人对公司承担受信义务,如果他们违反了这种义务,就应当对公司承担责任。

但是,由谁来发动这种执行程序呢?从法理上讲,追究这种侵权责任的权利属于公司,因为

受害者是公司。然而,问题是如果公司拒绝追究侵权行为人的责任呢?这是完全可能的。譬如,董事、高级管理人员等公司内部人(insiders)自己就是侵权行为人,让他们决定公司是否对侵权行为人提起诉讼,无异于让他们决定是否自己起诉自己,其结果不言自明。即使并非董事会的所有成员都涉嫌错误行为,但由于他们与涉嫌错误行为的董事、高级管理人员是同事关系,其所作出的决议的公正性也不无疑问。又或者在侵权行为人本身是多数股东的情况下,董事会议可能受到控制股东、实际控制人的支配和操纵而作出放弃追究行为人责任的决议。很显然,在这些情况下,公司的合法权益很难得到保障。

为了解决这一问题,公司法上建立了一种替代救济措施,这就是所谓的股东派生诉讼。股东派生诉讼(shareholder derivative litigation),又称为股东代表诉讼(shareholder representative litigation),或称"间接诉讼"(indirect litigation),是指当公司由于某种原因没有就其所遭受的某种行为的侵害提起诉讼时,公司股东可以代表公司以旨在使公司获得赔偿等救济为目的而针对该种行为所提起的诉讼。

股东派生诉讼具有一定的威慑作用,并有利于保护公司及少数股东的利益。完全可以说,受信义务如需要得到执行,就离不开将违反该种义务的行为诉诸法院的机制。而股东派生诉讼正是因应这种要求而发展起来的一种法律制度。股东派生诉讼制度为英美普通法系国家所创立,并相继为一些大陆法系国家所采用。我国公司法也采用了这一制度。

(二)派生诉讼与直接诉讼

股东派生诉讼不同于股东诉讼。股东诉讼(shareholder suits),又称为直接诉讼(shareholder direct suits),是指基于对股东本人的直接侵害而由股东提起的诉讼。譬如,《公司法》第190条规定,董事、高级管理人员违反法律、行政法规或者公司章程的规定,损害股东利益的,股东可以向人民法院提起诉讼。该条就是关于股东直接诉讼的法律依据。《公司法》第21条规定,公司股东应当遵守法律、行政法规和公司章程,依法行使股东权利,不得滥用股东权利损害其他股东的利益。公司股东滥用股东权利给其他股东造成损失的,应当依法承担赔偿责任。这里虽然没有明确规定股东可以提起诉讼,但该条规定显然已经为股东提起损害赔偿之诉提供了足够的诉讼理由。

派生诉讼与直接诉讼具有如下几点区别:

第一,派生诉讼的诉权属于公司。任何诉讼首先要解决的是原告当事人的诉权问题。股东派生诉讼的诉权是由公司的诉权派生出来的,股东本身没有这样的权利;而在直接诉讼中,股东自己享有诉权。

第二,在派生诉讼中,原告股东不是为了自己利益提起诉讼,而是为了公司利益并代表公司提起诉讼。在直接诉讼中,股东则是为了自己的利益提起诉讼。

第三,正是因为派生诉讼是为了公司的利益,这就决定了在派生诉讼中,诉讼结果归于公司;而在直接诉讼中,诉讼结果归于股东自己。

第四,派生诉讼有着不同于直接诉讼的一系列特别程序,如果不能满足这些要求,该派生诉讼可能被驳回或者终止。

尽管派生诉讼与直接诉讼存在很大的不同,但二者仍具有很多共性。因此,无论是派生诉讼还是直接诉讼,都必须遵守民事诉讼的基本规则。正因如此,公司法上所规定的派生诉讼程序只是针对其特殊性而言,公司法未规定的,适用民事诉讼程序。

二、派生诉讼当事人

(一)派生诉讼的原告

股东派生诉讼的原告就是股东。但如果侵权人就是特定股东,作为被告的股东应当排除在外。应当注意的是,并非任何股东均可以提起派生诉讼。在派生诉讼中,股东要成为适格的原告,还必须具备一定的资格。根据我国《公司法》第189条的规定,派生诉讼的原告股东资格因有限责任公司和股份有限公司而有所不同。法律对有限责任公司的原告股东资格没有设定任何限制,即只要是公司的适格股东,就可以提起派生诉讼。但是,法律对股份有限公司的原告股东资格却设定了限制。根据该条规定,在股份有限公司,只有连续180日以上单独或者合计持有公司1%以上股份的股东才有资格提起派生诉讼。

为什么对股份有限公司股东提起派生诉讼的资格进行限制呢?这是因为,较之于有限责任公司,股份有限公司的股份转让比较自由,尤其是上市公司,由于其存在一个公开交易市场,任何人均可以随时买进公司股票。在这种情况下,如果不对股东资格设定一定限制,则容易发生派生诉讼的滥用。因此,为了防止派生诉讼的滥用,法律在这里对股东资格设定了两个限制性条件:一是时间限制;二是持股限制。时间限制实际上就是法律规定了股东的提诉期间。超过了这个法定期间,股东丧失提起派生诉讼的权利,其实质为一种除权期间。持股限制要求股东须连续持有公司一定比例的股份才能提起派生诉讼,未达到法定持股比例者,不能提起派生诉讼。

(二)派生诉讼的被告

派生诉讼的被告可能是任何侵害公司利益的人。但从派生诉讼制度产生的直接背景以及建立派生诉讼机制的根本目的来看,派生诉讼的被告主要是公司的董事、监事、高级管理人员或者控股股东、实际控制人等内部人。因为他们是公司事务和公司经营的执行人和监管人或者实际支配者。

从我国《公司法》第189条的规定来看,派生诉讼的被告仅适用于公司董事、高级管理人员。派生诉讼作为落实董事、高级管理人员的受信义务的执行措施适用于公司董事、高级管理人员自无疑问。

该条规定是否适用监事呢?尽管该条没有直接提及监事,但该条中有"监事有前条规定的情形的"这样的表述,同时,监事确实也对公司负有受信义务,可见,解释上应当将监事也包括进去。尽管该条没有直接提起股东、控股股东、实际控制人,但根据公司法的相关规定(如前述《公司法》第21、22条),派生诉讼同样应适用于这些人。除此之外,根据《公司法》第189条第3款的规定,他人侵犯公司合法权益,给公司造成损失的,本条第1款规定的股东可以依照前两款的规定向人民法院提起诉讼。由此可见,派生诉讼适用于任何侵害公司利益的第三人。

(三)公司的诉讼地位

公司在派生诉讼中的地位是被区别对待的。具体包括如下三种情形:

1. 公司作为原告:监事会或者监事

监事会或者监事依据《公司法》第189条第1款规定对董事、高级管理人员提起诉讼的,应当列公司为原告,由监事会主席或者监事代表公司进行诉讼。[20]

---

〔20〕《〈公司法〉司法解释四》第23条第1款。

2. 公司作为原告:董事会或者董事

董事会或者董事依据《公司法》第 189 条第 1 款规定对监事提起诉讼的,或者依据《公司法》第 189 条第 3 款规定对他人提起诉讼的,应当列公司为原告,由董事长或者董事代表公司进行诉讼。[21]

3. 公司作为第三人

符合《公司法》第 189 条第 1 款规定条件的股东,依据《公司法》第 189 条第 2 款、第 3 款的规定,直接对董事、监事、高级管理人员或者他人提起诉讼的,应当列公司为第三人参加诉讼。一审法庭辩论终结前,符合公司法规定条件的其他股东,以相同的诉讼请求申请参加诉讼的,应当列为共同原告。[22]

(四)派生诉讼延伸适用于公司全资子公司

《公司法》第 189 条第 4 款规定,公司全资子公司的董事、监事、高级管理人员有前条规定情形,或者他人侵犯公司全资子公司合法权益造成损失的,有限责任公司的股东、股份有限公司连续 180 日以上单独或者合计持有公司 1% 以上股份的股东,可以依照前三款规定书面请求全资子公司的监事会、董事会向人民法院提起诉讼或者以自己的名义直接向人民法院提起诉讼。公司法将派生诉讼延伸适用于公司的全资子公司。如果子公司的董、监、高或者任何他人侵害了子公司的权益,子公司之控股母公司的股东同样可以采取派生诉讼手段进行救济,救济规则基本相同。这是一种间接派生诉讼,需要注意几点:其一,原告股东是子公司控股母公司的股东,不是控股母公司。如果是控股母公司,直接适用第 189 条前三款规定即可,无须赋予其控股母公司间接提起派生诉讼。其二,被代表诉讼的公司是公司的全资子公司,如非全资子公司,不能适用。因为非全资公司尚有其他股东,其他股东自然可以自己决定是否直接提起派生诉讼,同样直接适用第 189 条前三款规定即可。其三,先诉请求是对全资子公司的监事会或者董事会提出,而不是控股母公司的监事会或者董事会。很有可能,这种间接派生诉讼本身针对的就是全资子公司的控股母公司,因为实施侵权行为的人很可能就是该全资子公司的控股母公司或者其关联公司或者自然人。

三、先诉请求

(一)先诉请求的意义

在派生诉讼中,原告应当先向公司提出请求,即要求公司就所诉称的错误行为提起诉讼,因为这种诉讼本来属于公司的诉讼。只有在公司自己没有提起诉讼而又没有正当理由时,才允许股东提起派生诉讼。这就是所谓的先诉请求(pre-suit demand)。先诉请求是发动股东派生诉讼的一个重要前置程序。

先诉请求的法理思想是:在提起派生诉讼之前,必须首先最大限度地利用公司自己的资源。这就是所谓的“穷尽公司内部救济”(exhaustion of internal remedies)原则。股东派生诉讼只是一种“非常救济”(extraordinary remedy)或者“通常规则的例外”(an exception to the usual rule)。

(二)向监事会或者董事会提出请求

根据《公司法》第 189 条的规定,董事、高级管理人员有违反受信义务情形的,股东可以书面

---

〔21〕 参见《〈公司法〉司法解释四》第 23 条第 2 款。

〔22〕 参见《〈公司法〉司法解释四》第 24 条第 2 款。

请求监事会或者监事向人民法院提起诉讼；监事有违反受信义务情形的，股东可以书面请求董事会或者董事向人民法院提起诉讼。

该条所规定的派生诉讼的前置程序是，股东欲提起派生诉讼，须先向监事会或者监事提出请求以公司的名义向法院提起诉讼；如果监事本身是侵权人，还必须继续向董事会或者董事提出请求以公司名义向法院提起诉讼。值得注意的是，法律要求这种先诉请求必须以书面为之。

（三）先诉请求的豁免

《公司法》第 189 条第 2 款规定，“情况紧急、不立即提起诉讼将会使公司利益受到难以弥补的损害的”，股东有权为了公司的利益以公司的名义直接向人民法院提起诉讼。这一规定应包含两层意思：一是在股东已经向公司提出先诉请求但尚在等待公司答复期限内，如果出现上述规定情形，股东可以直接提起派生诉讼；二是股东尚未向公司提出先诉请求，但因为“情况紧急、不立即提起诉讼将会使公司利益受到难以弥补的损害的”，股东同样可以直接提起派生诉讼。但无论是哪一种情形，股东均须承担证明责任。

四、提起诉讼

根据《公司法》第 189 条的规定，股东可以在下列三种情况下提起派生诉讼。

（一）公司拒绝

监事会、监事，或者董事会、董事收到股东书面请求后拒绝提起诉讼，股东有权为了公司的利益以公司的名义直接向人民法院提起诉讼。无论是向监事会、监事或者董事会、董事提出先诉请求，均体现的是公司的意思。如果监事会、监事或者董事会、董事明确拒绝了股东的先诉请求，也就表明公司决定放弃对股东所指称的行为提起诉讼的权利。如果股东对公司的这种决定不满意，则可以其自己的名义直接向法院提起诉讼。

（二）公司超过法定期限未提起诉讼

监事会、监事，或者董事会、董事自收到请求之日 30 日内未提起诉讼的，股东有权为了公司的利益以公司的名义直接向人民法院提起诉讼。也就是说，虽然公司没有明确拒绝，但也没有提起诉讼。针对这种情况，法律设定了一个法定期限，公司超过这个期限没有提起诉讼，视为公司拒绝，股东可以直接提起派生诉讼。

（三）直接起诉

在股东向公司提出先诉请求后，法律赋予了公司一个答复期间，原则上应在公司超过法定期间未提起诉讼的，股东才可以提起派生诉讼。如果股东在公司对先诉请求作出回应的法定期间之内提起了派生诉讼，法院则可以裁定驳回。当然公司在期限内就作出了拒绝答复，股东自然无须等待期限届满。即使还在等待期限内，法律也赋予了股东直接起诉的权利，但需要满足法律设定的前置条件。这个前置条件就是，如果股东能够证明，“情况紧急、不立即提起诉讼将会使公司利益受到难以弥补的损害的”，股东有权为了公司的利益以公司的名义直接向人民法院提起诉讼。

五、派生诉讼的和解

（一）和解的危险

派生诉讼中的和解（settlement），是指在诉讼进行中，当事人在法院的干预下通过协商谈判自愿处理争议和了结诉讼的一种方式。我国公司法并无此相关规定。但从国外的司法实践经验来看,大多数派生诉讼或者在先诉请求阶段得到解决,或者经由和解处理,只有少数进入最终判决。

和解当事人包括三方:原告、公司以及实施错误行为的被告。不过在和解中,最为活跃的当事人是原告律师和被告,因为只有他们才与和解具有真正的利害关系。公司的角色往往是消极的,通常是站在一边看热闹。

这样就存在一种危险,即原告律师与被告可能以牺牲公司利益为代价各自从和解中获得自己的好处。譬如,律师捞上一笔律师费用满意而归;被告免去承担可能的责任;二者皆大欢喜。而对公司的错误行为依旧存在,没有得到纠正,或者没有得到补偿,而且公司还可能向原告律师支付律师费用,或者向被告给予补偿。

(二)和解的程序要求

由于派生诉讼的和解可能存在上述危险,因此,派生诉讼的和解必须遵守一定的程序。[23]这种程序要求主要表现在如下几个方面:

1. 法院的审查(judicial approval)

在早期,和解都是私下进行的。这种秘密和解(secret settlement)可能导致和解当事人共谋私利而不考虑公司利益。因而现代法律将派生诉讼的和解置于法院监督之下:和解必须经过法院同意。

2. 通知与听证(notice and hearing)

和解当事人须向其他股东进行和解通知。和解通知的内容应包括和解的理由、和解的目的以及原告(律师)费用等事项。通知同时需要明确听证时间以及提示股东出席听证会的权利。

对拟将进行的和解,法院通常会举行听证会。在听证会上,提议进行和解的人必须说服法院所拟将进行的和解符合公司及其股东最佳利益。是否准许和解,由法院决定。

3. 异议(objection)

通知的目的在于使其他股东能够参与和解,并在听证会上发表意见和建议。在听证会上,所有的股东都可以发表意见或者建议。如果参加听证会的股东认为该项和解是一种原告律师与被告相互勾结算计公司的串通和解(collusive settlement),他可以反对该项和解,并建议法院不予批准。

4. 律师费用

在和解谈判中,通常原告律师的费用是和解需要解决的主要问题。协议中的费用条款必须得到法院的同意,这是和解的必经程序。

六、派生诉讼的救济和诉讼中的费用

(一)派生诉讼的赔偿

派生诉讼的救济(recovery)有两种形式:一是金钱赔偿(monetary relief);二是非金钱救济(non monetary relief)。前者是直接向公司支付一定金额;后者如采取改变公司投资计划,甚至解散公司或者指定清算人等措施。

在派生诉讼中,如果原告胜诉,被告可能承担赔偿责任。如果派生诉讼是以和解结束,被告

---

[23] Rule 23.1(e) of the FRCP, MBCA § 7.45, § 7.14 of PCG.

也可能依照和解协议承担赔偿责任。基于派生诉讼产生的一切赔偿均归于公司，而不是在股东之间按照比例分配，也不是直接支付给原告。[24]

(二)诉讼中的费用

1. 原告及其律师费用

在派生诉讼中，如果原告获胜，通常他会从公司获得费用补偿，包括律师费用的支付。

在有些情况下，诉讼的结果并没有使公司获得金钱赔偿，公司仍然可能需要对原告的费用予以补偿，只要公司从该诉讼中获得了"某些好处"(some benefit)或者"实质性利益"(substantial benefit)。[25]

费用的支付必须合理(reasonable expenses)。具体数额由法院决定或者经由法院同意。[26]

2. 被告费用

一般情况下，被告及其律师的费用由自己承担。但是，如果法院认为原告所提起的诉讼缺乏合理的诉因，或者其诉讼非出于善意，经法院许可，被告可以就其所遭受的损失请求原告或者其律师予以赔偿。[27]

第四节　补偿与责任保险

一、董事、高级管理人员补偿

(一)补偿的意义

董事和高级管理人员"补偿"(D&O indemnification)，是指公司对现任或者离任的公司董事或者高级管理人员(directors and officers，D&O)在诉讼中作为被告所应承担的费用给予的补偿。对董事、高级管理人员进行补偿的意义在于：鼓励责任人员接受董事、高级管理人员职务，鼓励无辜董事、高级管理人员拒绝不合理负担，抑制无理股东的恶意诉讼。在今天，由于诉讼费用高昂，很少有人在公司没有补偿的情况下愿意担任董事、高级管理人员职务。

对董事、高级管理人员的责任给予补偿必须符合公共政策，即这种补偿必须具有适当性。如果是因董事、高级管理人员的故意行为而导致的责任，则不应当给予补偿。

(二)获得补偿的资格

是否给予补偿取决于该行为是否属于董事、高级管理人员的"职务行为"(official capacity)。

---

〔24〕 在国外司法实践中，上述关于赔偿的规则也存在例外。在一些判例中，法院在一些情况下，也可能将这种赔偿直接按照比例(pro rata)判决给股东。但这只是少数观点和个别判例的做法，并且仅适用于封闭公司。大多数人仍然认为，即使只有两个股东，该种赔偿也应当由公司获得。因为，按照比例向股东赔偿常常会引起严重的逻辑上的和实际上的问题。§7.16 and 7.18(e) of PCG. 但是，我国的司法实践则态度鲜明，即股东依据《公司法》第189条规定直接提起诉讼的案件，胜诉利益归属于公司。股东请求被告直接向其承担民事责任的，法院不予支持。参见《〈公司法〉司法解释四》第25条。

〔25〕 MBCA §7.46(1).

〔26〕 股东依据《公司法》第189条规定直接提起诉讼的案件，其诉讼请求部分或者全部得到法院支持的，公司应当承担股东因参加诉讼支付的合理费用。参见《〈公司法〉司法解释四》第26条。

〔27〕 MBCA §7.46(2).

"职务行为"指的是基于在公司中的所任职务而实施的行为,或者基于与公司之间的雇佣或者代理关系而实施的行为。除上述关系外,任何基于其他关系而发生的行为均不属于职务行为。对于职务行为,只有行为人的行为是善意的并且能够证明他合理地相信其行为符合公司的最佳利益或者至少是不与公司的最佳利益相违背才能获得补偿。

在具体情况下,是否给予补偿是一个属于公司自由裁量的问题,通常由公司章程事先予以规定,或者通过股东决议予以确认。

如果公司章程或者股东决议赋予了董事、高级管理人员补偿请求权,则只要董事、高级管理人员在诉讼中获得胜诉,不管是实体上的胜诉抑或是程序上的胜诉,他就享有请求公司给予补偿的权利。例如,董事、高级管理人员的胜诉可能仅仅是因为诉讼时效的原因或者由于原告的请求权存在瑕疵,但作为一种权利,他有权获得补偿。

(三)补偿范围(permissive indemnification)

允许补偿的范围包括如下情形:裁决费用、和解费用、罚款、罚金或者其他在诉讼中发生的费用,如律师费用。

二、董事、高级管理人员责任保险

董事、高级管理人员责任保险(D&O liability insurance)相对来说是一种新的现象,它对董事、高级管理人员因过失而非不诚实(dishonest)或者恶意的(knowing bad faith)错误行为,以及在文件披露中的错误或者误导性陈述所产生的费用和责任提供了有用的但却有限的保护。

董事、高级管理人员责任保险只有在保险有效期限内提出请求才给予赔偿。当保险期限终止时,如果保险事故没有发生,保险人就不承担责任。

我国公司法没有规定责任补偿,但规定了责任保险。《公司法》第193条规定,公司可以在董事任职期间为董事因执行公司职务承担的赔偿责任投保责任保险,并在投保或者续保后,向股东会报告。通常所谓的"D&O"保险,包括董事、高级管理人员,但我国公司法仅明确承认公司可以为董事承担的赔偿责任投保责任保险,而没有高级管理人员责任保险。当然,这也没有什么问题。即使公司法规定了公司可以为董事提供责任保险,公司也可以不为董事提供责任保险。同样,即便公司法没有规定为高级管理人员提供责任保险,公司自己也可以通过公司章程规定为高级管理人员提供责任保险。但法律应该设定一个底线,诸如"极端自私的行为、粗心或者故意行为、非法或者犯罪行为等"显然应该排除。[28] 当然,这一点也有弥补的方法,即保险公司在开展这样的业务时,其保险条款可以将其列入除外条款。

〔28〕 See MBCA § 8.57.

第五章 公司变更

在公司设立后的营运过程中,公司组织机能或者基本形态随之发生变化。这种变化的形式是多种多样的,大体来说可以归纳为四类:一是公司的合并与分立;二是公司资本增减;三是公司组织形态的变更;四是公司章程的修改。本章主要就这几个问题进行讨论。在此之前,需要统一说明的是,公司这些事项经变更后应当履行变更登记。变更登记统一规定在《公司法》第二章"公司登记"之中,本章不再重复。

第一节 公司合并与分立

一、公司合并

(一)合并概述

1. 公司合并的概念

公司合并,是指两个以上的公司订立合并契约并依照法定程序归并为一个公司的行为。公司合并在性质上属于一种合同行为,因而,公司合并首先应当遵守合同法的规定。同时,公司合并还需要严格地按照法律规定的程序进行,如果违背公司法规定的程序,其合并行为亦属无效。公司合并同时涉及合同法的适用和公司法的适用:关于合并合同的成立和效力,主要适用合同法;关于合并程序以及对债权人和少数股东的保护等措施,则适用公司法。

公司合并是实现规模经济的重要手段。企业的增长无非依靠两种方式:一是内部增长(internal growth);二是外部扩展(external extension)。公司合并就是外部扩展的一种方式。较之内部增长,外部扩展更受企业家的青睐。

2. 合并方式

根据我国《公司法》第218条第1款的规定,公司合并可以采取吸收合并(merger)和新设合并(consolidation)两种形式。

一个公司吸收其他公司为吸收合并,被吸收的公司解散。在这种合并中,存续公司仍然保持原先公司名称,而且有权获得其他被吸收公司的财产和债权,同时承担它们的债务。

两个以上的公司合并设立一个新的公司为新设合并,合并各方解散。新设合并,又称为创设合并。在这种合并中,新设立的公司接管原有公司的全部资产和业务。

(二)合并程序

根据我国公司法的规定,公司合并一般要经过如下程序:

1. 股东会决议

根据《公司法》第 66 条第 3 款和第 116 条第 3 款规定，公司合并的决议，在有限责任公司，必须经代表 2/3 以上表决权的股东通过；在股份有限公司，必须经出席会议的股东所持表决权的 2/3 以上通过。

2. 简合并易

《公司法》第 219 条第 1 款规定，公司与其持股 90% 以上的公司合并，被合并的公司不需经股东会决议。因为被合并公司股东无论如何也阻止不了这种合并。既然如此，还不如省去股东同意程序，降低交易成本。

虽然这种合并不需要经过被合并公司股东同意，但应当通知其他股东，其他股东有权请求公司按照合理的价格收购其股权或者股份。关于股东基于合并的异议权，参见前述。

这种简易合并是否需要合并公司的股东同意呢？《公司法》第 219 条第 2 款规定，公司合并支付的价款不超过本公司净资产 10% 的，可以不经股东会决议。因为这种合并并不会对合并公司股东发生重大影响。但是，公司章程另有规定的除外。

《公司法》第 219 条第 3 款强调，这种简易合并虽然不需要经过合并各方股东会同意，但应当经董事会决议。这自不待言。

3. 订立合并协议

《公司法》第 220 条规定，公司合并，应当由合并各方签订合并协议。合并因当事公司之间的合同而成立，即应由两个以上的公司订立合并合同。各公司应以自己股东会决议所形成的合并条件作为合并合同的基础。

4. 编制资产负债表及财产清单

《公司法》第 220 条规定，公司合并，应当编制资产负债表及财产清单。编制资产负债表的目的是便于了解公司现有资产状况。财产清单应包括公司所有的动产和不动产、有形财产和无形财产以及其他财产，并须分门别类标明价格，记载于财产目录表中。上述表册，应当按规定置备，以供债权人查阅。如有虚伪记载，公司负责人应承担相应的法律责任。

5. 向债权人通知或公告

《公司法》第 220 条规定，公司应当自作出合并决议之日起 10 日内通知债权人，并于 30 日内在报纸上或者国家企业信用信息公示系统公告。

6. 债权人异议权

公司应当自作出合并决议后，指定一定期限允许债权人提出异议。债权人在此期间内未提出异议的，视为承认合并。如债权人在此期间内提出异议，可以要求公司清偿债务或提供相当的担保。《公司法》第 220 条规定，债权人自接到通知书之日起 30 日内，未接到通知书的自公告之日起 45 日内，可以要求公司清偿债务或者提供相应的担保。

(三) 合并效果

公司合并后将会发生相应的法律后果。这种后果表现为公司消灭的后果、公司变更或新生的后果、权利义务概括转移的后果、合并登记的后果。

1. 公司的消灭、变更或者新生

公司合并必然导致一个或一个以上的公司归于消灭。合并虽然是公司解散事由之一种，但这纯粹只是一种形式意义上的规定，因为，因合并而消灭的公司无须经过清算程序。因此，这里所说的公司因合并而解散，与通常意义上的解散有所区别。通常意义上的公司解散只是法人人格消灭的原因,而公司因合并而解散则可直接发生公司法人人格消灭的后果。

因吸收合并而存续的公司,其章程自应随之而改变。此时,存续公司即应召集合并后的股东会,并向股东会报告有关合并事宜,如有必要变更章程,则应变更章程。

在新设合并时,则新公司因之而产生,新公司即应召集创立会,订立章程。无论何种情形,其章程的订立均不得违反合并合同的规定。

因合并而消灭的公司的股东,可以将其持有的股份或出资按合并合同所规定的比例换取存续公司或新设公司的股份或出资。

2. 权利、义务概括转移

《公司法》第 221 条规定,公司合并时,合并各方的债权、债务,应当由合并后存续的公司或者新设的公司承继。

也就是说,因合并而消灭的公司,其权利义务应当由合并后存续或新设的公司概括承受。所谓"概括承受",即消灭公司所有的动产、不动产、债权、债务、知识产权等一律由存续公司或新设公司承受,承受公司不得进行选择,不得附有任何条件。

因公司合并而发生的财产转移,应当依照法定程序办理。例如,公司不动产的转移应当做成书面文件,并应办理过户手续,其转移行为方为有效。

公司合并后存续或新设的公司,因合并而承担公司债务的,应于公司变更或设立登记时,进行公司债务的登记,否则,不得以其公司债务的转移对抗第三人。

二、公司分立

(一)公司分立概述

公司分立,是指一个公司依照法定程序分成两个或两个以上公司的行为。公司分立亦有两种形式。一种情形是指一个公司分立成两个或两个以上的公司,原公司继续存在,即所谓的存续分立。一般情况下,存续分立是公司将一部分财产或者营业依法分离出去,成立一个或者若干新的公司的行为。另一种情形是指一个公司分解成两个或两个以上公司,原公司消灭,即所谓的解散分立。解散分立是公司以其全部财产依法分别成立两个或者两个以上新的公司的行为。

(二)公司分立的程序

第一,根据我国《公司法》第 66 条第 3 款和第 116 条第 3 款的规定,公司分立的决议在有限责任公司,必须经代表 2/3 以上表决权的股东通过;在股份有限公司,必须经出席会议的股东所持表决权的 2/3 以上通过。

第二,《公司法》第 222 条规定,公司分立,其财产应作相应的分割。公司分立,应当编制资产负债表及财产清单。公司应当自作出分立决议之日起 10 日内通知债权人,并于 30 日内在报纸上或者国家企业信息公示系统公告。

(三)债务分担

公司分立后的债务承担涉及债权人债权的实现是否能够得到保障。对此,《公司法》第 223 条规定,公司分立前的债务由分立后的公司承担连带责任。但是,公司在分立前与债权人就债务清偿达成的书面协议另有约定的除外。这一规定表明,对于公司分立后的债务承担,有协议的,按照协议的约定承担;没有协议的,则由分立各方承担连带责任。

第二节　资本变动

一、资本变动的概念

依照传统公司法观念，公司成立后须对公司资本予以维持并保持资本不变，但这并不是说公司的资本就一成不变。这种资本维持原则的准确含义是指，非经法定程序，公司资本不得变动。实际上，公司资本需要随着公司经营活动的发展变化而随时调整。如果公司发展前景看好，为了拓展业务和保持良好的资信，公司可能增加资本。反之，如果公司暂时资本过剩，为避免资本闲置造成浪费，则可能减少资本。

资本变动包括资本增加和资本减少。

二、增加资本

（一）增加资本的方式

增加资本，简称增资，是指依法增加公司注册资本总额的行为。增加资本的方式主要有增加票面价值、增加出资、发行新股或者债转股。

1. 增加票面价值

增加票面价值，是指公司在不改变原有股份总数的情况下增加每股金额。通过这种方式可以达到增加资本的目的。譬如，法定公积金，应分配股利留存，以及股东新缴纳的股款，均可记入每一股份中，从而使其票面价值增加。

2. 增加出资

有限责任公司如果需要增加资本，可以按照原有股东的出资比例增加出资，也可以邀请原有股东以外的其他人出资。如果是原有股东认购出资，可以另外缴纳股款，也可以将资本公积金或者应分股利留存转换为出资。

3. 发行新股

股份有限公司增加股份可以采取发行新股的方式。发行新股是指公司为了扩大资本需求而发行新的股份。发行新股既可以向社会公众募集，也可以由原有股东认购。通常情况下，公司原有股东享有优先认购权（preemptive rights）。

4. 债转股

股份有限公司增加股份数额还可以采取将可转换公司债券转换为公司股份的方式。可转换公司债券是一种可以转换为公司股票的债券，如果将该种债券转换成为公司股份，则该负债消灭，公司股本增加。

（二）增加资本的程序

《公司法》第66条第3款、第116条第3款规定，有限责任公司股东会对增加公司资本作出的决议，必须经代表2/3以上表决权的股东通过。股份有限公司增加资本亦必须由股东大会作出决议。股东大会作出的决议，必须经出席会议的股东所持表决权的2/3以上通过。

《公司法》第228条规定，有限责任公司增加注册资本时，股东认缴新增资本的出资，依照公司法设立有限责任公司缴纳出资的有关规定执行。股份有限公司为增加注册资本发行新股时，股东认购新股，依照公司法设立股份有限公司缴纳股款的有关规定执行。

三、减少资本

（一）减少资本的方式

减少资本，简称减资，是指公司减少注册资本的行为。减少资本的方式主要有减少票面价值和减少出资或者股份总额两种方式。

票面价值的减少是指公司在不改变原有股份总数的情况下减少股票的每股金额。譬如，将每股金额从10元减少到8元，即可达到减少股份金额的目的。

出资或者股份总额的减少是指直接对出资或者股份总数的减少。譬如，公司原先已发行在外股份1万股，现在将其减少至6000股，以此来达到减少资本的目的。公司通常采用回购的方式来减少出资或者股份。但应当注意的是，根据《公司法》第162条规定，通过回购方式减少资本，应当在回购后10日内将所回购的股份注销。

（二）减少资本的程序

《公司法》第66条第3款、第116条第3款规定，有限责任公司股东会对减少公司资本作出的决议，必须经代表2/3以上表决权的股东通过。股份有限公司减少资本亦必须由股东大会作出决议。股东大会作出的决议，必须经出席会议的股东所持表决权的2/3以上通过。

《公司法》第224条第1、2款规定，公司需要减少注册资本时，应当编制资产负债表及财产清单。公司应当自股东会作出减少注册资本决议之日起10日内通知债权人，并于30日内在报纸上或者国家企业信用信息公示系统公告。债权人自接到通知书之日起30日内，未接到通知书的自公告之日起45日内，有权要求公司清偿债务或者提供相应的担保。

《公司法》第224条第3款规定，公司减少注册资本，应当按照股东出资或者持有股份的比例相应减少出资额或者股份，法律另有规定、有限责任公司全体股东另有约定或者股份有限公司章程另有规定的除外。

（三）简易减资程序

《公司法》第225条第1款规定，公司依照《公司法》第214条第2款的规定，可以使用任意公积金、法定公积金和资本公积金弥补亏损，但如果仍有亏损，可以减少注册资本弥补亏损。但是，如果采用减少注册资本的方式弥补亏损的，公司不得向股东分配，也不得免除股东缴纳出资或者股款的义务。

《公司法》第225条第2款规定，为弥补亏损而减少注册资本的，公司债权人无权请求公司清偿或者提供担保，但应当自股东会作出减少注册资本决议之日起30日内在报纸上或者国家企业信用信息公示系统公告。

《公司法》第225条第3款规定，公司为弥补亏损而减少注册资本后，在法定公积金和任意公积金累计额达到公司注册资本50%前，不得分配利润。

（四）违法减资

《公司法》第226条规定，违反本法规定减少注册资本的，股东应当退还其收到的资金，减免股东出资的应当恢复原状；给公司造成损失的，股东及负有责任的董事、监事、高级管理人员应当承担赔偿责任。

（五）优先认购权

《公司法》第 227 条规定，有限责任公司增加注册资本，原则上原股东享有同等条件的优先认购权，并按照实缴的出资比例认缴出资。但可以经全体股东约定排除。股份有限公司增加注册资本发行新股时，原则上股东不享有优先认购权，但公司章程可以另有规定，或者股东会决议决定股东可以享有优先认购权。

第三节 公司组织形式的变更

一、组织形式变更概述

公司组织形式的变更，是指公司在不中断公司法人资格的情况下由一种公司形式变更为另外一种公司形式的情形。营运中的公司，由于某种情况的变化，可能需要对公司的组织形式进行变更。譬如，原先设立的一家有限责任公司属于家族式企业，后来由于公司规模的扩大，需要外部资金的支持。一种简单的做法就是将原先的有限责任公司变更为股份有限公司。这样，公司就可以向社会公众融资了。反之，股份有限公司也可以变更为有限责任公司。

公司组织形式变更的最大好处是不中断法人资格。这样，公司可以在保持其法人资格不中断的前提下继续维持其营业，而不需要经过解散清算程序。

二、我国公司法关于组织形式变更的规定

（一）公司变更须符合法定条件

公司变更须符合一定条件。《公司法》第 12 条第 1 款规定，有限责任公司变更为股份有限公司，应当符合公司法规定的股份有限公司的条件。股份有限公司变更为有限责任公司，应当符合公司法规定的有限责任公司的条件。

（二）须经股东多数同意

《公司法》第 66 条第 3 款、第 116 条第 3 款规定，有限责任公司股东会对变更公司形式作出的决议，必须经代表 2/3 以上表决权的股东通过。股份有限公司股东大会对变更公司形式作出的决议，应当经出席会议的股东所持表决权的 2/3 以上通过。由此可见，公司组织形式的变更属于公司的重大变更事项，应当经过股东的绝对多数同意，其决议方为有效。

（三）出资须折合为股份以及股份的公开发行

《公司法》第 108 条规定，有限责任公司变更为股份有限公司时，折合的实收股本总额不得高于公司净资产额。有限责任公司变更为股份有限公司，为增加资本公开发行股份时，应当依法办理。

（四）债务承担

由于公司组织形式的变更并不导致公司法人资格的中断，所以，原有公司的债权债务由变更后的公司概括承继。对此，《公司法》第 12 条第 2 款明确规定，有限责任公司变更为股份有限公司的，或者股份有限公司变更为有限责任公司的，公司变更前的债权、债务由变更后的公司承继。

第四节　公司章程修改

一、修改公司章程的意义

公司章程的修改，是指公司成立后，由于某些情势的变化而依法对已经发生效力的公司章程进行变更的行为。

首先，公司章程的修改是由于"情势变更"。譬如，原先的公司章程确定了公司的存在期限，在该期限届满时公司仍然希望继续存在，这样就可以通过修改公司章程来延长公司期限。又如，根据我国公司法规定，公司章程应当记载公司的经营范围。由于市场情况的变化，公司原先的目的事业已经不能再持续下去，为了公司的生存，公司需要调整其目的事业，这样，公司就必须首先修改其章程原先确定的目的事业。再如，公司为扩大经营规模而增加资本，法定代表人的更换等，同样需要修改公司章程。

其次，公司章程的修改是对已经发生效力的章程条款进行变更。这种条款的内容既可能是原先章程中的强制记载事项，也可能是公司章程中的任意记载事项。公司章程修改的范围广泛，涉及公司名称、住所、法定代表人、经营范围、设立方式、注册资金、股东或者发起人及其出资或者认购的股份、股份类别、设立方式、组织机构、利润分配、解散与清算等。

最后，公司章程的修改必须依照法律的要求进行。现代公司法律均允许公司自由修改其章程，只要这种修改不违反强行法律和公共政策。这表明了现代公司法律政策的灵活性和务实性。可以说，现代公司法对于公司章程的修改没有什么实质性限制，但是，在修改章程时尚须遵守一定的程序要求。

二、修改章程的法律要求

公司章程是股东制定的，股东当然有权修改公司章程。公司章程的修改涉及董事会的行动，即首先应当由董事会提出修改公司章程的建议。董事会在提出修正建议案之后，应当将修正建议案提交股东会同意。修正建议案应当向每一股东为通知。会议通知中应当包括一份修正建议案概要。《公司法》第 66 条第 3 款和第 116 条第 3 款规定，公司章程的具体修改方法是，在有限责任公司，修改公司章程的决议，必须经代表 2/3 以上表决权的股东通过；在股份有限公司，修改公司章程的决议必须经出席股东大会的股东所持表决权的 2/3 以上通过。可见，我国法律采用的是绝对多数同意规则。

由上述规定可知，修改公司章程属于公司重大变更事项，原则上修改一项公司章程条款需要取得股东的同意，而且须绝对多数同意。但这一原则也有例外。譬如，《公司法》第 87 条规定，有限责任公司的股权转让后，公司应当注销原股东的出资证明书，向新股东签发出资证明书，并相应修改公司章程和股东名册中有关股东及其出资额的记载。对公司章程的该项修改不须再由股东会表决。这一规定体现了法律对于修改公司章程的特殊性的考虑，因为此类修改属于"微型修改"，因为有限责任公司的股东已经知晓该项股权转让，且法律赋予了其优先购买权。由此引起的公司章程的变更只是程序上的手续变更，没有从根本上对股东权利构成影响。

修改公司章程的另一个问题是，如果公司章程的修改涉及种类股份的权利变动、数额增减、种类转换等情形，该种修正案则须取得该种股份单独同意。这就是所谓的“种类表决”或者“集团表决”（class voting/voting by groups）。《公司法》第 146 条规定，发行类别股的公司，有本法第 116 条第 3 款规定的事项等可能影响类别股股东权利的，除应当依照第 116 条第 3 款的规定经股东会决议外，还应当经出席类别股股东会议的股东所持表决权的 2/3 以上通过。公司章程可以对需经类别股股东会议决议的其他事项作出规定。

第六章　公 司 终 止

公司从成立到终止，犹如人之从生到死，经历了一个生命的历程。公司成立，表明公司生命的开始；而公司终止，则表明公司生命的终结。在此期间，是公司的存续期间。公司的存续期间也就是公司的生命过程。在这个过程中，公司将经历生命的兴衰荣辱。正如公司的成立需要有设立公司的行为准备和孕育一样，公司的终止同样也需要一系列前置行为和程序。这一过程体现为公司的解散和公司的清算。只有经过解散和清算，公司才能发生法律上的终止。

第一节　公 司 解 散

一、公司解散的意义

公司解散（dissolution），是指已经成立的公司，基于一定事由的发生，致使公司法人人格消灭的行为和程序。

首先，公司解散行为本身并不意味着公司的终止或者消灭。公司解散，并不立即导致公司法人人格消灭，而只是引发公司法人人格消灭的原因。也就是说，已经成立的公司，由于一定的原因而解散后，仅仅导致其营业上权利能力的丧失，其法人资格仍然存在。

解散的公司，除因合并、分立无须进行清算、破产专门适用破产程序外，必须经过清算。为了使清算得以进行，有必要继续保留公司的法人人格。这种公司人格保留至清算结束时，公司才归于消灭。这是因为，公司与自然人不同，如果解散事实一旦发生，其法人人格立即归于消灭，则对公司内部及外部的利害关系人都会产生不利的影响。譬如，就公司外部关系而言，公司可能还有债权债务没有处理；就公司内部关系而言，公司股东对公司还享有剩余财产请求权。这些都需要经过清算才能得到解决。因此，现代各国法律均规定，公司解散后，其法人人格继续存在，以使清算人可以就公司的对内对外关系加以处理，直至清算完毕，公司才告终止。

其次，公司解散必须基于一定事由的发生。什么样的事由才可能引致公司解散呢？这种事由可能基于公司章程的规定，既可能基于公司股东会议的决议，也可能基于法律的直接规定，还可能是基于行政主管机关或者法院的命令。公司的解散事由大体可归纳为两种情形：一是自愿解散事由；二是强制解散事由。

最后，公司解散既是一种行为，也是一种程序。解散公司行为的性质比较复杂，既可能是公司行为，也可能是立法行为，还可能是行政行为和司法行为。

在自愿解散的情况下，解散公司体现为一种公司行为。就依照公司章程的规定而解散公司的情形来看,它是公司对解散公司的一种预设,一旦满足了公司章程规定的条件,即可解散公司。就股东决议解散公司而言,它是公司的一种现实决策,是对公司现实状况的一种终极评价。

法定解散属于立法行为,命令解散属于行政行为,破产解散则属于司法行为。

公司解散也是一种程序。无论是自愿解散还是法定解散,解散后均须遵守一定程序进行清算。至于解散行为本身的程序,在自愿解散中,必须经由股东多数同意;在立法解散中,其程序为立法程序所吸收;在行政解散中,须遵守一定行政程序;在司法解散中,须遵守一定司法程序。

二、自愿解散

(一)自愿解散的概念

自愿解散(voluntary dissolution),是指基于公司自己决定解散公司的情形,包括通过公司章程的规定或者股东会的决议而解散公司。这种解散方式,相对于强制解散而言,它体现的是公司自己的意志,是一种自愿行为,而非法律的强制。所以说,它是一种公司行为。

(二)自愿解散的情形

自愿解散具体包括如下两种情形:

1. 章程所规定的事由发生

《公司法》第 229 条将“公司章程规定的营业期限届满或者公司章程规定的其他解散事由出现”作为解散公司的事由之一。此为一种自愿解散事由。现代公司法一般都承认公司的永久存在,所以,原则上公司可以在公司章程中不记载期限。如果公司在章程中不记载期限,公司则在理论上可以永久存在。但公司章程已经订立有公司存续期限的,则于期限届满时即行解散。除此之外,如果公司在章程中记载其他解散公司事由,公司则应当在章程所记载的事由出现时解散。譬如,公司章程中附有解除条件的,则于解除条件成就时即行解散。再如,公司章程规定其所营事业已经成就或不能成就时公司应当解散的,无论公司所营事业已成就或在法律上或事实上不能成就,公司均无继续存在的必要。

2. 股东决议解散

《公司法》第 229 条将“股东会决议解散”作为解散公司的事由之二。此为自愿解散的第二种事由。在既没有出现强制解散事由,又没有出现公司章程规定的解散事由时,如果公司需要解散,可以通过股东会议决议解散。公司自己决定解散公司时,必须遵守一定的程序。这种程序表现为解散公司需要取得公司股东会的同意。《公司法》第 66 条第 3 款和第 116 条第 3 款规定,在有限责任公司,股东会对公司解散作出的决议,必须经代表 2/3 以上表决权的股东通过;在股份有限公司,股东大会对解散公司作出的决议,必须经出席会议的股东所持表决权的 2/3 以上通过。

3. 继续存在

公司章程规定的营业期限届满或者公司章程规定的其他解散事由出现,固然是解散公司的事由之一,但因其是自愿解散事由,并非法律强制,所以,也可以通过修改公司章程而使公司继续存在。《公司法》第 230 条第 1 款对此进行了规定。根据该款规定,公司有该法第 229 条第(一)(二)项情形,且尚未向股东分配财产的,可以通过修改公司章程或者经股东会决议而存续。在这种情况下,公司如欲继续存在,一是尚未向股东分配财产,如果清算程序已经结束,公司剩余财产已向股东分配完毕,公司自然无法继续存在;二是必须经过修改公司章程程序,而公司章程的修改又必须满足法定的表决要求。对此,《公司法》第 230 条第 2 款规定,依照前款规定修改公司章程,有限责任公司须经持有2/3以上表决权的股东通过,股份有限公司须经出席股东会会议的股东所持表决权的2/3以上通过。

三、强制解散

强制解散(involuntary / compulsory dissolution),是指非因公司自己的意志而解散公司的情形。强制解散又可以区分为两种情形:一是法定解散,二是命令解散。其中命令解散包括基于行政命令而解散和基于法院命令而解散。

(一)法定解散

法定解散,是指基于公司法或其他法律规定的公司解散事由的发生而解散公司的情形。具体包括如下两种情形:

1. 股东经变动不足法定最低人数

在不承认"一人公司"的法制中,如果股东人数经变动不足法定人数的,公司须解散。我国公司法不仅承认一人有限责任公司,而且承认一人股份有限公司,故不存在这一问题。当然,股东决议解散的,则为自愿解散。

2. 合并与分立

《公司法》第229条将"因公司合并或者分立需要解散"作为解散公司事由之三。此为一种法定解散事由。在合并中,无论是吸收合并还是新设合并,均涉及公司解散问题。在吸收合并中,被吸收的公司解散;在新设合并中,合并各方解散。在公司分立的情况下,只是在解散分立时,才发生被分立的公司解散;而在存续分立时,存续公司不发生解散。

(二)命令解散

命令解散,是指基于主管机关的命令或者法院的裁判而解散的情形。具体包括两种情形:一是基于行政主管机关的命令而解散;二是基于法院的裁判而解散。

1. 行政主管机关的命令

行政命令解散包括吊销营业执照、责令关闭或者被撤销等情形。《公司法》第229条将"依法被吊销营业执照、责令关闭或者被撤销"作为解散公司的事由之四。此为一种行政命令解散事由。公司因为违反法律规定、行政法规而被登记机关吊销营业执照或者被行政主管机关责令关闭或者撤销,均只是公司的一种解散事由,并不意味着公司人格的当然消灭。由于公司被吊销营业执照、责令关闭或者被撤销后,公司的债权可能尚未受领,公司的债务可能尚未清偿,职工的工资可能尚未支付,拖欠的税款可能尚未缴清,剩余财产可能尚未处理等,因此,公司应当进行清算。

2. 法院裁判

基于法院裁判而解散公司主要包括如下几种情形:

(1)股东请求法院解散公司。在特定情况下,股东可以申请法院解散公司。在这种情况下,公司可因法院的裁判而解散。我国《公司法》第229条将"人民法院依照本法第二百三十一条的规定予以解散"作为解散公司的事由之五。此项规定其实就是关于股东申请法院解散公司的规定。根据《公司法》第231条的规定,公司经营管理发生严重困难,继续存在会使股东利益受到重大损失,通过其他途径不能解决的,持有公司10%以上表决权的股东,可以请求人民法院解散公司。该条规定的目的在于解决公司僵局。在公司存续期间发生严重内部矛盾导致公司不能正常运作,甚至使股东利益受到严重损失,被称为公司僵局。这种现象在公司实践中并非少见。对

此,公司法提供的解决方案是允许股东提起解散公司的诉讼。该条规定的适用具有如下几个特点:

第一,公司僵局可能发生在股东会层面,也可能发生在董事会层面。但无论是何种情形,均导致公司经营管理发生严重困难,继续存续会使股东利益受到重大损失。根据我国公司法司法实践经验,公司僵局可能表现为如下具体情形:[1]一是公司持续2年以上无法召开股东会或者股东大会,公司经营管理发生严重困难的;二是股东表决时无法达到法定或者公司章程规定的比例,持续2年以上不能作出有效的股东会或者股东大会决议,公司经营管理发生严重困难的;三是公司董事长期冲突,且无法通过股东会或者股东大会解决,公司经营管理发生严重困难的;四是经营管理发生其他严重困难,公司继续存续会使股东利益受到重大损失的情形。

第二,通过其他途径不能解决该种僵局。无论如何,解散公司仅是一种无可奈何的最后选择,如果能够通过其他途径解决该种僵局,较之解散公司,公司的继续存在总是一种更优的选择。譬如,在诉讼前通过努力化解矛盾或者邀请中间人进行调和;在诉讼中法院应注重调解,或者促成公司或者股东回购股份,或者邀请第三人受让,或者以减资、分立或者其他能够解决分歧,恢复公司正常经营,避免公司解散的方式保存公司。

第三,该条对提起该种诉讼的股东资格进行了限制,即只有持有公司10%以上表决权的股东才可以请求解散公司。所谓"持有公司10%以上表决权的股东"应理解为既可以是单独持有全部股东表决权10%以上,也可以是合并持有全部股东表决权10%以上。

第四,须以诉讼方式为之,即需要向人民法院提出请求。至于法院是否允许解散公司,则属于法院的自由裁量权。在该种诉讼中,被告应该是公司,而不是基于矛盾、纠纷、欺压而发生僵局的相对当事人。因为事涉公司本身是否解散问题,而非直接解决当事人之间的纠纷。实际上,这是一种以解散公司为代价解决当事人之间的纠纷的终结处理方式。

(2)破产宣告。公司被宣告破产后进入破产程序,待破产程序终结时,公司即告消灭。破产程序在法院主持之下进行。

(3)其他情形。如在前述公司依法被吊销营业执照、责令关闭或者被撤销等行政处分中,当事人对行政处罚不服的,可通过行政诉讼进行审查,法院一旦作出维持的判决,则可强制执行。此外,在民事诉讼中,法院可将强制歇业作为一项救济措施来援用,如制造伪劣药品致人损害的,法院可强制企业解散。

第二节　公司清算

一、清算的意义

清算(liquidation),是指公司解散后,处分公司财产以及了结各种法律关系以最终消灭公司人格的行为和程序。

从清算中公司的法律地位来看,公司经宣告解散后,其法人人格于解散后、清算完结前仍然

[1] 参见《〈公司法〉司法解释二》第1、4、5条;《〈公司法〉司法解释五》第5条。

存在。但是,这时公司存在的目的只是便于清算,因此,其权利能力只存在于清算范围内,而不得从事以营业为目的的其他法律行为。如公司超越其清算范围而继续从事经营业务的,依法不发生法律效力。但清算公司与未解散前的公司互为一体,故在未解散前所存在的法律关系原则上不因解散而有所变更,而由清算公司承受或了结。解散公司进入清算程序后,公司原有代表及执行业务的机关均丧失其职权,而由清算人代表公司行使职权。所以,清算人是清算中公司的法定代表人和业务执行机关,对内执行清算业务,对外代表清算中公司。清算由一系列行为构成,并需要遵守相应的清算程序。譬如,清理公司财产,通知或者公告债权人,处理与清算公司未了结的业务,清缴所欠税款,清理债权债务,分配剩余财产,参加诉讼活动等。

应当注意的是,由于在合并与分立中,债权债务发生概括转移的效果,所以,合并与分立虽然是公司的解散事由,但无须进行清算。公司被宣告破产后,当然要进行清算,但是这种清算需要适用专门的破产程序,即清算人必须按照破产法的规定在法院的主持下进行清算,因而不再适用公司法的常态清算程序。

二、清算的方式

根据我国公司法的规定,清算可分为自行清算、指定清算和破产清算。

(一)自行清算

自行清算,是指公司自己组织的清算。《公司法》第231条第1款规定,公司因本法第229条第1款第(一)项、第(二)项、第(四)项、第(五)项规定而解散的,应当清算。此条规定表明:

第一,自行清算既适用于自愿解散,又适用于强制解散。具体包括:基于公司章程规定的事由发生而解散;股东决议解散;依法被吊销营业执照、责令关闭或者被撤销而解散;以及股东申请法院解散四种情形。

应当注意的是,这里不包括基于合并或者分立而解散的情形。基于合并或者分立而解散的,在合并情况下,其债权债务概括发生转移;在分立情况下,其债务或者根据协议由分立各方分担,或者由分立各方承担连带责任,故公司合并、分立无须清算。

第二,公司解散后,应当在合理的时间内确定适格的人对公司进行清算。什么是"合理的时间"?什么是"适格的人"?《公司法》第231条规定,董事为公司清算义务人,应当在解散事由出现之日起15日内成立清算组进行清算。清算组由董事组成,但是公司章程另有规定或者股东会决议另选他人的除外。在自行清算的情况下,公司章程也可能规定清算组由股东组成或者由股东会确定清算人员。实际上,只有控制股东才能参与公司管理或者对公司产生支配性影响,而董事则是直接责任人员。在这种情形下,清算组可能由公司的控制股东、董事共同组成。清算义务人应该积极组建清算组进行清算,未及时履行清算义务,给公司或者债权人造成损失的,应当承担赔偿责任。譬如,因为未能及时成立清算组组织清算造成资产流失或者隐匿、转移财产而导致债权人不能收回债权,股东不能分配剩余财产等。

(二)指定清算

指定清算,是指经利害关系人申请由法院指定清算人进行清算的情形。《公司法》第233条第1款规定,公司依照前条第1款的规定应当清算,逾期不成立清算组进行清算或者成立清算组后不清算的,利害关系人可以申请人民法院指定有关人员组成清算组进行清算。人民法院应当受理该申请,并及时组织清算组进行清算。本款规定了清算人不履行清算义务的两种情形:一是逾期不成立清算组进行清算;二是虽然成立了清算组但不进行清算,或者故意拖延清算,或者违法清算可能严重损害债权人或者股东利益的。[2] 于此两种情形,利害关系人可以申请法院指定清算组成员进行清算。利害关系人包括债权人、股东、董事或者其他利害关系人,如公司职工等。

《公司法》第 233 条第 2 款规定,公司因本法第 229 条第 1 款第 4 项的规定而解散的,作出吊销营业执照、责令关闭或者撤销决定的部门或者公司登记机关,可以申请人民法院指定有关人员组成清算组进行清算。实践中,公司被行政主管部门吊销营业执照、责令关闭或者撤销决定,往往疏于清算,导致"僵尸企业"继续存在,公司债权债务得不到清偿或者清理。所以,本款规定即是赋予了这些企业的主管部门申请法院指定清算的权利。与此同时,这些企业的登记机关也有权利申请法院指定清算。

由此可见,指定清算适用于这样的情形:无论公司基于何种原因解散(当然,合并、分立无须清算,破产清算适用破产法),只要公司没有在法定期限内自行组织清算,公司利害关系人均可以向法院提出申请,请求指定清算人进行清算。

(三)破产清算

公司被宣告破产后,其清算由破产法专门规定,公司法仅作衔接性规定。《公司法》第 242 条规定,公司被依法宣告破产的,依照有关企业破产的法律实施破产清算。同时,《公司法》第 237 条规定,清算组在清理公司财产、编制资产负债表和财产清单后,发现公司财产不足清偿债务的,应当依法向人民法院申请破产清算。人民法院受理破产清算后,清算组应当将清算事务移交给人民法院指定的破产管理人。

三、清算事务的执行

根据《公司法》第 234—236 条规定,清算组在清算期间行使下列职权:

第一,清理公司财产,分别编制资产负债表和财产清单。清算组在清理公司财产、编制资产负债表和财产清单后,应当制定清算方案,并报股东会或者有关主管机关确认。

第二,通知或者公告债权人。清算组应当自成立之日起 10 日内通知债权人,并于 60 日内在报纸上或者国家企业信用信息公示系统公告。债权人应当自接到通知书之日起 30 日内,未接到通知书的自公告之日起 45 日内,向清算组申报其债权。债权人申报债权,应当说明债权的有关事项,并提供有关证明材料。清算组应当对债权进行登记。

第三,处理与清算有关的公司未了结的业务。公司在解散前势必存在尚未了结的合同或者其他交易。公司解散后,这些合同或者交易由清算组负责处理。原则上,清算组有权决定是否执行或者履行这些合同或者交易。如因不执行或者不履行这些合同或者交易而给有关当事人造成损失,则应由清算中公司承担赔偿责任。

第四,清缴所欠税款以及清算过程中产生的税款。缴纳税款是公司的一项强制性义务,如果公司尚欠税款,则必须清缴。

第五,清理债权、债务。清理债权、债务是清算组的一项重要的职责。公司的债权应当收回,公司的债务应当清偿。但应注意的是,在申报债权期间,清算组不得对债权人进行清偿。

第六,制定清算方案。清算组在清理公司财产、编制资产负债表和财产清单后,应当制定清算方案,并报股东会、股东大会或者人民法院确认。

第七,处理公司清偿债务后的剩余财产。公司财产在分别支付清算费用、职工工资、社会保

---

〔2〕 参见《〈公司法〉司法解释二》第 7 条。

险费用和法定补偿金，缴纳所欠税款，清偿公司债务后的剩余财产，有限责任公司按照股东的出资比例分配，股份有限公司按照股东所持的股份比例分配。公司财产在未依照前款规定清偿前，不得分配给股东。

第八，代表公司参加民事诉讼活动。清算中公司难免发生诉讼纠纷。于此情形，由清算组代表清算中公司参加民事诉讼活动。公司解散后一旦进入清算程序，公司原有机关为清算组替代。清算组成为清算中公司的法人机关，对内负责清算工作，对外代表公司。

四、清算组成员的义务

《公司法》第 238 条规定，清算组成员履行清算职责，负有忠实义务和勤勉义务。清算组成员怠于履行清算职责，给公司造成损失的，应当承担赔偿责任；因故意或者重大过失给债权人造成损失的，应当承担赔偿责任。

清算组成员的义务实质上是一种受信义务，因为既然清算组替代了公司原有机关而成为清算中公司的法人机关，清算组成员在执行清算事务时自然应对清算中公司承担受信义务。

五、清算的中止与终止

（一）清算的中止

《公司法》第 237 条规定，清算组在清理公司财产、编制资产负债表和财产清单后，发现公司财产不足清偿债务的，应当依法向人民法院申请破产清算。人民法院受理破产清算后，清算组应当将清算事务移交给人民法院指定的破产管理人。当公司财产不足清偿债务时，公司负债已经超过了资产，即资不抵债，继续进行公司清算和进行公司剩余财产分配的基础已不存在。所以，在这种情况下，必须转入破产清算程序。这种情形属于清算的中止。

（二）清算的终止

《公司法》第 239 条规定，公司清算结束后，清算组应当制作清算报告，报股东会或者人民法院确认，并报送公司登记机关，申请注销公司登记。此条规定表明：

第一，公司清算结束后，清算组应当制作清算报告。该清算报告只有经过股东会或者人民法院确认后才发生效力。自行清算的，应当报股东会确认；指定清算的，应当报人民法院确认。

第二，公司解散后，除因合并、分立及破产解散法律另有规定外，应在法定期间内到登记机关进行解散登记。公司的解散登记不同于公司设立登记，它不产生创设的效力，而只产生公示的效力。因此，解散公司在向登记机关申请办理解散登记后，还应当在本公司所在地公告。公司合并、分立时，解散公司的登记为合并、分立登记的内容，其解散登记无须另外进行。公司破产时，由法院公告破产事项，并依职权进行破产登记。

（三）简易注销

《公司法》第 240 条第 1 款规定，公司在存续期间未产生债务，或者已清偿全部债务的，经全体股东承诺，可以按照规定通过简易程序注销公司登记。该条规定了简易注销程序。根据该条规定，简易注销的前置条件：一是公司在存续期间未产生债务，或者已清偿全部债务的；二是须经全体股东承诺。根据该条第 3 款的规定，公司通过简易程序注销公司登记，股东对本条第 1 款规定的内容承诺不实的，应当对注销登记前的债务承担连带责任。

根据该条第 2 款的规定，通过简易程序注销公司登记，应当通过国家企业信用信息公示系统予以公告，公告期限不少于 20 日。公告期限届满后，未有异议的，公司可以在 20 内向公司登记机关申请注销公司登记。

（四）登记机关直接注销公司登记

《公司法》第 233 条第 2 款赋予了公司登记机关申请法院指定清算的权利。《公司法》第 241 条则是赋予登记机关直接注销公司登记的权利。无论是法律赋予登记机关申请法院指定清算还是直接注销登记的权利，均只限定于公司被吊销营业执照、责令关闭或者被撤销。根据《公司法》第 241 条第 1 款的规定，公司被吊销营业执照、责令关闭或者被撤销，满 3 年未向公司登记机关申请注销公司登记的，公司登记机关可以通过国家企业信用信息公示系统予以公告，公告期限不少于 60 日。公告期限届满后，未有异议的，公司登记机关可以注销公司登记。

根据《公司法》第 241 条第 2 款的规定，依照前款规定注销公司登记的，原公司股东、清算义务人的责任不受影响。清算义务人是负责组织清算组的责任人，依然必须依法组织清算，清算组经清算义务人组织后必须依法履行实际清算义务。如果股东、清算人没有按照公司法的要求组织清算和实际清算，需要按照公司的规定承担相应的责任，包括违反组织清算人义务的责任和违反实际履行清算义务的责任。

第三编 | 证券交易

证券与证券法
证券发行
证券交易
上市公司收购
信息披露
投资者保护
证券交易场所及其交易规则
证券公司及其业务
证券登记结算与服务机构
证券监督管理

第一章 证券与证券法

第一节 证券法上的证券

一、证券概述

证券法上的证券(securities)是一种有价证券。有价证券有不同的种类,而且,不同的有价证券由不同的法律调整和规范。

从有价证券的权利性质来看,可以将其区分为物权证券、债权证券和社员权证券。物权证券,如仓单、提单等,是表示一定财产权利的证券。债权证券,包括各种票据和各种债券,是表示一定债权的证券。社员权证券,如股票,则是表示某一组织的成员权利的证券。

从有价证券的经济功能上看,可将其区分为财产证券、货币证券和资本证券。财产证券相当于上述物权证券。货币证券,如支票、本票、汇票,是表示一定金额支付的金钱证券。而资本证券,如股票、公司债券等,则是表示一定投资权利的证券。

法律按照有价证券的经济功能的不同而对有价证券进行分类调整。财产证券(或者物权证券)由民法或者相关法律(如运输法和海商法中关于仓单和提单的规定)调整和规范;货币证券由票据法调整和规范;而资本证券则由专门的证券法调整和规范。

证券法上的证券属于资本证券。资本证券的形式主要表现为股票、债券和投资基金券三大类。但是,金融创新使得证券的品种越来越多样化,如各种衍生证券。同时,一些权利证书或者凭证也可能被视为证券法上的证券,如新股认购权利证书、股款缴纳凭证等。这些证书或凭证,在民法上,并不能将其视为有价证券,但是由于这些证书或凭证仍然可以在证券市场上流通,所以,证券法上通常将其视为证券。下面主要就股票、债券、证券投资基金券、存托凭证、资产支持证券、资产管理产品以及金融衍生证券进行简要介绍。

(一)股票

1. 股票的概念和特征

股票(stock)是由公司发行的,表示股东按其持有的股份享有权利和承担义务的可转让性书面凭证。股票具有如下特征:

第一,依我国法律,股票的发行主体只限于股份有限公司。我国公司法将公司区分为有限责任公司和股份有限公司。在有限责任公司,股权的表现形式是出资,公司发给股东的出资证明是出资证明书,出资证明书不是有价证券,不能流通和买卖。而股份有限公司的股东的出资形式是股份,股份的外在形式是股票,股票是一种有价证券,可以流通和买卖。这说明在我国只有股份有限公司才有资格公开募集、发行公司股票,有限责任公司不能公开募集、发行公司股票。

第二，股票是公司签发给股东证明其所持股份的凭证。《公司法》第147条规定，公司的股份采取股票形式。股票是公司签发的证明股东所持股份的凭证。从证券与权利的关系来看，可将证券区分为设权证券和证权证券。前者是指权利产生于证券的发行，如货币证券；后者是指证券的发行仅仅是对既有权利的证明。股票是一种证权证券，而不是一种设权证券。也就是说，股东权并非因股票的发行而创设，而是对股东与公司的既有投资关系的一种证明。

第三，股票是一种要式证券。证券的要式性包括三个因素：一是证券本身体现为某种权益的外在化载体，在股份而言，就是股票；二是证券上须依法记载一定事项；三是须有特定人的签章才发生效力。《公司法》第149条规定，股票采用纸面形式或者国务院证券监督管理机构规定的其他形式。股票采用纸面形式的，应当记载下列事项：公司名称；公司成立日期或者股票发行的时间；股票种类、票面金额及代表的股份数，发行无面额股的，股票代表的股份数。股票采用纸面形式的，还应当载明股票的编号，由法定代表人签名，公司盖章。发起人股票采用纸面形式的，应当标明发起人股票字样。

这里应注意的是，由于科学技术的发展，计算机技术的广泛运用，使得无纸化股票得以产生，并成为现今股票的主要形式。所谓无纸化股票，是指以电子和通信技术为载体的股票。这种股票没有纸张，只是记录保存在电子计算机系统中，并通过电子和通信技术进行发行、交易、保管、清算、交割、登记等活动。

第四，股票是一种永久性证券。股票没有期限，除非公司终止，否则，公司股票将永远存在。在这一点上，股票与债券显然不同。任何债券都是有期限的，债券到期，债券持有人有权要求债务人还本付息。而股票持有人则只能在公司有赢利时请求分配利润或者在公司终止时要求分配剩余财产。

第五，股票具有可转让性。股票持有人不能将股票退还公司而要求返还股份或者抽回资本。为了弥补这一缺陷，法律规定公司股票可以依法转让。正是由于股票的可流通性和可转让性才可能形成证券市场，也才有制定证券法的必要。

2. 股票的种类

在我国，依据投资主体不同，有国有股、法人股和社会公众股之分。

国有股，是指有权代表国家投资的部门或机构以国有资产向股份有限公司投资形成的股份，包括以企业现有国有资产折算所形成的股份。法人股，是指企业法人或具有法人资格的事业单位和社会团体以其依法可经营的资产向公司非上市流通股权部分投资所形成的股份。社会公众股，是指我国境内个人和机构，以其合法财产向公司可上市流通股权部分投资所形成的股份。社会公众股可以上市流通交易。

依股票上市地点和所面对的投资者不同，我国上市公司的股票有境内上市股票和境外上市股票之分。

境内上市股票包括A股、B股；境外上市股票包括H股、N股和S股等不同形式。A股的正式名称是人民币普通股票，即由我国境内的公司发行，供境内机构、组织或个人（不含台、港、澳投资者）以人民币认购和交易的普通股股票。B股的正式名称是人民币特种股票，即以人民币标明面值，以外币认购和买卖，在境内证券交易所上市交易的股票。H股，即注册地在内地、上市地在香港的外资股。香港的英文为Hong Kong，取其首字母，在香港上市的外资股就叫H股。依次类推，注册地在中国，在纽约（New York）或者新加坡（Singapore）上市的股票就分别叫作N股和S股。

关于股票的其他分类，参见第二编中相关部分的论述。

(二)债券

债券是政府、金融机构、工商企业等组织为筹措资金向投资者发行，并且承诺按一定利率支付利息并按约定条件偿还本金的债权债务凭证。债券具有法律效力，是债的证明文件。债券购买者与发行者之间是一种债权债务关系，债券发行人为债务人，持有债券的投资者为债权人。

1. 公司债券

公司债券是公司发行的一种债务凭证，公司承诺在未来的特定日期向债券持有人偿还本金并按事先规定利率支付利息。关于公司债券，参见第二编相关部分的论述。

2. 政府债券

政府债券，又称为公债券，是指中央政府或地方政府为筹措财政资金或其他特定目的向投资者发行的一种债务凭证，并承诺在未来的特定日期向债券持有人偿还本金并按事先规定利率支付利息。政府债券通常分为国家债券和地方债券。

国家债券，简称国债，由中央政府发行，是国家信用的主要形式。中央政府发行国债的主要目的往往是弥补财政赤字，或者为一些耗资巨大的建设项目或特殊经济政策乃至战争筹措资金。国债以中央政府的税收作为还本付息的担保，因此风险小，流动性强，利率也较其他债券低。为了鼓励投资者购买国债，多数国家都规定国债投资者可以享受国债利息收入方面的税收优惠，甚至免税。我国目前发行的国债可分为凭证式国债、无记名国债和记账式国债等形式。

除中央政府发行债券之外，不少国家中有财政收入的地方政府及地方公共机构也发行债券，它们发行的债券称为地方政府债券，简称地方债券。地方债券一般用于交通、通信、住宅、教育、医院、环保等地方性公共设施的建设。同中央政府发行的国债一样，地方政府债券一般也是以当地政府的税收能力作为还本付息的担保。但是，有些地方债券的发行则是为了某个特定项目或给企业融资，因而不是以地方税收作担保，而是以债券发行人经营该项目所获收益作为担保。但无论如何，地方债券的安全性也比较高，而且，投资者购买地方政府债券所获得的利息一般免交所得税。地方债券对投资者同样具有吸引力。

3. 金融债券

金融债券是由银行和非银行金融机构发行的债券。一般而言，金融机构的资金主要有三个来源，即吸收存款、向其他机构借款和发行债券。存款资金的特点是在经济动荡时易发生储户争相提款的现象，从而造成资金来源不稳定。向其他金融机构借款所得的资金主要是短期资金，而金融机构往往需要进行一些期限较长的投资和融资。发行金融债券可以使金融机构筹措到稳定而且期限灵活的资金，从而比较有效地解决了资金来源和资金利用期限上的矛盾，有利于优化资产结构，扩大长期投资业务。金融债券的利率通常低于公司债券，但高于政府债券和银行存款利率。

(三)证券投资基金券

证券投资基金券是基金投资人持有基金单位的凭证。证券投资基金是一种利益共享、风险共担的集合证券投资方式，即通过发行基金单位，集中投资者的资金，由基金托管人托管，由基金管理人管理和运用资金，从事股票、债券等金融工具投资。在我国，基金托管人必须由合格的商业银行担任，基金管理人必须由专业的基金管理公司担任。

证券投资基金是投资基金的一种形式。按照不同的标准，投资基金可以分为不同的种类：根据基金单位是否可增加或赎回，可分为开放式基金和封闭式基金；根据基金组织形态的不同，可分为公司型投资基金和契约型投资基金;根据投资风险与收益的不同,可分为成长型投资基金、收入型投资基金和平衡型投资基金;根据投资对象的不同,可分为股票基金、债券基金、货币基金、期货基金、期权基金、指数基金和认股权证基金等;根据投资货币种类的不同,可分为美元基金、日元基金和欧元基金等;根据资本来源和运用地域不同,可分为国际基金、国内基金、国家基金和区域基金等。

证券投资基金具有以下几个特点:

第一,证券投资基金是由专家运作、管理并专门投资于证券市场的基金。专家理财是证券投资基金的重要特征,这种方式适合于资金少、没有投资经验和技能的投资者。

第二,证券投资基金是一种间接的证券投资方式,投资者通过购买证券投资基金券而间接投资于证券市场。与直接购买股票相比,投资者与上市公司没有任何直接联系,不参与公司决策和管理,只间接享有公司利润的分配权。投资者如果直接持有股票或债券,要承担直接投资的风险。而投资者如果购买了证券投资基金券,则由基金管理人来管理和运作基金资产,进行组合投资,投资风险大大降低。

第三,证券投资基金具有投资小、费用低的特点,投资者可以根据自己的财力选择购买基金券的数量,从而能够解决中小投资者在进行直接证券投资所面临的"钱不多,入市难"的问题。

第四,证券投资基金具有组合投资、分散风险的好处。投资学上有一句名言:"不要把你的鸡蛋放在同一个篮子里。"证券投资基金汇集了大量中小投资者的零散资金,总量非常可观,容易实现组合投资的目标。

第五,证券投资基金的流动性强。基金券的买卖非常简便。对开放式基金而言,投资者既可以向基金管理公司直接购买或赎回基金,也可以通过证券公司等代理销售机构购买或赎回,或委托投资顾问机构代为买入。

(四)存托凭证

存托凭证(Depositary Receipts,DR),又称存券收据或存股证,是指在一国或地区证券市场上流通的,代表外国公司有价证券权益的可转让凭证。每份存托凭证代表外国公司发行的一定数量的基础证券(如股票、债券)。存托凭证由 J. P. 摩根首创,是为了方便美国投资者购买英国企业的股票。根据发行与交易的地点不同,存托凭证被冠以不同的名称,如美国存托凭证(American Depositary Receipts,ADR)、欧洲存托凭证(European Depositary Receipts,EDR)、香港存托凭证(Hong Kong Depositary Receipts,HDR)、新加坡存托凭证(Singapore Depositary Receipts,SDR)、日本存托凭证(Japan Depositary Receipts,JDR)等。面向两个或两个以上证券市场的投资者发行的存托凭证,成为全球存托凭证(Global Depositary Receipts,GDR)。

中国存托凭证(China Depositary Receipts,CDR)是指由存托人签发的在中国境内发行的,代表境外基础证券权益的证券。在我国,当前只有符合国家创新战略的试点企业才可发行 CDR。

发行存托凭证时,境外基础证券发行人与存托人签订存托协议,约定存托凭证各方基本权利和义务、存托凭证的发行安排和基础证券行权等方面的事项;存托人通常指定其在基础证券发行人注册地的分支机构或者有密切商业往来的金融机构担任托管人,并与之签订托管协议。发行人将基础证券存入托管人账户后,存托人将存托凭证销售或委托证券公司承销给本国投资者。持有存托凭证的投资者等同于持有基础证券,拥有基础证券持有者相同的权利和义务。

在境外基础证券跨境上市面临重重困难的形势下,存托凭证的引入有利于吸引境外优质企业上市,降低企业融资成本,拓宽企业融资渠道,满足投资者多元化的投资需求,激发资本市场活力。

(五)资产支持证券

资产支持证券(Assets Based Securities)是指为实现融资目的,由受托机构发行的,由基础资产产生的现金作为收益支持的,代表特定目的机构收益份额的证券融资工具。资产支持证券是资产证券化的产物。在资产证券化的过程中,拟证券化的资产往往是缺乏流动性的资产(如住房抵押贷款、应收账款以及其他金融资产等),但在未来能够产生可预见的现金流;资产的权益人或债权人,或者受让人作为发起人将这样的资产集合出售给专门设立的特殊目的机构(SPV);特殊目的机构通过一定的结构化安排,将拟证券化资产转化为资产支持证券(ABS)后出售给投资者。资产证券化的好处:一是通过这种方式进行融资;二是通过"真实出售"实现破产隔离。

(六)资产管理产品

资产管理是指银行、信托、证券、基金、期货、保险资产管理机构、金融资产投资公司等金融机构接受投资者委托,对受托的投资者财产进行投资和管理的金融服务。资产管理产品包括但不限于人民币或外币形式的银行非保本理财产品,资金信托,证券公司、证券公司子公司、基金管理公司、基金管理子公司、期货公司、期货公司子公司、保险资产管理机构、金融资产投资公司发行的资产管理产品等。

(七)金融衍生证券

衍生证券是一种衍生金融工具,后者产生于20世纪70年代末的美国纽约华尔街,并随着全球金融自由化和金融创新而成为国际金融市场的主要角色。衍生金融工具又称为金融衍生产品。按产品形态,可以分为远期、期货、期权和掉期四大类;按原生资产,可以分为股票、债券、利率、汇率和商品。大部分金融衍生工具属于资产负债表之外的金融工具,其交易的主要目的在于规避价格、汇率、利率以及其他风险。然而,衍生金融工具又是一种投资工具,利用它不仅是为了避险,也是为了投机获利。

从股票、债券等比较传统的投资工具(原生资产)中衍生出来的各种投资工具,统称衍生证券。它们在金融市场上一般都是以合约的形式出现并附载于期货、期权等交易活动中。例如,从股票中派生出的股票期货、股票期权、股票指数期货、股票指数期权等;从债券中派生出的债券期货和与债券或利率相关的其他形式的投资组合。近年来,又出现了将上述衍生证券结合起来的新的衍生证券,如股票期货期权等。

衍生证券的共同特征是保证金交易,即只要支付一定比例的保证金就可以进行全额交易,不需要实际转移本金。合约的履行一般采取现金差价结算的方式进行,只有在期满日以实物交割方式履行的合约才需要买方交足货款。因此,衍生证券的交易具有杠杆效应。保证金越低,杠杆效应越大,风险也就越大。

二、不同的证券法对证券的界定

由上述可知,资本证券种类繁多,并且可以衍生演变。那么,是否所有这些资本证券都是证券法的调整对象呢?从道理上讲,当然凡是资本证券均可以成为证券法的调整对象。然而,具体到每一个国家的证券法所调整的证券,则取决于各自国家的证券立法政策以及资本市场环境。有的国家的证券法所调整的范围极其广泛,而有的国家的证券法所调整的对象却又相当狭窄。前者如美国,后者如我国。为了有一个粗略的对比,下面仅仅选择美国、德国和日本以及我国证券法关于证券的规定进行简要的介绍。

(一)美国证券法上的证券

在美国,根据其《1933 年证券法》(the Securities Act of 1933)第 2 节(2)规定,其所谓证券可以归纳为三大类:第一类是在技术上可以称为“股票”或者“票据”的工具;第二类是金融机构如保险公司、储蓄与贷款协会发行的特种类型的投资工具;第三类是以营利性为目的的投资工具,但不表现为股票、票据或其他传统的“证券”形式。[1]

1. 股票和票据(stock and notes)

股票是最通常的“证券”,是一种典型的投资工具。与股票相对应的是,法律将一些特定种类的“票据”(notes)也看作证券,如房屋抵押担保票据(a note secured by a mortgage on a home)、应收账户或其他营业资产担保票据(a note secured by accounts receivable or other business assets)以及商业银行现金操作下的贷款证据(notes evidencing loans by commercial banks for current operation)。[2]

2. 金融工具(financial instruments)

大多数由金融机构发行的特种投资工具,如人寿保单和年金(life insurance policies and annuities)、储蓄贷款协会的“股份”(“shares” in Savings & Loans Association)或者银行存款凭证(certificate of deposit in banks),都属于联邦证券法注册豁免条款的对象(但不豁免于反诈欺条款)。[3] 事实上,即使这些金融工具不在豁免之列,这些传统形式的金融工具是否属于“证券”也都还存在问题。但是,当这些机构所发行的工具的回报率随着这些机构的利润率而变化时,或者这些证券具有组合证券的性质时(of a portfolio of securities),它们就会被当作证券对待。这些金融工具还包括期权与期货(options and futures)。各种出售期权、买入期权和期权(puts,

---

〔1〕 该法所谓的“证券”,是指各种票据,股票,库存股票,证券期货,担保债券,无担保债券,债务凭证,权益证书或者参与某种利润分配协议的证书,担保信托证书,发起协议或者股份认购证书,可转让股权,投资合同,表决权信托凭证,证券存托凭证,油矿、气矿或者其他矿藏开采权未分割部分的权益;以及证券的卖出期权,买入期权,买空卖空,期权,或者优先权,存款凭证,或者证券组合和指数(包括其所产生的任何利息或者价值);以及在全国性证券交易所对外汇,或者,一般地,任何通常被视为“证券”的权益或者工具的卖出期权,买入期权,买空卖空,期权,或者优先权,或者认购或者购买上述任何种类的临时的或者中介性的收据、担保、保证等各种权益证明(The term “securities” means any note, stock, treasury stock, security future, bond, debenture, evidence of indebtedness, certificate of interest or participation in any profit-sharing agreement, collateral-trust certificate, preorganization certificate or subscription, transferable share, investment contract, voting-trust certificate, certificate of deposit for a security, fractional undivided interest in oil, gas, or other mineral rights, any put, call, straddle, option, or privilege on any security, certificate of deposit, or group or index of securities(including any interest therein or based on the value thereof), or any put, call, straddle, option , or privilege entered into on a national securities exchange relating to foreign currency, or, in general , any interest or instrument commonly known as a “security”, or any certificate of interest or participation in, temporary or interim certificate for, receipt for, guarantee of, or warrant or right to subscribe to or purchase, any of the forgoing)。美国证券法对证券的定义极其宽泛和复杂,而且由于经济生活的不同,许多美国人认为属于“证券”的东西并不为我们所了解和熟悉。读者在研读美国证券法对证券的定义时,应尽量参考其他阐释性著述以帮助理解。

〔2〕 在什么情形下,票据属于证券法规制范围,颇为复杂。不同的法院运用不同的标准来判断何种票据不属于证券法的管辖范围。在 Reves v. Ernst & Young , 494 U. S. (1990)一案中,最高法院采纳了第二巡回法院(the second circuit)的标准,即如果要否认其票据是证券的话,就必须能够证明该种证券与司法认可的例外种类(judicially crafted list of exceptions)有非常强有力的家族相似性(strong family resemblance)。在决定是否存在家族相似性时需要考虑的因素有:交易借贷双方的动机;该票证是否属于“以投机或投资为目的的普通交易”的对象;社会公众在何种程度上认同该票据;是否存在另一套法律制度在调整该种交易而不需要适用证券法。

〔3〕 SA § 3(a)(2),(5),(8), SEA § 3(a)(12).

calls and options)均属于1933年和1934年法律所定义的证券范畴。[4]

3. 投资合同(investment contracts)

最困难的也许在于确认在一系列不同的集资计划(money-raising schemes)项下的投资也是“证券”,因为根本就不存在“股票”或“票据”或通常被认为是“证券”的工具。在这种情形下被认为是“证券”的各种权益包括石油和煤气开发权益、合伙收益、不动产共管权和集合权、农地或动物、商品期权合同、威士忌仓库提单和多层级分配安排以及商品市场化计划。其基本的检测标准被表述为“一个人将他的钱投入共同事业并期望从发起人或第三人的努力中获得利润”。[5]这一标准由如下一些因素构成:一是要有金钱投入(investment of money);二是投入共同事业(common enterprise);三是利润期望(expectation of profit);四是完全基于他人做出的努力(solely from the efforts of others),即由他人经营管理。[6]

4. 豁免证券(exempt securities)

证券法列举出了一个“豁免证券”的清单。[7] 一般而言,“豁免证券”不受特定法律所要求的注册和披露规则的节制,但仍然要受到一般的反诈欺和民事责任法律的规整。一方面,除非有明文规定,1933年法律不适用于豁免证券;[8]而另一方面,除非其交易获得特别排除,否则,1934年法律适用于豁免证券。[9]

(二)德、日证券法上的证券

德国于1994年颁布了《有价证券交易法》。根据该法第1条规定,该法适用于提供有价证券服务和有价证券附加服务、交易所内外的有价证券、金融工具和衍生金融工具的交易以及适用于交易所挂牌公司股东表决权份额的变更。

根据该法第2条规定,其所谓有价证券并非包括民法意义上的全部有价证券,它仅仅指资本证券,主要包括两类:一类是股票、代表股票的证书、债券、红利股票、期权证书;另一类包括其他相当于股票或者债券的有价证券,包括金融市场工具和金融衍生工具以及资本投资公司和外国的投资公司所发行的股票。其中,所谓金融市场工具,是指除第一类以外的、通常在金融市场交易的债券。金融衍生工具是指以定期交易或者期权交易方式进行的期货交易,以及在一个有组织的市场上进行的外汇期货交易、外汇期权交易、货币互换交易、外汇互换期权

---

〔4〕 然而,将来交付证券的合约(contracts for future delivery of securities)是在商品交易所(commodity exchanges)发展起来的,并在商品交易所进行交易的,而不是在证券交易所进行交易的。由于商品期货交易委员会(The Commodity Futures Trading Commission, CFTC)所定义的“商品”(commodity)包括了证券,所以,这些单一证券或股票市场指数的“期货合约”(futures contract)是由CFTC调整的,而不是由SEC调整的。

〔5〕 SEC V. W. J. Howey Co., 328 U. S. 293(1946).

〔6〕 在后来的司法实践中,上述因素在一定程度上得到了修正:“只要购买人为了获取具有证券性质的收益而放弃有形的并且确定的权利”,就可以认为是“有金钱投入”,进而满足投资合同的第一个要件。共同事业不仅限于投资者之间水平型的共同关系,投资者与发起人之间垂直型的共同关系也符合第二个要件的要求;换言之,只要“投资人的财富与寻求投资的人或第三人的努力相交织并依赖于后者的努力与成功”[SEC v. Glenn W. Turner Enterprise, Inc., 474 F 2d. 476(1973)],就可以认定具有共同关系存在。对于“完全基于他人做出的努力”这一要件,后来的判决认为,只要他人的努力对业务的成败具有重大影响,而投资者的努力仅是名义上的(nominal)或者非显著的,这种安排仍然属于投资合同[SEC v. Koscot Interplanetary, Inc., 497 F. 2d 473(1974)]。

〔7〕 SA § 3(a) and SEA § 3(a)(12).

〔8〕 SA § 12(1) and 17(c).

〔9〕 SA § (12)(a)and 15(a)(1).

交易和外汇期货期权交易。[10]

日本《证券交易法》颁布于1948年。根据该法第2条的规定，其所谓证券包括：国债证券；地方证券；根据特别法由法人发行的债券、公司债券；根据特别法设立的法人发行的出资证券，包括根据“优先出资法”所规定的优先出资证券以及优先出资认购权证书；股票以及表示新股认购权的证券或者证书；证券投资信托及贷款信托的受益凭证；法人为事业必须周转资金而发行的期票中由大藏省令规定者；外国及外国法人发行的证券及证书中具有前面各项证券及证书性质者；外国法人发行的从事银行业或其他金融业者的贷款债权进行信托的受益权及类似权利的证券及证书中由大藏省令所规定者；前面各项所列举者以外，鉴于其流通性及其他情况，由政令确定为确保公益及投资者的保护所必需的证券及证书。这类有价证券又被称为发行了证券、证书的权利。

《证券交易法》第2条第2款同时规定，前面所列举的有价证券应表示的权利，即使该有价证券未发行时，亦将其视为有价证券，即未发行证券、证书的权利。而下面所列举的权利中即使为证券及证书应表示的权利以外的权利，亦将其视为有价证券，适用本法：银行、信托公司及其他政令所规定的金融机构及主要从事住宅（包括提供住宅建设用地及地上各种权利）长期资金贷款业者的贷款债权信托的受益权中，由政令规定者；对外国法人的权利中有前项权利的性质者；除前面两项所列者外，其流通状况被认定相当于前项的有价证券，并具有该项有价证券同样的经济性质及鉴于其他情况，由政令认定为公益或者保护投资者所必要且适当的金钱债权。[11]

（三）我国证券法上的证券

《证券法》第2条规定，在中华人民共和国境内，股票、公司债券、存托凭证和国务院依法认定的其他证券的发行和交易，适用本法；本法未规定的，适用《公司法》和其他法律、行政法规的规定。政府债券、证券投资基金份额的上市交易，适用本法；其他法律、行政法规另有规定的，适用其规定。资产支持证券、资产管理产品发行、交易的管理办法，由国务院依照本法的原则规定。在中华人民共和国境外的证券发行和交易活动，扰乱中华人民共和国境内市场秩序，损害境内投资者合法权益的，依照本法有关规定处理并追究法律责任。

该条是关于证券法的调整对象及法律适用的规定。由此条规定可知：我国证券法的调整对象涵盖了股票、公司债券、政府债券、证券投资基金份额、存托凭证、资产支持证券和资产管理产

---

〔10〕 以上参见卞耀武主编：《德国证券交易法》，法律出版社1999年版。2004年，德国《投资者保护改善法》对《证券交易法》进行了修改，修改后的《有价证券交易法》导入新的“金融商品”概念，对“有价证券、金融市场商品以及衍生品交易等”作了界定，并通过修改《招股说明书法》导入投资份额的概念，将任意合伙和匿名合伙份额作为直接信息披露的对象。

〔11〕 以上参见卞耀武主编：《日本证券法律》，法律出版社1999年版。2006年6月7日，日本《证券交易法》更名为《金融商品交易法》，在继续沿用原《证券交易法》上“有价证券”一词的基础上，扩大了有价证券的范围，以适应日本近年来金融商品和投资服务不断创新发展的现实。《金融商品交易法》也将有价证券分为了两类，即发行了证券、证书的权利和未发行证券、证书的权利，但该法第2条第2款后段将证券、证书之外的权利也视为有价证券，这些权利具体包括：(1)信托受益权；(2)外国信托的受益权；(3)无限公司、两合公司的社员权；(4)外国法人的社员权中具有第(3)种权利性质的权利；(5)集合投资计划份额；(6)外国集合投资计划份额；(7)政令指定的权利。其中“集合投资计划”指民法上的合伙、商法上的隐名合伙、投资事业有限责任合伙（LPS）、有限责任合伙（LLP）、社团法人的社员权及其他权利，享有通过出资或以金钱充当出资从事的事业而产生的收益分配或该出资对象业务有关的财产分配的权利［参见日本《金融商品交易法》第2条第2款第（五）项］。可见，日本《金融商品交易法》上的“集合投资计划”与美国《1933年证券法》上的“投资合同”颇为相似。德国、日本近年对证券交易法上“证券”一词含义的修改都反映了一个明显的趋势：尽可能地扩大证券法的调整范围，避免出现法律的真空地带。

品，以及国务院认定的其他证券。但应注意的是，证券法对这些证券的调整程度有所不同。

股票、公司债券是最基本的证券，尤其是股票证券更是证券法调整的最为传统和最为典型的证券。证券法不仅调整股票、公司债券的交易，而且调整股票、公司债券的发行。由于股票、公司债券同时也是公司法的重要内容，因此，法律规定，股票、公司债券的发行和交易首先适用证券法的规定，证券法没有规定的，则适用公司法的规定。此外，如果其他法律、行政法规对股票、公司债券有规定的，也须遵守其规定。

存托凭证作为代表境外基础证券权益的证券，其发行与交易首先适用证券法的规定，证券法没有规定的，则适用公司法的规定。此外，如果其他法律、行政法规对存托凭证有规定的，也须遵守其规定。

对于政府债券，证券法只调整其上市交易。至于其发行，由于我国存在的特殊的政府债券管理体制以及政府债券发行体制，则由其他法律、行政法规另行规定。

对于证券投资基金份额，证券法也只调整其上市交易。至于其发行，则由专门的证券投资基金法调整。

对于资产支持证券、资产管理产品的发行、交易活动，法律只是将其纳入证券法的调整范围，至于其具体规则，则由国务院依照证券法的原则另行规定。

考虑到我国证券市场将来的发展和立法的前瞻性，证券法规定除了调整上述证券之外，还包括国务院依法认定的其他证券。这为我国证券法将来的进一步扩容留下了空间，如果时机和条件成熟，国务院还可以依法予以认定其他证券。

此外，境外证券的发行与交易活动，原则上应当按照当地证券法律的规定进行。但扰乱中华人民共和国境内市场秩序，损害境内投资者合法权益的，依照我国证券法处理并追究法律责任。

第二节　证券市场及其法律监控

一、证券市场的构成

证券市场（securities market）在一定意义上可以说是由一系列交易设施所构成。这些市场可能是由有形的场所构成，但是在许多情形下，也可能仅仅表现为一种通信系统，通过这种通信系统，购买者和出售者得以实施其交易。以货币量来衡量，最大的证券市场是债券市场，这里是中央政府和地方政府债券交易的地方。然而，由于债券市场主要吸引的是机构投资者，而不是一般社会公众，所以债券市场往往没有股票市场那样引人注目。以交易的频繁性来衡量，最活跃的证券市场是股票市场，同时，股票市场也是风险最大的证券市场，因而对证券的管理主要集中于股票市场。

证券市场包括证券发行市场和证券流通市场。

证券发行市场，又称“一级市场”或“初级市场”，是指以包销或代销方式发行证券的市场，其参与人包括证券经销商和所有购买证券的投资者。一级市场没有固定的场所，但证券经销和发行新证券需要符合法律规定的条件。证券发行市场是证券流通市场形成的前提。政府发行证券所得资金可以用于弥补财政赤字、进行基础设施投资。企业发行证券所得资金主要用于扩大再生产、新产品开发、技术改造等。通过证券发行,闲散的短期资金变为生产建设的长期资金。证券发行市场的交易量大体能够反映社会资本的增量。

证券流通市场,或称证券交易市场,也称“二级市场”或“次级市场”,是指买卖已发行证券的市场。证券流通市场主要有以下三种形式:

一是交易所方式(exchange),即通过证券交易所公开竞价,由证券经纪人按照价格优先和时间优先的原则进行交易,如美国纽约股票交易所(New York Stock Exchange, NYSE)、中国的上海交易所和深圳交易所。

二是柜台方式(over the counter, OTC),又称场外交易方式或店头交易方式,即不通过交易所集中竞价,而是分散在各个金融机构柜台上的交易。OTC 市场没有交易大厅,只有计算机和电话通信网络系统,如美国的纳斯达克(National Association of Securities Dealers Automated Quotation, NASDAQ)。

三是中介方式,即通过证券交易所之外的金融机构进行交易,主要针对“三级市场”或者“四级市场”而言。“三级市场”是指已上市证券的场外交易,主要发生在证券经纪商和机构投资者之间,交易成本较低。“四级市场”则是指投资者和金融资产持有人绕开通常的证券经纪人,直接利用计算机网络进行大宗证券交易的场外交易。

二、证券市场参与者

在证券市场上,有人为弥补资金不足而通过发行证券来筹资,有人则用闲置资金买进证券而进行投资,还有人利用不同时间、空间的证券价格差异而获取买卖证券的利差。证券市场是上述市场参与人交易证券的媒介。而市场经济下的融资需求与投资者、投机者的并存,则是证券市场产生的前提。证券市场上每天都流通着大量资金,这些资金源于证券市场的各个交易主体。个人、非金融企业、政府和金融机构,既是市场资金的需求者,又是市场资金的提供者。

证券市场上的大多数资金源于居民。居民的货币收入除去日常开支后往往会有剩余,从而形成储蓄。为了安全、方便和增值,居民储蓄大多数情况下以适当的金融资产形式流入金融市场。居民储蓄可以通过两种渠道进入证券市场:一方面,居民可以直接进行证券投资;另一方面,居民的银行储蓄、人身和财产保险费所形成的保险基金,可由银行和保险公司进行证券投资。

企业在发展过程中往往会出现资金短缺问题,因此是证券市场上的大宗资金需求者。同时,企业的留存利润以及其他闲置资金也可以进行证券投资。但是,企业购买的证券多为流动性较高的证券,因为其资金往往要在将来用于扩大再生产。

政府投向证券市场的资金,主要是对原有政府债券的偿还,这些资金大部分会重新进入证券市场。另外,出于干预和调节证券市场的目的,政府可以通过中央银行利用公开市场业务购买证券,向市场提供资金。例如,亚洲金融危机中,泰国、韩国都对其证券市场进行了干预,中国香港特别行政区政府也向香港证券市场注入了大量资金。

商业银行、保险公司和其他金融机构通过自身负债,吸收了大量的社会闲散资金,再以证券投资的形式提供给证券市场,便于企业和政府进行融资。金融机构在证券市场中具有交易集中、金额巨大的特点,因此对证券市场的运行举足轻重。

三、证券市场的风险

证券的本质决定了证券价格具有很大的不确定性、波动性和非稳定性，因此，证券市场是高风险市场。当然，高风险既意味着高收益，也意味着高损失。

首先，证券价格具有不确定性。从本质上讲，证券是一种价值符号，其价格是市场对资本未来收益的货币折现。该预期收益受利率、汇率、通货膨胀率、所属行业前景、经营者能力、个人及社会心理等多种因素影响，难以准确估计，其外在表现就是证券价格的不确定性。证券的这一本质属性，决定了以它为交易对象的证券市场从一形成就具有高风险性。

其次，证券价格具有波动性。证券市场的运作过程，实际上是市场供给与需求之间由不平衡到平衡，再由平衡到不平衡的循环往复过程，但与其他商品市场不同，证券市场的供需主体及决定供需变化的因素与机制更加复杂。从市场参与者来看，从政府到企业，从机构到个人，它们在市场中的地位、对市场的熟悉程度以及对市场的要求千差万别。从市场构成来看，包括发行主体、交易主体、中介机构等，代表着不同的利益群体，内部运作机制各不相同。从交易工具来看，有股票、债券、证券投资基金券和衍生证券等，各类工具在性质、交易方式和价格机制等方面既自成体系又彼此联系。在这一环境中，证券市场的价格表现得更加难以捉摸，不断波动甚至暴起暴落。

最后，证券价格具有投机性。在证券交易中，投资行为与投机行为是相互伴生的。投机资本追逐利润的行为，加剧了市场价格的波动。当投机行为超过正常界限，变成过度投机，那么市场风险就显现出来。例如，20 世纪 20 年代末美国股市出现投资大众化浪潮，投资者最少只需交 10% 保证金即可购买股票，信用交易条件之宽、规模之大空前绝后。股价逐日飙升，道·琼斯指数从 1926 年的 120 点飞涨到 1929 年的最高点 386 点。最终，疯狂的投机热潮导致更大幅度的灾难性股价暴跌，到 1932 年，道·琼斯指数下降了 85%。

证券价格的不确定性、波动性与投机性导致了证券市场风险的增大。这主要表现在两个方面：

一是证券市场风险控制难度大。客观上，证券市场涉及面广、敏感度高，社会、文化生活中的许多变化都会对市场风险的积聚产生影响，任何重大政治、经济事件都可能触发危机，因此，要想对市场中的所有风险因素都全面把握和控制难度很大。主观上，受监管能力及自律程度的局限，各类投资者甘冒风险以博取利益的不规范、不自律行为难以杜绝，而对违规行为的发现和纠正则需一定时间。诸如英国巴林银行因一个交易员大量进行日经指数期货投机而倒闭，香港百富勤公司因大量持有印度尼西亚债券而陷入财务困境最终清算等案例，都说明证券市场风险无处不在、无时不在。

二是证券市场风险破坏力大。证券市场风险是各种经济矛盾的集中反映，对社会经济的冲击力、破坏力大。例如，美国 1929 年股市崩溃加剧了银行体系混乱，触发了信用危机。1929 年至 1930 年，共有约 6000 家美国银行倒闭。股市崩溃后，投资者损失惨重，企业库存增加，失业率也居高不下。近年来，随着全球经济一体化的发展，资本可以在全世界进行流动，证券市场已从局部、区域性市场发展成为全国性乃至国际性市场，国际政治、经济的风云变幻更可以通过证券市场这个链条在全球范围内迅速传播、扩大。

四、对证券市场的法律监控

证券市场的高风险性并没有损害证券市场的经济功能。在这里，巨额资本得以集聚，投资风险得以分散；资金的流动使得资源得以合理、优化配置；证券市场同时将股东与企业的命运联系在一起，有利于形成合理的企业内部管理机制。总之，是证券市场完成了企业的资本化、自治化和民主化的进程。重要的是，要始终对证券市场的这种高风险性和其负面作用保持清醒的认识，并采取合理的制度措施来加以防范。加强对证券市场的法制管理、使证券市场成为高度法治化的市场，是防范金融风险和消化证券市场负面影响的重要措施。公司公开发行证券，筹措长期资金，虽然是公司的一种理财行为，但应该以具有获利能力为前提，如以发行证券方式诈欺他人，或者以垄断手段控制市场，牟取非法利润，均会危害整个社会经济。政府自不能坐视不管，而需要订立整套社会规章制度，一方面，约束证券的发行，提高证券信用；另一方面，将证券交易纳入正轨，确保证券能够维持正常的流通性，可以达到保护投资者的目的。

经验表明，西方发达国家的证券市场的发展历史其实就是一部证券市场的法治化的历史。以美国为例，由于深受自由主义思想的影响，美国联邦政府曾经对于证券的发行与流通并不过问。然而，1929 年发生的纽约证券交易所风波使得美国经济几乎崩溃，给美国的教训深刻。美国自此开始反省，联邦政府自 1933 年起，陆续订立了一系列有关证券管理的法律，并建立了其联邦证券监管机构。在美国，证券交易同时受到联邦法和州法的管理。联邦证券法是建立在对州际贸易（interstate commerce）的管理权力之上的，一般来说它只适用于涉及"在州际贸易中利用任何交通或通信工具或手段，或者邮寄手段或工具"（the use of any means or instruments of transportation or communication in interstate commerce or of the mails）的场合。州证券法通常被称为"蓝天法律"（blue sky laws），它规定的是经纪商/交易商的注册及将在该州发行和交易的证券的注册以及对证券诈欺行为的制裁。

联邦证券法基本上由在 1933 年至 1940 年制定的 6 个法律所构成，另一个是在 1970 年制定的。这些法律包括：

《1933 年证券法》（Securities Act of 1933，SA）。该法调整的是证券的公开发行。它禁止非注册证券的要约或出售，但同时也列举了几种证券和交易的豁免。它也禁止在任何要约或出售证券中实施诈欺或者欺骗行为。

《1934 年证券交易法》（Securities Exchange Act of 1934，SEA）。该法只调整已发行或者已经公开发行的证券交易。与只集中于单一规范对象的《1933 年证券法》有所不同，《1934 年证券交易法》则包括了一系列不同性质的法律调整对象。《1934 年证券交易法》调整的对象包括证券交易中的不同参与者。该法建立了"证券暨交易委员会"（Securities and Exchange Commission，SEC，以下简称"证交会"），并将 1933 年证券法中的行政管辖权转授给了该委员会（原先属于联邦贸易委员会/ the Federal Trade Commission）。该法的其他条文还规定了对公开持股公司的披露要求以及其他要求。该法禁止各种与证券购买和出售有关的"市场操纵或欺骗性行为或者人为造市"（manipulative or deceptive devices or contrivances），限制证券信用交易的数量。该法要求证券经纪商/交易商须经证交会注册，并接受证交会的管制。该法授权证交会对全国证券交易所和证券业协会、清算机构、让与代理人、证券信息程序员进行登记和监管。

《1935 年公用企业控股公司法》（Public Utility Holding Company Act of 1935，PUHCA）。该法的目的是纠正国会在对电气公用企业控股公司系统提供财政帮助和运用的过程中所暴露出来的权力滥用现象,并对这些系统进行了实质合并和公司简化。[12]

《1939 年信托契约法》(Trust Indenture Act of 1939, TIA)。该法适用于超过特定数额的债务证券(debt securities)的公开发行,目前证交会的定额是 1000 万美元。也就是说,超过 1000 万美元的债务证券的公开发行还必须符合 1939 年信托契约法的规定,即使该种证券的发行是按照 1933 年证券法的要求经过注册的。该法规定了信托契约的独立性和责任标准并要求该种契约应包括保护证券持有人的条款。在 1990 年,该法经过修正,简化了准备契约的程序,并为契约受托人建立了新的利益冲突(conflict-of-interest)标准。

《1940 年投资公司法》(Investment Company Act of 1940, ICA)。该法授予证交会对主要从事证券投资业务和证券交易业务的公众持股公司(publicly-owned companies)的管理权。该法调整的范围包括投资公司管理机构的构成、资本结构、咨询合同和投资政策变化的审批以及这样的公司与其董事、管理人员或者关联人士的任何交易均须经过证交会的审批。该法在 1970 年经过修正,修正的主要内容涉及对管理报酬和销售费用的附加控制。

《1940 年投资顾问法》(Investment Advisers Act of 1940, IAA)。该法建立了一套注册和管理投资顾问的措施。与 1934 年证券交易法对经纪商/交易商的规定相比较,该法的规定要更加全面一些。在 1996 年,该法经过修正,剥夺了各州对 2500 万美元以上资产的投资顾问的管理权,并豁免 2500 万美元以下资产的投资顾问免受其本州的管制。

《1970 年证券投资者保护法》(Securities Investor Protection Act of 1970, SIPA)。该法建立了证券投资者保护公司(Securities Investor Protection Corporation, SIPC)。该公司有权对财务发生困难的证券公司的清盘进行监管并有权对客户提出的支付请求作出安排。

在 20 世纪 70 年代,美国法学会起草并制定了一个《联邦证券法典》(Federal Securities Code, FSC),计划替代上述 7 个法律。该法典并没有对既有法律作出实质性改变,但对现行法律中存在的问题进行了改进。这些问题包括:由不同的法律所规定的定义、程序以及管理权条款的不一致所引起的混乱;过分强调"公开发行"(public offering)的披露要求而不是定期报告要求;在现行法律条文之下的"私权诉讼在司法上的滥用"(broad judicial implication of private rights of action)所引起的民事责任的混乱(chaotic)。法学会于 1978 年最后通过该法典建议案,但国会却对该法典根本不予理睬,它从未得到正式的推荐。然而,该法典却对现行法律的发展起到了巨大的影响,其中的一些制度已经被新的证交会规则所吸收,或者被法院利用来处理现行法律中的一些模糊问题。该法典的命运,正如一位该法典的报告人所说的那样,"它无法被囫囵吞之,而只能一块一块地被撕下来吃掉"(cannibalizing it for spare parts)。[13]

在美国,负责联邦证券法的实施和监管的机构是证交会。1934 年法律规定,证交会应由 5 名成员组成,由总统任命,任期 5 年(每年须有 1 名成员任期届满卸任),来自同一政党的成员不得超过 3 人。1996 年,修正后的证券法规定,该委员会在制定规则时,除了应当考虑投资者的利益外,还应当考虑其行动是否有利于提高效率、竞争和资本的形成。[14] 尽管委员会对一切决策权负最后责任,但是大量的日常管理工作还是由其职员负责执行。其大部分职员在坐落在华盛

〔12〕 根据该法,SEC 的功能在 20 世纪 50 年代得到了完成,它目前只占 SEC 工作的一部分。在 1955 年,SEC 建议国会取消该法,在该法项下的 SEC 的功能应当移交联邦能源委员会(the Federal Energy Regulatory Commission)。

〔13〕 转引自 David L. Ratner, *Securities Regulation*, p. 13。(《证券管理法》,法律出版社 1999 年版)

〔14〕 SA § 2(b), SEA § 3(f), ICA § 2(c).

顿的委员会总部工作，其余部分职员分散在全国各金融中心的 5 个大区（region）和 4 个小区（district）。

美国对证券市场的管理并非完全依赖于联邦证券法律。联邦证券法律为某些特定证券行业保留了“自律”（self-regulation）的空间。在 1934 年证券交易法通过以前的 140 多年时间里，证券交易所就一直在管理证券的交易。1934 年证券交易法将交易所纳入了该法的调整范围，同时也就纳入证交会的监管权力之下。1938 年，当国会决定对“柜台”证券交易商和 1975 年决定对市政证券交易商进行综合管理时，它采取了一个相同的办法，即将权力授予给“全国证券交易商协会”（the National Association of Securities Dealers, NASD）和“市政证券管理委员会”（the Municipal Securities Regulating Board/MSRB）。

在我国，1998 年 12 月 29 日，第九届全国人大常委会第六次会议通过并颁布了《证券法》，并于 1999 年 7 月 1 日开始实施。2005 年 10 月 27 日中华人民共和国第十届全国人民代表大会常务委员会第十八次会议通过了《证券法》的第一次修订。2013 年 6 月 29 日第十二届全国人民代表大会常务委员会第三次会议通过了《证券法》的第二次修正。2019 年 12 月 28 日中华人民共和国第十三届全国人民代表大会常务委员会第十五次会议通过了《证券法》的第三次修订，并于 2020 年 3 月 1 日施行。该法的内容覆盖了证券发行、证券交易、上市公司的收购、信息披露、投资者保护、证券交易场所、证券公司、证券登记结算机构、证券服务机构、证券业协会、证券监督管理机构、法律责任等内容。除了证券法之外，我国还存在大量的行政法规、部门规章。根据证券法，我国由中国证券监督管理委员会（以下简称证监会/CSRC）对全国证券市场实行统一的监督管理。

证券法对于调整和规范我国的证券市场具有重大意义。《证券法》第 1 条中开宗明义地规定，制定证券法的目的是规范证券发行和交易行为，保护投资者的合法权益，维护社会经济秩序和社会公共利益，促进社会主义市场经济的发展。由此可知，证券法的立法目的表现在四个方面：规范证券发行和交易行为、保护投资者的合法权益、维护社会经济秩序和社会公共利益和促进社会主义市场经济的发展。

首先，证券法的目的在于规范证券发行和交易行为。证券市场由发行市场和交易市场构成，相应地，发生在证券市场上的活动也就包括证券发行行为和证券交易行为。证券发行行为主要是指发行人为了筹措资金而发行证券并由证券投资者认购证券的行为。在证券的发行行为中，除了涉及证券发行人和证券认购人的行为外，还涉及证券承销商的中介行为。证券交易行为主要是指持有证券的投资者之间的买卖证券的行为。在证券交易行为中，除了证券投资者的交易行为外，还涉及为证券交易提供经纪服务的中介行为以及为证券交易提供服务的证券管理、结算行为等。制定证券法的目的之一就是要对证券的发行和交易行为进行规范，将证券发行行为和证券交易行为纳入正当程序，促使证券市场合法有序的进行。可以说，一部证券法就是由证券发行制度和证券交易制度构成。

其次，证券法的目的在于保护投资者的合法权益。权利是证券法的基本内容构成，证券法必须保障证券市场权利主体的合法权利。以维护权利为核心的证券法诚然应该确立证券市场诸行为主体的法律地位，维护发行人、证券商、证券服务机构、证券交易所，包括证券投资者在内的各种权利主体的合法权益，但证券法的规定表明它更加强调保护社会公众投资者的权益。这是因为在证券市场诸权利主体中，社会公众投资者的交易地位较弱，他们无论在信息渠道上，还是在专业知识和投资经验上，均处于不利地位。法律应该注重保护弱者不受到压迫性影响。众多的社会公众投资者以其投资行为保障了证券能够成功的发行,保障了证券能够进行适度规模的交易。而投资者的投资行为必须来自投资者对证券市场的信任。只有在证券法调整下的规范、有序的证券市场,才能够使投资者有安全感。因此,保护投资者的合法权益是证券法的基本宗旨。

证券的价值与发行证券的企业内容有关,通常一般投资人并不知悉企业内容,若不要求将发行证券的企业内容予以公开,则一般投资人在进行证券投资或证券交易时,将无法为合理的投资与交易,或成为欺诈之牺牲品,而证券之市场价格亦容易为人所操纵。为确保证券投资及证券交易能够公平、公正进行,并防止投资者遭受欺骗,避免蒙受不当之侵害,有必要对投资者之保护予以特别强调。保护投资者的方法主要表现为强制发行证券的企业公开其内容,规范参与证券市场的机构的业务及财务,禁止证券市场的不公正行为,以使一般投资者能以自己的判断而公平、公正地进行证券投资。

证券法固然在于防止投资人受到欺诈,并确保证券交易之公平、公正,但投资者仍然有可能因欺诈或不当行为而受损失,因此,证券法赋予受害之投资者以适当的救济途径,规定得向发行公司或其他有关机构或者人员请求损害之赔偿。

对证券投资者予以特别保护,并不意味着证券法以防止投资者因证券交易所受之不利益,或确保能获得一定之利益为目的。证券投资在本质上就具有投资风险,投资者以其自己的判断决定是否投资,并应自己承担投资风险。证券法并非以保障其能获得一定利益或填补其损失为目的,而是以确保投资者公平且公正进行证券交易的机会,及排除妨碍投资人依其自由判断为证券交易之不当行为为目的。

再次,证券法的目的在于维护社会秩序和社会公共利益。证券市场活动是整个社会经济活动中的一部分,每天在证券市场发生的巨额证券发行和交易行为,都与整个社会秩序和社会公共利益有着密不可分的联系。证券市场的秩序势必影响整个社会的秩序和社会公共利益。证券法通过规范证券发行和交易行为,保护投资者的合法权益,并以此达到维护社会秩序和社会公共利益的目的。

最后,证券法的目的在于促进社会主义市场经济的发展。证券市场的培育和发展出现在改革开放三十年的进程中,为中国企业提供了新的融资途径,为广大投资者提供了新的投资渠道。当我国确立了发展社会主义市场经济的目标之后,证券市场的作用就更加不可缺少。但是,我们需要的是一个有序、健康发展的证券市场,而不是一个混乱或充满“泡沫”的证券市场。证券法作为我国市场经济法律框架中的一部重要法律,理应把促进社会主义市场经济发展作为其立法目的。

就证券法的上述目的而言,是有一定层次之分的。规范证券发行和交易行为,保护投资者的合法权益,是证券法的直接目的和具体目的;维护社会经济秩序和社会公共利益,促进社会主义市场经济的发展,是前两个目的的间接效果,因此属于证券法的间接目的或抽象目的。

第三节　证券法的基本原则

《证券法》第 3 条至第 8 条确立了如下几项基本原则:“三公”原则;平等、自愿、有偿和诚实信用原则;遵守法律和禁止欺诈原则;分业经营管理原则;统一监管与审计监督相结合的原则。

一、"三公"原则

证券市场是涉及众多参与者的直接融资和投资与投机并存的市场，各方当事人的利益都要受到保护。《证券法》第3条规定，证券的发行、交易活动，必须遵循公开、公平、公正的原则。"公开、公平、公正"原则被统称为"三公原则"，贯彻于证券发行和交易的全过程，是证券市场健康发展的有力保障。

（一）公开原则

公开原则是"三公原则"的核心。只有公开，才能有效杜绝证券市场的舞弊行为。美国法官布兰迪斯（Brandeis）的名言"阳光是最有效的防腐剂，灯光是最能干的警察"（Sunlight is said to be the best disinfectants，electric light the most efficient policeman），说明了公开对证券市场的重要性。公开原则是证券市场的基本要求，只有公开，才谈得上公平与公正。

信息披露是公开原则的核心内容。信息披露涉及的内容极为广泛，包括证券发行人情况、上市公司重大变更事项、上市公司经营活动及财务状况、上市公司收购与兼并情况，以及其他可能影响证券市场价格的有关信息。信息披露的目的在于增强证券市场的透明度，保证向证券市场的投资公众提供及时、充分、准确的信息，使投资者能够公开地获得同样的信息，公平地参与投资竞争。

（二）公平原则

公平的含义是指在证券发行和交易活动中，发行人、投资人、证券商和证券服务机构的法律地位平等，合法权益受到公平保护，不能因为投资数额多寡、交易量的大小、居住地的不同，而受到差别待遇。

公平原则要求机会均等，平等竞争，营造一个所有市场参与者进行公平竞争的环境。按照公平原则，发行人有公平的筹资机会，证券经营机构在证券市场中有公平的竞争机会，投资者享有公平的交易机会。在证券交易所内，本地会员和外地会员的法律地位应当相同。

（三）公正原则

公正的含义是指国家证券监督管理机构应当在公开、公平的原则上，对一切被监管对象给予公正待遇。公正原则是实现公开、公平原则的保障，也是证券法的最高目标。根据公正原则，证券立法机构应当制定体现公平精神的法律、行政法规；证券监督管理机构应当根据法律授予的权限公正履行监管职责，依据法律对所有证券市场参与者给予公正的待遇；司法机构对证券纠纷事件和争议的处理，都应当公正进行。

二、平等、自愿、有偿和诚实信用原则

《证券法》第4条规定，证券发行、交易活动的当事人具有平等的法律地位，应当遵守自愿、有偿、诚实信用的原则。这一原则是一般私法原则在证券法中的体现。

平等，是指参与证券发行和交易活动的当事人享有独立的法律人格，在具体的发行、交易关系中地位平等，能够独立地作出自己的意思表示，其合法权益受到法律的平等保护。平等，既包括自然人之间的平等、法人之间的平等，也包括自然人和法人之间的平等。

自愿，是指当事人按照自己的意愿参与证券的发行和交易活动，依法行使自己的民事权利，任何人不得非法干涉。由于证券发行、交易活动的当事人在发行和交易活动中具有平等的法律地位，因此，当事人是否参加或参加何种证券发行、交易活动应完全根据自己的判断和真实意思

表示。证券发行和交易的内容必须与当事人的真实意思相吻合。在他人的欺骗、威吓和胁迫下所进行的证券发行和交易活动,都将因违反自愿原则而无效。当然,自愿原则要以遵守国家法律法规和不得损害他人的合法权益为前提。

有偿,是指从事证券发行和交易的当事人应当按照价值规律的要求进行等价交换。证券发行、交易活动的当事人在法律上的平等地位,反映在经济利益上就是有偿交换。除法律、行政法规另有规定或合同另有约定之外,取得他人的证券或获得他人在证券发行、交易活动中提供的服务,必须向对方支付相应的价款或酬金。任何人不得无偿占有、剥夺他人的证券权益。

诚实,即不欺不骗;信用,即遵守诺言,履行约定,从而取得他人对自己的信任。诚实信用原则,是商业道德法律化的体现。证券发行、交易活动的当事人应当遵守这一原则。任何弄虚作假,隐瞒、遗漏真实情况、误导性行为,以及违背承诺的行为都是违反诚实信用原则的,应当承担相应的法律责任。

三、遵守法律和禁止欺诈原则

《证券法》第5条规定,证券发行、交易活动,必须遵守法律、行政法规;禁止欺诈、内幕交易和操纵证券市场的行为。法律从正反两个方面规定了证券市场的行为准则。从正面来讲,应当遵守法律、行政法规;从反面来讲,禁止欺诈行为。

守法原则,是指证券的发行和交易活动必须遵守法律和行政法规,如证券的发行应当符合法律、行政法规所规定的条件和程序等规定;禁止欺诈主要是指法律禁止内幕交易、操纵市场、欺诈客户等证券欺诈行为(后面将专门论述)。

四、分业经营管理原则

《证券法》第6条规定,证券业和银行业、信托业、保险业实行分业经营、分业管理,证券公司与银行、信托、保险业务机构分别设立。国家另有规定的除外。这一规定确立了我国证券业和银行业、信托业、保险业分业经营管理的法律基础。我国证券法不仅要求证券业与银行业、信托业、保险业分业经营管理,而且要求证券公司必须与银行、信托、保险机构分别设立。也就是说,不仅业务上要分开,机构上也要分开,这样才方便监管,但"国家另有规定的除外"。这表明法律在坚持分业经营、分业管理和分业设立的同时,也允许一定的混业经营、混业管理和混业设立。体现了原则性与灵活性的统一与结合。

1993年以前,我国金融业存在混业经营的状况。当时金融监管不健全、金融业自律机制较差,证券投机、房地产投机现象比较严重,造成银行大量资金违规流入证券市场和房地产市场,致使银行支付风险加大,泡沫经济出现。所以1993年,中共中央、国务院提出了金融业"分业经营、分业管理"的原则,20世纪90年代先后通过的《商业银行法》《保险法》《证券法》都分别体现了这一原则。

《商业银行法》第43条明确规定,商业银行在中华人民共和国境内不得从事信托投资和证券经营业务,不得投资于非自用不动产,也不得向非银行金融机构和企业投资,但国家另有规定的除外。这里明确禁止商业银行不得从事证券经营业务。

《证券法》出台之前,信托业兼营证券业的现象比较普遍。在我国信托业的20多年发展历程里,业务范围不受限制,信托公司演变为金融百货公司,而真正的信托业务几乎从未涉及,从而屡屡爆发危机,先后招来五次清理整顿。1999年开始的第五次清理整顿是最严厉的一次,国务院决定通过此次清理整顿使信托业回归本业，实现银行业、信托业的严格分业经营、分业管理，保留少量规模较大、效益好、管理严格、真正从事受托理财业务的信托投资公司。在第五次清理整顿的同时，信托法制建设亦同步进行。2001 年 10 月 1 日，《信托法》正式施行。随之，监管部门颁行了一系列规章制度，构建了信托业的基本法律框架。根据这些法律的规定，经整顿后重新登记后的信托投资公司回归本业，主要从事信托业务，不得再从事银行和证券业务。

然而，尽管我国目前法律规定的仍是分业经营的模式，但是随着金融实践的不断发展，我国在分业模式框架下逐步出现混业经营的倾向，如金融控股公司的出现。与此同时，法律政策上也逐步开始松动了对混业经营的限制。[15] 这既是国际金融业发展的趋势，也是我国加入 WTO 后必然面临的转变。

回顾国际金融业的发展历程，大致可以分为三个阶段：1929 年之前的世界各国金融业大都实行混业经营；20 世纪 30 年代至 70 年代末，以 1933 年通过的美国《格拉斯—斯蒂格尔法》（Glass-Steagall Act of 1933）为标志，分业经营成为这一时期的主流；20 世纪 80 年代，随着分业限制在英国、日本等国家的先后取消，1999 年 11 月 4 日，美国国会通过了《金融服务现代化法案》（Financial Services Modernization Act of 1999），该法取消了美国对银行、保险、证券业的专业限制，全面拆除了 30 年代通过的被称为“防火墙”的《格拉斯—斯蒂格尔法》，从而揭开了金融业又一次走向混业经营的新篇章。西方国家的金融界掀起了自由化的浪潮，随着新技术和金融创新的迅速发展，证券业、银行业、信托业和保险业的业务界限越来越模糊，证券业、银行业、信托业和保险业出现重新融合的趋势。1997 年至 1998 年间，大规模的银行、证券公司之间的购并行为，使得证券、银行、信托和保险四大业务的联系更加密切。

根据我国加入 WTO 时所作的承诺，外资银行将逐步进入我国金融市场。由于外资银行大多采取混业经营的方式，集商业银行、投资银行及证券、保险于一身，全方位的满足客户的金融需求，无疑具有雄厚的竞争实力，而我国单一功能的金融机构必然面临着跨国金融公司的冲击。为了增强自身的竞争力，我国金融机构必将从机构本位走向市场本位，开展多种金融服务、实行混业经营也是未来金融业发展的大趋势。因此，我国近年来逐渐放宽了对“分业经营”的限制，在一定程度上允许混业经营。这在近年修订后的《商业银行法》《保险法》《信托公司管理办法》等一系列法律、规章中均有所体现。为了迎合金融业的发展趋势，2005 年修订后的《证券法》在坚持分业经营、分业管理、分业设立的原则的同时，也允许有例外。即如果国家另有规定的，也可以采取混业经营管理和混业设立的方式。

五、统一监管与审计监督相结合的原则

证券市场复杂多变，投机性强，风险性高，因此应该实行集中、统一、高效的监督和管理。证券监管是指对证券的发行和交易等行为的监督和管理。

各国的证券监管制度并不完全相同。以集中立法型为特点的美国证券监管制度建立了由联邦、州及证券自律组织所组成的既统一又相对独立的证券监管体系。其证券监管机构为美国证

---

〔15〕 例如，基金管理公司可以申请进入银行间同业市场，在一级市场购买证券、在二级市场进行证券交易；证券公司可以申请进入银行间同业拆借市场，从事同业拆借和债券交易。保险公司可以通过购买证券投资基金间接进入股票二级市场，保险公司可以在二级市场上买卖已上市的证券、投资基金和在一级市场上配售新发行的证券投资基金。证券公司以自营股票和证券投资基金券为质押向商业银行贷款，以拓宽券商融资渠道。

交会,它全面监管美国证券市场。作为中央银行的美国联邦储备银行只是通过公开市场操作等手段来引导证券市场。美国的证券监管机构主要由两级机构组成,第一级为美国证交易会,第二级为联邦级的证券交易所和全美证券交易协会。前者属于政府监管,后者属于自律监管。

以自我管理型为特点的英国证券市场监管制度则是以证券交易所的自律为核心,缺少独立的证券市场立法。英国的证券法律制度主要分散在其公司法、金融法等法律中,没有采用单独的证券法规,政府也很少对证券市场活动进行干预。为因应金融全球化背景下的混业经营趋势,英国于2000年颁布了《金融服务与市场法》(Financial Services and Market Act 2000,FSMA)。该法确立了金融服务局(Financial Services Authority,FSA)作为英国金融业的单一监管机构地位。金融服务局承继了前证券投资局对证券投资业务、英格兰银行对银行金融机构,财政部对保险机构的监管职能。另外,英国还有其他一些对证券市场进行监管的非官方机构,如英国证券交易所协会、公司收购与合并问题专门小组、证券业理事会等。

我国证券法根据我国证券市场的发展现状,确立了统一监管与审计监督相结合的原则。《证券法》第7条规定,国务院证券监督管理机构对全国证券市场实行统一监督管理。国务院证券监督管理机构根据需要可以设立派出机构,按照授权履行监督管理职责。也就是说,国务院证券监督管理机构行使政府统一监管证券市场的职责,并可以设立派出机构。

对证券交易所、证券公司、证券登记结算机构和证券监督管理机构的审计监督,是国家审计机关的重要职责之一。《证券法》第8条规定,国家审计机关依法对证券交易场所、证券公司、证券登记结算机构、证券监督管理机构进行审计监督。

证券法确立的监督体系对我国证券市场的健康发展意义重大,国务院证券监督管理机构对证券市场的集中统一监督管理是证券市场健康发展的保障。同时,证券监督管理机构又要受到国家审计机关的监督,从而能够避免监管机构的权力滥用。另外,国家审计机关对证券交易场所、证券公司和证券登记结算机构的监督,与国务院证券监督管理机构进行的相应监督是不同角度的监督。

第二章 证券发行

第一节 证券发行概述

一、证券发行的概念

证券发行是指发行人以筹集资金为直接目的,依照法定程序和条件向投资人销售证券的一系列行为的总称。证券发行具有如下特征:

第一,证券发行以筹集资金为目的。证券发行是一种直接融资方式,有别于从银行筹集资金的间接融资方式。政府、企业、金融机构通过证券发行市场筹集社会闲散资金,用于国家建设和企业的生产经营是证券发行的基本目的,同时也是调整企业产权结构的重要手段。

第二,证券的发行必须符合法律所设定的条件和程序。这些条件包括对发行人资格的要求和发行条件的限制。现行证券法也设立了专章对证券发行进行了规定。证券发行须遵守法定的程序,包括发行决议、发行申请与发行审核等。

第三,证券的发行在实质上表现为一种证券的销售行为。这种证券的销售行为包括证券的募集和证券的发行。证券的募集是发起人在公司成立前,或发行公司在发行前,向社会公开招募或向特定人招募证券的行为。证券的发行是指发行人在募集后,制作并交付证券的行为。这里可称为狭义的证券发行。

二、证券发行的分类

(一)直接发行和间接发行

按有无发行中介,可以分为直接发行(direct issuing)和间接发行(indirect issuing)。

直接发行是指发行人直接向投资者出售证券,自己承担发行证券的责任和风险。

间接发行是指发行人把证券发行委托给一家或几家证券发行中介机构,由其代理发行,中介机构赚取差价收益或手续费。

(二)公开发行和非公开发行

按证券发行对象和发行方式,可以分为公开发行(public offering)和非公开发行(private placement)。

公开发行,又称公募发行,是指发行人以公开的方式向不特定的对象和特定的多数对象出售证券的行为。由此可见,构成公开发行的标准有二,满足其中之一即为公开发行:一是发行方式公开化;二是发行对象公众化。发行方式公开化,是指发行人采用广告、公开劝诱和变相公开的方式发行证券。发行对象公众化是指发行人向不特定的投资人或者特定的多数投资者出售证券。发行人公开发行证券时,一般采取间接发行方式,委托承销机构承销。

《证券法》第 9 条第 2 款规定,有下列情形之一的,为公开发行:(1)向不特定对象发行证券的;(2)向特定对象发行证券累计超过 200 人,但依法实施员工持股计划的员工人数不计算在内;(3)法律、行政法规规定的其他发行行为。

非公开发行,又称私募发行,是指发行人发行证券仅面向特定的少数投资者。非公开发行的对象,一般包括三类:一是专业投资机构,如投资基金、保险公司等;二是与公司有密切关联的公司、金融机构;三是公司内部人员和与公司有业务联系的人员,如股东、职员、公司顾问等。

《证券法》第 9 条第 3 款规定,非公开发行证券,不得采用广告、公开劝诱和变相公开方式。

(三)设立发行和新股发行

依发行目的不同,可以分为设立发行和新股发行。

设立发行,是指在公司设立时发行股份。《公司法》第 77 条规定,股份有限公司的设立,可以采取发起设立或者募集设立的方式。发起设立,是指由发起人认购公司应发行的全部股份而设立公司。募集设立,是指由发起人认购公司应发行股份的一部分,其余向社会公开募集或者向特定对象募集而设立公司。

已经成立的公司因生产经营需要追加资本而发行股份为新股发行。

(四)议价发行和招标发行

依发行条件不同,可以分为议价发行和招标发行。

议价发行是由发行人与承销商通过协商发行条件而发行证券。

招标发行是证券发行人与承销商之间通过公开招标的方式确定发行条件而发行证券,常见于国债的发行。

(五)平价发行、溢价发行和折价发行

依发行价格不同,可以分为平价发行、溢价发行和折价发行。

平价发行,又称为面值发行或者等价发行,是指证券发行价格与票面金额相同。溢价发行,是指证券发行价格高于票面金额。折价发行,是指发行价格低于票面金额。我国法律允许平价发行和溢价发行,但不允许折价发行。根据《证券法》第 32 条的规定,股票发行采取溢价发行的,其发行价格由发行人与承销的证券公司协商确定。

(六)股票发行、债券发行和基金证券发行

按照发行证券的种类,可以分为股票发行、债券发行和基金证券发行。

股票发行是股份有限公司(或设立中的股份有限公司)以筹集资金为目的依照法定条件和程序,向投资人出售代表一定股东权利的股票的行为。

债券发行是符合发行条件的政府组织、金融机构或者企业组织以筹集资金为目的依照法律规定的条件和程序向投资人出售代表一定债权的债券的行为。

基金证券发行是指发行人以筹集受托资金为目的,依照法定条件和程序向投资人发售代表信托受益权的证券的行为。

三、证券发行审核制度

证券发行市场管理的宗旨是保护投资人的利益,维护证券市场的秩序,防止证券欺诈行为。为了实现这一宗旨,各国都规定了一套有效的证券发行管理制度。其中,证券发行的审核制度占据着极为重要的地位。综观各国,审核制度主要有两种:注册制与核准制。

注册制,又称申报制、登记制、公开主义或形式主义,是指发行人在发行证券时,应当并且只需依法全面、准确地把投资人作出投资决策所需的重要信息资料予以充分完全的披露,向证券主管机关申报;证券主管机关对证券发行人发行证券并不作实质性审查,而仅对发行条件作形式要件的审查,审查的内容为发行人资料的真实性、准确性和完整性;发行人公开和申报有关信息材料后,若未受到证券主管机关的阻止,即可发行证券。

注册制的理念是:投资者对自己的决策负有最大的责任,是绝对理性的,可以依据已经公开的信息按照自己的判断作出理性分析,从而作出正确的投资决策;认为"自愿上当受骗也是投资人不可剥夺的一项权利"。

实行注册制,有利于投资人透过证券发行人的信息资料,观察到投资决策所必需的信息,从而既便于投资者决策,又可以暴露企图混水摸鱼者的阴暗,从而使之知难而退。实行注册制,表明投资决策的责任在于投资者,而非证券主管机关。注册制的设立与一国的法律传统是一脉相承的。坚持政府较少干预经济的国家往往实行注册制。

核准制,又称实质审查主义或实质管理原则,是指发行人不仅要依法全面、准确地把投资人作出投资决策所需的重要信息予以充分完全的披露,而且必须合乎法律、法规规定的实质条件,证券发行人只有在获得主管机关的核准后,才可开始发行证券;证券主管机关不仅审查发行人公开信息的真实性、准确性和完整性,而且对证券的投资价值进行实质性审查。

核准制承认投资者是理性的,但认为投资者并非完全理性的,而是存在一定缺陷。即使是颇具投资经验的机构投资者,也经常会被发行人的信息资料所蒙蔽,更何况投资经验欠缺的社会公众投资者。因为证券发行人在提交申报资料时,往往已经作出了极具匠心的安排,容易引起他人误解,在合乎信息公开原则的边缘上活动。

证券主管机关为了维护证券市场的正常秩序,有必要禁止不具有投资价值的证券发行。证券主管机关的职责是保护投资者的利益,不承认所谓"自愿上当也是投资人不可剥夺的一项权利"。

核准制也是与一国的法律传统一脉相承的。实行核准制的国家往往认为政府应该维护市场秩序,干预经济运行,保护证券交易的公平性。

《证券法》第9条第1款规定,公开发行证券,必须符合法律、行政法规规定的条件,并依法报经国务院证券监督管理机构或者国务院授权的部门注册;未经依法注册,任何单位和个人不得公开发行证券。证券发行注册制的具体范围、实施步骤,由国务院规定。2019年通过的新证券法一改我国证券法一直坚持的核准制,实施证券发行注册制,无疑是一项重大进步。应当注意的是,无论核准制还是注册制,都不意味着政府对发行人的经营与收益的担保承诺,政府无须对投资者的投资风险承担责任。《证券法》第25条规定,股票依法发行后,发行人经营与收益的变化,由发行人自己负责;由此变化引致的投资风险,由投资者自行负责。

同时,《证券法》第180条规定,违反本法第9条的规定,擅自公开或者变相公开发行证券的,责令停止发行,退还所募资金并加算银行同期存款利息,处以非法所募资金金额百分之五以上百分之五十以下的罚款;对擅自公开或者变相公开发行证券设立的公司,由依法履行监督管理职责的机构或者部门会同县级以上地方人民政府予以取缔。对直接负责的主管人员和其他直接责任人员给予警告,并处以50万元以上500万元以下的罚款。

第二节　证券发行规则

一、股票的发行

股票的发行分为设立发行和新股发行，二者的发行条件和程序并不完全一致。现分述之：

（一）设立发行

股票的设立发行又可分为发起设立发行和募集设立发行。在公司发起设立时，其发行的股票因不涉及社会公众，所以，公司法规定的公司发起设立的条件和程序同时也就是其发行股票的条件和程序。而在募集设立中，因往往涉及股票的公开发行，所以应符合法律、行政法规规定的其他条件和程序。

《证券法》第11条规定，设立股份有限公司公开发行股票，应当符合《公司法》规定的条件和经国务院批准的国务院证券监督管理机构规定的其他条件，向国务院证券监督管理机构报送募股申请和下列文件：(1)公司章程；(2)发起人协议；(3)发起人姓名或者名称，发起人认购的股份数、出资种类及验资证明；(4)招股说明书；(5)代收股款银行的名称及地址；(6)承销机构名称及有关的协议。依照本法规定聘请保荐人的，还应当报送保荐人出具的发行保荐书。法律、行政法规规定设立公司须报经批准的，还应当提交相应的批准文件。

（二）新股发行

关于新股发行，《证券法》第12条第1款规定，公司首次公开发行新股，应当符合下列条件：(1)具备健全且运行良好的组织机构；(2)具有持续经营能力；(3)最近三年财务会计报告被出具无保留意见审计报告；(4)发行人及其控股股东、实际控制人最近三年不存在贪污、贿赂、侵占财产、挪用财产或者破坏社会主义市场经济秩序的刑事犯罪；(5)经国务院批准的国务院证券监督管理机构规定的其他条件。第2款规定，上市公司发行新股，应当符合经国务院批准的国务院证券监督管理机构规定的条件，具体管理办法由国务院证券监督管理机构规定。第3款规定，公开发行存托凭证的，应当符合首次公开发行新股的条件以及国务院证券监督管理机构规定的其他条件。

《证券法》第13条规定，公司公开发行新股，应当报送募股申请和下列文件：(1)公司营业执照；(2)公司章程；(3)股东大会决议；(4)招股说明书或者其他公开发行募集文件；(5)财务会计报告；(6)代收股款银行的名称及地址。依照本法规定聘请保荐人的，还应当报送保荐人出具的发行保荐书。依照本法规定实行承销的，还应当报送承销机构名称及有关的协议。

（三）募集资金的使用

《证券法》第14条规定，公司对公开发行股票所募集资金，必须按照招股说明书或者其他公开发行募集文件所列资金用途使用；改变资金用途，必须经股东大会作出决议。擅自改变用途，未作纠正的，或者未经股东大会认可的，不得公开发行新股。

二、公司债券的发行

（一）首次发行公司债券

《证券法》第15条第1款规定，公开发行公司债券，应当符合下列条件：(1)具备健全且运行良好的组织机构;(2)最近三年平均可分配利润足以支付公司债券一年的利息;(3)国务院规定的其他条件。第3款规定,上市公司发行可转换为股票的公司债券,除应当符合第1款规定的条件外,还应当遵守本法第12条第2款的规定,即符合经国务院批准的国务院证券监督管理机构规定的条件。但是,按照公司债券募集办法,上市公司通过收购本公司股份的方式进行公司债券转换的除外。

《证券法》第16条规定,申请公开发行公司债券,应当向国务院授权的部门或者国务院证券监督管理机构报送下列文件:(1)公司营业执照;(2)公司章程;(3)公司债券募集办法;(4)国务院授权的部门或者国务院证券监督管理机构规定的其他文件。依照本法规定聘请保荐人的,还应当报送保荐人出具的发行保荐书。

(二)再次发行公司债券

再次发行公司债券除了应当符合证券法上所规定的首次发行公司债券的条件之外,还应当遵守证券法上关于再次发行公司债券的限制性规定。《证券法》第17条规定,有下列情形之一的,不得再次公开发行公司债券:(1)对已公开发行的公司债券或者其他债务有违约或延迟支付本息的事实,仍处于继续状态的;(2)违反本法规定,改变公开发行公司债券的用途。

(三)募集资金的使用

《证券法》第15条规定,公开发行公司债券筹集的资金,必须按照公司债券募集办法所列资金用途使用;改变资金用途,必须经债券持有人会议作出决议。公开发行公司债券筹集的资金,不得用于弥补亏损和非生产性支出。

《证券法》第185条规定,发行人违反本法第14条、第15条的规定擅自改变公开发行证券所募集资金的用途的,责令改正,处以50万元以上500万元以下的罚款;对直接负责的主管人员和其他直接责任人员给予警告,并处以10万元以上100万元以下的罚款。发行人的控股股东、实际控制人从事或者组织、指使从事前款违法行为的,给予警告,并处以50万元以上500万元以下的罚款;对直接负责的主管人员和其他直接责任人员,处以10万元以上100万元以下的罚款。

三、证券发行的申请与注册

(一)证券发行的申请

1. 申请文件的格式、报送方式

《证券法》第18条规定,发行人依法申请公开发行证券所报送的申请文件的格式、报送方式,由依法负责注册的机构或者部门规定。

2. 申请文件的真实性、准确性和完整性

《证券法》第19条规定,发行人报送的证券发行申请文件,应当充分披露投资者作出价值判断和投资决策所必需的信息内容应当真实、准确、完整。为证券发行出具有关文件的证券服务机构和人员,必须严格履行法定职责,保证所出具文件的真实性、准确性和完整性。

3. 申请文件的披露

《证券法》第20条规定,发行人申请首次公开发行股票的,在提交申请文件后,应当按照国务院证券监督管理机构的规定预先披露有关申请文件。

(二)证券发行的注册

1. 注册机构

《证券法》第21条第1款规定,国务院证券监督管理机构或者国务院授权的部门依照法定条件负责证券发行申请的注册。证券公开发行注册的具体办法由国务院规定。

2. 注册程序

《证券法》第 21 条第 2、3 款规定，按照国务院的规定，证券交易所等可以审核公开发行证券申请，判断发行人是否符合发行条件、信息披露要求，督促发行人完善信息披露内容。

依照前两款规定参与证券发行申请注册的人员，不得与发行申请人有利害关系，不得直接或者间接接受发行申请人的馈赠，不得持有所注册的发行申请的证券，不得私下与发行申请人进行接触。

3. 注册时间

《证券法》第 22 条规定，国务院证券监督管理机构或者国务院授权的部门应当自受理证券发行申请文件之日起 3 个月内，依照法定条件和法定程序作出予以注册或者不予注册的决定，发行人根据要求补充、修改发行申请文件的时间不计算在内；不予注册的，应当说明理由。

4. 公告

《证券法》第 23 条规定，证券发行申请经注册，发行人应当依照法律、行政法规的规定，在证券公开发行前公告公开发行募集文件，并将该文件置备于指定场所供公众查阅。

发行证券的信息依法公开前，任何知情人不得公开或者泄露该信息。

发行人不得在公告公开发行募集文件前发行证券。

5. 错误纠正及其责任

《证券法》第 24 条规定，国务院证券监督管理机构或者国务院授权的部门对已作出的证券发行注册的决定，发现不符合法定条件或者法定程序，尚未发行证券的，应当予以撤销，停止发行。已经发行尚未上市的，撤销发行注册决定，发行人应当按照发行价并加算银行同期存款利息返还证券持有人；发行人的控股股东、实际控制人以及保荐人，应当与发行人承担连带责任，但是能够证明自己没有过错的除外。

股票的发行人在招股说明书等证券发行文件中隐瞒重要事实或者编造重大虚假内容，已经发行并上市的，国务院证券监督管理机构可以责令发行人回购证券，或者责令负有责任的控股股东、实际控制人买回证券。

第三节　证券的承销与保荐

一、证券承销

（一）证券承销概述

证券承销（underwriting），是指证券承销商承销证券发行人证券的行为。《证券法》第 26 条规定，发行人向不特定对象公开发行的证券，法律、行政法规规定应当由证券公司承销的，发行人应当同证券公司签订承销协议。证券承销业务采取代销或者包销方式。证券承销的特征是：

第一，证券承销的依据是承销人与发行人之间的证券承销协议。承销协议是证券发行人同证券公司签订的明确证券承销权利义务的协议。《证券法》第 28 条规定，证券公司承销证券，应当同发行人签订代销或者包销协议，载明下列事项：（1）当事人的名称、住所及法定代表人姓名；

(2)代销、包销证券的种类、数量、金额及发行价格;(3)代销、包销的期限及起止日期;(4)代销、包销的付款方式及日期;(5)代销、包销的费用和结算办法;(6)违约责任条款;(7)国务院证券监督管理机构规定的其他事项。承销商在实践中的称谓不同,有的称为投资银行(investment bank),有的称为商人银行(merchant bank),大多数情况下则表现为证券经营机构,如我国的证券公司。《证券法》第32条规定,股票发行采取溢价发行的,其发行价格由发行人与承销的证券公司协商确定。

第二,证券承销分为代销和包销两种形式。代销,又称尽力承销,是指证券公司代发行人发售证券,在承销期结束后,将未售出的证券全部退还给发行人的承销方式。在代销中,发行人与承销商的法律关系是委托代理关系。发行人是被代理人,承销商是代理人。因此,承销商以发行人的名义销售证券,所有的权利义务当然地归于发行人。《证券法》第33条规定,股票发行采用代销方式,代销期限届满,向投资者出售的股票数量未达到拟公开发行股票数量70%的,为发行失败。发行人应当按照发行价并加算银行同期存款利息返还股票认购人。

证券包销,是指证券公司将发行人的证券按照协议全部购入或者在承销期结束时将售后剩余证券全部自行购入的承销方式。相应地,包销又可分为定额包销与余额包销。定额包销,又称确定之承销、助销(stand-by underwriting)、信用支持(credit support),是指证券承销商将发行人的证券按照协议全部购入的证券承销方式。在证券定额包销中,承销商与发行人之间的法律关系是买卖关系。在这种关系中,证券承销商处于买方的地位,证券发行人则居于卖方的地位,因此证券承销商要取得证券的所有权,必须支付所取得证券的对价。余额包销,是指证券承销商将发行人的证券在承销结束时将售后剩余证券全部自行购入的承销方式。实质上,余额包销是将代销和定额承销结合起来的一种承销方式。

(二)承销团

承销团,又称为承销银团或者承销辛迪加(underwriting syndicate),是指为发售一只证券而由若干家证券经营机构组成的证券联合体。因此,承销团承销则是指由2名或2名以上的证券承销商组成承销团承销所发行的证券的承销方式。是否组成承销团,主要由证券的发行数量和发行难度决定。在承销团中,通常由一家承销商担任主承销商或者承销总干事(leading underwriter),负责承销的全面事务和协调承销团成员的关系,并对发行人负责。承销团成员(sub-underwriter)一般不对发行人直接负责,他们只对主承销商负责,并按照自己分担的承销份额承担发售责任和获取承销报酬。《证券法》第30条规定,向不特定对象发行证券聘请承销团承销的,承销团应当由主承销和参与承销的证券公司组成。

(三)证券承销商的义务

1. 核查义务

承销商的核查义务又称为"尽职调查"义务,或称"细节调查"义务,是指承销商在证券承销时,应当依照本行业公认的业务标准和道德规范,对证券发行人及市场的有关情况,对有关文件的真实性、准确性和完整性进行核查、验证等专业调查。《证券法》第29条规定,证券公司承销证券,应当对公开发行募集文件的真实性、准确性和完整性进行核查;发现含有虚假记载、误导性陈述或者重大遗漏的,不得进行销售活动;已经销售的,必须立即停止销售活动,并采取纠正措施。

2. 尽力销售义务

无论是代销还是包销,承销商均处于代为销售的角色,其目的是要将所承销的证券销售给社会公众投资者。因而,承销商在承销活动中,应尽力销售其所承销的证券。《证券法》第 31 条规定,证券的代销、包销期最长不得超过 90 日。证券公司在代销、包销期内,对所代销、包销的证券应当保证先行出售给认购人。证券公司不得为本公司预留所代销的证券和预先购入并留存所包销的证券。

3. 上报备案的义务

承销商应当在证券承销期满后的法定期限内将承销情况上报国务院证券监督管理机构备案。法律对上报备案的要求因包销和代销的不同而有所不同。《证券法》第 34 条规定,公开发行股票,代销、包销期限届满,发行人应当在规定的期限内将股票发行情况报国务院证券监督管理机构备案。

4. 禁止不当行为

《证券法》第 29 条第 2 款规定,证券公司承销证券,不得有下列行为:(1)进行虚假的或者误导投资者的广告宣传或者其他宣传推介活动;(2)以不正当竞争手段招揽承销业务;(3)其他违反证券承销业务规定的行为。第 3 款规定,证券公司有前款所列行为,给其他证券承销机构或者投资者造成损失的,应当依法承担赔偿责任。

(四)承销商的法律责任

《证券法》第 183 条规定,证券公司承销或者销售擅自公开发行或者变相公开发行的证券的,责令停止承销或者销售,没收违法所得,并处以违法所得 1 倍以上 10 倍以下的罚款;没有违法所得或者违法所得不足 100 万元的,处以 100 万元以上 1000 万元以下的罚款;情节严重的,并处暂停或者撤销相关业务许可。给投资者造成损失的,应当与发行人承担连带赔偿责任。对直接负责的主管人员和其他直接责任人员给予警告,并处以 50 万元以上 500 万元以下的罚款。第 184 条规定,证券公司承销证券违反本法第 29 条规定的,责令改正,给予警告,没收违法所得,可以并处 50 万元以上 500 万元以下的罚款;情节严重的,暂停或者撤销相关业务许可。对直接负责的主管人员和其他直接责任人员给予警告,可以并处 20 万元以上 200 万元以下的罚款;情节严重的,并处以 50 万元以上 500 万元以下的罚款。

二、证券保荐

为规范证券发行上市行为,提高上市公司质量和证券经营机构执业水平,保护投资者的合法权益,促进证券市场健康发展,在我国,证券的公开发行与上市实行保荐制度。保荐人为依法登记注册的证券经营机构,其职责是推荐发行人证券发行上市,持续督导发行人履行规范运作、信守承诺、信息披露等义务。保荐人在推荐发行人首次公开发行股票前,应当按照中国证监会的规定对发行人进行辅导。发行人经辅导符合法定要求的,保荐人方可推荐其股票发行上市。保荐人应保证其所出具文件的真实性、准确性和完整性,如果发现其所保荐的上市公司存在虚假陈述或者其他不符合法定条件的,可能导致其与发行人承担连带责任。

《证券法》第 10 条规定,发行人申请公开发行股票、可转换为股票的公司债券,依法采取承销方式的,或者公开发行法律、行政法规规定实行保荐制度的其他证券的,应当聘请证券公司担任保荐人。

保荐人应当遵守业务规则和行业规范,诚实守信,勤勉尽责,对发行人的申请文件和信息披露资料进行审慎核查,督导发行人规范运作。

保荐人的管理办法由国务院证券监督管理机构规定。

第三章 证券交易

第一节 证券交易概述

一、证券交易的概念

证券交易是发生在当事人之间的，在特定的交易场所，依照特定的交易方式，对依法发行的证券进行买卖的行为。证券交易是一种转让证券的行为，但是，广义的证券转让不仅包括证券的买卖，而且包括证券的赠与、继承等。实际上，证券法上所谓的证券交易仅指投资者对已经发行的证券所进行的买卖行为。在证券交易中，买入证券的人向卖出证券的人支付价金并获得证券，卖出证券的人向买入证券的人交付证券并收取价金，从而在证券的买卖双方当事人之间形成具有拘束力的权利义务关系，这种关系就是证券交易关系。

证券交易是一种特殊的买卖行为。与一般的商品买卖行为相比较，证券交易具有其自身的特殊性。

二、证券交易的主体

证券交易的主体也就是证券的投资者，包括个人投资者和机构投资者、中国投资者和外国投资者。总之，凡是具有民事权利能力和民事行为能力的自然人和法人均可以进行证券的买卖活动。即使是没有行为能力或者行为能力受到限制的自然人，也同样可以进行证券的买卖，只不过，他们的证券买卖行为要在其监护人的监护下进行。由此可见，证券交易的主体具有广泛性。

但应当注意的是，为了维持证券交易的公平性，《证券法》第36条规定，依法发行的证券，《公司法》和其他法律对其转让期限有限制性规定的，在限定的期限内不得转让。上市公司持有5%以上股份的股东、实际控制人、董事、监事、高级管理人员，以及其他持有发行人首次公开发行前发行的股份或者上市公司向特定对象发行的股份的股东，转让其持有的本公司股份的，不得违反法律、行政法规和国务院证券监督管理机构关于持有期限、卖出时间、卖出数量、卖出方式、信息披露等规定，并应当遵守证券交易所的业务规则。这一限制主要包括如下几种情形：

第一，《公司法》第160条规定，公司公开发行股份前已发行的股份，自公司股票在证券交易所上市之日起一年内不得转让。法律、行政法规或者国务院证券监督管理机构对上市公司的股东、实际控制人转让其所持有的本公司股份另有规定的，从其规定。公司董事、监事、高级管理人员应当向公司申报所持有的本公司股份及其变动情况，在就任时确定的任职期间每年转让的股份不得超过其所持有本公司股份总数的25%；所持本公司股份自公司股票上市交易之日起一年内不得转让。上述人员离职后半年内，不得转让其所持有的本公司股票。公司章程可以对公司董事、监事、高级管理人员转让其所持有的本公司股份作出其他限制性规定。

第二,《证券法》第 40 条规定,证券交易场所、证券公司和证券登记结算机构的从业人员,证券监督管理机构的工作人员以及法律、行政法规规定禁止参与股票交易的其他人员,在任期或者法定限期内,不得直接或者以化名、借他人名义持有、买卖股票或者其他具有股权性质的证券,也不得收受他人赠送的股票或者其他具有股权性质的证券。任何人在成为前款所列人员时,其原已持有的股票或者其他具有股权性质的证券,必须依法转让。实施股权激励计划或者员工持股计划的证券公司的从业人员,可以按照国务院证券监督管理机构的规定持有、卖出本公司股票或者其他具有股权性质的证券。

第三,《证券法》第 42 条规定,为证券发行出具审计报告或者法律意见书等文件的证券服务机构和人员,在该证券承销期内和期满后 6 个月内,不得买卖该证券。除前款规定外,为发行人及其控股股东、实际控制人,或者收购人、重大资产交易方出具审计报告或者法律意见书等文件的证券服务机构和人员,自接受委托之日起至上述文件公开后 5 日内,不得买卖该证券。实际开展上述有关工作之日早于接受委托之日的,自实际开展上述有关工作之日起至上述文件公开后 5 日内,不得买卖该证券。

第四,《证券法》第 44 条禁止上市公司、股票在国务院批准的其他全国性证券交易场所交易的公司持有百分之五以上股份的股东、董事、监事、高级管理人员,将其持有的该公司的股票或者其他具有股权性质的证券在买入后 6 个月内卖出,或者在卖出后 6 个月内又买入。(后将详述)。

综上所述,上述人员从事证券交易的资格是受到限制的。但是,应当注意的是,这种资格的限制,并非意味着其从事证券交易的权利能力的剥夺,他们只是在任期或者法定期限内从事股票的资格受到限制。一旦其任期届满或者法定期限超过,其从事证券投资的权利能力则得以恢复。

另外,《证券法》第 186 条规定,在限制转让期内转让证券,或者转让股票不符合法律、行政法规和国务院证券监督管理机构规定的,责令改正,给予警告,没收违法所得,并处以买卖证券等值以下的罚款。第 187 条规定,法律、行政法规规定禁止参与股票交易的人员,违反本法第 40 条的规定直接或者以化名、借他人名义持有、买卖股票或者其他具有股权性质的证券的,责令依法处理非法持有的股票、其他具有股权性质的证券,没收违法所得,并处以买卖证券等值以下的罚款;属于国家工作人员的,还应当依法给予处分。第 188 条规定,证券服务机构及其从业人员,违反本法第 42 条的规定买卖证券的,责令依法处理非法持有的证券,没收违法所得,并处以买卖证券等值以下的罚款。

三、证券交易的对象

《证券法》第 35 条规定,证券交易当事人依法买卖的证券,必须是依法发行并交付的证券。非依法发行的证券,不得买卖。

该规定表明证券的买卖必须合法进行,所交易的证券必须是依照法定条件和程序发行的证券。这里所说的证券,包括股票、公司债券、政府债券、投资基金券、存托凭证、资产支持证券、资产管理产品和国务院依法认定的其他证券。证券交易既可以现货交易,也可以是信用交易。现货交易是一种即期交易,是指证券投资者以其自有资金或证券即时交付,以实现资金或者证券所有权的转移。信用交易又称为“保证金交易”,是指客户按照法律规定,在买卖证券时只向证券公司交付一定的保证金,由证券公司提供融资或融券进行交易。客户采用这种方式进行交易时,必须在证券公司处开立保证金账户,并存入一定数量的保证金。其余应付证券或价款不足时,应由证券公司代垫。信用交易分为融资买进和融券卖出两种。证券信用交易因其特有的作用存在于世界上大多数证券市场中,但信用交易作为一种风险较高的证券交易方式,其负面影响也是非常大的,因而,世界各国都对其实行了较为严格的监管。

《证券法》第39条规定,证券交易当事人买卖的证券可以采用纸面形式或者国务院证券监督管理机构规定的其他形式。就股票而言,传统上通常采用纸面形式,然而,当今技术的发展使得无纸化交易在世界范围已经越来越普遍。目前,我国上海和深圳证券交易所都已实现了股票交易的无纸化和电子化。证券交易当事人进行的证券交易,实际上是通过在专门机构设立的证券账户和资金账户进行的。无纸化和电子化交易提高了证券交易的运作效率和交易安全。

四、证券交易的场所

证券交易市场,又称为证券流通市场,或次级市场,或二级市场,是进行证券交易的场所。证券交易必须在法定场所进行,禁止"黑市"交易。

证券交易的场所可分为场内交易和场外交易。场内交易,又称为挂牌交易,是指在证券交易所内以公开竞价方式进行交易的场所。我国目前有上海证券交易所和深圳证券交易所两家。场外交易,又称为柜台交易(over the counter,OTC),是指在证券交易所之外以非集中竞价的方式进行交易的场所。在场外市场,交易比较灵活,既可以进行整数交易,又可以进行零数交易。交易价格可以由买卖双方"一对一"地协商确定,即实行议价制。

场外交易的对象主要是非上市证券,但也可以在场外进行上市证券的交易,即所谓的第三市场交易。场外交易的场所主要有证券公司营业柜台、地方证券交易中心、证券报价系统等。[1]

《证券法》第37条规定,公开发行的证券,应当在依法设立的证券交易所上市交易或者在国务院批准的其他证券交易场所转让。非公开发行的证券,可以在证券交易所、国务院批准的其他全国性证券交易场所、按照国务院规定设立的区域性股权市场转让。该条规定表明,我国法律既允许场内交易,又承认场外交易,同时也表明,我国存在多层级证券交易市场。

五、证券交易的方式

《证券法》第38条规定,证券在证券交易所上市交易,应当采用公开的集中交易方式或者国务院证券监督管理机构批准的其他方式。可见,证券在证券交易所上市交易,既可以采用公开的集中竞价交易方式,也可以采用国务院证券监督管理机构批准的其他方式。具体而言,证券交易方式可分为集中竞价交易和非集中竞价交易两种形式。

集中竞价交易方式适用于在证券交易所挂牌交易的证券买卖。集中竞价交易具有过程公开性、时间连续性、价格合理性和对快速变化的适应性等诸多优点,它毋庸置疑地成为证券交易的主要方式。竞价交易就是多个买主与卖主之间,出价最低的卖主与进价最高的买主达成交易。集中竞价,则是所有有关购售该证券的买主与卖主集中在证券交易所公开申报,竞价交易。

---

[1] 在资本市场十分发达的国家,除交易所市场外,往往还具有多个场外交易市场,由此形成了多层次的资本市场体系。以美国为例,纽约证券交易所(NYSE)和美国证券交易所(AMEX)构成美国的证券交易所市场,其中纽约证券交易所的上市条件高于美国证券交易所;除这两个交易所市场外,还有纳斯达克交易所(NASDAQ)、电子告示板市场(Over the Counter Bulletin Board,OTCBB)和粉单市场(Pink Sheets Market)三个场外交易市场,其报价要求依次递减。

集中竞价交易的成交原则是价格优先,时间优先。所谓价格优先,是指在买入申报时,买价高的申报优先于买价低的申报;在卖出申报时,卖价低的申报优先于卖价高的申报。所谓时间优先,是指同价位买卖申报时,依照申报的时间先后顺序确定。具体方式是,电脑申报竞价时,按计算机主机接受的时间顺序排列;书面申报竞价时,按中介经纪人接到的书面凭证顺序排列;口头申报竞价时,按经纪人听到的顺序;无法确认时间先后时,由中介经纪人组织抽签决定。

除了集中竞价方式外,在证券交易所还可能采用非集中竞价方式。非集中竞价方式通常是利用电子报价系统由做市商(market maker)进行双向报价,并在该价位上接受投资者的买卖要求,做市商以其自有资金和证券与投资者进行交易。现代证券市场,证券交易方式不断推陈出新。为了满足交易方式多样化需求,证券法允许在公开的集中竞价方式之外采用其他交易方式。但是,为了控制风险,采用其他交易方式的,必须得到国务院证券监督管理机构的批准。

《证券法》第45条规定,通过计算机程序自动生成或者下达交易指令进行程序化交易的,应当符合国务院证券监督管理机构的规定,并向证券交易所报告,不得影响证券交易所系统安全或者正常交易秩序。第190条规定,违反本法第45条的规定,采取程序化交易影响证券交易所系统安全或者正常交易秩序的,责令改正,并处以50万元以上500万元以下的罚款。对直接负责的主管人员和其他直接责任人员给予警告,并处以10万元以上100万元以下的罚款。

六、短线交易之禁止

短线交易,是指公司董事、监事、高级管理人员以及公司持有法定比例的大股东等内部人员利用其职位、地位或者控制关系获取内幕信息,将其所持有的该公司的股票在买入后的法定期限内卖出,或者在卖出后的法定期限内又买入的交易行为。规制内部人短线交易的立法基本精神在于事前防止内幕交易(关于内幕交易,见后述)的发生,避免证券投资者的投机行为。同时,将短线交易从内幕交易中予以排除,也避免了证明内部人是否利用内幕信息进行证券交易的困难。因此,凡是内部人从事短线交易,均在禁止之列,至于内部人是否实际利用了内幕信息,则在所不问。

《证券法》第44条规定,上市公司、股票在国务院批准的其他全国性证券交易场所交易的公司持有5%以上股份的股东、董事、监事、高级管理人员,将其持有的该公司的股票或者其他具有股权性质的证券在买入后6个月内卖出,或者在卖出后6个月内又买入,由此所得收益归该公司所有,公司董事会应当收回其所得收益。但是,证券公司因购入包销售后剩余股票而持有5%股份,以及有国务院证券监督管理机构规定的其他情形的除外。公司董事会不按照前款规定执行的,股东有权要求董事会在30日内执行。公司董事会未在上述期限内执行的,股东有权为了公司的利益以自己的名义直接向人民法院提起诉讼。负有责任的董事依法承担连带责任。

该条规定包含了如下几个方面的内容:

第一,我国证券法将短线交易的主体界定为上市公司、股票在国务院批准的其他全国性证券交易场所交易的公司董事、监事、高级管理人员和公司的大股东。其中将持股5%以上的股东视为公司的大股东。董事、监事、高级管理人员、自然人股东持有的股票或者其他具有股权性质的证券,包括其配偶、父母、子女持有的及利用他人账户持有的股票或者其他具有股权性质的证券。

第二,内部人不得从事短线交易,即不得在买入后的法定期间内卖出,或者在卖出后的法定期间内买入。但是,证券公司因购入包销售后剩余股票而持有5%股份,以及有国务院证券监督管理机构规定的其他情形的除外。

第三,内部人从事短线交易的,应将其从事短线交易所获得的利益归公司所有。这就是短线交易的归入权(disgorgement)。该项归入权在法律性质上属于形成权,是一种使法律关系发生变更的权利。该项归入权由公司董事会行使,董事会怠于行使该项权利的,股东有权要求董事会在法定期限内执行,如董事会未在法定期限内执行,股东可以提起派生诉讼。于此情形,致使公司遭受损害的,负有责任的董事承担连带责任。

此外,《证券法》第189条规定,上市公司、股票在国务院批准的其他全国性证券交易场所交易的公司的董事、监事、高级管理人员、持有该公司5%以上股份的股东,违反本法第44条的规定,买卖该公司股票或者其他具有股权性质的证券的,给予警告,并处以10万元以上100万元以下的罚款。

七、保密与收费

(一)为客户账户保密

《证券法》第41条规定,证券交易场所、证券公司、证券登记结算机构、证券服务机构及其工作人员应当依法为投资者的信息保密,不得非法买卖、提供或者公开投资者的信息。

证券交易场所、证券公司、证券登记结算机构、证券服务机构及其工作人员不得泄露所知悉的商业秘密。

(二)证券交易费用的收取

《证券法》第43条规定,证券交易的收费必须合理,并公开收费项目、收费标准和收费办法。

第二节　证券上市

一、证券上市概述

证券上市是指已经依法发行的证券经证券交易所批准后,在交易所公开挂牌交易的法律行为。证券上市是连接证券发行和证券交易的桥梁。凡是在证券交易所内买卖的证券就称为上市证券;相应地,证券发行人称为上市公司。

证券上市制度就是有关证券上市的条件与程序,上市公司的监管、上市证券的暂停与终止等一系列规范的总称。证券上市是证券交易的典型形式。对上市公司、投资者和证券监管机构都具有重大意义。

(一)证券上市对上市公司的意义

证券上市对上市公司的意义主要在于:

其一,证券上市提高了证券的流通性和变现能力,能够解决发行人追求资金的长期稳定性与投资者希望证券的及时获利性之间的矛盾,并为短期资金加入长期证券投资提供了可能,从而增加了该证券对投资者的吸引力,扩大了上市公司的筹资渠道。

其二,证券上市对信息公开的要求和市场行情的传播,可以使上市公司信誉和知名度得到提高,为其产品的营销创造了有利条件。

其三，证券上市有利于上市公司的证券为更多的投资者持有，这样既分散了投资者的风险，又可使公司避免因证券（尤其是股票）集中到少数投资者手中，从而形成大股东控制公司或操纵证券市场行情的危险。

（二）证券上市对投资者的意义

证券上市对投资者而言，有如下好处：

其一，证券上市为投资者提供了一个连续、便利买卖证券的市场。

其二，证券上市信息披露制度为投资者决策提供了依据，而对上市条件的严格控制又相对地减少了投资风险。

其三，投资者通过委托证券公司在证券交易所买卖证券，降低了投资成本。

（三）证券上市对监管者的意义

对证券市场监督管理机构而言，证券上市加强了其对上市公司经营行为的监督与检查，对市场行为和资金投向的调控，从而得以保障证券市场健康发展。

二、证券的上市条件与程序

（一）证券上市条件

我国2005年《证券法》第50条和第57条分别规定了股票上市和公司债券上市的条件。但2019年《证券法》废除了这些规定，不再由证券法直接规定证券上市条件，而是交由证券交易所规定。《证券法》第47条规定，申请证券上市交易，应当符合证券交易所上市规则规定的上市条件。证券交易所上市规则规定的上市条件，应当对发行人的经营年限、财务状况、最低公开发行比例和公司治理、诚信记录等提出要求。

（二）证券上市程序

证券上市程序包括申请、审核和订立上市协议等步骤。也就是说，由发行公司提出上市申请，由证券交易所审核，经核准后由发行公司与证券交易所订立上市协议。《证券法》第46条规定，申请证券上市交易，应当向证券交易所提出申请，由证券交易所依法审核同意，并由双方签订上市协议。证券交易所根据国务院授权的部门的决定安排政府债券上市交易。

股票经证券交易所核准上市后，上市公司应与证券交易所签订股票上市协议。上市协议是由证券交易所依照法律规定预先制作、具有固定格式、报经主管机关核准的、明确证券交易所与上市公司之间权利义务关系的协议。证券上市协议的主要内容应包括上市证券的种类、发行日期与发行数额及面值、发行总额、累计上市总额、上市日期、上市费用等。此外，在证券上市协议中，上市公司还需披露其财务、经营状况，保证遵守法律、法规和交易所规则。

三、证券上市的终止

（一）证券上市终止概述

作为现代市场经济体系中的重要组成部分，证券市场的“游戏规则”就是优胜劣汰。例如，就股票而言，投资者选择持有一家公司股票的最重要依据就是该公司的财务状况和盈利水平。在一个有效的股票市场上，只有那些业绩优良、发展潜力大的公司才能得到投资者的青睐，才能在市场上获得更好的发行和配股机会，不断地实现公司业绩的提高和规模的扩大。而那些经营不善、业绩较差的公司则不可能吸引投资者（但事实上，因对市场前景预期不同，一部分经营业绩不好的股票也会有较大价格波动，对于以赚取买卖差价为入市目的的投资者来说，这种股票同样具有吸引力），股票价格必然不断跌落，从而不能充分获得筹资机会。另外，当股价跌落到一定程度时，比如跌到每股净资产以下，外部投资者会认为收购该公司有利可图，就有可能通过大量购入该股票而进行控股或兼并。因此，对股份有限公司来说，其股票上市只是一个起点，而非终点；上市之后不能一劳永逸，而要加倍努力。

证券上市之后，受到证券主管机关和证券交易所的监管。当上市公司由于社会经济条件变化或自身经营出现问题而不再符合上市条件时，则可能被取消其上市资格。这就是证券上市的终止。上市条件分为初始上市要求和持续上市要求，而且后者与前者相互对应。只有符合初始上市要求的公司才能上市。上市以后，由于上市公司的状况可能会发生变化，不一定始终保持初始状态，但起码应当符合一个最低的要求，即所谓持续上市要求，否则将会予以退市或摘牌处理。终止上市是公司法、证券法规定的一项对上市公司的淘汰、退出制度，是防范、化解证券市场风险，抑制过度投机，保护广大投资者利益的重要措施。上市公司退出机制使得公司经营者能够更多地关注自身证券价格的市场表现，可以对企业管理层产生有效的约束和激励作用，促使上市公司更加充分地进行信息披露，增强信息的透明度，促进市场运行的公平和高效，从而实现证券市场优胜劣汰的功能。

证券上市的终止需按照法定条件和程序进行。一般而言，上市证券被摘牌终止上市的标准大体上可以分为四类：一是上市公司的资本规模或股权结构发生重大变化，达不到上市要求；二是公司经营业绩或资产规模达不到上市要求；三是上市公司因涉及资产处置、冻结、财务状况欠佳等情形失去持续经营能力；四是公司违反有关法律法规并造成恶劣影响。

（二）上市终止

上市终止，俗称退市或“摘牌”，是指上市证券丧失其在证券交易所继续挂牌交易的资格。上市终止通常有两类：一是自动终止，如债券到期；二是因为法定事由，如不符合最低上市条件、暂停上市期满仍不能消除暂停原因等，由证券交易所决定终止上市。

《证券法》第 48 条规定，上市交易的证券有证券交易所规定的终止上市情形的，由证券交易所按照业务规则终止其上市交易。证券交易所决定终止证券上市交易的，应当及时公告，并报国务院证券监督管理机构备案。

四、不服交易所决定的复核程序

《证券法》第 49 条规定，对证券交易所作出的不予上市交易、终止上市交易决定不服的，可以向证券交易所设立的复核机构申请复核。由此可知，无论是证券的上市与否，还是上市证券的暂停或终止，其决定权均归属于证券交易所。为了维护当事人的合法权益，证券法规定如果当事人对证券交易所作出的不予上市交易和终止上市交易决定不服的，可以向证券交易所设立的复核机构申请复核，证券交易所的复核机构应当按照法定的条件和程序重新审核。

第三节 证券欺诈及其他禁止的交易行为

证券交易通常是自由、自愿进行的，但为了保障交易安全，法律对证券交易设有一定的禁止性规定。这些禁止性行为包括内幕交易、利用未公开信息交易、操纵市场、虚假陈述、损害客户利益的行为以及其他禁止的行为等。

一、内幕交易

（一）内幕交易概述

所谓内幕交易（insider trading），又称为内线交易、内部交易或者知情交易，是指知悉证券交易内幕信息的知情人或者非法获取内幕信息的人，买入或者卖出所持有的该公司的证券，或者泄露该信息或者建议他人买卖该证券的行为。

内幕交易的主体是知悉证券交易内幕信息的知情人和非法获取内幕信息的人。内幕交易行为是利用内幕信息买入或者卖出所持有该公司的证券，或者泄露内幕信息或建议他人买卖该证券的行为。内幕交易的对象是公开发行的公司证券。内幕交易的手段是利用内幕信息。

内幕交易行为既是对“受信义务”（fiduciary duty）的违反，又是对股东平等知情权的一种破坏，还是一种私自滥用信息的行为，因而内幕交易为法律所禁止。《证券法》第 50 条明确规定，禁止证券交易内幕信息的知情人和非法获取内幕信息的人利用内幕信息从事证券交易。

（二）知情人

内幕信息的知情人，又称为内幕人、内部人，是指由于其地位或雇佣关系可接触到内幕信息的人。《证券法》第 51 条规定，证券交易内幕信息的知情人包括：（1）发行人及其董事、监事、高级管理人员；（2）持有公司 5% 以上股份的股东及其董事、监事、高级管理人员，公司的实际控制人及其董事、监事、高级管理人员；（3）发行人控股或者实际控制的公司及其董事、监事、高级管理人员；（4）由于所任公司职务或者因与公司业务往来可以获取公司有关内幕信息的人员；（5）上市公司收购人或者重大资产交易方及其控股股东、实际控制人、董事、监事和高级管理人员；（6）因职务、工作可以获取内幕信息的证券交易场所、证券公司、证券登记结算机构、证券服务机构的有关人员；（7）因职责、工作可以获取内幕信息的证券监督管理机构工作人员；（8）因法定职责对证券的发行、交易或者对上市公司及其收购、重大资产交易进行管理可以获取内幕信息的有关主管部门、监管机构的工作人员；（9）国务院证券监督管理机构规定的可以获取内幕信息的其他人员。

（三）内幕信息

《证券法》第 52 条第 1 款规定，证券交易活动中，涉及发行人的经营、财务或者对该发行人证券的市场价格有重大影响的尚未公开的信息，为内幕信息。也就是说，对上市交易的股票和公司债券的价格产生较大影响的重大事件均为内幕信息。关于内幕信息的具体内容，本条第 2 款规定，本法第 80 条第 2 款、第 81 条第 2 款所列重大事件属于内幕信息。也就是说，信息披露中的“临时报告”所需要披露的信息均属于内幕信息。我们将在后面“信息披露”一章中再行介绍。

（四）内幕交易的法律责任

《证券法》第 53 条规定，证券交易内幕信息的知情人和非法获取内幕信息的人，在内幕信息公开前，不得买卖该公司的证券，或者泄露该信息，或者建议他人买卖该证券。持有或者通过协议、其他安排与他人共同持有公司 5% 以上股份的自然人、法人、非法人组织收购上市公司的股份，证券法另有规定的，适用其规定。内幕交易行为给投资者造成损失的，应当依法承担赔偿责任。

《证券法》第 191 条规定，证券交易内幕信息的知情人或者非法获取内幕信息的人违反本法

第53条的规定从事内幕交易的，责令依法处理非法持有的证券，没收违法所得，并处以违法所得1倍以上10倍以下的罚款；没有违法所得或者违法所得不足50万元的，处以50万元以上500万元以下的罚款。单位从事内幕交易的，还应当对直接负责的主管人员和其他直接责任人员给予警告，并处以20万元以上200万元以下的罚款。国务院证券监督管理机构工作人员从事内幕交易的，从重处罚。

内幕交易破坏了证券市场的均衡性，同时也将会给投资者造成损失。所以，证券法不仅明确禁止内幕交易，而且规定因内幕交易行为给投资者造成损失的，行为人应当依法承担赔偿责任。内幕交易一经确定，实施内幕交易的行为人均应当承担民事责任。这里需要注意的是，内幕交易是否要求行为人主观上“以获取利益或者减少损失为目的”？尽管实际上行为人进行内幕交易几乎可以肯定是为了获取利益或者减少损失，但从内幕交易的责任构成来看，证券法的意图是显而易见的，即行为人是否具备主观动机不会影响内幕交易的责任构成。据此，凡是在内幕交易发生至信息首次公开的期间内，买入或者卖出该证券的所有投资者，均可以对内幕交易人提起损害赔偿之诉讼。

但应注意的是，该条规定，持有或者通过协议、其他安排与他人共同持有公司5%以上股份的自然人、法人、非法人组织收购上市公司的股份，本法另有规定的，适用其规定。譬如，《证券法》第63条对投资者买卖作为收购对象的目标公司的股票进行了专门的规定。根据该条规定，即使有关上市公司股权结构的变化事实上已经发生或者已经公开，投资者在法定期限内仍不得买卖该上市公司的股票。后面“上市公司收购”一章中有专门讨论。

二、利用未公开信息交易

（一）利用未公开信息交易概述

利用未公开信息交易，俗称“老鼠仓”，是指证券交易场所、证券公司、证券登记结算机构、证券服务机构和其他金融机构的从业人员、有关监管部门或者行业协会的工作人员，利用因职务便利获取的内幕信息以外的其他未公开的信息，违反规定，从事与该信息相关的证券交易活动，或者明示、暗示他人从事相关交易活动。《证券法》第54条第1款明令禁止这种行为。

根据本条规定，利用非公开信息交易的主体是证券交易场所、证券公司、证券登记结算机构、证券服务机构和其他金融机构的从业人员、有关监管部门或者行业协会的工作人员。其行为表现为利用职务便利，获取未公开信息，违反规定，从事相关交易活动或明示、暗示他人从事相关交易活动。这里所谓的“违反规定”，是指违反法律、行政法规、部门规章、全国性行业规范有关证券未公开信息保护的规定，以及行为人所在的金融机构有关信息保密、禁止交易、禁止利益输送等规定。

所谓的“明示、暗示他人从事相关交易活动”，应当综合以下方面进行认定：(1)行为人具有获取未公开信息的职务便利；(2)行为人获取未公开信息的初始时间与他人从事相关交易活动的初始时间具有关联性；(3)行为人与他人之间具有亲友关系、利益关联、交易终端关联等关联关系；(4)他人从事相关交易的证券种类、交易时间与未公开信息所涉证券种类、交易时间等方面基本一致；(5)他人从事的相关交易活动明显不具有符合交易习惯、专业判断等正当理由；(6)行为人对明示、暗示他人从事相关交易活动没有合理解释。

所谓“未公开信息”，是指内幕信息以外的其他未公开的信息。主要包括：证券的投资决策、交易执行信息；证券持仓数量及变化、资金数量及变化、交易动向信息；其他可能影响证券交易活动的信息。

(二)利用未公开信息交易的法律责任

《证券法》第54条第2款规定,利用未公开信息进行交易给投资者造成损失的,应当依法承担赔偿责任。

《证券法》第191条第2款规定,违反本法54条的规定,利用未公开信息进行交易的,责令依法处理非法持有的证券,没收违法所得,并处以违法所得1倍以上10倍以下的罚款;没有违法所得或者违法所得不足50万元的,处以50万元以上500万元以下的罚款。单位从事内幕交易的,还应当对直接负责的主管人员和其他直接责任人员给予警告,处以20万元以上200万元以下的罚款。国务院证券监督管理机构工作人员从事内幕交易的,从重处罚。

三、操纵市场

(一)操纵市场概述

操纵市场(manipulation),又称为操纵行情,是指某一个人或者某一集团,利用其资金优势、信息优势或者持股优势或者滥用职权操纵证券市场,影响或意图影响证券交易价格或证券交易量,人为地制造证券行情,扰乱证券市场秩序,使证券市场供需关系无法发挥其自动调节作用,诱使一般投资者盲目跟从、参与买卖,从而为自己谋取利益的行为。

操纵市场实际上是一种欺骗性行为,它企图通过人为地变动或者固定证券行情,造成有利于自己的价格态势,欺骗广大投资者,使自己从中牟利。因而操纵市场具有很大的危害性。这种危害性主要表现在:一是扭曲证券市场的正常价格;二是侵害投资者的合法权益;三是破坏证券市场秩序。所以,操纵市场这种证券欺诈行为为各国法律所禁止。《证券法》第55条规定,禁止任何人以下列手段操纵证券市场,影响或者意图影响证券交易价格或者证券交易量。操纵市场的具体表现形式和手段如下所述。

(二)操纵市场的行为

1. 单独或通过合谋,集中资金优势,持股优势或者利用信息优势联合或者连续买卖,操纵证券交易价格或者证券交易量。这种行为是指自己或者与他人共同策划,联合资金,利用资金、信息优势,共同买卖某种证券或者共同连续买卖某种证券,影响证券市场价格或者证券交易量。譬如,抬高或者压低某种证券价格,从中牟取利益或者将风险转嫁给他人的行为。这一行为具体表现为连续买卖和联合操纵两种情形:

连续买卖(actual purchases),是指以旨在影响市场行情,连续高价买进或者低价卖出证券的行为。连续交易的特点是,人为造市,诱使投资者追涨杀跌,行为人连续趁机逢高出货,逢低吸纳,坐收渔利。这是最常见的一种操纵市场的行为。

联合操纵(pool operation),又称为集团操纵,是指2个或者2个以上较有实力的人组成临时性操纵集团,操纵市场,牟取暴利的行为。其特点是操纵集团集合了资金优势、持股优势或者信息优势,联手做市。

联合操纵的形式主要有以下三种:

一是交易联合操纵,即操纵集团秘密购进并积累证券,然后突然大量出手,使价格猛跌,操纵集团再补进至市场流通数量有限时,又突然公开大量购进,使价格猛涨,最后逐步抛出,牟取暴利。

二是扎空(corners),即操纵集团将某种证券集中吸纳,诱使其他投资者融券卖空,而向卖空者融券者和向卖空者吸纳者均为操纵集团,最后致使做空者无法补回,操纵集团借机控制价格,迫使卖空者扎空结账。通常，当股票价格上涨至某个价位时，股票投机者认为该股价上涨超过其价值时则反而会引起股价下跌。于是，投机者融券卖空。融券者就是证券市场的操纵集团。证券价格上涨后，卖空者继续卖空，操纵者则试图将证券市场上所有卖出的股票全部吸收，并将所吸购的股票再融券给卖空者继续卖空，最后形成融券股数超过流通在外股数的情形。当此种情形继续到卖空者开始警觉或者感到绝望并试图补回卖空股票时，操纵者也同时要求收回借出股票。此时，卖空者已经没有其他证券来源，只好与操纵者扎空了结，价格随操纵者随意决定。

三是期权联合操纵，即操纵集团设法获得某一信誉好而数量有限的股票期权，然后利用下单购买等多种手段，造成该股票价格上扬，操纵集团行使期权高价抛售，至股价下跌时再补进。

2. 与他人串通，以事先约定的时间、价格和方式相互进行证券交易。这种行为通常表现为相对委托形式。相对委托（matched orders），又称为通谋买卖、合谋买卖、对敲，是指以旨在影响市场行情，与他人合谋，在约定的时间，一方以约定的价格、数量委托卖出，另一方以相同的价格、数量委托买入的相对行为。相对委托的特点是双方合谋，或者一方知悉另一方的委托内容，然后作相对交易的委托，以此做市，诱使一般投资者跟进。

相对委托发生在两个投机者之间，行为人与他人串通起来，假装买卖证券，约定买卖完成后一方返还另一方证券或者资金的行为，成交后转移所有权。但是，通过连续相对委托，则完全可以再将所有权转移回去；或者双方根本就没有证券或者没有资金，而完全是虚买虚卖的行为。相对委托的构成并不要求双方委托的内容完全一致，双方委托的内容大体相同或者相似即可。

3. 在自己实际控制的账户之间进行证券交易。这一现象通常称为洗售（wash sale），又称为冲销，或者虚买虚卖。我国目前采用证券账户的实名制，同一主体一般不能开立多个证券账户。实践中，操纵者往往利用他人的名义开立多个账户，在这些账户之间进行约定买卖。由于这些账户实际上由操纵者自己所控制，这些交易实际上为自买自卖行为，并没有发生证券所有权的转移，而只是制造了证券市场的虚假价格或交易量。行为人通过这种行为来获取不正当利益或者转嫁自己的风险。

洗售具体表现为三种形态：一是同一投机者委托一个证券经纪商在其两个账户（也可能是其配偶、家属的账户）之间作相对买卖。二是同一投机者分别委托两个证券经纪商在其分设的两个账户之间作相对买卖。三是同一投机者雇用多名炒手，将自己拥有的证券在雇用炒手的账户之间买卖。行为人往往通过账面冲销的方式进行交易，不办理交割，只须支付少量手续费和税金。

4. 不以成交为目的，频繁或者大量申报并撤销申报，这种行为称为“虚假申报操纵”。具体指行为人不以成交为目的，在同一交易日内，在同一证券的有效竞价范围内，按照同一买卖方向，连续、交替进行三次以上的申报和撤销申报，从而达到误导其他投资者，影响证券交易价格或交易量的目的。

5. 利用虚假或者不确定的重大信息，诱导投资者进行证券交易。这种行为称为“蛊惑交易操纵”，具体指行为人进行证券交易时，利用不真实、不准确、不完整或不确定的重大信息，诱导投资者在不了解事实真相的情况下做出投资决定，影响证券交易价格或交易量，以便通过期待的市场波动，取得经济上的利益的行为。交易方式主要有：行为人在编造、传播或者散布不真实、不准确、不完整或不确定的重大信息之前买入或卖出相关证券；而在编造、传播、散布不真实、不准确、不完整或不确定的重大信息及股价发生波动之后卖出或买入相关证券。

6. 对证券、发行人公开作出评价、预测或者投资建议，并进行反向证券交易。此种操作行为又称“抢帽子”交易操纵，具体是指证券公司、证券咨询机构、专业中介机构及其工作人员，买卖或者持有相关证券,并对该证券或其发行人、上市公司公开做出评价、预测或者投资建议,以便通过期待的市场波动取得经济利益的行为。

7. 利用在其他相关市场的活动操纵证券市场。如利用沪港通、深港通、沪伦通等市场活动,操纵境外证券,影响境内市场。

8. 以其他手段操纵证券交易价格。譬如特定时间的价格或价值操纵、尾市交易操纵、安定操作、出售或者要约出售自己并不持有的证券、利用职务便利抬高或者压低证券交易价格等。特定时间的价格或价值操纵是指,行为人在计算相关证券的参考价格或者结算价格或者参考价值的特定时间,通过拉抬、打压或锁定手段,影响相关证券的参考价格或者结算价格或者参考价值的行为。拉抬、打压或锁定手段包括,行为人以高于市价的价格发出买入申报致使证券交易价格上涨,或者以低于市价的价格发出卖出申报致使证券交易价格下跌,或者通过发出买入或者卖出申报致使证券交易价格形成虚拟的价格水平。

尾市交易操纵,是指行为人在即将收市(通常指证券交易所集中交易市场收市前的 15 分钟)时,通过拉抬、打压或锁定手段,操纵证券收市价格的行为。

安定操作(stabilization),或称为稳定操作,是指以稳定或者安定证券市场行情为目的而进行的交易。在自由市场条件下,当某种证券供过于求时,股票价格呈下降趋势,如果借助于某种人为的方式使需求扩张,其市场价格必将为需求所扩张,从而使证券价格上扬,趋于稳定。例如,承销商从发行人手中买入证券后,股票价格下滑,承销商必将受到损失。因此,承销商可以借助于稳定操作机制使其避免或者减少损失。但是,由于这种证券市场的稳定状态具有明显的人为因素,可能会导致投资者判断失误。也就是说,当这种稳定机制终止时,证券市场价格常常下跌,从而给依据此种人为价格稳定而买入该股票的投资者造成损失。从法律角度上看,很显然,稳定操作是一种以人为的方式确定市场价格的行为,具有显而易见的欺诈性。[2]

(三)操纵市场的法律责任

操纵市场不仅是一种严重的破坏市场秩序的行为,而且还会给投资者造成损失。对此,《证券法》第 55 条第 2 款规定,操纵证券市场行为给投资者造成损失的,应当依法承担赔偿责任。

《证券法》第 192 条规定,违反本法第 55 条的规定,操纵证券市场的,责令依法处理其非法持有的证券,没收违法所得,并处以违法所得 1 倍以上 10 倍以下的罚款;没有违法所得或者违法所得不足 100 万元的,处以 100 万元以上 1000 万元以下的罚款。单位操纵证券市场的,还应当对直接负责的主管人员和其他直接责任人员给予警告,并处以 50 万元以上 500 元以下的罚款。

四、虚假陈述

所谓虚假陈述,是指证券市场的主体和参与者以及机构和相关人员在证券活动中作出虚假

---

〔2〕 对安定操作是否需要法律规制历来存在争议:赞同者认为,安定操作是一种欺诈行为,任何情况下都应当禁止;反对者认为,对于在很大程度上依赖于发行公司业绩和信息决定供求关系的市场来说,市场稳定机制是一种暂时缓解证券供过于求的必要手段。安定操作合法与否的争论,其实质上体现的是"保护证券投资者的权益"与"维护资本流入的确定性"之争(程啸:《论操纵市场行为及其民事赔偿责任》,载《法律科学》2001 年第 4 期)。SEC 认为,完全由市场的供需自行决定证券价格的价格并不可取,就此点而言,有必要在某些情形下允许进行安定操作;但对安定操作不加限制也无疑会使投资者成为滥用安定操作的部分不法承销商和发行人的牺牲品。因此,SEC 在 1996 年通过的 104 规则(Rule 104)中对安定操作条件进行了严格的限制,并规定了行为人的披露与报告义务。此外,日本、欧盟对安定操作也持限制而非完全禁止态度。我国现行法中尚无关于安定操作的规定,从《公司法》第 162 条第 1 款第(六)项允许"上市公司为维护公司价值及股东权益所必须"规定来看,我国立法政策对于安定操作行为似乎有所松动。

陈述或者信息误导的行为。虚假陈述直接违反了证券信息披露制度，违反了证券市场的基本原则，损害了投资者的利益，干扰了市场的正常运行机制。针对证券虚假陈述，我国证券法作出了一系列规定。譬如：

《证券法》第 19 条规定，发行人报送的证券发行申请文件，必须真实、准确、完整。为证券发行出具有关文件的证券服务机构和人员，必须严格履行法定职责，保证所出具文件的真实性、准确性和完整性。

《证券法》第 24 条第 2 款规定，股票的发行人在招股说明书等证券发行文件中隐瞒重要事实或者编造重大虚假内容，已经发行并上市的，国务院证券监督管理机构可以责令发行人回购证券，或者责令负有责任的控股股东、实际控制人买回证券。

《证券法》第 29 条规定，证券公司承销证券，应当对公开发行募集文件的真实性、准确性、完整性进行核查；发现含有虚假记载、误导性陈述或者重大遗漏的，不得进行销售活动；已经销售的，必须立即停止销售活动，并采取纠正措施。证券公司承销证券，不得有下列行为：(1)进行虚假的或者误导投资者的广告宣传或者其他宣传推介活动；(2)以不正当竞争手段招揽承销业务；(3)其他违反证券承销业务规定的行为。证券公司有前款所列行为，给其他证券承销机构或者投资者造成损失的，应当依法承担赔偿责任。

《证券法》第 56 条规定，禁止任何单位和个人编造、传播虚假信息或者误导性信息，扰乱证券市场。禁止证券交易场所、证券公司、证券登记结算机构、证券服务机构及其从业人员，证券业协会、证券监督管理机构及其工作人员，在证券交易活动中作出虚假陈述或者信息误导。各种传播媒介传播证券市场信息必须真实、客观，禁止误导。传播媒介及其从事证券市场信息报道的工作人员不得从事与其工作职责发生利益冲突的证券买卖。编造、传播虚假信息或者误导性信息，扰乱证券市场，给投资者造成损失的，应当依法承担赔偿责任。

《证券法》第 78 条规定，发行人及法律、行政法规和国务院证券监督管理机构规定的其他信息披露义务人，应当及时依法履行信息披露义务。信息披露义务人披露的信息，应当真实、准确、完整，简明清晰，通俗易懂，不得有虚假记载、误导性陈述或者重大遗漏。

《证券法》第 85 条规定，信息披露义务人未按照规定披露信息，或者公告的证券发行文件、定期报告、临时报告及其他信息披露资料存在虚假记载、误导性陈述或者重大遗漏，致使投资者在证券交易中遭受损失的，信息披露义务人应当承担赔偿责任；发行人的控股股东、实际控制人、董事、监事、高级管理人员和其他直接责任人员以及保荐人、承销的证券公司及其直接责任人员，应当与发行人承担连带赔偿责任，但是能够证明自己没有过错的除外。

《证券法》第 163 条规定，证券服务机构为证券的发行、上市、交易等证券业务活动制作、出具审计报告及其他鉴证报告、资产评估报告、财务顾问报告、资信评级报告或者法律意见书等文件，应当勤勉尽责，对所依据的文件资料内容的真实性、准确性、完整性进行核查和验证。其制作、出具的文件有虚假记载、误导性陈述或者重大遗漏，给他人造成损失的，应当与委托人承担连带赔偿责任，但是能够证明自己没有过错的除外。

五、损害客户利益的行为

(一)损害客户利益概述

在证券交易中，禁止证券公司及其从业人员从事损害客户利益的行为。损害客户利益的行为人是证券商或者其从业人员。这是因为进入证券交易所参与集中竞价交易的，必须是具有证券交易所会员资格的证券公司,所以其他投资者要进行投资,必须通过具有会员资格的证券公司才能够参加集中竞价交易。证券公司与客户的法律关系是一种委托代理关系。所谓委托代理关系,是指证券公司以自己的名义按照客户的委托,在委托权限内为客户的利益进行证券交易,并把交易的结果及时移交给客户的法律关系。由于投资者是通过证券公司的经纪人参加证券交易的,所以,就有可能在交易的过程中,出现证券公司及其从业人员损害客户利益的行为。

(二)损害客户利益的表现形式

根据《证券法》第 57 条的规定,损害客户利益的行为包括如下类型:

第一,违背客户的委托为其买卖证券。证券公司与客户之间的关系是一种委托代理关系。根据代理规则,代理人应当在委托人的授权范围内代理买卖证券,不得超越委托人的授权范围。

第二,不在规定的时间内向客户提供交易的确认文件。根据证券法的规定,证券公司应当按照规定制作买卖成交报告书并交付给客户。

第三,未经客户的委托,擅自为客户买卖证券,或者假借客户的名义买卖证券。客户账户上的资金属于客户所有,如果动用客户证券必须经过客户的同意,未经委托而私自买卖客户账户上的证券或者假借客户的名义买卖证券即属损害客户利益的行为。

第四,为牟取佣金收入,诱使客户进行不必要的证券买卖。证券公司或者其工作人员为了牟取佣金收入,诱使客户进行不必要的证券买卖即属损害客户利益的行为。

第五,其他违背客户真实意思表示,损害客户利益的行为。客户与证券公司的关系是一种委托代理关系,因此,证券公司在代客户买卖证券时,必须以客户的意思为自己的意思,任何违背客户真实意思表示,损害客户利益的行为均为证券法所禁止。如证券公司的混合操作、对客户作出保证收益或者弥补损失的承诺,未经同意将客户委托保管的证券用作抵押或者出借等。

(三)损害客户利益的责任

《证券法》第 57 条第 2 款规定,违反前款规定给客户造成损失的,行为人应当依法承担赔偿责任。受有损失的客户有权要求证券公司给予赔偿。证券公司的从业人员因执行职务或者执行命令而损害客户利益的,应当由证券公司承担责任。证券公司在承担了赔偿责任之后,可以向负有责任的从业人员进行追偿。

《证券法》第 194 条规定,证券公司及其从业人员违反本法第 57 条的规定,有损害客户利益的行为的,给予警告,没收违法所得,并处以违法所得 1 倍以上 10 倍以下的罚款;没有违法所得或者违法所得不足 10 万元的,处以 10 万元以上 100 万元以下的罚款;情节严重的,暂停或者撤销相关业务许可。

六、其他禁止的行为

(一)账外交易

《证券法》第 58 条规定,任何单位和个人不得违反规定,出借自己的证券账户或者借用他人的证券账户从事证券交易。第 195 条规定,违反本法第 58 条的规定,出借自己的证券账户或者借用他人的证券账户从事证券交易的,责令改正,给予警告,可以处 50 万元以下的罚款。账外交易的最大危害在于:它是挪用公款的手段之一。有些单位和个人公款私存炒股,严重影响证券交易秩序,损害国家利益。其他危害还表现在:操纵市场,如违法者经常利用多个账户进行违法操作,扰乱证券交易秩序;内幕交易的掩护手段,如内幕人为了逃避监管,往往另立非法账户,掩盖真实身份进行内幕交易;逃避其他监管,如证券法规定,投资者直接或间接持有一个股份有限公司已发行股份的5%时，及以后每增减持股比例5%时，负有通知和公告义务，如果法人以个人名义设立账户，则可以逃避监管，扰乱证券市场秩序。

（二）禁止违规资金流入股市

《证券法》第59条第1款规定，依法拓宽资金入市渠道，禁止资金违规流入股市。我国证券市场尚处在发展阶段，过度投机和违规现象比较严重。有的企业用银行信贷资金炒作股票；有的公司把募集用于生产经营资金投入股市炒作股票；有的企业把用于自身发展的自有资金投入股市炒作股票。这些行为一方面助长了股市的投机性；另一方面又使投入资金处于高风险状态，导致资产流失。因此，证券法试图从源头上控制流入证券市场的资金的合法性。

（三）利用财政资金、银行信贷资金买卖证券

《证券法》第59条第2款规定，禁止投资者违规利用财政资金、银行信贷资金买卖证券。利用财政资金、银行信贷资金买卖证券的危害是：其一，损害国家和集体的利益，造成公共资产的流失。其二，扰乱证券市场秩序。由于利用财政资金、银行信贷资金往往数额较大，一旦入市将造成证券市场的波动，不利于维持正常的证券交易秩序。

（四）国有独资企业、国有独资公司、国有资本控股公司买卖股票必须遵守国家有关规定

《证券法》第60条规定，国有独资企业、国有独资公司、国有资本控股公司买卖上市公司的股票，必须遵守国家有关规定。我国证券市场尚处在发展阶段，过度投机和违规现象比较严重。有的国有独资企业、国有独资公司、国有资本控股公司将银行信贷资金用于炒作股票；有的国有独资企业、国有独资公司、国有资本控股公司把募集用于生产经营和自身发展的自有资金投入股市炒作股票。这种行为一方面助长了股市的投机性；另一方面又使国有资产处于高风险状态，严重地危害了国有资产安全。因此，证券法要求国有独资企业、国有独资公司、国有资本控股公司买卖上市公司股票须遵守国家有关规定。

七、禁止性交易行为的报告

《证券法》第61条规定，证券交易场所、证券公司、证券登记结算机构、证券服务机构及其从业人员对证券交易中发现的禁止的交易行为，应当及时向证券监督管理机构报告。这一规定有利于证券监督管理机构对禁止的交易行为进行及时的调查和处理。

第四章 上市公司收购

第一节 上市公司收购概述

一、上市公司收购的概念和特征

(一)上市公司收购的概念

公司收购作为企业的一种并购(merger and acquisition,M&A)活动是实现企业外部扩展(external extension)的重要方式。我国证券法在其第四章中专门规定了上市公司的收购。

在英文中,公司收购一词为“take-over”。在西方国家法学著述中,通常将其定义为某人(个人或者公司)取得对另一公司资产的控制权的一种交易或者一系列交易,或者直接成为其资产的所有者,或者间接地取得对该公司的管理上的控制权。

当股份持有紧密时,即股份掌握在少数股东手中时,收购通常是通过与被收购公司的股份资本的持有人达成协议的方式进行。这种方式适用于私人公司,实质上表现为一种资产收购。当股份由社会公众持有时,通常,收购可以按下列方式进行:一是由收购人与被收购公司的股东(通常是大股东或者控制股东)达成私下收购协议;二是通过证券交易所或者其他公开交易市场进行;三是通过公开收购程序进行公开收购。这三种方式均可适用于公众公司,实质上表现为一种股权收购。

据此,所谓上市公司收购,是指收购人通过在证券交易所的股份转让活动持有一个上市公司的股份达到一定比例、通过证券交易所股份转让活动以外的其他合法途径控制一个上市公司的股份达到一定程度,导致其获得或者可能获得对该公司的实际控制权的行为。

(二)上市公司收购的特点

由上述规定可以看出,上市公司收购的特点如下:

1. 收购法律关系中的收购人是任何投资者,收购客体是目标公司股份

就上市公司收购的法律关系而言,公司收购是投资者对被收购公司股份进行购买的交易。进行收购的投资者称为收购人,作为收购对象的公司称为目标公司,持有目标公司依法发行的股份的人称为目标公司股东或目标股东,收购的客体是目标公司的股份。

收购主体可以是任何在法律上具有权利能力和行为能力的投资者。上市公司收购可以由一人(自然人或法人)单独进行,亦可以由数人共同进行。

在单独收购中,收购人可以是单一的自然人,然而更为常见的则是公司。

在共同收购中,共同收购人可能包括与收购人存在关联关系的关联公司,也可能包括其他亲朋好友,或者其他任何相关的人,如公司董事、财务顾问、合伙人等。此类人在英美法系国家法律

中称为“一致行动人”(action in concert)或“受益所有人”(beneficial owner),即通过协议、其他安排等合法途径扩大其对一个上市公司股份的控制比例,或者巩固其对上市公司的控制地位,在行使上市公司表决权时采取相同意思表示的两个以上的自然人、法人或者其他组织。所谓采取相同意思表示的情形包括共同提案、共同推荐董事、委托行使未注明投票意向的表决权等情形(但是公开征集表决代理权的除外)。[1]

收购的客体是目标公司的股份,因为收购的目的在于取得对另一公司的控制权。我国证券法规定,上市公司收购的股份是目标上市公司已依法发行的股份。收购人采取要约收购的方式时,应当向目标公司所有股东(既包括持有上市股份的股东,又包括持有未上市股份的股东)发出收购要约;采取协议收购的方式时,应当依照法律、行政法规的规定同目标公司的股东协议进行股权转让。一般来说,协议收购既可以取得目标公司的上市股份,也可以取得目标公司的非上市股份。

2. 上市公司收购可以采取要约收购、协议收购及其他合法方式

《证券法》第 62 条规定投资者可以采取要约收购、协议收购及其他合法收购方式。收购人可以通过要约收购、协议收购进行上市公司收购,获得对一个上市公司的实际控制权。实际上,除了要约收购和协议收购外,收购当然还可以在公开市场进行,如在证券交易所通过集中竞价的方式进行收购。只不过这种收购具有一定程度的秘密性,是一种事实上的收购。因此,当投资者通过证券交易所进行证券的买卖持股达到法定比例而仍然需要继续进行收购的,就必须按照法律的规定采取要约收购的方式。

3. 上市公司收购的目的为控股或兼并

上市公司收购的经济动机很多,但从法律角度上讲,上市公司收购是收购人为了取得对目标公司的控股地位或为了在将来兼并目标公司。

公司法和证券法并没有明确规定控股权应拥有的最低持股比例。从理论上讲,取得目标公司 50% 以上股份将肯定取得控股权,但现实中的控股情况非常复杂,往往在低于这一比例时仍可控股。

如果收购人是公司,那么,在收购人取得目标公司的控股权后,目标公司就成为收购人的子公司,子公司仍然具有独立的法律人格,只不过它将受到其母公司的控制。如果收购人在收购完成后兼并被收购公司的,则将会导致被收购公司法人格的消灭。在这种情况下,根据公司法上的合并规定,被兼并公司的债权债务概括地转移给收购人。

二、持股权益的披露

前面说过,收购可以通过交易所或者其他公开市场进行,但这种收购具有秘密性特征,与要约收购和协议收购均有所不同。要约收购是公开的,人们对收购人的收购意图和有关收购情况是了解的。而协议收购虽然是私下进行,但是,由于需要与交易相对方进行协商谈判,至少交易相对方和目标公司是知情的。当然,无论是要约收购或者是协议收购,收购人均需要向证监会递交收购报告并进行公告。而通过交易所进行的收购,由于采取的是集中竞价的方式,社会公众投

〔1〕 在上市公司的收购及相关股份权益变动活动中有一致行动情形的投资者,互为一致行动人;所谓一致行动,是指投资者通过协议、其他安排,与其他投资者共同扩大其所能够支配的一个上市公司股份表决权数量的行为或者事实。在存在一致行动人时,应合并计算其所持的股份。

资者,甚至包括目标公司,无从知道收购人是否具有收购意图,因为这种交易可能是正常的投资交易,也可能是意欲进行收购。有鉴于此,法律要求任何投资人持有一个上市公司股份达到一定比例时须进行披露,使有关当事人对投资者的持股情况有一定了解,以便于他们作出相应的对策。这种披露要求既是一种一般的监管措施,同时又具有收购监管的特殊意义。

《证券法》第 63 条规定,通过证券交易所的证券交易,投资者持有或者通过协议、其他安排与他人共同持有一个上市公司已发行的有表决权股份达到 5% 时,应当在该事实发生之日起 3 日内,向国务院证券监督管理机构、证券交易所作出书面报告,通知该上市公司,并予公告,在上述期限内不得再行买卖该上市公司的股票,但国务院证券监督管理机构规定的情形除外。

投资者持有或者通过协议、其他安排与他人共同持有一个上市公司已发行的有表决权股份达到 5% 后,其所持该上市公司已发行的有表决权股份比例每增加或者减少 5%,应当依照前款规定进行报告和公告,在该事实发生之日起至公告后 3 日内,不得再行买卖该上市公司的股票,但国务院证券监督管理机构规定的情形除外。

投资者持有或者通过协议、其他安排与他人共同持有一个上市公司已发行的有表决权股份达到 5% 后,其所持该上市公司已发行的有表决权股份比例每增加或者减少 1%,应当在该事实发生的次日通知该上市公司,并予公告。

违反第 1 款、第 2 款规定买入上市公司有表决权的股份的,在买入后的 36 个月内,对该超过规定比例部分的股份不得行使表决权。这种立法规定主要在于加强证券市场的监督和管理,维护证券市场的公正性,保护中小投资者的权益。

根据我国证券法的规定,证券权益披露应符合如下要求:

第一,持股变动披露义务的触发阈值为 5%。将持股变动披露义务的触发阈值确定为 5% 是有道理的,就上市公司而言,持有一家上市公司股份 5% 的投资者已经是一个大股东了,因为上市公司持股状况通常比较分散。根据要求,在达到触发阈值之后,持股比例每增加或减少 5%,需要继续进行权益披露,以便公众投资者和监管机构了解和掌握该投资者的持股变动情况。这里的“持有”包括单独持有和共同持有。例如,就法人持股而言,其关联企业的持股为间接持股,应予合并计算。

第二,触发证券权益披露义务的投资者,应当在触发事实发生之日起 3 日内,向国务院证券监督管理机构、证券交易所作出书面报告,通知目标公司,并予以公告。《证券法》第 64 条的规定,披露证券权益的书面报告和公告应当包括以下内容:持股人的名称、住所;持有的股票的名称、数额;持股达到法定比例或者持股增减变化达到法定比例的日期、增持股份的资金来源;在上市公司中拥有表决权的股份变动的时间及方式。

第三,如果投资者是因达到权益披露阈值 5% 而进行权益披露,那么在触发事实发生之日到公告其权益之间的期限内,不得再行买卖目标公司的股票,除非存在国务院证券监督管理机构规定的情形。如果投资者是在达到权益披露触发阈值后因为持股比例增减幅度达到 5% 而进行权益披露,那么在持股比例增减幅度达到 5% 的事实发生之日起至公告后 3 日内,不得再行买卖目标公司的股票,除非存在国务院证券监督管理机构规定的情形。如果投资者达到权益披露触发阈值后,持股比例增减幅度达到 1% 的,则仅需进行权益披露,也就是在该事实发生的次日通知该上市公司,并予公告即可。不限制其买卖目标公司股票。

第四,违反前述规定买入上市公司有表决权的股份的,在买入后的 36 个月内,对该超过规定比例部分的股份不得行使表决权。

此外,《证券法》第196条规定,收购人未按照本法规定履行上市公司收购的公告、发出收购要约义务的,责令改正,给予警告,并处以50万元以上500万元以下的罚款。对直接负责的主管人员和其他直接责任人员给予警告,并处以20万元以上200万元以下的罚款。收购人及其控股股东、实际控制人利用上市公司收购,给被收购公司及其股东造成损失的,应当依法承担赔偿责任。

第二节　要约收购

一、要约收购概述

(一)要约收购的概念

要约收购,也即公开收购,是指在公开市场之外,以公告的方式向不特定的多数人发出的收购股份的要约。针对公开收购,在英文中有两种不同的表述方式:一是take-over bid,这一用法经常在英国法律文献和著述中出现。二是在美国法律文献或著述中表述公开收购所使用的术语则是tender offer,意指"公开要约"。尽管二者所使用的术语不同,但所表达的实质意义则是相同的,一般均指收购人以报纸、广告、邮寄等方式直接向目标公司所有股东作出的"收购出价"或"公开标购"。我国证券法上使用"要约收购"这一概念其实是一种误解,因为,任何交易(当然包括收购在内)都必然有"要约"(offer),所不同的是公开收购的"要约"或者"出价"强调的是采取公开或者标购的方式。但是,由于"要约收购"这一术语已为立法所采用,并且在我国已经约定成俗,所以我们仍然继续使用这一概念。

要约收购,是指投资者通过向某一上市公司所有股东发出公开收购要约的方式,以对该公司控股或者兼并为目的而取得该公司股份的行为。要约收购是一种特殊的证券交易行为,其标的为上市公司的全部依法发行的股份。也就是说,投资者要向目标上市公司所有股东发出收购要约,既要向持有上市股份的股东发出,又要向持有未上市股份的股东发出。就要约收购的股份数额而言,既可以是目标公司的全部股份,也可以是目标公司的部分股份。

(二)要约收购的种类

要约收购可以从不同角度进行分类。

1. 自愿收购与强制收购

依要约人是否自愿发起,要约收购可分为自愿收购和强制收购。自愿收购是由收购人自主决定是否发动要约收购的情形。强制收购是指依照法律规定必须发动要约收购的情形。

2. 全部收购与部分收购

依要约中预定购买股份数额比例,要约收购可分为全面要约收购和部分要约收购(partial bid)。收购人在进行部分收购时,为使股东享有被收购的平等权利,当公司股东所预受的股份数额超过收购人所欲收购的股份数额时,收购人应当按照比例收购的原则(pro rata basis)向所有预受股东进行收购。《证券法》第65条第2款规定,收购上市公司部分股份的要约应当约定,被收购公司股东承诺出售的股份数额超过预定收购的股份数额的,收购人按比例进行收购。

3. 现金收购与易券收购

在要约收购中,由于收购人购买证券的对价既可以是现金,也可以是股票或其他证券,因此,公开收购可以分为现金收购(cash offer)和易券收购(exchange offer)。实务中,收购人可能用现金作为部分收购对价,其余部分则采用证券作为收购对价,即采用现金与证券相结合的方法支付收购上市公司的价款。

(三)收购要约的特征

收购要约是一种特殊的要约,与一般要约相比,收购要约具有公开性、公平性、期限性、排他性等特征。

1. 收购要约的公开性

收购要约必须公开。《证券法》第 65 条第 1 款规定,收购要约必须向目标公司所有股东发出。要约人一般并不知道哪些人是目标公司的股东,而且这些股东也在不断变动。因此,收购要约是一种向不特定人发出的要约。收购人一旦公告其收购要约,目标公司的所有股东均可承诺(当然也可以拒绝承诺)。

2. 收购要约的公平性

收购要约应当公平。《证券法》第 69 条规定,收购要约中提出的各项收购条件,适用于被收购公司所有股东。上市公司发行不同种类股份的,收购人可以针对不同种类股份提出不同的收购条件。也就是说,要约人不能区别对待目标公司的股东,应该给予目标公司所有持有同种类股份的股东平等的待遇。如果上市公司发行不同种类股份的,对不同种类股份的收购条件可以不同,但对同一种类股份的收购条件必须相同。

3. 收购要约的期限性

收购要约具有期限性。《证券法》第 67 条规定,收购要约约定的收购期限不得少于 30 日,并不得超过 60 日。一方面,如果收购要约期限过短,容易对目标公司股东带来压迫性影响,即股东不得不在很短的时间内作出是否承诺该要约的决定。由于收购人在要约收购中处于主动地位,目标公司股东必须有充足的时间研究收购要约,以在信息充分的情况下作出是否出售的决定。另一方面,如果收购要约期限过长,容易对证券市场带来消极影响。例如,收购人在要约有效期内,自己所持有的目标公司股票实际被冻结;而目标公司股东一旦承诺了收购要约,其股票也将被冻结。收购要约有效期过长,目标公司股票的交易就可能会萎缩。因此,证券法为收购要约的期限既设定了上限,又设定了下限。

原则上,公开收购要约的期限是允许展延的。譬如,在公开收购所预定的期限内,如果有其他的竞争者出现,为维护原公开收购者的权益,并给被收购公司股东提供较多的选择机会,原收购者所预定的收购期间可以比照竞争者的收购期间予以延长。因此,当出现竞争要约时,收购要约的期限可以不受《证券法》第 67 条之限。

4. 收购要约的排他性

收购要约具有排他性。《证券法》第 70 条规定,采取要约收购方式的,收购人在收购期限内,不得卖出被收购公司的股票,不得采取要约规定以外的形式和超出要约的条件买入被收购公司的股票。也就是说,要约收购是排除了协议收购(privately negotiated transaction)和在公开市场进行的收购(open market purchase)之外的一种公司收购形式。这就是要约收购的排他性。

(四)要约收购的发起

《证券法》第 65 条规定,通过证券交易所的证券交易,投资者持有或者通过协议、其他安排与他人共同持有一个上市公司已发行的有表决权股份达到 30% 时,继续进行收购的,应当依法向该上市公司所有股东发出收购上市公司全部或者部分股份的要约。收购上市公司部分股份的收购要约应当约定，被收购公司股东承诺出售的股份数额超过预定收购的股份数额的，收购人按比例进行收购。该条规定包含如下几层含义：

第一，投资者对目标公司的持股比例不超过30%时，投资者既可以在证券市场上按照集中竞价的交易方式继续取得目标公司的股份，也可以选择公开要约收购的方式绕开交易所直接向目标公司股东进行收购。但其预定收购完成后持有的股份比例不得超过30%。如果其预定收购完成后持有的股份比例拟超过30%的，则应进行要约收购。

第二，投资者对目标公司的持股比例达到30%时，可以启动要约收购程序以增加持股比例。但是，如果收购人无意继续增加持股比例或者不愿意采取要约收购方式，他可以降低持股比例或者干脆不去触动30%这个门槛。

第三，投资者对目标公司的持股比例达到30%时，如果要继续增加其持股比例，只能采取要约收购方式，而不能再通过证券交易所买卖目标公司的股份。这一要求主要是为了保护目标公司股东的利益。一般而言，当投资者在证券交易市场已获得一家公司30%的股份时，他基本上已获得了对该公司的控制权。譬如，他可以通过委派董事来实施对该公司的管理上的控制。这样，小股东就有可能处于任人支配的地位。为公平起见，与其说强制要求收购人以公开要约的形式进行收购（如果他愿意继续收购的话）是对大股东的限制，倒毋宁说是给小股东一个平等出售股份的机会。

第四，投资者进行要约收购的，可以向目标公司的所有股东发出收购其所持有的全部股份的要约，也可以向目标公司的所有股东发出收购其所持有的部分股份的要约。这表明证券法允许部分收购要约。在部分收购要约的情况下，如果被收购公司股东承诺出售的股份数额超过预定收购的股份数额的，收购人则应当按比例进行收购。

（五）要约收购前置披露

根据《证券法》第66条的规定，收购人持有或者通过协议、其他安排共同持有一个上市公司的股份达到该公司已发行股份的30%时，收购人必须公告上市公司收购报告书，并载明下列事项：(1)收购人的名称、住所；(2)收购人关于收购的决定；(3)被收购的上市公司名称；(4)收购目的；(5)收购股份的详细名称和预定收购的股份数额；(6)收购期限、收购价格；(7)收购所需资金额及资金保证；(8)公告上市公司收购报告书时持有被收购公司股份数占该公司已发行的股份总数的比例。

二、要约收购规则

（一）要约收购公告与报告

依《证券法》第66条的规定，以要约方式收购上市公司股份的，收购人应当编制要约收购报告书，聘请财务顾问，通知被收购公司，同时对要约收购报告书摘要作出提示性公告。本次收购依法应当取得相关部门批准的，收购人应当在要约收购报告书摘要中作出特别提示，并在取得批准后公告要约收购报告书。

（二）目标公司董事会的义务

要约收购虽然是直接发生在收购人与目标公司股东之间的股份买卖行为，但目标公司董事会亦应当对这种收购向其股东提出意见以供其股东决定是否出售其股份。因此，在上市公司收购过程中，目标公司董事会应当对收购人的主体资格、资信情况及收购意图进行调查，对要约条件进行分析，对股东是否接受要约提出建议，并聘请独立财务顾问提出专业意见。

在收购人作出提示性公告后至要约收购完成前，被收购公司除继续从事正常的经营活动或者执行股东大会已经作出的决议外，未经股东大会批准，被收购公司董事会不得通过处置公司资产、对外投资、调整公司主要业务、担保、贷款等方式，对公司的资产、负债、权益或者经营成果造成重大影响。

被收购公司董事会针对收购所作出的决策及采取的措施，应当有利于维护公司及其股东的利益，不得滥用职权对收购设置不适当的障碍，不得利用公司资源向收购人提供任何形式的财务资助，不得损害公司及其股东的合法权益。

在要约收购期间，被收购公司董事不得辞职。

（三）收购要约的撤回、撤销和变更

1. 收购要约的撤回

所谓要约的撤回，是指要约人在发出要约后、要约达到受要约人之前，要约人宣告取消要约的行为。由于撤回是在要约到达受要约人之前作出的，因此在撤回时要约并没有生效。既然此时的要约尚未发生效力，要约人当然可以撤回其要约。

2. 收购要约的撤销

所谓要约的撤销，是指要约人在要约生效以后，将该项要约取消，从而消灭要约的效力。《证券法》第 68 条规定，在收购要约确定的承诺期限内，收购人不得撤销其收购要约。收购要约的受要约人为目标公司的不特定股东，收购要约的发出就是收购要约的公告，而一旦公告，就应该视为送达受要约人，要约即开始生效。在这种情况下，如果允许可以撤销收购要约，不仅对受要约人造成不利影响，而且还会对证券市场产生消极作用。

3. 收购要约的变更

在收购要约有效期限内，要约中支付对价的种类、收购的股份数额以及其他条件都有可能出现变化，所以在公开收购的内容及条件已公告后，如果条件的变更有利于出售股东，则应允许变更。

《证券法》第 68 条规定，在收购要约确定的承诺期限内，收购人需要变更收购要约的，应当及时公告，载明具体变更事项，且不得存在下列情形：(1)降低收购价格；(2)减少预定收购股份数额；(3)缩短收购期限；(4)国务院证券监督管理机构规定的其他情形。

（四）收购要约的预受

所谓收购要约的预受，是指受要约人同意接受要约的初步意思表示，在要约期满前不构成承诺。由于公开收购的结果是在收购期间结束后才进行计算，在公开收购的预定期间内，预受股东对其股份的预受并不构成法律上的承诺，因此，预受股东已预售其股份的，可随时撤回其预受。

（五）竞争要约

在要约收购的有效期间，可能会出现竞争要约。出现竞争要约时，被收购公司董事会应当公平对待所有要约收购人，不得实施歧视待遇。

与初始要约相比，竞争要约的条件往往更为优厚。此时，原接受初始要约的预受股东可能会撤回全部或者部分预受的股份，并将撤回的股份售与竞争要约人。这是允许的，因为预受并不构成法律上的承诺，但应办理撤回预受初始要约的手续和预受竞争要约的相关手续。

（六）收购要约的履行

收购期限届满，发出部分要约的收购人应当按照收购要约约定的条件购买被收购公司股东

预受的股份,预受要约股份的数量超过预定收购数量时,收购人应当按照同等比例收购预受要约的股份;以终止被收购公司上市地位为目的的,收购人应当按照收购要约约定的条件购买被收购公司股东预受的全部股份;未取得中国证监会豁免而发出全面要约的收购人应当购买被收购公司股东预受的全部股份。收购期限届满后3个交易日内,接受委托的证券公司应当向证券登记结算机构申请办理股份转让结算、过户登记手续,解除对超过预定收购比例的股票的临时保管;收购人应当公告本次要约收购的结果。收购期限届满,被收购公司股权分布不符合上市条件,该上市公司的股票由证券交易所依法终止上市交易。在收购行为完成前,其余仍持有被收购公司股票的股东,有权在收购报告书规定的合理期限内向收购人以收购要约的同等条件出售其股票,收购人应当收购。收购期限届满后15日内,收购人应当向证券交易所提交关于收购情况的书面报告,并予以公告。除要约方式外,投资者不得在证券交易所外公开求购上市公司的股份。

第三节　协议收购

一、协议收购的概念和特征

上市公司的协议收购,是指投资者在证券交易场所之外与目标公司的股东(主要是持股比例较高的大股东)就股票价格、数量等方面进行私下协商(相对公开市场而言,而非指黑市交易),购买目标公司的股票,以期达到对目标公司的控股或兼并目的。根据《证券法》第62条规定,协议收购是上市公司收购的方式之一。《证券法》第71条第1款规定,采取协议收购方式的,收购人可以依照法律、行政法规的规定同被收购公司的股东以协议方式进行股份转让。与要约收购相比,协议收购具有以下特征。

第一,协议收购不具有要约收购的公开性。在要约收购中,收购人必须公告其收购要约。收购要约的内容,不仅要让目标公司的股东知晓,而且还要让证券市场的其他所有参与人知晓。但是,在协议收购中,收购人与目标公司股东进行私下协商股份转让事宜,这种私下协商通常是极为秘密的。有关协商的内幕一旦被公布,很可能造成目标公司股价的波动,不利于证券市场的稳定。

第二,协议收购不具有要约收购的公平性。要约收购面向目标公司的不特定股东,而协议收购面向目标公司的特定股东。在要约收购中,收购人在收购要约中提出的各项收购条件,适用于目标公司所有股票持有人,收购要约人不能区别对待目标公司的股东。协议收购的双方当事人可以自由协商收购条件。协议收购人可以与目标公司的股东达成不同的收购协议,各协议的条款不必相同,而且都能成立有效的收购合同。因此,协议收购不具有要约收购的公平性。但是,对每一份收购协议来说,则应当是双方当事人的真实意思表示,并且协议条件必须公平合理。

第三,协议收购不具有要约收购的期限性。为了维持证券市场的秩序和保护目标公司的中小股东,证券法为收购要约的期限设定了上限和下限,但在协议收购中,双方当事人可以反复就协议内容进行磋商,协议进行的期限并无任何法律限制。如果协议收购人对目标公司的特定股东发出要约,协议收购当事人可以根据实际情况自由设定要约的存续期限,实际期限取决于谈判过程的长短。

第四,协议收购不具有要约收购的排他性。在要约收购中,一旦收购人提交了上市公司收购报告书或收购要约已经公开发出,收购人就自动放弃了以要约收购以外的其他方式买卖目标公司证券的权利。如果要约收购人还能够秘密买卖目标公司的股票,就会使要约收购制度失去存在的意义。但协议收购不具有这种排他性。协议收购人在同目标公司股东秘密协商的同时,还可以在证券市场上通过集中竞价交易方式买卖目标公司的股票。

二、协议收购的适用

一般而言,协议收购适用于大宗股份的收购。如果收购人可以直接从某一大股东购买股份即可达到控制或者兼并目的的话,当然就没有必要采取要约收购方式了。协议收购既可以适用于上市公司的国有股和法人股的收购,也可以适用于上市公司的非国有股和法人股的收购;既可以适用于上市公司的上市股份的收购,也可以适用于上市公司的非上市股份收购。此外,收购人通过国有股权行政划转、法院裁决、继承、赠与等合法途径持有或者通过协议、其他安排与他人共同持有一个上市公司的股份,导致其获得或者可能获得对一个上市公司的实际控制权的,也应当按照有关协议收购的规定办理。

《证券法》第 73 条规定,采取协议收购方式的,收购人收购或者通过协议、其他安排与他人共同收购一个上市公司已发行的有表决权股份达到 30% 时,继续进行收购的,应当依法向该上市公司所有股东发出收购上市公司全部或者部分股份的要约。但是,按照国务院证券监督管理机构的规定免除发出要约的除外。收购人依照前款规定以要约方式收购上市公司股份,应当遵守本法第 65 条第 2 款、第 66—70 条的规定。

该条规定表明:协议收购受到法律限制。也就是说,法律将协议收购的比例控制在上市公司已发行股份的 30% 以内,当协议收购股份达到上市公司股份 30% 时,继续进行收购的,应当采取要约收购方式。因此而采取要约收购方式的,适用证券法上关于要约收购的规则。但法律也规定了要约收购的豁免,即经国务院证券监督管理机构免除发出要约的除外。

三、协议收购规则

(一)收购协议的报告与公告

协议收购作为上市公司收购的一种形式,也应该确定其信息公开制度。尽管协议收购只是收购人和目标公司特定股东之间的交易,可是这种大宗交易对目标公司的股权构成产生了重大影响,必须让目标公司的其他股东以及公众投资者及时知晓。

《证券法》第 71 条第 2 款规定,以协议方式收购上市公司时,达成协议后,收购人必须在 3 日内将该收购协议向国务院证券监督管理机构及证券交易所作出书面报告,并予公告;在公告前不得履行收购协议。也就是说,在当事人达成收购协议之后,收购人应作出书面报告并公告,披露该收购协议的内容。收购协议只有公告后才能履行。

(二)管理层收购

管理层收购(management buyout,MBO)指目标公司管理层收购该公司股份,从而获得对公司的实际控制权的行为。与一般的公司收购相比,管理层收购的主体具有特定性,即收购方为目标公司的现任管理层或其控制的其他组织或法人。此外,管理层收购通常要借助于外部融资,具有高财务杠杆性。一般认为,管理层收购始于 20 世纪六七十年代的英国,随后扩展到美国及欧洲大陆乃至世界各国。在我国国有企业改制过程中,管理层收购成了国有企业产权改革的重要途径之一。

为规范上市公司管理层收购,防止管理层利用其特殊地位损害公司股东的利益,管理层收购上市公司必须遵守特定规范:(1)目标上市公司应具备健全且运行良好的组织机构以及有效的内部控制制度,公司董事会成员中独立董事的比例应当达到或者超过1/2;(2)应聘请具有证券、期货从业资格的资产评估机构提供公司资产评估报告;(3)收购应当经董事会非关联董事作出决议,且取得2/3以上的独立董事同意后,提交公司股东大会审议,经出席股东大会的非关联股东所持表决权过半数通过;(4)应由独立董事聘请独立财务顾问就本次收购出具专业意见,并一并公告独立董事及独立财务顾问的意见;(5)目标公司管理层存在《公司法》第181条规定情形,或者最近三年有证券市场不良诚信记录的,不得收购本公司。

(三)控股股东的合理调查义务

通过协议收购取得上市公司控制权通常是由收购人与目标公司的控制股东达成股权转让协议而实现的。虽然转让控制股份的行为仅发生于控制股东与买受人之间,但其对公司及少数股东、公司债权人的影响是十分深远的,因为这些人也面临控制权不当行使的风险。因此,控制股东在出售其控制权时须承担受信义务,应尽合理的调查义务以了解收购人的真实意图,防止公司落入恶意购买人之手。需调查的事项包括收购人的主体资格、诚信情况及收购意图,并应在其权益变动报告书中披露有关调查情况。

控股股东及其关联方未清偿其对公司的负债,未解除公司为其负债提供的担保,或者存在损害公司利益的其他情形的,被收购公司董事会应当对前述情形及时予以披露,并采取有效措施维护公司利益。

(四)过渡期安排

以协议方式进行上市公司收购的,自签订收购协议起至相关股份完成过户的期间为上市公司收购过渡期。在过渡期内,收购人不得通过控股股东提议改选上市公司董事会,确有充分理由改选董事会的,来自收购人的董事不得超过董事会成员的1/3;被收购公司不得为收购人及其关联方提供担保;被收购公司不得公开发行股份募集资金,不得进行重大购买、出售资产及重大投资行为或者与收购人及其关联方进行其他关联交易,但收购人为挽救陷入危机或者面临严重财务困难的上市公司的情形除外。

(五)收购协议的履行

收购人在取得要约收购豁免并公告收购报告书后,可履行收购协议。

为了使收购协议能够顺利履行,协议收购的相关当事人应向证券登记结算机构申请办理拟转让股份的临时保管手续,并可以将用于支付的现金存放于指定的银行。在收购报告书公告后,相关当事人应当按照证券交易所和证券登记结算机构的业务规则,在证券交易所就本次股份转让予以确认后,凭全部转让款项存放于双方认可的银行账户的证明,向证券登记结算机构申请解除拟协议转让股票的临时保管,并办理过户登记手续。

收购人未按规定履行报告、公告义务,或者未按规定提出申请的,证券交易所和证券登记结算机构不予办理股份转让和过户登记手续。

在收购报告书公告30日内收购人仍未完成相关股份过户手续的,应立即作出公告并说明理由;在未完成相关股份过户期间,应当每隔30日公告相关股份过户办理进展情况。

实践中,除通过直接购买上市公司股份成为上市公司股东而取得上市公司控制权外,收购人还可以通过投资关系、协议或其他安排取得上市公司的控制权。在我国,这种收购方式被称为间接收购。例如,收购人通过收购上市公司母公司的股份而取得对其母公司的控制权,进而间接取得对上市公司的控制权,成为上市公司的实际控制人。间接收购人也同样需要遵守上市公司收购的各项规则,有义务配合上市公司真实、准确、完整地披露有关实际控制人发生变化的信息,否则应承担相应的法律责任。

第四节 上市公司收购的完成

一、收购要约期满的法律后果

《证券法》第 74 条规定,收购期限届满,被收购公司股权分布不符合证券交易所规定的上市要求的,该上市公司的股票应当由证券交易所依法终止上市交易;其余仍持有被收购公司股票的股东,有权向收购人以收购要约的同等条件出售其股票,收购人应当收购。收购行为完成后,被收购公司不再具备股份有限公司条件的,应当依法变更企业形式。该条规定表明收购要约期满后可能会发生如下三个方面的法律后果:

第一,终止上市交易。收购期限届满,被收购公司股权分布不符合上市条件的,该上市公司的股票应当由证券交易所依法终止上市交易。法律规定,股票上市交易须符合法定条件,如果因为收购而导致上市公司不再具备上市条件的,其股票则应终止上市交易。譬如,因收购而导致公开发行在外的股份少于公司股份总额的 25%。于此情形,股票的交易失去了其公众基础,公司实际上已经被“私有化”(going private)了。

第二,收购人有义务收购目标公司的剩余股份。收购期限届满后可能会出现这样的情形,即目标公司的少数股份仍然保留在外部。这一情势使得有关当事人均将受到影响。一方面,多数股东发现在将其所控制的公司作为一种完全所有(100%)的子公司来实施管理时受到了来自少数留存股东的阻挠。这种少数股东权益的存在挡了他们的道,他们只能在有限的程度上追求其控制利益。另一方面,没有接受收购要约出价的少数股东发现他们自己同样处于一种难以防守的地位。如果说他们的保留影响尚可阻却多数股东特定计划的实现,他们却无力防止多数股东对其利益的极大忽视。在这种情况下,为妥善解决这一问题,国外法律一般都规定,当公开收购期限届满后,应当赋予收购者一个再次收购的机会,或者说,为其提供一种取得异议少数股东股份的手段。从另一个角度来看,这也是为少数股东提供一个出售其少数股份的机会。由于这种收购具有强制性,故称为强制收购(compulsory acquisition)。

我国证券法规定,收购要约的期限届满,当收购期限届满,上市公司股票终止上市交易的,其余仍持有被收购公司股票的股东,有权向收购人以收购要约的同等条件出售其股票,收购人应当收购。但应当注意的是,这一规定仅为目标公司股东设定了单方权利,即目标公司的少数股东,如果没有在收购要约的有效期限内作出承诺,法律还为他们提供了最后的机会,而法律没有赋予收购人强制购买剩余股份的权利。

第三,变更公司形式。收购行为完成后,被收购公司不再具备股份有限公司条件的,应当依法变更其企业形式。

二、股份转让限制

上市公司收购应该是出于对目标公司的控股或兼并目的，投机性的上市公司收购受到证券法的限制。因此，《证券法》第 75 条规定，在上市公司收购中，收购人持有的被收购的上市公司的股票，在收购行为完成后的 18 个月内不得转让。限制收购人在收购完成后的一定期限内转让股份，有利于保持目标公司股权结构的相对稳定，公司的经营能够正常进行。如果收购人刚刚获得了目标公司的控制权，又将其持有的股份转让，则可能具有明显的投机性。但是，如股份转让行为发生在同一实际控制人控制的不同主体之间，则不涉及上市公司实际控制权的转移，因而不受前述 18 个月的限制。

三、收购合并

如果投资者为公司法人，当该公司通过上市公司收购获取目标公司的控股权后，目标公司就成为收购公司的子公司，而收购公司则成为目标公司的母公司。收购公司通过已经取得的对目标公司的控股权，可以将目标公司合并。目标公司被合并后，其资产、负债以及所有者权益都应该转移到合并后存续的公司（收购公司）。被合并公司的原有股票应由收购人依法更换。对此，《证券法》第 76 条第 1 款规定，收购行为完成后，收购人与被收购公司合并，并将该公司解散的，被解散公司的原有股票由收购人依法更换。

四、报告与公告

《证券法》第 76 条第 2 款规定，收购行为完成后，收购人应当在 15 日内将收购情况报告国务院证券监督管理机构和证券交易所，并予公告。另外，《证券法》第 77 条规定，国务院证券监督管理机构依照本法制定上市公司收购的具体办法。上市公司分立或者被其他公司合并，应当向国务院证券监督管理机构报告，并予公告。

第五章　信息披露

一、信息披露概述

（一）信息披露的概念

信息披露（information disclosure）是指信息披露义务人按照法定要求将自身财务、经营以及其他相关联的情况向证券管理部门报告，并向社会公众投资者公告的信息公开制度。信息公开制度就是规定信息公开的内容、时间、方式、程序等事项的法律制度。

从证券发行、证券上市到证券交易期间，信息公开必须一直持续地进行，因此，信息披露包括证券发行时的信息公开、证券上市时的信息公开以及证券上市后的信息公开。信息披露义务人主要是指发行证券的上市公司，但《证券法》第78条第1款规定，发行人及法律、行政法规和国务院证券监督管理机构规定的其他信息披露义务人，应当及时依法履行信息披露义务。依本条规定，信息披露义务人，除发行人外，还包括法律、行政法规和国务院证券监督管理机构规定的其他信息披露义务人。

（二）信息披露的意义

充分的信息披露是证券法的基本原则之一。它要求公开发行、上市证券的公司和其他依法负有信息披露义务的人，按照有关法律、行政法规的要求披露信息，以维护证券市场的良好秩序，保护投资者的合法权益和社会公众的根本利益。信息披露的目的是使投资者对发行公司的资产与负债、财务状况、利润与权益、公司前景以及证券权益等方面的情况作出有信息依据的评估，从而在信息充分、均等的条件下作出投资决策。持续信息公开是证券市场的本质要求。

首先，信息披露有利于证券发行和交易价格的合理形成。由于发行公司的经营状况、财务状况和发展趋势公开化，便于投资者在全面了解情况的基础上作出投资决定，供求关系没有得到扭曲，市场也能够根据真实的供求关系形成合理的证券交易价格。

其次，信息披露有利于维护投资者利益。持续信息公开确保了交易地位较弱的广大投资者了解发行公司的最新信息，在平等的情况下作出投资决策，这样才能防止盲目投资，才能有效控制过度投机、欺诈、内幕交易等行为。

再次，信息披露有利于证券监督管理机构对市场的监督和管理。监管机构可以根据持续公开的信息，有针对性地监控、引导投资方向、规范投资行为、及时发现和查处违规违法的市场行为。

最后，信息披露还有利于发行公司自身改善经营管理。为了通过发行股票或公司债券以筹措资金，或者为了在市场竞争中占据有利地位，发行公司必然要争取以最佳的形象出现在社会上，并时刻受到广大股东和社会公众的监督，这将促使其全面加强经营管理，提高经济效益，自我约束、自我完善。

信息披露制度是各国证券法的重要内容，它贯穿于证券发行、上市与交易的整个过程之中。现行证券法则用专门一章对信息披露制度作了详细规定，可见我国证券立法对信息披露非常重视。

二、信息披露的要求和方式

(一)信息披露的要求

信息披露是证券法"三公原则"，即"公开、公平、公正"原则的具体体现。《证券法》第78条第2款规定，信息披露义务人披露的信息，应当真实、准确、完整，简明清晰，通俗易懂，不得有虚假记载、误导性陈述或者重大遗漏。证券同时在境内境外公开发行、交易的，其信息披露义务人在境外披露的信息，应当在境内同时披露。由此可见，信息披露应遵守以下基本要求：

其一，真实性要求，即公开的数据、资料必须真实可靠，不得有虚假或误导性陈述。

其二，准确性要求，即会计方式应统一，不能随意改动，内容表述应通俗易懂，不得故弄玄虚，或故意语义不详，引起歧义。

其三，完整性要求，即公开的信息必须全面，不得故意隐瞒或有重大遗漏。但法律、行政法规予以保护并允许不披露的商业秘密，证券主管机关在调查违法行为过程中获得的非公开信息以及依法可以不披露的其他信息除外。

其四，及时性要求，即与证券发行、上市或交易有关的信息应主动向证券监督管理机构报告，并依照规定时间及时公告，确保重要信息利用的平等性，防止内幕交易。

其五，简明性要求，即公开的信息在完整、真实、准确的前提下，应当尽量简单明了，使用的语言文字应通俗易懂，避免晦涩冗长的术语堆砌，便于投资者获取有效的信息。

其六，同时性要求，即证券同时在境内境外公开发行、交易的，其信息披露义务人在境外披露的信息，应当在境内同时披露。

(二)信息披露的方式

信息披露义务人公开有关信息，应符合法律、行政规章对信息公开的时间、方式和程序的要求。其一般程序是：

首先，证券上市交易的公司依规定制作信息公开文件，并依法报告或者公告报告。

其次，将信息公开文件摘要或概要刊登在指定报刊上，即在国家有关部门规定的专门性报刊中自行选择至少一家披露信息(含证券交易所报刊)，但指定报刊不能晚于非指定报刊披露，在不同报刊上披露同一信息的文字应一致。

最后，将信息公开文件及备查文件置于规定地点供公众查阅。

《证券法》第86条规定依法披露的信息，应当在证券交易场所的网站和符合国务院证券监督管理机构规定条件的媒体发布，同时将其置备于公司住所、证券交易场所，供社会公众查阅。

三、信息披露的内容

(一)招股说明书

招股说明书，又称招股章程，是股份有限公司以公开募集方式设立时，由发起人制定、证券监督管理机构核准、记载公司主要事项及招股情况的公开文件。《公司法》第86条、第87条要求发起人向社会公开募集股份时，应制作并公告招股说明书，并依法记载相关内容，包括发起人认购的股份数、每股的票面金额和发行价格、无记名股票的发行总数、募集资金的用途、认股人的权利义务以及本次募股的起止期限及逾期未募足时认股人可撤回认购股份的说明。同时,《证券法》第 11 条要求发行人向国务院证券监督管理机构报送的文件中必须包括招股说明书。

（二）债券募集办法

公司债券募集办法,又称公司债券募集章程,是指由公司制定、证券监督管理机构核准、记载公司主要事项及发行公司债有关情况的文件。《公司法》第 154 条要求发行公司债券的申请经国务院授权部门核准后,应当公告公司债券募集办法。公司债券募集办法的内容包括公司名称、债券募集资金的用途、债券总额和债券的票面金额、债券利率的确定方式、还本付息的期限和方式、债券担保情况、债券的发行价格、发行的起止日期、公司净资产额、已发行尚未到期的公司债券总额、公司债券的承销机构。同时,《证券法》第 16 条要求发行人为申请公开发行公司债券而向国务院授权的部门或者证券监督管理机构报送的文件中必须包括公司债券募集办法。

（三）定期报告

定期报告包括年度报告和中期报告。《证券法》第 79 条规定,上市公司、公司债券上市交易的公司、股票在国务院批准的其他全国性证券交易场所交易的公司,应当按照国务院证券监督管理机构和证券交易场所规定的内容和格式编制定期报告,并按照以下规定报送和公告:(1)在每一会计年度结束之日起 4 个月内,报送并公告年度报告,其中的年度财务会计报告应当经符合本法规定的会计师事务所审计;(2)在每一会计年度的上半年结束之日起 2 个月内,报送并公告中期报告。

（四）临时报告

1. 股票临时报告

《证券法》第 80 条第 1 款规定,发生可能对上市公司、股票在国务院批准的其他全国性证券交易场所交易的公司的股票交易价格产生较大影响的重大事件,投资者尚未得知时,公司应当立即将有关该重大事件的情况向国务院证券监督管理机构和证券交易场所报送临时报告,并予公告,说明事件的起因、目前的状态和可能产生的法律后果。

《证券法》第 80 条第 2 款规定,前款所称重大事件包括:(1)公司的经营方针和经营范围的重大变化;(2)公司的重大投资行为,公司在 1 年内购买、出售重大资产超过公司资产总额 30%,或者公司营业用主要资产的抵押、质押、出售或者报废一次超过该资产的 30%;(3)公司订立重要合同、提供重大担保或者从事关联交易,可能对公司的资产、负债、权益和经营成果产生重要影响;(4)公司发生重大债务和未能清偿到期重大债务的违约情况;(5)公司发生重大亏损或者重大损失;(6)公司生产经营的外部条件发生的重大变化;(7)公司的董事、1/3 以上监事或者经理发生变动,董事长或者经理无法履行职;(8)持有公司 5% 以上股份的股东或者实际控制人持有股份或者控制公司的情况发生较大变化,公司的实际控制人及其控制的其他企业从事与公司相同或者相似业务的情况发生较大变化;(9)公司分配股利、增资的计划,公司股权结构的重要变化,公司减资、合并、分立、解散及申请破产的决定,或者依法进入破产程序、被责令关闭;(10)涉及公司的重大诉讼、仲裁,股东大会、董事会决议被依法撤销或者宣告无效;(11)公司涉嫌犯罪被依法立案调查,公司的控股股东、实际控制人、董事、监事、高级管理人员涉嫌犯罪被依法采取强制措施;(12)国务院证券监督管理机构规定的其他事项。

公司的控股股东或者实际控制人对重大事件的发生、进展产生较大影响的,应当及时将其知悉的有关情况书面告知公司,并配合公司履行信息披露义务。

2. 公司债券临时报告

《证券法》第 81 条第 1 款规定，发生可能对上市交易公司债券的交易价格产生较大影响的重大事件，投资者尚未得知时，公司应当立即将有关该重大事件的情况向国务院证券监督管理机构和证券交易场所报送临时报告，并予公告，说明事件的起因、目前的状态和可能产生的法律后果。

《证券法》第 81 条第 2 款规定，前款所称重大事件包括：(1)公司股权结构或者生产经营状况发生重大变化；(2)公司债券信用评级发生变化；(3)公司重大资产抵押、质押、出售、转让、报废；(4)公司发生未能清偿到期债务的情况；(5)公司新增借款或者对外提供担保超过上年末净资产的 20%；(6)公司放弃债权或者财产超过上年末净资产的 10%；(7)公司发生超过上年末净资产 10% 的重大损失；(8)公司分配股利，作出减资、合并、分立、解散及申请破产的决定，或者依法进入破产程序、被责令关闭；(9)涉及公司的重大诉讼、仲裁；(10)公司涉嫌犯罪被依法立案调查，公司的控股股东、实际控制人、董事、监事、高级管理人员涉嫌犯罪被依法采取强制措施；(11)国务院证券监督管理机构规定的其他事项。

四、违反信息披露要求的责任

(一)民事责任

《证券法》第 82 条规定，发行人的董事、高级管理人员应当对证券发行文件和定期报告签署书面确认意见。发行人的监事会应当对董事会编制的证券发行文件和定期报告进行审核并提出书面审核意见。监事应当签署书面确认意见。发行人的董事、监事和高级管理人员应当保证发行人及时、公平地披露信息，所披露的信息真实、准确、完整。董事、监事和高级管理人员无法保证证券发行文件和定期报告内容的真实性、准确性、完整性或者有异议的，应当在书面确认意见中发表意见并陈述理由，发行人应当披露。发行人不予披露的，董事、监事和高级管理人员可以直接申请披露。《证券法》第 85 条规定，信息披露义务人未按照规定披露信息，或者公告的证券发行文件、定期报告、临时报告及其他信息披露资料存在虚假记载、误导性陈述或者重大遗漏，致使投资者在证券交易中遭受损失的，信息披露义务人应当承担赔偿责任；发行人的控股股东、实际控制人、董事、监事、高级管理人员和其他直接责任人员以及保荐人、承销的证券公司及其直接责任人员，应当与发行人承担连带赔偿责任，但是能够证明自己没有过错的除外。关于信息披露的虚假陈述责任，参见前面第三章第三节“证券欺诈及其他禁止的交易行为”中的介绍。

(二)行政责任

《证券法》第 181 条规定，发行人在其公告的证券发行文件中隐瞒重要事实或者编造重大虚假内容，尚未发行证券的，处以 200 万元以上 2000 万元以下的罚款；已经发行证券的，处以非法所募资金金额 10% 以上 1 倍以下的罚款。对直接负责的主管人员和其他直接责任人员，处以 100 万元以上 1000 万元以下的罚款。

发行人的控股股东、实际控制人组织、指使从事前款违法行为的，没收违法所得，并处以违法所得 10% 以上 1 倍以下的罚款；没有违法所得或者违法所得不足 2000 万元的，处以 200 万元以上 2000 万元以下的罚款。对直接负责的主管人员和其他直接责任人员，处以 100 万元以上 1000 万元以下的罚款。

《证券法》第 182 条规定，保荐人出具有虚假记载、误导性陈述或者重大遗漏的保荐书，或者不履行其他法定职责的，责令改正，给予警告，没收业务收入，并处以业务收入 1 倍以上 10 倍以下的罚款;没有业务收入或者业务收入不足 100 万元的,处以 100 万元以上 1000 万元以下的罚款;情节严重的,并处暂停或者撤销保荐业务许可。对直接负责的主管人员和其他直接责任人员给予警告,并处以 50 万元以上 500 万元以下的罚款。

《证券法》第 197 条规定,信息披露义务人未按照本法规定报送有关报告或者履行信息披露义务的,责令改正,给予警告,并处以 50 万元以上 500 万元以下的罚款;对直接负责的主管人员和其他直接责任人员给予警告,并处以 20 万元以上 200 万元以下的罚款。发行人的控股股东、实际控制人组织、指使从事上述违法行为,或者隐瞒相关事项导致发生上述情形的,处以 50 万元以上 500 万元以下的罚款;对直接负责的主管人员和其他直接责任人员,处以 20 万元以上 200 万元以下的罚款。

信息披露义务人报送的报告或者披露的信息有虚假记载、误导性陈述或者重大遗漏的,责令改正,给予警告,并处以 100 万元以上 1000 元以下的罚款;对直接负责的主管人员和其他直接责任人员给予警告,并处以 50 万元以上 500 万元以下的罚款。发行人的控股股东、实际控制人组织、指使从事上述违法行为,或者隐瞒相关事项导致发生上述情形的,处以 100 万元以上 1000 万元以下的罚款;对直接负责的主管人员和其他直接责任人员,处以 50 万元以上 500 万元以下的罚款。

五、公平披露与自愿披露

《证券法》第 83 条规定,信息披露义务人披露的信息应当同时向所有投资者披露,不得提前向任何单位和个人泄露。但是,法律、行政法规另有规定的除外。任何单位和个人不得非法要求信息披露义务人提供依法需要披露但尚未披露的信息。任何单位和个人提前获知的前述信息,在依法披露前应当保密。

《证券法》第 84 条规定,除依法需要披露的信息之外,信息披露义务人可以自愿披露与投资者作出价值判断和投资决策有关的信息,但不得与依法披露的信息相冲突,不得误导投资者。发行人及其控股股东、实际控制人、董事、监事、高级管理人员等作出公开承诺的,应当披露。不履行承诺给投资者造成损失的,应当依法承担赔偿责任。

六、对信息披露的监督

《证券法》第 87 条规定,国务院证券监督管理机构对信息披露义务人的信息披露行为进行监督管理。证券交易场所应当对其组织交易的证券的信息披露义务人的信息披露行为进行监督,督促其依法及时、准确地披露信息。

第六章　投资者保护

第一节　投资者保护概述

一、投资者保护的意义

投资者是证券市场的参与主体,证券投资者是指在二级证券市场上买卖证券的人。保护投资者合法权益是证券法治建设的根本任务,也是资本市场持续健康发展的重要基础。我国证券法将"保护投资者合法权益"列为立法目的,表明投资者保护对于证券市场具有重要意义。为了落实投资者保护的目标,2020 年 3 月 1 日实施的证券法增设"投资者保护"专章,具体规定了投资者适当性制度、表决权征集制度、现金股利制度、债券持有人会议制度、债券受托管理人制度,以及包括先行赔付、证券调解、支持诉讼、代表人诉讼和集体诉讼在内的多元纠纷解决机制,以保障证券投资者合法权益。

二、普通投资者与专业投资者

《证券法》第 89 条规定,根据财产状况、金融资产状况、投资知识和经验、专业能力等因素,投资者可以分为普通投资者和专业投资者。[1] 专业投资者的标准由国务院证券监督管理机构规定,符合下列条件之一的是专业投资者:

第一,经有关金融监管部门批准设立的金融机构,包括证券公司、期货公司、基金管理公司及其子公司、商业银行、保险公司、信托公司、财务公司等;经行业协会备案或者登记的证券公司子公司、期货公司子公司、私募基金管理人。

第二,上述机构面向投资者发行的理财产品,包括但不限于证券公司资产管理产品、基金管理公司及其子公司产品、期货公司资产管理产品、银行理财产品、保险产品、信托产品、经行业协会备案的私募基金。

第三,社会保障基金、企业年金等养老基金,慈善基金等社会公益基金,合格境外机构投资者(QFII)、人民币合格境外机构投资者(RQFII)。

第四,同时符合下列条件的法人或者其他组织:(1)最近 1 年末净资产不低于 2000 万元;(2)最近 1 年末金融资产不低于 1000 万元;(3)具有 2 年以上证券、基金、期货、黄金、外汇等投资经历。

---

[1] 美国《1933 年证券法》、《1934 年证券交易法》和《1940 年投资公司法》将投资者分为获许投资者(Accredited Investor)、合格投资者(Qualified Investor)、合格购买者(Qualified Purchaser)等;欧盟《金融工具市场指引》将金融投资者分为零售客户、专业客户(Professional Client)和合格交易对手(Eligible Counterpart)三类。

第五，同时符合下列条件的自然人：(1)金融资产不低于500万元，或者最近3年个人年均收入不低于50万元；(2)具有2年以上证券、基金、期货、黄金、外汇等投资经历，或者具有2年以上金融产品设计、投资、风险管理及相关工作经历，或者属于本条第(1)项规定的专业投资者的高级管理人员、获得职业资格认证的从事金融相关业务的注册会计师和律师。

专业投资者之外的投资者为普通投资者。普通投资者和专业投资者在一定条件下可以互相转化。普通投资者在信息告知、风险警示、举证责任等方面享有特别保护。如经营机构负有向普通投资者销售产品或提供服务前告知特定事项的义务；向普通投资者销售高风险产品或者提供相关服务，应当履行特别的注意义务；经营机构向普通投资者进行告知警示时，应当全过程录音或录像或采取其他留痕措施；禁止向普通投资者主动推介高于其风险承受能力或不符合其投资目标的产品或服务。《证券法》第89条规定，普通投资者与证券公司发生纠纷的，证券公司应当证明其行为符合法律、行政法规以及国务院证券监督管理机构的规定，不存在误导、欺诈等情形。证券公司不能证明的，应当承担相应的赔偿责任。第94条规定，普通投资者与证券公司发生证券业务纠纷，普通投资者提出调解请求的，证券公司不得拒绝。

三、投资者适当性

为保护投资者合法权益，引导投资者理性参与证券投资，加强对市场创新风险的管控，促进证券市场健康发展，《证券法》第88条规定了投资者适当性制度。即证券公司向投资者销售证券、提供服务时，应当按照规定充分了解投资者的基本情况、财产状况、金融资产状况、投资知识和经验、专业能力等相关信息；如实说明证券、服务的重要内容，充分揭示投资风险；销售、提供与投资者上述状况相匹配的证券、服务。证券公司违反前款规定，导致投资者损失的，应当承担相应的赔偿责任。同时，《证券法》第198条规定，证券公司违反本法第88条的规定未履行或者未按照规定履行投资者适当性管理义务的，责令改正，给予警告，并处以10万元以上100万元以下的罚款。对直接负责的主管人员和其他直接责任人员给予警告，并处以20万元以下的罚款。

投资者适当性制度是现代金融服务的基本原则和要求，也是资本市场的一项基本制度。这一制度最早规定在美国全国证券交易商协会的自律规范中，要求证券证券公司(主要是经纪商)要在对证券进行合理调查的基础上，向客户推荐符合其投资目的和投资需求的证券。我国证券法确立投资者适当性制度之前，证券监督管理机构、交易所、行业协会就通过制定行政法规、规章和行业自律性规定，在创业板、股转系统、金融期货、融资融券、私募基金等方面引入了这一制度。

投资者适当性制度要求经营者在销售产品或者提供服务的过程中，勤勉尽责，审慎履职，全面了解投资者情况，深入调查分析产品或者服务信息，科学有效评估，充分揭示风险，基于投资者的不同风险承受能力以及产品或者服务的不同风险等级等因素，提出明确的适当性匹配意见，将适当的产品或者服务销售或者提供给适合的投资。根据这一要求，投资者适当性主要包括“了解证券”、“了解客户”和“匹配意见”三个方面的核心内容。

所谓“了解证券”，是指证券公司向投资者销售证券、提供服务时，应当充分了解、深入分析所销售产品或者所提供服务的信息，根据风险特征和程度进行科学有效评估，对销售的产品或者提供的服务划分风险等级，并向投资者如实说明证券和服务的重要内容，充分揭示投资风险。此外，“了解证券”规则还应包括经营机构应当独立推荐证券或服务，避免利益冲突[2]。

---

[2] Thomas Lee Hazen, The Law of Securities Regulation, Thomson West, 2006, p. 672.

所谓“了解客户”，是指证券公司向投资者销售证券、提供服务时，不仅要了解所销售的证券和提供的服务，还应当按照规定充分了解投资者的基本情况、财产状况、金融资产状况、投资知识和经验、专业能力等必要信息，销售与投资者风险承受能力相匹配的产品，将适当的产品或服务销售或者提供给适合的投资者。当然，投资者也有提供相关信息的义务。《证券法》第88条第2款规定，投资者在购买证券或者接受服务时，应当按照证券公司明示的要求提供前款所列真实信息。拒绝提供或者未按照要求提供信息的，证券公司应当告知其后果，并按照规定拒绝向其销售证券、提供服务。

所谓“匹配意见”，是指证券公司基于投资者的不同风险承受能力以及产品或者服务的不同风险等级等因素，提出明确的适当性匹配意见，将适当的产品或者服务销售或者提供给适合的投资者。譬如，不得向投资者推荐过量的证券产品或服务，不得利用投资者账户从事过度的频繁交易(excessive trading or churning)等。当然，经营机构的适当性匹配意见不表明其对产品或者服务的风险和收益做出实质性判断或者保证。

投资者适当性制度实际上是要求金融机构向投资者销售证券、提供服务时做到“卖者尽责”，是法律为证券公司和其他提供金融产品和服务的经营机构设置的适当性义务，与投资者在购买证券或者接受其他金融产品和服务时应当“买者自负”原则共同构建了证券和其他金融产品和服务交易的基本风险与责任原则。一方面，证券交易活动实行公开、公平、公正和投资者投资决策自主、投资风险自担的原则。投资者在证券投资活动中因证券市场波动或投资产品价值本身发生变化所导致的损失，由投资者自行负担。另一方面，证券经营机构也要遵守投资者适当性义务的要求，在了解证券和了解投资者的基础上，将合适的证券或服务推介给合适的投资者，如实告知证券或服务的主要内容和投资风险，投资者才能依据证券机构提供的信息和警示自主决策，避免被不当劝诱或盲目决策导致的损失。

第二节　表决代理权征集制度

一、表决代理权征集概述

表决代理权征集(solicitation of proxies)，是指代理人主动征集表决代理权的行为，即代理人请求股东授予表决代理权的行为。征集表决权代理的方式是将已经格式化的征集书发送给股东，经股东签章后，由征集代理权的代理人行使表决权。征集人可以是任何具有民事行为能力的人，在公司实践中，实际上通常是公司管理层，或者是公司的反对股东(insurgents)。

表决权代理本来是代理制度的一种形式，无非是为了补充股东个人的能力或扩张意思自治而采用的一种工具。然而，当表决代理权运用于主动征集情形，则可能达到与其一般目的完全不一样的效果，可用作一种争夺控制权的工具。同时，由于这种工具的中性作用，不仅对公司管理层有异议的股东可以采用这种方式反对，甚至改选现任管理层，公司管理层也可以利用这种方式来维护自己的地位，并形成所谓的“表决代理权竞争”(proxy contest)。由此可见，表决代理权的征集具有化腐朽(一般代理)为神奇(用于争夺公司控制权)的效果。此外，表决代理权的征集还可以作为一种确保股东会议满足法定人数要求的手段。因为在股份持有比较分散的公众公司中,许多公众股东对于参加公司股东会议没有多大兴趣,往往放弃行使表决权。但是,如果采用主动征集方式,则可以征集到本来没有打算行使表决权的股东的表决权。

表决代理权固然具有上述意义的积极性,但也可能导致股东(大)会虚设,因为公司管理层可以利用这一工具来维持、巩固自己的地位而逃避股东会对其业绩的考察。可以说,这一制度无异于一把"双刃剑"。因此,如何在保障这一制度的积极功能的前提下抑制其负面作用,就成为表决权代理征集制度关心的重要问题。

我国证券法将表决代理权征集规定在投资者保护一章内,其目的非常明显,即希望利用这种方式作为保护广大中小投资者利益的一种手段。

二、表决代理权的征集

我国《证券法》第 90 条第 1 款规定上市公司董事会、独立董事、持有 1% 以上有表决权股份的股东或者依照法律、行政法规或者国务院证券监督管理机构的规定设立的投资者保护机构(以下简称投资者保护机构),可以作为征集人,自行或者委托证券公司、证券服务机构,公开请求上市公司股东委托其代为出席股东大会,并代为行使提案权、表决权等股东权利。

由本条规定可知,可以征集表决代理权的人有三类:一是董事会、独立董事;二是股东,但限定于持有 1% 表决权的股东;三是投资者保护机构,此种机构是法律、行政法规或者国务院证券监督管理机构的规定设立的。征集人可以自行向上市公司股东征集,也可以委托证券公司、证券服务机构进行征集。征集人获得上市公司股东授权后,即可代理股东出席股东大会,并代理其行使股东提案权、表决权等股东权利。

《证券法》第 90 条第 2 款规定,依照前款规定征集股东权利的,征集人应当披露征集文件,上市公司应当予以配合。表决代理权的征集应以公开的方式进行,即征集人应"公开请求"上市公司授予其代理权。因此,征集表决代理权的人须向受征集的股东提供表决代理权征集书(proxy statement)。从法律关系分析,征集书的发送实际上是征集人的劝诱,构成委任契约的要约,受征集的股东签章后将征集书送还构成委任契约的承诺。征集书经被征集的股东签章并交付后委任契约成立,征集人取得代理权并承担受信义务。

在表决代理征集书中应当披露法律所要求的信息,这一要求表明股东只有在获得充分信息的情况下才可能将其表决权授予他人行使,而表决代理征集书披露的内容则是股东了解公司事务的主要信息来源。

一般来说,征集表决代理权的征集书均应当提供股东会议、股东表决权以及代理人的信息。在以管理层名义征集代理权的情况下,表决代理权征集书中还必须包括待选举的董事候选人,董事会的结构和运作,董事会成员的利益冲突,以及管理者报酬等。公司为选举而召开股东年会所作出的表决权代理声明中还必须提交年度报告,包括公司的财务报告。

《证券法》第 90 条第 3 款禁止以有偿或者变相有偿的方式公开征集股东权利,有偿收购表决代理权被认为不具有法律效力。这是因为,首先,股东表决权本身具有不可转让性,不能与股权相分离而转让。其次,表决权的有偿收购构成对公共政策的违反,损害其他股东的利益。

三、违法违规征集的法律责任

《证券法》第 90 条第 4 款规定,公开征集股东权利违反法律、行政法规或者国务院证券监督管理机构有关规定,导致上市公司或者其股东遭受损失的,应当依法承担赔偿责任。第 199 条规定,违反本法第 90 条的规定征集股东权利的,责令改正,给予警告,可以处 50 万元以下的罚款。

征集过程中的违法违规行为是指,公开征集表决权的人不符合法定征集人的条件,在公开征集表决权的过程中未披露征集文件或征集文件存在虚假陈述,有偿收购表决代理权或者其他违反法律、行政法规、国务院证券监督管理规定的行为。其中虚假陈述是指表决代理权征集人在征集表决代理权的过程中存在错误陈述(false statement)、误导性陈述(misleading statement)或者重大遗漏(omission)。

第三节 现金股利制度

一、现金股利制度的概念

上市公司为股东提供的回报包括股利分红和公司价值的提升两部分。上市公司的股利分红一般包括派发现金股利和股票股利两种形式。现金股利是指以现金的形式为股东分红,又称派息。股票股利是指以股票的形式为股东分红,又称送股,即将本年度应分配的利润并非直接以现金的方式发放给股东,而是转换成新股,按照股东的持股比例进行分配。股票股利的分红方式可以将公司本年度的盈余转化为新的股本,留存在公司作为资本金方便再投资。

此外,转增与送股的方式较为相似,都是为原股东配售股份,但两者存在本质的不同。一是转增中增发的新股来源于公司资本公积金,而送股则来自扣除公积金之后的盈余利润。二是转增不受公司是否盈利的限制,在会计账目上表现为资本公积金减少,注册资本相应增加,本质上不属于分红回报的范畴。公司价值的提升在证券市场上表现为股票价格的上涨,投资者可以藉此通过出售股票获取差价。

上市公司一般可以选择以下四种现金分红政策。(1)固定金额政策:确定在未来一段期间内每年发放的现金红利为固定金额。(2)固定比率政策:按实现的可分配利润的固定比例发放现金红利。(3)超额股利政策:在按固定金额政策或固定比率政策支付股利的基础上,如同时满足利润增长和可支配现金增加等条件时,向股东附加发放额外现金红利。(4)剩余股利政策:上市公司根据未来投资项目和资金来源测算出所需的内部筹资额,从未分配利润中予以扣除后,将剩余的未分配利润作为现金红利分配给股东。

二、我国的现金股利制度

《证券法》第 91 条规定,上市公司应当在章程中明确分配现金股利的具体安排和决策程序,依法保障股东的资产收益权。上市公司当年税后利润,在弥补亏损及提取法定公积金后有盈余的,应当按照公司章程的规定分配现金股利。

我国公司法规定公司股东依法享有资产收益等权利,资产收益的权利主要指股东的股利分配请求权和剩余财产分配请求权。股利分配请求权是股东对自己的投资回报所享有的期待权,要实现这一权利,需要满足公司有盈利、弥补公司亏损、提取法定公积金这三个条件后仍有盈余,才可能进行股利分配。但是,我国证券市场经常存在部分上市公司不分配股利或仅象征性地分配少量股利的现象,股东的投资回报难以得到保障。

为保证投资者资产收益的权利，我国证券监督管理机构从2001年就陆续出台一系列鼓励上市公司采取现金股利分红的政策。

证券法沿袭了证券市场长期以来股利分红政策，规定了上市公司应当在章程中明确分配现金股利的具体安排和决策程序。该条的规定一方面将分配现金股利的具体安排和决策程序划入公司章程的强制记载事项；另一方面，也将现金股利的具体安排和决策程序纳入上市公司的自治范畴，交由上市公司自主决策。当然，证券监督管理机构和证券交易所也对上市公司现金分红的制度设计提供了若干规定和指引。

三、现金股利制度的意义

法律规定现金股利的目的在于：

第一，上市公司分配现金股利是为投资者提供良好回报的基础。现金股利和出售股份是股东投资回报变现的两大渠道，相对于短线投机，现金股利制度有利于引导投资者建立理性投资、长期投资和价值投资的理念。

第二，上市公司分配现金股利有利于树立良好的市场形象，方便公司再融资。上市公司分配现金股利从留存利润中派发现金股利，往往说明该公司的每股现金流量较高，财务会计状况良好，可以向市场传达出公司发展稳健的积极信号。同时，投资者提供相对稳定、可预期的现金回报，有利于吸引长期资金类机构投资者，也有利于获得相对合理、稳健的市场估值。

第三，上市公司分配现金股利是公司治理的内在要求。投资者保护作为公司治理的重要内容，现金分红是实现投资回报的重要形式，也是股东分享公司经营成果最直接的形式。现金分红可以有力地保护股东利润分配请求权，维护股东利益。另外，偏好长期投资和价值投资的股东积极地参与公司决策，关注公司的发展，有利于推动公司治理的完善。

第四，上市公司分配现金股利，建立持续稳定科学的回报机制，不仅能增加投资者对证券市场的信心，而且有助于形成长期资金入市与现金分红的良性互动，增强资本市场活力和吸引力，促进资本市场健康稳定发展。

需要注意的是，现金分红固然有利于保护投资者合法权益，但高额的现金分红可能伴随着大股东的变相减持，另外现金分红导致公司留存利润减少，消耗公司现金流，尤其是可能会影响成长型或竞争行业上市公司的发展。

第四节　债券持有人会议与债券受托管理人制度

《证券法》第92条规定，公开发行公司债券的，应当设立债券持有人会议，并应当在募集说明书中说明债券持有人会议的召集程序、会议规则和其他重要事项。

公开发行公司债券的，发行人应当为债券持有人聘请债券受托管理人，并订立债券受托管理协议。受托管理人应当由本次发行的承销机构或者其他经国务院证券监督管理机构认可的机构担任，债券持有人会议可以决议变更债券受托管理人。债券受托管理人应当勤勉尽责，公正履行受托管理职责，不得损害债券持有人利益。

债券发行人未能按期兑付债券本息的，债券受托管理人可以接受全部或者部分债券持有人的委托，以自己名义代表债券持有人提起、参加民事诉讼或者清算程序。

一、债券持有人会议与债券受托管理人制度概述

公司债券因其独特的制度规则，在投资者保护方面，有建立债券持有人会议与债券受托管理人制度的必要。

首先，公司债券的期限长，大多属于中长期负债，动辄3—7年期。在这期间，市场环境变化较大，公司存在经营风险，导致公司债券的信用风险和利润风险增加。其次，面向公众发行的公司债券发行数量巨大，所涉及的投资者众多，但每个债券持有人的利益有限，一旦发生公司损害债券持有人利益的情况，单个债券持有人的维权成本高，渠道有限，导致维权激励不足。最后，相较于股东，债券持有人没有参与公司重大决策和选择管理者的权利，再加之多数债券持有人不关心或没有能力关注公司的经营管理。建立债券持有人会议与债券受托管理人制度势在必行。

债券持有人会议制度与债券受托管理人制度，最初是不同立法例用来解决公司债券持有人团体化的方案。一般来说，英美法系国家运用信托理念构建公司债信托制度，也即债券受托管理人制度，由发行公司与受托人成立信托契约，受托人根据信托契约接受发行公司的委托，为应募人的利益监督公司履行债券发行事项的情况。大陆法系国家则以全体同期债券持有人组成债券持有人会议这一非常设组织的方式，进行公司债券事项的管理。我国证券法兼采两种制度，为债券持有人的合法权益提供双重保障。

二、债券持有人会议制度

（一）债权人会议的概念

债券持有人会议是指由全体同期公司债券持有人组成，以维护公司债券持有人共同利益，表达债券持有人集体意志为目的，就涉及全体同期债券持有人共同利益的重大事项，依法进行审议和表决的组织。其内涵主要包括以下几个方面：

1. 债券持有人会议的成员是全体同期债券持有人。只有持有同期发行的债券的持有人之间才具有紧密的共同利害关系，才能就重大事项进行集体决策。

2. 债券持有人会议的目的是维护同期公司债券持有人共同利益，表达债券持有人集体意志。经债权登记确认债权后，债券持有人及其代理人都有权出席会议并行使表决权。所持的每一债券最低面额为一表决权。对在债券期限内可能影响持有人权益的重大情形，债券持有人会议进行表决，表决结果一般采多数决的形式。

3. 债券持有人会议的决议对全体同期债券持有人有同等效力和约束力。无论债券持有人是否出席或是否赞同议案，只要决议通过，视同全体同期债券持有人同意该决议，对全体持有人产生约束力。

4. 债券持有人会议并非公司常设机构。只有在法律规定或募集说明书约定的情形下，按照法定或约定的召集程序，才能召开持有人会议。

（二）债券持有人会议的召开与表决

1. 召开条件

《证券法》第92条第1款规定，公开发行公司债券的，应当设立债券持有人会议，并应当在募集说明书中说明债券持有人会议的召集程序、会议规则和其他重要事项。

债券募集说明书是债券发行与交易中发行人信息披露的重要文件,规定了发行人基本情况、债券基本信息、投资者基本权利义务、争议解决方式等重要内容。证券法并未规定债券持有人会议召开的条件,而是由募集说明书约定此类事项。

一般而言,发行人与受托管理人应当按照保护债券持有人利益的原则,制定债券持有人会议规则。需召集债券持有人会议的事项一般包括:(1)拟变更债券募集说明书;(2)修改债券持有人会议规则;(3)拟变更债券受托管理人或者受托管理协议的主要内容;(4)发行人减资、合并、分立、解散、申请破产或不能按期支付本息;(5)偿债担保措施发生重大变化;(6)发行人、单独或合计持有本期债券总额10%以上的债券持有人书面提议召开;(7)法律法规规定或者募集说明书中约定其他等可能影响债券持有人重大权益,应当召开持有人会议的情形。

2. 召集程序与表决程序

债券持有人会议的召集人由发行人在募集说明书中约定。满足募集说明书规定的召开条件时,召集人负责组织召开持有人会议,征求和收集债券持有人对重大事项的意见,履行信息披露、文件制作、档案保存等职责。

召集人在持有人会议召开前应在监管机构或行业协会认可的渠道发布召开持有人会议的公告,将议案发送至有所有有参会资格的债券持有人,并可以邀请发行人、律师、信用评级机构等重要关联方发表意见。

债券持有人会议的出席比例、决议程序和决议比例等会议规则由债券募集办法规定。

(三)制度意义

债券持有人会议制度克服了债券持有人因债权分散和维权成本高昂带来的激励不足的问题,提供了债券持有人集体行动的机制,有利于保护债券持有人合法权益。同时也搭建了发行人与债券持有人之间的协商平台,减少沟通成本。与股东大会制度相似,债券持有人会议制度并非常设机构,出席和表决达不到规定的比例要求,就无法发挥其保护投资者的功能。另外,多数决的制度也存在被操纵和滥用,侵害少数债券持有人利益的风险。

三、债券受托管理人制度

(一)债券受托管理人的概念

公司发行公司债时,可以由发行公司与受托管理人订立信托契约。受托管理人一般以金融或者信托机构为限,如银行、信托公司或者证券公司等。受托管理人根据信托契约,接受发行公司的委托,为债券持有人的利益,享有核查、监督公司履行公司债发行事项的权利。这就是债券受托管理人制度,发行人与受托管理人订立的信托契约即债券受托管理协议。

(二)债券受托管理人的选任与变更

《证券法》第92条第2款规定,公开发行公司债券的,发行人应当为债券持有人聘请债券受托管理人,并订立债券受托管理协议。受托管理人应当由本次发行的承销机构或者其他经国务院证券监督管理机构认可的机构担任,债券持有人会议可以决议变更债券受托管理人。

其中,“其他经国务院证券监督管理机构”包括持有金融许可证的金融资产管理公司、已取得公司债券承销商业务资质的信托公司、具备债券业务经验的律师事务所及其他专业机构。发行人应当在债券募集说明书中披露受托管理人基本情况及受托协议的主要内容,并在显著位置提示投资人认购或持有本期债券视作同意受托协议。

（三）债券受托管理人的权利

债券受托管理人享有以下权利：

1. 债券受托管理人有权按照债券受托管理协议的约定收取受托管理报酬以及因履行受托管理职责而产生的费用。

2. 债券受托管理人对履行受托管理职责所需的信息享有知情权。发行人、主承销商及其他中介机构应按照受托管理人的要求及时提供其履行受托管理职责所必需的信息和材料。

3. 债券募集说明书或者债券受托管理协议中约定的债券受托管理人享有的其他权利。

（四）债券受托管理人的职责

债券受托管理人应当勤勉尽责，公正履行受托管理职责，不得损害债券持有人利益。一般来说，债券受托管理人的受托管理职责主要包括以下几个方面的内容：

1. 持续关注和监督调查。了解发行人的经营状况、财务状况、资信状况、增信措施的有效性及偿债保障措施的执行情况，以及可能影响债券持有人重大权益的事项，督促发行人履行还本付息义务；监督发行人债券募集资金的使用情况；持续督导发行人履行有关承诺及信息披露义务。

2. 妥善保存文件资料。债券受托管理人应当在法定或约定的期限内，妥善保管其履行受托管理事务的所有文件档案及电子资料。

3. 召集债券持有人会议。出现可能影响债券持有人重大权益或者其他约定情形时，根据规定和约定召集债券持有人会议。

4. 处理谈判、诉讼与债券违约风险化解处置等事务。勤勉处理债券持有人与发行人之间的谈判或者诉讼等事务；发行人预计或者已经不能偿还债务时，根据相关规定、约定或者债券持有人的授权进行处理。如《证券法》第 95 条第 3 款规定，债券发行人未能按期兑付债券本息的，债券受托管理人可以接受全部或者部分债券持有人的委托，以自己名义代表债券持有人提起、参加民事诉讼或者清算程序。

5. 定期和不定期向市场公告受托管理事务报告。

6. 妥善安排除债券正常到期兑付外被终止上市后，债券登记、托管及转让等事项。

7. 其他法定或约定的职责。法律法规规定或者募集说明书以及受托管理协议约定的应当履行的其他职责。

（五）债券受托管理人的法律责任

债券受托管理人对债券持有人负有受信义务，一方面，债券受托管理人应当勤勉尽责，以适当的注意履行受托管理职责，以免债券持有人的利益受到损害。另一方面，债券受托管理人应当忠实地履行受托管理职责，不得将自己的利益置于债券持有人利益之上，不得损害债券持有人利益。证券法规定本期债券的承销机构可以担任受托管理人，实践中也可能存在其他影响债券受托管理人公正履行受托职责的利益冲突情况，证券业协会、中国银行间市场交易商协会等均有发布自律性文件，采取限制受托管理人的选任范围，建立业务“防火墙”，完善利益冲突事项信息披露等措施，防范利益冲突。

由于债券受托管理人违反受信义务，致使债券持有人遭受损失，应当承担损害赔偿等违信责任。

第五节　先行赔付制度

一、先行赔付制度概述

证券市场先行赔付制度是指发行人在证券发行过程中欺诈发行，或者上市公司在持续信息披露过程中作出虚假不实陈述或者其他重大违法行为，给投资者造成损失时，由赔付主体在司法审判之前，先行垫资对投资者进行赔偿，再向其他责任人追偿的制度。《证券法》第 93 条规定，发行人因欺诈发行、虚假陈述或者其他重大违法行为给投资者造成损失的，发行人的控股股东、实际控制人、相关的证券公司可以委托投资者保护机构，就赔偿事宜与受到损失的投资者达成协议，予以先行赔付。先行赔付后，可以依法向发行人以及其他连带责任人追偿。

证券市场先行赔付制度是推进证券民事赔偿制度建设的重要内容。我国证券法确立的民事赔偿责任优先原则，在实践中往往难以落实。其一，根据最高人民法院《关于审理证券市场因虚假陈述引发的民事赔偿案件的若干规定》，提起虚假陈述民事诉讼必须以该虚假陈述行为已经经过行政处罚或者法院刑事判决为前提，否则，法院将拒绝受理。但违法者缴完行政罚款或刑事罚金之后，可能没有足够的资产支付民事赔偿金。其二，民事诉讼往往耗时长、成本高、执行难，加之遭受损害的投资者较为分散，举证能力有限，导致投资者诉讼激励不足，合法权益难以得到保障。相较于前置程序之后的民事诉讼，先行赔付制度赔付率高、赔付速度快，能及时充分地实现民事赔偿，保护投资者合法权利。

二、先行赔付规则

（一）适用情形

证券市场先行赔付适用的情形是发行人实施了欺诈发行、虚假陈述或者其他重大违法行为，造成投资者损失。欺诈发行是指发行人在其公告的证券发行文件中隐瞒重大事实或者编造重大虚假内容。虚假陈述是指信息披露义务人违反法律的规定，在证券发行或交易过程中，对依法披露的信息进行虚假记载、误导性陈述或重大遗漏。其他重大违法行为包括内幕交易、操纵市场等严重扰乱证券市场秩序的违法行为。

（二）先行赔付人

《证券法》第 85 条规定，信息披露义务人未依法履行信息披露义务，致使投资者在证券交易中遭受损失的，发行人的控股股东、实际控制人、董事、监事、高级管理人员和其他直接责任人员以及保荐人、承销的证券公司及其直接责任人员，除能够证明自己没有过错外，应当与发行人承担连带赔偿责任。

理论上，违反信息披露义务的法定责任人都可以成为先行赔付人。证券法将先行赔付人限于发行人的控股股东、实际控制人和相关的证券公司，主要有以下几个方面的理由：

1. 合理性，即法定连带责任人先行赔付法理依据更充分。连带责任本身就内含，数个债务人对整个债务负有清偿义务，债权人可以要求任一债务人承担全部赔偿责任，该债务人赔偿后向其他连带责任人追偿。因此，由连带责任人担任先行赔付人具有合理性。

2. 可行性，即发行人的控股股东、实际控制人和相关证券公司担任先行赔付人具有更好的可执行性。第一，先行赔付的资金规模动辄千万，一般的市场参与者很难在短时间内筹措到巨额资金。而发行人的控股股东、实际控制人和保荐人等相关证券公司更有能力支付这笔费用。第二，证券监管机构的处罚对于保荐机构这些资本市场持牌机构更具威慑力，也就可以更好地确保先行赔付的赔偿得以尽快落实。

（三）赔付时点

先行赔付人赔付的时点是在诉讼时效届满之前。诉讼时效届满之前，接受赔付的适格投资者对赔付金额有异议的，可以向法院起诉重新确定赔偿；未接受赔付的适格投资者同样可以提起民事诉讼。

一般来说，先行赔付人动用自有资金，主动提前支付赔偿金的主要原因在于，监管机构将其作为从轻或减轻行政处罚的情节予以考虑。从既往实践来看，证监会对进行先行赔付的当事人的处罚确实体现了从轻或减轻的处理。

（四）先行赔付协议

先行赔付人要与受损投资者之间就赔偿事宜达成先行赔付协议，按照协议进行赔偿。先行赔付协议建立在双方当事人自愿的基础上，如果当事人没有意愿或能力进行先行赔付，监管机构与法院不能强制其先行赔付。先行赔付人自愿进行赔付的，可以委托投资者保护机构，就赔偿事宜与受到损失的投资者达成协议。

先行赔付在性质上是一种民事和解。通过达成先行赔付协议，将证券侵权之债转变为合同之债。先行赔付人设立补偿基金，提前垫资向适格投资者赔偿损失。适格投资者如果接受赔付，则表明其愿意与先行赔付人达成和解，自愿将对发行人或其他连带责任人的损害赔偿请求权转让给先行赔付人。

（五）先行赔付的责任分担

先行赔付人向适格投资者赔偿损失之后，可以向其他连带责任人追偿。证券法规定发行人的控股股东、实际控制人、相关的证券公司先行赔付后，可以依法向发行人以及其他连带责任人追偿。

（六）投资者保护机构的职能

证券法规定发行人的控股股东、实际控制人、相关的证券公司可以委托投资者保护机构，就赔偿事宜与受到损失的投资者达成协议。

投资者保护机构在先行赔付中的作用主要包括：

第一，受先行赔付人的委托，与投资者达成赔付协议。投资者保护机构以保护投资者合法权益作为宗旨，具有专业性、公益性和独立性的特点。相较于与投资者直接协商，先行赔付人委托投资者保护机构与受到损害的投资者进行协商，可以更高效地达成更公平的赔偿方案。

第二，管理先行赔付补偿基金。根据已有的先行赔付案例，先行赔付人先设立补偿基金，一般由投保基金公司担任基金管理人，负责基金的日常管理与运作。投保基金公司在公司网站上发布补偿基金公告，适格投资者进行补偿申报。

第三，协助调解工作。对于因各种原因，未能在指定期间内接受先行赔付的适格投资者，可以向投服中心申请调解。

第六节　投资者保护机构与证券纠纷调解、支持诉讼和派生诉讼

一、投资者保护机构

投资者保护机构主要指中国证券投资者保护基金公司(以下简称投保基金公司)和中证中小投资者保护服务中心有限责任公司(以下简称投服中心)。

投保基金公司的宗旨是防范化解金融风险、支持辅助服务监管和保护投资者合法权益。主要职责包括:(1)筹集、管理和运作证券投资者保护基金;(2)监测证券公司风险,参与风险处置工作和清算工作;(3)证券公司被撤销、关闭和破产或被证监会采取行政接管、托管经营等强制性监管措施时,按照国家有关政策规定对债权人予以偿付;(4)管理和处分受偿资产,维护基金权益;(5)发现证券公司经营管理中出现可能危及投资者利益和证券市场安全的重大风险时,向证监会提出监管、处置建议;对证券公司运营中存在的风险隐患会同有关部门建立纠正机制等。

投服中心是中国证监会直属的证券金融类公益机构,主要负责:(1)投资者教育。面向投资者开展公益性宣传和教育。(2)持股行权。公益性持有证券等品种,以股东身份或证券持有人身份行权。(3)纠纷调解。受投资者委托,提供调解等纠纷解决服务。(4)维权服务。为投资者提供公益性诉讼支持、股东诉讼、损失计算、公益律师等服务。

二、证券纠纷调解

证券纠纷调解是指投资者与发行人、证券公司、资本市场其他主体之间发生纠纷,由特定机构的专业条件人员依照法律法规、行业习惯和商业道德等规范,本着自愿、公平、公正的原则,劝导双方进行协商,促使双方达成协议,解决纠纷的活动。

《证券法》第94条第1款规定,投资者与发行人、证券公司等发生纠纷的,双方可以向投资者保护机构申请调解。普通投资者与证券公司发生证券业务纠纷,普通投资者提出调解请求的,证券公司不得拒绝。证券纠纷调解遵循自愿、公平与公正的原则,证券纠纷双方当事人都有权向投资者保护机构申请调解。但是,考虑到普通投资者在证券纠纷解决中的弱势地位,一旦普通投资者请求调解,证券公司不得拒绝。

当前主要负责证券纠纷调解的投资者保护机构是投服中心。根据调解规则,当事人申请调解应提交调解申请书、身份证明文件、与调解事实有关的证明材料,委托代理人参与调解的,还应提交委托申请书。投服中心在收到申请后征询被申请人意见,双方均同意调解的,协商选定调解员。达成调解协议之后,当事人可依法向公证机关办理公证书或向仲裁机构申请仲裁。

经调解组织主持调解达成的调解协议,具有民事合同性质。经调解员和调解组织签字盖章后,当事人可以申请有管辖权的人民法院确认其效力。当事人可依据司法确认裁定、赋予强制执行力的公证书或仲裁裁决,依法向人民法院申请强制执行。

三、投资者保护机构支持诉讼

《证券法》第94条第2款规定,投资者保护机构对损害投资者利益的行为,可以依法支持投

资者向人民法院提起诉讼。

该条规定的投资者保护机构支持诉讼制度源于《民事诉讼法》第 15 条，即机关、社会团体、企业事业单位对损害国家、集体或者个人民事权益的行为，可以支持受损害的单位或者个人向人民法院起诉。在证券法确立证券支持诉讼之前，投服中心就已经依照《民事诉讼法》第 15 条的规定，提起包括“P2P”虚假陈述损害赔偿案在内的多起支持诉讼。

中小投资者提起诉讼一般面临举证难、成本高、获赔少的困境，导致中小投资者的起诉意愿不高。投资者保护机构在支持诉讼中接受投资者委托，在整个诉讼过程为投资者提供人员、信息、资金等方面的支持，如投服中心作为支持机构选择案件，协助投资者准备证据材料，委派诉讼代理人出庭等，可以有效帮助投资者降低诉讼成本，畅通投资者维护合法权益的渠道，遏制证券市场违法违规行为。

四、投资者保护机构派生诉讼

《证券法》第 94 条第 3 款规定，发行人的董事、监事、高级管理人员执行公司职务时违反法律、行政法规或者公司章程的规定给公司造成损失，发行人的控股股东、实际控制人等侵犯公司合法权益给公司造成损失，投资者保护机构持有该公司股份的，可以为公司的利益以自己的名义向人民法院提起诉讼，持股比例和持股期限不受《公司法》规定的限制。

《证券法》第 94 条第 3 款的规定为投服中心提起派生诉讼提供了请求权基础，有利于示范引领中小投资者主动行权、依法维权，规范上市公司治理。投服中心虽然是我国沪深交易所 A 股上市公司的股东，但仅持有每家 100 股股票，如果按照公司法规定的持股比例和持股期限的要求，投服中心没有为了公司利益以自己的名义直接向法院提起诉讼的资格，无法起到监督董事、监事、高级管理人员、控股股东和实际控制人履行受信义务，维护公司和投资者利益的作用。因此，《证券法》特别规定，投服中心提起派生诉讼，不受公司法提起派生诉讼的股东资格限制。需要注意的是，《证券法》仅取消了对投资者保护机构提起派生诉讼的持股比例和持股期限的要求，并没有取消穷尽公司内部救济的要求。投资者保护机构提起派生诉讼，依然需要先向公司监事会或董事会提出书面请求。

第七节　证券代表人诉讼与证券集体诉讼

一、证券代表人诉讼制度

（一）证券代表人诉讼概述

诉讼代表人，是指在民事诉讼中，由于一方当事人人数众多，为了便于诉讼，从中推选出诉讼代表人，代表其利益实施诉讼行为的人。证券代表人诉讼制度就是在证券民事赔偿诉讼中，同一种类诉讼标的且人数众多的投资者，推选出诉讼代表人，代表其利益实施诉讼的制度。《证券法》第 95 条第 1 款规定，投资者提起虚假陈述等证券民事赔偿诉讼时，诉讼标的是同一种类，且当事人一方人数众多的，可以依法推选代表人进行诉讼。

证券代表人诉讼制度属于共同诉讼。共同诉讼是指同一权利义务关系中，诉讼一方或双方为二人以上的多数人诉讼状态。根据诉讼标的是同一还是同种类，又分为必要共同诉讼和普通共同诉讼。证券代表人诉讼的当事人一方人数众多且诉讼标的是同一种类，表明证券代表人诉讼属于普通共同诉讼。

证券代表人诉讼制度吸收了诉讼代理的机制。诉讼代表人的身份相当于未被授权处理实体权利的诉讼代理人。但与诉讼代理人不同，诉讼代表人既是诉讼当事人，又是当事人的代表人。一般来说，代表人诉讼中，其他当事人无须亲自参加诉讼，诉讼代表人实施的诉讼行为，除非涉及被代表人的实体权利，原则上对全体当事人有效。

证券代表人制度适用于投资者提起虚假陈述等证券民事赔偿诉讼的情形。证券虚假陈述民事赔偿案件往往涉及人数众多，投资者单独行使诉讼权利，将给法院造成巨大的审判压力，拖延审判速度。代表人诉讼制度的运用则简化了诉讼程序，提高了诉讼效率，更好地维护投资者合法权益。

（二）证券代表人诉讼的程序

《证券法》第95条第2款规定，对按照前款规定提起的诉讼，可能存在有相同诉讼请求的其他众多投资者的，人民法院可以发出公告，说明该诉讼请求的案件情况，通知投资者在一定期间向人民法院登记。人民法院作出的判决、裁定，对参加登记的投资者发生效力。

证券虚假陈述等民事赔偿诉讼起诉时被代表人的人数往往无法确定。相较于人数确定的代表人诉讼，人数不确定的代表人诉讼具有特殊的程序：

1. 发布公告。人民法院在受理证券虚假陈述等民事赔偿诉讼时，发现可能存在有相同诉讼请求的其他众多投资者的，人民法院可以发出公告，说明该诉讼请求的案件情况，通知投资者在一定期间向人民法院登记。

2. 登记。登记的目的是确定当事人。在公告期间，有相同诉讼请求的投资者应当向发布公告的管辖法院登记，并证明与对方当事人的法律关系和所受到的损害。证明不了的，不予登记，投资者可以另行起诉。

3. 确定诉讼代表人。向法院登记权利的投资者推选诉讼代表人；推选不成的，由人民法院提出人选与投资者协商确定；协商不成，可以经法院指定诉讼代表人。

（三）证券代表人诉讼裁判的效力

人民法院作出的判决、裁定，对参加登记的投资者发生效力。

人民法院作出的判决、裁定，对未参加登记的投资者有预决效力。未参加登记的投资者在诉讼时效期间内提起诉讼，人民法院认为其诉讼请求成立的，裁定适用人民法院已作出的判决、裁定。

二、证券集体诉讼制度

（一）证券集体诉讼制度概述

《证券法》第95条第3款确立了我国证券集体诉讼制度的框架，即投资者保护机构受五十名以上投资者委托，可以作为代表人参加诉讼，并为经证券登记结算机构确认的权利人依照前款规定向人民法院登记，但投资者明确表示不愿意参加该诉讼的除外。

证券集体诉讼制度适用于当事人一方人数众多，且属同类诉讼标的的证券虚假陈述等民事赔偿诉讼。这是启动证券集体诉讼的先行条件。

证券集体诉讼制度中的诉讼代表人是投资者保护机构。投资者保护机构受到50名以上投资者委托，即可作为代表人参加诉讼。投资者保护机构作为专业性第三方公益机构，代表投资者参加诉讼。一方面,在信息资源和诉讼能力上更具优势;另一方面,机构的公益性保证了其公正且充分代表投资者的利益,也保证了诉讼成果能真正归属投资者。

权利人的范围是经证券登记结算机构确认的权利人。具有同类诉讼请求的投资者无须自己向管辖法院登记,而是借助证券登记结算机构,由投资者保护机构将证券登记结算系统中确认的权利人登记到管辖法院。除非投资者明确表示不愿意参加该诉讼,否则,推定所有经证券登记结算机构确认的权利人都是该诉讼集体的成员。

(二)证券集体诉讼与其他诉讼的比较

1. 证券集体诉讼与代表人诉讼

证券集体诉讼制度虽然也有诉讼代表人,但与代表人诉讼有着以下不同:

(1)诉讼代表人不同。集体诉讼的诉讼代表人并非由经登记的投资者推举产生,而是由50名以上的投资者委托产生,并且限于委托投资者保护机构。

(2)被代表人不同。集体诉讼的被代表人无须自己登记,而是由投资者保护机构代替被代表人向人民法院登记。并且,法律推定集体诉讼的被代表人为全体经证券登记结算机构确认的权利人,除非投资者明确表示不愿意参加该诉讼。代表人诉讼则限于参加登记的投资者。

2. 证券集体诉讼制度与集团诉讼

《证券法》第95条建立的证券集体诉讼模式,无疑是对以往证券民事诉讼制度的突破,对于投资者保护具有重大意义。

我国证券集体诉讼制度参考并吸收了美国的集团诉讼制度。美国集团诉讼(class action)源于17世纪末18世纪初英国衡平法中的代表诉讼(representative action),代表诉讼允许一个或数个当事人代表存在共同利益的其他人提起诉讼,这些被代表人在诉讼中可以不确定,但法院所作的裁判对所有被代表人和代表人具有拘束力。经过一系列发展,美国在1966年修订的《联邦民事诉讼规则》中,正式确立了美国现代集团诉讼制度。

美国集团诉讼的主要内容和特点包括:第一,集团诉讼的四个要件:(1)人数众多,当事人实际上不可能全部到庭;(2)所在集团成员在诉讼中存在共同的事实问题或法律问题;(3)代表人提出的诉讼请求或抗辩与集团其他成员的请求或抗辩是同种类的;(4)代表人应该能够公正、充分地代表和维护集团所有成员的利益。第二,声明退出规则(opt - out rule)。即除非当事人明确表示不愿意参加诉讼,则自动成为集团成员,诉讼判决或裁定对所有集团成员具有约束力。第三,法官的权限在集团诉讼中得到扩张。从代表人资格、首席原告、首席律师的挑选,集团成员参加诉讼的适当通知,到诉讼中法官对诉讼代表人行为的监督,判决后赔偿金的分配等都体现出集团诉讼中法官职权的作用。

美国集团诉讼制度虽然起到了提高诉讼效率、节约诉讼成本、避免同案不同判、增进投资者诉讼激励等作用,有利于保护投资者利益。但与此同时,也带来以勒索公司为目的的投机性诉讼盛行、被律师过度控制用来谋取私利、增加上市公司诉累等负面影响。为规制集团诉讼的滥用,美国通过制定1995年《私人证券诉讼改革法》和1998年《证券诉讼统一标准法》,完善了证券集团诉讼的规则。

与美国集团诉讼相比,证券集体诉讼制度将投资者保护机构作为证券集体诉讼的代表人,在一定程度上可以规避集团诉讼造成的滥诉和律师攫取私利的风险,发挥维护投资者合法权益的作用。

第七章　证券交易场所及其交易规则

第一节　证券交易场所概述

一、证券交易场所的概念

证券交易场所是一种提供证券交易的场所，本身不能从事任何证券的买卖。证券交易场所向证券交易者提供进行证券集中交易的场所、设施以及相应的服务等条件，以便投资者高效地开展交易活动，同时也方便投资者准确及时地了解和使用证券市场的有关信息。

证券交易场所集中一定范围内的证券，按公平竞争的定价原则进行证券买卖。具体体现为：在证券交易场场所中，多数买方和多数卖方公开报价，按时间优先、价格优先和委托优先的原则确定证券的交易价格，以此促进交易的完成。

《证券法》第96条规定，证券交易所、国务院批准的其他全国性证券交易场所为证券集中交易提供场所和设施，组织和监督证券交易，实行自律管理，依法登记，取得法人资格。证券交易所、国务院批准的其他全国性证券交易场所的设立、变更和解散由国务院决定。国务院批准的其他全国性证券交易场所的组织机构、管理办法等，由国务院规定。第98条规定，按照国务院规定设立的区域性股权市场为非公开发行证券的发行、转让提供场所和设施，具体管理办法由国务院规定。

二、证券交易场所的分类

根据《证券法》的规定，我国证券交易场所分为证券交易所、国务院批准的全国性证券交易场所和区域性股权市场。

证券交易所包括上海证券交易所和深圳证券交易所。国务院批准的其他全国性证券交易场所目前指的是全国中小企业股份转让系统，简称“新三板”。依照《国务院关于全国中小企业股份转让系统若干问题的决定》，全国股份转让系统是经国务院批准，依据证券法设立的全国性证券交易场所，主要为创新型、创业型、成长型中小微企业发展服务。在全国股份转让系统挂牌的公司，达到股票上市条件的，可以直接向证券交易所申请上市交易。《证券法》第96条规定，证券交易所、国务院批准的其他全国性证券交易场所为证券集中交易提供场所和设施，组织和监督证券交易，实行自律管理，依法登记，取得法人资格。证券交易所、国务院批准的其他全国性证券交易场所的设立、变更和解散由国务院决定。国务院批准的其他全国性证券交易场所的组织机构、管理办法等，由国务院规定。

区域性股权市场是指为其所在省级行政区域内中小微企业证券非公开发行、转让及相关活动提供设施与服务的场所。区域性股权市场主要服务于所在省级行政区域内中小微企业的私募股权市场,是多层次资本市场体系的重要组成部分。省级人民政府指定地方金融监管部门承担对区域性股权市场的日常监督管理职责,中国证券监督管理委员会及其派出机构对地方金融监管部门的区域性股权市场监督管理工作进行指导、协调和监督。《证券法》第98条规定,按照国务院规定设立的区域性股权市场为非公开发行证券的发行、转让提供场所和设施,具体管理办法由国务院规定。

第二节　证券交易所概述

一、证券交易所的组织形式

根据证券交易所管理方式、承担风险方式以及交易所与其成员之间的关系划分,证券交易所有会员制和公司制两种类型。

(一)会员制证券交易所

会员制证券交易所是由会员自愿出资共同组成的、为其证券经营业务提供集中竞价交易场所的非营利性机构。会员制证券交易所曾为世界上许多国家所采用,其法律地位有法人型和非法人型两种。例如,日本证券交易法规定会员制证券交易所为会员制社团法人;而美国证券法则规定会员制证券交易所不具有法人地位,而是自愿结合的非法人团体。

会员制证券交易所是由各证券公司作为会员组成的,参加交易所的各证券公司可以在交易所内直接进行证券交易,而非会员则不得在证券交易所进行场上证券交易。会员制证券交易所为会员进行证券交易提供市场服务的组织设施,它不以自己名义或他人名义参与证券买卖,不具有营利目的。但为维持交易所的正常运转,为会员提供优质、完备的服务,它可以按章程规定向会员收取入会费、席位费等经费,并按规定向证券发行人、证券投资人收取证券上市费和交易年费。

会员制证券交易所实行自律管理,会员共同制定交易所的交易规则和其他规章制度,并以此相互约束,从而保证证券交易所的正常运行和业务的正常开展。

会员制证券交易所不承担任何交易责任,一切交易风险和损失均由投资者自己承担。这种做法有利于投资者慎重对待证券交易。

目前我国的两个证券交易所,即上海证券交易所和深圳证券交易所,均为会员制证券交易所。

(二)公司制证券交易所

公司制证券交易所是一种由股东投资组成的、提供证券集中竞价交易的营利性法人。公司制证券交易所由股东出资设立,并以股东出资为限对外承担有限责任,其股东一般为银行、证券公司、信托公司及各类公营、民营公司。自1993年斯德哥尔摩证券交易所进行公司制改造以来,全球众多证券交易所已从传统的会员制转变为公司制,如新加坡证券交易所、香港证券交易所、东京证券交易所。我国现行《证券法》也为将来设立公司制的证券交易所预留了空间。

公司制证券交易所与会员制证券交易所的主要区别有:(1)会员制交易所通常是非营利性的,只是为了维持交易所的正常运转而向会员收取会员费,不得向交易各方收取佣金;而公司制交易所本身就以营利为目的,股东利益最大化是其运营的重要目标,因此通常根据成交额抽取一定比例的佣金。(2)在会员制交易所内进行证券交易的只能是取得会员资格的证券公司;而在公司制交易所内交易的证券公司既可能是交易所的股东,也可能不是其股东,只要缴付一定费用后即可进场交易。(3)会员制交易所的最高权力机构是会员大会,所有会员具有平等的地位和表决权,实行一人一票制;而公司制交易所基本采用一股一票的资本多数决原则。

公司制证券交易所以向客户提供证券交易场所、设施及服务为职能,其本身不参与证券交易,在证券买卖中持中介立场,以求有效地保证证券交易的公正性。同时,公司制证券交易所还对交易所中的证券公司负有监督管理责任。

公司制证券交易所对场内交易负有担保责任。也就是说,一旦交易任何一方违约而又缺乏偿付能力,证券交易所就必须承担赔偿责任。这种做法有利于维护交易者的形象和信誉。

二、证券交易所的设立和解散

《证券法》第 96 条第 2 款规定,证券交易所的设立和解散,由国务院决定。

具体操作上,由证监会审核,报国务院批准。申请设立证券交易所,申请人应向国务院证券管理部门提交申请文件。这些文件包括:(1)申请书;(2)章程和主要业务规则草案;(3)拟加入会员名单;(4)理事会候选人名单及简历;(5)场地、设备及资金情况说明;(6)拟任用管理人员的情况说明以及国务院证券管理部门要求提交的其他文件。

在申请人提交的申请文件中,章程作为证券交易所的自律依据,显得尤为重要。《证券法》第 99 条规定,设立证券交易所必须制定章程。证券交易所章程的制定和修改,必须经国务院证券监督管理机构批准。此外,《证券法》第 100 条规定,证券交易所必须在其名称中标明证券交易所字样,其他任何单位和个人不得使用证券交易所或者近似的名称。

《证券法》第 200 条规定,非法开设证券交易场所的,由县级以上人民政府予以取缔,没收违法所得,并处以违法所得 1 倍以上 10 倍以下的罚款;没有违法所得或者违法所得不足 100 万元的,处以 100 万元以上 1000 万元以下的罚款。对直接负责的主管人员和其他直接责任人员给予警告,并处以 20 万元以上 200 万元以下的罚款。

第三节 会 员

一、会员的概念和特征

在会员制证券交易所的情况下,证券交易所由会员组成。证券交易所会员应当是有权部门批准设立并具有法人地位的境内证券经营机构,境外证券经营机构设立的驻华代表处经申请可成为证券交易所的特别会员。

证券交易所会员具有以下几个方面的特征:

第一,证券交易所会员必须是依法设立的证券公司,其他任何组织或者个人均不能成为证券交易所的会员。

第二,证券交易所会员必须具有证券业协会会员资格。《证券法》第 105 条规定,进入实行会员制的证券交易所参与集中交易的,必须是证券交易所的会员。证券交易所不得允许非会员直接参与股票的集中交易。《证券法》第200条第2款规定,证券交易所违反本法第105条的规定,允许非会员直接参与股票的集中交易的,责令改正,可以并处50万元以下的罚款。《证券法》第164条第2款规定,证券公司应当加入证券业协会。据此,如果证券公司没有参加证券业协会,则不能径行取得证券交易所会员资格。

第三,证券交易所会员的资格必须依法取得。并非所有的证券公司都自然成为证券交易所会员,证券公司必须按照证券交易所章程规定的会员条件和程序向证券交易所提出加入申请,经证券交易所审查批准后,方能取得证券交易所的会员资格。

二、会员的权利义务

(一)会员的权利

证券交易所会员作为证券交易所的基本成员,享有较为广泛的权利。会员权利的内容主要包括:

1. 参加会员大会

这是会员的一项基本权利,也是会员大会的权力来源和基础。会员大会由证券交易所全体会员组成,是证券交易所的权力机构,通常每年召开一次会议。证券交易所有义务通知其会员参加会员大会,会员可以出席或委托他人出席会员大会。

2. 选举权和被选举权

证券交易所的组织机构中设有理事会和监察委员会,分别为证券交易所的管理执行机构和内部监督机构。会员有权依法律和章程规定提名并经会员大会选举理事会理事和监察委员会委员,同时也有权被选举为上述成员。

3. 提议权和表决权

会员参加会员大会,其目的主要在于参与交易所的经营管理,对证券交易所运营过程中的重大事项发表意见并进行表决。在会员制交易所,所有会员享有的提议权和表决权一律平等,与其向交易所缴纳的出资额无关,这一点与公司制证券交易所不同。

4. 席位使用权

证券交易所是供其会员开展证券业务的专门场所,其设立的实质条件之一即为具备完善的市场设施,其中即包括交易台(会员席位)。会员有权在证券交易所的交易大厅获得交易席位,委派业务员办理证券自营、经纪及其他证券业务,同时享受交易所提供的各项服务。席位使用权是会员的专有权利,非会员不得上场交易。

5. 积累所有权

《证券法》第101条第2款规定,实行会员制的证券交易所的财产积累归会员所有,其权益由会员共同享有,在其存续期间,不得将其财产积累分配给会员。

6. 监督权

除监察委员会作为证券交易所专门的监督机构行使监督权外,会员对交易所事务和其他会员的活动也有权进行监督。如出现违法行为,会员可以向有权机构提出批评改正的建议。如果自身合法权益受到侵犯,会员可以向人民法院提起诉讼。

7. 席位转让权

会员依照章程规定可以经证券交易所同意,转让其席位,退出证券交易所。可见,会员在行使席位转让权时，应依照章程规定，并由证券交易所同意。同时，会员席位一经转让后，该会员即行退出证券交易所。

（二）会员的义务

根据权利和义务一致的原则，证券交易所会员在行使上述权利的同时，还应当履行相应的义务，其内容主要包括：遵守法律行政法规和证券交易所章程；服从证券交易所会员大会决议；缴纳有关费用，包括入会费、席位费、证券交易费和应当分担的其他经费；缴存有关基金款项，包括交易保证金和风险基金等。

第四节 组织机构及其任职人员

一、组织机构

（一）组织机构概述

根据我国证券法律规定，证券交易所的组织机构包括会员大会、理事会、监事会、总经理和专门委员会。会员大会由全体会员组成，是证券交易所的最高权力机关。

会员大会选举出若干理事组成理事会，作为会员大会闭会期间常设的交易所业务执行机构和决策机构。

理事会下设总经理，总经理对理事会负责，负责交易所的日常管理工作。

监事会是证券交易所的监督机构。

实践中证券交易所还可根据需要设置其他工作机构。例如，根据需要理事会和监事会可以设立其他专门委员会。各专门委员会的职能、任期和人员组成等事项，应当在证券交易所章程中作出具体规定。

（二）会员大会

会员大会为证券交易所的最高权力机构。会员大会的职权包括：(1)制定和修改证券交易所章程，证券交易所章程的制定和修改，必须经国务院证券监督管理机构批准；(2)选举和罢免会员理事；(3)审议和通过理事会、总经理的工作报告；(4)审议和通过证券交易所的财务预算、决算报告；(5)决定证券交易所的其他重大事项。

会员大会由理事会召集，每年召开一次。有下列情形之一的，应当召开临时会员大会：理事人数不足法定的最低人数；占会员总数 1/3 以上的会员请求；理事会认为必要。

会员大会须有 2/3 以上会员出席，其决议须经出席会议的过半数以上会员表决通过后方为有效。会员大会结束后 10 日内，证券交易所应当将大会全部文件及有关情况报证监会备案。

（三）理事会

《证券法》第 102 条第 1 款规定，证券交易所设理事会。

一般而言，理事会的职责包括：(1)执行会员大会的决议；(2)制定、修改证券交易所的业务规则；(3)审定总经理提出的工作计划；(4)审定总经理提出的财务预算、决算方案；(5)审定对会员的接纳；(6)审定对会员的处分；(7)根据需要决定专门委员会的设置；(8)会员大会授予的其他职责。

证券交易所理事会由 7—13 人组成，其中非会员理事人数不少于理事会成员总数的 1/3，不超过理事会成员总数的1/2。会员理事由会员大会选举产生。非会员理事由证监会委派。理事任期3年,连续任职不得超过2届。

理事会会议至少每季度召开一次。会议须有2/3以上理事出席,其决议应当经出席会议的2/3以上理事表决同意方为有效。理事会决议应当在会议结束后2个工作日内报证监会备案。

理事会设理事长1人,副理事长1—2人。理事长、副理事长由证监会提名,理事会选举产生。总经理应当是理事会成员。理事长负责召集和主持理事会会议。理事长因故临时不能履行职责时,由理事长指定的副理事长代其履行职责。理事长担任会员大会期间的会议主席。理事长不得兼任证券交易所总经理。

(四)监事会

监事会主要行使下列职权:(1)检查证券交易所财务;(2)检查证券交易所风险基金的使用和管理;(3)监督证券交易所理事、高级管理人员执行职务行为;(4)监督证券交易所遵守法律、行政法规、部门规章和证券交易所章程、协议、业务规则以及风险预防与控制的情况;(5)当理事、高级管理人员的行为损害证券交易所利益时,要求理事、高级管理人员予以纠正;(6)提议召开临时会员大会;(7)提议召开临时理事会;(8)向会员大会提出提案;(9)会员大会授予和证券交易所章程规定的其他职权。

证券交易所监事会人员不得少于5人,其中会员监事不得少于2名,职工监事不得少于2名,专职监事不得少于1名。监事每届任期3年。会员监事由会员大会选举产生,职工监事由职工大会、职工代表大会或者其他形式民主选举产生,专职监事由中国证监会委派。证券交易所理事、高级管理人员不得兼任监事。

监事会至少每6个月召开一次会议。监事会决议应当经半数以上监事通过。监事会决议应当在会议结束后2个工作日内向中国证监会报告。

(五)总经理

《证券法》第102条第2款规定,证券交易所设总经理1人,由国务院证券监督管理机构任免。

证券交易所设总经理1人,副总经理1—3人。总经理、副总经理由证监会任免。总经理、副总经理不得由国家公务员兼任。总经理、副总经理任期3年。总经理连续任职不得超过2届。总经理在理事会领导下负责证券交易所的日常管理工作,为证券交易所的法定代表人。总经理因故临时不能履行职责时,由总经理指定的副总经理代其履行职责。证券交易所中层干部的任免报证监会备案,财务、人事部门负责人的任免报证监会批准。

(六)专门委员会

根据需要,理事会和监事会可以下设其他专门委员会。各专门委员会的职责、任期和人员组成等事项,由证券交易所章程作出规定。各专门委员会的经费应当纳入证券交易所的预算。

二、高级管理人员及其他从业人员

《证券法》第103条规定,有原《公司法》第146条(现行《公司法》第178条)规定的情形或者有下列情形之一的,不得担任证券交易所的负责人:(1)因违法行为或者违纪行为被解除职务的证券交易场所、证券登记结算机构的负责人或者证券公司的董事、监事、高级管理人员,自被解除职务之日起未逾五年;(2)因违法行为或者违纪行为被吊销执业证书或者被取消资格的律师、注册会计师或者其他证券服务机构的专业人员,自被吊销执业证书或者被取消资格之日起未逾五年。

《证券法》第104条规定,因违法行为或者违纪行为被开除的证券交易场所、证券公司、证券登记结算机构、证券服务机构的从业人员和被开除的国家机关工作人员,不得招聘为证券交易所的从业人员。

第五节　证券交易所交易规则

一、场内交易规则

(一)进入证券交易所的资格

《证券法》第105条规定,进入实行会员制的证券交易所参与集中竞价交易的,必须是证券交易所的会员。证券交易所不得允许非会员直接参与股票的集中交易。第200条规定,证券交易所允许非会员直接参与股票的集中交易的,责令改正,可以并处50万元以下的罚款。这一规定表明,要取得在证券交易所参与集中竞价交易资格,必须满足两个条件:其一,必须是依法设立的证券公司;其二,必须具有证券交易所会员资格。除满足以上两个条件以外,证券公司通常还须向证券交易所缴存交易保证金、清算头寸,才能参加证券交易所集中竞价交易。

(二)席位使用规则

证券公司作为会员参加证券交易所集中竞价交易时,必须使用交易席位。交易席位是指证券交易所提供给会员证券公司报价、竞价和成交的场所。会员在使用交易席位时应当遵守下列规则:(1)证券公司最少可拥有一个交易席位,如需增加交易席位的数量须提出申请并经证券交易所同意;(2)证券公司应按其拥有的交易席位数量缴纳相应的交易席位使用费,缴费标准由证券交易所章程、业务规则规定;(3)证券公司不得将席位全部或部分以出租或者承包等形式交由其他机构和个人使用;(4)证券公司转让交易席位必须按照证券交易所的有关管理规定由交易所审批;(5)法律、法规或交易所章程规定的证券公司使用交易席位应当遵守的其他规则。

(三)证券交易员执行业务规则

证券公司参加证券交易所集中竞价交易,必须向交易所派出交易员。证券交易员在具体执行证券买卖业务时应遵守以下规则:(1)证券公司派出的交易员必须经证券交易所培训、考试并取得合格证后方可出任;(2)证券公司可派交易员若干人,在交易所开市时,每个交易席位至少有一名交易员到场;(3)证券公司必须指定一名交易员为场内代表,该代表在交易所开市时必须到场,否则证券公司须另行指定临时场内代表;(4)证券公司派出的交易员应当遵守证券集中交易的其他相关法规、交易所规章、市场公告及其他规定。

(四)保密义务

证券公司对于委托人的一切委托事项负有保密义务,除为答复主管机关、证券交易所、司法机关及监察机关查询案件外,其他任何单位或个人非依法律规定或授权,不得查询委托事项。

(五)其他规则

证券公司参加证券交易所集中竞价交易,还须遵守相关法律、法规和证券交易所业务规则等规定的有关证券公司内部监督、风险控制、业务报告等管理规则。

二、场内交易程序

证券交易所交易又称场内交易，是指证券公司之间在证券交易所通过公开竞价的方式买卖上市证券的交易行为。《证券法》第 106 条规定，投资者应当与证券公司签订证券交易委托协议，并在证券公司实名开立证券交易账户，以书面、电话、自助终端、网络等方式委托该证券公司代其买卖证券。《证券法》第 108 条规定，证券公司根据投资者的委托，按照证券交易规则提出交易申报，参与证券交易所场内的集中交易，并根据成交结果承担相应的清算交收责任；证券登记结算机构根据成交结果，按照清算交收规则，与证券公司进行证券和资金的清算交收，并为证券公司客户办理证券的登记过户手续。

由此可见，场内交易的基本程序主要包括开户、委托、执行委托、交易、清算、交割和过户等具体环节。

（一）开户

由于只有具有证券交易所会员资格的证券公司才能进入交易所参与证券集中竞价交易，故非会员投资者应选择具有会员资格的证券公司开户。

投资者开立的证券交易账户一般包括证券账户和资金账户两种：证券账户专门用于记录投资者持有证券的种类、数量及其交易情况。资金账户则专门用于记载投资者在证券交易过程中的款项收支情况。投资者在证券公司开立证券交易账户，通常还须向证券公司缴纳一定数额的开户费，其费用标准由证券公司依法制定。

《证券法》第 107 条规定，证券公司为投资者开立账户，应当按照规定对投资者提供的身份信息进行核对。证券公司不得将投资者的账户提供给他人使用。投资者应当使用实名开立的账户进行交易。第 201 条规定，证券公司未对投资者开立账户提供的身份信息进行核对的，责令改正，给予警告，并处以 5 万元以上 50 万元以下的罚款。对直接负责的主管人员和其他直接责任人员给予警告，并处以 10 万元以下的罚款。证券公司将投资者的账户提供给他人使用的，责令改正，给予警告，并处以 10 万元以上 100 万元以下的罚款。对直接负责的主管人员和其他直接责任人员给予警告，并处以 20 万元以下的罚款。

（二）委托

委托是指投资者向证券公司提出买卖证券的指令，由证券公司在交易所代其完成证券交易。根据不同的标准，委托有以下几种类型：按委托的方式分，主要有书面委托和电话委托；按价格限制分，主要有市价委托和限价委托；按有效期限分，有当日有效委托和限期有效委托。

（三）执行委托

公司接受委托人委托后，即在证券交易所内按指示具体地执行证券买卖。执行委托通常按以下程序进行：(1)证券公司接受委托后记录其指令，并加盖时间戳记。(2)证券公司向其派出的场上交易员发出交易指令，向其通知投资者委托买卖证券的具体内容。(3)场上交易员根据指令在交易所大厅内执行其委托内容，即具体实施证券交易。(4)场上交易员将委托是否成交以及是否全部成交的情况通知证券公司。(5)证券公司向委托人发出成交单，报告证券买卖结果。如果委托交易不能实现，证券公司应及时通知委托人，并以书面形式向委托人陈述未能成交的理由。

（四）申报竞价的方式

证券公司根据投资者的委托，按照时间优先的原则提出交易申报，参与证券交易所的集中竞价交易。据此,证券公司派出的场上交易人员在公开申报竞价时,应按照接受委托的先后顺序进行,先收到的委托先申报。申报竞价的方式有口头申报竞价、计算机申报竞价和书面申报竞价三种:

口头申报竞价,即场上交易员在接到买卖证券指令后,就到交易所划定的证券买卖喊价区通过口头唱报的方式进行证券交易。采用此种方式,买方或卖方的喊价一经对方承诺即为成交。

计算机申报竞价,即证券公司利用证券交易所的计算机联网系统集中竞价的方式买卖证券。通常先由场上交易员将证券买卖种类、数量、价格等资料通过计算机终端输至交易所计算机主机,计算机主机接受买卖申报后自市场集会时间开始时自动撮合成交,然后向成交各方的计算机终端发出成交信号,并由场上交易员办理成交手续。

书面申报竞价,即证券公司通过证券交易所的中介经纪人以书面竞价的方式买卖证券。通常先由场上交易员按交易指令填写申报单,并将其交场上中介经纪人,中介经纪人记录买卖申报并帮助双方撮合成交,然后通知双方交易结果。

(五)场上交易规则

证券公司派出的场上交易员在执行委托实现交易时,还必须遵循时间优先、价格优先、市价优先规则:

时间优先规则,即场上交易员在进行交易申报时,如果申报价位相同,则先提出交易申报的优先成交。具体确定方法为:口头申报时,按中介经纪人听到的顺序排列;计算机申报时,按计算机主机接受的时间顺序排列;书面申报时,按中介经纪人接到书面申报单证的顺序排列。如果无法确定时间先后,则抽签决定。

价格优先规则,即较高买进申报优先于较低买进申报成交,较低卖出申报优先于较高卖出申报成交。

市价优先规则,即在申报价位、申报时间都相同的情况下,市价委托申报优先于限价委托申报成交。

(六)清算

清算是指证券公司将接受委托而代理买进或卖出证券的数量、金额相互抵冲核销后,按其差额进行结算的过程。

清算制度的建立,其目的在于方便和简化交割程序。因为证券公司每天都要代理大量的证券交易,既包括买进证券,也包括卖出证券;既包括收入款项,还包括支出款项。如果对每一笔交易都即时进行交割,势必增加工作量,降低工作效益。引入清算制度后,在一个清算期内如果对同一种证券既有买进,又有卖出,证券公司可以先对证券数量进行同额抵销,而仅就买进和卖出之间的差额进行交割。同样,对于收款和付款,证券公司也可以先对收、付款进行同额抵销,而仅就二者之间的差额进行交割。

一般情况下,证券交易所规定的每一营业日为一个清算期。为满足证券公司即日清算交割划拨价款的需要,证券交易所还要求各证券公司统一在交易所同意的银行开设账户,并保持足够的余额。

清算交割通常遵循“净额交收”原则,即每一证券公司在一个清算期中,对价款的清算,只交收其应收应付相抵后的净额;对证券的清算,只交收每种证券应收应付相抵后的净额。在每个营业日交易所闭市后,由交易所编制当日“清算交割表”和“资金结算一览表”,发送证券公司清算交割人员。证券公司核对“清算交割表”和“资金结算一览表”无误后,即须在约定的交割期和交易所规定的交割时间内履行交割手续。

(七)交割

交割是指证券买卖成交后,买方支付价款、收取证券而卖方交付证券、收取价款的过程。按交割时间的不同,主要有当日交割、隔日交割、普通交割和特约日交割四种方式:

当日交割,即成交当天就进行证券和价款的结算,并完成交割手续。当日交割多见于证券公司的自营买卖。

隔日交割,指在成交后的第二个营业日办理交割手续,遇节假日可顺延。

普通交割,即成交后在证券交易所规定的期限内办理交割手续,又称例行交割。

特约日交割,指成交后在双方约定的期限完成交割,又称约定日交割。

(八)过户

证券的过户是指记名证券买卖成交后,变更证券所有人姓名或者名称的过程。记名股票,由股东以背书方式或者法律、行政法规规定的其他方式转让。记名股票的转让,由公司将受让人的姓名或者名称及住所记载于股东名册。无记名股票的转让,由股东将该股票交付给受让人后即发生转让的效力。据此可见,只有记名证券的买卖才需要办理过户手续,而无记名证券则不需要。无论记名证券因何原因而发生所有权的转移,均应由证券交易所或证券交易所指定的证券登记结算机构办理过户手续。

第六节 证券交易所的职责

一、即时公布证券交易行情

《证券法》第109条规定,证券交易所应当为组织公平的集中交易提供保障,实时公布证券交易即时行情,并按交易日制作证券市场行情表,予以公布。证券交易即时行情的权益由证券交易所依法享有。未经证券交易所许可,任何单位和个人不得发布证券交易即时行情。

证券交易所按交易日制作的证券交易行情表是证券交易行情的主要载体之一,它是以规范化的表格形式来反映的,其记载事项主要包括以下几个方面:

1. 上市证券的名称。这是投资者首先要明确的内容,行情表必须列明。

2. 开市、最高、最低及收市价格。开市价又叫开盘价,是指每个营业日开市后的第一笔成交价。由于证券交易具有一定的连续性,所以当日的开市价主要是以头一日的收市价为基础。收市价又叫收盘价,是指某种证券在每个营业日闭市前的最后一笔成交价。将收市价与开市价相比,能够反映出证券价格是上升还是下降。最高价是指某种证券在当天交易中的最高成交价,最低价则是指某种证券在当天交易中的最低成交价。如果最高价正好与当日开市价相同,则该证券价格在当日呈下跌趋势;反之若与收市价相同,则呈上升趋势。

3. 与前一交易日收市价比较后的涨跌情况。当日收市价有可能高于、等于或低于前日收市价,二者比较的情况能大致反映证券涨跌的趋势。

4. 成交量和成交额。成交量是指某种证券当天成交的数量,债券以成交面额计算,股票则以成交股数计算。成交额则是指某种证券当天按面额计算的成交金额总和。成交量和成交额越大,说明该证券的交易越活跃,投资者关注的程度就越高,其市场性也就越强。

5. 股价指数及其涨跌情况。股价指数是一种用来表示多数股票价格变动的参数,它是以一个基期价值(如以交易所开业日为基期的全部上市股票市价总值)来衡量股票的价格水平,单位为“点”。股价指数包括成份股价指数和综合股价指数两种,前者是通过选择具有市场代表性和影响力的数种成份股计算而得,例如纽约证券交易所的道·琼斯30种工业股票指数;后者则是以全部上市股票为基础计算而成,例如上海证券交易所的综合股价指数。

6. 其他应公布的事项。除按交易日制作市场行情表外,证券交易所还应根据市场成交情况编制周报表、月报表和年报表,并及时公布。

公布的渠道除证券交易所的电子显示屏幕以外,还包括电视和指定的报刊等。

二、停牌与复牌

停牌是指对证券交易所一种或若干种上市证券采取的暂停其场内交易的措施。复牌则是指停牌原因消除后,证券恢复在证券交易所交易。《证券法》第110条规定,上市公司可以向证券交易所申请其上市交易股票的停牌或者复牌,但不得滥用停牌或者复牌损害投资者的合法权益。证券交易所可以按照业务规则的规定,决定上市交易股票的停牌或者复牌。

一般而言,停牌主要有以下原因:

上市公司申请停牌。上市公司预计应披露的重大信息在披露前已难以保密或者已经泄露,可能或者已经对公司股票及其衍生品种的交易价格产生较大影响的,或者上市公司进行重大资产重组,应当立即申请停牌。

证券交易所决定停牌。(1)公共传媒中出现上市公司尚未披露的重大信息,可能或者已经对公司股票及其衍生品种的交易价格产生较大影响的;(2)上市公司未按时披露季度报告、年度报告或中期报告,或定期报告或者临时报告披露不够充分、完整或者可能误导投资者,但拒不按要求就有关内容进行解释或者补充披露的;(3)上市公司财务会计报告存在重大会计差错或者虚假记载,被中国证监会责令改正但未在规定期限内改正的;(4)上市公司在公司运作和信息披露方面涉嫌违法违规,情节严重被调查的;(5)因某种原因使证券交易所失去关于公司的有效信息来源;(6)因股权分布发生变化导致连续20个交易日不具备上市条件的等情形。

三、突发性事件处置措施

(一)技术性停牌、临时停市

《证券法》第111条第1款规定,因不可抗力、意外事件、重大技术故障、重大人为差错等突发性事件而影响证券交易正常进行时,为维护证券交易正常秩序和市场公平,证券交易所可以按照业务规则采取技术性停牌、临时停市等处置措施,并应当及时向国务院证券监督管理机构报告。

这里的“突发性事件”是指那些突然发生的,不能预见且不能避免的,能够对整个市场的证券交易秩序造成严重影响的客观事件,例如不可抗力、意外事件、重大技术故障、重大人为差错等。

技术性停牌则是指因突发性事件影响证券交易的正常进行时,证券交易所采取的中止特定证券上市交易资格的措施。

临时停市,是指因不可抗力的突发性事件或者为维持证券交易的正常秩序,证券交易所采取的临时停止证券交易所全部场内交易业务的措施。临时停市的原因是不可抗力的突发事件或者出于维持证券交易正常秩序的目的。

（二）取消交易、暂缓交收

《证券法》第111条第2款规定，因前款规定的突发性事件导致证券交易结果出现重大异常，按交易结果进行交收将对证券交易正常秩序和市场公平造成重大影响的，证券交易所按照业务规则可以采取取消交易、通知证券登记结算机构暂缓交收等措施，并应当及时向国务院证券监督管理机构报告并公告。

（三）证券交易所的民事责任

《证券法》第111条第3款规定，证券交易所对其依照本条规定采取措施造成的损失，不承担民事赔偿责任，但存在重大过错的除外。

四、实时监控、限制交易和风险监测

《证券法》第112条第1款规定，证券交易所对证券交易实行实时监控，并按照国务院证券监督管理机构的要求，对异常的交易情况提出报告。

实时监控系统是指证券交易所为实现对证券交易有效的监督和管理，通过电脑程序对证券交易情况进行统计分析并及时警示非正常交易的计算机监控装置。证券交易所的实时监控系统就是一种能有效监督证券交易的计算机系统。譬如，证券交易所可以通过实时监控系统设计程序对股东持股情况随时进行统计和监督，一旦股东持股超过限定的比例，则实时监控系统就会立即发出警报信号并同时暂停其交易。显然，实时监控系统对证券交易的监督和管理是非常及时而且有效的。

《证券法》第112条第2款规定，证券交易所根据需要，可以按照业务规则对出现重大异常交易情况的证券账户的投资者限制交易，并及时报告国务院证券监督管理机构备案。

此外，《证券法》第113条规定，证券交易所应当加强对证券交易的风险监测，出现重大异常波动的，证券交易所可以按照业务规则采取限制交易、强制停牌等处置措施，并向国务院证券监督管理机构报告；严重影响证券市场稳定的，证券交易所可以按照业务规则采取临时停市等处置措施并公告。证券交易所对其依照本条规定采取措施造成的损失，不承担民事赔偿责任，但存在重大过错的除外。

五、风险基金的设立及其管理

《证券法》第114条第1款、第2款规定，证券交易所应当从其收取的交易费用和会员费、席位费用提取一定比例的金额设立风险基金。风险基金由证券交易所理事会管理。风险基金提取的具体比例和使用办法，由国务院证券监督管理机构会同国务院财政部门规定。

证券交易所风险基金是指证券交易所从其收取的交易费用和会员费、席位费中按一定比例提取的，用于弥补证券交易所业务事故而产生的损失，或赔偿因证券交易所的过错而对会员及投资者造成的损失。证券交易所风险基金具有以下几个特点：

第一，证券交易所风险基金主要来源于其所收取的交易费用和会员费、席位费。交易费用是指证券交易所会员因参加集中竞价交易而向交易所缴纳的费用，包括年费和手续费，分别根据交易席位数量和成交金额按一定比例缴纳。会员费是指证券公司为加入证券交易所并取得会员资格而按交易所章程向交易所缴纳的费用。席位费则是指证券交易所会员按证券交易所章程、业务规则向证券交易所缴纳的交易席位使用费。此外，新股申购冻结资金的部分利息、对违规会员的罚款、罚息收入也列入证券交易所风险基金账户。

第二,证券交易所风险基金具有特定的设立目的。证券交易所是证券集中竞价交易的场所,每天都有数十亿元的资金在证券交易所流通,因此证券交易所必须按照规定提供符合要求的证券交易设备、设施及从业人员。如果因交易所设备、设施发生故障,或者其从业人员出现过失导致证券交易受到影响,势必会使证券公司和投资者遭受损失。为避免这类事故带来的风险,证券交易所有必要采取一定的防范措施。风险基金的设立,正是为了弥补证券交易所业务事故而产生的损失,赔偿因证券交易所的过错而对会员和投资者造成的损失。

第三,证券交易所风险基金由证券交易所理事会管理。理事会作为证券交易所的常设的管理执行机构,享有业务执行权。风险基金的管理是证券交易所的一项重要业务制度,自应由理事会执行。但监察委员会作为监督机构有权对该基金进行检查和监督,以保证其来源、保管和使用情况的合法性和合理性。

第四,证券交易所风险基金提取的具体比例和使用办法,由国务院证券监督管理机构规定。证券交易所具有提取风险基金的法定权力,但具体的提取比例却不能自由决定。这是因为证券交易所是非营利性法人,如果任由其提取风险基金的话,则容易因证券交易所滥用该权力而与其自身的公益性相背离,从而影响证券交易的公正性。此外,对该基金的使用,应严格遵循"专款专用"的原则,否则即与该基金的设立目的相悖。

第五,为加强对风险基金的监督管理,《证券法》第 114 条第 3 款还规定,证券交易所应当将收存的风险基金存入开户银行专门账户,不得擅自使用。

六、制定有关交易规则和管理规章

《证券法》第 115 条规定,证券交易所依照法律、行政法规和国务院证券监督管理机构的规定,制定上市规则、交易规则、会员管理规则和其他有关规则,并报国务院证券监督管理机构批准。在证券交易所从事证券交易,应当遵守证券交易所依法制定的业务规则。违反业务规则的由证券交易所给予纪律处分或者采取其他自律管理措施。

对证券的上市、交易以及会员管理规则,法律和行政法规和国务院证券监督管理机构的规定,通常只作出一般的原则性规定,而对具体规则,由于具有较强的专业性和时效性,又常因具体情况的不同而不断变化,所以授权由证券交易所根据实际情况来自行制定,而不宜由法律和行政法规直接作出规定。

七、回避

为了保证证券交易的公平与公正,《证券法》第 116 条规定,证券交易所的负责人及其他从业人员在执行与证券交易有关的职务时,与其本人或者其亲属有利害关系的,应当回避。

八、对交易结果的处理

《证券法》第 117 条规定,按照依法制定的交易规则进行的交易,不得改变其交易结果但本法第 111 条第 2 款规定的除外。对交易中违规交易者应负的民事责任不得免除;在违规交易中所获利益,依照有关规定处理。这一规定包含了三层含义:

其一,按照依法制定的交易规则进行的交易,不得改变其交易结果,除非存在因不可抗力、意外事件、重大技术故障、重大人为差错等突发性事件,导致证券交易结果出现重大异常,按交易结果进行交收将对证券交易正常秩序和市场公平造成重大影响的。据此规定，凡是按照公开竞价交易规则进行的证券交易均为有效，任何人不得擅自改变其交易结果，即使交易双方或某一方出现失误也不得例外。此规定系源于证券的高速流通性质，目的在于维持证券交易的稳定性，并保护善意相对交易方的合法利益。

其二，违规交易者的民事责任不能免除。对此类违规行为，证券法规定由违规交易者承担民事责任。

其三，违规交易所获利益的处理。此规定系针对实践中存在的证券交易人员利用职务之便恶意获取非法利益的行为。对此类行为，应依据相关法律法规进行处理，并根据其情节轻重而适用不同的处罚措施：对一般的违规行为可采取行政处罚的办法，如没收非法所得，罚款等；而对情节严重构成犯罪的，还应追究其刑事责任。

九、违规处罚

《证券法》第115条第2款规定，在证券交易所从事证券交易，应当遵守证券交易所依法制定的业务规则。违反业务规则的，由证券交易所给予纪律处分或者采取其他自律管理措施。

第八章　证券公司及其业务

第一节　证 券 公 司

一、证券公司概述

证券公司是指依法设立的,从事证券经营业务的金融机构。证券公司作为证券商是证券市场中重要的参与者,它以中介人的地位,在证券的发行市场和流通市场上沟通供求双方的资金流通,因而是证券市场最基本的构成之一。

《证券法》第123条规定,本法所称证券公司是指依照《公司法》和本法规定设立的经营证券业务的有限责任公司或者股份有限公司。据此,证券公司具有如下几个特征:

首先,证券公司是依照公司法设立的有限责任公司或者股份有限公司,因而具有公司法规定的有限责任公司或股份有限公司的全部特征。即无论是在公司设立、组织机构,还是在资本运营、利润分配等方面都应符合公司法的规定和要求。

其次,证券公司必须依照证券法的要求设立。由于证券公司特殊的行业性质,决定了证券公司的设立和运作不仅要符合公司法的规定,还要符合证券法的要求。如证券法对证券公司的最低注册资本的限制就较公司法的要求严格。

最后,证券公司以从事证券经营为其业务。证券业务可分为证券经营业务和证券相关业务两类。证券经营业务包括证券承销业务、证券自营业务、证券经纪业务和其他证券业务(如证券保管、证券分红派息等业务);而证券相关业务则是指证券的清算、登记业务和证券投资咨询业务。证券公司的业务只是从事证券经营业务,即从事证券的承销、自营业务及证券经纪业务。证券公司登记的经营范围就是证券公司具体能够从事证券经营的业务范围,证券公司应当在登记的经营范围内从事经营活动。

二、证券公司的设立

(一)证券公司的设立条件

《证券法》第118条第1款规定,设立证券公司,应当具备如下条件,并经国务院证券监督管理机构批准:(1)有符合法律、行政法规规定的公司章程;(2)主要股东及公司的实际控制人具有良好的财务状况和诚信记录,最近三年无重大违法违规记录;(3)有符合本法规定的公司注册资本;(4)董事、监事、高级管理人员、从业人员符合本法规定的条件;(5)有完善的风险管理与内部控制制度;(6)有合格的经营场所、业务设施和信息技术系统;(7)法律、行政法规和经国务院批准的国务院证券监督管理机构规定的其他条件。

《证券法》第118条第2款规定，未经国务院证券监督管理机构批准，任何单位和个人不得以证券公司名义开展证券业务活动。

（二）证券公司的设立程序

我国证券法对设立证券公司采取的是许可制，即除具备上述设立条件之外，必须得到证券监督管理机构的批准，才能经营证券业务。

《证券法》第119条规定，国务院证券监督管理机构应当自受理证券公司设立申请之日起6个月内，依照法定条件和法定程序并根据审慎监管原则进行审查，作出批准或者不予批准的决定，并通知申请人；不予批准的，应当说明理由。证券公司设立申请获得批准的，申请人应当在规定的期限内向公司登记机关申请设立登记，领取营业执照。证券公司应当自领取营业执照之日起15日内，向国务院证券监督管理机构申请经营证券业务许可证。未取得经营证券业务许可证，证券公司不得经营证券业务。

第120条第2款规定，国务院证券监督管理机构应当自受理前款规定事项申请之日起3个月内，依照法定条件和程序进行审查，作出核准或者不予核准的决定，并通知申请人；不予核准的，应当说明理由。

由此可见，设立证券公司须履行如下四个阶段的程序：首先，向证券监督管理机构提出申请；其次，经证券监督管理机构批准后，向公司登记机关申请登记，领取营业执照；再次，证券公司在领取营业执照后，向证券监督管理机构申请证券业务许可；最后，证券监督管理机构3个月内作出审查决定。获得业务许可证后，证券公司方可经营证券业务。

《证券法》第202条规定，违反本法第118条、第120条第1款、第4款的规定，擅自设立证券公司、非法经营证券业务或者未经批准以证券公司名义开展证券业务活动的，责令改正，没收违法所得，并处以违法所得1倍以上10倍以下的罚款；没有违法所得或者违法所得不足100万元的，处以100万元以上1000万元以下的罚款。对直接负责的主管人员和其他直接责任人员给予警告，并处以20万元以上200万元以下的罚款。对擅自设立的证券公司，由国务院证券监督管理机构予以取缔。

第203条规定，提交虚假证明文件或者采取其他欺诈手段骗取证券公司设立许可、业务许可或者重大事项变更核准的，撤销相关许可，并处以100万元以上1000万元以下的罚款。对直接负责的主管人员和其他直接责任人员给予警告，并处以20万元以上200万元以下的罚款。

三、证券公司的注册资本

《证券法》第121条规定，证券公司经营本法第120条第（一）项至第（三）项业务的，注册资本最低限额为人民币5000万元；经营第（四）项至第（八）项业务之一的，注册资本最低限额为人民币1亿元；经营第（四）项至第（八）项业务中两项以上的，注册资本最低限额为人民币5亿元。证券公司的注册资本应当是实缴资本。国务院证券监督管理机构根据审慎监管原则和各项业务的风险程度，可以调整注册资本最低限额，但不得少于前款规定的限额。该条规定包含了如下几个方面的意思：

第一，证券法针对证券公司的不同业务设定了不同的最低注册资本限额。具体而言，证券公司经营证券经纪业务、证券投资咨询业务以及与证券交易、证券投资活动有关的财务顾问业务的，其最低注册资本限额为人民币5000万元；证券公司经营证券承销与保荐、证券融资融券、证券做市交易、证券自营或者其他证券业务之一的，其最低注册资本限额为人民币1亿元；证券公司经营证券承销与保荐、证券自营、证券资产管理或者其他证券业务中两项以上的，其最低注册资本限额为人民币 5 亿元。

第二，证券公司的注册资本应当是实缴资本。

第三，国务院证券监督管理机构根据审慎监管原则和各项业务的风险程度，可以调整注册资本最低限额，但不得少于前款规定的限额。

四、高级管理人员及业务人员的资格

《证券法》第 124 条规定，证券公司的董事、监事、高级管理人员，应当正直诚实，品行良好，熟悉证券法律、行政法规，具有履行职责所需的经营管理能力，证券公司任免董事、监事、高级管理人员，应当报国务院证券监督管理机构备案。有《公司法》第 146 条规定的情形或者下列情形之一的，不得担任证券公司的董事、监事、高级管理人员：(1)因违法行为或者违纪行为被解除职务的证券交易场所、证券登记结算机构的负责人或者证券公司的董事、监事、高级管理人员，自被解除职务之日起未逾 5 年；(2)因违法行为或者违纪行为被吊销执业证书或者被取消资格的律师、注册会计师或者其他证券服务机构的专业人员，自被吊销执业证书或者被取消资格之日起未逾 5 年。

《证券法》第 125 条规定，证券公司从事证券业务的人员应当品行良好，具备从事证券业务所需的专业能力。因违法行为或者违纪行为被开除的证券交易场所、证券公司、证券登记结算机构、证券服务机构的从业人员和被开除的国家机关工作人员，不得招聘为证券公司的从业人员。国家机关工作人员和法律、行政法规规定的禁止在公司中兼职的其他人员，不得在证券公司中兼任职务。

五、风险控制制度

证券投资本身具有高风险性。对于证券公司来说，不论是自营业务、承销业务，还是代理客户买卖的经纪业务，都存在多种风险。为确保证券公司资产状况良好，使其能够合理地履行职责，防止因意外证券事故损害投资者利益，证券法对证券公司的风险控制作出了明确规定。

《证券法》第 123 条规定，国务院证券监督管理机构应当对证券公司净资本和其他风险控制指标作出规定。证券公司除依照规定为其客户提供融资融券外，不得为其股东或者股东的关联人提供融资或者担保。第 205 条规定，证券公司违反本法第 123 条第 2 款的规定，为其股东或者股东的关联人提供融资或者担保的，责令改正，给予警告，并处以 50 万元以上 500 万元以下的罚款。对直接负责的主管人员和其他直接责任人员给予警告，并处以 10 万元以上 100 万元以下的罚款。股东有过错的，在按照要求改正前，国务院证券监督管理机构可以限制其股东权利；拒不改正的，可以责令其转让所持证券公司股权。

《证券法》第 126 条规定，国家设立证券投资者保护基金。证券投资者保护基金由证券公司缴纳的资金及其他依法筹集的资金组成，其规模以及筹集、管理和使用的具体办法由国务院规定。

《证券法》第 127 条规定，证券公司从每年的业务收入中提取交易风险准备金，用于弥补证券经营的损失，其提取的具体比例由国务院证券监督管理机构会同国务院财政部门规定。

六、证券公司的重大变更

《证券法》第 122 条规定，证券公司变更证券业务范围，变更主要股东或者公司的实际控制人,合并、分立、停业、解散、破产,应当经国务院证券监督管理机构核准。《证券法》第204条规定,证券公司违反本法第122条的规定,未经核准变更证券业务范围,变更主要股东或者公司的实际控制人,合并、分立、停业、解散、破产的,责令改正,给予警告,没收违法所得,并处以违法所得1倍以上10倍以下的罚款;没有违法所得或者违法所得不足50万元的,处以50万元以上500万元以下的罚款;情节严重的,并处撤销相关业务许可。对直接负责的主管人员和其他直接责任人员给予警告,并处以20万元以上200万元以下的罚款。

第二节　证券公司的业务

一、证券公司的业务范围

《证券法》第120条规定,经国务院证券监督管理机构批准,证券公司可以经营下列部分或者全部业务:(1)证券经纪;(2)证券投资咨询;(3)与证券交易、证券投资活动有关的财务顾问;(4)证券承销与保荐;(5)证券融资融券;(6)证券做市交易;(7)证券自营;(8)其他证券业务。其中,证券承销、证券保荐、证券经纪和证券融资融券业务是证券公司才可以经营的业务。除证券公司外,任何单位和个人不得从事证券承销、证券保荐、证券经纪和证券融资融券业务。

(一)证券经纪业务

证券经纪业务,是指证券公司在证券交易中,代理客户买卖证券,并从中收取手续费或者佣金的业务活动。在证券公司的几种业务中经纪业务可以说是最基本、最重要的业务。可见,证券经纪业务有以下几个特征:

第一,证券经纪业务主要是代理客户买卖证券。证券经纪业务同证券公司的证券自营业务不同,证券经纪业务是代替客户买卖证券,只收取手续费或佣金。

第二,证券公司是具有法人资格的证券经纪人。证券公司包括证券有限责任公司和证券股份有限公司两种,都是具有法人资格的主体。证券公司是证券经纪人,表明它与客户的关系不是一般的委托代理关系,而是一种基于委托发生的经纪关系。

第三,证券经纪人是接受投资者的委托,以自己的名义,为委托人办理证券买卖等业务,由此而发生的法律后果直接由经纪人承担并间接地归于委托人。

(二)证券投资咨询业务

证券投资咨询业务,是指为投资者或者客户提供证券服务的业务,包括证券投资分析、证券投资预测以及证券投资建议等。证券投资咨询公司向投资者或者客户提供投资咨询服务的形式和方式可以是多种多样的,如接受客户委托提供投资咨询服务;举办有关证券咨询培训的讲座、报告会、分析会等;在报刊上发表证券投资咨询的文章、评论、报告;通过电台、电视台等传播媒体提供证券投资服务;通过电话、传真、电脑网络等电信设备系统提供证券投资咨询服务等。

(三)与证券交易、证券投资活动有关的财务顾问业务

与证券交易、证券投资活动有关的财务顾问业务,是指证券公司根据客户要求,为客户的证券投资融资、资本运作、证券资产管理等活动提供财务咨询、分析或者方案设计。

(四)证券承销、保荐业务

证券承销业务是证券公司承担对发行人证券的销售任务及风险,并从中获得承销费用的业

务。在证券发行市场中，为了降低发行人的筹资风险，提高筹资效率，一般都采用证券公司承销的方式进行。而证券的承销既可以是一家证券公司独自承销，也可以是多家机构共同承销。

证券保荐业务，是指证券公司对发行人的发行、上市文件进行核查，保证其真实性、准确性和完整性，推荐发行人证券发行、上市的业务活动。在发行人证券上市后，发行人还应该在一定期限内对发行人的规范运作和信息披露进行督导。

（五）证券融资融券业务

证券融资融券业务，是指在证券交易所或者国务院批准的其他证券交易场所进行的证券交易中，证券公司向客户出借资金供其买入证券或者出借证券供其卖出，并由客户交存相应担保物的经营活动。证券公司从事融资融券业务，应当与客户签订融资融券合同，并按照国务院证券监督管理机构的规定，以证券公司的名义在证券登记结算机构开立客户证券担保账户，在指定商业银行开立客户资金担保账户。证券公司向客户融资融券时，客户应当交存一定比例的保证金。《证券法》第120条第5款规定，证券公司从事证券融资融券业务，应当采取措施，严格防范和控制风险，不得违反规定向客户出借资金或者证券。

（六）证券做市业务

做市业务是指做市商（market makers）在证券市场按照有关要求连续报出做市券种的现券买、卖双边价格，并按其报价与其他市场参与者达成交易的行为。做市服务主要包括下列类型：(1)向投资者提供双边持续报价；(2)对投资者询价提供双边回应；(3)法律规定或做市协议约定的其他业务。

（七）证券自营业务

证券自营业务即证券公司为自己买卖证券的业务，是指证券公司在证券交易中，根据自己的研究和判断决定买卖证券，并由证券公司自己承担由此带来的损失和收益。证券的自营业务可分为两种情况：一是在交易所进行的自营买卖；二是在证券公司的交易营业部进行的店头或柜台买卖。

（八）其他证券业务

除上述业务外，证券公司还可以经营国务院证券监督管理机构核定的其他证券业务，如接受委托代付代收股息红利业务，代销政府证券、证券投资基金份额业务，融资融券业务等。

为便于对证券公司的监督和管理，防范证券违规事件的发生，证券公司从事证券业务须获得国务院证券监督管理机构的批准，经许可后，方可从事证券业务的经营。

《证券法》第120条第3款规定，证券公司经营证券资产管理业务的，应当符合《证券投资基金法》等法律、行政法规的规定。

二、证券公司的业务规则

（一）业务风险隔离制度

《证券法》第128条规定，证券公司应当建立健全内部控制制度，采取有效隔离措施，防范公司与客户之间、不同客户之间的利益冲突。证券公司必须将其证券经纪业务、证券承销业务、证券自营业务、证券做市业务和证券资产管理业务分开办理，不得混合操作。第206条规定，证券公司违反本法第128条的规定，未采取有效隔离措施防范利益冲突，或者未分开办理相关业务、混合操作的，责令改正，给予警告，没收违法所得，并处以违法所得1倍以上10倍以下的罚款；没有违法所得或者违法所得不足50万元的,处以50万元以上500万元以下的罚款;情节严重的,并处撤销相关业务许可。对直接负责的主管人员和其他直接责任人员给予警告,并处以20万元以上200万元以下的罚款。

当证券公司同时从事多种业务时,不同业务之间可能会存在利益冲突。实行业务风险隔离制度既能保证证券公司合法合规经营、防范经营风险和道德风险,又能保障客户资产的安全,防止证券公司利用兼业经营之便利而将某个客户的获利机会据为己有或转给他人。

为落实业务风险隔离制度,我国要求证券公司将不同业务的经营人员、资金和账目分开,英、美等国则要求综合类券商内部不同业务部门之间须建立信息隔离制度,即所谓的“中国墙”(Chinese Wall)制度。

(二)证券自营规则

《证券法》第129条规定,证券公司自营业务必须以自己的名义进行,不得假借他人名义或者以个人名义进行。证券公司的自营业务必须使用自有资金和依法筹集的资金。证券公司不得将其自营账户借给他人使用。第207条规定,证券公司违反本法第129条的规定从事证券自营业务的,责令改正,给予警告,没收违法所得,并处以违法所得1倍以上10倍以下的罚款;没有违法所得或者违法所得不足50万元的,处以50万元以上500万元以下的罚款;情节严重的,并处撤销相关业务许可或者责令关闭。对直接负责的主管人员和其他直接责任人员给予警告,并处以20万元以上200万元以下的罚款。

(三)审慎经营与自主经营

《证券法》第130条规定,证券公司应当依法审慎经营,勤勉尽责,诚实守信。证券公司的业务活动,应当与其治理结构、内部控制、合规管理、风险管理以及风险控制指标、从人员构成等情况相适应,符合审慎监管和保护投资者合法权益的要求。证券公司依法享有自主经营的权利,其合法经营不受干涉。

证券公司为具有法人资格的从事证券经营业务的主体,它不仅具有独立的财产,而且要独立承担民事责任。证券法为维护证券公司合法地位,保障证券公司自由地参与证券市场的经济活动,规定证券公司依法享有自主经营的权利,任何组织、个人、证券业行业协会、证券交易所、政府机构,包括国家证券监督管理机构都不能无故进行干涉。对于非法干涉证券公司经营,造成证券公司损失的应当承担相应的法律责任。

(四)客户资金的管理

《证券法》第131条规定,证券公司客户的交易结算资金应当存放在商业银行,以每个客户的名义单独立户管理。证券公司不得将客户的交易结算资金和证券归入其自有财产。禁止任何单位或者个人以任何形式挪用客户的交易结算资金和证券。证券公司破产或者清算时,客户的交易结算资金和证券不属于其破产财产或者清算财产。非因客户本身的债务或者法律规定的其他情形,不得查封、冻结、扣划或者强制执行客户的交易结算资金和证券。

《证券法》第208条规定,违反本法第131条的规定,将客户的资金和证券归入自有财产,或者挪用客户的资金和证券的,责令改正,给予警告,没收违法所得,并处以违法所得1倍以上10倍以下的罚款;没有违法所得或者违法所得不足100万元的,处以100万元以上1000万元以下的罚款;情节严重的,并处撤销相关业务许可或者责令关闭。对直接负责的主管人员和其他直接责任人员给予警告,并处以50万元以上500万元以下的罚款。

（五）委托书的设置与保管

《证券法》第132条规定，证券公司办理经纪业务，应当置备统一制定的证券买卖委托书，供委托人使用。采取其他委托方式的，必须作出委托记录。客户的证券买卖，无论是否成交，其委托记录应当按照规定的期限，保存于证券公司。

（六）办理委托事宜要求

《证券法》第133条规定，证券公司接受证券买卖的委托，应当根据委托书载明的证券名称、买卖数量、出价方式、价格幅度等，按照交易规则代理买卖证券，如实进行交易记录；买卖成交后，证券公司应当按照规定制作买卖成交报告单交付客户。证券交易中确认交易行为及其交易结果的对账单必须真实，保证账面证券余额与实际持有的证券相一致。该条的规定包含了如下几层含义：

第一，按客户委托要求买卖。证券公司和客户之间是基于委托关系下的经纪关系，这就要求证券公司在办理为客户买卖股票业务时，必须按照客户的要求进行买卖，否则将承担由此带来的不利后果。

第二，制作买卖成交报告单。为了能让客户及时得到证券买卖成交情况的信息，买卖成交后，证券公司应当按规定制作买卖成交报告单交付客户。

第三，记录真实。证券交易中确认交易行为及其交易结果的对账单必须真实，保证账面证券余额与实际持有的证券相一致。

（七）禁止接受客户的全权委托

全权委托是指客户委托证券公司完全管理自己的资金账户和股票账户，并全权决定买卖股票的时间、种类、数量和价格等。这有时虽然是基于客户对证券公司的信任，但是为了维护市场的公平和防止证券公司欺诈客户的行为，《证券法》第134条规定，证券公司办理经纪业务，不得接受客户的全权委托而决定证券买卖、选择证券种类、决定买卖数量或者买卖价格。证券公司不得允许他人以证券公司的名义直接参与证券的集中交易。第209条规定，证券公司对客户的收益或者赔偿客户的损失作出承诺的，责令改正，给予警告，没收违法所得，并处以违法所得1倍以上10倍以下的罚款；没有违法所得或者违法所得不足50万元的，处以50万元以上500万元以下的罚款；情节严重的，并处撤销相关业务许可。对直接负责的主管人员和其他直接责任人员给予警告，并处以20万元以上200万元以下的罚款。证券公司允许他人以证券公司的名义直接参与证券的集中交易的，责令改正，可以并处50万元以下的罚款。

这一规定主要是为了防止三方面的情况：一是证券公司为讨好特定的客户，只把赚钱的交易列入客户的对账单，而赔钱的则不列入，这样从某种程度上违背了市场公平精神；二是证券公司可能因自营业务的亏损而挪用客户的证券和存款，产生欺诈行为，增大客户的风险；三是遵守会员制证券交易所的规则，防止非会员使用证券公司名义直接参与集中交易。

（八）禁止对客户作出收益或赔偿的承诺

《证券法》第135条规定，证券公司不得对客户证券买卖的收益或者赔偿证券买卖的损失作出承诺。第209条规定，违反第135条的规定，对客户的收益或者赔偿客户的损失作出承诺的，责令改正，给予警告，没收违法所得，并处以违法所得1倍以上10倍以下的罚款；没有违法所得或者违法所得不足50万元的，处以50万元以上500万元以下的罚款；情节严重的，并处撤销相关业务许可。对直接负责的主管人员和其他直接责任人员给予警告，并处以20万元以上200万元以下的罚款。

对客户作出收益或赔偿的承诺，与证券公司作为证券经纪人的身份不相符。证券经纪人以接受投资者的委托，以自己的名义为委托人办理证券买卖并收取佣金为其业务。证券公司如果向客户提供以上承诺，两者之间的法律关系就变得混乱无序，不仅影响证券公司的正常业务，也会对客户造成不公平的对待，违背市场公平之原则。

（九）禁止私下接受客户委托

《证券法》第 136 条第 2 款规定，证券公司的从业人员不得私下接受客户委托买卖证券。第 210 条规定，证券公司的从业人员违反本法第 136 条的规定，私下接受客户委托买卖证券的，责令改正，给予警告，没收违法所得，并处以违法所得 1 倍以上 10 倍以下的罚款；没有违法所得的，处以 50 万元以下的罚款。

证券公司私下接受客户委托，一般不会在证券公司的业务记录中留下客户原始的委托凭证。这不仅会造成证券公司管理的混乱，还会因为无委托凭证使得客户和证券公司的纠纷难以合法解决，甚至会引起证券公司欺诈客户等行为。

（十）证券公司的责任

《证券法》第 136 条第 1 款规定，证券公司的从业人员在证券交易活动中，执行所属的证券公司的指令或者利用职务违反交易规则的，由所属的证券公司承担全部责任。

（十一）信息查询与保存

《证券法》第 137 条规定，证券公司应当建立客户信息查询制度，确保客户能够查询其账户信息、委托记录、交易记录以及其他与接受服务或者购买产品有关的重要信息。证券公司应当妥善保存客户开户资料、委托记录、交易记录和与内部管理、业务经营有关的各项信息，任何人不得隐匿、伪造、篡改或者毁损。上述信息的保存期限不得少于 20 年。

（十二）报送义务

《证券法》第 138 条规定，证券公司应当按照规定向国务院证券监督管理机构报送业务、财务等经营管理信息和资料。国务院证券监督管理机构有权要求证券公司及其主要股东、实际控制人在指定的期限内提供有关信息、资料。证券公司及其主要股东、实际控制人向国务院证券监督管理机构报送或者提供的信息、资料，必须真实、准确、完整。

《证券法》第 211 条规定，证券公司及其主要股东、实际控制人违反本法第 138 条的规定，未报送、提供信息和资料，或者报送、提供的信息和资料有虚假记载、误导性陈述或者重大遗漏的，责令改正，给予警告，并处以 100 万元以下的罚款；情节严重的，并处撤销相关业务许可。对直接负责的主管人员和其他直接责任人员，给予警告，并处以 50 万元以下的罚款。

（十三）审计与评估

《证券法》第 139 条规定，国务院证券监督管理机构认为有必要时，可以委托会计师事务所、资产评估机构对证券公司的财务状况、内部控制状况、资产价值进行审计或者评估。具体办法由国务院证券监督管理机构会同有关主管部门制定。

第三节　违法违规行为及其处理

一、违反风险控制指标的处理

《证券法》第 140 条规定，证券公司的治理结构、合规管理、风险控制指标不符合规定的，国务院证券监督管理机构应当责令其限期改正;逾期未改正,或者其行为严重危及该证券公司的稳健运行、损害客户合法权益的,国务院证券监督管理机构可以区别情形,对其采取下列措施:(1)限制业务活动,责令暂停部分业务,停止核准新业务;(2)限制分配红利,限制向董事、监事、高级管理人员支付报酬、提供福利;(3)限制转让财产或者在财产上设定其他权利;(4)责令更换董事、监事、高级管理人员或者限制其权利;(5)撤销有关业务许可;(6)认定负有责任的董事、监事、高级管理人员为不适当人选;(7)责令负有责任的股东转让股权,限制负有责任的股东行使股东权利。

证券公司整改后,应当向国务院证券监督管理机构提交报告。国务院证券监督管理机构经验收,治理结构、合规管理、风险控制指标符合规定的,应当自验收完毕之日起3日内解除对其采取的前款规定的有关限制措施。

二、虚假出资、抽逃出资的处理

《证券法》第141条规定,证券公司的股东有虚假出资、抽逃出资行为的,国务院证券监督管理机构应当责令其限期改正,并可责令其转让所持证券公司的股权。在前款规定的股东按照要求改正违法行为、转让所持证券公司的股权前,国务院证券监督管理机构可以限制其股东权利。

三、董事、监事、高级管理人员未能勤勉尽责的处理

《证券法》第142条规定,证券公司的董事、监事、高级管理人员未能勤勉尽责,致使证券公司存在重大违法违规行为或者重大风险的,国务院证券监督管理机构可以责令证券公司予以更换。

四、证券公司违法经营的处理

《证券法》第143条规定,证券公司违法经营或者出现重大风险,严重危害证券市场秩序、损害投资者利益的,国务院证券监督管理机构可以对该证券公司采取责令停业整顿、指定其他机构托管、接管或者撤销等监管措施。

同时,《证券法》第144条规定,在证券公司被责令停业整顿、被依法指定托管、接管或者清算期间,或者出现重大风险时,经国务院证券监督管理机构批准,可以对该证券公司直接负责的董事、监事、高级管理人员和其他直接责任人员采取以下措施:(1)通知入境、出境管理机关依法阻止其出境;(2)申请司法机关禁止其转移、转让或者以其他方式处分财产,或者在财产上设定其他权利。

第九章　证券登记结算与服务机构

第一节　证券登记结算机构

一、证券登记结算机构的概念

《证券法》第145条第1款规定，证券登记结算机构为证券交易提供集中登记、存管与结算服务，不以营利为目的，依法登记，取得法人资格。第158条第2款规定，证券登记结算机构作为中央对手方提供证券结算服务的，是结算参与人共同的清算交收对手，进行净额结算，为证券交易提供集中履约保障。

证券登记结算机构具有以下特点：

第一，证券登记结算机构是法人团体，具有独立的资金、组织机构和办公场所，能够依法独立地享有权利并承担义务。

第二，证券登记结算机构为证券交易提供集中登记、托管和结算服务，其自身并不参加证券交易，也不代理他人进行证券交易。

第三，证券登记结算机构的设立须依照法定程序和条件进行。《证券法》第149条第1款规定，证券登记结算机构应当依法制定章程和业务规则，并经国务院证券监督管理机构批准。

二、证券登记结算机构的设立与解散

（一）设立证券登记机构的条件

《证券法》第146条规定，设立证券登记结算机构，应当具备下列条件：(1)自有资金不少于人民币2亿元；(2)具有证券登记、存管和结算服务所必需的场所和设施；(3)国务院证券监督管理机构规定的其他条件。

证券登记结算机构的名称中应当标明“证券登记结算”字样。

（二）设立证券登记机构的程序

《证券法》第145条第2款规定，设立证券登记结算机构必须经国务院证券监督管理机构批准。《证券法》第212条规定，违反本法第145条的规定，擅自设立证券登记结算机构的，由国务院证券监督管理机构予以取缔，没收违法所得，并处以违法所得1倍以上10倍以下的罚款；没有违法所得或者违法所得不足50万元的，处以50万元以上500万元以下的罚款。对直接负责的主管人员和其他直接责任人员给予警告，并处以20万元以上200万元以下的罚款。显然，我国证券登记结算机构的设立采用审批主义，即除具备法律规定的条件之外，还应经过主管机关审核批准。符合法定条件并经国务院证券监督管理机构批准后，向登记机关申请登记并领取营业执

照。至此,证券登记结算机构的设立方告完成。同时,证券登记结算机构还须向主管机关申请证券登记业务许可证,方可从事证券登记业务。

(三)证券登记结算机构的解散

《证券法》第 156 条规定,证券登记结算机构申请解散,应当经国务院证券监督管理机构批准。

三、证券登记结算机构的职能

《证券法》第 147 条规定,证券登记结算机构履行下列职能:(1)证券账户、结算账户的设立;(2)证券的存管和过户;(3)证券持有人名册登记;(4)证券交易所上市证券交易的清算和交收;(5)受发行人的委托派发证券权益;(6)办理与上述业务有关的查询、信息服务;(7)国务院证券监督管理机构批准的其他业务。

《证券法》第 148 条规定,在证券交易所和国务院批准的其他全国性证券交易场所交易的证券的登记结算,应当采取全国集中统一的运营方式。前款规定以外的证券,其登记、结算可以委托证券登记结算机构或者其他依法从事证券登记、结算业务的机构办理。

四、证券登记结算机构的业务

(一)存管证券

《证券法》第 150 条规定,在证券交易所或者国务院批准的其他全国性证券交易场所交易的证券,应当全部存管在证券登记结算机构。证券登记结算机构不得挪用客户的证券。

在法律性质上,投资者将证券存管在证券登记结算机构这一行为属于委托保管关系。证券登记结算机构作为受托人可以按规定比例收取一定的存管费用,但与此同时它还必须履行一定的义务,即尽到善良托管人的义务。这种义务集中表现为证券登记结算机构对客户证券的忠实保管,证券登记结算机构不得挪用客户的证券。因为存管的证券所有权仍属于客户,证券登记结算机构只是依法享有其占有权,但不能非法使用或从中获取收益,更不能任意加以处分。

(二)证券资料的提供

《证券法》第 151 条规定,证券登记结算机构应当向证券发行人提供证券持有人名册及其有关资料。证券登记结算机构应当根据证券登记结算的结果,确认证券持有人持有证券的事实,提供证券持有人登记资料。证券登记结算机构应当保证证券持有人名册和登记过户记录真实、准确、完整,不得隐匿、篡改、毁损。

(三)必要的业务保证措施

《证券法》第 152 条规定,证券登记结算机构应当采取下列措施保证业务的正常进行:(1)具有必备的服务设备和完善的数据安全保护措施;(2)建立完善的业务、财务和安全防范等管理等制度;(3)建立完善的风险管理系统。

(四)原始凭证的保存

《证券法》第 153 条规定,证券登记结算机构应当妥善保存登记、存管和结算的原始凭证及其有关文件和资料。其保存期限不得少于 20 年。

(五)结算风险基金

《证券法》第 154 条规定,证券登记结算机构应当设立结算风险基金,用于垫付或者弥补因违约交收、技术故障、操作失误、不可抗力造成的证券登记结算机构的损失。证券结算风险基金从证券登记结算机构的业务收入和收益中提取，并可以由结算参与人按照证券交易业务量的一定比例缴纳。证券结算风险基金的筹集、管理办法，由国务院证券监督管理机构会同国务院财政部门规定。

证券结算风险基金是指证券登记结算机构依法设立的，通过一定方式筹集的，用于防范意外事件所造成证券登记结算机构损失的基金形式。证券登记结算机构由于将证券登记、托管和结算等多项服务集为一体，使得证券交易程序大大简化，交易效率也大为提高。但与此同时面临的另一个问题便是，功能的集中必然也导致风险的集中，因此，增强证券登记结算机构的风险管理能力就具有特别重要的意义。在证券登记结算机构的风险管理措施中，设立结算风险基金是最重要的防范措施。

《证券法》第 155 条第 1 款规定，证券结算风险基金应当存入指定银行的专门账户，实行专项管理。这一方面要求证券登记结算机构将风险基金账户与其他资金账户严格分开管理；另一方面要求在使用该风险基金时应严格按有关规定办理，不得将基金用于超出其设立目的和宗旨的其他用途。

《证券法》第 155 条第 2 款规定，证券登记结算机构以风险基金赔偿后，应当向有关责任人追偿。在这里，强调先以风险基金赔偿的目的在于维持投资者的合法权益，使其损失能够及时得到补偿；而强调证券登记结算机构向有关责任人追偿的目的，则是维持证券结算风险基金数额的稳定，保证证券登记结算机构防范风险的能力不致下降。

（六）开户服务

《证券法》第 157 条规定，投资者委托证券公司进行证券交易，应当通过证券公司申请在证券登记结算机构开立证券账户。证券登记结算机构应当按照规定为投资者开立证券账户。

投资者申请开立账户，应当持有证明中华人民共和国公民、法人、合伙企业身份的合法证件。国家另有规定的除外。

（七）结算服务

《证券法》第 158 条规定，证券登记结算机构为证券交易提供净额结算服务时，应当要求结算参与人按照货银对付的原则，足额交付证券和资金，并提供交收担保。在交收完成之前，任何人不得动用用于交收的证券、资金和担保物。结算参与人未按时履行交收义务的，证券登记结算机构有权按照业务规则处理前款所述财产。

（八）结算资金和证券的存放及其用途

《证券法》第 159 条规定，证券登记结算机构按照业务规则收取的各类结算资金和证券，必须存放于专门的清算交收账户，只能按业务规则用于已成交的证券交易的清算交收，不得被强制执行。

第二节　证券服务机构

一、证券服务机构的概念和特征

我国证券法上规定的证券服务机构包括投资咨询机构、财务顾问机构、资信评级机构、资产评估机构、会计师事务所和律师事务所。证券服务机构是依法设立的从事证券服务的高度专业化的机构。《证券法》第160条规定，会计师事务所、律师事务所以及从事证券投资咨询、资产评估、资信评级、财务顾问、信息技术系统服务的证券服务机构，应当勤勉尽责、恪尽职守，按照相关业务规则为证券的交易及相关活动提供服务。从事证券投资咨询服务业务，应当经国务院证券监督管理机构核准；未经核准，不得为证券的交易及相关活动提供服务。从事其他证券服务业务，应当报国务院证券监督管理机构和国务院有关主管部门备案。

二、证券投资咨询业务

证券投资咨询机构的业务仅限于证券服务，投资咨询机构及其从业人员不得直接从事证券交易业务。《证券法》第161条第1款规定，证券投资咨询机构的从业人员不得从事下列行为：(1)代理委托人从事证券投资；(2)与委托人约定分享证券投资收益或者分担证券投资损失；(3)买卖本咨询机构提供服务的证券；(4)法律、行政法规禁止的其他行为。由于证券投资咨询机构是具有中立性质的专业服务机构，对其服务对象的信息的收集和分析较一般的投资者或证券机构处于有利的地位，如果证券服务机构从事上述法律禁止的行为，则有悖于证券服务机构的中介地位，必然造成证券市场的不公平，侵害其他投资者的合法权益，破坏证券市场的正常秩序。有鉴于此，《证券法》第161条第2款规定，有前款所列行为之一，给投资者造成损失的，依法承担赔偿责任。

三、信息保存义务

证券服务机构负有妥善保存客户资料等信息的义务。《证券法》第162条规定，证券服务机构应当妥善保存客户委托文件、核查和验证资料、工作底稿以及与质量控制、内部管理、业务经营有关的信息和资料，任何人不得泄露、隐匿、伪造、篡改或者毁损。上述信息和资料的保存期限不得少于10年，自业务委托结束之日起算。

《证券法》第214条规定，发行人、证券登记结算机构、证券公司、证券服务机构未按照规定保存有关文件和资料的，责令改正，给予警告，并处以10万元以上100万元以下的罚款；泄露、隐匿、伪造、篡改或者毁损有关文件和资料的，给予警告，并处以20万元以上200万元以下的罚款；情节严重的，处以50万元以上500万元以下的罚款，并处暂停、撤销相关业务许可或者禁止从事相关业务。对直接负责的主管人员和其他直接责任人员给予警告，并处以10万元以上100万元以下的罚款。

四、法律责任

证券服务机构须对其提供的服务承担法律责任。《证券法》第163条规定，证券服务机构为证券的发行、上市、交易等证券业务活动制作、出具审计报告及其他鉴证报告、资产评估报告、财务顾问报告、资信评级报告或者法律意见书等文件，应当勤勉尽责，对所制作、出具的文件内容的真实性、准确性、完整性进行核查和验证。其制作、出具的文件有虚假记载、误导性陈述或者重大遗漏，给他人造成损失的，应当与受托人承担连带赔偿责任，但是能够证明自己没有过错的除外。从该条的规定来看，一方面要求为证券的发行、上市、交易等活动制作、出具审计报告、资产评估报告、财务顾问报告或者提供法律意见书等文件的证券服务机构对其出具报告内容的真实性、准确性和完整性负有核查和验证的义务，如果其制作、出具的文件内容有虚假记载、误导性陈述或者重大遗漏,给他人造成损失的,应当与发行人、上市公司承担连带赔偿责任;另一方面也表明,证券服务机构的该种赔偿责任是一种过错推定责任,即如果证券服务机构能够证明自己没有过错的,则可以免除赔偿责任。

《证券法》第213条第3款规定,证券服务机构违反本法第163条的规定,未勤勉尽责,所制作、出具的文件有虚假记载、误导性陈述或者重大遗漏的,责令改正,没收业务收入,并处以业务收入1倍以上10倍以下的罚款,没有业务收入或者业务收入不足50万元的,处以50万元以上500万元以下的罚款;情节严重的,并处暂停或者禁止从事证券服务业务。对直接负责的主管人员和其他直接责任人员给予警告,并处以20万元以上200万元以下的罚款。

第十章　证券监督管理

第一节　证券市场管理概述

一、证券市场管理的意义

证券市场管理是指证券管理机关及其授权机关依法对证券市场的监督管理的活动。如国家的证券立法及公司立法对各种证券市场主体的规范指引，证券管理机关对证券发行主体的资格的审查批准，对证券业务人员资格的考核和认定，对证券公司营业范围的核定，对证券交易行为的限制和查处等。

证券市场管理的意义大致表现在如下三个方面：

第一，保障证券市场的安全性。这是从保护投资者的利益出发，通过证券发行的审批制度、证券从业资格核准制度及对证券业务的管理，强化证券市场的社会信用，减低投资者的投资风险，创造安全、良好的投资决策环境。

第二，促进证券市场发展的有序性。就是通过控制证券发行规模及方向，制定证券市场的法律、法规、规章制度和程序规则等，引导证券市场稳步有序地发展，同时促进国家宏观经济的正常运转。

第三，保障证券市场运行的合法性。就是国家证券管理机构通过依法对证券市场的监督检查，及时发现和查处市场运行中的各种不法行为，保障国家证券法律法规的有效实施，真正做到"依法治市"。

二、证券市场管理模式

证券市场的管理可以分为证券行政管理和证券自律管理。证券行政管理是政府或政府机构代表国家对证券市场进行的管理。而证券自律管理则是证券行业的一种民间的自我管理。不论是证券行政管理还是证券自律管理，其在证券市场的管理中都发挥着十分重要的作用。但每个国家根据本国的国情会采取不同的管理模式，有的侧重于政府的行政管理，有的侧重于行业的自律管理。因而就形成了两种类型的证券管理体制，即以行业自律管理为主的体制和以国家行政管理为主的体制。行业自律管理为主的体制是指国家对证券市场的管理主要通过行业自律组织（如证券业协会）管理，政府则采取放任或宽松的态度，较少干涉证券市场。这一类体制典型代表如英国。以国家行政管理为主的体制是指国家对证券市场的管理主要通过政府机构及其授权机构实施，而行业自律组织的管理只是作为一种辅助的管理。大多数国家都采取这样的监管模式。根据我国证券法的规定，国务院证券监督管理委员会依法对全国证券市场实行集中统一监督管理。在国家对证券发行、交易活动实行集中统一监督管理的前提下，依法设立证券业协会，实行自律性管理。由此可见，在我国，对证券市场的监督管理实行的是以政府行政管理为主，行业自律管理为辅的体制。这种监管体制的特点是，既可以保证证券监督管理的有效性，又可以保障证券监督管理的灵活性。

第二节　证券市场的行政监管

一、证券监管机构

《证券法》第 168 条规定，国务院证券监督管理机构依法对证券市场实行监督管理，维持证券市场公开、公平、公正，防范系统性风险，维护投资者合法权益，促进证券市场健康发展。可见，在现行体制下，国务院证券监督管理机构是我国证券市场中履行监督管理职能的证券专管机构。证券监督管理机构实行统一的集中管理，将全国的证券市场纳入统一的监管之下，有利于证券市场的安全和秩序，有利于市场管理的公平和效率。

二、证券监管机构的职责

证券监督管理机构的职责是指证券监督管理机构依法行使其职能时所具有的职责和权限，主要包括制定证券管理规章、执行证券法律法规、依法律授权解释法律和行政法规、全面监督和管理证券市场和查处证券违法行为等。

我国证券法对证券监督管理机构的职权范围规定得比较广泛，从证券监督管理机构的立法审批或者核准权、执法监督权以及调查处理权等几方面进行了规定。《证券法》第 169 条规定，国务院证券监督管理机构在对证券市场实行监督管理中履行下列职责：(1) 依法制定有关证券市场监督管理的规章、规则，并依法进行审批、核准、注册，办理备案；(2) 依法对证券的发行、上市、交易、登记、存管、结算等行为，进行监督管理；(3) 依法对证券发行人、证券服务机构、证券交易场所、证券登记结算机构的证券业务，进行监督管理；(4) 依法制定从事证券业务人员的行为准则，并监督实施；(5) 依法监督检查证券发行、上市和交易的信息披露；(6) 依法对证券业协会的自律管理活动进行指导和监督；(7) 依法监测并防范、处置证券市场风险；(8) 依法开展投资者教育；(9) 依法对证券违法行为进行查处；(10) 法律、行政法规规定的其他职责。

国务院证券监督管理机构可以和其他国家或者地区的证券监督管理机构建立监督管理合作机制，实施跨境监督管理。

三、证券监管机构职责的履行

既然证券法赋予了证券监督管理机构如上的立法权、执法权和准司法权，就应保证其行使职权应享有一定的权力。为此，证券法对证券监督管理机构依法履行职责时有权采取的措施进行了明文规定。同时，为了规范证券监督管理机构履行职责时的行为，防止执法人员滥用职权侵害管理相对人的合法权益，证券法又对证券监督管理机构及其人员的相关义务进行了规定。

(一) 执法权限与措施

根据《证券法》第 170 条的规定，国务院证券监督管理机构在履行职责时具有下列执法权限和措施：

其一，现场检查权。证券监督管理机构有权对证券发行人、证券公司、证券服务机构、证券交易场所、证券登记结算机构进行现场检查。

其二，调查取证权。一旦有涉嫌违法的行为发生，证券监督管理机构就需要在查明事实的基础上确定该行为是否确实构成违法，进入涉嫌违法行为发生的场所调查取证是证券监督管理机构查明真相的重要手段之一。

其三，询问权。在证券案件稽查中，涉嫌当事人的陈述是一种重要的证据形式，甚至直接决定案件的定性，因此赋予证券监督管理机构询问权十分必要。依照证券法规定，证券监督管理机构可询问当事人和与被调查事件有关的单位和个人，要求其对与被调查事件有关的事项作出说明，或者要求其按照指定的方式报送与被调查事件有关的文件和资料，被调查的单位和个人应当配合。

其四，查询、查阅、复制权。查询、查阅、复制权对于证券违法案件的调查至关重要，《证券法》赋予了证券监督管理机构广泛的查询、查阅、复制权，具体包括：查阅、复制与被调查事件有关的财产权登记、通信记录等文件和资料；查阅、复制当事人和与被调查事件有关的单位和个人的证券交易记录、登记过户记录、财务会计资料及其他相关文件和资料；查询当事人和与被调查事件有关的单位和个人的资金账户、证券账户、银行账户以及其他具有支付、托管、结算等功能的账户信息，可以对有关文件和资料进行复制。

其五，查封、冻结权。在证券违法案件中，涉案财产通常为资金或证券，非常容易被隐匿或转移。即便违法行为最终受到查处，也往往因为涉案财产已被转移而难以落实相应的法律责任。赋予证券监督管理机构查封、冻结权，有利于防止违法者转移涉案财产、毁灭相关证据。为此，《证券法》第 170 条第 1 款第（六）项规定，对有证据证明已经或者可能转移或者隐匿违法资金、证券等涉案财产或者隐匿、伪造、毁损重要证据的，经国务院证券监督管理机构主要负责人或者其授权的其他负责人批准，可以冻结或者查封，期限为 6 个月；因特殊原因需要延长的，每次延长期限不得超过 3 个月，冻结、查封期限最长不得超过 2 年。证券监督管理机构行使查封、冻结权须符合三个条件：（1）有证据表明确有查封、冻结的必要；（2）须经主要负责人批准；（3）查封、冻结不得超过法定期限。

其六，封存、扣押权。第 170 条第 1 款第（五）项对可能被转移、隐匿或者毁损的文件和资料，可以予以封存、扣押。

其七，限制交易权。证券违法案件具有影响面广、调查取证难的特性，事后查处往往难以挽回受害人的损失。例如，在发现行为人有从事操纵市场、内幕交易等重大证券违法行为时，事先限制其证券交易活动比事后查处更有利于维护证券市场的秩序。故《证券法》第 170 条赋予证券监督管理机构限制交易权，即在调查操纵证券市场、内幕交易等重大证券违法行为时，经国务院证券监督管理机构主要负责人或者其授权的其他负责人批准，可以限制被调查事件当事人的证券买卖，但限制的期限不得超过 3 个月；案情复杂的，可以延长 3 个月。

其八，限制出境。通知出境入境管理机关依法阻止涉嫌违法人员、涉嫌违法单位的主管人员和其他直接责任人员出境。

其九，证券市场禁入。《证券法》第 221 条规定，违反法律、行政法规或者国务院证券监督管理机构的有关规定，情节严重的，国务院证券监督管理机构可以对有关责任人员采取证券市场禁入的措施。前款所称证券市场禁入，是指在一定期限内直至终身不得从事证券业务、证券服务业务，不得担任证券发行人的董事、监事、高级管理人员，或者一定期限内不得在证券交易所、国务院批准的其他全国性证券交易场所交易证券的制度。

其十,其他措施。为防范证券市场风险,维护市场秩序,国务院证券监督管理机构可以采取责令改正、监管谈话、出具警示函等措施。

《证券法》第218条规定,拒绝、阻碍证券监督管理机构及其工作人员依法行使监督检查、调查职权,由证券监督管理机构责令改正,处以10万元以上100万元以下的罚款,并由公安机关依法给予治安管理处罚。

《证券法》第171条规定,国务院证券监督管理机构对涉嫌证券违法的单位或者个人进行调查期间,被调查的当事人书面申请,承诺在国务院证券监督管理机构认可的期限内纠正涉嫌违法行为,赔偿有关投资者损失,消除损害或者不良影响的,国务院证券监督管理机构可以决定中止调查。被调查的当事人履行承诺的,国务院证券监督管理机构可以决定终止调查;被调查的当事人未履行承诺或者有国务院规定的其他情形的,应当恢复调查。具体办法由国务院规定。国务院证券监督管理机构决定中止或者终止调查的,应当按照规定公开相关信息。

第215条规定,国务院证券监督管理机构依法将有关市场主体遵守本法的情况纳入证券市场诚信档案。

另外,第216条规定,国务院证券监督管理机构或者国务院授权的部门有下列情形之一的,对直接负责的主管人员和其他直接责任人员,依法给予处分:(1)对不符合本法规定的发行证券、设立证券公司等申请予以核准、注册、批准的;(2)违反本法规定采取现场检查、调查取证、查询、冻结或者查封等措施的;(3)违反本法规定对有关机构和人员采取监督管理措施的;(4)违反本法规定对有关机构和人员实施行政处罚的;(5)其他不依法履行职责的行为。

(二)证券监督管理机构及其工作人员的义务

保护证券投资者的合法权利,禁止证券监督管理机构工作人员滥用职权、违法行政,是政府机关依法行政的一条基本原则。证券法在赋予证券监督管理机构及其工作人员一定职权的同时,对其履行职责时应当遵守的义务作了明确规定。

1. 明示身份

《证券法》第172条规定,国务院证券监督管理机构依法履行职责,进行监督检查或者调查,其监督检查、调查的人员不得少于二人,并应当出示合法证件和监督检查、调查通知书或者其他执法文书。监督检查、调查的人员少于二人或者未出示合法证件和监督检查、调查通知书或者其他执法文书的,被检查、调查的单位和个人有权拒绝。

2. 忠于职守与保守秘密

《证券法》第179条第1款规定,国务院证券监督管理机构工作人员必须忠于职守,依法办事,公正廉洁,不得利用职务便利牟取不正当利益,不得泄露所知悉的有关单位和个人的商业秘密。第217条规定,国务院证券监督管理机构或者国务院授权的部门的工作人员,不履行本法规定的职责,滥用职权、玩忽职守,利用职务便利牟取不正当利益,或者泄露所知悉的有关单位和个人的商业秘密的,依法追究法律责任。

3. 任职限制

为保证证券监管人员的执法公正,就要求证券监督管理机构的工作人员不能与被监管的人员或机构有利益上的联系。为此,《证券法》第179条第2款规定,国务院证券监督管理机构工作人员在任职期间,或者离职后在《公务员法》规定的期限内,不得到与原工作业务直接相关的企业或者其他营利性组织任职,不得从事与原工作业务直接相关的营利性活动。

(三)公开制度

公开、公正和公平原则是证券市场管理基本原则之一,是保障投资者合法权益,促进证券市场健康发展的法律基础,也是证券监督管理机构执法工作中最重要的基本原则。《证券法》第174条规定,国务院证券监督管理机构制定的规章、规则和监督管理工作制度应当公开。国务院证券监督管理机构依据调查结果,对证券违法行为作出的处罚决定,应当依法公开。从我国证券法的要求来看,证券监管的公开包括两方面的内容:

一是国务院证券监督管理机构制定的规章、规则和监督管理工作制度应当公开。制度公开包括证券监督管理机构发布的证券行政规章的对外公开和证券监督管理机构内部的管理制度和工作程序的公开。证券行政规章和规则应当在发布之日起公布于国内指定的证券报纸或刊物上,并应不定期编写法律法规及相关规则汇编分发给各证券机构以便查阅。保证证券监督管理部门的规章制度的公开,既可以使发行人、上市公司、广大投资者和证券业务机构准确了解现行的证券政策、法规、规则和工作程序,及时调整各自的投资决策和证券经纪行为,保证规章制度的引导作用的有效发挥,同时又能使证券监督管理机构的工作更好地置于社会的监督之中,有利于避免证券监督管理机构及其工作人员违反规定、滥用职权,妨碍证券市场管理的公平与公正。

二是处罚结果公开。国务院证券监督管理机构依据调查结果,对证券违法行为作出的处罚决定,应当依法公开。处罚结果公开对于建立公平的市场秩序,提高社会对证券监督管理机构执法情况的监督能力,促进监管部门尽职工作无疑是有着十分积极的意义的。证券监督管理机构将违法行为的调查结果及处罚结果公之于众,有利于违法者认识到违法的后果,教育他人避免重蹈覆辙,而且有助于投资者公平了解市场信息,做好投资决策。同时,结果公开可以将证券监督管理机构的执法工作情况充分地展示于社会公众面前,从另一方面起到监督监管部门工作质量,防止权力滥用和行政腐败的作用。

(四)信息共享与相互配合

《证券法》第175条规定,国务院证券监督管理机构应当与国务院其他金融监督管理机构建立监督管理信息共享机制。国务院证券监督管理机构依法履行职责,进行监督检查或者调查时,有关部门应当予以配合。

(五)举报制度

《证券法》第176条规定,对涉嫌证券违法、违规行为,任何单位和个人有权向国务院证券监督管理机构举报。对涉嫌重大违法、违规行为的实名举报线索经查证属实的,国务院证券监督管理机构按照规定给予举报人奖励。国务院证券监督管理机构应当对举报人的身份信息保密。

(六)涉嫌犯罪案件的移送

《证券法》第178条规定,国务院证券监督管理机构依法履行职责,发现证券违法行为涉嫌犯罪的,应当将案件移送司法机关处理;发现公职人员涉嫌职务违法或者职务犯罪的,应当依法移送监察机关处理。这是从证券监督管理机构行政管辖权的范围上所作的规定。依照规定,证券监督管理机构及其工作人员在查处证券违法行为时,要分清一般违法同犯罪的界限。对于工作中发现被调查人员或单位有涉嫌犯罪的行为,不能靠行政人员的主观判断随意酌情处理,以行政处罚代替依法刑事处罚。如果行政执法人员故意包庇犯罪嫌疑分子,应当依法追究其刑事责任。

（七）跨境监管

《证券法》第177条规定，国务院证券监督管理机构可以和其他国家或者地区的证券监督管理机构建立监督管理合作机制，实施跨境监督管理。境外证券监督管理机构不得在中华人民共和国境内直接进行调查取证等活动。未经国务院证券监督管理机构和国务院有关主管部门同意，任何单位和个人不得擅自向境外提供与证券业务活动有关的文件和资料。

第三节　证券市场的自律管理

一、证券业协会概述

证券市场的自律管理机构是由证券商组成的证券业协会。《证券法》第164条第1款规定，证券业协会是证券业的自律性组织，是社会团体法人。据此可知，证券业协会的特征表现在以下几个方面：

第一，证券业协会由证券公司组成。证券业协会由证券公司组成，它是由证券公司共同参加的一种社会组织。《证券法》第164条第2款规定，证券公司应当加入证券业协会。

第二，证券业协会是一种自律性组织。这种自律性组织在权力来源、组织形式及工作方式等方面都区别于国家的证券监督管理机关，其目的是通过会员组织检查和监督证券公司的业务活动，防止证券公司的各种违法经营行为，同时也积极维护会员的合法权益，从而促进整个证券行业的健康发展。可见，证券业协会具有自我约束和自我保护的性质。

第三，证券业协会是一种社会团体法人。首先它具备法人资格，享有独立的法律地位；同时它又以成员的集合为成立基础，而且其自身又不参与证券经营活动，不以营利为目的，其开支来自会员缴纳的会费，因此它是具有社会公益性质的社会团体法人。法人须有章程。证券业协会是社会团体法人，自然也应制定协会章程。根据《证券法》第165条的规定，证券业协会章程由会员大会制定，并报国务院证券监督管理机构备案。

第四，经证券监督管理机构授权批准，证券业协会可以分担行使部分证券监管职能。这有助于提高证券监督管理机构监管证券市场的能力，同时也可以缓解证券监管机构因管理人员较少而无法全力开展工作的压力。

二、证券业协会的组织机构

（一）会员大会

《证券法》第164条第3款规定，证券业协会的权力机构为全体会员组成的会员大会。《证券法》第165条规定，证券业协会的章程由会员大会制定，但须报国务院证券监督管理机构备案。证券业协会的会员大会的特征表现为：

第一，会员大会由全体会员组成。证券业协会的会员即参加证券业协会的证券公司。证券公司应当加入证券业协会。实行强制入会的目的在于把所有证券公司都纳入证券业协会的管辖范围，树立起证券业协会法律上的权威地位，充分发挥证券业协会的自律作用。

第二，会员大会是权力机构。会员大会为证券业协会的权力机构，负责对协会中的重大事项进行决策。

第三,会员大会为证券业协会的非常设机构。

（二）理事会

《证券法》第167条规定,证券业协会设理事会。理事会成员依章程的规定由选举产生。证券业协会理事会具有以下几个特征:第一,理事会是证券业协会的必设机构。第二,理事会是负责审议证券业协会的执行机构。第三,理事会成员由会员大会选举产生,其选举办法及任期由协会章程规定。

三、证券业协会的职责

证券业协会是证券公司的自律性组织,其设立的目的,主要是保护证券交易合法公正地进行,依法维护会员的正当权益,促进证券业的健康稳定发展。为实现这一目的,证券业协会应依法履行与其宗旨相适应的职责和权限。

《证券法》第166条规定,证券业协会履行下列职责:(1)教育和组织会员及其从业人员遵守证券法律、行政法规组织开展证券行业诚信建设,督促证券行业履行社会责任;(2)依法维护会员的合法权益,向证券监督管理机构反映会员的建议和要求;(3)督促会员开展投资者教育和保护活动,维护投资者合法权益;(4)制定和实施证券行业自律规则,监督、检查会员及其从业人员行为,对违反法律、行政法规、自律规则或者协会章程的,按照规定给予纪律处分或者实施其他自律管理措施;(5)制定证券行业业务规范,组织从业人员的业务培训;(6)组织会员就证券业的发展、运作及有关内容进行研究,收集整理、发布证券相关信息,提供会员服务,组织行业交流,引导行业创新发展;(7)对会员之间,会员与客户之间发生的证券业务纠纷进行调解;(8)证券业协会章程规定的其他职责。

四、协会会员

（一）会员资格

证券业协会是实行会员制的社会团体法人,其会员分为团体会员和个人会员两种。凡依法批准设立的证券交易所、专业证券公司、兼营证券业务的金融机构,在承认协会章程、遵守协会的各项规则的条件下,均可申请加入证券业协会,成为协会的团体会员。而协会的个人会员则是指根据需要所吸收的证券市场管理部门的有关官员以及从事证券研究和业务工作的专家和学者。

（二）团体会员权利

证券业协会的团体会员享有的权利包括:(1)选举权和被选举权;(2)对协会的决议事项表决权;(3)对协会工作提出批评和建议的权利;(4)优先参加协会举办的各种活动的权利;(5)享受协会提供的各种服务的权利;(6)向协会提出维护其合法权益不受损害的权利;(7)请求退会的权利(但应提前3个月提出书面申请,并经常务理事会批准后,履行其退会手续);(8)协会章程议定的其他权利。

（三）团体会员义务

证券业协会的团体会员应承担下列义务:(1)遵守协会章程和协会规章制度及各项决议;(2)按协会规定缴纳会费;(3)按协会规定提供经济、金融、证券信息及统计资料;(4)积极参加协会组织的各项活动,承办协会交办的事宜;(5)服从协会的统一协调;(6)协会章程规定的其他义务。

（四）个人会员

证券业协会的个人会员与团体会员在法律上地位平等，但在权利义务的具体规定上则因其性质不同而有所区别。个人会员的权利主要是参加协会的各种活动，获取协会提供的有关信息资料等；其义务主要是为协会提供咨询，参加协会有关项目的论证等。

第四编 | 商事信托

第一章 信托概述

第一节 信托的基本理念

一、信托的概念与特征

信托的英文表述为trust,意即信任,是指当事人一方基于信任将财产权转移或者设定于他方,使他方依照信托目的,为第三人利益管理或者处分信托财产的一种法律制度。我国《信托法》[1]第2条规定,所谓信托,是指委托人基于对受托人的信任,将其财产权委托给受托人,由受托人按照委托人的意愿以自己的名义,为受益人的利益或者特定目的,进行管理或者处分的行为。[2]

根据上述定义,可以从如下几个方面来认识信托特征:

第一,信托是一种财产管理机制——为第三人利益管理或者处分信托财产。

信托,在其最本来的意义上说,是一种代人管理财产的机制。举个例子来说,委托人甲可能希望将其财产留给他的子女。最简单的办法就是将财产直接交给他们,但这样做却可能存在如下方面的不利之处:首先,子女可能太小,没有能力管理财产,尤其是当该项财产具有重大价值或在性质上具有特别复杂性的情况下更是如此。即使是成年子女,该项财产也可能被他挥霍掉。其次,简单的转移只是一种财产的赠与,但甲却可能希望留给其子女的只是该项财产上的收益。显然,赠与不具有这样的功能。最后,甲还可能希望将该项财产由不同的人分享,如他希望该项财产由其妻子终生享用后再由其子女享用。在这种情况之下,甲要考虑的不是立即将财产赠与其妻子或其子女,而是就该项财产做出在一定时间之内可以享用收益的安排。这样一来,甲就可以为了他的妻子或子女以信托的方式将财产转移给受托人乙,并由乙为丙(未成年子女或成年子女)对该项财产进行管理,或者,他可能以信托的方式将财产转移给乙以让其妻子丁终生受

---

〔1〕《信托法》于2001年4月28日由全国人民代表大会常务委员会通过并于2001年10月1日起施行。

〔2〕关于对信托的界定,从英美学者、司法和立法对信托的认识来看,比较有代表性的表述如:"信托可以被界定为一种一方为另一方的利益而持有财产权利"(Keplingerv. Keplinger, 185 Ind. 81, 113 N. E. 292,293.),"信托是一种信任关系,基于这种信任关系,一人作为财产权的持有人在衡平法上义务的拘束下为另一人持有或运用财产"(George T. Bogert, *Trusts*, West Publishing Co., 6th ed., 1987, at p. 1),"信托是一种基于特定财产而发生的信任关系,其中,受托人就该项财产享有普通法上的产权,而为他人利益持有财产,该他人可以是一人,也可以是数人,他或他们,作为受益人,享有衡平法上的所有权"(Edward C. Halbach, Jr., *Trusts*, Harcourt Bare Joranovich Legal and Professional Publications, Inc. 1990, p. 1),"信托,除慈善信托、结果信托及推定信托之外,是指以明示的意思表示而设定的,发生在当事人之间的一种财产信赖关系,在这种关系中,一方享有财产上的所有权,并在衡平法上负担为另一方的利益管理和处分财产的义务"(Sec. 2 of Restatement of Trust Law, Second)。

益,并在丁死后再由其子女丙受益。这里,丙、丁被称为受益人,乙则是为他人利益管理财产的受托人。

由此可见,信托首先是一种财产管理手段。通过这种手段,委托人不是直接将财产交给他希望帮助的人,而是将财产转移给值得他信任的具有管理能力的受托人去经营管理,并将从这种经营管理行为中产生的收益归属于受益人。

第二,信托的成立须以有效地转移信托财产为要件。

委托人必须将信托财产转移给受托人,信托关系的成立须以有效地转移信托财产为要件,没有财产的转移,信托不能成立。因为,没有财产的转移,受托人的管理处分无法实现。

从信托财产的经营管理方面考察,由于委托人希望信托财产发生保值、增值,所以,它必须赋予受托人充分的管理处分的权力,这种权力的内容表现为对信托财产的占有、使用和处分,同时也包括就信托财产进行投资。

受托人因对信托财产的受让而取得对信托财产的权利。受托人只有取得对信托财产的权利才能进行管理处分。按照英美普通法系的法观念来看,受托人所取得的这种财产权利是一种财产所有权,但他的这种所有权,若按照大陆法系的法观念来看,则是一种不完全的所有权,因为,他只能对信托财产享有占有、使用和处分的权利,而不能享受信托利益,信托利益的享有另有人在,即受益人享有受益权。[3]

由于受托人享有对信托财产的管理处分权,所以,受托人在处理信托事务的过程中是以自己的名义与第三人发生交易,而不是以委托人的名义与第三人发生交易。

第三,信托关系的存在以当事人之间的信任为基础。

信托的发生以信托关系当事人之间的信任(confidence)为基础。委托人基于对受托人的信任将财产转移给受托人,同样受托人也必须依诚实信用的方式为受益人的利益管理经营该项信托财产。在早期信托史上,当事人之间的这种信任关系主要依靠的是一种道德约束,缺乏法律上的强制性。也就是说,如果受托人不按照委托人的意愿执行信托,甚至在获得信托财产后否认信托财产的存在,则无法追究受托人的法律责任。之后,由于衡平法的介入,受益人才获得了法律救济的途径。

在现代信托法上,当事人之间的这种信任关系上升为一种法律规则,主要表现为受托人必须以善良管理人的注意来实施管理或者处分信托财产,以及受托人在实施管理处分行为时必须履行忠实义务等。这些义务是法律上可以强制执行的义务,如果受托人违反这些义务,受托人将承担违信责任。

第四,信托目的是必备要素。

信托目的是委托人设立信托的预期。信托目的是信托的必备要素,它决定着信托财产的管理模式和分配办法。信托一旦有效成立,信托财产即从委托人、受托人以及受益人的自有财产中分离出来,而成为一独立存在的财产,服从于信托目的。换言之,委托人通过设立信托达到信托目的,而受托人也按照信托目的来管理信托财产。没有信托目的,信托财产的存在也就失去了价值。信托目的是设立信托所追求的目标和信托行为的指南,故仅有信托财产的转移而无信托目的,也不能成立信托。《信托法》第 6 条规定,设立信托,必须有合法的信托目的。

---

〔3〕 普通法系存在双重所有权理论,受托人享有名义上的所有权,受益人享有实质所有权。关于这一点,后面将有专门论述。

信托目的主要有三种:私益目的、公益目的以及非以人类为受益对象的特殊目的(如供养宠物)。与之相对应,信托也可分为三类:私益信托、公益信托和目的信托。

第五,信托由三方法律关系构成。

一般的法律关系是双方法律关系,如买卖、赠与、借贷等。而信托则表现为多方法律关系,典型的信托是由三方当事人构成的法律关系,即它是存在于委托人、受托人和受益人之间的一种关于财产的委托转移、管理处分以及收益享用所形成的财产关系。将财产委托转移给他人的人为委托人(settler or trustor),委托人是创设信托的人;受让财产并承诺为管理处分的人为受托人(trustee),受托人是基于信托而持有财产的人;享受信托财产利益的人为受益人(cestui que trust or beneficiary),受益人是享受财产利益的人。

信托关系,原则上必须具备三方当事人。但在下列情况下,可认为是信托的变例:在英美法上,存在一种宣言信托(declaration of trust),即委托人宣告本人为受托人,此时,委托人兼具受托人的地位。另一种情形是,委托人将自己的财产委托他人管理或者处分,以自己为受益人,此时,委托人兼为受益人,这种信托被称为自益信托。还有一种情况,即存在着无委托人的情况。例如,因欺诈、胁迫、错误或其他不法行为或偶然事件而取得他人财产时,法院依照公平正义原则,认定该取得人为法律上的受托人,这种信托被称为推定信托(constructive trust)。在上述变例中,前两种情况属于当事人资格的兼任。在宣言信托情形下,委托人与受托人为同一人。在自益信托情形下,委托人与受益人为同一人。在推定信托情况下,属于委托人缺位,是一种法律推定。

由此可见,在信托关系中,委托人、受托人和受益人可分别由不同的人担任,也可能发生兼任或者缺位的情形。但唯应当注意的是受托人不得为受益人(但可以作为若干受益人之一),否则,财产所有权与利益享有权归属于同一主体,信托不复存在。

二、信托的制度功能

信托的制度功能主要体现在财产的转移和财产的管理两方面。这与信托的本质是相适应的,因为,信托本身就是一种关于财产转移与财产管理的法律制度。事实上,财产的转移与财产的管理并非信托独有的功能,其他法律制度也同样具有这样的功能。但是,与其他制度相比较,信托制度在实现财产的转移与财产的管理方面更具有自己的独特性,进而也显示出自己的优越性。这种独特性和优越性表现在如下两个方面:

(一)信托适宜于长期规划

就财产的转移方面而言,赠与也可以实现这一目的。但是赠与却只是财产的一次性转移,而信托设计上的转移财产则是以使他人(他益信托)或者自己(自益信托)受取利益为目的而作出的一种长期性规划。这种长期性规划使得受益人只能从信托财产上受取利益,而不能直接取得信托财产的控制权。这种设计的好处是它可以更好地维护在财产管理上处于弱者地位的人的利益。同时,它也能够保持财产的稳定而不至于造成财产的流失。很显然,单纯的赠与不能达到这一目的。现代的信托已经不仅仅是父辈为子孙后代保有财产的一种手段,而是更加广泛地适用于任何无理财能力的人。但是,信托的基本功能并未因此而改变。

与委托相比,信托的这种长期规划性就更加突出。委托实际上是一种代人理财的手段。但是,委托的性质决定了它只是一种短期性的理财规划,具有不稳定性和临时性。而信托则显然可以克服这种障碍,因为,信托关系一旦成立,受托人就可以长期地实施他的理财计划。虽然,受托人的权力也可能因委托人撤销信托或者更换受托人而受到威胁,但总的来说,受托人的权力和地位是安全的,尤其是受托人的这种权力和地位不会受到委托人死亡、丧失能力以及破产的影响而发生中断,它可以不受这些因素的影响而连续实施管理,直至最终达到信托目的。

也许,在财产的长期性管理规划方面,公司更具有典型性。但公司却不具有信托那样的灵活性。因为,无论是在公司的设立、合并与分立、治理结构、解散与清算等方面均比信托要严格得多。

(二)信托具有更大的灵活性

在实现财产的转移和管理的功能时,信托具有更大的灵活性,从而为信托功能的发挥提供了更为宽广的弹性空间。

首先,信托的设立灵活方便。这里,仅以公司为例进行对比说明。从本质上讲,公司也是一种聚集社会公共资本(财产转移)并由公司进行经营管理(财产管理)的制度设计,但是,公司的设立需要遵循公司法上所规定的严格的条件和程序。如果投资者的资金达不到公司法上所要求的最低法定资本限额的要求,或者在设立公司过程中,没有适当践行公司法上所规定的程序要件,公司则不能设立。然而,信托则不会存在这样的问题。只要委托人与受托人达成转移财产和管理财产的协议,信托即可成立。

其次,信托的灵活性还体现在信托财产的多样性。无论是动产、不动产、货币、有价证券,或者是知识产权等无形财产,均可以作为信托财产。而公司的出资则受到一定限制,尤其是在股份有限公司的情形下,公众投资人只能以货币购买股份(发起人可以以非货币资本入股),而不能以实物、知识产权、土地使用权等非货币形式投资。

最后,信托的目的自由。只要不违背法律和公序良俗,当事人可以基于任何目的而设立信托。信托目的与人类的想象力一样没有限制。信托目的的自由化,是信托弹性空间的集中体现。这种信托目的的自由化,使得信托在实务中的适用极其广泛,它既可以适用于民事领域,也可以适用于商事领域,还可以适用于社会公益领域。

第二节 信托与相关法律制度

一、信托与代理

信托与代理(agency)具有很大的相似性,即二者都是基于当事人之间的信任关系而产生的委托人委托受托人处理委托事务的法律机制。但二者也有着根本的不同。具体表现在:

第一,就代理关系中的委托事务而言,委托人可以特别委托受托人处理一项或者数项事务,也可以概括委托受托人处理一切事务。该种委托事务可能是财产管理方面的事务,也可能是非财产管理方面的事务,如代理买卖、销售等。而存在于信托关系中的委托事务,则仅限于使财产发生保值、增值的财产管理事务。

第二,在代理关系中,不存在财产权的转移问题。而在信托关系中,为了确保受托人的经营管理的实现,委托人的财产必须转移给受托人。

第三,一般情况下,代理关系中的代理人在处理委托事务时是以委托人的名义进行的。而在信托关系中,受托人则是以自己的名义对信托财产实施管理处分。虽然在商事代理的情形下,代理人可以自己的名义处理委托事务,但这实际上只是对代理观念的扩张,并未改变代理的本质。

第四,在代理关系中,代理人处理委托事务取得的财产应当转交给委托人,代理人代为处理委托事务的法律后果归属于作为被代理人的委托人承受。而在信托关系中,受托人处理委托事务的结果则归属于受益人。虽然在自益信托中,委托人与受益人可能归于一人,即发生资格上的兼任,但终究法律关系不同。

第五,在代理关系中,可能基于委托人死亡、丧失行为能力或者破产而导致委托合同终止(但当事人另有约定或者根据委托事务的性质不宜终止的除外)。而在信托关系中,信托关系却不会因委托人死亡或者丧失行为能力而受影响。在发生这种情况时,信托关系将继续存在,直至信托合同期限届满或信托任务完成。

二、信托与行纪

在我国的一些教科书和论著中,常常指称行纪(brokerage)为信托。的确,行纪与信托恐怕是最相类似的两个法律制度。这种相似性表现在:二者均以信任为基础;二者均以自己的名义处理事务;二者关系中的受托人所承受的义务基本相同;二者均可能发生委托物的占有转移。但是二者仍然具有根本的不同。具体表现在:

第一,行纪主要从事的是贸易,信托则涉及财产的管理、处分、投资以及利益分配等方面的事务。

第二,在行纪关系中,受托人须服从委托人的指示,从而使其具有更大的依附性。而信托关系中的受托人则基本上是以自己的意志处理事务,享有更大的自主权。

第三,行纪是有偿的,但信托可以是有偿的,也可以是无偿的。

三、信托与赠与

尽管赠与(bestowal)也是一种涉及财产转移的法律制度,但赠与与信托的制度功能则完全不同。赠与与信托的差别表现在:

第一,赠与中的财产转移以发生财产所有权的终极归属为目的。而信托关系中的财产所有权的转移则是以管理并使他人受益为目的。因此,信托关系中的受托人所取得的财产所有权并不是终极意义上的所有权,而只是对财产的管理所有权,而受益人所取得的所有权则是一种信托财产的收益所有权。

第二,赠与只能简单地发生财产的转移,而不具有信托的长期规划功能。譬如,如果赠与人并不希望将财产立即交付给受赠人,而是希望在受赠人达到一定年龄之后或者在若干年后再交付,或者在此期间赠与人只希望将财产上的收益赠给受赠人等,在这些情况下,就无法通过赠与达到这一目的。而信托则兼而具有现实赠与和长期规划的双重功能。

第三,信托的弹性空间远较赠与大得多。信托利益本身可分为本金和收益,信托利益呈现出多样化色彩。单纯的赠与无法提供这样的弹性空间。

第四,信托因有受托人之设计,受益人只要能够确定即可,而不必在信托设立时就存在。而赠与则不能用来转移财产予现时尚不存在的人。

第五,在信托,委托人对信托财产的运用可利用信托条款为自己保留一定的控制权而对受托人实施间接控制或者影响信托财产的管理与处分。而赠与一旦完成,所有权彻底转移,赠与人不能再对赠与财产实施任何控制或者影响。

第六，在一定意义上说，信托中的受益人受到的法律保护要比受赠人周全得多。一方面，信托因有专业管理人为受益人经营管理信托财产，这将使信托财产的保值、增值更有保障；另一方面，受益人可因信托财产的独立性而可能不被债权人追及。相比之下，赠与在这两方面都要弱得多。

第七，赠与是无偿的，信托则可能是无偿的，也可能是有偿的。

四、信托与监护

监护（guardianship）是为未成年人和精神智力有缺陷的成年人设立的一种保护其财产、人身及其他合法权益的法律制度。应该说，信托，尤其是早期的民事信托也具有监护的功能（但不具有人身保障功能），但是，信托的功能却远远超出了监护的功能。因此，其差别性也非常明显：

第一，监护人是被监护人的法定代理人，作为代理人的监护人只对作为被监护人的未成年人或者精神智力有缺陷的成年人的财产享有代为监管的权利，而不像信托关系中的受托人那样享有管理上的所有权。监护人的监护职责包括被监护人的人身、财产及其他合法权益，而受托人的权力只局限于对信托财产的管理处分，不及于受益人的人身利益。

第二，法律对监护人的范围和资格设有限制，主要限于未成年人和精神病人的亲属；而信托关系中的受托人则不受限制，可以是受益人的亲属，也可以是其他人，可以是自然人，也可以是公司。

第三，未成年人成年后或者精神病人一旦恢复健康，监护即行解除，但信托关系的解除只限于信托目的的完成或者信托期限的届满，而不受受益人年龄、智力情况的影响。

五、信托与遗嘱

遗嘱（testament）是立遗嘱人对其死亡后所作出的财产安排。其与信托的不同点在于：

第一，信托行为的方式较遗嘱行为更为简便。大部分信托的成立系依信托契约为之，方式可自由决定。而遗嘱的方式则要严格得多，并且必须符合法律的要求。

第二，原则上，信托不存在特留份的问题。信托为一高度弹性设计，委托人可针对不同的人不同的情况而设计不同的信托；然而，遗嘱则只能在不违背特留份规定的范围内处分遗产。

第三，信托的委托人虽然需要将信托财产转移给受托人，但仍可就信托财产的使用与运用保留一定的权力，如委托人可于信托契约中订明受托人须听从委托人的指示而为管理处分信托财产，并可以保留变更和终止信托的权力。而在遗嘱的情况下，遗嘱人虽然可以在生前控制财产，但一旦其死亡，遗产将永远脱离他的控制之手，不像信托可以借助于“死人之手”控制活人之财产。

第四，信托委托人的债权人无法对信托财产为任何主张，而遗嘱人之遗产则必须首先用来清偿遗嘱人的债务。

第五，虽然近年来各国税法均大为削弱信托设计税收上的优惠，然而，不可否认的是，信托因具有极大的弹性设计空间，自然远远比单纯的遗嘱更能提供节税规划。

六、信托与遗产管理

遗产管理（executorship or administratorship）制度与信托制度具有较大的相似性。二者都是为了他人利益而管理财产并取得对所管理财产的管理权，而且这种管理权的授予都是基于当事人之间的信任。因此，遗产管理中的执行人或管理人与信托关系中的受托人的地位、职责基本上是一样的。但是，遗产管理与信托仍然存在很大的差别：

第一，遗产管理制度的功能主要是为了管理遗产，如清理死者遗产、偿还死者生前债务并进行遗产分配。而信托目的则要宽泛得多。

第二，遗产执行人或者管理人对死者遗产只享有管理和分配的权利，一旦死者遗产分配完毕，死者遗产所有权完全转移给继承人。〔4〕而信托关系中的受托人则对信托财产享有所有权。

第三，遗嘱执行人与遗嘱管理人在行使权力时不仅需要严格执行遗嘱，而且须接受法院的指示和监督，因此，他们往往被认为是法院的"职员"。而信托关系中的受托人只须依照信托文件行事，享有比较广泛的自由决定权。

七、信托与公司

信托与公司（corporation）具有很大的相似之处，二者都是将财产转移给他人管理处分以谋求利益的安排和设计。但认真比较起来，二者还是具有较大的不同：

第一，信托个人化程度高，弹性大；而公司为高度定性化之设计，资本划分为股份，股东之间、股东与公司之间、公司与债权人之间等权利义务关系均由公司法严格规定。

第二，在利益分配上，由于公司财产属于公司所有，公司股东只有在公司向债权人为清偿之后而有剩余时才得为分配之请求，而信托财产与受托人财产各自独立，原则上，受托人的债权人不能对信托财产为任何之主张。同时，公司无盈余不得向股东分配利润，包括如有亏损，必先填补亏损。更有甚者，公司在向股东分配股利时，还必须先交纳税收、提取公积金、公益金。而信托之受托人不仅可以将其管理处分信托财产所得全部分配给受益人，无须保留一定比例为债务清偿之保障，而且，一般地说，也不用交纳税收。更有甚者，如果受托人对受益人做出了最低收益率支付的保证，〔5〕而实际上受托人的经营却发生了亏损，此时受托人还须以其自有财产予以填补，在这种情况下，受托人的债权人通常对此财产分配无法要求受益人予以返还。

第三，税收上的差异。公司实行双重征税制，即公司首先必须交纳营业所得税，股东分配后，尚须交纳个人所得税；而在信托，一般只对受益人征收所得税，受托人无须就信托财产交纳税收，双重征税得以避免。

第四，信托既可以为私益目的而设立，也可以为公益目的而设立；而商事公司则只能是为营利目的而设立。

第五，公司法人所有权比信托受托人所有权要强硬，股东一般不能直接干预公司的经营管理活动；而在信托，受托人的管理处分权力则可能较大地受到委托人的干预。

第三节　信托的分类

一、私益信托与公益信托

根据设立信托目的不同，可将信托区分为私益信托与公益信托。《信托法》第3条将信托区

---

〔4〕 英美法上有着比较完善的遗产管理制度。在英美法上，遗产执行人或遗产管理人对死者遗产具有完整的所有权，受益人只享有敦促他们合理管理遗产的权利，而对任何具体的遗产没有可享用的利益。

〔5〕 大多数法律不允许受托人的这种允诺，但也有法律不禁止这种允诺，如日本信托法。

分为民事信托、营业信托和公益信托。从信托目的上看，民事信托（private trust）与营业信托均属于私益信托，只不过营业信托的特点在于其营业性，属于商事信托。

私益信托，是指为了私人利益而设立的信托。也是最主要的一种信托形式。根据这种信托，委托人既可以为自己设立信托（自益信托），也可以为他人设立信托（他益信托）；委托人既可以为一人设立信托，也可以为多数人设立信托。私益信托又可分为明示信托、默示信托、法定信托、推定信托等不同形式。

公益信托，又称为慈善信托（public trust / charitable trust），是指为了公共利益而设立的信托。这是一种为了公共利益或者不特定多数人的利益而设立的信托。这种信托包括济贫信托、教育信托、宗教信托以及其他有利于公共目的的信托。在英美国家，其衡平法始终对公益信托有利。法院不会因为信托目的不明确而使信托发生无效，而是通过建立管理信托的计划来尽量使委托人的意图具有法律效力。另外，公益信托的设立尚须得到主管机关的认可。[6]

二、法定信托与意定信托

法定信托（statutory trust），是指依照制定法的明文规定而设立的信托。法定信托主要存在于一些特别法中，如英国《1925 年财产法》（The Law of Property Act 1925）、《1925 年遗产管理法》（The Administration of Estates Act 1925）等。

意定信托，或称为设定信托（created trust），是指当事人通过口头、书面（包括合同、遗嘱或者其他文件）而设立的信托。实际上，这是一种通过法律行为设立的信托。这种信托的成立与否，取决于当事人的意志，由当事人自由决定。

三、明示信托与默示信托

明示信托（express trust），是意定信托的一种，它是委托人通过明确的意思表示而设立的信托。也就是说，明示信托的设立完全以当事人的意思为依据，有关受托人和受益人的确定、信托事务的执行、当事人之间的权利义务、信托关系的变更与终止等均由当事人自由决定。这些内容或者订立在合同之中，或者体现在遗嘱中。总之，只要委托人有委托的意思，受托人也同意接受委托，信托关系即告成立。明示信托是最普遍的信托，绝大多数信托都属于明示信托。

默示信托（implied trust），是指不是当事人明示意图的结果，而是法院从当事人的行为中推论出当事人具有设立信托意图的信托。在实际生活中，财产出让人在将财产转移给财产受让人时，可能并没有明确表示出设立信托的意思，但具有可推定而知的信托意思；或者虽既无此种申明也无此种意思，但为了公平起见需要通过拟制信托关系来维护有关当事人的利益，法院也可能推定在当事人之间存在信托关系。

四、自益信托与他益信托

以委托人与受益人是否为同一人作为标准，可以将信托区分为自益信托与他益信托。

自益信托（self-benefit trust），是指委托人以自己为受益人而设立的信托。在这种情况下，委托人与受益人发生资格上的兼任。自益信托只能是私益信托，公益信托不存在自益信托问题。

---

〔6〕 在英美国家，对信托的合法性审查主要是税务局的事情，因为，信托是否合法，对其税收至为重要。而对信托的监督控制及管理方面，法院则拥有广泛的权力。

他益信托(benefit-to-other trust),是指委托人为了他人的利益而设立的信托。如委托人为了其儿孙、妻子或者其他任何人而设立的信托。他益信托既可能是私益信托,也可能是公益信托。但公益信托却肯定是他益信托。

五、可撤销信托与不可撤销信托

以信托契约中是否保留了委托人的撤销权,可将信托区分为可撤销信托与不可撤销信托。

可撤销信托(revocable trust),是指委托人在信托契约中保留了随时可以终止信托契约并取回信托财产的权力的信托。在这种信托中,委托人往往保留了变更信托条款以及随时增减信托财产的权力,因此极其富于弹性,这使得委托人可以随时调整信托关系以适应自己的需要。

不可撤销信托(irrevocable trust),是指除依照信托契约所记载的条款外,不得由委托人终止的信托。在这种信托中,委托人没有变更信托条款的权力;虽然可以增加信托财产,但不得减少信托财产。

依照各国信托法通例,是成立可撤销信托还是成立不可撤销信托,由当事人自由决定。但是,除非委托人在信托契约中明确保留了撤销权外,否则,所成立的信托为不可撤销信托。

六、生前信托与死后信托

以信托是在委托人生前发生效力或者是在死后发生效力,可将信托区分为生前信托和死后信托。

生前信托(living trust),是指委托人在其生前创设并在其生前发生效力的信托。由于这种信托是在生前设立并在生前发生效力,所以,它既可以是自益信托,也可以是他益信托。

死后信托(postmortem trust)或称为遗嘱信托(trust under will / testamentary trust),是指由委托人在其生前以遗嘱方式设立的并在其死后发生效力的信托。由于这种信托只有在信托设立人死后才发生效力,所以,它必定是一种为他人设立的他益信托。

七、强制执行信托与非强制执行信托

根据设立信托时是否明确指定了受益人以及能否由受益人提起强制执行诉讼,可将信托区分为强制执行信托与非强制执行信托。

强制执行信托,又称为完全义务信托(perfect obligation trust),是指在设立信托时明确指定了受益人并能由受益人提起强制执行诉讼的信托。但应当注意的是,在公益信托中,如果没有明确的受益人,则由有关主管机关代表受益人提起强制执行的诉讼,是为例外。

非强制执行信托,又称为不完全义务信托(imperfect obligation trust),当然相对地就是指在设立信托时没有明确的受益人以致不能由受益人提起强制执行诉讼的信托。不完全义务信托的效力介于完全义务信托与无效信托之间,也就是说,只要受托人愿意实施这种信托,法院也不会加以禁止,但受托人却不得被强制去实施这种不完全义务信托。

八、可执行信托与待执行信托

根据已经设立的信托是否可以执行作为标准,可将信托区分为可执行信托与待执行信托。实际上,这种区分的意义在于解决信托的成立与效力问题。

可执行信托(executed trust),是指信托的内容已由委托人作出了明确而详细的声明,从而无

须再作进一步的声明即告成立的信托。如果在信托文件或者信托条款中已经明确了信托的成立,这种信托就是可执行的信托。

待执行信托(executory trust),是指因对信托的内容未作出明确而详细的声明,从而需要委托人在另外的文件中再作出进一步的表示才能成立的信托。这类信托实际上是信托条款欠缺或者不明确的信托,所以,必须经过对它进行进一步补充说明使其变得完备后,才能执行。

第二章 信托的历史发展与现代继受

第一节 信托的历史发展

一、信托的起源及沿革

现代信托制度为英国所固有，它的产生可以追溯到英国封建时代的用益（uses）制度。[1] 在

---

[1] 然而，这种用益权制度究竟导源于何处？早期的看法是这种用益权制度是由罗马法上的 fidei commissum 演变而来的。而现在比较普遍的看法则是这种用益权制度源自日耳曼的 treuhand 或 salman，而不是源于罗马法上的 fidei commission。

罗马法上的信托观念一词源于拉丁文"fidei commission"，它由 fidei（信任）和 Commission（委托）两词构成，其意义上的解释即为基于信任关系为第三人利益将财产托付给他人。罗马法中的许多制度，尤其是在遗赠和继承方面，在开始时都与信托有关。古罗马法中的"fidei commission"中译通称为"遗产信托"，是古罗马人用于规避其遗赠制度严格性的一种制度设计。根据罗马市民法，并非所有的市民，尤其是身处异邦的人民都能够通过遗嘱来安排继承和遗赠，也并不是所有的人都能够通过遗嘱而成为继承人或受赠人。而实际上人们却总是希望向无权接受遗赠或继承的人留下些财产。于是，遗产信托应运而生。信托的设立主要就是遗嘱人为了使那些没有能力和资格直接依据市民法收取利益的人而作出的一种使其有机会获取利益的安排。这种安排的核心内容是指被继承人通过遗嘱委托继承人在死后将遗产的一部分或全部移交给其所指定的第三人。最初罗马法视一切信托为无效。后来，随着最高裁判官法、元老院有关决议的干预，遗产信托逐渐得到承认。

作为一种独立发展起来的法律制度，信托法的建立则是基于如下三个法律渊源，即陪审团的意见、皇帝敕令和元老院决议。应该说，这三个渊源并不是完全不相关联的，如陪审团对皇帝的建议及对元老院的影响。因此，陪审团的意见也是其他两个渊源的基础。在信托的发展史上，奥古斯都（Augustus）起到了相当大的作用，是他首次在一些特殊情况下认可了这一制度，他要求执政官通过非常方式（extra ordinem）处理这类事务。由于信托制度在罗马社会中深得人心，致使信托方式得到了广泛的运用并产生了相当大的影响。只是后来由于市民法与万民法长期共存，相互渗透，最终导致了二者的合流，构成了统一的罗马私法体系。更由于后来加诸遗赠的种种限制的取消，遗产信托逐渐为遗赠所吸收，信托与遗赠也就相互同化了。

日耳曼的 treuhand 或 Salman，即受托人，是封建时代日耳曼法上的一种制度，是当时人们为规避当时的日耳曼法否定遗嘱的效力，而达到加惠于法定继承人以外的第三人的设计。

但也有人认为，无论是罗马法上的 fidei commission 抑或是日耳曼法上的 Salman，均仅仅意味着"受托人"把被继承人的有关遗产直接转交给第三人，而并不意味着继承人在取得所有权的前提下，管理、运用和支配该项财产并将由此产生的收益支付给该第三人。虽然"fidei commission"和"Salman "与英国中世纪的"Uses"相似，都是借受托人而达到规避财产转移的限制目的，但它们在性质上依然属于遗赠，而非现代信托观念。

也许，对于从罗马法上的信托观念到现代信托制度的形成的连结点的研考尚需继续付出努力，然而，罗马法上的信托观念与现代信托制度却肯定地存在很多共同之处：首先，二者具有共同的本质，即都是以信任为基础，为他人的利益将财产转移给另一人。其次，二者都是从独立的司法实践中发展和建立起来的。现代信托是在英国普通法之外的衡平法上发展起来的，而罗马法上的信托同样是在存在于市民法之外的万民法上发展起来的。再次，二者存在发生信托的共同原因。在英国信托法上，它主要是为了规避普通法对土地转让的限制，而罗马法上的信托则是主要为了规避市民法对异邦人的继承权的限制。最后，从二者的内容来看，其存在共同的信托原则，如对于委托人、受托人、受益人的地位和资格的要求以及信托设立的合法性、信托财产权利的设定等都有着共同的体现。

信托发展的早期史上,“用益”和“信托”是英国律师和法官经常并列使用的两个术语,这说明信托的发展与用益制度分不开。但是,这二者还是有一定差别。在1535年的《用益法典》(The Statute of Uses, 1535)之前,在英国存在一种叫作“信托”(trust)的东西。这种信托表现为两种形式:积极信托(active trust)和消极信托(passive trust)。积极信托又叫作特别信托(special trust),消极信托又叫作简单信托(simple trust)或普通信托(general trust)。如果受托人是为了某种临时性目的而持有财产并履行积极义务,就是一种积极的或特别的信托。譬如,如果A将土地转让给B,以10年为期,并要求B将土地上的利润交给C享用,B就是一个积极的或特别的受托人。这类信托在《用益法典》之前比较少见。另外,如果法律上的产权(the legal title)转让给某人,并要求他为另一人利益而持有财产,但不需要积极地去履行诸如管理或其他诸如注意等义务,该种信托就是一种消极信托,或者就叫作用益。在《用益法典》之前,用益远比积极信托更为常见。的确,在亨利五世(Henry Ⅴ,1413—1422)时期,用益制度与其说是一种土地保有的变例,还不如说是一种土地保有的规则。

然而,早期用益制度的发展却很不光彩。有人认为它纯粹是一种欺诈,因为,这种制度的设计在一开始就以规避法律为目的。这主要表现在如下几个方面:

第一,规避土地转让的限制。封建制度下,领主及佃农(landlord and tenant)处分其土地的能力受到限制。首先,土地一般限于长子才有继承权;其次,存活配偶对土地有一定权利;最后,国王颁布“死手法”(Statute of Mortmain),禁止土地捐赠给教会,否则一律没收。因为当时人们常把土地捐给教会,而教会永远不纳税,这影响了上位阶层者的租税收入。而通过用益设计,国民可以在自己死后由“委托人”交由长子以外的他人,长子继承制得以规避。更为重要的是,这种用益设计可以规避“死手法”,由教会享受收益。因而,有人认为,是宗教势力促进了用益和信托制度的发展。

第二,规避土地变动的税赋。中世纪,英国封建制度由国王、领主和佃户组成。在此制度之下,上层取得下层收入的方式是税金的缴纳和劳役的负担。每当发生占有或所有权转移时,受让人均须缴纳大笔税金予上层。通过用益设计,下层则将占有或所有权转移给受托人而自己则保留其用益权,规避土地变动的税赋。

封建时代初期,普通法对公民的许多民事权利加以限制。显著的例子是,英国的普通法对土地财产权的保有设置了许多负担。在用益产生之际,正是封建制度盛行之时,当时的法律规定,当土地被传给成年继承人时,领主有权获得一种救济或金钱补偿;当土地传给未成年人时,领主有权获得监护费和儿女嫁娶资助费,这些负担包括诸如领主的第一个女儿出嫁的嫁妆费用和领主的长子取得爵位的赞助费,甚至包括如领主被绑架的赎金等,不一而足。这些负担都会落在土地保有人身上,使其难以负担。如果将财产权利转让给他人,而只保留用益权,这种负担就能够得以避免。然而,这种受托人所代表的法律上的所有权只是土地保有的一个副产品,当受托人死亡时,权利又会恢复到原状。但是,如果将这种土地上的权利授予给二人或更多的人,从而形成一种共有的状态,那么,当其中一人死亡时,其他活着的人仍可以享有法律上的产权,而且,共有人是可以替换的,这样一来,基于土地继承而发生的各种负担就得以避免。

第三,逃避债务。由于信托成立后,信托财产具有封闭性和独立性,同时也就使得信托财产具有免责性,不仅委托人的债权人,而且受托人的债权人和受益人的债权人均不能对信托财产主张权利。所以,一些不诚实的人则利用用益设计作为逃避债务或者处罚的工具。譬如,如果一个人因为犯罪而被判处罚金时,他也可以通过这种方式(将财产转移给他人,而自己只保留受益权)而得以避免财产上的处罚。

这种用益设计的另一好处是,它的转让非常方便。用益权可以秘密地转让,很少或者几乎没有什么程序性要求;而公开性则是普通法上权利转让的基本要求。普通法上的权利的转让不仅要求要有公开性,而且需要履行极为复杂和严格的手续。正是这种秘密性刺激了欺诈的动机,而简便性则使得用益设计得以广泛地运用。

用益设计在自13世纪至15世纪近两百年的时间里,并不为普通法所承认。因此,最初的用益设计仅为君子协定,是道德关系,而不是法律关系,受益人并不能要求普通法院强制受托人执行信托。受托人是否履行义务完全取决于受托人的自愿,如果受托人想否认他是作为受托人而持有财产或者他想将该财产据为己有,他完全可以这样做而不会承担任何法律上的风险和惩罚。[2] 受益人的权利受到了侵害,法院是不会承认受益人的权利主张的,原因是普通法院不存在执行该种目的的受益权或信托的令状(writ)。

早期英国法律特别严格,形式主义严重,诉讼必须严格遵守一定的程序和技术。如果找不到与案件完全一致的令状,普通法院则不会提供任何救济。要让普通法院来建立一种新的法律救济方式是一件非常困难的事情。用益制度中受益人的利益由于在普通法院并不存在与之相对应的令状,所以,也就得不到普通法院的保护和救济。教会法庭对此也无能为力,因为它没有管辖权。因此,在很长一段时间,这种用益设计上的义务只是一种道义上的义务(honorary obligation),而不是作为一种法律上的义务存在。

这种情况在后来得到了一定程度的改变。大法官法院发动了一场变革。大约也就在用益制度和信托制度产生的前后,当时有一种习惯,即当普通法院不能提供救济时,当事人可以向国王或者他的枢密大臣申诉。也就是说,如果普通法院没有合适的令状,或者对方势力太强大,从而妨碍了司法公正,受害人可以向国王或者他的枢密大臣申诉以获得一种特殊的法外救济(a special and extra-legal dispensation)。大约在爱德华一世(Edward Ⅰ,1272—1307)统治时期,这种做法就已成为一种习惯。枢密大臣成为国王的化身,他是国王良心的代表,他的法庭也就成为良心的法庭,其审理规则就是衡平和公正。这样一来,当受益人的权利受到受托人的侵害而诉诸普通法院无门的时候,自然想到向国王和他的枢密大臣申诉。大约在15世纪初,这种申诉得到了大法官法院的承认。这个时期,大法官法院的法官大都是教会人士,他们的良心自然受到了这种不公正性的强烈震撼,他们不能容忍这种对他们自己权利的肆意侵害。大法官审理这种案件的程序叫作subpoena,即通过传唤的方式进行。因此,人们常说,受益人获得的这种救济是一种subpoena式的救济。这种救济是对人的,特定的,且不仅仅限于金钱救济。

衡平法院尊重法律而不忽视道德戒律,衡平法院的大法官就以这一名义进行干预,不容许法律导致极端的不公正。衡平法院考虑的着眼点是个案的衡平与正义,而非法律适用的技术性问题。衡平法院一方面承认受托人在普通法上的所有人地位,以贯彻"衡平法是尊重法律"(Equity follows the law)原则;另一方面以正义与良心的名义,使受托人负有为受益人利益管理、持有财产的义务,并给予受益人依衡平法院程序请求受托人为受益人依衡平法履行这一义务的权利。

---

〔2〕 有一种简单的金钱和动产信托是可以得到法院的执行的,但这种信托被称为"普通法上的信托"(common law trust),而不是我们这里所说的用益权或者信托。在这种关系中,如果将金钱转移给A,并由A向B支付,则可以提起普通法上的诉讼;如果将一项动产转移给某人以便让他提供给第三人使用,同样可以提起普通法上的诉讼。Bogert, supra, p. 9.

在16世纪初期,用益欺诈现象非常严重,以致人们强烈要求国会制定新的法律来限制或者干脆禁止这种用益设计。事实上,从1377年开始出现专门的立法来对付利用用益。这是因为,用益可用于规避各种难以负担的捐税,特别是土地保有权的附随义务,这就使得采邑领主丧失了其土地保有的附随权益,并因此使国王失去岁入。这种不满招致国王亨利八世于1535年颁布了《用益法典》。用益法将受益人的受益权确认为法律上的所有权,称为执行用益(execute the use)。[3] 这是为了使受益人承受法律上的所有人地位,而无法规避税赋,企图阻止当时用益的盛行。

根据该法规定,信托就是让渡财产,即受益人实际上是完全合法的所有人,而不仅仅是受益所有人。这是该法的核心,其目标就是通过将受益人的衡平法上的所有权转换为普通法上的所有权而消灭用益制度,并期望以此达到:防止封建领主对土地特权的丧失,消灭欺诈,限制教会通过用益设计取得土地上的利益(其时,教会与国王发生冲突,国王也想藉此限制教会的特权)。

但这部法典并没有达到预期效果。首先,该法明文限制的只是不动产,而不限制动产;而且,该法典只是适用于世袭领地和自由保有地,而不适用于其他不动产。因此,如果是将一项租赁地产或金钱或动产让与A,并使其为B的利益而持有该项财产,该法典则不能适用。其次,该法典不能适用于积极信托,而只能适用于消极或普通信托。管理义务的设置需要赋予受托人法定产权,因此,如果将土地授予A终生,并使其将该项财产上所获得的收益交付给B或其继承人,该项信托是积极的,该法典则不能适用。而仍然只能各别地由A享有普通法上的所有权,由B享有衡平法上的所有权。最后,该法典不能对用益之用益发生任何作用,也就是说,它不能两次适用于用益。用益法典不能对在用益之上设定的用益再次适用,在一次适用后,其效力就用尽了。因此,如果将土地上权利转让给A或其继承人,而由B或其继承人享受利益,再由C或其继承人享受利益,此时,根据用益法典则只能将B作为法定地产权人对待,而不能再将C作为法定地产权人,否则,将会破坏B的法定地产权。

由于该法典本身存在上述缺陷或漏洞,事实上它并未能完全消灭用益制度。恰恰相反,大量的用益仍然存在。加之,政治力量对这种缺陷和漏洞的利用,该法的适用理所当然地受到了来自各方面的反对,尤其是教会力量的反对,最终导致了大法官法院通过新的判例认可信托制度来阻碍该法的适用。这就是著名的1634年的Sambach v. Dalston案。在该案中,大法官法院正式承认了信托财产和信托运用的合法性。信托的基本思想于此得以确立。

由此可见,真正的现代信托观念是在《用益法典》禁止用益之后发展起来的。譬如,就信托一词本身而言就是在用益法典之后正式使用的。在用益法典之后,"信托"一词被用于所有的受到衡平法院支持的衡平利益,而不再像以前那样被区别为用益和信托。这也许是因为大法官法院不想刺激国会再次制定第二部用益法典,也许是因为大法官法院认为用益法典已经将对用益的管辖权转移到了普通法院。自用益法典之后,凡是受到大法官支持的一切权益都叫作信托,包括旧式积极信托和消极信托以及没有受到用益法典破坏的用益制度,这些权益得到了衡平法院的承认并获得了强制力。

信托概念是英国衡平法对法理的重要贡献,以致衡平法院被誉为"信托之母"。在它的发展过程中,特别重要的是良心观念。对此,早期的作为宗教人的衡平法官对建立信托所做的努力是不容忽视的。

---

〔3〕 Bogert, supra, p.11–12.

二、信托制度的现代化发展

在中世纪的这种用益设计向现代信托的演变过程中,其最大的变化就是受托人角色的转变,进而使信托功能发生了决定性的变化,即从消极信托向积极信托演变。所谓消极信托(passive trust, simple trust or bare trust),是指受托人仅仅承受信托财产的名义所有权,对于信托财产不负任何积极管理的义务,信托财产的管理由受益人本身负责。所谓积极信托(active trust),是指受托人不仅承受信托财产所有权人的名义,而且负有积极管理处分信托财产的义务,比如出租信托财产并收取租金。

中世纪受托人的角色主要是作为财产名义上的所有者,信托的功能无非借此"人头"设计规避法律的限制;但是,随着历史的演进,受托人角色从这一消极人头借用者转变为需以自己经验知识为投资决策的管理者,而信托的功能也从脱法设计转变为提供专业管理之有效途径。在这一转变过程中,蕴藏着巨大的社会经济背景的变迁。这主要表现为:

第一,封建制度的崩溃,导致消极信托赖以生存的空间消失。今天英美信托法原则上不承认消极信托,而将法律上的所有权自动转移于消极信托之受益人。近代社会运动所孕育的法治思想深入人心,信托目的合法原则得以确立,而消极信托的脱法设计逐渐萎缩。

第二,土地不再为信托财产的主要形式。在农业社会条件下,土地为最大的财富来源。保证土地代代相传以保障子孙生活,是人民之期望。因此,一般不发生土地处分问题。而随着生产的发展,英国由农业社会转变为工业社会。财富的形式主要表现为证券及各种投资工具,受托人面对瞬息万变的环境不得不进行积极管理。

由于人们对财富观念的转变,使得受托人再也无法像过去那样只是消极保守地保持财产,而是需要积极地以财产发生增值为目的经营管理财产。这种经营管理不仅需要受托人心态的调整,而且需要受托人具备相当的专业技能。实际上此时的信托已经成为一种投资工具,这样一来,信托也就完成了从消极信托到积极信托的转变。这种转变理所当然地引起了立法态度的转变。在英国,1925 年的《受托人法》(The Trustee Act, 1925)实际上就是一部信托与投资的法律,而 1961 年的《受托人投资法》(Trustee Investment Act, 1961)更是清楚地表明了信托与投资的关系。信托向商业领域的扩展展现了信托制度的巨大魅力,其富于弹性的运作使得信托的品种也在不断地创新。这种创新典型地表现在英国的单位信托与美国的投资公司以及日本的贷款信托等。英国的单位信托是为了适应广大中小投资者的需求而发展起来的一种信托投资方式。由于一般社会公众资金能力弱,欠缺投资理财经验,所以,信托投资应运而生。这种信托投资的机制是将广大社会公众的资金聚集起来交由专业的投资机构进行管理经营,这种专业的投资机构具有丰富的经验和较高的投资技能因而值得信赖。英国的这种单位信托是建立在信托契约基础上的。根据这种信托契约,作为专业投资机构的受托人必须以增值为目的而进行管理经营,并将经营所得利润返还给投资者,受托人自己则只收取一定的报酬。由于这种所募集的信托基金是通过发行等值"单位"而成立的基金,所以称为"单位"(unit);又由于对这种基金的管理是以信托的方式来运作的,所以称为"单位信托"(unit trust)。这种单位信托传入美国,发展成为"投资公司”（investment company）。[4] 日本的贷款信托则颇有独特之处。所谓贷款信托，是指作为受托人的信托银行与多数委托人共同签订一个信托契约，由受托人按照信托契约的约定将多数委托人的金钱集合成为一个单位，对国民经济发展所需要的领域作长期投资。贷款信托的操作规程是，由信托银行依照信托契约在规定的时间内出售每张一定金额的受益凭证，购买和持有该证券的人则自动加入贷款信托，并成为该信托的委托人和受益人，发行证券的信托银行则为受托人。

随着信托设计的日益普遍使用和复杂化，英美信托法成文化的趋势渐趋明显。现代第一个就一般信托关系予以规范的成文信托法是英国1850年的《受托人法》（The Trustee Act ,1850），该法主要针对如何处分转移信托财产的技术细节予以规定。英国1881年的《财产让与法》（The Conveyance Act ,1881）则针对受托人的信任、解任和继任予以规范。20世纪以来，英国颁布了大量成文信托法，如《受托人法》（The Trustee Act）、《司法受托人法》（The Judicial Trustee Act）、《公益受托人法》（The Public Trustee Act）、《永久产业与收益积累法》（The Perpetuities and Accumulation Act）、《慈善信托法》（The Charitable Trust Act）、《慈善信托确认法》（The Validation of Charitable Trust Act）、《受托人投资法》（Trustee Investment Act）、《国家信托法》（The National Trust Act ,1971）等。英国曾经凭借武力将世界上许多地区变为殖民地。随着英国法律的实施，信托也在这些地区流行起来。

美国自20世纪初，随着成文化运动的兴起，也制定了大量的成文信托法，如《1931年统一代理和收入法》（The Uniform Principal and Income Act of 1931）、《1937年统一信托法》（The Uniform Trusts Act of 1937）、《1938年统一共同信托基金法》（The Uniform Common Trust Fund Act of 1938）、《1964年统一受托人权力法》（The Uniform Trustees' Powers Act of 1964）、《1994年统一谨慎投资者法》（The Uniform Prudent Investor Act of 1994）、《2000年统一信托法典》（The Uniform Trust Code of 2000）、《信托公司准备法》（Trust Company Reserve Law）、《投资公司法》（The Investment Company Law），等等。1935年，美国法学会完成了美国《信托法重述》（The Restatement of Trust Law），其内容涉及信托的设立、管理等内容。其他一些法律重述涉及信托的有《财产法重述》（The Restatement of Property Law）、《统一商法典》（Uniform Commercial Law）等。[5]

自20世纪初开始，信托传入大陆法系各国和地区。首先，日本从英美国家引进信托制度。日本引入信托的动因是希望利用信托为发展重工业筹资，并于1922年制定了《信托法》和《信托业法》。韩国也引入了信托制度，并制定了信托法和信托业法。加拿大的魁北克省民法典也将信托纳入其中。我国台湾地区于1995年颁布了“信托法”。

信托制度是英国固有的法律制度，是英国法的显著标志和特征，是英国人对这个世界法律体系的重大贡献。正如英国伟大的法学家梅特兰所说的那样，“如果有人问及英国人在法理领域里最伟大和最显著的成就是什么，我想再不会有比这更好的答案：那就是，经过一代又一代人发

---

〔4〕 美国国会于1940年颁布了《投资公司法》（Investment Company Law，ICA）。但应注意的是，ICA所谓的“Company”可以是：任何一个公司（corporation），或合伙（partnership），或社团（association），或合资公司（joint-stock company），或信托（trust），或基金（fund）；或任何有组织的人的团体，无论是否构成一个法人（incorporated）；或任何在11条（title）下的或相似的职务的接管人（receiver）、受托人（trustee）；或任何履行职务的清算代理人（liquidating agent）[USC, Sec. 80a-2（a）（8）]。另外，ICA所调整的“Investment Company”既包括管理型company（management company），也包括单位投资信托（unit investment trust）。

〔5〕 上述法律大多仅具有示范性质，供各州立法参考。

展起来的信托理念”。[6] 梅特兰教授的这种评介一点也不过分。的确，信托法制度是英国独创的，是英国人的骄傲。不仅如此，信托制度还以其本身不可抗拒的魅力吸引了其他国家和地区的注意，广泛地影响了其他国家和地区的法制。信托制度已经成为世界各国家和地区法制的共同财富。

第二节　信托在中国的发展与继受

一、中国信托业的发展

在中国传统法上，是不存在信托观念的。虽然在我国古代社会曾经有过诸如“牙行”或“牙栈”的东西，但这些东西与我们所说的信托观念风马牛不相及。这类东西充其量相当于现代民法中的“行纪”，即以自己的名义代客买卖货物并收取佣金。在我国现在的一些流行教科书中，也常常将行纪与信托混为一谈，其实也是一种误会。

19 世纪末和 20 世纪初，在“西学东渐”的背景下，英美的信托制度也被导入了中国。首先是一些私营银行相继开设信托部门，从事信托业务。到 20 世纪 30 年代，一些官办银行也开始设立信托部门，同时，1935 年国民政府还设立了中央信托局。这一阶段中国信托业的特点是：信托机构侧重于经营房地产和证券业务，有的还兼营保险业务，真正的信托业很少，除少量的商事信托之外，民事信托和公益信托基本上不存在，信托法制更不用提及。但是，无论如何，这也算是一个开端。然而，遗憾的是，即使这种先天发育不良的中国信托业也由于 20 世纪 50 年代的社会主义改造而告终止。

信托业的重新崛起是改革开放后的事情。1979 年 10 月，中国国际信托投资公司成立，标志着新中国第一家信托机构的诞生。自此之后至现在的二十多年中，中国的信托业得到了迅速的发展。自中央银行到各专业银行，及至各行业部门、地方政府，纷纷办起了信托投资机构。一时间出现了所谓的“信托热”。其大致格局是：中央政府和地方政府创办的国际信托投资公司；各专业银行设立的附属性全资子公司或者信托部门；各行业部门设立的信托投资公司；外国银行信托部和中外合资信托投资公司。这些信托投资机构和部门开展的“信托”业务主要包括信托存款、信托贷款、融资租赁、代理资财的保管和处理、代理收付、代理证券的发行、信托投资、证券投资基金等。从我国信托机构所从事的业务来看，除极少数属于信托业务外，绝大多数都是名不副实。实际上是信托机构在办理银行业务。这一现象是由当时特殊的历史背景决定的。由于在实行信托制度之初，中国银行的贷款体制的计划经济色彩仍然相当浓厚，一些企业和单位不能通过银行得到贷款，于是人们就想到了信托，通过成立信托机构并从事“信托”业务来实现灵活贷款的目的。“中国发展信托业就是要做银行不能做的贷款业务，所以，实践中向有‘小银行’之称，其结果便是用办银行的办法办信托，用管理信贷的办法开展信托业务，信托业务具有强烈的银行业务色彩，信托业在地位上也依从于银行，其行业特征和独立地位无从体现。”[7]

信托并非我国固有产物，因而，实务上引进英美信托制度难免有走偏的情形。何况，我国信

---

〔6〕 Maitland , Selected Essays(1936).

〔7〕 周小明：《信托制度比较法研究》，法律出版社 1996 年版，第 184～185 页。

托制度一产生,就受到体制因素的严重影响。有鉴于此,有关部门对我国信托业几经整顿,并最后由立法形式确立了信托业与银行业、证券业脱钩的体制(参见本书第三编中关于分业经营管理的论述)。为了调整信托关系,规范信托行为,保护信托当事人的合法权益,促进信托事业的健康发展,我国也引进了信托法制度。我国《信托法》的制定和实施对于我国的商事法律建设具有重要的意义。从法制建设方面来看,信托法的引进填补了我国法律体系中的空白。在我国现有的法律制度中,关于为他人利益而进行财产转移的制度主要有赠与和遗嘱;为他人利益而管理财产的制度主要有委托和公司。如前所述,无论是哪种制度都不具有或不能代替信托所具有的财产转移与管理的双重功能,不能实现信托制度的长期规划、弹性空间和对受益人特殊保护的目的。

二、信托制度的移植

信托法的制定并不等于信托制度引进的成功。要想成功地引进英美的信托法制度,绝非一件容易的事情,其难度远远超出单纯地制定一部法律那么简单。它需要周密地考虑法律、经济、社会、文化诸方面的因素,再配合长期的磨合,才有可能使一项外来的制度在中国生根发芽。

无论是封建时代的用益设计,或者是现代信托制度,其共同特征是体现了个人对经济自由的要求。从信托的发展史来看,信托之经济自由价值取向早于近代自由主义与资本主义。正因如此,信托设计在西方国家被誉为“法律改革之先驱”。同时,信托也满足了追求效率的要求。“盖现今社会对支配财产自由之最大障碍不再是法令限制,而是缺乏专业管理能力与理财所需之个人时间。信托藉提供专业管理而促使支配财产的能力的无限延伸”。[8] “可以说,现代信托的四个基本法观念——所有权与利益分离、信托财产独立性、信托管理连续性和有限责任,无一不是建立于自由与效率的价值理念”。[9]

然而,也应该看到,信托所体现的这种观念,尤其是对个人自由的极度扩张,犹如一把“双刃剑”。一方面固然肯定个人价值,激发个人潜能;另一方面又可能造成与其他价值目标的矛盾和冲突,甚至造成个人对社会或者现存法律制度的矛盾和冲突。譬如,信托的隐匿性,一方面固然符合保护个人隐私权的理念,但另一方面却有可能与不动产物权之公示原则相抵触。信托的免责性显然与民法上之损益兼归原则(法谚有云:谁收益,谁承受损失)有所出入。再如,信托设计使委托人能够控制或影响信托财产的管理或处分,则有存活的受益人反被死亡的委托人剥夺了自由运用财产的嫌疑。上述种种例子说明了信托所包含的价值目标与其他价值目标存在一定的矛盾和冲突。以上诸种问题,都是需要在信托法中予以慎重考虑和认真对待。

大致而言,现代信托法对上述问题通过如下措施来予以平衡:在信托的设立、变更与终止方面限制委托人的自由,如禁止委托人设立特定形态的自益信托,或允许委托人之债权人在一定条件下撤销信托等;在受托人与受益人之关系上对受托人之管理处分权加以限制,如赋予受益人以异议权和撤销权;在受益人与第三人之间则有种种设计抑制受益人自由之滥用,如让受益人承担适度之责任。再如,信托的设立不得违背社会公共利益。在英国,信托的设立还不得违背其禁止永久产权法和反累积法,等等。

在继受英美信托法时除了需要考虑上述信托观念的价值取向的冲突与平衡之外,还需要考

---

〔8〕 方嘉麟:《信托法之理论与实务》,月旦出版社股份有限公司1994年版,第106~108页。

〔9〕 周小明:《信托制度比较法研究》,法律出版社1996年版,第66页。

虑的问题是源于英美的信托法观念如何在我国“本土化”。这种本土化的障碍主要体现在英美法系与大陆法系在法律传统上的矛盾与冲突。英美法系与大陆法系在法律传统上存在较大的差异，这些差异主要表现为：法律思维上的差异、司法体制上的差异和所有权观念上的差异。

第一，法律思维方面的差异。英美法习惯于采取“目的导向”或“效果取向”的思维方式。虽然这种思维方式反映了其务实精神，但同时也使得法院容易趋向于膨胀其自我裁量权甚或积极造法。这种思维模式与大陆法系法律严格规定成立与适用要件，而法院在具体案件中亦努力就要件逐项分析演绎的思维方式显然大相径庭。

第二，与英美法的思维模式相配合，其法律传统在于“遵循先例”和“法官造法”。这两个原则的统一关系是，如果先例有违背个案衡平时，法官就会放弃形式要件而追求个案正义，以良心为标准实现法律的弹性适用。英美的衡平法院与衡平规则就是由此产生的。信托溯其起源无非是以“脱法”设计挑战既存规范，原本并不为法律所承认。至衡平法院为达个案衡平加以承认，信托法制乃逐渐推翻现制“革命”成功。所以，英美法系若论追求个案正义弹性适用法律精神则首推衡平法院，而信托又为衡平法院所创最著名之设计。反观大陆法系，则无此传统。

第三，由于英美法上存在普通法与衡平法双重规则，并相应地存在普通法上的所有权与衡平法上的所有权之双重所有权，所以，表现在信托法上，就是受托人的名义所有权与受益人的实质所有权同时并存。而大陆法系则承受的是罗马法上的“一元所有权”观念，尽管所有权的一项或数项权能可以分离出来，但所有权与其权能的分离是暂时的和有条件的，一旦加诸其上的限制或者负担消除，那些分离的权能便又复归于所有权，所有权即恢复其完整性和单一性，此即所谓所有权的“弹性力”。

两大法系在上述法律思维、法律传统、财产权利上存在的差异使得大陆法系国家在继受英美法系国家的信托法制时必然面临如何平衡与协调的问题。大陆法系国家在处理这一问题时也是煞费苦心地提出了种种学说和方案。具体到立法上的技术处理时，大陆法系继受信托法的国家所采取的措施是：使受托人取得信托财产的所有权，使受益人取得信托财产的受益权，并使这种受益权具有债权化倾向。而在立法模式上，将信托法作为民法的特别法，以阻却民法上有关物权债权规则的全盘适用。这种处理方式，“使信托设计既在形式上符合了‘一元所有权’的大陆法传统，又使其保留了英美法下的实质”。〔10〕

信托法制度的“本土化”还需要文化、社会、经济等方面因素的配合才能成功。任何法制的继受都必须经历一个“本土化”的过程，即使是属于同一法系的不同国家，在继受他国法制时也不一定全然一致。如美国对冻结土地买卖信托因有害于资产的利用乃极度排斥，而英国则因为此种设计有利于财富传承而比较宽容。即使是同一国家也因为社会经济文化上的变化而有所不同。例如，美国对受托人仅担任名义上的所有权人而受益人不但享受收益而且拥有财产管理处分权的“消极信托”本来采取抗拒态度，但后来由于工商的发展，实务上有“隐匿”所有权归属的必要，并在个人隐私权日益受到重视的情况下，“消极信托”乃逐渐得到承认。

从实务方面考察，各国和地区在继受信托法制度时也是各具特色。如英国是信托的鼻祖，但长期以来，英国的信托是以个人充当受托人并以无偿为原则的非营业民事信托为主，直至1899年才对公司受托人予以承认。美国的信托源于英国，但又不囿于英国的信托观念。美国一方面在继受了英国的非营业民事信托的同时，另一方面又创造性地发展了商事信托。日本则在一开

〔10〕　周小明：《信托制度比较法研究》，法律出版社1996年版，第99页。

始就把信托作为商事信托来发展,与美国不同,日本的信托几乎都属于营业信托。这都充分地说明了各国在继受信托法制时各有选择,各有侧重,以适应本土文化、社会、经济的需要。

综上所述,尽管在不同法系,甚至同一法系,其政治、经济、文化、法律等方面不可避免地存在诸多差异和不同,但这并不意味着信托的继受就是不可能的事情。事实上,日本、韩国以及我国台湾地区在信托的继受方面已经为我们提供了很好的参考。

我国属于大陆法系国家,在文化、社会、经济等方面与英美法系国家存在较大差异。在文化方面,信托极度崇尚个人自由而与东方文化之群体主义(或集体主义)有着较大差异;在经济方面,我国仍然是发展中国家,财富积累时间远远没有英美国家久远;从社会因素来看,专业理财机构与多元化之金融市场尚未完全形成。然而,我们也应当看到问题的另一方面,虽然我国的经济、社会、文化与英美发达国家存在一定的差距,但是,我国的社会经济文化各方面正处在迅速转变的时期,尤其是经济的发展,不仅使得金融市场初步形成,专业理财机构出现(如信托公司、投资公司、投资银行、证券公司、财务公司等),而且带动了人们理财观念的更新,信托法制所需之客观环境似已大致具备。信托业在我国作为一个行业已经有了30年的发展历程,尽管其发展过程可谓一波三折,但没有人能够否认信托在我国已经有了生命力。

从实务上看,信托在我国存在广阔的发展空间:

第一,私人财富的聚集将为个人信托市场提供广阔的前景,如管理信托适宜于没有时间或没有理财能力的人的需求;自由裁量信托或保护信托既能保障后代的生计又不致因其挥霍无度而浪费财产。当然,个人如利用投资信托更是一种绝好的理财工具。

第二,投资信托。也许目前我国最符合发展信托业的就是投资信托,如我国目前开展的证券投资基金业务。证券投资基金运作的主要方式之一就是信托机制。通过这种方式可以使基金管理人与托管人的行为更加规范,对投资人(证券受益凭证持有人)利益的保护更加有力。

第三,公司债信托业务值得开拓。以公司债的物上担保权作为信托财产设立信托,使信托公司为所有公司债权人负责物上担保权的保存、管理和实现,解决为各债权人分别提供担保的复杂性和不便利性。

第四,经营权信托。我国的国有企业改革先后采取了承包、租赁经营和股份制改造等方式。如果在国有企业的改革中,能够引进信托机制,使专业理财公司作为国有资产的受托人,不仅能够提高国有企业经营管理水平,保障国有资产保值、增值,而且更能有效地防止国有资产的流失。

第五,表决权信托。将若干中小股东的表决权集中信托给信托公司,由其集中管理、集中行使权利,更能有效地保护中小股东的权益。

第六,养老金信托。若能推出养老金信托,不仅可以解决养老金的管理问题,而且可以进一步开展其他业务领域。

第七,公益信托。信托既可以用于私人目的,也可以用于公益目的。公益信托的设立在于实现公共利益,其内容涉及:救济贫穷、发展教育、发展宗教、增进健康或者促进政府或社会公共利益目的和其他公益目的。救济贫穷是最主要的公益目的之一,因为消灭贫穷、荡涤落后是人类社会的理想,也是社会安定的重要因素。发展教育目的包括资助兴办学校、资助学校教育、资助学生完成学业、资助教育机构或研究机构或教育研究项目等。发展宗教目的方法很多,常见的有直接捐助金钱给某一特定宗教团体或某一教堂,建立宗教学校等。增进健康目的的方法有如兴建医院、奖励医学研究等。其他社会、政府公共目的如桥梁、港口、码头、人行道、海岸、堤防、公路等的建设和维修。其他公益目的有如为戒毒提供资助、保护环境优美等。

第八,海外企业信托。我国在海外设立的国有企业大多是以个人名义在当地国家和地区登记注册,据说这样做的用意主要在于管理和税收上的考虑。然而,这种做法明显的缺点是导致经营管理不善,国有资产流失。如果就此资产设立信托,受托人依信托方式管理经营企业资产,不仅有利于提高企业的经营管理水平,而且又能确保国有资产的安全。

三、信托财产与信托财产权利

当我们在谈到信托的继受和移植时,一个不可回避的问题就是关于信托财产权的性质。应该明确指出的是信托是以信托财产为核心的一种法律制度,信托是建立在财产基础上的法律观念。但是,信托财产权利又不同于其他财产权。由于信托是一方为他方管理或处分信托财产而发生的权利义务关系,因而,也就构成了信托财产权利在性质上的复杂性和特殊性。

(一)信托财产

1. 信托财产的概念和意义

《信托法》第 14 条规定,受托人因承诺信托而取得的财产是信托财产。受托人因信托财产的管理运用、处分或者其他情形而取得的财产,也归入信托财产。信托财产实际上由两部分财产构成:一是来源于委托人的财产,委托人一旦将其属于自己所有或者有权处分的财产委托转移给受托人,该种财产即形成信托财产,受托人即须按照委托人的意愿对信托财产进行管理或者处分;二是受托人在管理、处分信托财产时所取得的财产,亦同样应该加入信托财产。

信托财产应具有合法性,非法财产或者信托法规定不得设立信托的财产不能作为信托财产。《信托法》第 14 条同时规定,法律、行政法规禁止流通的财产,不得作为信托财产。法律、行政法规限制流通的财产,依法经有关主管部门批准后,可以作为信托财产。

信托财产是信托关系的核心。信托财产的核心地位体现在:首先,信托关系人的一切行为都围绕信托财产展开,以信托财产为核心并以此为对象在当事人之间形成具有拘束力的权利义务关系。譬如,委托人负有转移财产给受托人的义务,受托人负有管理该项财产的职责,而受益人则享有收益的权利。这些发生在当事人之间的权利义务关系均离不开信托财产作为其基础和依据。其次,独立可辨识的信托财产是信托财产的本质特征。如果没有独立可辨识的信托财产,那么,法律上的权利义务均将因无所依附而毫无意义,所谓"皮之不存,毛将焉附"。信托自信托财产转移于受托人处开始成立;信托关系成立后,信托财产如果不复存在,信托关系也就发生终止。《信托法》第 7 条规定,设立信托,必须有确定的信托财产,并且该信托财产是委托人合法所有的财产。而《信托法》第 11 条规定,设立信托,信托财产不能确定的,信托无效。

2. 信托财产的独立性

信托一旦有效设立,信托财产即从委托人、受托人以及受益人的自有财产中分离出来成为一种独立存在的财产,而唯一地服从于信托目的。这就是信托财产的独立性。信托财产的独立性使得信托财产具有强烈的拟人化倾向。信托财产的独立性源自信托的"闭锁效应"。信托一旦设立,信托财产即自行封闭与外界隔绝。委托人、受托人及受益人三方任何一方的债权人均不能主张以信托财产偿债。不仅如此,信托财产上发生的收益也不为受益人的债权人所追及。信托的这种闭锁效应使得信托设计对保存财产的世代传承具有极大的吸引力。这种信托设计破除了"富不过三代"的敛财困境。通过这种设计,不但家产本身不会受到债权人的追索,就连子孙后代所享有的信托利益也不会被债权人追及。换句话说,不肖子孙由于受到信托屏障的保护,无须对自己的挥霍无度承担任何责任。所以,信托在近年退休基金出现以前,实务上绝大部分系被豪门以之作为财富世代传承的工具。[11]

信托财产的独立性具体表现在如下几个方面：

第一，信托财产须与委托人未设立信托的财产相区别。《信托法》第15条规定，信托财产与委托人未设立信托的其他财产相区别。信托设立后，委托人死亡或者依法解散、被依法撤销、被宣告破产时，委托人是唯一受益人的，信托终止，信托财产作为其遗产或者清算财产；委托人不是唯一受益人的，信托存续，信托财产不作为其遗产或者清算财产；但作为共同受益人的委托人死亡或者依法解散、被依法撤销、被宣告破产时，其信托受益权作为其遗产或者清算财产。

第二，信托财产须与受托人财产分离。信托财产与受托人财产相分离，是信托财产独立性的固有要求。信托财产必须与受托人财产分开保管，各国信托法上对此设立了严密的监控体系。《信托法》第16条规定，信托财产与属于受托人所有的财产相区别，不得归入受托人的固有财产或者成为固有财产的一部分。受托人死亡或者依法解散、被依法撤销、被宣告破产而终止信托的，信托财产不得作为其遗产或者清算财产。

第三，不同的信托财产也应当分开保管。受托人不仅需要将其自己的财产与信托财产分开保管，而且需要将不同的信托财产分开保管。如果属于金钱信托，则应分别记账。

第四，委托人、受托人、受益人任何一方的债权人都不得就信托财产求偿。因为委托人已经不再对信托财产享有所有权，受托人则只是信托财产的名义所有人，而受益人只能就信托财产的收益享有所有权。因此，三方的债权人均无权就信托财产请求清偿。《信托法》第17条规定，除因下列情形之一外，对信托财产不得强制执行：(1)设立信托前债权人已对该信托财产享有优先受偿的权利，并依法行使该权利的；(2)受托人处理信托事务所产生债务，债权人要求清偿该债务的；(3)信托财产本身应担负的税款；(4)法律规定的其他情形。

第五，基于信托财产所产生的收益除依照约定应支付给受益人之外，应归属于信托财产；所产生的损失，除受托人的失职所造成的应由受托人负责外，也应由信托财产负担。

第六，信托财产所产生的债权，不得与受托人自己财产产生的债务相抵销。我国《信托法》第18条第1款规定，受托人管理运用、处分信托财产所产生的债权，不得与其固有财产产生的债务相抵销。

第七，不同信托财产上的债权债务不得抵销。《信托法》第18条第2款规定，受托人管理运用、处分不同委托人的信托财产所产生的债权债务，不得相互抵销。

(二)信托财产权利

1. 英美信托法及学说对信托财产权利的态度

在英美法上，将受托人拥有的权利称为“普通法上的所有权”(the legal title)，而将受益人拥有的权利称为“衡平法上的所有权”(the equitable title)。与此相对应，英美信托法学说认为，受托人是信托财产的名义所有人(the nominal owner of the property)，受益人是信托财产的实质所有人(the real owner)。[12]“名义上的所有权”仅赋予受托人对信托财产的管理处分权，“实质上的所有权”是赋予受益人享受收益的权利。由此可见，信托最显著的特征就是信托财产权利上的双重性，受托人依照信托合同或法律规定对信托财产享有占有、使用和处分的权利，而受益人则享有对信托财产的收益权。因而，信托观念的本质在于管理所有权与收益所有权的分离。

---

〔11〕 方嘉麟：《信托法之理论与实务》，月旦出版社股份有限公司1994年版，第21页。

〔12〕 P. V. Baker and P. St. J. Langan, *Smell's Principles of Equity*, Sweet & Maxell, 28th. ed., 1986, Sydney, p. 41.

受托人对信托财产的所有权，就形式意义而言，与大陆法系民法上的所有权几乎没有差别，但从实质意义来看，由于它受到衡平法上利益的限制，必须具有为第三人（受益人）的利益，依一定目的予以管理或者处分的性质，因此，它是一种不完全的所有权，或者说受到法律限制的所有权。

由此可知，信托制度的本质特征在于双重所有权的存在，即名义上的所有权归属于受托人享有，而实质上的所有权则归属于受益人享有。相应地，这种财产权利设计的意义也就表现在两个方面：名义所有权的功能在于财产的管理与处分；实质所有权的功能在于确保受益人的生活。最简单地说，“伴随所有权而生之负担责任与风险均归属于名义上的所有权人，而美好之部分则归属于受益人”。[13]

双重所有权是存在于英美法上的一种独特现象。之所以在英国法上存在双重所有权的观念，与英美固有的法律传统分不开。以英国为例，英国是普通法系国家的典型代表，其纠纷处理一直适用的是普通法。但是，到 13 世纪末，英国的普通法已经变得非常的僵硬古板而不能适用新型纠纷的解决。其结果导致诉讼当事人只能直接向国王申诉，国王又把这些案件交给枢密大臣去处理。由枢密大臣判决的案子逐渐形成了一套规则，这种规则就是我们所说的衡平法。

这样一来，英国法上就形成了普通法与衡平法并列的法律构架。衡平法只对普通法起补充作用。“普通法提供给原告的救济是以原告的权利作为基础的，而衡平法提供给原告的救济则是因为被告昧着良心做出了对原告不利的事情”。[14] 由此可见，二者的价值取向和法律理念是不同的。

在一定意义上，这可能使得衡平法上的救济较之于普通法上的救济更加严格，同时，也可能更加广泛一些。因为，在许多情况下，尽管一个人在普通法上享有完全的权利而无须承担义务，但在衡平法上，他则将受到良心的拘束去做这样或者那样的事情。典型的实例为信托受益权与合同的实际履行。尤其是信托，基于其对于衡平法的发展的重要性，完全可以说，没有信托制度，衡平法将会黯然失色。普通法保护受托人在信托财产上的所有权，但是如果受益人需要强制执行他的权利，他则必须求助于衡平法。因此，在英国法上，受托人的权利是普通法上的权利，而受益人的权利则是衡平法上的权利。

由于衡平法院大法官的判决只能拘束诉讼当事人，所以说衡平法是对人的，由衡平法发展起来的权利也就相应地称为“对人权”。如此说来，在信托关系中，受益人享有的只是一种对人权，或称属人权，他不能享有普通法上的权利，但若受托人没有履行普通法上的义务，受益人则可以凭借衡平法上的诉讼程序使信托得以强制执行。衡平法院通过精心的设计建立了信托制度和一系列强制履行信托义务的救济措施。而受托人的权利则相应地表现为“对物权”，即他可以根据信托合同或者法律的直接规定享有对信托财产的占有、使用和处分的权利。如果他的这种权利受到了侵害，他则可以求助于普通法以获得法律上的救济。信托的设定，必然包含受益人与受托人之间的权利义务归属之属人关系（personal relation）。信托制度发展早期，注重当事人之间的属人关系，但时至今日，已有所改变，财产的处分权一跃而成为信托关系的重点。

由此可知，信托法上法律上利益与衡平上利益之区分源于英国普通法院与衡平法院的对峙。虽然自 19 世纪起，英美国家普通法院与衡平法院已经合二为一，但法律上的利益与衡平利益之区分依然存在，信托法的本质仍然屹立不变。

---

〔13〕 方嘉麟：《信托法之理论与实务》，月旦出版社股份有限公司 1994 年版，第 20 页。

〔14〕 [英]F. H. 劳森、B. 拉登：《财产法》，施天涛等译，中国大百科全书出版社 1998 年版，第 52 页。

所有权这一概念在英美法上是比较淡化的。在英美财产法上,绝对的所有权几乎是不存在的,也从来没有发展起来像大陆法系那样以物的占有和支配为基础的绝对的、单一的所有权概念。因此,在英美法学家眼中,财产所有权不过为一系列权利,一系列根据社会和经济的需要可以灵活组合和分解的权益。其中,有的财产权纯粹是收益性的,与财产的占有和管理几乎毫无关系,比如信托受益人的权利;有的财产权则是纯粹管理性的,与财产的收益毫无联系,如信托受托人的权利。因此,在英美法系法学家看来,将信托的本质理解为受托人和受益人对信托财产分享所有权,在理论上并无不妥之处,在实践中也不会产生什么问题。

2. 大陆法系学说对信托财产权利的解说

信托财产权利的性质一直受到大陆法系法学家们的重视,并由此产生了许多学说,如物权说、债权说、物权债权并行说、法主体说、财产权机能区分说、附解除条件法律行为说等。

物权说主张,信托财产的所有权单纯地归属于受益人,受益人是以财产所有人的身份而享受利益的。至于受托人不过为代理人,仅仅享有代理权限而已。

债权说,即把受益权的本质视为受益人对受托人的债权,而把受托人对信托财产的权利看成是一种完全的物权即所有权。

所谓物权债权并行说,是指信托是既具有物权效力又具有债权效力的一种法律关系。对于信托财产,受托人享有所有人名义与管理处分权,受益人也享有一定的物权性权利(撤销权及追及权);而在受托人与受益人之间,则基于受益人对受托人的信任,产生债权关系的效力。

所谓法主体说,即指信托财产可以从委托人与受托人两者中分离出来而成为独立的法主体。该学说强调信托财产的独立性,将信托财产本身视为一独立的法律主体,同时将受托人视为该主体的管理人而行使财产管理权。

财产权机能区分说从财产权机能出发将财产权区分为管理权和价值支配权。该学说认为,信托的本质正在于财产权的这种机能性区分,即受托人享有的是管理权,并据此管理使用财产;受益人享有的则是价值支配权,并据此获取由信托财产产生的实际利益。

附解除条件法律行为说主张,信托的实质是一种附解除条件的法律行为,即信托财产的所有权归受托人是附有解除条件的。条件成就前,所有权归受托人;条件成就后,则复归于受益人。[15]

3. 评论与分析

上述大陆法系学者关于信托财产权利的各种解说,除了财产机能区分说外,都试图用传统的理论来解释信托权利,他们跳不出大陆法系民法思想的框架,只能在既有的权利体系中寻求答案,其结果当然不会令人满意。无论是受托人的管理权还是受益人的受益权,都难以纳入民法中物权或者债权体系中去。法主体说的缺陷也是明显的。虽然信托财产具有拟人化倾向,但究竟尚不足以成立独立的法主体。而利用附解除条件法律行为概念阐释信托财产权利更是牵强附会,因为行为概念与权利概念根本就是不同的概念范畴。上述诸种学说中,只有财产机能区分说一定程度上揭示出了信托财产权利的本质。虽然其理论上仍然有待于完善,但其试图采取明显不同于民法思维的方法来分析问题,具有可取之处。

尤其值得一提的是,大陆法系的学者喜欢用传统的权利概念,即物权、债权,来对一种新生事物进行诠释。他们过于相信逻辑的力量,认为传统的民法权利体系是一个万能的无所不包的概

---

〔15〕 周小明:《信托制度比较法研究》,法律出版社1996年版,第30~35页。

念体系。这就提出了一个重要的问题,当法理学面临新的社会现象时——它总是会不时地遇到这样或那样的挑战——它究竟应该采取什么样的态度来应付这些挑战呢?是沿用既有的理论来机械地阐释新的社会现象呢,还是让新生事物来丰富发展法学理论?

信托关系不同于一般的民事关系,信托上的权利也不能用传统的权利标准来加以认定。传统上的权利分类有其自己的适用范围,如果沿用传统的方法来分析这种新的权利现象,是不合适的。很显然,信托财产上存在着两种独立的权利:一是受托人所有权,包括对信托财产行使占有、使用和处分的权利。信托一旦有效成立,受托人将取得信托财产的所有权。信托财产一旦转移给受托人,它的所有权便与委托人相脱离,而转归受托人所有。受托人可以像真正的所有权人一样,独立管理和处分信托财产,第三人也都以受托人为信托财产的权利主体和法律行为的当事人,而与其发生各种交易。但是,受托人管理和处分信托财产的信托利益,例如孳息、利润和其他收入却不属于受托人。二是受益人的受益权,其内容是对信托利益的享有。根据这种权利,受益人享有受取信托财产利益的权利,但它却不对信托财产享有占有、使用和处分的权利。这就是信托财产权,除此之外,不需要有别的什么解释。

由此可见,无论是受托人所有权或者是受益人之受益权,与物权、债权、专利权、商标权、著作权、继承权等权利一样,均是独立存在的权利。由于现代社会,人们已将注意力更多地转移到财产的利用价值上,所以出现了一些新型的财产权利。这些权利典型地不同于传统的财产权,因为这些财产上的权利能够发生分裂,如公司法人所有权与股东之股权、受托人所有权与受益人之受益权。对这些权利,无论是传统的物权还是债权都不能对之作出恰当的解释。同时,随着科学技术的发展,像知识产权的出现也是传统的物权或者债权所不能解释得清楚的。信托制度无法纳入传统的民法体系之中,这个民法的旧瓶是装不了信托这个新酒的。信托财产权利是独立的财产权利,与诸如物权、债权等其他财产权利一样,是财产权利体系中的独立构成。信托财产权利与其他财产权利具有一切财产权利的共性,但正如每一种财产权利具有其独自的特性一样,信托财产权利同样具有其自己的个性。

信托财产权与公司财产权颇为相似。在公司财产关系中,公司对公司财产享有所有权,股东对公司财产享有股权。在信托财产关系中,受托人对信托财产享有所有权,受益人对信托财产享有受益权。公司所有权与受托人所有权的实质是一种管理所有权,股东的股权与受益人的受益权的实质是一种收益所有权。但是,二者的法律机制是不相同的。在公司体制中,公司是具有独立法人地位的法律主体,公司与公司财产合为一体。而在信托机制中,受托人基于信托契约而取得财产,受托人的人格与信托财产相脱离,也就是说,受托人的人格并不取决于信托财产的有无,尽管受托人在取得信托财产后可以像该项财产的所有人那样去实施对该项财产的经营管理权。但有一点是绝对肯定的,即无论是信托财产关系还是公司财产关系,都是为了适应对财产的经营管理而发生的分离,尤其是在现代社会中,财产的商业化发展使得这种分离具有了特别的意义。

遗憾的是,我国信托法在处理信托财产权利这一问题时却表现出了相当保守的态度。按照《信托法》第2条的规定,委托人须将财产权委托给受托人。这里有两个重要的问题没有明确:一是委托人是否需要转移财产权;二是受托人所取得的财产权利的性质。之所以说这两个问题重要,是因为财产权是否发生转移关系到信托是否能够成立;而受托人所取得的财产权的性质则关系到受托人行使管理处分权的权力来源和依据。若将信托关系降格为委托关系,无疑使得信托的功能大为贬损,并为信托法的实施埋下了隐患。

第三章　信托的设立、变更与终止

第一节　信托的设立

一、设立信托的方式

不同性质的信托,其设立方式是不同的。有的信托是通过当事人的法律行为而设立的,如意定信托;有的信托是通过法律的直接规定而设立的,如法定信托;有的信托则是通过法院的推定而设立的,如推定信托。绝大部分信托都是通过当事人之间的法律行为设立的,而法定设立和推定设立实际上只是起到一种补充作用。

(一)信托因法律行为而设立

信托可因一定的法律行为而设立。基于法律行为设立的信托是最普遍、最常见的信托形式。这里的法律行为实际上就是指民事法律行为。民事法律行为是民事主体设立、变更、终止民事权利义务的合法行为。民事法律行为必须是行为人以取得预期的法律后果为目的。就设立信托而言,委托人通过与受托人建立信托关系,其所预期的目的就是使受托人为受益人利益而管理信托财产,并将信托财产所产生的收益分配给受益人。民事法律行为的发生还必须基于当事人的意思表示。所谓意思表示,就是行为人把要求进行某种法律行为的内心意志通过一定的方式表现于外部的行为。就信托而言,这种意思表示的外在形式表现为契约、宣言和遗嘱三种主要方式。民事法律行为还必须是合法的行为,这种行为必须为法律所肯定,不能违背法律的规定。就信托而言,它要求信托目的正确、当事人主体资格合法、内容不违背法律、意思表示真实、形式要件合法等。

1. 基于契约设立的信托

当事人可以通过订立契约的方式设立信托。契约实际上就是合同,是当事人之间设立、变更、终止民事权利义务关系的协议。因此,信托契约的建立也必然适用一般合同法的规定,如信托契约的订立采取要约——承诺机制,以及在合同的履行、变更、终止和合同责任等方面,均应遵守合同法的一般原则。但应当注意的是,合同法却没有关于信托契约的特别规定,因此,我们这里所说的对合同法的适用相应地也就指的是适用合同法的一般规则,有关信托契约的特别事项仍然需要适用信托法的规定。信托法与合同法是特别法与一般法的关系,根据特别法与一般法的关系,有关信托设立方面的事情,应当首先适用信托法,信托法没有规定的,适用合同法的规定。

信托契约是双方法律行为。双方法律行为是指基于双方当事人的意思表示一致而成立的法律行为。信托契约的当事人是委托人与受托人。信托关系虽然是由三方关系,即委托人、受托人和受益人构成,然而信托契约的当事人却只是委托人和受托人,受益人不是信托契约的当事人,他只是信托契约的利害关系人。

信托契约是实践性法律行为。所谓实践性法律行为,是指除双方当事人意思表示一致外,还需要交付合同的标的物才能成立的法律行为。信托契约的成立须首先有委托人授予财产设立信托的要约行为和受托人愿意接受委托并为之管理或者处分信托财产的承诺行为。当事人之间的要约与承诺是订立信托契约不可或缺的步骤。至于如何发出要约,如何进行承诺则应适用合同法上关于要约与承诺的规定。另外,信托契约的成立还须以委托人转移财产权为要件。委托人必须将信托财产有效地交付给受托人。如果属于不动产,委托人还需要办理财产转移手续。

原则上讲,信托契约是不要式法律行为,即是说,当事人可以采取口头形式,也可以采取书面形式,采取何种形式,听凭当事人决定。如美国法律规定,除非法律另有规定,设立信托之意思得以书面、口头或者行为为之。[1] 但如果信托财产涉及不动产,则应该采取书面形式。但是我国《信托法》第 8 条明确规定,设立信托,应当采用书面形式。书面形式包括信托合同、遗嘱或者法律、行政法规规定的其他书面文件等。采用信托合同形式设立信托的,信托合同签订时,信托成立。采用其他书面形式设立信托的,受托人承诺信托时,信托成立。同时,《信托法》第 9 条规定,设立信托,其书面文件应当载明下列事项:信托目的;委托人、受托人的姓名或者名称、住所;受益人或者受益人范围;信托财产的范围、种类及状况;受益人取得信托利益的形式、方法。除此之外,信托文件还可以载明信托期限、信托财产的管理方法、受托人的报酬、新受托人的选任方式、信托中止事由等事项。

信托行为可以是无偿法律行为,也可以是有偿法律行为。民事信托既可能是无偿信托,也可能是有偿信托。但商事信托则是有偿信托。

2. 基于遗嘱设立的信托

信托可因当事人的遗嘱而设立。委托人可以通过立遗嘱的方式就自己的遗产设立信托,这种信托称为遗嘱信托。遗嘱是遗嘱人生前对其死后个人财产所作的处分或者安排,并在其死亡时发生效力的法律行为。我国《信托法》第 13 条规定,设立遗嘱信托,应当遵守继承法关于遗嘱的规定。遗嘱指定的人拒绝或者无能力担任受托人的,由受益人另行选任受托人;受益人为无民事行为能力人或者限制民事行为能力人的,依法由其监护人代行选任。遗嘱对选任受托人另有规定的,从其规定。

遗嘱与契约同属于法律行为,但二者的性质与构成要件是不同的,由此导致遗嘱信托与契约信托也具有很大的不同。

遗嘱信托是单方法律行为。所谓单方法律行为,是指基于遗嘱人的单方意思表示即可产生民事法律效果的法律行为。遗嘱人设立信托可以不需要征得受托人的同意,甚至遗嘱中没有出现受托人,遗嘱信托也不会因此发生无效。只要遗嘱信托符合法定的条件,就具有法律效力。在英美法上,即使遗嘱中未指定受托人,或者所指定的受托人不能胜任或者不愿意担任受托人,遗嘱信托也是有效的。在这种情况下,作为信托契约利害关系人的受益人可以申请法院指定受托人,这种受托人被称为“司法受托人”(judicial trustee)。与此相反,契约信托的成立则必须以委托人与受托人的合意为前提,如果没有受托人,就不可能有信托。

遗嘱信托是要式法律行为。遗嘱信托是一种生前处分财产而死后才发生效力的法律行为,

---

[1] Sec. 24 of Restatement of Trust Law.

所以，遗嘱信托原则上讲必须采取法律规定的形式；否则，将会出现死无对证的不利局面。因此，通过遗嘱设立信托必须首先符合继承法上关于遗嘱形式要件的规定，否则，遗嘱信托将会发生无效的后果。继承法上所允许的遗嘱形式包括公证遗嘱、自书遗嘱、代书遗嘱、录音遗嘱。口头遗嘱并非绝对不允许，但仅适用于特别紧急的情形，一般情况下，不允许口头遗嘱。

遗嘱信托是死因法律行为。所谓死因法律行为，是指以当事人的死亡事实而发生法律效力的法律行为。遗嘱是当事人生前处分其财产的行为，但该种处分行为须在其死后才发生效力。由此所产生的区别是：在遗嘱信托，遗嘱人在其生前可以变更或者撤销信托，但在契约信托，除非委托人在信托契约中明确保留了撤销权和变更权，否则，不得随意撤销或者变更信托契约。

3. 基于宣言设立的信托

信托还可因委托人自己的宣言而设立。具体地说，就是委托人发表宣言宣称自己为受托人，由自己管理处分所设定的信托财产，并将由信托财产上产生的收益归他人享用。这种形式的信托在英美法上叫作宣言信托（trust by declaration / declaration of trust）。

与契约信托不同，宣言信托是基于委托人的单方声明而设立的，而不需要有相对方（无相对方）的承诺。因此，在宣言信托中，委托人与受托人发生资格上的兼任，二者实为一人。正因为委托人与受托人资格上发生兼任，所以，该种信托的成立不需要转移财产。但应当注意的是，由于信托财产的独立性，所以，该种信托财产仍然需要与委托人自己的财产（未设定信托的财产）分开经营管理，以确保受益人的收益获取权。

虽然宣言信托与遗嘱信托同属于单方法律行为，但与遗嘱信托不同的是，宣言信托是在委托人生前设立的并由委托人生前亲自执行（作为受托人）的信托。而遗嘱信托则是在委托人死亡时由另外的受托人来执行。

关于宣言信托的形式，有的国家规定动产宣言信托可以自由采取任何形式，而不动产则必须采取法律要求的形式。但有的国家则不区分动产和不动产，凡是属于宣言信托，均须采取法律规定的形式。如英国《1925 年财产法》第 53 条第 1 款第（6）项规定，一切宣言信托都必须采取由具有设定宣言信托能力的人签名的书面形式，而不问是否动产或者不动产。我国《信托法》没有规定宣言信托。

（二）信托因法律规定而设立

信托除因当事人的法律行为而设立外，还可以基于法律规定而设立，这就是所谓的法定信托。法定信托（statutory trust），是指依照制定法的明文规定而设立的信托。信托的设立原则上采取当事人意思自治，即由当事人根据自己的意愿来决定是否设立信托以及决定信托的内容，法律一般不作强行规定。但是，有的时候当事人的这种自由意志则可能受到法律的干预而被排除。譬如，在英国法上，法定信托主要存在于一些特别法中，其主要依据是《1925 年财产法》。譬如，该法第 34、36 条规定，当土地转让给共同承租人包括按份承租人（tenants in common）和共同承租人（joint tenants），只要土地尚未分割，就得成立法定的土地变卖信托（statutory trust for sale）。而《1925 年遗产管理法》第 33 条规定，当某人未留遗嘱而死亡时，他的财产应当交由死者的遗产管理人，再由该管理人以受托人的身份将该项遗产出售，并将所得价金分给死者的子孙或者法律规定的其他亲属。

（三）信托因法院推定而设立

信托因法院推定而设立主要发生在默示信托的场合。在英美法上，默示信托被区分为结果信托（resulting trust）和推定信托（constructive trust）两种形式。前者是指，如果结果信托成立，信托利益往往归属于财产出让人，所以，这种信托又称为“归复信托”。后者是指，无论是谁，只要实际上为受益人持有财产，即可推定其为受托人。这种信托特指根据法律的直接规定并出于公平正义或者防止不公平事件（诸如因欺诈、滥用信赖或者其他违背衡平法中的良心原则而谋求财产权益等）的发生而推定成立的信托。推定信托是衡平法为了正义和良心而由法院经判决强制设立的一种信托。在英美法上有一条总的原则：当某人取得财产但不能问心无愧地享有财产利益时，衡平法院便推定其为受托人。因此，推定信托的目的在于防止不公平地取得他人财产利益。

能够引起默示信托发生的事实必须由法律明确规定。这种原因事实可概括为如下几种：

第一，以他人名义购买财产。如出钱购买财产的人即真正购买人（the true purchaser）不将财产转移于自己名下，而是转移于他人即名义购买人（nominal purchaser）名下。在这种情况下，就可以推定真正的购买人具有为自己的利益而设定默示信托的意图，使名义购买人成为受托人，实际的购买人成为受益人，财产上的受益权由此而“回归”于真正的购买人。

第二，明示信托的资产未被用尽而有剩余。当信托目的达成后尚有剩余财产，或者信托目的不能达成或者终止而事实上不可能用尽信托财产，或者当委托人设定了明示信托但却在信托文件中没有规定信托财产利益的最终归属等情形时，同样也会发生默示信托。当某人就某项财产设定了明示信托，但该项财产却由于上述原因而没有用尽因而在信托结束时尚有剩余，依英美衡平法原则，除非信托文件中有相反的意思表示，否则，就该剩余财产成立结果信托，即受托人须为委托人的利益而持有剩余财产，从而剩余财产上的受益权“回归”于委托人。

第三，明示信托无效。当信托因设立手续不全或者因信托目的虽然尚未导致违法但却不能达成或者不能确定或者私益信托因没有受益人等原因而致使信托无效时，可成立默示信托。也就是说，当财产的让与人转让财产并明示该财产成立信托，而该信托又被依法确认为无效时，受让人应就该信托财产为财产让与人或其继承人的利益成立结果信托。

第四，无偿让与。在英美法上，曾经在无偿让与（voluntary conveyance）的情况下可能成立默示信托，但当今法律似乎显现出不予承认的趋势。尤其是在无偿让与不动产的情况下，无论是现今的英国法还是美国法均不予以承认。但就动产而言，英国现行法律仍然承认受让人应当依照结果信托为让与人持有财产。

第五，相互遗嘱。两个遗嘱人为了相互提供扶养，以实质上相同的条款各自订立遗嘱，规定先死一方的财产利益归幸存的另一方享有，并于幸存的另一方死后，将双方的遗产一并留给双方指定的最终受益人，这就是英国法上的相互遗嘱（mutual wills）。在相互遗嘱的情形下，有时也会引发为最终受益人利益的默示信托，即可以默示推定幸存的一方遗嘱人以受托人的身份为最终受益人而持有遗产。

二、信托行为的效力

信托的设立，以信托行为合法有效为必要条件。信托行为的效力应从如下三个方面加以考察，即信托当事人是否合格、信托财产是否合法以及信托目的是否正确。

（一）当事人的资格

1. 委托人

就委托人的资格而言，由于信托是发生在委托人与受托人之间的行为，因此，委托人须具有缔约能力。这就要求委托人不仅应当具有民事权利能力，而且要具有民事行为能力。《信托法》

第19条规定,委托人应当是具有完全民事行为能力的自然人、法人或者依法成立的其他组织。委托人可以是自然人,也可以是法人,或者其他组织。关于委托人的资格,有三点需要注意:

第一,在法人作为委托人时,须受到法人章程的限制和约束。法人的章程是规范法人活动的行为准则。因此,如果法人需要设立他益信托,应以法人章程有明确记载为必要。

此外,法人不能设立遗嘱信托。法人没有遗嘱能力,自然不能通过遗嘱设立信托,这一点与自然人不同。

第二,破产人作为委托人,其资格受到破产法的限制。债务人受到破产宣告后,除不属于破产财产的外,其余财产包括破产宣告时属于破产人的一切财产、破产人于将来行使的请求权以及破产宣告后终结前由破产人所取得的财产,均属于破产财产。对于破产财产,破产人丧失管理及处分权,因此,破产人不得作为委托人就破产财产设立信托,否则,破产债权人可以行使撤销权。由于破产宣告后,破产财产均由破产管理人管理或者处分,因此,破产管理人有权为破产债权人的利益设立信托。

第三,委托人是外国人时,依照国际私法的规则,其资格适用该外国人所在国家的法律。中华人民共和国公民定居国外的,其民事行为能力适用定居国的法律。

2. 受托人

受托人是接受委托人的委托并负责管理或者处分信托财产的人,他应当具有一定的管理能力,因此,受托人应当具备完全行为能力,无行为能力人、限制行为能力人,如未成年人不得为受托人。《信托法》第24条规定,受托人应当是具有完全民事行为能力的自然人或者法人。法律、行政法规对受托人的条件另有规定的,从其规定。

受托人可以是自然人,也可以是法人。但法人担任受托人时,应当区分一般法人受托人和营业法人受托人。一般法人受托人是指不以经营信托为职业的受托人,因此,其作为受托人的活动,不得与其法人的目的事业相冲突,并应受到其法人章程的限制。而作为营业法人受托人,则是指专门以经营信托业为职业的各种信托机构。这类受托人不仅需要取得法人资格,而且需要依照信托法取得专门经营信托业的营业许可。否则,不得作为受托人经营信托业务。

3. 受益人

《信托法》第43条第1款规定,受益人是在信托中享有信托受益权的人。受益人可以是自然人、法人或者依法成立的其他组织。

受益人是受取信托利益的人,他是信托契约的关系人,而不是信托契约的当事人,因此,受益人资格的取得不以其是否具有行为能力为限。也就是说,受益人只需要具备民事权利能力即可,无须具有行为能力。同时,无论是自然人或法人均可以作为受益人。胎儿也可以成为受益人,但以将来非死产者为限,如出生后为死胎,其受益权应溯及既往而消灭。

原则上讲,成立信托时,受益人或者受益人范围必须确定。但这一点并非绝对。虽然在信托成立时,受益人或者受益人的范围不能确定,但将来可以确定,这种信托也是许可的。但我国《信托法》第11条规定,受益人或者受益人范围不能确定,信托无效,似乎过于绝对。

在不同的信托中,确定受益人的情形有所不同。委托人既可以指定他人为受益人,是为他益信托;也可以自己为受益人,是为自益信托。原则上讲,受托人不得兼任受益人,否则,发生信托财产的管理权与收益权的合并,从而使得信托财产上的权利归于统一,而失去了信托的意义。但例外的是,受托人可以成为若干受益人之一。《信托法》第43条第2款、第3款规定,委托人可以是受益人,也可以是同一信托的唯一受益人。受托人可以是受益人,但不得是同一信托的唯一受益人。在英美法上,还存在一种"目的信托"。此种信托不以人类作为受益人,而是以人之外的动物或者非生物作为受益人。在承认目的信托的国家,只要该种信托不违背公序良俗,法律也予以承认。在公益信托中,往往没有特定的人作为受益人。但公益信托以社会公众为设立信托之目的,可以认为,其受益人是不特定的社会公众。

(二)信托财产的合法性

关于信托财产的合法性,有两个要求:一是信托财产在转移前必须确定存在且属于委托人所有或有权支配处分;二是委托人必须将财产有效地转移给受托人。

1. 信托财产的构成

《信托法》第7条规定,设立信托,必须有确定的信托财产,并且该信托财产必须是委托人合法所有的财产。《信托法》第11条,信托财产不能确定或者委托人以非法财产或者本法规定不得设立信托的财产设立信托,信托无效。[2]

首先,信托财产须为一定的财产权利,并能够自由转让。这里所谓的信托财产,包括动产或不动产(movables or immovables)、有形或无形财产(tangible or intangible things),甚至在英美法上将来可取得的利益(contingent interest)只要属于可转让财产,均可以作为信托财产。

其次,这种信托财产在转移前必须确定存在。利益尚未存在或者已经不存在的,不得作为信托的标的;标的不确定或者不能够确定的,不得设立信托;如果该种财产的权属尚有争议,不能作为信托财产。

最后,这种财产权利应当是属于委托人所有或者有权支配处分的财产。即使该种财产不属于委托人所有,但只要属于委托人有权支配处分,也可以成为信托财产。如在英国,就其不动产财产权利而言,在大多数情况下,其保有人只享有有限的产权,而没有最终的所有权。在我国,如国有企业只能对国家授予它经营管理的财产享用经营管理权。

2. 信托财产的转移

信托的成立必须以财产权的有效转移为要件,即委托人必须将财产转移给受托人,使受托人成为信托财产的名义上的所有权人,以便于受托人实施管理与处分。

基于信托财产是否有效转移,在英美法上,有已完成设立信托(completely constituted trust)与未完成设立信托(incompletely constituted trust)之分。所谓已完成设立信托,是指信托财产权已经有效地转移给受托人的信托。这种信托具有强制执行的效力,其受益人可以提起强制执行信托的诉讼,而不问其是否支付了对价。这种财产权的转移因信托设立方式的不同而有所区别。在通过转让财产创设的信托中,财产权的转移通过合同进行。但合同的成立并非意味着财产权的当然转移。财产权的转移还需要履行特定的手续。如果属于动产,需要交付;如果属于不动产,则需要办理财产权的转移手续。就信托财产的转移方式而言,《信托法》第10条规定,设立信托,对于信托财产,有关法律、行政法规规定应当办理登记手续的,应当依法办理信托登记。没有按照规定办理登记手续的,应当补办登记手续;不补办的,该信托不产生效力。

未完成设立信托主要是由于委托人没有按照信托契约的规定转移信托财产给受托人。在此

---

〔2〕 在英美国家信托法上,其基本原则是,凡是存在的、确定或者可得确定并且能够自由转让的任何财产利益均可以作为信托标的,即使该种利益并非该财产上的全部利益。也就是说,确定标的中的限定利益也可以作为信托财产。但是,对于未来可收益财产的期待权(expectancies)不得作为信托财产。当然,人身非财产权利也排除在外。Sec. 74 – 86 of Restatement of Trust Law.

情况下,所发生的问题是:其一,该种信托能否强制执行?在英美法上,处理这一问题的原则是,看受益人是否支付了对价,如果支付了对价,则可以请求法院强制委托人转移财产;如果没有支付对价,则不能请求法院强制执行。其二,委托人是否承担违约责任?英美法上的规则仍然是看有无对价。如果存在对价关系,受托人不但可以请求强制委托人转移财产权,而且还可以要求承担违约责任。但如果没有对价关系存在,问题就要复杂一些。普通法对这一问题的处理方式是,允许受托人请求委托人承担损害赔偿责任。而衡平法处理这一问题时,既不允许强制执行无对价的契约,也不允许受托人诉请违约赔偿。

(三)信托目的的正确性

所谓信托目的正确,即要求信托目的必须确定并且适法。《信托法》第6条规定,设立信托,必须有合法的信托目的。

信托目的主要有三种:私益目的、公益目的以及非以人类为受益对象的特殊目的(例如供养宠物)。与之相对应,信托也可分为三类:私益信托、公益信托和目的信托。

信托发展到今天,信托目的具有两个特征:

一是信托目的自由原则,即原则上对信托的设立不加限制,采意思自治主义,如明示私益信托。而基于法律规定所产生的信托(如法定信托)和基于法院的推定、拟制所产生的信托(如默示信托)仅起补充作用。

二是信托目的适法原则。信托本来产生于"脱法"设计,但是,现代各国信托法无不把信托目的的合法性作为其基本原则。信托目的原则上可由当事人自由决定,但由于信托目的又是信托行为的指南而且与公序良俗有关,它必须借助于法律的规范,才能保障目的的贯彻实现,并防止违法行为的发生。因此,各国信托法制对信托目的的范围均设有相当的限制和除外规定。例如,美国信托法规定,任何信托或信托条款可因违法而无效,如信托的履行涉及刑事犯罪或侵权行为(performance criminal or tortuous);违反公序良俗(enforcement against public policy);欺诈目的(fraudulent purpose);违法约因(illegal considerations)。[3] 我国《信托法》第11条规定,信托目的违反法律、行政法规或者损害社会公共利益,专以诉讼或者讨债为目的设立信托,法律、行政法规规定的其他情形,信托无效。

综上规定,下列信托目的将导致信托无效:

第一,违法行为。这里所谓"违法行为"是指违背或规避强行法的规定。适法性是契约发生效力的根本要件,任何违反法律的合同都是无效的。违反法律包括当事人的订约目的、合同内容和形式违反法律,或者以合法的形式掩盖非法的目的等均属于违法行为。

第二,以诉讼为主要目的的行为。信托不得以诉讼为目的,以诉讼为目的的信托也当然无效,各国信托法对此亦是明文加以禁止。

第三,诈害债权人的行为。债务人往往利用信托之机能逃避债务,因此,为了保护债权人的合法权益,信托法禁止利用信托诈害债权人。所谓诈害债权人的行为,是指债务人为了逃避债务,而将可供清偿债务的财产以设立信托的方式将其财产转让给受托人的行为。这实际上是一种滥用信托的表现。因为,如果信托一旦有效设立,无论是委托人的债权人,或者是受托人的债权人,或者是受益人的债权人都不能从信托财产中得到清偿。这是信托财产的独立性表现。故而,如果债务人设立信托时,明知该种信托的设立有害于债权人,则可能导致该种信托无效。

---

[3] Sec. 59 – 64 of Restatement of Trust Law.

《信托法》第12条规定,委托人设立信托损害其债权人利益的,债权人有权申请人民法院撤销该信托。人民法院依照前款规定撤销信托的,不影响善意受让人已经取得的信托利益。本条第1款规定的申请权,自债权人知道或者应当知道撤销原因之日起一年内不行使的,归于消灭。

第四,其他有碍于公序良俗的行为。如在英国法上,禁止助长不道德或者亵渎婚姻家庭神圣的信托。譬如,不得为未出生的非婚生子女设立信托(但不排除为已出生的非婚生子女设立信托),以禁止受益人结婚的信托,以旨在分离父母子女的信托等。这些信托均被认为违背公共道德和善良风俗。

三、明示私益信托的设立

在信托法上,明示私益信托是最普遍、最重要的信托形式,因此,这里专门谈一下英美法上的明示私益信托的设立。明示私益信托的设立条件是:

(一)设立信托须有确定的意图

设立信托必须有确定的意图,而该种意图必须由确定的言辞表示出来。具体地说,确定的表述要求委托人在信托文件中必须明确表示设立信托的意思。至于是否一定要使用"信托"字样或者在信托文件中出现"信托"的文字,则不一定是必然要求,不过,如果使用了这样的字样的话,肯定会对确认信托的成立有利。

在有的情况下,遗嘱人在设立遗嘱时带有一种恳求的言辞(precatory words)。如遗嘱人甲通过遗嘱将财产转移给乙,同时附有希望或恳求受让人乙以某种特定方式处分财产的言辞。这里的问题是这种带有恳求言辞的遗嘱是否创设了信托?关键的问题是将这种遗嘱确认为一般的财产转让呢,还是确认为遗嘱信托?在英美国家,曾经衡平法院的大法官非常乐意将这种遗嘱推定为信托。因而,这种信托在英美法上被称为恳求信托(precatory trust)。但是,自19世纪末叶以来,则出现了一种逆反取向,即反对将这种附有恳求言辞的遗嘱解释为信托。

有的时候,委托人由于某种原因,虽然在实质上将财产作出了信托的处理,但却没有公开声明设立信托,或者没有完全公开信托的执行内容。这种信托,在英美法上称为秘密信托(secret trust)。秘密信托也主要是发生在遗嘱的情况下。根据遗嘱中设立信托的秘密程度的不同,可以将这种秘密信托区分为完全秘密信托(fully secret trust)和半秘密信托(half secret trust)。前者是指转让人虽然在事实上已经将设立信托的意思私下告诉了受让人并指示其以信托的方式进行管理,但在信托文件中却没有出现表明信托存在的任何正式表述。后者则是指转让人虽然在信托文件中明确了受让人是以受托人的身份来管理处分财产,但却没有在信托文件中指明受益人是谁,而是由转让人私下另行告知受益人。对于秘密信托,英美法原则上承认这种信托的有效性,因为财产的转让人基于信任关系才将财产转移给财产的受让人,并相信该受让人会按照其指令去实施信托;如果受让人不愿意作为受托人,转让人也不会将财产交付给受让人。但具体情况又因完全秘密信托和半秘密信托而有所不同。

完全秘密信托的有效成立,必须符合一定的条件:其一,财产的受让人在受让财产之前或在受让财产的当时必须知道他是为信托目的而受让该财产,否则,他有理由认为他是为了取得财产的完全所有权而受让该项财产。其二,转让人在转让该项财产之前或者在转让该财产的同时必须得到受让人的允诺,即受让人明确表示他是以成立信托关系为目的而接受该项财产,否则,他有理由认为他是为自己持有该项财产。其三,秘密信托需要能够被证明,举证责任由主张信托成立的人负担。

对于半秘密信托的效力则较容易得到法律的承认。但是,委托人必须将受益人和有关受益条款内容告诉受托人,如果没有及时、适当地告知,半秘密信托不能成立。

(二)作为信托客体的财产须确定

信托客体的确定性表现在如下两个方面:一是作为信托的财产必须以明确的方式加以确定使其能够被辨认;二是受益利益必须明确,如果有若干受益人,还必须要有各自份额的确定。

一般来说,以上两点应当予以确定,否则,信托可能发生无效。不过,这也不是绝对的,有的情况下,即使信托客体没有明确,也可以采取一定的弥补措施。譬如,如果信托财产没有明确,法院可以适用"衡平法即平等"的原则将财产分成均等的份额。又如,如果受益利益没有明确,但如果委托人授权受托人按他认为合适的方式在受益人之间进行分配,这种授权也会得到法院的认可。

(三)须有确定的对象

第一,须有受益人。受益人可以是一人,也可以是数人。在私益信托中,必须有受益人存在,这种有确定的受益人存在的信托称为"完全义务的信托"(perfect obligation trust)。相对应地,缺乏受益人的信托则称为"不完全义务的信托"(imperfect obligation trust)。这种信托能否强制执行取决于具体情况。

第二,受益人的身份须确定。受益人如为多数人,则取决于该信托是任意处分信托(discretionary trust)或者是非任意处分信托(non-discretionary trust)。如属于后者,该多数人须确定或者具有可确定性。是否能够确定,要看是否能够将其成员列举出来。因为只有知道了所有的成员后,才能公平分配,并且只有如此,信托才能置于法院的监管之下。

第三,每一个受益人有权获得的利益(信托财产可分配份额)须确定(但在任意信托中则可能由受托人决定)。

以上三点可以概括为三个确定:确定的表述(certainty of words)、确定的客体(certainty of subject matter)和确定的对象(certainty of object)。[4] 这里的对象指的是受益人。原则上,作为受益人的对象不确定,信托无效。如我国《信托法》第11条规定,受益人或者受益人的范围不确定,则信托无效。但在英美法上,如果对象不确定,则可能发生受托人根据结果信托(resulting trust)为委托人持有财产。

(四)设立信托不得欺诈债权人(non fraud of creditors)

委托人往往为了逃避债务而设立信托。如此,在英国法上,则可能构成欺诈条款的适用。同时还可能构成违反《1914年破产法》(The Insolvency Act 1914)和《1925年财产法》(The Law of Property Act 1925)而导致信托无效。但在设立信托时并无欺诈意图,如当时委托人并无破产迹象,则不能主张信托无效。

(五)信托的设立不得违背强行法

英国《1964年永久产业与收益积累法》(The Perpetuity and Accumulations Act of 1964)规定,设立信托不得违反永久产业法(the rule against perpetuities)、不得违反财产的不可分割规则(the rule against inalienability)、不得违反收益累积法(the rule against accumulations)。

这些法律规则主要是基于公共政策方面的考虑,禁止在处分财产时对该财产的转让加以进

〔4〕 该三个确定首先由英国艾尔顿爵士(Lord Eldon)在1823年的Wright v. Attyns一案中提出,随后又由兰德尔爵士(Lord Langdale)在1840年的Knight v. Knight一案中予以重申。

一步的限制,或者把该财产的进一步转移或享用束缚到不合理的程度。其在信托中的主要表现为:那些旨在对财产权的将来转让设定限制的信托或者信托期限过长以致超出法律所允许的期限来积累财富,均为法律所禁止。

(六)设立信托须满足形式要求

设立信托应符合正当的形式要件(due formality),包括财产的转移和信托声明以及其他手续。在英国,在1677年之前,没有任何法律对设立信托的形式要件作出任何规定。至1677年,英国的议会通过了《欺诈法》(The Statute of Frauds)。该法第17条规定,任何不动产信托的设立均需要以书面形式为之,否则,就会发生无效,不能发生信托上的效果。该条规定略经修改亦为美国的大多数州所采用。但是,英国《欺诈法》第18条规定,结果信托和推定信托则属于例外,即默示信托不必采取书面形式,口头、书面或者任何其他形式均无不可。同时,动产信托也不必采用书面形式。美国对此的规定亦相同。此外,根据英国法的规定,如果信托是以遗嘱方式设立的,则必须要求按照《遗嘱法》(The Wills Acts)所要求的形式——可执行的遗嘱(by a duly executed will)——为之。

第二节　信托的变更与终止

信托关系一经成立,即对信托当事人发生法律拘束力。对于有效设立的信托,当事人就应当全面地履行各自的义务,任何一方当事人不得擅自变更或者解除信托关系。但这是就信托关系的一般原则而言,并非意味着信托关系就绝对不能变更或者解除。在特定情况下,法律也允许信托关系的变更和解除。

一、信托的变更

(一)委托人的变更权

通常情况下,委托人可以通过在信托文件中保留变更权的方式行使变更权,否则,委托人不得变更信托,这是各国的通例。但值得注意的是,美国法律承认非书面形式的变更信托权利的保留。如美国法律规定,委托人虽然没有明文在信托文件中保留信托的变更权,但是,委托人却有保留信托变更权的意思,只是由于某种原因而没有在信托文件中明确记载,则委托人也享有变更信托的权力。[5] 我国《信托法》第51条规定,有下列情形之一的,委托人可以变更受益人或者处分受益人的信托受益权:(1)受益人对委托人有重大侵权行为;(2)受益人对其他共同受益人有重大侵权行为;(3)经受益人同意;(4)信托文件规定的其他情形。

(二)受托人的变更权

原则上讲,受托人没有变更信托的权力。但是,如果委托人在信托文件中授予了受托人变更信托的权力,受托人则可以在授权范围内变更信托。该种授权可以是明示授权,也可以是默示授权。譬如,委托人虽然规定了信托收益的分配比例,但同时又授予受托人根据具体情况的变化而予以合理的调整。据此,受托人就可以根据具体情况的变化而变更收益的分配比例。应当注意

〔5〕 Sec. 332 of Restatement of Trust Law.

的是,受托人在行使此种变更权利的时候,应当尽到善良管理人的注意义务,如果滥用此权力造成信托财产的损失或者使相应的权利人受到损失,应当承担相应的责任。

另外,根据美国法例,如果发生了委托人所不知道或者不能预知的事情,致使信托条款的履行无法达到信托目的,或者将使得信托目的遭受重大损害,法院有权命令或者允许受托人变更信托条款,从事信托条款所未授权或者为其所禁止的行为。同时,如果发生委托人所不知道或者不能预见的事情,致使履行原信托条款而无法实现信托目的时,而情况又非常紧急,受托人无法及时请示法院的情况下,受托人可以变更信托。[6]

(三)受益人的变更权

原则上讲,受益人享有变更信托的权利,因为,受益人是信托利益的享受者,他有权为了自己的利益而变更信托。但受益人变更信托必须符合一定的条件:其一,受益人必须具备民事行为能力。受益人可能是具有民事行为能力的人,也可能是没有民事行为能力的人,但如果需要变更信托,则很显然,需要具备民事行为能力。其二,如果受益人是多数人,则必须经过受益人全体同意,未经过受益人全体同意,不能变更信托。

二、信托的终止

(一)信托终止的原因

《信托法》第 53 条规定,有下列情形之一的,信托终止:信托文件规定的终止事由发生;信托的存续违反信托目的;信托目的已经实现或者不能实现;信托当事人协商同意;信托被撤销;信托被解除。

但应当注意的是,《信托法》第 52 条规定,信托不因委托人或者受托人的死亡、丧失民事行为能力、依法解散、被依法撤销或者被宣告破产而终止,也不因受托人的辞任而终止。但本法或者信托文件另有规定的除外。

1. 信托可因信托文件所规定的终止事由的发生而终止。信托的设立采取意思自治原则,有关信托的内容,包括当事人之间的权利义务均可以由当事人在信托文件中协商确定。同样,当事人在信托文件中也可以约定信托终止的事由。这样,一旦信托文件所约定的事由发生,信托就可以发生终止。

2. 信托可因信托目的已经实现或者不能实现而终止。信托具有很强的目的性,一切信托行为都必须围绕信托的目的而进行。如果信托文件中所规定的信托目的已经实现,信托自无继续存在的必要,这样,信托自然可因信托目的的实现而发生终止;如果信托目的不能实现,信托同样也没有继续存在下去的必要,这样,信托也就因为信托不能达到目的而发生终止。

3. 信托可因信托期限届满而终止。往往当事人在信托文件中明确规定了信托的存在期限,如果信托文件中所规定的信托期限到来,信托终止。

4. 信托可因委托人的解除而发生终止。信托一经有效成立,原则上委托人不能解除信托,这是因为信托一旦有效成立,受托人就会基于信托行使管理和处分的权利,而受益人也同样基于信托享有受取信托利益的权利,因此,委托人不得随意解除信托。但是,如果在设立信托时,委托人在信托文件中保留了解除信托的权力,委托人则可以依据该项保留权力行使解除权。据此,委托人如果需要行使解除权,则需要在信托文件中明文规定。

---

[6] Sec. 167 of Restatement of Trust Law.

除信托文件明确规定了委托人的解除权外,如下几种情况同样可导致委托人有权解除信托:其一,受益人对委托人有重大侵权行为或者受益人对其他共同受益人有重大侵权行为。其二,如果委托人以自己为唯一受益人时,委托人自己或者他的继承人可以随时解除信托,因为,此种信托解除权的行使不会妨碍第三人的利益。《信托法》第50条规定,委托人是唯一受益人的,委托人或者其继承人可以解除信托。信托文件另有规定的,从其规定。其三,具有保留解除权的意思。譬如,如果信托是以书面文件设立的,且委托人具有保留解除权的意思,但却可能由于失误而没有将此种意思记载在合同之中,在这种情况下,法律则可能允许委托人修正信托文件而得以行使保留权。〔7〕

5. 信托可因受托人的解除而终止。原则上讲,受托人不得解除信托,因为受托人是基于信任而实施管理处分的人,如果受托人解除信托,则可能影响信托目的的实现。但是,这也不是绝对的,在一定情况和条件下,受托人也是可以解除信托的:其一,如果在信托文件中,受托人被赋予了解除信托的权利,则受托人可以解除信托;其二,根据美国法例,如果发生了委托人所不知道或者不能预知的事情,致使信托的存在足以破坏或者实质上损害信托目的的实现时,经法院允许,受托人可以解除信托。〔8〕

6. 信托可因受益人的解除而终止。受益人是否享有解除权,似乎在英美法系与大陆法系存在一定的差异。在英美国家,原则上承认受益人可以解除信托,只要受益人具有民事行为能力或者经过全体受益人同意。但美国法例则有进一步的限制,即如果信托的存在对于实现信托的重要目的有必要的话,则受益人不得解除信托。〔9〕然而,日本、韩国的信托法则更多地强调信托目的的重要性和独立性,认为受益人的权利应当服从信托目的,如果允许受益人任意解除信托,难免有悖于信托目的,因此,原则上不允许受益人解除信托,只有在例外的情况下,才允许受益人解除信托。这些例外的情况包括:受益人享有全部信托利益,即信托财产的本金和收益都归受益人享有;受益人发生债务并且非以信托财产不足以清偿,或者有其他不得已的事由,如不取得信托财产则不能维持生活。在发生上述两种情况的条件下,受益人或者利害关系人向法院提出申请并获得法院的解除命令而解除。〔10〕

7. 信托可因法院的解除而终止。信托是一种民事法律关系,民事法律关系在本质上是一种私人关系,私人关系实行私人自治,一般情况下,公权力不得介入。因此,原则上法院没有权力干涉信托关系。但在一定的特殊情况下则允许法院解除信托。根据美国法例,如果发生了委托人所不知道或者不能预知的事情,致使信托的存在足以破坏或者实质上损害信托目的的实现时,不仅受托人经法院允许可以解除信托,而且法院可以直接发出解除命令。〔11〕

(二)信托终止的法律后果

1. 信托关系的消灭

信托终止,信托法律关系消灭。信托终止的效力只对将来,而不能溯及既往。这一点与信托的无效或者经撤销的信托不同。无效信托或者可撤销的信托一经确认为无效或者被撤销,均发生自始无效的后果。

---

〔7〕 Sec. 332 of Restatement of Trust Law.

〔8〕 Sec. 336 of Restatement of Trust Law.

〔9〕 Sec. 337 of Restatement of Trust Law.

〔10〕《日本信托法》第58条,《韩国信托法》第57条。

〔11〕 Sec. 336 of Restatement of Trust Law.

2. 信托财产的归属

信托终止后，信托财产的归属如何，可以按照不同的情况来确认。如果信托文件中明确规定了信托财产的归属，应当按照信托文件来确认信托财产的归属。如果信托文件没有规定信托财产的归属，一般情况下，信托财产应当归属于委托人或其继承人。但是，如果信托财产的全部利益均归受益人所有时，信托终止后，信托财产则应当归属于受益人所有。关于信托财产的分配方式，则要视具体情况来说。信托终止后，如果受益人是一人，则全部信托利益都归属于一人。如果信托受益人是多数人，受托人应当根据信托条款进行分配。如果信托条款没有作出规定，则应当根据具体情况由受托人以合理的方式予以处理。

《信托法》第 54 条规定，信托终止的，信托财产归属于信托文件规定的人；信托文件未规定的，按下列顺序确定归属：(1)受益人或者其继承人；(2)委托人或者其继承人。

《信托法》第 55 条规定，依照前条规定，信托财产的归属确定后，在该信托财产转移给权利归属人的过程中，信托视为存续，权利归属人视为受益人。《信托法》第 56 条规定，信托终止后，人民法院依据本法第 17 条的规定对原信托财产进行强制执行的，以权利归属人为被执行人。《信托法》第 57 条规定，信托终止后，受托人依照本法规定行使请求给付报酬、从信托财产中获得补偿的权利时，可以留置信托财产或者对信托财产的权利归属人提出请求。

3. 信托终止的清算

《信托法》第 58 条规定，信托终止的，受托人应当作出处理信托事务的清算报告。受益人或者信托财产的权利归属人对清算报告无异议的，受托人就清算报告所列事项解除责任。但受托人有不正当行为的除外。

信托发生终止后，受托人应当立即就信托财产进行清算，并将信托财产转移给权利归属人，并作出清算报告。清算报告经受益人和权利归属人承认后，受托人的职务即告解除。

在清算期间信托财产上所发生的财产增值或者减损由信托财产承受或者负担。也就是说，信托终止后，在信托财产转移到权利归属人之前，信托视为继续存在，受托人仍然是信托财产的权利人。当然，这时的受托人只能从事与清算事务相关的一些活动，如收取债权、清偿债务、分配信托财产以及提交清算报告等。

第四章 信托关系

第一节 委托人

一、委托人的地位

委托人在信托关系成立前,居于信托财产所有人与信托财产设定人的地位;信托关系成立后,则居于利害关系人地位。委托人处于不同的法律地位,其所享有的权利与承担的义务也就有所不同。从权利方面来看,当委托人处于信托财产所有人与信托财产设定人地位时,委托人的主要权利包括主张信托无效、撤销信托、变更信托等方面的权利;当委托人处于利害关系人地位时,委托人的主要权利包括对受托人违反信托宗旨所实施的行为提出异议以及因此而受有损失所享有的恢复原状或者损害赔偿请求等方面的权利。委托人的主要义务是必须将财产转移或者设定于受托人。如果属于有偿信托,还应当向受托人支付报酬。

二、委托人的权利

(一)主张信托无效与撤销信托的权利

当信托出现无效或者具有可撤销的事由时,委托人基于其信托设定人的身份,可以主张信托无效或者请求撤销信托。

由于委托人是信托财产的原始所有人,因此,当信托因当事人的主张或者请求而归于无效时,信托财产也就复归于委托人。

信托财产的复归不仅存在于信托的无效或者被撤销的场合,而且存在于信托终止的情形。一般情况下,当一项已经发生效力的信托发生终止后,如信托文件没有明文规定,且无受益人或其继承人时,该项信托财产也复归于委托人。

在遗嘱信托中,主张信托无效或者撤销信托的权利则由委托人的继承人来行使;当信托发生无效、被撤销或者终止后,信托财产复归于委托人遗产,由委托人的继承人依法继承。

(二)委托人的保留权

委托人在设立信托的时候,只要不违背信托目的和法律的强行性规定,可以保留一系列权利:

第一,对变更、解除信托权利的保留。原则上讲,信托一旦有效设立,委托人不得任意变更或者解除信托关系,但是如果委托人在设立信托时,在信托文件中明文规定了委托人可以变更信托或者解除信托,则可以行使该项权利。

第二,对受托人指示权的保留。从信托的本质来看,信托关系一旦成立,受托人就享有对信托财产进行独立管理与处分的权力，而不受任何人（括委托人在内）的干预。但是，如果在信托设立之际，委托人在信托文件中明文规定了对受托人的指示权，委托人则可以依据信托文件行使该项保留权。这样一来，受托人在处理信托事务时，就得听从委托人的指示或者取得委托人的同意。

第三，对受益人的更换、重新指定或者解除权利的保留。信托关系成立后，受益人业经确定，原则上，委托人不得任意更换或者解除受益人，但是，如果在信托设立之际，委托人在信托文件中明文规定了对受益人更换、重新指定或者解除受益人的权利，委托人则可以依据信托文件行使该项保留权。

（三）提出异议的权利

《信托法》第 17 条规定，除了法律明文规定的情形外，对信托财产不得强制执行。对于违反法律规定而强制执行信托财产的，委托人、受托人或者受益人有权向人民法院提出异议。

（四）请求变更管理方法的权利

如果发生受托人的管理方法不利于受益人的情况，委托人有权请求法院变更管理方法。在信托行为进行过程中，发生了不可预见的特殊情况，致使原先信托财产的管理方法已不再符合受益人利益或者不能达到信托目的，委托人（包括其继承人）可以向法院申请变更管理方法。《信托法》第 21 条规定，因设立信托时未能预见的特别事由，致使信托财产的管理方法不利于实现信托目的或者不符合受益人的利益时，委托人有权要求受托人调整该信托财产的管理方法。

（五）要求受托人承担信托责任的权利

当受托人违反信托规则而使信托财产遭受损失，或者受托人违反信托规则而处分信托财产，或者受托人违反信托规则而获利益的时候，委托人（包括委托人的继承人）、受益人以及其他受托人均有权利要求该受托人承担责任。譬如，根据信托规则，信托财产必须与自有财产分别管理，受托人如将信托财产与其自有财产混同管理时，则属于受托人的管理不当，如果因此造成损失，应当负担损害赔偿责任。进一步说，即使受托人是分别管理的，只要造成了信托财产的损失，如果受托人不能证明损失是在所难免的，受托人就不得以不可抗拒为理由逃避其责任。再如，当受托人违背信托规则而使自己获取利益时，则应当将所获得利益归属于信托财产。《信托法》第 22 条规定，受托人违反信托目的处分信托财产或者因违背管理职责、处分信托事务不当致使信托财产受到损失的，委托人有权申请人民法院撤销该处分行为，并有权要求受托人恢复信托财产的原状或者予以赔偿；该信托财产的受让人明知是违反信托目的而接受该财产的，应当予以返还或者予以赔偿。

（六）对受托人辞职、解任以及选任新的受托人的权利

首先，如果受托人提出辞职，委托人有权决定是否同意。原则上，受托人一经接受委托即不得随意辞任。但有两点例外：一是信托文件事先另有规定；二是经过委托人或者受益人的同意。

其次，委托人有权请求解任受托人。如果受托人有失职行为或者委托人有其他重要理由，委托人或其继承人有权请求法院解除受托人的职务。《信托法》第 23 条规定，受托人违反信托目的处分信托财产或者管理运用、处分信托财产有重大过失的，委托人有权依照信托文件的规定解任受托人，或者申请人民法院解任受托人。

最后，委托人享有请求选任新的受托人的权利。如果信托文件没有相反规定的话，当受托人因死亡、丧失行为能力、破产、解散或者辞职、解任等原因而终结受托人任务时，委托人或其继承人有权请求选任新的受托人。

（七）委托人的知情权

委托人（包括委托人的继承人）有权了解受托人对信托事务的处理与执行情况，包括阅览、抄录、影印与信托事务处理有关的文件，并有权要求受托人对信托事务的处理予以说明。受托人须备置账簿，明确各信托的事务处理及会计核算。受托人在承受信托之时，及每年一次在一定的时期，须对各项信托填制信托目录。《信托法》第 20 条规定，委托人有权了解其信托财产的管理运用、处分及收支情况，并有权要求受托人做出说明。委托人有权查阅、抄录或者复制与其信托财产有关的信托账目以及处理信托事务的其他文件。

三、委托人的义务

（一）财产转移的义务

委托人作为信托关系的设定人，负有将信托财产转移给受托人的义务。这是委托人最大的义务。信托的成立必须以财产权的有效转移为要件，即委托人必须将财产转移给受托人，使受托人成为信托财产的名义上的所有权人，以便于受托人实施管理与处分。

（二）支付报酬或者费用的义务

委托人在信托成立后，即成为信托关系的利害关系人。作为利害关系人，委托人所承担的义务一般包括：

第一，信托可能是有偿信托，也可能是无偿信托，如果属于有偿信托，那么，委托人则负有向受托人支付报酬的义务。

第二，如果受托人在处理信托事务中自己垫付了有关费用或者因正当处理信托事务而使自己遭受损失，委托人负有补偿的义务（通常由信托财产承担）。

第二节 受 托 人

一、受托人的权力

（一）受托人的权力形态

在英美法上，受托人的权力被区分为不同的种类，包括明示权力与默示权力、限定权力与任意权力、属人权力与附随权力、独享权力与共享权力等。

1. 明示权力与默示权力

从受托人权力的取得来看，受托人的权力可以分为明示权力（express power）和默示权力（implied power）。

受托人的权力如果是通过信托行为、法院命令或者直接基于法律规定以明白、直接的语言授予给他的，就是一种明示权力；如果在信托文件中没有包含着这样的明确、直接的权力授予语言，也没有得到法院的命令或者相应的法律规定，而是从完成信托目的出发而推论出委托人的意图包含着授予受托人信托权力的内容，就是一种默示权力。

一般情况下，受托人的权力由委托人通过信托文件授予，这些权力包括出售信托财产的权力、对出售所得进行投资的权力、收取信托财产上的收益并将收益交付给受益人的权力。在特别的情况下,法院也可以授予受托人以特定权力,以便让他执行信托任务。

有时候,受托人的权力则直接来源于法律的规定。如果某一方面的特定权力没有在信托文件中明示规定,也没有得到法院的命令或者相应的法律规定,而信托事务的执行又需要有这样的权力存在,以便于实现信托目的,可以从委托的意图中推论出具有这样的权力。譬如,委托人将不动产转移给受托人,委托人在信托文件中指示受托人收取收益并将所获取的收益交付给作为受益人的委托人的子女。然而,信托文件中却不存在将该土地出租的授权。很显然,这里就可以推论出委托人允许受托人将该土地出租的意图和授权,因为,出租土地是获取收益的一种方式。

2. 限定权力与任意权力

从受托人权力的范围来看,可以将受托人的权力区分为限定权力(mandatory power / imperative power)和任意权力(discretionary power)。

如果委托人在授予受托人权力时明确指示受托人必须履行某一特定行为,受托人所获得的这种权力就是一种限定性权力。例如,委托人指示受托人立即出售不动产信托财产,并将收益所得投入债券,就具有限定性。受托人的这种权力同时也是一种义务。这意味着如果受托人不按照委托人指示的行为实施其权力,将构成对信托的违反,受益人可以请求法院进行救济。

委托人也可以将处理信托事务的权力留给受托人,由受托人自由决定以何种方式实施信托事务的管理或者处分。受托人所享有的这种自己可以决定是否实施某一行为的权力就是任意权力。譬如,根据信托契约,受托人须将信托财产的收益交给作为受益人的委托人的遗孀,而对于信托财产的本金如何处理、何时处理、是以现金处理还是实物处理,均由受托人自由决定。

尽管受托人享有这种管理处分信托财产的任意权力,但是,这种权力的行使仍应受到法院的监控。在一般情况下,法院不会推翻受托人的处理决定和结果,如果受托人在行使该项权力时是善意的,符合信托目的,并已经充分考虑到了委托人和受益人的利益的话。否则,法院则会根据受益人的请求进行干预。但这种干预只是矫正性质的,而不会去指示受托人具体如何行使该种权力。如美国法律规定,受托人行使某项权力,可以运用自由裁量权。除了为防止受托人滥用其自由裁量权以外,不受法院干预。[1]

3. 属人权力与附随权力

根据受托人的身份是否在信托关系建立时就已经明确确定,可以将受托人权力区分为属人权力(personal power)和附随权力(power attached to the trusteeship)。

如果只有在建立信托关系时就由委托人指明的受托人才能实施某一特定管理行为的权力,就是属人权力,此种权力专属于委托人所指明的特定的受托人行使,而不能由其他人代替行使。

但是,无论任何人,只要处于受托人地位就可以实施信托管理的权力,就是一种附随权力。该种权力附随于受托人地位,只要居于受托人的地位,就具有受托人的权力,受托人具有可替换性。

4. 独享权力与共享权力

根据受托人的人数的不同,可将受托人权力区分为独享权力和共享权力。

独享权力,是指受托人单独享有权力的情形。但是,如果委托人在信托文件中指定了二人以上的受托人,明示或默示地赋予他们以权力,除非委托人有明确的相反的意思表示,否则,他们就被当作共同受托人对待(power of co-trustees usually held jointly),即该种权力是由受托人共同行

---

〔1〕 Sec. 187 of Restatement of Trust Law.

使,而不是由受托人分别行使。如果受托人单独各自行使该种权力,将会导致该种行为无效,除非该种行为事后得到其他受托人的追认。

在公益信托的情况下,总是存在多数受托人,且往往人数较多。这样一来,要形成一个统一的决定非常困难,因此法律要求在公益信托的情况下,只要有受托人多数同意即可,不必得到受托人全体同意。

另外,如果共同受托人之一不能行使受托人权力,则由其他受托人行使。

(二)受托人的权力内容

受托人处理信托事务的权力,我国《信托法》未作明确界定。一般而言,受托人的权力主要包括如下几个方面的内容:

第一,投资权(power to invest)。受托人将信托财产用于有价证券、不动产等各项投资或贷款,以使信托财产保值增值。

第二,出租权(power to lease)。除非信托条款另有规定,受托人可以合理的条件,在适当的期间将信托财产予以出租。

第三,出售权(power of sale)。受托人在如下两种情况下,可以出售信托财产:一是信托条款明文规定可以出售信托财产;二是为了实现信托目的,出售信托财产为必要或者适当。但是,信托条款明文规定禁止出售信托财产,或者信托条款显示信托财产必须依照指定方式保存者,则不能出售信托财产。

第四,抵押、设质或者金钱借贷的权力(power to mortgage or pledge or borrow money)。一般情况下,受托人不得就信托财产设定抵押权或者质权,但是,如果信托条款授予其设定抵押权或者质权的,受托人可以就信托财产设定抵押权或者质权。同样,一般情况下,受托人不得以信托财产为信用贷款,但信托条款授予其贷款权力的,受托人则可以就信托金钱进行信用贷款。

第五,关于股份上的权力(power with respect to shares)。股票或者其他有价证券的受托人可以行使表决权或者其他权利,但如果信托条款另有规定的,则不在此限。

第六,和解、仲裁与放弃的权力(power to compromise , arbitrate and abandon claims)。受托人可以和解、提交仲裁或者放弃信托财产上的请求权,但受托人在进行这样的行为时,应尽适当之注意义务。

第七,费用支出权(power to incur expenses)。受托人可以支出为完成信托目的所必要,或者对于信托目的的完成为适当,且不为信托条款所禁止的费用,并可以支付其他由信托条款授权可以支出的费用。

二、受托人的权利

(一)报酬请求权

受托人是否有权取得报酬,取决于如下几种情况:其一,信托契约是否有明文规定。只有信托文件上有明确规定,受托人才能享有报酬请求权,否则,受托人无权取得报酬。其二,受托人是否属于营业受托人。如果受托人属于营业受托人,受托人处于商人的地位,自然是一种有偿信托。

受托人报酬既可以从信托财产中直接取得,也可以由委托人支付,还可以从受益人处取得。究竟从何处取得,取决于信托契约的规定。《信托法》第35条规定,受托人有权依照信托文件的约定取得报酬。信托文件没有事先约定的,经信托当事人协商同意,可以作出补充约定;没有事先约定和补充约定的，不得收取报酬。约定的报酬经信托当事人协商同意，可以增减其数额。

当受托人违反信托契约时，法院可以决定是拒绝或裁减或允许其报酬。《信托法》第36条规定，受托人违反信托目的处分信托财产或者因违背管理职责、处理信托事务不当致使信托财产受到损失的，在未恢复信托财产的原状或者未予赔偿前，不得请求给付报酬。

（二）费用和损失的补偿请求权

对于受托人在处理信托事务的过程中所需要的费用，包括租税、规费以及其他费用，或者在处理信托事务时，非因受托人自己过失所受损失，受益人负有补偿的义务或者提供相当担保的义务。由于受托人对信托财产享有管理处分权，信托财产直接掌握在受托人手中，所以，受托人可以直接从信托财产中扣除，无须自己负担，也无须要求受益人另行支付。但如果是受托人先行垫付，则或者可以从信托财产中求取补偿或者要求受益人予以补偿。我国《信托法》第37条规定，受托人因处理信托事务所支出的费用、对第三人所负债务，以信托财产承担。受托人以其固有财产先行支付的，对信托财产享有优先受偿的权利。受托人违背管理职责或者处理信托事务不当对第三人所负债务或者自己所受到的损失，以其固有财产承担。同时，《信托法》第57条规定，信托终止后，受托人依照本法规定行使请求给付报酬、从信托财产中获得补偿的权利时，可以留置信托财产或者对信托财产的权利归属人提出请求。

（三）其他权利

除上述两种权利外，受托人的权利还包括异议权、变更信托财产管理方法的同意权及请求权等。前者是指对强制执行信托的债权人提起异议的权利，并申请法院作出停止强制执行的裁决。后者是指信托成立后，信托财产的管理方法因情势变更而对受益人不利时，委托人或其继承人、受益人或受托人可以经全体同意加以变更，如果上述人员不能就信托财产的管理方法达成一致的变更协议，则可请求法院予以变更。

三、受托人的义务

《信托法》第25条规定，受托人应当遵守信托文件的规定，为受益人的最大利益处理信托事务。受托人管理信托财产，必须恪尽职守，履行诚实、信用、谨慎、有效管理的义务。

（一）受托人管理处分信托事务的义务

这是受托人根据信托契约或者法律规定所承担的总义务。受托人一经接受委托，就负有依信托契约处理信托事务的义务，非经委托人及受益人同意或有不得已的事由，不得辞去受托人之职务。受托人一旦接受信托就对受益人负有管理信托的义务。

1. 亲自管理处分信托事务的义务

受托人处理信托事务，原则上应当亲自处理，不得将其一部分或者全部再行委托第三人代为处理。这一义务也称为受托人直接管理的义务。信托本身就是基于一种信任关系而设立的，无论是简单信托中委托人基于对受托人个人的信任而进行的委托，还是现代商事信托中委托人基于对作为信托公司的商誉的信任而进行的委托，都离不开信任关系存在。因此，各国信托法均规定，原则上，委托人应当亲自执行信托事务。《信托法》第30条规定，受托人应当自己处理信托事务，但信托文件另有规定或者有不得已事由的，可以委托他人代为处理。受托人依法将信托事务委托他人代理的，应当对他人处理信托事务的行为承担责任。

一般来说，受托人应当亲自处理信托事务。但是，在很多情况下，受托人是不可能亲自处理一切信托事务的，否则，将导致受托人的任务非常繁重，力不从心，而且，有些业务非常的技术化，受托人本人并不一定具备处理相应业务的能力。这样一来,必然需要有人来帮助和协助受托人完成信托任务。因此,在一定情况下,受托人可以将一定的信托事务转委托给其他的人来进行。

那么,在何种情况下,受托人必须亲自执行信托事务,在何种情况下受托人才可以委托他人处理信托事务呢?在英美法上,有两种方法来处理这一问题:

第一种方法是,受托人可以转授给他人行使的只能是一种类似于雇佣关系中的“代理权”(ministerial power),而不是一种处分权(power of discretion)。在这一规则之下,受托人只能将仅仅属于技术性的信托事务转授给他人执行,而将对信托事务的决定、裁量和处分的权力留给自己。但是,这一规则有着其本身的缺陷,即如何衡量哪些事务是纯粹技术性事务,哪些事务是需要受托人亲自决定的事务,殊难区分。

第二种方法是,借助于理性的谨慎业主(a reasonable prudent owner)规则。在这一规则之下,如果一个理性的谨慎业主在处理自己的同类事务时需要借助于他人的帮助的话,受托人在同样情况下,也可以借助于他人的帮助。如果在一些交易中,按照通常的交易习惯(usual business practice)是由财产的所有人亲自处理事务,那么,受托人也必须亲自处理该类信托事务。[2]

在适用通常的交易习惯规则(the rule of ordinary business practice)时,如果是出售不动产,受托人应当自己决定出售价格、合同条款等,但他可以雇用不动产经纪人去寻找合适的买主并与可能的买主进行谈判;如果是将经过改良的不动产出租,受托人须亲自决定租金,选择承租人,但他可以雇用不动产经纪公司与可能的承租人进行磋商,并由其代理收取租金;如果是投资,受托人应当自己决定是否买卖,但可以雇佣经纪人在受托人确定的价格条件下寻求买主或者卖主;受托人如果持有公司股票,他应当决定是以委托书的方式投票还是亲自投票;受托人遇到法律或者税收问题时,他可以接受法律专家或者税收专家的咨询。秘书以及账簿保管工作也可以雇用他人。

但可以肯定的是,除非有特定事由或信托条款有明确约定,如果将信托事务的全部或重要工作交给另外的人去做,将会构成对信托的违反。

如果认为受托人将特定信托事务交给他人去实施是合法的话,那么,他在雇佣助手或者代理人时,就必须履行一个理性的谨慎人的注意义务。他必须对代理人或雇佣人的忠诚和效率进行理性的调查,他的指示必须明确,并且必须履行监督检查的职责。在进行咨询时,他必须运用自己的判断能力来判别其合理性。

2. 共同行动义务

受托人可以是一人,也可以是数人。当受托人是数人时,原则上,受托人应当共同处理信托事务,除非信托契约另有规定。这就是所谓的共同行动义务。共同行动义务的法理基础在于:共同受托人对信托财产的共有不存在份额分割请求权的问题,在受托人为数人时,法律要求受托人全体对信托事务进行共同的管理与处分。当然,这仅仅是就该种义务的原则而言,如果信托行为本身另有相反规定,从其规定。如美国法律规定,受托人为数人时,各受托人对于受益人均负有参与信托管理,适当之注意以防止任何受托人违反信托,以及请求违反信托之受托人赔偿损害之义务。[3]《信托法》第31条规定,同一信托的受托人有两个以上的,为共同受托人。共同受托人应当共同处理信托事务,但信托文件规定对某些具体事务由受托人分别处理的,从其规定。共同受托人共同处理信托事务,意见不一致时,按信托文件规定处理;信托文件未规定的,由委托人、

---

〔2〕 Sec. 171 – 184 of Restatement of Trust Law.

〔3〕 Sec. 184 of Restatement of Trust Law.

受益人或者其利害关系人决定。《信托法》第32条规定，共同受托人处理信托事务对第三人所负债务，应当承担连带清偿责任。第三人对共同受托人之一所作的意思表示，对其他受托人同样有效。共同受托人之一违反信托目的处分信托财产或者因违背管理职责、处理信托事务不当致使信托财产受到损失的，其他受托人应当承担连带赔偿责任。

另外，在特定情况下，其他受托人可以将特定信托事务授予某一受托人执行。当某一受托人将信托事务授予另一受托人时，其所授权的范围与适用的条件应当像授权第三人作为代理人一样，其在行使处理信托事务的权力时必须遵守普通谨慎人通常的商业判断规则。

（二）受托人的注意义务

在侵权法上，一般将行为人的过失区分为三种情况：一是重大过失，指显然欠缺一般人应有的注意；二是具体的轻过失，指显然欠缺与处理自己的事务为同一的注意；三是抽象的轻过失，指显然欠缺善良管理人的注意。在这三种过失之中，以重大过失的程度为最轻，以抽象的轻过失程度为最重，而具体的轻过失则介于二者之间。

根据英美法的要求，在处理信托事务的过程中，受托人应当尽到一个普通的谨慎人在处理自己相同或者类似的事务时所应当具有的技能和义务。这就是法律所要求的受托人应当履行的"通常的技能和谨慎的义务"（the duty to use ordinary skill and prudence）。[4]

根据该规则的要求，受托人在处理一切信托事务时，均须运用普通人的注意、技能、谨慎，除非信托文件另有约定或者法律另有规定。该种规则往往被具体地表述为："受托人应当以善良的方式处理一切信托事务，并且运用一个普通的谨慎人在处理其自己的同类或者类似业务时的警惕、精明、勤勉和谨慎"。[5] 如果受托人的行为符合这一规则，法律则不会使受托人承担错误判断的责任。"衡平法对受托人所要求的只是普通的技能、普通的谨慎和普通的注意"。[6]

但是，如果受托人在接受信托时就已经向委托人表示他具有某种非常的能力（unusual capacities），那么，在处理相应事务时，他就应当展现出该种程度的能力。

同样，如果受托人的实际能力高于普通人的能力（normal abilities），他同样应当以该较高的技能和谨慎执行信托事务。譬如，当受托人是银行或者信托公司时就是如此。他们在管理信托事务的过程中，应当展现出较高于普通人的技能和注意，因为，他们拥有专业的管理人才和经验。

如果受托人没有能够运用一个普通人的技能和注意进行管理和处分信托事务，或者没有能够运用他所表示的非常能力和注意，或者没有能够展现出他的较高技能和注意，将构成受托人对信托义务的违反。[7] 这里的注意标准是坚持受托人在处理信托事务时应当像一个普通的谨慎的人在处理第三人的财产时所应当遵守的注意义务一样（The trustee should observe the standards in dealing with the trust assets that would be observed by a prudent man dealing with the property of another. See, U. S Unif. Prob. Code section 7 – 302）。很显然，这里所要求的普通的谨慎人处理第三人财产所应遵守的注意标准要高于普通的谨慎人在处理自己财产时所应遵守的注意标准。

由此可见，由于信托行为的特殊性和受托人的特殊地位，在英美法律中，不仅要求受托人负

---

〔4〕《美国信托法重述》第174条规定，受托人对于信托之管理，应尽与一般人处理自己事务之同一义务及能力，但受托人因具有较高之注意和能力而被委任为受托人时，则应尽其较高之注意义务和能力。

〔5〕 Collin, J., in Costello v. Costello, 209 N. Y 252, 261, 103, N. E 148.

〔6〕 Sec. 174 of Restatement of Trust Law.

〔7〕 但应当注意到，近年来的一些英美国家的成文法开始倾向于规定一种较高标准的注意义务。譬如，美国的《统一遗嘱检验法》就要求受托人在处理信托资产时应当遵守一个谨慎的人在处理第三人的财产时所履行的注意标准。

担一般的注意义务,而且在特定情况下还可能要求受托人负有善良管理人的注意义务。

(三)受托人的忠实义务

受托人的重要义务之一还体现在对受益人负有忠实义务(duty of loyalty)。受托人在处理信托事务的过程中,唯一需要考虑的利益关系就是受益人的利益。这种单纯的忠诚被称为不能分享的忠诚(the duty of undivided loyalty to the beneficiaries)。这种忠实义务的单纯性和唯一性表现为:受托人不能置身于与受益人利益相冲突的地位,也不能将受益人的利益置于与他人的利益相冲突的地位;受托人为信托事务时,不得为自己或者第三人谋取利益。受托人在任何情况下,都应当保持中立。

信托的基础在于当事人之间的信任,因此,各国信托法都非常重视受托人的忠实义务。如美国法律规定,受托人对于受益人负有完全为其利益而管理信托的义务。受托人为自己的计算而与受益人为交易时,对于受益人负有公平交易的义务,并应将其所知或所应知的一切与交易有关的重要事项,通知受益人。受托人除有如下情形之一外,不得将信托财产转为自有财产,或于该信托财产上设定或取得权利:经受益人书面同意,并依市价取得者;由集中市场竞价取得者;有不得已事由经法院许可者。[8]

《信托法》第26条明文规定,受托人不得利用信托财产为自己谋取利益。受托人利用信托财产为自己谋取利益的,所得收益归入信托财产。《信托法》第27条规定,受托人不得将信托财产转为其固有财产。受托人将信托财产转为其固有财产的,必须恢复该信托财产的原状;造成信托财产损失的,应当承担赔偿责任。《信托法》第28条规定,受托人不得将其固有财产与信托财产进行交易或者将不同委托人的信托财产进行相互交易,但信托文件另有规定或者经委托人或者受益人同意,并以公平的市场价格进行交易的除外。受托人违反前款规定,造成信托财产损失的,应当承担赔偿责任。

不忠实的行为是受到禁止的,并可能导致受托人的不忠实行为的无效和受托人损害赔偿责任的后果。法院在处理此类案件时,首先需要考虑的是受托人是否将受益人的利益置于与受托人自己利益或者他人利益相冲突的地位,然后才考虑该种行为是否给受益人造成了损失以及法院提供何种救济的问题。[9]

然而,受托人的不忠实行为并非在任何情况下均会发生无效的后果。在英美法上,受益人享有选择权。如果受托人在处理信托事务的过程中没有恰当地履行其忠实义务,受益人则可以凭借衡平法的援助要求撤销受托人的不忠实行为,或者请求获得其他救济。受益人也可以选择接受该种不忠实行为给他带来的利益。譬如,如果受托人将信托财产出售给自己,很显然,受托人已经将其自身利益置于与受益人相冲突的地位。在这种情况下,受益人可以行使选择权,或者请求法院撤销该种不忠实交易,或者接受由该种不忠实行为所带来的利益。

一个与受托人忠实义务有着联系的问题是,受托人能否和受益人发生交易。在英美法上,受托人与受益人发生交易行为并非完全不允许。如果受托人与受益人发生交易关系,受托人须承担一种义务,即应最充分地展示该交易的公平性。根据该种义务的要求,受托人必须向受益人披露一切受益人不知晓的事情。同时,受托人还应该向受益人陈述受益人应当享有的权利、该种交易将会带来的后果以及向受益人的支付是否充分等情况。除此之外,受托人还可能负有劝告受

---

〔8〕 Sec. 170 of Restatement of Trust Law.

〔9〕 Bogert, supra, p. 343.

益人接受独立咨询的义务，以确保受益人在正确的帮助下独立地作出决定。如果受托人不能就该种交易行为向受益人充分地履行上述披露义务，那么，受益人则可以请求法院撤销该种交易行为，或者法院可以就该种交易行为所产生的利益设立推定信托。[10]

（四）维护信托财产安全的义务

该种义务具体表现在受托人应当及时取得对信托财产的占有、保护信托及信托财产不受侵害等方面。

受托人负有及时取得对信托财产的占有的义务（duty to take possession of trust property）。受托人有义务及时占有信托财产，并有权力去实施这种占有，甚至采取必要的措施去完成对信托财产的占有。如果信托财产是有体物，如货物等动产，他应当能够控制它们；如果信托财产是无体物，如不动产契据、票据、股票、债券等，他应该占有表彰该种财产权利的凭证。该种占有可能是从委托人处取得，也可能是在遗嘱信托中从遗嘱执行人处取得，还可能是从前任受托人处取得。受托人如果没有及时有效地取得对信托财产的占有，受托人将会承担由此造成的损害赔偿责任。譬如，遗嘱信托的受托人在很长时间内没有能够从遗嘱执行人处取得信托财产，从而导致在此期间遗嘱执行人侵占了该信托财产，受托人将会承担由此引起的损害赔偿责任。[11]

受托人负有保护信托不受侵害的义务。信托一旦成立，受托人就负有保护信托不受侵害的义务。任何人意欲整体或者部分地破坏信托，或者意欲使信托发生无效，或者以其他方式侵害受益人利益，受托人均负有调查的义务，并须考察该种行为的合理性。如果属于不合理行为或者侵害行为，受托人应当反对该种行为以维护受益人的利益。在这里，不容许受托人保持中立或者仅仅扮演信托财产保管者的角色。

（五）信托财产分别管理的义务

信托财产分别管理的义务的具体内容表现为：

其一，受托人应当将信托财产与自己的固有财产分开管理。

其二，受托人应当将信托财产与其他信托财产分开管理。但是，如果属于金钱信托，则只要分别记账即可。美国法律规定，受托人在合理的范围内，应使信托财产与自己的财产保持分离，并使信托财产与非属于信托之财产保持分离，同时，应标明被指定为信托财产的财产。[12] 我国《信托法》第 29 条规定，受托人必须将信托财产与其固有财产分别管理、分别记账，并将不同委托人的信托财产分别管理、分别记账。

如果受托人违反该义务而获得利益者，受益人有权请求将其利益归于信托财产，或者因违反该义务而致使信托财产受有损失时，则应当承担损害赔偿责任。但是，如果受托人能够证明即使是实行了分别管理，该种损失也无法避免时，则可免于承担赔偿责任。

（六）作账、记录以及资料提供和保密的义务

受托人对信托事务的管理，应为受益人保存及报告正确清楚的会计记录。受托人经受益人请求，应于合理时间内对信托财产之性质及总额提供完整而正确的说明；并应允许受益人或经其授权之人，检查信托之主要事务、会计账册及其他与信托有关的文件。同时，受托人还负有保密的义务。《信托法》第 33 条规定，受托人必须保存处理信托事务的完整记录。受托人应当每年

---

〔10〕 Sec. 170 of Restatement of Trust Law.

〔11〕 Sec. 176 of Restatement of Trust Law.

〔12〕 Sec. 179 of Restatement of Trust Law.

定期将信托财产的管理运用、处分及收支情况,报告委托人和受益人。受托人对委托人、受益人以及处理信托事务的情况和资料负有依法保密的义务。

(七)向受益人支付信托收益的义务

受托人负有向受益人支付投资收益的义务。受托人应当按照信托文件所规定的时间、数量、形式和目的将信托投资收益或者本金向受益人进行支付或者分配,这其中很重要的内容就包括了受托人向受益人支付或者分配信托投资收益的义务(trustee's duties in making payments to beneficiaries)。受托人的这种义务是绝对的,他必须严格地履行这一义务。如果受托人正确地履行了这一义务,他就会得到免责。

何谓正确履行?只要他的行为是诚实的,并运用了他所认为的合理的注意或者谨慎,即可认定为正确地履行了他的义务。或者从另一方面来说,只要他是按照委托人的指示向受益人履行了支付义务,受托人将不承担任何因不当支付(譬如,该种支付本身就是不适当的,或者欠缺公平性,或者引起该种错误支付的原因是由于受付人的疏忽、错误、伪造、欺诈等行为引起的)所造成的后果。

正确履行还包括受托人在履行之前应当彻底和仔细检查信托条款中有关投资收益支付的内容,以准确把握该种条款的真实意思。

正确支付还包括向正确的受益人支付。因而,受托人有义务去了解受益人的有关情况。譬如,受托人应该了解受益人是活着或者已经死亡。如果受益人已经死亡,而受托人却并不知道这一事实,并仍然继续在受益人死亡后以支票的方式向其支付,在支付后,该支票由受益人的妻子代为签收了,受托人应当对此承担责任。因此,向错误的人支付将会引起受托人个人责任的发生,尽管他享有请求从不当支付的受付人处恢复原状的权利。

然而,当代英美法却似乎出现了一种减轻受托人在履行支付时所应当遵守的合理的注意和谨慎义务的趋势。[13] 一些判例要求受托人跟踪受益人的生、死、婚嫁或者行为能力的丧失与否,使受托人承担了过重的负担。这一情况也在一定程度上影响到了立法。[14] 在实务中,当公司受托人参与信托文件的起草时,一般总是坚持写上一个免责条款以减轻其所承担的合理注意和谨慎的义务。譬如,当受益人的遗孀再婚后,受托人失于知晓该遗孀再婚的事实而仍然继续为支付,受托人将不承担责任。只有当受托人明知该遗孀再婚的事实而仍然继续为支付的情况下,受托人才承担责任。[15]

受托人应当按照正确的时间向受益人履行支付义务。受托人应当从何时起向受益人履行支付义务?一般来说,从信托创立之日起受托人就承担了向受益人为支付的义务,除非信托文件存在明确的相反规定。在信托创立之后,受托人应当在合理的期限内定期向受益人进行支付,或者按月支付,或者按季支付,或者按年支付。

受托人不需要将信托财产上的收益一次性全部支付给受益人,他可以合理地保留一部分以供经管信托的将来费用或者支付信托上的其他负担。

通常并不鼓励受托人在未收取信托收益之前从信托本金中或者以受托人自己的财产向受益

〔13〕 See Sec. 93, ante. and Cro-heim V. Tenant, 30 N. J. 360, 153A. 2d. (1959). Application of Spitzmuller, 279, App. Div. 233, 109 N. Y. S 2d. 1(1951), affirmed 304 N. Y. 608, 107 N. E. 2d. 91(1952).

〔14〕 See for example, Wash. – RCWA 1. 98. 100.

〔15〕 Rodgers v. Herron, 226 S. C. 317, 85, S. E. 2d. 104 (1954).

人进行支付。但是,如果受托人这样做了的话,他有权利以将来收益填补本金或者使其自己得到补偿。

受托人经常被授予自由决定运用收益的权力以对受益人进行必要的"扶助",或者通过直接支付或者通过运用收益。"扶助"不仅包括受益人的衣、食、住、行等方面,而且包括对受益人有义务扶养、抚养、赡养的人进行扶助,以及医疗费用和债务清偿。因此,如果受益人是未成年人或者行为能力欠缺的人,则可能要求受托人为受益人的利益而运用信托收益。在这种情况下,受托人就不能将信托收益直接支付给受益人或者他的监护人。当然,委托人也可能要求受托人直接支付,在此种情况下,受托人应当将信托收益交给受益人或其监护人。

就支付或者分配的方式或者形式而言,取决于信托条款的规定。如果要求受托人以现金支付,他就不应该以等值股票或者债券支付,对此,受托人别无选择。但是,在许多情况下,受托人往往被授予了自由决定权,于此情形,受托人可以自己决定是以现金或者其他形式进行支付。在大多数情形下,受托人更愿意以非现金的形式代替现金形式支付或者分配,因为,现金支付或者分配需要变现。如果要求受托人为受益人购买保险公司的年金,或者为其购买不动产,受益人则可能获得年金收入或者不动产。

如果信托文件授权不明可能会给受托人履行支付义务带来许多麻烦。譬如,委托人指示每年向第一位受益人支付一笔固定数目的收益,但是却没有明确表示是仅仅从收益中支付或者可以就其不足部分从本金中支付。这里的问题是,如果只限于从收益中支付,则满足不了数额要求;如果从本金中支付,则可能侵害了次位受益人的利益。在这种情况下,应当根据委托人与受益人的关系,以及信托文义和信托目的来发现委托人的真意。一般来说,如果存在多个受益人,并且委托人确定了受益顺序,譬如,A 终生受益,B 获得剩余财产,则不允许受托人从信托本金中支付。

关于收益支付的另一个问题涉及收益支付的权力变更。就委托人而言,信托条款一经设定,委托人自己也无权变更信托条款中有关收益支付的内容,除非委托人在信托文件中明确保留了该种权力。就受托人而言,信托条款一经设定,受托人同样无权变更信托条款中有关收益支付的内容,除非他已经取得所有受益人的同意。经受托人请求,法院有权允许受托人变更信托收益支付条款,但往往只限于支付的时间和形式,而不会允许变更支付的内容。

四、受托人职责的终止

受托人基于委托人的委托对信托财产进行管理和处分。在信托存续期间,受托人应当以善良管理人的身份忠实地履行自己的职责。但是,受托人的这种职责可基于一定事由的发生而终止。《信托法》第 39 条规定,受托人有下列情形之一的,其职责终止:(1)死亡或者被依法宣告死亡;(2)被依法宣告为无民事行为能力人或者限制民事行为能力人;(3)被依法撤销或者被宣告破产;(4)依法解散或者法定资格丧失;(5)辞任或者被解任;(6)法律、行政法规规定的其他情形。

同时,根据我国信托法的规定,受托人职责终止后,其继承人或者遗产管理人、监护人、清算人应当妥善保管信托财产,协助新受托人接管信托事务。

受托人职责终止的,依照信托文件规定选任新受托人;信托文件未规定的,由委托人选任;委托人不指定或者无能力指定的,由受益人选任;受益人为无民事行为能力人或者限制民事行为能力人的,依法由其监护人代行选任。原受托人处理信托事务的权利和义务,由新的受托人承继。

受托人被依法撤销或者被宣告破产或者依法解散或者法定资格丧失或者辞任或者被解任或者由于法律、行政法规规定的其他情形而导致职责终止的，应当作出处理信托事务的报告，并向新的受托人办理信托财产和信托事务的转交手续。

受托人职责终止后的责任。受托人所作出的报告经委托人或者受托人认可，原受托人就报告中所列事项的责任得以解除。但原受托人有不正当行为的除外。

此外，共同受托人之一职责终止的，信托财产由其他受托人管理和处分。但是，信托条款另有规定的，从其规定。

第三节　受　益　人

一、受益人的权利

（一）受益人权利概述

受益人的权利主要集中体现在受益权上。所谓受益权，是指受益人取得信托财产上利益的权利，包括转让受益权的权利，并由此衍生出一系列其他权利，包括受益人为了保护其自身利益，对信托财产不法之强制执行或者拍卖，可以行使异议权；对受托人违反信托本旨所为的处分行为，可行使撤销权；对于受托人管理失当致使信托财产发生损失，可以向受托人请求损害赔偿或者要求恢复原状；因情势变更，可以向法院请求变更管理信托财产的方法；向受托人请求阅览有关处理信托事务及信托财产状况的文件，并可以要求受托人予以说明；如受托人违背信托宗旨或者有其他重大失误时，可以请求法院解除信托；等等。

（二）受益权的取得

受益权的取得依私益信托与公益信托而有所不同。在私益信托，其成立须以受益人的确定为前提，因此，私益信托一经有效成立，依信托契约而被指定为受益人的人即可取得受益权，而得以享受信托利益。《信托法》第 44 条规定，受益人自信托生效之日起享有信托受益权。信托文件另有规定的，从其规定。而在公益信托的情况下，其特点是在信托成立时，受益人不能确定。实际上，公益信托往往是以不特定的“社会公众”作为受益人。当然，经过信托的实施，这种不特定的社会公众就成为确定的具体的受益人。“故公益信托的受益权并非从信托成立时取得，而是以受益人特定化时方取得。”〔16〕

关于受益权的取得，有两点需要注意：

其一，由于受益人不是信托行为的当事人，所以，无论是私益信托还是公益信托，受益人受益权的取得并不以取得受益人的意思表示为要件，受益权因信托契约的成立而当然发生。当然，受益人可以表示不接受或者放弃受益权。

其二，既然受益权产生于信托行为，那么，委托人当然可以在设立信托行为时作出意思保留，如委托人可以保留更换或者重新指定受益人的权利。

---

〔16〕　周小明：《信托制度比较法研究》，法律出版社 1996 年版，第 109 页。

（三）受益权的享有、转让与抛弃

1. 受益权的享有

受益人享有享受信托利益的权利，这当然在信托的本意之中。无论是委托人设立信托的目的还是受托人管理处分信托财产的目的均是使受益人享受信托利益，因此，凡是基于受托人对信托财产进行管理而产生的收益均由受益人享受，受托人、包括委托人本人均无权分享信托财产上产生的收益。

2. 共同受益人

《信托法》第 45 条规定，共同受益人按照信托文件的规定享受信托利益。信托文件对信托利益的分配比例或者分配方法未作规定的，各受益人按照均等的比例享受信托利益。

3. 受益权的转让

受益人也可以依法将自己的受益权转让给他人或者由他人继承。《信托法》第 48 条规定，受益人的信托受益权可以依法转让和继承，但信托文件有限制性规定的除外。

受益权是一种私法上的权利，私法上的权利当然可以转让，因此，受益人完全可以根据自己的意思将其受益权予以转让，委托人不得加以禁止。但在不违背信托目的和法律的条件下，委托人也可以对受益权的转让作出一定的限制。

受益权的转让也无须取得受托人的同意，因为，受益人所享有的受益权是能够以自己的意志进行处分的独立的权利。

转让受益权的形式没有明确法律限制，一般口头、书面均无不可，但涉及土地等不动产的信托受益权的转让为慎重起见，则应采取书面形式。

4. 受益权的抛弃

受益人还可以抛弃受益权。抛弃受益权必须明确作出抛弃受益权的意思表示；否则，意味着接受受益权。因为，受益权的取得并不以受益人的承诺为条件，所以，如果受益人表示沉默，法律上则视为受益人接受受益权。

在受益人抛弃了受益权的情况下，会出现两种法律后果：

其一，如果委托人在信托文件中保留了重新指定受益人的权利的话，那么，委托人当然可以重新指定受益人。

其二，如果委托人事先没有保留此项权利，那么，在英美法上则成立一种“结果信托”，据此，受托人为委托人的利益而持有财产。而大陆法系的做法则是使信托发生终止，因为，一个缺乏受益人的信托无法实现信托目的。《信托法》第 46 条规定，受益人可以放弃信托受益权。全体受益人放弃信托受益权的，信托终止。部分受益人放弃信托受益权的，被放弃的信托受益权按下列顺序确定归属：（1）信托文件规定的人；（2）其他受益人；（3）委托人或者其继承人。

二、受益人的义务

受益人的主要义务是，对于受托人在处理信托事务的过程中发生的必要费用，或者在处理信托事务时，非因受托人自己过失所受到的损失负有补偿或者提供相当担保的义务。例如，受托人对信托财产所负担的租税、课捐、其他费用，或者对受托者处理信托事务过程中非因自己过失所蒙受的损失进行补偿，可出售信托财产，并可优先于其他权利而受清偿；信托财产不足清偿的，受托人可向受益人索取上述费用和损失补偿，或令其提供相应担保。但受益人不特定或尚未存在时，不在此限。同时，受益人放弃其权利的，不在此限。

第五章　信托投资及其法律监控

第一节　信托与投资

一、信托投资概述

从信托的本质来讲，委托人将财产交给受托人进行管理处分并不是最终目的，而只是一种手段。信托的终极意义在于将信托财产经由受托人经营管理以获取收益，从而使受益人能够获取信托利益。在大多数情况下，委托人都会明示或者默示授权受托人将信托收益分配给受益人，因而，受托人就负有将信托财产上的收益分配给受益人的义务。当然，对受益人进行利益分配必须首先要有信托利益产生，如果没有信托利益产生，对受益人的收益分配就无从谈起。

因此，受托人的这一将信托收益分配给受益人的义务也就包含了受托人负有将信托财产投入能够产生收益的事业中去的义务。譬如，投资于股票以获取股利，出租信托财产以收取租金，或者投资于其他财产以获取利益。受托人的这种义务在英美法上被称为受托人负有使信托财产发生增值的义务（duty to make the trust property productive）。[1]

这样一来，除了那些需要立即支付给受益人的资金或者其他花费以外，受托人还需要考虑哪些财产适宜于投资并选择适当的方式和适当的时间进行投资以满足信托的目的。如果因为没有能够及时地进行合理的投资而致使受益人发生收益上的损失时，受托人将会承担由此产生的收益损害赔偿责任。在英美法上甚至认为，如果只是消极地将信托资金长期地存放在银行而不进行积极的投资，受托人对此也没有合理的理由，如果银行倒闭，受托人亦将承担收益损害赔偿责任。[2] 当然，这是极端的例子，但由此也说明受托人所负有的使信托财产发生增值的义务具有法律的强制性和可执行性。

受托人所承担的这种使财产发生增值的义务主要包括受托人须将信托财产进行投资的义务，但不仅仅限于单纯的投资，还应该包括对投资后的状况随时进行检查、跟踪和考察。同时，受托人所负有的使信托财产发生增值的义务还包括针对具体情况改变投资方式的义务。[3]

信托制度的高度灵活性和弹性空间为信托的发展留下了广阔的空间。早期的信托主要表现为一种家庭财产的授予与安排的民事信托，而信托的现代化发展则将它与商业有机地联合起来了，并因此使得信托更加富有生命力。如英国的“单位信托”实际上就是一种大众化的投资手

---

〔1〕 Sec. 181, 397 of Restatement of Trust Law.

〔2〕 Bogert, supra, p. 363.

〔3〕《美国信托法重述》第227条明文规定，受托人应为适当之投资。该法第228条规定，除信托条款另有规定者之外，受托人对受益人负有以各种合理的投资方式分散投资风险的义务。

段;美国的投资公司亦是典型的投资工具;“贷款信托”则是日本独创的一种信托新品种。除了上述典型的商业信托之外,信托在商业事务中还有更为广阔的运用,如公司债信托、设备信托、表决权信托等。以上种种例子可以说只是对信托机能的一种直接运用,至于对信托机能的间接运用则更加广泛,众所周知,在英美法上,公司中董事的义务实际上就是信托法上受托人义务的翻版。英美实务上利用信托的领域极其宽泛,几乎覆盖了社会生活的方方面面,也随着社会环境的变化不断得以创新,从而使信托总能紧随时代的步伐,适应新的需求。[4] 由此可见,信托的现代运用已经远远超出了其民事领域而适用到商事领域。我国信托法明文确定了商事信托的地位,正是这一发展的反映。事实上,迄今为止,信托在我国主要还是运用于商事领域。

二、受托人投资权力的来源

从另一方面来看,受托人所承担的将信托财产进行投资的义务也是受托人的一项权力(本文根据不同情况,为了行文的方便,有时以义务称之,有时以权力称之)。这种权力可能是由信托文件明示授予的,或者是从信托行为中推断出来的,也可能是根据法院的命令,或者是根据受益人的请求、同意或者默许,或者是根据制定法的规定。

受托人的投资权力首先可能是信托条款的规定(trust provision)。在信托文件中,委托人将会授予受托人进行投资的权力,并要求受托人按照他的指示以最符合受益人的利益或者以最符合信托目的的方式进行投资。委托人可能明白地表示出他所认可的投资方式,如委托人明确地指示受托人购买股份有限公司的优先股票或者知名企业的公司债券。

然而,最为常见的则是委托人授予受托人自由决定投资的权力,即以受托人自己的判断来决定何种投资方式最符合受益人的利益和最能满足信托的目的。在这种情况下,受托人就享有了广泛地决定投资的权力,他可以自己决定有关投资事宜,譬如他既可以决定投资于铁路、公路等公共交通事业,也可以将信托资金投入购买政府债券,或者可以决定将信托资金用来购买不动产,甚至可以决定将信托资金用以购买公司股票或者公司债券,只要这些投资是谨慎的即可。

受托人所享有的这种任意投资的权力并不是不受任何限制的,当然也并不意味着他所进行的任何投资都会得到认可。受托人在行使这种任意投资权力时,必须是善意地并以合理的谨慎为之(to use good faith and reasonable prudence in exercising his discretion)。他的投资行为和决策必须是谨慎的、理性的、勤勉的和明智的。[5] 譬如,如果受托人将信托资金投入投机性事业(speculative venture),就有可能被认为是没有运用合理的谨慎,其投资行为是非善意的。受托人的投资行为必须是善意的,即必须是他诚实地认为该种投资是安全的,能够给受益人带来收益的投资。

受托人的投资权力也可能是从法院获得的。法院在任命受托人时也可能同时赋予受托人以投资的权力(或者说使其承担投资的义务)。有的时候,即使在存在委托人授权的情况下,法院甚至也可能命令受托人对委托人的投资指示不加理睬,而根据法院的命令改变委托人的投资指示,如果法院认为受托人无法执行委托人的投资指示或者即使执行了委托人的指示也无法满足信托目的,甚至会使受益人遭受不利益的话。在某些情况下,受托人还可以主动请求法院变更信托文件中所规定的投资条款。譬如,委托人指示受托人投资于某项不动产,且收益率不低于4%,然而,受托人在实施该项投资时,发现如果在当时的市场条件下投资于该项不动产,其收益

---

〔4〕 周小明:《信托制度比较法研究》,法律出版社1996年版,第47页。

〔5〕 Sec. 227 of Restatement of Trust Law.

率充其量只能达到3.5%,受托人可以请求法院允许他投资于其他事业以满足4%的要求。如果受托人对于他是否享有对信托财产进行投资的权力存在疑问,也就是说,受托人不能从信托文件中推断出他是否被授予了投资的权力,他也可以向法院申请对此作出建议或者指示。

法院一旦作出投资判令,受托人只要按照法院的命令去执行投资,受托人就是安全的。也就是说,受托人的投资行为就会得到法院的保护,无论该种投资的结果如何。但是,如果没有按照法院的命令进行投资,受托人就会承担相应的损害赔偿责任。譬如,如果受托人向法院申请一项投资命令,法院判令他投资于政府公债,而受托人却并没有遵守该项命令,而是将信托资金用于购买公司股票,而该项信托资金投入后,恰遇股市下跌,受托人就应该对该种行为所造成的损失承担赔偿责任。

一般来说,受托人并没有义务服从和遵守受益人的指示和命令的义务。从信托的性质来看,受托人具有不受受益人干涉的独立处理信托事务的权力,受托人管理和处分信托财产的权力直接地来源于委托人,即委托人通过信托文件授予受托人以管理处分信托的权力,并使之不受受益人的控制。在通常情况下,受托人的投资决策不受受益人的影响,因为,对信托财产的管理处分权属于受托人自己,而不属于受益人。实际上受益人往往也不具有作出决策的能力,如尚未成年的受益人。

然而,如果是经受益人请求或者是受益人直接指示,受托人也可以接受这种请求或者指示。另一种情形是,受托人在没有获得任何投资授权的情况下进行了投资,但在事后却得到了受益人的认可或追认。

在上述两种情况下,受托人都可以免责,即受托人对该种投资后果不承担责任。但是,必须具备两个前提:

其一,受益人必须具有完全的行为能力,只有具备完全的行为能力的受益人才有能力作出判断和决策。

其二,受益人必须充分地了解投资的内容,也就是说受托人必须将有关投资事宜完全充分地披露给受益人,只有受益人在得到完全充分的投资信息的条件下,受益人才能够作出正确的判断和决策。更为明确地说,只有受益人达到法定年龄并且智力正常,同时在全面正确地了解投资情况下(包括投资是否合法)作出的真实意思表示(包括事前同意或指示和事后追认或认可)才是受托人免责的条件,如果受益人的意思表示是基于欺诈或者不正当影响(fraud or undue influence)作出的,受托人则不能免责。

受托人投资权力的另一个来源就是制定法的规定。在英美国家,在信托投资法的早期发展阶段,不存在成文法监控。衡平法院通常采用如下几种方式对受托人的投资行为加以规范:遵守普通法院所建立起来的规则,通常在这种规则之下,受托人只能投资于政府债务和首次不动产抵押(government obligations and first mortgages on realty);或者是坚持普通理性人在处理类似业务时的谨慎和技能标准;或者干脆是根据个案来作出判决而没有任何固定的规则。

三、信托投资的相关立法

在英国,最早涉及信托投资的法律是《1859年财产法修正案》(The Law of Property Amendment Act, 1859)(该法已经被废除了很长时间)。该法头一次以法律的形式规定了受托人的投资权力。然后是《1925年受托人法》(The Trustee Act, 1925)。该法同样规定了受托人的投资权力,但却将受托人的投资范围限定在固定利息投资(fixed interest investment)领域,并特别排除了股权投资(equity investment)。《1961年受托人投资法》(The Trustee Investment Act,1961)才正式将股权投资确定为受托人的法定权力范围。

由此可见,英国早期的立法只授予了受托人有限的投资权力,并期望起到一种保护者的作用。一方面,它试图保护受托人免于对受益人承担因信托基金投资损失的责任;另一方面,它试图尽可能地保护信托资金免遭非谨慎投资所带来的损失。但是,立法却失于考虑经济条件和投资环境的变化问题。譬如,当信托资本保持账面价值1万英镑时,而实际上由于通货膨胀等因素的影响其真实价值可能已经减少到了50便士。如果出现这种情况(现实总会出现这种情况),就不会有真正的安全可言。

1961年法律使得受托人的投资范围扩大了,它授权受托人可以以其一半的信托资金投资于股权(equity stock),包括在交易所上市的金融、工业、商业公司的股份。相应地,受托人的投资被划分为"较宽范围的投资"(wider-range investment)和"较窄范围的投资"(narrower-range investment)。前者是指受托人可以随时将其全部信托资金进行投资,后者是指受托人的初始投资不得超过信托资金的一半。[6] 值得注意的是,该法并没有授权受托人可以购买土地,尽管英国法律改革委员会(The Law Reform Committee)已经建议对此进行修改。

19世纪后期和20世纪初期,在美国,许多州通过其立法机关制定了受托人投资指南(statutory lists)以供受托人选择。[7] 大多数州的立法规定,受托人"可以"投资于法定的投资指南项下的任何项目,但也有的州规定,受托人"应当"在法定的投资目录范围内进行投资。由此可见,这里存在强制性规定和任意性规定的差别。在制定有法定投资指南的州,如果受托人按照法定的投资指南进行投资,受托人将不会面临违反信托的指控。遵守法定的投资指南并不意味着就可以免除受托人的投资责任,受托人在实施投资的过程中仍然需要遵守合理的注意义务(reasonable care)。这种注意义务显然要比受托人自己选择投资(不按照法定的投资指南选择投资)轻得多。

如果该种法定指南是任意性的(permissive),受托人可以选择在该种指南列举的范围内进行投资,也可以在该指南目录范围之外选择投资。但若受托人选择了在该种指南范围之外进行投资,他就有义务证明他已尽到了一个普通的谨慎人的注意义务。也就是说,如果受托人不在法定的投资指南范围内选择投资,其承担的义务就要重一些。

如果该种法定指南是强制性的(mandatory),譬如,立法规定,受托人只能投资于指定的证券,那么,似乎受托人就不能在该种法定指南的范围之外选择投资,否则,他就有可能承担违信责任,如果受益人对他提出这样的指控的话。

由于在20世纪40年代及以后,"谨慎投资人规则"(the prudent investor rule)得到了广泛的运用,因而,这种成文法上的投资指南仅作为受托人进行投资的指引。

第二节 受托人投资的法律监控

一、投资范围的限制

在不同的情况下,受托人的投资范围是不一样的。在受托人的投资权力来源于委托人的授

---

[6] Pettit, supra, p. 344 – 345.

[7] Bogert, supra, p. 370.

权的情况下,受托人投资由信托文件加以规定;在法院命令的情况下,则取决于法院的命令;在法律有规定的情况下,则须遵守法定的投资范围。

在英国,一般情况下,其法律将信托投资区分为两类形式:一类形式是固定收益投资(fixed interest investment);另一类形式是股权投资(equity investment)。固定收益投资,是指投资者可以收取固定利息,并可以在最后要求返还本金的一种投资方式。固定收益投资既包括在银行存款或者投资于住房协会(building society),也包括向公司贷款或者购买公司债券,由公司以其全部资产提供担保,即通常所说的"浮动担保"(secured by floating charge),公司支付利息,并在期限到来时,返还本金。固定利息投资还包括购买政府债券,政府债券的原始购买人其实就是借钱给政府,但是,该种证券一经购买后,则可以自由转让。政府债券可以回赎(redeemable)。

股权投资主要是指购买公司股份。除了这种直接投资外,还可以间接地购买单位信托(unit trust)或者投资信托(investment trust)。二者都是将投资分散在若干公司以减少投资者的风险。单位信托是一种特别形式的信托,单位持有人按照份额享受受益利益;而投资信托实际上是一个公司投资购买其他公司的股份。投资信托的投资者成为公司的股东,有权分取股息,但对公司财产没有直接的权利。尽管二者在法律机制上非常的不同,但是,若从投资工具来看,则非常地相似。

在美国,最有可能成为信托投资对象的是政府公债(government bonds)。对受托人来说,投资于政府公债是一种最为安全的投资选择,并可以给信托财产增加稳定的收益。所以,美国各州成文法或者法院可以说均毫无例外地允许受托人以信托资金购买政府公债。

地方债券(municipal bonds)也是一种最重要的信托投资领域。因而,法律一般也允许受托人投资于市、县政府所发行的债券,包括教育债券以及其他市政公司(municipal corporations)所发行的债券。

不动产是信托投资的重要领域。不动产投资可以分为两种方式:一是直接购买不动产;二是以不动产提供抵押,尤其是自由继承地产的首次抵押贷款(the first mortgage on a fee simple title to real property)更受欢迎。但是,在许多情况下,受托人将信托财产投资于不动产也许是不适宜的。不动产可能发生增值,也可能不发生增值,取决于许多方面的因素。就农地而言,如果当年气候正常,雨水适量,农民勤劳且耕作技艺好,它就会发生增值;就商品房而言,如果楼房维修得好,并可以将其出租而收取租金,它也会发生增值。但是,通常来说,在将不动产作为投资对象时,其是否具有增值性,是否具有安全性,确实具有许多不确定性因素。譬如,受托人是否具有物业管理能力,该不动产是否具有可售性等。受托人一般可能不具有物业管理能力从而影响信托财产的收益;不动产可能不能出售,从而影响到信托财产的变现性。因而,在英美法上,如果是受托人投资于不动产,譬如,直接购买不动产,需要有信托文件的直接授权,或者有法律规定,或者得到法院的同意。

当受托人将信托资金提供贷款时,则应要求借款人提供担保,而且原则上必须是(以土地等权益)提供的首次抵押,一般不允许接受第二次抵押。因为,第二次抵押次于第一次抵押而受清偿,这样,受托人就有得不到清偿的危险。但这也不能一概而论,如果抵押物的价值较高,也不妨接受第二次抵押。

受托人可以投资于某些公司债券,通常是公用事业公司(public utility corporations)债券,如光、电、能、电话公司,但也可能是某些名声较好的实业公司。

受托人可以用信托财产投资于公司股票。在美国的早期,许多州的法律认为将信托财产投资于公司股票是非常有害的,因为,股票投资具有较强的风险性。只有少数州通过制定法律的形式允许受托人可以投资于股票。[8] 产生这种认识的一个客观原因是当时美国的企业都不景气,大多数企业经营亏损,并且具有明显的投机性。后来,由于美国经济的成长和经济的繁荣,出现了一批知名企业,并长期保持绩优记录。在这种情况下,要求允许运用信托资金投资于股票的呼声越来越高,并且这种努力也得到了回报。纽约州法院在 King v. Talbot 一案中首次正式承认了受托人可以适当地运用信托资金投资于铁路、运河公司和银行的股票。[9] 由此可见,法院的立场是投资于公司股票本身并不是一件非常不妥的事情,适当的购买股票也是允许的。何为适当性,则由股票的性质和投资数额所决定。如果所投资的股票是由一家很有声望的资力雄厚的公司发行的,并且所投入的信托资金并非过于巨大,那么,该种投资就是允许的。在一个案件中,受托人首次将 16000 美元信托资金中的大约 3500 美元投入购买"联合太平洋铁路公司"的股票,大约 3 个月后又购买了 2500 美元相同的股票。法院认为,第一次投资购买的股票是可以认可的,而第二次的投资购买则违反了信托。理由是将如此巨额的资金投入一家新的企业是不谨慎的。[10]

受托人可以运用信托资金为受益人购买人身保险(insurance policies on the lives of beneficiaries)、投资信托(investment trust)以及共同信托基金(common trust funds)。这些都是现代信托投资广泛运用的形式。其他的信托投资领域包括公共住房债券(bonds of public housing authorities)、铁路债券(bonds of railway authorities)、有保险的银行存款(interest bearing bank deposits to the extent to which they are covered by deposit insurance)、附担保票据(notes secured by a pledge of high grade securities)、地租(ground rents)等形式。这里尤其应当注意的是,接受银行存款单而没有要求相应的担保,是不允许的。因为这种情况被认为无异于贷款给银行。在没有担保的情况下,不能将信托金钱借给个人或者公司。如果不要求提供担保就将信托资金借贷给他人,在发生债务人不能偿还的情况下,受托人应该承担责任。受托人不能接受没有提供担保的票据。出售信托财产而接受没有保证的票据,衡平法院是不允许的,即使该种票据已经过背书转让亦是如此。在此种情况下,如果债务得不到偿还,受托人应当承担责任。

受托人在进行信托投资时,往往要受到一定程度的限制:动产一般不适宜于信托投资,除非经过特别授权。一般情况下,法律不会认可运用信托基金投资于普通的商业和贸易领域。购买、出售或者制造以及运输货物不利于信托资金的运用,受托人不适宜投资于这些领域。这些领域的投资不仅存在较大的风险,而且受托人也不具有这方面的经验和时间。即使受托人不直接从事商业或者贸易活动,而是间接地通过持有股份的形式从事这些方面的投资,也是受到限制的。这种限制性条件是,受托人须得到信托文件的授权,或者基于法律的规定,或者基于法院的命令。否则,将构成对信托的违反,而需要承担责任。受托人也不能购买土地经营煤矿事业或者购买农场经营农业,这些行业同样不适于受托人经营。

信托法上有一个重要的原则,即不同的信托资金不能混同,信托资金与非信托资金不能混同。因为,如果它们发生混同,将构成对信托财产分开经营管理规则的违反,使不同的利益之间发生冲突,并将导致不忠诚现象发生。然而,近年来,由于投资多样化和灵活性的要求,使得法院

〔8〕 See For example, Ala., Constitution Art. 4, Sec. 74.

〔9〕 40 N. Y. 76, 88, 89 (1869).

〔10〕 152. Mass. 184, 187, 188, 25 N. E. 99, 9 L. R. A 279.

和立法机关逐渐承认了在单一投资和集合投资中的数个信托资金相互之间或者信托资金与非信托资金之间的混同运用。典型的例子如英美法上的参与抵押(participating mortgage)、集合抵押(mortgage pool)、共同投资基金(common trust fund or the mutual fund)以及投资信托(investment trust)。但应当注意的是,这种混同并不是真正意义上的混同,它们之间只是在使用和管理上的混同,而在财务上,仍然应当保持分别记账和交易记录。实际上是向公众投资者出售股份,使投资者持有股份受益凭证,由信托公司或者银行作为受托人进行经营管理,并将该种财产的经营所得按投资者的受益凭证分配给公众投资者。

二、谨慎投资者规则

无论是通过信托文件还是通过法律直接规定,均不意味着受托人的任何投资都是适当的。受托人在进行投资时,必须遵守一定的规则,这种规则在英国法上被称为"谨慎商人规则",而在美国法上则称为"谨慎投资人规则"。

在美国,有的州并没有专门的立法规定受托人的投资问题。如果立法上没有规定是否允许或者要求受托人投资,就只好借助于理性的谨慎人所具有的技能和能力规则来指导受托人。这就是所谓的"谨慎投资者规则"(The Prudent Investor Rule)。例如,在马萨诸塞州就一直运用的是这样的标准。该州法院所表明的态度是:"在信托投资以及在信托的一般事务管理方面,本州长期以来所奉行的规则是,只要受托人的管理处分行为是善意的、合理的,他就无须对他的决策失误的后果承担责任,除非该种错误表明他的行为是恶意的和不合理的。[11]

在很大程度上,由于银行和信托公司的努力,自1940年以来,出现了一种很强的趋势,即放弃采取"法定指南"的做法,而仅仅要求受托人在持有、购买或者出售信托投资时运用通常的技能和勤勉即可。也就是说,自1940年以后,谨慎投资者规则得到了普遍的承认和运用。

采取法定指南的好处是,它提供了一个可以帮助受托人选择投资方向和对象的指引,并且比较容易确定其投资义务。然而,存在的问题和困难是这种指南本身缺乏公平性、全面性和灵活性。如果采取谨慎投资者规则,受托人在投资时可以自己决定投资对象,因而对受托人来说,具有较大的灵活性。因为在谨慎投资者规则之下,允许受托人投资于任何领域,唯一的条件,或者说标准,是他必须履行像"任何一个谨慎的人"在管理处分其自己财产时那样的注意义务。

在履行这一义务时,受托人唯一需要考虑的是受托人在运用信托资金时应当符合信托目的,即他所从事的是一种长期投资,并充分考虑到了信托资金的收益性和安全性,而不是一种短期投机行为。然而,安全性的考虑并不能妨碍受托人进行合理正当的投资以获取较高的收益。如果受托人仅仅消极地考虑信托资金的安全性而不进行积极的投资策划,譬如,受托人本可以将信托资金投入较高收益的对象,但是,他却只是保守地投入购买收益很低的对象,以此来确保信托资产的安全性,却忽略了信托财产的收益性,则有可能构成对信托的违反。

在决定受托人是否履行了谨慎投资者的注意义务时,法院会考虑多种因素,包括投资的性质、特定信托的需求、已进行的投资以及当时的投资环境等。

似乎通常的谨慎投资者规则是将信托资金分散投资以分散风险,而不是将信托财产集中起来投资于一种证券或者一个企业。一些判例表明,由于投资太集中而导致投资失败,受托人应当对超过投资部分承担责任。而另一些判例则表明,如果仅仅是投资缺乏分散性本身不能单独构

---

〔11〕 Taft v. Smith , 186 Mass. 31 , 32 , 70. N. E. 1031.

成对信托的违反。如果受益人提出异议的话,受益人可以请求法院判令受托人分散投资。[12] 如果需要在近期将信托财产变现或者进行分配,那么,信托财产的可售性就是需要考虑的一个重要因素。很明显,在这种情况下,短期投资就要优于长期投资。

然而,购买矿业或者其他自然资源公司的股票,是不可取的,因为这类股票的价值具有"易耗性"(wasting)。

在抵押贷款的情况下,合理的谨慎人投资规则应当考虑抵押人的财务情况、抵押财产的价值(应当由独立的评估师进行评估)、抵押财产的产权、抵押地产的表面和相邻关系、抵押财产的增值性、抵押人是否有违约前科,或者是否尚有税务没有支付,如果是房屋,是否购买了保险,抵押债务是一次总付抑或是分期付款等。

通常谨慎投资人在购买股票或者债券时,应当考虑公司财务的公开性,公司的报告、资产负债表并应当咨询投资顾问。但是,如果受托人是信托公司或者投资公司,则不需要另外聘请投资顾问。

受托人还应当考虑其所获得的收益是否达到当时市场条件下通常应当获得的收益水平。

受托人在投资时,还应当考虑受益人的所得税问题。

当受托人首次从委托人、遗嘱执行人或者前任受托人手中接受信托财产时,受托人负有检查有关投资的情况和状况,如果该项信托财产已经是投资财产的话;同时,如果是受托人自己负责的投资,毫无疑问,受托人当然应当跟踪该项投资情况和状况。受托人负有的这种检查信托财产投资情况和状况的合理注意义务,就是受托人的检查信托投资的义务(duty to examine and review trust investments)。

如果受托人为其信托财产已经进行了合理的投资,或者从其委托人、遗嘱执行人或者前任受托人手中接管了这样的投资,他不能假定该种投资就一定保持着适当性。他不能将该种投资置于他的保险柜里而不顾它的现状。他有义务不时地检测他已经进行的投资或者他所接管的投资。例如,了解债务人的资信状况、财务状况、不动产的变化状况、有关抵押物的状况、所持股票的公司状况以及其他相关情况;他应当收集一切有关的信息,包括跟踪投资状况、考察公司经营管理现状、考察公司的说明书和有关涉及公司经营和财务状况的报告。

根据谨慎投资者规则,如果受托人履行了这些检测和考察义务,就可以免除其损害赔偿责任。这种责任要求受托人以合理的注意去履行其检查和考察义务,如果受托人明知某项投资具有某种危险而继续从事该项投资或者没有去消除该项投资上所存在的危险,他就会承担责任。

受托人负有改变投资的义务(duty to change trust investments)。这主要是指当受托人自己进行的投资或者他所接管的投资违反了信托条款的规定,或者不符合法律的规定,或者违反了谨慎投资者规则,受托人应当及时改变投资,譬如,他可以及时将该项投资予以出售,并将其出售所得再行投资。

---

〔12〕 Bogert, supra, p. 388.

第六章　违反信托的责任

第一节　违信行为及其责任措施

一、违信责任概述

违信责任是指受托人违反其对受益人的义务而应承担的责任。为了保障受托人能够切实履行其职责，法律对受托人规定了一系列可执行的义务，包括处理信托事务的义务、忠实义务、注意义务、分别管理财产的义务以及作账和记录的义务等。相应地，受托人如果没有履行他的义务（作为或不作为），他就应当承担违信责任。

就违信责任措施而言，可能涉及运用多种形式的责任措施来对受托人进行制裁。然而，最重要的莫过于要求对信托财产的回复。对信托财产进行回复是受托人承担违信责任的最重要和最主要的责任形式。在这一原则下，要求受托人对基于其违信行为所带来的损失进行完全的补偿。

在英美法上，受益人的权利是衡平法上的权利（equitable rights），因而，受益人对受托人的损害赔偿请求权属于衡平法性质。也就是说，受益人的该种请求权只有通过衡平法院或衡平规则才能得到保护，这种通过衡平法院或衡平规则所给予的保护，叫作衡平救济（equitable remedies）。[1] 那么，究竟在什么情况下，受益人可以对受托人提起衡平救济请求呢？一般地说，受益人在下列情况下，可以对受托人提起诉讼主张衡平法上的救济：(1)强制受托人履行义务；(2)禁止受托人违反信托；(3)强制受托人赔偿违反信托之损失；(4)指定清算人取得信托财产之所有权并管理信托；(5)解任受托人。

提起诉讼的权利主体限于受益人或者受益人的代理人。[2]

受托人违反信托时应当就下列事项负担责任：(1)任何因违反信托而导致信托财产的损失或者价值的减少；(2)任何因违反信托应取得而未取得的利益；(3)任何在假如没有违反信托的情形下，可由信托财产产生的利益。[3]

我国《信托法》关于违信责任规定不十分明确。《信托法》第36条规定，受托人违反信托目的处分信托财产或者因违背管理职责、处理信托事务不当致使信托财产受到损失的，在未

---

〔1〕 但应注意的是，在如下两种情况下，受益人可以对受托人提起普通法上的救济请求（legal remedies）：其一，受托人对受益人负有即时且无条件给付金钱义务的，受益人可以提起普通法上的诉讼请求受托人给付；其二，动产受托人对受益人负有即时且无条件交付该动产予受益人的义务的，而违反信托导致未能给付，受益人可以提请普通法上的诉讼请求受托人给付。

〔2〕 Sec. 197 – 200 of Restatement of Trust Law.

〔3〕 Sec. 203 – 205 of Restatement of Trust Law.

恢复信托财产的原状或者未予赔偿前,不得请求给付报酬。该条未能明确受益人或委托人是否有权积极向受托人主张违信责任。《信托法》第37条第2款规定,受托人违背管理职责或者处理信托事务不当对第三人所负债务或者自己所受到的损失,以其固有财产承担。该条又仅限于对第三人债务及受托人自己损失,不涉及信托财产损失。本章主要通过介绍英美国家的规定对违信责任予以讨论。

二、几种具体责任

(一)关于违反忠实义务的责任

如果受托人将信托财产出售给自己,或者将个人资产出卖给信托,或者有其他违反忠实义务的情形,应当承担损害赔偿责任。[4]

(二)关于利息的责任

受托人违反信托而对特定之金钱及利息负担责任时,其利息依法定利率或者由法院裁量决定的利率确定,但是,受托人对于已经取得或者可得取得的利息,在任何情况下均应当承担责任。

受托人所应负担的责任是一种单利责任而不是复利责任(chargeable with simple and not compound interest)。但是,已经取得复利者,或者已经取得利益不能确定但至少为相当于复利者,或者其有累积受益之义务者,则应为复利责任。[5]

(三)违反信托出售信托财产的责任

受托人出卖其有义务保存的信托财产时,受益人得为下列行为:(1)使受托人按信托财产出卖时的价值及其利息承担责任;(2)使受托人按裁判时信托财产的价值及未出卖时可获得之利益承担责任,或者要求受托人依当时情形为适当的特定赔偿;(3)要求受托人按出卖信托财产时的收益承担责任。

受托人出卖其有义务保存的信托财产时,受益人可以就出卖信托财产所得收入,请求成立衡平法上的质权(equitable lien)以担保其上述请求权。[6]

(四)违反信托导致未能出售信托财产的责任

受托人未能出卖其有义务出卖的信托财产时,受益人可以要求受托人以出卖该信托财产可能取得的价金及其利息承担责任。同时,受益人可以就该价金及其利息,请求成立衡平法上的质权以担保其上述请求权。[7]

(五)违反信托而买受财产的责任

受托人以信托资金买受不得买受的财产时,受益人得为下列行为:(1)要求受托人就该买受所支出的信托资金及其利息承担责任;(2)要求受托人对其所买受的财产承担责任。

受托人以信托资金买受其不得买受的财产,而受益人要求受托人就该买受所支出的信托资金及其利息承担责任时,受益人可以就该买受的财产,请求成立衡平法上的质权以担保其上述请求权。[8]

---

〔4〕 Sec. 206 of Restatement of Trust Law.

〔5〕 Sec. 207 of Restatement of Trust Law.

〔6〕 Sec. 208 of Restatement of Trust Law.

〔7〕 Sec. 209 of Restatement of Trust Law.

〔8〕 Sec. 210 of Restatement of Trust Law.

（六）违反信托导致未买受财产的责任

受托人未能买受其有义务买受的特定财产时，受益人可以要求受托人依裁判时该财产的价值，及若已经买受该财产可得之利益负担责任；或者依照当时情形为适当者，要求受托人以其有义务买受时所应支付的价金为限，买受该财产并于信托中保有之，并使其就已经买受该财产而可获得的利息承担责任。[9]

（七）损失与收益相抵（balancing losses against gains）

受托人违反信托导致造成损失而应当承担责任，不得要求扣除因其他明显违反信托行为而取得的利益，以减少其应负责的数额；但如果违反信托的行为无法明显区分者，受托人仅就净损失负责。[10]

（八）多数受益人（several beneficiaries）

信托有多数受益人时，任一受益人均可以对受托人提起强制其履行义务的请求及取得受托人违反义务的损害赔偿。信托有多数受益人时，在受托人违反信托而有两种以上的损害赔偿请求权时，可以依照下列方式来决定：(1)受益人中无一丧失资格，并全部同意某一特别之损害赔偿时，即有权请求该损害赔偿；(2)如受益人中有一人或一人以上丧失资格，或无法全体达成协议时，法院可以强制依其认为最有益于信托目的之实现的损害赔偿。[11]

（九）多数受托人

在受托人是数人的情况下，其责任如何承担？如果受托人是数人，他们应该共同一致地管理信托事务。原则上，每一个受托人在管理信托事务时他们的地位是平等的。根据权利义务对等的原则，相应地，如果构成了信托违反，每一个受托人同样应该平等地承担责任，或者说，他们应该集体地对受益人共同承担责任。因此，在受托人是若干人的情况下，受托人共同承担连带责任。受益人可以选择向其中任何一人或者数人或者全体提出赔偿请求。[12]

如果受益人选择了向受托人之一或者其中数人提起诉讼，并且获得了胜诉，已经对受益人承担了损害赔偿责任的受托人可以向其他受托人进行追偿。

（十）关于继任受托人的责任

原则上讲，继任受托人对前任受托人的违反信托行为不承担任何责任，但是，如果继任受托人有下列行为时，则应当对受益人承担违信责任：(1)继任受托人已知或者应知前任受托人信托违反情事并不适当地任由该行为继续进行；(2)继任受托人过失未采取措施请求前任受托人交付信托财产于继任受托人者；(3)继任受托人过失未采取措施请求前任受托人就其违反信托的行为为损害赔偿者。[13]

（十一）受托人对其代理人的责任

受托人有下列情形之一时，应对其代理人行为承担责任：(1)指示或者允许代理人的行为

---

〔9〕 Sec. 211 of Restatement of Trust Law.

〔10〕 Sec. 213 of Restatement of Trust Law.

〔11〕 Sec. 214 of Restatement of Trust Law.

〔12〕 《美国信托法重述》第224条规定："（一）除本法第（二）项另有规定者外，受托人对其他共同受托人所为之违反信托行为不承担责任。（二）受托人有下列情形之一者，对受益人承担责任：(1)参与共同受托人之违反信托行为；(2)赞同或默许、隐匿共同受托人之违反信托行为者；(3)对信托之管理未为相当之注意致共同受托人为违反信托之行为者；(4)对于信托之违反过失未采取适当措施对共同受托人为救济之行为者。"

〔13〕 Sec. 223 of Restatement of Trust Law.

者;(2)不应当选任他人代理的行为而选任代理人代理者;(3)对代理人之选任、监督未尽相当注意之义务;(4)对代理人的行为未为适当之监督者;(5)赞同、默许或者隐匿代理人的行为者;(6)过失未采取适当之措施以促使代理人修正其错误之行为者。[14]

我国《信托法》第30条第2款规定,受托人依法将信托事务委托他人代理的,应当对他人处理信托事务的行为承担责任。

(十二)错误给付或转移于非受益人的责任

依照信托契约的规定,受托人负有给付或者转移财产的全部或者部分予受益人的义务者,受托人给付或转移于非受益人、或非经受益人或法院指定的人的,受托人应当承担责任。[15]

受托人给付或者转移信托财产的全部或者部分予信托契约所指定的人,而信托契约嗣后全部或者部分无效者,如果受托人在给予或转移时已经知道其无效,或者对其有效性已经或者应当合理地发生怀疑者,则应当对该财产的所有人承担责任。[16]

三、对物救济与信托追及

因违反信托而遭受损失的受益人作为原告有权利向违法行为人——受托人提起恢复信托财产的诉讼。这种诉讼是针对受托人提起的,因而,被称为"对人之诉"(a claim in personam),即该种诉讼主张是针对受托人本人的,并要求他以个人财产满足原告的诉讼请求。只要受托人有支付能力,并有足够的资金满足原告的诉讼请求,原告的诉讼请求就不会落空。

但是,如果受托人没有支付能力,原告的请求权就会等同于受托人的普通的无担保的债权人的请求权一样,其结果是原告的请求权有可能得不到满足。

一种对受益人有利的救济方式是让受益人对受托人或者第三人手中的信托资产进行追及,或者获得优先于受托人的其他债权人的担保命令,通过这种方式达到恢复信托财产的目的。这种救济方式被称为"物权救济或者对物请求权或者追及权"(a proprietary remedy or a claim in rem or a tracing order),在英美信托法上,通常将法院发出的追及信托财产的命令称为信托追及(a tracing order)。一项追及命令就是一种对受益人的救济方式,受益人可以根据这种追及命令而追回已经落入他人之手的信托财产。法院也可以发出一项"担保命令"(an order for security)。一项担保命令同样是一种对受益人的对物救济,受益人可以根据该种担保命令取得对其权利客体的担保权,这样一来,受益人就取得了优先于受托人的普通债权人的权利,从而保障了其优先受偿的权利。[17]

由此可见,这里受益人所获得的权利是对物的。无论在普通法上或者是在衡平法上,只要该种救济是要求被告做些什么或者限制或者禁止被告做些什么以便使原告遭受的损失得到赔偿,就是一种对人救济;而对物救济则是针对已经落入他人之手的特定财产而享有的权利。但应当注意的是,受益人的这种对物追及权不能及于有偿获得信托财产的善意第三人。也就是说,只要第三人在从受托人手中受让信托财产时支付了对价,并且不知道受托人的让与行为是违反信托

---

〔14〕 Sec. 225 of Restatement of Trust Law.

〔15〕 Sec. 226 of Restatement of Trust Law.

〔16〕 Sec. 226 of Restatement of Trust Law.

〔17〕《美国信托法重述》第202条规定,受托人违法让与财产而取得其他财产,且该其他财产为受托人占有并可得追及者,受益人就其因信托之违反所受之损害,得主张就其他财产成立拟推定信托,或就该其他财产成立衡平法质权以确保其请求权。

的，受益人的追及权将受到阻却或者切断。这可以说是追及权的一个例外。

与对人救济相比，这种对物救济具有显著的优越性。其中，最重要的一点在于受益人的请求权的实现可以不依赖于受托人本人的支付能力。即使是该项争议的财产已经落入他人手中，受益人也可以借助于追及命令从受让的第三人手中将信托财产追回来。

追及权行使的前提是被追及的财产必须是“可辨认的”（identifiable）。至于财产的具体存在形式则不重要，它可以是财产的原始形式，也可以表现为财产的转换形式，无论何种形式，只要能够辨认出是他自己的财产即可，或者原告能够证明已经转换了形式的财产与原始财产之间的联系性即可。如果被追及的财产与其他财产相混合或者该项财产已经不再为被告所有，该种财产即失去了可辨认性。

无论是在情理上或者是在法律上，财产的原始形式或者其任何变化了的形式都不存在任何区别，因为原物的替代形式或者变化形式仍然没有失去该原物自身的性质，只要它是可辨认的。只有当该项财产与其他财产混合而失去了可辨认性时，该种权利才发生消灭。

受益人可以向信托财产的原始形式进行追及，也可以向信托财产的替代形式进行追及。当信托财产已经转换成其他形式的财产，但却与受托人个人财产分开保管时，受益人可以取得该信托财产的所得或者收益。

如果信托财产或者其收益是可辨认的，当然受益人可以直接取回其信托财产或者信托财产上的收益。但问题是如果受托人将运用信托财产所得的收益再次进行了其他投资而与其他财产相混合又如何处理呢？在这种情况下，法律赋予当事人选择权：或者由受益人取回其信托财产或者其收益或者所购买的财产，或者在所购买的财产上就受益人的相应的权利客体部分设立担保。[18]

当受托人将其自有资金与信托资金混合起来，或者进而以该混合资金再次进行投资，受益人失去了直接取回其财产的权利。原因是，该财产不仅仅是单纯地用信托资金购买的，而是用混合资金购买的。于此情形，根据英国法律，如上所述，受益人只能就其所主张权利的财产上设立相应数额的担保。

在 Re Hallet's 一案中，[19] Hallet 先生是一名律师，并且是其婚姻财产授予契据（marriage settlement）中的受托人，他自己及其妻子是受益人，其婚生子女是剩余财产继承人。Hallet 将信托资金存入他自己的银行账户。作为一名律师，他代表他的妻子，并将以他妻子的名义取得的财产也存入他的账户。他运用该账户进行频繁的收支。在他死亡时，他的账户上尚剩下足够的资金以满足信托上的请求权和普通债权人的请求权。

这里的问题是，Hallet 本人作为受益人和他的妻子是否享有从该银行账户上的余额受偿的权利。法院认为，Hallet 本人作为受益人和他的妻子享有优先从该银行账户上受偿的权利，因为他们作为受益人享有对该银行账户上财产的担保权利。理由是，在受托人将信托资金与自己资金混合在一起的情况下，同时又取走部分资金供其使用，在账户上的余额被完全挥霍一空之前，被认为受托人取走的是属于他个人的资金，而不是信托资金。最简单的例子是，将信托资金与受托人资金放在一个袋子里。假设他的袋子里已经放着 100 英镑硬币，然后，他又放入另外 100 英镑硬币，这 200 英镑的硬币混合在一起，不再能够辨认。后来，他从袋子里取出 100 英镑硬币供

---

〔18〕 M. Ramjohn on Law of Trusts, Cavendish Publishing Limited(1995), p. 743.

〔19〕 (1921) 1 KB 321 CA.

其个人挥霍。这难道说他取出的是先前的作为信托资金的100英镑硬币，并挪用了它，而袋子里所剩下的却是他自己的100英镑硬币？很显然，他拿走的是他自己的100英镑硬币。

从该案中建立起来的规则来看，如果受托人或者处于受托人地位的人将自有资金与信托资金混合在一起，所采取的处理办法是：受益人首先有权利在该混合资金上设立担保以满足其请求权；如果受托人为了自己的目的取回了金钱，他被认为取走的是属于他自己的金钱，这就使得受益人有可能就该混合资金的剩余部分获得优先受偿的权利并以此来对抗受托人的普通债权人。既然受益人有权追及已经混合了的信托资金中的信托财产，包括设立担保，接下来的问题是受益人是否有权对运用混合资金所购买的财产进行追及。很显然，如果混合资金已经被受托人全部挥霍一空，没有任何剩余资金可供受益人进行追及，毫无疑问，受益人的追及权将要落空。因此，法律的答案是，受益人在这种情况下可以转向受托人所购买的财产进行追及。从受托人角度来看，受托人（包括其继承人）均不能否认该种财产是受托人运用信托混合资金购买的。

在Re Oatway一案中，[20]作为受托人的O将3000英镑的信托金钱存入已经存入自有金钱的个人账户上，随后，他购买了2137英镑的股票。在他取走这一笔数额的金钱之后，他的账户上的余额仍然大于他存入的信托金钱的数额。虽然他后来又在他的账户上存入了一定数额的金钱，但随后他陆续为其个人目的，如支付个人债务，取走了他的账户上的全部金钱。他所购买的股票后来以2474英镑出售。受益人主张该股票出售所得应当归于他所有，但受托人的遗嘱执行人却认为，在购买股票时，账户上尚有足够的余额满足受益人的请求权，所以，应该认为该股票是用受托人自己的金钱购买的。

法院支持了受益人的主张。法院认为，很明显，如果将混合资金的部分取出用于投资并且该种投资是以受托人的名义进行的或者是在受托人的控制之下进行的，而混合资金的余额又被受托人挥霍一空，他不能说该种投资应归他所有，而被他挥霍掉的且不能回复的剩余财产则归于信托资金。受益人有权对该种投资或者该种投资所得主张权利。

第二节　违信责任的确定与免责

一、违信责任的确定

在英美法上，只要发生了违反信托的行为，受托人就有责任将信托财产恢复到未发生信托违反之前的状态。约因规则、可预见性规则以及远因规则均不适用于信托违反责任。[21]

在Caffrey v. Darby一案中，由于受托人的疏忽而没有及时收回对部分信托财产的占有，导致后来该部分资产的损失。受托人认为后来的损失不应当归咎于他先前的过失。法院否认了受托人的这一辩解。法院认为，一旦受托人实施了信托行为，他就应该对由此产生的任何损失承担责任，无论该种损失是否由该种违信行为所直接导致。在该案中，法官评价道："如果受托人有过失，他就应该对发生在信托财产上的任何损失承担责任，因为无论导致该种损失的近因如何，如果没有受托人的过失的话，信托财产就不会发生那样的损失。即使是该种损失是由火、电或者

---

〔20〕 (1903) 2 CH. 356.

〔21〕 Ramjohn, supra, p. 729.

其他意外事故导致的,均不能成为受托人先前过失的免责事由。”[22]

这一严格规则的后果是,受托人对发生在信托财产上的损害赔偿责任是绝对的。相应地,这就有可能使得在那些通过普通法上的侵权诉讼或者违约诉讼得不到赔偿的情况下,而通过违信诉讼的渠道得到救济。

由此可见,在英美法上,受托人违信责任与违约责任或者侵权责任不同。受托人的责任就是对信托财产遭受的损失进行回复。法院在处理这一问题时所遵循的基本原则是:

第一,如果受托人未经授权而进行投资,他应当对此未经授权的投资所产生的任何损失承担责任。

第二,如果受托人未经授权而处置投资,并以不适当的方式保管和持有该财产,受托人应当对该资产的市价与出售该资产的实际价格之间的差额承担责任。

第三,如果受托人在保管和持有未经授权的投资时,没有履行普通的谨慎人的注意义务时,他将承担违信责任。

第四,如果受托人不适当地出售了授权投资,并在未经授权的情况下,再将其出售所得另行投资,如果前一次投资升值而后一次贬值,受托人将对此差额承担责任。

第五,如果委托人指示受托人投资于特定项目,而受托人却没有进行该种特定投资,受托人应当按照要求在合理的时间进行改正。如果因为受托人的擅自行为而导致损失的发生,受托人应当对此承担责任。譬如,如果按照要求,本来可以得到更高的收益,但由于受托人没有按照指示去做,从而使得本来应该得到的收益却没有得到,受托人应当对此差额承担责任。

第六,如果受托人在一项交易中获利,而在另一项交易中亏损,受托人不得将此两种不同交易的盈亏进行抵销。但是,同一项交易中的赢利与亏损是可以抵销的。

二、违信责任的免除

在对受托人提起的违信诉讼中,受托人有权为自己的行为进行辩护。也就是说,受托人可以针对受益人的主张提出合理的理由进行抗辩(defenses to an action for breach of trust)。当受托人的抗辩合乎法律的要求时,则有可能免除其责任的承担(discharge of liabilities)。这种免责事由可以归纳为如下几个方面:

(一)受益人知晓或者同意(knowledge and consent of beneficiaries)

如果受益人了解受托人的行为违反了信托而没有表示反对意见,或者受托人在从事某种违信行为之前取得了受益人的同意,受托人将不承担责任。

美国法律认为,受益人对受托人的行为或者不行为事先或适时同意的,不得对受托人主张违信责任。但是,受益人的同意有下列情形之一的,仍然可以对受托人主张违信责任:(1)受益人在同意时,或行为或不行为时,处于无能力状态;(2)受益人的同意是在不知道其权利或者重要事实的情况下作出的,而该权利或者重要事实为受托人已知或应知,且受托人并非合理地确信受益人已经知悉;(3)受益人的同意是因为受到了受托人不适当的引诱。

但是,受托人对交易有相对利益的,如该交易不公平、不合理,受益人仍然可以对受托人主张违信责任。[23]

---

[22] (1801) 6 Ves. 488.

[23] Sec. 216 of Restatement of Trust Law.

在英国 Nail v. Punter 一案中,[24]信托项下的终生受益人的丈夫唆使受托人从信托资金中向其支付现金,而这是违反信托的。该终生受益人对受托人提起诉讼,在诉讼进行之中,该终生受益人死亡,因而其丈夫成为受益人,并继续以违反信托为由向受托人进行诉讼。法院认为,该种诉讼不能得到支持,因为该丈夫本人就是违反信托当事人之一。

但是,受益人的这种知晓和同意必须是建立在一定的前提之下,即要求受益人必须是成年人,并且精神正常。也就是说,受益人必须是具有行为能力的人。只有成年人并且精神正常才能够独立地作出判断并作出决策。当然,受益人的这种判断和决策还必须是以对相关事实有着充分了解的基础之上作出的,如果受托人对受益人提供的信息是错误的或者不符合实际情况的,则不能构成受托人的免责。受益人是否充分了解相关信息,受托人对此承担举证责任。受托人有义务证明受益人的决策是在没有受到不当影响的情况下独立作出的。

在 Re Pauling's Settlement Trust 一案中,[25]受托人对受益人的诉讼请求提出了抗辩,认为该项贷款是经过受益人同意的。法院否定了受托人的抗辩。法院认为,受益人的该种同意不是由受益人自主决定的,因其尚未成年,受益人的决策是在其父母的影响下做出的,并且其父母从该项贷款中获得了好处。

但即使存在上述免责原则,如受益人为多人时,这一原则并不妨碍其他受益人向受托人提起诉讼的权利。也就是说,如果存在着若干受益人的话,其中某一受益人或者部分受益人对违反信托是了解的或者是经过其同意的,其无权要求受托人对其承担责任;而对受托人违反信托的事实不了解的其他受益人仍然享有要求受托人对其承担责任的权利。

如果受益人教唆受托人实施违信行为,法院还有权没收该受益人的所得利益(impounding the interests of a beneficiary)。教唆受托人违反信托的受益人还应当向受托人或者其他主张权利的人进行赔偿。英国《1925 年受托人法》第 62 条规定,当受托人受到受益人的教唆或者请求或者同意(书面形式)而实施违信行为时,法院可以做出这样的命令,即从信托财产中扣除受益人的部分或者全部利益以向受托人或者其他主张权利的人予以赔偿。

(二)受托人的诚实、合理的行为(honest and reasonable act by trustee)

在有的情况下,即使是受托人的行为违反了信托而应该对受益人承担责任,但是如果法院认为受托人的该种行为是诚实的而且是合理的,也可能免除受托人的责任。

英国《1925 年受托人法》第 61 条规定,如果法院认为受托人……应该对其违信行为承担责任……但是受托人的该种行为却是诚实的和合理的,受托人违反信托或者在实施信托行为时没有取得法院的指令是情有可原的,法院可能免除受托人的责任。

该条是对《1896 年的司法受托人法》(The Judicial Trustee Act 1896)的重新确认。该法规定了三个重要的免责条件:(1)受托人的行为是诚实的;(2)受托人的行为是合理的;(3)受托人违反信托或者没有取得法院的指令是情有可原的。

这里所谓的"诚实",是指受托人的行为是善意的(in good faith)。只有受托人的行为是善意的,才有可能得到免责。如果受托人的行为是恶意的(in bad faith),即受托人明知其行为违反信托而故意为之,则不可能免除其责任。

这里所谓的"合理",是指受托人的行为必须是谨慎的(act with prudence)。受托人在管理处

[24]　(1832) 5 Sim. 555.

[25]　(1964) Ch. 303.

分信托事务时，必须遵守谨慎人规则。根据该种规则的要求，受托人在管理处分信托事务时必须履行像一个普通的谨慎的人在管理自己的事务时那样的注意义务。如果受托人没有遵守这样的注意义务，则不能免责。

从客观上来看，必须有受托人违反信托的事实，或者受托人实施某种行为没有得到法院的许可。但是，如果这种行为情有可原，譬如，受托人实施该种行为是为了使受益人获得更多更好的利益，而不是为了自己的私利，则可免除其责任。

如果满足了上述条件，法院就有权决定免除受托人的责任。法院在行使该项权利时，应该平衡考虑当事人的利益，即既要考虑到受托人的利益，又要考虑到受益人的利益，并以此来决定是全部免除其责任或者部分免除其责任。在通常情况下，如果没有特殊原因，只要受托人的行为是诚实的、合理的，受托人就能够得到免责。[26]

在 Perrns v. Bellamy 一案中，[27]一项限定授予财产中的受托人（a trustee of a settlement），由于律师的错误意见而出售了该项契约项下的租赁保有地，因而减少了原告（终生租户）的收入。原告以受托人违反信托为由向法院对受托人提出了诉讼。受托人则要求根据《1925 年受托人法》主张免责。法院同意免除受托人的责任。法官 Kekewich J. 说道："我认为，在一般情况下，如果没有特殊的原因，只要受托人的行为是合理的，他就应该被免除责任。法院没有责任来考虑在何种情况下免除受托人的责任才是公平的，除非有特别的证据证明该条规定不能适用于受托人。"[28]

但是，在每一个具体的情况下，每一个案件的裁决则取决于其自身的事实。能够影响法官的一个因素是受托人是否为专家或者职业受托人。

在 National Trustees Co. of Australia Ltd. v. General Finance Co. 一案中，[29]法院拒绝对职业受托人实行免责，尽管受托人同样是基于律师的错误意见而导致违反信托。

该种观点后来在 Bartlett v. Barclays Bank (1980)一案中得到了支持。[30] 在该案中，法院同样拒绝根据《1925 年受托人》第 61 条对职业受托人公司实行免责，因为受托人的行为被认为是与作为职业受托人的投资公司的地位不一致的。

法官 Brightman J. 说道："信托公司具有训练有素的信托从业人员和经营管理人员，容易接触金融信息和接受专家咨询，其日复一日地处理信托事务使其富有专业经验，信托公司有能力提供专业服务，而这正是普通的谨慎人所不具备的，普通的谨慎人接受受托人地位，或者是无偿的，或者是极不情愿地承担一种家庭义务。这就像根据合同法，一个具有特殊技能的职业人员应对其因过失而没有运用所具有的技能和经验而违约一样。所以，我认为，一个专业的公司受托人应当对其违信行为所导致的信托基金的损失承担责任，如果他没有运用他所具备的特别的注意和技能的话。"[31]

（三）因抛弃或者契约而免除责任（release or contract）

受益人可以通过契约或者抛弃而有效免除受托人对其所负担的违信责任。但抛弃或者契约

---

〔26〕 Ramjohn, supra, p. 737.

〔27〕 (1899) 1 Ch. 797.

〔28〕 (1899) 1 Ch. 797.

〔29〕 (1905) AC 373.

〔30〕 Ramjohn, supra, p. 738.

〔31〕 Ramjohn, supra, p. 738.

行为有下列情形之一者,则不能免除受托人违信责任:(1)受益人为抛弃或者约定行为时,处于无能力状态;(2)受益人的抛弃或者约定行为是在不知道其权利或者重要事实的情况下做出的,而该权利或者重要事实为受托人已知或应知,且受托人并非合理地确信受益人已经知悉;(3)受益人的抛弃或者约定行为是因为受到了受托人不适当的引诱;(4)因交易行为而与受托人之间所达成的协议并非公平合理。[32]

(四)因事后同意而免除责任(subsequent affirmance)

受益人对受托人违反信托所进行的交易行为,可以拒绝也可以接受,受益人有选择的权利。如果受益人接受了受托人的交易行为,受托人自然不再对其违信行为承担责任。受益人不得嗣后反悔而拒绝接受,更不得对受托人主张因交易行为所发生的损害赔偿责任。但是,如果受益人对交易行为的承认有下列情形的,仍然可以对受托人主张违信责任:(1)受益人处于无能力状态;(2)受益人的承认是在不知道其权利或者重要事实的情况下做出的,而该权利或者重要事实为受托人已知或应知,且受托人并非合理地确信受益人已经知悉;(3)受益人的承认行为是因为受到了受托人不适当的引诱;(4)因交易行为而与受托人之间所为的协议并非公平合理。[33]

(五)因法院判决而免除责任(decree of the court)

受益人可因法院的判决而丧失对受托人所得主张的违信责任。换言之,受托人的违信责任可因法院的判决而免除。[34]

(六)因破产而免除责任(bankruptcy)

受托人依破产法的规定应当免除其违信责任时,在免除的范围内受益人不得对其主张违信责任。[35]

(七)因无能力而免除责任(incapacity)

无能力的受托人对信托的违反所应当承担的责任,依其无能力的范围及违反信托的性质而决定。[36]

(八)免责条款(exculpatory provisions)

受托人依据信托条款的规定而免除受托人承担违信责任。但应注意的是,在信托契约明定受托人违信责任的免除条款的情况下,如果受托人对受益人的利益有恶意、故意或重大过失的行为,或者受托人因信托违反而获得任何利益的情形时,则不能适用免责条款。信托契约的条款定明免除受托人违信责任,在受托人与委托人之间信赖关系之滥用的范围内,该条款无效。[37]

三、违信责任与时效

时效是指一定的事实状态经过一定的时间后所发生的法律上的效果。具体到信托责任而言,它涉及受益人就信托财产提起诉讼的时间期限。受益人只有在有效的时效期限内提起诉讼,才可能得到法律的强制性保护,如果受益人不在时效法所规定的期限内行使权利,则有可能失去权利。时效对受托人来说是有利的,因为受托人可因时效法的规定而免除其责任。也就是说,即

---

〔32〕 Sec. 217 of Restatement of Trust Law.

〔33〕 Sec. 218 of Restatement of Trust Law.

〔34〕 Sec. 220 of Restatement of Trust Law.

〔35〕 Sec. 221 of Restatement of Trust Law.

〔36〕 Sec. 215 of Restatement of Trust Law.

〔37〕 Sec. 222 of Restatement of Trust Law.

使受托人的行为违反了信托,从而应该向受益人进行赔偿,然而,由于时效的因素,则可以阻止这种赔偿责任的发生。时间的消逝可能使得受益人失去特定利益,另外,时间的消逝也可能使得受托人免于承担某种责任。这种因时间的消逝而导致某种利益的丧失或者取得,可以称之为时效利益。

美国《信托法重述》第219条规定,受益人长时期不起诉要求受托人承担违信责任,并且依当时情形,如果允许受益人要求受托人承担责任已非公平的,受益人不得对受托人主张违信责任。由此可见,原则上受益人不因逾时未请求而丧失权利,但受托人违反信托为受益人所知悉者,受益人则因逾时不请求而丧失权利。[38] 英国《1980年时效法》(The Limitation Act 1980)第21条之三规定,因违反信托提起诉讼的时间期限是6年,从行为发生之日起算。也就是说,受益人对受托人提起回复信托财产的诉讼应当从受益人的权利遭受侵害之日起6年内提出,超过6年,受益人则丧失该种权利。但是,根据该法规定,对于将来利益,如剩余财产权和复归权(remainder and reversions)提起诉讼的时间期限则从将来权利人实际获得对财产的占有时起算。[39]

因而,在信托项下的终生租户提起诉讼的时间期限应在受托人违反信托之日起的6年之内,但是剩余财产权人提起诉讼的时间期限则应当从终生租户死亡之日起算的6年之内,在此之前的时间由于剩余财产权人尚未实际取得财产权而不能计算在内。此外,如果信托违反发生之日时受益人尚未成年或者受益人属于间歇性精神病人,那么,时效则应当从受益人恢复行为能力时起算。[40]

但上述6年时效期间也存在一些例外(exceptions to the six-year rule)。英国《时效法》第21条之一规定,本法所规定的时效期间不适用于由受益人提起的下列诉讼:(1)因欺诈或欺诈性违反信托,而且受托人是其当事人或者利害关系人;(2)要求受托人恢复信托财产;(3)在受托人已经出售了信托财产并将其收益归已占有而要求恢复信托财产的收益;(4)受托人将先前接受的信托财产或者收益转换成自己名下的财产而要求予以回复。

也就是说,在出现上述情况时,受益人的请求权则不受时效规则的限制。具体地说,即使是时效超过了6年,受益人仍然可以向受托人进行追及。

这里有一个问题,如果是在发生信托违反时由于受托人将其行为隐蔽起来而没有发现,或者由于某种错误而导致受托人的免责,如何处理?

在这种情况下,根据英国法的规定,如果是在发生信托违反时由于受托人将其欺诈性行为隐蔽起来而没有发现,或者由于某种错误而导致受托人的免则,时效从原告发现欺诈或者错误之日起算。接着的问题是,如果受益人始终没有发现从而导致权利长期处于不确定状态,又如何处理?同样根据英国法的规定,在这种情况下,受益人负有合理的注意义务,因而,时效也就应当从受益人以合理的注意应当发现之日起算。因此,英国《时效法》第32条之一专门针对这种情况规定,基于本法所规定的时效所提起的诉讼,有下列情形之一的,时效从原告发现欺诈、隐瞒或者错误或者以合理的注意应当发现之日起算。[41]

根据英国《受托人法》第22条规定,基于对死者财产或者财产上的任何份额或者利益(不论

---

〔38〕 Sec. 219 of Restatement of Trust Law.

〔39〕 Sec. 21(3) of the Limitation Act 1980.

〔40〕 Ramjohn, supra, p. 739.

〔41〕 Sec. 32(1) of the Limitation Act 1980.

有无遗嘱)的权利主张的诉讼应当在12年内提出,从有权接受该种财产或者财产上份额或者利益之日起算。但是,基于对遗产上利益的拖欠部分,或者对基于此种拖欠而发生的损害所提起的诉讼则应当在6年之内提出,从该种拖欠或者损害发生之日起算。[42]

此外,上述时效规定不适用于由检察官就公益信托提起的诉讼,因为,公益信托不像私益信托那样具有确定的受益人。

因时效的超过而导致受益人的权利的丧失的理论基础是什么?英美法对它的解释采用的是懈怠主义原则(doctrine of laches)。懈怠主义规则主要是指,由于原告的懈怠而致使时效届满将得不到衡平法上的救济。英国《1980年时效法》宣称,本法的任何规定都不能影响到衡平法院对基于原告的默许或者其他情形而对受托人实行免责。[43]

衡平法所遵守的格言是:"衡平法只帮助警惕者,而不帮助懒惰者(equity aids the vigilant and not the indolent)。"[44]在Smith v. Clay一案中,Camden L. C.爵士对这一规则作了阐述:"当一方当事人睡在自己的权利上而任由时效超过时,衡平法院总是拒绝对这种超过时效的诉讼请求给予帮助。除了良心、善意和合理的注意外,任何东西都不能引发衡平法院的行动。于此情形,衡平法院总是消极的,什么事也不做。"[45]由此可见,原告的迟延可能导致被告地位的改变,同时使人们有理由相信原告已经放弃了他的权利。

---

[42] Sec. 22(1) of the Limitation Act 1980.

[43] Sec. 36(2) of the Limitation Act 1980.

[44] Ramjohn, supra. p. 741.

[45] Smith v. Clay (1767) 3 Bro. CC. 639.

第五编 | 商业银行

第一章　商业银行概述

第一节　商业银行的概念、特征和功能

一、商业银行简史

“银行”(bank)一词来源于古法语 banque 和意大利语 banca,意思是指“板凳”或者“货币兑换商的桌子”。据说,早期的银行家只限于从事货币兑换业务,这些银行家通常在某个商业区的小店铺内坐在桌子旁边进行货币兑换,或者向那些需要流动资金的商人提供商业票据的贴现。

早期的银行大多起源于古希腊。当时的银行家以低息吸入存款,并以高息贷给需要资金的商人,从中获取利息差价。随着古希腊和古罗马文明的扩张,银行业随之在北欧和西欧得到发展。

但银行的随后发展却有些不顺利。这是因为,到中世纪时,银行遭到了教会的反对,因为银行家的高息贷款大大刺激了教会,并受到教会的压抑。但是,到了后来的商业革命时期,银行业又得到了复苏和发展,同时,由于银行家吸收存款和发放贷款的对象主要是富有的商人,所以,这种来自宗教的压迫在一定程度上得到了缓解。

至此,银行及银行业务的发展主要还局限于地中海沿岸。但是,到 15—17 世纪,随着新的陆路商品交易路线的开辟和航海技术的进步,世界的商业中心逐渐发生转移,并形成了以欧洲和不列颠群岛为中心的新的世界贸易中心。此时,欧洲的工业革命已经开始,工业革命正好需要成熟银行的支持,而银行也在这里又一次找到了适合其生存和发展的良好土壤。银行借此土壤得到了飞速的发展,如意大利的 Medici Bank 和德国的 Hochstetter Bank。

到今天,商业银行(commercial bank)在经济生活中所扮演的重要作用无论如何评价也不为过。现代的商业银行已经成为专门经营存款、贷款和汇兑等货币信用业务,充当信用中介和支付中介的最重要金融机构。商业银行是居民、企业信贷的主要提供者,并为其提供储蓄、支付、理财等最为广泛的金融服务。

二、商业银行的概念和特征

我国《商业银行法》[1]第 2 条规定,商业银行是指依照《商业银行法》和《公司法》设立的吸

---

〔1〕《商业银行法》于 1995 年 5 月 10 日经第八届全国人民代表大会常务委员会第十三次会议通过,自 1995 年 7 月 1 日起施行。之后,2003 年 12 月 27 日第十届全国人民代表大会常务委员会第六次会议通过了《关于修改〈中华人民共和国商业银行法〉的决定》修正,2015 年 8 月 29 日第十二届全国人民代表大会常务委员会第十六次会议通过了《关于修改〈中华人民共和国商业银行法〉的决定》的第二次修正。

收公众存款、发放贷款、办理结算等业务的企业法人。从上述关于商业银行的定义中,可以将商业银行的特征归纳为如下几个方面:

第一,商业银行是独立的企业法人。商业银行是经营货币和资金的金融企业,具有独立的权利能力和行为能力,依法自主经营、自负盈亏,并以其全部法人财产独立承担民事责任。

商业银行的企业法人属性表明商业银行是一种商事组织,是一种以营利为目的的商法人。

第二,商业银行的主要业务是吸收公众存款、发放贷款、办理结算等业务。《商业银行法》第3条规定,商业银行可以经营下列业务:吸收公众存款;发放短期、中期和长期贷款;办理国内外结算;办理票据承兑与贴现;发放政府债券、金融债券;代理发行、代理兑付、承销政府债券;买卖政府债券;从事同业拆借;买卖、代理买卖外汇;从事银行卡业务;提供信用证服务及担保;代理收付款项及代理保险业务;提供保管箱服务;经国务院银行业监督管理机构批准的其他业务。商业银行经中国人民银行批准,可以经营结汇、售汇业务。

商业银行的业务范围表明,商业银行从事的是各种以营利为目的的经营性业务,是商事行为的具体表现。

第三,依照商业银行法和公司法设立。商业银行组织普遍采用公司形式,不仅商业银行的设立,而且商业银行的组织机构、合并与分立、解散与清算均需要适用公司法的规定。但商业银行又是一种经营货币业务的特殊性质的金融机构,因此,商业银行的设立又必须首先适用商业银行法的规定。

就法律适用而言,商业银行法是特别法,公司法是一般法。但无论是商业银行法还是公司法,均属于商法的范畴。

三、商业银行的功能

商业银行的主要功能是向社会提供各种资金融通服务。商业银行的功能表现在如下几个方面:

(一)信用中介

信用中介,是指商业银行通过其负债业务集中社会公众的闲散货币资金,再通过资产业务把它贷给各个经济部门。商业银行作为货币资本借入者和贷出者的中介人,通过信用中介方式将短期资本转化为长期资本,并在利润原则的支配下把货币资本从低效益的部门转移到高效益的部门,以提高资金的使用效益,同时对经济结构和产业结构的调整也能起到积极作用。

(二)支付中介

商业银行利用其良好的资信能力为客户开立账户、提供中介服务、办理转账业务,如货币收付、转账结算、交易清算、汇兑、代收账款、外币兑换以及信用卡服务,成为企业、团体、个人的出纳者和支付代理人。商业银行的支付功能大量减少了现金的流通和使用,节约了社会流通费用,加速了结算过程和货币资金的周转,促进了社会再生产的扩大和商品经济的发展。

(三)信用创造

商业银行系统通过贷款与投资的形式对存款的运用可创造出原始存款的派生存款。商业银行将其所吸收的存款进行贷款,在支票流通和转账结算的基础上,贷款又会转换为存款,从而增加了银行的资金来源和活期存款。

商业银行的信用创造功能是在信用中介和支付中介的基础上产生的,同时,单个的商业银行并不能创造信用,只有整个商业银行体系才能创造信用。

（四）金融服务

随着工商企业生产和流通的进一步专业化，许多原先属于企业自身的货币经营业务转交给了商业银行来办理，如代发工资、代理支付其他费用等业务。提供金融服务已成为商业银行的重要业务。

第二节　银行体系

一般意义上说，金融机构由银行和非银行金融机构两大系统构成。银行体系由中央银行、商业银行和政策性银行构成。非银行金融机构主要包括证券公司、信托公司、保险公司、基金管理公司和财务公司等金融机构。商业银行的商业性将商业银行与中央银行、政策性银行区分开来。商业银行的主要业务为吸收存款、发放贷款、办理结算等，并以此与非银行金融机构相区分。此外，我国还存在城市信用合作社、农村信用合作社、村镇银行等与商业银行一样吸收公众存款的金融机构。

一、中央银行

中央银行是国家宏观经济的金融调控中心，它发挥着制定和执行货币政策、调控宏观经济等职能。中国人民银行是我国的中央银行。中国人民银行在国务院领导下，制定和执行货币政策，防范和化解金融风险，维护金融稳定。中国人民银行的具体职责表现为：

（一）发行的银行

作为货币发行的银行，其基本职能是负责全国统一的本位货币的发行，并通过货币的发行来调节货币流通，稳定币值。在我国，只有中国人民银行才有权发行人民币。

（二）银行的银行

作为银行的银行，中央银行只与商业银行和非银行金融机构发生业务往来关系，而不与工商企业发生直接的信用关系。在我国，中国人民银行的具体职能表现为：集中保管存款准备金，成为商业银行的现金准备中心；建立全国金融业票据结算中心；充当最后贷款人；办理再贴现、再抵押或直接取得贷款。

（三）政府的银行

作为政府的银行，其职能主要是制定和实施货币政策，实现对宏观经济的调节。在西方国家，其货币政策的最终目标一般包括四个方面：稳定物价、充分就业、经济增长和国际收支平衡。我国的货币政策目标是保证币值稳定，并以此促进经济的增长。

实现货币政策的工具主要包括法定存款准备金率、再贴现率和公开市场业务。传统上，中央银行的这三大业务被称为三大货币政策工具。[2]

作为政府的银行,中央银行的职能还表现在:代表政府从事国际金融活动;办理政府存款;经理国家财政金库,代理政府办理出纳业务和政府债券的发行和兑付业务;在政府财政困难时,为政府提供贷款或以其他方式为政府筹资。作为政府的银行,中央银行还负有监督管理的职能。

二、政策性银行

政策性银行是由政府创立、参股或者保证的,不以营利为目的,专门贯彻、配合政府社会经济和产业政策,在特定的业务领域内,直接或间接地从事政策性金融活动,充当政府发展经济、促进社会进步和进行宏观管理的专门金融机构。

政策性银行的资金来源渠道主要有资本金、财政拨款、中央银行的贷款、发行金融债券、向中央银行再贴现票据、向国外筹资等。其中,发行金融债券是其主要资金来源。

政策性银行与商业银行相比,其区别在于:政策性银行是执行国家经济政策和产业政策的金融机构,而商业银行则属于营利性金融企业,本质上属于商事企业的范畴。因而,政策性银行不以营利为目的,对于有社会效益、长期效益的项目,就要予以扶持,以低息甚至无息发放贷款,而商业银行显然在于追求商业利润;政策性银行享受政府的优惠政策,而商业银行则自主经营、自担风险。

此外,政策性银行也不同于财政机构,因为政策性银行行为不是财政行为,而是金融行为。财政支出具有无偿性和单向性;而政策性银行资金的运用虽然是为支持政策性项目而提供优惠利率贷款或低息贷款,但它仍然是有偿的,即使是提供无偿贷款,也要收回本金。这表明,政策性银行虽然是不以营利为目的,但却必须实行保本经营。

三、非银行金融机构

非银行金融机构,是指不适用商业银行法的规定办理存款、贷款和汇兑等业务的金融机构,包括保险公司、信托公司、证券公司、基金管理公司、金融资产管理公司、金融租赁公司、财务公司等以及其他民间金融组织等。

保险公司是专门经营保险业务的非银行金融机构(详见本书“商业保险”编)。

信托公司是专门从事信托业务的非银行金融机构(详见本书“商事信托”编)。

证券公司是专门从事证券业务的非银行金融机构(详见本书“证券交易”编)。

---

〔2〕法定存款准备金率是中央银行对商业银行吸收的存款所规定的商业银行应向中央银行缴存的比率。实行存款准备金制度,一方面,可以保证商业银行的清偿能力;另一方面,可以通过提高或者降低法定存款准备金比率调节信用规模,从而调节货币流通量。当经济过热或发生通货膨胀时,中央银行可以提高法定存款准备比率,商业银行所缴存的法定存款准备金就高,放款能力就降低,流通中的货币量就会减少。反之,当经济衰退时,可以降低法定存款准备金比率,商业银行所缴存的法定存款准备金就少,放款能力提高,流通中的货币量就会增多,以此扩大贷款规模,从而促进经济增长。

再贴现率是中央银行对商业银行的商业票据进行贴现的利率。中央银行可以通过提高或降低再贴现利率来调节流通中的货币。当流通中的货币过多,可以提高再贴现利率,使商业银行减少再贴现,从而减少流通中的货币。反之,当经济不景气时,中央银行可以降低再贴现利率,促进商业银行增加再贴现,从而增加流通中的货币量。

公开市场业务是中央银行在金融市场上买卖有价证券来调节流通中的货币量的一种手段。当经济过热时,中央银行可以出售证券,减少货币流通量,从而降低经济增长速度,抑制通货膨胀。当经济不景气时,中央银行可以购买证券,扩大货币供应量,使商业银行有更多的资金,扩大贷款规模,从而促进经济的发展。

基金管理公司专指负责管理和运用基金资产的公司。

金融资产管理公司是指专门承接和管理金融不良资产的非银行金融机构。

金融租赁公司是指经以经营融资租赁业务为主的非银行金融机构。

我国的财务公司立足于企业集团内部,专门办理企业集团内部金融业务。它在业务内容和服务范围等方面都较其他非银行金融机构狭窄,但在投资决策、促进企业集团产业结构调整和科技进步等方面又能起到其他非银行金融机构乃至商业银行所不能替代的作用。在企业集团内部,财务公司可以发挥商业银行、投资银行、租赁公司、信托公司等金融机构所能发挥的多方面功能,提供多种形式的综合金融服务。

其他非银行金融机构还包括期货公司、汽车金融公司、货币经纪公司、小额信贷公司、消费信贷公司等。[3]

第三节　商业银行法

一、商业银行法的性质

从银行法的体系来看,广义的银行法包括中央银行法、商业银行法和政策性银行法。但从商法意义上讲,只有商业银行法才是我们探讨的对象。商业银行法主要是关于商业银行的组织和商业银行业务的法律,本质上属于私法。

二、商业银行法的体系和内容

从法律的体系来看,我国的商业银行法包括《商业银行法》和其他有关商业银行存款、贷款、结算等方面的法律、行政法规。其中《商业银行法》是基本法。

商业银行法的内容可从逻辑上区分为商业银行组织法和商业银行业务法。前者是关于商业银行的性质、地位、设立、组织形式、变更和终止等方面的法律规定;后者是指商业银行从事金融业务活动的法律规定,主要包括存款、贷款、结算等业务及其经营规则的规定。商业银行组织法,除适用商业银行法的特殊规定外,还适用公司法的一般规定。因此,商业银行业务法构成商业银行法的核心内容。

三、商业银行法的适用对象

从上述《商业银行法》对商业银行的定义来看,它表明商业银行法调整的对象是各类商业银

---

[3] 这里需要对投资银行这一概念予以说明。投资银行业是一个新的行业,因而,迄今为止,对投资银行尚未有统一的认识。第一种观点认为,任何经营华尔街金融业务的机构,都可以称之为投资银行,其业务包括证券业务、保险业务、不动产业务等。第二种观点认为,只有在一级资本市场承销证券、筹集资金和在二级资本市场交易证券的金融机构才是投资银行。第三种观点认为,投资银行是指经营部分或全部资本市场业务的金融机构。其业务包括证券承销、筹集资金、兼并与收购、投资咨询服务、基金管理等。第四种观点认为,投资银行是指经营某些资本市场业务的金融机构。其业务只限于证券承销、兼并与收购业务。著名投资学家罗伯特·库恩认为,第三种观点最符合投资银行的现状,不过,第四种观点却最符合投资银行的特征,因而是投资银行的最佳定义。那些业务范围仅仅限于帮助客户在二级资本市场上出售或买进证券的金融机构不能称为投资银行,而只能叫作证券公司或者证券经纪公司。

行,即以吸收存款、发放贷款、办理结算业务为主,以安全性、流动性和效益性为经营原则的信用机构。因此,商业银行法适用于在中国设立的所有的商业银行,包括国有商业银行、股份制商业银行、合作商业银行、邮政储蓄银行、外资银行、外国银行分支机构。

至于其他非银行金融机构,虽然也从事某些融资业务,但因其业务性质与商业银行有着很大不同,故不适用商业银行法。

第四节　商业银行组织

一、商业银行的设立

(一)设立商业银行的条件

《商业银行法》第 12 条规定,商业银行的设立应符合如下条件要求:

一是有符合《商业银行法》和《公司法》规定的章程。商业银行的章程是指导商业银行行为的根本准则,是对商业银行及其股东、董事、监事和行长及其他高级管理人员具有拘束力的基本法律文件。商业银行的章程由其股东制定或者修正,并且须同时符合《商业银行法》和《公司法》的规定。

二是有符合《商业银行法》规定的最低注册资本限额。由于商业银行的经营所需要的资金规模远远大于普通的商事公司,因此,《商业银行法》专门规定了商业银行的最低注册资本限额。《商业银行法》第 13 条规定,设立全国性商业银行的最低注册资本限额为 10 亿元人民币。城市商业银行的注册资本最低限额为 1 亿元人民币,农村商业银行的注册资本最低限额为 5000 万元人民币。注册资本应当是实缴资本。银行业监管机构根据审慎监管的要求可以调整注册资本最低限额,但不得少于前款规定的限额。

三是有具备任职专业知识和业务工作经验的董事、高级管理人员。商业银行是一种典型的金融机构,其所开展的金融业务具有较高的专业性,因此,法律要求商业银行的高级管理人员应当具有与其所担任的职务相适应的专业知识和业务经验。

四是有健全的组织机构和管理制度。关于商业银行的组织机构和管理制度,《商业银行法》有规定的,应当首先适用《商业银行法》的规定;《商业银行法》没有规定的,应当适用《公司法》的规定。譬如,对于商业银行的股东会、董事会和监事会等机构的设立,《商业银行法》没有专门规定,因此,这些机构的设立只要符合《公司法》的规定就可以了。但是,商业银行法对国有独资商业银行监事会的设立及其职责有着专门的规定,因此,国有独资商业银行则必须按照《商业银行法》的规定设立监事会,其监事会应当按照《商业银行法》的规定履行职责。

五是有符合要求的营业场所、安全防范措施和其他设施。商业银行是经营存款、贷款和结算等业务的金融机构,不仅需要有营业场所才能满足其营业要求,而且需要有安全防范措施和与业务有关的其他设施。如在安全防范措施方面,应当装置防盗系统;在营业方面,应当尽量设置先进的设施以提高工作效率等。

(二)设立商业银行的程序

商业银行的设立应当遵循如下程序要求:

1. 申请

《商业银行法》第 14 条规定,设立商业银行,申请人应当向银行业监管机构提交下列文件资料:(1)申请书;(2)可行性研究报告;(3)银行业监管机构规定提交的其他文件、资料。

《商业银行法》第 15 条规定,设立商业银行的申请经审查符合法定要求的,申请人应当填写正式申请表,并提交下列文件、资料:(1)章程草案;(2)拟任职的董事、高级管理人员的资格证明;(3)法定验资机构出具的验资证明;(4)股东名册及其出资额、股份;(5)持有注册资本 5% 以上的股东的资信证明和有关资料;(6)经营方针和计划;(7)营业场所、安全防范措施和与业务有关的其他设施的资料;(8)银行业监管机构规定的其他文件、资料。

2. 审批

《商业银行法》第 11 条规定,设立商业银行,应当经银行业监管机构审查批准。

3. 登记

《商业银行法》第 16 条规定,经批准设立的商业银行,由银行业监管机构颁发经营许可证,并凭经营许可证向工商行政管理部门办理登记,领取营业执照。

商业银行自获得营业执照之日起成立,并可依法开展营业活动。

(三)商业银行的名称

依据我国法律,"银行"这一术语具有专用性,即只有经过批准才能使用"银行"字样。《商业银行法》第 11 条规定,未经批准,任何单位不得在名称中使用"银行"字样。

(四)商业银行的持股限制

商业银行不同于一般的普通商事公司。在普通商事公司,法律对股东的持股没有任何限制;而在商业银行,法律却设定了持股限制。《商业银行法》第 28 条规定,任何单位和个人购买商业银行股份总额 5% 以上的,应当事先经银行业监管机构批准。

(五)分支机构

1. 设立审批

《商业银行法》第 19 条第 1 款规定,商业银行根据业务需要可以在境内外设立分支机构。在境内的分支机构不按行政区划定,而是根据业务需要而定。设立分支机构须报银行业监管机构批准。

《商业银行法》第 20 条规定,设立商业银行分支机构,申请人应当向银行业监管机构提交下列文件和资料:(1)申请书(申请书应当载明拟设立的分支机构的名称、营运资金额、业务范围、总行及分支机构所在地);(2)申请人最近两年的财务会计报告;(3)拟任职的高级管理人员的资格证明;(4)经营方针和计划;(5)营业场所、安全防范措施和与业务有关的其他设施的资料;(6)银行业监管机构规定的其他文件、资料。

2. 资金要求

商业银行分支机构的营运资金由总行拨付。为了维持和保障分支机构的营业,法律要求总行所拨付的营运资金应当与分支机构的规模相适应。另外,总行自身还需要保留足够的资本金以维持和保障整个银行的运作。因此,《商业银行法》第 19 条第 2 款规定,商业银行在我国境内设立分支机构,应当按照规定拨付与其经营规模相适应的营运资金额。拨付分支机构营运资金额的总和,不得超过总行资本金总额的 60%。

3. 登记注册

《商业银行法》第 21 条及第 23 条第 1 款规定,经批准设立的分支机构由银行业监管机构颁发经营许可证并公告,并凭许可证向工商行政管理部门办理登记,领取营业执照。

4. 法律地位

《商业银行法》第22条明确规定,商业银行对其分支机构实行全行统一核算,统一调度资金,分级管理的财务制度。商业银行的分支机构不具有法人资格,分支机构在总行的授权范围内依法开展业务,其民事责任由总行承担。

二、商业银行的组织形式和机构

《商业银行法》第17条规定,商业银行的组织形式和组织机构适用公司法的规定。

(一)商业银行的组织形式

我国公司法规定了两种公司形式,有限责任公司和股份有限公司。也就是说,商业银行可以采取有限责任公司(包括国有独资公司)或者股份有限公司形式。

(二)商业银行的管理机构

我国公司法所规定的公司的组织机构包括股东会、董事会和监事会。也就是说,商业银行也应当设立股东会、董事会和监事会。

但应当注意的是,商业银行法对国有独资商业银行的监事会进行了专门规定。《商业银行法》第18条规定,国有独资商业银行设立监事会。监事会的产生办法由国务院规定。根据同条第2款规定,国有独资商业银行监事会的职责是,对国有独资商业银行的信贷资产质量、资产负债比例、国有资产保值增值等情况以及高级管理人员违反法律、行政法规或者章程的行为和损害银行利益的行为进行监督。

(三)商业银行董事、高级管理人员的任职资格

《商业银行法》第27条规定,有下列情形之一的,不得担任商业银行的董事、高级管理人员:(1)因犯有贪污、贿赂、侵占财产、挪用财产罪或者破坏社会经济秩序罪,被判处刑罚,或者因犯罪被剥夺政治权利的;(2)担任因经营不善破产清算的公司、企业的董事或者厂长、经理,并对该公司、企业的破产负有个人责任的;(3)担任因违法被吊销营业执照的公司、企业的法定代表人,并负有个人责任的;(4)个人所负数额较大的债务到期未清偿的。

三、商业银行的变更、合并与分立

(一)商业银行的变更

《商业银行法》第24条规定,商业银行有下列变更事项之一的,应当经银行业监管机构批准:(1)变更名称;(2)变更注册资本;(3)变更总行或分支机构所在地;(4)调整业务范围;(5)变更持有资本总额或者股份总额5%以上的股东;(6)修改章程;(7)银行业监管机构规定的其他变更事项。

更换董事、高级管理人员时,应当报经银行业监管机构审查其任职资格。

(二)商业银行的合并、分立

《商业银行法》第25条规定,商业银行的合并、分立适用公司法的规定。但应注意的是,该条同时规定,商业银行的合并或分立应当经银行业监管机构审查批准。

四、商业银行的接管与终止

(一)商业银行的接管

1. 接管条件

《商业银行法》第 64 条第 1 款规定,当商业银行已经或者可能发生信用危机,严重影响存款人的利益时,银行业监管机构可以对该银行实行接管。

由此可见,对商业银行实行接管的条件是商业银行发生或者可能发生信用危机。信用危机主要表现为,商业银行不能应付存款人的提款,不能清偿到期债务,以及同业拒绝拆借资金,原客户和市场普遍拒绝其提供服务。

2. 接管目的

《商业银行法》第 64 条第 2 款规定,接管的目的是对被接管的银行采取必要的措施以保护存款人的利益,恢复商业银行的正常经营能力。

3. 接管决定

《商业银行法》第 65 条规定,接管由银行业监管机构决定,并组织实施。

银行业监管机构的接管决定应载明下列内容:(1)被接管的商业银行的名称;(2)接管理由;(3)接管组织;(4)接管期限。

接管决定由银行业监管机构予以公告。

4. 接管开始

《商业银行法》第 66 条第 1 款规定,接管自接管决定实施之日起开始。

5. 接管期限

接管期限由银行业监管机构决定。接管期限届满,根据需要,可以延长。《商业银行法》第 67 条规定,接管期限届满,银行业监管机构可以决定延期,但接管期限最长不得超过 2 年。

6. 接管效力

接管效力表现在以下两个方面:

第一,商业银行的经营管理权发生转移。如前所述,接管的目的是对被接管的银行采取必要的措施以保护存款人的利益,恢复商业银行的正常经营能力。因此,为了有效的贯彻这一目的,在接管开始后,被接管的商业银行必须将其经营管理权转移给接管组织。对此,《商业银行法》第 66 条第 2 款明确规定,自接管开始之日起,由接管组织行使商业银行的经营管理权力。

第二,接管期间,商业银行的地位不变。尽管接管期间,商业银行的权力机关发生了变化,但这仍然只是商业银行的内部变化,因商业银行并不因被接管而丧失其独立的法律地位,所以,在接管期间,商业银行的法律地位不变。对此,《商业银行法》第 64 条第 2 款规定,被接管的商业银行的债权债务不因接管而变化。

7. 接管终止

《商业银行法》第 68 条规定,有下列情形之一的,接管终止:

一是接管决定规定的期限或者银行业监管机构决定的延期届满。期限届满后,如接管成功,则恢复经营;如接管不成功,则转入清算。

二是接管期限届满前,被接管商业银行已经恢复正常经营能力。商业银行在被接管期间,经过采取合理措施,使被接管商业银行已经恢复正常经营能力,接管目的达到,接管任务完成,接管自然终止。

三是接管期限届满前,该商业银行被合并或者被依法宣告破产。在接管期间,接管组织享有商业银行的经营管理权力,包括采取合并措施的权力。如果被接管商业银行被合并,接管任务也告完成。又或者接管组织在接管期间,发现被接管商业银行已经丧失偿付能力,则应当转入破产程序。被接管商业银行因转入破产程序,接管必然终止。

(二)商业银行的终止

《商业银行法》第 72 条规定,商业银行因解散、被撤销和被宣告破产而终止。

1. 解散原因

(1)商业银行因分立、合并或者出现公司章程规定的解散事由而解散。《商业银行法》第 69 条第 1 款规定,商业银行因分立、合并或者出现公司章程规定的解散事由需要解散的,应当向银行业监管机构提出申请,并附解散的理由和支付存款的本金和利息等债务清偿计划。经银行业监管机构批准后解散。

(2)商业银行因吊销经营许可证被撤销。《商业银行法》第 70 条规定,商业银行因吊销经营许可证被撤销,也是发生商业银行解散的事由。从事商业银行业务必须获得银行业监管机构的经营许可,如商业银行的经营许可证被吊销,属于行政上的撤销行为,并发生商业银行解散的效力。

(3)商业银行因破产而解散。《商业银行法》第 71 条规定,商业银行不能支付到期债务,经银行业监管机构同意,由人民法院依法宣告破产。

2. 商业银行的清算

(1)自行清算。《商业银行法》第 69 条第 2 款规定,商业银行解散的,应当依法成立清算组,进行清算,按照清偿计划及时偿还本金和利息。银行业监管机构监督清算过程。

自行清算适用于商业银行因出现公司章程规定的解散事由而解散的情形。因合并或者分立而解散的,因其债权债务概括转移,故无须清算。自行清算由商业银行依法自己组织清算,但由于商业银行不同于普通商事公司,所以,该种清算须置于银行业监管机构的监管之下。

(2)行政清算。《商业银行法》第 70 条规定,商业银行因吊销经营许可证被撤销的,银行业监管机构应当依法及时组织成立清算组,进行清算,按照清偿计划及时偿还存款本金和利息等债务。

(3)破产清算。《商业银行法》第 71 条规定,商业银行依法被宣告破产的,由人民法院组织银行业监管机构等有关部门和有关人员成立清算组,进行清算。商业银行破产清算时,在支付清算费用、所欠职工工资和劳动保险费用后,应当优先支付个人储蓄存款的本金和利息。

第二章　商业银行业务概述

第一节　商业银行业务的发展与构成

一、商业银行业务的发展

(一)商业银行的传统业务

传统上,商业银行业务(banking services)包括货币兑换、商业票据贴现、发放商业贷款、储蓄存款服务以及贵重物品的保管、用信用支持政府活动、提供支票服务、提供信托服务。

货币兑换(currency exchange)是商业银行最早提供的服务,可以说,商业银行就是起源于货币兑换。

在很早的时候,银行便开始贴现商业票据(discounting commercial notes)以满足商人的现金需求。

随后,银行便开始向商人发放贷款。由于贷款可以给银行家带来丰厚的利润,所以,商业银行就尽量筹集资金,于是储蓄存款(savings deposits)也开始发展起来。

从中世纪开始,商业银行就开展保管箱业务替客户保管贵重物品或者其他有价证券。而且,银行签发的保管收据还可以转让和流通。

商业银行还可以通过购买政府债券的方式来支持政府。典型的例子是,在北美独立战争期间所成立的北美银行为美国的独立战争筹集了大量的资金。在美国南北战争期间,美国国会成立了联邦储备系统,同意在联邦内的每一个州成立国民银行,但条件是这些银行必须购买资助战争的政府债券。

提供支票账户(活期存款/demand deposit)是银行的重要业务之一。这是一种由存款人将款项存入银行(活期)并可以开出支票以支付商品价款和劳务报酬的账户。

银行还可以利用自己的专业能力为居民和企业提供理财服务,即所谓的信托业务(trust services)。

(二)商业银行业务的扩展

现代商业银行的业务范围越来越广泛。除了传统的业务外,商业银行还将其业务扩展到发放消费者贷款、金融咨询、现金管理、提供设备租赁、发放风险贷款、出售保单、出售退休计划以及提供证券经纪服务、共同基金和年金服务、投资银行和商人银行服务等领域。

以前的银行是不屑于开展消费者贷款业务的,因为,这种贷款规模较小,利润不高,风险较大。然而,现在已经不是银行垄断金融业的时代了,金融业的竞争促使银行不得不重视消费者贷款业务的开发。

商业银行开展的新业务还包括金融咨询服务(financial advisory services),如提供有关信贷用途、储蓄和资金投资、个人纳税申报单、财务计划以及其他营销信息等方面的帮助。

银行所提供的现金服务(cash management service)则是指银行为企业或者个人进行现金托收和支付,以及利用暂时闲置资金进行带息证券的短期投资和短期贷款。

银行所提供的设备租赁服务(equipment leasing services)是指银行购买设备,然后根据其与顾客的租赁合同,将该设备租赁给企业,企业支付租金,并在一定期限后取得对该设备的所有权。

现在越来越多的银行愿意为新企业,尤其是高新技术企业提供贷款,以帮助这些高风险企业筹集资金。

银行还向接受贷款的客户出售保单(insurance policies)。

银行还积极参与企业为雇员提供的退休计划(retirement plans)管理。此外,银行还向个人出售存款退休计划(IRAs 和 Keoghs)。

银行还向顾客提供股票、债券和其他证券的买卖服务,即所谓的证券经纪服务(security brokerage)。

银行还提供共同基金和年金服务。共同基金是一种专业化管理的投资计划。年金则是指在未来一定时期(如退休时)持有人将得到一定收入流的长期储蓄计划。

银行所提供的投资银行或者商人银行服务包括确定可行的兼并目标、参与公司收购的融资、为顾客提供证券服务、提供战略营销咨询、提供套期保值服务使客户免遭汇率波动和利率变动的风险。

(三)影响银行业务的因素

上述对银行业务的概述表明了现代商业银行的业务在不断的扩展和发展之中,其业务范围越来越广泛。"总的来说,现代银行所提供的种种服务为顾客带来更多的方便,顾客可以在一家银行满足其所有的需要。银行也真正成为现代的'百货公司',即集银行、信托、保险和证券经纪服务于一身而成为'全能性银行'。"[1]银行客户可以享受到"一站式服务"(one-step-shopping),银行的功能和形式正在发生广泛而深刻的变化。这种变化被称为"银行业的革命"。导致这种变化的因素主要有二:

其一,日益激烈的竞争。现在的商业银行与过去的商业银行所面临的处境完全不同。传统上,银行一直在金融行业中处于无可争议的地位。然而,银行的这种地位现在却面临着严重的挑战。商业银行将不得不面对其他金融机构,如证券公司、保险公司、信托公司、投资银行、商人银行等的直接竞争。这些竞争压力促使商业银行尽力开展新的业务来满足顾客的需求。

其二,银行管制的放松(deregulation)。银行管制的放松表现在两个方面:一是对银行业务经营监管的放松。如对存款利率管制的放松甚至取消,必然大大提高银行的存款成本,这又使得银行不得不寻求新的资金来源,如资产证券化产品的开发。二是对银行业务范围监管的放松。如在美国,由于受到1933年《格拉斯—斯蒂格尔法》(Glass-Steagall Act of 1933)的限制,禁止银行兼营其他非银行业务,如证券业务。但是,该法在实施过程中一直都遭受到不断的反对,导致立法不得不采取措施逐渐放松管制。1999年11月4日,美国国会通过了《金融服务现代化法》(Financial Services Modernization Act of 1999),这项法案取消了美国对银行、保险、证券业的专业限制,全面拆除了20世纪30年代通过的《格拉斯—斯蒂格尔法》对金融混业经营的限制,银行业

---

〔1〕［美］彼得·S. 罗斯:《商业银行管理》,唐旭、王丹等译,经济科学出版社1999年版,第11页。

与证券业、保险业的界限消失了，并为银行扩张其业务提供了法律上的保障。[2] 英国银行法1987年进行了大改革（big bang），日本于1992年通过金融改革法开始金融改革，分业限制在英国、日本等国家先后也被取消。应当说明的是，银行监管的放松在各国的发展是不平衡的，我国法律对商业银行的管制仍然很紧。对于金融混业发展格局，我国目前主要采取个案审批政策，目前已有一些综合金融投资集团。

二、商业银行业务的构成

在我国，商业银行的业务可以概括为三大类构成：负债业务、资产业务和中介业务。

（一）负债业务

负债业务是指商业银行筹集资金来源的业务。在负债业务中，银行是以债务人的身份吸收和借入资金，是对他人的负债。商业银行的负债业务主要包括股权资本和外来资金。

1. 股权资本。股权资本由三部分构成，即商业银行成立时发行股份所筹集的股份资本、公积金和未分配的利润。股权资本仅占银行负债业务的一小部分（要求不低于8%）。在严格的法律意义上，股权资本属于股东的投资，与单纯的债务不同。

2. 外来资金。商业银行的外来资金包括存款、借款和其他资金。其中，存款约占银行负债的绝大部分，是商业银行的主要资金来源。借款的形式包括向中央银行借款、再贴现等；国内外融资，如发行金融债券等；银行同业拆借。其他资金来源主要是在进行中介业务时临时存管客户的资金等。

《商业银行法》第3条规定的商业银行业务中，属于负债业务的有：吸收公众存款、发行金融债券和同业拆借。

（二）资产业务

资产业务是指商业银行以获取利润为目的而运用资金的业务，包括贷款、投资和其他资产业务。

1. 贷款。贷款又可分为信用贷款、担保贷款、票据贴现等业务，是商业银行的主要资产业务。

2. 投资。投资是指商业银行购买有价证券的业务活动，主要包括国库券、公债券、公司债券、股票等。商业银行通过投资于各种有价证券而成为有价证券的持有者，所购买的有价证券即成为商业银行的资产。

3. 其他资产业务。其他业务，如库存现金以及在中央银行的存款等。

《商业银行法》第3条规定的商业银行业务中，属于资产业务的有：发放短期、中期和长期贷款；办理票据承兑与贴现；买卖政府债券、金融债券；买卖外汇。

（三）中介业务

中介业务是指不动用自己的资金替客户办理收付、进行担保和其他委托事项而收取手续费的各项业务，如结算业务、代收款项、代理买卖等。

《商业银行法》第3条规定的商业银行业务中，属于中介业务的有：办理国内外结算；代理发行、代理兑付、承销政府债券；代理买卖外汇；提供信用证服务及担保；代理收付款项及代理保险

---

〔2〕 美国的金融混业经营大多通过“金融控股公司”（financial holding company）进行，通过金融控股公司方式，各个子公司的风险将被限定在自身公司之内而不会扩展到集团整体。日本以及中国台湾地区均已参考此做法并进行了金融控股公司的相关规制。

业务;提供保管箱服务等。

就我国商业银行业务监管,《银监法》第 18 条规定,银行业金融机构业务范围内的业务品种,应当按照规定经国务院银行业监督管理机构审查批准或者备案。需要审查批准或者备案的业务品种,由国务院银行业监督管理机构依照法律、行政法规作出规定并公布。

第二节 商业银行的业务经营原则

一、独立经营的原则

《商业银行法》第 4 条规定,商业银行实行自主经营,自担风险,自负盈亏,自我约束。商业银行依法开展业务,不受任何单位和个人的干涉。商业银行以其全部法人财产独立承担民事责任。

商业银行是依法设立的吸收公众存款、发放贷款、办理结算等业务的企业法人。这意味着商业银行作为企业法人具有民事权利能力和民事行为能力,能够独立享有民事权利和承担民事义务,独立承担民事责任。《商业银行法》从立法上确认了商业银行的独立经营原则。

商业银行的独立经营原则首先要能够保障商业银行的自主经营,任何单位和个人不得干涉。譬如,商业银行有权自主决定是否发放贷款,向谁发放贷款。任何单位和个人不得强令商业银行发放贷款或者提供保证;商业银行对强令其发放贷款或者提供保证的行为有权拒绝。单位或者个人强令贷款人发放贷款或者提供担保的,应当对直接负责的主管人员和其他直接责任人员给予纪律处分;造成损失的,应当承担全部或者部分赔偿责任。贷款方的工作人员对单位或者个人强令其发放贷款或者提供担保未予拒绝的,应当给予纪律处分;造成损失的,应当承担相应的赔偿责任。

此外,商业银行应当能够自担风险、自负盈亏。这就是说商业银行应独立承担民事责任。为保障商业银行的责任能力,法律规定商业银行享有法人财产权,并以其全部法人财产独立承担民事责任。

商业银行独立承担民事责任,体现在两个方面:一是商业银行的股东只承担有限责任,即只在其投资的范围内对商业银行的债务承担责任。二是国家或者政府不对商业银行的债务承担任何责任。这将意味着,即使商业银行经营失败,也只能由商业银行自己承担责任。这里体现的完全是一种商业化的运作方式。

二、遵循平等、自愿、公平和诚实信用的原则

《商业银行法》第 5 条规定,商业银行与客户的业务往来,应当遵循平等、自愿、公平和诚实信用的原则。

平等原则意味着银行与客户之间的关系是一种平等主体之间的民事关系,双方权利义务关系的确立应建立在平等协商的基础之上,任何一方都不得强迫对方服从自己的意志。同时,平等性还表现为,不能根据主体的所有制性质、经济实力的强弱而区别对待。

自愿原则意味着商业银行及其客户有权依照自己的意愿从事商业活动,如商业银行可以选

择与其交易的客户，客户也可以选择与其交易的银行。

公平原则意味着商业银行与客户之间的往来关系应当公平合理，不得滥用经济优势。

诚实信用原则意味着要求银行在与客户的交易中应当诚实不欺，恪守信用。商业银行业务主要是一种信用业务，这就要求商业银行在从事银行业务时应当忠实履行其合同义务，不能欺诈蒙骗客户，不守信诺，损害客户的利益。

三、保障存款人合法权益的原则

《商业银行法》第6条规定，商业银行应当保障存款人的合法权益不受任何单位和个人的侵犯。

保障存款人合法权益的原则在商业银行法中主要体现在如下几个方面：

第一，办理个人储蓄存款业务，应当遵循存款自愿、取款自由、存款有息、为存款人保密的原则。

第二，对个人储蓄存款或者单位存款，除法律另有规定的外，商业银行有权拒绝任何单位或个人查询、冻结、扣划。

第三，商业银行应当按照中国人民银行规定的存款利率的上下限确定存款利率，并予以公告。同时，商业银行应当按照中国人民银行规定的贷款利率的上下限确定贷款利率。

第四，商业银行破产清算时，在支付清算费用、所欠职工工资和劳动保险费用后，应当优先支付个人储蓄存款的本金和利息。

四、保障商业银行审慎经营的原则

商业银行作为经营货币这种特殊商品的金融企业，其业务本身具有高风险性特征。因此，商业银行法把保障商业银行的审慎经营作为银行经营的基本原则。《银监法》第21条规定，银行业金融机构应当严格遵守审慎经营规则。商业银行的审慎经营原则主要表现在如下几个方面：

第一，审慎原则要求商业银行的经营要有安全性、流动性和效益性。

《商业银行法》第4条规定，商业银行以安全性、流动性、效益性为经营原则。所谓安全性，是指降低商业风险，使商业银行的贷款本息能按期足额收回。所谓流动性，是指银行能够随时应付客户的提款、满足必要的贷款能力。所谓效益性，即盈利性或者收益性，是指商业银行应当通过自己的业务经营获取利润。

第二，审慎原则要求商业银行要建立贷款审查制度，实行信贷担保，保障按期收回贷款。

《商业银行法》第7条规定，商业银行开展信贷业务，应当严格审查借款人的资信，实行担保，保障按期收回贷款。商业银行依法向借款人收回到期贷款的本金和利息，受法律保护。这一规定具体体现为：(1)《商业银行法》第35条规定，商业银行贷款，应当对借款人的借款用途、偿还能力、还款方式等情况进行严格审查。(2)贷款业务应建立起科学、有效的管理责任制度，以保障贷款资产的安全和效益。《商业银行法》第35条规定，商业银行贷款，应当实行审贷分离、分级审批的制度。(3)《商业银行法》第36条规定，商业银行贷款，借款人应当提供担保。商业银行应当对保证人的偿还能力，抵押物、质物的权属和价值以及实现抵押权、质权的可行性进行严格审查。经商业银行审查、评估，确认借款人资信良好，确能偿还贷款的，可以不提供担保。(4)借款人应当按期归还贷款的本金和利息。借款人到期不归还担保贷款的，商业银行依法享有要求保证人归还贷款本金和利息或者就该担保物优先受偿的权利。借款人到期不归还信用贷款的，应当按照合同的约定承担责任。

第三，审慎原则要求实行资产负债比例管理。

商业银行必须实行资产负债比例管理。所谓资产负债比例管理，是指以资本及负债制约资产总量及资产结构，从而保持信贷资产安全性、流动性和效益性的协调一致。《商业银行法》第39条规定，商业银行贷款，应当遵守下列资产负债比例管理的规定：(1)资本充足率不得低于8%；(2)流动性资产余额与流动性负债余额比例不得低于25%；(3)对同一借款人的贷款余额与商业银行资本余额的比例不得超过10%；(4)银行业监管机构对资产负债比例管理的其他规定。

第四，审慎原则要求商业银行不得从事高风险投资业务。

《商业银行法》第43条要求，商业银行在中华人民共和国境内不得从事信托投资和证券经营业务，不得向非自用不动产投资或者向非银行金融机构和企业投资，但国家另有规定的除外。这表明，原则上我国对商业银行业务实行的是分业经营的原则，即商业银行业务与信托业务、证券经营业务、房地产业务、非银行金融机构和企业投资业务分开经营，但应该注意到新商业银行法规定的“但书条款”为商业银行将来从事混业经营留下了空间。

《银监法》第21条规定，审慎经营规则，包括风险管理、内部控制、资本充足率、资产质量、损失准备金、风险集中、关联交易、资产流动性等内容。

五、依法经营的原则

《商业银行法》第8条规定，商业银行开展业务，应当遵守法律、行政法规的有关规定，不得损害国家利益、社会公共利益。

商业银行的依法经营原则体现在方方面面，譬如，商业银行实行许可经营，任何机构，如没有获得许可，均不得经营商业银行业务。同时，商业银行应当依照法律、行政法规的规定使用经营许可证。禁止伪造、变造、转让、出租、出借经营许可证。

又如，商业银行应当在法律规定的业务范围内从事银行业务，不得从事法律规定之外的业务。

再如，商业银行在从事法律允许的商业银行业务时，也必须依法经营，如依照法律的规定从事存款、贷款、结算等业务。

六、公平竞争的原则

《商业银行法》第9条规定，商业银行开展业务，应当遵守公平竞争的原则，不得从事不正当竞争。

常见的不正当竞争手段主要有：

第一，违反规定提高或者降低利率或者采取其他不正当手段吸收存款，发放贷款。

第二，违反法律规定对关系人发放贷款。《商业银行法》第40条对关系人的范围作出了界定。根据该条规定，关系人包括两类人：一是商业银行的董事、监事、管理人员、信贷业务人员及其近亲属；二是商业银行的董事、监事、管理人员、信贷业务人员及其近亲属投资或者担任高级管理职务的公司、企业或其他经济组织。

《商业银行法》第40条规定，对关系人贷款管理有两条基本规定：一是商业银行不得对关系人发放信用贷款；二是对关系人发放担保贷款的条件不得优于其他借款人同类贷款的条件。

第三，利用汇款、贷款业务强迫存款，进行所谓的“以贷引存”。

第四,按存款比例为存款单位领导或财务主管提取好处费、揽储费、协储费、信息费以及赠送纪念品、有价证券。

第五,对存款单位的活期存款按定期存款支付,支付的部分以现金的形式进入存款单位的小金库。

第六,在贷款合同之外收取借款人的其他费用,包括所谓的贷款手续费、协办费。

七、接受监管的原则

(一)商业银行监管的意义

商业银行的监督管理是指国家对商业银行的设立和经营进行监督管理,保障商业银行的审慎经营,保护存款人的利益,维护金融秩序。《商业银行法》第10条规定,商业银行依法接受银行业监管机构的监督管理,但法律规定其有关业务接受其他监督管理部门或者机构监督管理的,依照其规定。

对商业银行实行监管的意义具体表现在如下几个方面:

第一,保护公众存款人的利益。银行是公众储蓄,尤其是个人和家庭储蓄的主要吸收机构。然而,公众往往缺乏金融知识,缺乏相应的信息了解,无法正确估计银行风险。因此,通过对银行的监管可以避免公众存款人的损失。

第二,控制货币供给和信用以实现相应的经济目标。由于商业银行具有通过贷款和投资以立即可支付存款的形式创造货币或者信用的功能(信用扩张),而且银行所创造的货币的数量变化与经济状况密切相关,尤其是关系到就业与通货膨胀的问题。因此,政府有必要对商业银行创造货币的能力予以控制,以保障充分就业和币值稳定。

第三,保障公众获取信用和其他重要金融服务的公平机会和公正待遇。

第四,提高公众对金融体系的认知和了解,使储蓄能够顺利流向生产性投资,同时保证商品和服务支付能力的迅速提高。

第五,防止金融权力集中于少数个人和机构。

第六,为政府提供信用、税收和其他服务。

第七,帮助经济中有特别信用需要的部门,如住房、中小企业以及农业。

尽管监管具有上述积极意义,但是,对商业银行的监管必须适度,否则,商业银行可能因为过度监管而萎缩。因此,监管应当在保证下列条件下实施:首先,银行应当能够发展新的业务以满足公众需求。其次,在金融服务领域保障充分的竞争,以确保合理价格,提供高质量服务。最后,私人部门决策不受干扰,避免造成稀缺资源配置不当和浪费,如接受政府指令扶持面临倒闭的企业。

(二)外部监管

对商业银行的监管可分为外部监管和内部监管。

银行业监管机构依法对金融机构及其业务实施进行监督管理,统一监督管理商业银行、金融资产管理公司、信托公司以及其他存款类金融机构(以下简称银行业金融机构),确保银行业的合法、审慎运行。其职责包括:(1)制定有关银行业金融机构监管的规章制度和办法,起草有关法律和行政法规,提出制定和修改的建议;(2)审批银行业金融机构及分支机构的设立、变更、终止及其业务范围;(3)对银行业金融机构实行现场和非现场监管,依法对违法违规行为进行查处;(4)审查银行业金融机构董事、高级管理人员任职资格;(5)负责统一编制全国银行数据、报表，抄送中国人民银行，并按照国家有关规定予以公布；(6)会同有关部门提出存款类金融机构紧急风险处置意见和建议；(7)负责国有重点银行业金融机构监事会的日常管理工作；(8)承办国务院交办的其他事项。

商业银行应当依法建立、健全其财务会计制度，真实记录并全面反映其业务活动和财务状况，编制年度财务会计报告，及时向监管机关和财政部门报送会计报表。

商业银行应当依法接受审计机关的审计监督。审计机关依法对国有金融机构的资产、负债、损益以及其财务收支的真实、合法和效益依法进行审计监督。

(三)内部监管

除外部监管外，法律还规定了商业银行的内部稽查、检查制度。商业银行的内部监管是商业银行通过建立内部规章制度进行自我稽核检查的一种管理措施。其内容包括：其一，商业银行应当按照监管机关的规定，制定本行的业务规则，建立、健全本行的业务管理、现金管理的安全防范措施；其二，商业银行应当建立、健全本行对存款、贷款、结算、呆账等各项情况的稽核、检查制度。商业银行的分支机构应当进行经常性的稽核、检查制度。

第三章　商业银行存款业务

第一节　存款业务概述

一、存款的概念

存款是商业银行接受客户存入资金，存款人可以随时或者按约定时间支取本金和利息的一种信用业务。存款是商业银行的负债业务，形成商业银行与存款人之间的债权债务关系。在存款法律关系中，存款人是商业银行的债权人，享有对存款本金及其利息的请求权；银行是存款人的债务人，对存款人负有偿还义务，即银行负有随时或者依照约定的时间向存款人支付存款本金及其利息的义务。

存款人与银行之间的存款关系表现为一种合同关系。存款人向银行填写的存款凭条或者出具的各种转账凭证可视为存款要约，银行收妥存款资金入账，并向存款人出具存单（折）或者进账单，即回单或者收账通知，可视为承诺。存单（折）或者进账单的出具标志着存款合同的成立。存单（折）或者进账单不仅是存款合同的形式，同时也是存款债权的凭证。

二、存款的种类

（一）机构存款与个人储蓄存款

根据存款主体的不同，可将存款划分为机构存款和个人储蓄存款。

机构存款是指企业事业单位、国家机关、社会团体、部队等机构在银行的存款。个体工商户的存款也属机构存款。由于我国在一定范围内实行货币管制，如现金管制、工资监督、外汇管理等，因而机构存款的最大特点是这种存款具有强制性。

个人储蓄存款是居民个人在银行的存款。个人储蓄存款的资金是居民个人所有或者合法持有的资金。个人储蓄存款的最主要特征是这种存款具有自愿性。

（二）活期存款与定期存款

根据存款的期限不同，可将存款划分为活期存款和定期存款。

活期存款是指存款人可以随时存取的存款。这种存款方式的优点是方便快捷，可以随时提取现金。支票账户的存款就是一种活期存款，存款人可以随时从其支票账户中支付商品或者劳务款项。但缺点是利息较低，有些国家甚至规定，支票账户中的存款没有利息。

定期存款是指银行与存款人之间对存款的期限和提取方式做出事先约定的存款。存款人只有在约定的期限届满后才能依约定的方式支取现金。与活期存款比较，定期存款的优点是利息较高，但缺点是支取期限和方式受到限制。

(三)人民币存款和外币存款

根据存款货币种类的不同,可将存款划分为人民币存款和外币存款。

人民币存款是指存款人将人民币资金存入银行的存款。外汇存款是指存款人将外汇资金存入银行的存款。

(四)通知存款

通知存款是一种不约定存期,支取时需提前通知银行,约定支取日期和金额方能支取的存款。通知存款可以是个人通知存款,也可以是单位通知存款。

通知存款的特点是:适用于大额存款,并需要在短期内支取该款项,或者需要分期多次支取,或者短期内不能确定取款日期的客户。通知存款利率高于活期存款。通知存款开户及取款起点较高。

(五)协定存款

协定存款是指可以开立基本存款账户或一般存款账户的客户与银行签订协定存款协议,在基本存款账户或一般存款账户之上开立具有结算和协定存款双重功能的协定存款账户,并约定基本存款额度,由银行将协定存款账户中超额度的部分按协定存款利率单独计息的一种存款。

一般而言,只有在银行开立基本存款账户或一般存款账户,且开户期限已满一定期限的单位才能申请办理协定存款。

(六)大额可转让存单

大额可转让存单(以下简称 CD),是一种固定面额、固定期限、可以转让的大额存款凭单。这种存单由各商业银行负责发行。

大额可转让存单可分为记名式和不记名式两种形式。记名大额可转让存单可以在发行单位挂失。不记名大额可转让存单不能挂失。

大额可转让存单也是银行定期存单的一种,但与普通银行定期存单相比,二者具有显著的区别:第一,普通存单不可转让,而大额存单可以转让。记名大额可转让存单采用背书方式转让。不记名大额可转让存单采用交付转让方式。第二,普通存单面额不固定,而大额存单面额不但固定,而且数额较大。第三,普通存单提前支取要损失部分利息,而大额存单由于可流通转让,在未到期转让时,利息不受损失。大额存单不得提前支取,存单到期,只能在原发行银行支取。第四,普通存单期限可长可短,而大额存单期限较短。

第二节 储蓄存款

一、储蓄存款概述

(一)储蓄存款的概念

储蓄存款,即个人储蓄存款,是指个人将其所有或者合法持有的人民币或者外币,自愿存入中国境内储蓄机构的存款,是货币所有者与储蓄存款机构之间发生的债权债务关系。

在储蓄法律关系中,储蓄合同的当事人一方是商业银行,另一方是社会公众。储蓄合同的表现形式是存折或存款单。存折或存款单是确定当事人之间的权利义务的书面依据。就银行卡而言，发卡银行依据密码等电子信息为持卡人办理的存取款、转账结算等各类交易所产生的电子信息记录，均为该项交易的有效凭据。发卡银行可凭交易明细记录或清单作为记账凭证。

储蓄存款当事人之间的法律地位平等。《商业银行法》第29条规定，商业银行办理个人储蓄存款业务，应当遵循存款自愿、取款自由、存款有息、为储户保密的原则。

（二）储蓄业务的范围

储蓄机构可以经营人民币储蓄业务、外币储蓄业务、其他储蓄业务。

人民币储蓄业务可分为活期储蓄存款、定期储蓄存款、定活两便储蓄、大额可转让定期存单。

储蓄机构可以办理活期储蓄、整存整取等外币储蓄存款业务。储蓄存款机构办理外币存款业务必须经外汇管理部门批准，外币储蓄存款的种类、利率、档次及其利息支取办法，按银行业监管机构统一规定执行。

（三）储蓄种类

储蓄种类可分为活期储蓄存款、定期储蓄存款和定活两便储蓄存款及结构性存款。

1.活期储蓄存款是指储户可随时存取的储蓄存款。活期储蓄存款的特点是，灵活方便、适合个人存储待用的款额。活期储蓄存款一元起存，多存不限，储蓄存款机构收款后开具存折，储户凭证存取，存取的时间、次数、金额均不受限制。活期储蓄存款由于存取时间难以确定，商业银行运用资金相对不易，因而商业银行所支付的利息也就较低一些。

活期存款可分为活期存折储蓄、活期存单储蓄、活期支票储蓄、工资转存活期储蓄以及通存通兑活期储蓄等形式。

2.定期储蓄存款可分为整存整取、零存整取、存本取息和整存零取以及华侨人民币整存整取等形式。

整存整取定期储蓄存款适合于公众存款时间较长、存款数额较大的整笔存款额。

零存整取定期储蓄存款适合于公众小额款项零星存入，积少成多，约定期限一次整笔支取本金的利息。

存本取息定期储蓄存款适合于公众一次存储较大款项，一段时间内分期支取利息而暂不需要支取本金的存款。

整存零取定期储蓄适合于一次存入大额款项，在一段时间内有陆续支取需要的存款。

华侨（人民币）定期储蓄是指华侨、港澳台公众由国外或港澳台地区汇入或携入的外币、外汇（包括黄金、白银）售给中国人民银行或国有商业银行所得人民币的储蓄存款。

3.定活两便储蓄存款是介于定期存款和活期存款之间的一种储蓄业务。定活两便储蓄存单分为记名存单和不记名存单两种，记名存单可以挂失，不记名存单不能挂失。定活两便储蓄存款适合于存款数额较大，存款期限不确定的储户，其特点是方便灵活。

4.结构性存款是将存款分为基础资产与衍生交易两部分的存款。两部分应分离管理，基础资产应按照储蓄存款业务管理，衍生交易部分应按照金融衍生产品业务管理。

二、储蓄存款利率及利息

（一）储蓄存款利率

关于储蓄存款的利率，《商业银行法》第31条规定，商业银行应当按照中国人民银行规定的存款利率的上下限，确定存款利率，并予以公告。也就是说，商业银行应当按照中国人民银行规定的利率的上下限来确定储蓄存款利率，不得超出这个幅度任意提高或者降低利率。储蓄机构必须挂牌公告储蓄存款利率。

（二）储蓄存款利息

未到期的定期储蓄存款，全部提前支取的，按支取日挂牌公告的活期储蓄存款利率计付利息；部分提前支取的，提前支取的部分按支取日挂牌公告的活期储蓄存款利率计付利息；其余部分到期时按存单开户日挂牌公告的定期储蓄存款利率计付利息。

逾期支取的定期储蓄存款，其超过原定存期的部分，除约定自动转存的外，按支取日挂牌公告的活期储蓄存款利率计付利息。

定期储蓄存款在存期内遇有利率调整，按存单开户日挂牌公告的相应的定期储蓄存款利率计付利息。

活期储蓄存款在存入期间遇有利率调整，按结息日挂牌公告的活期储蓄存款利率计付利息。全部支取活期储蓄存款，按清户日挂牌公告的活期储蓄存款利率计付利息。

储户认为储蓄存款利息支付有错误时，有权向经办的储蓄机构申请复核；经办的储蓄机构应当及时受理、复核。

三、储蓄存款的支取

《商业银行法》第33条规定，商业银行应当保证存款本金和利息的支付，不得拖延、拒绝支付本金和利息。

活期存款，可以随时支取。定期存款在期限届满时支取。未到期的定期储蓄存款，储户提前支取的，必须持存单和存款人的身份证明办理；代储户支取的，代支取人还必须持其身份证明。

四、储蓄存款的挂失

存款是否能挂失，要看存单（折）是记名式或者不记名式。记名式的存单（折）可挂失，不记名式的不可以挂失。

储户遗失存单、存折或者预留印鉴印章的，必须立即向其开户的储蓄机构书面申请挂失。在特殊情况下，储户可以用口头或者函电形式申请挂失，但必须在规定时间内补办书面申请挂失手续。

储蓄存款机构按规定程序办理了挂失手续后，原存单、存折或预留印签失去法律效力。储蓄存款机构办理挂失手续后，储户与储蓄存款机构约定时间，补领新存单或存折或支取存款。

挂失的目的在于防止储户存款被他人冒领。储蓄机构受理挂失后，必须立即停止支付该储蓄存款；受理挂失前该储蓄存款已被他人支取的，储蓄机构不负赔偿责任。若储蓄存款机构为储户办理了挂失手续后，储蓄存款被他人冒领，储蓄存款机构须承担相应的赔偿责任。

五、储蓄存款的过户

储蓄存款过户，是指存款人死亡后，基于继承关系，依照法定程序，将其存款转移给其继承人的行为。办理过户的具体方法如下：

存款人死亡后，合法继承人应向储蓄机构所在地的公证处申办继承权证明书，储蓄存款机构凭该证明书办理过户或者支付手续。

储蓄机构也可以向存单持有人直接支付，事后引起的存款继承争执，储蓄机构不负责任。

储蓄存款的所有权发生争议，涉及办理过户的，储蓄机构依据人民法院发生法律效力的判决书、裁定书或者调解书办理过户手续。

第三节　单 位 存 款

一、单位存款概述

(一)单位存款的概念

单位存款,又称为机构存款,是指个人储蓄存款以外的所有存款,是企业、事业单位、机关、部队和社会团体等组织在金融机构办理的人民币存款,包括定期存款、活期存款、通知存款、协定存款以及经批准的其他存款。

(二)机构存款的特点

1.强制存入

各类机构必须将其现金收入,除开户银行核定的现金库存外,存入开户银行,不得自行保存和擅自"坐支"。境内各类机构对于其收入的各类外汇资金,必须及时调入境内,属于规定结汇范围以内的外汇资金,必须全部结售给外汇指定银行,属于结汇范围以外的,也必须在外汇指定银行开立外汇账户,全部交存给外汇指定银行,不得存放境外和自行保存。

2.限制支出

各类机构对其存款的使用,除了在规定范围和在银行转账结算起点金额以下可以采用支取现金的方式外,必须采用通过银行办理转账结算的方式进行。

3.监督使用

商业银行对各机构存款人的存款使用负有监督权,各机构支取存款,必须在有关凭证上注明用途。存款银行对违反国家法律、法规和规章的存款使用,应不予支取。

二、定期存款

(一)账户管理

商业银行对单位定期存款实行账户管理(大额可转让定期存款除外)。存款时单位须提交开户申请书、营业执照正本等,并预留印鉴。印鉴应包括单位财务专用章、单位法定代表人印章(或主要负责人印章)和财会人员印章。由接受存款的商业银行给存款单位开具"单位定期存款开户证实书"(又称"证明书"),证实书仅对存款单位开户证实,不得作为质押的权利凭证。

(二)存款支取

存款单位支取定期存款只能以转账方式将存款转入其基本存款账户,不得将定期存款用于结算或从定期存款账户中提取现金。支取定期存款时,须出具证实书并提供预留印鉴,存款所在商业银行审核无误后为其办理支取手续,同时收回证实书。

单位定期存款到期不取,逾期部分按支取日挂牌公告的活期存款利率计付利息。

(三)存款利息

单位定期存款在存期内按存款存入日挂牌公告的定期存款利率计付利息,遇利率调整,不分段计息。

三、活期存款

活期存款，又称为“往来存款”，是指各种机构经申请批准在银行开立往来账户后，可在存款额度内自由支取，提取现金，使用票据或者其他结算方式均可的存款。这部分资金主要是工商企业和机关、事业单位在运作过程中的暂时闲置资金，可由存款人随时存取以满足其日常支付需要。对此，银行按活期存款计息，对每笔转账往来收取手续费。

单位活期存款按结息日挂牌公告的活期存款利率计息，遇利率调整不分段计息。

四、单位存款的变更、挂失

（一）单位存款的变更

因存款单位人事变动，需要更换单位法定代表人印章（或单位负责人印章）或财会人员印章时，必须持单位公函及经办人身份证件向存款所在商业银行办理更换印鉴手续，如为单位定期存款，应同时出示金融机构为其开具的证实书。

因存款单位机构合并或分立，其定期存款需要过户或分户，必须持原单位公函、工商部门的变更、注销或设立登记证明及新印鉴（分户时还须提供双方同意的存款分户协定）等有关证件向存款所在金融机构办理过户或分户手续，由商业银行换发新证实书。

存款单位迁移时，其定期存款如未到期移转，应办理提前支取手续，按支取日挂牌公告的活期利率一次性结清。

（二）单位存款的挂失

存款单位的密码失密或印鉴遗失、损毁的，必须持单位公函，向存款所在金融机构申请挂失。金融机构受理挂失后，挂失生效。如存款在挂失生效前已被人按规定手续支取，商业银行不负赔偿责任。但如果存款在挂失生效后被人支取的，商业银行应当负赔偿责任。

第四节　存款的查询、冻结和扣划

一、查询、冻结、扣划的原则

《商业银行法》第 29 条第 2 款规定，对个人储蓄存款，商业银行有权拒绝任何单位或者个人查询、冻结、扣划，但法律另有规定的除外。该法第 30 条规定，对单位存款，商业银行有权拒绝任何单位或者个人查询，但法律、行政法规另有规定的除外；有权拒绝任何单位或者个人冻结、扣划，但法律另有规定的除外。

归纳起来，依法查询、冻结、扣划存款人的存款应当符合如下三个要求：

第一，查询、冻结、扣划要有法律依据。这些法律依据主要包括《民事诉讼法》《行政诉讼法》《刑事诉讼法》等。

第二，查询、冻结、扣划必须是法律所规定的有权单位的行为，如法院、检察院、公安机关、国家安全机关以及税务、海关、工商行政管理机关、物价部门、监察部门、审计部门、外汇管理部门等机关依法执行职务的行为。

第三，必须依照法定的程序。没有严格的程序，或者即使有程序，但不遵守法定程序，则可能侵害存款人的权利。因此，在依法查询、冻结或者扣划存款人的存款时，无论是执行机关还是协助执行机关的商业银行均应遵守法定程序。

二、查询

查询是指商业银行以外的单位或者个人调查了解商业银行的客户的存款情况的行为。为存款人保密是商业银行应当遵守的基本原则之一，存款是存款人的隐私或者商业秘密，商业银行应当为其客户保守秘密，不得任意公开。因此，任何单位或者个人要查询银行客户的账户必须依法进行。同时，查询人应当对商业银行提供的查询资料保守秘密。

三、冻结

冻结是指商业银行依法在一定时期内限制存款人从其账户内支付一定数额资金的行为。冻结是限制存款人的存款使用权的一种行为，也就是说，暂时停止存款人对其存款的处分权。冻结措施对存款影响较大，应当慎重为之，不得任意扩大冻结范围，在依法冻结后，应当及时解冻，如任意扩大冻结范围或者延长冻结期限而给被冻结人造成损失的，应当赔偿损失。

四、扣划

扣划是指商业银行依法从存款人账户内划拨资金归他人所有的行为。扣划是强制剥夺存款人存款所有权的行为，是最为严重的一种措施，必须严格依照法律的规定进行。如果错误扣划或者扣划不当，应当赔偿损失。

第四章 商业银行贷款业务

第一节 贷款业务概述

一、贷款的概念

贷款是指商业银行依法将货币资金按一定的利率贷放给借款人,并约定期限偿还的一种信用活动。

贷款反映的是贷款人与借款人之间的债权债务关系。贷款人是债权人,借款人是债务人。贷款人对借款人享有债权,即到期收回贷款本息的请求权;借款人对贷款人负有债务,即按期向贷款人归还贷款本息。

贷款是通过借款合同来实现的。借款合同,或者称为借贷合同,一般分为银行借款合同和民间借款合同。借款合同应当采用书面形式。借款合同的内容包括借款种类、币种、用途、利率、期限和还款方式等条款。借款合同是合同的一种,其订立、权利义务的设定、履行以及违约责任等自然应当遵守合同法的一般规定。同时,由于这里所谓的借款合同又是特别针对银行贷款合同而言,因此,建立贷款关系,还要遵守商业银行法的规定。

二、贷款的种类

(一)工商贷款、房地产贷款、农业贷款、金融机构贷款、居民贷款、其他贷款

根据贷款的目的和用途不同,可将贷款划分为工商贷款、房地产贷款、农业贷款、金融机构贷款、居民贷款以及其他贷款。

工商贷款(industrial and commercial loans)是向企业发放的用以支持企业项目开发、发放工资等费用的贷款。

房地产贷款(real estate loans)是指以土地、建筑物等作为抵押物而发放的贷款,包括对于建筑和土地开发的短期贷款以及对购买农场、房屋、公寓、商业建筑提供的长期贷款。

农业贷款(agriculture loans)是指对农场和牧场的经营进行的贷款,帮助种植和收获庄稼以及饲养牲畜的贷款。

金融机构贷款(financial institute loans)是指对银行、保险公司和财务公司以及其他金融机构的贷款。

居民贷款(loans to individuals)是指直接向居民个人发放的用以支持其购买房屋、汽车等费用和开支所提供的消费性贷款。

其他贷款,包括应收账款融资租赁(lease financial receivables)以及其他杂项贷款(miscellaneous loans）等。

（二）短期贷款、中期贷款和长期贷款

按贷款期限的长短不同，可将贷款分为短期贷款、中期贷款和长期贷款。

贷款期限在1年以内（不含1年）的贷款为短期贷款。贷款期限在1年以上（含1年）5年以下（含5年）的贷款为中期贷款。贷款期限在5年（不含5年）以上的贷款为长期贷款。

（三）自营贷款与委托贷款

按贷款人是否承担风险，可将贷款划分为自营贷款与委托贷款。自营贷款属于经营性贷款，委托贷款属于政策性贷款。

自营贷款是指贷款人以合法方式筹集资金自主发放的贷款，其风险由贷款人自己承担，并由贷款人收取本金和利息。

委托贷款是指由政府部门、企事业单位及个人等委托人提供资金，由贷款人根据委托人确定的贷款对象、用途、金额、期限、利率等代为发放、监督并协助收回的贷款，其风险由委托人自己承担，银行作为代理人只收取手续费。

（四）信用贷款与担保贷款

按贷款有无担保，可将贷款区分为信用贷款与担保贷款。

信用贷款是指贷款人根据借款人的信誉而发放的无担保的贷款。担保贷款是指由借款人提供一定的人或物的担保作为债务履行保障的贷款。

《商业银行法》第36条规定，除经商业银行审查、评估，确认借款人资信良好，确能偿还贷款的，可以不提供担保的之外，商业银行贷款，借款人应当提供担保。商业银行应当对担保人的偿还能力，抵押物、质押物的权属和价值以及实现抵押权、质权的可行性进行严格审查。

从我国《商业银行法》的规定来看，担保贷款是原则，信用贷款是例外。

根据我国法律规定，担保方式包括保证、抵押、质押、留置和定金五种形式。然而，并非担保法中规定的所有担保方式都适用于担保贷款。比较常用的担保方式包括保证、抵押和质押。留置和定金则较少或者不适宜于贷款担保。

第二节　贷款期限和利率、利息

一、贷款期限

贷款期限由借贷双方当事人根据借款人的生产经营周期、还款能力以及贷款人资金提供能力等因素共同协商后确定。但法律往往规定了贷款的最长期限，贷款期限超过最长期限的，应当上报备案。

贷款是否需要展期，由贷款人决定。借款人可以在还款期限届满之前向贷款人申请展期。贷款人同意的，可以展期。不能按期归还贷款的，借款人应当在贷款到期日之前，向贷款人申请贷款展期。是否展期由贷款人决定。申请保证贷款、抵押贷款、质押贷款展期的，还应当由保证人、抵押人、出质人出具同意的书面证明。已有约定的，按照约定执行。

二、贷款利率

贷款利率,又称为贷款定价。《商业银行法》第 38 条规定,商业银行应当按照中国人民银行规定的贷款利率的上下限确定贷款利率。这说明,贷款人确定每笔贷款利率的依据是法定利率的上下限,并在这个上下限的幅度内根据其自身资金供求情况、借款人资信等级等因素来具体予以确定,并在贷款合同中予以载明。

至于展期贷款利率,按签订合同之日的中国人民银行规定的利率执行,贷款展期期限达到新的利率期限档次时,则从展期之日起,贷款利率按新的期限档次利率计收。

三、贷款利息

贷款利息的计收。贷款人和借款人应当按借款合同和中国人民银行有关计息规定按期计收或支付利息。

逾期贷款按规定计收罚息。

贷款的贴息。根据国家政策,为了促进某些产业和地区经济的发展,有关部门可以对贷款补贴利息。对有关部门贴息的贷款,承办银行应当自主审查发放,并依法严格管理。

第三节 贷款法律关系

一、贷款当事人

(一)贷款人

贷款人是指依法设立的经营贷款业务的金融机构。金融机构发放贷款时,必须持有银行业监管机构颁布的《金融机构法人许可证》或者《金融机构营业许可证》,并经工商行政管理部门核准登记、领取营业执照。在金融机构的许可证和营业执照中,必须要有依法核准的贷款业务范围。

不具有经营贷款业务资格的金融机构、各级行政部门和企事业单位、供销合作社等合作经济组织、农村合作基金会和其他基金会,不得经营存贷款等金融业务。企业之间不得违反国家规定办理借贷或者变相借贷等融资业务。

(二)借款人

借款人是指从经营贷款业务的金融机构取得贷款的人,包括单位和个人。借款人申请贷款,应当具备产品有市场、生产经营有效益、不挤占挪用信贷资金、恪守信用等基本条件,并且应当符合以下要求:(1)有按期还本付息的能力,原应付贷款利息和到期贷款已经清偿;没有清偿的,已经作了贷款人认可的偿还计划;(2)除自然人和不需要经工商部门核准登记的事业法人外,应当经过工商部门办理年检手续;(3)已开立基本账户或者一般存款账户;(4)借款人的资产负债率符合贷款人要求;(5)申请中、长期贷款的,新建项目的企业法人所有者权益与项目所需总投资的比例不低于国家规定的投资项目的资本金比例。

二、贷款人的权利义务

(一)贷款人的权利

1. 贷款决定权。根据借款人的条件,贷款人有权决定贷与不贷、贷款金额、期限和利率。贷款人有权拒绝任何单位和个人强令要求其发放贷款或者提供担保。这实际上是贷款人经营自主权的表现。

2. 信息了解权。贷款人的信息了解权包括:贷款人有权要求借款人提供与借款有关的资料;贷款人有权了解借款人的生产经营活动和财务状况。

3. 对贷款用途的监督、检查权。贷款人有权对贷款的用途行使监督、检查的权利。贷款人按照约定可以检查、监督借款的使用情况。借款人应当按照约定向贷款人定期提供有关财务会计报表等资料。同时,借款人未按照约定的用途使用借款的,贷款人可以停止发放贷款、提前收回借款或者解除合同。

4. 依法收贷的权利。贷款合同期限届满,贷款人有权利收回其贷款,包括本金和利息。贷款人的这一权利还包括:(1)贷款人有权依合同约定从借款人账户上划收贷款本金和利息;(2)借款人未能履行合同规定义务的,贷款人有权依合同约定,要求借款人提前归还贷款或者停止支付借款人尚未使用的贷款;(3)在贷款将要遭受或者已经遭受损失时,可依据合同规定,采取相应措施使贷款免于遭受损失;(4)实现担保的权利,《商业银行法》第 42 条第 2 款规定,借款人到期不归还担保贷款的,商业银行依法享有要求担保人归还贷款本金和利息或者就该担保物优先受偿的权利。

(二)贷款人的义务

1. 公布有关信息的义务。贷款人应当将有关贷款的信息予以公布。这种信息公开的义务包括:(1)贷款人应当公布所经营的贷款种类、期限和利率,并向借款人提供咨询;(2)贷款人应当公开贷款审查的资信内容和发放贷款的条件等;(3)营业时间的公布。《商业银行法》第 49 条还规定,商业银行的营业时间应当方便客户,并予以公告。商业银行应当在公告的营业时间内营业,不得擅自停止营业或者缩短营业时间。

2. 按期、足额提供贷款。贷款人有义务按照约定的日期、数额向借款人提供借款。贷款人未按照约定的日期、数额提供借款,造成借款人损失的,应当赔偿损失。

借款的利息不得在本金中扣除。利息预先在本金中扣除的,应当按照实际借款数额返还借款并计算利息。禁止利息从本金中扣除,实际上是贷款人的一种义务,它是为了保障借款人获得足额贷款。

3. 贷款人应当审议借款人的申请,并及时答复贷与不贷。贷款人应在规定期限内作出贷与不贷的答复。

4. 保密义务。贷款人应当对借款人的债务、财务、生产、经营情况保密,但对依法查询者除外。

此外,《商业银行法》第 53 条同时还规定,商业银行的工作人员不得泄露其在任职期间知悉的国家秘密、商业秘密。

三、借款人的权利义务

(一)借款人的权利

借款人享有如下权利:(1)可以自主向主办银行或者其他银行的经办机构申请贷款并依条

件取得贷款;(2)有权按合同约定提取和使用全部贷款;(3)有权拒绝借款合同以外的附加条件;(4)有权向贷款人的上级和银行业监管机构反映、举报有关情况;(5)在征得贷款人同意后,有权向第三人转让债务。

(二)借款人的义务

1. 提供真实情况。借款人在订立合同时提供真实情况的义务。订立借款合同时,借款人应当按照贷款人的要求提供与借款有关的业务活动和财务状况的真实情况。这也可以说是合同当事人的一种先合同义务。

这种义务所导致的相应的禁止性规定表现为:借款人不得向贷款人提供虚假的或者隐瞒重要事实的资产负债表、损益表等。不得采取欺诈手段骗取贷款。

2. 按借款合同约定或法律规定的用途使用贷款。一般而言,贷款不得用于下列用途:(1)不得用贷款从事股本权益性投资,国家另有规定的除外;(2)不得用贷款在有价证券、期货等方面从事投机经营;(3)不得套取贷款用于借贷,牟取非法收入;(4)不得违反国家外汇管理规定使用外币贷款;(5)除依法取得经营房地产资格的借款人以外,不得用贷款经营房地产业务;依法取得经营房地产资格的借款人,不得用贷款从事房地产投机。

3. 按期、足额收取借款。借款人有义务按照约定的日期、数额收取借款。借款人未按照约定的日期、数额收取借款的,应当按照约定的日期、数额支付利息。

4. 应当按借款合同约定及时清偿贷款本息。《商业银行法》第 42 条规定,借款人应当按期归还贷款的本金和利息。

借款人应当按照约定的期限支付利息。对支付利息的期限没有约定的,借款期间不满 1 年的,应当在返还借款时一并支付;借款期间 1 年以上的,应当在每届满 1 年时支付,剩余期间不满 1 年的,应当在返还借款时一并支付。

借款人应当按照约定的期限返还借款。对借款期限没有约定或者约定不明确,可以协议补充;不能达成补充协议的,按照合同有关条款或者交易习惯确定。按照合同有关条款或者交易习惯仍然不能确定的,借款人可以随时返还;贷款人可以催告借款人在合理期限内返还。

借款人未按照约定的期限返还借款的,应当按照约定或者国家有关规定支付逾期利息。《商业银行法》第 42 条第 2 款规定,借款人到期不归还担保贷款的,商业银行依法享有要求保证人归还贷款本金和利息或者就该担保物优先受偿的权利。商业银行因行使抵押权、质权而取得的不动产或者股权,应当自取得之日起 2 年内予以处分。借款人到期不归还信用贷款的,应当按照合同约定承担责任。

借款人提前偿还借款的,除当事人另有约定的以外,应当按照实际借款的期间计算利息。

5. 有危及贷款人债权安全情况的,应当及时通知贷款人,同时采取保全措施。实际上,这里包含了借款人的两种义务:一是通知的义务,二是采取保全措施的义务。如果存在或者发生有危及债权人债权的安全的情况时,借款人应当及时通知贷款人,同时采取相应的保全措施,以避免对债权人的债权造成损失。

(三)债务转让

将债务转让给第三人应征得债权人的同意,是债务转移的一般规则。债务人将合同的义务全部或者部分转移给第三人的,应当经债权人同意。作为债务人的借款人将债务的全部或者部分转让给第三人的,应当取得作为债权人的贷款银行的同意;否则,该种转让对贷款银行不发生法律效力。

法律之所以这样规定，是因为借款合同的建立往往基于当事人之间的相互信任，如果未经债权人同意即将债务转让给第三人，该第三人如果没有足够的资力和信用履行债务，将对债权人债权的实现构成威胁，或者造成债权人债权利益的落空。

第四节　贷款程序

一、贷款主办行

我国目前实行贷款主办行制度。借款人应按银行业监管机构的规定与其开立基本账户的贷款人建立贷款主办行关系。

借款人发生企业分立、股份制改造、重大项目建设等涉及信贷资金使用和安全的重大经济活动，事先应当征求主办行的意见。一个借款人只能有一个贷款主办行，主办行应当随基本账户的变更而变更。

主办行不承诺一定发放贷款，但应当按规定有计划地对借款人提供贷款，为借款人提供必要的信息咨询、代理等金融服务。

二、贷款申请与审批

（一）贷款申请

借款人需要贷款，应当向主办银行或者其他银行的经办机构进行申请。借款人在申请贷款时，应当填写包括借款金额、借款用途、偿还能力及还款方式等主要内容的《借款申请书》并提供以下资料：(1)借款人及保证人基本情况；(2)财政部门或会计（审计）事务所认可或审计的上年度财务报告，以及申请借款前一期的财务报告；(3)原有不合理占用的贷款的纠正情况；(4)抵押物、质物清单和有处分权人的同意抵押、质押的证明及保证人拟同意保证的有关证明文件；(5)项目建议书和可行性报告；(6)贷款人认为需要提供的其他有关资料。

（二）信用评估

贷款人应当根据借款人的管理素质、经济实力、资金结构、履约情况、经营效益和发展前景等因素，评定借款人的信用等级。评级可由贷款人独立进行，内部掌握，也可由有权部门批准的评估机构进行。

（三）尽职调查

贷款人受理借款人申请后，应当对借款人的信用等级以及借款的合法性、安全性、盈利性等情况进行调查，核实抵押物、质物、保证人情况，测定贷款的风险度。

（四）贷款审批

贷款人应当建立审贷分离、分级审批的贷款管理制度。审查人员应当对调查人员提供的资料进行核实、评定，复测贷款风险度，提出意见，按规定权限报批。

三、借款合同的签订和执行

（一）签订合同

所有贷款应当由贷款人与借款人签订借款合同。借款合同应当约定借款种类，借款用途、金额、利率,借款期限,还款方式,借、贷双方的权利、义务,违约责任和双方认为需要约定的其他事项。

保证贷款应当由保证人与贷款人签订保证合同,或保证人在借款合同中载明与贷款人协商一致的保证条款,加盖保证人的法人公章,并由保证人的法定代表人或其授权代理人签名。抵押贷款、质押贷款应当由抵押人、出质人与贷款人签订抵押合同、质押合同,需要办理登记的,应依法办理登记。

(二)贷款发放

贷款人应当按借款合同规定按期发放贷款。贷款人不按合同约定按期发放贷款的,应偿付违约金。借款人应当按照规定用途使用款项。借款人不按合同约定用款的,应偿付违约金。

(三)贷后检查

贷款发放后,贷款人应当对借款人执行借款合同情况及借款人的经营情况进行追踪调查和检查。

(四)贷款归还

借款人应当按照借款合同规定按时足额归还贷款本息。

贷款人在贷款到期前应当向借款人发送还本付息通知单;借款人应当及时筹备资金,按时还本付息。

贷款人对逾期的贷款要及时发出催收通知单,做好逾期贷款本息的催收工作。

贷款人对不能按借款合同约定期限归还的贷款,应当按规定加罚利息;对不能归还或者不能落实还本付息事宜的,应当督促归还或者依法起诉。

借款人提前归还贷款,应当与贷款人协商。

第五节 贷款管理

一、贷款管理制度

(一)贷款管理责任制

贷款管理实行行长(经理、主任,下同)负责制。

贷款实行分级经营管理,各级行长应当在授权范围内对贷款的发放和收回负全部责任。行长可以授权副行长或者贷款管理部门负责审批贷款,副行长或贷款管理部门负责人应当对行长负责。

贷款人各级机构应当建立有行长或者副行长(经理、主任,下同)和有关部门负责人参加的贷款审查委员会(小组),负责贷款的审查。

(二)审贷分离制

贷款调查评估人员负责贷款调查评估,承担调查失误和评估失准的责任;贷款审查人员负责贷款风险的审查,承担审查失误的责任;贷款发放人员负责贷款的检查和清收,承担检查失误、清收不力的责任。

(三)贷款分级审批制

贷款人应当根据业务量大小、管理水平和贷款风险度确定各级分支机构的审批权限,超过审批权限的贷款,应当报上级审批。各级分支机构应当根据贷款种类、借款人的信用等级和抵押物、质物、保证人等情况确定每一笔贷款的风险度。

(四)信贷工作岗位责任制

各级贷款管理部门应将贷款管理的每一个环节的管理责任落实到部门、岗位、个人,严格划分各级信贷工作人员的职责。

(五)离职审计制

贷款管理人员在调离原工作岗位时,应当对其在任职期间和权限内所发放的贷款风险情况进行审计。

二、贷款风险分类管理

为促进商业银行完善信贷管理,科学评估信贷资产质量,商业银行应进行贷款风险分类管理。通过贷款分类应达到以下目标:(1)揭示贷款的实际价值和风险程度,真实、全面、动态地反映贷款质量;(2)及时发现信贷管理过程中存在的问题,加强贷款管理;(3)为判断贷款损失准备金是否充足提供依据。

(一)贷款风险分类类别

商业银行应至少将贷款划分为正常、关注、次级、可疑和损失五类,后三类合称为不良贷款。

正常贷款指借款人能够履行合同,没有足够理由怀疑贷款本息不能按时足额偿还。

关注贷款指尽管借款人目前有能力偿还贷款本息,但存在一些可能对偿还产生不利影响的因素。

次级贷款指借款人的还款能力出现明显问题,完全依靠其正常营业收入无法足额偿还贷款本息,即使执行担保,也可能会造成一定损失。

可疑贷款指借款人无法足额偿还贷款本息,即使执行担保,也肯定要造成较大损失。

损失贷款指在采取所有可能的措施或一切必要的法律程序之后,本息仍然无法收回,或只能收回极少部分。

(二)贷款风险分类管理

商业银行应至少每季度对全部贷款进行一次分类。如果影响借款人财务状况或贷款偿还因素发生重大变化,应及时调整对贷款的分类。对不良贷款应严密监控,加大分析和分类的频率,根据贷款的风险状况采取相应的管理措施。

商业银行内部审计部门应对信贷资产分类政策、程序和执行情况进行检查和评估,将结果向上级行或董事会作出书面汇报,并报送中国银行业监督管理委员会或其派出机构。检查、评估的频率每年不得少于一次。

商业银行应在贷款分类的基础上,根据有关规定及时足额计提贷款损失准备,核销贷款损失。

商业银行应依据有关信息披露的规定,披露贷款分类方法、程序、结果及贷款损失计提、贷款损失核销等信息。

第六节　银团贷款

一、银团贷款的概念

银团贷款,又称为辛迪加贷款(syndicated loan),是由获准经营贷款业务的一家或数家银行牵头,多家银行与非银行金融机构参加而组成的银行集团(banking group)采用同一贷款协议,按商定的期限和条件向同一借款人提供融资的贷款方式。银团贷款的对象主要是国有大中型企业、企业集团和列入国家计划的重点建设项目。

二、银团贷款程序

银团贷款应当确定一个贷款人为牵头行,并签订银团贷款协议,明确各贷款人的权利和义务,共同评审贷款项目。具体程序如下:

(一)客户申请

借款客户向开户银行提出银团贷款申请。

(二)出具委托书

银行在进行初步信用调查和市场测试后,向借款客户发放银团贷款建议书,借款客户确认并接受银团贷款建议后,正式向牵头行出具筹资委托书,并提供相关材料,如借款人营业执照或股东登记注册资料等资格证书、财务报表等。若借款客户申请国际银团贷款,还需随申请书附上政府计划部门关于对外借款的计划指标、外汇管理部门的批准或承诺。

(三)签约

在安排行取得所有参加行对贷款文件的确认后,与客户签订正式的银团贷款合同。

(四)贷款的支取

在银团贷款合同生效后,代理行将根据合同规定的时间将款项划入客户的账户,客户即可使用贷款。

(五)还款

客户须按照合同的规定归还贷款的本金和利息,将应支付的款项付到代理行指定的账户,由代理行在当日按比例支付给各贷款人。牵头行应当按协议确定的比例监督贷款的偿还。

三、期限和价格

(一)期限

银团贷款的期限由银团贷款协议确定。银团贷款的期限比较灵活,短则3—5年,长则可达10—20年,借款人应根据实际需要合理确定自己的贷款期限。

(二)价格

贷款价格由利息和费用两部分组成。

对于人民币银团贷款利率,按照人民银行的有关规定执行。外币银团贷款利率(loan interest rate)主要分为固定利率和浮动利率两种。固定利率由借贷双方商定选用一个利率,并在贷款协议中确定下来。浮动利率则是以某一利率，如伦敦银行同业拆放利率（LIBOR），作为基本利率，再加上一定的利差（margin/spread）。

在外币银团贷款中，借款人除了支付贷款利息以外，还要承担一些费用，如承诺费（也称为承担费，commitment fee）、管理费（management fee）、参加费（participant fee）、代理费（agent fee）、杂费（miscellaneous fees），如通信费、印刷费、律师费等。

第五章　商业银行结算业务

第一节　银行结算概述

一、结算的概念

结算，是指基于商品交易、劳务供应、资金调拨及其他交易而发生的货币收付行为。市场经济中的一切经济往来活动都体现为货币的收付。在法律意义上，这种货币收付行为实际是当事人各方债权债务的清算和了结。

结算既是商业银行的传统业务，也是其三大基本业务之一。商业银行作为金融支付中介机构，通过为客户设置银行账户的方式为本行和他行的客户办理各类合同货币资金，包括信用资金和财政资金的汇兑、收付业务，成为一国资金结算中心。

二、结算的分类

按照不同的标准，结算可以分为不同的类别。

（一）现金结算与非现金结算

依结算采用的形式不同，结算可分为现金结算和非现金结算。

现金结算，是指当事人直接用现金进行货币收付，了结其债权债务的行为。在我国，现金结算受现金管理制度的制约，限于个人之间和单位之间结算起点以下的零星收支以及单位对个人的有关开支。

非现金结算，是指当事人通过银行将款项从付款单位的账户划转到收款单位的账户来完成货币收付以清结债权债务的行为，故又称转账结算。在我国，单位之间的往来超过结算起点以上的一律通过转账结算。因而转账结算构成银行的一项基本业务。

（二）票据结算与非票据结算

依结算使用的工具不同，分为票据结算和非票据结算。

票据结算是以票据作为支付工具来清结货币收付双方的债权债务关系的行为。

非票据结算是客户之间以票据以外的结算凭证为依据来清结债权债务关系的行为，如信用卡结算、汇兑结算等。

（三）银行结算与银行清算

依结算进行的阶段不同，分为银行结算和银行清算。

银行结算，是指客户委托银行货币收付所发生的客户与银行之间的托收和承付活动。

银行清算，则是指不同银行或者同一银行的不同分支机构之间的票据转递、交换、清算活动。

银行清算一般通过中央银行票据交换结算中心来进行。

（四）国内结算与国际结算

依结算发生的区域不同，结算分为国内结算和国际结算。

国内结算，是指国内客户因经济往来而发生的债权债务所进行的货币收付行为，包括同城结算和异地结算。

国际结算，是指国际间因经济往来而发生的债权债务所进行的货币收付行为，主要采用信用证、托收和汇款三种方式。

第二节　银行结算账户

一、银行结算账户概述

（一）银行结算账户的概念

银行结算账户，是指银行为存款人开立的办理资金收付结算的人民币活期存款账户。所谓存款人，是指在中国境内开立银行结算账户的机关、团体、部队、企业、事业单位、其他组织（以下统称单位）、个体工商户和自然人。

在我国，银行结算账户是企事业单位和个体经营者与商业银行建立业务联系、办理结算、信贷和现金收付的工具。

（二）结算账户的分类

银行结算账户按存款人的不同分为单位银行结算账户和个人银行结算账户。

1. 单位账户。存款人以单位名称开立的银行结算账户为单位银行结算账户。单位银行结算账户按用途分为基本存款账户、一般存款账户、专用存款账户、临时存款账户。个体工商户凭营业执照以字号或经营者姓名开立的银行结算账户纳入单位银行结算账户管理。

2. 个人账户。存款人凭个人身份证件以自然人名称开立的银行结算账户为个人银行结算账户。邮政储蓄银行办理银行卡业务开立的账户纳入个人银行结算账户管理。

二、结算账户的开立

（一）开户概述

1. 开户地点

原则上，存款人应在注册地或住所地开立银行结算账户。但存款人有下列情形之一的，可以在异地开立有关银行结算账户：(1)营业执照注册地与经营地不在同一行政区域（跨省、市、县）需要开立基本存款账户的；(2)办理异地借款和其他结算需要开立一般存款账户的；(3)存款人因附属的非独立核算单位或派出机构发生的收入汇缴或业务支出需要开立专用存款账户的；(4)异地临时经营活动需要开立临时存款账户的；(5)自然人根据需要在异地开立个人银行结算账户的。

2. 开户银行

存款人可以自主选择银行开立银行结算账户，除国家法律、行政法规和国务院规定外，任何单位和个人不得强令存款人到指定银行开立银行结算账户。

3. 开户程序

存款人开立银行结算账户时,应向银行提出申请,填制开户申请书,并按照要求记载有关事项。

银行应对存款人的开户申请书填写的事项和证明文件的真实性、完整性、合规性进行认真审查。经核准后,符合开立一般存款账户、其他专用存款账户和个人银行结算账户条件的,银行应办理开户手续,并在规定日期向银行业监管机构当地分支机构备案。

存款人开立基本存款账户、临时存款账户和预算单位开立专用存款账户实行核准制度,经银行业监管机构核准后由开户银行核发开户登记证(但存款人因注册验资需要开立的临时存款账户除外)。

(二)基本账户

基本存款账户是存款人因办理日常转账结算和现金收付需要开立的银行结算账户。基本存款账户是存款人的主办账户。存款人日常经营活动的资金收付及其工资、奖金和现金的支取,应通过该账户办理。单位银行结算账户的存款人只能在银行开立一个基本存款账户。

存款人申请开立基本存款账户,应向银行出具相应的证明文件,如企业营业执照正本,以及有关部门出具的开户证明、开户批文、开户登记证。此外,存款人为从事生产、经营活动纳税人的,还应出具税务部门颁发的税务登记证。

(三)一般存款账户

一般存款账户是存款人因借款或其他结算需要,在基本存款账户开户银行以外的银行营业机构开立的银行结算账户。一般存款账户用于办理存款人借款转存、借款归还和其他结算的资金收付。该账户可以办理现金缴存,但不得办理现金支取。

存款人申请开立一般存款账户,应向银行出具其开立基本存款账户规定的证明文件、基本存款账户开户登记证以及其他要求的证明文件。

(四)专用存款账户

专用存款账户是存款人按照法律、行政法规和规章,对其特定用途资金进行专项管理和使用而开立的银行结算账户。专用存款账户用于办理各项专用资金的收付。

存款人申请开立专用存款账户,应向银行出具其开立基本存款账户规定的证明文件、基本存款账户开户登记证和其他规定的证明文件,如有关部门出具的批文、证明。

(五)临时存款账户

临时存款账户是存款人因临时需要并在规定期限内使用而开立的银行结算账户。临时存款账户用于办理临时机构以及存款人临时经营活动发生的资金收付。

存款人申请开立临时存款账户,应向银行出具相关证明文件,如有关部门出具的批文、证明、营业执照以及相关合同。从事异地临时经营活动的,还应出具其基本存款账户开户登记证。

(六)个人结算账户

个人银行结算账户是自然人因投资、消费、结算等开立的可办理支付结算业务的存款账户。个人银行结算账户用于办理个人转账收付和现金存取。自然人可根据需要申请开立个人银行结算账户,也可以在已开立的储蓄账户中选择并向开户银行申请确认为个人银行结算账户。

三、银行结算账户的变更与撤销

(一)银行结算账户的变更

存款人更改名称，但不改变开户银行及账号的，应于规定日期内向开户银行提出银行结算账户的变更申请，并出具有关部门的证明文件。单位的法定代表人或主要负责人、住址以及其他开户资料发生变更时，应于规定日期内书面通知开户银行并提供有关证明。银行接到存款人的变更通知后，应及时办理变更手续。

(二)银行结算账户的撤销

银行结算账户的撤销，是指存款人因开户资格或其他原因终止银行结算账户使用的行为。譬如，企业被撤并、解散、宣告破产或关闭的，或者注销、被吊销营业执照的，或者因迁址需要变更开户银行的，或者其他原因，存款人应向开户银行提出撤销银行结算账户的申请。超过法定期限，存款人未主动办理撤销银行结算账户手续的，银行有权停止其银行结算账户的对外支付。

未获得工商行政管理部门核准登记的单位，在验资期满后，应向银行申请撤销注册验资临时存款账户，其账户资金应退还给原汇款人账户。

存款人尚未清偿其开户银行债务的，不得申请撤销该账户。

银行对在规定期限内未发生收付活动且未欠开户银行债务的单位银行结算账户，应通知单位在规定期限内办理销户手续，逾期视同自愿销户，未划转款项列入久悬未取专户管理。

第三节　银行结算的方式

银行结算方式是单位或个人通过银行办理支付结算的形式或者手段。所谓支付结算，是指单位、个人在社会经济活动中使用票据、信用证、信用卡和汇兑、托收承付、委托收款等结算方式进行货币给付及其资金清算的行为。由此可见，我国的银行结算工具包括票据、信用证、信用卡和汇兑、托收承付、委托收款。其中，票据包括银行汇票、商业汇票、银行本票和支票四种形式。关于票据、信用卡和信用证，因其具有综合功能，即除了具有结算功能外，还具有支付、储蓄等功能，因此，我们将在本章最后一节另行介绍信用卡和信用证。关于这四种票据结算方式，我们将在“商业票据”一编中介绍。这里我们只介绍汇兑、委托收款、托收承付三种结算方式。

一、汇兑

(一)汇兑概述

汇兑是汇款人委托银行将其款项支付给收款人的结算方式。单位和个人的各种款项的结算，均可使用汇兑结算方式。

汇兑分为信汇和电汇两种，由汇款人选择使用。前者是汇款人委托汇出行使用邮寄凭证方式通过汇入行划转款项，费用较低，但结算时间较长；后者是汇款人委托汇出行使用电报通知汇入行划转款项，结算时间短，但费用较高。汇兑适用于单位、个体经营者和个人的各种款项的结算，便于汇款人向异地主动付款。

汇兑结算的程序和规则如下：

首先,汇款人与汇出行是一种委托关系。汇款人委托汇出行办理汇兑时,应将足额款项缴存汇出银行,同时填写信汇或电汇凭证。

其次,汇款人交存款项并填写凭证后,委托关系成立。汇款人开户银行将汇出款项划转收款人开户银行。汇出行与汇入行之间也是委托关系,但如两者属于同一银行,则属于协作关系。

再次,汇入银行对收到的汇兑凭证经审查无误后,应直接转入收款人账户或者通知收款人领取款项。

最后,款项入账后,收款人可以使用该款项。未在银行开户的收款人,则可以凭领款通知到银行领取款项。

(二)汇兑凭证的签发

汇兑是要式法律行为,签发汇兑凭证必须依法记载一定事项,包括:(1)表明“信汇”或“电汇”的字样;(2)无条件支付的委托;(3)确定的金额;(4)收款人名称;(5)汇款人名称;(6)汇入地点、汇入行名称;(7)汇出地点、汇出行名称;(8)委托日期;(9)汇款人签章。

汇兑凭证上欠缺上列记载事项之一的,银行不予受理。

(三)汇款的划转

汇出银行受理汇款人签发的汇兑凭证,经审查无误后,应及时向汇入银行办理汇款,并向汇款人签发汇款回单。汇款回单只能作为汇出银行受理汇款的依据,不能作为该笔汇款已转入收款人账户的证明。

汇入银行对开立存款账户的收款人,应将汇入的款项直接转入收款人账户,并向其发出收账通知。收账通知是银行将款项确已收入收款人账户的凭据。

(四)汇款的撤销、退汇

汇款人对汇出银行尚未汇出的款项可以申请撤销。申请撤销时,应出具正式函件或本人身份证件及原信、电汇回单。汇出银行查明确未汇出款项的,收回原信、电汇回单,方可办理撤销。

汇款人对汇出银行已经汇出的款项可以申请退汇。对在汇入银行开立存款账户的收款人,由汇款人与收款人自行联系退汇;对未在汇入银行开立存款账户的收款人,汇款人应出具正式函件或本人身份证件以及原信、电汇回单,由汇出银行通知汇入银行,经汇入银行核实汇款确未支付,并将款项汇回汇出银行,方可办理退汇。

汇入银行对于收款人拒绝接受的汇款,应即办理退汇。汇入银行对于向收款人发出取款通知,经过规定期限无法交付的汇款,应主动办理退汇。

转汇银行不得受理汇款人或汇出银行对汇款的撤销或退汇。

二、委托收款

(一)委托收款的概念

委托收款是收款人委托银行向付款人收取款项的结算方式。委托收款分邮寄和电报划回两种,由收款人选用。这种结算方式在同城、异地均可办理,不受金额起点限制。委托收款适用于在银行或其他金融机构开立账户的单位或者个体经济户的商品贸易、劳务款项以及其他应收款项的结算,便于收款人在同城或异地主动收取款项。

在同城范围内,收款人收取公用事业费或根据国务院的规定,可以使用同城特约委托收款。

(二)委托收款的程序

委托收款发生的依据是收款单位向付款单位供货、提供劳务或发生其他经济往来,因此,收款单位持委托收款凭证及经济合同等收款依据委托其开户银行收款。

收款单位开户银行对收款人委托收款凭证和单据进行审查,同意受理后,将凭证、单据等传递付款人开户银行。

付款单位开户银行接到收款单位开户银行寄来的委托收款凭证,经审核无误后,及时通知付款人。

付款单位收到银行送来的付款通知和有关单证,应在验货或验单后作出同意付款或拒绝付款的表示。

付款人接到通知后,应在规定的期限内付款。

(三)委托

收款人办理委托收款应向银行提交委托收款凭证和有关的债务证明,并签发委托收款凭证。签发委托收款凭证必须记载下列事项:(1)表明“委托收款”的字样;(2)确定的金额;(3)付款人名称;(4)收款人名称;(5)委托收款凭据名称及附寄单证张数;(6)委托日期;(7)收款人签章。

欠缺记载上列事项之一的,银行不予受理。

(四)付款

银行接到寄来的委托收款凭证及债务证明,审查无误后办理付款。以银行为付款人的,银行应在当日将款项主动支付给收款人。以单位为付款人的,银行应及时通知付款人,按照有关规定,需要将有关债务证明交给付款人的,应交给付款人,并由付款人签收。

付款人应于接到通知的当日书面通知银行付款。按照有关规定,付款人未在规定期限内通知银行付款的,视为付款人同意付款,银行应于规定期限届满的次日将款项划给收款人。

付款人提前收到由其付款的债务证明,应通知银行于债务证明的到期日付款。付款人未在规定期限内通知银行付款,规定期限届满在债务证明到期日之前的,银行应于债务证明到期日将款项划给收款人。

银行在办理划款时,付款人存款账户不足支付的,应通过被委托银行向收款人发出未付款项通知书。按照有关规定,债务证明留存付款人开户银行的,应将其债务证明连同未付款项通知书邮寄被委托银行转交收款人。

(五)拒绝付款

付款人审查有关债务证明后,对收款人委托收取的款项需要拒绝付款的,可以在规定期限内办理拒绝付款。

三、托收承付

(一)托收承付的概念和特点

托收承付是根据购销合同由收款人发货后,委托银行向异地付款人收取款项,由付款人向银行承诺付款的结算方式。托收承付分为邮寄和电报划回两种,由收款单位选用。

托收承付的特点如下:

第一,目前,我国对托收承付的适用范围和使用对象限制较严。使用托收承付结算方式的收款单位和付款单位,必须是国有企业、供销合作社以及经营管理较好,并经开户银行审查同意的城乡集体所有制工业企业。

第二,办理托收承付结算的款项,必须是商品交易以及因商品交易而产生的劳务供应的款项。代销、寄销、赊销商品的款项,不得办理托收承付结算。

第三,收付双方使用托收承付结算必须存在购销合同,并在合同上订明使用托收承付结算方式。

第四,托收承付结算每笔的金额应在规定起点之上。

第五,银行对拒付理由书负有审查责任。银行同意拒付的,应在拒付理由书上签注意见,由收款单位开户银行通知收款单位。对于无理拒付的,对其处以一定数额的罚款,累计一定次数无理拒付的,银行可暂停其对外办理托收。

(二)托收承付的办理

收款人办理托收,必须具有商品确已发运的证件(包括铁路、航运、公路等运输部门签发运单、运单副本和邮局包裹回执)。没有发运证件,按规定可凭其他有关证件办理托收。

(三)托收承付凭证的记载

签发托收承付凭证必须记载下列事项:(1)表明“托收承付”的字样;(2)确定的金额;(3)付款人名称及账号;(4)收款人名称及账号;(5)付款人开户银行名称;(6)收款人开户银行名称;(7)托收附寄单证张数或册数;(8)合同名称、号码;(9)委托日期;(10)收款人签章。

托收承付凭证上欠缺记载上列事项之一的,银行不予受理。

(四)托收

收款人按照签订的购销合同发货后,委托银行办理托收:(1)收款人应将托收凭证并附发运证件或其他符合托收承付结算的有关证明和交易单证送交银行。收款人如需取回发运证件,银行应在托收凭证上加盖“已验发运证件”戳记。(2)收款人开户银行接到托收凭证及其附件后,应当按照托收的范围、条件和托收凭证记载的要求认真进行审查,必要时,还应查验收付款人签订的购销合同。凡不符合要求或违反购销合同发货的,不能办理。

(五)承付

付款人开户银行收到托收凭证及其附件后,应当及时通知付款人。通知的方法,可以根据具体情况与付款人签订协议,采取付款人来行自取、派人送达、对距离较远的付款人邮寄等。付款人应在承付期内审查核对,安排资金。承付货款分为验单付款和验货付款两种,由收付双方商量选用,并在合同中明确规定。

(六)逾期付款

付款人在承付期满日银行营业终了时,如无足够资金支付,其不足部分,即为逾期未付款项,按逾期付款处理。逾期付款的,付款人应当支付逾期付款赔偿金。

(七)拒绝付款

对下列情况,付款人在承付期内,可向银行提出全部或部分拒绝付款:(1)没有签订购销合同或购销合同未订明托收承付结算方式的款项;(2)未经双方事先达成协议,收款人提前交货或因逾期交货付款人不再需要该项货物的款项;(3)未按合同规定的到货地址发货的款项;(4)代销、寄销、赊销商品的款项;(5)验单付款,发现所列货物的品种、规格、数量、价格与合同规定不符,或货物已到,经查验货物与合同规定或发货清单不符的款项;(6)验货付款,经查验货物与合同规定或与发货清单不符的款项;(7)货款已经支付或计算有错误的款项。

付款人提出的拒绝付款,银行按照规定审查无法判明是非的,应由收付双方自行协商处理,或向仲裁机关、人民法院申请调解或裁决。

（八）重办托收

收款人对被无理拒绝付款的托收款项，在收到退回的结算凭证及其所附单证后，需要委托银行重办托收，应当填写四联“重办托收理由书”，将其中三联连同购销合同、有关证据和退回的原托收凭证及交易单证，一并送交银行。经开户银行审查，确属无理拒绝付款的，可以重办托收。

第六章　商业银行其他业务

第一节　信用证业务

一、信用证概述

（一）信用证的概念

信用证（letter of credit，L/C）是指开证银行依照申请人的申请开立的、凭符合信用证条款的单据支付的付款承诺。也可以说，信用证是银行应买方的请求，开给卖方的一种保证付款的书面凭证。[1]

在采用信用证结算时，买卖双方先签订货物买卖合同，并在买卖合同中约定采用信用证的方式进行结算。根据这种约定，买方向自己的往来账户银行申请开立信用证，买方银行开立信用证后，通知其在卖方所在地的一家代理行代为通知受益人（货物买卖合同中的卖方），受益人一般是在收到信用证之后才准备发货。在发出货物并取得运输单据以及备齐了信用证上所要求的有关单据后，交给卖方所在地的议付行。议付行议付货款后，即将所收到单据立即寄给开证行索取款项。开证行审核单据后认为符合信用证要求后，就立即向议付行付款，同时，通知申请人赎单。买方在接到通知后即向开证行付款，从而获得单据以提取货物。

（二）信用证的特征

信用证具有如下特征：

第一，信用证是银行信用，银行成为买卖当事人的保证人。也就是说，本来应当由买方承担的责任转由银行承担。这样，即使是付款人倒闭、死亡，受益人仍可得到开证银行的付款。

第二，信用证的独立性。信用证是以存在于买卖双方的贸易合同为基础开立的，但一经开出，就独立于其基础关系而存在。

信用证与作为其依据的购销合同相互独立，银行在处理信用证业务时，不受购销合同的约束。一家银行作出的付款、议付或履行信用证项下其他义务的承诺不受申请人与开证行、申请人与受益人之间关系的制约。受益人在任何情况下，不得利用银行之间或申请人与开证行之间的契约关系。

第三，信用证结算是一种典型的单据买卖。银行的付款完全以单据为准，因此，必须做到“单证一致，单单相符”。由此可见，在信用证结算中，各有关当事人处理的只是单据，而不是与

---

〔1〕 为了统一各国对跟单信用证条款的解释和做法，国际商会于1930年制定了《跟单信用证统一惯例》（Uniform Customs and Practice for Documentary Credits，UCP），供各银行和银行公会自由选用。《统一惯例》先后经过若干次修改，现在使用的是2007年的修订本，称为《国际商会600号出版物》。

单据有关的货物及劳务。

（三）信用证的种类

1. 可撤销信用证和不可撤销信用证

可撤销信用证是指开证行可以不经过受益人同意，也无须事先通知受益人，在议付行议付之前，有权随时修改信用证的内容或者撤销信用证。不可撤销信用证则是指信用证一经开出，在其有效期内，未经受益人同意，开证行不得单方面撤销或者修改信用证。

2. 跟单信用证（documentary L/C）和光票信用证（clean L/C）

跟单信用证是指凭跟单汇票或仅凭货物单据付款的信用证；光票信用证，又称为光单信用证或者完票信用证，是指凭不附单据的汇票付款的信用证。

3. 保兑信用证（confirmed L/C）和不保兑信用证（unconfirmed L/C）

保兑是指一家银行开出的信用证又由另一家银行保证兑付。经过保兑的信用证就是保兑信用证；没有经过保兑的信用证就是不保兑信用证。

4. 即期信用证（sight L/C）、远期信用证（usance L/C）和预支信用证（anticipatory L/C）

即期信用证是指信用证内规定受益人可以开立即期汇票收款，银行保证见票即付的信用证。远期信用证是指信用证规定受益人须开立远期汇票收款的信用证。预支信用证是指允许受益人在交单之前可以支取部分或全部货款的信用证。由于开证行在预支信用证上以红色加列附加条款，所以，预支信用证又称为“红色条款信用证”。

5. 可转让信用证（transferable L/C）和不可转让信用证（non-transferable L/C）

根据信用证是否可以转让，可将信用证区分为可转让信用证（transferable L/C）和不可转让信用证（non-transferable L/C）。可转让信用证必须注明“可转让”字样，否则，将视为不可转让信用证。

6. 公开议付信用证（freely negotiable L/C）和限制议付信用证（restricted L/C）

信用证可以由任何银行议付，也可以限制由某一家银行议付。前者即为公开议付信用证，后者即为限制议付信用证。

7. 备用信用证（stand by L/C）

备用信用证多用于履约保证。在备用信用证有效期和金额限度内，如开证申请人违约，受益人则可以要求开证银行付款，如开证申请人履行合同，则该信用证备而不用。

8. 对开信用证（reciprocal L/C）

当事人双方互相购买一批货物，并同时以对方为受益人开出信用证以完成收付。对开信用证一般用于补偿贸易。

9. 背对背信用证

背对背信用证（back to back L/C），是指一个信用证的受益人以一个或几个信用证作担保要求一家银行开立以自己为申请人，以实际供货人为受益人的信用证。背对背信用证一般多用于中间贸易。

（四）信用证法律关系

1. 信用证当事人

信用证的当事人包括开证申请人、开证行、通知行、受益人、议付行、付款行。

开证申请人（applicant），即向银行申请开立信用证的人，通常为货物买卖合同的买方，也可能是中间商。

开证行(issuing bank),即接受开证申请人的委托,开立信用证的银行。

通知行(advising bank),即接受开证行的委托,将信用证转交卖方所在地银行的银行。一般是开证行在卖方所在地的分行或代理行。通知行也可能依约成为保兑行或议付行,但是,法律关系各有不同。

受益人(beneficiary),即有权享受信用证上利益的人,通常是货物买卖合同的卖方,但在可转让信用证的情况下,则为受让信用证的第三人。

议付行(negotiating bank),即愿意买入或贴现受益人交来的跟单汇票的银行。议付行可以是通知行,也可以是其他银行。

付款行(paying bank),即信用证指定的付款银行,通常是开证行,也可以是其他银行。

2. 信用证关系

(1)开证申请人与受益人之间的关系。开证申请人与受益人之间实际上是基于买卖合同而发生的合同关系,根据该种合同的约定,当事人双方须以信用证方式进行结算。在此约定下,买方应当及时开证,卖方应当依约发货并及时提供单证,且单据形式必须符合信用证的要求。

(2)开证申请人与开证行之间的关系。开证申请人与开证行之间是一种委托代理关系。开证行接受申请开出信用证,即表明开证行接受了申请人的付款委托。

(3)开证行与通知行之间的关系。开证行与通知行之间也是一种委托代理关系。通知行只是接受开证行的委托代为通知受益人。

(4)通知行与受益人之间的关系。通知行与受益人之间不存在任何关系,因为通知行只是接受开证行的委托代理通知和转交信用证而已。

(5)开证申请人与通知行之间的关系。开证申请人与通知行之间不存在任何法律关系,因为通知行只是开证行的代理人而已。

(6)开证行与受益人之间的关系。开证行与受益人之间是否存在法律关系,取决于信用证是可撤销的或者不可撤销的。如果是可撤销信用证,他们之间则不存在有拘束力的法律关系;如果是不可撤销信用证,则在他们之间形成具有拘束力的法律关系。这种法律关系的意义表明,信用证关系实际上是一种合同关系,这种合同关系既独立于买卖双方之间的货物买卖合同,又独立于开证申请人与开证行之间的委任合同。也就是说,即使货物买卖合同或者委任合同发生效力上的瑕疵,也不影响信用证的法律效力。具体地说,只要信用证本身是有效的,开证行(或者信用证上指定的付款银行)就须负绝对的付款责任。而且,一旦付款后,即使开证申请人破产或者拒绝付款,开证行也不得向受益人进行追索。

二、我国法律关于信用证的规定

(一)我国信用证的法律适用

为适应国内贸易活动的需要,促进我国社会主义市场经济的健康发展,国内企业之间商品交易可以亦可使用信用证进行结算。国内信用证为不可撤销、不可转让的跟单信用证,只适用于国内企业之间的商品交易的结算。个人之间、个人与企业之间的商品交易或者企业之间的非商品交易结算不能使用信用证。

国内信用证只限于转账结算,不得支取现金。

在我国,只有经银行业监管机构批准经营结算业务的商业银行总行以及经商业银行总行批准开办信用证结算业务的分支机构,可以办理信用证结算业务。未经批准的银行机构和信用合作社及其他非银行金融机构不得办理信用证结算业务。

(二)信用证的开立、修改和注销

1. 信用证的开立

(1)开证申请。开证申请人使用信用证时,应委托其开户银行办理开证业务。开证申请人申请办理开证业务时,应当填具开证申请书、信用证申请人承诺书并提交有关购销合同。开证申请书和承诺书记载的事项应完整、明确,并由申请人签章,签章应与预留银行的签章相符。开证申请书和承诺书是开证银行向受益人开立信用证的依据,也是开证银行与开证申请人之间明确各自权责的契约性文件。

(2)受理开证。开证行根据申请人提交的开证申请书、信用证申请人承诺书及购销合同决定是否受理开证业务。开证行在决定受理该项业务时,应向申请人收取不低于开证金额一定比例的保证金,并可根据申请人资信情况要求其提供抵押、质押或由其他金融机构出具保函。开证行开立信用证,应按规定向申请人收取开证手续费及邮电费。

(3)基本条款。信用证应载明的条款应包括开证行名称及地址;开证日期;信用证编号;不可撤销、不可转让信用证;开证申请人名称及地址;受益人名称及地址;信用证有效期及有效地点;交单期;信用证金额;付款方式;运输条款;货物描述;单据条款;开证行"保证"文句;其他条款。

(4)开立方式。开立信用证可以采用信开和电开方式。信开信用证,应由开证行加盖信用证专用章和经办人名章并加编密押,寄送通知行;电开信用证,应由开证行加编密押,以电传方式发送通知行。

(5)开证行的义务。信用证开立后,在其规定的单据提交开证行,并符合信用证条款的,开证行应履行如下义务:对即期付款的信用证,应即期付款;对延期付款的信用证,应于信用证规定的到期日付款;对议付信用证,应于信用证规定的到期日向议付行付款。

2. 信用证的修改

(1)修改的申请。开证申请人需对已开立的信用证内容修改的,应向原信用证开证行填具信用证修改申请书、信用证修改申请人承诺书并出具受益人同意修改的书面证明,明确修改的内容。

(2)申请的受理。增额修改的,开证行可要求申请人追加开证担保。有效期修改的,不得超过信用证有效期的最长期限。

开证行发出的信用证修改书中应注明本次修改的次数。

(3)修改的方式。开立信用证修改书可以采用信开和电开方式。信开信用证修改书的,应由开证行加盖信用证专用章和经办人名章并加编密押,寄送通知行;电开信用证修改书的,应由开证行加编密押,以电传方式发送通知行。

开证行发出信用证修改的通知,应通过原信用证通知行办理。

(4)修改的效力。自发出信用证修改书之日起,开证行即应受修改内容的约束。

(5)修改费用。开证行开立信用证修改书,应按规定向申请人收取修改手续费及邮电费。

3. 信用证的注销

信用证未逾有效期的,经信用证各当事人协商同意,且开证行已收回正本信用证,该信用证可予注销。

受益人未在信用证有效期内提交单据的,开证行可在信用证有效期逾期的规定期限后注销该信用证。

信用证注销后,开证行应解除开证申请人提供的担保。

(三)信用证的通知

1. 通知行的确定

开证行与受益人开户行为同一系统行的,受益人开户行为通知行。

开证行与受益人开户行为跨系统行的,开证行确定的在受益人开户行的同城同系统银行机构为通知行。

开证行在受益人开户行所在地没有同系统分支机构的,应在受益人所在地选择一家银行机构建立信用证代理关系,其代理行为通知行。

2. 通知行的责任

(1)通知行收到信用证及信用证修改书,应认真核验开证行签章的真伪、所用密押是否正确等表面真实性。无误的,应填制信用证通知书或信用证修改通知书,连同信用证或信用证修改书交付受益人。

(2)通知行确定信用证或信用证修改书签章不符的,必须及时退还开证行,并告知开证行签章不符;密押不符的,应向开证行查询补正。

(3)通知行收到的信用证或信用证修改书的内容不完整或不清楚的,必须及时查询开证行,并要求开证行提供必要的内容。通知行在收到开证行回复前,可先将收到的信用证或信用证修改书通知受益人,并在信用证通知书或信用证修改通知书上注明该通知仅供参考,通知行不负任何责任。

(4)通知行应在收到信用证或信用证修改书后的规定时间内作出处理。

(5)开证行必须于收到通知行查询的次日营业终了前,对查询行作出答复或提供其所要求的必要内容。

(四)议付与付款

1. 议付

(1)议付的概念

议付是指信用证指定的议付行在单证相符条件下,扣除议付利息后向受益人给付对价的行为。只审核单据而未付出对价的,不构成议付。议付仅限于延期付款信用证。

(2)议付行的资格

议付行必须是开证行指定的受益人开户行。未被指定议付的银行或指定的议付行不是受益人开户行,不得办理议付。

(3)议付请求与受理

受益人可以对议付信用证在交单期或信用证有效期内向议付行提交单据、信用证正本、信用证修改书正本及信用证通知书、信用证修改通知书,并填制信用证议付/委托收款申请书和议付凭证,请求议付。

议付行在受理后的规定时间内审核信用证规定的单据,确定表面与信用证条款相符并决定议付的,应在信用证正本背面记明议付日期、业务编号、增额、议付金额、信用证余额、议付行名称,并加盖业务公章。

实付议付金额按议付金额扣除议付日至信用证付款到期日前一日的利息计算。议付利率比照贴现利率。

(4)议付与拒绝议付

议付行审核受益人提示的单据发现单据不符时,可与受益人洽商修改相符后,同意议付的,办理议付;经洽商受益人修改仍不符,拒绝议付的,应及时作出书面拒绝议付通知,注明拒绝议付理由,通知受益人。

(5)委托收款

议付行可以根据受益人的要求不作议付,仅为其办理委托收款。

(6)求偿

议付行议付后,应通过委托收款将单据寄开证行索偿资金。除非信用证另有规定,索偿金额不得超过单据金额。

(7)追索权的行使

议付行议付信用证后,对受益人具有追索权。到期不获付款的,议付行可从受益人账户收取议付金额。

(8)议付费用

议付行议付后,应按规定向受益人收取议付手续费及邮电费。

2. 付款

受益人在交单期或信用证有效期内向开证行交单收款,应向开户银行填制委托收款凭证和信用证议付/委托收款申请书,并出具单据和信用证正本、信用证修改书正本。开户银行收到凭证和单证审查齐全后,应及时为其向开证行办理交单和收款。

开证行在收到议付行寄交的委托收款凭证,单据及寄单通知书或受益人开户行寄交的委托收款凭证、信用证正本、信用证修改书正本、单据及信用证议付/委托收款申请书后的规定时间内,及时核对单据表面与信用证条款是否相符。无误后,对即期付款信用证,从申请人账户收取款项支付给受益人;对延期付款信用证,应向议付行或受益人发出到期付款确认书,并于到期日从申请人账户收取款项支付给议付行或受益人。

开证行付款后,应在信用证正本背面记明付款日期、业务编号、增额、付款金额、信用证余额、开证行名称,加盖业务公章,并将信用证来单通知书连同有关单据交开证申请人。

开证申请人收到开证行交来的信用证来单通知书及单据,发现单证不符的,应与开证行、受益人协商解决,或向人民法院提起诉讼。

开证行审核单据发现不符时,应在收到单据后的规定时间内将全部不符之处用电讯方式通知交单人。该通知必须说明单据已代为保管听候处理。同时商洽开证申请人,开证申请人同意付款的,开证行应即办理付款,开证申请人不同意付款的,开证行应将单据退交议付行或将信用证正本、信用证修改书正本及单据退交受益人。

申请人交存的保证金和其存款账户余额不足支付的,开证行仍应在规定的时间内进行付款。对不足支付的部分作逾期货款处理。对申请人提供抵押、质押、保函等担保的,按《物权法》《担保法》的有关规定索偿。

开证行付款后,对议付行或受益人不享有追索权。

3. 单据审核

银行收到单据时,必须仅以单据为依据,认真审核信用证规定的一切单据,以确定其表面是否与信用证条款相符合。单据表面与信用证条款不符的,可以拒绝接受。单据之间不一致,即视为表面与信用证条款不符。

（五）证书的制作及收费标准

1. 证书的制作

信用证凭证、信用证申请书、信用证修改申请书、信用证修改书、通知书、议付申请书、议付结算凭证等格式、联次由中国人民银行统一制定，各商业银行制作。

2. 收费标准

银行办理信用证结算业务，应按邮电部门规定的标准向当事人收取邮电费。

第二节 银行卡业务

一、银行卡概述

银行卡，是指由商业银行（含邮政储蓄银行，下同）向社会发行的具有消费信用、转账结算、存取现金等全部或部分功能的信用支付工具。

银行卡包括信用卡和借记卡。银行卡按币种不同分为人民币卡、外币卡；按发行对象不同分为单位卡（商务卡）、个人卡；按信息载体不同分为磁条卡、芯片（IC）卡。

信用卡按是否向发卡银行交存备用金分为贷记卡、准贷记卡两类。贷记卡是指发卡银行给予持卡人一定的信用额度，持卡人可在信用额度内先消费、后还款的信用卡。准贷记卡是指持卡人须先按发卡银行要求交存一定金额的备用金，当备用金账户余额不足支付时，可在发卡银行规定的信用额度内透支的信用卡。

借记卡按功能不同分为转账卡（含储蓄卡，下同）、专用卡、储值卡。借记卡不具备透支功能。转账卡是实时扣账的借记卡，具有转账结算、存取现金和消费功能。专用卡是具有专门用途（专门用途是指在百货、餐饮、饭店、娱乐行业以外的用途）、在特定区域使用的借记卡，具有转账结算、存取现金功能。储值卡是发卡银行根据持卡人要求将其资金转至卡内储存，交易时直接从卡内扣款的预付钱包式借记卡。

此外，商业银行还可以发行联名/认同卡。联名/认同卡是商业银行与盈利性机构/非盈利性机构合作发行的银行卡附属产品，其所依附的银行卡品种必须是已经批准的品种，并应当遵守相应品种的业务章程或管理办法。发卡银行和联名单位应当为联名卡持卡人在联名单位用卡提供一定比例的折扣优惠或特殊服务；持卡人领用认同卡表示对认同单位事业的支持。

商业银行发行的各类银行卡，应当执行国家规定的技术标准（但发行带有国际信用卡组织标记的银行卡除外）。单位卡应当在卡面左下方的适当位置凸印“DWK”字样。银行卡卡面应当载有以下要素：发卡银行法人名称、统一品牌名称、品牌标识（专用卡除外）、卡号（IC 卡除外）、持卡人使用注意事项、客户服务电话、持卡人签名条（IC 卡除外）等。

二、银行卡法律关系

由于银行卡具有多方面的功能，所以，银行卡业务法律关系甚为复杂。具体来说，银行卡法律关系包括发卡银行与持卡人之间的关系、发卡银行与特约商户之间的关系及持卡人与特约商户之间的关系。

（一）发卡银行与持卡人之间的关系

发卡银行与持卡人之间的关系，在本质上是一种债权债务关系，因而，当事人当然可以通过合同自己约定或者设定权利义务。这种合同文件由银行卡申请表、领用合约构成。银行卡申请表、领用合约是发卡银行向银行卡持卡人提供的明确双方权责的契约性文件，持卡人签字，即表示接受其中各项约定。由于银行卡申请表、领用合约是发卡银行单方面事先制定好的，所以，这种合约具有格式合同的性质。因此，法律要求发卡银行应当本着权利与义务对等的原则制定银行卡申请表及信用卡领用合约。同时，在发生纠纷时，应当依照有关法律对格式合同的规定进行处理。

由于银行业务具有多重功能，所以，银行卡合同关系也反映了存在于发卡银行与持卡人之间的多重法律关系，包括储蓄关系、借贷关系、代理关系、担保关系。因而，银行卡合同关于当事人之间权利义务的约定或者设定，还必须遵守相应的法律法规的规定，如合同法、代理法、担保法、商业银行法以及有关银行储蓄、贷款、结算等法规。

发卡银行与持卡人之间的储蓄关系，是指持卡人可以凭卡在发卡银行存取款项。这种款项视为在银行的活期存款，并按活期存款计付利息。在这种情况下，持卡人是银行的债权人，发卡银行是债务人。

发卡银行与持卡人之间的借贷关系，是指当信用卡持卡人在购物消费时所支付的款项超过其账户上的存款余额时，发卡银行允许持卡人在规定的范围内透支。这种透支实际上就是发生在发卡银行与持卡人之间的一种消费借贷关系。在这种情况下，发卡银行是债权人，持卡人是债务人。但应当注意的是，借记卡不能透支，所以，借记卡的发卡银行只能是债务人、持卡人只能是债权人。

发卡银行与持卡人之间的代理关系，是指持卡人在交易中利用银行卡进行转账结算或者进行汇兑时，发卡银行实际上成为持卡人的代理人，持卡人是委托人。发卡银行与持卡人之间的这种结算关系按照代理规则处理。

发卡银行与持卡人之间的担保关系，是指在信用卡关系中，持卡人须提供担保，从而在发卡银行与持卡人之间形成担保关系。在这种担保关系中，在采用保证担保方式时，如果持卡人不能偿还债务，保证人承担连带责任；在采用抵押担保时，发卡银行是抵押权人，持卡人或者第三人是抵押人，如果持卡人不能偿还债务，发卡银行可就抵押人提供的抵押物实现其权利。

（二）发卡人与持卡人之法定权利义务

发卡银行与持卡人之间是一种债权债务关系。这种权利义务表现在两个方面：一是约定权利义务；二是法定权利义务。约定权利义务由当事人自己约定；法定权利义务由法律直接规定。这里只介绍法定权利义务。

1. 发卡银行的权利

发卡银行享有如下权利：（1）发卡银行有权审查申请人的资信状况，索取申请人的个人资料，并有权决定是否向申请人发卡及确定信用卡持卡人的透支额度。（2）发卡银行对持卡人透支有追偿权。对持卡人不在规定期限内归还透支款项的，发卡银行有权申请法律保护并依法追究持卡人或有关当事人的法律责任。（3）发卡银行对不遵守其章程规定的持卡人，有权取消持卡人资格，并可授权有关单位收回其银行卡。（4）发卡银行对储值卡和IC卡内的电子钱包可不予挂失。

2. 发卡银行的义务

发卡银行应当承担如下义务：（1）发卡银行应当向银行卡申请人提供有关银行卡的使用说

明资料，包括章程、使用说明及收费标准。现有持卡人亦可索取上述资料。(2)发卡银行应当设立针对银行卡服务的公平、有效的投诉制度，并公开投诉程序和投诉电话。发卡银行对持卡人关于账务情况的查询和改正要求应当在规定期限内给予答复。(3)发卡银行应当向持卡人提供对账服务，按月向持卡人提供账户结单。但是在下列情况下发卡银行可不向持卡人提供账户结单：已向持卡人提供存折或其他交易记录；自上一份月结单后，没有进行任何交易，账户没有任何未偿还余额；已与持卡人另行商定。(4)发卡银行向持卡人提供的银行卡对账单应当列出以下内容：交易金额、账户余额(贷记卡还应列出到期还款日、最低还款额、可用信用额度)；交易金额记入有关账户或自有关账户扣除的日期；交易日期与类别；交易记录号码；作为支付对象的商户名称或代号(异地交易除外)；查询或报告不符账务的地址或电话号码。(5)发卡银行应当向持卡人提供银行卡挂失服务，应当设立24小时挂失服务电话，提供电话和书面两种挂失方式，书面挂失为正式挂失方式。并在章程或有关协议中明确发卡银行与持卡人之间的挂失责任。(6)发卡银行应当在有关卡的章程或使用说明中向持卡人说明密码的重要性及丢失的责任。(7)发卡银行对持卡人的资信资料负有保密的责任。

3. 持卡人的权利

持卡人享有如下权利：(1)持卡人享有发卡银行对其银行卡所承诺的各项服务的权利，有权监督服务质量和投拆；(2)申请人、持卡人有权知悉其选用的银行卡的功能、使用方法、收费项目、收费标准、适用利率及有关的计算公式；(3)持卡人有权在规定时间内向发卡银行索取对账单，并有权要求对不符账单内容进行查询或改正；(4)借记卡的挂失手续办妥后，持卡人不再承担相应卡账户资金变动的责任，但司法机关、仲裁机关另有裁判的除外；(5)持卡人有权索取信用卡领用合约，并应妥善保管。

4. 持卡人的义务

持卡人应承担如下义务：(1)申请人应当向发卡银行提供真实的申请资料并按照发卡银行的规定向其提供符合条件的担保；(2)持卡人应当遵守发卡银行的章程及领用合约的有关条款；(3)持卡人或保证人通讯地址、职业等发生变化，应当及时书面通知发卡银行；(4)持卡人不得以和商户发生纠纷为由拒绝支付所欠银行款项。

（三）发卡银行与特约商户的关系

发卡银行与特约商户之间的关系是一种代理关系。发卡银行是委托人，特约商户是代理人。特约商户接受发卡银行的委托受理持卡人的银行卡交易，如购物、消费等。发卡银行与特约商户之间的权利义务由委任合同规定。这种委任合同表现为受理合约。商业银行发展受理银行卡的商户，应当与商户签订受理合约，受理合约不得包括排他性条款(这里所谓的“受理合约不得包括排他性条款”，是指特约商户在受理持卡人的银行卡支付时，不得附带任何条件，即特约商户的受理行为必须是无条件的，否则，将影响银行卡的使用和持卡人的权利)。受理合约中的手续费率标准不得低于规定标准，低于规定标准的，不受法律保护。

由于作为支付手段的银行卡不同于现金支付，所以特约商户在受理持卡人的银行卡时负有审核义务，即须对持卡人的银行卡进行查验和确认后，才接受持卡人的银行卡支付。否则，因为错误受理而导致发卡银行遭受损失的，特约商户须对发卡银行承担违约责任。

（四）持卡人与特约商户的关系

持卡人与特约商户仅仅是一种交易关系，如购物买卖关系。银行卡只是一种支付手段，也就是说，就银行卡本身而言，持卡人与特约商户之间不存在任何直接法律关系，尽管这种购物买卖关系是银行卡交易的基础。由于特约商户仅仅只是发卡银行的代理人,因此,即使是特约商户无理拒绝受理持卡人的银行卡,持卡人只能向发卡银行投诉或者要求其承担违约责任,而不能直接向特约商户投诉或者主张违约责任。

三、银行卡业务的开办

(一)开办银行卡业务的条件

商业银行开办银行卡业务应当具备下列条件:(1)开业3年以上,具有办理零售业务的良好业务基础;(2)符合银行业监管机构颁布的资产负债比例管理监控指标,经营状况良好;(3)已就该项业务建立了科学完善的内部控制制度,有明确的内部授权审批程序;(4)合格的管理人员和技术人员、相应的管理机构;(5)安全、高效的计算机处理系统;(6)发行外币卡还须具备经营外汇业务的资格和相应的外汇业务经营管理水平;(7)银行业监管机构规定的其他条件。

(二)开办银行卡业务的程序

1. 开办银行卡业务的申请

符合上述条件的商业银行,可以申请开办银行卡业务,并提交下列材料:(1)申请报告:论证必要性、可行性,进行市场预测;(2)银行卡章程或管理办法、卡样设计草案;(3)内部控制制度、风险防范措施;(4)由银行业监管机构出具的有关系统安全性和技术标准合格的测试报告;(5)银行业监管机构要求提供的其他材料。

2. 发卡银行的银行卡章程记载事项

发卡银行各类银行卡章程应载明下列事项:(1)卡的名称、种类、功能、用途;(2)卡的发行对象、申领条件、申领手续;(3)卡的使用范围(包括使用方面的限制)及使用方法;(4)卡的账户适用的利率,面向持卡人的收费项目及标准;(5)发卡银行、持卡人及其他有关当事人的权利、义务;(6)银行业监管机构要求的其他事项。

3. 银行卡的管理权限和审批

商业银行开办各类银行卡业务,应当按照银行业监管机构有关加强内部控制和授权授信管理的规定,分别制定统一的章程或业务管理办法,报银行业监管机构审批。

四、计息和收费标准

(一)银行卡的计息

银行卡的计息包括计收利息和计付利息。银行卡的计息方法因不同的银行卡而有所不同。

1. 贷记卡的计息

发卡银行对贷记卡账户的存款、储值卡(含IC卡的电子钱包)内的币值不计付利息。

贷记卡持卡人非现金交易享受如下优惠条件:(1)免息还款期待遇。银行记账日至发卡银行规定的到期还款日之间为免息还款期。免息还款期最长不得超过规定期限。持卡人在到期还款日前偿还所使用全部银行款项即可享受免息还款期待遇,无须支付非现金交易的利息。(2)最低还款额待遇。持卡人在到期还款日前偿还所使用全部银行款项有困难的,可按照发卡银行规定的最低还款额还款。

贷记卡持卡人选择最低还款额方式或超过发卡银行批准的信用额度用卡时,不再享受免息还款期待遇,应当支付未偿还部分自银行记账日起,按规定利率计算的透支利息。

贷记卡持卡人支取现金、准贷记卡透支,不享受免息还款期和最低还款额待遇,应当支付现金交易额或透支额自银行记账日起,按规定利率计算的透支利息。

发卡银行对贷记卡持卡人未偿还最低还款额和超信用额度用卡的行为,应当分别按最低还款额未还部分、超过信用额度部分一定比例的收取滞纳金和超限费。

贷记卡透支按月计收复利、准贷记卡透支按月计收单利,透支利率不得超过规定利率。

2. 准贷记卡和借记卡的计息

发卡银行对准贷记卡及借记卡(不含储值卡)账户内的存款,按照中国人民银行规定的同期同档次存款利率及计息办法计付利息。

(二)银行卡的收费标准

商业银行办理银行卡收单业务应当按规定标准向商户收取结算手续费。

五、账户及交易管理

(一)账户

1. 个人账户

个人申领银行卡(储值卡除外),应当向发卡银行提供本人有效身份证件,经发卡银行审查合格后,为其开立记名账户。

个人人民币卡账户的资金以其持有的现金存入或以其工资性款项、属于个人的合法的劳务报酬、投资回报等收入转账存入。

个人外币卡账户的资金以其个人持有的外币现钞存入或从其外汇账户(含外钞账户)转账存入。该账户的转账及存款均按国家外汇管理局《个人外汇管理办法》办理。个人外币卡在境内提取外币现钞时应按照我国个人外汇管理制度办理。

2. 单位账户

凡在中国境内金融机构开立基本存款账户的单位,应当凭核发的开户许可证申领单位卡。

单位人民币卡账户的资金一律从其基本存款账户转账存入,不得存取现金,不得将销货收入存入单位卡账户。

单位外币卡账户的资金应从其单位的外汇账户转账存入,不得在境内存取外币现钞。

(二)交易限制

1. 银行卡的使用限制

银行卡及其账户只限经发卡银行批准的持卡人本人使用,不得出租和转借。

2. 单位人民币卡的限制

单位人民币卡可办理商品交易和劳务供应款项的结算,但不得透支;超过银行业监管机构规定起点的,应当经银行业监管机构当地分支机构办理转汇。

3. 外币卡的限制

除国家外汇管理局指定的范围和区域外,外币卡原则上不得在境内办理外币计价结算。

4. 贷记卡的限制

发卡银行对贷记卡的取现应当每笔授权,每卡每日累计取现不得超过规定数额。

5. 储值卡的限制

储值卡的面值或卡内市值不得超过规定数额。

6. 认同卡的限制

商业银行发行认同卡时,不得从其收入中向认同单位支付捐赠等费用。

7. ATM 取款限制

发卡银行应当对持卡人在自动柜员机(ATM)取款设定交易上限,每卡每日累计提款不得超过规定数额。

8. 销户

持卡人在还清全部交易款项,透支本息和有关费用后,可申请办理销户。销户时,单位人民币卡账户的资金应当转入其基本存款账户,单位外币卡账户的资金应当转回相应的外汇账户,不得提取现金。

9. 电子信息记录

发卡银行依据密码等电子信息为持卡人办理的存取款、转账结算等各类交易所产生的电子信息记录,均为该项交易的有效凭据。发卡银行可凭交易明细记录或清单作为记账凭证。

10. 原始单证的保管

银行卡通过联网的各类终端交易的原始单据在法定期限内应保留备查。

(三)风险管理

1. 对信用卡申请人和持卡人的资信控制

发卡银行应当认真审查信用卡申请人的资信状况,根据申请人的资信状况确定有效担保及担保方式。发卡银行应当对信用卡持卡人的资信状况进行定期复查,并应当根据资信状况的变化调整其信用额度。

2. 对发卡银行的内部风险控制

发卡银行应当建立授信审批制度,明确对不同级别内部工作人员的授信权限和授信限额。发卡银行应当加强对止付名单的管理,及时接收和发送止付名单。

3. 借记卡的风险控制

通过借记卡办理的各项代理业务,发卡银行不得为持卡人或委托单位垫付资金。

4. 信用卡的风险控制

发卡银行应当遵守各类信用卡业务风险控制指标,如同一持卡人单笔透支发生额不得超过一定比例;同一账户月透支余额个人卡不得超过规定数额等。

5. 对透支或者诈骗款项的追偿

发卡银行通过下列途径追偿透支款项和诈骗款项:(1)扣减持卡人保证金、依法处理抵押物和质物;(2)向保证人追索透支款项;(3)通过司法机关的诉讼程序进行追偿。

任何单位和个人有下列情形之一的,根据刑法及相关法规进行处理:(1)骗领、冒用信用卡的;(2)伪造、变造银行卡的;(3)恶意透支的;(4)利用银行卡及其机具欺诈银行资金的。

第三节　银行同业拆借与票据贴现

一、同业拆借

(一)同业拆借的概念和特征

同业拆借,是指经中国人民银行批准进入全国银行间同业拆借市场(以下简称同业拆借市场）的金融机构之间，通过全国统一的同业拆借网络进行的无担保资金融通行为。银行同业拆借的意义在于调剂头寸（头寸是指银行营运过程中的可用资金，包括库存现金、中央银行存款和同业存放款项）和临时性资金短缺，使准备金有盈余的商业银行能够及时地贷出资金并获取利息收益，而准备金不足的金融机构可以及时地借入资金以保证支付，从而提高银行的资金运用效率并满足必要的流动性要求。

同业拆借的实质是金融机构之间依法产生的短期借贷关系。同业拆借是金融机构的一项重要的负债业务，其特点是金额大、期限短、利率低、无担保。

（二）同业拆借的主体

就一般意义而言，同业拆借的参与者包括政策性银行、中资商业银行、外商独资银行、中外合资银行、城市信用合作社、农村信用合作社县级联合社、企业集团财务公司、信托公司、金融资产管理公司、金融租赁公司、汽车金融公司、证券公司、保险公司、保险资产管理公司、中资商业银行（不包括城市商业银行、农村商业银行和农村合作银行）授权的一级分支机构、外国银行分行、中国人民银行确定的其他机构。金融机构申请进入同业拆借市场，应按照中国人民银行规定的程序向中国人民银行或其分支机构提交申请材料。

已进入同业拆借市场的金融机构决定退出同业拆借市场时，应至少提前30日报告中国人民银行或其分支机构，并说明退出同业拆借市场的原因，提交债权债务清理处置方案。金融机构退出同业拆借市场必须采取有效措施保证债权债务关系顺利清理，并针对可能出现的问题制订有效的风险处置预案。

（三）同业拆借资金的用途

同业拆借资金用途必须符合法律规定。《商业银行法》第46条规定，拆出资金限于交足存款准备金、留足备付金和归还中国人民银行到期贷款之后的闲置资金。拆入资金用于弥补票据清算、联行汇差头寸的不足和解决临时性周转资金的需要。禁止利用拆入资金发放固定资产贷款或者用于投资。

（四）拆借利率

同业拆借交易以询价方式进行，自主谈判，逐笔成交。拆借利率的决定遵循的是市场原则，拆借利率由拆借双方当事人根据拆借市场的供求关系协商确定。

（五）拆借期限

同业拆借的期限在符合以下规定的前提下，由交易双方自行商定：

1. 政策性银行、中资商业银行、中资商业银行授权的一级分支机构、外商独资银行、中外合资银行、外国银行分行、城市信用合作社、农村信用合作社县级联合社拆入资金的最长期限为1年。

2. 金融资产管理公司、金融租赁公司、汽车金融公司、保险公司拆入资金的最长期限为3个月。

3. 企业集团财务公司、信托公司、证券公司、保险资产管理公司拆入资金的最长期限为7天。

4. 金融机构拆出资金的最长期限不得超过对手方由中国人民银行规定的拆入资金最长期限。

中国人民银行可以根据市场发展和管理的需要调整金融机构的拆借资金最长期限。

同业拆借到期后不得展期。

（六）拆借限额管理

对金融机构同业拆借实行限额管理，拆借限额由中国人民银行及其分支机构核定。金融机构申请调整拆借资金限额，应比照申请进入同业拆借市场的程序向中国人民银行或其分支机构提交申请材料。

二、票据贴现

（一）票据贴现的概念

票据贴现是指票据持有人在票据未到期之前为获取现金向银行贴付一定利息而发生的票据转让行为。商业汇票的收款人或者持有人需要资金时，可持未到期的商业承兑汇票或者银行承兑汇票向其开户银行申请贴现。票据的收款人或者持有人通过将未到期票据转让给商业银行以取得低于票面金额的现金。贴现银行获得票据，但需要向贴现申请人支付相当于票面金额扣除贴现利息的现金。贴现利息为该票据金额自贴现日至到期日的利息。

票据贴现体现的是贴现银行对贴现申请人的授信行为。这种授信行为并非一种单纯的银行信用，而是商业信用与银行信用有机结合的产物，体现的是商业信用和银行信用的双重关系。

（二）票据贴现的主体

票据贴现的申请人是票据收款人或者持票人。

商业汇票的贴现银行除法律另有规定外必须是贴现申请人的开户银行；银行承兑汇票的贴现银行必须是参加全国联行和省辖联行的银行机构。非银行金融机构不准办理银行承兑汇票的贴现。

（三）贴现的方式

票据贴现行为实际上就是票据的背书转让行为，因此，有关背书转让行为适用票据法的规定。

（四）再贴现与转贴现

贴现银行需要资金时，可持未到期的承兑汇票向其他银行转贴现，也可以向人民银行申请再贴现。再贴现是贴现银行持未到期的已贴现汇票向人民银行贴现，通过转让汇票取得人民银行再贷款的行为。再贴现的对象是在当地人民银行开立存款账户的银行。转贴现和再贴现实际上是商业银行的负债业务。

第四节　银行担保业务

一、银行担保概述

（一）银行保证

银行保证是银行应申请人的请求，向受益人开出的担保申请人履行某项义务的保证担保方式。根据这种保证担保的约定，银行向受益人承诺，当担保申请人不能履行义务时，则由银行承担责任。在这里，银行是保证人，申请人是被担保人，受益人是享有和实现担保权利的人。

银行保证是一种有偿保证，即银行因提供担保而收取手续费，有时则可能要求主债务人提供反担保。

银行保证采取银行保证书的形式。银行保证书，又称为银行保函（letter of guarantee），是银行保证的书面形式。银行保证书的内容主要包括：（1）基本当事人，包括申请人、受益人和保证人。(2)保证金额。保证金额是保证人的责任范围,同时又是担保费的收取依据。(3)保证期限。保证书有期限,包括生效日和到期日。保证书到期,保证人的责任解除。(4)保证责任和索赔。保证责任是保证人根据保证的要求向受益人承担的保证责任。一旦申请人不履行义务,受益人有权利向保证人索赔。(5)其他事项,包括保证书名称、保证书编号、保证书所依据的合同的编号、合同内容以及其他保证条款。

银行保证主要适用于进出口贸易。相应地,银行保证书可分为进口保证书和出口保证书。

进口保证书,或者称为付款保证书,是银行向出口商开立的担保履行义务的保证书,主要包括成套设备进口保证书、补偿贸易进口保证书和加工装配业务进口保证书。进口保证书主要涉及付款保证问题。担保银行应货物或劳务的买方(进口方)的请求,向卖方(出口方)出具的保证付款的保证书。如果申请人不能履行其义务,则担保人负责支付在保证书中规定的款项给受益人。

出口保证书,是银行向进口商开立的担保出口商履行义务的文件,主要包括投标保证书、履约保证书和还款保证书。

投标保证书,是保证银行应投标人的请求而向招标方出具的保证书,保证投标人履行其在投标中承诺的义务,如果不能履行,则由保证银行在规定的金额内向受益人支付一定款项。

履约保证书,是指保证银行应货物或劳务的卖方(出口方)的请求,向买方出具的在申请人未能履行合同义务的情况下,向受益人支付一定金额或者由保证银行选择由其履行合同的保证书。

还款保证书,是指保证银行应货物或劳务的卖方的请求,向买方出具的保证申请人按照合同的约定履行合同,否则,由保证银行偿还受益人预付或已付给申请人的款项。

(二)凭要求即付保证

凭要求即付保证(first demand guarantee)是一种凭要求或凭单证的要求付款的保证形式。前者称为凭单纯的要求;后者称为凭单证的要求。这里所谓的单证是指由受益人签字的约定内容的声明。

凭要求即付保证的形式有履约保证(performance bond or guarantee)、投标保证(bid or tender bond or guarantee)、预付金保证(advance payment bond or guarantee)和扣留金保证(retain money bond or guarantee)等。

凭要求即付保证在性质上具有独立性,或者抽象性。也就是说,一旦债权人提出请求,保证人即须履行保证义务。这种抽象性使出具这种保证的银行等金融机构能避免卷入其客户之间的基础合同项下的争执。因而,这种保证与其说是保证,不如说是本票,实际上相当于见票即付的本票。凭要求即付保证的银行完全不管受益人与其客户的关系,也不管受益人曾是否履行其合同义务,银行的客户是否有违约等问题。

但是,银行仍然需要考虑该种付款请求是否存在明显的诈欺。事实上,由于银行很难证明付款要求是不诚实的,所以,凡是要求在形式上符合规定的,银行就应该付款。

(三)银行备用信用证

备用信用证也是一种银行担保,即银行向受益人承诺,一旦债务人违约,即由银行向受益人进行赔偿。

(四)银行票据担保

银行票据担保主要包括贴现担保、承兑担保等形式。

贴现担保是指银行在办理贴现业务时，由贴现银行在票据上签字，作为票据付款人的保证人，从而使贴现银行作为票据上的保证人承担与付款人相同的义务。在这种方式下，贴现银行向出票人或背书人承诺，如果付款人在票据到期日不付款，银行应承担付款责任。

承兑担保是指银行承兑汇票而言。汇票一经银行承兑，银行即成为汇票的主债务人。在这种方式下，银行负有付款的义务。承兑是信贷的方式之一，因为汇票经银行承兑后，出票人很容易找到另一家银行进行贴现。因此，这是银行给出票人的信贷。

二、我国的对外担保

（一）对外担保概述

在我国，所谓的对外担保，是指中国境内机构（以下简称担保人）以保函、备用信用证、本票、汇票等形式出具对外保证，或者以特定财产对外抵押或者以特定动产或权利对外质押，向中国境外机构或者境内的外资金融机构（债权人或者受益人，以下称受益人）承诺，当债务人（以下称被担保人）未按照合同约定履行义务时，由担保人履行义务；或者受益人依法就抵押物或者质押物折价拍卖、变卖的价款优先受偿。

（二）对外担保的种类

对外担保包括融资担保、融资租赁担保、补偿贸易项下的担保、境外工程承包中的担保以及其他具有对外债务性质的担保。

1. 融资担保

融资担保是指担保人为被担保人向受益人融资提供的本息偿还担保。融资方式包括：借款、发行有价证券（不包括股票）、透支、延期付款等。

2. 融资租赁担保

融资租赁担保是指在用融资租赁方式进口设备时，担保人向出租人担保，当承租人未按照租赁合同规定支付租金时由担保人代为支付。

3. 补偿贸易项下的担保

补偿贸易项下的担保包括现汇履约担保和非现汇履约担保，其中现汇履约担保是指担保人向供给设备的一方担保，如进口方在收到与合同相符的设备后未按照合同规定将产品交付供给设备的一方或者由其指定的第三方，又不能以现汇偿付设备款及其附加的利息，则担保人按照担保金额加利息及相关费用赔偿供给设备的一方。非现汇履约担保不以现汇方式对外支付，不属于这一范畴。

4. 境外工程承包中的担保

境外工程承包中的担保是指在境外工程承包中，担保人向招标人担保，当投标人中标或者签约后，如不签约或者不在规定的时间内履行合同，则担保人在担保的范围内向招标人支付合同规定的金额，包括投标担保、履约担保、预付款担保等。

5. 其他具有对外债务性质的担保

其他具有对外债务性质的担保是指除前四类担保以外的所有可能构成对外债务的担保。

（三）对外担保当事人

对外担保当事人包括担保人、被担保人、受益人。

1. 担保人

只有经外汇主管机关批准后，担保人方能提供对外担保（但外商独资企业可以自行提供对外担保,无须得到外汇局批准)。担保人未经批准擅自出具对外担保,其对外担保合同无效。

担保人有两种:一是经批准有权经营对外担保业务的金融机构(不含外资经营机构);二是具有代为清偿能力的非金融企业法人,包括内资企业和外商投资企业。除经国务院批准为使用外国政府或者国际经济组织贷款进行转贷外,国家机关和事业单位不得对外担保。

由此可见,对外担保中的担保人是指符合上述规定的境内具有法人资格的,或者经法人授权的机构,包括中资金融机构、内资企业和外商投资企业,不包括境内外资金融机构。其中,对外保证项下的担保人为保证人;对外抵押项下的担保人为抵押人;对外质押项下的担保人为质押人。

2. 被担保人

被担保人是指境内内资企业、外商投资企业和境内机构在境外注册的全资附属企业及中方参股的企业。

3. 受益人

受益人是指中国境外机构以及境内的外资金融机构。其中,对外保证项下的受益人为债权人;对外抵押项下的受益人为抵押权人;对外质押项下的受益人为质权人。

(四)担保合同

担保人提供对外担保,应当与债权人、被担保人订立书面合同,约定担保人、债权人、被担保人各方的下列权利和义务。这里所谓的书面合同,可以是当事人之间单独订立的,包括当事人之间具有担保性质的信函、传真、信用保险项下的保险合同、备用信用证等,也可以是主合同中的担保条款。

对外担保合同是主债务合同的从合同,主债务合同无效,对外担保合同无效,对外担保合同另有约定的,按照约定。

担保合同应当列明下列内容:(1)担保人有权对被担保人的资金和财产情况进行监督。(2)担保人提供对外担保后,在其所担保的合同有效期内,担保人应当按照担保合同履行担保义务。担保人履行担保义务后,有权向被担保人追偿。(3)担保人提供担保后,在担保合同的有效期内,受益人未按照债务合同履行义务而使被担保人因此免除债务的,担保人的担保义务自行解除。(4)担保人有权要求被担保人落实反担保措施或者提供相应的抵押物。(5)担保人有权收取约定的担保费。

(五)对外担保的管理

经营对外担保业务,须经过外汇局的审批。国家外汇管理局及其分、支局为对外担保的主管机关,负责对外担保的审批、管理和登记。

第五节 银行代理与保管业务

一、银行代理业务

商业银行具有网点众多、服务面广、设备先进、信息灵通、专业管理等优势,所以,商业银行的代理业务也比较广泛。商业银行可以从事代理发行、代理兑付、承销政府债券、代理收付款项、代理保险、代理买卖外汇等业务。

（一）代理发行

代理发行是指商业银行作为中介机构以受托人的身份代理国家向投资者出售债券，并向委托人收取手续费的行为。

（二）代理兑付

代理兑付是指商业银行接受委托，代理委托人兑付债券利息和本金的行为。

（三）承销政府债券

承销政府债券是指商业银行根据其与委托人的承销协议代理发售政府债券并收取手续费的行为。

（四）代理收付

商业银行可以利用其营业所从事代理其他单位和个人收付款项的业务。例如，代理单位收取水电费、煤气费、暖气费、电话费、房租费、邮资总付费等；受托代理发放工资、津贴、奖金，代付股息、红利、债息、退休金、救济金、扶贫款及其他款项。代理个人支付家庭生活费、医疗保健费、子女教育费、房租费、水电煤气费及其他各种杂费。

（五）代理保险业务

商业银行可以开展保险经纪人业务和保险代理人业务，可以代理受理、理赔业务，并可根据协议按一定比例收取保险代理费。

（六）代理买卖外汇

商业银行可以代理客户买卖外汇，企业或者个人可以通过商业银行买卖外汇。客户委托商业银行买卖外汇时，应当提供履约担保。

二、提供保险箱业务

保险箱是银行设置的，供出租使用的屉式存物箱，一般置于专用的防盗、防火的保管库。保管的范围一般是贵重物品、重要文件或有价证券等。代理保管业务有的是露封式保管，有的是密封式保管。露封式保管物一般是各种有价证券，检点后交商业银行保管；密封式保管物一般是不愿公开或难以检点的物品，如契约、遗嘱等。

保险箱服务包括委托代保管服务和出租保管箱服务。委托代保管服务中的银行与委托人之间是财产保管法律关系，应适用合同法中保管合同的规定；出租保管箱服务中的银行与客户的关系是财产租赁法律关系，应适用合同法中租赁合同的规定。

第六节　银行融资与投资业务

一、发行金融债券

金融债券是政策性银行、商业银行以及非银行金融机构所发行的债券。发行金融债券的目的是筹集资金，解决特定用途的资金需求。金融债券作为一种债权凭证，表彰的是债券发行人与债券购买人之间的债权债务关系。债券持有人享有请求债券发行人按期支付利息并归还本金的权利，相应地，债券发行人负有按期还本付息的义务。

在我国,享有发行金融债券资格的发行人有政策性银行、商业银行、非银行金融机构。政策性银行发行的金融债券为政策性金融债券。商业银行和非银行金融机构发行的金融债券为一般性金融债券。

发行金融债券的方式既可以是自销,也可以是承销。

金融债券的期限。根据金融债券的期限的不同,可将金融债券分为短期金融债券、中期金融债券和长期金融债券。

金融债券的利率采用还本付利和贴水付息的方式。付利金融债券又可分为累进付利金融债券和非累进付利金融债券两种形式。

发行金融债券和境外借债是商业银行的负债业务,因其直接关系到债券持有人的权益问题以及国家外债规模和结构状况,因此,《商业银行法》第45条规定,商业银行发行金融债券或者到境外借债,应当依照法律、法规的规定报经批准。

二、买卖债券

买卖债券实际上是商业银行投资业务的一部分。商业银行的投资业务,是指商业银行购买有价证券或直接投资参股经营其他企业以获取收益的行为。投资业务是商业银行两大资产业务之一,也是商业银行收入的重要来源之一。但由于《商业银行法》第43条规定,除国家另有规定外,商业银行在中华人民共和国境内不得从事信托投资和证券经营业务,不得向非自用不动产投资或者向非银行金融机构和企业投资。因此,我国商业银行的国内投资业务也就主要局限于买卖债券。《商业银行法》第3条规定,商业银行可以买卖政府债券和金融债券。

第七节 个人理财业务

一、个人理财业务的概念和分类

个人理财业务,是指商业银行为个人客户提供的财务分析、财务规划、投资顾问、资产管理等专业化服务活动。

(一)理财顾问与综合理财

商业银行个人理财业务按照管理运作方式不同,分为理财顾问服务和综合理财服务。

理财顾问服务,是指商业银行向客户提供的财务分析与规划、投资建议、个人投资产品推介等专业化服务。商业银行为销售储蓄存款产品、信贷产品等进行的产品介绍、宣传和推介等一般性业务咨询活动,不属于理财顾问服务。在理财顾问服务活动中,客户根据商业银行提供的理财顾问服务管理和运用资金,并承担由此产生的收益和风险。

综合理财服务,是指商业银行在向客户提供理财顾问服务的基础上,接受客户的委托和授权,按照与客户事先约定的投资计划和方式进行投资和资产管理的业务活动。在综合理财服务活动中,客户授权银行代表客户按照合同约定的投资方向和方式,进行投资和资产管理,投资收益与风险由客户或客户与银行按照约定方式承担。商业银行在综合理财服务活动中,可以向特定目标客户群销售理财计划。理财计划是指商业银行在对潜在目标客户群分析研究的基础上,针对特定目标客户群开发设计并销售的资金投资和管理计划。

（二）保证收益理财计划和非保证收益理财计划

按照客户获取收益方式的不同，理财计划可以分为保证收益理财计划和非保证收益理财计划。

保证收益理财计划，是指商业银行按照约定条件向客户承诺支付固定收益，银行承担由此产生的投资风险，或银行按照约定条件向客户承诺支付最低收益并承担相关风险，其他投资收益由银行和客户按照合同约定分配，并共同承担相关投资风险的理财计划。

非保证收益理财计划可以分为保本浮动收益理财计划和非保本浮动收益理财计划。

保本浮动收益理财计划，是指商业银行按照约定条件向客户保证本金支付，本金以外的投资风险由客户承担，并依据实际投资收益情况确定客户实际收益的理财计划。

非保本浮动收益理财计划，是指商业银行根据约定条件和实际投资收益情况向客户支付收益，并不保证客户本金安全的理财计划。

二、个人理财业务的管理

商业银行应建立健全个人理财业务管理体系，明确个人理财业务的管理部门，针对理财顾问服务和综合理财服务的不同特点，分别制定理财顾问服务和综合理财服务的管理规章制度，明确相关部门和人员的责任。

商业银行应区分理财顾问服务与一般性业务咨询活动，按照防止误导客户或不当销售的原则制定个人理财业务人员的工作守则与工作规范。

商业银行应建立健全综合理财服务的内部控制和定期检查制度，保证综合理财服务符合有关法律、法规及银行与客户的约定。

商业银行应对理财计划的研发、定价、风险管理、销售、资金管理运用、账务处理、收益分配等方面进行全面规范，建立健全有关规章制度和内部审核程序，严格内部审查和稽核监督管理。

商业银行开展个人理财业务，应与客户签订合同，明确双方的权利与义务，并根据业务需要签署必要的客户委托授权书和其他代理客户投资所必须的法律文件。

商业银行不得将一般储蓄存款产品单独当作理财计划销售，或者将理财计划与本行储蓄存款进行强制性搭配销售。

商业银行应根据理财计划或相关产品的风险状况，设置适当的期限和销售起点金额。

商业银行销售理财计划汇集的理财资金，应按照理财合同约定管理和使用。商业银行除对理财计划所汇集的资金进行正常的会计核算外，还应为每一个理财计划制作明细记录。

在理财计划的存续期内，商业银行应向客户提供其所持有的所有相关资产的账单，账单应列明资产变动、收入和费用、期末资产估值等情况。账单提供应不少于两次，并且至少每月提供一次。商业银行与客户另有约定的除外。

商业银行应在理财计划终止时，或理财计划投资收益分配时，向客户提供理财计划投资、收益的详细情况报告。

三、个人理财业务的风险管理

商业银行开展个人理财业务，应建立相应的风险管理体系，并将个人理财业务的风险管理纳入商业银行风险管理体系之中。商业银行的个人理财业务风险管理体系应覆盖个人理财业务面临的各类风险,并就相关风险制定有效的管控措施。

商业银行开展个人理财业务,应进行严格的合规性审查,准确界定个人理财业务所包含的各种法律关系,明确可能涉及的法律和政策问题,研究制定相应的解决办法,切实防范法律风险。

商业银行利用理财顾问服务向客户推介投资产品时,应了解客户的风险偏好、风险认知能力和承受能力,评估客户的财务状况,提供合适的投资产品由客户自主选择,并应向客户解释相关投资工具的运作市场及方式,揭示相关风险。

商业银行应对理财计划的资金成本与收益进行独立测算,采用科学合理的测算方式预测理财投资组合的收益率。商业银行不得销售不能独立测算或收益率为零或负值的理财计划。

商业银行应对理财计划设置市场风险监测指标,建立有效的市场风险识别、计量、监测和控制体系。商业银行将有关市场监测指标作为理财计划合同的终止条件或终止参考条件时,应在理财计划合同中对相关指标的定义和计算方式作出明确解释。

商业银行应当制订个人理财业务应急计划,并纳入商业银行整体业务应急计划体系之中,保证个人理财服务的连续性、有效性。

第六编 商业票据

票据总论
汇票制度
本票制度
支票制度

第一章　票据总论

第一节　票据概述

一、有价证券

有价证券是一种表彰某种权利的证券，即特定的权利体现在证券上。有价证券的特点在于，权利的发生、转移或者消灭与证券发生密切联系。因而，权利的主张或行使在相当程度上均离不开证券，这一现象被称为“权利的证券化”，由此决定了有价证券与一般的证书性文件有所不同。一般的证书性文件仅仅是单纯的证明文件。例如，借条仅仅是对当事人之间借贷关系的一种证明，合同书仅仅是对发生在当事人之间债权债务关系的证明，结婚、离婚证书仅仅是对当事人婚姻状况的证明。借贷关系、债权债务关系、婚姻关系的成立和消灭、权利义务的行使和履行在实质上并不因此类证书的有无为必要。由于这种证书本身并不具有权利属性，因而，这种证书也就不具有可转让性。

有价证券的种类比较广泛，商业活动中使用的汇票、本票、支票、股票、债券（公司债券、政府债券、金融债券等）、提单（包括陆上、海上和空中运输提单）、仓单、各种交通票证（车票、船票和机票）、购物券、影剧票等，均属于有价证券范畴。

按照证券所代表权利性质的不同，可将有价证券区分为物权有价证券、社员权有价证券和债权有价证券。以物权为证券权利内容的有价证券为物权证券，如提单、仓单。提单、仓单的交付与物的交付具有同等的效力，所以这种证券是一种物权证券。当然，提单、仓单同时也兼而具有债权证券的性质。以社员权为证券权利内容的有价证券为社员权证券，如股票。公司股东的股东权属于社员权，所以公司股票是一种表彰社员权的有价证券。社员权有价证券，又称为团体有价证券。以债权为证券权利内容的有价证券为债权证券，如各种票据、各种债券等。

从有价证券的经济功能来看，有价证券可以分为财产有价证券、货币有价证券和资本有价证券。财产有价证券是指证券所代表的权利客体可供人们使用和收益，如物权证券即是这种证券。货币有价证券是指以支付一定金钱为目的而发行的有价证券，如票据。而资本有价证券则是表彰一定投资权利的有价证券，如公司债券、股票等。

根据权利与证券的关系来看，有价证券又可分为两种：一是完全有价证券；二是非完全有价证券。完全有价证券，是说权利的发生、转移及行使三者与证券具有不可分离的关系。而非完全有价证券则是指权利的发生与有价证券的发行没有关系，但是，权利的转移或者行使却离不开有价证券。例如，公司股票就只是一种非完全有价证券，因为股东的权利与义务产生于股东的投资，而不是基于公司发行给股东股票而产生的。公司对股东发行的股票只是对已经产生的权利义务的一种证明文件。同样，像公司债券、金融债券、政府债券也是非完全有价证券，它们都是对已经发生在债权人与债务人之间的债权债务关系的证明文件。但应当注意的是，非完全证券虽然只是对既有权利义务的证明，但是这种证券仍然可以流通转让，证券的转让就代表着权利的转移。同时，这种证券上的权利的行使也离不开证券。所以，非完全有价证券仍然是有价证券，与一般的证明性文件有着本质的不同。

二、票据的概念

票据法上的票据，又称为商业票据(commercial paper)，是指依照票据法发行的以支付一定金钱为目的的完全有价证券。

票据的特征如下：

第一，票据是一种完全有价证券。

票据权利的发生、转移与行使均离不开票据本身，它是一种完全有价证券。具体来说，票据权利的发生须作成证券，是故票据为设权证券；票据权利的转移须交付证券，是故票据为交付证券；票据权利的行使须提示证券，是故票据为提示证券；票据权利的消灭须缴回证券，是故票据为缴回证券。

第二，票据是一种金钱证券。

票据虽然是一种债权证券，但是，它与诸如公司债券、金融债券、政府债券等债权证券有所不同。票据以支付一定金钱为目的，因而票据又被称为货币证券；而诸如公司债券、金融债券、政府债券则是以筹集资金为目的而发行的一种还本付息的证券，因而被称为资本证券或者投资证券。

票据以支付一定金额为目的，具有通货的作用。实际上，在现代金融概念中，票据也被视为货币，或者准货币。票据具有通货的作用，不仅在于票据的金钱支付性，而且在于这种支付具有无条件性。也就是说，票据债务人须无条件支付给票据债权人一定金额的金钱，而不能附带任何条件；否则，将导致票据发生无效。正是这种无条件支付性，使得票据具有货币的性质。

但应当注意的是，票据虽然是代表现金流通的有价证券，但它毕竟不具有法定货币的强制力。在债务人清偿债务时，如以货币支付，债权人不能拒绝接受；但如债务人以票据给付，则必须经债权人同意。这是票据与通货的区别。

第三，票据必须是依照票据法而发行。

票据还必须是依票据法而发行，即只有依票据法发行的有价证券才是票据。否则，如依其他法律发行的有价证券，纵然是金钱证券或者债权证券，均不得称之为票据，如依民法发行的指示证券，依公司法、证券法发行的公司债券等。

三、票据的分类

(一)法律上的分类

票据的法定分类是指根据有关票据法律而作出的分类。从各国票据法的规定来看，无论是采用票据法与支票法分开立法的模式，还是采用汇票、本票、支票统一立法模式，其所谓票据均包括汇票、本票和支票三种类型。我国票据法所规定的票据包括汇票、本票和支票三种形式。

所谓汇票(bills of exchange)，是指由出票人签发的，委托付款人在指定日期或者见票时无条件支付确定金额给收款人或者持票人的票据。因汇票以远期支付为原则(即期支付为例外)，即存在到期日，并委托第三人支付，故又称为信用证券或者委付证券。

所谓本票(promissory notes),是指由出票人签发的,承诺自己在指定的到期日或者见票时无条件支付确定的金额给收款人或者持票人的票据。本票与汇票一样以远期支付为原则(即期支付为例外),即存在着到期日,是为信用证券;但是与汇票不同的是,本票是由自己而为支付的证券,所以它又是一种自付证券。

所谓支票(cheques),是指由出票人签发的,委托办理支票存款业务的银行或者其他金融机构(以下简称"银行等金融机构")在见票时无条件支付确定的金额给收款人或者持票人的票据。因支票为支付工具,并委托第三人支付,故又称为支付证券或者委付证券。

(二)法理上的分类

法理上,可以将票据区分为预约证券与委付证券,支付证券与信用证券,记名证券、无记名证券与指示证券。

1. 预约证券与委付证券

就付款是否由出票人本人为之,可将票据区分为预约证券(或称自付证券)和委付证券。预约证券或者自付证券是出票人本人事先约定自己在一定时期支付票据金额的证券,如本票。委付证券是指委托他人为一定金额的支付,如汇票、支票。委付证券的特点是出票人自己不承担付款的责任,而是委托他人付款。

2. 支付证券与信用证券

根据票据的经济性能的不同,票据又有支付证券和信用证券之分。支票限于银行等金融机构见票即付,是为支付证券。以支票代替现金支付,安全可靠。汇票及本票均有所谓的到期日,因此,汇票、本票的持票人在票据没有到期之前,信赖出票人的信用而为之,是为信用证券。

3. 记名证券、无记名证券与指示证券

根据票据的流通方式的不同,可将票据区分为记名式、无记名式和指示式三种证券。

记名证券,是指在票据上记载特定的人为权利人并只能由该权利人行使权利的票据,如在票据上记载"张三"为权利人。

无记名证券,是指票据上不记载权利人的姓名而由持票人行使权利的票据,如在票据上记载"持票人"或者"来人"为权利人。

指示证券,是指在票据上指定特定的人为权利人的票据,如在票据上记载"张三或其指定人"为权利人。

这种分类的意义,除了上述记载内容不同之外,还表现为票据的转让方式的不同。记名、指示证券均须依背书而转让,无记名票据则仅依交付而转让即可。

四、票据的功能

在现代商业社会中,票据具有重要而广泛的作用。从票据的经济性能上来考察,票据的作用可以归纳为如下几个方面:

(一)汇兑

票据的汇兑作用典型地体现在汇票上。现在的汇票已成为异地交易、支付金钱的最佳工具。用汇票送款通常是由付款人向银行缴纳款项,请求发行汇票,银行即作成汇票,委托其送达地自己银行或交易所向收款人支付一定的金额,此汇票由付款人领取而寄与收款人,收款人持该汇票去该送达地银行或交易所即可兑取一定的金额。以汇票代替现金输送,安全简便。支票也可以用于异地付款,但本票则很少用于此种目的。

（二）信用

在商业社会中，商品买卖及其他交易，通常不用现金交易，采取信用交易方式，票据遂成为商人所利用的信用工具。票据当事人可以凭借某人的信用，就未来可取得的金钱作为现在的金钱来使用。如果说票据的汇兑功能克服了金钱支付在空间上的障碍的话，那么，票据的信用功能则足以克服金钱支付在时间上的障碍。

票据的这种信用功能因票据背书而得到了加强。票据上背书的人次越多，该票据上的信用就越高，实际上，每一人次的背书无异于增加了一个人次的担保。

票据的信用功能主要见于本票。譬如，甲需要向乙购买一批货物，但手头一时尚无足够资金周转。而乙则需要将其货物及时脱手，并信赖甲有支付能力。至于是否能够立即得到货款支付则并不十分重要，乙关心的只是其货款最终能否得到支付。于是甲乙商议，由甲向乙出具一张为期 30 天的本票。这种支付方式不仅为甲赢得了 30 天的时间以便筹集资金，而且乙在其货款支付有保障的前提下出售了货物。这对双方都有利。

乙获得本票后，当然可以在到期时向甲要求付款。但如果乙在此期间需要向他人支付款项，他可以以背书方式将该本票转让给他人。背书人在背书转让后即成为票据上的债务人。每一次的转让等于增加了一个债务人，转让的次数越多，本票上的债务人就越多，票据的信用就越得到加强。

由于汇票也同样存在到期日的问题，即在出票日期和付款日期之间有一段时间差，所以，汇票也具有信用的功能。

（三）支付

支付的功能主要体现在支票上，但汇票和本票均具有此种功能。这种功能对当事人而言，可避免查数现金的错误、节省查数现金的时间。不仅如此，携带现金，既不方便，又有危险，若将之存于银行，使用时以支票代替之，则不会发生这样的问题。

（四）流通

私法上的财产权利，均可以转让，所以，表彰私法上财产权利的有价证券亦可以转让。但是，票据的流通性比一般有价证券的流通性更强，所以，有的法律干脆又将票据称为“流通工具”（negotiable instruments）。票据的这种流通性主要表现在，作为票据权利的债权，可以不按民法上一般债权的转让方式进行转让。按照民法的规定，债权的让与必须通知债务人，否则，不得以之对抗债务人。但票据权利的转让，则不必满足上述要求，票据权利人可依背书或者交付而转让，程序上大大简化。此外，票据法还规定，票据权利受让人可以取得优于让与人的权利，这主要表现为抗辩的切断或对抗辩的限制（关于票据抗辩，见后述）。

在票据的转让中，因背书人对于票据的付款负有担保责任，因此，背书的次数越多，对票据债务负责的人就越多，其信用就越高。

（五）结算

现代社会，贸易日益频繁，债权债务的清算若一一以现款汇兑，非常不便。若以票据为工具，用来抵销彼此之间的债权债务，手续简便而且安全。为了方便票据的结算，现在大多采取票据交换制度来进行。一般是在同一城市内设立票据交换中心，而在异地之间则实行票据联网结算。

（六）融资

票据还具有融通资金的功能。这一功能主要通过票据贴现的方式来实现。如果票据收款人或者持票人需要现金,他们可以将未到期的票据通过贴现的方式向银行申请贴现以便取得现金(关于票据贴现,参见本书第五编“商业银行”中的论述)。

五、票据法

票据法有广义和狭义之分。广义的票据法是指各种有关票据法律规范的总和。广义的票据法除了以“票据法”命名的法律之外,还包括民商法上有关有价证券的规定,刑法上有关有价证券伪造、变造的规定,民事诉讼法上有关票据诉讼以及公示催告和除权判决的规定,破产法中有关票据当事人受破产宣告的规定,公证法中有关票据拒绝承兑证书、拒绝付款证书的规定等。狭义的票据法则是指仅以“票据法”命名的法律及其实施规则等。通常所谓的票据法指的就是这种狭义上的票据法。

票据法这一名称在不同的国家称谓可能不同。譬如,在美国,其所谓票据法,指的是《统一商法典》(Uniform Commercial Code/UCC)中的“商业票据”(commercial paper),包括汇票、本票、支票和存单四种。在英国,其所谓票据法只包括汇票和本票,支票是作为汇票的一种加以规定的,如英国《票据法》规定,支票是指银行即期付款的汇票。后来,英国又单独制定支票法对票据法予以补充。由此可见,在英国,其所谓票据,实际上包括汇票、本票和支票。

由于在历史上,早期的票据只包括汇票、本票,支票的产生和使用是稍后的事情,因而,支票往往单独立法。这一模式为国际联盟在1930年和1931年的日内瓦所制定的《统一汇票、本票法》(Uniform Law on Bills of Exchange and Promissory Notes, 1930)和《统一支票法》(Uniform Law on Cheques, 1931)所采用。统一法影响了许多国家和地区。例如,德国、法国、瑞士以及日本等国家相继都根据公约修正了自己的票据法和支票法。但是,英国和美国两个国家没有加入该公约,仍然保留了自己的特色。我国于1996年5月10日由第八届全国人大常委会通过并公布了《票据法》(于2004年8月28日修正)。该法采用“三票合一”的模式,即汇票、本票、支票统一于一部法律。我国《票据法》的颁行对于规范票据行为,保障票据活动中当事人的合法权益,维护社会经济秩序,促进社会主义市场经济的发展具有重要的意义。

第二节　票据法律关系

票据法律关系分为票据本身所产生的法律关系和与票据有关的法律关系。前者属于票据固有的法律关系,称为票据关系;后者不属于票据固有的法律关系,称为非票据关系。

一、票据关系

(一)票据关系的概念

票据关系是基于票据行为所发生的债权债务关系。票据行为是直接以票据为对象而实施的法律行为,如出票行为、背书行为、承兑行为等(详见下面“票据行为”一节)。在这种关系中,凡是票据持有人即取得票据上权利,可以依据该票据证券享有或者行使票据权利;相应地,凡是在票据上签名的人,如出票人、背书人、承兑人、保证人等,则是票据债务人,应负担票据义务。票据关系,从权利方面来说,是指持票人向票据债务人请求支付票据金额的权利,包括付款请求权和追索权;与此相对应,从义务方面来说,则是指票据债务人向持票人支付票据金额的义务,包括付款义务和偿还义务。

(二)票据关系的当事人

票据关系是一种权利义务关系,权利义务必有其主体,即享有权利承受义务的当事人。票据当事人可以划分为基本当事人和非基本当事人。前者是指基于票据出票行为而存在的当事人;后者则是基于其他票据行为,如背书行为、承兑行为、保证行为等,而成为票据关系中的当事人,如背书人、承兑人、保证人等。

票据的基本当事人有三:出票人(drawer)、收款人(the person to whom payment is to be made)和付款人(drawee)。但本票的出票人和付款人为同一人,即由出票人自己付款。汇票和支票的基本当事人相同,即出票人、收款人和付款人,但在当事人的资格上有所不同:支票的出票人必须是在银行等金融机构有存款账户的客户;支票的付款人限于银行等金融机构;而汇票的出票人、付款人资格并无限制。

(三)票据债权人

票据债权人是持票人(holder / holder in due course),即实际持有票据的人。票据的最初持票人是收款人自己,但票据可依背书而辗转流通,构成背书连续关系,背书在前的是前手,背书在后的是后手,这样,最后的持票人就是债权人。行使追索权时,前手为债务人,后手为债权人。

(四)票据债务人

票据债务人有第一债务人和第二债务人之分。第一债务人即主债务人,持票人应先向其行使付款请求权以请求付款。通常付款人就是第一债务人。但应注意的是,汇票的付款人经承兑后为承兑人,承兑人为第一债务人;支票的付款人银行等金融机构虽应承担付款的责任,但不是票据债务人,故支票原则上无第一债务人;本票的第一债务人是出票人自己。第二债务人即偿还义务人,也就是持票人不获付款或者不获承兑时可以向其行使追索权以请求偿还的人,包括出票人和一切背书人。原则上,持票人必须先向第一债务人行使付款请求权而遭拒绝后才能向第二债务人进行追索以请求偿还。

二、非票据关系

非票据关系,是指票据关系以外的与票据行为有密切关系的存在于当事人之间的权利义务关系。非票据关系有二:一是票据法上的非票据关系;二是民法上的非票据关系。民法上的非票据关系亦称为票据基础关系。

(一)票据法上的非票据关系

票据法上的非票据关系,是指与票据行为相牵连但却不与票据行为直接发生的效果相联系的法律关系。譬如,以欺诈、偷盗或者胁迫等手段取得票据的,或者明知有前述情形,出于恶意或者重大过失取得票据的,不得享有票据权利,其正当权利人有权请求返还票据。又如,持票人因超过票据时效或者因票据保全手续欠缺而丧失票据权利的,仍然享有民事权利,可以请求出票人或者承兑人返还其与没有支付的票据金额相当的利益。再如,付款人请求交出票据的权利等。

票据法上的非票据关系虽然由票据法规范和调整,但是,其采用的方法却是民法方法。譬如,因盗窃而取得票据的人虽然持有票据,但却不能成为票据权利人,不能享有票据权利,也不能承担票据债务。窃取票据的人应当将票据返还给真正的权利人,如果因此给权利人造成损失,还应当承担损害赔偿责任。

再如,在基于票据时效超过或者票据保全手续的欠缺而致使票据权利人丧失票据权利后,票据权利人仍然享有民事权利。票据权利人可以依据民法方法向特定人,如出票人或者承兑人,请求返还其与未支付的票据金额相当的利益。

(二)民法上的非票据关系

民法上的非票据关系,是指导致票据关系产生的基础关系,又称为票据的基础关系、实质关系。票据基础关系可分为票据原因关系、票据预约关系和票据资金关系三种。

1. 票据原因

票据原因,是当事人之间所以授受票据的缘由,如买卖价金的交付、赠与目的的达成、借贷合同的成立、定金的交付、债权的担保、票据本身的买卖、委任取款等。

2. 票据预约

票据预约,是以票据的授受为目的而成立的契约。当事人之间授予票据固然应基于某种原因,但在授予之前,必先成立一种明示的或默示的约定作为依据,如出票人与收款人之间就票据的种类、金额、到期日等必先行洽定,然后才发行票据。

3. 票据资金

票据资金,是票据的付款人与出票人或其他资金义务人之间所发生的补偿关系。付款人所以受诺出票人的委托而为之付款,必有一定缘由。例如,出票人曾供给资金,付款人曾对于出票人负有债务,或出票人与付款人之间有信用关系等。

一般来说,只有汇票和支票才存在资金关系,本票是自付证券,不存在资金问题。但我国《票据法》上的本票只限于银行本票,因此,票据法要求本票的出票人必须具有支付本票金额的可靠资金来源,并保证支付。

三、票据关系与基础关系的联系和区别

(一)票据关系与原因关系

票据关系与原因关系可以从两个方面来认识:一是票据关系与原因关系发生无因性效果;二是票据关系与原因关系又具有一定的牵连性。

票据关系与原因关系是一种分离的关系,一种各自独立的关系。具体表现为,票据关系一经成立,即与原因关系相脱离,无论原因关系是否有效,对于票据关系的效力均不发生任何影响。譬如,某人签发一张票据,票据关系依法成立,但是后来法院判决作为签发该票据的原因关系的购买合同无效。在这种情况下,该购买合同的无效并不能影响到票据的效力,票据依然有效,如果该票据本身是有效的话(如该票据已经依法作成并合法交付)。

但是,票据关系与原因关系又具有一定的牵连性。这种牵连性主要表现在如下一些情形:

其一,票据债务人可以对不履行约定义务的与自己有直接债权债务关系的持票人进行抗辩。例如,甲签发一张本票给乙,乙没有转让该票据,而是到期时要求甲付款。甲拒绝付款,因为当初出具本票给乙是因为向乙支付货款,但是,迄今为止,乙尚未依约交付货物。此时,甲的这种抗辩成立。

其二,因税收、继承、赠与可以依法无偿取得票据的,不受给付对价的限制。但是,所享有的票据权利不得优于其前手的权利(见后述)。

其三,为清偿既存债务(原因关系)而交付票据时,原则上票据债务(新债务)若不履行,既存债务(旧债)仍不消灭,这属于一种间接给付。但当事人另有约定的,也可以因交付票据而使既

存债务消灭,这是一种代物清偿。

(二)票据关系与预约关系

票据关系与票据预约的关系表现在:票据预约实际上是票据原因与票据行为的桥梁,即票据原因是票据行为的基础,票据预约是票据行为的准备,票据行为是票据预约的实践。因此,当事人如不依预约而为票据行为时,即属违反预约,构成债务不履行,应依民法方法解决。然而,一为票据行为,则该项预约即因履行而归于消灭。对于既已发生或转移的票据行为不发生任何影响。由此可见,票据预约对于票据行为虽有催生的作用,但仍然不属于票据法上的票据关系,实质上是一种民事法律关系。

(三)票据关系与资金关系

票据关系与票据资金的关系也同样表现在两个方面:一是票据关系与资金关系相分离;二是票据关系又与资金关系发生牵连。

资金关系与票据关系相分离,资金关系是否存在以及是否有效,对票据关系均不发生影响。这种分离性具体表现为:

第一,取得票据的人并非取得出票人对于付款人所有资金关系上的请求权,而是独立的票据权利。

第二,出票人不得以已向付款人供给资金为由而拒绝持票人或其他后手的追索。

第三,汇票的付款人即使已得到出票人供给的资金,也不因之而当然成为票据债务人;但如已承兑,即使没有得到资金,亦不得以之为由而免除票据责任。

第四,即使没有资金关系而发行票据时,其票据亦不得因之而无效。虽然票据的发行而没有资金应承担民事责任,甚至支票的发行而没有资金还可能承担刑事责任,但这已不是票据问题,不影响持票人向出票人进行追索的权利。

第五,付款人没有得到资金而已为票据支付时,当然可以向出票人或其他资金义务人请求补偿,但这已不属于票据关系,而应依照民法方法解决。

另外,资金关系与票据关系又发生一定的牵连。这种牵连性具体表现为:

第一,承兑人没有获得资金,当然不得以之为由拒绝持票人的付款请求,但如出票人向其请求时,则可主张人的抗辩而拒绝支付。

第二,持票人向承兑人行使利益返还请求权时,承兑人只在所受资金的限度内负担偿还责任。

第三,支票的付款人在出票人的存款或信用契约所约定的数额足以支付支票金额时,原则上应负支付的责任。但付款人的这种责任不是票据债务人的责任,而是商业银行的业务经营规则的要求,也可以说是商业银行的法定职责的体现。

(四)票据关系的无因性与我国票据法的规定

票据是无因性证券,因而票据关系具有无因性。所谓票据关系的无因性,是指如果票据关系本身已经依法成立,则不受票据基础关系的影响,即使是票据基础关系发生无效,也不能阻止票据权利人行使权利。

票据关系的无因性是原则,与基础关系的牵连性是例外。票据法之所以使票据关系发生无因性效果,其直接目的在于保护善意第三人的利益,最终目的则在于促进票据的流通。如前所述,票据是一种具有高度流通性的证券,可以通过背书或者交付而辗转流通。试设想一下,票据有效成立并经多次转手,此时如果因为原因关系的无效而使票据无效,则这些善意受让人的利益势必受到损害,进而无人敢接受票据,票据流通则不可行。票据流通如不可行,势必大大降低票据使用价值。因而,票据法极为重视票据的无因性,并为各国商业惯例和立法所普遍认可。

然而,我国票据法则否认票据的无因性。譬如:《票据法》第 10 条规定,票据的签发、取得和转让,应当遵循诚实信用的原则,具有真实的交易关系和债权债务关系。票据的取得必须给付对价,即应当给付票据双方当事人认可的相对应的代价。《票据法》第 21 条规定,汇票的出票人必须具有支付汇票金额的可靠资金来源。不得签发无对价的汇票以骗取银行或者其他票据当事人的资金。《票据法》第 74 条规定,本票的出票人必须具有支付本票金额的可靠资金来源,并保证支付。《票据法》第 82 条规定,开立支票存款账户和领用支票,应当有可靠的资信,并存入一定的资金。

以上规定,有些要求具有一定的合理性,如对开立支票账户的资金要求乃因资金账户的开立是签发支票的前提。有些要求则应从我国的实际情况来理解,如要求本票具有资金关系,因为我国票据法上没有规定商业本票,而只有银行本票。同样,对于银行汇票而言,资金关系的存在也是开立银行汇票的前提。但有些要求则显然违反了票据法的基本原则,如上引《票据法》第 10 条将对票据的真实的交易关系和债权债务关系以及对价要求作为票据法的基本原则予以确定,以及不区分商业汇票和银行汇票而一律要求资金关系的存在,显然违背了票据法的基本精神。

由于传统上我国实行的是计划经济体制,社会信用机制薄弱,商业票据不发达,人们对票据信用的认可程度低。因而,在制定票据法时,其基本的考虑是将票据主要作为一种银行结算手段来使用。所以,票据法上的规则也就是以此为前提而设计的。由于我国的经济现实已经发生了相当的变化,现在看来,我国的票据法以及我国的票据业务的开展已经远远不能满足现实的需求,票据法的修改应当提上议事日程。

第三节 票据行为

一、票据行为的概念

票据行为是产生、变更或者消灭票据关系的行为。票据行为是票据法中非常重要的一个概念,没有票据行为,票据上的权利义务就无从产生,同时,没有票据行为,也不可能发生票据权利义务的变更和消灭。

关于票据行为的概念,可以进一步从如下三对概念范畴来理解和掌握:

(一)票据行为与准票据行为

从比较宽泛的意义上讲,票据行为是指产生、变更或消灭票据关系的法律行为或者准法律行为,包括出票、背书、承兑、保证、参加承兑、保付以及付款、参加付款、见票、划线、涂销等行为。然而,从严格的票据行为上讲,票据行为仅指能够产生票据权利义务关系的法律行为,包括出票、背书、承兑、保证、参加承兑、保付六种行为。前者称为广义的票据行为,包括票据行为和准票据行为;后者被称为狭义的票据行为,单指票据行为而言。

(二)基本票据行为和附属票据行为

票据行为还可分为基本票据行为和附属票据行为。基本票据行为又称为主票据行为,仅指出票行为,即创设票据的行为,票据上的权利义务都是根据票据的发行而产生的,只有出票行为有效成立后,票据才可能有效存在。附属票据行为,又称为从属票据行为,是指出票行为以外的其他票据行为,包括背书、承兑、保证、参加承兑和保付。附属票据行为的附属性表现在:它是以票据的出票行为为前提而在已经作成的票据上所为的行为。

(三)共有票据行为与独有票据行为

共有票据行为是指汇票、本票、支票共同具有的行为,如出票、背书、保证等行为。独有票据行为是指单属于某一种票据的行为,如承兑之于汇票,见票之于本票,保付之于支票。

二、各种票据行为

(一)出票

出票是指出票人以创设票据为目的而为的行为。票据是设权证券,票据权利产生于出票人的出票行为。出票行为由票据的制作与交付构成。制作票据是指出票人在票据上记载一定事项的行为。在票据上所记载的这些事项就是票据的权利义务内容。交付则是指出票人将制作好的票据实际交付给票据权利人的行为。

(二)背书

背书是持票人以转让票据权利或其他目的(如委托他人取款或者设定质权)而在票据的背面签字从而与其他票据债务人连带承担票据债务的行为。背书是原票据持票人的行为,但票据一经背书转让,原持票人的法律地位就发生转变,即由票据债权人转变为票据债务人。

(三)承兑

承兑是汇票中的付款人承诺负担票据主债务的行为。承兑,从字面上解释就是承诺兑付。承兑是汇票独有的制度,汇票付款人在承兑之前并不构成票据债务人,只有在承兑之后才成为票据债务人,承担票据责任。本票是出票人自己付款,无须承兑;而支票则是由银行等金融机构依照出票人的指令从出票人自己账户中支付,亦无须承兑。

(四)参加承兑

参加承兑是参加人为某一特定票据债务人的利益而承诺负担票据债务的行为。参加人可以是预备付款人,也可以是票据债务人以外的第三人,还可以是汇票上原有的付款人。被参加人可以是汇票上所有的债务人。参加承兑的目的是阻止持票人期前行使追索权。参加承兑人只有在付款人或者代理付款人拒绝付款时,才承担付款责任,并且只对被参加人的后手负责。

(五)保证

保证是保证人为担保某一特定票据债务人履行票据债务而为的行为。保证是一种担保行为,是对票据的信用加强。保证人是票据债务人以外的第三人,目的是担保票据债务(包括付款债务和偿还债务)的履行,被保证人可以是承兑人,也可以是出票人、背书人,甚至可以是参加承兑人。

(六)保付

保付是支票付款人以负担付款义务为目的而为的行为。支票的保付相当于汇票的承兑,支票一经保付,付款人就要承担票据责任。但支票的保付又与汇票的承兑有所不同,因为虽然支票一经保付,付款人虽因其保证付款而成为票据债务人,但此时出票人、背书人、保证人等票据债务人皆因之而免除责任,票据债务失去第二债务人,追索权消失。而汇票经过承兑后并不能免除其他债务人的责任。也就是说,如果承兑人不履行票据付款义务,权利人还可以向第二债务人请求偿还。

(七)付款

付款是票据债务人以消灭票据关系为目的而向持票人支付票据金额的行为。票据上权利义务产生于出票行为,消灭于付款行为,票据一经付款,票据上的权利义务当然消失。付款虽能消灭票据关系,但付款人只是接受他人委托或者指令而付款,并没有亲自在票据上为付款的意思表示(这一点与承兑不同),他人的委托或者指令并不当然对其发生拘束力,所以,付款只能是准票据行为,不是票据行为。

(八)参加付款

参加付款是参加人为某一特定票据债务人的利益而向持票人支付票据金额的行为。参加付款是为防止持票人行使追索权而由第三人代为支付的行为。参加人是付款人或者代理付款人以外的第三人,被参加人可以是票据上任何债务人。同付款的道理相同,参加付款也是一种准票据行为。

(九)见票

见票是本票持票人为确定票据的到期日而向出票人提示票据,出票人在票据上记载"见票"字样并签章的行为。见票是本票特有的行为,但该种行为本身并不是出票人承担责任的基础,所以,见票也是一种准票据行为。

(十)划线

划线是支票的出票人或者持票人指示付款人只能向特定人(银行或者其他金融机构)付款的行为。划线人的划线行为并不导致划线人的任何票据责任,所以,划线也是一种准票据行为。

(十一)涂销

涂销是票据权利人故意将票据上记载的文字全部或者部分涂掉的行为。涂销如果属于故意,导致票据权利消灭;涂销如果属于非故意,则对票据权利不发生影响。涂销也是一种准票据行为。

三、票据行为的特征

票据行为是法律行为之一种,具有一般法律行为的共性。但是,与一般法律行为相比,票据行为还具有其自己的特点。归纳起来,票据行为具有如下特征:

(一)票据行为的要式性

一般法律行为采取方式自由原则,口头、书面均无不可,但票据行为则属于要式法律行为。具体表现在:

1. 签章

无论出票、背书、承兑或保证均须行为人签章。关于签章的方法和要求,《票据法》第7条规定,票据上的签章,为签名、盖章或者签名加盖章。法人或其他使用票据的单位在票据上的签章为该法人或者该单位的盖章加其法定代表人或者其授权的代理人的签章。在票据上的签名应当为当事人的本名。

2. 书面

各种票据行为,或者在票据正面为之,或者在票据背面为之,或者在票据粘单上为之,均离不开书面。

3. 记载

票据上的记载事项必须符合票据法的规定。票据的作成必须依照法定方式进行才发生票据效力,如票据的必要记载事项有所欠缺,除票据法另有规定外,其票据无效。

4. 格式

票据行为必须遵守一定的格式。《票据法》第108条要求,汇票、本票、支票的格式应当统一。票据凭证的格式和印制管理办法由中国人民银行规定。

(二)票据行为的文义性

由于票据行为采取文义主义,而且票据法的宗旨是将票据流通作为其最高目标,所以,当发生对票据条款的争议时,一般采取外观主义、客观主义和有效主义的原则来进行解释。

外观主义表明实际上它注重的是法律行为的外观表示,这与民法上注重当事人的内心意思是不同的。也就是说,只要行为具备法律所要求的形式要件,该种行为就是有效的,即使票据上的记载与实际事实并不相符也是如此。

客观主义解释原则是说,票据上的权利义务必须依票据上记载的文义来确定,不能以文义以外的事项作为认定票据上权利义务的依据。在票据上签名的,即应就票据上的文义负责。

有效主义解释原则是为了促进票据的流通而尽量将票据行为作有效解释,从而维护票据交易的安全。

在上述原则下,对票据争议条款的解释形成了一些共同认可的规则。这些规则主要有:

如果对票据的种类,即是汇票还是本票存在疑问时,持票人可将其视为其中任何一种。以出票人为付款人的汇票与本票的效力相同。

手写条款与打字条款和印刷条款相抵触的,以手写条款为准,打字条款与印刷条款相抵触的,以打字条款为准。

文字记载与数字记载不符的,以文字记载为准,但如果文字记载含义不明时,则以数字记载为准。

票据上的利息从票据的出票日起计算,如果没有记载出票日,则从实际出票日起计算,根据付款地的银行利率支付,但当事人另有约定的除外。

两个以上的人作为出票人、承兑人或背书人签名的,且作为同一行为的一部分的,应承担连带责任,但当事人另有约定的除外。

反观我国票据法,似乎并未很好地体现出上述原则。譬如,《票据法》第8条规定,票据金额以中文大写和数码同时记载,二者必须一致,二者不一致的,票据无效。很显然,诸如此类的规定与现代票据法的精神格格不入,也没有体现出对商业交易惯例的尊重。

(三)票据行为的抽象性

票据是一种无因证券。无因证券,又称为抽象证券,是指票据持有人可以不明示其原因所在而主张票据上的权利。票据如已具备法定条件,其权利即行成立,至于其法律行为发生的原因如何,在所不问。同样,票据行为亦是不要因行为,即不以给付的原因行为为要素而成立的行为,所以,凡是在票据上签名的人,不问原因如何,均须依票据上所载文义负责。票据行为虽然必定以买卖或者借贷等实质关系为前提,然而,在票据行为成立后,该项实质关系纵然不存在,对票据行为的效力也不发生影响。因而,持票人并不负担证明给付原因的责任。

（四）票据行为的独立性

通常同一票据上有若干票据行为存在，这些票据行为依票据上所记载的文义分别独立，一行为无效，不影响他行为的效力。这就是票据行为的独立性。

票据行为的独立性有利于保护持票人利益，并促进票据的流通。但应注意的是，所谓票据行为的无效，是指实质意义上的无效，而非形式意义上的无效。如果票据在形式上发生无效，则导致票据无效。譬如，票据上必须记载的事项没有记载，票据无效。之所以票据法作出这样的规定，是因为实质的关系是否有效，当事人往往不易察觉，而形式上是否完备，在外观上则一望可知。票据的独立性实际上仍然是票据无因性的必然延伸。

根据上述理解，票据行为的独立性体现在如下几个方面：

其一，无民事行为能力人或者限制民事行为能力人在票据上签章的，其签章无效，但是不影响其他签章的效力。

其二，没有代理权而以代理人名义在票据上签章的，应当由签章人承担责任。

其三，代理人超越代理权限的，应当就其超越权限的部分承担责任。

其四，票据上有伪造、变造签章的，不影响票据上其他真正签章的效力。

其五，票据上被保证人的债务即使无效，保证人的保证行为仍然有效，保证人仍应负责，等等。

（五）票据行为的连带性

凡是在票据上签章的人均为票据债务人，票据债务人对票据债权人承担连带责任。票据行为的连带性主要体现在票据追索权的行使。当持票人行使付款请求权而未获结果时，持票人可以行使追索权。持票人行使追索权时，可以向在票据上签章的任何人进行追偿。也就是说，持票人可以不依在票据上签章的先后顺序，而向其任何前手进行追索。例如，《票据法》第 61 条规定，汇票到期被拒绝付款的，持票人可以对背书人、出票人以及汇票的其他债务人行使追索权。该条规定同样适用于本票和支票。

四、票据行为的效力要件

票据行为的效力要件包括实质要件和形式要件。票据行为的实质要件是指票据行为的成立须行为人具有民事权利能力和行为能力、意思表示真实、行为内容不违反法律和社会公共利益、标的适当等。票据行为的实质要件适用民法的规定。票据行为的形式要件包括票据的记载和票据的交付。票据行为的形式要件适用票据法的规定。这里我们只论述票据法上关于票据效力要件的规定，即票据行为的形式要件。

（一）票据的记载

票据是文义证券，票据权利义务完全依赖于票据上所记载的内容而确定。票据的记载分为必要记载事项、任意记载事项、记载有益事项、记载无益事项以及记载有害事项。各自发生相应的效果。

1. 必要记载事项

必要记载事项，是依票据法的规定应当记载的事项，包括绝对必要记载事项和相对必要记载事项。前者是说如若不予记载，票据即属无效，如签章、金额，表明票据种类的文字、出票日期等等；后者也属法定记载事项，但如不记载，法律另外规定有补救措施，如汇票的到期日，本应予记载，但若不记载，法律视为见票即付。

2. 任意记载事项

任意记载事项，是否记载取决于当事人。但一经记载，即发生票据上的效力，如代理付款人、预备付款人、利息及利率、禁止背书等。

3. 记载有益事项

这种记载不发生票据上的效力，但不妨碍发生民法上的效力，如出票人在一定金额之外记载给付若干股票。

4. 记载无益事项

记载无益事项，即记载本身无效，但不影响票据的效力，如违反支票见票即付的记载。

5. 记载有害事项

该种事项一经记载可导致票据无效，如附条件委托付款。

（二）票据的交付

所谓交付，是指票据行为人将票据实际交付给相对人持有。如出票人将票据交付给收款人，背书人将票据交付给被背书人，承兑人、参加承兑人和保证人将票据交付给持票人。

票据的交付是否为票据行为的有效要件，理论上存在契约说和单方法律行为说两种观点。契约论认为，票据行为是一种契约关系，是票据债务人与票据债权人订立的契约，票据债务人依此契约承担票据责任，票据债权人依此契约享受票据权利。根据契约说，票据本身就是契约，法律只从形式上推定在票据上签名的人与持票人存在契约关系，而无须另外订立契约来证明其存在，或者说，实际上是否订立有契约，在所不问。契约论的意义在于，既然票据行为是一种契约关系，只有票据债务人将票据有效地交付给票据债权人，票据债权人受领了该票据，才能产生票据上的法律关系。因而，如果票据在作成后交付前被盗或者遗失，出票人不用承担责任。因为，票据尚未交付，票据行为尚未完成。

单方法律行为说认为，票据上的债务仅仅因为债务人的单方行为而成立。行为人作成票据并在票据上签名，票据行为即为完成。或者说，出票人一经签发票据，票据行为即有效成立，而无须对方当事人的合意。单方法律行为论的意义在于，它有利于票据的流通和对善意第三人的保护。

票据行为是一种契约行为抑或是一种单方法律行为，理论界一直没有定论。一般来说，英美国家立法多采取契约理论，而大陆法系国家多采取单方法律行为学说。然而，在实务中，二者并没有太大的区别，并且存在趋同的做法。如英美国家虽然采取契约理论，但同时法律推定善意持票人是合法交付票据的人，而在票据上签名的人又推定其已受对价，因而，在善意持票人与票据债务人之间已经成立合法的契约关系。

我国票据法采取的是契约理论，也就是说，票据行为的有效成立，除应在票据上进行合法记载外，尚须将证券交付才能生效。譬如，《票据法》第 20 条规定，出票是指出票人签发票据并将其交付给收款人的票据行为。但同时我国票据法亦承认票据权利的善意取得（关于票据的善意取得，详见后述）。

五、票据代理

（一）票据代理的概念和要件

票据行为是法律行为之一种，该种行为自然可以由他人代理实施。票据代理除应适用民法上关于代理的规定外，还应适用票据法上的特别规定。

所谓票据代理，是指代理人基于被代理人或本人（票据当事人）的授权，在票据上明示本人的名义、记明为本人代理的意思并签章的行为。《票据法》第 5 条规定，票据当事人可以委托其代理人在票据上签章，并应当在票据上表明其代理关系。可见，票据代理的成立，须符合如下几个要件：

第一，要有被代理人的授权。被代理人的授权是代理发生的前提和依据，无论是民事代理，还是票据代理，都需要有被代理人的授权。票据代理中的被代理人是票据当事人，代理人可以是任何具有民事行为能力的人。

第二，明示被代理人的名义。代理是以被代理人的名义进行的法律行为，所以票据代理人需要在票据上明示被代理人的名义。明示的方法是代理人在票据上记载被代理人的姓名或名称。明示被代理人的名义是表明该种代理行为由被代理人承担代理结果的要求，否则，可能导致由行为人自己负责。

第三，表明为被代理人代理的意思。一般来说，票据代理人在为被代理人进行代理时，需要在票据上记载代理的意思，票据代理才能有效成立。然而，根据一般商业惯例，即使在票据上没有明确显示出为被代理人代理的意思，只要代理人在票据上明示了被代理人的名义并且自己签章的，依据票据上记载内容和一般社会常识能够认定为代理的，代理亦能成立，被代理人应承担责任。

第四，代理人签章。票据代理行为的成立还需要代理人的签章。代理人的签章是表明代理关系存在的证明，如果在票据上仅仅有被代理人的姓名或名称，而无代理人的签章，代理关系无从成立。在这种情况下，只能构成代行，而不是代理。所谓代行，仅仅是代表被代理人在票据上签章的单纯行为，实际上仍然是被代理人的行为（如被代理人不承认代行，则可能涉嫌票据的伪造）。

（二）无权代理

无权代理，是指行为人没有代理权而以被代理人的名义在票据上签名的行为。从民法上对无权代理的处理来看，无权代理并不当然发生无效，而是取决于被代理人是否追认，如予追认，则由被代理人承担责任，否则，由行为人自己承担责任。然而，票据法则注重票据的流通和对持票人的保护，如果仍然采取民法上的处理办法，势必使权利在一段时间内处于不稳定状态，从而影响到代理相对人的权利，也不利于票据的流通和维护票据的信用。因而，票据法往往规定，在出现无权代理的情形下，直接由行为人承担责任。《票据法》第 5 条第 2 款规定，没有代理权而以代理人名义在票据上签章的，应当由签章人承担票据责任。

（三）越权代理

越权代理，是指代理人超越代理权限而为的行为。对于越权代理，代理人应当就其超越权限而为的行为部分承担责任，被代理人对代理权限范围内的部分承担责任。《票据法》第 5 条第 2 款规定，代理人超越代理权限的，应当就其超越权限的部分承担票据责任。但应当注意的是，被代理人不得以对代理权限的限制对抗善意第三人。也就是说，如果作为越权代理的相对人是善意第三人，可以直接请求被代理人对无权代理人实施的越权部分承担责任。譬如，被代理人委托代理人签发一张 1 万元的票据，而代理人实际上签发了 2 万元的票据，如果收款人是善意持票人，他有权请求被代理人对超过的 1 万元承担责任。当然，被代理人在支付了票据金额后，可以依照民事方法对代理人进行追偿。

（四）隐名代理

隐名代理，是指代理人虽经被代理人的授权但却不表明被代理人的名义和代理的意旨的情况下所为的行为。

在民法上,一般是不承认隐名代理的,只有在例外的情况下才承认隐名代理的效力,即只有在相对人明知或可得而知的情况下,才对之予以承认。

然而,在票据法上对隐名代理则根本不予承认。原因是票据代理实行的是严格的"显名主义",代理人必须在票据上记载被代理人的姓名或名称,记载为被代理人代理的意思,因而,如果代理人没有载明以被代理人的名义而在票据上签章的,代理人应自负票据责任。

(五)表见代理

表见代理是指代理人虽然没有代理权,但却在外观上有足以使第三人相信其有代理权的理由而为的行为。

表见代理的成立需要配合主客观方面的要件。从主观方面讲,行为的相对人必须是善意的,即不知道或者不可得知代理人与被代理人之间不存在代理关系。从客观方面讲,该种行为在外表上有足以使第三人相信代理人与被代理人之间存在代理关系的理由。譬如,代理人的越权代理;代理人在代理权消灭或撤销后所为的代理行为;被代理人实际并未授权,但被代理人的行为使第三人相信他已经授权给代理人,或者明知他人为自己代理而不表示反对。

在民法上,表见代理成立的,被代理人须承担该种代理所带来的后果。如果表见代理不成立,那么,被代理人则可以无权代理对抗相对人,而由行为人自己承担责任。

但是,在票据法上如何处理?我国票据法没有规定。从保护善意持票人角度考虑,应当赋予持票人以选择权,即持票人或者可以要求被代理人承担表见责任,或者可以要求行为人承担无权代理的责任。从被代理人方面来说,被代理人应当对表见代理的发生负有一定的过错责任,这种过错责任表现在,被代理人可能没有能够尽到合理的代理管理职责而导致表见代理的发生。从行为人方面说,其行为本身缺乏被代理人的授权依据,当然应当承担责任。从善意持票人方面说,唯因为其取得票据是善意的,固然享有票据权利。至于其权利行使的对象,则应从方便权利人行使权利的角度来考虑,这样才符合促进票据流通和保护合法持票人的利益。

(六)自己代理和双方代理

自己代理是说代理人以被代理人的名义同自己发生交易关系。而双方代理则是说在同一法律关系中代理人同时代理双方当事人的行为。

无论是自己代理还是双方代理,在民法上都是禁止的,这类代理原则无效,除非取得被代理人追认。只不过,在民法上,代理无效时,其后续处理方式是恢复原状。而在票据法上,这类代理同样是无效的。但是,在票据关系中,如果出现自己代理和双方代理的情形时,则应当由行为人自己继续承担票据责任。

六、票据变更

票据变更是指有更改权限的人更改票据上记载事项的行为。票据行为成立后,可能基于某种客观的变化而需要对已经发生效力的票据进行变更,如原先委托的付款人发生变化而需要变更付款人。法律允许对票据进行变更。

构成票据更改的要件有:

第一,更改应当由原记载人进行。在票据上为记载的人是票据上的债务人,如果变更票据义务内容,当然须由该义务负担人自己进行变更,如由其他无权利的人变更,义务主体不能保持一致,致使义务的履行发生紊乱。

第二,票据法特别规定的事项不得更改。虽然法律允许对票据上记载的事项进行变更,但是,法律也同样设定了一些限制。例如,《票据法》第 9 条规定,票据金额、日期、收款人名称不得更改,如予更改,票据无效。票据的金额、日期和收款人是确认票据债务人债务的存在、债务的范围和债务的履行时间及履行对象的重要依据,如果对这些事项进行变更,可能会引起纠纷,不利于票据的履行。

第三,更改票据时应当由原记载人签章证明。有权进行变更的人是原记载人,更改票据时当然应当由原记载人签章证明以示原记载人对变更后的记载事项承当责任。

七、票据瑕疵

(一)票据的伪造

1. 票据伪造的概念和要件

票据的伪造(forged signatures or signatures of fictitious persons),是指以行使为目的假冒他人名义而伪为票据的行为。票据的伪造是一种违法行为。

构成票据伪造的要件有:

第一,必须是伪为票据的签章。票据的伪造专指伪为票据签章的行为,如伪造出票人、背书人、承兑人的签章而为出票、背书、承兑,而不涉及变造票据的内容。

第二,必须是假冒他人名义。例如,甲假冒乙的名义在票据上签上乙的名字而发行票据,或者作为背书人而为背书转让等。

第三,必须是以行使为目的。非以行使为目的,即使是假冒他人的名义而为票据行为,也不构成票据的伪造,如为教学之用而制作的票据样本就不属于票据的伪造。

2. 票据伪造的效力

(1)对被伪造人的效力。被伪造人没有签章,无须承担票据责任。签章是票据行为成立的有效要件之一,只有当事人在票据上签章,才按照票据上所记载的文义负担票据责任。而票据的伪造并非是被伪造人自己签章所为的票据行为,当然,被伪造人无须承担票据责任。这一抗辩事由是绝对的,可以对抗任何持票人,包括取得票据时并无恶意或重大过失的善意持票人。

(2)对伪造人的效力。伪造人不承担票据责任,但可能发生民事、刑事责任。由于伪造人没有在票据上签署自己的名字,所以,伪造人也无须承担票据责任。在票据上伪造签章的,应当追究刑事责任。因伪造签章而使被伪造人或者其他票据关系人遭受损失的,应当承担损害赔偿责任。很显然,伪造人虽然不承担票据上的责任,但却构成刑法上的票据诈骗罪而应承担刑事责任。同时票据的伪造还可能发生行政责任。因伪造行为而给他人造成损失的,应当承担民事责任。

(3)对真实签章人的效力。票据上有伪造签章的,不影响票据上其他真实签章的效力。这实际上是票据行为独立性的具体表现。根据票据行为独立性原则,票据上一行为无效不影响他行为的效力。

(4)对持票人的效力。持票人取得票据权利,可以行使付款请求权和追索权,但以善意为限。如果持票人在取得票据时属于恶意或者因重大过失而取得该伪造票据的,则不能享有票据权利。持票人可以向付款人请求付款,但付款人如果辨认出该票据系伪造票据,有权拒绝付款。在行使追索权时,持票人只能向其他在票据上真正签名的人进行追索,追索权的效力不及于伪造人或者被伪造人,而只能根据民法的方法要求伪造人予以赔偿损失。因为,该种伪造行为是无效的,伪造人或者被伪造人不承担票据偿还责任。

(5)对付款人的效力。付款人如果没有辨认出伪造的票据而为票据付款,付款人的付款行为有效。付款人的损失应当依照民法的方法请求伪造人予以赔偿。付款人在付款时如果有恶意或者重大过失,则应当自己承担付款的责任。

3. 对伪造行为的举证责任

持票人与被伪造人之间对票据上签章的真伪发生争执时,持票人负担举证责任。如果被伪造人对票据上的印章的真实性没有异议,而是认为该印章是被他人盗用的,被伪造人负担举证责任。

(二)票据的变造

1. 票据变造的概念和要件

票据的变造(alterations),是指无变更权的人以行使为目的而变更票据内容的行为。

构成票据变造的要件有:

第一,票据的变造是指变造票据内容的行为。例如,变更金额、到期日或其他事项等,但最常见的是金额的变造。对比之下,伪造是伪为票据行为的主体,变造则是伪为票据行为的内容。

第二,票据的变造同样需要以行使为目的,如持票人变更汇票金额向付款人为承兑的提示。

第三,票据的变造必须是无变更权的人而为的变造行为,如属于有变更权的人进行的变更,则属合法。

2. 票据变造的效力

根据我国法律,票据变造的,变造票据仍然有效,并且按照其签章在变造之前或者之后来确定不同的责任。

《票据法》第 14 条规定,票据上其他记载事项被变造的,在变造之前签章的人,对原记载事项负责;在变造之后签章的人,对变造之后的记载负责。不能辨别是在票据被变造之前或者被变造之后签章的,视同在变造之前签章。譬如,出票人 A 签发一张 1 万元的票据给 B, B 将票据金额变造为 15 万元后以背书方式将票据转让给 C, C 再以背书方式将票据转让给 D, D 为最后持票人。在这种情况下,A 签章在变造之前,只承担 1 万元的责任。而 C 签章在变造之后应对 15 万元承担责任。然而,有时未必能够辨认签章人的签章是在变造之前或者之后,法律上推定为在变造之前,使签章人依原有文义负责。

票据的变造是一种违法行为,变造票据的人或者故意使用变造票据的人,应当承担相应的法律责任。这种责任包括刑事责任、行政责任和民事赔偿责任。

(三)票据的涂销

1. 票据涂销的概念

票据涂销,是指将票据上的签章或者其他记载事项加以涂抹或者消除。例如,以浓墨重抹、以橡皮轻擦、以纸片糊盖、以化学方法消除等均属之,其手段如何,在非所问,但必须是发生将签章或其他事项除去的后果。但是,如果涂销的程度过于严重,则为票据的毁损,属于票据的丧失。

2. 票据涂销的效力

票据涂销的效力表现在两个方面:第一,涂销人为权利人。在涂销人为权利人的情况下,又区分为两种不同的情况:一是如果属于权利人故意为之,票据消灭,相应的后果是免除票据债务人的责任;二是如果属于权利人非故意为之,则不影响票据的效力。第二,涂销人为非权利人。非权利人对票据的涂销,无论是否故意,均不影响票据的效力。

3. 举证责任

票据权利人在行使权利时,如就涂销与债务人发生争执,权利人如果主张是由权利人非故意所为或为非权利人所为,该权利人负担举证责任。

第四节 票据权利

一、票据权利概述

(一)票据权利的概念

票据关系是法律关系的一种,其内容当然离不开权利义务,故票据关系的构成,一方面为票据上的权利,另一方面则为票据上的义务,不过,法律往往从权利方面立论。票据所表彰的权利是一种金钱债权,虽然民法上就金钱债权亦设有规定,但票据法上所规定的金钱债权是一种特殊的金钱债权,所以,应优先适用票据法的规定。具体而言,票据权利是持票人向票据债务人请求支付票据金额的权利。

票据权利的特征如下:

第一,票据权利是以取得票据金额为目的的权利。票据为金钱证券,其目的在于获取一定金额的支付。从反面来说,如果不是以获取一定的票据金额支付为目的,则不能成立票据权利,如付款人要求持票人交出票据的权利,持票人要求出票人给予汇票复本的权利等,就不能称为票据权利。虽然这些权利也是票据法上所规定的权利,但是这些权利不是以支付一定的票据金额为目的。

第二,票据权利是凭票据才能行使的权利。票据权利人行使票据权利须实际持有票据,这是因为票据权利与票据不可分离,也是权利证券化的具体体现。至于票据丧失后,权利人依照法院的除权判决而行使权利,则是一个例外,其实质是对丧失票据的权利人所采取的一种补救措施。

第三,票据权利是向票据债务人行使的权利。票据债务人是负担票据债务的人,权利人当然可以对其行使票据权利。然而,票据债务人包括第一债务人和第二债务人。票据权利人行使票据权利时,原则上应当首先向第一债务人,即付款人(汇票经承兑后为承兑人)请求付款,只有在付款人拒绝付款后才能向第二债务人,如出票人、背书人、保证人等,行使追索权。

(二)票据权利的种类

票据权利的特殊之处在于票据权利人享有两次行使权利的机会,票据的这两次权利分别是付款请求权和追索权。票据权利人首先可以向付款人请求付款,这可以说是票据权利人取得票据权利的直接目的。然而,在票据关系中,付款人并不负有当然付款的义务,也就是说,存在付款人拒绝付款的情形。如果票据权利人行使付款请求权而遭到付款人拒绝后,票据权利人则可以向第二债务人行使追索权。追索权实际上是票据权利人请求票据债务人偿还的权利。票据法对票据权利的双重请求权的设置,目的在于特别保护票据权利人,使取得票据的人有安全感,这样,更加有利于票据的流通。

付款请求权,是票据的第一次请求权,其行使的主体是持票人,持票人可能是收款人,也可能是最后的被背书人。该权利的行使对象是付款人,在汇票经承兑后则为承兑人,在本票为出票人自己，在支票为银行等金融机构，不过，除保付支票外，银行并不构成法律关系中的主债务人地位。此外，票据交易所也是票据权利行使的对象。

追索权，亦称为偿还请求权，是第二次请求权，原则上须行使付款请求权遭拒绝后才得行使。例外的情形有期前追索以及因不可抗力不能行使付款请求权的追索。追索权的行使主体是最后的持票人，也可能是已为清偿的被追索人。不过，背书人被追索时，虽未清偿，亦可向其前手追索，保证人清偿债务后，亦可行使追索权。追索的对象为付款人或者承兑人之外的偿还义务人，包括出票人、背书人、保证人。

二、票据权利的取得

（一）票据权利的取得方式

取得票据权利的方式包括原始取得和继受取得两种方式。

1. 原始取得

原始取得包括出票和善意受让两种方式。

出票是出票人签发票据的行为，票据权利因出票而创设，故为原始取得。原始取得是取得票据权利的最重要的方式。

善意取得是指票据上的受让人，依据票据法所规定的转让方法，善意地从无权利人处取得票据，从而享有票据权利。

2. 继受取得

继受取得包括转让和法定继受两种方式。

票据是流通票据，所以，票据权利由于转让而取得是最为常见的继受取得方式。转让的方法，或以背书加交付的形式（记名式票据和指示式票据），或以单纯交付的形式（无记名式票据）。

票据依法律规定而继受取得的情形有继承、公司合并、税收等。法定继受不受给付对价的限制，但所享有的票据权利不得优于其前手的权利。例如，《票据法》第 11 条规定，因税收、继承、赠与可以依法无偿取得票据的，不受给付对价的限制。但是，所享有的票据权利不得优于其前手的权利。

所谓"不得优于其前手的权利"，是指：其一，前手的权利如有瑕疵，则取得人应继承该瑕疵，并构成票据的抗辩；其二，前手无权利时，则取得人亦不能取得权利。

此外，票据保证人因清偿、被追索人因偿还等均可继受取得票据权利。然而，这些仅属于取得票据权利的变例。

（二）善意取得

法律上为保护善意受让人的利益并以此促进票据流通而特设善意取得制度。善意取得是指票据上的受让人，依据票据法所规定的转让方法，善意地从无权利人处取得票据，从而享有票据权利。

善意取得须满足一定条件才能成立。善意取得的构成要件如下：

第一，须从无权利人处取得票据。这里所谓的无权利人仅指以受让人的直接前手为限，其间接前手有无权利则在所不问。例如，乙窃得甲的支票一张并转让于丙，则丙即是由无权利人乙的手中取得票据的。

第二，须取得时无恶意或重大过失。若明知或怠于注意让与人无让与权利而取得票据的，不能享有票据权利。例如，《票据法》第 12 条规定，持票人明知他人是以欺诈、偷盗或者胁迫等手段取得票据的，出于恶意或者因重大过失而取得票据的，不得享有票据权利。这里所谓“恶意”（in bad faith），泛指各种不正当手段和方法，包括明知原持票人不是票据的真正权利人，没有处分票据的权利而转让票据。所谓“重大过失”（gross negligence），是指只要稍加注意就可以发现原持票人不是真正的权利人，但却没有注意。

譬如，A 作成票据之后将其置于抽屉，后该票据被 B 偷走并转让给 C。如果 C 在取得该票据时并不知道该票据是 B 偷窃来的，并向 B 支付了对价，那么，C 就是善意取得人，其取得的票据权利受到法律的保护。如果 C 在取得票据时明知让与人所让与的票据是窃取的或者拾得他人的票据而仍然受让票据，则属于受让人恶意取得票据，不得享有票据权利。如果 C 在取得票据时只要稍加注意就可以判断出该票据来路不正，B 并非其真正权利人，但 C 却没有注意，则 C 属于有重大过失而取得票据，C 亦不得享有票据权利。

第三，须依票据转让方法而取得票据。只有通过背书（要求背书连续）或交付而取得票据的，才构成善意取得，否则，不能取得票据权利。票据权利成立的前提是只要票据行为在形式上有效即可，而审查票据行为在形式上是否有效，则主要看票据背书是否连续。

第四，须有对价而取得票据。这里的对价是指取得票据时向让与人支付的相当于票据金额的金钱或者其他财产。票据关系具有无因性，票据关系是否成立，本不受对价关系的影响。但是，在善意受让的情况下，有无对价关系以及对价是否充分，将会给善意取得票据的受让人带来一定影响。具体体现为，如果无权利人是将票据无偿赠与受让人或者受让人所支付的对价不充分（如象征性地给付对价），虽然让与关系成立，但受让人所享受的票据上的权利不得优于其前手。这是票据关系无因性的例外。也就是说，票据债务人对善意持票人的前手能行使的抗辩，也能对善意持票人行使。

具备这些条件的，即取得票据权利，无论原持票人丧失票据的原因如何，均不得向取得人请求返还。善意受让也是一种原始取得，票据上纵有负担，如质权，亦归于消灭。

三、票据权利的行使与保全

（一）行使与保全的概念

票据权利的行使，是指票据权利人请求票据债务人履行票据债务的行为。例如，行使付款请求权以请求付款，行使追索权以请求偿还。

票据权利的保全，是指阻止票据权利丧失的行为。例如，中断时效以保全付款请求权和追索权，遵期提示及作成拒绝证书以保全追索权。

票据权利的行使往往同时又是票据权利的保全方法，故法律上常将二者合称为“行使与保全”。

（二）行使与保全的方法

行使票据权利的方法是指票据权利人应当按照法定程序提示票据，同时，持票人行使票据权利时还应当在票据上签章。这种票据提示与民法上的请求在法律意义上是一样的。只不过民法上的请求在形式上是自由的，即口头请求、书面请求均无不可，而票据提示则非现实地出示票据不可。

票据权利的保全主要在于遵期提示和作成拒绝证书。

所谓“遵期提示”，是指票据权利人应当现实地向票据债务人出示票据，请求其履行债务。唯应注意的是，在汇票关系中，“遵期提示”在广义上包括承兑的提示和付款的提示。从严格意义上讲,承兑提示不属于权利的行使行为,而属于为行使权利所做的准备行为。因此,作为票据权利的行使方法的"遵期提示",仅指付款的提示。遵期提示的目的在于中断票据时效。

拒绝证书是用以证明票据权利人已经依法行使票据权利而被拒绝,或者无法行使票据权利的一种证明文件。票据权利人在向票据债务人请求付款而遭到拒绝后或者票据权利人根本无法行使票据权利时,票据权利人就应当请求票据债务人作成拒绝证书,以便行使追索权。

(三)行使与保全的处所和时间

关于票据权利行使与保全的场所,依据民法一般原则,债务人应当向债权人履行债务,通常应当在债权人所在地履行债务。而票据债务的履行,则是在债务人所在地履行。也就是说,持票人对票据债务人行使票据权利或者保全票据权利,应当在债务人的营业场所进行,票据债务人无营业场所的,应当在其住所进行。之所以作出这样的规定,是因为票据是流通证券,债务人无法知道谁是他的债权人,如果要求债务人到债权人处所履行债务,是不现实的。债务人只有等待债权人出现并现实的出示票据时,他才能确定他的债权人,才能履行付款义务。

票据权利行使与保全的时间应当是在票据规定的行为期限内的营业日或工作日进行。如果期限的最后一日为非营业日(或遇节假日),则以非营业日之后的第一个营业日为最后一日。

第五节　票据抗辩

一、票据抗辩概述

票据抗辩,是指票据债务人根据票据法的规定对票据债权人拒绝履行义务的行为。换句话说,票据抗辩是票据债务人提出一定的合法事由拒绝票据权利人行使票据权利的行为。票据抗辩是票据债务人的一种权利,票据债务人所享有的这种权利称为抗辩权,债务人所提出的合法事由称为抗辩原因或者抗辩事由。

票据抗辩的特征如下:

第一,票据抗辩是票据债务人的行为。这里的债务人不限于票据主债务人,凡是在票据上签章、具有支付义务的人都可以主张抗辩。

第二,须提出合法理由。票据债务人提出抗辩,须提出合法的理由,没有合法的理由作为抗辩的依据,徒有"抗"而无"辩",抗辩不能成立。根据票据抗辩事由的不同,可将票据抗辩分为物的抗辩和人的抗辩两大类。

第三,票据抗辩的目的在于阻止或拒绝票据权利人行使权利,包括阻止或者拒绝权利人行使付款请求权和追索权。

二、物的抗辩

物的抗辩,是指针对票据关系的本体,即票据上记载的事项以及依票据性质当然发生的事项所为的抗辩。这种抗辩可以对抗一切票据债权人的请求,不因持票人的变更而受影响,因而,又称为绝对的抗辩或客观的抗辩。具体又表现为两种情形:

(一)一切票据债务人对抗一切票据债权人的抗辩

这种抗辩是指基于票据要件的欠缺、到期日尚未届满、付款地不符、除权判决、票据债务已经合法付款或者提存等事由进行的抗辩。

1. 基于票据要件欠缺的抗辩

这是一种欠缺票据上应当记载的事项或者记载了不得记载的事项的抗辩。前者如票据的出票人没有签章或者票据上没有记载票据金额等绝对必要记载事项。后者如记载了付款的附加条件或者记载了其他形式的到期日等。在这种情况下,票据债务人可以票据无效为其抗辩理由而拒绝履行债务。

2. 到期日尚未届至的抗辩

票据上记载的到期日未到期,票据债务人可以行使抗辩权而拒绝付款。在我国,这实际上只存在于汇票关系中。因为,根据我国法律规定,支票是见票即付,银行本票也是见票即付。

3. 付款地不符的抗辩

票据债务人可以票据付款地不符而拒绝付款。譬如,票据上记载的付款地是甲地,而持票人却到乙地付款人的分支机构提示付款,此时,付款人的分支机构可以拒绝付款。

4. 基于除权判决的抗辩

票据权利人丧失票据,可向法院申请除权判决,票据可因法院的除权判决而使票据权利丧失效力。在这种情况下,票据债务人只对除权判决的申请人支付票据金额,任何人如果凭此失去效力的票据要求付款人付款,票据债务人可以拒绝付款。

5. 基于票据债务已经合法付款或者提存所进行的抗辩

票据债务经合法付款而消灭,自然不存在再行付款的问题,这当然可以作为债务人抗辩的理由。如果是部分付款(我国现行法律不允许部分支付,但在其他国家法律中,部分支付是允许的),票据债务人可以就其已经支付的部分主张抗辩。票据权利人在法定的期限内不向票据债务人作出付款的提示,票据债务人以消灭债务为目的可以将票据金额提存。票据债务可因合法提存而消灭。在这种情况下,票据债务人可以债务已经合法提存为理由而进行抗辩。

(二)特定票据债务人对抗一切票据债权人的抗辩

这种抗辩是指基于票据债务人行为能力的欠缺、无权代理、票据伪造或者变造、票据债务时效届满、承兑撤销、保全手续欠缺等事由进行的抗辩。

1. 基于票据债务人行为能力的抗辩。无行为能力人或者限制行为能力人所为的票据行为,该行为人可以自己欠缺票据行为能力对债权人主张抗辩。基于行为能力的欠缺所导致的票据行为的无效不影响其他票据行为的效力。

2. 基于无权代理所发生的抗辩。在无权代理的情形下,被代理人无须承担票据责任,如果票据权利人向被代理人主张权利,被代理人当然可以拒绝履行。

3. 基于票据伪造或者变造所进行的抗辩。在票据伪造的情形下,被伪造人不承担票据责任。所以,任何人都不能向他主张票据权利。当发生变造时,在变造前签章的人只对变造前的票据文义负责。因此,如有人按照变造后的文义向他主张权利,他当然可以就其超出部分拒绝履行。同样,当发生变造时,在变造后签章的人只对变造后的票据文义负责。因此,如有人按照变造前的文义向他主张权利,他当然可以就其超出部分拒绝履行。

4. 基于票据时效届满而发生的抗辩。票据权利因时效届满而消灭,因而,票据时效届满后,票据权利人即不能对票据债务人主张权利,否则,票据债务人可以此进行抗辩(关于票据时效,详见后述)。

5. 基于承兑撤销而发生的抗辩。承兑可以撤销。付款人如已经在汇票上承兑,而在将汇票交还持票人之前,涂销其承兑者,视为拒绝承兑。在这种情况下,该汇票的付款人可以自己曾有效地涂销了承兑为由而对一切债权人行使抗辩权。

6. 基于保全手续欠缺而发生的抗辩。持票人如果不在法定期限内行使或者保全票据权利(如提示付款、作成拒绝证书等),偿还义务人可以保全手续欠缺而拒绝履行偿还义务。但是,票据的主债务人,如汇票的承兑人、本票的出票人以及保付支票的保付人则不能以此为由行使抗辩权。

三、人的抗辩

人的抗辩,是指只能对抗特定票据债权人的抗辩,因而,如果持票人一经变动,该种抗辩即受影响,所以又称为相对的抗辩或主观的抗辩。人的抗辩同样表现为两种情形:

(一)一切票据债务人对抗特定票据债权人的抗辩

这主要是指基于债权人受领能力或资格的欠缺而发生的抗辩。

1. 基于票据债权人受领能力的欠缺而发生的抗辩。如票据债权人受破产宣告或者票据债权被法院扣押禁止付款时,任何票据债务人都可以拒绝对其履行付款或者偿还义务。

2. 基于票据债权人形式的受领资格的欠缺而发生的抗辩。根据票据法的要求,票据在形式上背书要连续,如果背书不连续,持票人缺乏形式上的受领资格,票据债务人可以此为由拒绝履行债务。

3. 基于票据债权人实质的受领资格的欠缺而发生的抗辩。如付款人对于具备形式的受领资格的持票人付款后,虽可免责,但却以善意或者无重大过失为限,如属恶意或者重大过失,则不能免责,因而付款人若明知持票人无实质受领资格,当然可以并且应当拒绝付款。

(二)特定票据债务人对抗特定票据债权人的抗辩

这种抗辩是基于原因欠缺或非法、对价关系(如同时履行)以及其他事由(如抵销、免除)所进行的抗辩。这种抗辩的特点是,它只发生在直接当事人之间。《票据法》第13条第2款规定,票据债务人可以对不履行约定义务的与自己有直接债权债务关系的持票人进行抗辩。也就是说,如果原因、对价以及其他事由是发生在非直接当事人之间的间接事由,则不能提起抗辩。因为票据关系具有无因性,票据关系与其基础关系是分离的,所以票据基础关系只有在直接当事人之间才对票据关系发生影响。

(三)人的抗辩的限制与恶意抗辩

《票据法》第13条第1款规定,票据债务人不得以自己与出票人或者与持票人的前手之间的抗辩事由,对抗持票人。但是,持票人明知存在抗辩事由而取得票据的除外。这一规定包含了两层含义:

第一层含义是对票据抗辩的限制。票据债务人与持票人之间存在抗辩事由,当然可以行使抗辩权,但是,如果票据债务人与出票人或者持票人的前手之间存在抗辩事由的,则不得以此为由对抗持票人。普通债权的转让,后手应继承前手的瑕疵,债务人所有的抗辩均不因债权的转让而受影响。但票据债权转让则有所不同。票据贵在流通,如果债务人所有的抗辩都能对抗受让人的话,则不仅受让人的权利将受到影响,而且将会使得票据的流通受到影响。因此,票据法特将人的抗辩加以限制,这种限制称为"人的抗辩的切断"。

第二层含义是关于恶意抗辩的规定。上述对票据抗辩的限制,即人的抗辩的切断,原本是为了保护善意持票人而设立的制度,但是如果持票人取得票据是出于恶意,则当然不应当受到法律的保护。在学理上,将这种情形称为“恶意抗辩”。应当注意的是,这里所谓的“恶意”,是指持票人的“恶意”,而不是债务人的“恶意”。或者可以理解为对恶意持票人的抗辩。所谓“恶意”,是指持票人明知票据债务人与出票人或者持票人的前手之间存在抗辩事由而仍然受让票据。换个角度说,如果持票人明知债务人与出票人或者持票人的前手存在着抗辩事由而仍然取得票据,债务人也就可以其与出票人或者持票人的前手之间存在的抗辩事由对持票人行使抗辩权。这可以说是对“人的抗辩的切断”的一种例外。这种例外,既是对持票人的一种惩罚,又可防止让与人规避法律损害他人利益。

第六节 票据的丧失与救济

一、票据丧失与救济概述

票据丧失,是指票据权利人非出于自己的本意而失去对票据的占有。从客观上考察,票据的丧失包括相对丧失和绝对丧失两种情况。票据的相对丧失是指持票人因遗失、被盗而丧失对票据的占有;票据的绝对丧失是指持票人因票据焚烧、损毁而失去对票据的占有。从主观上考察,票据的丧失须为票据权利人非出于自己本意而失去对票据的占有。如果票据的丧失是由于持票人的故意行为所导致,如持票人故意焚烧、撕毁票据,则属于权利人有意处分自己的权利,故不属于票据丧失的范畴。

票据丧失后,票据权利虽不当然消灭(这一点与货币不同),但票据是提示证券,非提示证券不得行使权利;另者,票据是缴回证券,非交出证券不能受领票据金额的支付。可见,票据丧失对于持票人的权利影响很大,如果是相对丧失,其权利则有被他人行使的可能。因此,法律必须采取措施予以补救。

《票据法》第15条规定,票据丧失,失票人可以及时通知票据的付款人挂失止付,但是,未记载付款人或者无法确定付款人及其代理付款人的票据除外。收到挂失止付通知的付款人,应当暂停支付。失票人应当在通知挂失止付后3日内,也可以在票据丧失后,依法向人民法院申请公示催告,或者向人民法院提起诉讼。由此可见,我国法律对票据丧失后所采取的补救措施有三种:挂失止付、公示催告和提起诉讼。这三种措施可以分别独立进行。

二、挂失止付

(一)挂失止付的概念

挂失止付是失票人将丧失票据的情况通知付款人,并要求其停止付款的行为。挂失止付是票据权利人保全其票据权利的一种方式。

(二)挂失止付的效力

挂失止付的法律效力表现在两个方面:

一是失票人将丧失票据的情况通知付款人,并由接受通知的付款人暂停支付,从而暂时保全失票人的票据权利不至于让他人冒领失票人票据金额款项。

二是票据丧失,经失票人挂失止付后,付款人从接到挂失止付通知时起,不得再履行付款义务,否则,付款人将自己承担其付款的责任。

（三）挂失止付的意义

挂失止付制度只是失票人丧失票据后可以采取的一种临时性措施,其目的在于防止票据金额款项被他人冒领。该项措施并不能使失票人的票据权利最终得到恢复,也不是失票人依公示催告程序或诉讼程序使票据权利得到最终补救的必经程序。因此,失票人既可以在票据丧失后先行挂失止付,再申请公示催告或者提起诉讼,也可以不为挂失止付通知,而直接申请公示催告或者提起诉讼。

三、公示催告

（一）公示催告的概念和意义

公示催告是指法院依照当事人的申请以公示的方法催告利害关系人申报权利,如不申报即发生失权效果的一种程序。公示催告是丧失票据的人在丧失票据后申请法院宣告票据无效而使票据权利与票据本身相分离的一种法律程序。公示催告适用民事诉讼法上的公示催告程序,是民事审判中的一种有别于普通诉讼程序和简易程序的独立程序。

公示催告的意义在于:

第一,防止善意受让。公示催告期间,转让票据的行为无效。公示催告能够起到防止善意受让的作用。根据我国民事诉讼法的规定,在公告期限内转让票据的,均属无效。所以,在我国现行法律框架下,在公示催告期间,不存在善意受让。由此可见,在票据丧失后,如果失票人发动公示催告程序,在公示催告程序进行期间,取得票据的人不享有票据权利,即使取得票据时并无恶意。

第二,除权判决。在公示催告期限内,如果没有人申报权利,或者虽然有人申报,但却被法院驳回,法院应当根据申请人的申请作出判决,宣告票据无效。判决应当公告,并通知付款人。自判决公告之日起,申请人有权向付款人请求支付。

（二）公示催告程序

公示催告的发动和进行须经过如下程序:

1. 公示催告的申请

申请公示催告必须符合下列条件:(1)须有丧失票据的事实;(2)所丧失的票据须为可背书转让的有效票据;(3)公示催告申请须由失票人提出;(4)公示催告须向有管辖权的法院提出;(5)须以书面方式为之。

2. 公示催告申请的受理

公示催告申请提出后,法院应当及时决定是否受理。对于符合法律规定的申请,应裁定受理;不符合法律规定的,应在法定期限内裁定驳回。经审查认为申请手续不完备的,应及时通知申请人补充。

3. 发出停止支付通知

停止支付通知是法院决定受理公示催告的申请后,向付款人发出的停止支付票据金额款项的法律文书,具有裁定保全的性质。付款人收到停止支付通知后,不得对任何持票人付款,除非法院裁定终止公示催告程序并通知付款人,或者法院作出除权判决。如果付款人收到法院的停止支付通知仍然支付,付款人应当自己承担责任。

4. 发布公示催告公告

公示催告公告是法院在法定期限内通过公告的方式催促利害关系人在指定期间、地点申报权利的告示。根据我国民事诉讼法的规定，法院受理公示催告申请后，应当在3日内发布公告，催促利害关系人申报权利。

关于公告的方式，通常可以将公告张贴于法院的公告栏，或者张贴于票据交换场所，或者在法院的公报上登载，或者在公开的报纸上公告，或者通过广播电视等新闻媒介进行公告。采取何种方式，由法院根据具体情况决定。

关于公告的期限，同样由法院根据具体情况予以决定，但民事诉讼法规定，公示催告的期限不得少于60日。

5. 申报权利

受公示催告的利害关系人，应当在公示催告期限内向法院申报权利。所谓利害关系人，是指除申请人之外的对票据主张权利的人，最常见的是善意受让人。利害关系人应当在法院确定的公示催告期限内申报权利，但是，利害关系人在期限届满后，除权判决之前申报权利的，与在公示催告期间内申报权利具有同等的效力。

6. 公示催告程序的终结

公示催告在下列情况下发生终结：(1)在公示催告期限内，利害关系人提出权利申报后(包括公示催告期间届满后，除权判决作出之前，利害关系人的权利申报)，如果不存在权利争议，法院应裁定终结公示催告程序。如果申报人与公示催告申请人之间就权利发生争议，则应转入诉讼程序解决。(2)公示催告期限届满，没有任何人申报权利，或者虽然有人提出权利申报，但其申报被法院驳回，于此情形，如公示催告人申请，由法院作出除权判决，从而终结公示催告程序。如果公示催告申请人自公告期限届满的次日起一个月内不申请除权判决的，逾期也应终结公示催告程序。(3)在公示催告期间，申请人撤回申请的，法院应当裁定终止公示催告程序。

四、提起诉讼

提起诉讼包括两种情形：一种情形是指公示催告期间，如果发生权属争议，申请人或者申报人可以向人民法院提起诉讼；同时，利害关系人因正当理由不能在判决前向人民法院申报的，自知道或者应当知道判决之日起1年内，可以向作出判决的人民法院起诉。另一种情形是指失票人在丧失票据后直接向法院提起诉讼，通常称为普通诉讼，以示区别。下面讨论主要侧重于普通诉讼。在程序上，前一种诉讼准用后一种诉讼程序。

普通诉讼是指失票人丧失票据后，直接向法院提起民事诉讼，要求法院判令票据债务人向其支付票据金额，从而使失票人的票据权利得到救济的一种诉讼程序。

普通诉讼有确定的当事人。原告是失票人，被告一般是承担票据支付义务的主债务人，在主债务人不能付款时，也可以其他债务人，如背书人、保证人等作为被告。

失票人在向法院提起诉讼时，应当向法院提供其对所丧失票据享有票据权利及丧失票据所记载的事项和内容的证明。在失票人向法院提起诉讼要求票据债务人付款时，法院或者票据债务人应要求失票人提供担保，用以补偿付款后可能出现的损失。失票人根据法院的有效判决向票据债务人请求付款，票据债务人必须付款。如果失票人丧失的票据在付款之后又出现(譬如，善意持票人请求付款，付款人则应当付款)，票据债务人有权从失票人所提供的担保中取得补偿或者请求法院同意后收回所提存的款项。但是，票据债务人付款时有恶意或者重大过失时，则应当自己承担责任。应当注意的是，我国票据法没有规定失票人提起诉讼的担保要求，这不能不说是一个缺陷而有待于弥补。

这种普通诉讼制度的理论基础是有权认定论,也就是说,假定失票人并不因丧失票据而失去票据权利,故赋予失票人以有条件的票据权利,使失票人通过提供担保来实现其票据权利。而公示催告制度的理论基础则是无权认定论,即是说,失票人如果丧失票据就失去了票据权利,只有经过公示催告程序,失票人才能根据除权判决行使权利。

普通诉讼程序有利于票据的流通转让。在普通诉讼中,所丧失的票据在消灭时效期间内仍然是有效票据,在丧失期间的转让行为只要是符合票据法的规定,善意持有人的权利是受到保护的。而在公示催告程序中,除权判决一旦生效,根据一般惯例,对所丧失的票据进行的转让无效。而我国的法律规定更为严格,即使是在公示催告期限内,对所丧失的票据进行的转让也是无效的。

第七节　利益返还请求权

一、利益返还请求权的概念

利益返还请求权,是指票据权利因票据时效超过或者票据因保全手续欠缺而消灭时,持票人对出票人或者承兑人在其所受利益的限度内,请求返还其利益的权利。

由此可见,利益返还请求权不同于票据法上的票据权利,而是一种依照民法方法解决问题的非票据权利。

二、利益返还请求权的依据

由上可见,发生利益返还的情形有两种:时效超过和手续欠缺。

(一)票据时效与时效超过

票据时效(limitation of action),专指消灭时效而言,票据法上设有专门规定。《票据法》第17条规定,票据权利在下列期限内不行使而消灭:(1)持票人对票据的出票人和承兑人的权利,自票据到期日起2年。见票即付的汇票、本票、自出票日起2年。(2)持票人对支票出票人的权利,自出票日起6个月。(3)持票人对前手的追索权,自被拒绝承兑或者被拒绝付款之日起6个月。(4)持票人对前手的再追索权,自清偿日或者被提起诉讼之日起3个月。票据的出票日、到期日由票据当事人依法确定。

票据权利人应当在上述规定的时间内行使权利,否则,票据时效超过,将会丧失票据权利。然而,票据权利人虽然因为票据时效超过而丧失票据权利,但是,持票人仍然享有民事权利。持票人对出票人或者承兑人在其所受利益的限度内,享有请求其返还其利益的权利。

(二)票据行使与保全手续的欠缺

发生利益返还请求权的第二个原因是欠缺票据行使和保全手续。如果票据权利人没有在规定时间内行使或者保全票据,如没有遵期提示或者要求作成拒绝证书,就不能对其前手行使追索权。然而,应当注意的是,我国票据法的规定却是“因票据记载事项欠缺”,于理不合。因为,利益返还请求权以票据权利的曾经实际存在为前提,而票据如欠缺记载事项则将导致票据无效。

三、利益返还请求权的要件

行使利益返还请求权须符合一定的法律要求。利益返还请求权的要件包括：

1. 请求权人须是正当持票人。该种权利的持票人并不限于最后背书持票人，其他正当票据持有人，如被追索人清偿债务后而持有票据的人，因继承、合并而取得票据的人，因履行了债务而取得追索权的保证人等等，均为正当持有人。

2. 利益返还义务人限于出票人或者承兑人。我国票据法明文规定了利益返还请求权的义务人是出票人或者承兑人，这就排除了背书人、保证人或者其他义务人的利益返还义务。

3. 票据权利曾经有效存在。利益返还请求权的发生须以票据权利曾经有效存在为前提，只不过现在票据权利丧失而已。但是权利人取得票据权利是支付了对价的，所以，权利人有权依照民法方法请求特定债务人返还其所受取的利益。

4. 时效超过或者保全手续欠缺。基于时效超过或者欠缺保全手续而丧失票据权利是行使利益返还请求权的法定原因。

5. 须出票人或者承兑人受有利益。票据权利人的利益返还请求权的行使须以出票人或者承兑人受有利益为限。否则，出票人或者承兑人无须承担利益返还责任。如出票人基于赠与关系而签发票据给持票人，承兑人虽为承兑，但却没有从出票人处受取资金等。

四、利益返还请求权的范围

根据我国票据法的规定，出票人或者承兑人只在其所受利益范围内负担返还责任。

所谓受有利益，是指票据债务人在原因关系上或者资金关系上所受取的利益，既包括积极利益，如出票时取得对价，也包括消极利益，如以消灭既存债务为对价而发行票据。

所谓在受取的利益范围内承担责任，是说如果出票人受有利益，则返还利益，受有多少利益，返还多少利益，如果没有受有利益，则无须返还。如出票人发行票据后，承兑人虽为承兑，却没有从出票人处受有资金等。

第八节 涉外票据的法律适用

一、涉外票据概述

涉外票据是指票据关系中含有涉外因素的票据。《票据法》第94条规定，涉外票据，是指出票、背书、承兑、保证、付款等行为中，既有发生在中华人民共和国境内又有发生在中华人民共和国境外的票据。我国票据法对涉外票据的界定比较狭义一些，即仅仅是从行为的涉外性方面对涉外票据加以界定。

完整地说，涉外票据的涉外因素应当包括三个方面：票据关系主体的涉外性、票据关系客体的涉外性和产生、变更或者消灭票据关系的法律事实的涉外性。此外，涉外票据中的“涉外”还应当作广义理解，即不仅指外国，还包括涉及港、澳、台的票据。

由于各国票据法律制度对票据的规定不尽一致，适用不同国家的法律来解决某一问题所引起的法律后果也不尽相同,使得涉外票据的法律适用可能产生冲突。涉外票据的法律适用就是为了解决这种法律冲突而建立起来的规则或者解决办法。《票据法》第五章对涉外票据的法律适用作出了专门的规定,其目的就是解决涉外票据的法律适用规则问题,主要涉及国际条约、国际惯例的适用、票据债务人的民事行为能力、票据行为等方面的内容。

二、国际法与国际惯例的适用

《票据法》第95条明确规定,中华人民共和国缔结或者参加的国际条约同本法有不同规定的,适用国际条约的规定。但是,中华人民共和国声明保留的条款除外。票据法和中华人民共和国缔结或者参加的国际条约没有规定的,可以适用国际惯例。这一条文是关于国际条约、国际惯例与国内法的关系的规定。处理这种关系的一般原则有两条:一是国际法优于国内法;二是在一定条件下适用国际惯例。也就是说,如果国内票据法与有关票据的国际条约相冲突或者存在不同规定的话,应当优先适用国际条约。如果国际法或者国内法没有规定的话,则适用国际惯例。

为了解决国与国之间有关票据的冲突,国际社会做出了不懈的努力。目前有关票据的国际条约有:1930年国际联盟在日内瓦通过的《统一汇票、本票法》以及《解决汇票、本票法律冲突公约》,1931年国际联盟在日内瓦通过的《统一支票法》以及《解决支票法律冲突公约》等。目前我国尚未加入这些国际条约,因而,这些条约对我国不发生效力。但是,如果将来我国加入了这些国际条约,在解决有关涉外票据冲突时,当然就需要首先适用这些条约。这一点已经为我国票据法所明确肯定。但应当注意的是,即使一个国家参加了某一国际条约,它也可能对国际条约中的某些条款有所保留。这就是所谓的国际条约中的保留条款。这样,即使一个国家的国内法与其所参加的国际条约相冲突或者不一致,但是,如果这种条款属于保留条款,则不能适用国际条约中的规定,只能适用国内法的规定。这可以说是国际法优先于国内法的例外。

国际惯例是在长期的商业实践中为商人接受和反复使用的商业规则和做法,国际惯例具有任意性和自律性,它对一个国家没有强制力。但是,这并不意味着国际惯例就不重要,恰恰相反,如果在涉外票据纠纷中,一个国家的国内法或者它所加入的国际条约都没有相关问题的规则,通常的做法就是适用国际惯例。因而,国际惯例对国内法和国际条约起着重要的补充作用。我国法律也充分肯定了这一点。

三、债务人的行为能力

《票据法》第96条规定,票据债务人的民事行为能力,适用其本国法律。票据债务人的民事行为能力,依照其本国法律为无民事行为能力或者为限制民事行为能力而依照行为地法律为完全民事行为能力的,适用行为地法律。

关于票据债务人行为能力的法律冲突,国际上一般通过当事人的属人法解决,而属人法又有本国法(当事人的国籍法)和住所地法之分。我国票据法显然采取的是属人法的本国法主义。

但是,我国票据法同时也体现了相当的灵活性,即票据债务人的民事行为能力,若依照其本国法律为无民事行为能力或者为限制民事行为能力而依照行为地法律为完全民事行为能力的,适用行为地法律。这种灵活性规定是对当事人属人法适用的一个例外,其目的主要是保护内国交易的安全。

四、票据的记载

《票据法》第 97 条规定，汇票、本票出票时的记载事项，适用出票地法律。支票出票时的记载事项，适用出票地法律，经当事人协议，也可以适用付款地法律。

不同的国家和不同的地区的法律关于票据出票时的记载事项的规定有很大的差异。在有的国家，有些记载事项可能是必须记载事项，而在有的国家可能并不要求必须记载。在涉及有关这类票据出票的法律冲突时，一般原则是适用出票地法律。我国法律亦是遵循了这一原则。但是，我国法律同样也作出了灵活性规定，即支票出票时的记载事项，适用出票地法律，经当事人协议，也可以适用付款地法律。

五、票据的背书、承兑、付款和保证

《票据法》第 98 条规定，票据的背书、承兑、付款和保证行为，适用行为地法律。

涉及票据的背书、承兑、付款和保证等行为所发生的法律冲突，行为地国家的法律常常作为解决法律冲突的准据法。法律行为的准据法适用行为地法这一原则源于"场所支配行为"（locusre git actum）这一古老的法则，原先的含义是不仅法律行为的形式效力适用行为地法，而且法律行为的实质效力也适用行为地法。不过，现在该原则只适用于法律行为的形式效力。

关于这一原则的性质，原先认为它属于强制性规范，即所有法律行为的形式问题均适用行为地法律。但是，现在大多数国家只是将其作为一种任意性规范，即可以在行为地法律与其他法律之间进行选择，使得法律行为的形式效力的准据法的确定更加具有灵活性。我国票据法只是单纯地采取了行为地法律作为准据法。

六、票据追索权

《票据法》第 99 条规定，票据追索权的行使期限，适用出票地法律。

关于票据追索权行使期限的准据法，各国法律规定颇不一致。采用日内瓦统一公约的国家对这种冲突的解决适用票据成立地法律，即出票地法律，如德国和日本。而没有采用日内瓦统一公约的国家，则允许选择或者适用行为地法律或者适用拒绝付款地法律，如英国。我国显然采取的是前一种做法。

七、票据的提示及拒绝证明

《票据法》第 100 条规定，票据的提示期限、有关拒绝证明的方式、出具拒绝证明的期限，适用付款地法律。

关于票据的提示期限、有关拒绝证明的方式、出具拒绝证明的期限的准据法问题，一般原则是适用付款地法律。这一原则实际上强调的是债务履行地法律的适用，因为，按照债务履行地国家的法律所作出的裁决比较容易得到付款地国家的承认。

八、票据的丧失

《票据法》第 101 条规定，票据丧失时，失票人请求保全票据权利的程序，适用付款地法律。

各国关于票据丧失后补救措施的规定存在较大差异。大陆法系国家以采取公示催告为主，英美法系国家以采取普通诉讼为主，因而，有关票据丧失后进行救济的法律冲突也就较大。但是关于票据丧失后，持票人请求票据救济发生法律冲突时的准据法确定，各国法律的规定则比较一致，即一般都规定适用付款地法律。这是因为，以付款地法律作为准据法，有利于得到付款地国家法院的执行协助。

第二章 汇票制度

第一节 汇票概述

一、汇票的概念

汇票,是出票人签发的,委托付款人在指定的日期或者见票时无条件支付确定金额给收款人或者持票人的票据。因汇票有到期日,并委托第三人支付,故又称信用证券或委托证券。

汇票具有如下特征:

第一,委托他人支付。汇票的出票人只是票据的发行人,而不是票据的付款人,付款人须另有人在,这一点与本票不同而与支票相同,所以,汇票是委付证券,而不是自付证券。但是,支票的付款人仅限于办理存款业务的银行等金融机构,而汇票的付款人则无此资格限制。

第二,在指定的到期日或者见票时支付。汇票原则上实行远期支付,因而,汇票须指定到期日(maturity)。这种到期日可分为定日付款、出票后定期付款以及见票后定期付款。由于汇票一般均须有指定到期日,在这一点上,汇票与本票相同,而与支票不同。汇票、本票均属于信用票据,而支票限于见票即付,属于支付票据。但是,应当注意的是,我国票据法还规定了见票即付的汇票。另外,根据我国票据法规定,如果汇票上未记载付款日期的,则视为见票即付。同时,我国票据法上的本票也是一种见票即付的票据。这些属于我国法律的特别之处。

第三,确定的金额。票据是一种金钱证券,一种以支付一定金额为目的的票据。票据权利义务集中体现在票据金额上。因此,票据金额须确定(a determinate sum of money),票据金额不确定者,票据无效。

第四,无条件支付。出票人签发的金额须无条件支付给收款人或者持票人,这是各种票据的共同点。汇票未背书转让时,则应无条件支付给收款人,汇票已经背书转让的,则应无条件支付给持票人。这里的无条件支付包括两层意思:一是出票人签发汇票时,不得附有任何条件,即是说,这种支付命令必须是无条件的(unconditional order),否则,可导致票据无效。二是付款人付款应是无条件的(unconditional payment),即要么按照出票人的命令无条件付款,要么拒绝付款,二者只能选择其一。票据支付的无条件性主要是因为票据是作为支付工具来使用的,如果票据金额的支付附带条件,无疑将严重影响票据的支付性。

二、汇票的种类

(一)即期汇票和远期汇票

根据汇票付款日期的不同,可将汇票分为即期汇票和远期汇票。

即期汇票，是指见票即付的汇票（payable at sight），包括汇票上明确记载“见票即付”的汇票和没有记载到期日的汇票以及记载的到期日与出票日相同的汇票。即期汇票以提示日为到期日。

远期汇票，是指汇票上记载了一定的付款日期，在该日期到来之前，不得请求付款的汇票。远期汇票又可分为定日付款、出票后定期付款、见票后定期付款三种。

定日付款汇票（payable at a fixed date），或称为定期汇票，或称为板期汇票，是指在签发汇票时记载确定到期日的汇票，如1998年7月1日签发汇票，而在票据上记载1998年7月15日为到期日。

出票后定期付款汇票（payable at a fixed date after date），或称为计期汇票，是指自出票日起算，经过一定的期间而为付款的汇票，如出票后3个月付款的汇票。

见票后定期付款的汇票（payable at a fixed date after sight），或称为注期汇票，是指自提示承兑之日起算经过一定的期间而为付款的汇票，如见票后3个月付款。这种汇票须持票人提示承兑后才能计算到期日。

（二）记名式汇票、指示式汇票与无记名式汇票

根据汇票上记载权利人的方式为标准，可将汇票区分为记名式汇票、指示式汇票和无记名式汇票。

记名式汇票，是指出票人明确记载收款人的姓名或者名称的汇票。出票人签发这种汇票后，必须将此汇票交付给票据上记载的收款人，才发生票据的效力。收款人如转让该票据，仅能依背书方式。

指示式汇票，是指出票人不仅明确记载收款人的姓名或名称，而且附加“或其指定的人”字样的汇票。出票人对这种汇票，不得禁止收款人依背书而转让。收款人如转让票据，只能依背书方式。

无记名式汇票，是指出票人没有记载收款人的姓名或名称，或仅记载将票据金额付与“来人”或者“持票人”字样的汇票。对这种汇票，收款人仅依交付就可转让。持票人也可以在此汇票上记载自己或他人的姓名或名称，使之变为记名式汇票。

区别以上三种汇票的意义，在于持票人转让汇票权利的方式不同。记名式汇票只能依背书转让，但出票人或背书人可以记载“禁止转让”；无记名式汇票仅依交付就可发生转让的效力；指示式汇票仅通过背书而转让且出票人或背书人不得记载“禁止转让”。

（三）一般汇票与变式汇票

根据汇票是否以一人兼具两个以上的当事人，可将汇票分为一般汇票和变式汇票。

一般汇票是指出票人、收款人、付款人各异其人的汇票，也就是说，汇票关系中的三方当事人各由不同的人充当。

变式汇票是指汇票关系中的一人可以兼任两个以上的票据当事人资格，包括指己汇票、付受汇票和对己汇票三种变异状况。

指己汇票，又称为己受汇票，是指出票人以自己为收款人的汇票。通常的情形是，卖方以自己为收款人签发汇票，以买方为付款人，卖方持此汇票可以背书转让，也可以通过贴现支取现金，当然还可以请求付款人承兑等待到期日届至而请求其支付款项。

付受汇票，是指以付款人为收款人的汇票。例如，出票人对某公司享有债权，后又与该公司的分公司发生交易需要支付给分公司一笔款项，这样，出票人就可以签发一张以总公司为付款

人、以分公司为收款人的汇票。在这一关系中,付款人与收款人实际上为一人。这种汇票方便付款人内部结算,同时也可以转让流通。

对己汇票,又称为己付汇票,是指出票人以自己为付款人的汇票。例如,总公司以其分公司为付款人而签发的汇票。在这一关系中,出票人与付款人实际上是一个人,本质上类似于本票。

第二节　出　票

一、出票的概念

出票(issue of bills of exchange)是指出票人签发票据并将票据交付给收款人的基本票据行为。出票具有如下特征:

第一,出票是一种基本票据行为。一切票据行为均由出票行为开始,先有出票行为,才可能有其他行为,如背书、承兑、保证等。所以,出票是基本的票据行为,其他票据行为均由此而产生。

第二,出票是出票人作成票据的行为。所谓作成票据,是指在票据上依法记载一定事项以创设票据权利义务关系。应当特别强调的是,票据上权利义务关系是基于出票行为而创设的。这一点与背书、承兑等仅是就已成立的票据而为的意思表示有所不同。

第三,出票人必须有交付票据的行为。我国票据法明确规定出票人须将票据交付给收款人。票据一经依法记载完毕并经出票人签名后,其作成行为固然因此完成,然而,如果没有交付行为,该票据仍然不能发生效力。这就是说,若票据作成后交付前被盗窃或者不是基于出票人意思而流通的,则出票人不负责任(但仍须对善意持票人承担责任)。

二、票据的记载

(一)绝对必要记载事项

《票据法》第22条规定,票据必须记载下列事项,票据上未记载下列事项之一的,票据无效:(1)表明"汇票"种类的字样。这是一种票据文句,是表示与其他票据相区别的文字,也是票据出票人了解其票据责任的文字。(2)无条件支付的委托。出票人委托付款人支付汇票金额的意思表示必须单纯而不能附带任何条件。(3)确定的金额。票据是金钱证券,所以一定的金钱记载为绝对必要。票据金额的记载必须确定,不允许不确定金额的记载。(4)付款人名称。付款人是对票据金额负有到期支付责任的人,付款人经承兑后是票据的第一债务人,即承兑人,所以为必须记载事项。(5)收款人名称。收款人是票据的第一次权利人,收款人可以是复数。(6)出票日期。出票日期的主要意义在于它是确定利息起算日的标准,同时也是计算汇票到期日的标准。(7)出票人签章。签章是行为人承担责任的表示。出票人签章表明出票人将承担发行票据的责任。

(二)相对必要记载事项

根据我国票据法的规定,相对必要记载事项包括付款日期、付款地、出票地等事项。付款日期实际上就是票据的到期日,是票据权利人行使权利和票据义务人履行义务的日期,也是票据法律关系终止的日期。付款地是指支付票据金额的地方。付款地的记载对于确定票据权利人行使权利的处所、确定票据纠纷的法院管辖以及确定债务人对票据金额的提存机关或者法院具有重要意义。出票地是指出票人发行票据的地方。出票地的记载在于确定发行票据的准据法。

《票据法》第23条规定,汇票上记载付款日期、付款地、出票地等事项的,应当清楚、明确。汇票上未记载付款日期的,为见票即付;汇票上未记载付款地的,付款人的营业场所、住所或者经常居住地为付款地;汇票上未记载出票地的,出票人的营业场所为出票地。

(三)任意记载事项

任意记载事项是指记载与否,可以由当事人自己决定,但是,一经记载,即发生票据法上的效力。

任意记载事项的范围比较广泛,通常出票人可以在票据上记载如下事项:代理付款人、预备付款人、利息及利率、禁止背书等。但我国法律只规定了"不得转让"之记载一种情形。

1. 代理付款人

代理付款人,又称为担当付款人,是指出票人在付款人之外另外记载某人代付款人实际支付票据金额的人。如果出票人没有记载这样的人,付款人也可以指定代理付款人。代理付款人虽然不是票据债务人,但却代付款人实际付款,因而,如果汇票上记载有这样的人,则可以对这样的人为付款提示。

出票人或者付款人为什么会指定代理付款人呢?这主要涉及汇票的付款人的能力问题。付款人的付款能力没有支票的付款人的能力那么强。在支票,付款人是银行等金融机构,其付款能力自然没有问题,但是汇票的付款人没有资格限制,自然人、法人均可充任,汇票的付款人的付款能力缺乏保障。为避免因一时资金周转不灵,致使不能支付,法律一般都允许记载代理付款人。

只有汇票和本票才有代理付款人,支票没有代理付款人。对于代理付款人的资格,法律一般不予限制。但实务上,通常多由银行担任。

代理付款人属于任意记载事项,可以记载,也可以不记载。但一经记载,则可以对代理付款人提示付款。

2. 预备付款人

预备付款人是出票人在付款人之外另外记载的在付款地的某人预备将来参加承兑或者参加付款的人。如果出票人没有记载的话,背书人也可以记载预备付款人。

预备付款人是预备将来参加承兑或者参加付款的人,因而,只有汇票才能记载预备付款人。

由于预备付款人是为了将来参加承兑或者参加付款而指定的,因而,指定预备付款人的目的在于防止追索权的行使,而追索权的行使对象又正好是出票人和背书人。所以,预备付款人限于出票人或者背书人指定。

预备付款人必须是付款人之外的人,否则,失去预备的意义,不能达到参加承兑和参加付款的目的。同时,预备付款人还须是付款地的人,这主要是为了参加承兑或者参加付款的方便。

预备付款人与代理付款人的区别存在于如下三点:其一,预备付款人是第二付款人,而代理付款人则是代付款人付款的人;其二,预备付款人是由出票人或者背书人指定,而代理付款人则是由出票人或者付款人指定;其三,预备付款人须是付款地的人,而代理付款人则无此限制。

3. 利息及利率

汇票可以记载利息和利率(interest and the ratio of interest),如有记载,汇票的利息、利率依此约定计算,如没有记载,则依法定利息利率或者市场利息利率计算。

只有汇票和本票才有利息利率,因为汇票、本票是信用证券(注意:我国本票为银行本票,是一种即期本票)，期限较长。支票无利息利率，因为支票是即期证券，见票即须支付。

4. 禁止背书

汇票可以记载“禁止背书”字样，如一经记载，该票据不发生背书转让的效力。例如，《票据法》第27条第2款规定，出票人在汇票上记载“不得转让”字样的，汇票不得转让。这说明，我国法律对禁止背书转让记载是认可的。

(四)不发生汇票效力的记载

《票据法》第24条规定，汇票上可以记载票据法规定事项以外的其他出票事项，但是该记载事项不具有汇票上的效力。此类记载不发生汇票效力，但不影响民法上的效力，即属于前面所说的“记载有益”事项。

三、出票的效力

(一)对出票人的效力

《票据法》第26条规定，出票人签发汇票后，即承担保证该汇票承兑和付款的责任。出票人在汇票得不到承兑或者付款时，应当向持票人承担偿还责任。由此可见，出票人须对其出票行为承担担保责任。所谓担保责任，是指持票人请求承兑遭到拒绝或者持票人请求付款遭到拒绝时，出票人均应当向持票人承担偿还责任。

本来，汇票的出票人是委托他人付款的，唯因出票人的这种付款委托是一种单方行为，而付款人是否接受付款委托尚在两可之间，这样，票据法所规定的这种出票人的担保责任实际上就是针对付款人万一拒绝承兑或拒绝付款而采取的补救措施。出票人的这种担保责任是票据法强加给他的一种责任，而不是基于他自己的意思而设定的责任，因而，这是出票人必须承担的一种法定义务。

(二)对付款人的效力

付款人是出票人委托付款的人，然而，付款人是否付款则取决于付款人是否承兑。付款人只有承兑后才承担责任，如果付款人拒绝承兑，则无付款责任可言。所以，出票人的委托行为并不当然对付款人产生拘束力。

(三)对收款人或者最后持票人的效力

票据一经作成并交付给收款人，收款人或者最后持票人即取得票据上权利，收款人或者最后持票人享有付款请求权和追索权。但是，收款人或者最后持票人的这种票据权利还是一种期待权，只有经过付款人承兑或者拒绝承兑后，这种权利才能转换为现实的权利。如果付款人已经承兑，收款人或者最后持票人就可以请求承兑人付款；如果付款人拒绝承兑，收款人或者最后持票人就可以行使追索权。

第三节　背　　书

一、背书概述

(一)背书的概念

汇票具有可转让性(但是，出票人在汇票上记载“不得转让”字样的，汇票不得转让)，汇票的转让实际上是一种票据债权的转让。汇票的转让方式有两种:一是通过背书转让,如记名汇票和指示汇票;二是通过单纯的交付转让,如无记名汇票。这里的讨论仅限于通过背书转让的情形。所谓背书(endorsement),是指持票人可以将汇票权利转让给他人或者将一定的汇票权利授予他人行使的附属票据行为。

背书具有如下特征:

第一,背书的附属性和独立性。背书的附属性,是指背书行为以出票行为为其发生前提,必须先有出票行为,然后才有背书行为,这是背书附属性的第一层含义。背书附属性的第二层含义是,如果汇票因出票行为缺乏某一法定要件从而导致汇票在形式上无效时,背书行为也将因此无效。另外,背书又具有独立性。背书行为虽然以出票行为为前提,但背书行为一旦成立,背书行为就独立存在,只要出票行为在形式上有效,那么,即使出票行为的原因关系无效,如因伪造、出票人无行为能力等,也不影响背书的效力。换言之,如果出票行为形式上发生无效,当然,汇票上的任何行为均将发生无效,如果仅仅是出现出票行为实质上发生无效,则不会导致背书行为无效。

第二,背书是以转让票据权利或者将一定的票据权利授予他人行使为目的。这种目的包括两种情形:一是持票人可以将汇票权利转让给他人;二是持票人可以将一定汇票权利授予他人行使,如委任背书和设质背书。

第三,背书是持票人的行为。背书是已经从出票人处获得票据权利的人基于某种目的而将其票据权利转让给他人的行为,因此,票据如果转让,第一次背书的转让人就是收款人,收款人转让票据的,就是背书人,受让人就是被背书人。被背书人成为持票人后,如果需要转让票据,又是背书人,依此类推。

第四,背书须依法记载。背书应符合法定记载要求,否则,可导致票据背书行为无效。

(二)背书的记载要求

一般而言,背书的记载只限于被背书人的名称、日期、背书人签章等事项。

《票据法》第30条规定,汇票以背书转让或者以背书将一定的汇票权利授予他人行使时,必须记载被背书人名称。

同时,《票据法》第29条规定,背书由背书人签章并记载背书日期。但是,如果背书没有记载日期的,视为在汇票到期日前背书。

此外,票据法还特别规定,附条件背书、部分背书为无效记载。可见,背书具有单纯性和不可分性。

所谓单纯性,是指背书不得附记任何条件,票据背书附有条件的,视为无记载。《票据法》第33条规定,背书不得附有条件。背书时附有条件的,所附条件不具有汇票上的效力。

所谓背书的不可分性,是指不得就汇票金额的一部分而为背书,或者将汇票金额分别转让给数人而为背书。《票据法》第33条第2款规定,将汇票金额的一部分转让的背书或者将汇票金额分别转让给二人以上的背书无效。

从背书的形式和方式来看,背书是指在票据背面或者粘单上记载有关事项并签章的票据行为。其方式有二:其一,背书是由背书人在票据背面上记载有关权利转让或者权利授予事项并由背书人签章及记载背书日期的行为;其二,背书还可以在票据粘单上进行。如果票据凭证不能满足背书人记载事项的需要,可以加附粘单,粘附于票据凭证上。粘单上的第一记载人应当在汇票和粘单的粘接处签章。

（三）禁止背书

背书禁止是出票人或背书人为禁止转让的记载，其目的在于禁止票据流通。在禁止背书的情况下，收款人或者被背书人不得依背书转让票据权利。通常禁止背书的记载方式是在汇票上记载“不得转让”“不得背书”等字样。有权禁止背书的人是出票人和背书人。相应地，禁止背书包括出票人禁止背书和背书人禁止背书两种形式。这两种不同形式的禁止背书的效力也是不一样的。

《票据法》第27条规定，出票人在汇票上记载“不得转让”字样的，汇票不得转让。出票人禁止背书的，该汇票不得转让，否则，该背书不发生票据效力。如果收款人依背书方式转让票据权利，则不会发生转让票据权利的效果。由于禁止背书的目的在于限制票据的流通和票据权利的转让，并未禁止其依照民法上的方法进行转让，所以，在禁止背书后收款人仍然进行背书转让的，其所为的背书只能发生民法上的一般权利转让的效果，而不能发生票据权利转让的效果。

《票据法》第34条规定，背书人在汇票上记载“不得转让”字样的，其后手再背书转让的，原背书人对后手的被背书人不承担保证责任。由此可见，背书人禁止背书的，该汇票仍然可以背书转让，只不过原背书人对后手的被背书人不承担保证责任。也就是说，后手的被背书人如果以后行使追索权，原背书人对其不承担偿还责任。

二、转让背书

（一）转让背书的概念

背书以其目的或作用为标准可分为转让背书和非转让背书。转让背书的目的在于转让票据权利，通常背书即指转让背书。

转让背书的特征在于以转让票据权利为目的。所谓票据权利，主要是指付款请求权和追索权，这两种权利均可以背书一并转让。但是，背书人在汇票上记载“不得转让”字样的，其后手再背书转让的，原背书人对后手的被背书人不承担保证责任。

（二）转让背书的分类

转让背书以其有无特殊情形，又可分为一般转让背书和特殊转让背书。

1. 一般转让背书

一般转让背书依其记载方式不同，可再分为完全背书和空白背书。

完全背书，又称为正式背书，或者记名背书，是指背书人须于背书的处所载明背书的意旨，并记载被背书人的姓名或名称，而由背书人签名的背书。

空白背书亦称为不完全背书，或者无记名背书，是指背书人为背书时，仅签章于票据上，而不记载被背书人姓名或名称的背书。《票据法》第30条规定，汇票以背书转让票据权利时，必须记载被背书人名称。由此可见，我国不允许空白汇票背书。

2. 特殊转让背书

特殊转让背书可再分为期后背书和回头背书。

期后背书是相对于期前背书而言的。期前背书是指在票据所载期限届满前所为的背书，这种背书当然有完全的效力，通常所谓背书即指此而言。背书未记载日期的，视为在汇票到期日前背书。期后背书则是指在票据期限届满后所为的背书。《票据法》第36条规定，汇票被拒绝承兑、被拒绝付款或者超过付款提示期限的，不得背书转让；背书转让的，背书人应当承担汇票责任。

回头背书,又称为还原背书,是指以汇票上的债务人为被背书人时所为的背书。回头背书相当于民法上的混同,按民法混同的规定债务应归于消灭,但票据法为促进票据流通,可以背书转让之。

但是,票据债务人因回头背书而受让票据而成为该票据的被背书人时,对于该票据债务人的关系如何?其一,持票人为出票人时,对其前手无追索权;其二,持票人为背书人时,对该背书的后手无追索权。

三、非转让背书

非转让背书,即不是以让与票据权利为目的而是以将一定票据权利授予他人行使为目的的背书,包括委任背书和设质背书。非转让背书的目的并不在于转让票据权利,而是另有目的所在。其中,以委任他人代为取款为目的的,为委任背书;以为担保债权而设定质权为目的的,为设质背书。

(一)委任背书

委任背书,又称为委任取款背书,是持票人以行使票据权利为目的,授予被背书人以代理权的背书。票据法规定,背书记载"委托收款"字样的,被背书人有权代背书人行使被委托的汇票权利。但是,被背书人不得再以背书转让汇票权利。

委任背书并不以转让票据权利为目的,所以不发生权利转移的效力。票据权利仍然属于背书人,被背书人仅仅取得代理背书人行使票据权利的代理权。依委任背书取得汇票的持票人,可以行使汇票上一切权利。这种权利包括付款请求权、追索权以及为付款的提示、不获付款时可以请求作成拒绝证书、提起诉讼的权利等。

委任取款的被背书人是否可以再进行背书?原则上讲,委任背书的被背书人也可以再次进行背书,但是,他所为的背书只能以委任背书为限,不得为转让背书以转让汇票权利,也不得为设质背书而在汇票权利上设定质权。

关于委任背书,有如下几个问题需要予以注意:

第一,委任背书不切断抗辩的效力。委任背书不发生权利转移的效力,票据权利人仍为背书人,因而,票据上的抗辩不因为委任背书而切断。也就是说,票据债务人仍然可以自己与背书人之间所存在的抗辩事由对抗被背书人。直言之,汇票债务人对于经委任背书取得汇票的持票人所能提出的抗辩以可以对抗背书人为限。

第二,委任背书之委任,不因委任者的死亡或者丧失行为能力而终止。这一点与民法上的委任有所不同。

第三,委任背书不受"背书禁止"的限制。委任背书既不受出票人的背书禁止限制,也不受背书人的背书禁止的限制,因为,委任背书不发生权利转移的效力。

第四,委任背书的背书人在委任期间,丧失对汇票的占有,故不能直接行使汇票权利。但一旦背书人收回汇票,便当然可以行使汇票权利,而不必先将委任背书涂销。

(二)设质背书

设质背书,又称为质权背书,是持票人以在票据权利上设定质权为目的而为的背书。票据法同时规定,汇票可以设定质押,质押时应当以背书记载"质押"字样。被背书人依法实现其质权时,可以行使汇票权利。

设质背书发生设定质权的效力。在设质背书关系中,背书人成为出质人,被背书人为质权人,由设质背书设定的质权是一种权利质权。票据权利上一经设定质权,被背书人即取得质权,这样,只要设质的汇票到期日届至,取得质权的被背书人就具有取得该汇票金额的权利。同时,持有汇票的质权人当然可以行使汇票上的其他权利,如付款提示、请求作成拒绝证书、行使追索权、提起诉讼等。另外,设质背书的被背书人可以再为背书,但只能为委任取款背书,不得为转让背书或转质背书。

设质背书的被背书人(质权人)是为自己的利益行使权利,这一点与委任背书不同,委任背书是被背书人为背书人的利益而行使权利。正因如此,汇票债务人不得以与背书人之间所存在的抗辩事由对抗持票人。这种现象称为抗辩的切断。这一点与转让背书相同,而与委任背书不同。

四、背书的效力

背书发生三个方面的效力,即票据的背书可以使得票据上的一切权利因背书而发生转移、担保和证明的效力。

(一)权利转移的效力

票据上的权利依背书由背书人而转移于被背书人,被背书人依背书而受让票据后即同时取得票据上的一切权利,包括付款请求权和追索权。

转移的效力只限于转让背书,委任背书和设质背书不发生权利转移的效力。在委任背书的情况下,被背书人取得的是代理权;在设质背书的情况下,被背书人取得的是质权。

(二)责任担保的效力

背书人以背书转让汇票后,即对其后手所持汇票承担承兑和付款的担保责任。背书人在汇票得不到承兑或者付款时,应当向持票人承担偿还责任。也就是说,持票人行使权利遭到拒绝后,可以向背书人行使追索权。背书人的这种担保责任,不仅限于对其直接后手,而且包括对其所有的后手。

背书的权利担保的效力也会因为受到一些因素的影响而出现例外情形。譬如,背书人如果作出了"禁止背书"的记载,那么,除了对其直接后手外,对其他后手,该背书人不承担担保责任。又如,由于我国票据法不承认期后背书的效力,因而,对于汇票到期后所为的背书,原背书人当然也不承担担保的责任。再如,由于我国票据法不承认空白汇票,因而,背书人不对空白汇票承担担保责任。

委任背书中的背书人与被背书人不存在权利担保关系,因为,被背书人是代背书人行使权利,如果被背书人行使权利时遭到拒绝,视为背书人行使权利遭到拒绝。

但设质背书具有权利担保的效力。因为,设质背书的被背书人享有的质权,是一种实质上的权利。

(三)权利证明的效力

以背书转让的汇票,其背书本身具有证明合法取得汇票权利的效力。背书应当连续,持票人以背书的连续,证明其汇票的权利。所谓背书的连续,是指在票据转让中,转让汇票的背书人与受让汇票的被背书人在汇票上的签章依次前后衔接。由此可见,汇票的持票人是否为正当权利人,可就汇票上背书是否连续而决定。因而,以背书转让的汇票,后手应当对其直接前手背书的真实性负责。所谓后手,是指在票据签章人之后签章的其他票据债务人。

非经背书转让而以其他合法方式取得汇票的,可依法举证,证明其汇票权利。

委任背书所证明的只是代理权,而不是票据权利。设质背书仅仅证明被背书人享有质权而非票据权利。经委任背书或者设质背书而取得汇票的持票人仅仅凭借背书的连续就可以证明自己有代理权或者质权，而不必另外举证，付款人对其付款后，即免除其责任，而不问对方实际上是否享有代理权或者质权。

第四节　承　兑

一、承兑的概念

承兑(acceptance)是指汇票付款人承诺在汇票到期日支付汇票金额的票据行为。承兑的意义在于确定汇票上的权利义务关系。汇票出票人签发汇票之后，付款人承兑之前，汇票上的权利尚处于不稳定状态。这是因为，出票行为是一种单方法律行为，虽然出票人无条件委托付款人支付票面金额，但付款人是否接受该种委托，尚在两可之间。这样说来，收款人的付款请求权这时还是一种期待权，具有不确定性。为了使收款人的付款请求权确定下来，从而使这种权利从期待权转变为现实的权利，尚有待于付款人的承兑。如果付款人不予承兑，收款人就只能转而求助于追索权了。

承兑的特征如下：

第一，承兑是一种附属票据行为。承兑是汇票的付款人承诺其负担票面金额支付义务的附属票据行为，它同样以出票为前提。没有出票行为中的委托，当然就谈不上付款人的承兑。另外，承兑行为又具有独立性，这一点与其他附属票据行为是相同的。

第二，承兑是汇票特有的制度。承兑虽然是付款人的行为，但只有汇票才有承兑制度，本票、支票无承兑制度。在本票中，出票人同时又是付款人，权利义务关系确定，无须承兑。支票的付款人是银行等金融机构，其付款以出票人在银行等金融机构有存款账户并有足够支付余额为前提，同样无须承兑。承兑虽然为汇票独有，但并非一切汇票均须承兑。如见票即付的汇票就无须承兑。见票即付的汇票因为没有到期日，所以，当持票人提示付款时，付款人要么付款，要么拒绝付款。

第三，承兑是表示承诺支付委托的票据行为。汇票出票人虽然已为无条件支付的委托，但付款人却不因之而当然成为票据债务人，必须经其表示承诺支付委托后才成为汇票的主债务人。所以，汇票一经付款人承诺付款后，就应当承担到期付款的责任。

第四，承兑是汇票付款人在汇票票据上所为的票据行为。汇票承兑是付款人承诺负担票据金额支付责任的意思表示，这种意思应当以适当的方式表示出来。一般来说，承兑的意思应在汇票正面为之。通常是在票据上记载“承兑”或者“照兑”字样以及承兑日期，并由承兑人签章。

二、承兑提示

(一)提示的概念

《票据法》第39条第2款规定，提示承兑是持票人向付款人出示票据，并要求付款人承诺付款的行为。提示不是票据行为，它只是承兑的前提。提示实际上相当于民法上的请求，但是，民法上的请求，无论口头、书面，均无不可，而票据上的提示则必须是现实地向付款人出示票据。

在承兑提示中，提示人是持票人，该持票人可能是票据的真正权利人，也可以是委托背书的代理人或者质权背书的质权人。被提示人则只能是付款人，代理付款人不能成为被提示人，因为,代理付款人不是票据关系的当事人,代理付款人仅仅是代为付款的人。

提示承兑是持票人向付款人出示票据并要求付款人承诺付款的行为,其目的在于行使和保全票据权利。如果付款人愿意承兑,持票人则可以在到期日届至时请求其付款;如果付款人拒绝承兑,持票人则可以要求付款人作成拒绝证书以便行使追索权。

(二)提示期限

提示必须在法律规定的期限内进行,汇票未按法律规定的期限提示承兑的,持票人丧失对其前手的追索权。汇票的提示期限有两种:一是定日付款或者出票后定期付款汇票的提示期限;二是见票即付的汇票的提示期限。《票据法》第 39 条规定,定日付款或者出票后定期付款的汇票,持票人应当在汇票到期日前向付款人提示承兑。《票据法》第 40 条规定,见票后定期付款的汇票,持票人应当自出票日起 1 个月内向付款人提示承兑。

三、承兑

(一)承兑日期

《票据法》第 41 条规定,付款人对向其提示承兑的汇票,应当自收到提示承兑的汇票之日起 3 日内承兑或者拒绝承兑。付款人收到提示承兑的汇票时,应当向持票人签发收到汇票的回单。回单上应当记明汇票提示承兑日期并签章。

(二)承兑记载

《票据法》第 42 条规定,付款人承兑汇票的,应当在汇票正面记载“承兑”字样和承兑日期;见票后定期付款的汇票,应当在承兑时记载付款日期。汇票上未记载承兑日期的,以付款人收到提示承兑的汇票的法定承兑日期的最后一日为承兑日期。

(三)略式承兑

在汇票上明确记载“承兑”字样并由付款人签章的承兑,称为正式承兑。与此相对应,如果汇票上只有付款人的签章,而没有文义记载,即没有记载“承兑”字样,则为略式承兑。我国票据法不承认略式承兑。

(四)不单纯承兑

以承兑是否有限制为标准,可将承兑区分为单纯承兑和不单纯承兑。单纯承兑是付款人完全按照汇票上所记载的文义予以承兑,而不附加任何条件。不单纯承兑是付款人对汇票上记载的文义加以变更或限制以后而进行的承兑。《票据法》第 43 条规定,付款人承兑汇票,不得附有条件;承兑附有条件的,视为拒绝承兑。由此可见,我国票据法不承认不单纯承兑。

(五)不完全承兑

不完全承兑是就汇票金额的一部分进行的承兑。付款人能否为部分承兑,我国票据法没有规定,但从票据法对付款的要求来看,即法律要求付款人或者承兑人足额付款,应理解为不允许部分承兑。部分承兑应当允许,因为,部分承兑总能使持票人的权利得到部分的实现,有其积极作用。[1]

---

[1] 日内瓦《统一汇票本票法》第 26 条第 1 款和《日本票据法》第 26 条第 1 款规定,付款人承兑时,可以就汇票金额的一部分为之。《英国票据法》第 19 条第 2 款第 2 项规定,准许付款人为部分承兑,但依同法第 44 条规定,持票人可以拒绝接受这种承兑。

四、承兑的效力

（一）对付款人的效力

《票据法》第44条规定，付款人承兑后，应当承担到期付款的责任。付款人在承兑之前，仅为汇票关系人，不是汇票债务人。但是，汇票一经承兑，付款人即成为承兑人，即汇票的第一债务人或主债务人，因而，应当承担汇票到期的付款责任。即使持票人是出票人（如在回头背书的情况下），也可以向承兑人直接请求支付。不过，在这种情况下，出票人如果没有提供资金，承兑人可以提出抗辩。

（二）对持票人的效力

付款人一经承兑，持票人的期待权即成为现实的权利，汇票一到期，持票人便可以向承兑人行使付款请求权。除因时效完成或者欠缺保全手续之外，在任何情况下，持票人都不会丧失付款请求权。

（三）对出票人和背书人的效力

付款人承兑后，出票人和汇票上所有背书人都免受期前追索。拒绝承兑是持票人行使期前追索的法定原因之一。

五、参加承兑

（一）参加承兑的概念和特征

参加承兑（acceptance by intervention）是指为特定票据债务人的利益由预备付款人或者第三人代替付款人为承兑以阻止持票人在汇票到期日前进行追索的一种附属票据行为。参加承兑只是汇票上特有的制度。我国法律没有规定参加承兑。

参加承兑具有如下特征：

第一，参加承兑亦是以出票行为为前提。没有出票行为，就没有参加行为，故而参加承兑是一种附属票据行为。

第二，参加承兑是为了阻止持票人期前行使追索权的票据行为。通常，持票人可以在一定情况下行使期前追索权，但如果有人参加承兑，持票人则不得再为期前追索。

第三，参加承兑是由特定的人为特定债务人的利益而为的票据行为。参加承兑的参加人是预备付款人、票据债务人以外的第三人或者汇票上原有债务人。而被参加人则可能是汇票上所有的债务人，包括出票人和背书人。在具体参加行为中，参加人必须指定被参加人，即被参加人必须特定化。

第四，参加承兑必须在到期日届至之前进行。参加承兑的意义在于阻止持票人期前行使追索权，如果在到期日届至之时或者之后，就没有必要进行参加承兑了。

第五，参加承兑应将参加承兑的意思表示于票据上。参加承兑人应当在汇票上记载如下事项：参加承兑的意旨；被参加人姓名或者名称，参加承兑的时间；参加承兑人签章。其中，参加承兑的意旨以及参加承兑人签章是绝对必要记载事项。

（二）参加承兑的效力

1. 对参加人的效力

参加人的责任是第二次责任。也就是说，持票人在汇票到期时仍然应当先向付款人或者代理付款人请求付款,如遭到拒绝时,持票人应请求作成付款拒绝证书后再向参加承兑人请求付款。

参加人不仅需要对持票人负担责任,而且需要对被参加人的后手承担责任。譬如,如果持票人不是直接向参加承兑人请求付款,而是向被参加人的后手,即持票人的前手,请求偿还,如果该前手向持票人偿还了之后,有权向参加承兑人请求偿还。

与承兑不同,参加人付款后并不消灭票据关系。参加承兑人付款之后,取得持票人地位,可以转而请求承兑人付款,或者向被参加人及其前手进行追索。

2. 对持票人的效力

参加承兑对持票人的效力表现在,如果持票人允许其参加承兑,即不得在到期日前行使追索权。这实际上是参加承兑的应有之义,即参加承兑的目的就在于阻止持票人期前行使追索权以保全汇票的信誉。

3. 对被参加人的效力

由于在参加承兑后,持票人不得行使期前追索权,因而,被参加人以及汇票上的所有偿还义务人都将免于在期前被追索。

第五节　保　　证

一、保证概述

(一)保证的概念

票据的保证(avals/guarantee)是指票据债务人以外的第三人以担保票据债务的履行为目的的一种从属性票据行为。这里所谓的票据债务包括票据的付款义务和偿还义务。保证可以适用于各种票据,因而,又称为票据保证。《票据法》第 45 条规定,汇票的债务可以由保证人承担保证责任。票据保证的特征如下:

第一,保证的从属性与独立性。从票据保证与其主债务的从属关系来看,票据保证建立在基本票据行为(出票行为)之上,以形式上的被保证债务的存在为前提,因而,相对于出票行为与被保证债务来说,保证具有附属性。《票据法》第 49 条规定,保证人对合法取得汇票的持票人所享有的汇票权利,承担保证责任。但是,被保证人的债务因汇票记载事项欠缺而无效的除外。也就是说,如果汇票在形式上发生无效,保证亦发生无效。然而,保证具有独立性。保证的这种独立性体现在,即使主债务因为实质原因而发生无效,保证亦有效。保证行为因保证人的签名以及为合法记载而发生效力,所以,保证行为又是一种独立的法律行为。

第二,保证是对主票据债务的一种担保。票据保证的目的是担保票据债务的履行,其所担保的票据债务既包括承兑人的付款义务,也包括出票人、背书人等的偿还义务。至于票据法所规定的出票人与承兑人的利益返还义务则并非票据债务,所以,不在保证债务的范围之内。因此,就保证关系的当事人而言,票据保证中的当事人是被保证人和保证人。凡是汇票上的债务人均可以充当被保证人,包括汇票上的付款债务人和偿还债务人。至于保证人,《票据法》第 45 条规定,保证人只能由票据债务人以外的他人担任。这一规定是有道理的,因为,票据上的债务人已经承担了票据债务,如承兑人已经承担了付款的义务,背书人已经承担了偿还义务,而让他们在同一票据上充任其他票据债务人的保证人,没有多大实际意义。票据保证的目的在于增强票据上的总信用或者总债务人的资力,只有在已有的票据债务人之外求取保证人才能达到这一目的。

第三,票据保证是要式法律行为。保证人必须在汇票或者粘单上依法记载事项。否则,可能发生保证无效。《票据法》第46条规定,保证人必须在汇票或者粘单上记载下列事项:(1)表明“保证”的字样;(2)保证人名称和住所;(3)被保证人的名称;(4)保证日期;(5)保证人签章。

(二)保证的分类

1. 正式保证与略式保证

按照法律规定在票据上全面记载上述事项的保证称为正式保证。不能够全面记载上述事项的保证称为略式保证。最简单的记载是仅在汇票正面签章而已。对于略式记载,法律往往采取推定的方式予以补充。例如,《票据法》第47条规定,保证人在汇票或者粘单上未记载被保证人名称的,已承兑的汇票,承兑人为被保证人;未承兑的汇票,出票人为被保证人。保证人在汇票或者粘单上未记载保证日期的,出票日期为保证日期。

2. 单独保证与共同保证

这是按照保证人的人数为标准的一种分类。保证人为一人时,为单独保证;保证人为二人以上的,为共同保证。《票据法》第51条规定,保证人为二人以上的,保证人之间承担连带责任。

3. 单纯保证与不单纯保证

保证不附带任何限制性条件的,为单纯保证;保证附带限制性条件的,为不单纯保证。《票据法》第48条规定,保证不得附有条件,附有条件的,不影响对汇票的保证责任。该条规定表明,法律不允许保证附带任何条件,但是,如果保证已经附带了条件,也不使保证发生无效,而视为没有附带条件,使保证人继续无条件承担保证责任。

4. 全部保证与部分保证

以担保票据的金额为标准,可以分为全部保证和部分保证。全部保证是指就票据金额的全部所为的保证;而部分保证是指仅就票据金额的一部分所为的保证。我国法律没有明确对部分保证作出规定。但是,从法律精神来看,似乎不允许部分保证。例如,《票据法》第50条规定,被保证的汇票,保证人应当与被保证人对持票人承担连带责任。汇票到期后得不到付款的,持票人有权向保证人请求付款,保证人应当足额付款。那么,问题是,如果是部分保证的话,该种保证是否有效呢?从票据法的整体精神来看,即使是部分保证,也不应当使票据保证发生无效。只不过,即使保证人承诺的是部分保证,也应当向持票人进行足额支付。

二、保证的效力

(一)对保证人的效力

《票据法》第49条规定,保证人对合法取得汇票的持票人所享有的汇票权利,承担保证责任。如前所述,保证具有从属性,保证人与被保证人所负担责任的性质与范围是完全一致的。例如,被保证人是承兑人时,保证人就承担主债务人的责任;如果被保证人是背书人或者出票人,那么,保证人负担的就是一种偿还责任。

《票据法》第50条规定,被保证的汇票,保证人应当与被保证人对持票人承担连带责任。汇票到期后得不到付款的,持票人有权向保证人请求付款,保证人应当足额付款。这说明,持票人既可以向被保证人请求付款或者偿还,也可以向保证人请求付款或者偿还。同时,如果是向保证人请求付款或者偿还，保证人应当足额支付。

保证人履行了保证义务之后的后果可因两种不同的情况而定。如果被保证人是承兑人，那么，票据关系可因保证义务的履行而发生消灭。如果被保证人是偿还义务人，那么，保证人清偿汇票债务后，可以行使持票人对被保证人及其前手的追索权。被保证人的后手则因保证人债务的履行而免除债务。保证人取得这种权利是因为他履行了保证债务，依法律规定而独立原始取得的，并非从被保证人那里继受而来的，所以，被保证人及其前手不得以对抗持票人的抗辩事由对抗保证人。

（二）对持票人的效力

票据关系由于保证行为的加入，使得持票人的权利又多了一层保障。在存在票据保证的情况下，持票人既可以向承兑人或者其前手行使付款请求权或者追索权，也可以直接向保证人行使付款请求权或者追索权。

（三）对被保证人的效力

如果被保证人是承兑人，保证人履行了保证义务之后，票据关系消灭。保证人可以依照民法方法对承兑人进行追偿。如果被保证人是票据关系中的偿还义务人，保证人在履行了保证义务之后，既可以向被保证人追索，也可以向被保证人的前手进行追索。但被保证人的后手的责任得以免除。因为，按照追索的原理，行使追索权时，只能是后手向前手进行追索，前手不能向后手追索。

第六节　付　　款

一、付款的概念

付款（payment）是指汇票的付款人向持票人支付票据金额以消灭票据关系的行为。

付款的特征如下：

第一，付款是以支付票据金额为目的的行为。票据是一种金钱证券，票据权利的内容表现为一定权利的支付请求，付款必然是支付汇票上记载的金钱。在这个意义上讲，票据上的付款与民法上的清偿相当，但民法上的清偿则不限于金钱支付。

第二，付款是付款人的行为。并非任何支付金钱的行为都是付款行为，如偿还义务人的付款只能使追索权发生转移，而不能使票据关系绝对地消灭。因此，付款专指付款人的行为，也就是说，只有付款人才是汇票付款行为的主体。因为，只有付款人的付款行为才可以使票据关系彻底消灭。

第三，付款是消灭票据关系的行为。票据关系因付款人的付款行为而彻底消灭，因此，付款具有消灭票据关系的效力。但是，由于这种行为无须于票据上为意思表示，所以，不属于票据行为，而是一种准票据行为。付款虽非票据行为，但却至关重要，因为票据的最终目的在于付款。可以说，票据以出票为起点，以付款为终点。

二、付款提示

（一）付款提示的概念

付款提示是指持票人向付款人或者代理付款人现实地出示票据以请求其付款的行为。票据是流通证券，非经持票人主动提示票据，债务人无法履行债务。提示实际上是请求付款的行为，是付款的前提。一般情况下，请求付款均须提示票据。

（二）提示关系当事人

从提示的当事人来看，包括提示人和被提示人。

提示人是持票人，持票人为二人以上的，其中一人或者数人所为的提示应当视为全体持票人的行为。

被提示人包括付款人、代理付款人、收款银行或者票据交换所。其中，付款人包括已为承兑的付款人和未为承兑的付款人。付款人破产时，应向其破产管理人提示；付款人丧失民事行为能力时，应向其代理人提示；付款人死亡时，应向其继承人提示。代理付款人是出票人出票时或者付款人承兑时记载的，以代替付款人实际付款的人。代理付款人不在汇票上签章，也不为任何意思表示，实际上，他只是付款人的代理人，而不是票据债务人。

提示也可以在票据交易所进行。票据交易所是加入票据交换的各金融机构进行票据交换、票据结算的场所。在票据交易所所为的付款提示，在法律上具有向付款人或者代理付款人所为的提示同等的效力。《票据法》第 53 条规定，通过委托收款银行或者通过票据交换系统向付款人提示付款的，视同持票人提示付款。

（三）提示期限

汇票有即期汇票和远期汇票之分，因而，汇票的提示期间也就有所不同。《票据法》第 53 条规定，持票人应当按照下列期限提示付款：（1）见票即付的汇票，自出票日起 1 个月内向付款人提示付款；（2）定日付款、出票后定期付款或者见票后定期付款的汇票，自到期日起 10 日内向承兑人提示付款。

（四）提示方式

持票人在为付款提示时，必须现实地向付款人或者代理付款人出示票据，如果仅仅是口头或者书面请求而不现实地出示票据，不发生提示的效力。现实地出示票据，包括当面向付款人出示票据，也可以通过邮寄的方式向付款人出示票据。

（五）提示地点

付款提示的地点应当是汇票的付款地，这是因为，在票据关系中，只有付款人的地点才是确定的，而持票人的地点具有不确定性。因此，票据法对票据债务的履行采取的是债权人就债务人的方法，即以债务人所在地为债务履行地。

三、付款

（一）付款时间

《票据法》第 54 条规定，持票人按照规定提示付款的，付款人必须在当日付款。这说明，持票人一经提示票据，付款人应当即时付款，不允许延期支付。

即时支付固然有利于确保权利人的权利的迅速实现，但是，也存在一定的问题。譬如，如果付款人在当日无法筹集到足额资金，则反而有可能对权利人发生不利。如果给予付款人以适当延期，则可能有利于票据债务的履行。因此，付款日期应以即时付款为原则，但也应当允许一定例外，如在经过持票人同意的情况下，付款日期可以适当延长。

（二）付款金额

《票据法》第 54 条规定，持票人按照规定提示付款的，付款人必须在当日足额付款。由此可见,我国票据法要求足额支付,不允许部分付款。

付款人或者承兑人如果能够足额付款,固然是好事。然而,如果汇票金额过巨,付款人或者承兑人难以全部支付,法律又不允许部分支付,则很可能导致付款人或者承兑人拒绝付款,反而使得权利人的债权全部落空,而只好转而求助于追索权。然而,追索权毕竟只是第二位的权利,并非发生票据关系的本来目的。因而,法律有必要承认部分付款。在付款人部分付款之后,汇票关系发生部分消灭,持票人可请求付款人或者承兑人就未支付部分作成拒绝证书,转而向偿还义务人行使追索权。

(三)外币汇票的支付

汇票的金额可以是人民币,也可以是外币。《票据法》第59条规定,汇票金额为外币的,按照付款日的市场汇价,以人民币支付,但是,汇票当事人另有约定的,从其约定。

(四)付款人及其代理付款人的审查责任

《票据法》第57条规定,付款人及其代理付款人付款时,应当审查汇票背书的连续性,并审查提示付款人的合法身份证明或者有效证件。付款人或者代理付款人的这种审查义务包括两项:一是审查汇票背书是否连续。这是一种形式审查,即只要汇票在形式上符合法律要求,付款人或者代理付款人的责任即可免除。进一步说,即使持票人不是真正的权利人,付款人或者代理付款人也不承担责任。二是身份审查,即付款人或者代理付款人要审查持票人是否就是汇票上的最后受让人,如果二者是一致的,即可付款;如果二者不一致,付款人或者代理付款人应当拒绝付款;否则,付款人或者代理付款人应当承担责任。因此,票据法进一步规定,付款人及其代理付款人以恶意或者有重大过失付款的,应当自行承担责任。譬如,付款人或者代理付款人明知或者只要稍加注意就能判断出持票人与汇票上记载的最后受让人不一致,或者明知或者只要稍加注意就能判断出持票人的汇票是以不正当手段取得的,付款人或者代理付款人仍然付款的,付款人或者代理付款人应当承担错误付款的责任。

(五)收款银行与付款银行的责任

在票据付款中,持票人可能委托银行代为收款,付款人也可能委托银行代为付款。因而,相应地发生收款银行的代理收款责任和付款银行的代理付款责任。《票据法》第56条规定,持票人委托的收款银行的责任,限于按照汇票上记载事项将汇票金额转入持票人账户。付款人委托的付款银行的责任,限于按照汇票上记载事项从付款人账户支付票据金额。

(六)付款的效力

《票据法》第60条规定,付款人依法足额付款后,全体汇票债务人的责任解除。由此可见,票据一经付款,票据权利人的权利得以实现,汇票上所有债务人的责任得以解除,包括付款人因付款而得以解除票据责任;汇票上所有的偿还义务人的偿还义务也因此得以解除。至此,票据关系消灭。

(七)期前付款

除见票即付的汇票外,其他汇票均先有确定的到期日,因而,可能发生期前付款的问题。《票据法》第58条规定,对定日付款、出票后定期付款或者见票后定期付款的汇票,付款人在到期日前付款的,由付款人自行承担责任。由此可知,法律上对期前支付原则上持否定态度,即如果付款人期前支付了票据金额,应当自己承担期前支付的风险责任。具体地说,在到期付款,只要汇票在形式上背书是连续的,虽然持票人并非真正的权利人,但付款人只要没有恶意或者重大过失,则可以免除其责任。但是在期前付款则不能发生这种免责效力,也就是说,无论付款人有无过失,只要真正的权利人出现并请求付款时,付款人不得以已经付款为由而对抗真正的权利人。

(八)期后付款

所谓期后付款,是指在付款提示期间经过之后,或者拒绝证书作成之后所进行的付款。《票据法》第53条第2款规定,持票人未按规定期限提示付款的,在做出说明后,承兑人或者付款人仍应当继续对持票人承担付款责任。对这一条款的规定应当作三点说明:其一,已经承兑的汇票,承兑人对汇票债务承担绝对责任,无论是否超过了付款提示期限,除非票据时效超过而致使持票人丧失权利;其二,见票即付的汇票,无须承兑,即使付款提示期限已经超过,也仍然应当承担汇票付款责任;其三,没有承兑的付款人,没有支付汇票金额的义务,但是,如果在付款提示期限超过后,付款人自愿付款的,其付款行为有效,与到期付款具有同一效力。

(九)提存

持票人如果不在法律规定的期限内为付款提示,付款人便无从付款,因而,也就无法免除其票据责任。在这种情况下,汇票债务人可以将票据金额依法提存,其提存的费用及风险由持票人负担。汇票金额经提存后,票据关系消灭,汇票债务人责任免除。

(十)签收

票据是缴回证券,票据债务履行之后,应将票据缴回。《票据法》第55条规定,持票人获得付款的,应当在汇票上签收,并将汇票交给付款人。持票人通过银行收款的,受委托的银行将代收的汇票金额转账收入持票人账户,视同签收。

四、参加付款

(一)参加付款的概念和特征

参加付款(payment by intervention)是指为了特定债务人的利益,由付款人或者代理付款人以外的人所为的付款。

参加付款的特征如下:

第一,与付款行为相比较,付款是付款人或者代理付款人的行为,而参加付款是付款人或者代理付款人以外的人的付款行为。参加付款人可以是参加承兑人或者预备付款人,也可以是其他第三人。由参加承兑人或者预备付款人参加付款,称为"当然参加";由参加承兑人或者预备参加人以外的其他第三人参加付款,称为"任意参加"或者"一般参加"。

第二,参加付款是为了阻止持票人行使追索权的行为。参加付款的目的在于阻止持票人追索权的行使,至于其追索权是期前行使,或者是到期行使,在所不问。由于参加付款可以阻止追索权的行使,所以,参加付款可以保全票据债务人的信誉。

第三,参加付款是为了特定债务人的利益所为的付款行为。参加付款的被参加人,原则上可以是票据上的所有的债务人。但在具体参加付款中,则必须确定何人为被参加人,从而使得参加付款关系得以确定。

(二)参加付款的时间

参加付款应当在持票人行使追索权时为之,否则,持票人一经行使追索权,参加付款自然失去意义。持票人行使追索权有到期追索与期前追索之分。前者是指持票人在汇票到期不获付款时而行使追索权;后者是指持票人在汇票不获承兑时,或者出现付款人或者承兑人死亡、逃匿、破产等原因时,虽然到期日尚未届至,也可以行使追索权。参加付款,无论追索权是到期行使或者是期前行使,均得为之,但至迟不得超过拒绝证书作成期限的最后一日。

(三)参加付款的记载

参加付款不是票据行为,而是一种准票据行为。不过,参加付款的参加人仍然需要在拒绝证书之内为一定记载。一般来说,参加付款人应当在拒绝证书内记载如下事项:参加付款的意旨,参加付款人的签名,被参加人的姓名或者名称,参加付款的日期。

(四)参加付款的效力

1. 对参加付款人的效力

参加付款对参加人的效力主要表现在如下三个方面:

第一,参加付款人取得持票人的资格。参加付款人在履行了付款义务后对于承兑人、被参加付款人及其前手,享有持票人的权利。也就是说,参加付款人在履行了付款义务之后可以向承兑人行使付款请求权,向被参加人及其前手行使追索权。

第二,抗辩切断。参加付款人的票据权利的取得,是通过参加付款而独立取得的,而非继受取得。因此,票据债务人不得以自己与原持票人之间存在的抗辩事由对抗参加付款人,除非参加付款人有恶意或者重大过失。

第三,不得背书转让。由于参加付款的发生已经说明该汇票的支付存在着问题,所以,参加付款人不得再以背书方式转让该汇票。

2. 对持票人的效力

参加付款对持票人的效力也表现在如下三个方面:

第一,持票人对于参加付款人的参加付款不得拒绝,否则,丧失对其前手的追索权。

第二,参加付款人一经付款后,持票人在汇票上的权利即告消灭,其汇票上的权利转移给参加付款人。

第三,参加付款人参加付款之后,持票人的票据权利依法转移给参加付款人。因此,持票人负有将汇票及其收款清单交付给参加付款人的义务,如果有拒绝证书,还应当将拒绝证书一并交付。

3. 对被参加人的效力

参加付款只能免除部分票据债务人的责任,不能免除全部债务人的责任。也就是说,参加付款只能免除被参加付款人后手的责任,其余如承兑人、被参加人以及被参加人前手的责任均不能免除。

第七节　追　索　权

一、追索权概述

所谓追索权(right to recourse),是指持票人在汇票到期不获付款或期前不获承兑或者有其他法定原因时,对于其前手(背书人、出票人以及其他债务人)可以请求偿还汇票金额、利息及费用的权利。

追索权,亦称为偿还请求权,是票据上第二次请求权。因此,原则上须行使付款请求权遭拒绝后才得行使。例外的情形有:期前追索、因不可抗力不能行使付款请求权的追索。

追索权的行使主体最初是最后的持票人,称为初始追索权人;也可能是已为清偿的被追索人,称为再追索权人。其中,保证人清偿债务后,亦可向被保证人或者其前手行使追索权。

关于追索权的行使主体,有两点需要注意:一是在回头背书的情况下,经回头背书而取得汇票的出票人不得对其前手行使追索权;二是当持票人为背书人时,对其后手不享有追索权。《票据法》第 69 条规定,持票人为出票人的,对其前手无追索权。持票人为背书人的,对其后手无追索权。票据法的这种规定,其目的是避免循环追索。

追索权行使的对象为票据上所有的偿还义务人,包括出票人、背书人、保证人。出票人因发行票据而对票据债务负有担保责任;背书人因转让票据而对票据债务负有担保责任;保证人因其保证行为而对票据债务承担保证责任。此外,追索的对象还可能包括承兑人。当清偿债务的人为出票人时,如汇票已被承兑,出票人仍然可以对承兑人享有再追索权。

二、追索权的行使

(一)行使追索权的原因

1. 到期追索权的行使

所谓到期追索,是指当汇票到期不获付款时,持票人可以行使的追索权。《票据法》第 61 条第 1 款规定,汇票到期被拒绝付款的,持票人可以对背书人、出票人以及汇票的其他债务人行使追索权。

2. 期前追索权的行使

期前追索,是指汇票不获承兑,或者付款人死亡、逃匿、破产时,持票人可以行使的追索权。《票据法》第 61 条第 2 款规定,汇票到期前,有下列情形之一的,持票人可以行使追索权:(1)汇票到期前,汇票被拒绝承兑的;(2)汇票到期前,承兑人或者付款人死亡、逃匿的;(3)汇票到期前,承兑人或者付款人被依法宣告破产的或者因违法被责令终止业务活动的。

(二)行使追索权的程序

《票据法》第 62—67 条规定,追索权的行使应当遵循如下程序进行:

1. 原有汇票的提示

提示是行使汇票权利的必要行为。持票人行使追索权,必须先向付款人提示汇票,请求承兑或者付款,但付款人死亡、逃匿、受破产宣告或者其他原因无法为承兑或付款提示时,持票人则无须为提示。持票人因不可抗力不能在所定期限内为承兑或者付款提示的,应将其事由从速通知出票人、背书人及其他票据债务人。不可抗力的事由消除后,持票人应及时提示,或者作成拒绝证书。如事由延至到期日后,持票人可直接行使追索权。

2. 拒绝证书的作成

持票人行使追索权时,应当提供被拒绝承兑或者被拒绝付款的有关证明(protest for non-acceptance and non-payment)。持票人提示承兑或者提示付款被拒绝的,承兑人或者付款人必须出具拒绝证明,或者出具退票理由书。未出具拒绝证明或者退票理由书的,应当承担由此产生的民事责任。

持票人因承兑人或者付款人死亡、逃匿或者其他原因不能取得拒绝证明的,可以依法取得其他证明。

承兑人或者付款人被人民法院依法宣告破产的,人民法院的有关司法文书具有拒绝证明的效力。

承兑人或者付款人因违法被责令终止业务活动的,有关行政主管部门的处罚决定具有拒绝证明的效力。

3. 拒绝事由的通知

持票人应当自收到被拒绝承兑或者被拒绝付款的有关证明之日起 3 日内,将被拒绝事由书面通知其前手;其前手应当自收到通知之日起 3 日内书面通知其再前手。持票人也可以同时向各汇票债务人发出书面通知。书面通知应当记明汇票的主要记载事项,并说明该汇票已被退票。期限的计算采取发信主义,即在规定的期限内将通知按照法定地址或者约定地址邮寄的,视为已经发出通知。

未按照规定期限通知的,持票人仍可以行使追索权。因延期通知给其前手或者出票人造成损失的,由没有按照规定期限通知的汇票当事人承担对该损失的赔偿责任,但是所赔偿的金额以汇票金额为限。

三、追索权的效力

(一)对人的效力

根据《票据法》第 68 条的规定,追索权的对人效力表现在如下几个方面:

1. 连带责任

汇票的出票人、背书人、承兑人以及其他票据债务人(如保证人),对持票人承担连带责任。事实上,票据债务人的这种连带责任并不是民法上的真正连带责任,因为,承兑人是付款义务人而不是偿还义务人,承兑人的付款虽然能够免除全体偿还义务人的责任,然而,偿还义务人的清偿却不能免除承兑人的责任,即后手的付款不能免除前手的责任。

2. 选择追索

追索权行使的原则是后手向前手追索,但前手不得向后手追索。所谓前手,不限于持票人的直接前手,而应包括持票人的一切前手。如持票人可以直接向其前手的前手进行追索。因此,持票人对于票据债务人请求偿还时,可以不依票据债务人的先后顺序,对其中任何一人、数人或者全体行使追索权。这种追索权称为飞越追索权或者选择追索权。

3. 变更追索

持票人对票据债务人中的一人或者数人已经进行追索的,对其他汇票债务人仍可以行使追索权。这种追索权称为变更追索权或者转向追索权。

4. 代位追索

被追索人清偿债务后,与持票人享有同一权利,即对其前手亦得行使追索权的权利。这种追索权称为再追索权或者代位追索权。

(二)对物的效力

1. 最初追索权的对物效力

《票据法》第 70 条规定,持票人行使追索权,可以请求被追索人支付下列金额:(1)被拒绝付款的汇票金额;(2)汇票金额自到期日或者提示付款日起至清偿日止,按照中国人民银行规定的利率计算的利息;(3)取得有关拒绝证明和发出通知书的费用。

被追索人清偿债务后，持票人应当交出汇票和有关拒绝证明，并出具所收取利息和费用的收据。

2. 再追索权的对物效力

《票据法》第 71 条规定，被追索人清偿后，可以向其他汇票债务人行使再追索权，请求其他汇票债务人支付下列金额和费用：(1)已清偿的全部金额；(2)已清偿的全部金额自清偿日起至再追索清偿日止，按照中国人民银行规定的利率计算的利息；(3)发出通知书的费用。行使再追索权的被追索人获得清偿后，亦应当交出汇票和有关拒绝证明，并出具所收到利息和费用的收据。

(三)被追索人责任的解除

《票据法》第 72 条规定，被追索人依照法律规定清偿了债务后，其责任解除。

四、追索权的丧失

在特定情况下，票据追索权可因一定原因的发生而丧失。归纳起来说，追索权可因如下原因而丧失：

(一)不在一定期限内行使或者保全票据权利

持票人行使追索权必须在票据法所定期限内为行使或保全的行为后，才可以对背书人、出票人以及其他票据债务人行使追索权，否则，其追索权即行丧失。如果期限是约定的，而不于约定期限内为行使或保全行为的，对于该约定的前手丧失追索权。《票据法》第 65 条规定，持票人不能出示拒绝证明、退票理由书或者未按照规定期限提供其他合法证明的，丧失对其前手的追索权。但是，承兑人或者付款人仍应当对持票人承担责任。

(二)票据时效完成

票据权利可因时效完成而消灭，既包括付款请求权的消灭，也包括追索权的消灭。

(三)未按规定期限进行提示承兑

根据我国票据法的规定，定日付款或者出票后定期付款的汇票，持票人应当在汇票到期日向付款人提示承兑。见票后定期付款的汇票，持票人应当自出票日起 1 个月内向付款人提示承兑。汇票没有按照规定期限提示承兑的，持票人丧失对其前手的追索权。

第八节　我国银行结算中的汇票

根据我国票据法的规定，汇票可分为商业汇票和银行汇票。这两种汇票实际上都是从银行结算业务角度对汇票作出的规定，具有鲜明的中国特色。

一、商业汇票

(一)商业汇票概述

商业汇票是收款人或付款人(或承兑申请人)签发，由承兑人承兑，并于到期日向收款人或被背书人支付款项的票据。

商业汇票按其承兑人的不同，分为商业承兑汇票和银行承兑汇票。商业承兑汇票是法人以及其他组织签发的，银行以外的付款人承兑的，由付款人在指定日期无条件支付确定的金额给收款人或者持票人的票据。商业承兑汇票是建立在商业信用基础上的信用支付工具,具有权利义务明确、可约期付款、可转让贴现等特点。银行承兑汇票是法人以及其他组织签发的,并由承兑申请人向开户银行申请,经银行审查同意承兑的票据。

(二)商业汇票的基本规则

其一,在银行开立账户的法人之间根据购销合同进行商品交易,均可使用商业汇票。商业汇票在同城和异地均可使用。

其二,签发商业汇票必须以合法的商品交易为基础,禁止签发无商品交易的汇票。

其三,商业汇票承兑后,承兑人即付款人负有到期无条件支付票款的责任。

其四,商业汇票一律记名。允许背书转让。

其五,商业汇票承兑期限,由交易双方商定。但法律往往规定了最长期限,因此,商业汇票承兑最长不得超过规定期限。如属分期付款,应一次签发若干张不同期限的汇票。

(三)商业汇票贴现

收款人需要资金时,可持未到期的承兑汇票向其开户银行申请贴现。贴现银行需要资金时,可持未到期的承兑汇票向其他银行转贴现;在人民银行开立账户的贴现银行可向人民银行申请再贴现。

贴现、转贴现和再贴现的期限一律自其贴现之日起至汇票到期日止。实付贴现金额按票面金额扣除贴现日至汇票到期前一日的利息计算。贴现利率按有关规定执行。

贴现到期,贴现银行向承兑人收取票款。如商业承兑汇票,承兑人的银行账户不足支付时,其开户银行除按规定收取罚款外,应立即将商业承兑汇票退给贴现银行,贴现银行应从贴现申请人账户内收取。转贴现、再贴现到期时,转贴现、再贴现银行向申请贴现的银行收取。

二、银行汇票

银行汇票是指汇款人将款项交存当地银行,由银行签发给汇款人持往异地办理转账结算或支取现金的票据。

单位、个体经济户和个人需要支付各种款项,均可使用银行汇票。银行汇票一律记名。银行汇票的签发和解付,全国范围限于中国人民银行和各专业银行参加“全国联行往来”的银行机构办理,跨系统银行签发的转账银行汇票的解付,应通过同城票据交换将银行汇票和解讫通知提交给同城的有关银行审核支付后抵用;省、自治区、直辖市内和跨省、市的经济区域内,按照有关规定办理。在不能签发银行汇票的银行开户的汇款人若需要使用银行汇票,应将款项转交附近签发银行汇票的银行办理。

第三章 本票制度

第一节 本票概述

一、本票的概念

本票(promissory notes)是出票人签发的,承诺自己在指定日期或者见票时无条件支付确定金额给收款人或者持票人的票据。

本票的特征如下:

第一,本票是票据之一种。本票与汇票、支票同属于票据法所调整的票据,因而,它具有一切票据的共性。这种共性体现在三个方面:

三者具有共同的经济功能。虽然本票与汇票、支票所体现的经济功能各有侧重,但是,它们都在不同的程度上体现出了票据的信用作用、支付作用、流通作用、结算作用和融资作用。只不过本票更加倾向于信用作用。

三者具有共同的法律规则。票据法之所以将汇票、本票、支票规定在同一部法律中,就是因为它们在大多数情况下所适用的法律规则是一样的。这些共同规则体现在背书、保证、付款(包括参加付款)、追索权等方面。

三者具有共同的法律原则。这种法律原则体现在,无论是汇票法律规则,本票法律规则,支票法律规则,均体现了以促进票据的流通为法律的最高宗旨。

第二,本票是由出票人自己支付的票据。尽管与汇票、支票具有许多共性,但本票终究还是一种具有自己特性的票据。这种特性就体现在本票是出票人自己支付的票据。这是本票与汇票、支票的区别所在。本票是一种自付证券,其当事人只有二人,即出票人和收款人,而无付款人存在。而汇票和支票则由三方当事人构成,即出票人、收款人和付款人。当然,汇票和支票付款人的资格和法律地位有所不同。另外,虽然汇票中出票人可以兼任付款人,但这只是当事人资格的兼任而已。

第三,本票是在指定日期或者见票时支付给收款人或者持票人的票据。本票主要是一种在指定日期付款的票据,所以,本票是一种信用证券。本票的经济功能主要体现在信用方面,这是普通商业本票的基本特性。而汇票的基本特征则主要体现在汇兑方面,支票的基本特征则体现在支付方面,尽管如前所述,三者均在不同程度上分享票据的共同功能。

本票也可能是见票即付的票据。见票即付的本票既可能是普通商业本票,也可能是银行本票。如我国票据法规定的本票实际上就是一种见票即付的银行本票。但是,从本票的本来意义上说,本票终究是一种信用票据,应当以指定日期为原则,见票即付为例外。

第四,本票是一种无条件支付的票据。本票必须是无条件支付的承诺,不得附带任何条件和限制。本票的这种无条件性也是一切票据的共同特性。

二、本票的分类

(一)远期本票与即期本票

以本票上指定到期日的期限为标准,可将本票区分为远期本票和即期本票。

远期本票又可分为定日付款本票、出票后定期付款本票或者见票后定期付款本票,均由出票人指定一定的付款到期日。因而,本票在实质上与汇票一样,是一种信用证券。

即期本票即见票即付的本票。由此可见,本票的到期日不以由出票人指定一定的付款日期为限,也可能存在着见票即付的本票。如上所述,我国票据法所规定的本票只限于见票即付的即期本票,这一点与支票相同,而与汇票不同,从而使本票成为单纯的支付证券。

(二)记名式本票、指示式本票和无记名式本票

以本票上记载权利人的方式为标准,可将本票分为记名式本票、指示式本票和无记名式本票。这种分类的标准及区别的意义与汇票之同一分类相同,参见前述。

三、本票的准用规则

大多数国家立法均以汇票为中心,至于本票,则在性质许可的范围内准用关于汇票的规定,我国票据法亦从此例。本票与汇票相比,除了没有汇票的承兑等少数制度之外,在大多数情况下,二者具有很大的相同性或者类似性。因而,为了避免重复规定,立法上一般采取以汇票为中心的模式,除了对本票的特殊情况另设规定外,其他如在背书、保证、付款、追索权等制度方面,均采用准用汇票相关制度规定的立法体例。如《票据法》第 80 条规定,本票的背书、保证、付款行为和追索权的行使,除本章另有规定外,适用本法第二章有关汇票的规定。有鉴于此,这里只讨论本票的出票和见票两项制度,而对本票的背书、保证、付款行为和追索权的行使等准用汇票的制度就不再重复叙述。但应当注意的是,《票据法》第 78 条对本票的付款期限进行了专门规定,即要求本票自出票日起,付款期限最长不超过 2 个月。

应当说明的是,本票准用汇票规则必须具备两个前提:一是法律没有相反规定;二是准用必须不违反本票的性质。从我国票据法的规定来看,除了概括性地说明本票的背书、保证、付款行为和追索权的行使可以准用汇票的规定之外,在本票一章中并没对本票的背书、保证、付款行为和追索权的行使作出特别规定。因此,实务中在准用汇票的有关规定时,应当更多地考虑该种适用是否有悖于本票的本质。

第二节　本票的出票与见票

一、本票的出票

(一)出票的概念

本票的出票是签发本票的行为。《票据法》第 80 条第 2 款规定,本票的出票行为,除票据法

另有规定的外，适用票据法上关于汇票的规定。因此，这里我们只介绍有关票据法对本票出票行为的特殊规定。

(二)本票的记载事项

本票的出票行为亦是要式行为，也就是说，本票的出票人在出票时，应当依法记载一定事项。

1. 绝对必要记载事项

《票据法》第75条规定，本票必须记载下列事项：(1)表明"本票"的字样；(2)无条件支付的承诺；(3)确定的金额；(4)收款人名称；(5)出票日期；(6)出票人签章。

以上事项是本票出票人必须记载的事项。本票上未记载前款规定事项之一的，本票无效。

2. 相对必要记载事项

除了上述必须记载的事项外，本票的付款地、出票地也应当记载。但是，如果出票人没有记载，并不会影响票据的效力，因为，法律采取了补救措施。如《票据法》第76条规定，本票上记载付款地、出票地等事项的，应当清楚、明确。本票上未记载付款地的，出票人的营业场所为付款地。本票上未记载出票地的，出票人的营业场所为出票地。

(三)出票的效力

本票的出票行为一旦完成，即发生相应的法律效力。这种效力表现在对出票人和持票人的效力两个方面：

1. 对出票人的效力

本票的出票行为对出票人的效力表现在，出票行为一经完成，出票人应当承担保证付款的责任。《票据法》第78条规定，本票的出票人在持票人提示见票时，必须承担付款责任。这种责任是第一次的、无条件的、绝对的和最终的责任。

第一，本票的出票人所承担的责任是主债务人的责任。按照票据责任的不同，票据责任可分为第一次责任和第二次责任。第一次责任是付款责任，第二次责任是偿还责任。出票人所承担的责任是第一次的责任，是主债务人的责任，是付款的责任。

第二，本票出票人的责任是无条件的。背书人、保证人的责任限于在主债务人拒绝付款时才承担偿还责任，但出票人的付款责任是不能附加任何条件的。只要本票一到期，出票人就应当直接对持票人承担责任。

第三，本票出票的责任是绝对的责任。出票人自本票到期日至诉讼时效届满为止，其付款义务不得因持票人对其权利的行使或者保全手续的欠缺而免除。这就是说，如果持票人未在见票提示期间为见票提示，或者未在规定期间提示付款，或者未在法定期间内作成拒绝付款证明等，均不影响付款人的付款义务。

第四，本票出票人的责任是最终的责任。出票人履行付款义务后，票据关系归于消灭。这与偿还义务人的偿还责任显然是不同的。偿还义务人履行了偿还义务后，只能发生本票责任的转移，而不能发生消灭票据关系的效果。

当然，本票的出票人如果记载代理付款人的，持票人应当首先向代理付款人请求付款。但是，如果代理付款人拒绝付款时，持票人仍然可以向出票人请求付款。

2. 对持票人的效力

本票的出票行为对持票人的效力表现在如下几个方面：

第一，本票的持票人享有付款请求权。本票与汇票不同，没有承兑制度。因而，本票的付款到期日一经届至，持票人即可直接向出票人请求付款。在这里，付款人是确定的，付款到期日是确定的,因而,这种付款请求权是现实的。

第二,本票的持票人享有追索权。当付款人拒绝付款时,持票人可以向其前手行使追索权。追索权只有在付款请求权不能实现时并在法定期限内作成拒绝证书的条件下才能行使。持票人不仅可以向背书人、保证人等票据债务人行使追索权,而且还可以直接向出票人行使。

二、本票的见票

(一)见票概述

这里所谓的"见票"一词,按其通常意义,是指本票的出票人因持票人的提示为确定见票后定期付款的本票的到期日而在本票上记载"见票"字样并签章的行为。

本票的见票与汇票的承兑制度具有异曲同工之功效。但是,二者又是不同的:

第一,见票是本票独有的制度,而承兑则是汇票独有的制度。在汇票,可以通过承兑来确定到期日,本票没有承兑制度,所以,另行建立一种见票制度。

第二,见票是出票人的行为,而承兑则是付款人的行为。

第三,见票只能适用于见票后定期付款的本票,定日付款、出票后定期付款和见票即付三种本票无须见票。而承兑除见票即付的汇票不适用外,其他见票后定期付款、定日付款和出票后定期付款三种汇票均须承兑。

见票的作用有二:就正面而言,见票具有确定见票后定期付款之本票的到期日的作用;就反面而言,如果出票人拒绝见票时,持票人应于提示见票期限内请求作成拒绝证书,即可行使追索权,否则,持票人可能丧失追索权。而承兑虽然也具有上述两种作用,即确定到期日或者付款人拒绝承兑时,持票人可以请求作成拒绝证书,但是,承兑更为重要的则是付款人表示愿意付款的行为,并以此确认承兑人的责任。

(二)见票的程序

1. 见票提示

见票提示是持票人或者其授权代理人向出票人或者代理付款人现实地出示本票,以行使或保全本票的行为。提示本身不是票据行为,而只是见票的前提和必经手续。

提示应在正确的地点和合理的期间进行。就提示地点而言,应当在本票记载的地点提示,如未记载,通常应当在出票人或者代理付款人的营业所在地提示。就提示的时间而言,应在出票后的合理时间内提示。如何确定合理时间?票据法有规定的或者当事人有约定的,应从其规定或者约定,没有规定或者约定的,应当根据票据的性质、银行或者贸易惯例或者特定的案件事实决定。

出票人或者代理付款人对向其提示见票的本票,应当在收到提示见票的本票的合理时间内接受见票或者拒绝见票。如何确定这个"合理时间",我国票据法没有作出规定,但是,参照票据法对承兑时间的规定,应以3日为见票时间较为合理。

2. 见票记载

出票人或者代理付款人收到持票人提示见票的本票时,应当向持票人签发收到本票的回单。回单上应当记明本票提示见票日期并签章。出票人接收见票的,应当在本票正面记载"见票"字样和见票日期并签章。同时,应当在见票时记载付款日期。本票上没有记载见票日期的,应当以出票人或者付款人见票的最后一日为见票日期。

3. 票据退还

出票人或者代理付款人在本票上记载是否见票后，应当将本票退还给持票人。至此，本票的见票程序才告完成。我们知道，票据权利与证券不可分离，出票人只有将本票退还给持票人，持票人才能行使付款请求权。

应当注意的是，本票的退还与本票的退票不同。本票的退票是本票持票人提示见票或者请求付款遭受拒绝的情形。本票持票人提示见票或者请求付款遭到拒绝时，持票人应当请求作成拒绝证书，以便行使追索权。

（三）见票的效力

1. 遵期提示的效力

在持票人遵期提示的情况下，将发生两方面的法律后果：

第一，持票人遵期提示见票，出票人或者其代理付款人接受见票的，出票人或者代理付款人应当在到期日届至时向持票人付款，持票人有权请求付款人或者代理付款人付款。

第二，持票人遵期提示见票，出票人或者其代理付款人拒绝见票的，持票人应当在法定期限内请求出票人或者代理付款人作成拒绝见票证明书，以便向其前手（包括出票人）行使追索权。持票人可以行使期前追索权，而不必再为付款提示，亦无须再请求作成拒绝付款证明书。

2. 未遵期提示或者未作成拒绝证书的法律后果

持票人遵期提示见票遭到拒绝后未依法作成拒绝证书，或者持票人未遵期提示的，持票人丧失对出票人以外的所有前手的追索权。《票据法》第 79 条规定，本票的持票人未按照规定期限提示见票的，丧失对出票人以外的前手的追索权。

第三节　我国银行结算中的本票

一、银行本票概述

银行本票是银行签发的，承诺自己在见票时无条件支付确定的金额给收款人或者持票人的票据。银行本票申请人将款项交存银行，由银行签发给其银行本票，凭以办理转账结算或支取现金。

单位、个体经济户和个人在同城范围的商品交易和劳务供应以及其他款项的结算均可以使用银行本票。

银行本票分为不定额和定额两种。

银行本票一律记名，允许背书转让。

二、办理银行本票的程序

1. 申请人办理银行本票，应向银行填写“银行本票申请书”，详细填明收款人名称，个体经济户和个人需要支取现金的并应填明“现金”字样。

2. 银行受理银行本票申请书，在收妥款项后，据以签发银行本票。对个体经济户和个人需要支取现金的，在银行本票上划去“转账”字样。加盖印章，不定额银行本票用压数机压印金额，将银行本票交给申请人。

3. 申请人持银行本票可以向填明的收款单位或个体经济户办理结算。收款人为个人的也可以持转账的银行本票经背书向被背书的单位或个体经济户办理结算，凭具有“现金”字样的银行本票可以向银行支取现金。

4. 单位或个体经济户受理银行本票时应审查收款人或被背书人确为本收款人，背书连续，银行本票在付款期内，签发的内容符合规定，印章清晰，不定额银行本票有压数机压印的金额，并在银行本票背面加盖预留银行印章，连同进账单送交开户银行办理转账。

5. 未在银行开立账户的收款人，凭具有“现金”字样的银行本票向银行支取现金，应在银行本票背面签字或盖章，并向银行交验有关证件。

6. 银行本票见票即付，不予挂失。

7. 申请人因银行本票超过付款期或其他原因要求退款时，可持银行本票到签发银行办理。遗失的不定额银行本票在付款期满后一个月，确未冒领，可以办理退款手续。

8. 不定额银行本票，由经办银行签发和兑付。定额银行本票由人民银行发行，各银行代办签发和兑付。专业银行签发不定额银行本票的余额和签发定额银行本票收取的款项，应划缴人民银行。

第四章 支票制度

第一节 支票概述

一、支票的概念

《票据法》第81条将支票界定为，支票（cheque）是出票人签发的，委托办理支票存款业务的银行或者其他金融机构在见票时无条件支付确定的金额给收款人或者持票人的票据。

支票具有如下特征：

第一，支票是票据的一种。支票具有票据的一切共性，只不过支票更加侧重于支付功能。在汇票、本票和支票的发达史上，支票出现最晚，但是，在现代经济生活中，支票却是运用得最广泛和最普遍的一种票据。

第二，支票是委托办理支票业务的银行等金融机构支付的票据。支票是委托证券，其基本关系人有出票人、收款人和付款人，这与汇票相同，而与本票不同。但是，汇票的付款人并无资格上的限制，而支票的付款则必须限于办理支票存款业务的银行等金融机构，这又是支票与汇票不同的地方。这是因为，汇票是信用证券，不注重资金关系，而支票是支付证券，则必须对付款人的资格予以限制。同时，银行等金融机构是处理金钱的专家，以之为付款人，不但支票的支付性因此而得到强化，而且就支付技术而言，也必然计算精确、迅速，有利于交易。

第三，支票是见票时支付的票据。因汇票与本票均为信用证券，不注重现实支付，所以，经常是远期支付。而支票则不然，支票是支付证券，用来代替现金，须随时兑换，因而，法律上强调其见票性。支票不存在另外的到期日问题，必须在见票时无条件支付，否则，便与支票本质不符。然而，实务上也存在远期支票，是为例外。

第四，支票是无条件支付票据。各种票据均强调票据的无条件支付性。支票的主要功能就在于其支付性，因而，支票的无条件支付性的意义就显得更加突出。

二、支票的种类

（一）普通支票、现金支票与转账支票

普通支票是指既可以用于支取现金，也可以用于转账结算的支票。现金支票是用以支取现金的支票。而转账支票则只能用于转账结算。

（二）即期支票与远期支票

以支票上记载的出票日与实际发票日是否一致为标准，可将支票分为即期支票与远期支票。

即期支票，是指支票上记载的出票日与实际发票日为同一日的支票。

远期支票，是指以未来的某个日期记载为出票日的支票。远期支票的实质仍然是见票即付的即期支票，只不过它是以将来的某一日期作为出票日期，习惯上称为“远期支票”而已。

(三)普通支票与特殊支票

以付款时有无特殊的保障措施作为标准，可将支票分为普通支票和特殊支票。特殊支票，又可分为保付支票、划线支票和转账支票。

保付支票，是指经付款人在支票上为保付行为后，由付款人负绝对付款责任的支票。

划线支票，又叫平行线支票，是指由支票的出票人、背书人或持票人在支票上画两条平行线，付款人只能向持有该支票的另一银行等金融机构或自己的客户付款的支票。

(四)一般支票和变式支票

以支票当事人的资格是否兼充为标准，可将支票分为一般支票和变式支票。变式支票中又有对己支票、指己支票和受付支票三种。

对己支票，是指出票人以自己为付款人而发行的支票。由于付款人只能是银行等金融机构，因而对己支票的出票人也只限于银行等金融机构。

指己支票，是指发票人以自己为收款人而发行的支票。这种支票类似于指己汇票，任何在银行有存款的存户或与银行订有透支合同的当事人都可以签发此类支票。

受付支票，是指出票人以付款人为收款人而签发的支票。这种支票的收款人不能是一般的个人或法人，而必须是银行等金融机构。

(五)记名式支票、指示式支票与无记名式支票

以支票上记载权利人的方式为标准，可将支票分为记名式支票、指示式支票和无记名式支票。这种分类的标准及区别的意义与汇票、本票之同一分类相同，参见前述。

三、支票的资金关系与空头支票

支票与资金关系有着极为密切的关系。虽然汇票也存在资金关系，但却没有支票与资金关系那样重要。汇票出票人与付款人没有资金关系时，因汇票有承兑制度，所以，持票人可以及时发现而加以应对。而且，在汇票，即使没有资金关系，付款人也可能基于某种考虑而予以承兑付款。而支票却是见票即付的证券，其提示期限短。同时，更为重要的是，支票是支付证券，以迅速支付为必要，加之，银行并不是支票关系的债务人，所以，资金的有无将直接影响支票金额能否得到支付。如果出票人在银行账户上没有资金存储或者资金存储不充足而签发支票，持票人是不能得到付款的。所以，票据法特别强调支票的资金关系的重要性。对此，《票据法》第 82 条第 2 款规定，开立支票存款账户和领用支票，应当有可靠的资信，并存入一定的资金。

《票据法》第 87 条规定，支票的出票人所签发的支票金额不得超过其付款时在存款人处实有的存款金额。出票人签发的支票金额超过其付款时在付款人处实有的存款金额为空头支票。票据法明确禁止签发空头支票。

签发空头支票是一种刑事犯罪行为，同时还是一种行政违法行为。关于对签发空头支票的刑事、行政处罚，《票据法》第 102 条第(三)项规定，签发空头支票骗取财物的，依法追究刑事责任。情节轻微，不构成犯罪的，依照国家有关规定给予行政处罚。

至于签发空头支票的民事责任，票据法未予直接规定。但很显然，如签发空头支票给当事人造成损失的，自然可适用民法的规定使其承担赔偿责任。

但应当注意的是，虽然资金关系的有无直接影响到支票能否得到支付，但是，有无资金关系

的存在却并不影响支票的效力。也就是说,只要支票本身是有效的,持票人即使得不到银行的付款,还可以行使追索权。只不过,签发空头支票将会导致行为人的法律责任,包括民事责任、行政责任甚至刑事责任。

四、支票的准用规则

如前所述,我国票据法采取的是汇票中心立法主义,有关支票与汇票的一些共同问题适用汇票的规定。《票据法》第 93 条规定,支票的背书、付款行为和追索权的行使,除本章规定外,还适用本法第二章有关汇票的规定。由此可见,关于支票的背书、付款行为和追索权的行使除适用票据法上关于支票的专门规定外,还适用有关汇票的规定。因此,本章只就支票的出票和付款予以专门论述。

第二节　支票的出票与付款

一、支票的出票

(一)出票的概念

支票的出票是出票人作成票据并将支票交付于收款人的票据行为。由于支票的出票与汇票、本票的出票具有很大的共同性,《票据法》第 93 条第 2 款规定,支票的出票行为,除票据法另有规定的外,适用票据法上关于汇票的规定。因此,这里只论述票据法对支票出票的特殊规定。

(二)支票账户

出票人要签发支票,必须首先要在银行等金融机构开立支票账户。

《票据法》第 82 条规定,开立支票账户应当满足如下要求:(1)开立支票存款账户,申请人必须使用其本名,并提交证明其身份的合法证明;(2)开立支票存款账户和领用支票,应当有可靠的资金,并存入一定的资金;(3)申请人必须预留其本名的签名式样和印签。支票的出票人不得签发与其预留本名的签名式样或者印签不符的支票。

(三)支票的记载事项

1. 绝对必要记载事项

支票的绝对必要记载事项与汇票基本相同。《票据法》第 84 条规定,这些绝对必要记载事项包括:(1)须在支票上记载表明“支票”的字样;(2)无条件支付的委托;(3)确定的金额;(4)付款人名称;(5)出票日期;(6)出票人签章。

这些必须记载事项的每一项都必须记载,否则,支票无效。

2. 可以补记的事项

在上述绝对必要记载事项中,关于支票上的金额和收款人名称的规定,则显得灵活一些。《票据法》第 85 条规定,支票上的金额可以由出票人授权补记,未补记前的支票,不得使用。《票据法》第 86 条第 1 款规定,如支票上未记载收款人的名称,经出票人授权,可以补记。同时,出票人还可以在支票上记载自己为收款人(支票的补记涉及空白授权支票问题,后面将专门讨论)。

3. 相对必要记载事项

按照票据法的要求,支票上应当记载付款地和出票地。但是,如果没有记载,法律则予以推定。《票据法》第 86 条规定,支票上未记载付款地的,出票人的营业场所为付款地。支票上未记载出票地的,出票人的营业场所、住所或者经常居住地为出票地。

4. 记载无效事项

《票据法》第 90 条规定,支票限于见票即付,不得另行记载付款日期。另行记载付款日期的,该记载无效。支票本身就是一种见票即付的票据,如果在支票上另行记载日期,则违反了支票的这一根本特性。但是,为了保障支票不因另行记载而发生无效,法律只是不承认该种记载的效力,并不因此否认支票的效力。也就是说,即使支票上另行记载了付款日期,也将其视为见票即付。

(四)出票的效力

1. 对出票人的效力

《票据法》第 89 条第 1 款规定,支票的出票人必须按照签发的支票金额承担保证向该支票持有人付款的责任。这是出票人担保责任的表现,也就是说,如果支票不获付款,支票出票人应承担偿还责任。

2. 对持票人的效力

支票一经出票后,持票人(未经转让时的收款人)获得向付款人的付款请求权和对其前手的追索权。

3. 对付款人的效力

出票行为对付款人没有拘束力,因为,支票的付款人不是支票关系的债务人。付款人只是基于其职责地位而接受委托付款。因此,付款人并不因为出票人的出票行为而当然付款。付款人是否付款,取决于出票人是否向付款人提供资金以及是否提供足够资金。如果出票人在付款人处开立的账户中有足够余额,付款人自然会支付支票金额;如果出票人在付款人处开立的账户中没有存款或者没有足够余额,付款人自然会拒绝付款。

二、支票的付款

(一)付款提示

《票据法》第 91 条规定,支票的持票人应当自出票日起 10 日内提示付款;异地使用的支票,其提示付款的期限由中国人民银行另行规定。

持票人在规定的期限内进行了付款提示,即享有受领票据金额的权利,如果付款人拒绝付款,持票人可以行使追索权。没有遵期提示付款的,或者超过付款提示期限的,不仅付款人可以不予付款,而且持票人还将丧失追索权。但在付款人不予付款的情形下,出票人仍应当承担票据责任,这是支票与汇票不同的地方。

(二)付款时间

《票据法》第 90 条规定,支票限于见票即付,不得另行确定付款日期。另行记载付款日期的,该记载无效。这说明,当持票人提示付款时,付款人应当在提示当日足额付款。

(三)付款人的责任

从付款人的责任来看,付款人一旦付款完毕,其责任免除。《票据法》第 92 条规定,付款人依法支付支票金额的,对出票人不再承担受委托付款的责任,对持票人不再承担付款的责任。但是,付款人以恶意或者有重大过失付款的除外。譬如,付款人明知持票人不是真正的权利人而付款,或者付款人只要稍加注意就能判断持票人不是真正的权利人而付款,付款人应当自行承担这种错误付款的责任。也就是说,如果真正的权利人出现,付款人仍然应当承担付款责任,不能因为已经付款而免除其付款责任。

第三节 几种特殊支票

一、空白支票

(一)空白支票概述

空白支票,实则应当称为空白授权支票或者未完成的支票(incompleted cheques),是指出票人在签发支票时有意识地将支票上必须记载的事项不予记载完全而留待以后授权持票人补充记载的票据。从其他国家票据法的规定来看,不仅允许空白支票存在,而且允许空白汇票、空白本票存在。我国法律只承认空白支票。

空白支票不同于人们习惯上所说的“空白支票”。法律意义的空白支票是指仅有部分事项尚未记载的票据,而日常生活中人们所说的“空白支票”是指由有关部门统一制作的完全没有填写的格式票据。二者虽然叫法一样,但其法律上的意义却完全不同。

空白支票更不同于空头支票。这里虽然在汉语上只有一字之差,但在法律上,却相去甚远。空白支票指的是票据的记载而言,而空头支票则针对的是票据资金而言(关于空头支票,参见前述)。空白支票是法律认可的票据,空白支票经补充完成后,产生合法的权利义务关系;而空头支票则为法律禁止,签发空头支票是一种欺诈行为。

空白支票产生于实务的需要。在很多情况下,票据当事人对于票据上应记载的事项在签发票据的时候尚不能确定,必须等待交易完成之后才能记载,所以,票据法允许当事人先行发行票据,交由持票人按照事先的授权待事项确定后予以补充填写,以使票据臻于完全。这样的做法有利于交易的进行,尤其是有利于异地交易。

(二)空白支票的特征

空白支票是一种特殊的票据,因此,它除了具备一般票据的特征外,还具有其自身的特点。这表现在如下几个方面:

第一,空白支票是一种特殊的票据。一般的票据,其权利义务的设置完全取决于出票人自己,而空白支票的权利义务的设置则需要相对人辅助完成,即由出票人开始,至相对人行使补充权而完成。所以,较之于一般的支票,空白支票不仅在法律上比较特殊,而且在经济上的风险也较大一些。

第二,空白支票是一种未完成的票据。所谓未完成,是指支票上应当记载的事项但却未予记载以致支票上出现“空白”。这种留有空白的支票不同于票据记载事项欠缺的票据,前者是经由法律允许的,后者则是法律要求必须记载而没有记载从而导致票据无效的票据,如汇票、本票的金额未予记载的话,该汇票、本票则发生无效的后果。也就是说,是否允许空白支票的存在取决于法律是否认可,如果法律认可空白票据的存在,才可能发生空白票据的问题。

那么,哪些空白是法律允许的呢?一般而言,最有可能存在的情况是在支票上预留收款人、出票日期、票据金额以及到期日等事项。但是我国票据法只规定了可以预留支票金额和支票收款人两种情形。《票据法》第85条规定,支票上的金额可以由出票人授权补记,未补记前的支票,不得使用。《票据法》第86条第1款的规定,如支票上未记载收款人的名称,经出票人授权,可以补记。也就是说,除了支票上可以预留支票金额和支票收款人外,其他法律规定必须记载的事项均必须予以记载,否则,可导致支票无效。

第三,空白支票是一种有待补充完成的票据。出票人签发支票,相对人虽然已经持有支票,但是签发支票的行为尚未完成,因此,空白支票仍然处于出票阶段,只是,对于票据上的空白不再由出票人进行记载,而是由出票人授权相对人在交易确定时予以补充记载。相对人所享有的这种权利是基于出票人的授权而行使的补充权。也就是说,出票人将空白票据交给受领人,受领人成为空白支票的持有人,这时持票人就取得了空白支票的补充权。

补充权人应当严格按照出票人的授权行使补充权。这里需要讨论的问题是,如果持票人未按照授权行使补充权时,其效力如何?持票人未按授权行使补充权的,基于票据的流通性和对善意第三人的保护考虑,支票仍然有效。但在直接当事人之间则可依据基础关系有瑕疵而主张人的抗辩,但授权人应负担举证责任。至于补充权人超越授权行使补充权而给当事人造成损失的,则可依据越权代理的规定处理。

(三)空白支票的效力

关于空白支票的效力,可从如下几个方面来认识:

1. 空白支票本身的效力

(1)空白支票的转让。空白支票虽然尚未发生效力,但是可以转让,只不过受让人对未经补充完成的空白支票不能行使付款请求权和偿还请求权。

(2)空白支票的丧失。空白支票在未经补充完成之前,如果被遗失或者被盗,失票人只能挂失止付,而不能采取其他措施,因票据行为尚未完成,支票尚未发生效力。既然空白支票尚未发生效力,则支票上的权利尚不存在,因而也就不能采取公示催告或者提起诉讼的方式予以救济。

2. 对持票人的效力

(1)空白支票未完成时,持票人不得行使权利。空白支票持有人在未行使补充权之前,空白支票为未完成票据,因此,持票人不得行使票据权利。换句话说,持票人不得以尚未补充记载的空白支票向付款人提示付款,否则,不发生行使和保全票据权利的效力,票据债务人如不付款,也无须承担迟延给付的责任。

(2)补充空白的权利。空白支票的持票人享有补充支票空白的权利。这种补充权是一种表面上的权利,无论出票人是否有授权,或者是否在票据上有授权的记载,持票人均有权进行补充。如果持票人未经出票人授权而行使补充权,持票人的补充记载发生票据效力。持票人享有的这种表面的补充权主要是为了保护善意第三人。至于实际是否有授权存在,则属于票据基础关系,如果发生争议,则采用民法方法解决。

(3)空白支票已完成时,持票人可以行使支票权利。空白支票一经持票人行使补充权即使未完成的票据成为完全的票据,补充后的支票依法发生票据的效力,并与完全票据具有同样的效力。因此,支票空白一经补充完成,持票人享有完全的票据权利,包括付款请求权和追索权。

3. 对付款人的效力

空白支票未经补充完成时,付款人可以拒绝付款。空白支票已经补充完成,与完全票据具有同样的效力。因此,付款人不得拒绝付款。

二、保付支票

(一)保付支票的概念

保付支票(certificated or accepted check)是指付款人应出票人或者收款人的请求在支票上记载"保付" 字样并签章后而承担保证付款责任的一种特殊支票。作为支票付款人的银行并非是支票关系的主债务人,其是否付款取决于出票人在银行是否有足额存款。然而,一旦付款银行在支票上签署了"保付"字样,付款银行就必须承担付款的责任。这就是保付支票的特殊性。

(二)保付支票的记载

支票的保付行为是付款银行在支票上记载"保付"或者"照付"或者其他同义字样并签名的行为。由此可见,"保付"或者"照付"或者其他同义字样并签章是保付支票的绝对记载事项。至于保付日期、保付地点则不是绝对记载事项,记载与否,均不影响保付的效力。

(三)保付支票的效力

保付行为的后果是付款银行承担绝对的付款责任。付款人为保付行为后,成为支票的唯一债务人,支票上的其他债务人的责任免除,付款人享有绝对的无条件的付款支付义务。

(四)保付与承兑

支票的保付与汇票的承兑的区别如下:

第一,保付行为是支票特有的行为,而承兑行为则是汇票特有的行为。二者适用对象不同。前者适用于支票,后者适用于汇票。

第二,支票经保付后,持票人不受提示期限的影响,即使持票人超过提示期限,仍然可以请求付款。而汇票经承兑后,持票人如不在法定期限内为付款提示,则丧失对前手的追索权。

第三,支票付款人如果拒绝保付,持票人不得以此为由行使追索权,因为,如果没有特别约定的话,银行对支票没有保付的义务。汇票付款人如果拒绝承兑,持票人则可以此为由作成拒绝证书而行使期前追索权。

第四,原则上,支票付款人不得就支票金额的一部分为保付,因为,支票一经保付后,付款人成为唯一的债务人,若允许部分保付,持票人对未保付部分金额的权利就有可能落空。而依各国立法和商业惯例,允许汇票部分承兑,持票人就未承兑部分可以向其前手行使追索权。

第五,支票的保付行为受资金关系的影响。出票人与付款人之间必须存在现实的资金关系(存款关系或者信用关系),并且付款人不得在出票人存款额外或者信用契约约定的数额之外进行保付。汇票的承兑则不受资金关系的影响。

第六,支票一经保付后,付款银行成为唯一的债务人,而汇票承兑后,承兑人只是第一债务人。

第七,相应地,支票一经保付,支票上其他债务人的责任免除。汇票经承兑后,汇票上其他债务人的责任不能免除,而仍然承担保证偿还责任。

(五)保付与保证

支票的保付行为与票据的保证行为也不同。保付与保证的区别主要在于:

第一,保付是支票特有的制度,而保证则是一切票据共有的制度。

第二,保付支票的保付人限于支票付款人,而票据的保证人原则上可以是票据债务人以外的任何人。

第三,支票一经保付后,付款人承担绝对的付款责任,其他债务人责任免除。而保证人承担了保证责任并不能免除其他票据债务人的责任。

第四,保付人一经付款后,支票关系彻底消灭。而保证人在履行了保证义务后,则取得对被保证人或者其前手的再追索权。

三、划线支票

(一)划线支票的概念

划线支票(crossed cheques),又称为平行线支票或横线支票,是指票据权利人或者义务人在支票的正面划两条平行线,或者在平行线内记载特定银行等金融机构,付款人仅得对该特定银行或者金融机构支付票据金额的一种特殊支票。

划线支票的划线行为,实际上是支票的权利人或者义务人在支票上所为的指定付款人只能向特定人进行付款的一种意思表示,属于一种准票据行为。

由于划线支票的付款人只能向特定的银行等金融机构付款,并且只能由该指定银行等金融机构提示付款,而一般的持票人只能委托与其有往来的银行代为取款,所以,划线支票主要是为了维护支票交易安全和保护支票当事人的利益而设计的一种支票。

(二)划线支票的种类

根据平行线内记载事项的不同为标准,可将划线支票分为普通划线支票和特殊划线支票。一般而言,只在票面划线两道,或者在两线内记明银行等金融机构或同义字样者,为普通划线支票;在两线内记明银行等金融机构的名称者,为特别划线支票。普通划线可以改为特别划线,但特别划线不可以改为普通划线。

(三)划线支票的记载

1. 记载权人

原则上讲,支票的权利人或者义务人均可以在支票上划线记载,包括出票人、背书人或者持票人。

2. 记载处所

平行线的记载,限于在支票的正面为之,如果在支票的背面或者粘单上所为之记载,不发生划线的效力。至于具体在票据正面什么位置划线,并无一定之规,但通常是在票据的左上角进行划线。

3. 记载方法

就普通划线支票而言,只要在支票正面划上两道平行线即可。至于特别划线支票,出票在支票正面划上两道平行线以外,还需要在平行线内记载特定银行等金融机构的名称,如“中国工商银行”“北京市商业银行”。

(四)划线支票的付款

1. 普通划线支票的付款提示

普通划线支票的付款提示人,必须是银行或者付款人的客户(一般以金融机构为限),持票人如果不是银行或者付款人的客户,应当将支票委托其代为取款。对于其他人所为的付款提示,付款人可以拒绝,持票人不得因此行使追索权。

2. 特别划线支票的提示

特别划线支票的付款提示人,必须是指定银行或者付款人的客户(一般以金融机构为限)。因为,特别划线支票的付款人只能对指定的银行等金融机构支付票据金额,或者,如该银行等金融机构为付款人时,则对其客户支付。其他人不得向付款人提示付款,否则必然遭到拒绝。由此可见,特别划线支票对于受领支票金额的人的资格的限制比普通划线支票更为严格。为了缓和这一限制,票据法通常认可较为灵活的方式,即该特定银行等金融机构可以背书方式委托其他银行等金融机构代为取款,持有特别划线支票的一般持票人只能将该支票存入特定银行或者金融机构的账户委托其取款,才能实现他的票据权利。

(五)划线支票的效力

就付款人的责任而言,付款人应当按照划线的要求进行付款。如果普通划线支票的付款人将票据款项支付给了非银行的任何人,或者特别划线支票的付款人将票据款项支付给了非划线内银行的任何人,而该收款人不是真正的权利人,则付款银行须对真正的付款人承担责任。但赔偿金额不能超过票据上的金额。付款人的这种赔偿责任以付款人有过错为前提,如果付款人的付款是无过失的,则可免除责任。譬如,付款银行看不出支票上有对划线进行篡改的迹象而按一般支票付款,则不承担责任。

(六)划线支票的撤销

平行线支票可以撤销。撤销的方式是由出票人在平行线内记载"照付现款"或同义字样,并由出票人在旁边签名或者盖章。由此可见,平行线支票的撤销限于:

其一,由出票人行使撤销权。撤销权的行使须限于出票人,因为,只有未经转让的划线支票才能被撤销,如划线支票已经背书转让,则不能确认平行线为谁所划,故而已经背书转让支票不能撤销其划线。

其二,须记载"照付现款"或者同义字样。撤销的方法是在平行线旁边记载"照付"或者"照付现款"或者同义字样。

其三,出票人签章。只有行为人签章,才发生撤销的效力。

有的国家法律规定,只有普通划线支票才能被撤销,特别划线支票不能被撤销。这是因为,特别划线支票的平行线内已经有特定银行的记载,如果再在平行线旁边记载"照付"或者同义字样,容易混淆,使付款人无所适从。

四、转账支票

(一)转账支票的概念

转账支票(cheques payable in account)是持票人只能将票据金额存入自己的账户而不能借以支取现金的一种特殊支票。《票据法》第84条规定,支票可以支取现金,也可以转账。用于转账时,应当在支票正面注明。支票中专门用于支取现金的,可以另行制作现金支票,现金支票只能用于支取现金。支票中专门用于转账的,不得支取现金。

(二)转账支票的记载事项

转账支票的出票人或持票人可以在支票正面记载"转账付款"或同义字样,以禁止支付现金。一经记载"转账付款"的字样,就不得涂销,即使涂销亦不发生涂销的效力。注意,在这一点上,转账支票与普通支票有所不同。

(三)转账支票的结算

转账支票应当由付款人以转账的方式结算付款。至于结算的方式,可以是记入贷方账,也可以是从一个账户转入另一个账户,还可以是通过票据交换所结算。我国实践中的做法是,收款人应将受理的转账支票连同填制的进账单送交开户银行,他行支票银行通过"票据交换"收妥后入账。

(四)转账支票的效力

付款人对转账支票不得支付现金,付款人如果不遵守有关转账支票的法律规定,应对由此所产生的损害承担赔偿责任,但赔偿金额不得超过支票金额。如果付款银行是对真正的权利人付款,即使是没有转账支付而以现金支付,付款银行也可以免除赔偿责任(但有关银行责任人员应承担违反结算规则的行政处罚责任)。

转账支票可以防止非正当权利人冒领支票票款。因为使用转账支票必须在付款银行开立账户,这样便于查找谁是冒领人。

五、远期支票

(一)远期支票概述

作为支付证券的支票,限于见票即付,因此,原则上法律不承认"远期支票"。由于在实务上常常出现出票人资金一时周转不灵的困难,所以,出票人在出票时往往记载一个将来的日期为出票日以资救济。这样,在实务上就存在着所谓的"远期支票"。

"远期支票"在法律上没有定义,它实际上是票据实务和理论上的一种习惯用语。"远期支票"的"期"实际上是指实际出票日与票据上记载的出票日之间的期间而已。"远期支票"在本质上仍然是一种见票即付的支票。

(二)远期支票的效力

1. 发生效力的时间

远期支票从何时发生效力?从商业惯例来看,远期支票从实际出票日起发生法律效力,即持票人一经取得支票即取得票据权利,出票人即应负担支票责任。

2. 对出票人的效力

第一,如果出票人或者代理人在出票时没有行为能力,而在出票之后才获得行为能力,如何确定出票人或者代理人的行为能力?一般的规则是,出票人的行为能力和代理人的代理权限的有无,原则上以票载出票日为准,因为票据为文义证券。但是,如果能够提出反证,则依实际出票日为准。

第二,出票人在出票后死亡或者丧失行为能力的,不影响支票的效力。

第三,远期支票的出票人与其他支票出票人一样,须承担保证付款的责任。

3. 对付款人的效力

第一,远期支票的持票人在票载日期前提示付款的,付款人应当予以拒绝。

第二,付款人收到出票人受破产宣告通知的,不得付款,但持票人可行使追索权。

第三,付款人收到出票人死亡通知的,不得付款,但持票人可以行使追索权。

4. 对持票人的效力

第一,持票人不得在票载日之前提示付款,如果持票人在票载日前提示付款,势必遭到付款人的拒绝。但付款人拒绝后,持票人仍然可以行使追索权。

第二，虽然持票人不得在票载日之前提示付款，但若付款人自愿付款，持票人仍然有受领票据金额的权利，受领后，付款人不得要求返还。在这种情况下，应当认为付款人自动放弃了到期付款的利益。

第三，出票人在票载日前死亡或受破产宣告，持票人仍然可以行使追索权。

第四节　我国银行结算中的支票

一、支票概述

支票是银行的存款人签发给收款人办理结算或委托开户银行将款项支付给收款人的票据。单位、个体工商户和个人在同城或票据交换地区的商品交易和劳务供应以及其他款项的结算均可以使用支票。

支票一律记名。中国人民银行总行批准的地区转账支票可以背书转让。

二、办理支票的程序

签发支票应使用墨汁或炭素墨水填写，未按规定填写，被涂改冒领的，由签发人负责。支票大小写金额和收款人不得更改，其他内容如有更改，必须由签发人加盖预留银行印鉴以资证明。

签发人必须在银行账户余额内按照规定向收款人签发支票。对签发空头支票或印章与预留印鉴不符的支票，银行除退票外并按票面金额处以5%但不低于50元的罚款。对屡次签发的，银行根据情节给予警告、通报批评、直至停止其向收款人签发支票。

收款人应将受理的转账支票连同填制的进账单送交开户银行，他行支票银行通过票据交换收妥后入账。收款人凭现金支票支取现金，须在支票背面背书，持票到签发人的开户银行支取现金，并按照银行的需要交验证件。

已签发的现金支票遗失，可以向银行申请挂失。挂失前已经支付，银行不予受理。已签发的转账支票遗失，银行不受理挂失，可请求收款人协助防范。

存款人领用支票，必须填写"支票领用单"并加盖预留银行印鉴。账户结清时，必须将全部剩余空白支票交回银行注销。

三、定额支票

定额支票是收购单位将款项交存银行，由银行交其用于向农户支付收购农副产品款项的票据。

定额支票的规则如下：

定额支票的面额和结算期由中国人民银行省、自治区、直辖市分行根据需要确定。

定额支票自银行签发后生效。

定额支票不记名，不挂失。

收购单位在结算农副产品价款时，是付现金，还是使用定额支票，由农户自由选择。

收购单位和农户在收受定额支票时，应审查签发银行的印章和签发日期是否齐全。

农户可凭定额支票向银行或信用社兑付现金、归还贷款、转存储蓄；在结算期内可用于交纳农业税、支付承包金和向当地商业、供销部门一次购买商品。超过结算期的，银行自签发日按照定活两便储蓄利率计息。

商业、供销、税务等部门收进的定额支票，应在背面加盖印章，及时送交开户银行办理转账。银行对商业、供销、税务等部门送交的定额支票，不支付现金，超过结算期的不计付利息。

当地信用社（站）兑付定额支票垫付的资金，银行按行社往来利率和垫付时间计付利息。

收购部门对超过结算期和未用完的定额支票应及时交还银行，银行将相同金额的资金转入收购部门账户。

定额支票属于有价凭证，要严密手续，妥善保管。单位、农户或银行如因被盗、丢失造成资金损失，应自行负责。

第七编　商业保险

保险与危险
保险合同总论
人身保险合同
财产保险合同
保险业及其管理

第一章　保险与危险

第一节　保 险 概 述

一、保险与保险法

（一）保险的概念

保险 insurance 一词，常与 assurance 一词通用。两者的区别在于：一是前者为较新用语，后者则是较早时期的用法。二是前者主要用于财产保险，后者主要用于人寿保险。三是前者为美国通用，后者为英国常用。在 17 世纪，ensurance 一词亦曾流行。事实上，保险一语，系出于 sigurare 一词，为 14 世纪左右意大利沿海地方商业文件中所习用，含有抵挡、担保、保护、负担等意思，后来在海上商业中，扩大用于保险，沿用至今。

保险是一种商业行为。所谓保险，是指为确保经济生活的安定，通过集合多数经济单位的资金，并根据合理计算，对特定危险事故的发生所造成的损失予以补偿的经济制度。

保险的主要目的就是处理可能发生的特定危险事故。危险事故的发生所导致的损失往往是巨大的，如果让遭受损失的个体来承担这种损失，势必大大超出其承受能力。如一场火灾烧毁了一家企业的厂房和设备，对于这家企业来说就是一场灭顶之灾。但如果这家企业事先购买了保险，它的损失就可以得到补偿。保险公司通过建立保险基金来分散危险、消化损失。

保险的经济功能主要在于确保生活安定。即经由多数经济单位的集合，使损失能依过去的经验而预先测知，据以共同聚集资金作为准备，使危险得以分散或者减免，以确保多数经济单位生活的安定。

保险实质上是一种经济互助措施，只不过是通过商业化方式来运作，并通过法律手段来实现。《保险法》第 2 条规定，保险法上的保险是指投保人根据合同约定，向保险人支付保险费，保险人对于合同约定的可能发生的事故因其发生所造成的财产损失承担赔偿保险金责任，或者当被保险人死亡、伤残、疾病或者达到合同约定的年龄、期限等条件时承担给付保险金责任的商业保险行为。

（二）保险法

保险的目的和功能须借助于法律手段来保障其实现，这种法律手段就是保险法。保险法的历史可谓源远流长，可追溯到公元前罗马法中共同海损的规定。现代意义的保险法则形成于 14 世纪以后的海上保险法。现代国家均普遍地利用保险机制来分散风险，当今世界，绝大多数国家都制定了自己的保险法，因而，保险法也就成为各国商法体系中的重要构成部分。

保险法是调整保险关系的法律规范的总和。保险法有狭义和广义之分。狭义的保险法仅仅指以《保险法》命名的法律;广义的保险法,除了狭义的保险法之外,还包括其他法律、行政法规中关于保险的规定。我国于1995年颁布了《保险法》。[1] 保险法的颁行对于规范保险活动,保护保险活动当事人的合法权益,加强对保险业的监督管理,促进保险事业的健康发展具有重要意义。

现行保险法由保险合同法律制度、保险业法律制度和保险监督管理法律制度三大部分构成。

保险合同法律制度是调整保险合同双方当事人关系的法律制度。投保人和保险人之间的权利义务关系就是通过保险合同来确立的。凡是有关保险合同的订立、变更、终止以及当事人之间的权利义务关系均属于保险合同法的调整范围。

保险业法律制度主要是关于保险组织的法律规定,包括保险经营机构的设立、变更、解散与清算以及保险业的经营管理等方面的法律规范。同时,保险业法律制度还包括有关保险代理和保险经纪方面的法律规定。

保险监督管理法律制度是关于国家对保险业的监管方面的法律制度,如保险监管机关对保险条款、保险费率、保险公司、保险代理人、保险经纪人及其业务等方面的监督管理。

传统上,保险法属于商法的范畴。商法属于私法。但是,应该看到,现代政府对金融行业监管的强化使得保险法又具有较强的公法特征。唯应注意的是,私法特征是保险法的本质,而保险法的公法特征则是政府对经济生活,尤其是金融生活,进行干预的表现。

二、保险的要素

保险主要由三大要素构成:危险的存在、多数人参加保险以及损失的填补。

(一)危险的存在

保险须有危险存在,危险的存在是构成保险的前提条件和第一要素。没有危险,就不会有保险。这种保险危险,可能是财产危险,也可能是人身危险。相应地,保险法上的保险也就由财产保险和人身保险两大制度构成。

保险危险须具有不确定性,唯其具有不确定性,才具有保险的意义。所谓不确定性是指:

首先,危险的发生与否不确定。如果危险确定要发生,保险公司不会接受保险(因一般而言投保人交纳的保险费都低于发生保险事故时可得的保险金);如果危险确定不会发生,投保人当然也就不会参加保险。只有在两种可能性同时存在的情况下,才可能产生通过保险机制分散危险的必要。

其次,危险发生的时间不确定。也就是说,危险的发生具有偶然性。如果能够确定事件在何时发生,人们自然可以采取相应的措施以防止该危险事故所带来的损失或者最大程度减少该种损失。可能发生的危险是将来的事情,是不可预知的。过去和现在已经发生的事件或者可得而知的危险不能构成保险危险。

最后,危险发生的原因和危险发生后所导致的后果不确定。危险事故的发生原因是当事人主观意志以外的不可预料的客观现象所导致的,如果是当事人有意识促成的事件,则不能构成保

---

[1] 《保险法》于1995年6月30日第八届全国人大常委会第十四次会议通过,并于同年10月1日起实施。2002年10月28日,第九届全国人大常委会第三十次会议通过了《全国人民代表大会常务委员会关于修改〈中华人民共和国保险法〉的决定》,修改后的保险法于2003年1月1日起正式施行。2009年2月28日,第十一届人大常委会第七次会议通过了修订《保险法》的议案,修订后的《保险法》自2009年10月1日起施行。之后,《保险法》又历经2009年修订,2014年、2015年修正。

险危险。譬如,在保险法上,如果投保人、被保险人或者受益人故意造成保险事故发生,则不能获得保险赔偿。同时,这种危险事故所给人们带来的后果也为人们无法预知。正因为这种危险事故所带来的后果不可预知,所以才会有保险业务生存和发展的空间。

（二）多数人参加保险

多数人参加保险是构成保险的第二个要素。保险的经营原理是通过集合多数经济单位共同筹集资金建立集中的保险基金,用以补偿少数人的损失。这里包含了社会互助的精神,即人人为我,我为人人。这种集合危险、分散损失的机制要求参加保险的人必须是多数,只有众多的人参加保险,其所交纳的保险费才能积累成巨额的保险基金,以确保少数人的意外损失获得足额和及时的补偿。

保险将有遭受同一危险可能性的团体和个人集合成经济组织,称为保险团体。保险团体通常有两种形式:一种形式是多数经济单位集合起来共同为达到保险目的而组成的团体。这是一种相互保险组织,其互助共济的方式是直接的,他们中的每一个成员既是被保险人,也是保险人。另一种形式是以第三者为保险经营的主体,由可能遭受同一危险的单位和个人事先向其交纳一定金额的保险费,在保险事故发生后,由其给予保险金。这种保险组织形式就是保险公司,其互助共济的方式是间接的,它是通过投保人与保险人建立合同关系的方式来实现的。

（三）损失的填补

从保险的经济功能来看,它只是一种分散由于保险事故发生所给当事人带来的损失的手段,而不是从根本上消灭危险。事实上,保险也不可能消灭危险。保险的真实含义是:通过投保人与保险人建立保险合同关系,在保险有效期限内,使当事人在保险事故发生后能够从保险公司得到赔偿或者保险金。当然,这种损失赔付的获得须以投保人支付保险费为代价。由此可见,保险的直接功能就是补偿被保险人因意外事故所受到的经济损失。这是一种以较小代价换取具有更大价值的财产或者人身安全的方式。

应当注意的是,财产保险与人身保险的损失填补方式是不同的。财产保险的标的是财产或者与财产有关的利益,其损失能够用货币来衡量。因而,在财产保险中,损失的赔付是按照实际损失计算的。而人身保险的标的是人的寿命和身体,其损失难以用金钱来具体衡量。因而,其损失的赔付一般采取定额方式,一旦发生保险事故,则按保险合同约定的金额给付。

保险公司之所以向被保险人支付损失赔偿金或者保险金,是因为保险人向投保人收取了保险费。对于保险人来说,保险费的收取是保险公司之所以向被保险人支付损失赔偿金或者保险金的对价。保险人收取保险费的依据是大数法则。大数法则分为数学上的大数法则与统计学上的大数法则。保险公司通过保险分散危险,是基于统计学上的大数法则。所谓大数法则(Law of Large Numbers),又称为"大数定律"或"平均法则",是概率论主要法则之一。这一法则的意义是:在随机险象的大量重复出现中,往往呈现几乎必然的规律,这类规律就是大数法则。大数法则是近代保险业赖以建立的数理基础。根据大数法则的定律,承保的危险单位越多,损失概率的偏差越小;反之,承保的危险单位越少,损失概率的偏差越大。因此,保险人运用大数法则就可以比较精确地预测危险,合理地厘定保险费率。运用大数法则可以将个别危险单位所遭受损失的不确定性,变成多数危险单位可以预知的损失,从而使保险费的计算公平合理。

三、保险的分类

(一)财产保险与人身保险

依据保险标的不同,可分为财产保险和人身保险。

财产保险(property insurance),又称为产物保险,是指以物或者其他财产利益为保险标的的保险。财产保险有狭义和广义之分。狭义的财产保险,其标的是有形的、处于静态中的财产,如企业的厂房、设备等。广义的财产保险,其标的还包括无形财产权利和责任、处于运动中的财产,如运输中的货物、行驶中的车辆、航行中的船舶、飞行中的飞机,以及生长中的种植物和养殖物等。我国目前开办的财产保险涉及国内财产保险、农业保险和涉外保险三大类型。

人身保险(personal insurance),是指以人的生命或身体为保险标的的保险,如人寿保险、健康保险、老年保险、伤残保险等。我国目前开办的人身保险有简易人身保险、团体人身意外伤害保险、团体人身保险、养老金保险、医疗保险、学生平安保险以及涉外人身保险等。

(二)强制保险与自愿保险

依据保险实施形式不同,可分为强制保险和自愿保险。

强制保险(compulsory insurance),又称为法定保险,是指依据法律的规定而强制实施的保险,如铁路、飞机、轮船旅客意外伤害强制保险,以及车辆第三者责任保险等。强制保险多基于国家社会经济政策需要而举办,主要适用于诸如交通工具责任、产品责任、公共责任、雇工责任、职业责任等领域。

自愿保险(voluntary insurance),是指基于投保人自己的意思而进行的保险。投保人与保险人订立保险合同,应当遵循公平互利、协商一致、自愿订立的原则,除法律、行政法规规定必须保险的以外,保险公司和其他单位不得强制他人订立保险合同。

(三)单保险、共同保险、重复保险

依据保险人的人数的不同,可分为单保险、共同保险和重复保险。

单保险是指投保人以一个保险标的、一个保险利益、一个保险事故同一个保险人订立保险合同的保险。

共同保险(co-insurance),或称为共保,是指两个以上的保险人对同一笔保险业务各自承保一定的份额,或者根据保险单的规定要求被保险人分担同一保险业务中的一定份额。相应地,共同保险可分为两种不同类型:一是投保人就同一保险标的,同时与两家或两家以上的保险公司签订一份保险合同。在发生赔偿责任时,其赔款按各保险公司承担的份额比例分担。二是在不足额保险时,其不足额部分应视为被保险人自保,故这种形式的保险亦可以看作由被保险人与保险人共同承担的保险。在这种共保的情形下,当损失发生时,不足额部分由被保险人自负。

重复保险(multiple insurance),或称为复保险,是指投保人以同一保险标的、同一保险利益、同一保险事故分别向两个以上的保险人订立保险合同的保险。

(四)原保险与再保险

依据保险人的责任次序的不同,可分为原保险和再保险。

1. 原保险与再保险的概念

原保险(original insurance),又称为第一次保险,是指保险人对被保险人承担直接责任的原始保险。

再保险(reinsurance),或称为分保,又称为第二次保险,是指保险人依照保险合同的约定,将自己承保后所收取的保险费的一部分交纳给再保险人，再保险人在保险事故发生时承担一部分保险责任。简单地说，再保险就是保险的保险。《保险法》第 28 条第 1 款规定，保险人将其承担的保险业务，以分保的形式部分转移给其他保险人的，为再保险。

保险人为了避免自己承保的业务遭受巨额损失，可以将其承保的保险业务分给其他保险人一部分，使数家保险公司对同一保险事故承担责任，增加了保险的可靠性。

再保险制度的建立不仅有利于保险人赔偿责任的分担，而且有利于保护被保险人的利益。同时，也是保险公司稳健经营的要求。为此，《保险法》第 103 条规定，保险公司对每一危险单位，即对一次保险事故可能造成的最大损失范围所承担的责任，不得超过其实收资本金加公积金总和的 10%；超过的部分，应当办理再保险。

2. 原保险与再保险的关系

原保险是保险人与投保人之间的保险合同关系，而再保险则是原保险人与再保险人之间的保险合同关系，是原保险人对其所承担的风险责任进行转移的法律行为。原保险是再保险的基础，再保险人的保险责任以原保险人的责任为前提。

再保险虽然以原保险为前提，但是，再保险合同又是独立的合同。再保险合同的当事人是分出人与分入人，原保险合同的投保人、被保险人、受益人是再保险合同的利害关系人。因而，再保险人与原保险合同的投保人不发生任何直接的权利义务关系。有鉴于此，《保险法》第 29 条规定，再保险接受人不得向原保险的投保人要求支付保险费。原保险的被保险人或者受益人，不得向再保险接受人提出赔偿或者给付保险金的请求。再保险的分出人不得以再保险接受人未履行再保险责任为由，拒绝履行或者迟延履行其原保险责任。

3. 再保险合同当事人的义务

再保险合同也是一种保险合同，其当事人的权利义务与一般保险合同大致相同。这里只说明保险法上对再保险合同当事人义务的特别规定。

第一，再保险分出人的告知义务。在订立原保险合同时，应当履行告知义务的是投保人，而在订立再保险合同中，应当履行告知义务的则是原保险合同的保险人，即再保险合同的分出人。《保险法》第 28 条第 2 款规定，应再保险接受人的要求，再保险分出人应当将其自负责任及原保险的有关情况书面告知再保险接受人。原保险人告知义务的履行是再保险人据以估计危险程度、决定是否承保和决定保险费的依据。

第二，再保险接受人的保密义务。在订立再保险合同的过程中，可能涉及原保险合同投保人、被保险人、受益人以及再保险分出人的私人秘密或者商业秘密。再保险接受人对在办理保险业务中知道的投保人、被保险人、受益人或者再保险分出人的业务和财产情况及个人隐私，负有保密义务。在再保险合同中，保密的对象不仅涉及原保险合同中的投保人、被保险人和受益人，而且包括原保险合同中的保险人。

四、保险与相关概念

保险是分散危险（distribution of risk）、消化损失的一种商业活动，因此，保险又称为商业保险。保险与赌博、储蓄、捐赠、自保、社会保险有着显著的区别。

（一）保险与赌博

虽然保险与赌博都具有射倖性，然而，保险与赌博却具有根本性的区别：

第一，目的不同。保险的目的是基于人类互助合作精神，谋求经济生活的安定；赌博的目的是基于人类诈欺贪婪的恶性,侥幸图利。

第二,手段不同。保险的手段,利己不损人,应用危险分散的原则,且以精密数理的计算为基础;赌博的手段损人不利己,冒险射利,完全系于偶然机会。

第三,结果不同。保险的结果变不定(偶然事件)为一定(获得保险金),排除危险;赌博的结果变一定(原有赌本)为不定(可能侥幸赚钱,也可能血本无归),创造危险。

由此可见,保险是危险的转移或减少,赌博是危险的创造与增加。

(二)保险与储蓄

保险与储蓄都是一种经济上的准备,即将现在的一部分收入储存起来,以备将来的需要。尤其是在部分人身保险中,保险本身就具有储蓄的性质。但是,二者仍然是不同的,主要表现在如下几个方面:

第一,保险具有互助性,而储蓄则是一种自助行为。

第二,保险是集合多数经济单位所交纳的保险费,以达到共同分担危险的目的;而储蓄则为自己积累资金。

第三,保险事故发生后,被保险人或者保险受益人即可以领受保险金,以弥补其所遭受的损失;而储蓄的本金和利息则必须等待一定期限方能领取。

(三)保险与捐赠

保险与捐赠的不同之处在于:

第一,保险是一种互助行为,这种互助是通过商业化运作来实现的。而捐赠则是一种慈善救助行为,是一种公益行为,一定程度上体现的是行为人的美德。

第二,保险是双务有偿行为,即保险合同双方当事人互为对待给付,一方交纳保险费,而另一方则依照约定在保险事故发生后给付保险金;而慈善捐赠则是单方无偿行为。

第三,保险金的支付是根据被保险人的损失大小计算出来的,而且支付的形式总是体现为货币形式;而慈善捐赠的数额则由捐赠人自愿决定,而且其形式不拘泥于现金,非货币形式也无不可。

(四)保险与自保

自己保险,简称自保,是指经济单位预知在一定期间将有何种损失发生,乃自己筹集准备资金,作为危险的应对方式。保险与自己保险不同:

第一,保险是集合众人资金的互助行为;而自己保险属于个别经济单位的单独行为,是危险保留的一种特殊情形,并非危险的转移。

第二,在保险机制下,只要保险合同发生效力,在保险合同有效期限内任何时候发生保险事故,被保险人均可以获得补偿;而自己保险属于自己积累资金,积累资金时间较长,如在准备时间未能形成准备基金,即不能获得充分的填补。

第三,保险资金的运用和处分受到一定程度的限制,如保险公司在运用保险资金时,应当遵循安全稳健的原则;而自保资金可以自由处分。

(五)保险与社会保险

社会保险的实质是一种社会保障措施,是社会保障体系中的核心组成部分,主要针对劳动保险而言。社会保险是国家通过立法形式对社会成员因老弱病残等原因而丧失劳动能力或者失业待业时提供物质帮助的一种制度,如养老金制度、医疗保健制度、待业保险制度等。社会保险与商业保险的区别在于:

第一，从性质上看，社会保险是一种非营利性质的社会福利保障措施，因而，社会保险关系属于社会法调整的对象，本质上属于公法范畴。而商业保险则是一种以营利为目的的商业行为，商业保险关系属于商法调整的对象。

第二，从保险基金的来源来看，社会保险的基金源于国家、集体和个人三方面的共同集资。而商业保险的基金则来自投保人所交纳的保险费。相应地，前者个人交纳的部分较少，后者则完全由个人负担。

第三，从保险的实施对象来看，社会保险的对象是一切社会成员，是国家为它的社会成员所提供的福利保障。而商业保险的对象则是特定的被保险人，并以投保人交纳保险费为前提。

第四，从保险的目的来看，社会保险是以保障社会成员的基本生活需要为目的，而商业保险则是根据保险合同的约定以填补当事人的损失为目的。

第二节 保险危险

一、危险的概念与分类

（一）危险的概念

谚云："天有不测风云，人有旦夕祸福。"在人们日常生活中，吉凶祸福，变幻莫测，人之生老病死以及财产的毁损灭失，常常伴随着偶然事件（contingent event）而发生。这种偶然事件所具有的偶然性指的就是事件发生的可能性，即所谓的不确定性（uncertainty），这种可能性或者不确定性就是危险或者称为风险（risk）。简言之，所谓危险，就是某种损失发生的不确定性。

危险与危险事故不同。危险事故（peril），又称为危险事件，是指可能引起经济上损失的偶然事件，是损失的发生原因，如火灾、暴风雨、死亡、疾病等。保险危险是指人们无法预料并无法控制的事故，是尚未发生的保险事故。保险是针对特定的保险事故发生所造成的损失所给予当事人的补偿。保险事故，是指保险人按照保险合同的约定承担保险责任的各种事由，或者说是导致保险人依据保险合同承担保险金给付责任的事件，是已经发生了的保险危险。

危险与危险因素不同。危险因素（hazard）是指足以引起或者增加危险事故发生机会的条件。危险因素通常有实质危险因素、道德危险因素、心理危险因素三种不同的类型。

实质危险因素（physical hazard），是指某一标的所具有的足以引起或者增加损失机会的实质条件，如房屋的建筑材料、所在地点、使用目的及消防设施等，皆可以成为导致或者增加火灾的实质性因素。

道德危险因素（moral hazard），是指由于个人不诚实或者不正直的行为或者企图，故意促使危险事故的发生，以致引起损失结果或者扩大损失程度。

心理危险因素（morale hazard），是指由于行为人的粗心大意或者漠不关心，以致增加危险事故发生的机会以及损失的严重性。例如，对房屋管理不善，地下室中堆积物品太多；或者在吸烟时任意抛弃烟蒂；或者火灾发生时，心存观望，任其燃烧等，均有可能增加损失或者使损失扩大。

危险因素与保险具有密切的联系。危险的存在是发生保险的前提条件，而危险因素则是决定保险费率和确定保险赔偿的重要因素。如实质性危险因素的存在可能导致保险费率的提高；

道德危险因素的存在可能导致保险人不承担保险责任；心理危险因素的存在可能导致保险人不承担保险责任或者降低保险责任。

（二）危险的分类

根据危险的不同性质，通常可将危险区分为如下四类：

1. 主观危险与客观危险

不确定性是危险的根本特征。但是，这种不确定性又因人们的主观认识与客观认识的不同而有所不同。根据危险的不确定性是否可以测定，危险可以划分为主观危险与客观危险。

主观危险（subjective risk）是心理上的不确定性，是基于个人心理状态所衍生的主观认识。主观危险虽然可以由各种心理测验予以测定，但并无普遍接受的方法可证明其可信与有效。因而，它是一种不能测定的不确定性（unmeasurable uncertainty）。

客观危险（objective risk）则在于强调危险的客观状态（a state of world）。客观危险虽然也不确定，但在一定期间，在许多相同的不确定性之中，某一结果的发生，具有相当的规则性，而且可以相当正确地加以预测，这就是数学或者统计学中所说的概率或者称为几率或者称为或然率（probability）。因而，可以说，客观危险是一种可以测定的不确定性（measurable uncertainty）。其所谓可以测定者，就统计观念与损失结果而言，是指实际损失与预期损失比例之变化（variation）程度。唯因为危险在客观上表现为一种可以测定的不确定性，才可能有保险存在的可能性和必要性。

2. 纯粹危险与投机危险

纯粹危险（pure risk）是指仅有损失机会而没有获利机会的危险。如汽车所有人存在因碰撞而受损失的危险，假设不幸发生危险，他将立即遭受损失，如果没有碰撞事件，并无利益可言。投机危险（speculative risk）是指既有损失机会也有利益机会的危险。如价格变动对企业存货的危险，价格下跌当然将会受到损失，而价格上涨则有利可图。

在有些情况下，纯粹危险与投机危险很难截然分开。例如，发生火灾损失之不确定性，通常皆认为属于纯粹危险，但是，如果其所毁损者在经济上已经是无使用价值或者即将拆除的建筑物，对所有人来说，可因火灾的发生而免除拆除费用的负担，非但无损，而且有利，因而又具有投机危险的性质。

3. 静态危险与动态危险

静态危险（static risk）的存在，或由于自然力量的不正常变动所致，如火灾、海难等；或由于人类的错误或不当行为所致，如死亡、残废、盗窃、欺诈以及对第三人的损害赔偿等。动态危险（dynamic risk）则常常与社会经济变动有着密切关系，如人口的增加、资本的成长、技术的改良、生产效率的提高、消费者爱好的转移等。

静态危险可能形成的损失，其影响仅仅及于少数人，其结果表现为社会的纯损失。动态危险所引起的结果，其影响甚为广泛，对社会整体未必一定造成损失，或者反而有利。例如，消费者偏好的转移，对原先偏好的产品来说，其固然丧失销路；但对新近偏好的产品，反而增加了其需求。再者，静态危险事件，其发生在一定期间内比较有规律，通常多属于纯粹危险；而动态危险事件，其出现则较为不规则，包括纯粹危险与投机危险。

4. 基本危险与特定危险

基本危险（fundamental risk），其发生的原因非属个体行为，常常随着经济失调、政治变动、社会不安、巨大灾变等相关联，其结果是对多数群体有影响，且不易防范。特定危险（particular risk)，其发生多属于个别情形，其结果影响范围较小，比较容易控制，如非职业性原因所导致的死亡或者残废，财产遭受火灾或盗窃，以及对第三人财产或者身体的损害赔偿等。

基本危险与特定危险在性质上也可能发生转换。如失业事件的发生，过去视为特定危险，其为个人懒惰或无能所致。但现在则认为是整个经济结构缺乏效率的结果，应当属于社会责任，故为基本危险而非特定危险。一般地说，特定危险常常属于纯粹危险，基本危险则包括纯粹危险与投机危险。

二、危险损失与危险处理

（一）危险损失

1. 直接损失

无论企业或者家庭，都可能因为危险事故的发生而遭受损失，导致直接的不利后果。例如，机器发生爆炸而导致生产停顿；仓库存货被烧而导致商品供应减少；业主惨遭车祸而导致停止营业；因产品瑕疵而导致对消费者造成伤害的，肇事者或厂家均应依法承担赔偿责任，重大者导致破产者亦有之。

直接损失包括静态损失和动态损失两种情形：

静态损失（static loss）是指实质财产毁损灭失之损失，以及个人所得减少或者丧失所致之损失，包括财产与责任方面的损失以及人身方面的损失。

动态损失（dynamic loss），通常由于市场情况或者生产条件变化所引起，并不必然发生具体物质损失，如股票价格下跌，虽然人人受有损失，但是，股票本身仍然存在并被持有。

2. 间接损失

危险与不确定性的存在，不仅给人类社会带来直接损失，而且还会给人类社会带来间接的经济负担。

第一，准备资金呆滞。由于危险的普遍存在，任何谨慎的个人或者家庭都必须在经济上有所准备，以作为不时之需。假如每个人或者家庭都做这样的流动资金准备，将使其资金不能作灵活有效的运用，随之丧失可能增加财富与享乐的机会。

第二，投资意愿的减低。在大多数情况下，人们均可能受到恐惧心理的影响，以致对一切事务的进行颇多顾虑，尤其是对各种投资活动的意愿将大大降低。

第三，资源分配缺乏效率。经济学中的报酬递减定律适用于资源分配方面，即一定量的生产资源，如其他条件不变，其在各产业中的边际生产力，将因使用量的增加而减少。因此，在每一产业中，在所有使用资源的边际生产力相等时，全部资源达成适度的配置。否则，将使资源自边际生产力较低的产业，转移至边际生产力较高的产业，而提高生产能量。然而，这种均衡状态将因不确定性的存在而受到干扰，使大量资源流向安全性较高的产业。而对危险性较高的产业，投资者则裹足不前，乏人问津。[2] 因而无法使资源达到合理配置从而产生最大的生产力。

第四，资本形成遭受阻碍。不确定性可能阻碍资本的积累，从而导致生产的减少。投资者通常因不确定性而迟疑不决，不愿从事长期投资计划，而且不容易获得信用支持，使若干资本必须作为损失的准备，无法加以充分利用。这些情形，均足以抑制生产能量的提高，阻碍经济的成长。

---

〔2〕 参见袁宗蔚：《保险学——危险与保险》，首都经济贸易大学出版社 2000 年版，第 4 页。

(二)危险处理

人类对危险的处理可以采取各种各样的方式,包括避免、保留或承担、预防与控制、中和、转移和保险。

1. 避免

危险的避免(avoidance)是最简单的处理方式,即对于某项危险直接加以设法避免。例如,为避免经营某种业务可能遭受资本损失而不从事该种业务的经营,为避免搭乘飞机遭遇空难而改乘其他危险性较小的交通工具。

单纯地避免危险,虽然不失为一种适当的处理危险的方法,但有的危险却是无法避免的,而且凡事退而避之,安于现状,势将阻碍可能的进步。

2. 保留或承担

危险之保留或承担(retention or assumption),即当某项危险不能避免,或者因甘冒危险可获取厚利时,由自己保留所愿意承担的危险。通常在下列情形下采取危险由自己保留或承担的做法:(1)处理危险的成本大于承担危险所需要付出的代价;(2)估计某种危险可能发生的最大损失在自己承受能力之内;(3)不可能转移给他人的危险,或者不可能防止的危险;(4)缺乏处理危险的技术知识,或者疏于危险的防范,或者因判断失误而不觉察危险的存在,以至于自己承担危险所造成的损失。

3. 预防与控制

损失的预防与控制(loss prevention and control)是直接面对危险而采取行动以减少损失的发生。损失的预防,即消除或减少损失发生的原因;损失的控制,即当预防措施不能充分发挥效用,而不幸事件依然发生时,力求减轻损失的严重程度。

4. 中和

危险的中和(neutralization)是一种将损失机会与获利机会予以中和的方法。在企业经营方面,最典型的中和方法就是套购(hedge)。其操作方法是,在订立买卖契约时,为避免价格涨跌而受损失,同时进行方向相反的现货买卖与期货买卖,使损益有平均的机会。

实际上,这种中和方法,危险并未消除,它是借助于转移于他人而本身因利害抵销而免受损失。因此,这种方法只能适用于投机危险。

5. 转移

危险的转移(transfer),方法很多,上述中和亦为转移的一种。通常,危险的转移有直接与间接两种情形:直接转移,即将与危险有关的财产或业务,直接转移给其他个人或团体。主要方法有:转让(assignment)、转包(subcontract)。间接转移,即仅仅将与财产或业务有关的危险转移,而财产或业务本身并不转移。主要方法有:租赁(lease)、担保(security)、保险(insurance)。

6. 保险

在上述各种危险处理方式中,除中和适用于投机危险外,其余皆适用于处理纯粹危险,亦即可用以减免危险事故发生所导致的损失。但是,避免与保留属于消极措施,并非对危险直接有所作为。预防与控制一方面防范于事发之先,另一方面遏制于事发之中,但预防与控制仍不能全然减免损失的发生及其后果。于是必须设法在事后妥谋补救之策,经济上的准备就成为必要。

通常所采用的经济准备为储蓄(savings)。储蓄是危险保留的一种手段,但利用储蓄仅能使承担能力在时间上予以平均而已。再者,储蓄对损失所做的准备,常常不能互相配合,而只能经过一定时间,才能积累相当金额,如果损失在积累初期即已发生,就不能达到充分合理准备的目的。

因此,只有保险才能对偶然事件发生所导致损失的结果进行相对合理的准备。就购买保险的人来说,为危险的转移;就经营保险的人来说,为危险的承担与集合。经营保险的人通过危险管理(risk management)有计划合理地分散危险,消化损失。这就是人们通常所说的"无危险,无保险"。由于保险所承担的危险,主要为仅有损失机会的纯粹危险,故又进一步谓之"无损失,无保险"。

三、保险的作用

由上可知,在各种危险处理措施中,保险是管理风险、减少损失的最为重要的手段和方式之一。不仅如此,保险还具有补充国家后备、积累资金、储蓄投资、增加外汇和稳定社会等作用。

第一,保险具有管理风险、减少损失的作用。一方面,保险公司为了避免风险、减少损失,必须尽量采取各种安全预防措施。另一方面,投保人、被保险人也有防止灾害发生和损失扩大的义务。同时,保险人有权对保险标的的危险管理状况进行监督、检查,并提出改进意见。投保人、被保险人如果没有履行这一义务,有可能遭到保险公司的拒赔。这种风险管理措施毫无疑问可以大大降低危险事故发生的可能性,将损失减至最低限度。

第二,保险具有补充国家后备的作用。任何一个国家都会从国家财政中留取一部分资金作为预防各种灾害事故的后备基金。这种后备基金用途很广,必然难以满足每一个人、每一单位的需求。如果通过保险公司吸收社会保险费的方式建立保险基金来填补危险事故所造成的经济损失,则将大大减少国家财政的压力,或者说是对国家后备的补充。

第三,保险具有积累资金的作用。保险历来是筹集资金的重要渠道之一,许多重要的经济建设项目就是利用保险积累起来的资金兴建的。保险公司每年的盈余一方面用于交纳税收,另一方面转为保险总准备金积累起来。同时,还可以利用时间差将保险基金用于投资、信贷、资金拆借以使保险资金发生保值增值。

第四,保险具有储蓄投资的作用。保险经营者为了保证保险基金的安全性、流动性和收益性,势必对保险基金进行最佳的组合和最有效的运用以使资产发生保值和增值,提高承保能力和降低保险费率。

第五,保险有利于增加外汇收入。目前,在发达国家,保险的外汇收入占其外汇总收入的相当比例。我国所开展的涉外保险也增加了我国的外汇资金的积累。

第六,保险具有安定社会的作用。保险公司通过经济补偿,填补了被保险人的损失,安定了人心,稳定了社会。因而,保险往往被人称为"精巧的社会稳定器"。

第二章 保险合同总论

第一节 保险合同概述

一、保险合同的概念和特征

(一)保险合同的概念

保险的目的和功能是通过保险合同来实现的,因而,保险合同在保险法中具有重要地位。保险合同是合同的一种,合同是当事人之间设立、变更、终止民事权利义务关系的协议。《保险法》第10条规定,保险合同是投保人和保险人约定保险权利义务的协议。

保险合同体现为保险人与投保人之间的协议。在这种协议关系中,保险公司或者其他经营保险业的组织以营利为目的而经营保险事业;投保人以防止或者减少损失为目的而加入保险。为了预防危险,投保人将一定数量的保险费交付给保险人,如果危险事故发生,保险人必须依照合同的约定向被保险人或者保险受益人支付赔偿金或保险金。通过这种安排,可以将个别经济单位的危险,转移给多数经济单位构成的集合团体来承担,即由主持集合团体的当事人与个别经济单位,基于对价关系(由一方支付保险费,他方为损失补偿之承诺)订立契约,使危险因而转移,损失得以补偿,以确保个别经济单位生活的安定。

(二)保险合同的特征

保险合同具有如下几个方面的特征:

第一,保险合同是最大诚信合同。《保险法》第5条规定,保险活动当事人行使权利、履行义务应当遵循诚实信用原则。保险人的危险补偿责任在很大程度上依赖于当事人的诚实信用(bona fide/uberrimae fidei)。一方面,保险合同效力取决于投保人或者被保险人的信息披露程度;另一方面,保险标的一般情况下由被保险人控制,被保险人的任何非善意的行为均可能构成保险标的危险程度的增加或者促成保险事故的发生。因此,法律对于保险当事人的诚实信用程度的要求远远高于对一般人的要求。所以说,保险合同是最大诚信合同(utmost good faith)。诚实信用原则在保险合同中具体体现为如实告知义务、危险增加的告知义务、道德危险不保、保证、禁反言、保守秘密等几种情形:

(1)如实告知。如实告知义务是指在订立保险合同时,投保人应当将与保险标的有关的重要事实如实地告知保险人(详见后面论述)。

(2)保证。保证是在保险合同中约定的投保人担保对某一事项作为或者不作为,或者担保某一事项的真实性的明示或者默示的承诺。明示的承诺如人身保险中的投保人保证在一定时间内不出国,财产保险合同中的投保人保证不在保险标的中存放危险物品。默示承诺主要见于海上保险,如适航能力、不改变航道、具有合法性等。

(3)说明。说明的义务属于保险人的义务,它是指在订立合同时,保险人应当向投保人说明保险合同的条款内容(详见后面论述)。

(4)禁反言。禁反言是指在保险人已经放弃权利的情况下,将来不得反悔而再向对方主张权利。如财产保险合同中的投保人在订立合同时已经声明在保险标的中存放着危险物品,而保险人既不拒保,也不提高保险费。那么,今后因此所造成损失的,保险人既不能解除合同,也不能拒绝赔偿。

(5)保守秘密。保险人或者再保险接受人在办理保险业务中知道的投保人、被保险人或者再保险分出人的业务和财产情况以及个人隐私,负有保守秘密的义务。

保险人的保密义务是一种附随义务,它因订立保险合同而产生,不论保险合同是否成立,凡是因为保险合同的订立而使保险人知道的投保人或者被保险人的业务或者财产情况,保险人均应负有保守秘密的义务。这种义务不仅存在于合同订立时,而且还将持续存在于合同有效期间以及合同履行完毕之后。

保险人违反保密义务,向他人透露或者传送或者散布有关投保人或者被保险人的业务或者财产情况或者个人隐私的,应当承担法律责任。给投保人、被保险人造成损害的,应当赔偿损失。

第二,保险合同是"射幸"合同。保险合同是以机会利益为标的的合同,所以,又称为机会合同(aleatory contract)。也就是说,当事人义务的履行常常取决于机会的到来或者不确定事件的发生或者不发生。保险人承保的危险或者保险合同约定的给付保险金的条件的发生与否,均为不确定,如果危险发生或者条件具备,保险人才承担保险责任,否则,保险人就不承担保险责任。保险合同的射倖性只是针对个别或者单一保险合同而言。然而,就保险公司经营保险业务签订的保险合同整体而言,保险费率与保险赔偿金额的关系是依据大数法则计算出来的,大体上二者是保持平衡的。

第三,保险合同是附合合同。附合合同(contract of adhesion),是一种定式合同或者标准合同(standard contract),或者称为格式合同。所谓附合合同,是指保险合同的条款是由保险人单方面制订的,投保人或者只能被动地服从、接受,或者只能拒绝保险方提出的条件而成立的合同。

保险合同的附合性显然是对合同自由的一种限制,它使得投保人(被保险人和受益人)处于极为不利的地位。为了对这种情形加以平衡,《保险法》第30条规定,采用保险人提供的格式条款订立的保险合同,保险人与投保人、被保险人或者受益人对合同条款应当按照通常理解予以解释。对合同条款有两种以上解释的,人民法院或者仲裁机构应当作有利于被保险人和受益人的解释。这样的规定显然在于对处于优势地位的保险人的限制和对处于弱势地位的被保险人或者受益人的保护。

第四,保险合同是非要式合同(informal contract)。保险合同的成立只需要当事人的意思表示一致即可。通常情形下,如果当事人已经就保险条款达成协议,保险合同即可生效,即使保险事故发生在保险单或者暂保单签发之前,亦不会影响保险合同的拘束力。

第五,保险合同是双务、有偿合同。理论上一般认为,保险合同是双务合同(bilateral contract)。所谓双务合同,是指保险合同的双方当事人互享权利、互负义务。具体地说,在保险合同中,投保人依照合同的约定负担交纳保险费的义务,而保险人则对于约定的可能发生的事故因其发生所造成的财产损失承担赔偿保险金的责任,或者当被保险人死亡、伤残、疾病或者达到合同约定的年龄、期限时承担给付保险金的责任。但是,保险人仅仅在特定危险事故发生的条件下,才承担保险金给付义务。所以,又可以说,保险合同是附条件合同(conditional contract)。[1]

保险合同的有偿性(contract of consideration),是指被保险人或者受益人所获得的保险赔偿或者给付是以投保人交纳保险费为对价的;相应地,保险人所收取的保险费则以今后可能赔偿或者给付保险金为对价。

二、保险合同的当事人和关系人

(一)保险当事人

保险当事人是指订立保险合同并享有和承担保险合同所确定的权利义务的人,包括保险人和投保人。

保险人(insurer, underwriter),又称为承保人,是指与投保人订立保险合同,并承担赔偿或者给付保险金责任的保险公司。经营商业保险业务,必须是依照保险法设立的保险公司或其他依法设立的保险组织。其他单位和个人不得经营商业保险业务。

投保人(applicant for insurance),又称为要保人,是指与保险人订立保险合同,并按照保险合同负有支付保险费义务的人。

投保人可以是被保险人本人,也可以是被保险人以外的第三人。但无论属于何种情形,作为保险合同当事人一方的投保人必须具备权利能力和行为能力,对于无行为能力与限制行为能力人订立的保险合同,除了经过法定代理人或者监护人的代理或者同意外,在法律上属于无效。

(二)保险关系人

保险关系人是指在保险事故或者保险合同约定的条件满足时,对保险人享有保险金给付请求权的人,包括被保险人和受益人。

被保险人(insured),俗称"保户",是指其财产或者人身受保险合同保障,享有保险金请求权的人。被保险人可以是投保人自己,也可以是投保人以外的第三人。如果投保人为自己而订立保险合同,投保人即为被保险人。此种情形常见于财产保险合同。如果投保人为他人订立保险合同,投保人与被保险人分别存在。此种情形常见于人身保险合同。

受益人(beneficiary)是指人身保险合同中由被保险人或者投保人指定的享有保险金请求权的人,又称为保险金受领人。通常受益人只存在于人身保险合同中,在财产保险合同中,只有被保险人才享有保险金请求权,所以,除被保险人之外,不再另有受益人存在。投保人、被保险人或者第三人均可以为受益人。投保人为自己订立保险合同,受益人就是投保人自己,此时,投保人、被保险人、受益人三者合一。投保人为他人利益订立保险合同,受益人就是第三人或者被保险人。

三、保险合同条款

(一)保险合同条款概述

保险合同条款(insurance clauses)体现的是保险合同的内容,它是保险合同中规定保险责任范围和确定合同当事人权利义务及其他有关事项的合同条款。

[1] 但也有人认为保险合同是单务合同(unilateral contract),因为在保险合同有效期间,如果没有特定危险事故的发生,保险人并不承担给付义务。一般地说,德、日学者认为保险合同属于双务合同的居多,而英、美学者认为保险合同属于单务合同的居多。

保险条款可分为基本条款和附加条款。前者是指保险合同当中记载基本和必备事项的条款;后者则是指在基本条款的基础上,保险合同双方当事人对权利义务的补充规定,它通常对基本条款的内容加以扩大或者限制。例如,扩大承保责任、减少基本条款规定的除外责任或者承保范围等,以满足投保人的需要。

保险条款还可以分为法定条款和任意条款。前者是指法律所规定的在保险合同基本条款中必须列入的条款;后者则是指根据保险当事人的需要而列入的条款。如《保险法》第18条规定,投保人和保险人可以约定与保险有关的其他事项。

下面仅就对保险合同的法定条款予以说明。

(二)保险合同的主要条款

《保险法》第18条规定,保险合同应当包括下列事项:

1. 保险合同当事人及关系人的名称、住所。明确保险合同当事人及关系人对于确定保险合同权利义务的享有者和承担者至关重要,否则,保险合同上的利益和负担将无从归属。同时,明确保险合同当事人及关系人对于正确、及时地通知、催告、给付及争议的管辖和处理均具有法律意义。

2. 保险标的。保险标的(subject-matter insured)是指作为保险对象的财产及其有关利益或者人的寿命和身体。财产保险合同中的保险标的包括物质财富、物质利益、责任等有形或无形的财产及其权益;人身保险合同中的保险标的包括人的寿命和身体,实质上表现为被保险人基于生命和健康所具有的利益。保险标的只能以保险合同约定的利益为限,保险合同约定之外的利益或者保险合同明确排除的利益不构成保险标的。

3. 保险责任和责任的免除。保险责任是保险合同所确认的危险事故发生造成保险标的损失或者约定的人身保险事故发生或期限届满时,保险人应当承担的赔偿或者给付责任。保险责任可分为基本责任和特约责任。基本责任是根据保险单上的基本条款所规定的保险人应当承担的责任。特约责任是根据保险单上的附加条款所规定的保险人应当承担的责任。

4. 除外责任。责任的免除,又称为除外责任,是指根据保险合同的规定排除保险人承担责任的情形。除外责任的规定可以采取概括式的方式,也可以采取列举式的方式。在前者,凡是保险条款未列出的属于保险人应承担责任范围内的危险事故、损失费用均属于除外责任。列举式则是在保险单上具体逐一列出保险人不承担责任的情形。多数保险条款把二者结合起来。除外责任因投保险别而有所不同,但一般在下列情况下,被保险人的故意行为所导致的损失、物品的自然损耗、因战争或者罢工所造成的损失(但专门投保战争险或者罢工险的除外)、核辐射造成的损失等,保险人不承担责任。

5. 保险期间和保险责任的开始时间。保险期间(policy duration)是保险合同的有效期限,也是保险人承担保险责任的起讫时间,保险人对在保险期间内发生的危险事故所造成的损失承担保险责任。

保险责任的开始时间则是指保险人开始承担责任的某一确定的时刻。一般来说,保险责任开始于保险合同生效之时,但也有可能保险责任的开始时间与保险合同的生效时间不一致。所以,由保险合同明确规定保险责任的开始时间具有重要的法律意义。当法律或者合同对保险责任的开始时间另有规定的,应当从其规定。如《保险法》第14条的规定,保险合同成立后,投保人按照约定交付保险费,保险人按照约定的时间开始承担保险责任。

6. 保险金额。保险金额(sum insured, insured amount)是指在保险合同中所确定的投保人对保险标的实际投保的金额以及保险人承担保险金赔付的最高限额。

在定值保险合同中,保险价值〔2〕是确定保险金额的基础,保险合同中约定的保险金额必须以保险价值为限,超出保险价值约定的保险金额部分无效(但可以低额保险)。

在不定值保险合同中,则以保险标的的实际价值作为确定保险金额的基础,同样,不得超额保险。

在人身保险合同中,由于不能约定保险价值,所以,保险金额是在订立合同时由保险人和投保人约定的。

7. 保险费及支付办法。保险费(premium)是指投保人为使保险人承担保险责任而向保险人支付的费用,它是保险人承担保险责任的对价。交纳保险费是投保人的基本义务。

保险费可以一次交纳,也可以分期交纳。如果保险合同没有约定保险费交纳的办法,投保人则应当在保险合同成立时一次交纳。

8. 保险金赔偿或者给付办法。保险金(claims, amount of loss)是指在保险事故发生后或者保险合同约定的条件满足时保险人依照约定向被保险人或者受益人赔偿或者给付的保险金额。保险合同应当约定保险金的支付办法。

9. 违约责任和争议处理。违约责任是由于当事人违反保险合同所规定的义务而应当承担的法律后果。当事人还应当在保险合同中约定争议处理的方式。

10. 订立合同的年、月、日。订立保险合同的时间对于确定诸如保险合同成立及责任的开始等方面具有重要的法律意义。

四、保险利益

(一)保险利益概述

保险利益(insurable interest),或称为可保利益。《保险法》第12条第6款规定,保险利益是指投保人或者被保险人对保险标的具有的法律上承认的利益。这种法律上承认的利益具体表现为投保人或者被保险人对于保险标的所具有的一种利害关系,即投保人或被保险人因保险事故的发生而受损,或因保险事故的不发生而受益的损益关系。这种利害关系可能是金钱上的利害关系,也可能是其他利害关系。因而,检验投保人对保险标的是否具有保险利益的比较实用的标准就是看当保险事故发生时,投保人或者被保险人是否因保险事故的发生而受到损失或者不利益。如果保险事故发生,投保人或者被保险人受到损失或者不利益,则表明其对保险标的具有保险利益,否则,则表明其没有保险利益。

保险利益,因保险合同所具有的损失补偿机能的不同,可以分为积极的保险利益和消极的保险利益。

---

〔2〕 保险价值(insurable value, insured value),亦称为保险价额,即当事人在订立保险合同时约定的保险标的的价值或者在发生保险事故时保险标的所具有的价值。保险合同可以约定保险价值,也可以不约定保险价值。保险合同约定保险价值的,称为定值保险,保险合同不约定保险价值的,称为不定值保险。在定值保险中,当事人双方事先确定保险标的的价值并在保险单中记明。保险合同成立后,在有效的期限内如果发生保险事故并造成财产的全部损失时,无论保险标的的实际价值是多少,保险人都应当以合同约定的保险价值作为计算赔偿金额的依据;如果是部分损失,则按损失程度的比例进行赔偿。在定值保险合同中,除非保险人能证明投保人有欺诈行为,否则,保险人不得以保险标的的实际价值与事先约定的价值不符而拒绝赔偿。在不定值保险中,保险合同仅仅记载保险金额,而将保险标的的实际价值留待危险发生需要确定保险赔偿时才予以估算。换句话说,在不定值保险合同中,是根据保险标的实际价值估算其损失额的,并以市场价格的方法予以确定。保险价值属于财产保险合同中的专有条款,人身保险合同中的标的生命和身体无法用金钱约定保险价值。

所谓积极的保险利益,是指投保人对于保险标的原本可以享有的利益。这种利益的受损,可以通过保险而获得补偿。例如,以货物为海上保险,就是希望保障其货物在海难发生之前的财产上的利益;又如,以家属为死亡保险,就是希望保障其家属在死亡前与之共同生活的利益。假如一旦海难或死亡发生,原有利益即告消失,经济生活失去保障,则可以由保险来保障其固有的利益,如所有人利益、抵押利益、使用利益、收益利益及代偿利益等均属之。

所谓消极的保险利益,是指投保人对于保险标的原无积极利益,仅在危险事故发生时,有对他人可能负担赔偿责任的不利益。这种不利益的负担,可因保险而得以转移。例如,为他人运送货物,预防中途遇险而自己须负担赔偿责任,而订立运输责任保险合同,将其损害赔偿责任转移给保险人承担,运送者因而具有避免赔偿之消极利益。又如,雇主投保雇主责任保险,以转移其对未来雇用人遭受伤害时的经济责任。

保险利益是保险合同的效力要件之一。《保险法》第 12 条第 1 款、第 2 款规定,人身保险的投保人在保险合同订立时,对被保险人应当具有保险利益。财产保险的被保险人在保险事故发生时,对保险标的应当具有保险利益。这说明,只有对保险标的具有保险利益的人才具有投保人的资格。同时,保险利益对于防止道德危险的发生、遏制赌博行为、限制保险赔偿金额等方面均具有积极意义。

(二)财产保险的保险利益

关于财产保险中的保险利益,有如下几个问题需要讨论:一是财产保险的保险利益的构成如何;二是何人对保险标的具有保险利益;三是保险利益的存在时间如何确定。

1. 保险利益的构成

一般来说,保险利益应由适法性、经济性和确定性三个要素构成。

保险利益须具有适法性(legal interest),即必须是得到法律的承认和受到法律保护的利益才能够成为保险利益,不法利益不能成为保险利益。

保险利益须具有经济性(pecuniary interest),属于金钱上的利益,即可以用货币予以估价的利益。保险是对被保险人所遭受的经济上损失予以金钱补偿的一种制度,换句话说,保险不能对被保险人的非经济性损失,如行政处分、刑事处罚、精神创伤等,给予金钱上的补偿。一般而言,被保险人的非经济上的损失不能构成保险利益。但是人身保险中,保险利益的经济性不那么显著。

保险利益须具有确定性(definite interest)。这种确定性表现在两方面:一方面,这种利益是客观存在的利益,包括现有利益和期待利益;另一方面,这种利益必须能够用金钱加以衡量。

2. 保险利益的主体

在财产保险合同中,何人对保险标的具有保险利益?虽然我国保险法对此没有作出规定,但是,在实务上一般认为,享有保险利益的人主要包括:(1)对保险标的享有所有权的人。财产所有权人自然对其所有的财产享有保险利益。(2)对保险标的享有经营管理权的人。对保险标的享有经营管理权的人对其经营管理的财产享有法律承认的利益。(3)合法占有人,包括保管人、承租人、承包人、承揽人、承运人等。(4)对保险标的享有担保权的人,如抵押权人和留置权人。(5)期待权人。保险合同成立时,投保人对保险标的虽然没有保险利益,但成立后履行前取得保险标的的,也可以订立保险合同。

3. 保险利益的存在时间

财产保险的保险利益只要在损失发生时存在即可,无须在订立合同时就已经存在。也就是说,虽然在保险合同订立时保险利益尚未确定,但只要在损失发生时可以确定,保险合同依然有效。反之,如果合同订立时原有保险利益在损失发生时已经丧失的,保险合同即属无效。因在保险事故发生时如果投保人或者被保险人对于保险标的已经不存在利害关系,则已无可享之利益,自然无损失与补偿可言。换言之,保险事故发生时,必须有保险利益存在,投保人才有实际损失的发生,保险人也才可以据以确定补偿的程度。

(三)人身保险的保险利益

人身保险合同的订立,因投保人对于被保险人的生命或者身体具有利害关系而有保险利益存在。投保人将因保险事故的发生而遭受损失,或者因保险事故的不发生而维持原有利益。这种损失或者利益,得因保险合同的成立而获得补偿。

1. 人身保险利益存在的基础

人身保险的保险利益基于两种情况而发生:

一种情形是如果投保人以自己的生命或者身体为保险标的订立保险合同时,由于个人生活安定的保障为最大利害关系所在,当然可以之为保险利益。即使另外存在受益人,也不过是基于投保人的意志以自己为保险合同所能享受的权益转移于受益人,而为法律所认可。因此,任何人对自己的生命或者身体具有无限的保险利益。

另一种情形是投保人以他人的生命或者身体为保险标的订立保险合同时,其保险利益的存在,通常是基于如下两种情形而发生:一是爱情与亲情(love and affection)关系。投保人基于婚姻或血统而与他人有爱情或者亲情之密切利害关系者,自然可以推定其有保险利益。二是金钱利害关系(pecuniary interest)。人身保险的投保人对于他人的生命或身体所具有的保险利益,还可以基于金钱上的利害关系而存在。如个人对需要其扶养、赡养、抚养的人,企业雇主对其雇员,合伙人对其他合伙人等均具有金钱上的利害关系,因而具有保险利益。

2. 人身保险利益的主体

对于人身保险合同中的保险利益,《保险法》第 31 条规定,投保人对下列人员具有保险利益:(1)本人。本人对自己的身体和生命具有保险利益。(2)配偶、子女、父母。夫妻之间有相互扶养的义务,子女对父母有赡养的义务,父母对子女有抚养的义务。这种家庭关系构成保险利益。(3)除配偶、子女、父母以外,与投保人有抚养、赡养或者扶养关系的家庭其他成员、近亲属。例如,祖父母、外祖父母、孙子女、外孙子女、兄弟姐妹,已经形成抚养、扶养、赡养关系的,相互具有保险利益。(4)与投保人有劳动关系的劳动者。劳动者的体力和脑力劳动可以给雇主带来经济效益,所以雇主对于其雇员享有保险利益。此外,被保险人同意投保人为其订立合同的,视为投保人对被保险人具有保险利益。

3. 人身保险利益的存在时间

人身保险的保险利益必须在合同订立时存在,至于在保险事故发生时是否仍然存在保险利益,则在所不问。之所以必须在保险合同订立时存在保险利益,是为了避免投保人与被保险人并不存在密切利害关系而引起道德危险的发生而影响被保险人的生命身体的安全。之所以不必在保险事故发生时存在保险利益,是因为保险利益消失保险责任即行发生终止,这样对保单持有人则有失公平,因其将来所应得的保险金,实为过去已经交纳保险费及其利息的积累,对投保人来说,具有储蓄性质。如果在保险合同订立后,因保险利益的消失而丧失原来在保险事故发生时所应得的保险金,无异于使其权益处于不确定状态。因此,人身保险的保险利益不必限于保险事故发生时存在,如丈夫为妻子投保人身保险,该保险合同并不因夫妻关系消灭而失效。又如,债权人为债务人投保人寿保险,虽然日后债务得以清偿,仍然不影响保险合同的效力。

第二节　保险合同的订立与效力

一、保险合同的订立

(一)投保与承保

《保险法》第13条规定,投保人提出保险要求,经保险人同意承保,保险合同成立。

由此可知,订立保险合同,须经投保和承保两个阶段:投保,又称为要保,是投保人向保险人提出保险请求的单方意思表示,是订立保险合同的要约;承保是保险人承诺投保人的保险要约的意思表示,是保险人的单方法律行为。

投保要约的表现形式通常是书面的投保单。投保单,又称为要保单(application),是投保人向保险人提出的,订立保险合同的书面要约(offer)。投保单一般是由保险人准备的统一格式书据,由投保人依其所列项目逐一填写。投保书经保险人同意后,即成为保险合同的一部分。

保险人承诺的方式表现为保险单或保险凭证或暂保单的签发。《保险法》第13条同时规定,保险人应当及时向投保人签发保险单或者其他保险凭证。保险单或者其他保险凭证应当载明当事人双方约定的合同内容。当事人也可以约定采用其他书面形式载明合同内容。

保险单(insurance policy),简称保单。保险单是保险人与投保人订立保险合同的正式书面形式。保险单必须明确完整地记载保险双方的权利义务内容,它是保险合同双方当事人履行合同的依据。

一般地说,保险单内各项基本规定(条款)的内容结构包括如下四个部分:(1)声明事项(declaration),即投保人在投保书中所为的声明事项,列载于保险单中,作为保险人承保危险的依据。(2)协定承保事项(insuring agreement),即保险合同当事人的主要权利义务。(3)不保事项(exclusions),即保险人承保责任的限制或者修正。如不保的危险事故、不保的损失、不保的财产、不保的所在地,借以限制保险人所能提供的承保范围,并减少投保人保险的负担。(4)条件事项(policy conditions),即投保人或者被保险人在损失发生时为获得补偿金额所需要满足的条件,如损失发生时必须采取的行动、受损财产的估价、保险合同的解除以及对保险人的诉讼等。

保险凭证,又称为小保单,实际上是简化了的保险单,与保险单具有同等效力。保险凭证通常适用于团体保险业务、货物运输保险业务和机动车辆责任保险业务。

在订立保险合同的过程中,有时采用暂保单(binder/binding slip)的形式。暂保单是一种临时保险单,是正式保险单发出前的一种临时保险合同。从法律效力上看,暂保单与保险单具有相同的效力,但暂保单的期限较短,正式保险单一经交付,暂保单自动失效。暂保单主要适用于如下情形:(1)口头要约与承诺而成立的保险合同,应当先由保险人出具暂保单作为凭证。(2)投保人如果有急需,暂保单可以作为正式保险单签发之前,保险合同订立的证明。(3)在财产保险中,如果危险需要重新加以衡量以确保其是否合乎承保标准,或者有关投保内容尚需要进一步商洽,临时以暂保单代替正式保险单,以免正式保险单签发后再行解除合同。(4)在人寿保险中,通常没有暂保单,在正式保险单签发前,保险人对于承保的危险必须完全接受,保险合同才能发生效力。主要原因是人寿保险中途解约的情形并不多见。但有时人寿保险公司的代理人也可以在第一次收取保险费时即出具具有暂保单效力的收据(binding receipt)。

(二)订立保险合同的告知义务

告知义务,又称为声明义务或者申报义务,是指投保人在订立保险合同时,在保险人提出询问时,必须如实地就与保险标的或者被保险人有关的重要事实向保险人进行陈述的义务。告知义务是一种先合同义务,是投保人须在订立合同时履行的义务。

所谓重要事实,一般是指一切能够影响一个正常的、谨慎的保险人决定其是否接受承保,或者确定保险费率,或者是否在保险合同中需要增加特别条款的事实。具体包括保险标的本身的情况、保险标的的环境情况以及投保人或者被保险人与保险标的的利益关系等。

至于告知的形式,通常有两种:一是采用询问回答的方式,即保险人书面询问的问题都认定为"重要事实",对于保险人询问之外的问题,投保人没有主动告知义务。二是采用主动告知的方式,即投保人负有主动告知保险人与保险标的的危险状况有关的任何事实的义务。对于投保人来说,前一种方式比较宽松一些,而后一种方式则比较严格,而且具有不确定性。因为,对于何种事实是重要事实,可能投保人并不是很清楚。因而,应该说,前一种方式比较科学合理一些。我国保险法采取的是前一种方式。如《保险法》第 16 条第 1 款规定,订立保险合同,保险人就保险标的或者被保险人的有关情况提出询问的,投保人应当如实告知。但《海商法》第 222 条则规定,合同订立前,被保险人应当将其知道或者在通常业务中应当知道的有关影响保险人据以确定保险费率或者确定是否同意承保的重要情况,如实告知保险人。保险人知道或者在通常业务中应当知道的情况,保险人没有询问的,被保险人无须告知。

如实告知的意义在于:一方面,如实告知义务是诚实信用原则的具体体现,它是一种先合同义务,投保人只有履行了这种义务,保险合同才能有效成立。另一方面,如实告知义务又是保险人据以估计危险程度、决定是否承保和决定保险费的依据。因而,如果投保人没有履行如实告知义务,将会产生相应的法律后果。根据《保险法》第 16 条的规定,这种后果表现在如下几个方面:

第一,投保人故意或者因重大过失未履行前款规定的如实告知义务,足以影响保险人决定是否同意承保或者提高保险费率的,保险人有权解除合同。但该合同解除权,自保险人知道有解除事由之日起,超过 30 日不行使而消灭。自合同成立之日起超过 2 年的,保险人不得解除合同;发生保险事故的,保险人应当承担赔偿或者给付保险金的责任。

第二,投保人故意不履行如实告知义务的,保险人对于保险合同解除前发生的保险事故,不承担赔偿或者给付保险金的责任,并不退还保险费。

第三,投保人因过失未履行如实告知义务的,对保险事故的发生有严重影响的,保险人对于保险合同解除前发生的保险事故,不承担赔偿或者给付保险金的责任,但应当退还保险费。

第四,保险人在合同订立时已经知道投保人未如实告知的情况的,保险人不得解除合同;发生保险事故的,保险人应当承担赔偿或者给付保险金的责任。这也是禁反言原则的体现。

(三)订立保险合同的说明义务

说明义务,是指保险人须就保险合同的条款内容向投保人予以说明。说明义务也是一种先合同义务,是保险人在订立合同时必须履行的一项义务。

《保险法》第 17 条第 1 款规定,订立保险合同,采用保险人提供的格式条款的,保险人向投保人提供的投保单应当附格式条款,保险人应当向投保人说明合同的内容。法律规定保险人说明义务的意义在于:

第一，一般而言，商业保险合同都是由保险人提供的格式合同，合同条款由保险人事先拟定，投保人没有机会参与合同条款的拟定和协商，故无法在相关条款订立的时候充分保护自己的权益。

第二，保险合同条款具有较强的专业性，投保人不容易了解其真实含义，容易对保险条款发生误解。

鉴于上述原因，有必要要求保险人对保险合同条款加以说明。同时，要求保险人在向投保人提供的投保单中就必须附有格式条款，是为了让投保人享有充分的知情权，尽量减少双方信息不对称的情况。此外，第17条第2款规定，对保险合同中免除保险人责任的条款，保险人在订立合同时应当在投保单、保险单或者其他保险凭证上作出足以引起投保人注意的提示，并对该条款的内容以书面或者口头形式向投保人作出明确说明；未作提示或者明确说明的，该条款不产生效力。

二、保险合同的生效

保险合同的效力是指法律赋予依法成立的合同具有拘束当事人各方乃至于第三人的强制力。关于保险合同的生效要件有两种情形：一是要符合一般法律行为的效力要件，二是要符合保险法的有关特别规定。

就前者而言，《民法典》第143条规定，民事法律行为的有效要件应当包括：行为人具有相应的民事行为能力；意思表示真实；不违反法律、行政法规的强制性规定，不违背公序良俗。

就后者而言，如投保人须对保险标的具有保险利益、保险金额不得超过保险价值、以死亡为给付保险金的人身保险合同须经被保险人同意并认可保险金额、保险合同中的免责条件应当予以说明等。

关于保险法上的涉及保险合同效力的上述规定，我们将在相关部分予以讨论。这里，我们仅就如下两个问题专门讨论一下：

其一，保险合同是否以书面形式为其生效的要件？保险合同的订立，仅须双方当事人相互意思表示一致，无论口头或者书面均无不可。虽然大部分保险合同以书面作成，但口头成立的保险合同也为法律所认可。通常在口头合同成立后，即有暂保单的签发，为正式书面保险单签发前口头合同的证明。如果没有暂保单的制作，势必难以证明口头合同的存在。所以，保险单或者暂保单仅仅是经口头或者书面接洽所缔结保险合同的一种证据文书而已。《保险法》第13条规定，投保人提出保险请求，经保险人同意承保，保险合同成立。保险人应当及时向投保人签发保险单或者其他保险凭证。保险单或者其他保险凭证应当载明当事人双方约定的合同内容。当事人也可以约定采用其他书面形式载明合同内容（而非订立合同）。该条规定表明，保险合同是非要式合同，不以书面形式为其生效要件。

其二，保险费的交纳与否是否会影响保险合同的效力？投保人交纳保险费与否，并不是保险合同已经生效的证明，而是保险合同的履行问题。但法律有专门规定或者当事人有特别约定以保险费的交纳作为生效要件的情形的除外。一般地说，法律对保险合同的生效有规定的，依其规定；没有规定的，依照当事人之间的约定；法律既无规定，保险合同亦无约定，保险合同生效于合同成立之时。《保险法》第14条规定，保险合同成立后，投保人按照约定交付保险费，保险人按照约定的时间开始承担保险责任。可见，保险法并未将保险费的交纳与否作为保险合同的生效要件。但应注意的是，《海商法》第234条则规定，投保人在支付保险费前，保险人可以拒绝签发保险单证,是为法律的特别规定。但即便如此,也只是属于双务合同中的同时履行抗辩问题,而不是保险合同的效力问题。

三、保险合同的无效

保险合同可因法律规定或者当事人约定的原因而发生全部或者部分无效。从法律规定的无效保险合同来看,同样有两种情形:一是基于民法上规定的无效原因,如保险合同一方以欺诈、胁迫手段订立合同,损害国家利益;恶意串通,损害国家、集体和第三人利益;以合法形式掩盖非法目的;损害社会公共利益;违反法律、行政法规的强制性规定等。二是基于保险法上规定的原因,如超额保险、无保险利益、未经被保险人同意的死亡保险、未作说明的免责条款等。

保险合同无效,自始不发生法律效力,在发生保险合同约定的保险事故时,保险人不承担保险责任。当事人因无效保险合同取得的利益应当依照民法上对无效合同处理的原则或者予以返还(不当得利)或者予以收缴(如属恶意)。

如保险合同条款部分无效,则只发生该部分无效的后果。譬如,保险人没有对免责条款予以说明或者在格式条款中排除投保人、被保险人或者受益人依法享有的权利的,则只发生该条款无效的后果。

第三节　保险合同的变动

一、保险合同的变更

保险合同依法成立后,履行完毕之前,当事人可以变更合同。保险合同的变更可以分为两种情形:一是投保人、被保险人的变更;二是保险合同内容的变更。

投保人或者被保险人的变更属于合同的转让或者保险单的转让,投保人或者被保险人在保险合同有效期内将保险合同利益转让给第三人,实际上是合同主体的变更,但这种主体的变更一般只限于投保人或者被保险人,而保险人则往往不会发生变化。譬如,投保人或者被保险人在转移财产所有权或者经营管理权的同时将保险合同一并转让给新的财产受让人。《保险法》第 49 条规定,保险标的转让的,被保险人或者受让人应当及时通知保险人,但货物运输保险合同和另有约定的合同除外。

保险合同内容的变更是指在保险合同有效期内对保险合同的内容进行的修改或者补充,如保险标的的数量、品种的增减,用途、存放地点的变化,保险金额、保险价值、保险费的增减,船期、航程的变更以及人身保险合同中所指定受益人的变更,等等。

保险合同的变更方式亦有两种:一是协议变更;二是通知变更。

协议变更是指保险合同的变更必须经过投保人与保险人双方协商一致后,才发生保险合同变更的效力。如《保险法》第 20 条第 1 款规定,投保人和保险人可以协商变更保险合同内容。

通知变更则是指保险合同的变更无须征得保险人的同意,只需要投保人通知保险人即可发生合同变更的效力。如货物运输保险合同的转移等。

关于变更保险合同的形式,《保险法》第 20 条第 2 款规定,变更保险合同的,应当由保险人在保险单或者其他保险凭证上批改或者附贴批单,或者由投保人和保险人订立变更的书面协议。

二、保险合同的解除

(一)解除权的概念

保险合同的解除是指在保险合同成立后,基于法定的或约定的事由,保险合同当事人行使解除权从而使保险合同发生自始无效的后果的单方法律行为。保险合同成立后即具有法律约束力,当事人不得随意解除合同。当事人解除合同,应当依照法律的规定或者当事人的约定。

解除权可以分为法定解除权和约定解除权。基于法定事由解除保险合同的,为法定解除权;基于约定原因而解除保险合同的,为约定解除权。

(二)行使解除权的原则

就投保人的解除权而言,《保险法》第 15 条规定,除保险法另有规定或者保险合同另有约定外,保险合同成立后,投保人可以解除合同。也就是说,保险合同成立后,原则上,投保人可以随时解除保险合同,但须以法律或者合同无另外规定者为限。譬如,《保险法》第 50 条规定,对于货物运输保险合同以及运输工具航程保险合同,在保险责任开始后,合同当事人均不得解除保险合同。

就保险人的解除权而言,《保险法》第 15 条规定,除保险法另有规定或者保险合同另有约定外,保险人不得解除合同。也就是说,原则上保险人不得解除合同,除非法律另有规定或者合同另有约定。如保险法规定,在投保人违反如实告知义务、骗取保险金给付、故意制造保险事故、误报年龄超过限制、效力中止的保险合同超过法定期间、投保人或被保险人违反防灾减损义务、危险增加、保险标的发生部分损失等情形。

由上述可知,我国《保险法》分别对投保人和保险人做出了区别处理,即对投保人采取的是自由解除原则,而对保险人则采取的是限制解除原则。法律之所以作出这样的规定,是因为保险人是经营保险业务的专门机构,如允许其随意解除合同,势必引致其凭借解除合同手段规避赔偿责任。而投保人解除合同则仅仅属于自愿解除危险防范,或者因为投保人认为危险已无发生可能,或者因为投保人资金周转困难而无法继续维持保险。无论何种原因,投保人都有解除合同的自由。

(三)保险人解除合同的法定原因

1. 投保人违反如实告知义务

《保险法》第 16 条第 2 款规定,投保人故意或者因重大过失未履行如实告知义务,足以影响保险人决定是否同意承保或者提高保险费率的,保险人有权解除合同。

2. 被保险人或者受益人谎报发生了保险事故

《保险法》第 27 条第 1 款规定,未发生保险事故,被保险人或者受益人谎报发生了保险事故,向保险人提出赔偿或者给付保险金的请求的,保险人有权解除保险合同,并不退还保险费。

3. 投保人、被保险人或者受益人故意制造保险事故

《保险法》第 27 条第 2 款规定,投保人、被保险人或者受益人故意制造保险事故的,保险人有权解除保险合同,不承担赔偿或者给付保险金的责任。投保人已交足 2 年以上保险费的,保险人应当按照合同约定向其他权利人退还保险单的现金价值。除此之外,不退还保险费。

4. 年龄申报不实且其真实年龄不符合约定

《保险法》第 32 条规定,投保人申报的被保险人年龄不真实,并且其真实年龄不符合合同约

定的年龄限制的，保险人可以解除合同，并按照合同约定退还保险单的现金价值。

5. 效力中止的保险合同超过法定期间

《保险法》第 37 条规定，自保险合同效力中止之日起满 2 年双方未达成协议的，保险人有权解除合同。

6. 危险程度增加

《保险法》第 49 条规定，保险标的转让的，被保险人或者受让人应当及时通知保险人，但货物运输保险合同和另有约定的合同除外。

因保险标的转让导致危险程度显著增加的，保险人自收到前款规定的通知之日起 30 日内，可以按照合同约定增加保险费或者解除合同。保险人解除合同的，应当将已收取的保险费，按照合同约定扣除自保险责任开始之日起至合同解除之日止应收的部分后，退还投保人。

《保险法》第 52 条规定，在合同有效期内，保险标的的危险程度显著增加的，被保险人应当按照合同约定及时通知保险人，保险人可以按照合同约定增加保险费或者解除合同。保险人解除合同的，应当将已收取的保险费，按照合同约定扣除自保险责任开始之日起至合同解除之日止应收的部分后，退还投保人。

7. 投保人、被保险人没有履行安全防范措施

《保险法》第 51 条第 3 款规定，投保人、被保险人未按照约定履行其对保险标的的安全应尽责任的，保险人有权要求增加保险费或者解除合同。

8. 保险标的发生部分损失

《保险法》第 58 条规定，保险标的发生部分损失的，自保险人赔偿之日起 30 日内，投保人可以解除合同；除合同另有约定外，保险人也可以解除合同，但应当提前 15 日通知投保人。

合同解除的，保险人应当将保险标的未受损失部分的保险费，按照合同约定扣除自保险责任开始之日起至合同解除之日止应收的部分后，退还投保人。

（四）保险合同解除的后果

保险合同一旦解除，视为自始不发生效力，当事人所受领的利益应当返还，但法律另有规定或者保险合同另有约定不予返还的，不在此限。

三、保险合同的终止

保险合同的终止是指保险合同的效力永久性地停止从而使得保险合同规定的当事人之间的权利义务归于消灭。保险合同终止的原因有：

1. 保险合同因期限届满而终止。保险合同是一种有期限的合同，保险人只在保险合同的有效期限内承担保险责任，保险合同期限届满，保险人不再承担责任，保险合同即告终止。

2. 保险合同因保险赔偿金或者保险金的给付而终止。在保险合同有效期限内，危险事故发生或者保险事件发生，保险人依照保险合同约定给付了保险赔偿金或者保险金，保险合同终止。

3. 保险合同因解除而终止。保险合同的解除是发生保险合同终止的原因之一，保险合同解除，保险合同效力不复存在，保险合同终止。

4. 保险合同因被保险人、受益人死亡而终止。在以生存作为给付条件的人身保险合同中，被保险人或者受益人死亡，保险合同终止。

第四节 保险合同的履行

一、投保人义务的履行

（一）交纳保险费

保险合同成立后，投保人须按照约定交纳保险费。保险合同是有偿合同，投保人交纳保险费实际上是获取保险金的对价。因而，交纳保险费是投保人的主要义务之一。不同的保险条款对交纳保险费的要求有所不同，保险费可以一次付清，也可以分期支付。采取何种方式，一般由保险合同具体规定。

（二）危险事故的通知

《保险法》第21条规定，投保人、被保险人或者受益人知道保险事故发生后，应当及时通知保险人。

保险事故发生后及时通知保险人有利于保险人采取必要的措施，防止损失的扩大或者保全保险标的的残余部分；有利于保险人及时调查损失发生的原因，搜集证据、勘查现场。

（三）维护保险标的的安全

投保人或者被保险人应当以谨慎合理的注意防止保险标的发生意外事故。投保人或者被保险人发现保险标的有危险情况时，应采取积极施救措施。

《保险法》第51条规定，被保险人应当遵守国家有关消防、安全、生产操作、劳动保护等方面的规定，维护保险标的的安全。

保险人可以按照合同约定对保险标的的安全状况进行检查，及时向投保人、被保险人提出消除不安全因素和隐患的书面建议。

投保人、被保险人未按照约定履行其对保险标的安全应尽责任的，保险人有权要求增加保险费或者解除合同。

保险人为维护保险标的的安全，经被保险人同意，可以采取安全预防措施。

（四）危险增加的通知

所谓危险增加，是指订立保险合同时所未预料或未估计到的危险可能性的增加，它发生在保险合同有效期内。《保险法》第52条规定，在保险合同有效期内，保险标的的危险程度显著增加的，被保险人应当按照合同约定及时通知保险人，保险人可以按照合同约定增加保险费或者解除保险合同，被保险人未履行通知义务的，因保险标的危险程度显著增加而发生的保险事故，保险人不承担赔偿保险金责任。

（五）采取必要措施防止或者减少损失

《保险法》第57条规定，保险事故发生时，被保险人应当尽力采取必要的措施，防止或者减少损失。

保险事故发生后，被保险人为防止或者减少保险标的的损失所支付的必要的、合理的费用，由保险人承担；保险人所承担的数额在保险标的损失赔偿金额以外另行计算，最高不超过保险金额的数额。

二、保险人义务的履行

保险人的义务主要涉及在保险事故发生后的保险金的给付。保险金的给付是保险人应当履行的基本义务。在保险事故发生或者保险合同约定的条件满足时,保险人应当给付保险金。保险人收到被保险人或者受益人的赔偿或者给付保险金的请求后,对不属于保险责任的,应当向被保险人或者受益人发出拒绝赔偿或者拒绝给付保险金通知。

关于保险人的保险金的给付问题,有如下几个问题需要注意:

(一)给付期限

《保险法》第 23 条第 1 款规定,保险人收到被保险人或者受益人的赔偿或者给付保险金的请求后,应当及时作出核定;情形复杂的,应当在 30 日内作出核定,但合同另有约定的除外。保险人应当将核定结果通知被保险人或者受益人;对属于保险责任的,在与被保险人或者受益人达成赔偿或者给付保险金的协议后 10 日内,履行赔偿或者给付保险金义务。保险合同对赔偿或者给付保险金的期限有约定的,保险人应当按照约定履行赔偿或者给付保险金义务。

(二)先予支付

《保险法》第 25 条规定,保险人自收到赔偿或者给付保险金的请求和有关资料之日起 60 日内,对其赔偿或者给付保险金的数额不能确定的,应当根据已有证明和资料可以确定的最低数额先予支付;保险人最终确定赔偿或者给付保险金的数额后,应当支付相应的差额。

(三)诉讼时效

《保险法》第 26 条规定,人寿保险以外的其他保险的被保险人或者受益人,向保险人请求赔偿或者给付保险金的诉讼时效期间为 2 年,自其知道或者应当知道保险事故发生之日起计算。

人寿保险的被保险人或者受益人,向保险人请求给付保险金的诉讼时效期间为 5 年,自其知道或者应当知道保险事故发生之日起计算。

(四)违约责任

《保险法》第 23 条第 2 款规定,保险人没有及时依法或者依照保险合同履行给付保险金义务的,除继续履行支付保险金外,应当赔偿被保险人或者受益人因此所受到的损失。

(五)除外责任

除外责任是指保险人依法不承担保险责任的情形,可能是法定的,也可能是约定的。这里主要介绍法定情形:

第一,《海商法》第 224 条规定,在保险合同成立前,被保险人已知保险标的已经发生保险事故的,保险人不承担保险责任。订立保险合同,保险人可以就保险标的或者被保险人的有关情况提出询问,投保人应当如实告知。因此,《保险法》第 16 条规定,投保人故意隐瞒事实,不履行如实告知义务,或者因重大过失未履行如实告知义务,足以影响保险人决定是否同意承保或者提高保险费率的,保险人有权解除保险合同。但该合同解除权,自保险人知道有解除事由之日起,超过 30 日不行使而消灭。自合同成立之日起超过 2 年的,保险人不得解除合同;发生保险事故的,保险人应当承担赔偿或者给付保险金的责任。投保人故意不履行如实告知义务的,保险人对于保险合同解除前发生的保险事故,不承担赔偿或者给付保险金的责任,并不退还保险费。投保人因重大过失未履行如实告知义务的,对保险事故的发生有严重影响的,保险人对于保险合同解除前发生的保险事故,不承担赔偿或者给付保险金的责任,但应当退还保险费。保险人在合同订立时已经知道投保人未如实告知的情况的，保险人不得解除合同；发生保险事故的，保险人应当承担赔偿或者给付保险金的责任。

第二，《保险法》第 27 条第 2 款的规定，投保人、被保险人故意制造保险事故的，保险人有权解除保险合同，不承担赔偿或者给付保险金的责任，原则上也不退还保险费（但另有规定的除外，如《保险法》第 43 条第 1 款规定，投保人故意造成被保险人死亡、伤残或者疾病的，保险人不承担给付保险金的责任。投保人已交足 2 年以上保险费的，保险人应当按照合同约定向其他享有权利的受益人退还保险单的现金价值）。

第三，投保人、被保险人或者受益人虚报保险事故，保险人不承担保险责任。《保险法》第 27 条第 3 款规定，保险事故发生后，投保人、被保险人或者受益人以伪造、变造的有关证明、资料或者其他证据，编造虚假的事故原因或者夸大损失程度的，保险人对其虚报的部分不承担赔偿或者给付保险金的责任。

第四，《海商法》第 236 条规定，因被保险人不履行防灾减损义务而造成保险标的扩大损失的，保险人不承担保险责任。

第五，《保险法》第 52 条规定，在合同有效期内，保险标的危险程度显著增加，被保险人未履行及时通知义务的，因保险标的危险程度显著增加而发生的保险事故，保险人不承担保险责任。

第六，《海商法》第 243 条、第 244 条规定，对于保险标的因其性质或者瑕疵或者因其自然损耗而发生的损失，保险人不承担保险责任。

三、索赔和理赔

（一）索赔和理赔的概念

索赔是被保险人在保险标的出险后，按照保险合同的有关规定，向保险人要求支付赔偿金的行为。理赔是指保险人依据规定的工作程序处理被保险人所提出的索赔要求的行为。

（二）索赔程序

1. 出险通知。投保人、被保险人或者受益人知道保险事故发生后，应当及时通知保险人。出险后，投保人、被保险人或受益人应将发生保险事故的时间、地点、原因及其他有关情况尽快通知保险人并提出索赔请求。

2. 采取合理的施救、整理措施。

3. 接受检验，保护出险现场，以便保险人能够正确、迅速地处理核赔。

4. 提出索赔请求。在提出索赔请求时应提供出保险单、保险标的的原始单据、出险报告、损失鉴定证明、财产损失清单和施救整理费用等索赔单证。《保险法》第 22 条第 1 款规定，保险事故发生后，依照保险合同请求保险人赔偿或者给付保险金时，投保人、被保险人或者受益人应当向保险人提供其所能提供的与确认保险事故的性质、原因、损失程度等有关的证明和资料。

5. 领取保险金。

（三）理赔程序

1. 立案检验与现场勘查。保险人接到出险通知后，应立即核对保险单立案并派人到现场查勘，了解损失情况及原因。

2. 审查单证与审核责任。保险人须审核被保险人提供的单证是否齐全、真实；审核损失是否发生在保险有效期内，所受损失是否属于保险财产，是否在责任范围之内。《保险法》第 22 条第 2 款规定，保险人依照保险合同的约定，认为有关的证明和资料不完整的，应当及时一次性通知投保人、被保险人或者受益人补充提供有关的证明和资料。

3. 核算损失，给付赔偿。《保险法》第23条规定，保险人收到被保险人或者受益人的赔偿或者给付保险金的请求后，应当及时作出核定；情形复杂的，应当在30日内作出核定，但合同另有约定的除外。保险人应当将核定结果通知被保险人或者受益人；对属于保险责任的，在与被保险人或者受益人达成有关赔偿或者给付保险金额的协议后10日内，履行赔偿或者给付保险金义务。保险合同对保险金额及赔偿或者给付期限有约定的，保险人应当依照保险合同的约定履行赔偿或者给付保险金的义务。

保险人未及时履行前款规定义务的，除支付保险金外，应当赔偿被保险人或者受益人因此受到的损失。

任何单位或者个人都不得非法干预保险人履行赔偿或者给付保险金的义务，也不得限制被保险人或者受益人取得保险金的权利。

《保险法》第24条规定，保险人收到被保险人或者受益人的赔偿或者给付保险金的请求后并作出核定后，对不属于保险责任的，应当自作出核定之日起3日内向被保险人或者受益人发出拒绝赔偿或者拒绝给付保险金通知书，并说明理由。

4. 损余处理。受灾的保险财产有时还有一定的价值，保险公司在全部赔偿后，就有权处理损余物资，也可以将损余物资折价给被保险人，以充抵保险金。

5. 代位追偿。在财产保险中，当保险标的发生保险责任范围内的损失，而该项损失应当由第三人负赔偿责任时，投保人可以先向保险人要求赔偿，在保险人先予赔偿损失后即取得对第三者追偿的权利，这就是所谓的代位求偿权，或称为代位追索权。

四、保险赔偿中的近因原则

危险事故的发生与损失结果的形成，应有近因存在。近因是构成保险人损失补偿责任的要件之一。如果将原因的原因加以考虑，则辗转追索，将永无止境。所谓近因（proximate cause），又称为直接因果关系，是指引起连续事故而导致某种结果的主要（predominant）与有效（efficient）的原因，其原因与结果之间的连锁关系，不受其他独立与新的原因介入的影响。然而，这样的解释，在实际适用到保险方面，却常常发生困难。因为损失的发生不仅由于单一的原因，又或由于共同或连续的多种原因，而且因果关系也有连续或中断等不同情形。此外，尚或有保单中规定不保或除外危险的原因掺杂其间，使得近因原则的适用更加显示出其重要性。有鉴于此，这里特别对近因原则的适用归纳为四种情形加以分析：

（一）单一原因

如果所保危险为发生损失的唯一原因，或者为一连串原因的最后原因，如果没有除外危险掺杂其间，保险人应当对损失承担赔偿责任。例如，在伤害保险中，保险人对于直接或者间接因战争所引起的损失不承担补偿责任。相反，被保险人因参加兵役召集而被汽车碰撞受伤致死，由于战争危险（兵役召集）为其致死的远因，而汽车碰撞为其近因，所以，保险人应当承担赔偿责任。

（二）同时并存之多种原因

如果损失的发生同时存在若干原因，而且其结果不容易分别估计，在这种情况下，如果没有除外危险的规定，则只要有一种原因为被保危险，不论其他原因如何，保险人应当承担赔偿的责任。例如，某房屋在一场特大风暴中遭受雷击，同时发生火灾，致使房屋毁损，火灾保险的保险人当然应当承担责任。

但是,如果在各种原因中有一种为除外危险,而损失又是可以分别估计的,保险人对被保危险所导致的损失则只需要承担部分责任;如果损失是不能分别估计的,则保险人可以完全不承担赔偿责任。例如,因燃烧弹坠落使财产遭受火灾,其近因当然是敌对行为。火灾危险与保单中的除外危险为损失的共同原因,保险人的责任以损失能否分别估计为决定因素。

(三)连续发生之多种原因(因果关系连续)

如果损失的发生是由有因果关系的连续事故所引起,如果没有除外危险的规定,则被保危险即为损失的直接与自然的原因,保险人应当承担赔偿的责任。例如,有一装载皮革与烟叶的船舶遭遇海难,大量海水浸入,皮革腐烂,海水虽然没有直接接触包装烟叶的捆包,但由于腐烂的皮革的恶臭使烟叶的品质变坏。在这种情况下,海难为接触损失的近因,对于烟叶与对于皮革并无不同。这一案例的主要理由,即海难中海水浸入与皮革、烟叶损失之间的因果关系并未中断。

但是,如果保单中规定有除外危险,而且其在被保危险发生前即已发生,则由被保危险所引起的损失,实乃除外危险直接与自然的结果,保险人不承担赔偿的责任。例如,因地震发生而引起火灾使建筑物遭受毁损,由于地震在火灾之前已经发生,地震为火灾保险的除外危险,所以保险人对此建筑物的火灾损失不承担责任。

反之,如果保单中的被保危险发生于除外危险发生之前,则除外危险仅为前后因果关系中的一环,保险人对损失则应当承担赔偿责任。例如,伤害保单中将疾病列为除外危险,被保险人因狩猎骑马摔成重伤,倒卧山中湿地不能行动,因而导致患肺炎致死,伤害与死亡之因果关系并未因肺炎疾病的发生而中断,因此,死亡的近因为伤害而非肺炎,保险人应当承担赔偿责任。

(四)连续发生多种原因(因果关系中断)

如果危险事故的发生与损失的结果,其间的因果关系,因另有独立的新的原因介入而中断,如果没有除外危险的规定,这种新的原因如果属于被保危险,则保险人应当对损失承担赔偿责任。否则,保险人对先前原因所引起的损失不承担责任,因其因果关系已经中断。

但是,如果保单中规定有除外危险,而且其在独立的新原因介入之前已经发生,这种新的原因如果属于被保危险,则其由被保危险所导致的损失,保险人应当承担赔偿责任。例如,在玻璃保单中,火灾所导致的损失除外,当邻居发生火灾时,民众群集,其中少数暴民击破被保商店的玻璃意图抢劫,火灾为玻璃损失的远因,民众骚扰为其近因,保险人应当承担赔偿责任。

反之,如果保单中的被保危险在独立的新原因介入之前已经发生,这种新的原因如果属于除外危险,则其由除外危险所导致的损失,保险人不承担赔偿责任。例如,机动车辆意外事故发生,使伤害保险的被保险人因伤害而导致癫狂与抑郁交替症,经医治服用巴斯德林(Parstellin)。被保险人服用药物之后,又进食干酪,突然中风,据说中风是由于巴斯德林与干酪相忌作用所导致。在此案例中,食用干酪为中风的近因,也是一种替代原因,受伤应为中风的远因,保险人不承担任何责任。

第三章 人身保险合同

第一节 人身保险合同概述

一、人身保险合同的概念

《保险法》第12条第3款规定,人身保险是指以人的寿命和身体为保险标的的保险。依照这一定义,投保人向保险人支付保险费,保险人对被保险人在保险期间内因保险事故遭受人身伤亡,或者在保险期届满时符合约定的给付保险金条件时,应当向被保险人或者受益人给付保险金。

由此可见,人身保险合同不同于财产保险合同的根本点在于保险标的的不同。前者的保险标的是人的寿命和身体;后者的保险标的是财产或财产利益。与财产保险合同相比,人身保险合同具有如下特点:

(一)保险标的体现为人格化的利益

人身保险合同中的保险标的是人格化的利益。人身保险合同的保险标的是被保险人的寿命或者身体,以被保险人的寿命或者身体为存在形式的保险利益,属于被保险人的人格利益或者人身利益。这种人格化的利益具有经济价值。

人的生命具有多种价值:从宗教观念来看,人的生命可以永续,其价值无法加以估计;从社会观点来看,由于人与人之间具有各种感情联系,其价值也不可以用货币计算或者以其他东西予以代替。这种精神价值或者感情价值,都不是人身保险所保障的目标。唯一能够成为人身保险所保障的对象的,只能是人的生命上所存在的经济价值。

最初,人们订立人身保险合同的目的仅仅在于对死亡之后做准备,注重保险金额大小的选择,并未考虑被保险生命的经济价值。只是到了后来,人们才认识到人的生命与财产一样具有经济价值,能够成为价值的估价客体。所谓人的生命价值(human life value),是指人的体内所具有各种经济性力量所产生的赚钱能力(earning capacity)的货币价值,如品性、健康、教育、培训、经验、人格、勤勉、创造力以及实现经济价值的进取心等。[1] 因而,人身保险对被保险人死亡所致的金钱损失,可基于财产保险之共同原则,予以相当之补偿。

(二)保险金定额支付

保险标的的人格化,使得人身保险的保险标的不能用具体的金钱价值予以确定,从而不存在

---

〔1〕 该种观点在保险学领域首先由美国保险学学者 S. SHuebner 于1924年提出(S. SHuebner, EconomicsoflifeInsurance, 3rd. ,1995,p.5)。转引自袁宗蔚:《保险学——危险与保险》,首都经济贸易大学出版社2000年版,第637页。

确定保险金额的实际价值标准,所以,各类人身保险的保险金额只能由投保人和保险人协商确定一个固定的数额,以此作为保险人给付保险金的最高限额,在发生约定的保险事故时,保险人向被保险人或者受益人,依照保险条款给付保险金。

因此,人身保险合同中约定的保险金额不构成人身保险合同的保险标的的价值,除非保险人限定或者法律规定人身保险合同的最高保险金额,投保人可以投保任何价额的人身保险,而不会发生像财产保险中的超额保险的问题。

(三)人身保险合同的被保险人只能是自然人

人身保险合同中的被保险人是指其人身受到合同保障而享有保险金请求权的人。被保险人可以是投保人,也可以是投保人以外的人。由于人身保险合同的标的是人的寿命和身体。因此,人身保险合同的被保险人只能是自然人,法人不能成为人身保险合同的被保险人。

一般来说,被保险人可以是无民事行为能力人,但《保险法》第 33 条规定,投保人不得为无民事行为能力人投保以死亡为给付条件的人身保险,保险人也不得承保。父母为其未成年子女投保的人身保险,不受前款限制,但因被保险人死亡给付金额总和不得超过国务院保险监督管理机构规定的限额。

投保人以完全民事行为能力人为被保险人投保以死亡为给付保险金条件的合同,则必须经过被保险人的同意。《保险法》第 34 条规定,以死亡为给付条件的合同,未经被保险人同意并认可保险金额的,合同无效。但是,该法同条第 3 款亦规定了例外,这个例外就是,父母为其未成年子女投保的人身保险,则不受这一限制。

同时,《保险法》第 34 条第 2 款规定,依照以死亡为给付保险金条件的合同所签发的保险单,未经被保险人书面同意,不得转让或者质押。

(四)人身保险的保险事故涉及人的生死、身体或健康

人身保险合同的保险事故可以为任何导致保险人对被保险人或者受益人承担给付保险金责任的各种法律事实,包括被保险人生存到保险期限、被保险人在保险期限内发生死亡、伤残、疾病和分娩等。

人身保险的保险事故的发生在一定程度上说具有必然性,这典型地体现在人寿保险方面(在健康保险和意外伤害保险,其保险事故的发生则不像人寿保险那样具有必然性)。在人寿保险,一个人非生即死,具有必然性,但何时生存或者死亡则是不确定的,因此,仍然符合保险上的风险特征。

人身保险的保险事故的发生具有分散性。在人身保险中,一般情况下,不会出现大量保险标的同时遭受损失的情况,相对来说,保险事故比较分散,业务经营比较稳定。

在人身保险合同中,死亡风险随着被保险人年龄的增长而增加,被保险人年龄越大,保险事故发生的概率就越大。

(五)人身保险兼而具有保障性、储蓄性和投资性

财产保险合同的期限比较短,一般只有 1 年或者几个月。而人身保险,尤其是人寿保险,通常合同的期限比较长,少则数年,多则几十年,甚至终身。这与人身保险的目的是一致的。人身保险的目的往往在于为自己年老后或者丧失劳动能力后提供经济保障或者为了抚养或者赡养或者扶养自己身后的亲属。

人身保险合同的长期性的一个派生特点是,人身保险具有储蓄的性质。财产保险的功能在于补偿损失,而人身保险除补偿损失外,还兼而具有储蓄的性质。

因而，人寿保险的目的主要存在两个方面：一是为保障因家长死亡所致家庭损失之补偿，使其家属可以获得一定的收入，以维持生活或者偿付债务的需要；二是为储蓄资金，以为自己将来生活的需要。前者称为保障需要（protection need）；后者称为储蓄需要（savings need）。

这两种目的反映在不同的人寿保险合同中。各种形式的定期保险而言，完全是为了保障需要的目的，因定期保险并无现金价值存在，所以，不具有储蓄性质。就各种形式的终身保险而言，则兼而具有保障与储蓄的需要，一方面使被保险人终身对其家属生活有适当的保障，另一方面则可以通过储蓄机能达到保障的功能。就生死两全保险而言，则主要偏重于储蓄需要，而较少具有保障因素。原因是这种人寿保险主要是一种确定年限的储蓄合同，并附有在被保险人不能在此期间完成储蓄计划时，由保险人予以完成的保证。

人身保险合同的长期性的另一个派生特点是，可用于投资的基金较为充裕。在人身保险中，保险人可以利用其长期稳定的保险费收入进行各种投资。事实上，投资已经成为寿险公司的一项重要的业务。

（六）保险费不得强制请求

《保险法》第38条规定，保险人对人身保险的保险费，不得使用诉讼方式要求投保人支付。就投保人而言，投保人在应当支付保险费时，可以选择交纳保险费以维持合同，也可以选择不交纳保险费以终止合同。就保险人而言，当投保人不能支付保险费时，它可以解除保险合同。

（七）人身保险不适用代位求偿权

《保险法》第46条规定，人身保险的被保险人因第三者的行为而发生死亡、伤残或者疾病等保险事故的，保险人向被保险人或者受益人给付保险金后，不得享有向第三人追偿的权利，但被保险人或者受益人仍有权向第三者请求赔偿。人身保险的保险标的不存在可以用金钱衡量的保险价值，因而，人身保险不存在超额保险的问题，所以，代位求偿权不适用于人身保险。也就是说，被保险人或者受益人在获得了保险金的给付后，仍然有权利向第三者请求赔偿。

二、人身保险合同的种类

（一）人寿保险合同

人寿保险合同是指根据投保人和保险人约定，被保险人在合同规定的年限内死亡，或者在合同规定的年限届满时仍然生存，由保险人按照约定向被保险人或者受益人给付保险金的合同。人寿保险合同的标的为被保险人的寿命，保险事故为被保险人的生存或者死亡，被保险人在约定的期限内死亡，或者生存到保险期限届满时，发生保险人依约给付保险赔偿金的责任。人寿保险为定额保险，保险金额是投保人和保险人约定的保险人承担责任的限额，不反映被保险人的寿命价值。

人寿保险包括死亡保险、生存保险、生死两全保险、年金保险等。

死亡保险，是指以被保险人在保险期限内的死亡为保险事故的保险。死亡保险，依期限可分为终身保险和定期保险。终身保险是指以被保险人的终身为保险期限，不论被保险人何时死亡，保险人均给付保险金的保险。定期保险是指投保人和保险人约定一定期限为保险期间，被保险人在保险期限内死亡时，保险人给付保险金的保险。

生存保险，是指以被保险人在保险期限内的生存为保险事故的保险。在保险人生存到保险期限届满时，保险人按照合同的约定给付保险金。如果被保险人在保险期限内死亡，保险合同失效，保险人不承担给付保险金的责任。

生死两全保险,是指以被保险人在保险期限内的死亡、伤残,或者被保险人生存到保险期满为保险事故的保险。这种保险,或者以生存保险为基础而对保险金的给付附以死亡条件,或者以死亡保险为基础而对保险金的给付附以生存条件。如我国举办的儿童保险就是一种生死两全保险。

简易人身保险是一种简化了的人寿保险。依照简易人身保险合同,被保险人生存至保险期满或者被保险人在保险期限内因保险事故死亡或者伤残,保险人向被保险人或者受益人给付约定的保险金。简易人身保险的保额小,手续简便,被保险人体格免检,是一种生死两全保险。简易人身保险是一种适合于普通大众的人寿保险。

年金保险,是指在被保险人的生存期间每年给付一定金额的生存保险。但年金保险并不以生存保险为限,可以加保死亡保险。实务上,年金保险通常为生死两全保险。年金保险适合于年龄较大的人。生存保险的目的在于确保被保险人老有所养;死亡保险的目的在于保障被保险人死亡后家庭其他成员生活的安定。

(二)健康保险合同

健康保险,又称为疾病保险,是指双方当事人约定,投保人向保险人交纳保险费,当被保险人由于疾病、分娩以及由于疾病或者分娩致残或者失去劳动能力时,由保险人给付保险金的保险。健康保险具有补偿的性质,即补偿医疗费用的实际支出。但从根本上看,它仍是以人的身体健康为保险标的,其保险金额仍然是定额交付。所以,健康保险依然属于人身保险的范畴,适用保险法关于人身保险的规定。

健康保险包括医疗费给付保险、工资收入保险、业务所得保险以及残疾、死亡保险。

医疗费给付保险,是指投保人以被保险人因重大疾病而支出的大额医疗费用为保险责任范围的保险。医疗费给付保险的目的在于负责被保险人的医疗费用的支付,包括住院费、诊疗费、手术费、护理费、药费等支出。

工资收入保险,是指投保人以被保险人因疾病所致的工资收入减少为保险责任范围的保险。营业收入保险是指投保人以个体经营者或者自由职业者因其患病期间可能导致的营业所得的减少或者丧失为保险标的的保险。当劳动者由于非职业上的疾病原因丧失劳动能力又得不到任何疾病津贴,事实上遭受到工资损失、生活发生困难时,保险人即以保险金的形式向被保险人给付疾病津贴。

残疾、死亡保险,是指投保人以被保险人因疾病、分娩而致残疾、死亡后由保险人以保险金的形式向被保险人或者受益人给付生活费、教育费、婚嫁费、扶养费、赡养费和丧葬费的保险。

(三)伤害保险合同

伤害保险合同,又称为意外事故保险合同,是指投保人和保险人约定的,在被保险人遭受意外伤害或者因意外伤害而致残、死亡时,由保险人依照约定向被保险人或者受益人支付保险金的保险。伤害保险是对因为意外事故而受到伤害的人或者其家庭成员给予经济补偿的一种保险,但伤害保险合同却并非一种填补损害的合同。依照伤害保险合同,被保险人受到意外伤害或者因意外事故死亡,保险人应当支付确定金额的保险金。

伤害保险可分为普通伤害保险、团体伤害保险、旅行伤害保险、交通事故伤害保险、职业伤害保险等。

普通伤害保险,又称为一般伤害保险,是适用于被保险人为单个自然人的伤害保险。保险金的给付包括因伤害致死的死亡保险金和因伤害致残的残疾保险金,经保险合同当事人协商,普通伤害保险还可以加保医疗保险。

团体伤害保险，是指以多数被保险人为一个团体而成立的伤害保险。团体伤害保险与普通伤害保险没有实质性差别，订立团体伤害保险的目的是简化单个订立伤害保险合同的手续，减轻投保人的保险费负担。

旅行伤害保险，是指以被保险人在旅行期间所发生的意外事故为保险责任范围而成立的保险。依据旅行伤害保险合同，保险人只对被保险人旅行期间的意外事故承担责任，不对被保险人在旅行开始前或者旅行结束后发生的意外伤害负责。同时，被保险人不得随意变更预定的旅程，否则，可导致保险人不承担责任的后果。

交通事故伤害保险，是指以被保险人因为交通事故所受伤害为保险责任范围而成立的保险。交通事故保险是专门针对火车、汽车、电车、轮船、飞机等交通工具发生交通事故造成被保险人伤亡而设计的特种伤害保险。

职业伤害保险，是指投保人向保险人交纳保险费，以被保险人因为执行职务所受到的身体伤残而导致其暂时或者永久丧失劳动能力时，由保险人以给付保险金的形式补偿被保险人的医疗费用或者工资收入的保险。职业伤害保险一般采取团体伤害保险的形式。

第二节　人身保险合同的主要内容

人身保险合同的内容因法律、行政法规的统一规定而趋于标准化。这里，仅就一些具有普遍重要性的条款加以说明。

一、保单所有权

（一）保单所有权概述

保单所有权条款（ownership clause）主要适用于人身保险合同，而不适用于财产保险合同。这是因为财产保险合同大多期限比较短，保单上没有现金价值。但是，在人身保险中，由于人寿保险所具有的储蓄性，以及在许多场合下，保单所有人与受益人并不是同一个人，所以确认保单所有权就具有非常重要的意义。

保单持有人（policy holder）或者保单所有人（policy owner），是指拥有保单上各项权利的人。保单所有人是投保人与保险人在订立保险合同时产生的，可以是个人，也可以是机构。一般而言，投保人就是保单所有人。由于在保险合同中，投保人与被保险人为同一人的情形颇多，在英美保单中，常常直接称被保险人为保单持有人或者所有人。投保人也可以在订立保险合同时指定其他人，如指定其配偶或者某个信托机构作为保单所有人。

保单所有人所享有的权利包括转让保单的权利、以保单作为抵押进行贷款的权利、受领红利的权利、退保时领取退保金的权利、变更或者重新指定受益人的权利等。

（二）保单转让条款（assignment clause）

人寿保险的保单转让，与财产保险的保单转让有所不同。在财产保险中，由于财产保单的转让通常因财产转让而发生，财产转让人与财产受让人对财产所具有的保险利益未必一致，所以，保单的转让必须经过保险人的同意方才有效。人寿保险的保单转让则不然，被保险人对保单权益的处分,并不必经过保险人的同意,受让人对被保险人的生命并不必具有保险利益。

保单的转让可以分为绝对性转让(出售)和有条件转让(质押)两种,两者均可以使保单持有人的权益永久或者暂时地发生变更,影响受益人对保险金的请求权。所以,一般情况下,保单转让条款均规定,保单的转让非经被保险人以转让证书正式通知,保险人不受拘束,即保险人因不知转让的事实而将保险金给付与原受益人时,不承担错误给付的责任。此外,在保单质押的情况下,即使保险人有优先将保险金给付与受让人(质押权人)的义务时,如果保险金抵偿债务仍有剩余时,仍然应当将剩余部分给予受益人。

(三)保单质押贷款条款(policy loan clause)

人寿保险的被保险人如果有急需,但又不愿意退保而领取解约金,则可以在保单的现金价值限度内,以保单作为质押向保险公司申请贷款。

(四)红利分配条款(dividend clause)

人身保险的保单有分红保单(participating policy)与不分红保单(nonparticipating policy)之分。分红保单者,即每年有红利分配给保单持有人。这种保单最初仅由相互保险组织所签发,但现在保险股份公司也采用这种方式。

有的人身保险采用分红保单,即保险人将每期营业所得的一部分分配给被保险人。在这种情况下,被保险人将分配所得的红利如何处理,取决于红利分配选择条款(dividend option)如何规定。通常有如下方案可供选择:

1. 支付现金或者抵交保险费(cash or reduction of premium)。红利分配由被保险人直接领取现金的情况很少,通常是被保险人将红利抵交下期应交保险费。但在已经交清保险费的情况下,则可以直接领取现金。

2. 累积生息(accumulation interest)。即以红利存储于保险公司,按保证利率收取利息。被保险人享有随时领取本息的权利,或者在被保险人死亡保险事故发生时或者在解除保险合同时,由保险人将该本息退还被保险人或者受益人。

3. 增购交清保险(paid-up additions)。即以红利作为增加购买原保险单上的保险金额的保险费,保险费一次交清。这种增加购买保险金额的保险费以单纯保险费为基础,不包括附加保险费在内;而且保险金额的增购,不再需要提供可保性的证明,因而,对被保险人颇为有利。

4. 增购定期保险(term addition)。即以红利作为增加购买定期保险的保险费,但所能购买的定期保险的保险金额,以原保险单上所具有的现金价值为限,如果超过这一限度,则只能选择其他方法处理红利。

5. 生死两全保险的提前给付(accelerative endowment option)。如果是一种生死两全保险单,即以红利直接增加为保单的准备金,当准备金积累到与保单金额相等的时候,保单到期提前给付。但在被保险人死亡时,保险给付并不因之而增加,其与累积生息又有所不同。

(五)受益人指定与变更条款(appointment and change of beneficiary clause)

受益人是指人身保险合同中由被保险人或者投保人指定的享有保险金请求权的人。受益人条款是人身保险合同的专有条款,财产保险合同不存在受益人条款。

人身保险中的受益人包括原始受益人和继受受益人。原始受益人是投保人或者被保险人在订立合同时指定的,在被保险人死亡后有权领取保险金的人。继受受益人则是在原始受益人死亡的情况下有权领取保险金的人。

1. 受益人的指定(appointment of beneficiary)。《保险法》第39条规定,人身保险的受益人由被保险人或者投保人指定。投保人指定受益人时须经被保险人同意。投保人为与其有劳动关系的劳动者投保人身保险,不得指定被保险人及其近亲属以外的人为受益人。被保险人为无民事行为能力人或者限制民事行为能力人的,可以由其监护人指定受益人。

《保险法》第40条规定,被保险人或者投保人可以指定一人或者数人为受益人。受益人为数人的,被保险人或者投保人可以确定受益顺序和受益份额;未确定受益份额的,受益人按照相等份额享有受益权。在美国人寿保险中,除指定主要受益人(primary beneficiary)外,还可以指定次要受益人(或称为第二受益人 secondary or contingent beneficiary)。如果在被保险人死亡时,主要受益人已经先死亡,则可以次要受益人为保险金的受领人。通常次要受益人为未成年人,所以,还需要为其指定法定代理人或者监护人。

2. 受益人的变更(change of beneficiary)。有两种形式的受益人:不可变更受益人和可变更受益人。不可变更受益人享有确定的受益权。例如,指定配偶为不可变更受益人时,即使后来离婚或者分居,仍然无损于其对保险给付的请求权。可变更受益人对保单并无控制权,他仅仅是在保险事故发生时有权行使保险金的给付请求权。在可变更受益人的情况下,如果保单所有人需要变更受益人需要以书面通知保险人。《保险法》第41条规定,被保险人或者投保人可以变更受益人并书面通知保险人。保险人收到变更受益人的书面通知后,应当在保险单或者其他保险凭证上批注或者附贴批单。投保人变更受益人时须经被保险人同意。

二、如实告知与年龄误告

订立人身保险合同,保险人可以就被保险人的有关情况提出询问,投保人应当如实告知。在订立人身保险合同时,除了投保人须履行一般的如实告知义务外,人身保险合同中的如实告知义务集中地体现在年龄的如实申报方面。

《保险法》第32条规定,投保人必须如实申报被保险人的年龄,投保人申报的被保险人的年龄如果不真实,将会导致相应的法律后果。这就是所谓的年龄误告条款。因年龄误告所导致的不利后果表现在如下几个方面:

(一)解除合同

投保人申报的被保险人年龄不真实,并且其真实年龄不符合合同约定的年龄限制的,保险人可以解除合同,并按照合同约定退还保险单的现金价值。

(二)保险金额与保险费的调整

《保险法》第32条规定,年龄误告发生后,保险金额以及保险费应作出如下相应的调整:(1)保险费的更正、补交或者保险金的减少。投保人申报的被保险人年龄不真实,致使投保人支付的保险费少于应付保险费的,保险人有权更正并要求投保人补交保险费,或者在给付保险金时按照实付保险费与应付保险费的比例支付。(2)保险费的退还。投保人申报的被保险人的年龄不真实,致使投保人实付保险费多于应付保险费的,保险人应当将多收的保险费退还投保人。

(三)关于不可抗辩条款(non-contestable clause)

《保险法》第32条规定,投保人申报的被保险人年龄不真实,并且其真实年龄不符合合同约定的年龄限制的,保险人可以解除合同,并按照合同约定退还保险单的现金价值。保险人行使合同解除权,自保险人知道有解除事由之日起,超过30日不行使而消灭。自合同成立之日起超过2年的,保险人不得解除合同;发生保险事故的,保险人应当承担赔偿或者给付保险金的责任。保险人在合同订立时已经知道投保人未如实申报被保险人的年龄并且被保险人的真实年龄不符合合同约定的年龄限制的情况的,保险人不得解除合同;发生保险事故的,保险人应当承担赔偿或者给付保险金的责任。这里的"但书"条款在保险法上就是一种不可抗辩条款。

不可抗辩条款,又称为不可争议条款,或称为不可否认条款,或称为诈欺条款,是指投保人违反如实告知义务致使保险人有权解除保险合同或者不负给付保险金责任的,经过保险合同约定的除斥期间后,保险人不得以投保人违反该项义务而拒绝履行保险合同。这种条款通常规定,在被保险人生存期间,从保单签发之日满 2 年后,除了由于投保人欠交保险费以外,保险人不得以投保人投保时的误告、漏告、隐瞒等为由,否定保单的有效性。本条中规定自保险人知道有解除事由之日起,保险人的解除权的除斥期间为 30 日,30 日不行使,该权利即告消灭。

保险合同是最大诚信合同,要求投保人在投保时必须根据实际情况披露有关被保险人的情况,其中包括健康、年龄、经济状况等。如果投保人没有履行这种告知义务,保险人有权以此为由主张保险合同的无效。这种规定本来是为了保障保险人的正当权益。但是,在实务中,则很容易导致保险人滥用此项权利。在很多情况下,保险人为了逃避保险金的给付责任,在保险事故发生时,保险人往往以投保人告知不实为由拒绝给付保险金。这样一来,不仅对被保险人来说有失公平,而且也在很大程度上影响了保险人的声誉。

为了平衡这种利益关系,从 19 世纪开始,一些保险公司开始在保单上增加了这种不可抗辩条款,将保险人对投保人是否履行如实告知的义务提出异议的期间一般地限制在 2 年之内。在此期间内,保险人有权进行争议,并可以解除合同,超过这段时间,保险合同则成为不可争议合同。

如果保单失效后又复效的,可争议时间又重新开始,从复效时开始,经过 2 年再次成为不可争议合同。

不可抗辩条款有利于促使保险人积极地行使权利,因为,不可抗辩条款所规定的时间一般只有 2 年。因此,保险公司必须在承保前或者在承保后 2 年之内做好审核工作。如果在 2 年之内没有提出异议,保险人就不能以投保人在订立合同时没有履行如实告知义务而否定保单的有效性。

而若合同订立时,保险人已经知道投保人所陈述的被保险人的年龄不实,且其真实年龄不符合合同约定的年龄限制的情况的,完全可以不予承保以保护自己的利益。但是保险人在明知的情况下仍然予以承保,事后则不能以此为理由要求解除合同,否则将违反诚实信用原则。

《保险法》第 16 条第 3 款规定,保险人只能在知道有解除事由起 30 日内或最长至保险合同成立后 2 年内以告知不实而解除合同,2 年之后保险人丧失这种权利。从我国保险法关于不可抗辩条款的规定来看,它规定在第二章"保险合同"的"一般规定"部分,则不仅适用于人寿保险合同也适用于财产保险合同。

三、保险费及其交纳

(一)交纳保险费的方式

《保险法》第 35 条规定,投保人可以按照合同约定向保险人一次支付全部保险费或者分期支付保险费。

合同约定分期支付保险费的,投保人应当于合同成立时支付首期保险费,并应当按期支付其余各期的保险费。

（二）交纳保险费的期限

《保险法》第36条规定，合同约定分期支付保险费，投保人支付首期保险费后，除合同另有约定外，投保人自保险人催告之日起超过30日未支付当期保险费，或者超过约定的期限60日未支付当期保险费的，合同效力中止，或者由保险人按照合同约定的条件减少保险金额。

这里存在一个保险费宽限期条款（grace period clause）。所谓保险费宽限期条款，是指保险人和投保人在保险合同中约定的，允许投保人向保险人缓交保险费的期限的条款。根据这种条款，只要投保人在宽限期限内交纳保险费，就不构成违反保险合同。从上述我国保险法的规定来看，其所确定的宽限期为60日。

每一个人寿保险单，在欠交保险费时，均有一个宽限期限，在宽限期限内，保险单仍然有效。如逾期不交，则保单效力即行停止。如在宽限期限内，被保险人发生保险事故的，保险人应当按照合同约定给付保险金，但可以扣减欠交的保险费。

（三）保险合同的中止与复效

人身保险合同的中止与复效条款是指人寿保险合同约定的，在投保人不能如期交纳保险费而使保险合同效力中止的，经投保人向保险人申请并交纳保险费以求恢复保险合同效力的条款。

保险合同的中止是指保险合同的效力暂时停止，在符合法定条件或者约定条件时，可以恢复合同的效力。《保险法》第36条规定，合同约定分期支付保险费，投保人支付首期保险费后，除合同另有约定外，投保人自保险人催告之日起超过30日未支付当期保险费，或者超过约定的期限60日未支付当期保险费的，合同效力中止，或者由保险人按照合同约定的条件减少保险金额。保险合同中止后一定期限内可以申请复效。保险合同的复效只能适用于效力中止的人寿保险合同。《保险法》第37条规定，合同效力中止的，经保险人与投保人协商并达成协议，在投保人补交保险费后，合同效力恢复。但是，自合同效力中止之日起满2年双方未达成协议的，保险人有权解除合同。保险人解除合同的，应当按照合同约定退还保险单的现金价值。

四、保险金给付

（一）保险金给付及其方式选择

给付保险金，是指保险人在保险合同约定的保险事故发生时，或者其他给付保险金的条件具备时，依照保险法的规定或者人身保险合同的约定所承担的基本义务。保险人应当向被保险人或者受益人给付保险金。保险合同约定或者投保人或者被保险人指定有受益人的，在发生保险事故时，保险人应当依照约定向受益人支付保险金。

根据保险金给付选择条款（settlement options），保险事故发生，保险人应当依照约定给付保险金。被保险人对自己或者其受益人所受领的保险金给付，应当如何处理，通常有如下可供选择的方案：

1. 领取保险金给付的全部金额（lump sum option），被保险人或者其受益人因实际受领保险金给付的全部金额而使保单发生终止。

2. 固定期间分期给付（fixed period option），即在一定固定期间内，由保险人按期给付一定金额与受益人，包括给付金额及其保证利息。

3. 固定金额分期给付（fixed amount option），即每期给付金额固定不变，由保险人按给付金额及保证利息分期给付利息与受益人，直至全部给付金额的本息用尽为止。

4. 按期给付利息（interest option），即将全部给付金额存储于保险公司，受益人按期领取利息，但仍然保留随时领取全部本金的权利。

5. 终身收入（life income option），即受益人将给付金额购买终身年金，保险人按期支付一定收入，直到受益人死亡为止。

（二）除外责任条款

除外责任条款，是指人寿保险合同约定的，保险人对于被保险人的死亡或者伤残不负责任的条款。对于人寿保险合同约定的除外责任条款，在订立保险合同时，保险人应当向投保人明确说明，不作说明的，除外责任条款不发生效力。除外责任取决于各种保险条款的具体规定，这里只谈几种常见的保险人不承担责任的情形：

1. 投保人、受益人故意造成被保险人死亡、伤残或者疾病。《保险法》第 43 条规定，投保人故意造成被保险人死亡、伤亡或者疾病的，保险人不承担给付保险金的责任。投保人已交足 2 年以上保险费的，保险人应当按照合同约定向其他享有权利的人退还保险单的现金价值。受益人故意造成被保险人死亡或者伤残、疾病的，或者故意杀害被保险人未遂的，该受益人丧失受益权。

2. 被保险人自杀。《保险法》第 44 条规定，以被保险人死亡为给付保险金条件的合同，自合同成立或者合同效力恢复之日起 2 年内，被保险人自杀的，保险人不承担给付保险金的责任，但被保险人自杀时为无民事行为能力人的除外。保险人依照前款规定不承担给付保险金责任的，应当按照合同约定退还保险单的现金价值。本条中规定的是一种自杀条款（suicide clause）。自杀条款是指人寿保险合同中约定的，在被保险人自杀时，保险人应当给付保险金的条款。根据保险法，自杀条款在保险合同成立后 2 年方为有效。

人寿保险之被保险人，在投保后一定期限内自杀的，不论其神智是否清楚，保险人的责任仅以返还其已经交纳的保险费为限。因此，被保险人自杀通常被列入除外责任，主要是基于防止道德危险的发生。但是，近年来，大多数保险单均规定，如果被保险人在投保后 2 年后自杀的，保险人仍然给付全部或者部分保险金。这样规定的主要目的是使受益人不至于因被保险人的自杀而顿失生活依靠。而且自杀多属于一时冲动，很少存在在投保时即预先谋划 2 年之后再自杀的可能。再者，生命表中所依据的死亡统计中，并没有将自杀除外。

3. 被保险人故意犯罪导致其自身伤残或者死亡。《保险法》第 45 条规定，因被保险人故意犯罪或者抗拒依法采取的刑事强制措施导致其伤残或者死亡的，保险人不承担给付保险金的责任。投保人已交足 2 年以上保险费的，保险人应当按照保险单退还其现金价值。

4. 战争条款（war clause）。各保险公司对此项条款的订立存在较多差异。或者规定被保险人在服役期间内所有死亡事故绝对不予给付，或者规定被保险人由于战争致死者除外不保，但应当退还其已经交纳的保险费或者保单现金价值。这种条款通常适用于战争期间或者在将要发生战争的时期内。如在和平时期，通常并不存在这种战争除外责任条款。

（三）保险金的继承

保险人应当向被保险人支付保险金，被保险人死亡的，又没有受益人的情况下，其保险金作为被保险人的遗产，由被保险人的继承人继承。《保险法》第 42 条规定，被保险人死亡后，有下列情形之一的，保险金作为被保险人的遗产，由保险人依照《继承法》的规定履行给付保险金的义务：(1)没有指定受益人，或者受益人指定不明无法确定的；(2)受益人先于被保险人死亡，没有其他受益人的；(3)受益人依法丧失受益权或者放弃受益权，没有其他受益人的。受益人与被保险人在同一事件中死亡，且不能确定死亡先后顺序的，推定受益人死亡在先。

五、人身保险合同的解除

关于人身保险合同的解除，自然适用于保险合同解除的一般条件，这里只讨论有关人身保险合同解除的特别规定：

（一）保险人解除合同

保险人可以在如下两种情况下解除合同：

1. 投保人申报的被保险人年龄不真实，并且其真实年龄不符合合同约定的年龄限制的，且在合同订立时，保险人对此不知情者，保险人可以解除合同，并按照合同约定退还保险单的现金价值，但是自保险人知道有解除事由之日起 30 日未行使解除权或者自合同成立之日起逾两年的除外。

2.《保险法》第 37 条规定，自合同效力中止之日起两年内双方未达成协议的，保险人有权解除合同。

（二）投保人解除合同

作为一般原则，投保人在没有法律相反规定的情形下，可以随时解除合同。

（三）关于合同解除后保单上的现金价值

保险法或者保险单上通常有所谓关于不丧失价值条款（non-forfeiture options）的规定。所谓不丧失价值条款，是指投保人交纳保险费达到一定期限的，投保人请求退保时，保险单所具有的现金价值并不因此而丧失的条款。这是人寿保险的储蓄功能的体现。长期性人身保险合同，在其生效后经过一定期间，保单即具有现金价值。该种现金价值具有储蓄性质，在任何情况下，保险人不能予以没收。因而，当投保人不能继续交付保险费时，保险人应当将此项现金价值退还保单所有人，任由其加以适当之处理。

保单所有人处理现金价值的方式有三种：

1. 领取解约金（cash）。如果投保人无意继续保险合同，保单所有人可以直接领取解约金（或者退保费），保单效力即行终止。但因中途解除合同，保险人无法挽回保单初年的超支费用，故不退还责任准备金或者资产额份（asset share）的全部，必须扣除若干解约费用（surrender charge）。

2. 将原保单改为展期定期保险（extended term insurance）。在不改变原保单的保险金额的情况下将原保单的保险期限改为较短期限的定期保险，用保险单上所具有的现金价值交清保险费。同时，如果投保人停止交纳保险费超过一定期限而没有作出其他选择时，保险人可以自动将原保险单改为展期定期保险。

3. 将原保险单改为减额交清保险（reduced paid-up insurance）。在不改变保险期限和保险责任的条件下而将原保险单的保险金额减少，用保险单上所具有的现金价值交清保险费。

第四章　财产保险合同

第一节　财产保险合同概述

一、财产保险合同的概念

财产保险又称为产物保险。《保险法》第12条第4款规定,财产保险是以财产及其有关利益为保险标的的保险。根据财产保险的标的的不同,财产保险合同具体可划分为财产损失保险、责任保险、信用或者保证保险以及海上保险等不同种类。

财产保险合同除了具备一般保险合同所具有的共同特征外,它还具有其自身的一些特殊性:

第一,财产保险合同中的标的表现为特定的财产或者与财产有关的利益。财产保险合同的标的只能是财产或者财产利益,非财产及非财产利益不能作为财产保险合同的标的。由此可将财产保险合同的标的分为两大类:一是有形的物质财富,如房屋、车辆、机器设备、产品、衣物首饰等,这是财产保险最为常见、最为普遍的保险标的。二是无形的经济利益,包括现有利益与期待利益、积极利益与消极利益。其中所谓期待利益又包含因现有利益而生的期待利益和因合同所生的期待利益。前者如货物的托运人对货物托运到目的地后应得的利润、收入,可以作为货物运输保险合同的标的;后者如买卖合同的出卖人出卖货物后对买受人及时支付货款而取得的利益,可以作为保证保险合同的标的。而消极利益又称为“不受损失”利益,即免除由于事故的发生所增加的额外支出,如由于被保险人的作为而导致他人的财产或者人身受到损失或者伤害,为承担经济赔偿责任需要支付的费用,可以作为责任保险的标的。

第二,财产保险合同是一种填补损失的合同。财产保险合同以财产及与财产有关的利益作为保险的标的,由此决定了财产保险合同以补偿被保险人的实际财产损失为其唯一目的,这就是财产保险合同的损害填补原则。这种原则具体表现为:保险事故发生后,被保险人仅得按其实际所受的损害请求保险人赔偿,不得获取超过实际损失的赔偿。

第三,财产保险合同中约定的保险金额不得超过保险价值。保险价值是指保险财产的实际价值。保险标的的保险价值,可以由投保人和保险人约定并在合同中载明,也可以按照保险事故发生时保险标的的实际价值确定。

保险金额是保险人承担保险责任的最高限额,也是投保人对保险标的实际投保的金额。《保险法》第55条第3款、第4款规定,保险金额不得超过保险价值,超过保险价值的,超过的部分无效。保险金额低于保险价值的,除合同另有约定的外,保险人按照保险金额与保险价值的比例承担赔偿责任。

在财产保险合同中,保险人的保险责任以保险合同约定的保险金额为限,超过合同约定的保险金额的损失,保险人不负保险责任。

二、代位求偿权

(一)代位求偿权的概念

在财产保险中,如果事故的发生是由第三人造成的,被保险人当然有权向该责任者请求损害赔偿,为了避免被保险人获得双重赔偿,被保险人只能获得选择权。也就是说,或者被保险人可以请求保险人予以赔偿,或者被保险人可以请求第三人赔偿。如果被保险人从保险人那里获得了赔偿,那么,他须将对第三人的求偿权让渡给保险人。换句话说,对被保险人发生的保险责任范围内的损失应当负损害赔偿责任的第三人,保险人对其有代位求偿权。保险人的代位权,从广义来说,包括物权代位和债权代位。所谓物权代位,是指保险财产发生损失时,保险人依照保险合同的约定,在履行了赔偿义务时,即可取得该保险财产的所有权。实务中,保险人对损后残值的折抵、变卖以及海上保险所实行的委付等,都是物权代位的具体体现。这里所谓的代位权指的是债权代位。

《保险法》第 60 条规定,因第三者对保险标的的损害而造成保险事故的,保险人自向被保险人赔偿保险金之日起,在赔偿金额范围内代位行使被保险人对第三者请求赔偿的权利。前款规定的保险事故发生后,被保险人已经从第三者取得损害赔偿的,保险人赔偿保险金时,可以相应扣除被保险人从第三者已取得的赔偿金额。保险人依照第一款行使代位请求赔偿的权利,不影响被保险人就未取得赔偿的部分向第三者请求赔偿的权利。这就是关于保险代位权的规定。

保险人的代位权,只适用于财产保险,而不适用于人身保险。保险代位请求权的行使须注意如下几个问题:

第一,发生的保险事故必须是第三人的过错造成的,如果损失并非第三人的过错行为造成的,则不存在保险人的代位权。

第二,保险事故的发生须与第三人的过错存在因果关系。也就是说,所发生的保险责任必须是保险合同所规定的责任事故,否则,亦不存在保险人代位的问题。

第三,代位权的取得须以保险人已给付保险赔偿金为前提。在保险人未向被保险人给付保险赔偿金以前,保险人无从取得代位求偿权。只有在保险公司履行了其赔偿义务之后,被保险人对致害的第三人所享有的赔偿请求权才发生转移。如果被保险人已经从第三人处获得等于或超过保险金数额的赔偿,则可免去保险人的赔偿义务。

(二)代位求偿权放弃的后果

《保险法》第 61 条规定,保险事故发生后,保险人未赔偿保险金额之前,被保险人放弃对第三者的请求赔偿的权利的,保险人不承担赔偿保险金的责任。保险人向被保险人赔偿保险金后,被保险人未经保险人同意放弃对第三者请求赔偿的权利的,该行为无效。由于被保险人的过错致使保险人不能行使代位请求赔偿的权利的,保险人可以扣减保险赔偿金或者要求返还相应的保险金。

(三)代位求偿权的例外

《保险法》第 62 条规定,除被保险人的家庭成员或者其组成人员故意造成保险事故以外,保险人不得对被保险人的家庭成员或者其组成人员行使代位请求赔偿的权利。

(四)被保险人的协助

《保险法》第 63 条规定,在保险人向第三者行使代位请求赔偿权利时,被保险人应当向保险人提供必要的文件和其所知道的有关情况。

三、物权代位

(一)物权代位的概念

物权代位,是指在保险事故发生后,保险人支付了全部保险金额的,可以依法取得保险标的的全部或者部分权利。这一制度的理论基础是,既然保险人支付了全部保险金额,即意味着已经补偿了被保险人的损失,那么对推定损失并已经得到了补偿的但实际并未损失的保险标的就应当归保险人所有。

(二)物权代位的适用

1. 物权代位只能适用于财产保险合同,而不能适用于人身保险合同。因为只有在财产保险中才存在全部损失的问题,而在人身保险合同中则不存在这一问题。另外,人身权利也不能代位行使。

2. 保险事故已经发生。如果保险事故没有发生,则谈不上保险赔偿,更谈不上物权代位的问题。

3. 保险人支付了全部保险金额。如果保险人支付的赔偿金并非全部保险金额,则说明该种赔偿是按照保险标的的实际损失部分予以赔偿的,而且这种部分损失是实际的,并非推定的,因而,保险人不能取得保险标的的权利。

4. 保险标的实际并未全部损失。如果保险标的实际已经全部损失,则存在于该标的上的物权也就归于消灭,因而谈不上物权代位的问题。

(三)物权代位的效力

《保险法》第 59 条规定,保险事故发生后,保险人已支付了全部保险金额,并且保险金额等于保险价值的,受损保险标的的全部权利归于保险人;保险金额低于保险价值的,保险人按照保险金额与保险价值的比例取得受损保险标的的部分权利。

保险人取得保险标的的权利包括所有权、抵押权或质权等。具体来说,如果被保险人为保险标的的所有权人,则保险人取得对保险标的的所有权;如果被保险人为保险标的的抵押权人或质权人,则保险人取得对保险标的的抵押权或质权。

保险人取得对保险标的的权利是根据法律的规定直接取得的,无须取得被保险人的同意。保险人一经取得对保险标的的权利,即有权对保险标的进行自由处分。

如果保险人按照保险金额与保险价值的比例取得受损保险标的的部分权利,则该标的由保险人与被保险人按份共有,因而对该保险标的的处分须根据按份共有的规定进行,即按份共有人在出售或者转让自己的份额时,其他共有人在同等条件下有权优先购买或者受让。

四、委付

(一)委付的概念

委付是指投保人(被保险人)将保险标的物的一切权利转移于保险人,从而得以请求支付保险金额的权利,或者说在保险标的物发生推定全损时,由被保险人将保险标的物的所有权转让给保险人,而向保险人请求赔付全部保险金额的做法。委付是海上保险中的一项制度。在海上保险中,委付常常作为处理保险标的损失的一项手段。按照委付制度,当保险标的虽然没有达到全损,但有全部损失的可能;或者其修复费用将超过保险财产本身价值时,被保险人可以将其残余价值或利益或者标的物上的一切权利表示愿意转移给保险人,从而要求推定全损给予赔偿。

(二)委付的适用

1. 保险标的物发生推定全损。所谓推定全损,是指船舶或者货物发生保险事故后,认为实际全损已经不可避免,或者为了避免船舶发生实际全损所需要支付的费用超过保险价值,或者为了避免货物发生实际全损所需要支付的费用(用于继续将货物运送至目的地的费用总和)超过保险价值。

2. 委付请求不得部分委付或者附带任何条件。委付应就保险标的物的全部提出请求,而不能仅就一部分标的物请求委付,另一部分标的物不予委付,因为委付是以推定全损为前提。同时,委付也不得附带条件。例如,被保险人在提出委付的同时有附带条件:日后船舶如果能够修复,则愿意返还所受领的保险金而要求返还船舶。像这样的附带条件就是不允许的。

3. 委付须经保险人同意。保险人可以接受委付,也可以拒绝接受委付。但是委付一经保险人接受,便不得撤回。保险人应当在接到委付通知后的合理期限内将接受或者拒绝接受委付的决定通知被保险人。保险人采取措施减少标的物的损失的,不得视为保险人接受委付。保险人拒绝接受委付的,不影响被保险人的索赔权利。

4. 权利义务概括转移。保险标的物一经委付,保险人不仅取得了对保险标的物的权利,而且同时取得了保险标的物上所负担的义务。《海商法》第 250 条规定,保险人接受委付的,被保险人对委付财产的全部权利和义务转移给保险人。据此规定,保险人接受委付的,不仅取得对委付财产的全部权利,同时也要承担委付财产上的全部义务。保险人对委付财产权利的行使包括对有过错的第三人的代位求偿权。

(三)委付与物权代位的区别

委付是一种特殊物权代位,但是,它与一般物权代位仍然有一定区别:其一,委付可以发生在保险人赔付全部保险金额之前,而物权代位则只能发生在保险人支付了全部保险金额之后。其二,委付及于保险标的物的全部,而不论保险金额与保险价值的大小。而物权代位则要考虑保险金额与保险价值的大小,即保险金额等于保险价值的,受损保险标的的全部权利归于保险人;保险金额低于保险价值的,保险人按照保险金额与保险价值的比例取得受损保险标的的部分权利。

五、重复保险

所谓重复保险,是指投保人在同一时间对同一保险标的、同一保险利益、同一保险事故分别向两个以上保险人订立内容相同的保险合同的保险。如在货物运输保险中,有时就会发生既在卖方所在地保险公司投保,又在买方所在地保险公司投保的现象。重复保险在实质上其保险标的、保险利益和保险事故具有同一性,而且保险期限相同或者重复。

在重复保险中,投保人负有通知的义务。《保险法》第 56 条第 1 款规定,在重复保险中,重复保险的投保人应当将重复保险的有关情况通知各保险人。这里所说的“有关情况”,应当包括保险人的名称和住所、保险标的、保险价值、保险金额、保险费、保险责任、保险期限等情况。作为一项义务,投保人应当履行,否则,保险人有权解除保险合同或者不承担保险责任。

根据保险补偿原则,在重复保险中,被保险人不能获得超过保险价值的赔偿。为了防止被保险人获得超额赔偿,除合同另有约定外,法律对重复保险实行责任分摊原则。《保险法》第 56 条第 2 款规定,各保险人的赔偿金额的总和不得超过保险价值。除合同另有约定外,各保险人按照其保险金额与保险金额总和的比例承担赔偿责任。这说明我国保险法所规定的分摊方式是一种比例分摊方式。当然,法律还允许合同另外约定其他方式。常见的其他方式如限额原则或顺序原则。前者是指假定在没有重复保险的情况下,各家保险公司按单独应负的最高赔偿限额与各家保险公司应负最高赔偿限额总和的比例分摊责任。后者则是指首先由先承保的保险人负责赔偿,第二个承保的保险人只负责超出第一个保险人的保险金额部分,如果仍然有超出部分,则由其他承保的保险人再依次序赔偿。

第二节　财产损失保险合同

一、企业财产保险合同

(一)企业财产保险合同的概念

企业财产保险合同,是指企业作为投保人以其自己所有或者经营管理的财产或者以与其有利害关系的他人的财产为保险标的,向保险人交纳保险费,由保险人依照约定负担被保险财产的毁损、灭失风险责任的保险合同。

(二)企业财产保险合同的标的

企业财产保险合同的标的可以是有形之动产或者不动产作为可保财产,但必须以投保人或者被保险人对这种可保财产具有保险利益为限。这种保险利益表现为:或者为投保人所有,或者为投保人经营管理,或者与投保人有利害关系,如其所保管的他人的财产或者代销财产或者信托财产等。具体表现为如下财产:(1)房屋、建筑物及附属装修设备;(2)建造中的房屋、建筑物和建筑材料;(3)机器及设备;(4)工具、仪器及生产设备;(5)交通运输工具;(6)管理用具及低质易耗品;(7)原材料、半成品、在产品、成产品、特种库存商品;(8)账外或摊销的财产等。

(三)不保财产

如果有些财产或者其价值难以估价或者风险率非常高或者为法律所禁止,则不能成为企业财产保险合同的标的,这样的财产称为不保财产。具体地说,在企业财产保险中,下列财产不在企业财产的保险范围内:(1)土地、矿藏、森林、水产资源以及未经收割和收割后尚未入库的农产品;(2)货币、票证、有价证券、文件、账册、图表、技术资料以及无法鉴定其价值的财产;(3)违章建筑、非法占用以及正处于危险状态下的财产;(4)在运输过程中的物资。

(四)保险费、保险金额、保险期限

1. 保险费

在企业财产保险中,原则上,投保人应当依照保险合同的约定在企业财产保险合同成立后向保险人一次付清全部保险费。个别特殊情形可以分期支付。

2. 保险金额

企业财产保险合同中的保险金额由投保人和保险人按照实际价值协商确定。在保险期限内,如果被保险财产的价值发生变化而需要增加或者减少保险金额时,被保险人应当向保险人办理保险金额的批改手续。

3. 保险期限

企业财产保险的保险期限从保险合同约定的起保当日的零时起算,至保险期满之日的24时终止。保险期届满时需要继续保险的,应当办理续保手续。在保险期间,被保险财产发生部分损失的,被保险人可以就该部分损失提出赔偿请求。保险人给付保险赔偿金额后,保险合同继续有效,但其保险金额应当由保险人出具保险批注相应减少,保险费不退。

(五)保险责任

保险人承担被保险财产的风险责任范围包括:(1)火灾、爆炸;(2)雷击、暴风、龙卷风、暴雨、洪水、海啸、地陷、崖崩、雪灾、雹灾、冰凌、泥石流;(3)空中运行物体的坠落;(4)"三停",即被保险人的供电、供水、供气设备因上列灾害或者事故遭受损害,以致引起停电、停水、停气直接造成被保险财产的损失;(5)在发生保险事故时,为了抢救财产或者防止灾害蔓延,采取合理的必要措施而造成被保险财产的损失。

(六)除外责任

保险人不承担保险责任的除外责任范围包括:(1)战争风险、军事行动或暴力行为;(2)核风险;(3)道德风险、间接损失、保险标的自身瑕疵、未经采取防护的暴风、雨、雪损失;(4)当事人之间特约的其他事件。

在发生保险事故后,被保险人应当在法定期限内向保险人提出索赔请求,否则,其权利因不及时行使而消灭。保险人在收到被保险人的索赔请求后,应当依照保险合同的约定及时审核单据,予以赔偿。

二、家庭财产保险合同

(一)家庭财产保险合同的概念

家庭财产保险合同是指保险人以被保险人的家庭财产为保险标的,在保险标的发生保险事故而受损失时,依照保险合同的约定承担赔偿责任的保险合同,包括家庭财产个人保险合同、家庭财产团体保险合同和家庭财产两全保险合同。

家庭财产个人保险合同是指城乡居民以其自有的家庭财产为保险标的,向保险人支付一定数额的保险费,在被保险财产发生保险合同约定的损失时,由保险人负责赔偿损失的保险。

家庭财产团体保险是指城乡居民(被保险人)的所在单位(投保人)以被保险人自有的、共有的或者照管的家庭财产为标的,以集体为单位向保险人支付一定数额的保险费,在被保险财产发生保险合同约定的损失时,由保险人向被保险人负责损害赔偿的保险。

家庭财产两全保险是指以城乡居民(被保险人)的所在单位(投保人)以被保险人自有的、共有的或者照管的家庭财产为标的,以集体为单位向保险人交纳一定数额的保险储备基金,在被保险财产发生保险合同约定的损失时,由保险人向被保险人负责损害赔偿,并在保险期届满时向被保险人退还保险储备基金的保险。家庭财产两全保险仍然是一种集体保险合同,但与家庭财产团体保险合同不同的是,这种合同兼而具有保险和储备两方面的作用。其保险方面的作用表现为,如果保险事故发生,则保险人应当承担保险责任。其储备方面的作用表现为,在保险期限届满时,保险人则须向被保险人退还保险储备基金。

(二)家庭财产保险的标的

家庭财产保险的可保范围包括:(1)房屋及其附属设备;(2)衣服、卧具、家具、家用电器、文化娱乐用品、交通工具等生活资料;(3)农村家庭的农具、工具、已经收获的农产品、副业产品、家禽;(4)个体劳动者的营业用器具、工具、原材料、商品;(5)被保险人与保险人的特别约定。

但下列财产不在家庭财产保险范围之内:金银、首饰、珠宝、货币、有价证券、票证、邮票、古玩、字画、文件、账册、技术资料、图表、家禽、花、树、鱼、鸟、盆景以及其他无法鉴定价值的财产,以及正处于危险状态的财产。

(三)保险期限、保险金额、保险费

家庭财产保险期限以约定起保当日0时起至保险到期日24时止。期满续保,另办手续。

保险金额由被保险人根据保险财产的实际价值自行确定,并按照保险单上规定的保险财产项目分别列明。

保险费按约定方法交纳。

(四)保险责任

1. 基本责任

基本责任包括:火灾、爆炸、雷电、冰雹、雪灾、洪水、海啸、地陷、突发性滑坡、崖崩、龙卷风,空中运行物体的坠落,以及外来建筑物和其他固定物体的倒塌所造成的保险财产损失;因暴风和暴雨使房屋重要结构倒塌所造成的损失;以及防止灾害和因施救、保护保险财产所采取措施而造成的损失和支付的费用等。

2. 特约盗窃责任

特约盗窃责任是经被保险人和保险公司双方特别约定的基本责任之外的附加责任。凡是置放在保险地址室内或者院内的保险财产遭受盗窃的损失,由保险人负责赔偿。

(五)除外责任

保险人不承担保险责任的范围包括:(1)战争风险、军事行动或暴力行为;(2)核辐射和污染;(3)被保险人及其家庭成员的故意行为;(4)电机、电器设备因使用过度或者超电压碰线、弧花、走电、自身发热等原因所造成的损失;(5)堆放在露天及帐篷下的保险财产以及用芦席、稻草、油毛毡、麦秆、芦苇、帆布等材料为外墙、屋顶、屋架的简陋棚,由于暴风雨所造成的损失;(6)虫蛀、鼠咬、霉烂、变质,以及其他不属于保险责任范围内的损失。

三、运输工具保险合同

运输工具保险合同是指运输工具的所有人或者经营管理人以运输工具作为保险标的,向保险人交纳一定数额的保险费,保险人根据约定在保险事故发生时承担保险责任的合同,包括机动车辆保险、船舶保险、飞机保险以及其他工具保险,如铁路机车保险、卫星保险、自行车保险等。

(一)机动车辆保险

机动车辆保险是指机动车辆所有人或者使用人向保险人支付保险费,在被保险车辆发生保险合同约定的损失,或者在被保险人或者被保险人允许的持有驾驶执照的人使用被保险车辆过程中,致使第三人发生保险合同规定范围内的损失因而被保险人应当对受害人承担损害赔偿责任时,保险人依照约定承担保险责任的保险。机动车辆保险所承保的是车辆损失险和第三者责任险。机动车辆保险一般包括汽车保险、摩托车保险和拖拉机保险等。

(二)船舶保险

这里所谓的船舶保险是指国内船舶保险,关于海上船舶保险,属于海上保险的内容。国内船舶保险是指船舶的所有人或者共有人以其所有或者共有的船舶为保险标的而成立的保险合同。这种保险合同的被保险人为保险船舶的所有人或者共有人。

保险标的为船舶的船体、机器和设备以及特约的附属设备等,但是,正在建造或者修理中的船舶、试航的船舶、石油钻探船舶、失去航行能力的船舶以及从事捕捞作业的船舶，不能投保国内船舶保险。

保险危险为船舶碰撞、意外事故和其他自然灾害。保险责任为船舶及其设备本身的损失或者损害以及因船舶碰撞而发生的第三者责任，保险赔偿的范围以保险标的所发生的保险责任范围内的实际损害为限。

（三）飞机保险

飞机保险是指飞机所有人或者其他有利害关系的人与保险公司订立的保险合同。飞机保险为综合保险，主要包括飞机机身险和因使用飞机造成的第三者责任险以及旅客法定责任险。

机身险。飞机在飞行或滑行中以及在地面上，不论任何原因（不包括除外责任），造成飞机及其附件的意外损失或损坏，以及因意外引起的飞机拆卸重装和运输以及清除残骸的费用。

第三者责任险。由于飞机或从飞机上坠人、坠物造成第三者的人身伤亡或财物损失，应由被保险人负担的赔偿责任，但被保险人及其支付工资的机上和机场工作人员的人身伤亡或财物损失除外。

旅客法定责任险。由于旅客在乘坐或上下飞机时发生意外，造成旅客的人身伤亡或所携带和业经交运登记的行李、物件的损失，以及对旅客、行李或物件在运输过程中因延迟而造成的损失，根据法律或合同应由被保险人负担的赔偿责任。

四、货物运输保险合同

货物运输保险是指货物的托运人向承运人交运货物时，向保险人支付保险费，在被保险货物发生保险合同约定损失时，由保险人负责赔偿损失的保险。货物运输保险的目的在于补偿被保险货物在运输过程中因自然灾害或者意外事故所造成的经济损失，以加强对运输货物的安全防损工作。货物运输保险合同适用于所有的货物运输，包括水路货物运输、公路货物运输、铁路货物运输、航空货物运输以及海洋货物运输等方面的保险。

货物运输保险的投保人为办理货物运输的托运人，被保险人为托运人或者收货人。保险标的为运输承运人同意承运的货物，保险事故以被保险货物在运输以及存放过程中的意外事故为限。在发生保险事故时，保险人向被保险人承担保险责任。保险责任自被保险货物离开起运地点的仓库或者储存处所时起算至到达目的地收货人的仓库或者储存处所时终止；如果未到达收货人的仓库或者储存处所，则其最长责任有效期以被保险货物在卸离最后运输工具的规定时间为限。

五、农业保险合同

农业保险合同是指农业生产者以其种植的农作物或者养殖的畜禽等为保险标的，向保险人支付保险费，并同保险人约定，在被保险农作物因保险责任范围内的原因欠收或者毁损时，或者被保险畜禽等因保险责任范围内的原因发生死亡时，由保险人给付保险赔偿金的保险。

农业保险合同可以分为农作物收获保险和养殖业保险两大类。

农作物收获保险是指以处于生长期的各类粮食、经济作物和园艺作物为保险标的的保险。农作物保险的主要形式有棉花种植保险、烤烟种植保险、西瓜保险、果树保险、麦收火灾保险、粮食作物收获保险、林木种植保险、蔬菜保险等。

养殖业保险是指农业生产者以其养殖的牲畜、家禽、家畜、水产品等为保险标的，向保险人交纳保险费,并同保险人约定,在被保险畜禽等因保险责任范围内的原因发生死亡时,由保险人给付保险金的保险。我国开办的养殖业保险主要有:牲畜保险、生猪保险、鸡鸭保险、淡水养鱼保险、养牛保险、奶牛保险等。

第三节　责任保险合同

一、责任保险合同的概念

责任保险是指以被保险人依法对第三者应负的赔偿责任为保险标的的保险,所以,又称为第三者责任保险。依照责任保险合同,投保人依照约定向保险人支付保险费,在被保险人应当向第三人承担赔偿责任时,保险人按照约定向被保险人给付保险金。责任保险,不仅可以保障被保险人免于因为履行损害赔偿责任所受到的利益减损,而且可以保护被保险人的侵权行为的直接受害者,使受害者可以获得及时的赔偿。

责任保险的特征表现为:

第一,保险人承担被保险人的赔偿责任。保险人对责任保险的被保险人对第三者造成的损害,可以依照法律的规定或者合同的约定,直接向该第三人赔偿保险金。

第二,责任保险的标的为一定范围内的侵权损害赔偿责任,非损害赔偿责任不能作为责任保险的标的,如刑事责任就不能作为责任保险的标的。

第三,责任保险不及于被保险人的人身或其财产。责任保险的目的在于转移被保险人对第三者应当承担的赔偿责任,所以,当被保险人的人身或者财产发生损失时,保险人不承担保险责任。

第四,保险赔偿限额给付。由于保险事故所造成的损害的不确定性,所以,在订立保险合同时,投保人和保险人不可能约定保险金额,只能约定保险责任的最高限额,因而,保险人给付保险金额均以合同约定的最高限额为限。

第五,责任保险的被保险人因给第三人造成损害的保险事故而被提起仲裁或者诉讼的,除合同另有约定外,由被保险人支付的仲裁或者诉讼费用以及其他必要的、合理的费用,由保险人承担。

二、责任保险合同的分类

责任保险合同,依据不同的标准,可以分为不同的种类。

以责任保险发生效力的方式不同,可以分为自愿责任保险和强制责任保险。法律规定投保人必须投保的责任保险是强制责任保险,如机动车辆第三者责任险、航空运输险等。强制责任保险之外的责任保险为自愿责任保险。

以责任保险承保的范围和对象予以划分,可以分为企业责任保险、职业责任保险和个人责任保险。

以责任保险承保的险别予以划分,可以分为产品责任保险、公众责任保险、雇主责任保险、职业责任保险、展览会责任保险、汽车第三者责任保险、飞机第三者责任保险、轮船旅客法定责任保险、矿山爆破作业责任保险等。

三、几种主要责任保险

（一）公众责任保险

公众责任保险是指被保险人向保险人支付保险费，在被保险人因其违反法定义务的行为造成他人人身伤亡或者财产损失而应当负赔偿责任时，由保险人承担赔偿责任的保险。我国开办的公众责任保险主要有：工厂、商场、办公楼、宾馆、饭店、公共娱乐场所等投保的公众责任保险。

（二）产品责任保险

产品责任保险是指产品的生产者和销售者向保险人支付保险费，在被保险人生产和销售的产品造成产品使用人人身伤亡、疾病或者财产损失而应当负损害赔偿责任时，由保险人承担保险责任的保险。产品责任保险的目的在于保护产品的制造商或者产品的生产商免受因其产品造成他人人身或者财产损害而承担赔偿责任的损失。

（三）雇主责任保险

雇主责任保险是指雇主向保险人支付保险费，在其雇用的员工从事保险合同列明的被保险人的业务时，因意外事故而发生伤亡、疾病，被保险人应当承担赔偿责任的，由保险人承担保险责任的保险。

（四）职业责任保险

职业责任保险是指医师、医院、美容院、律师、会计师、公证员、工程师、建筑师、经纪人、代理人等提供特殊职业服务的人或者机构向保险公司支付一定数额的保险费，在被保险人因为工作上的疏忽或者过失造成他人的人身伤亡或者财产损害而应当承担赔偿责任时，由保险人承担赔偿责任的保险。

（五）机动车辆第三者责任保险

机动车辆第三者责任保险是指汽车所有人向保险人支付一定数额的保险费，在被保险人或者其允许的持有驾驶执照的人使用被保险汽车过程中，致使第三者发生保险合同范围内的人身和财产损失，被保险人应当对受害人负损害赔偿责任时，由保险人承担赔偿责任的保险。依照汽车第三者责任保险，被保险人为被保险汽车的所有人或者使用人，保险危险是被保险汽车发生的交通事故，保险标的为被保险人或者其允许的持有驾驶执照的人使用被保险汽车所造成的交通事故损害赔偿责任，保险人以保险合同约定的保险金额为限承担保险责任。机动车辆第三者责任保险为强制保险。

第四节 保证保险合同与信用保险合同

一、保证保险合同

（一）保证保险合同的概念

保证保险合同，是指保险人向被保险人提供担保而成立的保险合同。依据保证保险合同，投保人按照约定向保险人支付保险费，保险人对被保证人的行为或者不行为致使被保险人所受的损失，由保险人负责赔偿。保证保险合同的目的在于通过保险人负担给付保险赔偿金的责任形式来填补被保证人的行为或者不行为给被保险人造成的损失。在保证保险合同的情形下，保险人和投保人是合同的当事人。保证保险合同的投保人，可以是被保证人，即债务人；也可以是被保证人的相对人，即债权人。但在法律规定或者合同约定应当提供担保的情形下，投保人只能是被保证人（债务人）。保证保险合同的被保险人是被保证人的相对人，即债权人。依据保证保险合同，当被保证人不能履行债务时，保险人须向被保险人承担保险责任。在发生保证保险合同约定的保险事故时，保险人向被保险人给付保险赔偿金后，有权向被保证人进行追偿。

保证保险合同包括诚实保证保险合同和确实保证保险合同。

（二）诚实保证保险合同

诚实保证保险合同，是指投保人向保险人支付保险费，在因为被保险人的雇员的不诚实行为而使其受到损失时，由保险人承担给付保险赔偿金的保险合同。

诚实保证保险的责任范围一般限于被保险人因其雇员盗窃、侵占、贪污、伪造证件或者票据、私用、非法挪用、非法转移等行为所造成的财产或者金钱损失。

诚实保证保险合同的具体形式可以表现为：指名保证保险、总括保证保险、特别总括保证保险、职位保证保险等。指名保证保险，指以特定的个人或者群体为被保证人。总括保证保险，指以企业或者团体的全体职员为被保证人。特别总括保证保险，如以特定金融机构的职员为被保证人。职位保证保险，指以担任企业或者团体的特定职位的职员为被保证人，而不列明被保证人的姓名。

（三）确实保证保险合同

确实保证保险合同，是指投保人向保险人支付保险费，在被保证人因为无行为能力或者不履行义务而使被保险人受到损失时，作为保证人的保险人承担给付保险赔偿金的保险合同。在这种保险合同中，投保人以被保证人为限，被保证人的相对人为被保险人。

确实保证保险合同包括合同保证保险、司法保证保险、行政保证保险三种形式。

合同保证保险，是指保险人以担保债务人履行债务为目的，向被保险人提供保证而订立的保险合同，如投标保证保险、履约保证保险、预付款保证保险、维修保证保险等具体形式。

司法保证保险，是指为确保诉讼的进行而由保险人提供的保险。保险人对于诉讼的正常进行所承担的损失风险主要表现在三个方面：担保被保释的人在规定时间出庭受审；担保上诉人在上诉败诉后的诉讼费用；担保由法院指定的财产保管人、破产管理人、遗嘱执行人等忠实履行其职务。

行政保证保险，是指保险人担保国家行政机关工作人员忠实履行职务的保险。如果国家机关工作人员失职或者不能忠实履行职务，致使国家或者他人遭受损失的，保险人承担赔偿责任。

二、信用保险合同

（一）信用保险合同的概念

信用保险，是指保险人对被保险人的信用放款和信用售货提供担保而同投保人订立的保险合同。信用保险合同是保证合同的特殊形式。信用保险的投保人是被保证人（债务人）的相对人（债权人），被保证人的相对人同时为被保险人。根据该种合同，投保人按照约定向保险人支付保险费，在债务人（借款人或者赊货人）不能偿付其所欠被保险人的款项时，保险人按照约定对被保险人承担赔偿责任。在发生信用保险合同约定的保险事故时，保险人向被保险人给付保险赔偿金后,有权向被保证人或者负有责任的第三人追偿。

信用保险主要有商业信用保险、投资信用保险和出口信用保险三种形式。

(二)商业信用保险

商业信用保险是指债权人因为担心债务人的还款信用而向保险人支付保险费,在债务人不能偿还贷款或者赊欠的款项时,由保险人给予赔偿而订立的保险合同。出借款项或者赊销商品的债权人为投保人,同时为被保险人。被保证人为贷款或者赊欠的债务人。被保险人在因为债务人不能还款或者付款而发生损失时,有权请求保险人给付保险赔偿金;保险人依据合同约定给付保险赔偿金后,取得对债务人的求偿权。

(三)投资信用保险

投资信用保险是指投资者向保险人支付保险费,在投资者因为投资国的政治原因而造成投资损失时,由保险人给予赔偿而订立的保险合同。投资信用保险实质上是一种政治风险保险合同,投资人作为投保人,同时为被保险人。

(四)出口信用保险

出口信用保险是指本国出口商向保险人支付保险费,在出口商不能按时收回出口产品的全部外汇时,由保险人给予赔偿而订立的保险合同。在出口信用保险合同中,出口商为投保人,同时为被保险人。出口商在因为买方或者进口商付汇不能或者迟延而发生损失时,有权请求保险人给付保险赔偿金。保险人依照合同约定给付了保险赔偿金后,取得对买方或者进口商的求偿权。

第五章　保险业及其管理

第一节　保 险 组 织

一、保险业的组织形式

保险属于特别经营行业,风险高、技术强、利益影响大,所以,法律一般都对保险业的组织形式加以专门规定。

保险业所采取的组织形式,大体而言,可以分为个人保险组织、合作保险组织等形式。

个人保险组织是指由个人经营保险业务、个人承担保险风险的保险组织。个人保险组织就其历史几乎与保险的产生同样久远。早期的保险业主要就是采取个人保险组织形式,如早期的海上保险。由于保险经营的特点是承担风险巨大,而个人承担风险的能力、资力和信用有限,所以,个人保险组织随着保险业的发展而逐渐萎缩。现今大多数国家法律限制个人经营保险事业。目前,个人保险组织以英国的劳合社为代表。劳合社本身并不是一个经营保险业的实体,而是由个体保险商构成的一个保险商集合,一个社团组织。每一个参加劳合社的保险商(个人、有限责任合伙或者公司)各自独立、自负盈亏、单独承保,并以自己的全部财产承担责任。

合作保险组织分为相互保险社和相互保险公司两种形式。

相互保险社(mutual insurance society)是由一些对某种危险有同一保险要求的人组成的团体。相互保险社实际上是一种保险互助合作社,其成员由投保人或者被保险人构成,社员以交纳保险费的方式建立保险赔偿基金,相互间共同分担风险损失。相互保险社发展得较为好的代表国家为日本和法国。

相互保险公司(mutual insurance company)是所有参加保险的人自己设立的非盈利性的保险法人组织。这种公司的股东就是全体投保人或者被保险人,其成员以投保人或者被保险人为限,保单持有人即为相互保险公司的社员,相互保险公司以其成员认缴的资本金为其经营基础,公司成员交纳保险费,公司承担被保险人的风险损失。

保险业最常见、最基本和最重要的组织是采用公司形式。依照我国保险法的规定,保险公司是指经过保险监督管理机构核准经营保险业而设立的、专营保险业务的股份有限公司和有限责任公司。

我国保险法规定的保险业的组织形式为《公司法》中规定的两种公司类型,但并不是说就不能依法设立其他性质的保险组织。从世界各国所采取的保险组织形式来看,个人保险组织、相互保险组织和公司保险组织均是保险业可选择的形式。《保险法》第 181 条规定,保险公司以外的其他依法设立的保险组织经营的商业保险业务,适用《保险法》的规定。

二、保险公司

保险公司的设立首先应当适用保险法的规定，保险法没有规定的，应当适用公司法以及其他行政法规的规定。

(一)保险公司的设立条件

《保险法》第68条规定，设立保险公司，应当具备下列条件：

1. 主要股东具有持续盈利能力，信誉良好，最近3年内无重大违法违规记录，净资产不低于人民币2亿元。近年来，保险业成为金融市场的热门产业，许多实力雄厚的公司纷纷投资开办保险公司，其间也出现了一些公司为了快速获得融资而进入保险市场圈钱的现象，为了保证保险公司的经营能力和偿付能力，《保险法》对保险公司的主要股东进行了资质上的限制。

2. 有符合保险法和公司法规定的章程。保险公司的章程是规范保险公司业务经营活动和组织结构的行为准则，也是保险法和公司法要求的保险公司必须具备的法律文件，是成立保险公司的必要条件。

3. 有符合保险法规定的注册资本。《保险法》第69条规定，设立保险公司，其注册资本的最低限额为人民币2亿元。保险公司注册资本必须为实缴货币资本。保险监督管理机构根据保险公司业务范围、经营规模，可以调整其注册资本的最低限额，但是，不得低于前述法定的最低限额。也就是说，保险监督管理机构可以根据实际情况对某个或者某类保险公司的最低注册资本在保险法规定的最低限额以上进行调整，而不能在这种法定的最低注册资本之下进行调整。原《保险法》仅规定保险公司注册资本最低限额必须为实缴货币资本，但是新《保险法》提高了对保险公司的资本要求，规定全部注册资本都必须为实缴货币资本。

4. 有具备任职专业知识和业务工作经验的高级管理人员。保险公司的高级管理人员包括但不限于正副总经理、业务主管部门经理、财务会计、法律顾问等。保险业务的专业化程度较高，法律要求保险公司的从业人员，尤其是高级管理人员必须品行良好，熟悉与保险相关的法律、行政法规，具有履行职责所需的经营管理能力，并在任职前取得保险监督管理机构核准的任职资格，且不得具有《公司法》第178条和《保险法》第82条中高管人员任职的禁止性规定。

5. 有健全的组织机构和管理制度。《保险法》第94条规定，保险公司的组织机构，适用公司法的规定。保险公司的管理制度包括但不限于保险公司的业务管理制度、人事管理制度、财务会计制度、劳动工资管理制度、劳动福利制度以及劳动纪律管理制度等。

6. 有符合要求的营业场所和与业务有关的其他设施。申请设立保险公司，应当具有与其规模相适应的营业场所和设施，保险监督管理机构对保险公司的营业场所和设施有专门规定的，保险公司应当遵守执行。

(二)设立保险公司的程序

在我国，对保险公司的设立采取许可主义，即保险公司的设立除了必须具备法律规定的条件和准则之外，还必须得到政府主管部门的批准后，才能够进行注册登记。保险业是一种特殊的行业，对保险公司的设立，世界各国均采取许可主义，我国也不例外。在我国，设立保险公司，必须经保险监督管理机构批准。根据我国保险法的规定，设立保险公司的程序如下：

申请设立保险公司，应当向国务院保险监督管理机构提交下列文件、资料：(1)设立申请书，申请书应当载明拟设立的保险公司的名称、注册资本、业务范围等；(2)可行性研究报告；(3)筹建方案；(4)投资人的营业执照或者其他背景资料，经会计师事务所审计的上一年度财务会计报告;(5)投资人认可的筹备组负责人和拟任董事长、经理名单及本人认可证明;(6)国务院保险监督管理机构规定的其他材料。

保险监督管理机构接到当事人设立保险公司的申请和有关文件后,应当就该申请进行审查,自受理之日起6个月内作出批准或者不批准筹建的决定,并书面通知申请人。决定不批准的,应当书面说明理由。申请人应当自收到批准筹建通知之日起1年内完成筹建工作,筹建期间不得从事保险经营活动。

筹建工作完成后,申请人具备《保险法》第68条规定的设立条件的,可以向国务院保险监督管理机构提出开业申请。

国务院保险监督管理机构应当自受理开业申请之日起60日内,作出批准或者不批准开业的决定。决定批准的,颁发经营保险业务许可证;决定不批准的,应当书面通知申请人并说明理由。

保险监督管理机构对设立保险公司进行审批的原则,除了要求保险公司的发起人须按照保险法和公司法的有关规定向保险监督管理机构提出申请,递交有关资料,保险监督管理机构审核是否符合从事保险业所需要的必备条件之外,还需要考虑保险业的发展和公平竞争的需要。

关于保险监督管理机构对设立保险公司进行审批的具体期限,保险法亦作出了明确规定。保险监督管理机构自收到设立保险公司的申请之日起6个月内,应当作出批准或者不批准的决定。

保险公司的设立登记是取得公司法人资格的必经程序,保险公司只有获准登记注册,才能从事保险业的经营活动。经批准设立的保险公司,由批准部门颁发经营保险业务许可证,并凭经营保险业务许可证向工商行政管理机关办理登记,领取营业执照。营业执照是保险公司取得企业法人资格和经营保险业的合法凭证。

需要注意的是,保险公司自取得经营保险业务许可证之日起6个月内无正当理由未办理公司设立登记的,其经营保险业务许可证自动失效。

(三)保险公司的变更

《保险法》第84条规定,保险公司有下列变更事项之一的,须经保险监督管理机构批准:(1)变更名称;(2)变更注册资本;(3)变更公司或者分支机构的营业场所;(4)撤销分支机构;(5)公司分立或者合并;(6)修改公司章程;(7)变更出资额占有限责任公司资本总额5%以上的股东,或者变更持有股份有限公司股份5%以上的股东;(8)国务院保险监督管理机构规定的其他情形。

(四)保险公司的解散与清算

保险公司可因一定事由的出现而解散。保险公司解散的,应当依法进行清算。保险公司依法终止其业务活动,应当注销其经营保险业务许可证。

保险公司的解散原因与清算办法如下:

1. 保险公司可因合并、分立或者公司章程规定的事由出现而解散。但是,保险公司是一种特殊的行业,所以,在出现上述情形时,也需要得到保险监督管理机构的批准后才能解散。《保险法》第89条规定,保险公司因分立、合并需要解散,或者股东会、股东大会决议解散,或者公司章程规定的解散事由出现,经国务院保险监督管理机构批准后解散。保险公司解散,应当依法成立清算组进行清算。

2. 保险公司可因违法行为而解散。《保险法》第149条规定,保险公司因违法经营被依法吊销经营保险业务许可证的,或者偿付能力低于国务院保险监督管理机构规定标准,不予撤销将严重危害保险市场秩序、损害公共利益的，由国务院保险监督管理机构予以撤销并公告，依法及时组织清算组进行清算。

3. 保险公司可因破产而解散。《保险法》第 90 条规定，保险公司有《企业破产法》第 2 条规定情形的，经国务院保险监督管理机构同意，保险公司或者其债权人可以依法向人民法院申请重整、和解或者破产清算；国务院保险监督管理机构也可以依法向人民法院申请对该保险公司进行重整或者破产清算。

《保险法》第 91 条规定，保险公司依法破产的，破产财产优先支付其破产费用后，按照下列顺序清偿：(1)所欠职工工资和医疗、伤残补助、抚恤费用，所欠应当划入职工个人账户的基本养老保险、基本医疗保险费用，以及法律、行政法规规定应当支付给职工的补偿金；(2)赔偿或给付保险金；(3)保险公司欠缴的除第(1)项规定以外的社会保险费用和所欠税款；(4)普通破产债权。

破产财产不足清偿同一顺序要求的，按照比例分配。

应当注意的是，经营有人寿保险业务的保险公司，除因分立、合并或者被依法撤销外，不得解散。这是因为，人寿保险业务是以人的生命或身体为保险标的的保险业务，具有长期性、储蓄性的特点。为了保护被保险人的利益，保险法规定，经营人寿保险业务的保险公司，除分立、合并外或者被依法撤销外，不得解散。

同时，《保险法》第 92 条规定，经营有人寿保险业务的保险公司被依法撤销的或者被依法宣告破产的，其持有的人寿保险合同及责任准备金，必须转让给其他经营有人寿保险业务的保险公司；不能同其他保险公司达成转让协议的，由保险监督管理机构指定经营有人寿保险业务的保险公司接受。转让或者由保险监督管理机构指定接受转让前款规定的人寿保险合同及准备金的，应当维护被保险人、受益人的合法权益。

(五)保险公司的分支机构、代表机构

保险公司设立分支机构同样需要取得金融监督管理机构的批准并经工商行政管理机关的登记注册。但分支机构不能取得法人资格，因此，不能独立承担民事责任。《保险法》第 74 条、第 76 条规定，保险公司在中华人民共和国境内设立分支机构，必须经过保险监督管理机构批准，取得分支机构经营保险业务许可证。保险公司分支机构不具有法人资格，其民事责任由保险公司承担。

《保险法》第 79 条规定，保险公司在境外设立子公司、分支机构，同样亦必须得到保险监督管理机构的批准。

《保险法》第 80 条规定，外国保险机构在中华人民共和国境内设立代表机构，应当经国务院保险监督管理机构批准。代表机构不得从事保险经营活动。

(六)外国保险公司

外国保险公司在中华人民共和国境内经营保险业务，主要通过设立外资参股的保险公司或者外国保险公司在中国境内设立分支机构的形式进行。外国保险公司无论是通过哪种形式在中国经营保险业务，都必须遵守中国保险法的规定，法律、行政法规另有规定的，亦同样适用其规定。唯应当注意的是，外国保险公司设立参股的保险公司取得中国法人资格，该种合资保险公司独立承担民事责任。外国保险公司设立的分支机构不具有法人地位，其民事责任由外国保险公司承担。

第二节　保险经营规则

一、保险业务范围和保险经营原则

（一）保险业务范围

保险公司的业务范围包括财产保险业务、人身保险业务和再保险业务。财产保险业务包括财产损失保险、责任保险、信用保险等保险业务。人身保险业务包括人寿保险、健康保险、意外伤害保险等保险业务。所谓再保险，是指保险公司将其承保的业务，以承保的形式，部分转移给其他保险公司。再保险由分出保险和分入保险构成。分出保险是指保险公司将自己直接承保的业务部分转让给其他保险公司承保；分入保险，相对于分出保险，是指保险公司接受其他保险公司承保的部分保险业务。《保险法》第 96 条规定，经保险监督管理机构批准，保险公司可以在依法批准的范围内经营财产保险或者人身保险的分出保险业务和分入保险业务。

（二）保险经营原则

1. 保险的分业经营原则

《保险法》第 95 条规定，保险公司不得同时兼营财产保险业务和人身保险业务。这说明我国法律对保险经营实行的是分业经营的原则。这种分业经营规则主要是考虑到经营保险业务的风险较大，人身保险和财产保险的性质不同，技术要求不同，尤其是在承保手续、保险费的计算、保险金的给付等方面存在较大差别。如果允许保险公司同时兼营财产保险和人身保险，势必扩大保险公司的业务，增加保险公司的资金负担，减低保险公司的偿付能力，影响被保险人和受益人的利益，甚至社会的利益。但是，该条规定有一个例外，即经营财产保险业务的保险公司经国务院保险监督管理机构批准，可以经营短期健康保险业务和意外伤害保险业务。

2. 保险专营原则

所谓保险专营，是指保险业务只能由依照保险法设立的商业保险公司经营，非保险业者不能经营保险业务。《保险法》第 6 条规定，经营商业保险业务，必须是依照保险法设立的保险公司以及法律、行政法规规定的其他保险组织。其他任何单位和个人不得经营商业保险业务。保险业务是一种专业化程度较高并且具有较大风险性的金融业务，它要求经营者资金雄厚，具备成熟的管理经验和相当的管理水平，非专门经营保险业务者不足以胜任。另外，保险事业涉及人们的基本生活，如果经营得当，对社会可以起到促进作用。如果不具有经营条件和能力，任何人均可以经营保险业，则可能导致对人们的生活造成不利影响，并可能引起社会经济生活的混乱。

二、保险公司偿付能力的维持

（一）保险公司偿付能力概述

保险公司的偿付能力是指保险公司履行赔偿或者给付责任的能力。保险公司是否具备履行保险合同的能力，就要看它是否具有良好的偿付能力，这一能力主要表现在保险公司的偿付资金。保险公司的偿付准备金由资本金和准备金构成。

保险公司的营业在相当程度上取决于保险公司基金的积累，并由此影响着保险公司的偿付能力。为了维持保险公司的正常的偿付能力,法律要求保险公司要提取相应的基金。根据保险法的规定,保险公司应当按规定提取保证金、保险公司公积金、保险准备金、保险保障基金等。同时,保险法还要求保险公司维持其最低偿付能力。

(二)保险准备金

保险准备金是保险公司为了承担未到期责任或者未决赔款而从保险费收入中提取的准备基金,包括未到期责任准备金和未决赔款准备金。

未到期责任准备金是指保险公司为了承担未了结的预期保险责任而依照法律规定从保险费中提取的责任准备基金。未决赔款准备金是指从保险公司应当按照已经提出的保险赔偿或者给付金额,以及已经发生保险事故但尚未提出的保险赔偿或者给付金额中提取的未决赔款准备金。《保险法》第98条规定,保险公司应当根据保障被保险人利益、保证偿付能力的原则,提取各项责任准备金。保险公司提取和结转准备金的具体办法由国务院保险监督管理机构制定。

(三)保证金

保证金是法律规定由保险公司成立时向国家交纳的保证金额。交存保证金是国家控制保险企业偿付能力的有效办法,国家可以通过保证金掌握保险企业的一部分实有资金,以保证保险企业的变现资金数额。保证金一般按规定交存国库或者指定的银行。保证金的用途在于在保险公司清算时用它来清偿债务。《保险法》第97条规定,保险公司成立后,应当按照其注册资本总额的20%提取保证金,存入国务院保险监督管理机构指定的银行,除保险公司清算时用于清偿债务外,不得动用。

(四)保险公司公积金

保险公司公积金是保险公司的储备基金。保险公司公积金的用途是保险公司为了增强其自身的资产实力、扩大经营规模以及预防亏损而依法从公司每年的税后利润中按照一定比例提取的积累资金。《保险法》第99条规定,保险公司应当依法提取公积金。

(五)保险保障基金

保险保障基金是保险公司的总准备金或者自由准备金,是指保险公司为发生周期较长、后果难以预料的巨灾或巨大危险而提存的资金,属于后备资金。其目的是保障被保险人的利益,支持保险公司的稳健经营。《保险法》第100条规定,保险公司应当缴纳保险保障基金。保险保障基金应当集中管理,并在下列情形下统筹使用:(1)在保险公司被撤销或者被宣告破产时,向投保人、被保险人或者受益人提供救济;(2)在保险公司被撤销或者被宣告破产时,向依法接受其人寿保险合同的保险公司提供救济;(3)国务院规定的其他情形。保险保障基金筹集、管理和使用的具体办法,由国务院制定。保险保障基金实际上是各保险人共同提交的一种"共同基金",由保险主管机关或者保险同业公会管理,当某一保险人失去偿付能力时,可向保险保障基金申请偿付被保险人的利益。因此,保险保障基金实质上是保险人之间的"相互保险"。

(六)最低偿付能力的维持

保险公司偿付能力额度是衡量保险公司偿付能力的标准。国家对保险公司偿付能力最为直接有效的干预就是规定法定的最低偿付能力额度,以确保保险企业偿付能力的最低限额。如果保险公司的实际偿付能力低于最低偿付能力限额时,国家保险主管机关就要对保险企业进行干预。《保险法》第101条规定,保险公司应当具有与其业务规模和风险程度相适应的最低偿付能力。保险公司的认可资产减去认可负债的差额不得低于国务院保险监督管理机构规定的数额;

低于规定数额的,应当按照国务院保险监督管理机构的要求采取相应措施达到规定的数额。

三、保险公司的风险管理

(一)自留保险费

限制经营财产保险业务的保险公司承担过大风险的一个基本方法就是限制其自留保险费的数额。因为保险费不是保险公司的资本,而是保险公司的负债。自留保险费越高,表明保险公司的负债越高,所承担的风险就越大。《保险法》第102条规定,经营财产保险业务的保险公司当年自留保险费不得超过其实有资本金加公积金总和的四倍。

对于经营人身保险业务的保险公司,其当年的自留保险费不受限制。

(二)承保责任的限制

保险法为了更好地维持被保险人的利益,促使保险企业的稳健经营,避免保险人因承保某危险单位的业务量过大而出现一次支付过多保险金而陷入困境,进而损害其他被保险人的利益,都明确规定了保险公司对每一危险单位承保责任的限额。《保险法》第103条规定,保险公司对每一危险单位,即对一次保险事故可能造成的最大损失范围所承担的责任,不得超过其实有资本金加公积金总和的10%;超过的部分,应当办理再保险。保险公司对危险单位的划分应当符合国务院保险监督管理机构的规定。

(三)再保险的强制

通过办理再保险是分散原保险企业风险,控制其承保责任能力的有效途径。《保险法》第105条规定,保险公司应当按照保险监督管理机构的有关规定办理再保险,并审慎选择再保险接受人。

四、保险公司的资金运用

(一)保险资金的意义

保险资金是保险公司在其营运过程中积累起来的用以履行保险责任的基金。保险资金具有三大特点:负债性、时差性和不确定性。

所谓负债性,是指保险资金,除资本金之外,属于保险人的负债。这意味着保险人不得将此项资金作为盈余进行分配,也不能作为经营利润上缴税收,而只能由保险人加以管理以履行未来的赔偿责任。这就决定了这笔资金在偿付之前可以不断积累。

所谓时差性,是指保险人收取的保险费与支付赔偿在时间上存在一定的差距,这就决定了总有一部分保险资金处于闲置状态。

所谓不确定性,是指由于保险事故是否发生具有不确定性,因而,保险资金是否用于赔偿也就不确定。如保险事故没有发生,相应部分的保险资金就从负债转变为保险公司的资产。

保险资金的上述三大特征决定了保险资金的可运用性。保险资金的运用是指保险公司将部分保险资金用于投融资活动,以使保险资金发生保值和增值。反过来,保险资金的运用又可以增强保险公司的偿付能力,提高保险公司的竞争能力,促进保险资金的社会效益。

(二)保险公司资金运用的限制

由上述保险资金的特点可见,保险资金具有可运用性。但是,保险资金是保险公司偿付能力的保证,关系重大,所以,保险公司资金的运用必须得当。保险公司资金的运用必须遵循安全和效益原则。有鉴于此,法律对保险资金的运用形式给予一定的限制。《保险法》第106条规定,保险公司的资金运用必须稳健,遵循安全性原则。保险公司的资金运用,限于:(1)银行存款;(2)买卖债券、股票、证券投资基金份额等有价证券;(3)投资不动产;(4)国务院规定的其他资金运用形式。保险公司资金运用的具体管理办法,由国务院保险监督管理机构依照前两款的规定制定。

五、经营禁止行为

《保险法》第116条规定,保险公司及其工作人员在保险业务活动中不得有下列行为:(1)欺骗投保人、被保险人或者受益人;(2)对投保人隐瞒与保险合同有关的重要情况;(3)阻碍投保人履行保险法规定的如实告知义务,或者诱导其不履行保险法规定的如实告知义务;(4)给予或者承诺给予投保人、被保险人、受益人保险合同约定以外的保险费回扣或者其他利益;(5)拒不依法履行保险合同约定的赔偿或者给付保险金义务;(6)故意编造未曾发生的保险事故、虚构保险合同或者故意夸大已经发生的保险事故的损失程度进行虚假理赔,骗取保险金或者牟取其他不正当利益;(7)挪用、截留、侵占保险费;(8)委托未取得合法资格的机构或个人从事保险销售活动;(9)利用开展保险业务为其他机构或者个人牟取不正当利益;(10)利用保险代理人、保险经纪人或者保险评估机构,从事以虚构保险中介业务或者编造退保等方式套取费用等违法活动;(11)以捏造、散布虚假事实等方式损害竞争对手的商业信誉,或者以其他不正当竞争行为扰乱保险市场秩序;(12)泄露在业务活动中知悉的投保人、被保险人的商业秘密;(13)违反法律、行政法规和国务院保险监督管理机构规定的其他行为。

第三节　保险代理人和保险经纪人

一、保险代理人

(一)保险代理人概述

《保险法》第117条规定,保险代理人是根据保险人的委托,向保险人收取佣金,并在保险人授权的范围内代为办理保险业务的单位或者个人。

《保险法》第126条规定,保险人委托保险代理人代为办理保险业务的,应当与保险代理人签订委托代理协议,依法约定双方的权利和义务。由此可见,保险代理亦是民事代理的一种,所以,关于保险代理的法律适用,当然适用于民法的规定。因此,《保险法》第127条规定,保险代理人根据保险人的授权代为办理保险业务的行为,由保险人承担责任。

(二)保险代理人的种类

1. 专业代理人、兼业代理人和个人代理人

专业代理人,是指专门从事保险代理业务的保险代理公司。保险代理公司的组织形式为有限责任公司。根据我国法律规定,保险代理公司必须具备相应的条件:如最低实收货币资本金达到法定最低限额;具有符合规定的公司章程;持有代理人资格证书的代理人员达到一定数额;具有符合任职资格的高级管理人员;具有符合要求的营业场所。此外,保险代理公司的资本金构成

符合法律规定，取得保险监督管理机构办法的经营保险代理业务许可证。

兼业代理人，是指受保险人委托，在从事自身业务的同时，指定专人为保险公司代办保险业务的单位。兼业代理人必须符合下列条件：具有所在单位法人授权书；有专人从事保险业务；有符合规定的营业场所；凭保险监督管理机构颁发的许可证，向工商行政管理机关办理变更登记。从我国目前兼业代理的现状来看，兼业代理人有金融部门、协会或者学会等群众团体组织、城市的街道居委会、农村的村委会、城乡的公安派出所等基层组织、企事业单位等。

个人代理人，是指根据保险人的委托，向保险公司收取佣金，并在保险人的授权范围内代为办理保险业务的个人。凡取得保险代理资格的人，都可以申请从事保险代理业务，但个人代理人只能是专职的，任何个人不得兼职从事个人保险代理业务。

2. 产险代理人和寿险代理人

产险代理人，是指接受保险人的委托，从事办理财产保险业务的保险代理人。寿险代理人，是指接受保险人的委托，从事办理人身保险业务的保险代理人。

3. 承保代理人、理赔代理人和追偿代理人

承保代理人，是指接受保险公司的委托代为办理承保业务的代理人。代理人根据委托书的授权，代理所规定的限额以下的各种承保业务。不在委托书规定的范围内的承保业务，均需征得保险人的同意后方可接受。理赔代理人，是指接受保险人的委托，从事保险事故现场的检验、索赔计算、追偿和处理损余的保险代理人。追偿代理人，是指专门从事向第三者责任方或其他责任方追偿的保险代理人。

4. 总代理人、营业代理人、特别代理人、独立代理人、专门代理人、保险再代理人

总代理人，是指经保险公司授权在一定地区范围内代表保险公司开展业务的保险代理人。营业代理人，是指代理保险人经营保险业务的保险代理人，通常所谓的保险代理人即属此类。特别代理人，是指就特别事项或某项保险业务接受委托的保险代理人，如理赔代理人、海损代理人等。独立代理人，是指同时独立的为多家保险公司代理保险业务的代理人。专门代理人，是指仅为某一保险人代理保险业务的代理人。保险再代理人，是指保险代理人将代理事项转委托第三人，第三人即为再代理人。从原则上来说，代理关系有一定的人身性质，一般不宜转委托其他人，但在紧迫的情况下，为了实现保险人的利益，保险代理人才能转委托第三人再代理。

（三）关于保险代理人的几个问题

1. 超越代理权

《保险法》第127条第2款规定，保险代理人为保险人代为办理保险业务，有超越代理权限行为，保险代理人没有代理权、超越代理权或者代理权终止后以保险人名义订立合同，使投保人有理由相信其有代理权的，该代理行为有效。保险人可以依法追究越权的保险代理人的责任。

2. 告知义务的转嫁

投保人将有关订立保险合同的重要信息告知了保险代理人，视为已经告知了保险人，保险代理人有义务将其在业务范围内所获得的有关订立保险合同的重要事实转告保险人，即使保险代理人没有转告，也视为保险人已经知悉该种信息。在这种情况下，保险代理人的过错就是保险人的过错。

3. 保险人对保险代理人权力的限制，非经通知，不得对抗善意第三人

第三人没有义务来了解保险人对保险代理人权力的限制情况，除非保险人将该种限制情况通知第三人。该种通知可以采取口头或者书面的形式，也可以是在保险单上标明，还可以是在投

保单上载明对保险代理人的权力的限制。

这里需要注意两点:其一,第三人必须是善意的。如果第三人明知该种权利限制情况,而仍然与保险代理人发生关系的,则属于恶意。其二,保险人对代理权的限制,如果与代理权的授予相冲突,或者有悖于公共秩序或者善良风俗,即使有通知,也不发生法律效力。

4. 人寿保险实行单一保险代理人制

由于人寿保险业务提供的保险品种多,业务量大,所以,对人寿保险一般适用单一保险代理人制度。所谓单一保险代理人制度,是指代理人只能代理一家保险公司的代理制度,它主要适用于人寿保险业务的代理。《保险法》第 125 条规定,个人保险代理人在代为办理人寿保险业务时,不得同时接受两个以上保险人的委托。该条就是关于单一保险代理人制度的规定。但是,有两点需要注意:一是该条只适用于人寿保险代理业务;二是该条只适用于个人保险代理人的情形,而不适用于单位保险代理人。

5. 保险代理人登记簿

为了加强对保险代理人的管理,《保险法》第 112 条规定,保险公司应当建立保险代理人登记管理制度,加强对保险代理人的培训和管理,不得唆使、诱导保险代理人进行违背诚信义务的活动。

二、保险经纪人

《保险法》第 118 条规定,保险经纪人是基于投保人的利益,为投保人与保险人订立保险合同提供中介服务,并依法收取佣金的机构。在我国,保险经纪人实际上是指基于投保人的利益,为投保人和保险人订立保险合同提供中介服务,并依法收取佣金的有限责任公司,个人不得从事保险经纪业务。

保险经纪人所从事的业务包括保险代理业务、保险居间业务和保险咨询业务。

保险代理业务包括以订立合同为目的,为投保人拟订投保方案、办理投保手续;为被保险人或者受益人代为检验、索赔;安排国际、国内分入、分出业务等。

保险居间业务主要是指为撮合保险人与投保人订立合同而提供中介服务。

保险咨询业务主要包括以订立合同为目的,为投保人提供防灾、防损或者风险评估、风险管理咨询等服务业务。

保险经纪人对在其业务过程的过错行为,应自己承担责任。《保险法》第 128 条规定,保险经纪人因过错给投保人、被保险人造成损失的,依法承担赔偿责任。

三、保险代理人、保险经纪人从业规则

(一)保险代理人、保险经纪人的资格

《保险法》第 119 条规定,保险代理机构、保险经纪人应当具备国务院保险监督管理机构规定的条件,取得保险监督管理机构颁发的经营保险代理业务许可证、保险经纪业务许可证。

根据《保险法》第 123 条的规定,保险代理机构、保险经纪人应当有自己的经营场所,设立专门账簿记载保险代理业务或者经纪业务的收支情况。

(二)禁止的行为

《保险法》第 131 条规定,保险代理人、保险经纪人在办理保险业务活动中不得有下列行为:(1)欺骗投保人、被保险人或者受益人;(2)隐瞒与保险合同有关的重要情况;(3)阻碍投保人

履行保险法规定的如实告知义务，或者诱导其不履行保险法规定的如实告知义务；(4)给予或者承诺给予投保人、被保险人或者受益人保险合同约定以外的利益；(5)利用行政权力、职务或者职业便利以及其他不正当手段强迫、引诱或者限制投保人订立保险合同；(6)伪造、擅自变更保险合同，或者为保险合同当事人提供虚假证明材料；(7)挪用、截留、侵占保险费或者保险金；(8)利用业务便利为其他机构或者个人牟取不正当利益；(9)串通投保人、被保险人或者受益人，骗取保险金；(10)泄露在业务活动中知悉的保险人、投保人、被保险人的商业秘密。

第四节 保险业的监督管理

一、保险业的监督管理概述

(一)保险监督管理主管部门

我国保险业的监督管理机关现为国家金融监督管理总局，依法对保险业进行监督管理。[1]

(二)保险监督管理的目标

保险业的监督管理目标是：确保保险公司的偿付能力，维护保险当事人的利益，维持保险市场的公平竞争。

(三)保险监督管理机构的职责

保险监督管理机构的职责主要包括：

1. 研究和拟订保险业的方针政策、发展战略和行业规划；起草保险业的法律、法规；制定保险业的规章。

2. 依法对全国保险市场实行集中统一的监督管理，对中国保险监督管理委员会的派出机构实行垂直领导。

3. 审批保险公司及其分支机构、中外合资保险公司、境外保险机构代表处的设立；审批保险代理人、保险经纪人、保险公估行等保险机构的设立；审批境内保险机构在境外设立机构；审批境内非保险机构在境外设立保险机构；审批保险机构的合并、分立、变更、接管、解散和指定接受；参与、组织保险公司、保险机构的破产、清算。

4. 审查、认定各类保险机构高级管理人员的任职资格；制定保险从业人员的基本资格标准。

5. 制定主要保险险种的基本条款和费率，对保险公司上报的其他保险条款和费率审核备案。

6. 按照国家统一规定的财务、会计制度，拟定商业保险公司的财务会计实施管理办法并组织实施和监督；依法监管保险公司的偿付能力和经营状况；负责保险保障基金和保证金的管理。

7. 会同有关部门研究起草制定保险资金运用政策，制定有关规章制度，依法对保险公司的资金运用进行监管。

8. 依法对保险机构及其从业人员的违法、违规行为以及非保险机构经营保险业务或变相经营保险业务进行调查、处罚。

9. 依法监管再保险业务。

---

〔1〕 参见“第五编商业银行”中的说明。

10. 依法对境内保险及非保险机构在境外设立的保险机构进行监管。

11. 建立保险风险评价、预警和监控体系，跟踪分析、监测、预测保险市场运行态势，负责保险统计，发布保险信息。

12. 会同有关部门审核律师事务所、会计师事务所、审计师事务所及其他评估、鉴定、咨询机构从事与保险相关业务的资格，并监管其有关业务活动。

13. 集中统一管理保险行业的对外交往和国际合作事务。

14. 受理有关保险业的信访和投诉。

15. 归口管理保险行业协会和保险学会等行业社团组织。

16. 承办国务院交办的其他事项。

二、保险监督管理的几个主要问题

(一)对保险条款和保险费率的监管

商业保险公司的保险条款和保险费率由保险公司自己制定和确定。但是,《保险法》第135条规定,关系社会公众利益的保险险种、依法实行强制保险的险种和新开发的人寿保险险种等的保险条款和保险费率,应当报国务院保险监督管理机构批准。其他保险险种的保险条款和保险费率,应当报国务院保险监督管理机构备案。

(二)对保险公司偿付能力的监控

《保险法》第137条规定,国务院保险监督管理机构应当建立健全保险公司偿付能力监管体系,对保险公司的偿付能力实施监控。据此,保险监督管理机构有权对保险公司保险准备金的提取以及保险公司的资金运用实施监督管理。《保险法》第139条规定,保险公司未按照保险法规定提取或者结转各项准备金,或者未按照保险法规定办理再保险,或者严重违反保险法关于资金运用的规定的,保险监督管理部门有权责令该保险公司采取措施限期改正,并可以调整负责人及有关管理人员。

(三)保险监督管理机构的执法手段

根据《保险法》第154条,保险监督管理机构依法履行职责,可以采取下列措施:(1)对保险公司、保险代理人、保险经纪人、保险资产管理公司、外国保险机构的代表机构进行现场检查;(2)进入涉嫌违法行为发生场所调查取证;(3)询问当事人及与被调查事件有关的单位和个人,要求其对与被调查事件有关的事项作出说明;(4)查阅、复制与被调查事件有关的财产权登记等资料;(5)查阅、复制保险公司、保险代理人、保险经纪人、保险资产管理公司、外国保险机构的代表机构以及与被调查事件有关的单位和个人的财务会计资料及其他相关文件和资料;对可能被转移、隐匿或者毁损的文件和资料予以封存;(6)查询涉嫌违法经营的保险公司、保险代理人、保险经纪人、保险资产管理公司、外国保险机构的代表机构以及与涉嫌违法事项有关的单位和个人的银行账户;(7)对有证据证明已经或者可能转移、隐匿违法资金等涉案财产或者隐匿、伪造、毁损重要证据的,经保险监督管理机构主要负责人批准,申请人民法院予以冻结或得查封。

(四)保险整顿

根据《保险法》第139—143条的规定,保险公司未按照保险法提取或者结转各项准备金,或者未按照保险法的规定办理再保险,或者严重违反保险法关于资金运用的规定的,由保险监督管理机构责令保险公司限期改正。保险监督管理机构作出限期改正的决定后,保险公司在期限内未予改正的,由保险监督管理机构决定选派保险专业人员和指定该保险公司的有关人员,组成整顿组织,对该保险公司进行整顿。

整顿决定应当载明被整顿保险公司的名称、整顿理由、整顿措施和整顿期限,并予以公告。

整顿组织在整顿过程中,有权监督该保险公司的日常业务。该保险公司的负责人及有关管理人员,应当在整顿组织的监督下行使自己的职权。

在整顿过程中,保险公司的原有业务继续进行,但是保险监督管理机构有权停止开展新的业务或者停止部分业务,调整资金运用。

被整顿的保险公司经整顿已纠正其违法行为,恢复正常经营状况的,由整顿组织提出报告,经保险监督管理机构批准,整顿结束,并由国务院保险监督管理机构予以公告。

(五)接管

根据《保险法》第 144—148 条的规定,保险公司的偿付能力严重不足;或者违反保险法的规定,损害社会公众利益,可能造成严重危害或者已经危及保险公司的偿付能力的,保险监督管理机构可以对该保险公司实行接管。

接管的目的是对被接管的保险公司采取必要措施,以保护被保险人的利益,恢复保险公司的正常经营。被接管的保险公司的债权债务关系不因接管而发生变化。

接管组织的成员和接管的实施办法,由保险监督管理机构决定,并予公告。

接管期限届满,保险监督管理机构可以决定延期,但接管期限最长不得超过 2 年。

接管期限届满,被接管的保险公司已恢复正常经营能力的,保险监督管理机构可以决定接管终止并予以公告。

被整顿、被接管的保险公司有《破产法》第 2 条规定的破产情形的,保险监督管理机构可以依法向人民法院申请对该保险公司进行重整或者破产清算。

(六)财务管理

根据《保险法》的相关规定,保险公司应当聘用专业人员,建立精算报告制度和合规报告制度。

保险公司应当按照保险监督管理机构的规定,报送有关报告、报表、文件和资料。保险公司的偿付能力报告、财务会计报告、精算报告、合规报告及其他有关报告、报表、文件和资料必须如实记录保险业务事项,不得有虚假记载、误导性陈述和重大遗漏。

保险公司应当按照国务院保险监督管理机构的规定妥善保管业务经营活动的完整账簿、原始凭证和有关资料。保管期限,自保险合同终止之日起计算,保险期间在 1 年以下的不得少于 5 年,保险期间超过 1 年的不得少于 10 年。

保险活动当事人可以委托保险公估机构等依法设立的独立评估机构或者具有相关专业知识的人员,对保险事故进行评估和鉴定。接受委托对保险事故进行评估和鉴定的机构与人员,应当依法、独立、客观、公正地进行评估和鉴定,任何单位和个人不得干涉。前款规定的机构和人员,因故意或者过失给保险人或者被保险人造成损失的,依法承担赔偿责任。

第八编 | 企业破产

破产法概论
破产申请与受理
管理人制度
债务人财产
破产债权
债权人会议
破产重整与和解
破产清算

第一章　破产法概论

第一节　破产与破产法

一、破产概述

破产(bankruptcy/insolvency)是指债务人因不能偿债或者资不抵债时,由债权人或债务人诉请法院宣告破产并依破产程序偿还债务的一种法律制度。破产制度有狭义和广义之分:狭义的破产制度仅指破产清算制度;广义的破产制度不仅包括破产清算制度,还包括重整制度与和解制度。

破产制度具有如下特征:

第一,破产是一种在特定情况下适用的司法程序,债务人出现"不能偿债"或者"资不抵债"是发生破产的原因。这里的"不能偿债",是指债务已到期,债务人缺乏清偿全部债务的能力。"资不抵债",是指债务人的全部债务超过全部资产的状态。无论是不能偿债还是资不抵债均说明债务人在财务上发生困难,无法以其清偿能力对全部债权人的债权为清偿。

第二,破产是为了使债务得到公平偿还。在债务人破产的情况下,往往存在多个债权人,而债务人的财产又不足以清偿全部债权人的债权。如果采取普通方法偿还债务,难免先到者先受清偿,后到者不能获得全部清偿或者完全不能获得清偿。所以,只能采取破产程序将债务人的财产按照一定的程序和比例公平合理地分配给各债权人。如果不能清偿债权人的全部债务,则由各债权人按比例共同分担未清偿部分的损失。故实行破产制度的目的不在于使债权人的债权得到全部清偿,而是使全体债权人的债权获得公平清偿。

第三,破产是一种特殊的偿债制度。破产是概括的执行程序,即为全体债权人的利益而对债务人的全部财产进行的执行程序,相对于其他个别执行程序,其具有排他性优先适用效力。破产发生的前提是债务人不能偿还债务,为了防止债务人财产的进一步损耗,破产程序开始后,债务人将丧失继续从事营业活动的经济基础与经营资格,彻底清算其现存的全部法律关系。这种法律后果是一般的债务履行所不具备的,因此,破产是一种特别的偿债程序。

第四,破产具有多方面的制度功能。对于债权人而言,破产有助于实现债权公平受偿;对于债务人而言,破产既是一种鼓励竞争、淘汰落后的机制,又是一种起死回生的机制(通过和解、重整等措施);对于社会而言,破产有利于优化资源组合,促进经济发展,维护社会稳定。

第五,破产既有实体问题,又有程序问题。实体规则是指如何确认和落实当事人的实体权利,包括破产债权、取回权、别除权、抵销权和撤销权等;程序规则是指就破产案件所实施的程序,包括破产申请、债权人会议、破产宣告、破产清算以及破产和解和重整等。

二、破产法概述

(一)破产法的历史沿革

1. 外国破产法的历史沿革

破产法是在债务人丧失清偿能力时适用破产程序处理其债务关系的所有法律规范的总称。与许多近现代的其他民商法律制度一样,破产法也萌芽于古代罗马法,罗马法中的财产执行制度已经包含了现代破产法的一些基本因素。古罗马的债务执行制度通常采取对人身执行的制度,当债务人不能清偿债务时,债权人可以拘禁债务人而迫使其清偿债务,甚至可以售卖或杀戮债务人以代替债务的履行。随着社会的发展进步,债务奴役制度逐渐向财产执行制度转变。当债务人无力清偿债务时,由债务人本人作出委付全部财产供债权人分配的意思表示,裁判官则谕令扣押债务人的全部财产,交由财产管理人变卖,以所得之价金公平分配给债权人,这就是现代破产制度的雏形。

中世纪时期,破产法律制度在欧洲得到较大发展。意大利破产法首创商人破产主义,以停止支付作为破产原因,并为保护债权人利益建立了预防债务人欺诈性转移财产的嫌疑期制度。这一时期欧洲多数国家的破产法奉行商人破产主义,破产清偿逐渐由私力救济转向公力救济,但仍存在自力救济因素;立法以保护债权人为宗旨,少有考虑债务人的利益;对债务人实行破产惩戒主义,债务人除了要承担财产上的责任外,还可能受到其他方面的惩处。[1]

其后,法国、德国等大陆法系国家相继颁布成文破产法。1807 年《法国商法典》第三编即为破产法,该法明显继受了意大利破产法,也采商人破产主义、以停止支付为破产原因、对债务人不免责。此后,法国颁布了与破产法相配套的和解法,并多次修改其破产法,由商人破产主义转变为一般破产主义。德国于 1877 年制定了全国统一的破产法,这部破产法采一般破产主义,被誉为经典的百年法典,直到 1999 年才为新的《支付不能法》所取代。

英美法系破产法的出现则晚于欧洲大陆。英国于 1542 年曾颁布成文的破产法,但该法只适用于有诈欺行为的商人,1861 年颁布的破产条例则将破产延伸适用于商人以外的债务人,英国现行破产法为 1986 年破产法(Insolvency Act 1986)。美国首部联邦破产法颁布于 1800 年,该法仿效当时的英国破产法,适用于商人破产。现行破产法是 1978 年颁布的《破产改革法》(Bankruptcy Reform Act 1978),后被称为《破产法典》。有意思的是,尽管英美两国为判例法国家,以不成文法为主,但其破产法均为成文法。

综观不同时期的各国破产立法,可看出破产法发展和变化的几个主要趋势:(1)由商人破产主义趋向一般破产主义。早期的破产法大多仅适用于商人,而现代破产法则多适用于不能清偿债务的所有债务人,债务人的破产能力不因其是否为商人而有所不同。(2)从破产惩戒主义转向免责主义。破产已经被视为市场经济中的一种正常现象,只要符合法定条件,在破产程序终结后,法律将免除债务人无力清偿的那部分债务的责任。(3)破产法的目的从单纯保护债权人利益向兼顾债权人与债务人利益转变。(4)由偏重于破产清算制度向预防破产与破产清算并重转变,破产和解、重整制度逐渐成为破产制度的重要组成部分。

2. 我国破产法的历史沿革

我国破产制度始于清朝末年,1906 年的《破产律》是我国第一部破产法,该法主要适用于商

---

〔1〕 汤维建:《破产程序与破产立法研究》,人民法院出版社 2001 年版,第 13 页。

人破产,采破产免责主义。1935 年,当时的国民政府立法院制定了《破产法》,于同年 10 月 1 日施行。这部破产法采一般破产主义,对破产人实行非惩戒主义和免责主义,并同时规定了破产清算程序与破产和解程序。经多次修订后,其规定现在我国台湾地区仍适用。

新中国成立后,于 1986 年 12 月 2 日通过了《企业破产法(试行)》(以下简称《企业破产法》),该法仅适用于全民所有制企业,其他企业破产则适用《民事诉讼法》第 19 章规定的"企业法人破产还债程序"。这种根据企业所有制形式不同而适用不同破产程序的局面显然违法了破产法内在的统一性要求,加之政府干预色彩过浓、条文过于简单、缺乏可操作性等缺陷,制定一部统一的新破产法势在必行。1994 年 3 月,全国人大财经委员会开始着手组织起草新的破产法。历时 12 年、经过数次波折后,《企业破产法》(以下简称《破产法》)于 2006 年 8 月 27 日经第十届全国人大常委会第 23 次会议第三次审议并通过。2007 年《民事诉讼法》修改,删除原法第 19 章"企业法人破产还债程序",我国所有企业的破产问题统一由《破产法》调整。

与《企业破产法》相比,《破产法》在诸多制度方面都有重大突破,譬如,扩大了破产法的适用,引进了破产管理人,规定破产重整与和解制度,强化了企业董事、监事或者高级管理人员的忠实与勤勉义务,等等。

(二)破产法的立法目的

《破产法》第 1 条开宗明义指出其目的是规范企业破产程序,公平清理债权债务,保护债权人和债务人的合法权益,维护社会主义市场经济秩序。根据该条可知,我国破产法的目的有四:

1. 规范企业破产程序。当债务人有清偿能力时,债权人仅靠民事债权制度和民事诉讼与执行制度即可保障其债权的实现。但是,当债务人丧失清偿能力时,由于债务人责任财产有限,并非所有债权人均能得到完全清偿。此时,债权人势必争先恐后地对债务人财产采取行动,先申请执行的债权人及得到债务人优先清偿的债权人可能得到全额清偿,而行动稍慢的债权人则可能根本得不到清偿,这显然违反了债权平等原则,也容易造成混乱。因此,破产法的首要目的就是规范破产程序,维护正常的社会经济秩序。

2. 公平清理债权债务。破产程序是在法院的主持下对具有破产原因的债务人的财产进行清理分配,或者对其进行重整,或者由债务人与债权人就债权清偿达成和解,使全体债权人获得公平受偿的机会。破产以公平清偿债务为宗旨,债务人不能清偿到期债务时,通过破产程序可以合理地协调众多债权人之间就债务人的有限财产如何受偿的利益冲突。在众多的债权人之间公平分配有限之破产财产正是破产法创设的最初目的,[2] 也是破产法最基本的原则。

3. 保护债权人和债务人的合法权益。传统破产法注重对债权人利益的保护,通过清算与分配债务人财产对复数债权人进行公平清偿;而现代破产法则着眼于破产利害关系各方——包括债务人、债权人、破产企业员工、社会及其他利害关系主体之间的利益平衡。破产法既要尽可能地保护债权人的利益,又通过强制性和解制度、重整制度为债务人东山再起提供可能。

4. 维护社会主义市场经济秩序。市场经济是竞争经济,维护正常的市场经济秩序,才能有序配置社会资源。破产的压力可以促进企业改善经营管理,提高经济效益;破产制度可发挥市场经济优胜劣汰的竞争机制,及时淘汰丧失经营能力的市场经济主体,使之有序退出市场;破产法制裁欺诈破产、恶意逃债等行为,可以维护公平竞争,保证市场主体间的交易安全;依法妥善处理破产财产,有助于减少对社会的消极影响。破产法正是通过上述调整作用来维护市场经济秩序、有

---

〔2〕［日］伊藤真:《破产法》,刘荣军、鲍荣振译,中国社会科学出版社 1995 年版,第 8 页。

序配置有限的社会资源的。

（三）破产法的效力

破产法的效力，即破产法的适用范围，包括时间效力、空间效力及对人效力。

破产法的适用时间较为简单，《破产法》第 136 条明确规定"本法自 2007 年 6 月 1 日起施行"。

破产法的空间效力，主要涉及破产程序的域外效力，即一国破产程序对于其他国或法域的破产人财产是否有效。对此存在属地主义（territorialism）与普及主义（universalism）两种立法例。在属地主义原则下，破产程序的效力仅及于该法域内的财产，对于其他法域内的财产并不当然发生效力，对同一个债务人可以同时产生多个破产程序。普及主义则主张一国破产程序具有域外效力，坚持"一人一破产"。《破产法》第 5 条第 1 款规定："依照本法开始的破产程序，对债务人在中华人民共和国领域外的财产发生效力。"可见，我国破产法规定了破产程序的域外效力，但要实现破产法的域外效力，往往依赖对方国家立法中有相应的规定，或者取得该国法院的承认。与此同时，《破产法》第 5 条第 2 款也就承认外国法院的生效破产判决、裁定作出了相应的规定。依该款，人民法院依照我国缔结或者参加的国际条约，或者按照互惠原则进行审查，认为该判决、裁定不违反中华人民共和国法律的基本原则，不损害国家主权、安全和社会公共利益，不损害中华人民共和国领域内债权人的合法权益的，应裁定承认和执行。

破产法的对人效力，指破产法适用于哪些主体，这取决于破产法对于债务人破产能力的规定。依《破产法》第 2 条、第 135 条，我国破产法仅适用于企业法人或企业法人以外的组织（合伙企业），不适用于自然人（详见本章第二节）。

第二节　破产能力与破产原因

一、破产能力

破产能力，是指具有破产原因的债务人得以被宣告破产的资格，这种资格源于破产法的特别规定。

（一）关于破产能力的立法例

1. 商人破产主义

商人破产主义形成于中世纪意大利沿海商业城市。该主义主张，在债务人不能清偿债务时，只对从事商事活动的商人适用破产程序，对一般人仍适用民事强制执行程序。采此理论的国家在立法上多不将破产法作为独立法典，而是作为商法典的一部分，如意大利、比利时和法国旧破产法。由于现代社会商人已不再具有特殊身份，20 世纪后各国制定的破产法几乎完全放弃商人破产主义，一些原来采用商人破产主义的国家，也有改行一般破产主义的趋势。

2. 一般破产主义

一般破产主义主张，破产法适用于不能清偿债务的所有债务人，不因债务人是否为商人而有所区别。所有的民事主体，包括自然人、法人甚至遗产，都具有破产能力。德国、日本、英国、美国等国均采一般破产主义。

（二）我国破产法关于破产能力的规定

根据我国破产法的规定，仅有企业法人才具有破产能力，企业法人以外的其他组织只有在特定情形下才可以参照适用破产法。例如，《合伙企业法》第 92 条规定，合伙企业不能清偿到期债务的，债权人可以依法向人民法院提出破产清算申请，也可以要求普通合伙人清偿。合伙企业依法被宣告破产的，普通合伙人对合伙企业债务仍应承担无限连带责任。由该条可知，合伙企业也具有破产能力，但与企业法人的破产有所不同，合伙企业的债权人可以选择提出破产申请，也可以直接要求普通合伙人清偿；普通合伙人并不因合伙企业破产而免除清偿债务的责任。

无论是企业法人还是合伙企业，都属于以营利为目的的商事组织。因此，我国现行破产法关于破产能力的规定有些类似商人破产主义，自然人、遗产均不具有破产能力。

二、破产原因

破产原因，又称破产界限，指认定债务人丧失债务清偿能力，当事人得以提出破产申请，法院据以启动破产程序、宣告债务人破产的法律事实。破产原因是启动破产程序的前提，是判断破产申请能否成立、人民法院决定是否受理以及能否作出破产宣告、重整、和解等裁定的法律依据。

（一）破产原因的模式

关于破产原因的模式主要有两种：列举主义和概括主义。

列举主义，即在法律中列举规定若干种表明债务人丧失清偿能力或影响债务人清偿能力的损害债权人利益的具体行为，具备其中之一即视为发生破产原因。采这种模式的有英国、加拿大以及我国香港地区，1978 年以前的美国破产法也采用列举主义。列举主义的优点是简单明了，对破产原因的认定比较容易，具有较强的操作性，但即便是最聪明的立法者也不可能穷尽所有的情形，这种列举式的规定缺乏弹性，不利于克服法律的滞后性。

概括主义则对破产原因作抽象规定，着眼于破产发生的一般原因，而不是具体行为，通常以债务人不能清偿为破产原因。德国、法国、日本、俄罗斯和美国现行破产法，以及我国台湾地区破产有关规定均采概括主义。概括主义涵盖面较为广泛，赋予法官较大的自由裁量空间，有利于灵活运用；缺点是过于抽象、实用性相对较差，容易出现判断失误。

两种模式各有利弊，目前出现了相互交融的趋势。一方面，采用概括主义的国家和地区开始在概括基础上对破产原因予以列举补充，向折中主义转化；另一方面，由于相关理念发生了变化，目标逐渐侧重于破产预防，破产原因规定越来越宽泛，以往采列举主义的国家和地区也逐渐废除完全列举式，转而采用概括主义。

（二）我国破产法规定的破产原因

《破产法》第 2 条第 1 款规定："企业法人不能清偿到期债务，并且资产不足以清偿全部债务或者明显缺乏清偿能力的，依照本法规定清理债务。"可见，就破产清算程序而言，我国破产法规定的破产原因有两个。

1. 不能清偿到期债务，并且资产不足以清偿全部债务。

不能清偿到期债务，又称为支付不能（illiquidity），指债务的清偿期限已经届至，债权人要求清偿，但债务人由于缺乏清偿能力而持续地不能偿还的客观状态。如果债务人因一时的资金周转困难而暂时未能清偿到期债务，尚不构成支付不能，必须有其他事实证明债务人在可预见的相当时期内将持续不能清偿。

资产不足以清偿全部债务，指债务人的资产总和小于其债务总和，即"资不抵债"或者"债务超过”,一般要根据资产负债表来确定。企业法人有债务超过时,已然对一般债权人的利益构成不能受足额清偿的潜在危险,增加了市场流通秩序中的不安全因素,随时都有可能因停止支付而严重危及债权人和社会经济秩序。

支付不能与资不抵债是多数国家规定的破产原因,具备其中之一即可申请破产。但我国破产法要求二者同时存在时才能申请破产,这与现有立法例并不相同。这种规定提高了启动破产程序的门槛,也限制了破产法的功能。

2. 不能清偿到期债务,并且明显缺乏清偿能力。

这一破产原因的规定以不能清偿到期债务作为主要的判断依据,因为这是破产构成的一般原因;同时,辅之以明显缺乏清偿能力。企业法人不能清偿到期债务,如果属于暂时资金周转不灵,不宜宣告其破产;但如果实际上已经丧失清偿能力,即使其资产负债表上的资产可能还略大于负债,也可以启动破产程序清理债务,不一定要等待其继续亏损到资不抵债时再宣告破产,这对债权人和债务人都更为有利。

《破产法》规定了三种程序:重整、和解和破产清算程序,破产原因既适用于申请破产清算程序,也适用于申请重整程序。根据《破产法》第 2 条第 2 款的规定,申请破产重整程序时,考察债务人是否具有重整原因的标准相对较为宽泛,除前述两种情形外,“有明显丧失清偿能力可能的”也是重整原因之一。对重整原因作较为宽泛的规定,有利于较早启动重整程序,使企业摆脱困境、恢复生机。

第二章　破产申请与受理

第一节　破产申请

一、启动破产程序的两种模式

破产程序的启动有职权主义与申请主义两种模式。在采申请主义的模式中，法院必须依债权人、债务人等当事人的申请方能启动破产程序，无权在没有当事人申请的情况下依职权启动破产程序。职权主义的模式则规定，在债务人存在破产原因时，无须当事人的申请，法院即可依法律的特别规定依职权启动破产程序。

欧洲中世纪及其以前的破产法普遍盛行破产有罪的观念，因而多采用职权主义模式。然而，现代破产法早已摒弃了这种观念，认为破产程序主要是为了在特殊情况下公平地清偿债务、保护债权人与债务人的权益、实现社会资源优化组合，破产法从根本上属于私法的范畴。因此，现代破产程序多采用申请主义模式，有些国家或地区也采申请主义为主、职权主义为辅的原则，如我国台湾地区。

依我国《破产法》第 7 条之规定，我国在破产启动程序上采申请主义，法院只能依当事人的申请启动破产程序。

二、破产申请的主体

（一）债务人

我国《破产法》第 7 条第 1 款规定，债务人在不能清偿到期债务，并且资产不足以清偿全部债务或者明显缺乏清偿能力时，可向法院提出破产申请，也可以申请重整或和解。由债务人提出破产申请的案件也被称为自愿破产。

（二）债权人

当债务人不能清偿到期债权时，债权人可以向法院申请债务人破产，以保护其债权。债权人申请破产，相对于债务人申请破产，可称为非自愿破产。

与债务人申请破产的条件相比，债权人申请破产的条件相对较为宽松，仅需证明“债务人不能清偿到期债务”即可，无须证明债务人已丧失清偿能力或已陷入支付不能的状态。这是因为债权人证明债务人的资产状况比较困难，如对债权人提出破产申请设定的条件过于苛刻，显然不利于破产程序的启动，对债权人而言也有失公平。

在债权人提出破产申请的情况下，有如下两点需要注意：其一，未到期的债权人无破产申请权。我国破产法上的破产原因以“不能清偿到期债务”为前提，在债权尚未届清偿期时，不存在债务人不能清偿到期债务的情形，债权人的利益也未受到现实侵害，故不应享有破产申请权。其二，通常情况下，有财产担保的债权人可以通过行使担保物权而优先受偿，无须通过耗时费力的破产程序来实现自己的债权。然而，如有财产担保债权人放弃了优先受偿权或者担保物的价值不足以清偿所担保的债权时，有财产担保的债权人也享有破产申请权。

（三）依法负有清算责任的人

依《破产法》第7条第3款，企业法人已解散但未清算或者未清算完毕，资产不足以清偿债务的，依法负有清算责任的人应当向人民法院申请破产清算。

至于"依法负有清算责任的人"具体指哪些主体，《破产法》未作明确规定。参照《公司法》第232条和第233条的规定，公司解散，应当清算。董事为公司清算义务人，应当在解散事由出现之日起15日内组成清算组进行清算。特定情形下，人民法院依申请指定有关人员组成的清算组进行清算。

（四）金融监督管理机构

商业银行、证券公司、保险公司等金融机构也是公司法人，具有破产能力。我国《商业银行法》《证券法》《保险法》等相关法律也规定了金融机构可以破产。然而，与一般企业破产相比，金融机构破产案件涉及面广，社会影响大，现行法规定商业银行、证券公司和保险公司的破产申请必须经过相关监管部门的批准。与此相协调，《破产法》第134条第1款赋予有关金融监管机构对其监管的金融机构进行重整或提出破产清算申请的权利，即"商业银行、证券公司、保险公司等金融机构有本法第二条规定情形的，国务院金融监督管理机构可以向人民法院提出对该金融机构进行重整或者破产清算的申请。国务院金融监督管理机构依法对出现重大经营风险的金融机构采取接管、托管等措施的，可以向人民法院申请中止以该金融机构为被告或者被执行人的民事诉讼程序或者执行程序"。

三、破产申请应提交的文件

无论是债权人、债务人还是依法负有清算责任的人，提出破产申请时均应提交破产申请书和相关证据。破产申请书应载明下列事项：(1)申请人、被申请人的基本情况；(2)申请目的；(3)申请的事实和理由；(4)人民法院认为应当载明的其他事项。

债务人提出申请的，还应当向人民法院提交财产状况说明、债务清册、债权清册、有关财务会计报告、职工安置预案以及职工工资的支付和社会保险费用的缴纳情况。

四、破产申请的撤回

《破产法》第9条规定，人民法院受理破产申请前，申请人可以请求撤回申请。提出破产申请是破产申请主体的一项权利，允许破产申请人撤回申请是对其处分权的尊重。但是，申请人只能在法院受理前申请撤回，这是因为我国破产法以法院受理破产申请为破产程序的启动标志。法院决定受理意味着破产程序已经开始并采取了相应的法定措施（如指定管理人等），此时如再允许撤回破产申请既有损于司法裁决的权威性，也不利于保护利害关系人的利益。

第二节　破产申请的受理

一、破产案件的管辖

破产案件的管辖，是指各级法院之间和同级法院之间受理破产案件的分工和权限。破产案件的管辖方式有三：(1)专门法院管辖，如美国。(2)商事法院管辖。在实行商人破产主义的国家，商人破产案件由商事法院管辖。(3)普通法院管辖，如英国、德国、日本等。我国破产案件由普通法院管辖。《破产法》第3条规定，破产案件由债务人住所地人民法院管辖。债务人住所地，指债务人主要办事机构所在地。

二、破产申请受理的程序

在收到破产申请后，人民法院应在规定的期限内对破产申请进行审查，裁定是否受理，具体程序又因破产申请人的不同而有所区别：

如破产申请由债务人提出，则人民法院应当自收到破产申请之日起15日内裁定是否受理；如有特殊情况，经上一级人民法院批准，可延长15日。

在债权人提出破产申请的场合，法院应自收到申请之日起5日内通知债务人，债务人对申请有异议的，应当自收到人民法院的通知之日起7日内向人民法院提出。人民法院应当自异议期满之日起10日内裁定是否受理。如有特殊情况，经上一级人民法院批准，裁定受理期限可延长15日。

一般而言，人民法院在裁定是否受理破产申请时，主要审查破产申请是否符合法律规定的各项形式要件，即形式审查。具体包括：(1)申请人是否具有相应的破产申请权。(2)破产申请是否由受案法院管辖。如不属于受案法院管辖，应告知申请人向有管辖权的法院提出申请。(3)申请人提交的材料是否完整。破产申请必须提交相应的申请材料，如申请材料需要更正、补充的，法院可责令申请人限期更正、补充。(4)破产申请人是否已预交破产诉讼费用。如法院裁定不予受理，应自裁定作出之日起5日内送达申请人并说明理由。申请人对裁定不服的，可以自裁定送达之日起10日内向上一级人民法院提起上诉。

如申请人对人民法院作出的不予受理或驳回起诉裁定不服，可以自裁定送达之日起10日内向上一级人民法院提起上诉。

三、破产申请受理的法律后果

(一)公告与通知

人民法院应当自裁定受理破产申请之日起25日内通知已知债权人，并予以公告。通知和公告应当载明下列事项：(1)申请人、被申请人的名称或者姓名；(2)人民法院受理破产申请的时间；(3)申报债权的期限、地点和注意事项；(4)管理人的名称或者姓名及其处理事务的地址；(5)债务人的债务人或者财产持有人应当向管理人清偿债务或者交付财产的要求；(6)第一次债权人会议召开的时间和地点；(7)人民法院认为应当通知和公告的其他事项。

(二)对债务人的效力

人民法院受理破产申请,标志着破产程序的正式启动。为了防止债务人恶意处分财产、确保所有债权人获得公平清偿,法院受理破产案件后,债务人即丧失对其财产的处分权。具体而言:

1. 债务人财产及经营事务由管理人接管

法院裁定受理破产申请的,应当同时指定管理人。所谓破产管理人,指在破产程序进行过程中负责破产财产的管理、处分、业务经营以及破产方案拟订和执行的专门机构。管理人的首要职责就是接管债务人的财产和经营事务,使债务人的所有财产均受人民法院开始破产程序之裁定的约束。

人民法院受理破产申请后,管理人对破产申请受理前成立而债务人和对方当事人均未履行完毕的合同有权决定解除或者继续履行,并通知对方当事人。管理人自破产申请受理之日起2个月内未通知对方当事人,或者自收到对方当事人催告之日起30日内未答复的,视为解除合同。管理人决定继续履行合同的,对方当事人应当履行;但是,对方当事人有权要求管理人提供担保。管理人不提供担保的,视为解除合同。

根据破产法的相关规定,债务人应在提出破产申请时或法院裁定受理破产案件之日起15日内向人民法院提交财产状况说明、债务清册、债权清册、有关财务会计报告以及职工工资的支付和社会保险费用的缴纳情况。债务人拒不向管理人移交财产、印章和账簿、文书等资料的,或者伪造、销毁有关财产证据材料而使财产状况不明的,人民法院可以对直接责任人员依法处以罚款。

2. 个别清偿行为无效

破产程序的启动意味着债务人的财产可能不足以清偿全部债务,此时债务人对个别债权人的清偿无异于使获得清偿的债权人取得了优先于其他债权人的地位,有违所有破产债权人应获公平受偿之理念。因此,《破产法》第16条规定,人民法院受理破产申请后,债务人对个别债权人的债务清偿无效。

为了有效防范个别清偿行为,人民法院受理破产案件后,应当及时通知债务人的开户银行停止办理债务人的结算业务。开户银行支付维持债务人正常生产经营所必需的费用,应经人民法院许可。债务人的开户银行收到人民法院的通知后,不得利用职权之便扣划债务人的现有存款和汇入款抵还其所欠银行贷款。开户银行非法扣划的,扣划行为无效,应退回扣划的款项。拒不退回的,人民法院应当裁定其退回并向其开户银行制发协助执行通知书,同时可依照《民事诉讼法》关于强制措施的规定,对有关人员和直接责任者予以处罚。

3. 不得实施有害债权行为

破产程序的启动通常意味着债务人的责任财产不充分,此时如债务人处分其财产的行为导致其责任财产的进一步减少,势必损害破产债权人的利益。因此,债务人不得通过财产处分行为减少其财产或增加负债。有害债权的行为包括放弃债权、无偿转让财产等无偿行为,也包括以明显不合理的价格进行交易等有偿行为。如债务人实施了有害债权行为,破产管理人可请求人民法院予以撤销。

4. 债务人有关人员的义务以及对其人身自由的限制

自人民法院受理破产申请的裁定送达债务人之日起至破产程序终结之日,债务人的有关人员承担下列义务:(1)妥善保管其占有和管理的财产、印章和账簿、文书等资料;(2)根据人民法院、管理人的要求进行工作,并如实回答询问;(3)列席债权人会议并如实回答债权人的询问;

(4)未经人民法院许可,不得离开住所地;(5)不得新任其他企业的董事、监事、高级管理人员。债务人有关人员,是指企业的法定代表人;经人民法院决定,可以包括企业的财务管理人员和其他经营管理人员。债务人的有关人员违反本法规定,擅自离开住所地的,人民法院可以予以训诫、拘留,可以依法并处罚款。

(三)对债权人的效力

1. 债权申报义务

人民法院受理破产案件后,债权人应在通知或公告规定的期限内向管理人申报债权,由管理人对申报的债权进行审查、编制债权表。如债权人未能在人民法院确定的债权申报期限内申报债权的,可以在破产财产最后分配前补充申报;但是,此前已进行的分配,不再对其补充分配。为审查和确认补充申报债权的费用,由补充申报人承担。

未依破产法规定申报债权的,不得依破产程序行使权利。

2. 限制担保物权的行使

一般情况下,有抵押、质押或留置权等物权担保的债权人可优先受偿。但《破产法》第 75 条第 1 款规定,在重整期间,对债务人的特定财产享有的担保权暂停行使。但是,担保物有损坏或者价值明显减少的可能,足以危害担保权人权利的,担保权人可以向人民法院请求恢复行使担保权。

3. 未到期债权视为已到期

破产程序具有加速债权到期的效力,即使在破产申请受理时尚未到期的债权也视为到期,附利息的债权自破产申请受理时起停止计息。

(四)对第三人的效力

《破产法》第 17 条第 1 款规定,人民法院受理破产申请后,债务人的债务人或者财产持有人应当向管理人清偿债务或者交付财产。为了使债务人的债务人(次债务人)或财产持有人知悉债务人已进入破产程序,人民法院应自裁定受理破产申请后法定期限内进行通知和公告,通知与公告的事项之一即为要求次债务人或财产持有人应当向管理人清偿债务或者交付财产。

如次债务人或财产持有人未向管理人清偿债务或交付财产,而是继续向债务人清偿,其清偿行为是否有效呢?《破产法》第 17 条第 2 款规定,债务人的债务人或者财产持有人故意违反前款规定向债务人清偿债务或者交付财产,使债权人受到损失的,不免除其清偿债务或者交付财产的义务。

(五)对其他民事诉讼程序的影响

1. 解除对债务人的财产保全,中止执行程序

财产保全,也叫诉讼保全,其目的在于保证判决的执行,即为了保证个别清偿的实现,这与破产法所要实现的概括式公平清偿目的不符。因此,对于原在民事诉讼、执行过程中已经查封、扣押、冻结或者以其他措施保全的债务人财产,在破产案件受理后,应当解除原保全措施,统一纳入破产财产的保全范围内。对债务人财产的民事执行程序也必须中止,由债权人凭生效的法律文书向管理人申报债权。故《破产法》第 19 条规定,人民法院受理破产申请后,有关债务人财产的保全措施应当解除,执行程序应当中止。

2. 民事诉讼或仲裁中止

人民法院受理破产申请后,债务人丧失了对其财产的管理、处分权,全部财产与经营事务均由管理人接管,自然也不能继续参与民事诉讼或仲裁,只能由管理人代为行使其诉讼权利。为

此,《破产法》第 20 条规定,人民法院受理破产申请后,已经开始而尚未终结的有关债务人的民事诉讼或者仲裁应当中止;在管理人接管债务人的财产后,该诉讼或者仲裁继续进行。

3. 民事诉讼的专属管辖

根据《破产法》第 21 条的规定,人民法院受理破产申请后,有关债务人的民事诉讼,只能向受理破产申请的人民法院提起。应注意的是,只有在人民法院受理破产申请后新提起的有关债务人的民事诉讼才产生专属管辖问题,对于破产程序开始前已经进行的民事诉讼,在管理人接管债务人的财产后继续在原受案法院进行。

第三章　管理人制度

第一节　管理人概述

破产管理人制度源于罗马法上的 magister 及后期的 curator，二者均为财产管理人之意。如今，各国和地区几乎都在破产程序中设立了管理人制度，只是在具体称谓上稍有差异。英国法称之为接管人（receiver），美国法称之为受托人（trustee），德国称管理人为支付不能管理人，法国商法典中的破产管理人（syndie）包括司法管理人与受托管理人，[1] 日本称之为破产管财人，我国台湾地区称其为破产管理人。

管理人有广义与狭义之分。广义的管理人是对破产清算、和解和重整三个程序中负责债务人财产管理和其他事项的人的统一称谓。狭义的管理人则专指在破产清算程序中，全面接管破产企业并负责其财产清算分配的机构。各立法例中管理人为狭义或广义，与该立法例对破产程序始于何时有密切关系。在破产程序始于破产宣告的立法例中，破产宣告前，债务人的民事主体地位未发生变化，仍可支配其财产；破产宣告后，破产人失去对其财产的管理处分权，其财产由管理人接管，故管理人为狭义。在破产程序始于法院受理破产申请的立法例中，为防止债务人不当处分财产，破产程序开始后，债务人财产就应移交临时财产管理人（interim trustee）；破产宣告后，债务人财产转变为破产财产，交由破产管理人占有、支配和分配，此时管理人为负责债务人财产管理和其他事项的人的统一称谓，是为广义上的管理人。

我国破产法实行破产程序受理开始主义，破产程序是重整程序、和解程序与破产清算程序的有机结合。原则上，只要债务人有破产原因的，当事人就可以向人民法院申请启动破产程序，或申请重整、和解，或进行破产清算。无论当事人申请启动破产程序的目的有何差异，人民法院在受理破产申请时均须指定管理人。因此，我国破产法上的管理人是广义上的，指在破产程序进行过程中负责破产财产的管理、处分、业务经营以及破产方案拟定和执行的专门机构。[2]

管理人具有以下几个特征：

第一，职责的法定性。管理人在破产程序的每个环节应承担何种职责、哪些行为需要向债权人委员会报告、哪些行为需要法院裁定和许可，都由法律明确规定。如管理人违反法律规定而给债权人、债务人或第三人造成损失的，须承担相应的法律责任。

第二，地位的独立性。管理人自其产生时起，就被赋予一种独立的法律地位，中立地执行法

---

〔1〕 沈达明、郑淑君：《比较破产法初论》，对外贸易教育出版社 1993 年版，第 116、240 页。

〔2〕 关于管理人的法律地位，大陆法系国家代表性学说主要三种：代理说、职务说、破产财团代表说。英美法系国家通采受托人说。相较而言，受托人说更加有利于解释管理人的法律地位。

律所规定的职责,不仅对破产双方当事人,即便对法院,也保持相当程度的独立性。

第三,专业性。管理人须具有一定专业知识和技能,一般由律师事务所、会计师事务所、破产清算事务所等社会中介机构或具备相关专业知识并取得执业资格的人员担任。

第四,存续的临时性。管理人由法院在受理破产案件时指定,随着破产程序终结而解散,或随重整执行监督期限届满而解散,基本上与破产程序共始终,属于临时性机构。

第二节 管理人的选任

一、管理人的选任方式

在破产管理人的选任方式上,各国家及地区主要有三种做法:一是由法院(或特定的国家行政机关)选任,大陆法系的国家多采取这种做法,如法国、意大利、日本、韩国等。二是由债权人会议选任,如美国、加拿大、瑞典、瑞士等。三是双轨制,即管理人由债权人会议和法院(或特定的行政机关)共同选任。破产管理人可以由法院指定,也可以由债权人会议选任。德国、英国和我国台湾地区采此做法。[3]

我国采用第一种模式,即管理人由法院选任。《破产法》第22条前两款规定:"管理人由人民法院指定。""债权人会议认为管理人不能依法、公正执行职务或者有其他不能胜任职务情形的,可以申请人民法院予以更换。"依该条,在管理人人选问题上,人民法院具有决定权,债权人会议只能在特定条件下提出异议,至于是否基于债权人的异议而更换管理人,仍由人民法院决定。

三种模式各有利弊:法院选任模式效率较高,有助于保障管理人的中立地位,但对债权人意思自治保护不足,有可能忽视债权人利益。债权人会议选任模式具体操作程序复杂,效率较低,管理人甚至可能为了债权人的利益而置债务人及其他利害关系人的利益于不顾。双轨制意欲克服前两种模式的缺陷,但其中债权人选任的做法仍有管理人成为全体债权人代理人的危险,从而有违破产管理人的中立性原则。[4]

二、管理人的任职资格

管理破产事务是一项专业性很强的活动,为了保障破产程序的顺利进行,各国家及地区破产一般都对管理人的专业素质有一定要求。[5] 我国破产法也规定了管理人的任职资格,包括积极资格和消极资格两方面的要求。

(一)管理人的积极资格

《破产法》第24条第1款和第2款规定:"管理人可以由有关部门、机构的人员组成的清算

---

〔3〕 参见德国《支付不能法》第27条、第57条,我国台湾地区"破产法"第64条。

〔4〕 参见陈荣宗:《破产法》,台北,三民书局1986年版,第148~149页。

〔5〕 英国1986年破产法要求在各种破产程序中任职的人仅限于该法承认其资格的从业人员,日本要求破产管财人必须熟悉会计事务、有整理财产的能力、通晓法律知识、熟悉商业交易规则等,我国台湾地区也规定破产管理人应从会计师或其他适于管理该破产财团的人员中选任。

组或者依法设立的律师事务所、会计师事务所、破产清算事务所等社会中介机构担任。”“人民法院根据债务人的实际情况,可以在征询有关社会中介机构的意见后,指定该机构具备相关专业知识并取得执业资格的人员担任管理人。”可见,依我国破产法,管理人可由以下主体担任:

1. 由有关部门、机构的人员组成的清算组。《破产法》施行前,我国未设立管理人制度,承担与管理人类似职能的是清算组。现行《破产法》改清算组制度为管理人制度,无疑具有积极意义。考虑到国有企业政策性破产及新旧法律衔接的需要,破产法规定清算组可担任管理人,但清算组担任管理人的主要限于以下情形:(1)破产申请受理前,根据有关规定已经成立清算组,并且清算组的组成符合法律规定的要求的;(2)《破产法》施行前国务院规定的期限和范围内国有企业破产案件,即国有企业政策性破产案件;(3)有关法律规定企业破产时成立清算组的,《商业银行法》《保险法》均规定商业银行、保险公司破产时应成立清算组进行清算;(4)人民法院认为可以指定清算组为管理人的其他情形。

2. 社会中介机构,主要包括依法设立的律师事务所、会计师事务所、破产清算事务所等。这些社会中介机构具有很强的专业知识与技能,各国破产法均明定其可担任管理人。

3. 自然人,指社会中介机构中具备相关专业知识并取得执业资格的人员。自然人担任管理人的案件多为事实清楚、债权债务关系简单、债务人财产相对集中的企业破产案件。因管理人未能尽注意义务与忠实义务而给债权人、债务人或第三人造成损失的,须应依法承担赔偿责任,而个人的赔偿能力相对有限,故《破产法》第24条第4款规定,个人担任管理人的,应当参加执业责任保险。

(二)管理人的消极资格

根据《破产法》第24条第3款的规定,不得担任管理人的情形包括:(1)因故意犯罪受过刑事处罚;(2)曾被吊销相关专业执业证书;(3)与本案有利害关系;(4)人民法院认为不宜担任管理人的其他情形。

三、管理人的指定

人民法院裁定受理破产申请的同时,应指定管理人,管理人一般应从本地管理人名册中指定。管理人名册由高级人民法院根据本辖区律师事务所、会计师事务所、破产清算事务所等社会中介机构及专职从业人员数量和企业破产案件数量,确定由本院或者所辖中级人民法院编制,并应将社会中介机构管理人与个人管理人名册分开。

确定本辖区的管理人名册后,受理破产案件的人民法院即可从中指定管理人,具体方式包括随机方式、竞争方式以及接受推荐方式。

普通破产案件中,人民法院一般应当按照管理人名册所列名单采取轮候、抽签、摇号等随机方式公开指定管理人。

对于商业银行、证券公司、保险公司等金融机构或者在全国范围有重大影响、法律关系复杂、债务人财产分散的企业破产案件,人民法院可以采取公告的方式,邀请编入各地人民法院管理人名册中的社会中介机构参与竞争,从参与竞争的社会中介机构中指定管理人。

对于经过行政清理、清算的商业银行、证券公司、保险公司等金融机构的破产案件,人民法院除可以指定已经成立的清算组为管理人外,也可以在金融监督管理机构推荐的已编入管理人名册的社会中介机构中指定管理人。

人民法院指定管理人应当制作决定书,并向被指定为管理人的社会中介机构或者个人、破产申请人、债务人、债务人的企业登记机关送达。决定书应与受理破产申请的民事裁定书一并公告。

四、管理人的变更

为了贯彻破产程序的连续性、维护管理人的中立地位，管理人一经指定后，不得随意变动。但如果管理人确实由于某些原因不能或者不适于继续履行管理人职责，也应允许变更。管理人的变更包括更换管理人与管理人辞职两种情形。

（一）更换管理人

更换管理人，也叫解任管理人，指非基于管理人的意愿，由于出现某些法定事由而由相关权力主体决定对管理人进行变更。为了确保管理人的独立性与中立性，管理人一旦被选任，非有法定理由并经法定程序，不得更换管理人。

1. 更换管理人的主体

根据《破产法》第 22 条第 2 款的规定，债权人会议可申请人民法院更换管理人，但人民法院对于是否更换管理人有最终决定权。此外，人民法院也可依职权径行决定更换管理人。

2. 更换管理人的理由

更换管理人须有法定事由，如管理人不能依法、公正执行职务或者有其他不能胜任职务情形，具体包括：(1) 管理人具有《破产法》第 24 条第 3 款规定的不得担任管理人的情形，如被吊销执业许可证、营业执照或执业资格，与案件有利害关系等；(2) 履行职务时，因故意或者重大过失导致债权人利益受到损害；(3) 因身体等个人原因不适于担任管理人的，如因健康原因无法履行职务、失踪、死亡或者丧失民事行为能力等。

3. 更换管理人的程序

债权人会议申请人民法院更换管理人的，应由债权人会议作出决议并向人民法院提出书面申请；法院在收到债权人会议的申请后，应当通知管理人在 2 日内作出书面说明。法院应判断债权人会议的申请理由是否成立，并应自收到管理人书面说明 10 日内决定是否更换管理人。人民法院决定更换管理人的，应将决定书送达原管理人、新任管理人、破产申请人、债务人以及债务人的企业登记机关，并予公告。

原管理人应当自收到决定书之次日起，在人民法院监督下向新任管理人移交全部资料、财产、营业事务及管理人印章，并及时向新任管理人书面说明工作进展情况。原管理人拒不向新任管理人移交相关事务的，人民法院可决定对其罚款，并可决定停止其担任管理人 1 年至 3 年，或者将其从管理人名册中除名。

在破产程序终结前，原管理人应当随时接受新任管理人、债权人会议、人民法院关于其履行管理人职责情况的询问。

（二）管理人辞职

依《破产法》第 29 条，管理人经选任后无正当理由不得辞去职务，管理人辞去职务应当经人民法院许可。换言之，如管理人有正当理由并经人民法院许可后，可辞去管理人职务。

人民法院对管理人申请辞去职务未予许可，管理人仍坚持辞去职务并不再履行管理人职责的，人民法院应当决定更换管理人，但可决定对管理人罚款，也可以决定停止其担任管理人 1 年至 3 年，或者将其从管理人名册中除名。

第三节　管理人的职责、权利、义务与监督

一、管理人的职责

我国破产法采广义的管理人概念，法律对其职责的规定涵盖了重整、和解与破产清算三个程序。

根据《破产法》第25条的规定，管理人的一般职责包括：(1)接管债务人的财产、印章和账簿、文书等资料；(2)调查债务人财产状况，制作财产状况报告；(3)决定债务人的内部管理事务；(4)决定债务人的日常开支和其他必要开支；(5)在第一次债权人会议召开之前，决定继续或者停止债务人的营业；(6)管理和处分债务人的财产；(7)代表债务人参加诉讼、仲裁或者其他法律程序；(8)提议召开债权人会议；(9)人民法院认为管理人应当履行的其他职责。

除第25条外，《破产法》也对管理人在重整、和解与破产清算中的职责进行了特别规定。具体参见本编相关部分。

由法律对管理人职责的规定即可看出，破产程序中的事务性工作大多由管理人完成，管理人依法对债务人的财产进行接管、清理、运营及必要的处分。这种安排有利于加强债务人财产的管理或保全，还可相应地减轻人民法院的责任或负担。

二、管理人的权利

根据《破产法》第28条第2款的规定，管理人履行破产法规定的职责，有权获得相应的报酬。为了保持管理人的中立性，管理人的报酬由审理企业破产案件的人民法院依法确定。

在执行职务的过程中，管理人可根据实际需要，聘任必要的工作人员，但应经人民法院许可。聘任他人来处理破产事务必然减少管理人的工作量，故聘用人员的费用应从管理人的报酬中支付。

三、管理人的义务

由前文对管理人职责的分析可知，管理人拥有十分广泛的职权，可能对相关利益主体造成重大影响。为了避免管理人滥用职权，各国破产法一般都规定管理人应承担相应的义务。我国《破产法》第27条也概括规定了管理人的义务，即“管理人应当勤勉尽责，忠实执行职务”。此外，管理人还负有亲自管理处分破产事务的义务，一经指定，不得以任何形式将其应当履行的职责全部或者部分转给其他社会中介机构或者个人。

上述规定说明，管理人承担的是一种受信义务，包括注意义务和忠实义务，以及亲自处理破产事务的义务。关于受信义务，参阅本书第二编和第四编相关论述，此不再赘述。

依《破产法》第130条之规定，如管理人未能履行注意义务与忠实义务，人民法院可以依法对其处以罚款；给债权人、债务人或者第三人造成损失的，管理人还须依法承担赔偿责任。

四、对管理人的监督

管理人应当向人民法院报告工作，并接受债权人会议和债权人委员会的监督。管理人应当

列席债权人会议，向债权人会议报告职务执行情况，并回答询问。但第一次债权人会议召开前，由于尚未成立债权人会议和债权人委员会，管理人在处理事关债权人利益的重大事项时，应事先取得人民法院许可。

第四章　债务人财产

第一节　债务人财产概述

一、债务人财产的概念

债务人财产，是指破产程序开始时到破产程序终结前债务人的全部财产。根据我国破产法，债务人财产包括破产申请受理时属于债务人的全部财产，以及破产申请受理后至破产程序终结前债务人取得的财产；在破产宣告后，债务人财产被称为“破产财产”。可见，就其范围而言，债务人财产与破产财产并无本质区别，只是表明债务人（破产人）在破产程序中所处的阶段不同。在大陆法系，破产财产又称为破产财团，故本部分将债务人财产、破产财产与破产财团作为同义词使用。[1]

与一般财产相比，债务人财产具有以下特征：

第一，债务人财产的范围由法律明文规定。破产法对债务人财产的范围有明确规定，包括期间范围和地域范围，只有在法律规定的范围内的财产才属于债务人财产。

第二，债务人财产是为特定目的而存在的财产。债务人财产是专门依破产程序向全体债权人进行清偿的财产，其存在目的是特定的，在国外也称其为“目的财产”。

第三，债务人财产虽属债务人所有，却由管理人控制和支配。债务人财产首先必须是债务人的责任财产，由债务人占有或使用的他人财产自然不属于债务人财产之列。但进入破产程序后，债务人即丧失对自己财产的控制权和处分权，由管理人依法律规定对其进行占有、清理、估价和处理。

第四，债务人财产是可以扣押并强制执行的财产或财产性权利。债务人财产最终将用于对债权人清偿，故只有可进行扣押并强制执行的财产或财产性权利方能成为债务人财产。至于那些专属于债务人自身的财产或财产性权利以及法律禁止扣押的财产，则不属于债务人财产的范围，这部分财产又被称为自由财产。[2]

---

〔1〕关于破产财产与破产财团的关系有等同说、部分差异说和完全差异说三种观点。等同说认为破产财产与破产财团并无实质性差异，我国之所以采用“破产财产”一词是因其通俗性和习惯性，而且可以同民事实体法保持一致；部分差异说认为二者在内涵上大体相同，但有细微差别，只是因为“破产财产”这一用语更为确切、更容易被人理解；完全差异说则认为破产财团具有权利主体资格，与破产财产的性质并不相同。参见邹海林：《破产程序和破产实体制度比较研究》，法律出版社 1995 年版，第 247 页；李永军：《破产法律制度》，中国法制出版社 2000 年版，第 222 页；汤维建：《破产程序与破产立法研究》，人民法院出版社 2001 年版，第 255 页。

〔2〕自由财产指归破产自然人所有的、不受破产分配的财产。这一概念仅在承认自然人有破产能力的立法中有意义，我国现行破产法不承认自然人的破产能力，故无自由财产这一概念。

二、债务人财产的范围

债务人财产的具体范围由时间标准和空间标准共同确定。前者指以何时点来确定债务人的财产范围，在此问题上存在固定主义与膨胀主义两种立法例。后者指当债务人财产分属于多个法域时，债务人在某一法域进入破产程序，该债务人在其他法域的财产是否也属于破产财产，对此存在属地主义与普及主义之别。

（一）时间标准与债务人财产范围——固定主义与膨胀主义之争

固定主义以破产程序开始时债务人所有的财产，包括可在将来行使的财产性权利为破产财产，在破产程序启动时，破产财产的范围即已确定，不再发生变动。固定主义的优势在于：(1)破产财产的范围在破产程序启动时便已确定，有利于破产程序迅速终结；(2)破产程序开始前的财产用于清偿破产债权人，破产程序开始后取得的财产用于清偿新债权人，有利于保护新债权人，符合公平分配的原则；(3)因破产程序开始后的财产不属于破产财产，有利于促进债权人会议与债务人达成和解；(4)为债务人东山再起提供了便利，可以鼓励债务人主动申请破产。固定主义最大的问题在于对破产债权人保护力度不够，在债务人已经具备破产原因的情况下，固定主义立法模式使债权人可能获得的清偿比例进一步降低。

在膨胀主义的立法模式下，破产财产不仅包括破产程序开始时债务人所有的财产，还包括其在破产程序终结前新取得的财产。换言之，在破产程序开始后，债务人财产的范围仍可以膨胀扩大。膨胀主义的优势在于：(1)可以增加破产财产的范围，提高破产债权的清偿比例；(2)可防止债务人浪费或隐匿其新取得的财产；(3)能避免对债务人实行强制执行或者进行二次破产。膨胀主义的弊端在于，由于破产财产的范围在不断变化，管理、变价工作较为复杂，必然延长破产程序的时间。

两种立法模式各有利弊，二者孰优孰劣，很难定论，相对而言，固定主义在理论上较为合理，膨胀主义则更为实用。需说明的是，固定主义与膨胀主义之区分，在自然人破产的情况下才更具有意义。因为自然人在破产后仍具有民事主体地位，需留存必要财产以维持生存需要；而法人在破产程序开始后大多停止营业，能取得的新财产有限，且法人的财产与法人本身共存亡。

（二）地域标准与债务人财产范围——属地主义与普及主义之争

在属地主义原则下，破产程序的效力仅及于该法域内的财产，对位于其他法域内的财产并不当然发生效力。依属地主义原则，对于同一个债务人可同时产生多个破产程序，各法域完全依据本地破产法审理破产案件，不存在法律的冲突与选择适用问题。但是，属地主义可能导致受案法院区别对待本国债权人与外国债权人，并可能对外国债权人保护不力。

破产的普及主义主张破产宣告的效力及于域外，在某一法域内所为的破产宣告，其效力不仅及于债务人在该法域内的全部财产，还及于债务人在其他法域的财产；与债务人财产有关的一切利害关系人均受破产宣告的约束。普及主义坚持“一人一破产”，有利于保障破产债权人的利益，但实践中由于国家主权、经济利益等因素而难以落实。

（三）我国《破产法》上债务人财产的范围

《破产法》第5条第1款规定，依照本法开始的破产程序，对债务人在中华人民共和国领域外的财产发生效力。可见，就确定债务人财产的空间标准而言，我国现行破产法采取的是普及主义的立法原则，债务人财产不限于债务人在国内的财产，还包括债务人在国外的财产。同法第30条规定，破产申请受理时属于债务人的全部财产，以及破产申请受理后至破产程序终结前债务人取得的财产，为债务人财产。

依上述规定,债务人财产具体包括:(1)破产申请受理时属于债务人的财产。既包括属于债务人所有的厂房、机器、设备等有形财产,也包括属于债务人所有的债权、股权、知识产权等无形的财产权利;既包括未设定担保权的财产,也包括设定担保权的财产;既包括债务人位于境内的财产,也包括债务人位于我国境外的财产。(2)破产申请受理后至破产程序终结前债务人取得的财产。破产程序开始至破产程序终结前,债务人可能因继续经营而取得新的财产,破产申请受理时债务人的财产也会产生新的孳息,债务人还可能因其他原因而合法取得新的财产。依《破产法》第30条,这些新取得的财产也属于债务人财产。我国现行破产法似乎采用的是膨胀主义立法模式,但在我国尚未承认自然人破产能力的前提下,膨胀主义与固定主义之争并无多大实际意义。

需注意的是,《破产法司法解释(二)》第2条明确,下列财产不应认定为债务人财产:(1)债务人基于仓储、保管、承揽、代销、借用、寄存、租赁等合同或者其他法律关系占有、使用的他人财产;(2)债务人在所有权保留买卖中尚未取得所有权的财产;(3)所有权专属于国家且不得转让的财产;(4)其他依照法律、行政法规不属于债务人的财产。

三、债务人财产的清理和回收

根据《破产法》第35条、第36条及第37条,管理人可通过以下途径清理和回收债务人财产:

1. 要求债务人的出资人缴纳尚未缴足的出资。出资人的出资是债务人财产的重要组成部分,与债务人的清偿能力密切相关。如人民法院受理破产申请时,债务人的出资人尚未完全履行出资义务,势必削弱债务人的清偿能力,使债权人的权益得不到充分的保护。因此,《破产法》第35条规定,人民法院受理破产申请后,债务人的出资人尚未完全履行出资义务的,管理人应当要求该出资人缴纳所认缴的出资,而不受出资期限的限制。

2. 追回债务人的董事、监事和高级管理人员利用职权从企业获取的非正常收入和侵占的企业财产。债务人的董事、监事和高级管理人员利用职权从企业获取的非正常收入和侵占的企业财产,应属于债务人财产,管理人应予以追回。根据《破产法》第113条的规定,债务人的董事、监事和高级管理人员的工资应按照该企业职工的平均工资计算,故超过本企业职工平均工资的那部分工资也应视为非正常收入,由管理人追回。

3. 通过清偿债务或者提供替代担保而取回质物、留置物。质押、留置均为动产担保方式,质权人或留置权人有就担保物优先受偿的权利。在破产程序中,质物和留置物虽属债务人所有,但在质权人或留置权人的占有之下,如债务人需继续使用质物或留置物,必须先取回。为了使质权人或留置权人的利益不受影响,管理人取回质物或留置物须提供替代担保或清偿债务。同时,为了避免损害债务人及其他债权人的利益,当质物或者留置物的价值低于被担保的债权额时,清偿或替代担保应以其在当时的市场价值为限。

第二节 破产撤销权与破产无效行为制度

一、破产撤销权制度

(一)破产撤销权概述

破产撤销权,又称为取消权、否认权,指管理人对债务人在破产程序开始前的法定期间内所为的损害债权人利益的行为,有否认其效力并申请法院撤销该行为的权利。

在破产程序启动的效力问题上,有溯及主义与不溯及主义两种立法例。溯及主义认为,破产程序开始剥夺债务人管理和处分其财产的效力及于程序开始前法律规定的特定期间内债务人之有关财产的行为,并使之归于无效。采溯及主义的立法例往往规定破产无效行为制度来调整债务人在破产程序启动前的临界期内所为的不当处分财产行为。而不溯及主义认为,破产程序开始剥夺债务人管理和处分其财产的效力,只能及于债务人在破产程序开始后的行为,对债务人在破产程序开始前的行为不发生影响。为防止债务人在丧失清偿能力的情况下,通过无偿转让、以明显不合理的价格交易,或者偏袒性清偿债务等方法损害全体或多数债权人的利益,破坏破产法的公平清偿原则,采溯及主义的立法例多规定破产撤销权制度。实际上,破产法上的撤销权制度是民法上债权人撤销权制度在破产法上的延伸。基于其独特的法律特性和制度功能,各国破产法均规定了破产撤销权制度。我国《破产法》第 31 条、第 32 条也规定了破产撤销权制度。

虽同为保全债权而设计,破产撤销权制度与民法上的债权人撤销权制度却存在一定区别:

第一,成立的前提不同。债权人撤销权成立的前提是债权人与债务人存在合法有效的债权债务关系;而破产撤销权除这一前提外,还需要以债务人进入破产程序为要件,破产撤销权仅得在破产程序开始后行使。

第二,行使权利的主体不同。债权人撤销权由债权人以自己的名义行使;而破产撤销权虽旨在保护破产债权人利益,却只能由管理人行使。

第三,适用的范围不同。债权人撤销权仅得在《合同法》第 74 条规定的情形下行使,包括债务人放弃到期债权、无偿转让财产以及债务人以明显不合理的低价转让财产损害债权人利益且受让人知道该情形的三种情形。而根据《破产法》第 31 条、第 32 条的规定,破产撤销权的适用范围要比债权人撤销权更广泛,在债务人以不合理的价格进行交易时,也不要求交易对方具有故意。

第四,行使的期限不同。债权人撤销权应自债权人知道或者应当知道撤销事由之日起 1 年内行使;自债务人的行为发生之日起 5 年内没有行使撤销权的,该撤销权消灭。而破产撤销权只能在破产程序开始后行使,可撤销的行为只能追溯到人民法院受理破产申请前 1 年内。如在破产程序终结后 2 年内,债权人发现债务人可撤销行为应予以追回的财产,也可以请求人民法院按照破产财产分配方案进行追加分配。

(二)破产撤销权的构成要件

根据《破产法》第 31 条、第 32 条,破产撤销权的构成要件包括:

1. 债务人实施了损害债权人利益的行为

破产撤销权旨在调整债务人特定的财产处分行为,避免其责任财产的不当减少或有损于公平清偿原则的行为,因此,只有在债务人的行为导致债权人利益受到损害时方有行使破产撤销权的必要。所谓有害债权人利益的行为,既包括导致债务人一般财产的减少,也包括对个别债权人的偏袒性清偿。

我国破产法对破产撤销权的规定采列举主义,债务人实施的损害债权人利益的行为具体包括:(1)无偿转让财产的;(2)以明显不合理的价格进行交易的,包括高价买入和低价卖出两种行为;(3)对没有财产担保的债务提供财产担保的;(4)对未到期的债务提前清偿的;(5)放弃债权的;(6)对个别债权人进行清偿的,但个别清偿使债务人财产受益的除外。

2. 有害行为必须发生在法律规定的临界期间内

在被撤销之前,债务人所为的可撤销行为是有效的。如管理人可任意撤销债务人在破产程序开始前的财产处分行为,必然妨碍交易的安全,也不利于举证。故法律规定,管理人只能请求法院撤销债务人在破产程序开始前一定期间内的行为,这个期间有被称为临界期间或者可撤销期间。我国破产法根据可撤销行为的危害程度不同规定了不同的临界期间。其中,个别清偿行为的临界期间为6个月;其他可撤销行为的临界期间为1年。

3. 只能由管理人以诉讼方式行使

破产撤销权为债权人利益而设,但在破产程序中只能由管理人行使,并非由单个破产债权人或债权人会议行使。根据破产法的规定,破产撤销权必须以诉讼方式行使,申请人民法院撤销债务人的行为,并追回第三人因债务人可撤销行为而取得的债务人的财产。

4. 破产撤销权的行使不以当事人具有主观恶意为要件

破产撤销权的行使涉及第三人利益,不少立法例将可撤销行为分为有偿行为与无偿行为,对无偿行为的撤销不以债务人及第三人具有主观恶意为要件,但对于有偿行为,则要求债务人及第三人均有恶意。依我国《破产法》第31条、第32条之规定,只要债务人在法律规定的临界期间内从事了法律明确列举的可撤销行为,管理人均可请求人民法院予以撤销,至于债务人及第三人是否存在主观恶意,在所不问。这主要是考虑到破产撤销权是保护债权人的利益,本着有利于债权人行使该项权利角度出发,自当减轻债权人的证明责任为宜。

(三)破产撤销权的行使

1. 破产撤销权的行使方式

根据破产法,管理人有权向人民法院提起诉讼,要求追回应属于债务人的财产。可见,破产撤销权须由管理人以诉讼方式行使。

在破产撤销权之诉中,原告为管理人。但对于破产撤销权之诉的被告是谁,破产法未明确规定,从最高人民法院对于合同法上债权人撤销权之诉的解释来看,我国实践中债权人撤销权之诉以债务人为被告、受益人或受让人为第三人,是否可作参照,尚待有关部门的解释。

2. 破产撤销权的行使期间

破产撤销权的行使期间,直接关系到破产债权人利益能否实现以及交易相对人或受让人的交易安全问题,法律多加以明确规定。我国破产法没有明确规定破产撤销权的行使期限。从破产撤销权制度的目的来看,在整个破产程序存续期间,管理人均可行使破产撤销权。此外,依《破产法》第123条第1款之规定,自破产程序终结之日起2年内,发现有依照破产撤销权制度规定应当追回的财产的,债权人可请求人民法院按照破产财产分配方案进行追加分配。可见,破产撤销权的行使期间不仅存在于整个破产程序之中,还可以延伸到破产程序终结之日起2年内,只不过此时管理人已因破产程序终结而卸任,破产撤销权应由债权人来行使。与债权人撤销权行使期间的性质一样,破产撤销权的行使期间也应为除斥期间而非诉讼时效。

3. 破产撤销权行使的法律后果

行使破产撤销权将导致以下一个或多个法律后果:

(1)被撤销行为自始无效

在管理人行使破产撤销权之前,债务人所为的可撤销行为属有效行为(前提是不欠缺其他生效要件);管理人行使破产撤销权后,该行为被认定为自始无效。破产撤销权行使的这一法律后果是其他后果的前提。

(2)债务人财产恢复原状

管理人依法行使撤销权后,债务人财产应恢复到可撤销行为发生之前的状态。如债务人的相对人自债务人处取得财产的，应将原物返还，不能返还原物的，应赔偿价值相当的价金。如债务人对没有财产担保的债务提供财产担保、对未到期债权提前清偿、放弃债权或对个别债权人进行清偿的，提供担保的财产、用以清偿的财产及放弃的债权应重新归入破产财产。因行使撤销权而取回的财产均属于破产财产，由债权人依破产程序公平受偿。

（3）破产债权的恢复

债务人对没有财产担保的债务提供财产担保、对未到期债务提前清偿或进行个别清偿的，在管理人行使撤销权后，原本获得担保或清偿的债权失去担保或恢复存在，须依破产程序清偿。当然，只有在用于担保或清偿的财产重新回归于破产财产的前提下，债权人的原有债权才能恢复。

（4）新债权的产生

如交易相对人无偿取得债权人财产，当债务人行为被撤销时，不会发生实际利益损失，因而不享有任何请求权。但是，如交易相对人与债务人之间的行为是有偿的，交易相对人为此支付了相应的对价，当债务人行为被撤销时，不赋予交易相对人请求返还其已支付的对价的权利则有失公平。因此，破产撤销权的行使可能导致的另一个法律后果就是在债务人与交易对方之间产生新的债权。

二、破产无效行为制度

破产无效行为制度，指将债务人在破产程序开始之前所为的有害于债权人一般利益的行为依破产法的特别规定而认定为无效的制度。

与破产撤销权制度相似，破产无效行为制度也是为了防止债务人责任财产因不当处分而减少，从而保护全体债权人的利益。我国破产法除在第 31 条、第 32 条规定了破产撤销权制度外，还在第 33 条规定了破产无效行为制度。可见，我国采用的是破产撤销权制度与无效行为制度并存的二元结构模式。

根据《破产法》第 33 条，破产无效行为包括以下两类：

1. 为逃避债务而隐匿、转移财产

隐匿、转移财产是指债务人通过隐瞒债务人财产的信息、将财产置于隐蔽场所或者改变财产的物理位置的方式，从而使管理人不能有效控制、接管债务人的财产的行为。破产法规定，破产申请为人民法院受理时，债务人应当向人民法院提供财产状况说明、债务清册、债权清册、有关财务会计报告等材料，如债务人未将企业财产列入财产清单的，如无相反证据证明，即可推定债务人有隐匿财产行为。隐匿、转移财产的行为要成为无效行为，必须以逃避债务为目的。也就是说，债务人在主观上表现为故意，如果债务人的行为是正常的生产经营活动所必需，而不是为了逃避债务，则不属于本条所规范的无效行为。

2. 虚构债务或者承认不真实的债务

破产程序的启动，通常意味着债务人已经无法清偿全部债务，此时债务增加与否对债务人利益并无实际影响，只是关系到债权人的清偿比例。在实践中，一些债务人通过虚构债务或者承认不真实的债务的方式来达到转移财产、逃避债务的目的，损害债权人的利益。虚构债务与承认不真实的债务主要表现为订立虚假的合同、虚构应付账款、在财务账册上多列支出等。

第三节　取　回　权

一、一般取回权的概念

一般取回权(以下简称取回权),是指非属于破产人财产的权利人,不依破产程序,直接行使财产权利,从破产管理人处取回其财产的权利。进入破产程序以后,为了对债务人的财产予以保全,按照本法的规定,要由管理人接管债务人占有或者控制的所有财产。这些财产中可能大部分都是属于债务人所有,但也可能有些财产并不属于债务人所有。对不属于债务人的财产,其所有权人或者其他物权人可以依照破产法的规定通过管理人予以取回。

取回权具有如下特征:

第一,取回权是民法上物的返还请求权在破产程序中的一种表现形式。在民法理论中,物的返还请求权是指权利人基于其所有或者占有物的事实以及法律上的原因,请求无权占有人返还其所有物或者占有物,以恢复权利人所有或者占有状态的权利。因此,取回权的基础性权利多为民法上的所有权和其他物权,如用益物权等。如权利人在行使取回权之前,标的物毁损或灭失,此时权利人的物权消失,故不得行使取回权,只能向管理人申报债权。

第二,取回权的标的物不属于债务人,但被债务人实际占有。该种占有可能是基于共有、委任、寄托、承揽、租赁、借用、无因管理而发生的合法占有,也可能是基于侵权行为、不当得利而发生的非法占有。

第三,取回权的行使无须依破产程序,但必须以管理人为相对人。破产程序开始后,普通债权人须向管理人申报债权,并只能依破产程序受偿。而取回权人行使取回权实际上是取回自己的财产,无须申报,也不需要等待破产财产的变价和分配,可以直接向管理人主张权利。

二、取回权的基础权利

取回权的基础权利,是取回权所赖以存在的法律根据。取回权的基础权利包括物权(主要是所有权)以及占有。

(一)物权

所有权是取回权最常见的基础权利。无论债务人的占有是否有合法依据,他人之物均不属于债务人的责任财产,应由其所有人取回。因租赁、使用、借贷、寄存、承揽、动产质押等原因而被债务人占有的他人之物,所有权人于契约终止后或对质权所担保的债权清偿后,请求追还其物的情形,是最典型的取回权。

在所有权保留买卖中,买受人尚未付清价款前,标的物所有权仍属于出卖人,如此时买受人进入破产程序,出卖人可向管理人要求行使取回权。但是,管理人对于是否同意出卖人行使取回权有选择权。如管理人同意出卖人行使取回权,就意味着解除原所有权保留买卖合同,出卖人应返还债务人已支付的价款;如管理人不同意出卖人行使取回权,则意味着管理人决定继续履行原所有权保留买卖合同,债权人要求管理人提供担保。

用益物权,是对他人所有的物,在一定范围内占有、使用、收益、处分的权利。我国《物权法》

上的用益物权包括农村土地承包经营权、建设用地适用权、宅基地使用权和地役权。如用益物权的标的物为债务人占有且债务人进入破产程序时，用益物权人可要求返还标的物，故享有取回权。

（二）占有

占有是指占有人对不动产或者动产的实际控制。占有并非一种民事权利，也不是一种物权，而是属于一种单纯的事实。《民法典》第462条第1款规定，占有的不动产或者动产被侵占的，占有人有权请求返还原物；对妨害占有的行为，占有人有权请求排除妨害或者消除危险；因侵占或者妨害造成损害的，占有人有权请求损害赔偿。可见，我国承认占有人享有占有物返还请求权、妨害除去请求权与妨害防止请求权。如占有物为债务人所侵占，占有人可基于其占有物返还请求权而行使破产取回权。

三、取回权的行使

除法律另有规定外，取回权的行使无须依破产程序，也无须通过诉讼程序，权利人可直接向管理人主张。所谓法律另有规定，是指在债务人重整期间，如权利人行使取回权，应符合事先约定的条件。当事人在行使取回权时应注意：

第一，取回权的行使必须以标的物仍然存在为前提。当标的物灭失时，物权也随之灭失，权利人自然无法行使取回权，只能将其损害赔偿请求权作为破产债权向管理人申报，依破产程序获得清偿。如债务人已将标的物转卖于第三人，且第三人因善意取得而取得标的物的所有权，此时权利人也不能行使取回权，只能要求债务人返还相应的价款，向管理人申报其债权。

第二，取回权应向管理人行使。破产程序启动后，债务人财产已由管理人接管，取回权的标的物自然也在管理人控制之下，权利人只能通过管理人取回。权利人在行使取回权时，应向管理人提供证据证明其对标的物具有相应的基础性权利。如管理人对权利人的主张有争议，可以向法院提起诉讼，请求法院确认。

第三，取回权应在破产程序开始后、破产财产分配前行使。依《破产法》第38条，取回权只能在人民法院受理破产申请后行使。在破产财产分配前未行使取回权的，视为自动放弃取回权。

第四，权利人在行使取回权时，应履行相应的对待给付义务。如债务人因保管、承揽、质押、留置等原因合法占有权利人之物，权利人在行使取回权时，应向管理人支付相应的保管费、加工费或清偿相应的债务。

四、出卖人取回权

除一般取回权外，我国《破产法》第39条还规定了一种特殊的取回权——出卖人取回权。出卖人取回权指在异地买卖中，如出卖人已将买卖标的物发运，买受人尚未收到，也未付清全部价款，此时买受人宣告破产，出卖人取回其标的物的权利。出卖人取回权制度起源于英国，实际上是基于公平理念为保护出卖人的利益而设，德国、日本及我国台湾地区均有此规定。

我国《破产法》第39条规定，人民法院受理破产申请时，出卖人已将买卖标的物向作为买受人的债务人发运，债务人尚未收到且未付清全部价款的，出卖人可以取回在运途中的标的物。但是，管理人可以支付全部价款，请求出卖人交付标的物。根据该条，出卖人取回权的构成要件包括：

第一，出卖人已将标的物发出而买受人（债务人）尚未收到。出卖人取回权的实质，是为了保障在出卖人发货至买受人收货这个时间差中,买受人破产时出卖人的合法权益。如买受人已经实际控制了标的物,交付即已完成,此时出卖人只能以价款的给付请求权向破产管理人申报债权,而不能行使出卖人取回权。正因为这个时间差只存在于异地买卖合同中,出卖人取回权只存在于异地买卖合同中。

第二,出卖人发货时买受人尚未进入破产程序,或者出卖人尚未知悉买受人已进入破产程序的事实。如出卖人在发货时已知悉买受人进入破产程序,则可直接行使不安抗辩权而拒绝发运或者要求管理人提供相应的担保。如出卖人明知买受人已进入破产程序仍继续发货,应视为放弃取回权。因此,只有当出卖人发货时债务人尚未进入破产程序或者出卖人尚不知悉买受人已进入破产程序时,出卖人才可行使取回权。

第三,买受人尚未收到标的物时已经进入破产程序。这一时间点十分重要,意味着买受人在进入破产程序时尚未取得对标的物的实际控制。即使其后买受人或管理人受领了标的物,也不影响出卖人的取回权。

第四,出卖人未能收到全部价款。出卖人取回权本来就是为了保护出卖人免受价金损失而设,如买受人或管理人已支付了全部价款,出卖人则无任何损失可言,自然无权行使取回权。

第四节　破产抵销权

一、破产抵销权的概念

破产抵销权,是指对于破产人负有债务的破产债权人在破产人被宣告破产时,不论给付种类是否相同,或是否附有期限或解除条件,均得不依破产程序,将其对破产人的债权和债务予以抵销的权利。

抵销是民法中债的消灭方式之一,指双方互负债务而其给付种类相同,一方得以其债务与对方之债务,按对等数额使其相互消灭之意思表示。[3] 其中,抵销人的债权称为主动债权(自动债权、能动债权或抵销债权),被抵销的债权称为被动债权(受动债权)。广义的抵销,包括法定抵销与合意抵销。法定抵销是由法律规定其构成要件,符合其要件时,可依一方的意思表示而发生的抵销;合意抵销是按照双方当事人的合意所为的抵销。抵销权产生于古罗马法后期,为近代各国立法普遍接受,破产抵销权只是民法上的抵销权在债务人破产的情形下的扩张适用。

与民法上的抵销权相比,破产抵销权具有以下特点:

第一,破产抵销权的主体具有特定性。破产程序开始后,管理人接管债务人的财产,在履行职务过程中应尽到忠实与勤勉义务,不得随意放弃权利或者对部分债权人进行优先清偿。如债务人或管理人主动要求行使破产抵销权,无异于放弃请求债权人履行债务的权利、对个别债权人进行优先清偿,这显然有违破产公平偿债的观点。因此,破产抵销权只能由破产债权人行使,这不同于民法中一般债权债务关系中双方当事人均有权主张抵销权的规定。

第二,破产抵销权不受债务种类和履行期限的限制。当双方互负的债务种类不同时,双方各

---

〔3〕 史尚宽:《债法总论》,中国政法大学出版社2000年版,第846页。

有其经济目的,允许抵销将导致一方或双方的目的难以实现,故民法上的抵销权要求主动债权与被动债权的种类相同,能够抵销的只限于种类之债,多为金钱之债。在债务尚未届清偿期时,相对人具有期限利益,行使抵销权无异于要求债务人提前清偿,因此主动债权必须已届清偿期方得行使民法上的抵销权。然而,破产抵销权的行使不受前述民法抵销权的两个条件的限制,无论给付种类是否相同,清偿期限是否到期,均得主张抵销。这是因为:(1)破产财产分配以货币分配为主,所有破产债权都转化为可以用金钱代表的债权,不同种类的债权在破产程序中已无区别;(2)根据《破产法》第46条,在人民法院受理破产申请时,所有未到期债权均视为已到期。

第三,主动债权与被动债权均应在破产程序开始前已经成立。民法上的抵销权不受双方债权成立时间的影响,只要给付种类相同并已到清偿期,除依债权的性质或法律的规定不得抵销外,均可等额抵销。但是,破产抵销权实质上是以债务人财产优先清偿个别破产债权人,关系到其他债权人的利益。为了防止滥用破产抵销权制度,法律限定了破产抵销权的适用范围。

二、破产抵销权的制度功能

破产法之所以规定破产抵销权,是因为该制度具有独特的功能:

第一,破产抵销权制度有利于简化破产程序,节省破产费用。依破产抵销权制度,享有破产抵销权的债权人无须通过破产程序受偿,可直接用其享有的债权冲抵其对债务人的债务。这样一来,破产债权人与债务人均不必亲自履行各自的债务,可以节省互为给付和互受给付而产生的费用,降低交易成本,有利于破产程序尽快终结。

第二,破产抵销权制度体现了公平原则,有利于保护债权人利益。如一方进入破产程序,已无法为完全给付,此时若要求对方为完全给付,就会产生不公平的现象,即自己欠破产财团的债务,被要求作出全面履行;与此相对,自己拥有的债权则作为破产债权,只能受到按比例的平均的分配(清偿)。[4] 这显然有失公平。借助于抵销制度,则可避免这种不公平的结果。假设A对B负有价值100万元的债务,同时B对A负有价值40万元的债务,双方债权债务均无财产担保;事后A因缺乏清偿能力而进入破产程序,普通破产债权的清偿比例为20%。若无破产抵销权制度,则B应履行其对A的40万元债务,并通过破产清算程序获得20万元(100万元×20%)的清偿;如允许B行使破产抵销权,则B可主张抵销40万元的债权债务,余下的60万元依破产清算程序可获得12万元(60万元×20%)的清偿。

三、破产抵销权的行使

关于抵销权的行使方式,各国破产法规定不一。采自动抵销主义的立法例认为,只要符合抵销的条件,即使当事人未主张,甚至根本不知道有可抵销的情形,也可以产生抵销的效果;而采单独行为说的立法例则认为仅符合抵销权的条件并不产生债务消灭的效果,必须有一方当事人向另一方作出抵销的意思表示。从我国《破产法》的相关规定来看,我采用的是单独行为说,抵销因抵销人的意思表示而发生效力,故《破产法》第40条规定,债权人应向管理人主张行使破产抵销权。

破产抵销权应在人民法院受理破产申请后到破产程序终结前的期间内行使。在人民法院受理破产申请前,债务人尚未进入破产程序,不会产生破产抵销权的问题,债权人只能依民法规则

---

〔4〕［日］石川明:《日本破产法》,何勤华、周桂秋译,中国法制出版社2000年版,第133页。

行使民法上的抵销权。破产程序终结后,债务人或者恢复清偿能力,或者财产已经分配完毕,也无行使破产抵销权的必要。

有破产抵销权的债权人应依破产程序申报债权。对于有抵销权的破产债权人是否应依破产程序申报债权,有积极说、消极说和折衷说三种观点。积极说认为,债权申报是行使破产债权的前提,债权人欲行使破产抵销权,必须先申报债权并接受调查确认;消极说认为破产债权人无须申报债权就可以向管理人行使抵销权;折衷说认为只有在对债权是否存在及数额等问题上存在争议时,债权申报才是行使破产抵销权的前提条件,否则无申报的必要。[5] 从我国《破产法》第44条、第48条以及第56条的规定来看,享有破产抵销权的债权人也须依破产程序在人民法院确定的债权申报期限内向管理人申报债权。

破产债权人行使抵销权后,超出抵销额以外的债务仍然存在。未能抵销的债权额仍属于破产债权,依破产程序清偿;未抵销的债务则属于债务人财产(破产财产),该破产债权人应向管理人履行尚未抵销完毕的债务。

四、对行使破产抵销权的限制

破产抵销权具有使破产债权人在抵销额内获得全额清偿的效果,从而避免和其他债权人一样接受破产财产分配只获得比例清偿的损失,这使得享有破产抵销权的债权人在破产程序中拥有不同于其他债权人的优先地位。从另一个角度来说,对债务人负有债务的人如果通过某种方式以较小的对价获得对债务人的债权,并在破产程序中进行抵销,也能减轻自己的债务履行负担。为了防止破产抵销权制度被滥用而损害其他债权人的利益,对债权人进行公平清偿,《破产法》第40条规定了三种禁止行使破产抵销权的情形。

第一,债务人的债务人在破产申请受理后取得他人对债务人的债权的,不得主张抵销。债务人的债务人在破产程序中应当向管理人完全履行其所负债务,这种履行所产生的利益应当归入债务人财产,由破产债权人全体受偿。债务人的债务人如果在破产案件受理后通过受让取得他人对债务人的债权,并以此与其债务抵销,则会消灭或者部分消灭其所负担的债务,减少债务人财产的价值,并且会诱发债务人的债务人在破产案件受理后低价收买他人对债务人的债权的道德风险。

第二,债权人恶意对债务人负担债务的,不得抵销。所谓债权人恶意对债务人负担债务,是指债权人已知债务人有不能清偿到期债务或者破产申请的事实,而对债务人负担债务的;但是,债权人因为法律规定或者有破产申请1年前所发生的原因而负担债务的除外。债权人恶意对债务人负担债务时,如允许其行使破产抵销权,容易造成债权人无所顾忌地对债务人负债已抵销其破产债权,由此将其破产债权的分配损失转嫁到其他破产债权人身上,这将致使其他债权人的利益得不到有效的维护。但是,如果债权人并无转嫁损失之恶意,则应允许其行使破产撤销权。

第三,债务人的债务人恶意取得对债务人的债权的,不得抵销。破产债权往往只能按比例获得清偿,债权人通常是要或多或少地受到一定损失的。依正常的商业判断,一般来说没有人愿意拥有破产债权。如债务人的债务人在已知债务人有不能清偿到期债务或破产申请的事实时仍取得对债务人的债权,无论是从债务人处直接取得债权还是经第三人转让而取得债权,都可推定其

---

〔5〕 参见陈荣宗:《破产法》,台北,三民书局1986年版,第287~288页。

具有以该债权抵销对债务人所负的债务的恶意。因此,债务人的债务人已知债务人有不能清偿到期债务或者破产申请的事实,对债务人取得债权的,不得行使破产抵销权;但是,债务人的债务人因为法律规定或者有破产申请1年前所发生的原因而取得债权的除外。

第五章 破产债权

第一节 破产债权的概念和范围

一、破产债权的概念

破产债权,是指在法院受理破产申请时就已成立的,依破产程序申报确认,可以从破产财产中公平受偿的,具有强制执行力的财产请求权。破产债权具有如下特征:

第一,破产债权是在法院受理破产申请时就已成立的债权。“法院受理破产申请”是一个分界点,在此之前成立的债权才是破产债权。法院受理破产申请后,则由法院指定的管理人来接管债务人的内部事务和财产管理,此后发生的相关费用属于破产费用,而不是破产债权。例如,人民法院受理破产案件前,债务人欠缴款项产生的滞纳金,包括债务人未履行生效法律文书应当加倍支付的迟延利息和劳动保险金的滞纳金,应确认为破产债权;而破产申请受理后则不予确认为破产债权。[1] 但这只是一般原则,出于公平目的考虑,某些在法院受理破产申请后成立的债权也可成为破产债权。例如,在法院受理破产申请后,管理人依法解除合同所产生的损害赔偿请求权;又如,债务人是委托合同的委托人,但受托人不知法院已受理债务人的破产申请,继续处理委托事务所产生的请求权;再如,债务人是票据的出票人,但票据的付款人不知法院已受理债务人的破产申请,继续付款或者承兑所产生的请求权,等等。

第二,破产债权须依破产程序进行申报并得到法定机关的确认。债权的本质是请求权,请求权的实现有赖于对方当事人的给付,债权人必须积极主动地在债务履行期限内向债务人提出履行给付才能实现债权。这就意味着:(1)债权人必须在破产案件受理后、法定期限内申报登记债权。(2)债权人未在规定的债权申报期限内进行申报的,只能得到有限保护:其还可以在破产财产最后分配前补充申报,但是,其无权对此前已进行的分配主张权利,只能从剩余的破产财产中获偿。而且,为审查和确认补充申报债权的费用,也要由补充申报人自己来承担。(3)债权人完全未进行债权申报的,不属于破产债权,视为自动放弃债权,失去了在破产程序中公平受偿的权利。值得注意的是,债权未经申报仅发生不能依据破产程序得到公平受偿的后果,并不意味着实体法上权利的消失。

债权申报后并不一定就能成为破产债权,还要经过债权人会议的核查及法院的确认。只有经过法院最终确认了的债权才是破产债权。破产债权一旦确认就意味着债权人可在破产程序中

---

〔1〕 参见最高人民法院在给广东省高级人民法院的《关于人民法院受理破产案件前债务人未付应付款项的滞纳金是否应当确认为破产债权请示的答复》(〔2013〕民二他字第9号)和最高人民法院《关于适用〈中华人民共和国企业破产法〉若干问题的规定(三)》(法释〔2019〕3号,以下简称《破产法司法解释三》)第3条。

得到公平受偿。

第三,破产债权的公平受偿以破产财产为限。破产程序是一种强制清偿程序,但对于破产债权来说,其真实的受偿额受到破产财产的限制,通常可能无法做到全部清偿,即便如此,也视为债的清偿而使破产债权消灭,不在破产财产之外再行清偿。因此在破产程序中,破产财产范围的确定就显得至关重要。

第四,破产债权须是具有强制执行力的完全债权。破产本是在债务人不能清偿到期债务的情况下,对其财产的一种强制执行程序,所以破产债权必须是能够强制执行的完全债权。与完全债权相对的是不完全债权,不完全债权是指欠缺某种效力的债权。[2] 例如,因消灭时效而欠缺请求力的债权,或是产生于道德上义务或不法原因而欠缺执行力的债权。不具备强制执行力的不完全债权不能成为破产债权。不具备请求力的债权一般来说也不作为破产债权申报,但有以下例外情况:

一是未到期的债权。根据我国《破产法》第 46 条的规定,未到期的债权在破产申请受理时就视为到期。民法上的债权未到期,债务人可以拒绝履行,这是债务人所享有的期限利益;但在破产场合,为了维护交易的完结性、保障破产程序顺利,债务人的期限利益受到了法律的限制。

另外,我国《破产法》第 46 条亦规定,附利息的债权自破产申请受理时停止计息。这其中的逻辑即是:既然未到期债权自破产申请受理时视为到期,其所附利息自然也随着债的到期而停止计算。

二是附条件和附期限的债权。一般来讲,附条件和附期限的债权在生效条件成就前或在生效期限届至前,属于不能请求对方履行的债权。但在破产程序中,出于对附条件和附期限的债权人期待权的保护,破产法允许将其作为破产债权。

第五,破产债权是财产请求权。破产程序的目的在于将破产财产公平分配给破产债权人,只有在债权人的债权是直接以金钱给付为内容或虽然不直接表现为金钱但可以以金钱计算成本的情形下才能实现此目的。因此,一般来说,具有人身性质的权利不得作为破产债权。例如,以破产人特定作为或不作为的请求权,以及赔礼道歉、恢复名誉等请求权。值得注意的是,如果在法院受理破产申请前,因为不履行具有人身性质的义务而导致了损害赔偿请求权,这种损害赔偿请求权应可作为破产债权。

二、破产债权的范围

根据我国《破产法》的规定,法院受理破产申请时对债务人享有的有担保债权和无担保债权即为破产债权。下面有必要对以下能成为破产债权的财产请求权予以进一步论述:

(一)附条件的债权

附条件债权是指以将来不确定的事实的成就或不成就决定生效或消灭的债权。附条件债权的债权人可以进行债权申报。

需要注意的是,附条件债权分为附生效条件的债权和附解除条件的债权。在申报时具体又可分为以下四种情况:

第一,当法院受理破产申请时,生效条件还没有成就的,债权虽未生效,但因条件本身的不确

---

〔2〕 王泽鉴认为,债权具有五种效力:请求力、执行力、私力实现、处分权能、保持力。参见王泽鉴:《债法原理(一)》,中国政法大学出版社 2001 年版,第 20 ~ 22 页。

定性，产生了一种债权在未来仍然可能生效的期待权，法律应对这种期待权进行保护，[3]因此，此时附条件债权仍可作为破产债权进行申报。至于在清算阶段能否参与破产财产的分配，要看在最后分配公告日时条件有没有成就、债权有没有生效。

第二，当法院受理破产申请时，生效条件成就的，债权生效，附条件债权转化为确定的普通债权，当然可以作为破产债权。

第三，当法院受理破产申请时，解除条件还没有成就的，债权仍然存在，可以作为破产债权进行申报，但是在清算阶段能否参与破产财产的分配，要看在最后分配公告日时条件有没有成就、债权有没有失效。

第四，当法院受理破产申请时，解除条件成就的，债权不存在，不能进行债权申报。

（二）附期限的债权

附期限债权，是指以将来客观确定到来之事实作为决定合同效力的债权。附期限债权的债权人可以进行债权申报。

期限与条件最大的不同在于前者以将来确定发生的事实为内容。因此，相对附条件债权来说，附期限的债权作为破产债权在清算阶段更容易确定其最后能否参与破产财产的分配。附期限债权分为附生效期限的债权和附终止期限的债权。对于附生效期限的债权，在法院受理破产申请时，无论期限有没有届至，都可以作为破产债权进行申报，因为期限是确定的、一定会到来的，只是时间早晚而已。对于附终止期限的债权，在法院受理破产申请时，期限尚未届至的，债权仍然有效，可进行破产债权申报。

（三）诉讼、仲裁未决的债权

诉讼、仲裁未决的债权是指尚在诉讼或仲裁过程中而未确定的债权。诉讼、仲裁未决的债权在性质上类似于附条件债权，诉讼或仲裁结果在将来也是不确定的。但是，债权人的期待权应得到法律保护，避免其失去受偿的机会。因此，诉讼、仲裁未决的债权，债权人可以申报。

（四）连带债权和对连带债务人的债权

《破产法》第50条规定，如果破产人存在数个连带债权人，这些连带债权人可以由其中一人代表全体连带债权人申报债权，也可以共同申报债权。值得注意的是，债权人在进行申报时，应当书面说明债权的数额和有无财产担保，并提交有关证据；如果申报的债权是连带债权，债权人有说明的义务。

《破产法》第52条规定，连带债务人数人被裁定适用破产程序的，其债权人有权就全部债权分别在各破产案件中进行申报。当然，如果连带债务人中仅有一人或部分开始适用破产程序，债权人可以选择在破产程序中申报债权，也可以直接向其他未进入破产程序的债务人要求清偿，这样就产生了其他连带债务人针对破产债务人的求偿权。

（五）债务人的保证人或其他连带债务人对债务人的求偿权

《破产法》第51条规定，债务人的保证人或其他连带债务人已经代替债务人清偿债务的，以其对债务人的求偿权申报债权。

值得注意的是，连带债务人的求偿权分为现实求偿权和将来求偿权。债务人的保证人或其他连带债务人已经代替债务人清偿债务的，产生的是现实求偿权；但是，如果债权人未进行债权

---

〔3〕 参见史尚宽：《民法总论》，中国政法大学出版社2000年版，第489～495页。

申报,破产债务人的保证人或其他连带债务人为解除后顾之忧,预先行使求偿权,能否作为破产债权申报?根据破产法的规定,将来求偿权也可作为破产债权申报。这其中主要是考虑到债权人的债权既定,无论破产程序有没有开始,都不影响债权人与连带债务人之间的关系。如果不承认将来求偿权破产债权的地位,极可能造成对连带债务人的不公。当然,如果债权人已经向管理人申报全部债权,那就不存在连带债务人的将来求偿权。

当债务人、保证人均被裁定进入破产程序,债权人有权向债务人、保证人分别申报债权。债权人向债务人、保证人均申报全部债权的,从一方破产程序中获得清偿后,其对另一方的债权额不作调整,但债权人的受偿额不得超出其债权总额。保证人履行保证责任后不再享有求偿权。[4] 这是因为源于同一债务的普通债权,只能在破产程序中得到与其他普通债权相同比例的清偿。由于债权人已经向管理人申报全部债权,根据《破产法》第51条的规定,承担连带责任的保证人自然不能再向债务人追偿。

(六)因解除合同而产生的损害赔偿请求权

法院受理破产申请后,由管理人负责管理破产中的企业的日常事务。管理人对破产申请受理前成立而债务人和对方当事人均未履行完毕的合同有权决定解除或继续履行。在依法解除合同的情况下,对方当事人因合同解除所产生的损害赔偿请求权可作为破产债权进行申报。

(七)委托合同的受托人的请求权

《破产法》第54条规定,债务人是委托合同的委托人,被裁定适用本法规定的程序,受托人不知该事实,继续处理委托事务的,受托人以由此产生的请求权申报债权。由此可见,委托合同的受托人想要将其请求权作为债权申报必须满足两个要件:一是受托人不知委托人破产的事实;二是继续处理委托事实所产生的请求权才能作为破产债权申报。在实践中,经常会发生受托人可能未接到破产案件受理通知、不知委托人有破产事实、继续处理委托事务的情形,如果不对此时所产生的债权进行保护,就可能造成不公平的后果。

(八)票据付款人或承兑人的请求权

《破产法》第55条规定,债务人是票据的出票人,被裁定适用本法规定的程序,该票据的付款人继续付款或者承兑的,付款人以由此产生的请求权申报债权。票据具有无因性,在正常情况下,当持票人向付款人或承兑人要求付款或承兑时,付款人或承兑人便应当予以付款或承兑。付款人或承兑人选择继续付款或继续承兑,可能因为事先就已受有破产人的资金,也可能没有;在事先没有受有破产人资金而为付款或承兑的情况下,就产生了对破产人的债权,此时如若不对这种债权加以保护,势必会影响票据的无因性和流通性。

需要说明的是,在票据行为中,承兑行为有其特殊性。承兑意味着实际的付款行为发生在将来,因对票据进行承兑而产生的债权,属于将来的债权,法律性质上为附条件的债权,只有当实际的付款行为发生后才是确定的破产债权。而对票据的付款而产生的债权,则是现实的债权,可不受限制地参加破产清偿。

(九)因执行重整计划未受清偿的部分债权

根据《破产法》第93条第2款的规定,如果债务人不能执行或不执行重整计划,导致进入破产阶段的,债权人因执行重整计划所受的清偿仍然有效,而未受清偿部分则作为破产债权。

---

〔4〕 参见《破产法司法解释(三)》第5条。

（十）未受偿的担保债权和放弃优先受偿的担保债权

对特定破产财产享有担保的债权人行使优先受偿权未能完全受偿的，未受偿的债权作为普通债权；放弃优先受偿权的，其债权就是普通债权。

三、无须申报的债权

债权申报是民事债权顺利转化为破产债权的程序性条件，但是并非所有可在破产程序中得到清偿的债权都必须申报。无须申报的债权主要体现为劳动债权：(1)债务人所欠职工的工资和医疗、伤残补助、抚恤费用；(2)债务人所欠的应当划职工个人账户的基本养老保险、基本医疗保险费用；(3)法律、行政法规规定应当支付给职工的补偿金。

以上劳动债权当然属于破产人应清偿的债权，这其中蕴含着保护劳动者、保护破产企业职工利益的法律政策考虑，以免职工因未申报而权利受损。但是，无须申报并不意味着“置之不理”，而是要由管理人进行调查，列出清单并予以公示。职工对清单记载有异议的，可以要求管理人更正；管理人不予更正的，职工可以向人民法院提起权利确认之诉。

无须申报的债权在破产清算阶段的清偿顺序仅次于破产费用和共益债务。

第二节　破产债权的申报和确认

一、破产债权的申报

（一）申报期限

根据《破产法》第45条的规定，债权人应当在人民法院确定的债权申报期限内向管理人申报债权。人民法院受理破产申请后，应当确定债权人申报债权的期限。债权申报期限自人民法院发布受理破产申请公告之日起计算，最短不得少于30日，最长不得超过3个月。

但是，对于某些因正当理由未在规定期限内进行申报的债权，如果完全否定其获得破产分配的机会似乎并不公平。因此，法律一般会有例外或延展规定，以达到既维护破产秩序又对债权人进行权利补救的目的。《破产法》第56条规定，在人民法院确定的债权申报期限内，债权人未申报债权的，可以在破产财产最后分配前补充申报；但是，此前已进行的分配，不再对其补充分配。为审查和确认补充申报债权的费用，由补充申报人承担。

（二）申报方式

《破产法》第49条规定，债权人申报债权时，应当书面说明债权的数额和有无财产担保，并提交有关证据。申报的债权是连带债权的，应当说明。因此，我国债权申报限于书面申报，口头申报不具申报效力。

（三）申报机关

根据《破产法》第25条、第48条的规定，法定的申报机关是管理人。管理人自破产程序开始，至破产程序终结，负责破产财产的管理、处分和营业和内部管理事项等，由债权人向其申报债权相对来说最为适合。

（四）申报效力

债权申报具有以下三个方面的效力：

第一,参加申报的债权人有权按照破产程序行使权利。

第二,未参加申报的债权人,还有补充申报的机会,但必须在破产财产最后分配前完成补充申报,而且此前已进行的分配,不再对其补充分配。

第三,债权申报产生诉讼时效中断的效果。申报债权是债权人基于参加破产程序要求债务人履行义务的行为,因而产生诉讼时效中断的效果。

二、破产债权的确认

破产债权的确认程序包括以下几个内容:

(一)管理人审查

管理人收到债权申报材料后,应当登记造册,对申报的债权进行审查,并编制债权表。债权表和债权申报材料由管理人保存,供利害关系人查阅。管理人在对所申报的债权进行登记造册时,应详尽记载申报人的姓名、单位、代理人、申报债权额、担保情况、证据、联系方式等事项,形成债权申报登记册。管理人应具体审查所申报债权的性质、数额、担保财产、是否超过诉讼时效期间、是否超过强制执行期间等情况,编制债权表并提交债权人会议核查。债权表、债权申报登记册及债权申报材料在破产期间由管理人保管,债权人、债务人、债务人职工及其他利害关系人有权查阅。[5]

值得注意的是,管理人此时对申报的债权所进行的审查仅仅是形式意义上的审查,管理人无权以债权不存在或债权数额不符为由拒绝将债权登记在册。对于已经生效法律文书确定的债权,管理人应当予以确认。管理人认为债权人据以申报债权的生效法律文书确定的债权错误,或者有证据证明债权人与债务人恶意通过诉讼、仲裁或者公证机关赋予强制执行力公证文书的形式虚构债权债务的,应当依法通过审判监督程序向作出该判决、裁定、调解书的人民法院或者上一级人民法院申请撤销生效法律文书,或者向受理破产申请的人民法院申请撤销或者不予执行仲裁裁决、不予执行公证债权文书后,重新确定债权。[6]

(二)债权人会议核查

破产债权的核查机关为债权人会议。根据《破产法》第57条、第58条的规定,管理人按规定编制债权表后,应当提交第一次债权人会议核查。债权人会议对债权是否真实存在、是否超过诉讼时效及数额是否正确等进行核查。

(三)法院确认

在第一次债权人会议上经核查,债务人、债权人均无异议的债权,即由人民法院裁定确认为破产债权。人民法院具有破产债权的最终确认权。

(四)对异议债权的处理

债权人对债权表记载的债权有异议的,应当说明理由和法律依据。经管理人解释或调整后,异议人仍然不服的,或者管理人不予解释或调整的,异议人应当在债权人会议核查结束后15日内向人民法院提起债权确认的诉讼。当事人之间在破产申请受理前订立有仲裁条款或仲裁协议的,应当向选定的仲裁机构申请确认债权债务关系。[7]

---

〔5〕 参见《破产法司法解释(三)》第6条。

〔6〕 参见《破产法司法解释(三)》第7条。

〔7〕 参见《破产法司法解释(三)》第8条。

债务人对债权表记载的债权有异议向人民法院提起诉讼的，应将被异议债权人列为被告。债权人对债权表记载的他人债权有异议的，应将被异议债权人列为被告；债权人对债权表记载的本人债权有异议的，应将债务人列为被告。对同一笔债权存在多个异议人，其他异议人申请参加诉讼的，应当列为共同原告。[8]

单个债权人有权查阅债务人财产状况报告、债权人会议决议、债权人委员会决议、管理人监督报告等参与破产程序所必需的债务人财务和经营信息资料。管理人无正当理由不予提供的，债权人可以请求人民法院作出决定；人民法院应当在5日内作出决定。上述信息资料涉及商业秘密的，债权人应当依法承担保密义务或者签署保密协议；涉及国家秘密的应当依照相关法律规定处理。[9]

---

〔8〕 参见《破产法司法解释（三）》第9条。

〔9〕 参见《破产法司法解释（三）》第10条。知情权是债权人在破产程序中应当享有的重要程序性权利之一，目的是解决破产程序中的信息不对称问题。单个债权人的知情权对其行使权利十分重要，是其进行决策、行使表决权的前提基础，也是确保破产程序公开透明的必要保障。因此，《破产法司法解释（三）》第10条明确规定单个债权人有权查阅参与破产程序所必需的债务人财务和经营信息资料，同时明确了管理人无正当理由拒不提供时的救济途径，以充分保护单个债权人知情权的行使。应当注意的是，单个债权人知情权的行使应当与保护债务人商业秘密、国家秘密相协调。如果债权人查阅的信息资料涉及商业秘密的，债权人负有保密义务；如果涉及国家秘密，保密法等相关法律有禁止性规定，债权人应当遵守。

第六章　债权人会议

第一节　债权人会议概述

一、债权人会议的概念

债权人会议是全体债权人组成的，以维护债权人共同利益为目的的，在法院监督下讨论决定有关破产事宜，表达债权人共同意思的破产机构。[1] 债权人会议具有如下法律特征：

第一，债权人会议是一种权力机关。债权人会议是企业在破产状态下的权力机关，对破产程序进行中涉及债权人利益的各种重大事项作出决定。需要明确的是，债权人会议只是破产企业的权力机关，因此，在破产程序上不能作为独立的权利主体和诉讼主体。

第二，债权人会议是在公力救济许可范围内的自治团体。破产程序中的债权人会议，是债的自力救济和债权人自治的体现。在债权人会议上，全体债权人通过协商和表决程序独立自主地对有关破产事项作出决定。

但是，这种债权人自治要受到法院的监督，而且法院对其决定的事项拥有最终裁决的权力。可以说，债权人会议是在公力救济许可范围内的自治。具体而言，根据《破产法》第 62 条、第 64 条、第 65 条等规定，在如下事项上体现了人民法院公权力对债权人会议自治的介入：(1) 第一次债权人会议由人民法院召集。(2) 人民法院认为有必要时，可以要求召开其后的债权人会议。(3) 债权人认为债权人会议的决议违反法律规定，损害其利益的，可以自债权人会议作出决议之日起 15 日内，请求人民法院裁定撤销该决议，责令债权人会议依法重新作出决议。(4) 对于债务人财产的管理方案和破产财产的变价方案，经债权人会议表决未通过的，由人民法院裁定。(5) 对于破产财产的分配方案，如果经过债权人会议二次表决仍未通过的，由人民法院裁定。(6) 债权人委员会的成员应当经人民法院书面决定认可，并对债权人委员会监督债务人、管理人的职责予以最终支持。

第三，债权人会议代表的是全体债权人的共同利益。在债权人内部，不同的债权人之间存在利益差别，债权人只能以集体的方式决定债权人整体利益的事项，不能要求对自己的债权予以特殊保护。因此，债权人会议体现的是债权人整体的共同意志，而不是个别债权人的单独意思。

第四，债权人会议是临时性的监督机构。债权人会议监督破产程序的进行，尤其具有监督管

---

〔1〕 关于债权人会议的性质有自治团体说、债权人团体机关说、事实上的集合体说。参见王欣新：《破产法》（第 2 版），中国人民大学出版社 2007 年版，第 282 页；邹海林、王仲兴：《论破产程序中的债权人自治》，载梁慧星主编：《民商法论丛》（第 2 卷），法律出版社 1994 年版，第 162 ~ 163 页；[日]伊藤真：《破产法》，刘荣军、鲍荣振译，中国社会科学出版社 1995 年版，第 75 页。

理人的权力。但是,债权人会议也是一个临时性机构,它是基于破产程序的启动而成立,到破产程序结束时终止;即使在债权人会议存续期间,它也只是在需要讨论决定破产事项时才召集开会。

二、债权人会议的组成

(一)债权人会议主席

债权人会议设主席一人,由人民法院从有表决权的债权人中指定。债权人会议主席主持债权人会议。

(二)债权人会议的成员

债权人会议是体现全体债权人共同利益的自治机构,所有依法申报债权的债权人都为债权人会议的成员,有权参加债权人会议,并享有表决权。但是,以下几种情况值得注意:

1. 债权尚未确定的债权人

债权尚未确定的债权人包括诉讼、仲裁未决的债权的债权人和附条件、附期限债权的债权人,以及存在核查异议而尚未最后确定的债权人。这些债权人可以依法进行债权申报,但由于其债权是否存在、债权数额大小未能最终确定,因此一般来说不具有表决权,除非人民法院能够为其行使表决权而临时确定债权额。

2. 担保债权人

对债务人的特定财产享有担保权的债权人,亦能依法进行债权申报;但是,如果其未放弃优先受偿权利,在参加债权人会议时,则对和解协议和破产财产的分配方案无表决权。因为担保债权人已就特定财产享有担保权,其债权实现度已较一般债权人高。而且,根据《破产法》第 96 条第 2 款的规定,在有和解协议的情况下,担保债权人自人民法院裁定和解之日起才可以对债务人的特定财产行使权利。但是,如果担保债权人放弃了自己优先受偿的权利,则在债权人会议上对和解协议和破产财产分配方案的通过享有表决权。

当债权人兼具有财产担保债权人和无财产担保债权人双重身份时,在债权人会议上享有表决权,但表决时所代表的债权额仅限于无财产担保的部分。

值得强调的是,未放弃优先受偿权的别除权人,仅在和解协议和破产财产分配方案两项事项的通过时无表决权,对其他决议仍应享有表决权。

3. 债权人的委托代理人

债权人可以委托代理人出席债权人会议,行使表决权。代理人出席债权人会议,应当向人民法院或者债权人会议主席提交债权人的授权委托书。

(三)不具有表决权的参加人员

根据《破产法》第 48 条的规定,劳动债权属于无须申报的债权,因而职工不属于债权人会议的成员。但是,《破产法》第 59 条第 5 款规定,债权人会议应当有债务人的职工和工会的代表参加,对有关事项发表意见。债务人职工和工会代表不具有表决权。

另外,《破产法》第 59 条还规定了债权人会议的列席人员。所谓列席人员,是指在会议正式成员之外的、不享有表决权的参会人员。债权人会议有如下列席人员:(1)管理人应当列席债权人会议,向债权人会议报告职务执行情况,并回答询问。(2)企业的法定代表人,以及经人民法院决定后的企业的财务管理人员和其他经营管理人员,自人民法院受理破产申请的裁定送达债务人之日起至破产程序终结之日,应承担列席债权人会议并如实回答债权人的询问的义务。

(3)债务人的出资人代表可以列席讨论重整计划草案的债权人会议。

三、债权人会议的职权

根据《破产法》第61条的规定,债权人会议主要具有以下职权:

(一)核查债权

进行债权申报时,管理人收到债权申报材料后,应当登记造册,对申报的债权进行审查,并编制债权表,提交第一次债权人会议进行核查。对债权申报有异议的,即可在债权人会议上提出反对意见。债权人会议仅对债权进行核查,考虑到债权人各自之间存在利益冲突,债权申报的最终确认权在法院。

(二)申请人民法院更换管理人,审查管理人的费用和报酬

根据《破产法》第22条的规定,管理人由人民法院指定。但债权人会议认为管理人不能依法、公正执行职务或者有其他不能胜任职务情形的,可以申请人民法院予以更换。

管理人有权取得合理报酬。管理人的报酬由人民法院确定。债权人会议对管理人的报酬有异议的,有权向人民法院提出。债权人之所以享有异议权,源于管理人的报酬和费用属于破产费用,并将从破产财产中优先受到清偿。实际上管理人的报酬和费用是由全体债权人来共同承担的。债权人应当有权对其所负担的管理人的费用和报酬进行审查,并在有异议时向人民法院提出。

(三)监督管理人

债权人会议是监督机构,尤其享有对管理人的监督权。管理人在破产程序中超越各利害关系人之上,负责债务人的内部管理事务,并负责管理和处分债务人的财产等事物。但是,因为其自身的利益或能力等因素,其行为有可能不当或不法,从而损害其他利害关系人的利益,必须接受相应的监督。法院虽然也担负着对破产程序各方面实施审判上的日常监督职责,但是因为破产程序中利益关系冲突众多、事务繁复,破产案件的处理耗时又长,人民法院不可能事无巨细,面面俱到,单单靠法院的监督,难免会有所疏忽。可以说,由债权人会议监督管理人正是其利益所在。

(四)选任和更换债权人委员会成员

债权人委员会是债权人会议的常设机构,代替债权人会议在其非存续期间行使部分职责。债权人委员会的成员由债权人会议选任和更换。

(五)决定继续或者停止债务人的营业

《破产法》第25条规定,在第一次债权人会议召开之前,管理人有权决定继续或者停止债务人的营业。而在债权人会议召开后,则由债权人会议来决定继续或者停止债务人的营业。

(六)通过重整计划

重整计划需由债权人会议以集体决议的方式予以通过才能达到保护全体债权人利益的目的。在对重整计划进行表决时,债权人会议是按照不同债权进行分组表决的。

(七)通过和解协议

和解协议同样需要由债权人会议以集体决议的方式予以通过。债权人会议通过和解协议的决议,要由出席会议的有表决权的债权人过半数同意,并且其所代表的债权额占无财产担保债权总额的2/3以上。

（八）通过债务人财产的管理方案

破产阶段债务人的财产管理直接影响债权人的利益，因此在确定债务人财产的管理方案时须有债权人的参与。如果债权人会议未通过债务人财产的管理方案，由人民法院予以裁定。对此裁定，人民法院可以在债权人会议上宣布或者另行通知债权人。

（九）通过破产财产的变价方案

破产财产的处理和分配，是破产程序中的核心，直接涉及债权人的利益。管理人在全面接管债务人的财产、事务后，需要将其中的非货币财产予以变现，以对债权人进行偿还。非货币财产的估值和变现方案需要由债权人会议通过。

如果债权人会议未通过债务人财产的管理方案，由人民法院予以裁定。对此裁定，人民法院可以在债权人会议上宣布或者另行通知债权人。

（十）通过破产财产的分配方案

破产财产的分配是整个破产财产清算程序的终点，也是全体破产债权人的利益所在。破产财产能否在债权人之间进行公正的分配，直接决定着债权人的债权能否公平实现。管理人应当及时拟订破产财产分配方案，交由债权人会议讨论并表决通过。

如果债权人会议经过了两次表决仍未通过破产财产的分配方案，由人民法院予以裁定。对此裁定，人民法院可以在债权人会议上宣布或者另行通知债权人。

（十一）人民法院认为应当由债权人会议行使的其他职权

以上列举形式的职权并未穷尽。如果存在破产法未明确规定，但依事项的性质和情况，应当由债权人会议行使职权的，就由人民法院来决定是否属于债权人会议的职权范围之内。

债权人会议应当对所议事项的决议作成会议记录。

第二节　债权人会议的召集与决议

一、债权人会议的召集

（一）第一次债权人会议

第一次债权人会议由人民法院召集，自债权申报期限届满之日起 15 日内召开。

债权申报期限是自人民法院发布受理破产申请公告之日起计算，最短不得少于 30 日，最长不得超过 3 个月，具体期限由人民法院决定。因此，第一次债权人会议的召开时间与债权申报期限密切相关。

（二）任意债权人会议

《破产法》第 62 条规定，第一次债权人会议之后，以后的债权人会议，在以下情况下召开：(1)在人民法院认为必要时召开；(2)管理人、债权人委员会向债权人会议主席提议时召开；(3)占债权总额 1/4 以上的债权人向债权人会议主席提议时召开。

（三）会议的主持和通知

债权人会议设主席一人，由人民法院从有表决权的债权人中予以指定。债权人会议主席负责主持债权人会议。

人民法院应当自裁定受理破产申请之日起25日内通知已知债权人，并予以公告，通知和公告的内容中就应包括第一次债权人会议召开的时间和地点。

召开债权人会议，管理人应当提前15日通知已知的债权人会议的时间和地点。

二、债权人会议的决议

《破产法》第64条、第84条、第97条规定，债权人会议决议包括普通决议和特别决议。

（一）普通决议规则

一般情况下，债权人会议的决议，需由出席会议的有表决权的债权人过半数通过，并且其所代表的债权额占无财产担保债权总额的1/2以上，但法律另有规定的除外。

（二）特殊决议规则

1. 债权人会议通过重整计划时，分组进行表决，须出席会议的同一表决组的债权人过半数同意重整计划草案，并且其所代表的债权额占该组债权总额的2/3以上的，即为该组通过重整计划草案。

2. 债权人会议通过和解协议时，由出席会议的有表决权的债权人过半数同意，并且其所代表的债权额占无财产担保债权总额的2/3以上。

（三）表决的方式

债权人会议的决议除现场表决外，可以由管理人事先将相关决议事项告知债权人，采取通信、网络投票等非现场方式进行表决。采取非现场方式进行表决的，管理人应当在债权人会议召开后的3日内，以信函、电子邮件、公告等方式将表决结果告知参与表决的债权人。[2]

（四）决议的效力

债权人会议的决议，对于全体债权人均有约束力。但应注意的是，有的债权人会议的决议通过时并不发生法律效力。例如，债务人与债权人会议达成的和解协议，就须经人民法院裁定认可后方能生效；再如，管理人提出的破产财产分配方案在经债权人会议讨论通过后，也需报经人民法院裁定认可后才能生效执行。

对于债权人未形成决议的事项，也需要由人民法院裁定，如债权人财产的管理方案和破产财产的变价方案；对于破产财产的分配方案，如果经过两次债权人会议仍不能形成决议的，由人民法院来裁定。

（五）违法决议的救济

根据《破产法》第64条第2款的规定，债权人认为债权人会议的决议违反法律规定，损害其利益的，可以自债权人会议作出决议之日起15日内，请求人民法院裁定撤销该决议。债权人可以申请撤销债权人会议决议的具体情形包括：(1)债权人会议的召开违反法定程序；(2)债权人会议的表决违反法定程序；(3)债权人会议的决议内容违法；(4)债权人会议的决议超出债权人会议的职权范围。人民法院可以裁定撤销全部或者部分事项决议，责令债权人会议依法重新作出决议。[3] 需要说明的是，债权人申请撤销的债权人会议决议，应当是债权人会议决议内容不需要法院裁定批准后才生效的会议决议，对于决议内容需要法院裁定批准后生效的会议决议，如和解协议草案、重整计划草案、破产财产分配方案等，因债权人会议决议作出后法院在裁定批准

---

〔2〕 参见《破产法司法解释（三）》第11条第1款。

〔3〕 参见《破产法司法解释（三）》第12条。

前，法院已对相关债权人会议的召开、决议作出的程序、会议决议内容的合法性作出审查，债权人对该等债权人会议决议不可申请撤销。债权人申请撤销债权人会议决议的，应当提出书面申请。债权人会议采取通信、网络投票等非现场方式进行表决的，债权人申请撤销的期限自债权人收到通知之日起算。

（六）对决议有异议的救济

当人民法院根据破产法的规定对债权人财产的管理方案和破产财产的变价方案作出裁定时，任何债权人表示不服的，均可自裁定宣布之日或者收到通知之日起15日内向该人民法院申请复议。复议期间不停止裁定的执行。

当人民法院根据破产法的规定对破产财产的分配方案作出裁定时，债权额占无财产担保债权总额1/2以上的债权人表示不服的，可自裁定宣布之日或者收到通知之日起15日内向该人民法院申请复议。复议期间不停止裁定的执行。

第三节　债权人委员会

一、债权人委员会的设置

债权人委员会，是代表债权人会议、为实现债权人的共同利益、确保破产程序的顺利进行而设立的常设机构。[4] 债权人委员会的设置是为了克服债权人会议这种临时性机构无法履行日常性监督职能的缺陷。

债权人会议可以决定设立债权人委员会。但是，并非所有破产企业的债权人会议都需要设置债权人委员会。债权人会议应该综合考虑各方因素来设置债权人委员会，如破产案件的复杂程度、企业在破产之前的经营规模、破产财产的数额大小、债权人的人数多少等。对于一些债权人人数较少、破产财产数额较小、财产作价变价和处理活动不太复杂的破产案件，债权人会议可以考虑无须设置债权人委员会，否则反倒会增加成本、扩大费用、减少全体债权人的实际受偿。

债权人委员会由债权人会议选任的债权人代表和一名债务人的职工代表或者工会代表组成。债权人委员会成员不得超过9人。债权人委员会成员应当经人民法院书面决定认可。

二、债权人委员会的职权

《破产法》第68条规定，债权人委员会行使下列职权：(1)监督债务人财产的管理和处分；(2)监督破产财产分配；(3)提议召开债权人会议；(4)债权人会议委托的其他职权。《债权人会议可委托债权人委员会行使《破产法》第61条第1款第二、三、五项规定的债权人会议职权，即申请人民法院更换管理人，审查管理人的费用和报酬；监督管理人；决定继续或者停止债务人的营业。但债权人会议不得作出概括性授权，委托其行使债权人会议所有职权。[5]

债权人委员会决定所议事项应获得全体成员过半数通过，并作成议事记录。债权人委员会

---

〔4〕 这一机构在不同国家和地区有不同的称谓，例如，在德国被称为“债权人委员会”，在日本被称为“监察委员”，在美国被称为“检查人”，在我国台湾地区则被称为“监查人”。

〔5〕 参见《破产法司法解释(三)》第13条。

成员对所议事项的决议有不同意见的,应当在记录中载明。债权人委员会行使职权应当接受债权人会议的监督,以适当的方式向债权人会议及时汇报工作,并接受人民法院的指导。[6]

债权人委员会执行职务时,有权要求管理人、债务人的有关人员对其职权范围内的事务作出说明或者提供有关文件。

管理人、债务人的有关人员违反本法规定拒绝接受监督的,债权人委员会有权就监督事项请求人民法院作出决定;人民法院应当在5日内作出决定。

《破产法》第69条规定,管理人实施下列行为,应当及时报告债权人委员会:(1)涉及土地、房屋等不动产权益的转让;(2)探矿权、采矿权、知识产权等财产权的转让;(3)全部库存或者营业的转让;(4)借款;(5)设定财产担保;(6)债权和有价证券的转让;(7)履行债务人和对方当事人均未履行完毕的合同;(8)放弃权利;(9)担保物的取回;(10)对债权人利益有重大影响的其他财产处分行为。

未设立债权人委员会的,管理人实施前款规定的行为应当及时报告人民法院。

管理人对债务人重大财产的处分行为会直接影响债权人的清偿利益,涉及债务人财产的管理或变价,从《破产法》第61条对债权人会议的职权规定来看,应当属于债权人会议表决通过后才能实施的事项。因此管理人处分债务人重大财产的,应当事先制作财产管理或者变价方案并提交债权人会议进行表决,债权人会议表决未通过的,管理人不得处分。此外,本条主要针对的是第一次债权人会议召开后,管理人实施的处分行为,第一次债权人会议召开前管理人实施处分的,仍应当按照《破产法》第26条的规定处理。[7]

管理人实施处分前,应当提前10日书面报告债权人委员会或者人民法院。债权人委员会可要求管理人对处分行为作出相应说明或者提供有关文件依据。债权人委员会认为管理人实施的处分行为不符合债权人会议通过的财产管理或变价方案的,有权要求管理人纠正。管理人拒绝纠正的,债权人委员会可以请求人民法院作出决定。人民法院认为管理人实施的处分行为不符合债权人会议通过的财产管理或变价方案的,应当责令管理人停止处分行为。管理人应当予以纠正,或者提交债权人会议重新表决通过后实施。

---

〔6〕 参见《破产法司法解释(三)》第14条。

〔7〕 参见《破产法司法解释(三)》第15条第1款。

第七章　破产重整与和解

第一节　破 产 重 整

一、重整概述

重整，是指专门针对已经或者可能具备破产原因但又具有维持价值和再生希望的的企业，经由利害关系人的申请，在法院的主持和利害关系人的参与下，进行业务上的重组与债务调整，以帮助债务人摆脱财务困境、恢复营业能力的法律制度。重整将债务清偿和企业经营有机地结合起来，是预防企业破产的积极、有效的法律措施。重整制度的理论根据在于并非所有在自由竞争中陷入财务困境的企业都应退出市场，法律应当给予那些具有市场潜力和挽救价值的企业以喘息和复苏的机会。重整制度既有利于实现企业维持之目标，又可使债权人获得更多的清偿利益，还可以避免因企业倒闭而对其他利益相关主体（如职工）带来的不利影响。

重整的特征如下：

第一，重整的直接目的是挽救陷入困境的企业，并使其维持和更生。当企业陷入财务困境或者已经暂停营业或者有停业的可能，但仍有重建的可能或者必要，或者有继续经营价值的，应当使其免于解体或者破产。公司的重建或者再生不仅有利于企业本身，而且有利于保护债权人及公众投资者，进而达到维护社会经济秩序的目的。

第二，须企业具有维持价值和再生希望。从企业的营业状况来看，如果企业已显然失去继续经营价值和再生希望，纵然予以重整，已乏起死回生之力，徒劳无益，失去重整意义，所以重整限于有继续经营之价值和再生希望的企业。但应注意的是，重整的目的在于重建企业，所以无须维持企业人格的同一性，也可以原来企业为基础设立新的企业。

第三，须发生在企业被解散或者被宣告破产之前。重整的目的在于避免公司解散或者破产。如果企业已经解散或者破产，自然没有重整之必要。但已经处于解散、破产程序之中的企业可因重整程序的启动而中止。

第四，须依照法定程序进行。重整实际上以多数人分担损失为前提，否则，重整无法进行。也就是说，为了维持企业的继续存在，公司债权人和股东必须做出一定的妥协和让步，以牺牲自己的一定利益和放弃自己的一定权利为代价获得公司再生的机会。因此，重整应由利害关系人共同参与并在法院的监督之下进行，以求所进行的各种重整行为公平合理。欲达此目的，则有赖于公正的程序保障。从重整的程序性质来看，公司重整为非诉讼程序。当然，重整也会涉及诉讼程序，是为例外。重整的诉讼程序准用民事诉讼法的规定。

第五，就重整的实体性质而言，重整具有“团体契约”的性质。重整应由重整人拟订重整计划,提交关系人会议审议表决,并于审议通过及认可后由重整人据以执行。这些行为均属集体法律行为。“以债务人之机关即重整人提出重整计划为要约,经关系人会议之可决为承诺,而发生公司重整契约之合致而成立,虽须经法院之裁定认可,但此为重整计划可决之生效要件,而非成立要件。”〔1〕

二、重整制度的展开

(一)重整的适用

1. 重整对象

根据我国破产法规定,重整的适用对象是企业法人。这与破产法规定的破产法的适用对象是一致的。但应当注意的是,我国重整制度既不像美国破产法将重整对象泛化为公司、合伙、自然人,也没有采纳日本那样将其限制为股份有限公司。

2. 重整原因

重整程序的启动须具备法定的重整原因。《破产法》第 2 条规定:“企业法人不能清偿到期债务,并且资产不足以清偿全部债务或者明显缺乏清偿能力的,依照本法规定清理债务。企业法人有前款规定情形,或者有明显丧失清偿能力可能的,可以依照本法规定进行重整。”

可见,在我国,重整原因就是企业达到破产界限或发生破产原因的客观状态。这样规定有利于及早启动重整程序,尽可能最大限度地挽救濒危企业,发挥破产预防程序的作用。

(二)重整的申请

1. 申请人

《破产法》第 70 条规定,债务人或者债权人可以依照本法规定,直接向人民法院申请对债务人进行重整。债权人申请对债务人进行破产清算的,在人民法院受理破产申请后、宣告债务人破产前,债务人或者出资额占债务人注册资本 1/10 以上的出资人,可以向人民法院申请重整。另外,根据同法第 134 条的规定,国务院金融监督管理机构可以向人民法院提出对该金融机构进行重整或者破产清算的申请。

2. 申请时间

重整申请的时间在《破产法》第 70 条规定中被限定在宣告债务人破产之前。

3. 人民法院的审查

人民法院的审查应当从形式和实质两个方面来审查。形式审查包括法院的管辖权(由债务人住所地的人民法院专属管辖)、申请人的适格性、申请书的记载事项、申请重整时间是否超过等;实质审查则围绕着公司是否存在重整原因,从而足以实现企业重生。如果人民法院经审查认为重整申请符合本法规定的,应当裁定债务人重整,并予以公告。否则,就应当驳回对债务人的重整申请。

(三)重整期间

《破产法》第 72 条规定,自人民法院裁定债务人重整之日起至重整程序终止,为重整期间。在重整期间,有三项制度值得关注:

1. 重整人

重整人是指重整期间的营业机构。《破产法》第 73 条第 1 款规定,在重整期间,经债务人申

〔1〕 武忆舟:《公司法论》,台北,三民书局 1980 年版,第 482 页。

请,人民法院批准,债务人可以在管理人的监督下自行管理财产和营业事务。同法第 74 条规定,管理人负责管理财产和营业事务的,可以聘任债务人的经营管理人员负责营业事务。

重整人以具体执行重整事务的实际负责人的身份活动,在重整期间始终居于主导地位自不待言,故此其选任形式就显得至关重要。我国破产法一方面规定了债务人作为重整人的机制,即债务人只有经主动申请方可自行管理财产及执行营业事务,并须有人民法院的批准;另一方面规定了管理人作为重整人负责公司运营的制度。

在法院批准债务人申请作为重整人的情况下,《破产法》第 73 条第 2 款规定:“依照本法已接管债务人财产和营业事务的管理人应当向债务人移交财产和营业事务,本法规定的管理人的职权由债务人行使。”而在管理人负责管理债务人的经营事业的情况下,根据《破产法》第 74 条的规定,管理人可以聘任债务人的经营管理人员具体从事经营活动,相关的费用作为破产费用则可以从破产财产中随时清偿。

重整人负责企业重整期间的事务执行,应当勤勉尽责,忠实地履行职务,否则可能承担损害赔偿责任。

2. 自动冻结

自动冻结(automatic stay),又称自动中止,即重整程序一开始就导致其他程序和行为自动停止的制度。这在破产法上主要体现为担保物权的暂停行使,债务人的出资人请求分配投资收益权的禁止,以及债务人的董事、监事、高级管理人员对外转让股权的禁止等。《破产法》也规定了一些例外情形,如担保物有损坏或者价值明显减少的可能,足以危害担保权人权利的,担保权人可以向人民法院请求恢复行使担保权,在重整期间,债务人或者管理人为继续营业而借款的,可以为该借款设定担保。经人民法院同意,债务人的董事、监事、高级管理人员也可以对外转让股权了。需要注意的是,前述人员转让股权的行为如果发生在这些人之间则是有效的,且无须人民法院的同意。

3. 重整程序的终止

在重整期间,因为主、客观原因导致重整失去其实际价值的情况下,破产预防化为泡影,有必要适时终止重整程序,转而进入破产清算程序。

《破产法》第 78 条把这些情况分为三类:(1)债务人的经营状况和财产状况继续恶化,缺乏挽救的可能性;(2)债务人有欺诈、恶意减少债务人财产或者其他显著不利于债权人的行为;(3)由于债务人的行为致使管理人无法执行职务。

发生上述情况时,管理人或者利害关系人即有权请求人民法院裁定终止重整程序,并宣告债务人破产。请求权人中的利害关系人主要包括债权人、债务人中的出资人以及在债务人为金融机构时的国务院金融监管机构。第二种情形下,债务人的担保人面临担保责任的增大,所以也应当有权提出终止重整程序的申请。[2]

三、重整计划的制定与批准

(一)重整计划的概念

重整计划,是由重整人拟订,以清理企业债务,谋求再生为内容,并经债权人会议表决通过和人民法院批准的综合性方案。

---

〔2〕 王欣新:《破产法》(第 2 版),中国人民大学出版社 2007 年版,第 354 页。

作为“一揽子”方案,重整计划不但关乎各种重整行为的合法性,而且还与重整企业的债权人、股东、劳动者等各类利害关系人的利益实现休戚相关,诚为重整程序的核心之所在。

(二)重整计划的提出

1. 重整计划的制定者

重整计划的制定者是重整人。《破产法》第 80 条规定,债务人自行管理财产和营业事务的,由债务人制作重整计划草案。管理人负责管理财产和营业事务的,由管理人制作重整计划草案。

根据《破产法》第 70 条的规定,“占债务人注册资本十分之一以上的出资人”也可以提出重整申请,但从该法第 80 条规定来看,重整计划的制定者显然没有包括这些出资人。鉴于企业重整关涉多方利益主体,重整计划提出主体的多元化有利于各方之间的利益制衡,立法上应明确赋予“占债务人注册资本十分之一以上的出资人”制定并提交重整计划的权利,[3] 以最大限度地达成重整制度的目的,并维护和协调立法的体系性。

2. 重整计划的提交时间

《破产法》第 79 条规定,债务人或者管理人应当在人民法院裁定债务人重整之日起 6 个月内,同时向人民法院和债权人会议提交重整计划草案。有正当理由的,经债务人或者管理人请求,人民法院可以裁定延期 3 个月。债务人或者管理人没有遵循前述提交时间的要求的,人民法院应当裁定终止重整程序,并宣告债务人破产。

(三)重整计划的内容

重整计划草案主要包括两部分内容,主要是有关债务人重整措施的规定,其次则是有关债务清偿的规定。《破产法》第 81 条列举了如下内容:(1)债务人的经营方案;(2)债权分类;(3)债权调整方案;(4)债权受偿方案;(5)重整计划的执行期限;(6)重整计划执行的监督期限;(7)有利于债务人重整的其他方案。

(四)重整计划的通过

重整计划草案是否合理、可行,需要由与之利益直接相关的债权人,甚至债务人的出资人进行分组表决,以充分表达不同利害关系人的意见,切实维护他们的合法权益。

1. 分组形式

分组表决是重整程序中对重整计划草案作出决议方式,对在实体法上具有同一性质的债权人平等的对待,而不同性质的债权人根据其差异来区别对待的做法是符合公平理念的。[4] 这就要求不同性质的债权应当分为不同的小组,《企业破产法》第 82 条第 1 款将重整债权分为四个表决组,分别是:(1)对债务人的特定财产享有担保权的债权;(2)债务人所欠职工的工资和医疗、伤残补助、抚恤费用,所欠的应当划入职工个人账户的基本养老保险、基本医疗保险费用,以及法律、行政法规规定应当支付给职工的补偿金;(3)债务人所欠税款;(4)普通债权。

债务人的出资人是另一类利害关系人,与其他债权人存在结构性差异,故此有单列一组参与表决的必要,以体现法律对这些出资人的尊重。《破产法》第 85 条第 2 款规定:“重整计划草案涉及出资人权益调整事项的,应当设出资人组,对该事项进行表决。”如果不涉及出资人权益调整事项的,则无须专门设组表决,根据《破产法》第85 条第 1 款的规定,债务人的出资人代表可以列席讨论重整计划草案的债权人会议。

---

〔3〕 王欣新:《破产法》(第 2 版),中国人民大学出版社 2007 年版,第 356 页。

〔4〕 [日]伊藤真:《破产法》,刘荣军、鲍荣振译,中国社会科学出版社 1995 年版,第 8 页。

另外，普通债权组内部并非均质如一，主要表现为小额债权与大额债权两类债权人利益的矛盾，如果确有必要的，不妨推行分组表决，该决定具体由人民法院作出。《破产法》第82条第2款规定："人民法院在必要时可以决定在普通债权组中设小额债权组对重整计划草案进行表决。"

值得注意的是，对重整计划草案进行分组表决时，只有权益因重整计划草案受到调整或者影响的债权人或者股东，才有权参加表决；权益未受到调整或者影响的债权人或者股东，不参加重整计划草案的表决。[5] 如《破产法》第83条规定，重整计划不得规定减免债务人欠缴的第82条第1款第2项规定以外的社会保险费用；该项费用的债权人不参加重整计划草案的表决。

2. 表决方式

《破产法》对于重整计划草案的表决方式采双重标准，即同时对人数、债权额作出法定要求。该法第84条第2款规定，出席会议的同一表决组的债权人过半数同意重整计划草案，并且其所代表的债权额占该组债权总额的2/3以上的，即为该组通过重组计划方案。联系分组表决的原则，当各个表决组均按照该表决方式通过了重整计划草案时，才能说重整计划草案正式通过。

如果部分表决组没有通过重整计划草案，根据《破产法》第87条第1款的规定，债务人或者管理人可以同未通过重整计划草案的表决组协商之后，再次作出表决。而最终是否通过该重整计划草案，自不待言，仍须遵循该法规定的双重标准。

（五）重整计划的批准

1. 一般情况下的批准

重整计划在各个表决组都通过之后，须提请人民法院批准。人民法院对重整计划的批准，是代表国家对当事人的民事处分行为进行审查，以保证重整计划公正、合理，以维护公司、公司债权人以及股东之权益。《破产法》第86条规定，自重整计划通过之日起10日内，债务人或者管理人应当向人民法院提出批准重整计划的申请。人民法院经审查认为符合本法规定的，应当自收到申请之日起30日内裁定批准，终止重整程序，并予以公告。

2. 强制批准

重整制度具有较为浓厚的社会本位特色，它不仅关系到当事人的利益博弈，也反映着国家对于企业在经济生活中的重要地位的政策定位，突出体现了破产法中的国家强制主义色彩。即便是重整计划草案没有获得表决组通过，只要符合法定条件，法院仍可以不顾表决组的反对意见，强制批准重整计划。《破产法》第87条第2款规定了强制批准重整计划的适用条件：(1)按照重整计划草案，本法第82条第1款第(一)项所列债权就该特定财产将获得全额清偿，其因延期清偿所受到实质性损害，或者该表决权组已经通过重整计划草案；(2)按照重整计划草案，本法第82条第1款第(二)项、第(三)项所列债权将获得全额清偿，或者相应表决组已经通过重整计划草案；(3)按照重整计划草案，普通债权所获得的清偿比例，不低于其在重整计划草案被提请批

---

[5] 参见《破产法司法解释(三)》第11条第2款。这种规定主要借鉴了美国联邦破产法第1129条的规定，即法院批准重整计划的前提是所有受到损害的权利人组(Impaired Class)已经主动接受了重整计划，而相反未受损害的权利人组(Unimpaired Class)则被视为已经接受了重整计划。美国联邦破产法第1124条对未受损害的权利人进行了界定，即如果满足如下两个条件之一，则某权利组将被认为其权利未受损害：(1)重整计划并未改变该组中权利人的相关法定的、衡平的或合同的权利；(2)虽然存在先前的违约或到期情况，重整计划得以补救除单纯因破产申请而导致的违约外的其他所有的违约情况，恢复违约前存在的原始到期日，赔偿相关权利人因合理依赖于相关合同条款或可适用的法律而遭受的损害，并不另行改变相关权人的权利。这样的区别对待有利于明确重整程序中的谈判主体与主要矛盾，进而有利于重整程序的整体推进。

准时依照破产清算程序所能获得的清偿比例,或者该表决组已经通过重整计划草案;(4)重整计划草案对出资人权益的调整公平、公正,或者出资人组已经通过重整计划草案;(5)重整计划草案公平对待同一表决组的成员,并且所规定的债权清偿顺序不违反本法第113条的规定;(6)债务人的经营方案具有可行性。

强制批准的期限为人民法院收到申请之日起30日;符合条件的,人民法院以裁定方式作出批准,终止重整程序,并予以公告。

3. 批准的效力

经人民法院批准的重整计划对债务人和全体债权人都有约束力。《破产法》第92条规定,经人民法院裁定批准的重整计划,对债务人和全体债权人均有约束力。债权人未依照本法规定申报债权的,在重整计划执行期间不得行使权利;在重整计划执行完毕后,可以按照重整计划规定的同类债权的清偿条件行使权利。债权人对债务人的保证人和其他连带债务人所享有的权利,不受重整计划的影响。

反之,如果重整计划未获批准,根据《破产法》第88条的规定,人民法院应当裁定终止重整程序,并宣告债务人破产。

四、重整计划的执行、监督及终止

(一)重整计划的执行

重整计划的执行人不同于重整计划草案的制定人,根据《破产法》第89条的规定,重整计划由债务人负责执行。也就是说,虽然债务人、管理人都可以制订重整计划,但债务人依法担任重整计划执行人。人民法院批准重整计划之后,已经接管债务人财产和营业事务的管理人应当向债务人办理移交手续。

(二)重整计划的监督

重整计划的执行情况关系着重整程序的实际效用,为了督促执行人履行职责,有必要设立监督人对重整计划的执行进行监督。

我国《破产法》确定的监督人是管理人,该法第90条第1款规定,自人民法院裁定之日起,在重整计划规定的监督期内,由管理人监督重整计划的执行。

根据第90条第1款和第91条第1款的规定,监督期间始于人民法院裁定批准重整计划之日,终止于向人民法院提交监督报告之日。

根据《破产法》第90—92条的规定,监督人的主要职责在于:在监督期内,对债务人执行重整计划的情况及债务人的财务状况进行监督;监督期届满,应当向人民法院提交监督报告;可申请人民法院裁定延长重整计划执行的监督期限;发现债务人有违法或不当行为的,应当及时纠正,等等。监督人不尽善良管理人的义务履行监督职责造成损失的,应承担相应的损害赔偿责任。

(三)重整计划的终止

重整计划在执行过程中可能由于各种原因不能继续进行,为了保护利害关系人的权益,应当适时终止重整计划。为此,《破产法》第93条第1款规定,债务人不能执行或者不执行重整计划的,人民法院经管理人或者利害关系人请求,应当裁定终止重整计划的执行,并宣告债务人破产。

根据《破产法》第93条第2款的规定,重整计划被人民法院裁定终止,债权人在重整计划中作出的债权调整的承诺失去效力。债权人因执行重整计划所受的清偿仍然有效,债权未受清偿的部分作为破产债权。同条第 3 款规定,前款规定的债权人,只有在其他顺位债权人同自己所受的清偿达到同一比例时,才能继续接受分配。

根据《破产法》第 93 条第 4 款的规定,为重整计划的执行提供的担保不因重整计划的终止而无效。这是因为重整计划除规定重整内容外,同时要对债务人所欠他人的债权清偿作出安排,担保对象也在于担保这种债权的清偿,所以重整计划终止执行时,其债务并不自然免除,担保应继续有效。当然,对于重整计划已减免的债务因超出了计划范围,担保人可拒绝承担责任。[6]另外,担保的目的即在于督促债务人执行重整计划,人民法院裁定终止重整计划恰恰是因为重整计划没有被顺利执行,此时正好是该类担保发挥效用的时候,否则就是否定了当事人的合同权利,并将利害关系人进一步推入雪上加霜的困境,因此没有任何理由否定该类担保的法律效力。

第二节 破产和解

一、和解概述

破产和解是指具备破产原因的债务人,为避免清算而与债权人会议就债务清偿延期或减免等事项达成协议,经法院认可而生效的一项破产预防程序。[7]

与破产清算制度相对应,破产和解、破产重整属于预防破产的法律范畴。破产和解制度的初衷在于通过债权人、债务人双方的协力合作,避免企业进入破产清算程序,以图实现企业财务状况的复苏。这不仅降低了破产清算程序展开过程中的成本,有利于企业尽可能地恢复经营能力,而且对于保障社会就业,维护社会经济秩序稳定也有重大而深远的影响。

破产法上的和解制度是对一般民事意义上和解制度的超越。特殊之处在于,企业的债务人无须与所有债权人一一达成和解,只要债权人会议以法定多数通过和解协议并经法院依法认可之后,即具备了约束所有债权人的效力,就能防范对于个别债权人的单独、额外清偿,并促使和解快速达成,防止企业因破产清算而消灭。

与旧破产法相比,新破产法的革新之处在于和解摆脱了整顿制度的阴影,取得了独立的地位;债务人获得了主动启动和解的权利;和解协议的效力范围明确起来;等等。这些改进之处无疑提升了我国在破产和解制度方面的法制水平。尽管以国际视野观之,破产和解制度有被边缘化,甚至出现了屡遭废弃的命运,但是从我国企业所处的成长时段以及法制环境来说,和解制度仍然需要我们给予重视和利用。

二、和解制度的展开

(一)和解申请的启动

《破产法》第 95 条规定了提出破产和解申请的内容,债务人可以依照本法规定,直接向人民

[6] 《中华人民共和国企业破产法》起草组编:《〈中华人民共和国企业破产法〉释义》,人民出版社 2006 年版,第 284 页。

[7] 关于破产和解的法律性质,代表性学说有四种:民事契约说、诉讼契约说、诉讼裁判说和特殊行为说。混合行为说是我国学者中的多数见解。参见齐树洁主编:《破产法研究》,厦门大学出版社 2004 年版,第 222 ~ 223 页;王欣新:《破产法》(第 2 版),中国人民大学出版社 2007 年版,第 321 ~ 322 页。

法院申请和解;也可以在人民法院受理申请后、宣告破产前,向人民法院申请和解。债务人申请和解,应当提出和解协议草案。

1. 提起和解申请的权利人

只有债务人才享有提起和解申请的权利。这是因为和解程序的利益根源在于债务人希图借由和解保住其经济主体资格,而该企业是否还具有予以维持的价值及未来前景,只有债务人有和解的动机、资讯和诚意,如此和解才能顺利进行,并不至于损害债权人的利益。

2. 提起和解申请的时间

提起和解申请的时间具体可以分为两种情况:一是债务人可以直接向人民法院申请和解;二是在债权人向人民法院提出了破产申请的情况下,债务人可以在人民法院受理破产申请后、作出破产宣告前提出和解申请。

(二)和解申请的受理

和解程序直接关系到债权人之债权的实现程度,债务人提出的和解申请草案自然要经过债权人会议的讨论、决议,人民法院的审查只能是形式审查,不能越俎代庖去代表债权人作出是否接受和解协议决定。为此,人民法院需要召集债权人会议探讨该和解协议的可行性,并依法作出决议。《破产法》第96条规定,人民法院经审查认为和解申请符合本法规定的,应当裁定和解,予以公告,并召集债权人会议讨论和解协议草案。这意味着,人民法院在破产和解程序中居于指导地位,对于债务人提出和解申请后的材料审查、召集债权人会议审议等起着引导、组织作用。

另外,人民法院裁定进入和解程序之后,别除权人的权利是否受到影响值得关注。针对这个问题,《破产法》第96条第2款专门规定:"对债务人的特定财产享有担保权的权利人,自人民法院裁定和解之日起可以行使权利"。也就是说,和解程序的启动并不影响别除权人行使权利,并且,根据《破产法》第46条的规定,即"未到期的债权,在破产申请受理时视为到期",又鉴于破产申请包括了和解申请在内,那么和解程序反而加速了债权人的债权到期的效力,可以在人民法院裁定和解之日起行使权利。[8]

(三)和解协议的成立与生效

1. 和解协议的通过

人民法院召集债权人会议对债务人提交的和解协议草案进行审查、讨论的过程中,为了了解更多细节以及相关问题,可以要求债务人出席会议作出有关说明、解释,并可以就某些内容进行再交涉,直至双方达成一个相对满意的和解协议草案,之后即应交付债权人会议表决。《破产法》第97条规定了法定的表决要求是债权人会议通过和解协议的决议,由出席会议的有表决权的债权人过半数同意,并且其所代表的债权额占无财产担保债权总额的2/3以上。注意法律采用的是特别表决权制度,即不但要求出席会议的有表决权的债权人须过半数同意,还要求其所代表的债权额占无财产担保债权总额的2/3以上。结合本条及同法第59条第3款,如果享有优先受偿权的担保权人放弃优先受偿权的,自然也就享有了表决权。

2. 和解协议为人民法院认可

《破产法》第98条规定,"债权人会议通过和解协议的,由人民法院裁定认可,终止和解程序,并予以公告。管理人应当向债务人移交财产和营业事务,并向人民法院提交执行职务的报告"。人民法院应当从法律遵守、实施的可行性等方面对和解协议进行审查,如该和解协议被裁

---

〔8〕 王欣新:《破产法》(第2版),中国人民大学出版社2007年版,第321~322页。

定认可，和解程序也将被裁定终止。和解协议自发布之日起生效。既然债务人、债权人在人民法院的指导下达成了和解协议，那么管理人的使命即行终止，自然应当向债务人移交财产和营业事务，并向人民法院提交执行职务的报告。

即便没有进入正式和解程序，但对于债务人私下与全体债权人自行达成债权债务协议的，只要有破产申请为人民法院所受理这个前提，人民法院对于该协议依然有认可与否的权力。对此，《破产法》第105条规定，人民法院受理破产申请后，债务人与全体债权人就债权债务的处理自行达成协议的，可以请求人民法院裁定认可，并终结破产程序。

3. 和解协议被人民法院否定

通常情况下，人民法院只有在法律有明文规定的情形方能作出否定的裁定。如《破产法》第103条第1款规定，因债务人的欺诈或者其他违法行为而成立的和解协议，人民法院应当裁定为无效，并宣告债务人破产。和解协议一经被人民法院否定，则导致和解程序终结，随之进入破产清算程序。

三、破产和解协议的法律效力

和解协议一经人民法院的裁定认可即发生法律效力。该和解协议的法律效力体现在程序和实体两个方面。

（一）程序上的效力

和解协议在程序上的效力，即和解协议作为一种破产预防程序在与破产清算程序的适用关系上所产生的效力。

具体来说，和解协议经过人民法院的裁定认可后，即导致破产清算程序的终止。如果和解协议被人民法院裁定否决，即导致破产清算程序的适用。

（二）实体上的效力

1. 和解协议对债务人的效力

破产程序对债务人的拘束、限制均获解除，债务人发生复权的效力；执行和解协议期间，债务人仍受到人民法院及债权人的监督。《破产法》第102条规定，"债务人应当按照和解协议规定的条件清偿债务"，不得在和解协议条件之外处分财产或清偿个别债务。

此外，和解协议中约定免除的债务〔9〕无须再行清偿，但该免责效力不及于债务人的保证人和其他连带债务人。《破产法》第106条规定，"按照和解协议减免的债务，自和解协议执行完毕时起，债务人不再承担清偿责任"。但同法第101条规定，"和解债权人对债务人的保证人和其他连带债务人所享有的权利，不受和解协议的影响"。

2. 和解协议对债权人的效力

和解协议生效后，原破产债权人即转化为和解债权人。《破产法》第100条规定，"经人民法院裁定认可的和解协议，对债务人和全体和解债权人均有效力。和解债权人是指人民法院受理破产申请时对债务人享有无财产担保债权的人。"和解债权人受到和解协议的约束，不得要求或接受和解协议以外的清偿或额外利益，在协议约定的清偿期限届满之前不得提出清偿请求。然而，和解债权人对债务人的保证人和其他连带债务人所享有的权利，并不受和解协议的约束；

---

〔9〕被免除的债务在性质上是作为自然债务，还是消灭的债务，这是有争论的。参见韩长印主编：《破产法学》，中国政法大学出版社2007年版，第191页。

“债务人如为避免因担保物执行和解难以进行，应与此类债权人再逐个单独达成和解”。[10]

和解债权人之外的债权人并不受和解协议的影响，比如，在和解协议生效之后形成的债权人，可以对和解协议置之不理，单独要求受偿，并可在和解协议之外依民事执行程序请求人民法院执行债务人的财产。

债务人没有按照和解协议的要求履行义务，和解债权人能否提请人民法院强制执行和解协议呢？《破产法》坚持了传统观点，即和解协议没有强制执行力，债务人不执行和解协议的，只能请求人民法院裁定终止和解协议的执行，并宣告债务人破产。[11]

四、破产和解协议的无效及终止执行

（一）和解协议的无效

《破产法》第103条确立了和解协议无效制度，即“因债务人的欺诈或者其他违法行为而成立的和解协议，人民法院应当裁定无效，并宣告债务人破产。有前款规定情形的，和解债权人因执行和解协议所受的清偿，在其他债权人所受清偿同等比例的范围内，不予返还”。

导致作为和解协议无效的欺诈通常表现为但不限于如下几种形态：(1)隐匿、私分或者无偿转让财产，有意使企业资产流失，人为地造成无偿债能力，以达到破产条件，促使其破产；(2)公司、企业的法人代表或直接责任人以明显不合理的价格进行交易，引起企业资产流失，造成无偿债能力的假象；(3)对没有财产担保的债务提供财产担保，使这种债务在破产清偿时享有优先受偿权，侵害其他债权人的利益；(4)对未到期得债务提前清偿；(5)公司、企业的法人代表及其直接责任人放弃自己的债权，认为造成无偿债能力；(6)公司、企业的法人代表或其他直接责任人采取非法手段，毁弃、涂改账簿和做虚假财务报表，故意造成履行不能的表象。[12]

对于导致和解协议无效的其他法定事由，可以参照适用《合同法》第52条关于合同无效的规定。[13]

（二）和解协议的终止执行

破产和解协议本身就是债权人作出让步，与债务人妥协的结果，如果破产协议不能够得到执行，必然使债权人的权利再次面临更大的损失，基于这个考虑我国《破产法》第104条规定了和解协议的终止执行制度，即债务人不能执行或者不执行和解协议的，人民法院经和解债权人请求，应当裁定终止和解协议的执行，并宣告债务人破产。人民法院裁定终止和解协议执行的，和解债权人在和解协议中作出的债权调整的承诺失去效力。和解债权人因执行和解协议所受的清偿仍然有效，和解债权未受清偿的部分作为破产债权。前款规定的债权人，只有在其他债权人同自己所受的清偿达到同一比例时，才能继续接受分配。有第104条第1款规定情形的，为和解协议的执行提供的担保继续有效。

1. 适用情形

(1)债务人不能执行和解协议，主要是指客观不能的情况，如破产企业在执行和解协议期间

---

〔10〕 王欣新：《破产法》(第2版)，中国人民大学出版社2007年版，第329页。

〔11〕 在此问题上，学界争议颇多。具体参见王欣新：《破产法》(第2版)，中国人民大学出版社2007年版，第334～336页；韩长印主编：《破产法学》，中国政法大学出版社2007年版，第193～194页；齐树洁主编：《破产法研究》，厦门大学出版社2004年版，164～165页。

〔12〕 参见汤维建主编：《新企业破产法解读与适用》，中国法制出版社2006年版，第314页。

〔13〕 参见齐树洁主编：《破产法研究》，厦门大学出版社2004年版，第166页。

财务状况继续恶化,无法按照和解协议的要求履行其义务。

(2)债务人不执行和解协议,主要是指主观不能的情况,如对个别债权人进行倾向性清偿,隐匿、私分或无偿转让财产,放弃自己的债券等。

2. 请求主体

和解协议的执行效果与和解债权人的利益休戚相关,同时也是为了促使和解债权人监督债务人履行和解协议的内容,法律将提出终止和解协议执行的启动权赋予了债权人。任何和解债权人认为,由于债务人不能执行或者不执行和解协议给自己造成了损害,即可以向人民法院提出终止和解协议执行的请求。

3. 和解协议被终止对于破产清偿程序的影响

终止执行和解协议即意味着解除破产和解协议。然而,根据《破产法》第 104 条的规定,终止执行和解协议的裁定对于债务人依照和解协议履行的过往的行为无溯及既往的效力。这一方面是肯定了债务人先前依照和解协议进行的执行行为的合法性及其效力,另一方面也是考虑到效率原则,因为即便是把和解债权人的所得全部收回,最后也要依破产清算程序重新分回,无效率地增加了财产的流转。故《破产法》第 104 条第 3 款合理地指明,只有其他债权人同自己所受的清偿达到同一比例时,才能继续接受分配。

第八章 破产清算

第一节 破产宣告

一、破产宣告概述

（一）破产宣告的概念

破产宣告，是指人民法院依据债权人或债务人或其他法定人员提出的破产申请，经审查认定，或依法院职权，裁定宣告债务人破产的法律行为。可以说，破产宣告是整个破产程序走向破产清算程序的转折点：破产清算开始于破产宣告。

法院以书面裁定的方式进行破产宣告，性质上属于司法审判行为，对债务人和债权人都有法律约束力。法院裁定的内容应当包括：破产债务人的企业名称、企业性质、所在地、法定代表人等；破产的原因；宣告的法律依据以及破产以及破产宣告应进行的有关事项，如成立清算组和重新申报债权等。破产宣告的裁定应自作出之日起5日内送达债务人和管理人，自裁定作出之日起10日内通知已知债权人，并予以公告。

（二）破产宣告的特征

破产宣告具有以下特征：第一，破产宣告只能由法院以裁定的审判行为作出。第二，破产宣告既可以由债权人或债务人或其他法定人员提出申请，也可以由法院依职权作出。第三，破产宣告必须符合法律规定的条件和程序。第四，破产宣告一经作出，即意味着破产清算程序的开始。

（三）破产宣告的效力

破产宣告的效力体现为对破产案件的效力、对债权人的效力和对债务人的效力三个方面。

1. 对破产案件的效力

破产宣告对于破产案件的法律效力，就是使破产案件进入破产清算程序。债权人或债务人或其他法定人员向人民法院提出破产申请后，并不必然引起破产宣告，债务人还可以通过和解或者其他方式（如取得担保、在短期内清偿债务）而避免破产清算。只有人民法院认为债务人确实具备了破产宣告的条件，依法宣告其破产，破产案件才不可逆转地进入了清算程序。

2. 对债权人的效力

破产宣告后，人民法院受理破产申请时债权人对债务人享有的债权称为破产债权。这意味着债权人可以根据清算程序从破产财产中获得公平受偿。有财产担保的债权人即别除权人可以由担保物获得清偿。无财产担保的债权人不享有由特定财产优先受偿的权利，只能依照法律规定的清偿顺序，通过法定程序集体确定分配方案，由破产财产获得清偿。总而言之，只有当法院以裁定的形式宣告企业破产了，破产清算程序才开始。

3. 对债务人的效力

破产宣告对债务人的效力表现为:其一,在破产宣告前,被申请破产的企业被称为债务人,在破产宣告后则成为破产人从而受到破产清算程序的拘束。其二,债务人财产成为破产财产。尽管在人民法院受理破产申请、指定管理人之后,债务人就丧失了其财产和事务的管理权,但债务人财产成为可资债权人公平受偿的破产财产须有破产宣告。

二、破产宣告前破产程序的废止

(一)破产申请的驳回

从人民法院受理破产申请至法院进行破产宣告,企业的情况可能发生变化,法院如果在此期间经审查发现债务人不再符合破产法规定的破产情形时,可以裁定驳回申请。申请人对裁定不服的,可以自裁定送达之日起10日内向上一级人民法院提起上诉。

(二)破产程序的终结

在破产宣告前,存在下列情形之一的,人民法院应当裁定终结破产程序,并予以公告:(1)第三人为债务人提供足额担保或者为债务人清偿全部到期债务的;(2)债务人已清偿全部到期债务的。在这两种情形中,债权人或因担保的存在而无不能受偿之后顾之忧,或者到期债权人已得到全部清偿,债务人显然已不具备破产的条件,法院应当终结破产程序。

第二节　破产别除权

一、别除权的概念

别除权是指就破产人已设定担保的特定财产,依破产程序享有单独优先受偿的权利。[1] 我国《破产法》第109条规定,在破产清算中,对破产人的特定财产享有担保权的权利人,对该特定财产享有优先受偿的权利。这其实规定的大体上就是别除权的内容。[2]

别除权并非破产法上另行创设的权利,实际上是民法担保物权制度在破产法上的延伸,或者说,是破产法对民法担保物权制度的尊重和承认。这与破产法所秉承的债权人公平受偿原则并不冲突。

别除权具有如下特点:

第一,别除权是破产宣告前成立的一种权利。别除权可能成立于法院受理破产申请之前,也可能成立于破产申请受理之后、破产宣告之前。如属前者,有担保债权人得在进行债权申报时说明自己债权,并提供有担保的证据;如属后者,亦不影响别除权的优先受偿效力,因为该别除权可能是管理人对债务人财产和营业实施管理所产生的。譬如,人民法院受理破产申请后,管理人对破产申请受理前成立而债务人和对方当事人均未履行完毕的合同有权决定解除或者继续履行。

---

〔1〕 德国和日本等大陆法系国家称为“别除权”,英美法系国家称为“有财产担保的债权”。我国破产法采用了英美法系的称谓。

〔2〕 但德国和日本破产法中的别除权与我国破产法学界所称的别除权外延上稍有区别,前者范围实际上更广,不仅包括对特定财产享有担保权的债权,还包括其他存在于破产人特定财产上的优先权利。

如管理人决定继续履行合同的,对方当事人应当履行;但是,对方当事人有权要求管理人提供担保。此时,管理人可以设定担保,但须向债权人委员会报告。另外,法院受理破产申请后,管理人可以通过清偿债务或者提供为债权人接受的担保,取回质物、留置物。

应注意的是,根据我国破产法的规定,人民法院受理破产申请前一年内,债务人对没有财产担保的债务提供财产担保的,管理人有权请求人民法院予以撤销。法院一旦撤销该担保行为,别除权亦不存在。

第二,别除权是对属于破产财产的特定财产行使的权利。行使别除权的标的物只能是破产企业用于担保的特定财产。值得注意的是,别除权不适用于保证债权。因为保证是在债务人履行不能时由保证人代为履行,并不存在一个特定财产的担保;况且,债权人在债务人陷入破产境地时完全可以要求保证人履行,没有行使别除权的必要。

第三,别除权是仅针对特定财产优先受偿的权利。别除权既是存在于债务人特定财产之上的担保物权,就只能就该项特定财产优先受偿。这也意味着,一旦特定财产灭失,如担保物因意外事故而价值消失殆尽,则债权人无法实现其别除权,其对破产人的债权只能作为普通破产债权受偿。但是,如果担保物灭失是因管理人的过错造成的,则担保物权人有权请求赔偿,由于担保物权所具有的物上代位性,对该赔偿金仍应享有优先受偿权。

第四,别除权是不依破产程序而优先受偿的权利。这里所谓的"不依破产程序",实际上仅指别除权不参加破产清偿分配而言。别除权人还要参加其他一些破产程序中的活动,须遵守破产程序规则,如应参加债权申报,接受债权人会议对债权的核查,并且在法院裁定认可和解协议、裁定批准重整计划之前,应暂停别除权的行使。

二、别除权的行使

《破产法》第 109 条和第 110 条规定了破产别除权的行使原则:对破产人的特定财产享有担保权的权利人,对该特定财产享有优先受偿的权利。债权人行使优先受偿权利未能完全受偿的,其未受偿的债权作为普通债权;放弃优先受偿权利的,其债权作为普通债权。除此之外,根据《破产法》的规定,别除权的行使还应注意如下几点:

1. 人民法院受理破产申请后,管理人可以通过清偿债务或者提供为债权人接受的担保,取回质物、留置物。进行债务清偿或者替代担保,在质物或者留置物的价值低于被担保的债权额时,以该质物或者留置物当时的市场价值为限。

2. 如果担保物的价值大于担保债权额时,应将剩余的变卖价款退还给管理人,纳入破产财产的范围,否则将构成不当得利。如果别除权人行使别除权后,其有财产担保的债权超过了担保财产的价款,未受清偿部分已无法行使别除权,只能作为普通债权,依破产程序从破产财产中受偿。

3. 在重整期间,对债务人的特定财产享有的担保权暂停行使。但是,担保物有损坏或者价值明显减少的可能,足以危害担保权人权利的,担保权人可以向人民法院请求恢复行使担保权。另外,按照《破产法》第 87 条第 2 款第(一)项的规定,别除权因延期清偿所受到的损失将得到公平补偿。值得注意的是,在此是"公平"补偿而不是"优先"补偿,实际上是将别除权因延期清偿所受到的损失纳入普通债权清偿的范围。

4. 别除权人对和解协议和破产财产的分配方案不享有表决权。《破产法》第 59 条第 3 款规定,对债务人的特定财产享有担保权的债权人,未放弃优先受偿权利的,对于和解协议、破产财产的分配方案不享有表决权。但是,如果别除权人放弃优先受偿权,成为普通债权人,或其在行使优先受偿权利时未能完全受偿的,未受偿的债权作为普通债权,则对和解协议和破产财产的分配方案应享有相应的表决权。

5. 对债务人的特定财产享有担保权的权利人,自人民法院裁定和解之日起可以行使权利。

6. 别除权的行使可能受到劳动债权的限制。根据《破产法》第 132 条的规定,破产人在《破产法》公布之日前所欠职工的工资和医疗、伤残补助、抚恤费用,所欠的应当划入职工个人账户的基本养老保险、基本医疗保险费用,以及法律、行政法规规定应当支付给职工的补偿金,依照法律规定的清偿顺序清偿后不足以清偿的部分,以《破产法》第 109 条规定的特定财产优先于对该特定财产享有担保权的权利人受偿。这里的特定财产就是别除权的标的物。以别除权劣后于劳动债权,是立法者针对社会现象对法律政策进行衡量与取舍后的结果,体现了对劳动债权的着重保护。

第三节 破产费用与共益债务

一、破产费用

破产费用是指在破产程序中为了全体债权人的共同利益而支付的旨在保障破产程序顺利进行所必需的程序上的各项费用的总称。根据《破产法》第 41 条的规定,人民法院受理破产申请后发生的下列费用,为破产费用:(1)破产案件的诉讼费用;(2)管理、变价和分配债务人财产的费用;(3)管理人执行职务的费用、报酬和聘用工作人员的费用。

破产费用具有如下特征:

第一,破产费用发生在破产申请受理后破产程序终结前。破产费用是破产程序本身所耗费的费用,因此必须是发生在破产程序过程中,在此期间发生的相关费用都属于破产费用。这也是破产费用不同于破产债权的显著之处,后者须成立于法院受理破产申请之前。

第二,破产费用是为了全体债权人的共同利益而支付的费用。破产程序的清偿对象是全体债权人的债权,所以凡是有关债务人财产的管理、保护、变价和分配,都是为全体破产债权人的共同利益而发生的。在进行这些行为的过程中必然有一定的成本支出,而这些成本支出正是破产程序得以顺利进行的必要费用。

第三,破产费用的支付具有随时性和优先性。所谓随时性,是指破产费用会随时产生于破产程序中,但其并不参与破产清算程序的清偿,可随时对其进行支付。破产费用支付的优先性则体现在两个方面:一是优先于劳动债权、税收债权和所有的普通破产债权;二是在特定情况下还会优先于共益债务。

第四,破产费用的支付具有足额性。破产费用是破产程序自身所产生的成本性支出,必须全部清偿。如果债务人的财产连破产费用都不足以支付,就谈不上对破产债权人的清偿,破产程序的意义也就不存在了,因而,在此种情况下,即当债务人财产不足以清偿破产费用的,管理人应当提请人民法院终结破产程序。人民法院应当自收到请求之日起 15 日内裁定终结破产程序,并予以公告。

值得注意的是,人民法院裁定受理破产申请的,此前债务人尚未支付的公司强制清算费用、未终结的执行程序中产生的评估费、公告费、保管费等执行费用，可以参照企业破产法关于破产费用的规定，由债务人财产随时清偿。而此前债务人尚未支付的案件受理费、执行申请费这类涉及个别债权人的费用，只可以作为破产债权清偿。[3] 公司从强制清算转入破产程序，原强制清算中发生的清算费用与破产费用的性质相同，均是为实现全体债权人的共同利益而支付的；且强制清算中已经完成的清算事项的效力，如无违法情形，应当在破产程序中予以承认。故该等费用可以参照破产费用由债务人财产随时清偿。同理，未终结执行程序中产生的评估费、公告费、保管费等执行费用亦应参照破产费用予以清偿。

二、共益债务

（一）共益债务与破产费用

共益债务是指在破产过程中为了全体债权人的共同利益所发生的债务以及因债务人财产所发生的债务。与共益债务相对应的即为共益债权。共益债务总是与破产费用相连。[4]

共益债务与破产费用具有如下共性：（1）都是产生于破产申请受理后破产程序终结前；（2）都是为了全体债权人的共同利益而产生的；（3）都是从债务人财产中予以支付；（4）都享有优先于普通破产债权的受偿权，都可随时、足额从债务人财产中获得清偿。

但是，与破产费用相比，共益债务又具有如下不同之处：（1）破产费用是在破产程序进行和债务人财产管理过程中产生的常规性支出和程序性成本，这些费用不支出的话，破产程序就无法正常进行；而共益债务则是为了债权人共同利益而产生的费用，不是常规性的支出，并且具有不确定性。（2）共益债务在面对破产费用时，具有劣后清偿性。如果债务人财产不足以清偿所有破产费用和共益债务的，先行清偿破产费用。

（二）共益债务的范围

根据《破产法》第 42 条的规定，自人民法院受理破产申请后发生的下列债务，为共益债务：

1. 因管理人或者债务人请求对方当事人履行双方均未履行完毕的合同所产生的债务。双务合同双方当事人互负给付义务。债务人于破产申请受理之前签订的双务合同于破产申请受理之后并不自动解除，除非管理人或者债务人依法解除合同，且对方当事人因合同解除所产生的损害赔偿请求权可以作为破产债权进行申报。如果管理人或债务人认为合同有继续履行之必要，亦可不解除合同，请求对方予以履行。但是，双务合同含有同时履行抗辩权、先履行抗辩权和不安抗辩权，在此承认因双务合同履行所产生的债务是共益债务，实际上也是为了保证合同双方当事人的利益，保证合同最终得到履行。

值得注意的是，债务人在法院受理破产申请前已经产生但未支付给相对人的债务（包括违约金等违约损害债务）不属于共益债务。首先，从共益债务的时间限制来看，其必须产生于破产申请受理之后至破产程序终结前，法院受理破产申请前已经产生的债务虽然尚未履行也不应成为共益债务。换言之，破产申请受理前发生的债务为破产债权，破产申请受理之后发生的债务为

---

〔3〕 参见《破产法司法解释（三）》第 1 条；最高人民法院《关于执行案件移送破产审查若干问题的指导意见》（法发〔2017〕2 号）第 15 条。

〔4〕 在国外立法例中，有的国家的破产法不对二者加以区分，在清偿时实行平等清偿原则，如英国、美国和日本等国家破产法；有的国家的破产法则规定二者不同的范围，区分不同的法律地位，且规定当二者并存而财产不足清偿时，应首先清偿共益费用，如德国破产法。我国《破产法》将二者规定于同一章中，但在第 41 条和第 42 条中又分别对二者范围进行明确界定，显示了区分式的立法模式，表明共益债务与破产费用既存在共性，又有差别。

共益债务。其次,从共益债务的目的性质来看,其是为了全体债权的利益而产生的。破产程序开始前债务人已产生的尚未支付给相对人的债务只是相对人的个别利益,如果将其也列入共益债务的范围,不仅与共益债务的性质不符合,而且违反了债权平等原则,将会造成事实上对个别债权优先清偿的结果,破坏了破产法的公平清偿原则。

2. 债务人财产受无因管理所产生的债务。第三人在既无法律规定义务亦无合同义务的情况下,为债务人管理财产或提供了服务,在有利于债务人的情况下,有权要求债务人偿还由此而支付的必要费用,债务人应偿还管理人为债务人支出必要之费用。值得再次强调的是,作为共益债务的无因管理之债须发生在法院受理了债务人破产申请之后,如果发生在破产程序开始之前,则作为一般债权进行申报。

3. 因债务人不当得利所产生的债务。债务人极可能因为破产程序开始前成立的,但尚未履行完毕的合同而构成不当得利之债。例如,合同解除但却已受领了标的物,此时债务人即负有返还标的物的义务。另外,因第三人的原因使债务人财产获有不当增益而致他人受损的,此不当增益的返还亦为共益债务,优先于普通债权。

4. 为债务人继续营业而应支付的劳动报酬和社会保险费用以及由此产生的其他债务。管理人在第一次债权人会议召开之前,可以决定继续或者停止债务人的营业。继续营业是为了全体债权人的利益而为,由此所为债务人员工所支付的劳动报酬和社会保险费用及其他债务都属于共益债务。[5]

5. 管理人或者相关人员执行职务致人损害所产生的债务。管理人或者相关人员执行职务是为了全体债权人的利益,致人损害所产生的侵权之债应由债务人来承担。

6. 债务人财产致人损害所产生的债务。债务人财产致人损害主要体现为债务人瑕疵产品所导致的他人人身或财产损害,由此所产生的侵权之债属于共益债务。

三、破产费用和共益债务的清偿

根据我国《破产法》的规定,破产费用和共益债务的清偿应遵循以下原则:

1. 随时清偿原则。我国《破产法》第 43 条规定,破产费用和共益债务由债务人财产随时清偿。

2. 破产费用优先原则。当债务人财产不足以清偿所有破产费用和共益债务的,先行清偿破产费用。

3. 比例清偿原则。当债务人财产不足以清偿所有破产费用或者共益债务的,按照比例清偿。比例清偿原则以破产费用优先原则为基础:如果债务人财产不够支付所有的破产费用和共益债务,则先行支付破产费用;在支付完破产费用后仍能支付共益债务,只是不能完全支付,则按比例原则对共益债权人进行清偿。

---

〔5〕《破产法司法解释(三)》第 2 条对"为债务人继续营业而产生的其他债务"进行扩展解释。破产申请受理后,经债权人会议决议通过,或者第一次债权人会议召开前经人民法院许可,管理人或者自行管理的债务人可以为债务人继续营业而借款,提供借款的债权人可主张优先于普通破产债权清偿。这是因为,债务人继续营业的前提是能够获得新的借款,以便及时支付正常运营过程中的支出和相关费用。因此,为鼓励对债务人继续经营提供资金支持,司法解释明确了此类新产生的借款在破产程序中的清偿顺序。同时,为了维护正常的商业交易秩序,尽量避免对此前已经设立的担保物权造成不利影响,司法解释规定该新发生的借款,不得优先于此前已就债务人特定财产享有担保的债权。如果管理人或者自行管理的债务人要为前述借款设定抵押担保,而抵押物在破产申请受理前已为其他债权人设定抵押的,担保物权人之间应当按照原《物权法》第 199 条规定的清偿顺序实现权利。

如果债务人的财产不足以清偿破产费用的，管理人应当提请人民法院终结破产程序。人民法院应当自收到请求之日起15日内裁定终结破产程序，并予以公告。

第四节　破产财产的变价与分配

一、破产财产的变价

破产清算原则上以货币形式对破产债权人进行分配。但破产财产并非全部都是货币财产，还包括非货币财产。因此，在破产财产分配之前可能需要对破产财产进行估价和变现。

（一）破产财产变价方案

《破产法》第111条规定，管理人应当及时拟订破产财产变价方案，提交债权人会议讨论。由管理人制定破产财产的变价方案是其职责范围内的事项，管理人拟订的破产财产变价方案，应提交债权人会议讨论通过。经债权人会议表决未通过的，破产财产变价方案由人民法院裁定。

（二）变价原则

1. 适时原则

管理人应遵循适时原则，按照债权人会议通过的或者人民法院裁定的破产财产变价方案，适时变价出售破产财产。

2. 整体变价与部分变价相结合原则

《破产法》第112条第2款规定，破产企业可以全部或者部分变价出售。企业变价出售时，全部出售既经济又快捷，因此，对于成套设备一般采取整体变价出售原则。但是，对于无法整体出售的资产，也可以分散出售。

3. 无形资产单独出售原则

《破产法》第112条第2款还规定，在企业变价出售时，可以将其中的无形资产和其他财产单独变价出售。对于无形资产（如专利、商标和版权等知识产权）和其他一些重要资产，考虑到其价值性的弹性，可以单独予以出售，否则容易抹杀无形资产的价值。管理人应该斟酌企业和无形资产的具体来拟订相应的变价方案。

4. 合法性原则

破产财产变价的前提是财产本身依法具有可转让性。如果破产财产中有按照国家规定不能拍卖或者限制转让的财产，则应当按照国家规定的方式处理。

（三）变价方式

《破产法》第112条第1款规定，变价出售破产财产应当通过拍卖进行，但是，债权人会议另有决议的除外。这表明，我国破产企业财产变价的主要方式是拍卖。但是，如果债权人会议在讨论时认为可以以其他方式实现破产财产的变价，如变卖，就应尊重债权人的意思。

二、破产财产的分配

（一）破产财产分配方案

《破产法》第115条就规定，管理人应当及时拟订破产财产分配方案，提交债权人会议讨论。

破产财产分配方案应当载明下列事项:(1)参加破产财产分配的债权人名称或者姓名、住所;(2)参加破产财产分配的债权额;(3)可供分配的破产财产数额;(4)破产财产分配的顺序、比例及数额;(5)实施破产财产分配的方法。债权人会议通过破产财产分配方案后,由管理人将该方案提请人民法院裁定认可。如果经债权人会议多次讨论后,破产财产分配方案仍未通过的,财产管理人应提交人民法院直接裁定。破产财产分配方案经人民法院裁定认可后,始具法律效力,由管理人执行。如果破产财产分配方案需要修正或补正,应该经过债权人会议和人民法院的许可。

(二)破产财产分配方式

1. 一次分配与数次分配

破产财产分配可以是一次完成,也可以进行数次,视破产财产多少及变价难易程序而定。采用一次分配方式的,应说明分配的时间和地点等;采用数次分配方式的,应说明原因、数次分配的时间和地点等。管理人按照破产财产分配方案实施多次分配的,应当公告本次分配的财产额和债权额。

2. 中间分配、最后分配和追加分配

按照破产财产分配的阶段,数次分配又可以分为中间分配、最后分配和追加分配。中间分配即是数次分配中的分配;最后分配则是数次分配中最后一次分配;追加分配是指在破产程序终结后发现可供分配的财产时,经债权人请求、法院许可所进行的补充分配。

中间分配时,管理人应当公告本次分配的财产额和债权额。

管理人实施最后分配的,应当在公告中指明。如果管理人将附生效条件或者解除条件的债权的分配额进行了提存,公告中还应当载明:在最后分配公告日,生效条件未成就或者解除条件成就的,应当分配给其他债权人;在最后分配公告日,生效条件成就或者解除条件未成就的,应当交付给债权人。

追加分配是在破产程序终结后进行的补充分配。当债务人财产不足以清偿破产费用而导致破产程序终结,或当破产人无财产可供分配而导致破产程序终结,抑或当破产财产最后分配完结、法院裁定破产程序终结,自终结之日起 2 年内,都有可能发生追加分配的情况。在这 2 年内,债权人若发现债务人有如下行为,即可以提请人民法院,由人民法院依职权对这些行为予以撤销,同时债权人可以请求人民法院按照破产财产分配方案将这些行为所涉财产进行追加分配。

(1)债权人发现在人民法院受理破产申请前 1 年内,债务人有无偿转让财产、以明显不合理的价格进行交易、对没有财产担保的债务提供财产担保、对未到期的债务提前清偿的和放弃债权的行为。在破产过程当中,如果管理人发现了这些行为,管理人应请求人民法院予以撤销。破产程序终结后,破产管理人已然解任,债权人如若发现这些行为,可以提请人民法院,由人民法院依职权对这些行为予以撤销,同时可以请求人民法院进行追加分配。

(2)债权人发现在人民法院受理破产申请前 6 个月内,债务人有在不能清偿到期债务,并且资产不足以清偿全部债务或者明显缺乏清偿能力的情况下,仍然对个别债权人进行清偿的行为。在破产过程当中,如果管理人发现了此行为,管理人应请求人民法院予以撤销。在破产程序终结后,债权人如若发现此行为,同样可以提请人民法院,由人民法院依职权对该清偿行为予以撤销,并可以请求人民法院进行追加分配。值得注意的是,如果该个别清偿事实上使债务人财产受益的话,那么人民法院就不应当予以撤销。

(3)债权人发现债务人有为逃避债务而隐匿、转移财产的,或虚构债务或者承认不真实的债务的行为。在破产过程当中,如果管理人发现了此行为,应将财产予以追回;而在追加分配阶段,则人民法院负责追回财产。

(4)债权人发现债务人的董事、监事和高级管理人员利用职权从企业获取的非正常收入和侵占的企业财产。人民法院应当追回财产。

(5)债权人发现破产人有应当供分配的其他财产的。

法院将以上财产追回后,若发现财产数量不足以支付分配费用的,不再进行追加分配,由人民法院将其上交国库。

追加分配的除斥期间为2年,自破产程序终结之日起计算,不得延长或中止。破产程序终结之日起2年后,才发现破产人还有应当供分配的财产的,不再进行追加分配。

追加分配亦属于破产财产分配,应遵循法定清偿顺序和破产财产分配的原则,按照破产财产分配方案对债权人予以公平清偿。

3. 货币分配与非货币分配

《破产法》第114条规定,破产财产的分配应当以货币分配方式进行。但是,债权人会议另有决议的除外。这体现了债权人自治的原则,使债权人对财产的变价有选择性,即债权人不一定非得要金钱形态的破产财产,他们也可以选择对资产形态的破产财产进行分配。

(三)破产财产分配顺序

《破产法》第113条规定,破产财产在优先清偿破产费用和共益债务后,依照下列顺序清偿:(1)破产人所欠职工的工资和医疗、伤残补助、抚恤费用,所欠的应当划入职工个人账户的基本养老保险、基本医疗保险费用,以及法律、行政法规规定应当支付给职工的补偿金;(2)破产人欠缴的除前项规定以外的社会保险费用和破产人所欠税款;(3)普通破产债权。

破产财产不足以清偿同一顺序的清偿要求的,按照比例分配。

破产企业的董事、监事和高级管理人员的工资按照该企业职工的平均工资计算。

(四)破产财产分配的特殊情况

对于附生效条件或者解除条件的债权,管理人应当将其分配额提存。管理人依法进行提存后,在最后分配公告日,生效条件未成就或者解除条件成就的,应当分配给其他债权人;在最后分配公告日,生效条件成就或者解除条件未成就的,应当交付给债权人。

债权人未受领的破产财产分配额,管理人应当提存。债权人自最后分配公告之日起满2个月仍不领取的,视为放弃受领分配的权利,管理人或者人民法院应当将提存的分配额分配给其他债权人。

破产财产分配时,对于诉讼或者仲裁未决的债权,管理人应当将其分配额提存。自破产程序终结之日起满2年仍不能受领分配的,人民法院应当将提存的分配额分配给其他债权人。

第五节　破产程序的终结

一、破产程序终结的原因

破产程序基于如下原因而终结:

(一)破产财产不足以支付破产费用

《破产法》第43条第4款规定,债务人财产不足以清偿破产费用的,管理人应当提请人民法院终结破产程序。人民法院应当自收到请求之日起15日内裁定终结破产程序,并予以公告。

（二）全体债权人同意

《破产法》第105条规定,人民法院受理破产申请后,债务人与全体债权人就债权债务的处理自行达成协议的,可以请求人民法院裁定认可,并终结破产程序。

（三）债权得到全部清偿

《破产法》第108条规定,在破产宣告前,有下列情形之一的,人民法院应当裁定终结破产程序,并予以公告:(1)第三人为债务人提供足额担保或者为债务人清偿全部到期债务的;(2)债务人已清偿全部到期债务的。

（四）无财产可供分配

《破产法》第120条第1款规定,破产人无财产可供分配的,管理人应当请求人民法院裁定终结破产程序。

（五）破产财产分配完毕

《破产法》第120条第2款、第3款规定,管理人在最后分配完结后,应当及时向人民法院提交破产财产分配报告,并提请人民法院裁定终结破产程序。人民法院应当自收到管理人终结破产程序的请求之日起15日内作出是否终结破产程序的裁定。裁定终结的,应当予以公告。

二、破产程序终结的法律效力

（一）对破产人的法律效力

管理人应当自破产程序终结之日起10日内,持人民法院终结破产程序的裁定,向破产人的原登记机关办理注销登记。

（二）对破产管理人的法律效力

管理人于办理注销登记完毕的次日终止执行职务。但是,存在诉讼或者仲裁未决情况的除外。

（三）对连带债务人的法律效力

破产人的保证人和其他连带债务人,在破产程序终结后,对债权人依照破产清算程序未受清偿的债权,依法继续承担清偿责任。